国家出版基金项目
NATIONAL PUBLICATION FOUNDATION

马克思主义法学原理读书笔记

第3卷
法关系原理

MA KE SI ZHU YI FA XUE YUAN LI DU SHU BI JI

刘瑞复◎著

中国政法大学出版社

2018·北京

图书在版编目（ＣＩＰ）数据

马克思主义法学原理读书笔记. 第3卷，法关系原理/刘瑞复著. —北京：中国政法大学出版社，2018. 10

ISBN 978-7-5620-8242-2

Ⅰ.①马… Ⅱ.①刘… Ⅲ.①马克思主义－法学－研究 Ⅳ.①D90

中国版本图书馆CIP数据核字(2018)第107216号

出 版 者	中国政法大学出版社
地　　址	北京市海淀区西土城路 25 号
邮寄地址	北京 100088 信箱 8034 分箱　邮编 100088
网　　址	http://www.cuplpress.com (网络实名：中国政法大学出版社)
电　　话	010-58908285(总编室)　58908334(邮购部)
承　　印	保定市中画美凯印刷有限公司
开　　本	787mm×1092mm　1/16
印　　张	57.25
字　　数	1322 千字
版　　次	2018 年 10 月第 1 版
印　　次	2019 年 5 月第 2 次印刷
定　　价	155.00 元

说　明

一、为完整、准确地掌握和理解马克思主义法学原理，本书选录了《马克思恩格斯全集》和《列宁全集》里的法学论述，未同法连在一起的其他论述，一般没有选录。按原文摘录，未作改动。《马克思恩格斯全集》的选录，采用中文第 1 版。凡选录于《列宁全集》第 1 版的，夹注"第 1 版"字样，未夹注的，均选录于第 2 版。

二、本书具体内容的体例，分经典作家论述和读书笔记两个方面。凡论述内容中涉及需要说明、解释、考据和体会等方面的，均放在读书笔记里。为保证内容和提法的准确性，本书使用了《全集》中前言和注释的相关文字。笔记的段落之间和每一段落中的文字，可独立成文，不必囿于逻辑联系。

三、整个法的体系，按法意识、法制度、法关系三个方面编排。这三个方面是不可分割、不可或缺的有机整体。经典作家"三位一体"的论述，客观地反映了法的全貌，能够改变把法等同于法律法规、法的体系等同于法律法规体系的因袭理解。

四、书中的大小提示性标题，根据所摘录的内容概括。经典作家集中论述的原话适合做标题的，尽量使用原话。

五、选录的顺序，按法学原理的逻辑编排，未按经典作家及其写作时间的顺序排列。

六、对于综合性论述的摘引，以其论述的重点，置于具体分类的主题项下，未做重复摘引。个别场合除外。

七、在版面设计上，对经典作家的论述与个人的读书笔记作了不同的处理。为了表示区别，凡是马克思恩格斯和列宁的论述，都用华文仿宋体标出，并用宽行距隔开。

八、马克思主义法学原理，应当包括全部马克思主义经典作家的论述。待毛泽东著作全部公开出版和中央领导人的著作系统出版后，其法的论述另行编排出版。

目　录

导　言
法学理论的伟大创新

在法的领域，人们所认识的马克思，是作为革命家的马克思。这很容易理解。因为法学界没能提供作为法学家的马克思更多的法学思想材料。马克思博大精深的体系化的法学思想被忽略了。

应当说，法学家的马克思和革命家的马克思集于一身。离开了革命家的马克思的法学思想和离开了法学家的马克思的革命精神，同样是不可思议的。石破天惊的革命精神和深邃无比的法学思想，这就是马克思伟大的法学品格。革命性，是对旧法学根本性改造的前提；学术理论性，是对旧法学整体性超越的条件。而只有通过对旧法学的根本性改造和整体性超越，才能实现法学理论的创新。

马克思主义法学理论，是真正科学的法学理论，是人类法学理论的伟大创新。我们学习研究马克思主义法学理论，坚持马克思主义法学理论的中国化、时代化、大众化，正是马克思主义法学理论创新的继续，正是法学理论在当代的创新。这种创新，一定能够开辟法学理论研究的新境界，一定能够把反映时代特征和要求的、具有中国特点的、社会主义的法学理论建立起来。

一、对旧法学的根本性改造和整体性超越

在 1843 年 5 月的《摘自〈德法年鉴〉的书信》中，马克思提出："就是要对现存的一切进行无情的批判"，"什么也阻碍不了我们把我们的批判和政治的批判结合起来，和这些人的明确的政治立场结合起来，因而也就是把我们的批判和实际斗争结合起来，并把批判和实际斗争看作同一件事情。"在 1843 年末至 1844 年 1 月的《〈黑格尔法哲学批判〉导言》中，马克思指出："应该向德国制度开火！一定要开火！这种制度虽然低于历史水平，低于任何批判，但依然是批判的对象，正像一个低于做人的水平的罪犯，依然是刽子手的对象一样。在同这种制度进行斗争当中，批判并不是理性的激情，而是激情的理性。它不是解剖刀，而是武器。它的对象就是它的敌人，它不是要驳倒这个敌人，而是要消灭这个敌人，因为这种制度的精神已经被驳倒。"同时，马克思清醒地认识到，"批判的武器当然不能代替武器的批判，物质力量只能用物质力量来摧毁；但是理论一经群众掌握，也会变成物质力量。理论只要说服人，就能掌握群众；而理论只要彻底，就能说服人。所谓彻底，就是抓住事物的根本。"

对林木盗窃法的研究，推动了马克思从批判资本主义走向共产主义。

在《第六届莱茵省议会的辩论》的第三篇论文《关于林木盗窃法的辩论》中，马克思第一次直接研究了贫苦劳动群众的物质生活条件，探讨了物质利益同国家和法的关系，公开捍卫贫苦群众的利益，抨击了普鲁士的国家和法律制度。针对一项把在森林中捡拾枯枝的行为以盗窃论罪的法案，马克思从法学角度为一无所有的贫苦群众辩护。

马克思把矛头直指莱茵省议会立法，认为林木盗窃法是"撒谎的法律""法定谎言"。马克思的批判，开始是指向执法，现在开始指向法律了。思想风暴、认识革命，使马克思法的观念发生了激变。林木盗窃法的辩论，预示了马克思向共产主义的转变。

正是这种转变，使马克思实现了对旧法学的根本性改造和整体性超越。

对旧法学的"根本性改造"，是对法的理念、法的原理和基本理论的改造。

在法的理念上，历来的法学理论都把法说成"圣物"，其目的在于，使整个社会充分实现对法律的迷信和崇拜。社会的对立和分裂，抹去了法的神圣光环，剩下的只是一张张铅印的白纸。马克思明确指出，法律是阶级统治的工具。随着社会的发展和进步，一些法律淘汰了，一些新的法律出现了，对法的迷信和崇拜化为泡影。法的废改立，社会革命中旧法律的摧毁、新法律的产生，昭示着法律不会像迷信和崇拜的上帝和圣经那样永恒。从"圣物"到"工具"的转变，是法的理念的根本变革。

在法的原理上，马克思提出，法是统治阶级的意志，不是被统治阶级的意志。法的统治意志性原理，而不是"神的意志""公共意志""全民意志"的原理，揭示了法的本质属性。

法不是"神的意志"。法律不是"圣物"，法的权威性、强制性，只产生遵守和服从的效果，不产生神圣化和迷信的效果。这是"意志"的规定性所决定的。法律是人制定的，不是神制定的，君主是人，不是神，这在统治者那里非常清楚。将法律神圣化、将君主神化的目的，无非是要人们像崇拜神那样崇拜君主、崇拜法律，从而维护自己的统治。

资产阶级鼓吹法是"公共意志"。他们要建立"生意人"共和国，不需要请神来出面遮掩。说法是"公共意志"，就把自己的统治意志掩藏起来了。

"全民意志"术语出现于18世纪。马克思1849年1月在《柏林〈国民报〉致初选人》中，针对德国资产阶级自由派报纸《国民报》提到的"全民意志"指出，所谓人民的意志，多数人的意志，并不是个别等级和阶级的意志，而是唯一的一个阶级和在社会关系即在工业和商业关系方面都从属于这个唯一的统治阶级的其他阶级以及阶级的某些部分的意志。所谓全民意志就是统治阶级的意志。

在法的基本理论上，马克思深入论证了属于法学自己的特殊属性，明确地从其特殊性出发把握理论基本点和理论环节。这是马克思之前的法学家没能做到的。在法的发生学中，明确指出了社会发展不同阶段质的规定性，分析了法现象产生的历史动因及形成完备形态的条件；在法的地位论中，通过法与国家的关系、法与社会的关系的分析，指出法没有自己独立的历史，研究了法的历史性变迁和法的结构变动，在界定传统法律特性和功能的基础上分析新法的特殊本质和功能；在法的对象论中，从社会化大生产所造成的社会经济联成一体及其形成的总体运行出发，而不再像别的法学家那样，把一个一个的社会关系对象化，分别划定对象；在法的调整论中，研究了法的总的联系和具体联系，特别注意到它们彼此联系的有机性。

特别是在法的阶级性、社会性问题上，马克思并不认为它们是法的本质属性，而是坚持阶级性是法的本质特征，社会性是法的表现形式和实现方式的观点，并将两者结合起来加以考虑。马克思从社会运行的历史和现状出发，研究法律调整的规律性；从法与阶级和社会的关联性出发，研究社会关系、法律关系的统一性及具体表现形式、实现方式；从社会矛盾和阶级矛盾的观点出发，研究法律本身的矛盾和社会与法的矛盾的解决途径、手段和方式；从法的历史性、社会性、阶级性出发，研究人与人之间的利害关系、阶级利害关系、不同阶级对法的不同要求；从社会发展规律出发，研究法的发展变化的规律；从社会实践的规定性出发，研究法的实践意义。

"根本性改造"，是马克思对传统理论和现实理论的理念、原理和基本理论的根本性否定。任何理论形态的核心和实质，都是属于该理论根本性的东西。不触动根本性的东西，便不存在根本性改造问题。当然，根本性改造实际上是批判地继承，就是在批判的基础上继承，在继承的条件下批判。因此，根本性改造不是否定一切、排斥一切，而是有所保留、有所抛弃。

对传统理论和现实理论进行了"根本性改造"，那么在学术上，新理论与传统理论和现实理论相比，是前进了还是倒退了呢？这就涉及是否做到"整体性超越"问题。"整体性超越"，是指高于传统理论和现实理论的系统性升华。整体性超越，既表现为理论的水平和层次问题，也表现为理论的优化和高级化问题。

法学的传统理论和现实理论，是剥削阶级法学理论，是旧法学理论。马克思主义法学就是在对这种旧法学的根本性改造和整体性超越中，创建了全新的法学理论。我们知道，任何学术理论建树都是有破有立，破字当头，立在其中的。马克思主义法学理论，是革命的批判的法学理论，同时，又是具有高度科学性、真理性的法学理论。

既然旧法学已经被驳倒，新法学的科学性、真理性已经照亮了法的天空，那么为什么旧法学仍然大行其道呢？为什么新法学不能摆脱被默杀、被打杀的命运呢？魔鬼隐藏在旧意识形态里。旧法学已经输了理，它的落后性、低劣性（马克思说只是"小学生作业"水平）早已成为历史定论。然而，它却依靠旧意识形态支撑着，离开了旧意识形态，一天都不能维持。

马克思主义法学理论创始人所处的那个时代，是自由资本主义时代。法学被资本主义意识形态笼罩着。现在不同了。历史开始了资本主义不断走向终结，社会主义不断走向胜利的新时代。这个新时代，使根本改造旧法学成为天经地义的事情，并为马克思主义新法学开辟了无限广阔的发展道路。

二、科学的法学理论的创立

在对旧法学的根本性改造和整体性超越中形成了新法学，而马克思主义法律观，是科学的法学理论创立的思想条件。

马克思主义法律观是唯一科学的法律观，是人类法学思想的最大成果。经典作家把辩证唯物主义应用于法律观，使它成为完备的科学的法学思想。马克思主义法学是马克思主义的重要组成部分。

按照列宁的思想，可以认为，首先，马克思主义法律观第一次使人们有可能科学地对待法律问题和社会问题。在此以前，法学家们不善于往下探究像作为法律关系的生产关系的这样简单和这样原始的关系，而径直研究法律形式，一碰到这些形式是由当时人类某种思想产生的事实就停置下来，结果似乎社会关系是由人们自觉壹立起来的。

其次，马克思主义法律观第一次把法学提到了科学的水平。在此以前，法学家总是难于分清错综复杂的社会现象中法律现象，不能找到这种划分的客观标准。辩证唯物主义提供了一个完全客观的标准，它把"生产关系"划为社会结构，使我们有可能把主观唯心主义认为不能应用到法学上来的一般科学的规律应用到这些关系上来。以往的法学家，始终不能发现各国法律现象中存在重复性和常规性的原因，他们的研究至多不过是记载这些现象，收集素材，进行注释。他们不去分析物质的社会关系。

最后，马克思主义法律观之所以第一次使科学的法学理论的出现成为可能，是由于只有把社会关系、法律关系归结于生产关系，把生产关系归结于生产力的高度，才能有可靠的根据把社会形态和法律形态的发展看作自然史过程。不言而喻，没有这种法律观，也就不会有法律科学。以往一切法学理论，至多是考察了人们活动的思想动机，没有研究产生这些动机的动因，没有发现社会关系和法律关系发展的客观规律，没有寻找社会关系和法律关系发展的物质生活条件根源。只有辩证唯物主义法律观才第一次使我们能以自然历史的精确性去考察社会条件以及这些条件的变更。

马克思主义法律观就是用辩证唯物主义原理说明法和法现象，把辩证唯物主义原理应用于法律生活，应用于法学研究，应用于研究法和法学发展的历史。

辩证唯物主义法律观，改变了人们过去对于法律所持的极其混乱和武断的见解，成为一种极其完整严密的科学的法的观念。用辩证唯物主义从根本上改造全部法学，是法学战线的根本任务。

古今中外的法学理论林林总总，但只有马克思主义法学理论具有先进性、科学性、真理性特点。这是因为：

第一，马克思主义法学理论不是旧法学的翻版。它是在人类法制文明成果的基础上，去粗取精，去伪存真，由此及彼，由表及里，实现了法学理论的深化、细化和专门化。它研究的不是个别问题，得出个别结论，而是研究全局性问题，得出规律性认识，从而创立了法学理论的体系。这个体系，否定了公法私法划分的旧体系。马克思主义法学理论实现了对旧法学理论的超越，表现了无与伦比的优越性。

第二，经典作家在法学研究中，还广泛研究了哲学、经济学等其他社会科学，研究了数学、农业化学和许多有关技术史、文化史的著作。经典作家对任何科学领域中的每一步发展都非常注意，而且利用批判地掌握的人类思想的一切新的成就，使法学根植于肥沃的科学土壤。

第三，马克思主义法学实现了思维方式的变革。辩证法是马克思主义认识论。法学一般理论，认识论包括其中。没有认识论，法学理论便失去科学意义；没有本体论，便脱离了法的实在性实质。正是认识论，把法与客观规律联系起来，与方法论联系起来。认识包括从具体到抽象、从抽象上升到具体。揭示法的本质，并没有完成法的一般理论构成，需要从理论上把握依附于社会现实层面的具体法现象，使其再现出来。

第四，在法的领域，马克思主义法学成功地使经验向理论转变、理论向实践转变。马克思主义是工人阶级和人民大众的"圣经"。马克思主义法学理论是先进的工人阶级和人民大众摧毁旧法制，建立新法制伟大实践的锐利武器。

第五，马克思主义法学理论是社会的、时代的。在实践中，它是不断丰富、不断发展的。它一定为新经验、新论证、新结论所补充。这是马克思主义法学理论本身的继续。

马克思主义法学理论的上述特点表明，这种法学理论是伟大创新的法学理论。

所谓"理论创新"，有原始创新、综合创新和实验创新。原始创新是原创性创新。这种创新理论，在基本范畴、基本原理方面都是完全新型的，是此前没有出现的，表现为对旧理论的否定。综合创新，是在传统理论和现有理论基础上，经过综合分析而产生的新思想、新观点、新论述。这种新思想、新观点、新论述是体系化的，是对现成理论补充、修正、完善而形成的。同中求异、异中求同，是综合创新的特征。实验创新，是通过科学实验的成果而得出新结论。这种科学实验的新结论，经过科学的系统化而形成理论成果，亦属于理论创新。只有经过理论创新，新理论较之传统理论和现有理论才具有真正的进步性。

马克思主义法学理论，是体系化的法学理论。

经典作家建立了新法学的范畴和范畴体系、论证和论证体系、逻辑和逻辑体系。这三个体系，是法学之所以为理论的标志，也是新法学之所以为创新理论的标志。

第一，马克思主义法学理论建立了新的范畴体系。

任何具体科学都有自己的基本概念和范畴，是否形成由概念和范畴所构成的理论体系，是这门科学能否独立的重要标志。在建立新法学的范畴体系中，经典作家成熟地解决了以严格可靠的概念、范畴为依据；形成或引进新概念、新范畴；明确范畴体系的逻辑起点；确定范畴序列和联系链条等。这是新法学范畴体系的标志和根本要求。

第二，马克思主义法学理论建立了完整的论证体系。

旧法学的一个显著特征，就是没有建立起论证体系。注释法学是对法律进行解释的法学，把法律描述、复制为讲义性的东西，理论就完成了。我们知道，没有论证就没有理论本身。只有论证，才能把握理论的目的性，才能有说服力。经典作家在处理与其他学科的关系中，确定了属于不同学科的科学材料在法学体系中的性质、地位和功能。从体系的整体上处理这些材料，使之具有本学科所要求的本质规定性和表现形式，从而根据整体综合的结果去把握体系的总目的，并调节各结构分支的具体目的。而这一切，都是通过论证完成的。

论证需要全面地联系社会实际和立法实际。在经典作家关于法的论述中，对完整的社会规律体系的综合作用、社会过程不可分割的联系、立法的趋势、法律体系的统一性等的认识程度，达到了炉火纯青的地步。经典作家深知抽象本身并不是目的，因而他们建立的体系，是符合实际需要的体系。

第三，马克思主义法学理论，建立了无懈可击的逻辑体系。

逻辑体系一定是结构严谨、体现法学与逻辑统一的理论链条。旧法学的体系是"板块结构"，新法学的体系是逻辑结构，有逻辑起点、逻辑主线，其理论内容的联系，是逻辑联系。把这些联系作为法学中相关内容的基础，并作逻辑的安排，则论证结构是一种逻辑结构。在逻辑链条中，有作为"网上纽结"的范畴，这是对法的本质联系认识的一个个小阶段；有理论环节和理论细节，这是作为理论支撑的关键。

什么是理论，什么是理论创新，看看经典作家新的法学再造就一目了然了。

然而，目前在我国，在阻碍法学理论创新问题上有两个突出的表现，就是轻易地提出学说学派和对新词语的过分偏好。

学说是学术上系统化的独立观点。"系统化"的核心问题，是形成了范畴体系、论证体系和逻辑体系。没有范畴和范畴体系，没有论证和论证体系，没有逻辑和逻辑体系，是不可能形成学说的。而且，学说是自己的"独立观点"。与其他观点混同的观点，或者旧观点的混合，都不能称为学说。

有人说我国法学理论有几十个学说，其实仔细推敲起来，哪一个都不能构成"说"。应当认为，在没有学说的地方提出和划分学说，是不符合法学理论创新要求的。如说墙是水做的，就说成"水墙说"，说太阳是方的，就说成"日方说"，实在是不得了的事情。大家都说墙是砖砌的、太阳是圆的，说墙是水做的、太阳是方的，这是完全可以的，但起码要有论证和论证体系。如果学说的产生如此简单，那便句句是"学说"，句句是"理论"，句句是"创新"了。还有一种情况，就是以为"A 说、B 说、C 说、我说"是理论创新。对于同一个概念、定义、提法或论题，孜孜以求于"我说"，而这类"我说"，只是迷恋于"打概念仗"，在概念里的"词句"相异上兜圈子。理论创新是法学学术品格的集中表现。随意提出新说法、换一个说法，或者对现有理论的个别环节修修补补、画蛇添足等，都是谈不上理论创新的，因为它们丧失了法学应有的学术品格。知识的体系是观点，观点的体系是学说，学说的体系是理论，理论的体系是思想，思想的体系是主义。看来，只有学说是不够的，务必要使学说形成系统而上升为理论体系形态。法学理论一定是法学学说的总和。学派是学说之派。学派是基于相同或相似学术观点而形成的学术派别。无学说，无以形成学派。学派是学术流派，不是"学术宗派"。"学术宗派"是学界一种脱离于学术研究的小团体、小圈子，既具有排外性，也具有排内性，不仅严重影响理论工作者队伍的团结，而且也扼杀了学术理论可能的进步。

至于以为制造新词语就是理论创新，更是一种学术轻佻和浮躁的表现。把电灯泡说成"火茄子"，是这种"理论创新"的典型表现。

我国目前法学研究的另一个突出问题，是对新词语的过分偏好。有些著述追求新词语，以为大量采用新词语便是理论创新。使用新词语有三种情况：①日文汉字；②英文汉译；③自造词语。

汉语语文中存在使用日文汉字的情况，但都是词义确定、约定俗成的。当前，法学著述中"以降"、"晚近"、"规制"等新词语已经很常见了。

我国辞书中没有"以降"、"晚近"词汇，其词义不得而知。在日文中，"以降"大致是"以来"的意思，"晚近"大致是"最近"的意思。汉文已有相应词汇，换一个说法实无必要。"规制"是古汉语，在日本法学中，日文汉字"规制"是在"一定政策意义上的国家限制"含义上使用的。"规制"一词出口转内销后，人们当作动词用，以为"规制"就是"规一下制一下"，就一路传开了。如果"规制"当动词用，有"国家限制"的意味，殊不知"调整"与"一定政策意义上的国家限制"，在内含和外延方面均不相同，而且，我国现有辞书中"规制"连语义学上的词义都没有，何以引为法学范畴使用。

来自英语译文的"信息偏在""法的边界""路径依赖""制度变迁"等新词语也需要研究。

"信息偏在"译得很蹩脚。在社会生活中，人与人之间的信息不可能不"偏在"，因为法律关系中相对人的信息不是同一的。在买卖关系中，卖方财产类标的的信息是名称、型号、规格、品种、等级、花色、安全标准等，买方的信息是货币的真伪、数量，双方的信息是"偏在"的。在法律上，问题的关键不在于信息是不是"偏在"，而在于是否有"信息披露"的规定。将"信息偏在"改为"信息不对称"似适当些。语义学将"边界"解释为"两个地区交界的地方"，是一个区域性地理名词，而作为法上的用语，通常采用"界限"一词。权力、义务的界限，指的是权力、义务的范围，其法律后果是"越权""法外义务"等问题，如说成权力、义务的"边界"，人们便不知是什么和什么交界了。很显然，采用"界限"比"边界"准确，更具范畴意义。"路径依赖""制度变迁"是连在一起的。熊彼特、道格拉斯·诺恩（D. C. North）等研究制度变迁中的依赖性，认为变迁选择方式存在路径依赖。结论是"制度变迁一旦走上某一变革的道路，那么无论该道路的好与坏，变革都有沿着这一路径继续下去的'惯性'"。这些话语属于很费解的政治意识形态，已超出法学研究领域。其实，法律制度变动受制于社会形态变动，资本主义法律制度只能变动为社会主义法律制度而不是相反，这是法律制度发展合乎规律的表现。

至于我们自造的"法律接轨""法律转型""法市场"等新词语，因为不是严格可靠的法学术语，其自身无法定义，也不能作定义性说明，故不可采用。

"接轨"语义学上指"轨道接合"，对于何为"法律的轨道接合"，无法理解，也无法定义和说明。语义学上的"型"是指"铸造器物的模子"或"样子、类型"，把"法律转型"理解为转换法律的"模子""样子"，是无法理解和操作的。波斯纳等人讲过"法律与市场相连"之类的话，是经不住推敲的。如果"法市场"是指"法律交换的场所"，那么"法律"在什么"场所""交换"如何进行"交换"，便不幸地成为一个世纪性难题。

理论创新需要有新范畴，但新范畴同新词语不是一回事。法学新范畴是艰苦的思维抽象的结果，是对客观事实和法律事实进行科学的概括和总结的结果。如果指望采用语义学上的新词语就能够解决法学的理论创新问题，那就把理论创新理解得过于惬意了。

在学术埋论上，还是马克思主义法学理论靠谱，其他的法学理论都是不靠谱的。这就是结论。

马克思主义法学理论是由剥削阶级法学理论经过革命性改造而来的。马克思主义法学理论是关于法的发展规律的科学，是关于剥削阶级法发生、发展和灭亡的规律的科学，是关于社会主义法制建设规律的科学。马克思主义法学理论是伟大的理论创新，具有巨大的理论优越性和历史进步性。

三、马克思主义法学的中国化、时代化、大众化

应对反马克思主义、假马克思主义、非马克思主义思潮严峻挑战的经验和教训表明，巩固和加强马克思主义在意识形态领域的指导地位，必须坚持马克思主义中国化、时代化、大众化。这是唯一正确的选择。法学领域也不能例外。

马克思主义中国化，就是将马克思主义的基本原理和中国革命和社会主义建设的实际情况相结合，从而找到适合中国国情的发展道路。马克思主义法学理论中国化，就是学习马克思主义法学理论，运用马克思主义的立场、观点和方法研究和解决中国法学的实际问题，总结中国的立法经验，揭示中国立法和法学发展的规律，以中国的文化形式和表达方式来阐述马克思主义法学理论，使之成为具有中国风格、中国气派、中国话语的马克思主义法学理论。

为此，法律制度和法学理论必须符合中国国情，从实际出发，正确反映客观现实。若立法和法学理论研究符合实际，必须做艰苦细致的调查工作，研究中国国情和实际情况，而不能闭门造车。那些马克思讥讽过的"坐在天堂里喝啤酒的"的人，那些"像玄学家一样随心所欲地兜圈子"的人，是不能寻找到法学真知的。

我国立法和法学理论，应当正确处理社会发展方向与当前阶段的关系；外国立法的借鉴吸收与"法律西化"的关系；新中国立法传统与立法创新的关系。做到以上三点，最为关键的，是不能以西方法和法学理论为圭臬。

实现法学理论的"中国化"，应当处理好两个关系，一是中国法学同西方法学的关系，二是中国当代法学同中华法律传统的关系。

其一，对于"西方的法学"，我们应当将作为西方法学文明成果的法学同"西方法学"亦即西方资产阶级法学加以区别，分别采取不同的态度。

在中国，"西方法学"术语，指的是西方的资产阶级法学。这个术语是从"资产阶级法学"术语演化而来的。50年代、60年代和70年代，称"资产阶级法学"；80年代、90年代改称"西方法学"，后来就统称"现代法学"了。无论术语怎样变换，"资产阶级法学"的内涵始终没有变。"西方的法学"是西方国家的法制和法学理论。在长期的历史发展中，"西方的法学"积淀了法制文明成果，这是人类法制文明的组成部分。我们不能拒绝，应当取借鉴态度。但对于"西方法学"亦即西方的资产阶级法学糟粕，必须排斥和批判。舍此，社会主义法学便成为一句空话。

当前，对西方法学的不正确态度，表现于照抄照搬。一是，以抄搬大陆法系为主，英美法系为辅，重点是德、日和台湾地区的法学。二是，抄搬的全面性、持续性特征，包括西方国家的法学理念、基础理论、体系和结构、名词术语。三是，西方当代法学理论即垄断和国家垄断时期的法学理论不抄或很少抄，专门去抄自由资本主义时期法学理论。这样下来，只好言必称西方，死不谈中国了。

应当指出，任何社会占主流地位的法学理论都是为统治阶级服务的，不同的统治阶级

需要不同的法学理论，是不可以抄来抄去的。照抄法学理论与照抄立法是同步的。而立法，即使同一法系的各国立法，又一定为一国的政治、经济的性质、状况和发展阶段所规定，为地理的、民族的和历史传统等因素所制约，不可以抄来抄去。全国人大提出"绝对不能照抄照搬西方国家立法"，特别加上"绝对"两个字，可见立法机关的指导思想是十分明确的。提出这个要求很重要，但关键是落实。

耶林说，如果要寻找罗马法的起源，那就必须研究巴比伦法。《汉穆拉比法典》是古巴比伦王国第六代国王汉穆拉比（公元前 1894 – 公元前 1595 年）颁布的法律，而这一时期，欧洲人刚刚学会从埃及传来的青铜冶炼技术。怎样去寻找罗马法的起源呢？

罗马法包括从传说公元前 753 年罗马建城到公元 476 年西罗马帝国灭亡时期的全部法律制度。按照美国历史学家斯塔夫里阿诺斯（L. S. Stavrianos）著《全球通史》的说法，公元前 753 年罗马城是，"一片沼泽地，周围有七个山丘"，而我国当年正是周平王十八年，已进入春秋时期，早已经立法遍地了。

有些人任意拔高罗马法，主要着眼于市场经济。公元 529 年，罗马公布《查士丁尼法典》，公元 533 年公布《学说汇纂》，而我国早在公元前四世纪的《秦律》，在行政、经济、民事、刑事、诉讼等方面的规定已经相当完备。在秦简秦律即《睡虎地秦墓竹简》中，有关经济的法规占相当大的比重，如《田律》《厩苑律》《仓律》《牛羊律》《工律》《工人程》《均工》《效律》《金布律》《关市》《司空律》等。这充分表明，秦利用法律对市场经济的调整已达到相当高的水平，是举世无双的。

市场经济是交易经济，这是从原始社会末期已经开始的人类社会的一种经济形式。显然，资本主义市场经济同市场经济本自并不是一回事。任意拔高罗马法的法学家所言"市场经济"，实际上是指资本主义市场经济，只是他们把其中的"资本主义"字样隐去了。

其二，中华法制源远流长，博大精深，是大陆法系和英美法系不可相比的，其民主性精华、法文化积淀和人类法制文明优秀成果，不仅具有重大继承意义，而且也是尚待完成的历史任务。我们应当在前人研究的基础上，致力于中华法系的深入研究，使之与中华民族的伟大复兴同步前进。

对待中华法系的态度，一概排斥是不正确的，应当取取其精华，去其糟粕态度。中华法系的精华是很鲜明的。

一是，法理念文明。

"法治主义"是西方近现代法理念的总纲，而这在我国古代便存在了。

"以法治国"，是战国时期《管子》提出的，"威不两错，政不二门，以法治国，则举措而已"（《管子·明法》）。西方法治主义的重心在于标榜反对"人治"，但先秦思想家就有防止君主随心擅治的主张，如商鞅"法之不行，自上犯之"（《史记·商君列传》），要求君主"慎法制""令顺民心"（《管子·牧民》）。明黄宗羲提出"吾以谓有法治而后有治人"（《明夷待访录·原法》）。这种思想，由先秦而至明清从未中断。以法治国，使君主服从法律的思想之早、之全面、之历史连贯性，西方学者都是承认的。

法治主义的重要表现，是"罪刑法定主义"。罪刑法定主义排斥有罪推定、私刑、擅断入狱等，是进步的法理念。早在公元前 536 年，郑子产铸刑书，公元前 513 年，晋铸刑鼎。我国第一次公布成文法，改变了"临事议制，不预设法"的状况，定罪、量刑"皆有法式"，从而使我国法制文明进入一个新的阶段。这项法制原则，比西方提出的"罪刑法定主义"整整早 2000 多年。

"德法结合，德主刑辅"，是中华法系的独有特征。这也是文明进步的法理念。

二是，法制度文明。

中华法系的法制度门类齐全，规范全面，体系完善，结构严谨，充满了立法成熟性、先进性，为世界所仅见。中华法系的法制度文明，带来了人类法文明的新曙光。

在经济立法上，包括农业管理法、农田水利法、土地租赁法、手工业管理法、漕运法、市场贸易法（市场管理法、专卖法、外贸法）、金融法（钱法、纸币法、禁止高利贷法）、财政法、赋税法，等等。先有生产尔后有交易，自古无西方国家的以"交易立国"之理。中华法系对生产从来都是高度重视的。我国对手工业生产、经营和管理的法律是相当完备、发达的。其中的《工律》《均工律》，有关于计划生产的规定、关于手工业者的规定、关于器物制造规定、关于"评比"、"竞赛"的规定，等等。

在民事立法上，包括主体资格、权利能力和行为能力、物权（佃权、质权、典权、抵押权）和所有权（占有权、使用权、收益权、处分权）、债权（侵权行为之债、不当得利之债、合同之债）。我国西周时期就有了书面合同，合同形式有书、契、券、据等。券由竹木制成，一劈为二，双方当事人各执一半，债务人执右券，债权人执左券。唐《永徽律》把契约作为法律制度固定下来。在西方，书面合同形式，只是在公元 472 年希腊国王利奥的谕令中得到认可。

在行政立法上，中央行政管理体制、中央监察机关、官职制度（任免制度、考绩制度、俸禄制度、科举选官制度、退休制度、休假退休制度、职官考课制度）等，早已成型。我国文官制度历代相习相改，缜密、发达、完善，为西方各国所不及。孙中山说英国的文官制度是从中国传去的，有案可查。可是，我们却把英国的这种文官制度当作新发现搬过来，让英国人前来传经送宝。

在刑事立法上，治乱世用重典、重法地（是对盗贼罪从重判刑的地区。《宋史·刑法志》载开封府几地、京西滑州、京东应天府、淮南宿州、河北澶州等。公元 1078 年后，河北、京东、淮南、福建皆用重法地）、法律时效、犯罪的主观要件和客观要件、类推、数罪并罚、犯罪后果和情节、故意和过失、偶犯和惯犯、公罪和私罪、共犯之首犯和从犯、刑罚减免（特定犯罪减免、老幼病残犯罪减免、自首减免）、疑罪惟轻、正当防卫、援法适用，等等。上列所述，如不指明出自中华法系，人们还以为是外国现代刑法哩。

公元 6 世纪始，拜占庭帝国刑法规定的"断肢刑"，有砍手、割舌、割鼻、挖眼、去势、鞭打 6 种。汉景帝时，将不应弃市的罪犯，改用苔刑替代黥、劓和斩左趾，同时规定了苔刑刑具的规模和受刑部位，而汉景帝时期始于公元前 156 年，两者相差七八百年。很显然，当时欧洲的刑罚是落后的、野蛮的，其刑事立法的指导思想乃是报复主义，未向惩戒教育主义转变。

三是，法体制文明。

法体制，是法制度的表现形式和实现方式。法制度表现形式的多样性、法制度实现方式的特定性，能够体现法系文明的程度和发展水平。西方国家后世的立法，是我国已存既久的事实，充分说明了中华法系的影响力。

中华法系法体制的创新，可以列举以下几例：①判例法。比，是一种判例。通过比附、类推方式裁判，是比照同类案例判决。汉凡"律无条，取比类以决之"（《汉书·刑法志》）。唐继承汉比形式，有所发展。宋起始也是一案一例，从庆历起改为编例，至南宋各朝，共编七例。判例是律法的重要补充，具有法律效力，是中华法系的创造。因为地域广大，判例复杂，判例法容易破坏法律的统一，因而我国没能形成像英美法系以判例法主导的立法局面。②法典化。法典是体系化的法律文件，它要求该体系内的规范系统而详尽。秦简秦律、汉律、唐律、宋编敕、大明律、大清律，都是当朝的法典形式。法律、法规的法典化，必须具备法律规范大体系条件、立法技术条件。一部部诸法合体的综合性法典，确是先人的立法壮举。③法规汇编。起初，是将各种法律形式汇编，以便于学法和法律适用。这种汇编形式，"其书散漫，用法之际，官不暇遍阅，吏因得以容奸"（《宋史·刑法志》）。以"法规"汇编而进化到以"事"汇编，始于南宋编"条法事类"。这是把相关的敕、令、格、式等，按事分门别类，汇编成书。这是法典编纂体例的新成就。

马克思主义时代化，就是在马克思主义原理指导下，适应时代要求，通过新总结、新概括，不断从时代发展中丰富和发展自己，使之进一步升华。中华民族伟大复兴，是时代潮流。在这一时代潮流中，马克思主义必将获得新的生命力和无限创造力。马克思主义法学理论时代化，就是坚持马克思主义法学理论的指导地位和在当代条件下的新发展。

马克思在《对民主主义者莱茵区域委员会的审判》里说："现在我手里拿着的这本Code Napoléon〔拿破仑法典〕并没有创立现代的资产阶级社会。相反地，产生于十八世纪并在十九世纪继续发展的资产阶级社会，只是在这本法典中找到了它的法律的表现。这一法典一旦不再适应社会关系，它就会变成一叠不值钱的废纸。你们不能使旧法律成为新社会发展的基础，正像这些旧法律不能创立旧社会关系一样。"

这里，马克思明确指出了法律与时代的关系。任何法律和法思想，都是时代的产物。有什么样的时代条件，就有什么样的法律和法思想。经典作家说，历史从哪里开始，思想进程也应当从哪里开始。同样地，历史从哪里开始，法律和法思想的进程也应当从哪里开始。

马克思主义法学理论产生于资本主义时代。资本主义进程有两次大的时代关节点，就是自由资本主义、垄断资本主义。马克思主义法学理论是紧紧跟随时代前进的。

资产阶级夺取政权后，成立"生意人"共和国，开始了自由资本主义时代。在法的领域，实行自由放任主义立法。企业自治、物权绝对、契约自由成为法的基本原则。在"夜警国家论""小政府论"指导下，法在自由市场经济下起消极作用，即对社会经济生活不予干预。在这样的社会条件下，立法和法思想的中心概念，是"个人本位"。个人本位的核心是个人权利本位。权利本位论主张把权利的地位放在实在法（制定法）之上，也放在国家最高权力之上；权利是法学的中心概念；弘扬权利是法文化的核心和基本任务；权利是现实的人（"经济人"）进行社会活动的工具和出发点。利益、自由、平等三要素是权利本位论的立论基础。

然而，失去自律性的自由资本主义，引爆了 1848 年的欧洲大革命，自由资本主义被打得落花流水。经过"十年时代"的调整之后，竞争的主体、手段和后果都发生了变化。19 世纪下半叶起，转变为垄断资本主义，从而开启了资本主义新的时代。

自由放任、权利本位的弊害，在于在个人与社会的关系上采取了"个人中心主义"的立场，这已不适合时代要求。时代新思潮认为，社会利益就是个人的真正利益，个人的生存、发展依赖社会的生存、发展。因此，在个人与社会的关系上，应以社会为本位。

在垄断资本主义条件下，资产阶级法律和法思想的中心是"社会本位"。社会本位的要点是：把社会权概括为权利的首要含义；应对私人所有权作出明确的限制；对"对压制的抵抗权"要从它所具有的全部权利的本质属性方面进行考察；以人民主权原理为指导。主张人民是主权者，政府是人民的作品，政府工作人员是人民的仆人；必须对自然权利论做出批判。由上述可见，社会本位法思想，是以社会权为核心的权利思想，是以社会权为基础构建社会政治、经济和法律制度的法思想。社会本位法思想不是一般地排斥权利，而是权利不再处于本位地位。这种新的权利论，不再以社会契约论和自然权利论为前提。以自由权为中心的权利本位法思想向以社会权为中心的社会本位法思想的演变，反映了资本主义发展的一般进程，这是巨大的历史性进步。这种以"个人"为载体的传统法思想向"社会"为载体的新的法思想的转变，是新时代法律和法思想变化的基本背景。

由权利法向社会调节法的演变表明，权利法再也不能像先前那样占统治地位了，一种新的法律在摆脱传统法的束缚，为新的社会关系的发展开辟道路。这便是变化了的法律和法思想的现实基础。

马克思主义法学理论，是在批判资本主义社会制度和法律制度的过程中产生并发展的。

我们现在所处的时代，是十月革命所开辟的社会主义新时代。这个时代，是社会主义立法从无到有，不断完善的新时代，也是社会主义法学走向胜利和繁荣的新时代。在我国，中国特点的社会主义也走入了新时代。在这个时代，马克思主义法学理论并没有过时。作为马克思主义法学思想直接继承者的习近平法律思想，亦是世界法律变革的先导、法学理论改造的动力。时代需要马克思主义法学理论。马克思主义法学理论的时代化，就是贴近时代的精神，贴近人民心灵的呼声。

马克思主义大众化，就是把马克思主义原理同人民群众的实践活动相结合，使科学理论进入社会实践，成为人民群众强大的思想武器和行动指南。推进马克思主义大众化，首先要让马克思主义从书斋里解放出来，回答和解决人民群众实践中的实际问题。这不是把马克思主义"庸俗化"。

马克思主义法学理论大众化，就是坚持走人民法学、实践法学道路，把法学还给人民，让马克思主义法学理论在实践中落地生根。

马克思主义法学是人民的实践的法学。这样的法学应当表现以下几个特点：

第一，马克思主义法学是在摧毁旧法制、否定旧法学基础上产生的完全新型的法学。旧法学是为剥削阶级服务的，其目的是为统治者和有产者的统治提供和寻找法律根据。人民法学一定是替人民说话的法学。人民法学从根本上解决了法学理论"为什么人"的问题。

第二，马克思主义法学是保障人民通过各种途径和方式，管理国家事务，管理经济和文化事业，管理社会事务的法学。人民的统一意志、社会主义道路、人民民主政权，这是法学的核心和实质。

第三，马克思主义法学是坚持人民群众是法的活动的主体，是立法、执法和司法的实践都是人民群众参与的法学。人民群众是决定国家和法律命运的根本力量。法学理论不是法学家和贵人、贤人、智者、杰出人物从统治阶级那里获取法的隐蔽动机之后创造出来的，人民群众法律实践生活的基础，准备了法学理论和法律文化的丰富源泉。

第四，马克思主义法学还应当是人民群众喜闻乐见的法学。用晦涩难懂的词句特别是西方话语的词句开路，再涂抹些"理论"色彩，内容是在注释上抄来抄去，绕来绕去，这根本不属于理论范畴，更不是什么学术创造。如若把我们的法学搞成这个样子，那就糟糕透了。

人民性、实践性是"大众化"的鲜明表现。建立大众化的法学话语体系，关系到马克思主义法学理论的普及。马克思的法学理论是人类法学思想的最高成就，但从来都是用平实的语言表达深刻的思想的。

话语与语言不同。语言本身是作为生物体的人的发音机能，同骨骼活动、血液流动一样，属于人的本能，没有阶级性。话语则不同，它是利用语言表达思想，是意识形态的组成部分和表现形式。话语是人类文明的结晶。基本话语是全社会的、共同的、统一的话语，是历史的产物，不是时代的产物。特定话语是具有特定含义的话语。恩格斯在《英国工人阶级状况》一书中说，工厂主有一套方言，工人们有另一套方言，有另一套思想和观念，讲的就是特定话语。新话语是时代的产物。话语是不断变化的。随着社会的发展，新话语不断产生，人们将用新话语充实话语体系。

综合上述可以认为，马克思主义法学中国化、时代化、大众化，是中国社会的内在要求，是法学发展的合乎规律的结果。法学的西化、十八世纪化、精英化，是逆历史潮流而动的、落后于时代的，是违背人民意愿的。它的鼓噪和虚假繁荣，只不过是旧法学的复燃和回光，充满了历史暂时性。

作为导言，以上三部分的标题和内容，是依据经典作家和我们党的论述做出的。马克思主义法学理论是人类认识史上的伟大创新，在马克思主义法学理论指导下的法学创新，一定是这个伟大创新的继续。

第一部分

权力义务关系——命令与服从关系

法律关系，是被法所规范的社会关系。社会关系并不都是被法所规范的，只有在统治阶级具有规范意识的场合并制定为法律，才存在法律关系。违规、违纪、违章（社会组织内部章程），不是法律关系，而违法犯罪是法律关系；恋爱关系不是法律关系，而婚姻关系是法律关系，如此等等。

权力义务关系和权利义务关系，是法律关系的总和。关于两者的相互关系，西方法学划分为四个学说。

（1）法域分属说

"法域分属"说认为，权力与权利分别属于不同的法域。权力现象属于公法法域，权利属于私法法域。认为国家与私人之间的关系是权力关系，私人与私人之间的关系是权利关系。这种学说，是基于将公法和私法的划分绝对化的思想方法。在法的社会化条件下，发生了公法与私法交错过程。由于在这一过程中，发生了法的结构变动，产生了新的法的领域——社会法、经济法领域，而这一新领域不再是单一的权力关系或权利关系。

（2）差异主体说

"差异主体"说把平等主体、不平等主体的区分，作为划分权力与权利的焦点。认为权力存在于不平等主体间的相互关系中，权利存在于平等主体间的相互关系中。把主体划分为不平等主体、平等主体，是权力绝对主义理论的一贯主张。问题在于，在社会化大生产条件下，国家与社会的对立及二元化发展，逐渐变成了国家与社会统一发展的一元化过程。这是改变权力与权利对立的现实基础。况且，现代法的重要标志之一是主体的对等性。所谓对等、不对等，不可能指主体的法律地位，而是指主体间的"关系状态"是对等还是不对等。任何主体在法律上都被规定成平等的，而实际上"关系状态"不可能是平等的。

（3）关系排斥说

"关系排斥"说认为，权力存在于服从关系中，权利存在于相互协商关系中。

这两种关系是相互排斥的、不相容的。我们知道，在权力过剩的时代，权力排斥一切。商品货币关系不仅产生了权利关系，也创造了财产权力关系。随着商品经济的高度发展，权力受到限制，成为"被限制的权力"；主体拥有对权力侵害的抵抗权；对于权力侵害行为，形成了行政诉讼、国家赔偿、追究权力者责任等法律制度。这充分说明了权力与权利不是相互排斥的，而是相互制约、相互补充，以服从于、服务于社会总体运行的需要。

（4）意志优劣说

"意志优劣"说认为，意志优劣是权力和权利的法律价值，权力标志强的意志，权利标志弱的意志，强的意志约束弱的意志，权利意志表示对权力意志服从。在现代国家，权力和权利都具有法定性。权力和权利都是法的意志的表现。在法意志的统一性上，权力与权利的区别，只能是"这个意志"与"那个意志"的区别，而不是强的意志与弱的意志的区别。问题不在于意志的优劣，而在于权利发生了异化——权利异化成为权力。这种学说根本缺陷是：在坚持权力与权利相互对立的基础上，论证两者的界限，而不是在将两者作统一把握的基础上，分析它们的区别和联系。

在当代，上述所谓"学说"均不符合实际。

"权力"一词是从日常用语的"力"引申而来的。由日常用语的含混不清到科学限定，产生了自然科学中"力"的概念。在18世纪，社会科学借用了物理学中"力"的术语，用以说明人类社会中的权力现象，把"权力"一词赋予自然现象中作用力的意义。作为对这种"权力"含义的引申，进一步认为，与自然现象间的作用力不同，人类社会的权力是一种人与人之间"制御他人服从之力"。权力被社会化了。

权力社会化，就是权力现象普遍存在于人类社会，人类社会到处都存在权力现象，即存在"制御他人服从之力"。在西方学者那里，财产关系被权力化了，如有产者与无产者之间的权力关系；社会政治关系也被权力化了，如领导者与被领导者之间的权力关系；乃至父母与子女、丈夫与妻子、师傅与徒弟、牧师与信徒等的关系，也变成了权力关系。这种多样化的权力关系是长期形成的，它往往处于一定的稳定状态。就是说，它超越了个人具体的人格而形成了社会的行为方式，权力关系被惯例化了。

这种对权力的解释，究其原因，盖源于私有制和私有观念。如货币是一种权利，人们依据货币进行货币与物的交换。这种协商一致的交换关系，不存在"制御他人服从之力"。然而，权利的异化，形成了货币权力。货币权力、资本权力既是资本主义实态，也是西方法学的基本理论形式。

必须明确，在阶级统治的社会里，权力关系根源于统治阶级的利害状况和规范意识。警察挥动棍棒与居民挥动棍棒，作为物理学上力的表现，并无不同，但前者被认为是执行职务的正当行为，而后者却是违法行为。这种利害状况和规范意识，也决定了这里的权力不是一般意义上的制御他人服从之力，而是国家强制力。由此，形成了"国家权力"观念。

国家权力，是构成国家的要素，无国家权力则国家不可能存在。国家权力是属于国家的不可瓜分的权力。国家权力的制度化、法律化，使其获得了稳定的运作方式。社会成员在法律范围内行使自己的权利，国家则以权力作为自己的行为方式，对于违反权力意志的行为将给予权力的强制。总之，权力的国家化而不是社会个人化的权力概念，是权力关系形成的基本理论基础。

对于权力与法的关系问题，西方法学有两种认识。一种认为权力是由法律规定的；另一种认为法律是由权力制定的。也有法学家认为，在国家秩序的一般层面，为使权力作为权力来发动，必须由宪法来组织和认定，称之为"根据宪法组织的权力"（法 pouvoir constitu）。与此相对，在国家秩序的最高层面，存在法之上的权力，根据最高权力可以制定宪法。这是"权力制定宪法"（法 pouvoir constituant）。一般地说，认为权力是指命令权，这意味着个人的意志具有统制他人的权力。其实，西方学者的这种权力论说，仍然主张社会化的权力。不过他们认为，政治团体特别是国家机关的意志权力，需要得到当事人基于一定的根据认可，并承认是正当的。

西方法学认为，权力关系（德 Gewait Verha-Itnis）的主体，是国家或公共团体和个人，这些主体立足于法律上的命令者和服从者的关系。认为两者的地位不对等，在法律上前者的意志权力优于后者的权力。国家主体权力的成立，为一般统治权时是一般权力关系；根据特别规定，为特别统治权时是特别权力关系。在上述阐释中，是按权力关系是与私法关系不同的公法关系处理的。

马克思主义经典作家否定权力的社会性，否定依据公法私法划分理论而提出和使用的"公权力"术语。在"私权力""公权力"词句满天飞的世界，马克思从来没有使用这些术语。他把权力归结为"国家权力"，并对"国家权力"进行了科学的解释和论述。在使用"国家权力"术语的场合，经典作家随之使用了"无限权力""最高权力"术语。这究竟是为什么呢？马克思分析了权利的异化，指明了财产权利异化为财产权力，深入论证了财产权力和权力财产，这就揭穿了资本主义的全部奥秘。其实，"私权力""公权力"是一对范畴。"公权力"术语是在肯定"私权力"的情况下使用的。否定"私权力"，"公权力"也不存在了。既然否定"私权力"，当然否定"公权力"术语本身。因此，用"国家权力"替代所谓的"公权力"，是自然而然的事情。

权力关系，是被法律规范所形成的权力义务关系。在权力关系中，权力和义务都是由法律规定的。没有被法律规范的权力和义务，不能形成权力关系。权力关系是社会关系中相对独立的系统，是法律关系的重要方面。

权力关系是有机结合的各组成部分和环节，通过相互影响和相互制约，促使权力运转的关系系统。权力由基本权力和具体权力构成。从权力关系发展的当代结果看，基本权力就是立法权、执法权和司法权。其具体权力，构成它们各自的分支权力。具体权力是相对稳定的，但始终处于不断变动之中。

国家的权力构成是长期形成的。影响具体权力设置或取消的因素很多，但规范意识和利害关系则是决定性的两个因素，而统治阶级意志对权力构成的变化，起关键作用。

从根本上说，某一权力的设置或取消，某一权力关系的存在或消失，取决于它们满足社会需要的程度，取决于它们同物质生活条件适应的程度。这是判断权力关系变动是否合理的最重要的标准。

我们研究权力关系的结构，首先要把各构成部分的内含予以科学的界定，特别是在进行对比分析时，注意分类标准的统一性和具体权力形式含义的确定性。

一、从原始公共权力到国家权力

国家权力不是从来就有的，原始社会不存在国家权力。

原始社会没有国家与法，但并不是一盘散沙的社会。维持这种井然有序的氏族、胞族和部落社会秩序的，是原始公共权力。这种公共权力，代表社会全体成员的意志，是为了整个集体的利益而建立起来的。原始公共权力作为一种社会权能，对社会全体成员具有普遍约束力，是得到人人遵循的权能。由于个人相互之间不存在统治与被统治的关系，个人与集体之间的根本利益是完全一致的，因而能够得到大家自觉地严格地服从。而且，人们自幼养成的习性，舆论和传统的力量，使氏族首领享有极高的威信，这些对公共权力的遵行也起到了保证作用。

国家权力的产生经历了漫长、复杂的过程。产生了国家和法，也同时产生了国家权力。从氏族社会后期出现财产差别和社会差别，到私有制和阶级产生，社会关系发生了根本性的变化。由于不同阶级间的物质利益截然对立，人们对善与恶，是与非，正义与非正义的看法，发生了根本分歧，对氏族首领主导的公共权力的认同，也发生了根本变化。在这种情况下，原来的习惯、传统和约束性规则已经无法调整这种新形成的社会关系了，原始公共权力也随之失效。

奴隶主阶级为了使全社会成员都服从自己阶级的意志和利益，维护有利于自己的社会关系和社会秩序，在建立国家和法的同时，又根据自己的意志，获得了国家权力。这种国家权力，以国家的强制力来强迫人们服从和遵守。

同国家和法一样，国家权力也是社会矛盾不可调和的产物，是统治阶级实现阶级统治不可缺少的重要工具。至此，社会成员之间无权利与义务之别、无权力与义务之别的时代，已经过去了。

（一）原始公共权力的市质和特征

1. 自然发生的共同体的组织性力量

原始社会没有权利和义务，也没有权力和义务。因此，"原始公共权力"术语不过是一个借称，是指原始社会自然发生的共同体的组织性力量。原始社会是靠血缘关系维系的。血缘关系，是血亲联系的亲属关系，因为由氏族首领与氏族成员组成的共同体内的关系是亲属关系，因而不存在按地域划分居民产生的那种强制力。

在血缘关系共同体里，其成员相互关系的状态是"我为人人，人人为我"，有"我""你"的观念，这是自然的观念；没有"我的""你的"的观念，因为这是私有的观念。

在阶级社会才有这个观念，"人人为我，上帝为大家"是典型的私有观念。服从共同体的权力，是成员内心的感悟和自觉，不存在任何受拘束的感觉。

共同体的权力，是自然所赋予的。对共同体权力的遵行，靠习惯、传统等原始自然史上的力量维持。

自然发生的共同体的组织性力量，是原始公共权力的本质。

酋长在氏族内部的权力，是父亲般的、纯粹道德性质的；他手里没有强制的手段。

恩格斯：《家庭、私有制和国家的起源》，
《马克思恩格斯全集》第 21 卷第 100 页。

部落始终是人们的界限，无论对别一部落的人来说或者对他们自己来说都是如此：部落、氏族及其制度，都是神圣而不可侵犯的，都是自然所赋予的最高权力，个人在感情、思想和行动上始终是无条件服从的。这个时代的人们，不管在我们看来多么值得赞叹，但他们彼此并没有什么差别，用马克思的话说，他们还没有脱掉自然发生的共同体的脐带。

恩格斯：《家庭、私有制和国家的起源》，
《马克思恩格斯全集》第 21 卷第 112～113 页。

原来，当部落中的每个成年男子都是战士的时候，那脱离了人民的、可以用来和人民对抗的公共权力还不存在。自然长成的民主制还处于全盛时期，所以无论在判断议事会或者在判断巴赛勒斯的权力与地位时，都应当以此为出发点。

恩格斯：《家庭、私有制和国家的起源》，
《马克思恩格斯全集》第 21 卷第 120 页。

尽管自然产生的贵族已经获得了牢固的基础，尽管担任勒克斯的人力图逐渐扩大自己的权力，但是所有这一切并没有改变制度的最初的根本性质，而全部问题就在于此。

恩格斯：《家庭、私有制和国家的起源》，
《马克思恩格斯全集》第 21 卷第 146 页。

但是是谁选举的呢？杜兰指出有四名酋长是选侯（见前文），再加上特斯库卡的一名选侯和特拉科潘的一名选侯；因之，总共有六个人，他们被赋予从一个特定的家庭中选举最高军事酋长的权力。

马克思：《路易斯·亨·摩尔根〈古代社会〉一书摘要》，
《马克思恩格斯全集》第 45 卷第 491 页。

没有任何根据认为蒙特苏马在阿兹特克人的民政方面拥有任何权力，无宁说是相反。

马克思：《路易斯·亨·摩尔根〈古代社会〉一书摘要》，
《马克思恩格斯全集》第 45 卷第 493 页。

　　"妇女在克兰里，乃至一般在任何地方，都拥有很大的权力。在必要的时候，她们可以毫不犹豫地——用他们的话来说——从酋长头上'摘下角来'，把他贬为普通的战士。酋长的最先提名权总是操在她们手中。"参照巴霍芬《母权论》一书。

马克思：《路易斯·亨·摩尔根〈古代社会〉一书摘要》，

《马克思恩格斯全集》第 45 卷第 361 页。

　　西北海岸的科鲁舍人有氏族组织，他们在语言上与阿塔帕斯坎人相近；氏族取动物名称，世系按女系计算；继承权属于女系，由舅及甥，一般说来，除了主要酋长以外，舅父是家庭中最有权力的人。

马克思：《路易斯·亨·摩尔根〈古代社会〉一书摘要》，

《马克思恩格斯全集》第 45 卷第 471 页。

　　在希腊人中，按照他们的氏族制度来推想，应该或者是自由选举，或者是由人民通过他们所公认的组织来批准任职，像罗马的勒克斯那样。在这种情况下，所谓的继承者如不通过选举或批准，是不能就职的，而（人民方面）进行选举或批准的权力中也含有罢免的权利。

马克思：《路易斯·亨·摩尔根〈古代社会〉一书摘要》，

《马克思恩格斯全集》第 45 卷第 511 页。

　　关于早期罗马的"社会"史，人们知道得很少，因为早在罗马人开始记述历史以前，氏族的权力就已经转交给新的政治团体了。

马克思：《路易斯·亨·摩尔根〈古代社会〉一书摘要》，

《马克思恩格斯全集》第 45 卷第 530 页。

　　这一部分摘录的是恩格斯的《家庭、私有制和国家的起源》、《路易斯·亨·摩尔根〈古代社会〉一书摘要》两部著作中的有关论述。

　　马克思在晚年更加积极研究古老的社会形态，进一步阐明资本主义以前的社会，包括原始社会发展的规律性，深入探讨当时在世界广大地区存在的农村公社的历史命运问题。他搜集、研究了各种实际材料，阅读了各种有关的学术著作。他虽然没有来得及在这一领域写出系统的著作，但他通过对某些著作的细心摘录、评注、删节、改造和补充，表述或透露了他的许多宝贵的思想和深刻的观点。

　　马克思对俄国学者马·柯瓦列夫斯基的著作《公社土地占有制，其解体的原因、进程和结果》所作的摘要，表现了马克思晚年对农村公社问题的观点的发展。

　　马克思很重视柯瓦列夫斯基的学术贡献。他翻译、摘录了柯瓦列夫斯基著作中有价值的具体材料，同时也在不少问题上提出了十分重要的见解，丰富和发展了自己的关于前资本主义生产方式的理论。

同时，马克思反对柯瓦列夫斯基把亚、非、美洲各古老民族的社会历史的演变同西欧作机械类比的做法。他在作摘要时常常把这些类比删除或修改，并且对印度在德里苏丹统治时期和莫卧儿帝国统治时期土地关系的改变的性质作了大段的评注。马克思不同意柯瓦列夫斯基把印度在上述时期中发生的土地关系上的变化看作"封建化"，并对柯瓦列夫斯基的论点表示了自己的看法。

马克思对美国学者路·摩尔根的《古代社会》一书所作的笔记，具有极为重要的理论意义。摩尔根通过自己长期广泛的调查研究，发现了无阶级的原始社会的社会结构，证明了母系氏族（以后转变为父系氏族）是原始社会的基本单位，阐明了家庭形式的演变规律，表明了家庭形式和婚姻形式在原始社会中的作用，说明了私有制的产生导致专偶制家庭的产生和文明社会的建立。摩尔根的划时代的发现，证实了马克思对原始社会的观点和唯物史观。

马克思十分重视摩尔根的科学贡献，他详细摘录了摩尔根《古代社会》一书中所有有科学价值的篇章，剔除了书中错误观点和不正确的说法，并且改造了原书的结构。这样，他在这篇摘要中不仅去粗取精，集中了摩尔根著作的精华，而且使摩尔根的体系得到了科学的整理。例如，摩尔根原著的结构，是从生产技术的发展到政治观念的发展再到家庭形式的变化和私有制的产生，而在马克思的摘要中，这种结构则被改造为从生产技术的发展和家庭形式的变化到私有制和国家的产生。这样就纠正了摩尔根唯物主义观点的不彻底性，体现了历史唯物主义的观点：原始社会建立在两种生产即物质资料的生产和人本身的生产的基础之上；私有制产生了阶级和国家，导致了氏族制度的灭亡。

马克思在这篇笔记中写下了很多评注，除对摩尔根著作中的问题作了进一步说明外，还对他的某些论点作了重要的纠正、发挥和补充。例如，马克思纠正了摩尔根把取火当作人类早期的次要发明的观点，指出，"与此相反：一切与取火有关的东西都是主要的发明"。马克思否定了摩尔根的人类已达到"绝对控制"食物生产的说法。对于摩尔根的亲属制度、亲属称谓落后于亲属关系的原理，马克思作了更为深刻的理论概括，马克思的确"打算联系他的……唯物主义的历史研究所得出的结论来阐述摩尔根的研究成果"，但他没有来得及写出系统的著作就逝世了。他的这个遗志是由恩格斯完成的。恩格斯1884年写成的名著《家庭、私有制和国家的起源》，利用摩尔根的研究成果，充分吸收了马克思在这篇摘要中所表述的思想，用历史唯物主义观点，系统阐述了人类早期社会发展的历史，科学地证明了人类走向未来共产主义社会的历史必然性，列宁称它是"现代社会主义的基本著作之一"。

2. 原始公共权力不具有强制性、支配性和同共同体的对抗性

原始公共权力的基本特点，是这种权力即自然发生的共同体的组织性力量，不具有强制性、支配性和同共同体的对抗性。这是从经典作家的论述中概括出来的。

西班牙人之所以把酋长当作土地占有者，是因为他担任的职位是永久的，并且土地是归他担任首领的氏族永远占有的；酋长（除去他作为氏族首领的职能之外）没有什么支配人身的权力（西班牙人认为他有这种权力），也没有支配土地的权力。

马克思：《路易斯·亨·摩尔根〈古代社会〉一书摘要》，

《马克思恩格斯全集》第 45 卷第 487 页。

家庭财产通常由全体家庭成员推选的年长者管理。他买卖、租佃土地，安排播种和收割，订立买卖契约，掌管家庭开支和收取家庭进项；他的权力决不是无限制的；凡是比较重要的事情，特别是在买卖不动产的时候，他都必须征询全体家庭成员的意见。在其他方面，他在处理家庭财产时是不受限制的。

马克思：《马·柯瓦列夫斯基〈公社土地占有制〉一书摘要》，

《马克思恩格斯全集》第 45 卷第 309～310 页。

在美洲土著中，有组织的僧侣团体最初出现于野蛮时代中级阶段，同偶像的发明和杀人祭——这是取得支配人的权力的一种手段——有关。

马克思：《路易斯·亨·摩尔根〈古代社会〉一书摘要》，

《马克思恩格斯全集》第 45 卷第 481 页。

希腊著作家用来表示荷马时代王权的巴赛勒亚一词（因为这一权力的主要特征就是军事的统率），在同时存在酋长会议和人民大会的情况下，其意不过是一种军事民主制而已。

马克思：《路易斯·亨·摩尔根〈古代社会〉一书摘要》，

《马克思恩格斯全集》第 45 卷第 512 页。

提修斯的这一计划归于破灭，因为实际上并没有把氏族、胞族和部落的权力移交给阶级，因为这些阶级就其作为制度的基础而言仍不如氏族有效。

马克思：《路易斯·亨·摩尔根〈古代社会〉一书摘要》，

《马克思恩格斯全集》第 45 卷第 517 页。

除了库里亚长以外，他们也选举一个助理祭司即 flamen curialis，由他直接负责祭典的进行；人民大会即库里亚大会，在氏族制度下在罗马拥有较元老院更大的最高权力。

马克思：《路易斯·亨·摩尔根〈古代社会〉一书摘要》，

《马克思恩格斯全集》第 45 卷第 544 页。

另一方面，从布雷亨法明显看出，首领们面临为其畜群寻找足够的牧场的困难。尽管他们支配自己统治的那个集团的荒地的权力日益增长，但是部落土地中最肥沃的部分看来还是那些被自由的同部落人所占有的土地。因此也才有牲畜收授制度，《古制全书》专门有两节——《凯恩-萨耶拉特》和《凯恩-艾基尔涅》，即萨耶尔牲畜租赁法和达耶尔牲畜租赁法，就是论述这一制度的（第 152 页）。

马克思：《亨利·萨姆纳·梅恩〈古代法制史讲演录〉一书摘要》，
《马克思恩格斯全集》第 45 卷第 591 页。

塔尼斯特阿赫特 {Tanaisteacht}（或塔尼斯特里制度）是一种关于"头衔、职位和权力的转让"的继承法。卡里教授说："没有不变的继承规定……不过按我们的古代文献的总的精神是父死由长子继承，排除了所有旁系的觊觎者，除非长子被褫夺了资格等。"

马克思：《亨利·萨姆纳·梅恩〈古代法制史讲演录〉一书摘要》，
《马克思恩格斯全集》第 45 卷 600 页。

上面摘录的，除了马克思的《马·柯瓦列夫斯基〈公社土地占有制〉一书摘要》和《路易斯·亨·摩尔根〈古代社会〉一书摘要》之外，还摘录了马克思的《亨利·萨姆纳·梅恩〈古代法制史讲演录〉一书摘要》的几段论述。

马克思的第三篇古代社会史笔记，是他对英国资产阶级法学家亨·梅恩《古代法制史讲演录》所作的摘要。梅恩是根据古代法律阐述古代历史的"权威"，但同其他英国资产阶级学者一样，他根本不了解氏族的地位和作用，认为社会的原始形式不是氏族，而是他所知道的印度的父权制大家庭。马克思尖锐地批判了梅恩的这种错误观点。他还揭穿了梅恩从法律观点对英国殖民主义罪恶的辩护，揭露了英国在爱尔兰的殖民主义行径。具有重要理论意义的是，马克思还深刻批判了英国资产阶级法学家的抽象的、超阶级的国家观，论述了国家的起源、它的阶级性质以及必然消亡等问题；他针对资产阶级抽象的人性观点，从世界历史的广阔角度深刻地概括了人的历史发展和人性的具体社会内容。

（二）原始公共权力组织的架构及权力

1. 氏族议事会

既然原始公共权力是一种组织性权力，那么它总是通过一定的组织系统表现出来的。对最高权力机关，经典作家在不同场合称为"氏族有议事会""会议""氏族大会""酋长全体会议""人民大会"，等等。

氏族有议事会，它是氏族的一切成年男女享有平等表决权的民主集会。这种议事会选举、撤换酋长和军事首领，以及其余的"信仰守护人"；它作出为被杀害的氏族成员接受赎金（Wergeld）或实行血族复仇的决定；它收养外人加入氏族。总之，它是氏族的最高权力机关。

恩格斯：《家庭、私有制和国家的起源》，
《马克思恩格斯全集》第 21 卷第 102 页。

常设的权力机关为议事会（bulê），这种议事会最初大概是由各氏族的首长组成的，后来，由于其人数增加得太多，便由其中选出的一部分人组成，这就造成了发展和加强贵族分子的机会；狄奥尼修斯所描述的英雄时代的议事会正是这样由贵族（kratistoi）组成的。

恩格斯：《家庭、私有制和国家的起源》，
《马克思恩格斯全集》第 21 卷第 120 页。

全阿提卡被划分成一百个自治区，即所谓德莫。居住在每个德莫内的公民（德莫特），选举出自己的区长（德马赫）和司库、以及审理轻微案件的三十个法官。各个德莫同样也有自己的神殿及守护神或英雄，并选出祀奉他们的神职人员。德莫的最高权力，属于德莫特大会。摩尔根说得对，这是美洲市镇自治区的一种原型。

恩格斯：《家庭、私有制和国家的起源》，
《马克思恩格斯全集》第 21 卷第 133～134 页。

会议是管理工具和氏族、部落和部落联盟的最高权力机构。

马克思：《路易斯·亨·摩尔根〈古代社会〉一书摘要》，
《马克思恩格斯全集》第 45 卷第 415 页。

氏族大会——comitiacuriata〔库里亚大会〕——按库里亚表决，每一个库里亚都有一票表决权。这种大会直到塞尔维乌斯·土利乌斯时为止都是罗马人民的最高权力机关。

马克思：《路易斯·亨·摩尔根〈古代社会〉一书摘要》，
《马克思恩格斯全集》第 45 卷第 418～419 页。

有一个酋长全体会议，其成员人数有一定限制，在地位上和权限上彼此平等；这个会议在有关联盟的一切事务上握有最高权力。

马克思：《路易斯·亨·摩尔根〈古代社会〉一书摘要》，
《马克思恩格斯全集》第 45 卷第 441 页。

英雄时代的雅典民族有三个互相协同的部门或权力机关：（1）议事会（βουλή）；（2）άνορά〔阿哥腊〕即人民大会；（3）βασιλεύs〔巴赛勒斯〕，即主要军事首长。

马克思：《路易斯·亨·摩尔根〈古代社会〉一书摘要》，
《马克思恩格斯全集》第 45 卷第 508 页。

恩格斯在《家庭、私有制和国家的起源》里提到的“狄奥尼修斯所描述的英雄时代的议事会正是这样由贵族（kratistoi）组成的”，材料引自哈利卡纳苏斯的狄奥尼修斯《古代罗马史》。

恩格斯在《家庭、私有制和国家的起源》里提到的“德莫特大会”，见路易斯·亨·摩尔根《古代社会》。

2. 首领

对享有具体权力者，这里统称"首领"，包括经典作家提到的"部落最高首领""胞族长""军事首长""酋长""最高酋帅"等。

在有些部落中间，有一个最高的首领，但他的权力并不大。他是酋长之一，当需要紧急行动时，他应当在议事会召集会议作出最后决定之前采取临时的措施。在这里我们看到了一种具有执行权力的官员的微弱萌芽。

> 恩格斯：《家庭、私有制和国家的起源》，
> 《马克思恩格斯全集》第21卷第107页。

胞族有一个胞族长（phratriarchos），据德·库郎歇说，它还有全体大会，通过必须执行的决定，拥有审判的和行政的权力。

> 恩格斯：《家庭、私有制和国家的起源》，
> 《马克思恩格斯全集》第21卷第119页。

他不掌握民政方面的权力，也决没有处理公民的生命、自由和财产的权力，除非这些权力来自军事首长的惩戒权或法庭审判长的判决执行权。勒克斯的职位不是世袭的；相反地，他大概是由其前任推荐，先由库里亚大会选出，然后在第二次大会上正式就职的。他也是可以撤换的，高傲的塔克文的命运，便是证明。

> 恩格斯：《家庭、私有制和国家的起源》，
> 《马克思恩格斯全集》第21卷第145页。

军事首长完全是按才能来选举的，与世系无关。他们的权力很小，必须以自己的榜样来影响别人；至于军队的实际惩戒权，塔西佗确定地说，是握在祭司们手里的。真正的权力集中在人民大会上。

> 恩格斯：《家庭、私有制和国家的起源》，
> 《马克思恩格斯全集》第21卷第163页。

酋长的职责只限于和平时期的事务；他不能领导军事行动。酋帅是由于他个人勇敢，处理事务有办法或是在会议中能言善辩，才被选到这个职位上来；通常他们都是才力出众的人，但是在氏族中并没有特殊的权力。

> 马克思：《路易斯·亨·摩尔根〈古代社会〉一书摘要》，
> 《马克思恩格斯全集》第45卷第408~409页。

联盟中的酋长同时又是本部落中的酋长，他们同部落中的酋帅共同组成部落会议，部落会议在只与部落有关的一切事务上握有最高权力。

马克思：《路易斯·亨·摩尔根〈古代社会〉一书摘要》，
《马克思恩格斯全集》第 45 卷第 441 页。

他们由于体验到有必要设立最高军事首长，所以以双职的形式设立此职，以便互相节制。两个最高酋帅有平等权力。

马克思：《路易斯·亨·摩尔根〈古代社会〉一书摘要》，
《马克思恩格斯全集》第 45 卷第 442 页。

恩格斯在《家庭、私有制和国家的起源》里说，"据德·库郎歇说，它还有全体大会，通过必须执行的决定，拥有审判的和行政的权力"，引自甫斯特耳·德·库郎歇的《古代城市》（《Fustel de Coulanges.《La cité antique》1864 年巴黎—斯特拉斯堡版）。

（三）原始公共权力演化为国家权力

1. 国家权力与原始公共权力的本质区别

国家权力与原始公共权力有本质的区别。一是，国家权力具有鲜明的统治性。反映统治阶级的意志和利益，而原始社会的公共权力则反映全社会成员的共同意志和利益。二是，国家权力是由法律规定或国家认可的，并由国家强制力保证实施的。原始社会的公共权力则是自然形成的，是人们自觉服从和遵守的，不需要特殊的强制。三是，国家权力的独断性。国家权力是凌驾于社会之上并同社会脱离的独立力量。原始社会的公共权力和共同体的权力是一个意思，它没有自己独立的利益要求，因而没有与氏族社会成员相对抗的独断力量。

在与现代文明人类相距几千年的时代，还看不到国家存在的标志。我们看到的是风俗的统治，是族长所享有的威信、尊敬和权力，我们看到这种权力有时是属于妇女的——妇女在当时不像现在这样处在无权的被压迫的地位——但是在任何地方我们都看不到一种特殊等级的人分化出来管理他人并为了管理而系统地一贯地掌握着某种强制机构即暴力机构，这种暴力机构，大家知道，现在就是武装队伍、监狱及其他强迫他人意志服从暴力的手段，即构成国家实质的东西。

列宁：《论国家》，
《列宁全集》第 37 卷第 63 页。

"……第二个不同点，是公共权力的设立，这种公共权力已不再同自己组织为武装力量的居民直接符合了。这种特殊的公共权力之所以需要，是因为自从社会分裂为阶级以后，居民的自动的武装组织已经成为不可能了。这种公共权力在每一个国家里都存在。构成这种权力的，不仅有武装的人，而且还有物质的附属物，如监狱和各种强制机关，这些东西都是以前的氏族〈克兰〉社会所没有的。"

列宁：《国家与革命》，

《列宁全集》第 31 卷第 7~8 页。

　　在每个这样的公社中，一开始就存在着一定的共同利益，维护这种利益的工作，虽然是在全社会的监督之下，却不能不由个别成员来担当：如解决争端；制止个别人越权；监督用水，特别是在炎热的地方；最后，在非常原始的状态下执行宗教职能。这样的职位，在任何时候的原始公社中，例如在最古的德意志的马尔克公社中，甚至在今天的印度，还可以看到。这些职位被赋予了某种全权，这是国家权力的萌芽。

恩格斯：《反杜林论》，

《马克思恩格斯全集》第 20 卷第 194~195 页。

　　公共权力在这里体现在服兵役的公民身上，它不仅被用来反对奴隶，而且被用来反对不许服兵役和不许有武装的所谓无产者。

恩格斯：《家庭、私有制和国家的起源》，

《马克思恩格斯全集》第 21 卷第 147 页。

　　公共权力的设立，这种公共权力已不再同自己组织为武装力量的居民直接符合了。这个特殊的公共权力之所以需要，是因为自从社会分裂为阶级以后，居民的自动的武装组织已经成为不可能了。奴隶也包括在居民以内；9 万雅典公民，对于 365000 奴隶来说，只是一个特权阶级。雅典民主制的国民军，是一种贵族的、用来对付奴隶的公共权力，它控制奴隶使之服从；但是如前所述，为了也控制公民使之服从，宪兵队也成为必要了。这种公共权力在每一个国家里都存在。构成这种权力的，不仅有武装的人，而且还有物质的附属物，如监狱和各种强制机关，这些东西都是以前的氏族社会所没有的。在阶级对立还没有发展起来的社会和僻远的地区，这种公共权力可能极其微小，几乎是若有若无的，像有时在美利坚合众国的某些地方所看到的那样。但是，随着国内阶级对立的尖锐化，随着彼此相邻的各国的扩大和它们人口的增加，公共权力就日益加强。就拿我们今天的欧洲来看吧，在这里，阶级斗争和侵略竞争已经把公共权力猛增到势将吞食整个社会甚至吞食国家的高度。

恩格斯：《家庭、私有制和国家的起源》，

《马克思恩格斯全集》第 21 卷第 194~195 页。

　　为了维持这种公共权力，就需要公民缴纳费用——捐税。捐税是以前的氏族社会完全没有的。但是现在我们却十分熟悉它了。随着文明时代的向前进展，甚至捐税也不够了；国家就发行期票，借债，即发行公债。关于这点，老欧洲也已经有不少故事可讲了。

　　官吏既然掌握着公共权力和征税权，他们就作为社会机关而驾于社会之上。从前人们对于氏族制度的机关的那种自由的、自愿的尊敬，即使他们能够获得，也不能使他们满足了；他们作为日益同社会脱离的权力的代表，一定要用特别的法律来取得尊敬，由于这种法律，他们就享有特殊神圣和不可侵犯的地位了。

> 恩格斯：《家庭、私有制和国家的起源》，
> 《马克思恩格斯全集》第 21 卷第 195 页。

一切政治权力起先总是以某种经济的、社会的职能为基础的，随着社会成员由于原始公社的瓦解而变为私人生产者，因而和社会公共职能的执行者更加疏远，这种权力加强了。

> 恩格斯：《反杜林论》，
> 《马克思恩格斯全集》第 20 卷第 198~199 页。

在政治权力对社会独立起来并且从公仆变为主人以后，它可以朝两个方向起作用。或者按照合乎规律的经济发展的精神和方向去起作用，在这种情况下，它和经济发展之间就没有任何冲突，经济发展就加速了。或者违反经济发展而起作用，在这种情况下，除去少数例外，它照例总是在经济发展的压力下陷于崩溃。

> 恩格斯：《反杜林论》，
> 《马克思恩格斯全集》第 20 卷第 199 页。

国家是以一种与全体经常有关的成员相脱离的特殊的公共权力为前提的。

> 恩格斯：《家庭、私有制和国家的起源》，
> 《马克思恩格斯全集》第 21 卷第 110 页。

国家的本质特征，是和人民大众分离的公共权力。雅典在当时只有一支国民军和一支直接由人民提供的舰队，它们被用来抵御外敌和压制当时已占人口绝大多数的奴隶。对于公民，这种公共权力起初只不过当作警察来使用。

> 恩格斯：《家庭、私有制和国家的起源》，
> 《马克思恩格斯全集》第 21 卷第 135 页。

在中世纪的封建国家中，也是这样，在这里，政治的权力地位是按照地产来排列的。

> 恩格斯：《家庭、私有制和国家的起源》，
> 《马克思恩格斯全集》第 21 卷第 196 页。

国家并不是从来就有的。曾经有过不需要国家、而且根本不知国家和国家权力为何物的社会。在经济发展到一定阶段而必然使社会分裂为阶级时，国家就由于这种分裂而成为必要了。

> 恩格斯：《家庭、私有制和国家的起源》，
> 《马克思恩格斯全集》第 21 卷第 197 页。

只有当社会划分为阶级的第一种形式出现时，当奴隶制出现时，当这一阶级有可能专门从事最简单的农业劳动而生产出一些剩余物时，当这种剩余物对于奴隶维持最贫苦的生活并非绝对必需而由奴隶主攫为己有时，当奴隶主阶级的地位已经因此巩固起来时，为了使这种地位更加巩固，就必须有国家了。

于是出现了奴隶占有制国家，出现了一个使奴隶主握有权力、能够管理所有奴隶的机构。

列宁：《论国家》，

《列宁全集》第 37 卷第 66～67 页。

列宁在《国家与革命》里，从"第二个不同点，是公共权力的设立"论起的一段话，引自《马克思恩格斯全集》第 21 卷第 194～195 页。

2. 货币权力的形成

谁都知道，货币是充当一般等价物的特殊商品。充当货币的特殊商品，是在商品交换发展过程中从一般商品中分离出来的。人类最初的交换，发生在各个原始共同体之间，那是偶然发生的物物交换。物物交换的商品，从使用价值看，必须是双方互相需要的；从价值看，双方又必须是等量的。要同时具备这两个条件是相当困难的。在简单的狭小的物物交换中，比较容易进行。但随着交换范围的日益扩大，同时出现上述两个条件，就愈发困难了。在这种情况下，所有的商品都首先同那种大家乐于接受的商品相交换，逐渐地，那种商品就从一般商品中分离出来，成为其它商品的一般等价物。这个"大家乐于接受的商品"，就是货币。货币出现以后，各种具有不同使用价值的商品通过货币的媒介作用，实现了全面的互相交换。显然，在这里，货币只是交换的中介物。

然而，货币使商品内在的矛盾以新的形式扩大化了。从前是商品与商品的对立，现在是商品与货币的对立。生产者要把他的商品换成了货币，而只有把他的商品换成货币，私人劳动才能被承认为社会劳动，才可能取得他的社会产品。"物——物"交换，是两个主体之间直接的交换，只存在两个权利和两个义务的对应关系，即一方交付自己的商品是义务，获得相对人的商品是权利；相对人交付自己的商品是义务，一方获得相对人的商品是权利。这里不会产生货币权力。

在货币出现以后，商品交换从原来的"商品——商品"，分裂成为"商品——货币"和"货币——商品"两种形态，即分裂为卖和买两种行为。马克思指出，"随着商品流通的扩展，货币——财富的随时可用的绝对社会形式——的权力也日益增大。"这样，一切物，乃至人身、人的器官、名誉和良心等，都可以进入流通过程，变成货币。货币成了财富的化身。在原始社会末期，货币成了氏族首领们追逐财富，剥削其他氏族社会成员的工具。而且，高利贷者用货币攫取暴利的现象大量出现。货币成为剥削工具的可能性变成了现实性。在存在私有财产和阶级分化条件下，在货币所有者那里，货币不再属于权利范畴，而属于权力范畴了。

所有者通过货币，获得了"御使他人服从之力"。货币关系不是物与货币之间的关系，而是人与人之间的关系。原来是商品支配人，现在变成了货币支配人，人们感觉到好像货币本身天然地具有支配人们命运的神秘力量。"钱能通神""有钱能使鬼推磨"，似乎货币权力横扫一切了。于是，商品拜物教就发展为货币拜物教，货币拜物教不过是商品拜物教的发展形态。其实，货币权力的享有者是人，是私有财产者。

马克思和恩格斯在古代史的研究中，揭示了货币权力形成的事实。

当生产者不再直接消费自己的产品，而是通过交换把它转让出去的时候，他们就失去了对自己的产品的支配权力。他们已不再知道产品的结局如何。于是利用产品来反对生产者、剥削和压迫生产者的可能性便产生了。因此，不论哪一个社会，只要它不消灭单个人之间的交换，它便不能长久保持对它自己的生产的支配，不能长久保持对自己生产过程的社会后果的控制。

恩格斯：《家庭、私有制和国家的起源》，
《马克思恩格斯全集》第 21 卷第 129 页。

动产，即由货币、奴隶以及商船构成的财富，日益增加，但是，这时它已经不是单单用作购置地产的手段，像在眼光狭小的最初时期那样，——它已经变成目的本身了。结果，一方面发生了新阶级即从事工商业的富人对旧的贵族权力的胜利竞争，另一方面，就使旧的氏族制度的残余失去了它的最后地盘。

恩格斯：《家庭、私有制和国家的起源》，
《马克思恩格斯全集》第 21 卷第 133 页。

他在实践上证明，其他一切财富形式，在这种财富本身的化身面前都不过是一个影子而已。以后货币的权力再也没有像在它的这个青年时代那样，以如此原始的粗野和横暴的形式表现出来。在使用货币购买商品之后，出现了货币借贷，随着货币借贷出现了利息和高利贷。后世的立法，没有一个像古雅典和古罗马的立法那样残酷无情地、无可挽救地把债务者投在高利贷债权者的脚下，——这两种立法，都是纯粹由于经济强制，作为习惯法而自发地产生的。

恩格斯：《家庭、私有制和国家的起源》，
《马克思恩格斯全集》第 21 卷第 190 页。

可见，不是双重起源，而只是部落所有制和包括部落首领在内的部落集体这同一个来源的两个分支。

马克思：《亨利·萨姆纳·梅恩〈古代法制史讲演录〉一书摘要》，
《马克思恩格斯全集》第 45 卷第 582 页。

在这种国家中，财富是间接地但也是更可靠地运用它的权力的：其形式一方面是直接收买官吏（美国是这方面典型例子），另一方面是政府和交易所结成联盟。

恩格斯：《家庭、私有制和国家的起源》，
《马克思恩格斯全集》第 21 卷第 197 页。

马克思在《亨利·萨姆纳·梅恩〈古代法制史讲演录〉一书摘要》里，强调的"不是双重起源，而只是部落所有制和包括部落首领在内的部落集体这同一个来源的两个分支"，是针对亨利·萨姆纳·梅恩讲的"地产有双重（!）起源……一则来自亲属或部落成员的个人权利与家庭或部落的集体权利相分离……一则来自部落首领的最高权力的膨胀和变质。"

3. 统治权力的形成

统治权力属于国家权力。在国家和法形成过程中，原始社会的公共权力逐步发生了质变。

这里也摘录了一些统治权力的形成以后情况的论述，人们通过前后对比，能够了解统治权力发展的最初脉络。

掠夺战争加强了最高军事首长以及下级军事首长的权力；习惯地由同一家庭选出他们的后继者的办法，特别是从父权制确立以来，就逐渐转变为世袭制，人们最初是容忍，后来是要求，最后便僭取这种世袭制了；世袭王权和世袭贵族的基础奠定下来了。

恩格斯：《家庭、私有制和国家的起源》，
《马克思恩格斯全集》第 21 卷第 188 页。

征服者民族的最近的代表人是军事首长。被征服地区对内对外的安全，要求增大他的权力。于是军事首长的权力变为王权的时机便来到了，这一转变也终于实现了。

恩格斯：《家庭、私有制和国家的起源》，
《马克思恩格斯全集》第 21 卷第 172 页。

使氏族公社和农村公社自行解体的上述原因，必然早于下述因素在这方面发生的影响，这些因素是：逐渐组成为种姓的教士和学者阶层，逐渐成为各王国（土邦）罗阇的部落首领（首长）们权力的增强，最后，还有迟早在农村居民中发展起来的向城市工商业中心的移民，——这种移民破坏了人民与土地的先前联系，并且不可避免地导致氏族原则的瓦解。

马克思：《马·柯瓦列夫斯基〈公社土地占有制〉一书摘要》，
《马克思恩格斯全集》第 45 卷第 247 页。

距部落最初在某一定地区定居的时间越久，随着时间的推移变成了民族首领（mǔu）的那些部落首领（领袖）的权力也就增长得越大，他们权力的增长主要表现在财产关系方面——表现在制定法律虚构方面，凭借这种法律虚构，民族首领成了本民族所占全部土地

纵然不是事实上的、也是法律上的最高所有者。（第 103 页）

马克思：《马·柯瓦列夫斯基〈公社土地占有制〉一书摘要》，
《马克思恩格斯全集》第 45 卷第 253～254 页。

家长支配家庭成员和支配家庭财产的权力是这种家庭的实质。最突出的特点是：把许多人置于前所未闻的奴役和依附关系之中。

马克思：《路易斯·亨·摩尔根〈古代社会〉一书摘要》，
《马克思恩格斯全集》第 45 卷 364 页。

盖尤斯本人在《法典》Ⅰ，55 中说："我们通过合法婚姻而生育的子女也处于我们的权力之下［也包括生杀之权］，这是罗马公民特有的权利，因为几乎没有任何其他人像我们这样拥有这种对待子女的权力"。明确的专偶婚制出现于野蛮时代晚期。

马克思：《路易斯·亨·摩尔根〈古代社会〉一书摘要》，
《马克思恩格斯全集》第 45 卷第 367 页。

后来哀悼会议逐渐也负起宗教会议的任务；现在这是唯一的会议了，因为易洛魁人已经受国家最高权力的统治，联盟的行政权便没有了。

马克思：《路易斯·亨·摩尔根〈古代社会〉一书摘要》，
《马克思恩格斯全集》第 45 卷第 446 页。

这是军事权力与民政权力分离的开始，随着这种分离的完成，就根本改变了管理机关的外貌。然而，氏族制度阻止了篡夺；一权的管理变为二权的管理；随着时间的推移，管理机关的职能就分配在这两种权力之间了。

马克思：《路易斯·亨·摩尔根〈古代社会〉一书摘要》，
《马克思恩格斯全集》第 45 卷第 453 页。

狄凯阿尔科斯是亚里士多德的门生，在他所生活的时代，氏族主要是作为个人的系谱而存在，而且它的权力已经转移到新的政治团体里去了。

马克思：《路易斯·亨·摩尔根〈古代社会〉一书摘要》，
《马克思恩格斯全集》第 45 卷第 506 页。

僭主政治是建立在篡夺权力的基础上的，在希腊从来没有获得巩固的地位，始终被认为是非法的；杀害僭主被认为是一件功勋。

马克思：《路易斯·亨·摩尔根〈古代社会〉一书摘要》，
《马克思恩格斯全集》第 45 卷第 513 页。

由于氏族制度不能适应社会的变得复杂的需要，氏族、胞族和部落的所有民政权力就逐渐被剥夺，移交给了新的选民团体。一种制度逐渐消失，另一种制度逐渐出现，两种制度在一个时期中曾经并存。

马克思：《路易斯·亨·摩尔根〈古代社会〉一书摘要》，
《马克思恩格斯全集》第45卷第514页。

"首领权力的扩大首先是通过把自由的部落成员变为'他的人'，使他们处于不同程度的依附地位这样一个在其他地方称为'庇护制度'的过程……其次是由于他对部落领土上的荒地的权力以及他在该地设置的奴隶或半奴隶的殖民地的权力不断增长，最后是通过他从他的直接臣属及盟友获得的物质力量，这些人多数都或多或少地依附于他"（第130页）。

马克思：《亨利·萨姆纳·梅恩〈古代法制史讲演录〉一书摘要》，
《马克思恩格斯全集》第45卷第585页。

最初委之于巴赛勒斯的军事权力现在则转交给受着更大限制的将军和军事首长了；司法权在雅典人中间现在属于执政官和审判官；行政权则交给城市长官。人民赋予原始的酋长会议的整个权力，经过分化而逐渐形成了各种权力。

马克思：《路易斯·亨·摩尔根〈古代社会〉一书摘要》，
《马克思恩格斯全集》第45卷第514页。

所有公共措施都出自元老院，不论是它能够独自决定实行的措施，或者是那些应该提交人民大会来批准的措施。元老院的职责是全面维护公共福利、处理外交关系、征税和征集军队以及全面控制财政收入和支出；虽然宗教事务由各祭司团管理，但元老院在宗教方面也有最高的权力。

马克思：《路易斯·亨·摩尔根〈古代社会〉一书摘要》，
《马克思恩格斯全集》第45卷第548页。

人民大会没有自行召集的权力；据说，它是应勒克斯的要求而召开的，勒克斯不在时则应 praefectus urbi {市长} 的要求而召开；在共和国时期，它由执政官召开，执政官不在时则由大法官召开；每一次都由召开大会的人主持大会的进行。

勒克斯既是统帅，又是祭司，但是没有民政权力。

马克思：《路易斯·亨·摩尔根〈古代社会〉一书摘要》，
《马克思恩格斯全集》第45卷第549页。

库里亚大会的权利，以稍稍扩大的形式，转归百人团大会。百人团大会根据元老院的提名选举一切公职行政人员；通过或否决元老院所提出的法案；根据元老院的提议废止现行法令，如果它认为这是必要的话；它根据元老院的建议对外宣战，但元老院缔结和约并不征询它的同意。凡是涉及人的生死的案件都可上诉于百人团大会；它没有监督国家财政的权力。支配政府的是财产而不是人数。

马克思：《路易斯·亨·摩尔根〈古代社会〉一书摘要》，

《马克思恩格斯全集》第 45 卷第 555 页。

正如几位不久以前的著名作者所认为的，封建制度的这种自然成长，与首领或领主对部落或村落的权力的扩大过程，并无根本不同，而无宁说是它的一部分。随着未占有的荒地逐渐变为他的领地，村民或部落成员由于自然（？）因素的影响，也逐渐受制于他的私人权力（第 167 页）。

马克思：《亨利·萨姆纳·梅恩〈古代法制史讲演录〉一书摘要》，

《马克思恩格斯全集》第 45 卷第 596 页。

他们承认爱尔兰首领在十六世纪的权力和首领对待自己的佃农很凶，把这归咎于逐渐袭取了爱尔兰首领职位的诺曼贵族，如菲茨杰拉德氏、伯克氏、巴里氏等首先滥用这种职位，从而为所有爱尔兰的首领树立了一个坏榜样（第 181 页）。

马克思：《亨利·萨姆纳·梅恩〈古代法制史讲演录〉一书摘要》，

《马克思恩格斯全集》第 45 卷第 599 页。

君主制是一人掌握权力，共和制是不存在任何非选举产生的权力机关；贵族制是很少一部分人掌握权力，民主制是人民掌握权力（民主制一词按希腊文直译过来，意思是人民掌握权力）。所有这些区别在奴隶制时代就产生了。虽然有这些区别，但奴隶占有制时代的国家，不论是君主制，还是贵族的或民主的共和制，都是奴隶占有制国家。

列宁：《论国家》，

《列宁全集》第 37 卷第 67 页。

在这个时代，一直到第一届奥林匹克大会（公元前 776 年）以前不久最后废除巴赛勒斯一职为止，巴赛勒斯日益显赫，权力越来越大，超过了以前任何人。他还兼领祭司和法官的职能，或者原来就有这些职能；他似乎是酋长会议的当然成员。巴赛勒斯在战场上是军队指挥官，在设防城市里是卫戍军统帅，他的这种权力使他在民事上也能够有影响；但是他似乎并未拥有民政权力。

马克思：《路易斯·亨·摩尔根〈古代社会〉一书摘要》，

《马克思恩格斯全集》第 45 卷第 512 页。

斯巴达在文明时代还保存着巴赛勒斯一职；是一个由两人同任的将军职，在一定的家庭中世袭。政府的权力由格鲁西亚或酋长会议、人民大会、五位长官分掌（五位长官每年选举一次，其权力相当于罗马保民官）。巴赛勒斯指挥军队并且是祭奠神灵的最高祭司。

马克思：《路易斯·亨·摩尔根〈古代社会〉一书摘要》，

《马克思恩格斯全集》第 45 卷第 525 页。

随着联合家庭、塞普特或克兰更加人为化，分配权越来越带有看来像纯粹行政的权力的趋势（第 196 、197 页）。

马克思：《亨利·萨姆纳·梅恩〈古代法制史讲演录〉一书摘要》，
《马克思恩格斯全集》第 45 卷第 611 页。

根据这种法律虚构，最高权力的首领（代表）就有可能自由支配公社团体的土地，把无人耕种的地段赐给愿意耕种的人所有（第 104 页）

马克思：《马·柯瓦列夫斯基〈公社土地占有制〉一书摘要》，
《马克思恩格斯全集》第 45 卷第 254 页。

根据印度的法律，统治者的权力不得在诸子中分配；这样一来，欧洲封建主义的主要源泉之一便被堵塞了。

马克思：《马·柯瓦列夫斯基〈公社土地占有制〉一书摘要》，
《马克思恩格斯全集》第 45 卷第 274 页。

因为政府以剥夺他们的土地为要挟，每年向他们取得他们只有通过复杂的法律手续才能从佃户那里得到的东西。于是又制定了新的规则，按照这些规则，在某些特定的场合，并依照严格规定的方式，赋予柴明达尔用逮捕的办法向佃户索租的权力，而收税官对柴明达尔也享有这样的权力。

马克思：《马·柯瓦列夫斯基〈公社土地占有制〉一书摘要》，
《马克思恩格斯全集》第 45 卷第 288 页。

这个过渡时期，被修昔底斯（第 1 卷第 2—13 章）和其他作者描写为连年大乱的时期，大乱的造成，是由于权力的冲突，由于滥用尚未十分明确限定的权力，也由于旧的管理制度已经无能为力；这也就需要用成文法代替习惯法。

马克思：《路易斯·亨·摩尔根〈古代社会〉一书摘要》，
《马克思恩格斯全集》第 45 卷第 514 页。

这整个司法程序表明国家权力——即法庭——还没有牢固到使人一开始就服从其法律权威的程度。

马克思：《亨利·萨姆纳·梅恩〈古代法制史讲演录〉一书摘要》，
《马克思恩格斯全集》第 45 卷第 627 页。

佐姆认为，用法庭以外的办法扣押他人财产以满足自己的要求的权力带有很大的风险；企图扣押财产的原告，如果忽略法律极其准确地要求的各种行动和言词，他除了不能达到他的目的外，还要招来大量的罚款，就像他最初所提的偿还要求一样毫不留情地逼他交出（第 273、274 页）。

马克思：《亨利·萨姆纳·梅恩〈古代法制史讲演录〉一书摘要》，
《马克思恩格斯全集》第 45 卷第 629 页。

在英国，这种变化，以及法庭的权力，在很大程度上应归因于靠牺牲人民的司法权而获得的国王的司法权的发展。不过在英国的诉讼程序中还长期保留了一些老的作法的残余。

马克思：《亨利·萨姆纳·梅恩〈古代法制史讲演录〉一书摘要》，
《马克思恩格斯全集》第 45 卷第 630 页。

盎格鲁撒克法律是迫于郡长或国王的世俗权力才实行的。

马克思：《亨利·萨姆纳·梅恩〈古代法制史讲演录〉一书摘要》，
《马克思恩格斯全集》第 45 卷第 634 页。

拥有强制力量的人就是最高权力；实质法就是统治者对其臣民下的命令；他这样把责任加到臣民身上，于是就成了义务，并以不服从命令将加以惩罚相威吓。

马克思：《亨利·萨姆纳·梅恩〈古代法制史讲演录〉一书摘要》，
《马克思恩格斯全集》第 45 卷第 649 页。

马克思在《马·柯瓦列夫斯基〈公社土地占有制〉一书摘要》里，引用马·柯瓦列夫斯基关于"随着时间的推移变成了民族首领（Народные старейщины）的那些部落首领（领袖）的权力也就增长得越大，他们权力的增长主要表现在财产关系方面"的一段阐释。马·柯瓦列夫斯基依据的是这一事实：垦殖（耕种）无人耕种的地段，每次都必须得到未耕土地（所谓荒芜地）的所有者即公社成员或公社首领（首长）的允许，这一点在《摩奴法典》中就已经作为取得土地私有权的方式肯定下来；后期所有法典也都谈到这一层。随着时间的流逝而发生的唯一重要的区别×，乃是须经 ｛民族首领｝（der Volksältest，chef，Народьные старейщины）的同意，而不是像以前那样须经公社原来所有者的同意。其中×和文内、页旁的符号都是马克思手稿中原有的。

二、权力只属于国家

国家权力，是国家和国家机关为了实现国家目的，依法对国家事务进行控制、管理的权力。国家机关是代表国家行使权力的，其行为为国家行为。

国家的意思行为具有决定力特征。权力是由国家机关单方面实施国家行为而形成的，任何社会组织和公民个人都必须服从国家决定。同时，这种决定力还表现在，社会组织和公民个人的社会活动是否符合法律的要求，国家机关享有认定权，而其认定结果具有约束力。在权利关系中，任何一方的意思行为都不具有决定力，不存在一方当事人的意思行为决定另一方当事人意思行为的情况。

执行力也是权力的重要特征。权力是国家事务的执行权。国家机关负有对法律的执行义务。

国家权力可分为五大类：

其一，组织权力。这是国家通过国家机关组织、领导国家运行的权力。包括国家发展战略的选择、区域的和结构的调整、国家各管理系列的协调、对涉外关系的组织等权力。

其二，支配权力。这是国家机关依法在职权范围内，对具体国家事务进行支配的权力。包括对政治的、经济的（自然资源和物质资料、财政、金融等）、科学技术等的支配权力。国家机关的支配权力，主要采取依法发布规章和执行行政措施的方式。

其三，强制权力。这是强制社会组织和公民个人等执行国家立法和国家机关行政措施的权力。基于这种权力，对于对法律、行政规章和决定的干扰和不执行，国家机关有权采取排除措施。

其四，处罚权力。对于违反法律法规的规定，违反国家机关发布的规定和决定的社会组织和公民个人等，国家机关享有处罚权力，可根据罚则予以制裁。

其五，监督权力。对国家运行的各过程、各环节进行监督，是国家机关的重要权力。

一般认为，强制力是国家和法的特征。这里把"强制权力"概括于国家权力的类别，没有把它作为"国家的特征"提出，主要是考虑到列宁的观点。列宁在《民粹主义的经济内容及其在司徒卢威先生的书中受到的批评》里写道："他把强制权力当作国家的特征是完全不对的，因为在人类的任何共同生活中，无论在氏族制度或家庭中都有强制权力，但在那里并没有国家。"

针对"国家的特征就是强制权力"，列宁批判司徒卢威时指出：这里所谈的是国家。"马克思及其信徒"否认国家，"过分""热衷于""对现代国家的批判"，而犯了"片面性"的毛病。司徒卢威先生在纠正这一点时说："国家首先是秩序的组织；它在社会经济结构决定一些集团从属于另一些集团的社会中，则是个统治（阶级统治）的组织。"（第

53 页）按作者的意见，国家在氏族生活中就有了，并且在阶级消灭以后仍将存在，因为国家的特征就是强制权力。

列宁的分析主要是两点。第一点，国家的特征就是存在着把权力集中在自己手中的特殊阶级。在公社中，"秩序的组织"是由公社全体成员轮流管理的，显然谁也不会把公社称作国家。第二点，对现代国家来说，司徒卢威的论断更不能成立。谈到现代国家时说它"首先是秩序的组织"，这就等于不了解马克思理论中非常重要的一点。现代社会中把权力掌握在自己手里的那个特殊阶层是官僚。

列宁的结论完全是根据马克思恩格斯的论断作出的。恩格斯在《家庭、私有制和国家的起源》里指出，同氏族制度相比较，国家有两个基本特征。第一，国家是按地区来划分居民的。第二，特殊的公共权力的建立。这种特殊的公共权力，是已不再直截了当同武装起来的全体人民相符合的原始公共权力。这是国家权力。很显然，强制权力不是国家的特征。

（一）权力称之为"国家权力"

1. 国家权力是什么

什么是国家权力或国家权力是什么，经典作家论述得十分清楚。

在下面摘录的论述中，经典作家认为：

国家权力，是把它当作这种权力的最强大的、外表上似乎独立于社会之上的表现形式；

国家权力，是某种异己的、在人民之外的权力；

国家权力，被统治阶级看作自己的排他的权力的官方表现，看作自己的特殊利益的政治上的确认；

国家权力，是社会已分裂成相互不可调和的阶级，是一种似乎站在社会之上并在一定程度上脱离社会的"权力"；

国家权力，不过是统治阶级——地主和资本家——为维护其社会特权而为自己建立的组织；

国家权力，是加强了由于不享有任何信用因而要求信任，并且在特别困难的场合下诉诸霰弹的权力；

国家权力，是联合的资产阶级中各个集团联合权力的唯一可能形式，是它们阶级统治的最强大最完备的形式；

国家权力，是经济权力的产物，使寡头政治让出经济权力的那个阶级必然也会争得政治权力；

国家权力，是组织起来的权力——组织起来奴役劳动的强力——从这一手中转到另一手中，从统治阶级的这一集团转到另一集团；

国家权力，无非是有产阶级即土地所有者和资本家用来反对被剥削阶级即农民和工人的有组织的总合权力；

国家权力，是随着法律的产生，就必然产生出以维护法律为职责的机关——公共权力；

国家权力，是把本来只归历史享有的权力攫为己有的，就消灭了个人的自由的权力；

国家权力，是随时随地把官僚主义同地主和资本家的利益连在一起的权力；

国家权力，是把权力集中在自己手中的特殊阶级的权力；

国家权力，是殖民制度利用所有方法，也就是利用集中的有组织的社会暴力的权力；

国家权力，是强迫大多数人利益服从少数人利益的权力。

总之，从学理上概括，国家权力是控制、管理国家的权力。国家权力的行使，就是国家以绝对优势地位，支配国家事务。

他们的政治启蒙运动现在已经完成，他们不再把立宪的代议制国家看作国家的理想，不再认为争得立宪的代议制国家就是致力于挽救世界和达到全人类的目的，相反地，他们把这个国家看作自己的排他的权力的官方表现，看作自己的特殊利益的政治上的确认。

马克思恩格斯：《神圣家族》

《马克思恩格斯全集》第2卷第158页。

在现实的历史中，那些认为权力是法的基础的理论家和那些认为意志是法的基础的理论家是直接对立的，这种对立，也是圣桑乔可以认为是唯实主义（儿童、古代人、黑人）和唯心主义（青年、近代人、蒙古人）之间的对立。如果像霍布斯等人那样，承认权力是法的基础，那末法、法律等等只不过是其他关系（它们是国家权力的基础）的一种征兆，一种表现。

马克思恩格斯：《德意志意识形态》，

《马克思恩格斯全集》第3卷第377页。

受分工制约的不同个人的共同活动产生了一种社会力量，即扩大了的生产力。由于共同活动本身不是自愿地而是自发地形成的，因此这种社会力量在这些个人看来就不是他们自身的联合力量，而是某种异己的、在他们之外的权力。关于这种权力的起源和发展趋向，他们一点也不了解；因而他们就不再能驾驭这种力量，相反地，这种力量现在却经历着一系列独特的、不仅不以人们的意志和行为为转移的，反而支配着人们的意志和行为的发展阶段。

马克思恩格斯：《德意志意识形态》，

《马克思恩格斯全集》第3卷第38～39页。

在发展进程中，当阶级的差别已经消灭和全部生产集中在由各个成员组成的一个团体手里的时候，公众的权力就失去自己的政治性质。原来意义上的政治权力，是一个阶级用以镇压另一个阶级的有组织的暴力。

马克思恩格斯:《共产党宣言》,

《马克思恩格斯全集》第 4 卷第 490～491 页。

在英国,这些因素在十七世纪末系统地综合为殖民制度、国债制度、现代税收制度和保护关税制度。这些方法一部分是以最残酷的暴力为基础,例如殖民制度就是这样。但所有这些方法都利用国家权力,也就是利用集中的有组织的社会暴力,来大力促进从封建生产方式向资本主义生产方式的转变过程,缩短过渡时间。

马克思:《资本论第一卷》,

《马克思恩格斯全集》第 23 卷第 819 页。

广大的社会民主党工人群众都和我们抱有同样的观点,认为国家权力不过是统治阶级——地主和资本家——为维护其社会特权而为自己建立的组织,而巴枯宁却硬说国家创造了资本,资本家只是由于国家的恩赐才拥有自己的资本。

《恩格斯致泰·库诺》,

《马克思恩格斯全集》第 33 卷第 390 页。

汉泽曼在主张"恢复被破坏了的信任"的同时,还提出要"加强国家权力"。不过他把这种"国家权力"的本质搞错了。他本来想要加强为信用服务即为资产阶级的信任服务的国家权力,而实际上他只是加强了由于不享有任何信用因而要求信任,并且在特别困难的场合下诉诸霰弹的国家权力。他本来想要节省资产阶级权力的生产费用,结果反而使资产阶级为普鲁士封建权力的复辟付出了亿万的沉重代价。

马克思:《资产阶级和反革命》,

《马克思恩格斯全集》第 6 卷第 137 页。

这种保存法制基础的做法,其目的在于使那些现在已经不占统治地位的私人利益成为占统治地位的利益;其目的在于强迫社会接受那些已被这一社会的生活条件、获取生活资料的方式、交换以及物质生产本身宣判无效的法律;其目的在于使那些专门维护私人利益的立法者继续掌握政权;其结果会导致滥用国家权力去强迫大多数人的利益服从少数人的利益。

马克思:《对民主主义者莱茵区域委员会的审判》,

《马克思恩格斯全集》第 6 卷第 292 页。

当现代社会还没有摧毁和消灭旧社会赖以强行保全自己的那种正式的遗留下来的权力以前,当它还没有摧毁和消灭这个社会的国家权力以前,它是不可能高枕无忧的。

马克思:《对民主主义者莱茵区域委员会的审判》,

《马克思恩格斯全集》第 6 卷第 302 页。

担任主席的卡尔·沙佩尔先宣布宴会开始，他举杯祝贺一切合法权力的唯一泉源——主权的人民。

> 恩格斯：《居尔岑尼希的宴会》，
> 《马克思恩格斯全集》第6卷第695页。

为什么圣桑乔必须把社会的"意志"或社会的"统治者的意志"从他的关于法的"论述"中排除出去，这是不难理解的。只有法被确定为人的权力，他才能把法作为自己的权力收回到自身中来。

> 马克思恩格斯：《德意志意识形态》，
> 《马克思恩格斯全集》第3卷第377页。

难道普选权每次取消现存国家权力而又从本身中间再造出新的国家权力，岂不就是消灭全部安定状态，岂不就是时刻把一切现存权力弄成问题，岂不就是破坏权威，岂不就是威胁着要把无政府状态本身提升为权威吗？

> 马克思：《1848年至1850年的法兰西阶级斗争》，
> 《马克思恩格斯全集》第7卷第109页。

联合的资产阶级中各个集团既已抛弃它们联合权力的唯一可能形式，既已抛弃它们阶级统治的最强大最完备的形式，即抛弃立宪共和国，而向后跑回到较低级、不完备、较软弱的形式即君主国去，它们就是自己给自己作出了判决。

> 马克思：《1848年至1850年的法兰西阶级斗争》，
> 《马克思恩格斯全集》第7卷第110页。

这些城市在对教皇权力进行攻击时，就破天荒第一次以一般形式提出主张：资产阶级统治的正规形式是共和国。

> 恩格斯：《德国农民战争》，
> 《马克思恩格斯全集》第7卷第402页。

寡头政治无论如何都不能理解下面这一简单事实：政治权力只是经济权力的产物；使寡头政治让出经济权力的那个阶级必然也会争得政治权力。

> 马克思：《君士坦丁堡的乱子。——德国的招魂术。——预算》，
> 《马克思恩格斯全集》第9卷第80页。

事实表明，它之所以有影响并不是由于个人的天才，而是由于一般的权力关系。

> 马克思：《爱尔兰的复仇》，
> 《马克思恩格斯全集》第11卷第134页。

过了时的社会力量，虽然它存在的基础早已腐朽，可是，在名义上它还控制着权力的一切象征，它继续苟延残喘，同时在它尚未宣告死亡和宣读遗嘱的时候，继承者们就为遗产而争吵了起来。

马克思：《反教会运动。——海德公园的示威》，

《马克思恩格斯全集》第 11 卷第 363 页。

历次的反动和革命所起的作用都只是把这一组织起来的权力——组织起来奴役劳动的强力——从这一手中转到另一手中，从统治阶级的这一集团转到另一集团。

马克思：《初稿。——公社》，

《马克思恩格斯全集》第 17 卷第 586 页。

第二帝国是在反对无产阶级中产生的。摧毁它的也是无产阶级，但无产阶级摧毁它，并不是把它当作政府（集中化）权力的一种特殊形式，而是把它当作这种权力的最强大的、外表上似乎独立于社会之上的表现形式，因而也就是把它当做这种权力的最淫贱的实体，这个实体的集中表现是对内腐败透顶，对外昏愦无能，从头到脚卑鄙龌龊。

马克思：《初稿。——公社》，

《马克思恩格斯全集》第 17 卷第 588 页。

十分明显，现代的国家不能够也不愿意消除住宅灾难。国家无非是有产阶级即土地所有者和资本家用来反对被剥削阶级即农民和工人的有组织的总合权力。个别资本家（这里所指的也只是资本家，因为参加这种事业的土地所有者首先也是以资本家资格出现的）不愿意做的事情，他们的国家也不愿意做。

恩格斯：《论住宅问题》，

《马克思恩格斯全集》第 18 卷第 288 页。

把每天重复着的生产、分配和交换产品的行为用一个共同规则概括起来，设法使个人服从生产和交换的一般条件。这个规则首先表现为习惯，后来便成了法律。随着法律的产生，就必然产生出以维护法律为职责的机关——公共权力，即国家。

恩格斯：《论住宅问题》，

《马克思恩格斯全集》第 18 卷第 309 页。

当某一个国家内部的国家政权同它的经济发展处于对立地位的时候——直到现在，几乎一切政治权力在一定的发展阶段上都是这样，——斗争每次总是以政治权力被推翻而告终。经济发展总是毫无例外地和无情地为自己开辟道路。

恩格斯：《反杜林论》，

《马克思恩格斯全集》第 20 卷第 199 页。

国王的政权依靠市民打垮了封建贵族的权力，建立了巨大的、实质上以民族为基础的君主国，而现代的欧洲国家和现代的资产阶级社会就在这种君主国里发展起来。

恩格斯：《自然辩证法》，

《马克思恩格斯全集》第 20 卷第 360 页。

这是两种不相等的力量的交互作用：一方面是经济运动，另一方面是追求尽可能多的独立性并且一经产生也就有了自己的运动的新的政治权力。总的说来，经济运动会替自己开辟道路，但是它也必定要经受它自己所造成的并具有相对独立性的政治运动的反作用，即国家权力的以及和它同时产生的反对派的运动的反作用。

恩格斯：《致康·施米特》，

《马克思恩格斯全集》第 37 卷 487 页。

国家权力对于经济发展的反作用可能有三种：它可以沿着同一方向起作用，在这种情况下就会发展得比较快；它可以沿着相反方向起作用，在这种情况下它现在在每个大民族中经过一定的时期就都要遭到崩溃；或者是它可以阻碍经济发展沿着某些方向走，而推动它沿着另一种方向走，这第三种情况归根到底还是归结为前两种情况中的一种。但是很明显，在第二和第三种情况下，政治权力能给经济发展造成巨大的损害，并能引起大量的人力和物力的浪费。

恩格斯：《致康·施米特》，

《马克思恩格斯全集》第 37 卷 487 页。

如果政治权力在经济上是无能为力的，那末我们又为什么要为无产阶级的政治专政而斗争呢？暴力（即国家权力）也是一种经济力量！

恩格斯：《致康·施米特》，

《马克思恩格斯全集》第 37 卷 490～491 页。

如果从比较高深的观点来研究这个问题，据说问题就不存在。但是同时我们得知，从这个高深观点来看，所有法律、成文法规、中央国家权力，以至国家本身都消失了。

马克思：《集权问题》，

《马克思恩格斯全集》第 40 卷第 290 页。

我们意识到丧失了民族视为神圣的东西，我们不等君主最仁慈的恩准就武装了起来，我们甚至迫使统治者来领导我们，总之，我们在一瞬间就成了国家权力的源泉，成了享有主权的人民——这才是这些年来的最高成就。

恩格斯：《恩斯特·莫里茨·阿伦特》，

《马克思恩格斯全集》第 41 卷第 147 页。

　　如果国家把本来只归历史享有的权力攫为己有，它就消灭了个人的自由。历史从来就有权而且将来也永远有权安排单个人的生活、幸福和自由，因为历史是全人类的事，是种族的生命，所以它本身是起主宰作用的；谁都不能对抗历史，因为历史是绝对权力。

恩格斯：《集权和自由》，

《马克思恩格斯全集》第 41 卷第 393～394 页。

　　国家的情况则不然。它从来就是一种特殊的东西，它永远不会占用整个人类在其活动和历史发展中理所当然拥有的权力，即为了整体而牺牲个人的那种权力。

恩格斯：《集权和自由》，

《马克思恩格斯全集》第 41 卷第 394 页。

　　他把强制权力当作国家的特征是完全不对的，因为在人类的任何共同生活中，无论在氏族制度或家庭中都有强制权力，但在那里并没有国家。

列宁：《民粹主义的经济内容及其在司徒卢威先生的书中受到的批评》，

《列宁全集》第 1 卷第 380 页。

　　国家的特征就是存在着把权力集中在自己手中的特殊阶级。在公社中，"秩序的组织"是由公社全体成员轮流管理的，显然谁也不会把公社称作国家。

列宁：《民粹主义的经济内容及其在司徒卢威先生的书中受到的批评》，

《列宁全集》第 1 卷第 381 页。

　　这个时期的俄国政治制度也彻头彻尾体现了农奴制精神。这既可以从 1905 年开始初步变动以前的国家制度中看出来，也可以从贵族－土地占有者对于国事具有绝对影响中看出来，还可以从那些主要也是由贵族－土地占有者出身的官吏，特别是高级官吏拥有无限权力中看出来。

列宁：《列·尼·托尔斯泰和现代工人运动》，

《列宁全集》第 20 卷第 40 页。

　　这个有组织的暴力，是社会发展到一定阶段必然产生的，这时社会已分裂成相互不可调和的阶级，如果没有一种似乎站在社会之上并在一定程度上脱离社会的"权力"，社会就无法存在。国家从阶级矛盾中产生后，便成为"最强大的、在经济上占统治地位的阶级的国家，这个阶级借助于国家而在政治上也成为占统治地位的阶级，因而获得了镇压和剥削被压迫阶级的新手段。因此，古代的国家首先是奴隶主用来镇压奴隶的国家，封建国家是贵族用来镇压农奴的机关，现代的代议制的国家是资本剥削雇佣劳动的工具"

列宁：《马克思的学说》，

《列宁全集》第 26 卷第 76 页。

不论在君主国或在最民主的资产阶级共和国，官僚主义是随时随地把国家权力同地主和资本家的利益连在一起的，而目前在俄国却已完全摧毁了官僚主义这座堡垒。

列宁：《俄共（布）纲领草案》，

《列宁全集》第 36 卷第 85 页。

恩格斯在《恩斯特·莫里茨·阿伦特》里说，"我们意识到丧失了民族视为神圣的东西，我们不等君主最仁慈的恩准就武装了起来，我们甚至迫使统治者来领导我们"。对这段话，恩格斯注解为："关于这个问题，参看卡尔·巴德《拿破仑在 1813 年》1840 年阿尔托纳版。"

恩格斯在这篇文章里，对 1840 年在莱比锡出版的阿伦特的《忆往事》（《Erinnerungen aus dem äußeren Leben》）一书作了分析。在文章标题后面的作者姓名弗·奥斯渥特（恩格斯的笔名）上，《德意志电讯》杂志编辑部标明星花，指引读者看如下脚注："从《电讯》的观点来评价，这是一本脍炙人口的书"。

恩格斯的这段话，是告诫人们"应当念念不忘那个时代的战斗，从而使我们沉睡的人民意识振奋起来。"恩格斯说："自然，这决不是像某个政党所理解的那种意思，认为一切已经实现，可以戴上 1813 年的桂冠，对着历史的明镜扬扬自得地端详一番了。意思正好相反。因为斗争的最重大的成果不是摆脱外国的统治——完全靠在拿破仑这根擎天柱上的统治的极不自然状态迟早必将自行垮台——不是已经获得的'自由'，而是斗争的事实本身，是极少数同时代人明确感觉到的斗争的时机。当然，上层社会有一些诺言，使德国人有时间睡一大觉以消解他们对自由的狂醉，让他们醒来以后重新回到皇帝陛下和恭顺臣民的旧关系中去。"

2. 中央和地方国家机构的权力

国家权力是中央和地方国家机构的权力。经典作家常常提到的"最高权力"，体现了权力的级别原则；"无限权力"，是对统治阶级、官僚机构及其个人谋取不受法律限制和人民监督的权力的讽喻。"无限权力"是违反权力法定原则的。

集权的活动必然应当是有普遍意义的，它的管辖范围和职权就应当包括一切被认为是有普遍意义的事情，而涉及这个或那个人的事情则不在内。由此就产生了国家的中央政权有权颁布法律，统率管理机关，任命国家官吏，等等；同时也就产生了这样一条原则：司法权决不应当同中央发生关系，而应当属于人民，属于陪审法庭，而且，如上所述，公共事务不能纳入中央政权的管辖范围，等等。

恩格斯：《集权和自由》，

《马克思恩格斯全集》第 41 卷第 396 页。

国家集权的实质并不意味着某个孤家寡人就是国家的中心，就像在专制君主政体下那样，而只意味着有一个人位于中心，就象共和国中的总统那样。就是说，别忘记这里主要的不是身居中央的个人，而是中央本身。

恩格斯：《集权和自由》，
《马克思恩格斯全集》第 41 卷第 397 页。

因为资本主义的发展趋势是在走向集中化，要把大权集中在资产阶级中央政权手中，"区域"在任何时候都是无力与之对抗的。问题在于同一个阶级应当既在中央又在地方掌握政权，在中央和地方都要完全彻底地实行同样程度的民主制，以保证（比如说）大多数居民即农民完全占统治地位。这才是防止中央"过分"侵犯地方、侵犯地方"合法"权利的唯一实际的保证。

列宁：《社会民主党在俄国第一次革命中的土地纲领》，
《列宁全集》第 16 卷第 304 页。

从伦敦到那不勒斯，从里斯本到圣彼得堡，各国的内阁都由封建贵族统治着。但是，曾经为这件事花过钱、出过力的资产阶级也想取得自己的一分权力。复辟政府绝没有把资产阶级的利益放到首要的地位。

恩格斯：《德国状况》，
《马克思恩格斯全集》第 2 卷第 647 页。

因山区交通阻塞而更加巩固的宗法关系产生愚昧，野蛮又造成冥顽鄙野，而奥地利王室的权力正是以此为基础的。

恩格斯：《奥地利末日的开端》，
《马克思恩格斯全集》第 4 卷第 518 页。

凡是问题超出了改换服装的范围的地方，这个宪法就把已经存在着的事实记录下来。于是，它郑重其事地登录了共和国成立的事实，施行普选权的事实，由单一全权国民议会代替两个权力有限的立宪议院存在的事实。于是，它就登录了并且法定了卡芬雅克独裁的事实，把永恒的、无责任的、世袭的王权改成了暂时的、有责任的、由选举产生的王权，即改成了任期 4 年的总统制。其次，它把国民议会在受过 5 月 15 日和 6 月 25 日的惊吓后专为保证自身安全而预先赋予议长的那种非常权力，也提高成为根本法了。

马克思：《1848 年至 1850 年的法兰西阶级斗争》，
《马克思恩格斯全集》第 7 卷第 46 页。

12 月 20 日，立宪共和国的雅努斯式的头还只显示出它的一副面孔，即行政权力的一面，带有路易·波拿巴的模糊的平淡线条。1849 年 5 月 28 日，它已显示出它的另一面，即立法权力的一面，盖满了由复辟时期和七月王朝的狂欢酒宴所留下的许多伤痕。立法国民议会的诞生完成了立宪共和国的建立，即建成了一个共和制的国家形式，在这个国家形式中确立了资产阶级的统治。

马克思：《1848 年至 1850 年的法兰西阶级斗争》，
《马克思恩格斯全集》第 7 卷第 74 页。

小资产阶级靠着一开始就成立起来的安全委员会，抓到了运动中的领导权。可是在刚刚达到这一步以后，却又对它自己权力害怕起来，尽管它的这点权力是微不足道的。它所采取的第一个步骤，就是要市参议会即大资产阶级来承认它的权力的合法性，而且为了答谢市参议会的这种盛情，还吸收了 5 名市参议员参加安全委员会的工作。

恩格斯：《德国维护帝国宪法的运动》，
《马克思恩格斯全集》第 7 卷第 145 页。

宪法对国王的无上权力只是一种纸上的约束，可是同时，从财政观点来看，宪法简直变成了天赐财源。

马克思：《普鲁士国王的疯癫症》，
《马克思恩格斯全集》第 12 卷第 645 页。

宪章在一些最紧要的问题上要人去看构成法，它的含糊不清的原理应该由构成法加以详细发挥。但这些构成法本身是在反动势力的强大压力下制定的。它们取消了甚至在君主专制政体最反动时期都有的那些保证，例如法官不受行政权力干涉的独立性。宪章还不满足于这些搅混在一起的溶解剂——旧有的和新造的法律，它还给国王保留了在他认为必要的任何时候使宪章在任何政治问题上停止生效的权力。

马克思：《普鲁士状况》，
《马克思恩格斯全集》第 12 卷第 655～656 页。

皇帝要由选举决定，这就绝对不容许一个王朝的权力成为民族的体现，相反地只要各诸侯开始感到某皇室的权力变得过分强大，就经常引起——尤其是在有决定意义的十五世纪——王朝的更替。——在法国和西班牙也存在过经济上的分散状态，但被用暴力克服了。

恩格斯：《关于德国的札记》，
《马克思恩格斯全集》第 18 卷第 648 页。

黑帮地主和他们的头子，最有钱最反动的黑帮地主尼古拉·罗曼诺夫把一个局部性的小问题变成了原则问题，即关于沙皇权利的问题，关于专制制度的权利的问题，并且指责资产阶级（甚至指责十月党人资产阶级）蓄谋削减沙皇权利，限制沙皇权力，"把军队首领和军队分隔开来"等等。

怎样解释沙皇权力，它仍然是过去的完全不受限制的专制制度呢，还是沙皇权力也要加以限制，哪怕是最起码的限制，——这就是争论焦点之所在。

列宁：《他们在为军队担忧》，
《列宁全集》第 19 卷第 224 页。

马克思在《1848 年至 1850 年的法兰西阶级斗争》里说"立宪共和国的雅努斯式的头还只显示出它的一副面孔，即行政权力的一面"中的"雅努斯"，是古代罗马的门神，它有前后两副面孔。因此，人们总以他来比喻两面派的人物。

3. 权力关系主要是命令与服从关系

马克思恩格斯所处的时代，是自由资本主义时代。这是国家权力充分的暴力性质和权力滥用的时代。马克思恩格斯对国家权力本质的揭露和对权力关系主要是命令与服从关系的认识，是完全正确的，符合时代特征。

1848 年的欧洲大革命，把资产阶级吓坏了。接着经历的"十年时代"，是政治上、经济上的政策调整时期。对劳动者的"让步"、恶意竞争、假冒伪劣和疯狂暴利的企业特别是中小企业纷纷倒闭。从 19 世纪下半叶开始，随着垄断资本主义的逐步形成和发展，一系列具有"社会本位"法思想的立法出台。在这样的条件下，国家权力的性质和作用机理并没有变，但其运作方式变化了。

国家权力的指令性运作方式，是权力运作的基本方式。包括由法律法规直接规定和国家机关依法指示命令的方式。指令性方式具有直接强制性，如有违反，则承担相应的责任。

其一，指示命令方式。

法律法规直接规定指示命令的方式，包括授权方式、禁止方式、义务方式、限制方式和制裁方式；国家机关依法进行指示命令的方式，包括指示方式、补充方式。这里的指示命令，不是法律法规直接规定的，而是国家机关依据法律法规规定的权限进行的。

指示命令方式，是国家机关依法进行指示、命令的方式，包括命令、许可和免除三种方式。命令，国家机关在管理、监督、处理国家事务中依法对社会主体进行命令，使之服从。许可，是对法律规定的一般禁止行为，在特定场合对特定对象解除禁止。这里应当注意，许可，不是国家机关设定权利，而是依法对一般禁止义务的解除。免除，是对应尽义务的解除。"对应尽义务的免除"与"对禁止解除"是不同的。

补充方式，是国家机关对法律事实进行设定、变更和消灭的方式。这种方式，是对业已存在的法律事实（符合法律规定的情况）所作出的一种权限上的补充行为。包括认可、设定、撤销。

其二，指导性方式。

这是由法律法规直接规定或国家机关依法进行指导的方式。指导性方式是非强制的，具有权力间接运作的特点。指导方式是国家机关对社会组织及其活动进行指导。在当代，指导方式是普通存在的，并能产生实际效果。我国立法中关于国家机关"转变政府职能"，就是变某些行政命令方式为"服务"方式的原则规定。

指导方式包括指导、建议、评价、咨询等。指导，是就社会组织的宗旨、目标、活动方向和决策等进行指导，具有导向作用。建议，是国家机关通过建议的方式提出自己的主张和意见。建议的范围很广。评价，是国家机关运用专业观点认识和了解社会组织，对其现状、贡献和对外影响等方面进行结论性评估。咨询，是国家机关接受社会组织的咨询，通过答询，完善对社会组织的间接管理。指导本身没有法律效力，具有弹性特征，因而不存在对指导的法律保护或法律责任承担问题。指导方式是国家运行的一种间接形式，因而社会组织应当认真对待。

国家权力的指导性方式的采用，是权力关系发生变化的表现。这是法所规范的权力关系中的新因素。

目前，大陆法系法学教材和基本理论中，仍然固守18世纪权力关系是命令与服从关系的见解，是落后于时代的，是不可取的。

他认为，"权力"和"自由"是互不相容的对立物，任何政体都不能提出充分的道义上的理由，使他必须服从它，这思想可真够伟大啊！天呀，那末权力还有什么用处呢？

《恩格斯致马克思》，
《马克思恩格斯全集》第27卷第335页。

柏林又发出命令：普鲁士人必须再次发动进攻。现在他们又精神抖擞地向北推进。但是这个喜剧还没有结束。我们等着瞧吧，看看这一次普鲁士人又会在哪里接到撤退的命令。

总而言之，这是康普豪森内阁为了自我欣赏和为了德意志民族的荣誉而演出的地道的卡德里尔舞和军事芭蕾舞。

恩格斯：《战争的喜剧》，
《马克思恩格斯全集》第5卷第39页。

由于它处在依赖自然力的地位并且对保护它的最高权力采取顺从态度，因而自然是相信宗教的。

马克思：《路易·波拿巴的雾月十八日》，
《马克思恩格斯全集》第8卷第222页。

我们这位国教顾问硬说："王权和人民是一个统一的整体。"

这句话不过是《I état cest moi》〔"朕即国家"〕这句老话的另一种说法，和路易十六1789年6月23日对举行叛乱的等级所说的：假如你们不服从命令，我就把你们个个送回家去《et-seul jeferai lebonheurdemonpeuple》〔"我亲自来关照我的人民的福利"〕，几乎是完全一致的。

马克思：《"莱茵观察家"的共产主义》，
《马克思恩格斯全集》第4卷第219页。

因为奥地利人未必能够列入文明世界，他们驯顺地服从统治者的家长式的专制统治，所以普鲁士就成了德国现代历史的中心，社会舆论变化的晴雨表。

恩格斯：《德国状况》，

《马克思恩格斯全集》第 2 卷第 644 页。

为了"保障""已有争议的"契约，他一定会重新服从法庭审判，服从现代民事诉讼的一切判决，这同样也是"没有什么可说的"。

马克思恩格斯：《德意志意识形态》，

《马克思恩格斯全集》第 3 卷第 467 页。

小资产者能够容许官僚和贵族向他们征税，这和他们服从官僚政治出于同样的原因。

恩格斯：《德国的制宪问题》，

《马克思恩格斯全集》第 4 卷第 64 页。

施图普先生不妨把自己的修正说得更清楚些：那种负债累累的人，只有得到相当的债权人的允许才能被选为人民代表。债权人随时都可以把他们召回。在高等法院中，议会和政府必须服从国家债权人的最高决定。

马克思恩格斯：《施图普的修正案》，

《马克思恩格斯全集》第 5 卷第 107 页。

第一条 每一个工人都必须无条件服从所有身兼警官的市监工的指示和命令。凡不服管教或拒不从命者，应立即开除。

马克思：《资产阶级的文件》，

《马克思恩格斯全集》第 6 卷第 178 页。

弗兰格尔只会声明他仅仅承认服从命令的国民议会！勃兰登堡正在学习议会的风度。他用粗野的令人厌恶的下级军官的行话触怒了议会之后，对于"比暴君还暴虐的行为"听之任之，并且服从国民议会的命令，卑躬屈膝地请求允许他发表他刚刚想要发表的演说。

马克思：《柏林的反革命》，

《马克思恩格斯全集》第 6 卷第 19 页。

6 月 21 日，"通报"上登载了一项法令，命令用强力把一切单身工人逐出国家工厂，或是编入军队。

马克思：《1848 年至 1850 年的法兰西阶级斗争》，

《马克思恩格斯全集》第 7 卷第 34 页。

国王把阁员都撤了职，用以现任的内阁首相曼托伊费尔为首的"办事人物"代替了他们。于是梦中的议会才突然惊醒，意识到大难临头。它通过了一个不信任内阁案，但是对此的回答是立刻来了一道命令，责令议会从柏林，从这个在发生冲突时议会在这里可以指望得到群众的支持的地方，迁到勃兰登堡——一个完全处在政府控制之下的小城镇。

恩格斯：《德国的革命和反革命》，

《马克思恩格斯全集》第 8 卷第 81 页。

在米兰、洛迪、克雷莫纳、布里西亚、贝尔加莫、帕尔马和摩地那，同德国人的争吵和反对政府雪茄烟的消费者的运动正在继续，而在帕维亚，奉政府的命令，大学暂时停课

马克思：《欧洲的战争前景》，

《马克思恩格斯全集》第 13 卷第 185 页。

路易·波拿巴由于害怕引起金融市场明显的混乱，就命令银行亏本购储黄金，并且毫无疑问将来还会迫使它继续这种在商业上不合算的业务。

马克思：《金融市场的紧张状况》，

《马克思恩格斯全集》第 15 卷第 242~243 页。

在《恩格斯致马克思》中的"他认为"的"他"，指比·约·蒲鲁东。这封信是恩格斯 1851 年 8 月 21 日写的。恩格斯看过蒲鲁东的《十九世纪革命的总观念》后向马克思谈论了自己的一些看法。

恩格斯认为，蒲鲁东的"所有这些是想从理论上拯救资产阶级的最后的尝试；我们关于物质生产是决定性的历史动因、关于阶级斗争等等的论点，有很大一部分被他接受了，但大多数都被歪曲了，他在这个基础上，利用假黑格尔主义的魔术，制造了把无产阶级反过来纳入到资产阶级中去的假象。"蒲鲁东高傲而平淡的谈到民主，他想根据小学生的琐屑的实际考虑来建立一整套体系。

（二）国家享有权力唯一主体资格

1. 国内关系中的唯一权力主体资格

权力是国家的，权力主体资格只能由国家享有。在这一点上，权力主体资格是唯一的，具有排他性。

国家权力对内具有最高统治权，有权对国家事务和整个社会进行控制和管理，有权按照自己的意志确定政治制度、社会经济制度和法律制度；有权对国家领土内的一切社会组织和个人（享有外交豁免权的人除外）、事务以及领土外的本国人实行管辖。

国家是政权的承担者，国家是权力中心。除国家之外，任何社会主体都不能成为权力主体。在社会组织内部，存在"权力"现象。如在企业内部，根据企业规章制度，企业成员必须服从管理，对于违反规章制度的行为，企业可进行追究和处罚。这似乎是权力行为，但企业规章制度是依据法律制定的。合法的规章制度，具有一定的法律性质，从根本上说，执行规章制度就是执行法律。在这里，企业只是处于国家授权而产生的受托人的法

律地位，企业本身不是权力主体。

古老的德国当时叫做神圣罗马帝国，它由无数的小邦，即无数的王国、选帝侯国、公国、大公国和最大公国、侯国、伯爵领地、男爵领地和帝国自由市所组成，它们彼此独立，只服从皇帝和联邦议会的权力（假使有这样的权力的话，但是事实上几百年来根本就没有这样的权力）。

恩格斯：《德国状况》，

《马克思恩格斯全集》第 2 卷第 631 页。

从伦敦到那不勒斯，从里斯本到圣彼得堡，各国的内阁都由封建贵族统治着。但是，曾经为这件事花过钱、出过力的资产阶级也想取得自己的一分权力。复辟政府绝没有把资产阶级的利益放到首要的地位。

恩格斯：《德国状况》，

《马克思恩格斯全集》第 2 卷第 647 页。

在一个民族内各个个人都有各种完全不同的发展，即使撇开他们的财产关系不谈，而且较早时期的利益，在与之相适应的交往形式已经为适应于较晚时期的利益的交往形式所排挤之后，仍然在长时间内拥有一种表现为与个人隔离的虚幻共同体（国家、法）的传统权力，这种权力归根结底只有通过革命才能打倒。

马克思恩格斯：《德意志意识形态》，

《马克思恩格斯全集》第 3 卷第 81 页。

君主权力的反动性并不证明这种权力创造旧社会，倒是相反地证明，只要旧社会的物质条件消亡，君主权力本身也就消灭。它的反动性同时就是旧社会的反动性，因为旧社会仍然是官方的社会，因此也仍然是权力的官方享有者或官方权力的享有者。

马克思：《道德化的批评和批评化的道德》，

《马克思恩格斯全集》第 4 卷第 341 页。

爱尔兰特别法于上星期三生效了。爱尔兰总督便毫不迟疑地行使这一新法律赋与他的专制权力；里美黎克郡和梯培雷里郡都已普遍地实行了非常法，这一法律在克勒尔郡、瓦特福德郡、科克郡、罗斯考门郡、利特里姆郡、卡万郡、朗弗德郡和国王郡中的许多地区也同样有效。

恩格斯：《爱尔兰特别法和宪章派》，

《马克思恩格斯全集》第 4 卷第 438 页。

"辩论自由"不过是出版自由、集会自由和言论自由，是人民武装的权利。从另一方面说，它不过是掌握在国王及其大臣们手中的现存的国家权力：军队、警察和所谓独立的、但是事实上要依职务的升降和政治的变革为转移的法官。

> 马克思恩格斯:《柏林的辩论自由》,
>
> 《马克思恩格斯全集》第 5 卷第 480~481 页。

一个由人民公开、直接选举出来的委员会,它的任务是代表在合法的政权机关中没有代表的那部分居民的利益,它只进行合法的活动,除了道义上的影响之外,决不妄想摄取任何权力,而这种道义上的影响,是结社的权利、法律和选民的信任所允许的。

> 马克思:《民众大会和安全委员会》,
>
> 《马克思恩格斯全集》第 5 卷第 594 页。

什么病也没有了,还要药干什么呢?要是人民固执己见,——那有什么了不起,汉泽曼会"加强国家权力"即警察、军队、法院、官僚制度,他会唆使自己的熊去咬人民,因为"信任"会变成"金钱问题",而"在金钱问题上,先生们,是没有温情可言的!"

> 马克思:《资产阶级和反革命》,
>
> 《马克思恩格斯全集》第 6 卷第 137 页。

他想加强国家权力,不仅是为了反对无政府状态,即反对人民,而且还为了反对反动派,即反对王权和封建利益。

> 马克思:《资产阶级和反革命》,
>
> 《马克思恩格斯全集》第 6 卷第 138 页。

意大利人知道,一个分成许多封建小国的国家要想达到统一,非消灭各邦君主的权力不可。

> 马克思:《罗马宣布成立共和国》,
>
> 《马克思恩格斯全集》第 6 卷第 369 页。

王室权力从属于议会就是意味着王权从属于某一阶级的统治,基佐先生认为这是毋庸赘述的。因此他认为没有必要去详细研究这一阶级如何获得十分大的权力,以至最后使国王成为它的奴仆。

> 马克思恩格斯:《"新莱茵报。政治经济评论"第 2 期上发表的书评》,
>
> 《马克思恩格斯全集》第 7 卷第 250 页。

法国像奥地利过去一样广泛地支持教皇的世俗权力;因为教皇国政府的违法乱纪行为在意大利爱国者看来是同它的教会性质不可分割的,所以大概没有改善的希望。

> 恩格斯:《意大利赢得了什么》,
>
> 《马克思恩格斯全集》第 13 卷第 467~468 页。

当法国人想到一个虽然不无机智但是毫无原则的冒险家篡夺了统治人民的权力时，强烈的屈辱感会使他们的意识感到压抑；但是当他们看到其他国家的人民和统治者即使不是实质上，而只是表面上也屈服于这同一个最高权力时，这种屈辱感便暂时得到减轻。

马克思：《法国在裁军》，

《马克思恩格斯全集》第 13 卷第 501 页。

这场革命得到现任选帝侯的暗中支持，当时他非常希望同他的最亲爱的父亲分担最高权力。小小的革命为 1831 年 1 月 5 日的黑森宪法扫清了道路，而宪法现在则是奥地利和普鲁士之间的斗争中的主要战斗口号。

马克思：《德国的动荡局势》，

《马克思恩格斯全集》第 13 卷第 596 页。

至于谈到构成新制度的一部分的意大利联邦，那末必须指出下述情况：这个联邦或者是一个具有一定程度权力和影响的政治实体，或者只是一种骗局。在后一种情况下意大利绝不会得到统一、自由和发展。

恩格斯：《意大利赢得了什么》，

《马克思恩格斯全集》第 13 卷第 468 页。

1818 年 2 月 5 日，查理十三逝世，称为查理十四·约翰的贝尔纳多特就被欧洲承认为瑞典和挪威的国王。这时他企图修改挪威宪法，恢复已被废除的贵族阶层，掌握绝对的否决权以及撤换一切文武官员的权力。

马克思：《贝尔纳多特》，

《马克思恩格斯全集》第 14 卷上册第 166 页。

弗兰茨－约瑟夫看来是做不到这两个条件的，或者说，他不想这样做。他既舍不得放弃他那日益衰微的专制君主的权力，又不能忘情于他已经丧失的意大利小君主的保护人的地位。……他不想用放弃正在从他手中溜走的权力的办法使自己的帝国凝合起来，而是重新投入了他的密友的怀抱并准备进行一场可能导致奥地利君主制崩溃的、向意大利的征讨。

恩格斯：《奥地利病夫》，

《马克思恩格斯全集》第 15 卷第 142 页。

贵族表示准备放弃自己在地方上对农奴的统治权，但它要求从中央政府手中取得政治权力来代替这种统治权，实质上，就是要取得宪法权利参加帝国的一般治理。

马克思：《俄国利用奥地利》，

《马克思恩格斯全集》第 15 卷第 194 页。

从这个文件来看，他那卓绝的战略远见每每因巴黎政府基于政治上的考虑发出的荒谬命令而化为乌有，而他那可以撤销这些荒谬命令的权力也由于他对摄政皇后的无限尊敬而化为乌有。

恩格斯：《法皇的辩白》，

《马克思恩格斯全集》第 17 卷第 175 页。

查理掌权的时候，国王的权力已经全部崩溃了，但是还远未因此而被宫相的权力所代替。

恩格斯：《法兰克时代》，

《马克思恩格斯全集》第 19 卷第 543 页。

以前由国王和伯爵直接行使国家权力的方法，日益让位于一种间接的方法；在普通的自由人和国家之间，出现了领主，自由人通过尽忠的宣誓在人身上愈来愈受领主的束缚。

恩格斯：《法兰克时代》，

《马克思恩格斯全集》第 19 卷第 557 页。

另一种办法，就是改变伯爵的地位，使他在行使权力的物质手段方面至少能与其伯爵领地内的豪绅显贵相等。

恩格斯：《法兰克时代》，

《马克思恩格斯全集》第 19 卷第 558 页。

在一无所有的地方，皇帝也和任何其他暴力一样，丧失了自己的权力。从虚无之中，不能产生任何东西，特别是不能产生利润。

恩格斯：《反杜林论》，

《马克思恩格斯全集》第 20 卷第 235 页。

"在普鲁士应当由国王统治"——他认真对待这句话，越到紧急的时候，这两个对手的意见就越分歧。有一点庸人是明白的：他能信任的人正在失去权力，掌权的人他却不能信任。甚至资产阶级也失去了信心。

恩格斯：《致劳·拉法格》，

《马克思恩格斯全集》第 37 卷 357 页。

奥古斯都已把所有的派别、一切头衔、全部的权力都集中到了他自己一个人身上，因而最高权力本身不会分散，这对任何一个国家来说都会带来最大的危险，因此奥古斯都的威望在异国民族的眼里就有所降低，而国家贪图个人权力也就甚于为人民谋福利了。

马克思：《拉丁文作文》，

《马克思恩格斯全集》第 40 卷第 825 页。

我们自己简直不知道我们这个国家有多少中央政府。首先我们有帝国摄政王，他是已解散的国民议会拥立的，尽管没有一点权力，却死抱住自己的职位不放。其次有临时协议，——这是什么，谁也不确切知道，但看来是旧议会的复活，是在普鲁士过去的巨大影响下产生的，这个临时协议正在对老朽的摄政王（他多少代表奥地利的利益）施加压力，要他把自己的位置让给它。可是他们两者都没有一点权力。第三，有国民议会临终前在斯图加特选出的"帝国摄政政府"，以及该议会的残余——"坚定左派"和"极左派"。

恩格斯：《法国来信》，

《马克思恩格斯全集》第 44 卷第 28～29 页。

在现存政权被这样削弱之后，沙皇同这个国家的正教教会的关系以及同斯拉夫人的关系就可以保证他握有这个国家的真正最高权力。

马克思恩格斯：《欧洲战争》，

《马克思恩格斯全集》第 44 卷第 221 页。

伊万·卡利塔的政策不外是这样：充当汗的卑鄙工具，从而窃取汗的权力，然后用以对付同他竞争的王公们和他自己的臣民。

马克思：《十八世纪外交史内幕》，

《马克思恩格斯全集》第 44 卷第 310 页。

专制制度（专制政体，无限君主制）是一种最高权力完全地整个地（无限制地）由沙皇一人独占的管理形式。沙皇颁布法律，任命官吏，搜刮和挥霍人民的钱财，人民对立法和监督管理一概不得过问。

列宁：《俄国社会民主党中的倒退倾向》，

《列宁全集》第 4 卷第 219 页。

欧洲所有其他国家的人民早就争得了政治自由。只有在土耳其和俄国，人民仍然是苏丹政府和沙皇专制政府的政治奴隶。沙皇专制制度就是沙皇拥有无限的权力。人民根本参加不了国家的机构和国家的管理。沙皇拥有独揽的、无限的、专制的权力，一切法律都由他一个人颁布，一切官吏都由他一个人委派。

列宁：《社会民主党人要求什么?》，

《列宁全集》第 7 卷第 115 页。

从前德国也是权力无限的专制君主的管理机关。可是德国人民早在 50 多年以前就打垮了专制制度，用武力取得了政治自由。德国不像俄国，那里的法律不是由一小撮官吏颁布的，而是由人民代表会议、议会、或者是德国人所说的帝国国会颁布的。

列宁:《社会民主党人要求什么?》,
《列宁全集》第 7 卷第 119 页。

恩格斯在《爱尔兰特别法和宪章派》里提到的"国王郡",即奥法里郡(爱尔兰中部)。16 世纪中叶,英国侵略者为了纪念女王玛丽·都铎的丈夫——西班牙国王菲力浦二世,采用了这一名称。

马克思在《德国的动荡局势》里的"现任选帝侯",指威廉二世。"他的最亲爱的父亲",指弗里德里希·威廉一世。

恩格斯在《法国来信》里提到的"帝国摄政王",指约翰。

"已解散的国民议会",指法兰克福国民议会,它在 5 月 30 日迁到斯图加特开会,1849 年 6 月 18 日被维尔腾堡当局解散。

"临时协议",是普鲁士和奥地利在 1849 年 9 月签订的关于在德国宪法问题未获得最后解决以前共同领导德国事务的条约。根据这个条约成立了普鲁士奥地利联合委员会。

"这个临时协议正在对老朽的摄政王(他多少代表奥地利的利益)施加压力,要他把自己的位置让给它",是说《民主评论》杂志编辑部在此处加了一个按语:"收到这封信以后,摄政王辞职并把他的权力(?)交给奥地利和普鲁士代表的消息就传到了英国。这样就结束了这场法兰克福丑剧。"这个按语大概是恩格斯本人写的。

"帝国摄政政府",是 1849 年 6 月 7 日选出的,由五人组成(拉沃、福格特、西蒙、许列尔、贝歇尔);革命失败后,他们流亡瑞士。

2. 对外关系中的唯一权力主体资格

在对外关系中,国家当然享有唯一权力主体资格。

对外关系的国家权力,是国家对外独立权的直接表现,包括除受国际习惯法或条约的限制之外,国家享有独立处理对外关系的自主权。国家权力具有排他性。签订或加入国际公约、与他国缔结条约或协定,以及接受和派遣外交使节、参加国际会议等,都属于国家权力范畴。1970 年联合国大会通过的《关于依联合国宪章建立各国友好关系及合作之国际法原则之宣言》,明确采用了"对外关系权力"术语。

在国际法场合,国家权力表现为国家主权(state sovereignty)。在国际法上,国家主权是国家独立自主地处理其内部和外部事务的权力。在对外关系中,国家按照自己的意志处理本国内外事务,不受他国的控制和干涉。在国家内部,国家可以自主地选择政治、经济和法律制度,独立进行司法和行政活动;在国家外部,国家自主确定和施行自己的对外政策,从事双边或多边国际往来。独立性、自主性和排他性,是国家主权的根本特征。

"主权"术语首先是作为国内法上的概念提出来的。法国让·博丹在 1577 年的《论共和国》一书中,最先提出并论述了主权概念,认为主权是在一个国家中进行统治的绝对和永久的权力。在第二次世界大战后,出现了对自然资源永久主权的概念。尽管第二次世界大战后国际人权法和国际环境法对"国家主权"进行了不断增多的限制,但国家主权原则仍然是处理国家间相互关系的基本原则。

在国际关系领域，我国的政界、法学界和媒体存在混淆"权力"和"权利"含义的情况。我在1990年出版的著作中关于两者的界说，已指出这一点，而且在以后一些著作乃至座谈会"建言"中，也都提出过，但这种混淆至今仍然存在。如在东海、南海海域，我国享有国际法上规定的属于我国的领海主权，这是不可藐视和剥夺的国家主权权力，是国家单方面的、不可商量的权力；但在东海、南海的我国海域，经国家允许，我国的企业和外国企业，可以通过平等协商，达成合作开发石油资源的协议。这里的"允许"，体现国家权力。各方企业享有的权利，是协议权利，属于民事权利范畴。在这里，国家权力是政治问题，合作开采是民事问题。一些人和媒体，把反对外国军舰擅自进入我国领海，说成"坚决捍卫国家权利"，是把事情弄颠倒了。说得重些，这种把国家固有的领海主权权力，搞成可以协商的民事权利，是完全把国家主权搞糟了。"权力"和"权利"一字之差，含义和实践却都差了不止十万八千里。

经典作家关于国际关系中国家权力的大量论述，在另外场合特别是本书第2卷摘录过，这里没有重复引录，因而显得少些。

在波兰后面是另一个似乎已最终陷入完全崩溃状态的国家——德国。从三十年战争的时代起，德意志罗马帝国就只是一个名义上的国家。帝国诸侯的权力愈来愈接近完全的自主。……因此，德国中央权力的加强就得取决于其全部利益在于阻挠这一加强的外国的同意。

恩格斯：《俄国沙皇政府的对外政策》，
《马克思恩格斯全集》第22卷第22页。

普鲁士和奥地利为了削弱德意志其他各邦，就迫使它们制订某种不伦不类的宪法，这种宪法削弱了政府，但是没有赋予人民，甚至也没有赋予资产阶级以任何权力。

恩格斯：《德国状况》，
《马克思恩格斯全集》第2卷第643～644页。

当俄国领土上有一支大军正严阵以待的时候，缔结一个割让领土或者至少使沙皇的权力限制在自己领地范围以内的和约，就会意味着根本违背最近一个半世纪以来的传统。

恩格斯：《拿破仑的军事计划》，
《马克思恩格斯全集》第11卷第329页。

俄国是霍亨索伦王朝及其封建诸侯建立它们无限权力的支柱。它是它们用来对付人民的不满的盾牌。因此，普鲁士并不是对抗俄国的堡垒，而是俄国准备用来入侵法国和征服德国的工具。

马克思：《1867年1月22日在伦敦纪念波兰起义大会上的演说》，
《马克思恩格斯全集》第16卷第228～229页。

西欧，或者说立法议会仅限于消极抵抗，而俄国，即以"实力武装起来的政府"却通过政变"来实施自己权力"，就像波拿巴、弗兰茨－约瑟夫和弗里德里希－威廉四世所做的那样。

马克思：《布·鲍威尔关于同俄国的冲突的小册子》，

《马克思恩格斯全集》第 44 卷第 368 页。

另一个事件是前线的进攻。进攻必然意味着重新恢复帝国主义战争，使帝国主义资产阶级的影响、声望和作用大大加强，使沙文主义在群众中广为传播，最后（最后但不是最不重要）使权力，先是军权，然后是整个国家政权，转到军队中的反革命高级将领手中。

列宁：《论立宪幻想》，

《列宁全集》第 32 卷第 27 页。

恩格斯在《拿破仑的军事计划》里说，"当俄国领土上有一支大军正严阵以待的时候，缔结一个割让领土或者至少使沙皇的权力限制在自己领地范围以内的和约，就会意味着根本违背最近一个半世纪以来的传统。"这是一个非常准确的判断。

"最近一个半世纪以来的传统"是：俄国同古罗马一样，只要敌人还在它的领土上，就不可能缔结和约。近一百五十年以来，俄国从来没有缔结过一次割让领土的和约。甚至提尔西特和约都使俄国的领土扩大了，而这个和约是在连一个法国人都没有踏上俄国土地的时候缔结的。"提尔西特和约"，是拿破仑法国同参加第四次反法同盟的战败国俄国和普鲁士在 1807 年 7 月 7 日和 9 日签订的和约。和约条件对普鲁士极为苛刻，使普鲁士丧失很大一部分领土（其中包括易北河以西的全部属地）。俄国没有丧失什么土地，反而获得了普鲁士割让给中的别洛斯托克地区。但是，亚历山大一世必须承认法国在德国占领的地方和拿破仑在那里所修改的疆界，以及拿破仑对伊奥尼亚群岛的统治权，同意成立华沙大公国（这是法国在俄国边界上的一个进攻基地），并参加对英国的封锁，即所谓大陆封锁。

恩格斯写这篇《拿破仑的军事计划》的当时，正是路易·波拿巴这个拿破仑第三皇帝的战争胜利推进的时候。从君士坦丁堡到多瑙河的整个这一面海岸和切尔克西亚海岸、阿纳帕、刻赤、巴拉克拉瓦直到叶夫帕托利亚的整个另一面海岸，都已经从俄军手中夺过来了。当时只有卡法和塞瓦斯托波尔还在坚守，而且卡法已陷入困境，塞瓦斯托波尔则由于所处的位置，在遭到严重威胁时也不得不放弃。不仅如此，联军的舰队正在阿速夫内海破浪前进；他们的轻型船舰曾进到塔干罗格，并且袭击了所有重要的沿岸据点。除了从皮列柯普到多瑙河这一段，即俄军在这一带原有海岸线的十五分之一以外，可以说再也没有任何一段海岸留在俄军手里了。假定卡法和塞瓦斯托波尔也已经陷落，克里木已经落入联军手中，那又将怎样呢？俄国处于这种境地，也是不会缔结和约的。

恩格斯不仅是伟大的军事战略家，也是伟大的军事战术家。他写过大量军事著作，我们应当认真学一学。

（三）国务事项是国家权力行为的对象

1. 内政事务

内政是国家的内部事务。对"内政"含义的解释，在国际上存在对什么是干涉内政，什么不是干涉内政的理解问题，因而一直存在争议。《联合国宪章》将"内政"定义为"本质上属于任何国家国内管辖之事件"。从《联合国宪章》以及常设国际法院的咨询意见看，我国国际法学界把"内政"定义为，内政是各国在不违反国际法基本原则及国际义务的前提下，属于国家管辖范围内的所有事项。

国务事项，是国家管辖范围内的所有事项，它自然是国家权力行为的对象。

在资产阶级内阁时期，旧"国家权力"已经"加强"到足以采取这个 co up〔坚决行动〕的地步了。

马克思：《资产阶级和反革命》，

《马克思恩格斯全集》第 6 卷第 145 页。

为了法制基础的所有崇拜者的利益起见，将军在"为了防止骚动"时的权力，毕竟有所限制，但这种限制办法又是令人叹为观止的。

马克思恩格斯：《新的军法宪章》，

《马克思恩格斯全集》第 6 卷第 590 页。

宪法在一项特别条文中号召每一个公民来保护它，因而它本身就是求助于起义的。赖德律－洛兰正是依据着这一项条文。但是，在另一方面，难道国家的各个权力机构不是为保护宪法而建立的吗，难道违反宪法的行为不是只有在国家的一个宪制权力起来反对另一个宪制权力的时候才会有的吗？而当时共和国的总统，共和国的部长们和共和国的国民议会却是协调一致的。

马克思：《1848 年至 1850 年的法兰西阶级斗争》，

《马克思恩格斯全集》第 7 卷第 76 页。

只要我真的妨碍了国家权力，哪怕只是侮辱了执行自己职务，对我实现国家权力的官员，拿破仑的专制制度也会立即置我于死地。但是，官员在不执行这种职务的时候，他就成了市民社会的普通一员，没有任何特权，没有任何特别的防御手段。

马克思：《"新莱茵报"审判案》，

《马克思恩格斯全集》第 6 卷第 268 页。

在目前，"经济力量的无政府状态"占着统治地位，因此就出现"社会贫困化的趋势"。这表现在分工、机器、竞争和信贷制度上面。贫穷和犯罪在增加。其次：国家（l' état）日益发展；它具有了专制的一切特征；它的独立性和权力日益扩大。国债不断增加。国家反对贫困而维护财富。腐败。国家控制着社会。

《马克思致恩格斯》，

《马克思恩格斯全集》第 27 卷第 316～317 页。

在布伦坦诺先生被抬上巴登委员会领袖地位的时候，他已经被运动抛在后面，因而已经不得不想法子把运动拖住。于是乎就发生了卡尔斯卢厄事件；大公逃之夭夭了，而这些使布伦坦诺先生成为政府首脑并且可以说是给予他独裁大权的形势，却打乱了他的全部计划，使得他竟不得不用自己的权力来反对给予他以这种权力的运动。

恩格斯：《德国维护帝国宪法的运动》，

《马克思恩格斯全集》第 7 卷第 158 页。

"酷似资产者所想象的人间天堂"的制度实现了。团结代替了权力，自由代替了强制，管理委员会代替了国家，于是便找到了哥伦布的鸡蛋：每一个"保险人"都根据自己的财产数学般精确地按比例来缴纳保险费。每一个"保险人"都肩负着整个立宪国家，即完备的两院制的担子。

马克思恩格斯：《"新莱茵报。政治经济评论"第 4 期上发表的书评》，

《马克思恩格斯全集》第 7 卷第 337 页。

在资产阶级国家里，废除国家就是要把国家的权力降低到北美的国家权力的水平。在北美，阶级矛盾还没有获得充分的发展；阶级冲突每一次都由于把过剩的无产阶级人口遣送到西方而得到平息；国家政权的干涉在东方达到了最低限度，在西方则根本不存在。

马克思恩格斯：《"新莱茵报。政治经济评论"第 4 期上发表的书评》，

《马克思恩格斯全集》第 7 卷第 339 页。

它以国家权力镇压社会的任何运动，结果是国家权力镇压起它自己的社会的任何运动来了。

马克思：《路易·波拿巴的雾月十八日》，

《马克思恩格斯全集》第 8 卷第 213 页。

它消灭人民群众和国家权力之间的贵族中间阶梯。所以它也就引起这一国家权力的全面的直接的干涉和它的直属机关的到处入侵。

马克思：《路易·波拿巴的雾月十八日》，

《马克思恩格斯全集》第 8 卷第 221 页。

纸票有强制通用的效力，所以谁也不能阻止国家任意把大量纸票硬塞到流通中去，并在它们上面印上任意的铸币名称，如一镑、五镑、二十镑。纸票一进入流通，就不可能再

抛出来，因为不仅国境界碑阻止它们流出，而且它们在流通之外便失去一切价值，不论是使用价值或交换价值。它们离开自己的职能存在，就变成一文不值的废纸。可是，国家的这种权力纯粹是假象。国家固然可以把印有任意的镑币名称的任意数量的纸票投入流通，可是它的控制同这个机械动作一起结束。

> 马克思：《政治经济学批判》，
>
> 《马克思恩格斯全集》第 13 卷第 109 页。

像我们所看到的那样，他在开头的时候，极力鼓励臣仆关系的扩张，直至独立的小自由人几乎完全消灭为止；但当他看到因此而削弱了他的权力时，他便企图通过国家的干涉重新恢复自己的权力。

> 恩格斯：《法兰克时代》，
>
> 《马克思恩格斯全集》第 19 卷第 557 页。

为了任意地吸干人民的血汗，他把社会主义魔影呼唤出来，并利用他所掌握的一切权力来挑起暴乱。

> 马克思：《同〈芝加哥论坛报〉通讯员谈话记》，
>
> 《马克思恩格斯全集》第 45 卷第 718 页。

在国家按照传统对资本仍然占有优势的地方，国家还拥有特权和权力来迫使全体拿出他们的一部分收入而不是一部分资本来兴办这类公益工程，这些工程同时又是一般生产条件，因而不是某些资本家的特殊条件。

> 马克思：《政治经济学批判》，
>
> 《马克思恩格斯全集》第 46 卷下册第 24 页。

在共和制的法国发生的德雷福斯案件，在自由民主的共和国美国由资本家武装起来的雇佣军队对罢工者进行的血腥屠杀，这些事实和无数类似的事实都证明了资产阶级枉费心机地企图掩盖的一条真理：在最民主的共和国内，实际上是资产阶级的恐怖和专政居统治地位，每当剥削者开始感到资本的权力发生动摇时，这种恐怖和专政就会公开表现出来。

> 列宁：《共产国际第一次代表大会文献》，
>
> 《列宁全集》第 35 卷第 489 页。

马克思在《路易·波拿巴的雾月十八日》里断言，"它消灭人民群众和国家权力之间的贵族中间阶梯"，是说路易·波拿巴的政策和法律，使贵族中间阶梯的小私有者增加赋税。马克思认为，小块土地除了肩负资本加于它的抵押债务外，还肩负着赋税的重担。赋税是官僚、军队、教士和宫廷的生活源泉，一句话，它是行政权力整个机构的生活源泉。强有力的政府和繁重的赋税是同一个概念。小块土地所有制按其本性来说是全能的和无数的官僚立足的基地。它造成全国范围内一切关系和个人的齐一的水平。所以，它也就使得有可能从一个最高的中心对这个划一的整体的各个部分发生同等的作用。

2. 对外事务

对外事务与外交事务不同。外交事务，是对外交往事务，包括外交机关或外交代表以访问、谈判、缔约、交涉、参加国际组织和国际会议等方式进行的交往活动。外交关系往往指国家之间通过建立互派机构形成的关系。对外事务是对外关系中的所有事务，包括战争等。

国家权力行使的对象，是国家的对外事务事项。

宪法第 54 条规定行政权力未得国民议会同意不得宣布任何战争。

马克思：《1848 年至 1850 年的法兰西阶级斗争》，

《马克思恩格斯全集》第 7 卷第 75 页。

胡斯战争，即捷克民族为反对德国贵族和德意志皇帝的最高权力而进行的带有宗教色彩的农民战争，是南方斯拉夫人独立干预历史进程的最后一次尝试。这一尝试失败了，从此以后，捷克人便一直受着德意志帝国的束缚。

恩格斯：《匈牙利的斗争》，

《马克思恩格斯全集》第 6 卷第 199 页。

哈布斯堡王朝的权力，是在反对南方斯拉夫人的斗争中通过联合德国人和马扎尔人的方法建立起来的。

恩格斯：《匈牙利的斗争》，

《马克思恩格斯全集》第 6 卷第 204 页。

如果土耳其人受法英共同监护，那同样会丧失对它的欧洲领地的权力。

马克思：《俄国的外交。——关于东方问题的蓝皮书。——门的内哥罗》

《马克思恩格斯全集》第 10 卷第 70 页。

近几年来，在管理印度方面采取了一种新的原则——破坏民族的原则。这一原则是靠强力消灭当地王公的权力，破坏既定的所有制关系相干涉人民的宗教事务的方法来实现的。

马克思：《印度问题》，

《马克思恩格斯全集》第 12 卷第 265 页。

简单地说，奥德人民举行起义反对英国政府的合法权力，现在英国政府就厉声宣布，起义是实行没收的充分根据。

马克思:《奥德的兼并》,

《马克思恩格斯全集》第 12 卷第 503 页。

新法案将目前由督察委员会主席通过机密委员会所行使的一切权力,即在非常情况下不征询参事会的意见径向印度发出指示的权力,也授予印度事务大臣。在组成这个参事会时,它的人选除由国王任命的以外,终究不能不依赖东印度公司作为唯一现实的来源。

马克思:《关于印度的法案》,

《马克思恩格斯全集》第 12 卷第 559 页。

希瓦可汗没有坐等他到达奥克苏斯河就派使者前往俄国军营,双方签订了条约,按照条约,希瓦可汗承认俄国的最高权力,将宣战权和媾和权让给俄国,把统治本国臣民的无限权力移交给俄国,俄国永远有权确定商队的线路,规定捐税和关税,调整希瓦全境的贸易。

恩格斯:《俄国在中亚细亚的进展》,

《马克思恩格斯全集》第 12 卷第 640 页。

其他的口岸差不多都没有进行什么贸易,而汕头这个唯一有一点商业意义的口岸,又不属于那五个开放的口岸。至于在长江上开放贸易,为了谨慎起见,在中国皇帝还不能完全恢复自己在长江沿岸起义地区内的权力以前,必须延期,也就是说遥遥无期。

恩格斯:《俄国在远东的成功》,

《马克思恩格斯全集》第 12 卷第 663 页。

俄国政府迟早总要过问的;它的内部困难可能通过国外的战争得到解决,并且依靠战争中的胜利,皇帝的权力就可能粉碎国内的贵族反对派。

马克思:《欧洲的战争前景》,

《马克思恩格斯全集》第 13 卷第 188 页。

1841 年初,毕若任阿尔及利亚总督,在他统治期间,法国对阿尔及利亚的政策有了根本的变化。他是第一个这样的总督:统率了足以执行自己面临的任务的军队,拥有对所属下级将领的绝对的权力,并且长久地担任这个职务,以致可以按照一个需要多年才能实现的计划来进行活动。

马克思:《毕若》,

《马克思恩格斯全集》第 14 卷上册第 222 页。

科苏特在声明的开头就宣布匈牙利的事业已无可挽救地毁灭,——并且说成是上帝的惩罚,接着便在声明中要戈尔盖"适当地利用"科苏特托付给他的权力,"向上帝负起拯救"匈牙利的"责任"。

马克思：《福格特先生》，

《马克思恩格斯全集》第 14 卷上册第 624 页。

他当作祭品献到祖国祭坛上的，送到戈尔盖手里的，只是执政者的权力，然而他立即在土耳其人的保护下重新篡夺了执政者的称号。

马克思：《福格特先生》，

《马克思恩格斯全集》第 14 卷上册第 625 页。

认为意大利为了在皮蒙特的权力之下统一就必须逐渐缩小，会使波拿巴有可能在那不勒斯和罗马保持名义上独立而实际上依附法国的特殊政府。

马克思：《西西里新闻》，

《马克思恩格斯全集》第 15 卷第 101 页。

他在这里攫取了这种权力，并利用这种权力想把罗马法强加到日耳曼人身上。

恩格斯：《论日耳曼人的古代历史》，

《马克思恩格斯全集》第 19 卷第 500 页。

我们也看到了，王权如何通过侵略战争而在移居的日耳曼人中间成为一种经常的制度和实际的权力；它如何把旧日的民田变成王室领地，如何把罗马的国有土地也并入自己的领地。

恩格斯：《法兰克时代》，

《马克思恩格斯全集》第 19 卷第 542 页。

对于多数奥地利—匈牙利的斯拉夫人来说，只要有六个月的独立，他们就会央求接受他们回去。但是无论如何不能承认这些小民族拥有他们现在在塞尔维亚、保加利亚和东鲁美利亚硬说自己拥有的那种权力，即阻止修筑通君士坦丁堡的欧洲铁路网的权力。

恩格斯：《致卡·考茨基》，

《马克思恩格斯全集》第 35 卷第 264 页。

他采用他曾用以提高莫斯科大公国地位的那同样的手段，那种君权与奴才地位的奇妙结合，保证了他儿子的继位。在他统治的整个时期，他一次也没有偏离过他为自己规划的这条政策路线，而是顽强坚定地坚持它，有条不紊地勇敢地执行它。他就这样成了莫斯科公国权力的缔造者，他的人民恰如其分地称他为卡利塔，即钱袋，因为他用来为自己开辟道路的是钱袋而不是刀剑。

马克思：《十八世纪外交史内幕》，

《马克思恩格斯全集》第 44 卷第 312 页。

　　彼得大帝确实是现代俄国政策的创立者，但他之所以如此，只是因为他使莫斯科公国老的蚕食方法丢掉了纯粹地方性质和偶然性杂质，把它提炼成一个抽象的公式，把它的目的加以普遍化，把它的目标从推翻某个既定范围的权力提高到追求无限的权力。

马克思：《十八世纪外交史内幕》，

《马克思恩格斯全集》第 44 卷第 320 页。

　　乔治一世这项法规是靠着许多英国贵族和下院议员的影响得以通过的。这项措施和他们的切身利益关系很大，因为他们要确保赏赐给他们的爱尔兰庄园。根据这项法律的第一条，英国获得了专横的霸权，"宣布自己有不容剥夺的权力用各种指名或不指名地涉及爱尔兰的法规束缚爱尔兰"。

马克思：《从美国革命到 1801 年合并的爱尔兰》，

《马克思恩格斯全集》第 45 卷第 11 页。

　　英国把为爱尔兰颁布法律的权力抓在自己手里，不论拥护这种做法的人怎样伪善地、巧妙地加以美化，实际上其真正的目的是限制爱尔兰的贸易和压制爱尔兰的工业，使之不致损害英国的利益。

马克思：《从美国革命到 1801 年合并的爱尔兰》，

《马克思恩格斯全集》第 45 卷第 19 页。

　　原来这套办法的目的就是要确立大不列颠的最高权力并把让步法令变为确立它自己统治地位的法令。

马克思：《从美国革命到 1801 年合并的爱尔兰》，

《马克思恩格斯全集》第 45 卷第 22 页。

　　一个对外实行征服的政权会带来一个对内实行压制的政权。这个法律使大不列颠有权判定什么是破坏协议，有权解释它，实际上有权随心所欲地向我们课税，因为它给了大不列颠新的迫使我们服从的权力。

马克思：《从美国革命到 1801 年合并的爱尔兰》，

《马克思恩格斯全集》第 45 卷第 49 页。

　　1789 年 2 月 11 日。大臣们力图推迟关于摄政的辩论。他们正式提出的理由是，必须从英国那里得到英国议会规定亲王为权力有限的大不列颠摄政王的决议。

马克思：《从美国革命到 1801 年合并的爱尔兰》，

《马克思恩格斯全集》第 45 卷第 50 页。

　　英国政府实行合并，这意味着取消爱尔兰立法会议，它所追求的目的只有一个，就是要剥夺爱尔兰的政治影响和权力并把爱尔兰的财产和人民交由英国任意摆布。

马克思：《从美国革命到1801年合并的爱尔兰》，
《马克思恩格斯全集》第45卷第88页。

这次合并没有产生坎宁坚持合并的主张时所许诺的天下太平的局面，而是产生了新的严酷的法律、非常的权力和无穷无尽的动荡。用一些小自由来蒙骗爱尔兰。

马克思：《从美国革命到1801年合并的爱尔兰》，
《马克思恩格斯全集》第45卷第92页。

这套计划的轻率妄为、专横跋扈，目光短浅的提出者的真正意图，就是要一下子把你们自己管理自己税收的权力剥夺净尽，此外还剥夺你们的另外一项其重要性不亚于前者而事实上也总是与税收密不可分的权力，这就是强行夺走你们对和平与战争这一生死攸关的重要问题的任何一点点决定权，把一切都置于英国大臣的控制之下。正是这项通过令人憎恨的合并得来的权力像磨盘一样挂在了英国的颈项上。从那时起直到目前，英国就在充满破坏和毁灭的战争中进行着自我消灭！

马克思：《从美国革命到1801年合并的爱尔兰》，
《马克思恩格斯全集》第45卷第94页。

现在爱尔兰志愿兵明白，英国议会是在让步的借口下确立它自己对爱尔兰的立法权力。

亲王被确认为拥有无限权力的爱尔兰摄政王。未经投票即被通过。

马克思：《从美国革命到1801年合并的爱尔兰》，
《马克思恩格斯全集》第45卷第109～110页。

马克思主张波兰独立，是从欧洲民主派反对沙皇政府的势力和影响——可以说是反对沙皇政府的无限权力和压倒一切的反动影响——的斗争利益出发的。这个观点的正确性在1849年就得到了最明显的和事实上的证实，当时俄国农奴主的军队镇压了匈牙利的民族解放和革命民主的起义［32］。从那时起到马克思逝世，甚至更晚一点，到1890年沙皇政府同法国勾结，企图发动反动战争来反对不是帝国主义的而是民族独立的德国时，恩格斯始终主张首先要同沙皇政府作斗争。

列宁：《关于自决问题的争论总结》，
《列宁全集》第28卷第36～37页。

立宪民主党人在取得政府权力以后，便想方设法继续进行掠夺性的侵略战争，这个战争是同英法资本家签订掠夺性秘密条约的沙皇尼古拉二世开始进行的。根据这些条约，俄国资本家在战争胜利后可以占领君士坦丁堡、加里西亚和亚美尼亚等地。

列宁：《革命的教训》，
《列宁全集》第32卷第54页。

工人政府会立刻把这些公正的媾和条件毫无例外地向所有交战国提出。只要这一点没有做到，只要明确的、正式的媾和建议没有提出，只要还保留秘密的掠夺性条约，只要那些靠军事订货发几亿横财的资本家的无上权力没有被摧毁，他们的掠夺没有被制止，所有关于和平的漂亮话都只能是对人民的欺骗，彻头彻尾的无耻欺骗。

列宁：《就印发〈关于里加沦陷的传单〉所写的一封信》，
《列宁全集》第 32 卷第 84 页。

现在，自由的英国和其他国家变成了刽子手，以为自己有权力扼杀革命，压制真理；但是这个真理一定会在法国和英国冲破重重障碍，工人们一定会懂得：他们受骗了，他们被拖入战争并不是为了法国或英国的解放，而是为了掠夺别的国家。

列宁：《在普列斯尼亚区工人代表会议上的讲话》，
《列宁全集》第 35 卷第 367 页。

由于世界已经瓜分完毕，由于资本主义垄断的这种统治，由于极少数大银行（每个国家最多只有两三家、四五家）的无限权力，就不可避免地爆发了 1914—1918 年第一次帝国主义大战。这场战争是为了重新瓜分世界。这场战争是为了决定：极少数大国集团（英国集团或德国集团），谁可以、谁有权来掠夺、扼杀和剥削全世界。

列宁：《共产国际第二次代表大会文献》，
《列宁全集》第 39 卷第 206～207 页。

马克思在《1848 年至 1850 年的法兰西阶级斗争》里提到的"国民议会"，是指从 1849 年 5 月 28 日起至 1851 年 12 月止的立法国民议会（立法议会）。

这里摘录的马克思《十八世纪外交史内幕》里一段叙述中的 9 个"他"，是指伊万·卡利塔。

1328 年，伊万·卡利塔之兄尤里，在乌兹别克汗的脚下拾起了以告密和暗杀手段从特维尔那一支夺过来的大公国的王冠。伊万一世·卡利塔和绰号"大帝"的伊万三世，象征着借助鞑靼人的枷锁而兴起的莫斯科公国和由于鞑靼人的统治消失而获得独立权力的莫斯科公国。莫斯科公国从它最初登上历史舞台起的全部政策，就体现在这两个人物的一生当中。伊万·卡利塔的政策不外是这样：充当汗的卑鄙工具，从而窃取汗的权力，然后用以对付同他竞争的王公们和他自己的臣民。

三、阶级权力是国家权力的核心和实质

国家问题，被西方的科学家、哲学家、法学家、政治经济学家和政论家有意无意地弄得混乱不堪。国家权力问题的混乱不堪，源于国家问题的混乱不堪。

关于什么是国家，马克思主义经典作家科学地揭示了它的基本原理：国家是阶级矛盾不可调和的产物；国家是阶级统治的国家；国家是有组织的暴力；国家是统治阶级的组织；国家是维护一个阶级对另一个阶级的统治的工具；国家的本质特征，是和人民大众分离的公共权力，就是存在着把权力集中在自己手中的特殊阶级；在现代社会中，最能表现国家机器特征的有两种机构：官吏和常备军；国家政权的工具，主要集中于军队、惩罚机关、侦察机关和监狱；无产阶级专政的国家，是新型专政和新型民主的国家；资产阶级专政的国家是少数人对多数人统治的国家，无产阶级专政的国家是多数人对少数人统治的国家。以这个原理为指引，国家权力究竟是怎么回事便不言自明了。

阶级和国家的相互关系原理告诉我们，阶级权力与国家权力是密不可分的，阶级权力是国家权力的核心和实质。

首先，国家权力来源于阶级权力。

阶级和阶级权力，能够从生产资料占有方式、人们在生产关系和社会关系中的地位得到说明。革命权力—阶级权力—国家权力，是国家权力来源的根本路径。

权力是属于国家的。所谓革命权力，就是被压迫阶级进行社会革命的权力。这种权力，是同国家权力直接对立的。之所以把革命称为权力，是从新政权的角度概括出来的。社会革命的实质是改变生产关系，解放生产力。每一次革命都破坏旧社会，所以它是社会革命，每一次革命都推翻旧政权，所以它是政治革命。革命就是推翻统治阶级，是一个阶级推翻另一个阶级的行动。资产阶级革命是这样，无产阶级革命也是这样。

当然，这里的阶级权力是夺取了政权的统治阶级的权力。

其次，国家权力决定于阶级权力。

没有阶级权力，就没有国家权力本身。当一个阶级由自在阶级成为自为阶级并夺取政权后，其整个阶级意识和行为方式，将转化为国家意识和国家行为方式。这样，"阶级的"变成"国家的"了。这就一切"阶级的"都是"国家的"了。因为"国家的"掩盖了"阶级的"，致使超阶级的国家和国家权力学说繁荣起来。

奴隶制社会的思想家柏拉图、亚里士多德认为，国家是具有共同利益的人们的"共同体"、是实行互利合作而建立的"团体"，是"为全社会谋求福利的组织"。后来的康德、黑格尔等学者，也大都是这类认识。在当代西方学者中，普遍流行"福利国家论"，认为在"高工资""高消费""高社会福利"的西方"富裕社会"里，所有社会成员和睦相处，共同建立了"人间乐园"。

那么，在这样的论说那里，国家权力的实质是什么呢？资产阶级法学家格老秀斯在谈到国家时谈到了权力，认为"国家是自由人民为享受权力和公共事业的利益而组合起来的完全社会"。这里，国家权力的实质是自由人民的权力。

掩盖国家权力的阶级内容，抽象地谈论权力，否认国家权力是阶级统治工具的事实，是超阶级国家权力学说的通病。谈到权力，必须具体地回答这是什么样的权力？这个权力属于谁？国家权力是特殊阶级的权力。这个特殊阶级，是统治阶级，而不是全体居民。如果这种权力真的由全体居民行使了，那么这种权力也就消失了。只要国家存在，就不可能存在国家权力由全体居民行使的事情。

最后，国家权力是以阶级权力为中心在国家层面展开的。

当阶级权力转化为国家权力后，其阶级权力的实质没有变，但它的外延在国家层面扩大了。

阶级权力在国家控制和管理的所有领域展开。国家对于内政事务和对外事务的权力运作，到处都有阶级权力相伴随。离开统治阶级的利益、目的和要求的国家权力，是不可理喻的。譬如婚姻家庭领域，被认为是自然的伦理的领域，好像看不到阶级权力的影子，然而，婚姻家庭立法和司法是国家权力的表现，这种国家权力的背后，是阶级权力。本书的第 1 卷和第 2 卷摘录的经典作家关于婚姻家庭的论述，直接揭示了资产阶级的货币权力、资本权力与婚姻家庭的关系。

（一）任何阶级的斗争的直接目标都是国家权力

1. 各阶级争夺国家权力的斗争

马克思主义经典作家全面论述了阶级斗争与国家政权的关系。其基本思想是：

阶级之间的斗争，是为了保护一种所有制以反对另一种所有制的斗争，是剥削阶级和被剥削阶级之间、统治阶级和被压迫阶级之间的斗争。因此，阶级斗争必然成为政治斗争，而政权问题是一切政治斗争的根本问题。政权从一个阶级手里转到另一个阶级手里，是阶级斗争首要的基本的标志。夺取政权，决定着阶级权力的发展和国家权力运行的一切问题。

阶级斗争的中心问题和直接目的是政治权力，但归根结底是围绕经济解放进行的。阶级之间的对立和斗争，是建立在一定物质生产方式和经济基础之上的。离开物质条件和客观实际的斗争，没有意义。

在资本主义时代，社会的主要阶级是资产阶级和无产阶级，阶级斗争简单化了。无产阶级和资产阶级之间的斗争，是现代社会变革的巨大杠杆，是历史发展的直接动力。

阶级斗争和阶级斗争理论，是资产阶级在同封建阶级斗争时提出的。在论述阶级斗争时，经典作家明确指出，只有把承认阶级斗争扩展到承认无产阶级专政的人，才是马克思主义者。

在我国现阶段，有的说"阶级斗争熄灭"了，有的说"以阶级斗争为纲"。其实，这两个说法都是不对的。马克思主义认为，社会主义阶段，是从资本主义到共产主义的过渡时期，是一个相当长的历史阶段。在这个历史阶段，阶级斗争在一定范围内仍然存在。

下面摘录的，是经典作家论述的各阶级争夺国家权力斗争的情况，特别是资产阶级同封建阶级争夺斗争的情况。

土地占有制和资产阶级之间的斗争，正如资产阶级和无产阶级之间的斗争一样，首先是为了经济利益而进行的，政治权力不过是用来实现经济利益的手段。

恩格斯：《路德维希·费尔巴哈和德国古典哲学的终结》，

《马克思恩格斯全集》第 21 卷第 344 页。

在阶级反对阶级的任何斗争中，斗争的直接目的是政治权力；统治阶级保卫自己的最高政治权力，也就是说保卫它在立法机关中的可靠的多数；被统治阶级首先争取一部分政治权力、然后争取全部政治权力，以便能按照他们自己的利益和需要去改变现行法律。

恩格斯：《工联》，

《马克思恩格斯全集》第 19 卷第 284 页。

因为他们旧日的权力是以大土地占有制为依据的，所以，为了达到这个目的，首要的条件就是要根本改变土地占有关系。

恩格斯：《法兰克时代》，

《马克思恩格斯全集》第 19 卷第 543 页。

事实上，革命已用它的巨大力量甚至使各个四分五裂国家的资产阶级、特别是德国的资产阶级脱离了旧的传统的常规。资产阶级取得了一部分、即使是小小的一部分政治权力，而资产阶级的每一个政治成就都被它用在促进工业繁荣方面。

恩格斯：《暴力在历史中的作用》，

《马克思恩格斯全集》第 21 卷第 464 页。

德国资产阶级仍旧处在那个尽人皆知的矛盾当中。一方面，它要求由自己，也就是说，由一个从自由主义议院多数派中选出的内阁独享政权；而这样一个内阁就得同国王所代表的旧制度进行十年的斗争，直到它的新权力最终被承认为止，而这就意味国内的十年虚弱。但是另一方面，资产阶级要求革命地改造德国，这种改造只有通过暴力、因而也只有通过真正的独裁才能实现。

恩格斯：《暴力在历史中的作用》，

《马克思恩格斯全集》第 21 卷第 491 页。

1830 年的资产阶级，同前一世纪的资产阶级是大不相同的。仍然留在贵族手中并且被贵族用来抵制新工业资产阶级的野心的政治权力，已经同新的经济利益不能相容了。于是必须同贵族进行一次新的斗争；这一斗争的结局只能是新的经济力量的胜利。

恩格斯：《"社会主义从空想到科学的发展"英文版导言》，
《马克思恩格斯全集》第 22 卷第 354 页。

在这一阶级内部，这种分裂甚至可以发展成为这两部分人之间的某种程度上的对立和敌视，但是一旦发生任何实际冲突，当阶级本身受到威胁，甚至占统治地位的思想好像不是统治阶级的思想这种假象、它们拥有的权力好像和这一阶级的权力不同这种假象也趋于消失的时候，这种敌视便会自行消失。

马克思恩格斯：《德意志意识形态》，
《马克思恩格斯全集》第 3 卷第 53 页。

事实上，资产阶级如不采取一些硬性措施来维护和鼓励自己的工商业，他们就不能保住自己的阵地，巩固起来并取得绝对权力。如果不防止外国工业的侵入，十年之内他们就会垮台。

恩格斯：《保护关税制度还是自由贸易制度》，
《马克思恩格斯全集》第 4 卷第 67 页。

资产阶级从自己的物质利益出发，必然要提出参与政权的要求。只有它自己才能利用各项法律来满足它的商业和工业的要求。它必然要从既不学无术而又妄自尊大的腐朽的官僚手中把照管它的这些"最神圣的利益"的权力夺取过来。它必然要要求监督国家财政的权利，因为它认为自己是财富的创造者。

马克思：《资产阶级和反革命》，
《马克思恩格斯全集》第 6 卷第 121 页。

资产阶级只是袖手旁观，让人民为它作战。因此，转交给它的权力，也就不是一个统帅在战胜自己的敌人后掌握的权力，而是一个受胜利了的人民委托来保护人民利益的安全委员会掌握的权力。

马克思：《资产阶级和反革命》，
《马克思恩格斯全集》第 6 卷第 124 页。

的确，资产阶级曾经一度期望新王会立刻颁布宪法，宣布出版自由，成立陪审法庭等等，总之，期望国王自己发起资产阶级获取政治权力所需要的和平革命，现在他们发觉自己错了，于是便对国王发动猛烈的攻击。

恩格斯：《德国的革命和反革命》，
《马克思恩格斯全集》第 8 卷第 20 页。

新的宪法实质上不过是 1830 年宪章的共和主义化的版本。七月王朝的过高的选举资格限制，甚至把资产阶级本身的一大部分人也排出于政治权力之外，这是和资产阶级共和国的存在不相容的。

> 马克思：《路易·波拿巴的雾月十八日》，
> 《马克思恩格斯全集》第 8 卷第 134 页。

首要的一点就是那些反动的或顽固的阶级，即土地贵族、食利者、证券投机商、殖民地的土地占有者、船主和一部分商人和银行家将在多大的程度上保持他们的权力，以及他们要把哪一部分权力让给站在所有进步阶级和革命阶级前列的工业资产阶级。

> 恩格斯：《英国》，
> 《马克思恩格斯全集》第 8 卷第 237 页。

斯图亚特被逐出不列颠的那次革命之后，苏格兰的小克兰首领间的私人纠纷日益减少，因而希望在这边远地区至少表面上保持自己的权力的英国国王们就鼓励克兰首领建立本族军队；通过这种制度，勒尔德，即这些首领们，就把现代的军事组织和古代的克兰制度结合起来，从而使前者成了后者的支柱。

> 马克思：《选举。——财政困难。——萨特伦德公爵夫人和奴隶制》，
> 《马克思恩格斯全集》第 8 卷第 571 页。

对曼彻斯特派的代表们来说，这次攻击则应当促使他们得出这样一个结论：除非他们决心——不管他们怎样不乐意——把人民所应当享有的一份权力完全给予人民，他们就不可能把政权从贵族手中夺过来。

> 马克思：《议会辩论。——僧侣和争取十小时工作日的斗争。——饿死》，
> 《马克思恩格斯全集》第 8 卷第 614 页。

如果资产阶级从贵族阶级手里夺得一点权力，人们自然就会问，它怎样运用它新取得的影响呢？这个问题不应当从阶级观点，而应当从广泛的人文主义立场来加以考察。

> 马克思：《英国资产阶级》，
> 《马克思恩格斯全集》第 10 卷第 685 页。

波拿巴王朝需要攻下塞瓦斯托波尔，而且要在最短期限内攻下它；联军必须完成这个任务。康罗贝尔如果获得成功，就可如愿地成为法国的元帅、伯爵、公爵、亲王，并在财政方面取得无限的权力。反之，失败就意味着他的官运的终结。

> 马克思恩格斯：《法国作战方法的批判》，
> 《马克思恩格斯全集》第 11 卷第 146~147 页。

这时洛维特做了一次最后的但是徒劳无益的尝试，企图把对普选权的要求说成是所谓激进派和人民群众的普遍要求。从这时起，就不再存在对普选权实质的任何怀疑了。对

它的名称也没有疑问了。这是人民群众的宪章，它意味着人民群众取得作为实现他们的社会要求的手段的政治权力。

马克思：《行政改革协会。——人民宪章》，

《马克思恩格斯全集》第 11 卷第 301 页。

在工业资产阶级看来，废除谷物法意味着：降低生产费用，扩大对外贸易，增加利润，缩小土地贵族收入的主要来源从而也就削弱他们的权力，加强自己的政治势力。

马克思：《约翰·罗素勋爵》，

《马克思恩格斯全集》第 11 卷第 449 页。

这样，就让欧洲的资产阶级懂得了：他们要就必须屈从于一个他们所憎恨的政治权力，放弃现代工商业的利益和以现代工商业为基础的社会关系，要就必须放弃现代的社会生产力组织在其始初阶段只赋予唯一的一个阶级的特权。

马克思：《西班牙的革命》，

《马克思恩格斯全集》第 12 卷第 47 页。

这个联合的存在本身就证明了其中所代表的那些政党是分散的，因为旧的党派传统只允许它们结成消极的统一体。这种消极的统一体不能采取行动；它的行动只能是消极的；它只能是一种障碍；波拿巴的权力即由此而来。

马克思：《英国的选举》，

《马克思恩格斯全集》第 12 卷第 170 页。

他们这些由亲王挑选的谋臣，忽然间好像变成了民选的国家执行机构，要靠人民赋予的权力来治理国家。他们在抗议中——"国家通报"上刊登的他们那篇原则性的声明只能叫做抗议——以冠冕堂皇的词句断言，议会内阁或党派政府在普鲁士是根本行不通的；国王，按照上帝的意旨，应该永远是唯一的权力的源泉。

马克思：《普鲁士状况》，

《马克思恩格斯全集》第 12 卷第 701 页。

按照他的声明，他之所以享有现在的权力，正是归功于这种对无政府状态的憎恨。他把这种对无政府状态的憎恨作为一种理由，用来替自己解散国民议会、违背自己的誓言、用武力推翻共和政府、取消一切出版自由、把所有反对他的绝对专制的人加以放逐或发配到凯恩去的行为辩护。

马克思：《甜言蜜语》，

《马克思恩格斯全集》第 13 卷第 358 页。

当选帝侯刚一确信奥地利有俄国的支持，很可能在这场角逐中获胜时，他就抛开了假

面具，表示赞成奥地利议会，反对普鲁士联盟，扶植以声名狼藉的哈森普弗鲁克为首的反动内阁上台执政，解散了拒绝表决通过赋税和持反政府立场的立法议会，并且在他企图依仗自己的权力去征收赋税而由于得不到军队、官僚和司法机关的支持遭到了失败以后，便在黑森—加塞尔实行了戒严。

> 马克思：《德国的动荡局势》，
> 《马克思恩格斯全集》第 13 卷第 599 页。

在这以后，帕埃斯就公开叛乱，而这个叛乱是得到玻利瓦尔本人秘密的支持和鼓励的，因为他需要利用暴动来作为撕毁宪法和重新获得独裁权力的借口。

> 马克思：《玻利瓦尔－伊－庞特》，
> 《马克思恩格斯全集》第 14 卷上册第 238 页。

卡芬雅克的确曾在 1848 年 11 月派遣一个分舰队前往契维塔未克基亚充当教皇的私人警卫。不过，只是在第二年，只是在卡芬雅克竞选总统失败后过了几个月，只是在 1849 年 2 月 9 日，教皇的世俗权力才被废除，罗马才成立共和国，可见，卡芬雅克不可能消灭在他执政时期还不存在的共和国。

> 马克思：《福格特先生》，
> 《马克思恩格斯全集》第 14 卷上册第 552 页。

有人以为，蓄奴党仅仅是要把它迄今为止所统辖的地区联合成一个独立的州集团，使这些州不受联邦最高权力的约制。这种看法是最荒谬不过的。"南部需要它的全部领土。它想得到它，而且必须得到它。"

> 马克思：《美国内战》，
> 《马克思恩格斯全集》第 15 卷第 357 页。

它废除单个容克地主由于封建特权而享有的权力，以便在实行专区自治的幌子下把这个权力归还给容克地主阶级。大土地所有制仍将在东部各省的农业区占统治地位；容克地主阶级的权力甚至还会由于至今一直属于国家的权力转入它的手中而增长起来。

> 恩格斯：《普鲁士"危机"》，
> 《马克思恩格斯全集》第 18 卷第 328 页。

当时在俄国有人要求召开国民议会。一些人要求用这种议会来解决财政困难，另一些人要求用这种议会来推翻君主政体。巴枯宁希望用这种议会来显示俄国的统一，来巩固沙皇的权力和威严。

> 马克思恩格斯：《社会主义民主同盟和国际工人协会》，
> 《马克思恩格斯全集》第 18 卷第 495～496 页。

资产阶级日益把社会财富和社会权力集中在自己手里，虽然它在长时期内还未能取得政权，政权仍然操在贵族和靠贵族支持的王权手里，但到了一定的发展阶段，——在法国是从大革命起——它把政权也夺到手了，于是它对于无产阶级和小农说来就成了统治阶级。

恩格斯：《卡尔·马克思》，

《马克思恩格斯全集》第 19 卷第 122 页。

资本家阶级当时力量还弱，尚未成年。主要财富还掌握在封建主和专制君主手中。他们的挥霍，是商人、厂主和金融家发财致富的直接手段，是封建主阶级转化为新形成的资本家阶级的手段，同时也是封建主阶级丧失政治权力和这种政治权力转到资本家手中的手段。

马克思：《资本论第二册》，

《马克思恩格斯全集》第 49 卷第 519 页。

立宪民主党力求使政权转到自由派资产阶级手中。君主制保存警察和军队的权力，要维护资本家掠夺工农的权利。

列宁：《把谁选入国家杜马?》，

《列宁全集》第 14 卷第 130 页。

资产者不懂阶级斗争的理论，看惯了政治舞台上各个资产阶级小集团之间的无谓争吵，认为专政就是废除一切自由和一切民主保障，就是恣意横行，就是滥用权力以谋专政者个人的利益。

列宁：《社会民主党在民主革命中的两种策略》，

《列宁全集》第 11 卷第 114 页。

第三届杜马不是妥协的杜马，而干脆是反革命的杜马；它不是在掩盖专制制度，而是在揭露专制制度；它在任何一个方面都不起独立的作用，因此无论在什么地方都没有人期待它作出进步的改革，没有人认为这个死硬派议会是沙皇制度的真正权力和力量的所在。

列宁：《对目前时局的估计》，

《列宁全集》第 17 卷第 253 页。

在专制制度完整地和不可侵犯地存在的时候，教权主义是以隐蔽的形式存在的。警察和官僚的无限权力蒙住了"社会人士"和人民的眼睛，使他们看不到阶级斗争，特别是看不到"穿着教袍的农奴主"同"贱民"的斗争。

列宁：《各阶级和各政党对宗教和教会的态度》，

《列宁全集》第 17 卷第 405 页。

当权者利用这种蛊惑宣传来扩大自己的影响和权力。其他一些想夺取这种权力的人也会利用这种蛊惑宣传（唉呀呀多么可恶的、多么不道德的意图！俄国自由派资产者可决没有这种意图。只有在腐朽的西欧，不道德的资产阶级才力图夺取权力，甚至制造一种邪说，似乎只有资产阶级的权力才能保障资产阶级的宪法。我们俄国自由派，受过司徒卢威、别尔嘉耶夫及其同伙的唯心主义的道德说教的教育，因此我们认为，权力应该继续由托尔马乔夫之流掌握，而关于真正按照宪法行使这个权力的训令，应该由马克拉柯夫之流签署）。

列宁：《"遗憾"和"羞耻"》，
《列宁全集》第20卷第252页。

无论是普利什凯维奇和罗曼诺夫的无限权力，还是日益成熟的无产阶级和忍饥挨饿、备受折磨的农民日益加强的革命反抗，都不会由于自由派的好心肠而从实际生活中消失掉。

列宁：《来自斯托雷平"工"党阵营的议论》，
《列宁全集》第21卷第27页。

另一个资产阶级是极不成熟的，但力求走向成熟的小业主和一部分中等业主，主要是农民这一非常广泛的阶层，他们实际上要解决的决不是俄国现代历史生活中的特权问题，而是个要因为普利什凯维奇之流而被饿死的问题。而这也就是涉及普利什凯维奇之流整个权力基础本身的问题，涉及普利什凯维奇之流一切权力的根源的问题

列宁：《自由派和民主派》，
《列宁全集》第21卷第247页。

目前俄国农村的矛盾归结起来就是：由过去的农奴主在完全保持他们的土地和权力的条件下，来推行资产阶级的土地政策。在土地问题上，这也是"在向资产阶级君主制转变的道路上迈了一步"。走向新制度的这一步，是由还保持着自己的无限权力、自己的土地、自己的特性、自己的环境的旧势力自己迈的。

列宁：《最后一个气门》，
《列宁全集》第22卷第22页。

正因为走向新制度的这一步，是由还保持着自己的无限权力的旧势力自己迈的，所以这一步就无法造成、确也未曾造成什么稳定的局面。相反，正像目前一切迹象向我们清楚地表明的那样，这一步使旧的危机在俄国资本主义的另一个更高的发展阶段上更加加深。

列宁：《最后一个气门》，
《列宁全集》第22卷第23页。

政府需要自由派－十月党人的多数，打算在保持普利什凯维奇之流的无限权力的情况

下推动俄国前进。

列宁：《选举结果》，

《列宁全集》第 22 卷第 348 页。

现在我们来概括地看一看 19 世纪末 20 世纪初各先进国家的历史。我们可以看到，这里更缓慢地、更多样地、范围更广阔得多地进行着那同一个过程：一方面，无论在共和制的国家（法国、美国、瑞士），还是在君主制的国家（英国、一定程度上的德国、意大利、斯堪的纳维亚国家等），都逐渐形成"议会权力"；另一方面，在不改变资产阶级制度基础的情况下，各资产阶级政党和小资产阶级政党瓜分着和重新瓜分着官吏职位这种"战利品"，为争夺政权进行着斗争；最后，"行政权力"，它的官吏和军事机构，日益完备和巩固起来。

列宁：《国家与革命》，

《列宁全集》第 31 卷第 30 页。

马克思在《路易·波拿巴的雾月十八日》里提到的"1830 年宪章"，是法国 1830 年资产阶级革命后所通过的宪章，是七月王朝的根本法。宪章在表面上宣布了国民的自主权并对国王的权力作了某些限制，但是，那些反对工人运动和民主运动的警察官僚机构和苛刻的法律仍然原封未动。

马克思在《选举。—财政困难。—萨特伦德公爵夫人和奴隶制》里提到的"斯图亚特被逐出不列颠的那次革命"，指 1688 年的政变。这次政变驱逐了斯图亚特王朝的詹姆斯二世，宣布尼德兰总督奥伦治的威廉三世为英王。

马克思在《行政改革协会。—人民宪章》里说，"企图把对普选权的要求说成是所谓激进派和人民群众的普遍的要求"，是说 1842 年资产阶级的激进派以及主张自由贸易的自由派，曾多次企图使工人运动置于自己的影响之下，并利用工人运动来进行废除谷物法和资产阶级改革的鼓动。他们提出了含糊不清的可以有各种解释的所谓"完全选举权"的要求，以便使工人们离开争取实现宪章派的社会和政治纲领的斗争。资产阶级激进派依靠宪章派的某些具有妥协情绪的领袖（洛维特和其他人等），于 1842 年在北明翰召开了两次资产阶级和宪章派的代表会议，在会议上提出了共同鼓动选举改革的问题。但是，以新的"权利法案"和"完全选举权"的要求来代替人民宪章的建议被代表会议的宪章派大多数坚决否决了。人民宪章从这时起成了广大人民群众的唯一的要求。

2. 一个阶级只有胜利了，才能拥有国家权力

推翻旧政权，破坏和消灭旧的东西，使一定的生产力能够得到利用的条件，是胜利了的阶级实行统治的条件。因此，预定要消灭整个旧的社会形态并实行统治，就必须首先夺取政权。夺取政权后，这个阶级由其财产状况产生的阶级权力，都会在相应的国家权力形式中获得实现。

资产阶级甚至在拥有充分权力时也一定会使它在国家中享有代表职位，同时还一定会使它享有各种肥缺和很大的势力。

> 恩格斯：《暴力在历史中的作用》，
> 《马克思恩格斯全集》第 21 卷第 518 页。

法国有产阶级的卑鄙无耻，他们对最微小的成就的奴性崇拜，对任何权力的阿谀奉承，这一次暴露得比以往任何时候都明显。

> 《恩格斯致马克思》，
> 《马克思恩格斯全集》第 27 卷第 407 页。

"政治权力是我们的手段，社会幸福是我们的目的"，这就是宪章主义者现在明确地喊出的口号。

> 恩格斯：《英国工人阶级状况》，
> 《马克思恩格斯全集》第 2 卷第 524 页。

德国现行的国家制度不过是贵族和小资产者之间的妥协，妥协的结果，管理国家的权力落到了第三个阶级——官僚的手里。

> 恩格斯：《德国的制宪问题》，
> 《马克思恩格斯全集》第 4 卷第 51 页。

资产阶级从来都不是作为一个整体实行统治的；且不谈至今在自己的手中还保存着一部分政治权力的封建阶级，就是大资产阶级本身在战胜封建主义以后，也立即分裂为执政党和在野党，它们通常一方代表银行，另一方代表工厂主。

> 恩格斯：《德国维护帝国宪法的运动》，
> 《马克思恩格斯全集》第 7 卷第 131 页。

新的资产阶级已在夺取世界市场。这个阶级变得如此神通广大，以至在改革法案还没有把政权直接转变到它手中就能强迫敌手颁布几乎仅仅对它有利并满足它的要求的法律。它在议会中获得直接代表权，并且利用这种权力来消灭土地所有制保存下来的最后一点点的残余实力。

> 马克思恩格斯：《"新莱茵报。政治经济评论"第 2 期上发表的书评》，
> 《马克思恩格斯全集》第 7 卷第 252 页。

改革法案使国内所有的有产阶级，直到最小的店铺老板都能参加政权。资产阶级的各派因此而获得了法律根据，借以能够提出自己的要求和表现自己的权力。

> 恩格斯：《英国的 10 小时工作制法案》，
> 《马克思恩格斯全集》第 7 卷第 281 页。

这些城市在对教皇权力进行攻击时，就破天荒第一次以一般形式提出主张：资产阶级统治的正规形式是共和国。

恩格斯：《德国农民战争》，

《马克思恩格斯全集》第 7 卷第 402 页。

胡登和济金根相信，只要把特殊军人阶级即贵族的统治建立起来，把分裂国家的祸首即诸侯都废除，把僧侣的权力都取消，把德国从罗马教权统治下解脱出来，就可以使帝国重新统一，自由和强盛。

恩格斯：《德国农民战争》，

《马克思恩格斯全集》第 7 卷第 437～438 页。

英国资产阶级自 1688 年即已享有政治统治权，法国资产阶级自 1789 年也已夺到了政权，但德国的资产阶级由于人数少，尤其是由于不集中，没有能够获得这种权力。可是，自从 1815 年以来，德国资产阶级的财富不断增加，而且随着财富的增加，他们在政治上的重要性也不断增长。各邦政府虽不愿意，却也不得不至少考虑一下资产阶级的最直接的物质利益。

恩格斯：《德国的革命和反革命》，

《马克思恩格斯全集》第 8 卷第 8～9 页。

德国资产阶级争取政治权力的第一次严重斗争获得了胜利。这个变化可以说是从 1840 年开始的，从普鲁士的资产阶级取得对德国资产阶级运动的领导的时候开始的。

恩格斯：《德国的革命和反革命》，

《马克思恩格斯全集》第 8 卷第 9 页。

正统王朝不过是地主世袭权力的政治表现，而七月王朝则不过是资产阶级暴发户篡夺权力的政治表现。

马克思：《路易·波拿巴的雾月十八日》，

《马克思恩格斯全集》第 8 卷第 149 页。

只是这个阶级的极度冷淡——政治上的贫乏和智力上的 blasé〔衰竭〕才使路易－拿破仑建立了自己的权力。

恩格斯：《对蒙塔郎贝尔的起诉》，

《马克思恩格斯全集》第 12 卷第 670 页。

要知道，如果资产阶级仍然像早先一样继续当局势的主人，它也就会在其他方面掌握权力的新工具。

恩格斯：《普鲁士军事问题和德国工人政党》，
《马克思恩格斯全集》第 16 卷第 66 页。

资产阶级由于过高估计自己的力量而陷于这样的境地：它必须在这个军事问题上检验一下，它在国家中是决定性的因素，还是微不足道的东西。如果它取得胜利，那末它将同时获得任免大臣的权力，即获得英国下院所拥有的那种权力。如果它遭到失败，那末它永远不会再经过宪制途径起任何作用了。

恩格斯：《普鲁士军事问题和德国工人政党》，
《马克思恩格斯全集》第 16 卷第 71~72 页。

封建官僚的反动派既不会扩大选举权，也不会给予出版、结社和集会的自由，更不会限制官僚制度的权力。反动派所作的让步，目的总是在于直接反对资产阶级，而且这种让步丝毫不会扩大工人的政治威力。

恩格斯：《普鲁士军事问题和德国工人政党》，
《马克思恩格斯全集》第 16 卷第 79 页。

在普鲁士当前的斗争中，问题恰好在于，政府是把全部实权集中在自己手里呢，还是说它应当同议会分享权力。的确，政府采用一切手段，剥夺资产阶级权力，并不是仅仅为了以后把这种权力赠送给无产阶级！

即使没有议会代议机关，封建贵族和官僚制度也能保持它们在普鲁士的实权。它们在宫廷、在军队、在官吏中间的传统地位使它们的这种权力得到保障。

恩格斯：《普鲁士军事问题和德国工人政党》，
《马克思恩格斯全集》第 16 卷第 81 页。

圣西门是法国大革命的产儿，他在革命爆发时还不到三十岁。这次革命，是第三等级即从事生产和贸易的多数国民对以前享有特权的游手好闲的等级即贵族和僧侣的胜利。但是，很快就暴露出，第三等级的胜利只是这个等级中的一小部分人的胜利，是第三等级中享有社会特权的阶层即资产阶级夺得政治权力。而且这部分资产阶级还在革命过程中就迅速地发展起来了，这是因为它通过没收后加以拍卖的贵族和教会的地产进行了投机，同时又以承办军用品欺骗了国家。

恩格斯：《社会主义从空想到科学的发展》，
《马克思恩格斯全集》第 19 卷第 210~211 页。

真正的统治阶级——大土地占有者，完全满足于他们非常间接地参与统治这种政治地位，大资产阶级（金融贵族的少数代表以及同他们密切相连的大工厂主）的政治权力是通过更加间接得多的途径来行使的，但它对此也十分满意；在有产阶级中间，大所有主根本不想把这种间接统治变为直接的、立宪的，小所有主也没有什么要实际参与政权的强烈要求。

恩格斯：《致维·阿德勒》，

《马克思恩格斯全集》第 39 卷上册第 132～133 页。

真正的共和派对某某政体的评价，是根据这种政体在多大程度上适于给人民以权力——允许群众实现自己的社会解放的那种权力——做出的。他们知道，一个镀金傀儡（尽管他披着王服）的虚有其表的权力，同以人们劳动进行投机的'富翁之王'——吮吸从事繁重劳动的人们的鲜血的吸血鬼——的真正的、巨大的和（现在是）万能的权力比起来，简直微不足道。

恩格斯：《朱利安·哈尼反驳菲格斯·奥康瑞尔》，

《马克思恩格斯全集》第 50 卷第 348 页。

后来，这个资本主义渐渐发展起来，超过中世纪农村资本主义的狭隘形式，打破农奴制的土地权力，迫使那些早被剥得精光的饥饿农民把土地扔给村团，让得胜的富农平均分配，自己却离乡背井，在全国流浪。

列宁：《什么是"人民之友"以及他们如何攻击社会民主党人?》，

《列宁全集》第 1 卷第 284～285 页。

现代社会中把权力掌握在自己手里的那个特殊阶层是官僚。这个阶层和现代社会中的统治阶级即资产阶级的直接而又极密切的联系，可以从历史上（官僚曾是资产阶级反对封建主、反对"旧贵族"制度代表人物的第一个政治工具，是平民知识分子、"小市民"而不是道地的土地占有者第一次登上政治统治舞台时扮演的角色），从这个阶级的形成和补充的条件上（它只给"来自民间的"资产者敞开大门，它和这个资产阶级有着千丝万缕的极牢固的联系）明显地看出来。

列宁《民粹主义的经济内容及其在司徒卢威先生的书中受到的批评》

《列宁全集》第 1 卷第 381 页。

在资本主义社会里，是资产阶级在统治，资本主义社会能产生，正是由于资产阶级在政治上和经济上掌握了权力。不是无产阶级政权，就是资产阶级专政。任何中间的选择都是短命的，在稍微重大一点的问题上都是行不通的。

列宁：《在全俄工会第二次代表大会上的报告》，

《列宁全集》第 35 卷第 430 页。

恩格斯在《社会主义从空想到科学的发展》里提到"圣西门"和圣西门的一些思想。恩格斯把圣西门和傅立叶、欧文称为"三个伟大的空想主义者"。1802 年，圣西门的《日内瓦书信》出版。恩格斯认为，在圣西门那里，除无产阶级的倾向外，资产阶级的倾向还有一定的影响。

这里摘录的恩格斯的论述，是说那些骗子的统治，在督政府时代使法国和革命濒于复灭，从而使拿破仑得到举行政变的借口。因此，在圣西门的头脑中，第三等级和特权等级之间的对立就采取了"劳动者"和"游手好闲者"之间的对立的形式。"游手好闲者"不仅指旧时的特权分子，而且也包括一切不参加生产和贸易而靠租息为生的人。"劳动者"不仅是指雇佣工人，而且也包括厂主、商人和银行家。游手好闲者失去了精神领导和政治统治的能力，这已经是确定无疑的，而且由革命最终证实了。至于无财产者没有这种能力，在圣西门看来，这已由恐怖时期的经验所证明。那么，应当是谁来领导和统治呢？按照圣西门的意见，应当是科学和工业，它们两者由一种新的宗教纽带，即必然是神秘的和等级森严的"新基督教"结合起来，而这种纽带的使命就是恢复从宗教改革时起被破坏了的宗教观点的统一。可是，"科学"就是学者，而"工业"首先就是积极的资产者，厂主、商人、银行家。这些资产者固然应当成为一种公众的官吏、社会所信托的人，但是对工人还应当保持发号施令的和享有经济特权的地位。至于银行家，正是他们应当担负起通过调节信用来调节整个社会生产的使命。这样的见解，是完全适应于大工业以及资产阶级和无产阶级的对立在法国还只是刚刚产生的那个时代的。但是，圣西门特别强调的是：他随时随地都首先关心"人数最多和最贫穷的阶级"（《la classe la plus nombreuse et la plus pauvre》）的命运。

（二）阶级权力被奉为国家权力

1. 阶级权力恰恰是统治阶级的权力

阶级权力只属于国家。没有取得政权的阶级，是没有权力的。所谓"革命权力"，不过是革命阶级的一种权力借喻。革命阶级夺取政权后，成为统治阶级，便拥有统治权力了。从这个意义上说，阶级权力只能是统治阶级的权力。

革命阶级为了达到自己的目的，首先要掌握有组织的国家政权，并依靠这个政权镇压原来的统治阶级的反抗，按新的方式组织社会运行。譬如经典作家说，夺取了政权的资产阶级的财产关系，靠国家权力来"维持"，资产阶级推翻封建阶级，掌握国家权力，就是为了保卫作为权力基础的自己的财产关系。资产阶级究竟依靠什么进行统治呢？它依靠的是所有工厂、矿山、机器、劳动工具都掌握在资本家手里，它依靠的是大量土地掌握在它们手里。为此，就必须使政权即管理国家的权力处在资本家和土地占有者影响下的国家的手里。"国家给了我们一切，但我们一无所有"。因为"给予"工人阶级和广大劳动人民的只是诺言和空话，因为他们没有真正的权力。

英国人的积极抗议是不会不发生影响的：它把资产阶级的贪得无厌的欲望限制在一定的范围内，使工人对有产阶级的社会的和政治的万能权力的反抗不致消沉下去。

恩格斯：《英国工人阶级状况》，

《马克思恩格斯全集》第2卷第506页。

下面这一情况把这些被束缚的工人完全降到奴隶的地位：几乎煤矿区里所有的治安法官本身不是矿主，就是矿主的亲戚朋友。他们在这些贫穷的落后地区，在这些报纸很少，——而报纸也是为统治阶级服务的，——政治宣传工作很不开展的地区，享有几乎无限的权力。

　　　　　　　　　　　　恩格斯：《英国工人阶级状况》，

　　　　　　　　　　　　《马克思恩格斯全集》第 2 卷第 541 页。

凡是官僚机构受到直接监督的地方，例如德国立宪制各邦，贵族和小资产者也是按照这个样子分享这种监督权力的；不难理解，在这种情况下仍然是贵族大占便宜。

　　　　　　　　　　　　恩格斯：《德国的制宪问题》，

　　　　　　　　　　　　《马克思恩格斯全集》第 4 卷第 51 页。

德国东部的富裕农民对雇农还保有一些封建权力，他们各方面的利益都和贵族有十分密切的联系，所以他们不会真的和贵族一刀两断。

　　　　　　　　　　　　恩格斯：《德国的制宪问题》，

　　　　　　　　　　　　《马克思恩格斯全集》第 4 卷第 56 页。

资本家阶级支配工人阶级的权力增加了，工人的社会地位更坏了，比起资本家的地位来又降低了一级。

　　　　　　　　　　　　马克思：《雇佣劳动与资本》，

　　　　　　　　　　　　《马克思恩格斯全集》第 6 卷第 495 页。

这个宪法的主要矛盾是在于下面这点：它所要使其社会奴役地位永恒化的那些阶级——无产阶级、农民阶级和小资产阶级，竟由它经过普选权给予了政治权力，而它所批准其旧有社会权利的那个阶级——资产阶级，却又被它剥夺了维持这种权力的政治保证。资产阶级的政治统治被宪法强塞在民主主义的框子里，而这个框子时时刻刻都在帮助资产阶级的敌人取得胜利，并使资产阶级社会的基础本身成为问题。

　　　　　　　　　　　　马克思：《1848 年至 1850 年的法兰西阶级斗争》，

　　　　　　　　　　　　《马克思恩格斯全集》第 7 卷第 48 页。

在法国恢复了的资产阶级统治，要求在罗马恢复教皇权力。

　　　　　　　　　　　　马克思：《1848 年至 1850 年的法兰西阶级斗争》，

　　　　　　　　　　　　《马克思恩格斯全集》第 7 卷第 64～65 页。

金融贵族本身在保皇主义联合势力内部构成为重要的领导集团，这个联合势力的共同政府权力称为共和国。

　　　　　　　　　　　　马克思：《1848 年至 1850 年的法兰西阶级斗争》，

　　　　　　　　　　　　《马克思恩格斯全集》第 7 卷第 90 页。

7 月 8 日达成了杜宾根协议,这个协议规定公爵的将近 100 万债务由国家归还,而公爵权力则应受若干限制,可是他从未遵守这些限制;协议用一些空泛言词来搪塞农民,并且以严禁暴动与结社的惩治法令来对付农民。至于农民在省议会中的代表权当然更谈不上了。

> 恩格斯:《德国农民战争》,
> 《马克思恩格斯全集》第 7 卷第 431 页。

这些纯粹的共和派曾经极其残暴地滥用武力对付人民,而现在,当需要捍卫他们自己的共和主义和自己的立法权力以对抗行政权力和保皇党人时,他们却极其怯懦地、畏缩地、沮丧地、软弱无力地放弃了斗争。

> 马克思:《路易·波拿巴的雾月十八日》,
> 《马克思恩格斯全集》第 8 卷第 140~141 页。

这些胜利是以新的普选中的偶然情况为转移的,而自从 1848 年以来,选举的历史已经无可辩驳地证明,资产阶级的实际权力愈强大,它对人民群众的精神统治权力就愈弱。

> 马克思:《路易·波拿巴的雾月十八日》,
> 《马克思恩格斯全集》第 8 卷第 171 页。

秩序党就好像是加倍巩固了自己的统治权力,因为它已经用 5 月 31 日的选举法把国民议会议员的选举和共和国总统的选举转交给社会的保守部分了。

> 马克思:《路易·波拿巴的雾月十八日》,
> 《马克思恩格斯全集》第 8 卷第 171 页。

这部分资产阶级表明:为了保持他们的公共利益、他们本阶级的利益、他们的政治权力而进行的斗争,是有碍于他们私人的事情的,因而只是使他们感到痛苦和烦恼。

> 马克思:《路易·波拿巴的雾月十八日》,
> 《马克思恩格斯全集》第 8 卷第 200 页。

只要资产阶级的新闻记者稍微抨击一下波拿巴篡夺权力的欲望,只要报刊企图保护资产阶级的政治权利不受行政权力侵害 资产阶级法庭就判处数额异常巨大的罚款和不光彩的监禁,这种情况不仅使法国,而且使整个欧洲都感到惊愕。

> 马克思:《路易·波拿巴的雾月十八日》,
> 《马克思恩格斯全集》第 8 卷第 201 页。

工人阶级在政治权利方面可失去的东西已经极少,甚至可以说根本没有了。而另一方面,中等资产阶级和大资产阶级这时却拥有全部政治权力。

恩格斯：《去年十二月法国无产者相对消极的真正原因》，
《马克思恩格斯全集》第 8 卷第 245 页。

对于不属于任何民族的最高贵族阶级的、权力无限的宫廷权好来说，一切民族都是平等的无权。

恩格斯：《论奥地利的军事专政》，
《马克思恩格斯全集》第 43 卷第 468 页。

既然金融贵族颁布法律，指挥国家行政，支配全部有组织的社会权力机关，而且借助于自己的统治地位和报刊来操纵社会舆论，所以在一切地方，上至宫廷，下至低级的咖啡馆，到处都是一样卖淫，一样无耻欺诈，一样贪图不靠生产而靠巧骗他人财产来发财致富。

恩格斯：《革命的两年》，
《马克思恩格斯全集》第 44 卷第 45 页。

尽管各种自由，甚至自由的任何表面现象全都消失了，尽管根据"罗马首席公民"的命令改变了机构和法律，而往昔为护民官、监察官和执政官所拥有的一切权力都转入了一人之手，但罗马人还是认为，他们是在统治，认为"皇帝"一词只不过是先前护民官和执政官所担任的那些职位的名称，他们没有觉得他们的自由受到了剥夺。

马克思：《拉丁文作文》，
《马克思恩格斯全集》第 40 卷第 824 页。

由于俄国（所有的欧洲国家中也只有俄国）直到现在还保存着专制政府的无限权力，也就是保存着这样一种国家机构，沙皇一个人能够任意发布全国人民必须遵守的法令，而且只有沙皇任命的官吏才能执行这些法令。公民被剥夺了参与发布法令、讨论法令、提议制定新法令和要求废除旧法令的一切可能。

列宁：《党纲说明》，
《列宁全集》第 2 卷第 83 页。

在俄国政府无限权力的统治下，没有也不可能有公开的政党，但是代表其他阶级的利益、可以影响舆论和政府的政治派别还是有的。因此，为了说明社会民主党的地位，现在必须指出它对俄国社会其他政治派别的态度，以便工人们能够确定，谁可以成为他们的同盟者，在什么限度内是他们的同盟者，以及谁是他们的敌人。

列宁：《党纲说明》，
《列宁全集》第 2 卷第 91 页。

斯卡尔金坚决反对连环保、身分证制度以及农民"村社"（和小市民社团）对其成员们的宗法式权力。

> 列宁：《我们拒绝什么遗产》，
> 《列宁全集》第 2 卷第 389 页。

把工厂法和工厂视察制推行到一切工业部门和农业部门中去，推行到官办工厂、手工业作坊和家庭手工业者中去。由工人选举与视察员权力相等的助理视察员。

> 列宁：《我们党的纲领草案》，
> 《列宁全集》第 4 卷第 195～196 页。

俄国农民对自己的贫困最缺乏认识，那么，现在可以说，俄国的平民或臣民由于缺乏公民权利，对自己的无权尤其缺乏认识。庄稼汉对自己无法摆脱的贫困已经安之若素，习以为常，不去考虑自己贫困的原因和消除贫困的可能性，俄国的平民也同样对政府的无限权力安之若素，习以为常，不去考虑这种无限权力能不能继续保持下去，除了这种无限权力以外，是不是还存在着腐蚀陈旧的政治制度的现象。

> 列宁：《地方自治机关的迫害者和自由主义的汉尼拔》，
> 《列宁全集》第 5 卷第 18 页。

专制政府必定要毫不留情地杀害一些个别人，一些自觉地坚决与暴政和剥削制度为敌的人（即"革命政党"的"首领"），恫吓大批的不满者，并用微小的让步来收买他们，因为这样的政府认为它的最高使命，就是一方面要坚决卫护宫廷奸党和大批贪官污吏的无限权力和玩忽职守，另一方面要支持剥削阶级的恶劣的代表人物。

> 列宁：《地方自治机关的迫害者和自由主义的汉尼拔》，
> 《列宁全集》第 5 卷第 24～25 页。

新的政府纲领中有三个要点特别引人注意：第一，加强官吏的个人权力，注意增强和维护官僚习气和办公纪律，以免遭到新鲜空气的任何冲击；第二，确定饥民救济金的标准，也就是规定给"缺粮"户的供粮数量和计算方法；第三，表现了一种极度的恐惧，害怕"不可靠"分子跑去救济饥民，煽动人民反对政府，因此必须采取预防措施来对付这种"鼓动"。

> 列宁：《同饥民作斗争》，
> 《列宁全集》第 5 卷第 252 页。

政府并没有局限于剥夺地方自治机关管理粮食工作的权力，禁止私人未经警察局许可而开办食堂，下令缩减实际需要量的五分之四，它还宣布农民不得享受全部公民权利，命令对他们可以不加审讯就进行惩罚。农民常年过着忍饥挨饿和操劳过度的苦役生活，现在又加上了官办工程的苦役的威胁。

列宁：《苦役条例和苦役判决》，

《列宁全集》第 5 卷第 264～265 页。

奥博连斯基公爵立即使用了权力，他亲临战场，同饥民作战，同那些不属于任何政府系统而想真正救济饥民的人作战。

列宁：《内政评论》，

《列宁全集》第 5 卷第 269 页。

警察干涉所获得的效果愈小，厂主们就愈强烈地感到警察的专横，愈相信支持这种专横行为对他们并不合算。一部分大工业家同警察无限权力之间的冲突日趋尖锐，而在莫斯科所表现的形式尤为激烈，在那里，特别盛行向工人们讨好的一套办法。

列宁：《新罢工法草案》，

《列宁全集》第 6 卷第 397 页。

警察局还保留着不经审讯就加以逮捕和流放的权力，并且只要专制制度存在一天，警察局的这种权力就会保留一天。而保留这种权力，就意味着连厂主都开始厌恶的警察的寻衅、胡作非为和专横暴虐还保存了十分之九。

列宁：《新罢工法草案》，

《列宁全集》第 6 卷第 398 页。

同时不要忘记，只要没有争得政治自由，只要警察拥有无限权力，用不着对人民负责，无论工人选出什么代表都不能带来任何好处。谁都知道，现在警察未经审问就擅自抓人，不但抓工人代表，还抓一切敢替大家说话、敢揭露违法行为和号召工人团结起来的工人。

列宁：《告贫苦农民》，

《列宁全集》第 7 卷第 152～153 页。

资产阶级虽然害怕无产阶级，可是它对专制制度的不满情绪正在加深，而这在某种程度上就是因为警察虽有无限的权力，但仍然无法消灭工人运动。

列宁：《从民粹主义到马克思主义》，

《列宁全集》第 9 卷第 179 页。

代表沙皇行动和行使沙皇的一切权力的弗拉基米尔大公，用他充当刽子手的功绩向工人群众所表明的，正是社会民主党人通过书报和口头宣传一贯向工人表明并且将来还要表明的东西。

列宁：《革命的日子》，

《列宁全集》第 9 卷第 199 页。

他尽可能把沙皇答应了的改革拖延下来，把这些改革归结为无足轻重的小事，丝毫也不削弱专制沙皇和专制官吏的权力。我们曾经在《前进报》上指出，他不是在制定宪法，而是在制造一个没有任何权力的咨议性议院。我们的话现在应验了：这就是德国自由派报纸《福斯报》51 上所发表的布里根草案全文。根据这家报纸的报道，草案起草人是布里根、叶尔莫洛夫、舍尔巴托夫、美舍尔斯基、舍列梅捷夫伯爵和乌鲁索夫公爵。

列宁：《宪法交易》，

《列宁全集》第 10 卷第 67 页。

一个英国记者（很明显，这个记者出入于"上流社会"，因而看不到像工人这样的庶民）计算，除了极端派政党即恐怖派和反动派而外，只有 3 个政党：（1）保守的或者泛斯拉夫主义的政党（"斯拉夫派"体系：给沙皇以政权力量，给臣民以发表意见的力量，即只有发言权的代表会议）；（2）自由主义的或者"机会主义的"政党（领袖是希波夫，纲领象一切机会主义者的纲领一样，是"脚踏两只船"）；（3）激进的或者（好一个"或者"！）立宪主义的政党，它包括大多数地方自治人士、教授"和大学生"（？）。纲领就是普选权和选举实行无记名投票。

列宁：《宪法交易》，

《列宁全集》第 10 卷第 69～70 页。

国家绝大多数高级和中级官吏都出身于这个地主–贵族阶级。俄国官吏的特权是贵族–地主的特权和土地权力的另一方面。由此可见，贵族联合会和"右派"各政党坚持农奴制旧传统的政策并不是偶然的，而是必然的，并不是出于个别人的"恶意"，而是由一个极强大的阶级的利益所驱使的。

列宁：《论俄国各政党》，

《列宁全集》第 21 卷第 286 页。

自由主义君主派资产阶级的真正目的，则是要与普利什凯维奇分享统治工人和统治小业主的权力。

列宁：《论俄国各政党》，

《列宁全集》第 21 卷第 288～289 页。

屈指可数的几座农民资产阶级的出色的独立田庄；与此同时，有份地的无产者日益减少；普利什凯维奇之流还保持着自己的无限权力；大批受盘剥的中等农民一贫如洗，活活饿死；失去份地的无产者日益增多，——这就是今天俄国农村的景象。

列宁：《最后一个气门》，

《列宁全集》第 22 卷第 23 页。

由于保留了官僚习气，由于农奴主－地主的无限权力，甚至在"主管部门"进步极快的情况下，我们仍旧注定要一贫如洗。

列宁：《论国民教育部的政策问题》，
《列宁全集》第 23 卷第 109 页。

由于农奴主－地主在我国的无限权力，俄国的落后和野蛮已经到了令人难以置信的地步。

列宁：《论国民教育部的政策问题》，
《列宁全集》第 23 卷第 110 页。

和俄罗斯人以及其他民族一样，犹太人中间也有富农、剥削者、资本家。资本家们极力散播和挑起各教派、各民族、各种族工人之间的仇恨。不劳动的人是靠资本的力量和权力来支持的。富有的犹太人，和富有的俄国人以及各国的富人一样，彼此联合起来蹂躏、压迫、掠夺和离间工人。

列宁：《留声机片录音讲话》，
《列宁全集》第 36 卷第 230～231 页。

英国资产阶级在实行最大限度的个人独裁，发挥最大限度的管理效率，把权力完全控制在本阶级手里，这难道没有给我们提供一个范例吗？

列宁：《在全俄水运工人第三次代表大会上的讲话》，
《列宁全集》第 38 卷第 239 页。

只要大量土地掌握在具有无限权力的地主手里，任何法律也不能终止这种农奴制，在这方面，无论怎样用"私人土地占有制"来代替受压迫农民的"村社"，都是无济于事的。

列宁：《谈谈农业部的预算问题》，
《列宁全集》第 25 卷第 183 页。

俄国地主土地占有制的存在，是农奴主－地主权力的物质支柱，是君主制有可能复辟的保证。这种土地占有制必然使俄国绝大多数居民即农民处于贫困、受奴役、受折磨的境地，必然使全国各方面的生活处于落后状态。

列宁：《俄国社会民主工党（布）第七次全国代表会议文献》，
《列宁全集》第 29 卷第 418 页。

《我们党的纲领草案》一文是列宁在流放中写的。这里摘录的这段话，是针对纲领草案中实际要求的第二部分。

列宁首先谈到是否真正迫切需要一个俄国社会民主党人的纲领的问题。当时，党内同志有一种意见，认为现在并不那么迫切需要制定纲领，迫切的问题是发展和巩固地方组织，更稳妥地组织鼓动工作和书报传送工作，制定纲领的工作最好等到运动有了比较牢固的根基时再进行，现在制定纲领可能没有基础。

列宁不同意这种意见。列宁认为，俄国社会民主党人可以而且应该把"劳动解放社"的草案作为俄国社会民主工党纲领的基础，只要作局部的校订、修改和补充就行了。列宁指出了需要作局部修改的几个地方，希望俄国全体社会民主党人和觉悟工人就此交换一下意见。

2. 国家权力不过是统治阶级权力的政治表现

国家作为第一个支配人的力量出现在社会面前。国家权力是保护统治阶级自己的共同利益免遭侵犯的力量。国家权力对社会来说是独立的，而且它愈是直接地实现这一阶级的统治，它就愈加独立。

统治阶级的权力首先是政治统治的权力。这种权力属于政治范围，而且当抓住政治中最本质的东西即国家政权时，才是充分发展的国家权力。国家权力的性质、运行进程和结局完全取决于政权操控在哪个阶级的手里。就是说，是哪个阶级掌握政权。所谓国家权力，无非是统治阶级权力的外部政治表现。

现在宪法是这样写的："第一章 最高权力属于法兰西全体公民。这种权力是不可剥夺的、是不能转移的。任何个人、任何一部分人民均无权擅自行使这种权力。"

马克思：《1848 年 11 月 4 日通过的法兰西共和国宪法》，
《马克思恩格斯全集》第 7 卷第 579 页。

第三章 国家权力
此章规定：
"1. 国家的一切权力来自人民，不得世袭。"
"2. 权力分立是自由政府的基本条件。"
在这里我们看到了旧宪法的克汀病。"自由政府"的条件不是权力的分立，而是权力的统一。国家机构不可能过于简单。骗子手耍的花招常常就是使国家机构复杂化，把它弄得莫名其妙。

马克思：《1848 年 11 月 4 日通过的法兰西共和国宪法》，
《马克思恩格斯全集》第 7 卷第 582 页。

在马德里，共和派散发了如下的伊比利安联邦共和国宪法。第一章 伊比利安联邦共和国的组织……

第二条 最高权力属于全体公民；它是不可转让和剥夺的；任何个人或任何集团均不得擅自加以行使。

马克思：《西班牙的反动》，
《马克思恩格斯全集》第 10 卷第 516 页。

生产工具的积聚和分工是彼此不可分割的，正如政治领域内国家权力的集中和私人利益的差别不能分离一样。

马克思：《哲学的贫困》，

《马克思恩格斯全集》第 4 卷第 168 页。

社会愈发达，一个国家的资产阶级在经济上就愈发展，因而国家的权力就愈具备资产阶级性质，那末社会问题就愈尖锐：法国比德国尖锐，英国比法国尖锐，君主立宪的国家比君主专制的国家尖锐，共和制的国家又比君主立宪的国家尖锐。

马克思：《道德化的批评和批评化的道德》，

《马克思恩格斯全集》第 4 卷第 335 页。

资产阶级这样消灭了贵族和行东的社会威力以后，也就摧毁了他们的政治权力。资产阶级在社会上成了第一个阶级以后，它就宣布自己在政治上也是第一个阶级。这是通过实行代议制而实现的；代议制是以资产阶级在法律面前平等和法律承认自由竞争为基础的。这种制度在欧洲各国采取君主立宪的形式。在君主立宪的国家里，只有拥有一定资本的人即资产者，才有选举权。这些资产者选民选出议员，而他们的议员可以运用拒绝纳税的权力，选出资产阶级的政府。

恩格斯：《共产主义原理》，

《马克思恩格斯全集》第 4 卷第 362 页。

这些措施的意义就在于把管理国家的权力交到下层资产阶级的手里，但表面上要使人觉得是把这种权力给予全体人民（他要求两级选举制的普选权，意义就在于此，不可能有其他的解释）。

恩格斯：《拉马丁先生的宣言》，

《马克思恩格斯全集》第 4 卷第 381 页。

土地占有者，他们不仅在上院和内阁里占着优势，同时在下院也几乎有绝对的权力（在改革法案实施以前），他们当然选择后者，于是不顾资产阶级以及当时还受资产阶级领导的人民的激愤，于 1815 年借助刺刀实行了谷物法。

恩格斯：《英国谷物法史》，

《马克思恩格斯全集》第 4 卷第 564 页。

废除谷物法意味着宣布资本为英国的最高权力；而英国宪法就会根本动摇；立法集团的主要组成部分，即土地贵族的一切财富和一切权力就会被剥夺，因此，废除谷物法对英国前途的影响远远大于任何其他政治措施。但是我们仍然认为，废除谷物法在这一方面也并不会给人民带来任何利益。

恩格斯:《英国谷物法史》,
《马克思恩格斯全集》第 4 卷第 568 页。

　　人们始终不渝地坚持了这条无疑是正确的道路;向联合议会提出了选举法,经它同意后颁布了。后来又试图迫使政府用自己的权力来改变这个法律,即把间接选举法变为直接选举法。政府没有同意这样做。

马克思:《康普豪森在 5 月 30 日会议上的声明》,
《马克思恩格斯全集》第 5 卷第 30 页。

　　官僚制度的这个最高监督权只是为了保护地方官吏的权力,使他们不受区等级会议的任何干涉,而决不是为了保护区里的居民,特别是那些没有代表权的居民,使他们不受区等级会议代表先生们的侵犯。

恩格斯:《关于区等级会议的妥协辩论》,
《马克思恩格斯全集》第 5 卷第 319 页。

　　在这两位先生宣布戒严"从而使最高权力转归军事当局掌握"之后,"共产主义者和公民"德利加尔斯基发布了如下的命令:
　　各个合法存在的权力机关继续保留其职能,它们所采取的措施将得到最坚决的支持。

马克思:《德利加尔斯基——立法者、公民和共产主义者》,
《马克思恩格斯全集》第 6 卷第 65 页。

　　德利加尔斯基先生不仅制定法律,而且还根据自己的裁夺运用法律。各个合法存在的权力机关就是他的近卫军。

马克思:《德利加尔斯基——立法者、公民和共产主义者》,
《马克思恩格斯全集》第 6 卷第 65 页。

　　这个捏造的声明立刻就遭到了杜塞尔多夫市民自卫团的驳斥。但是冯·德利加尔斯基先生并没有什么敕令,他是凭借自己的最高权力行事,擅自攫取国王的职权,他不过是一个僭望王权的"公民和共产主义者"

马克思:《德利加尔斯基——立法者、公民和共产主义者》,
《马克思恩格斯全集》第 6 卷第 67 页。

　　由普选产生并享有连选连任权的七百五十名人民代表构成一个不受监督、不可解散、不可分割的国民议会,它拥有无限的立法权力,最终决定宣战、媾和及商约等问题,独揽大赦权,因自己不间断地召集会议而经常站在政治舞台最前面。

马克思:《路易·波拿巴的雾月十八日》,
《马克思恩格斯全集》第 8 卷第 136 页。

宪法就把实际权力授给了总统，而力求为国民议会保证精神上的权力。可是，不用说，法律条文不可能创造精神上的权力，宪法就在这方面也是自己否定自己，因为它规定总统由所有的法国人直接投票选举。

马克思：《路易·波拿巴的雾月十八日》，
《马克思恩格斯全集》第 8 卷第 137 页。

在路易－菲力浦时期他们还点燃民族情感，而现在，当他们掌握了国家的一切权力的时候，他们却向国外列强跪拜，不去解放意大利，反而让奥地利人和那不勒斯人再一次来奴役意大利。

马克思：《路易·波拿巴的雾月十八日》，
《马克思恩格斯全集》第 8 卷第 139 页。

如果说议会制共和国的倾复包含有无产阶级革命胜利的萌芽，那末这一事实的直接的具体结果就是波拿巴对议会的胜利，行政权力对立法权力的胜利，不用词句掩饰的力量对词句的力量的胜利。在议会中，国民将自己的普遍意志提升成为法律，即将统治阶级的法律提升成为国民的普遍意志。在行政权力的面前，国民完全放弃了自己的意志，而服从于他人意志的指挥，服从于权威。和立法权力相反，行政权力所表现的是国民受人统治而不是国民自治。

马克思：《路易·波拿巴的雾月十八日》，
《马克思恩格斯全集》第 8 卷第 214 页。

人们一再指出，公司的领土是在不列颠海军和不列颠陆军的协助下占领的，无论哪一个不列颠臣民都不能离开王室而拥有对某些领土的最高权力。

马克思：《东印度公司，它的历史与结果》，
《马克思恩格斯全集》第 9 卷第 169 页。

自从英国掠夺者一到印度，并坚决决定要抓住印度不放之后，他们除了用武力或阴谋来消灭当地王公的权力以外，就没有别的办法。

马克思：《俄土纠纷。——东印度问题》，
《马克思恩格斯全集》第 9 卷第 224 页。

1836 年，奥地利、俄国和普鲁士的军队以所谓必须强迫克拉科夫当局交出五年前波兰革命的参加者为借口再次占领克拉科夫。克拉科夫的宪法被废除了，最高权力为三国驻当地的领事所掌握，警察局被奥地利密探控制，参议会被封，法院被解散，大学由于附近各省学生不许前来而陷于停顿，自由城市同周围各国的贸易也中断了。

马克思：《帕麦斯顿勋爵》，

《马克思恩格斯全集》第9卷第410～411页。

如果没有了支持亲王的和亲王可以依靠的王位，那末亲王也就失去了权力。

马克思：《沙皇的观点》，

《马克思恩格斯全集》第10卷第46页。

1812—1814年的英美战争并不是由于美国反对这种搜查权，像有时被人误解的那样。美国之所以对英国宣战，勿宁是因为英国非法地僭越权力，竟然借口捕拿逃亡的英国水兵而搜查美国的军舰。

马克思：《"特伦特号"事件》，

《马克思恩格斯全集》第15卷第409～410页。

新法令给予大臣们的权力是极其广泛、极其重大的。大臣们（即财政大臣或者交通大臣等和内务大臣取得协议后）"受权"颁发新法令执行细则。涉及新法令中有关各个领域的一切条款的一大批问题，都留待大臣们全权处理。大臣们的权力非常之大，他们实质上是新法令的全权执行者；他们想怎么干就怎么干，可以颁布一些条例使法令真正实行起来，也可以使法令几乎根本不能实行。

列宁：《新工厂法》，

《列宁全集》第2卷第349页。

在这类法律中总有一些很重要的小小几个字的补充："以及其他等等"，"等等"。这小小几个字清楚地表明，俄国官员有莫大的权力，而老百姓在这些官员面前却完全没有权利；表明浸透俄罗斯帝国政府一切机关的讨厌的文牍主义和拖拉作风是荒谬的、野蛮的。凡是可能有一点好处的法律，总要受到这种文牍主义的拖累，使法律的实行无限期地拖延下去。

列宁：《新工厂法》，

《列宁全集》第2卷第351页。

机构的臃肿、权力过分集中、政府什么事情都要亲自过问，——所有这些都是我国整个社会生活中的普遍现象，决不仅仅是工商业方面的现象。

列宁：《时评》，

《列宁全集》第4卷第376页。

地方自治机关从建立之初就注定作为俄国国家管理机关这个四轮大车的第五个轮子，官僚政治只有在它的无限权力不受到损害时才容许这个轮子存在，而居民代表的作用只限于纯粹的事务工作，只限于单纯在技术上执行这些官僚所规定的各项任务。

列宁:《地方自治机关的迫害者和自由主义的汉尼拔》,
《列宁全集》第 5 卷第 30 页。

这一法律还扩大了各地方自治会议主席的权力,赋予他们解散会议之权,并以处分相威胁,责成他们解散那些讨论违反法律的问题的会议。

列宁:《地方自治机关的迫害者和自由主义的汉尼拔》,
《列宁全集》第 5 卷第 32 页。

实际权力和实力仍然掌握在血腥的尼古拉手中:这意味着由人民最凶恶的敌人召开会议,由他来"保证"全民的自由的选举。这多么民主啊!不是吗?这意味着立宪会议将永远不会有,而且永远不应当(按照自由派资产者的意思)有一切实力和一切权力;它应当是完全无实力和完全无权力的;它只应当同尼古拉二世交涉、协商、商定、成交,求他把小小的一部分沙皇的权力赐给立宪会议!由普选产生的立宪会议和众议院没有任何区别。

列宁:《革命无产阶级的民主主义任务》,
《列宁全集》第 10 卷第 262 页。

在颁布宪法的许诺以后随之而来的是最野蛮最丑恶的暴行,好像故意要人民更清楚地看到专制政府的实在权力的全部实在意义。许诺、空话、一纸空文同实际情形之间的矛盾已经一目了然了。

列宁:《总解决的时刻临近了》,
《列宁全集》第 12 卷第 65~66 页。

许诺自由而没有自由,旧政权有无限权力,"主宰一切",而杜马中的"人民代表"只能空发议论,毫无实权,这种矛盾,特别是在当前,在有了杜马的经验之后,人民群众已经愈来愈强烈地、愈来愈深刻地、愈来愈尖锐地感觉到了。

列宁:《争取自由的斗争和争取政权的斗争》,
《列宁全集》第 13 卷第 68 页。

黑帮维护现在的沙皇政府,拥护地主、官吏、警察权力、战地法庭,赞成大暴行。

列宁:《把谁选入国家杜马?》,
《列宁全集》第 14 卷第 130 页。

现在的杜马不是傀儡,而是各反动阶层、同农奴主–地主、资产阶级上层分子相勾结的沙皇官僚的真正权力机关。

列宁:《今天的俄国和工人运动》,
《列宁全集》第 23 卷第 56 页。

黑帮纲领的反动性并不表现在要永远保存什么前资本主义的关系或制度（在这方面，所有的政党在第二届杜马时期实际上都已经采取了承认资本主义是既成事实的立场），而表现在要按容克式道路发展资本主义，以便加强地主的权力和增加地主的收入，以便将专制制度的大厦建立在新的更为坚固的基础之上。

列宁：《社会民主党在俄国第一次革命中的土地纲领》，

《列宁全集》第 16 卷第 335 页。

显然，杜马预算权问题应该在杜马中提出，为的是向俄国人民和全欧洲彻底揭穿沙皇政府的黑帮式的嘲弄，为的是证明杜马毫无权力。同时，提出进行这种揭露的直接和实际的目的（更不用说每个民主派向人民揭露真相、启发人民觉悟这个基本任务了），还因为有一个贷款问题。没有国际资产阶级世界资本的援助即贷款，沙皇黑帮政府就不可能在 1905 年 12 月以后支撑下去，现在的情形也是一样。

列宁：《关于扩大杜马预算权的辩论》，

《列宁全集》第 16 卷第 428～429 页。

想把帝国主义战争进行"到底"的、十月党－立宪民主党的资产阶级政府，其实是"英法"金融公司的一个伙计，它不得不许诺给人民一些自由和小恩小惠，而这些自由和小恩小惠是以不妨碍这个政府保持其统治人民的权力和能继续进行帝国主义大厮杀为限度的。

列宁：《远方来信》，

《列宁全集》第 29 卷第 17 页。

最完善最先进的资产阶级国家类型是议会制民主共和国：权力属于议会；国家机器，管理的机构和机关，和往常一样，有常备军、警察以及实际上从不撤换、拥有特权、居于人民之上的官吏。

列宁：《无产阶级在我国革命中的任务》，

《列宁全集》第 29 卷第 161 页。

目前，在任何民主共和国中，帝国主义和银行统治都把这两种维护和实现财富的无限权力的方法"发展"到了非常巧妙的地步。

列宁：《国家与革命》，

《列宁全集》第 31 卷第 12 页。

地主为了维持自己的统治，为了保持自己的权力，必须有一种机构能使大多数人统统服从他们，服从他们的一定的法律、规则，这些法律基本上是为了一个目的——维持地主统治农奴制农民的权力。这就是农奴制国家，这种国家，例如在俄国或者在至今还是农奴制占统治的十分落后的亚洲各国，具有不同的形式，有的是共和制，有的是君主制。

列宁:《论国家》,

《列宁全集》第 37 卷第 69~70 页。

在老的议会制国家里,资产阶级已经出色地学会了假仁假义,用各种办法欺骗人民,把资产阶级议会制说成是"一般民主"或"纯粹民主"等等,巧妙地掩盖议会同交易所、资本家的千丝万缕的联系,利用被收买了的报刊,并且采取各种办法来运用金钱的力量,资本的权力。

列宁:《给西尔维娅·潘克赫斯特的信》,

《列宁全集》第 37 卷第 154 页。

"国家"是一部机器,工人阶级和资本家把它各朝一个方向拉,这一点阿维洛夫同志似乎是忘记了。现在哪个阶级能够行使国家权力呢?

列宁:《关于经济破坏的报告》,

《列宁全集》第 30 卷第 174 页。

马克思在《1848 年 11 月 4 日通过的法兰西共和国宪法》里说"在这里我们看到了旧宪法的克汀病"中的"克汀病",是一种痴呆病。

马克思在《德利加尔斯基——立法者、公民和共产主义者》提到的"这两位先生",是施皮格尔和德利加尔斯基。11 月 24 日,宣布杜塞尔多夫市戒严。马克思的这篇文章写于 1848 年 11 月 24 日。因为刊登在《新莱茵报》上,德利加尔斯基故对"新莱茵报"提出控告,说该报造谣诬蔑。

勃兰登堡—弗兰格尔内阁找到施皮格尔和作代表做这件事。施皮格尔是一个普通的行政区长官,德利加尔斯基是中将师长、杜塞尔多夫市区和整个行政区的"最高"立法者。马克思说:据德利加尔斯基自己说,他还是一个"公民"和共产主义者。这两位先生都觉得在杜塞尔多夫,法定秩序只有用非常手段才能维持。因此他们认为,"为了维护法定秩序",他们"不得不"宣布整个杜塞尔多夫地区戒严。

马克思戏称德利加尔斯基是"共产主义者",是从他的《告杜塞尔多夫居民书》中引来的。文告中说:"我作为一个虔信上帝、忠于国王的共产主义者,兹声明如下:为了救济杜塞尔多夫的贫穷的兄弟们,只要我住在此地,我将通过此地的出纳总局每年支出一千塔勒,并按月将钱交给本地市济贫金出纳处……同胞们!请效法这个榜样,做一个崇高的共产主义者吧。这样,这里及其他任何地方很快就会建立起安宁、和平和信任来。公民冯·德利加尔斯基 11 月 23 日于杜塞尔多夫"。

马克思在《埃斯帕特罗》提到的情况,涉及资产阶级革命的特点。马克思指出:"正当人民似乎临近一个伟大的开端、一个新时代展现在他们面前的时候,他们却让自己沉湎于过去的幻想,自动地把自己好容易才争得的权力、一切影响让给过去时代人民运动的真正的或者冒牌的代表。"

四、权力的相互依存和对权力的争夺

权力系统是一个庞大而复杂的有机整体，权力运作于社会关系的各个领域和环节，这就决定了国家权力必须由适应上述各方面关系的权力所组成。国家权力的各个组成部分处于不同的地位，各自解决特定领域的权力运作任务。同时，它们又相互联系、互相制约，形成一个完整的体系。

在相互依存的权力中，存在权力之间的冲突。这主要是法律规定的权限不明确或对权限的不同理解等原因造成的。争夺与冲突不同。争夺是在对既存的或预设的合法权力的攫取。这种攫取行为，基于夺权的心理状态。

在社会主义条件下，不存在资本主义权力争夺问题。

（一）权力存在于相互联系、相互制约的权力关系系统

1. 议会、行政、法院之间的权力关系

国家权力关系，表现为议会、行政、法院之间的权力关系，也就是立法、执法、司法之间的权力关系。在这种关系中，立法权是首要的国家权力，执法权和司法权来源于法律规定，须服从法律。

屈韦特尔先生所求助的那个暂时的秩序，恰巧证明是反对他的。这个秩序承认议会除了有调查权以外，还有其他性质完全不同的权力。它甚至授权议会在必要的时候变为审判庭，不经任何法律就可以做出判决！

恩格斯：《7月4日的妥协会议》，
《马克思恩格斯全集》第5卷第226页。

不容置疑，在这两个权力机关中，必然是一个消灭另一个。两个独立自主的权力机关不可能同时肩并肩地在一个国家里行使职权。这是一种类似化圆为方问题的荒诞事情。两个最高权力机关之间的斗争必须用物质力量来解决。可是，我们不准备在这里研究协商是否可能的问题。仅仅指出下面一点就够了：两个权力机关相互之间发生关系，是为了签订条约。

马克思：《对民主主义者莱茵区域委员会的审判》，
《马克思恩格斯全集》第6卷第296页。

波拿巴并不是一个跟立法权力对立的行政权力。波拿巴乃是已经建成的资产阶级共和国本身，这个共和国和自己借以建立起来的那些工具相对抗，和资产阶级中革命派的名利为怀的奸计和思想上的要求相对抗。

马克思：《1848 年至 1850 年的法兰西阶级斗争》，
《马克思恩格斯全集》第 7 卷第 56 页。

在 1 月 29 日发生冲突的，就不是同一个共和国里的总统和国民议会，而是一方为尚在建立中的共和国的国民议会，另一方为已经建成了的共和国的总统，即体现共和国生命过程中两个全然不同时期的两个权力。

马克思：《1848 年至 1850 年的法兰西阶级斗争》，
《马克思恩格斯全集》第 7 卷第 56 页。

制宪议会在它与总统发生的冲突中，不能借口说它是普选权的产儿，因为敌人正是诉诸普选权来反对它的。它不能依靠任何合法权力，因为问题是在于反对法定权力。

马克思：《1848 年至 1850 年的法兰西阶级斗争》，
《马克思恩格斯全集》第 7 卷第 58 页。

宪法机构间的那种受到基佐赞美的习见的玩意，即行政权力与立法权力间的争端已经开始了。但是并不止此。

马克思：《1848 年至 1850 年的法兰西阶级斗争》，
《马克思恩格斯全集》第 7 卷第 88 页。

波拿巴提出这些法案和国民议会采纳这些法案，岂不是证明了立宪共和国的两个权力在镇压无政府势力方面，即在镇压奋起反对资产阶级专政的一切阶级方面，是协调一致的吗？

马克思：《1848 年至 1850 年的法兰西阶级斗争》，
《马克思恩格斯全集》第 7 卷第 100 页。

尽管秩序党各派的原则维护者嚎啕大叫，秩序党的多数人仍然不得不延长总统任期。仅仅因为缺钱就已经屈服了的波拿巴，不管自己过去进行了怎样的抗议，也要把这种延长的权力当作纯粹从国民议会手里得到的职权接受下来。

马克思：《1848 年至 1850 年的法兰西阶级斗争》，
《马克思恩格斯全集》第 7 卷第 125 页。

在君主立宪政体中，立法权和行政权都交错在国王身上；其次，在议院里，立法权是和对行政权的监督交错在一起的等等。关于在一个国家里分工方面的这些必要的限制，在我们的"办事大臣"这样的政治人物的口中得到了如下的说明："既然立法权是由人民代

议制行使的,那末它就有自己的机构;行政权也像审判权一样,也有自己的机构。因此
(!),假如没有专门法律的授权,一种权力直接利用另一种权力的机构是不可容忍的。"

恩格斯:《7 月 4 日的妥协会议》,

《马克思恩格斯全集》第 5 卷第 225 页。

宪法第 54 条规定行政权力未得国民议会同意不得宣布任何战争。

马克思:《1848 年至 1850 年的法兰西阶级斗争》,

《马克思恩格斯全集》第 7 卷第 75 页。

乌尔卡尔特先生说了几句开场的话以后接着说:那里还有个参议院,能监督行政权并
预先了解行政法令。

马克思:《西方强国和土耳其》,

《马克思恩格斯全集》第 10 卷第 13 页。

统治阶级对生产者大众不断进行的十字军讨伐,使它一方面不得不赋予行政机关以愈
来愈大的权力来镇压反抗,另一方面不得不逐渐剥夺它自己的议会制堡垒(国民议会)用
以防范行政机关的一切手段。

马克思:《法兰西内战》,

《马克思恩格斯全集》第 17 卷第 357 页。

联邦会议不仅在立法上同帝国国会一起拥有决定权,而且它也是最高的行政机关,因为
它可以颁布实施帝国法律的细则,此外,它还可以对"实施帝国法律时所产生的缺点……"
做出决定,即对在其他文明国家只有用新法律才可以纠正的缺点做出决定(第七条第三款,
这一条看起来很像法律学中的诡辩)。

恩格斯:《暴力在历史中的作用》,

《马克思恩格斯全集》第 21 卷第 521 页。

议会决定从 8 月 11 日起延期三个月再召开会议。根据宪法规定,议会应当选举一个
由二十五名议员组成的委员会,在议会休会期间,它应当留在巴黎并对行政权实行监督。

恩格斯:《法国来信》,

《马克思恩格斯全集》第 44 卷第 27 页。

下院里的人民代表权是用钱买来的,而这种代表权的行使权又被卖出以换取官职。行
政权的代理人们做这种买卖,是为了在通过法律的时候使大臣们能利用这种买卖关系来达
到自己的目的。

马克思:《从美国革命到 1801 年合并的爱尔兰》,

《马克思恩格斯全集》第 45 卷第 36~37 页。

一个社会民主党人如果不愿意变成资产阶级改良主义者，他就不能忘记这一方面。孟什维克不可饶恕地忘记了这一方面，他们在上述决议案中写道："……社会民主党将支持杜马为控制行政权所作的一切努力……"国家杜马所作的努力，也就是杜马多数派所作的努力。而杜马的多数派，经验已经证明，可能由右派和立宪民主党人而不是由左派组成。这种多数派所作的"努力"可能控制"行政权"来达到这样的目的：促使人民的状况更加恶化，或者公然欺骗人民。

列宁：《革命的社会民主党的纲领》，
《列宁全集》第 15 卷第 75 页。

这些宪法虽然虚有其名，但在 1830 年和 1831 年的风暴时期，对各小邦君主的权力仍然是一种危险。

恩格斯：《德国的革命和反革命》，
《马克思恩格斯全集》第 8 卷第 25 页。

在共和国里，资产阶级通过议会形式实现统治，它不像在君主国里那样既要受行政机构否决权的限制，又要受行政机构解散议会的权力的限制。

马克思：《路易·波拿巴的雾月十八日》，
《马克思恩格斯全集》第 8 卷第 157 页。

这样，法国资产阶级的阶级地位就迫使它一方面要根本破坏一切议会权力、包括它自己的议会权力的存在条件，另一方面则使得与它相敌对的行政权力成为不可克制的权力。

马克思：《路易·波拿巴的雾月十八日》，
《马克思恩格斯全集》第 8 卷第 163 页。

过去国民议会和总统之间的一些小小的冲突势必要转化为两个权力间的大规模的战斗，转化为两个权力间不可避免的你死我活的斗争了。

马克思：《路易·波拿巴的雾月十八日》，
《马克思恩格斯全集》第 8 卷第 173 页。

秩序党自己也胆怯地竭力回避、缓和并抹杀和行政权力发生的决定性的冲突。由于害怕失去在和革命进行斗争中所获得的一切，它让敌手攫取了它所获得的果实。

马克思：《路易·波拿巴的雾月十八日》，
《马克思恩格斯全集》第 8 卷第 178 页。

12 月 29 日，巴罗什部长又写信给杜班，要求把伊雍免职。国民议会常任委员会决定伊雍留任原职，可是国民议会被自己在摩干案件中所采取的暴力行为所吓倒，它习惯于在每次给行政权力打击后受到它的两个打击，因此没有批准这个决定。

马克思：《路易·波拿巴的雾月十八日》，

《马克思恩格斯全集》第 8 卷第 180 页。

当斗争具有原则意义，当行政权力真正名誉扫地，当国民议会的事业将成为国民的事业的时候，秩序党却不敢战斗，因为它如果这样做，就会对全国发出一种发动的信号，而发动国民正是它最害怕的事情。

马克思：《路易·波拿巴的雾月十八日》，

《马克思恩格斯全集》第 8 卷第 181 页。

国民议会借以表示它的唠叨不满的失败，很少使波拿巴感到不安。他不仅阻止了部长们辞职，从而阻止了承认行政权力服从议会。

马克思：《路易·波拿巴的雾月十八日》，

《马克思恩格斯全集》第 8 卷第 183 页。

国民议会既委身于一个将军的私人保护之下，也就是放弃了权力，宣告自己的软弱和军队的万能；但是这位将军弄错了，因为他居然想把他从波拿巴那里暂时领用的权力交付给国民议会去反对同一个波拿巴，并且盼望从这个议会，从他这个需要保护的被托管者获得保护。

马克思：《路易·波拿巴的雾月十八日》，

《马克思恩格斯全集》第 8 卷第 183～184 页。

现在，两个权力间的战争已经正式宣布并且已在公开进行，不过是在秩序党既失去武器又失去士兵以后罢了。

马克思：《路易·波拿巴的雾月十八日》，

《马克思恩格斯全集》第 8 卷第 185 页。

秩序党自己不能否认总统拥有由宪法赋予他的撤换将军的权力。秩序党之所以气愤，只是因为总统居然把自己由宪法赋予的权力当作反对议会的手段。

马克思：《路易·波拿巴的雾月十八日》，

《马克思恩格斯全集》第 8 卷第 187 页。

秩序党现在可以把自己的精力花费在跟这些傀儡打交道上面了；而行政权力则不再认为自己在国民议会中要有什么认真的发言人了。波拿巴的内阁阁员愈是成为单纯的哑配角，波拿巴就愈是明显地把全部行政权力集中在他一人身上，愈容易利用行政权力来达到个人目的。

马克思：《路易·波拿巴的雾月十八日》，
《马克思恩格斯全集》第 8 卷第 188 页。

　　秩序党本来不应当被行政权力所描绘的新骚动的远景吓住，而应当让阶级斗争有些活动余地，以便把行政权力控制在从属于自己的地位。可是，秩序党没有感觉到自己有能力担负这种玩火的任务。

马克思：《路易·波拿巴的雾月十八日》，
《马克思恩格斯全集》第 8 卷第 189 页。

　　如果它拒绝修改宪法，它就会使现存的制度受到威胁，因为这样就会使波拿巴只有使用暴力一个出路，并且会使法国在 1852 年 5 月的第二个星期日这个决定时刻听任革命的无政府状态摆布，那时，总统是失去了权力的总统，议会是早已没有权力的议会，人民则是企图重新争得权力的人民。

马克思：《路易·波拿巴的雾月十八日》，
《马克思恩格斯全集》第 8 卷第 192 页。

　　如果它违背宪法而宣布说只要有简单多数通过就够了，那末它就只有在自己完全服从行政权力的条件下才能希望制服革命；这样它就把宪法、宪法的修改和它本身一并交给波拿巴掌握了。为延长总统权力而作的局部的修改，将为波拿巴帝制主义的篡夺权力开辟道路。

马克思：《路易·波拿巴的雾月十八日》，
《马克思恩格斯全集》第 8 卷第 192 页。

　　金融贵族指责秩序党对行政权力进行的议会斗争是破坏秩序，而把总统每次对它那些看来是自己的代表们的胜利当作秩序的胜利来欢呼。这里所说的金融贵族，应当了解为不只是那些巨大的国债经纪人和国家证券投机者，这些人的利益当然是和国家权力的利益相吻合的。

马克思：《路易·波拿巴的雾月十八日》，
《马克思恩格斯全集》第 8 卷第 199 页。

　　国民议会在和行政权力斗争时所失掉的第一个阵地就是内阁。

马克思：《路易·波拿巴的雾月十八日》，
《马克思恩格斯全集》第 8 卷第 206 页。

　　如果说行政权力建议恢复普选权是表示从呼吁国民议会转向呼吁人民，那末立法权力通过议会总务官提出法案就是表示从呼吁人民转向呼吁军队了。国民议会是想通过这个法案来确立自己直接调动军队的权力，确立自己创建议会军的权力。

马克思：《路易·波拿巴的雾月十八日》，
《马克思恩格斯全集》第 8 卷第 207 页。

加迪斯议会取消了一向属于国王的召开和解散议会以及推迟议会会期的权力，但是竭力扩大自己特权的国王正是使用了这些手段，结果使议会实际上等于不存在，取消国王的这种权力的必要性就十分明显了。

马克思：《革命的西班牙》，
《马克思恩格斯全集》第 10 卷第 495 页。

国王在他的诏书中要求摄政王在行使他的权力时"仅对上帝负责"，可是这位亲王抬出了宪法，把全部责任都推给现任内阁。根据摄政王引据的条款，"王位直接继承者"应立即召集两院举行联席会议，决定"有无必要实行摄政"。为了剥夺议会的上述权力，要强调国王是自愿引退的，可是为了不致完全依赖于国王的任性，又抬出了宪法。

马克思：《普鲁士国王的疯癫症》，
《马克思恩格斯全集》第 12 卷第 644 页。

帕麦斯顿勋爵不仅重演了一回"这样危害宪法"的先例；他这一次不仅在伪善的格莱斯顿先生的协助下重演了一回，而且，好像是想试试内阁不负责任的程度似的，他利用议会的权力对付国王，利用国王的特权对付议会，利用二者的特权对付人民，居然肆无忌惮地在同样的行动范围内重演了一回危险的先例。

马克思：《英国的政治》，
《马克思恩格斯全集》第 15 卷第 10 页。

统治阶级对生产者大众不断进行的十字军讨伐，使它一方面不得不赋予行政机关以愈来愈大的权力来镇压反抗，另一方面不得不逐渐剥夺它自己的议会制堡垒（国民议会）用以防范行政机关的一切手段。

马克思：《法兰西内战》，
《马克思恩格斯全集》第 17 卷第 357 页。

选举自由，出版自由，集会自由根本谈不上。警察仍然具有无限的权力。杜马通过的决议只是咨议性的，对政府没有约束力，就是说杜马根本没有任何权力。

列宁：《为·尼古拉耶夫〈俄国革命〉小册子加的一条注释》，
《列宁全集》第 11 卷第 169 页。

国家杜马根本没有任何权力，因为它的一切决定都没有约束力，而只是咨议性的。它的一切决定都要呈交国务会议88，就是说要经过那些官吏的审核和批准。它只不过是官府和警察局大厦的装饰品而已。

列宁：《"沙皇与人民和人民与沙皇的一致"》，
《列宁全集》第 11 卷第 174～175 页。

杜马委员会要求从本年度的预算中拿出钱来，即缩减一些有害的开支，这样来筹集一笔救济饥民的款子。杜马要用这种策略手段，用这种迂回运动来夺取一小部分监督国家预算的权力。

列宁：《救济饥民和杜马的策略》，
《列宁全集》第 13 卷第 235 页。

即使左派在杜马中占了多数，这也是必要的，因为杜马毫无权力，而国务会议为了地主的利益会来"改进"任何一项杜马法案。

列宁：《土地问题和革命力量》，
《列宁全集》第 15 卷第 172 页。

所谓布里根杜马应当根据选举法建立，可是这个选举法规定只有少得可笑的人数有选举权并且没有赋予这个特殊的"议会"任何立法权，而只是给它以咨议协商的权力！

列宁：《关于 1905 年革命的报告》，
《列宁全集》第 28 卷第 326 页。

列宁在《革命的社会民主党的纲领》里，对于孟什维克表白"社会民主党将支持杜马为控制行政权所作的一切努力"，认为布尔什维克在第二届杜马开幕前夕，把揭穿"立宪民主党政策的背叛性质"看作实行彻底的（即无产阶级的）民主主义政策的首要任务。列宁指出："一股轻轻的微风像吹散绒毛一样，把关于支持杜马组阁即组织责任内阁的要求、支持让行政权服从立法权的要求等等议论全给吹散了"。实际上，当时的根本问题，不是什么更完备更彻底地实行"宪制"这个"原则"，而是立宪民主党如何同反动派勾结。

2. 其他权力关系

这里的"其他权力关系"，是除了立法、执法、司法相互之间的权力关系之外的它们各自权力系统内的权力关系。

和官员们没有直接联系的委员会没有任何高出官员们的权力，因而不能迫使官员们提供他们所不愿赐与的情报。

恩格斯：《7 月 4 日的妥协会议》，
《马克思恩格斯全集》第 5 卷第 227 页。

波拿巴不再需要教皇来帮助他成为农民的总统，但他需要保持教皇权力来为自己保持农民的拥护。

农民的轻信使他当了总统。他们一失去信仰，就会失去轻信态度，而他们一失去教皇，就会失去信仰。至于那些借波拿巴的名字来实现统治的联合起来的奥尔良党人和正统主义者，那末须知在恢复国王之前，必须先恢复那使国王圣化的权力。问题不仅在于他们的保皇主义思想，——若没有受教皇世俗权力支配的旧罗马，就没有教皇；若没有教皇，就没有天主教；若没有天主教，就没有法国宗教；而若没有宗教，那末旧的法国社会又会成为什么样子呢？

马克思：《1848年至1850年的法兰西阶级斗争》，
《马克思恩格斯全集》第7卷第64页。

路易·波拿巴在"通报"上公布了他写给侍从武官埃德加尔·奈的一封信。在这封信中，他以一些宪法上的保证约束教皇政府。教皇则发表了一个声明，即所谓《motu proprio》〔"出乎真意"〕，拒绝对他那恢复起来的权力加以任何限制。

马克思：《1848年至1850年的法兰西阶级斗争》，
《马克思恩格斯全集》第7卷第86页。

7月8日达成了杜宾根协议，这个协议规定公爵的将近100万债务由国家归还，而公爵权力则应受若干限制，可是他从未遵守这些限制；协议用一些空泛言词来搪塞农民，并且以严禁暴动与结社的惩治法令来对付农民。至于农民在省议会中的代表权当然更谈不上了。

恩格斯：《德国农民战争》，
《马克思恩格斯全集》第7卷第431页。

胡登和济金根相信，只要把特殊军人阶级即贵族的统治建立起来，把分裂国家的祸首即诸侯都废除，把僧侣的权力都取消，把德国从罗马教权统治下解脱出来，就可以使帝国重新统一，自由和强盛。

恩格斯：《德国农民战争》，
《马克思恩格斯全集》第7卷第437~438页。

波拿巴并不是一个跟立法权力对立的行政权力。波拿巴乃是已经建成的资产阶级共和国本身，这个共和国和自己借以建立起来的那些工具相对抗，和资产阶级中革命派的名利为怀的奸计和思想上的要求相对抗，这一派人建立了共和国，现在却因发觉自己所建立的共和国完全像一个复辟的君主国而感到惊异，于是就想把立宪时期连同它那些特殊条件、幻想、语言和人物勉强延长下去，不让那个已经成熟了的资产阶级共和国以其最终完成的和典型的姿态出现。

马克思：《1848年至1850年的法兰西阶级斗争》，
《马克思恩格斯全集》第7卷第56页。

实际上，这是这个社会里一切腐败分子的胡作非为。在不明真相的人看来，这好像只是行政权力战胜了立法权力，好像是以超越于社会之上的权力自居的阶级统治形式最终击败了以社会自治自居的阶级统治形式。但是，事实上，这只是那个阶级统治的最后的、堕落的、唯一可能的形式，它既给统治阶级本身带来耻辱，也给受它束缚的工人阶级带来耻辱。

> 马克思：《初稿。公社》，
> 《马克思恩格斯全集》第 17 卷第 586 页。

彻底实行政教分离。

> 马克思恩格斯：《共产党在德国的要求》，
> 《马克思恩格斯全集》第 5 卷第 4 页。

作为秩序党，他们也比先前任何时候，比复辟时期或七月王朝时期，享有更加无限和更加稳固地统治其他社会阶级的权力。这样的权力只有在议会制共和国的形式下才可能存在，因为只有在这种国家形式下，法国资产阶级的两大集团才能互相结合起来，从而把自己的阶级的统治提到日程上来，以代替这一阶级中的一个特权集团的统治。

> 马克思：《路易·波拿巴的雾月十八日》，
> 《马克思恩格斯全集》第 8 卷第 150～151 页。

自 1849 年起实际上统治着大陆的军队从内部分裂了，它为了对抗政府，实现自己的主张，而拒绝执行维持秩序的使命。纪律教会军队认识自己的权力，而这个权力反过来又削弱纪律。

> 马克思恩格斯：《无聊的战争》，
> 《马克思恩格斯全集》第 10 卷第 400 页。

1803 年 2 月 5 日，法国驻泽稷岛 commissaire de relation commerciale〔商务委员〕尽管没有任何官方权力，却蛮横地埋怨一些印刷商从伦敦报纸上转载了一段侮辱波拿巴的章节，并且威胁说，如果不取缔这类阴谋，波拿巴一定会对泽稷岛进行报复。这种威胁产生了预期的效果。

> 马克思：《伦敦的法国人审判案》，
> 《马克思恩格斯全集》第 12 卷第 461 页。

国王的让位并不是无条件的，而是像法令中所说的，"只是暂时的，到我本人重新有能力履行国王职责时为止"，而且保留"亲自处理与我本人有关的王室事务的权力"。前面一条使摄政王的权力具有临时性质，后面一条是让王后继续把持王室的钱财出入。这种有条件的让位表明宫廷奸党虽然被迫让出了这个重要阵地，但仍然立意不就此作罢。

马克思：《普鲁士的摄政》，

《马克思恩格斯全集》第 12 卷第 648 页。

普鲁士深切地感觉到情势的危险；但是它手足被缚，无论往哪个方向都不能动弹。王权实际上由于国王患疯癫症和摄政王没有充分权力而陷于瘫痪。在拒绝退位的国王和不敢掌权的亲王这两者的党羽之间，进行着明争暗斗，而给人民群众的洪流打开了闸门。

马克思：《英国的政党》，

《马克思恩格斯全集》第 12 卷第 540 页。

这个改革会使一部分军队不受议会的管制，会在极大程度上加强王室权力，至于其他的严重后果就更不用说了。

马克思：《叙利亚事件》，

《马克思恩格斯全集》第 15 卷第 113 页。

杜马是没有能力给你们土地和自由的。杜马的手脚被警察政府的法律牢牢捆住。必须使人民代表掌握全部权力，掌握全部国家政权。

列宁：《大胆的攻击和胆怯的防御》，

《列宁全集》第 13 卷第 294 页。

老顽固们通常利用自己那种廷臣的无限权力，竭力把正式的政府即内阁也完完全全控制起来。而内阁的相当一部分成员通常也就是他们的傀儡。

列宁：《第三届杜马》，

《列宁全集》第 16 卷第 130 页。

马克思在《1848 年至 1850 年的法兰西阶级斗争》里的"出乎真意"（《mlotu proprio》），是一种不经红衣主教同意、一般只谈教皇区内部事务的特别教皇文书的开头语。这里是指 1849 年 9 月 12 日教皇庇护九世发表的文告。

（二）不可避免的权力争夺

1. 争夺合法权力

这是对法律规定的权位的争夺。这种争夺行为，有合法行为，也有违法行为或犯罪行为。

秩序党在徒劳无益地力图保持军权和夺回已经丧失的对于行政权力的最高领导权时，不得不去跟山岳党和纯粹共和党人进行联合，这就确凿地证明，秩序党已经失去了独立的议会多数。

马克思：《路易·波拿巴的雾月十八日》，
《马克思恩格斯全集》第 8 卷第 191 页。

Outs〔反对派〕集团对保存内阁的万能权力所表现的热心程度并不比 Ins〔政府〕集团差。议会斗争的技巧恰好在于：在短兵相接的格斗中打击的不是职位，而仅仅是当时占据职位的人，并且在进行打击的时候，要使这个人在作为大臣下台以后，马上又能作为大臣的候选人而上台。

马克思：《议会新闻：罗巴克和布尔韦尔的提案》，
《马克思恩格斯全集》第 11 卷第 399 页。

秩序党现在既已丧失了控制军队和国民自卫军的权力，那末它还剩下什么强制手段来同时保持议会用以统治人民的篡夺来的权力和议会用以防止总统侵犯的宪法上的权力呢？什么也没有了。

马克思：《路易·波拿巴的雾月十八日》，
《马克思恩格斯全集》第 8 卷第 185 页。

在德国，近三百年来革命是由诸侯进行的，而革命也就适合诸侯们的要求。他们在自己领土上的全部最高权力以至于他们的主权都是反叛皇帝的成果。

恩格斯：《"卡尔·马克思在科伦陪审法庭面前"一书序言》，
《马克思恩格斯全集》第 21 卷第 237 页。

左派要求"由国民议会在一定期间选出对国民议会负责的中央权力执行机关"。但这种中央权力机关是否应该像激进党的宣言所明确要求的那样从国民议会内部选出，这个问题它却没有加以解决。

马克思：《法兰克福激进民主党和法兰克福左派的纲领》，
《马克思恩格斯全集》第 5 卷第 44 页。

总统的任何可能给予议会以压力，阻挠或破坏议会正当行使其职权的行动，均被看成是叛国的行为。在这种情况下，总统的权力应立即予以剥夺，违抗总统的命令则成为每个公民的义务，授予总统的权力应立即转交给国民议会，而最高法庭的成员必须马上集会，召集陪审员就席，以便审判总统和他的同谋者。

马克思：《1848 年 11 月 4 日通过的法兰西共和国宪法》，
《马克思恩格斯全集》第 7 卷第 585 页。

如果这些邦议会的势力太大时，他们可以很容易地运用联邦议会的权力击败一切反对派。巴伐利亚、维尔腾堡、巴登或汉诺威的宪法制度，在这种情形下并不能推动争取政治权力的严重斗争；因此德国资产阶级的大多数对于各小邦立法议会中的琐碎的争端，一般是不加过问的。

恩格斯：《德国的革命和反革命》，

《马克思恩格斯全集》第 8 卷第 15 页。

波拿巴派的议员人数太少，不足以构成一个独立的议会党团。他们只不过是秩序党的一个 mauvaise queue〔可怜的附属物〕。这样，秩序党就掌握了政府权力、军队和立法机关，一句话，掌握了全部国家政权；这个国家政权在精神上是靠着把它的统治炫示为民意表现的普选、靠着反革命势力在整个欧洲大陆上同时获得的胜利而加强起来的。

马克思：《路易·波拿巴的雾月十八日》，

《马克思恩格斯全集》第 8 卷第 147 页。

每当联合的保皇党人和敌视他们的王位追求者即波拿巴发生冲突时，每当他们担心行政权力危害他们的议会的万能权力时，每当他们因此必须把自己统治的政治合法性提到首位时，他们就不是以保皇党人的身分出面，而是以共和党人的身分出面。

马克思：《路易·波拿巴的雾月十八日》，

《马克思恩格斯全集》第 8 卷第 151 页。

这个王政会议利用了这个时期的灾难和后来几个国王的软弱无能，把各种各样的权力都集中到它的手中，并把当时西班牙各个王国的立法者和最高行政机关的职权都并在自己的最高司法职权之内。因此按权力来说，王政会议甚至超过了法国的议会，——除了它从来没站到人民这边以外，在很多方面同法国议会是相似的。

马克思：《革命的西班牙》，

《马克思恩格斯全集》第 10 卷第 478 页。

在首都附近，国王的权力使人恐惧和顺从，但是离中央越远，国王的权力也就越弱，而在距离更远的省份，臣民不重视白象统治者的诏令；在那里，人们选举自己的执政者（这种选举经国王批准），而只给政府缴纳少量赋税。

恩格斯：《缅甸》，

《马克思恩格斯全集》第 14 卷上册第 293 页。

在匈牙利，1848 年改组过的古老的地方管理机关立即把民政权力交到了人民手中，并且要维也纳政府作二者之一的选择：要末让步，要末马上诉诸武力。

恩格斯：《奥地利革命的发展》，

《马克思恩格斯全集》第 15 卷第 250 页。

南部通过与北部民主党人的联盟逐渐篡夺统治联邦的权力，他们的这种权力在布坎南任总统时期达到了最高峰。

马克思：《北美内战》，

《马克思恩格斯全集》第 15 卷第 349 页。

对于南部来说，联邦仅仅在它把联邦权力交到南部手中做奴隶主政策的工具的情况下，才具有价值。

马克思：《北美内战》，

《马克思恩格斯全集》第 15 卷第 356 页。

在这里，在军队参谋部和国王枢密室之间从一开始便自然会产生勾心斗角，双方都要争夺最高的权力，都要制订并坚持自己得意的作战计划。单由于这一点，就几乎不可能有任何统一的目的和一致的行动。

恩格斯：《德国战争短评》，

《马克思恩格斯全集》第 16 卷第 190 页。

资产阶级的政治铺子最终又会活跃起来，官方各政党将不再像现在这样结成反动的一帮（这对我们并不有利，而是非常有害），他们又会开始激烈地互相倾轧，并争夺政治权力。

恩格斯：《致奥·倍倍尔》，

《马克思恩格斯全集》第 36 卷 161～162 页。

丹麦左派党早就在表演反对派的卑鄙喜剧，并不遗余力地一再在全世界面前显示本身的软弱无力。它早已放过拿起武器来惩罚宪法的破坏者的机会（如果曾经有过的话）。

恩格斯：《致格·特利尔》，

《马克思恩格斯全集》第 37 卷第 323 页。

恩格斯在《致格·特利尔》里提到的"丹麦左派党"，指农民党。"它早已放过拿起武器来惩罚宪法的破坏者的机会"，指 1875 年开始的丹麦的宪法冲突。冲突的实质，是政府和议会中自由主义反对派的斗争，后者力图在宪法上限制国王的权力。政府和议会多数派之间最尖锐的冲突发生在财政问题上。

2. 争夺个人权力

争夺个人权位，应当是国家权力运行机制的严重破坏行为。争夺权位的个人，往往结党营私，进行派别活动。

下面的摘录，经典作家以辛辣的语言揭露和痛斥了争夺个人权位的种种丑恶行径。这为权力者们敲响了警钟。

玻利瓦尔去到离奥康尼亚有几英里远的他的庄园，发布了另一个宣言，他在宣言中对他的朋友们的做法佯装不满，同时攻击议会，号召各省采取非常措施，并宣称他愿意接受将加在他身上的任何一种权力重担。在他的武力胁迫下，加拉加斯、卡塔黑纳以及他当时去到那里的波哥大等地的国民大会再一次授与他独裁统治权。

> 马克思：《玻利瓦尔－伊－庞特》，
> 《马克思恩格斯全集》第14卷上册第239页。

立法议会则对波拿巴进行了报复，办法是否决他为私人利益提出的一切法案，面对于他为共同利益提出的一切法案则都用喧嚷的猜疑态度予以考查，看波拿巴是不是以加强行政权力为借口来扩大他个人的权力。一句话，立法议会以轻蔑相待的阴谋来进行了报复。

> 马克思：《1848年至1850年的法兰西阶级斗争》，
> 《马克思恩格斯全集》第7卷第101～102页。

在俄国的帮助下，德国成了欧洲的第一个强国，而德国的全部权力都落到了独裁者俾斯麦手中。现在的问题是他能利用这种权力做些什么。

> 恩格斯：《暴力在历史中的作用》，
> 《马克思恩格斯全集》第21卷第513页。

英国终于停止了它在法国的唐·吉诃德式的会使它继续流血的侵略战争；封建贵族在蔷薇战争中寻找补偿，也得到了更多的东西：他们互相毁灭了，都铎王朝登上了王位，权力之大超过了以前和以后的所有王朝。

> 恩格斯：《论封建制度的瓦解和民族国家的产生》，
> 《马克思恩格斯全集》第21卷第458页。

继承了老威廉地位的年轻的威廉则以他的短时期内的全部政绩，特别是以他的著名的诏令表明，殷实的资产阶级庸人无论如何不能信赖他，他也不希望受任何人的控制。庸人所信赖的人已经没有权力，而有权力的人庸人不能信赖。

> 恩格斯：《今后怎样呢?》，
> 《马克思恩格斯全集》第22卷第9页。

对于有本领和野心的人来说，对于那些不论地点，不择手段，只求取得真正权力、能为他们的本领和野心找到真正用武之地的人来说，这是多么难得的地方啊！

> 恩格斯：《俄国沙皇政府的对外政策》，
> 《马克思恩格斯全集》第22卷第24页。

明智的人不再有权力，而有权力的人却不明智。

> 恩格斯：《德国1890年的选举》，
> 《马克思恩格斯全集》第22卷第5页。

　　鲁道夫对他自身的地位的估价批判到何种程度，可以从下述事实看出：他这个小小的德国诸侯，竟认为在巴黎必须半匿名微行，以免引起别人对自己的注意。他有意随身携带一名宰相同行，其批判的目的就是要这个宰相为他代表"自主权力的戏剧性的和儿戏的一面"；好像一个小小的诸侯除了自己和自己的镜子以外，还需要第三个什么自主权力的戏剧性的和儿戏的一面的代表似的。

马克思恩格斯：《神圣家族》

《马克思恩格斯全集》第 2 卷第 258~259 页。

　　查理·阿尔伯特的功名心曾驱使他和烧炭党人结成了联盟（以后又出卖了他们），当时这种功名心空前强烈，他幻想能得到很大的权力和威势，这样，他很快就能凌驾于意大利的其他一切君主之上。

恩格斯：《意大利的解放斗争及其目前失败的原因》，

《马克思恩格斯全集》第 5 卷第 435 页。

　　玻利瓦尔指望依靠他的拥护者的影响重新恢复权力，并利用哥伦比亚新总统华金·莫斯克腊所遭到的反对，尽量拖延自己离开波哥大的日子，并且在种种借口下把自己停留在圣彼德罗的时期延长到 1830 年年底。

马克思：《玻利瓦尔－伊－庞特》，

《马克思恩格斯全集》第 14 卷第 1 册第 240 页。

　　卡富尔从最初的时候起就竭尽全力为加里波第的远征制造困难，在这位人民英雄获得初步成就时，他又把拉法里纳连同两个波拿巴密探派往巴勒摩，阴谋剥夺加里波第的独裁者的权力；接着，加里波第的每一个军事措施都受到卡富尔从外交上、而后又从军事上的阻挠。

马克思：《普鲁士现状》，

《马克思恩格斯全集》第 15 卷第 198 页。

　　这次会议对帕麦斯顿勋爵来说是十分不利的。某些无党派的下院议员，有自由派也有保守派，起来反对他所篡夺的独裁权力，并且揭露他以往所做的坏事，想让国民了解到，这样的无限权力保持在他手中是多么危险。

马克思：《伦敦"泰晤士报"和帕麦斯顿勋爵》，

《马克思恩格斯全集》第 15 卷第 337 页。

　　在前线有决定意义的地方，以及后来在军队里，权力落到了卡列金之流的手里。这是事实。最积极反对他们的部队被解除了武装。卡列金之流虽然没有马上利用这种权力来建立完全的专政，但这决不能驳倒权力操在他们手里这件事实。难道 1905 年 12 月以后沙皇没有权力吗？难道当时的情况不是迫使他不得不小心翼翼地使用这个权力，在没有攫取全部权力即没有实行政变 66 以前召开了两届杜马吗？

判定权力属于谁，要根据行动，而不能根据言论。

列宁：《政论家札记》，

《列宁全集》第 32 卷第 125 页。

恩格斯在《论封建制度的瓦解和民族国家的产生》里提到的"蔷薇战争"，指两个争夺王位的英国封建家族的代表之间，即约克派和朗卡斯特派之间的战争（1455 年～1485 年）。约克人的徽章上饰有白色蔷薇，朗卡斯特人的徽章上则饰有鲜红色蔷薇。在约克派方面的有经济比较发达的南部的一部分大封建主，有骑士和市民；支持朗卡斯特派的则有北部诸郡的封建贵族。这次战争几乎完全消灭了古老的封建家族，在英国建立了新的都铎王朝，实行了专制政体。

列宁在《政论家札记》里的"政变"，指六三政变。六三政变是俄国沙皇政府在 1907 年 6 月 3 日发动的反动政变。政变前，沙皇政府的保安部门捏造罪名，诬陷社会民主党国家杜马党团准备进行政变。沙皇政府随之要求审判社会民主党杜马代表，并且不待国家杜马调查委员会作出决定，就于 6 月 2 日晚逮捕了他们。6 月 3 日，沙皇政府违反沙皇 1905 年 10 月 17 日宣言中作出的非经国家杜马同意政府不得颁布法律的诺言，颁布了解放第二届国家杜马和修改国家杜马选举条例的宣言。依照新的选举条例，农民和工人的复选人减少一半，而地主和资产阶级的复选人则大大增加，这就保证了地主资产阶级的反革命同盟在第三届国家杜马中居统治地位。六三政变标志着 1905 年～1907 年革命的失败和反革命的暂时胜利，斯托雷平反动时期由此开始。

第二部分

权力的专属性——国家权力设置

权力的专属性，是通过权力承担者表现出来的。国家权力由国家机关行使。

国家权力设置的依据是宪法。宪法规定了国家基本的权力系统，国家权力通常立法权由议会行使，行政权由总统等行政机关行使，司法权由法院行使。这就是西方国家的宪法体制。

西方法学认为，所谓"宪政"，是指宪法统治下的权力统制体制。普选制、政党政治、三权分立、司法独立、军队国家化，是宪政的标志。

宪政之所以为宪政，只在于它的表现。宪政和宪政的表现是同一个东西。宪政表现为普选制、政党政治、三权分立、司法独立、军队国家化。这个表现，反映了宪政的资本主义实质。这里，普选制就是"人人选总统"；政党政治就是政党轮流执政（轮流坐庄）；三权分立就是立法权、行政权、司法权完全分开，各自独立；司法独立就是任何国家权力不得干预司法审判；军队国家化就是军队不归任何政党领导。这五条标准，一条也不能亦不可以适用于社会主义社会。

宪政是资产阶级搞起来的。把本来属于资本主义专有的、具有特定含义的宪政，说成普世的、一般含义的，宪政被抽象化了。这是社会主义条件下鼓吹宪政的认识论原因。我们知道，任何抽象的术语必须具体化。谁看见过宪政？谁都没有看见过宪政。人们看到的宪政，只是资产阶级的宪政。把资产阶级的宪政说成什么阶级、什么社会形态都有的宪政，就把宪政抽象化了，普世化了。

一些人望文生义，把宪政解释为"宪法政治""宪法政体"之类，是接受了西方法学抽象的宪政概念，并硬套在我国宪法实施上的结果。

宪政不可以搞，"社会主义宪政"是否可以搞呢？也是不可以的。长期以来，有些人形成了一种偏好，以为不管什么事情，只要加上"社会主义"字样，就会占领道德高地，就会诸事顺遂。应当说，宪政不会因为加上"社会主义"字样就变得社会主义起来。地主不是指"土地的主人"，语义学都不这样解释。世界上不存在"社会主义地主"。同理，"社会主义宪兵""社会主义皇军""社会主义妓女"，等等，都是不存在的。

有人说，民主、人权、法治就是宪政。这是一个新发明。这几样东西已经分别被承认，成为社会主义法治国家的组成部分，那么宪政也是这几样东西，为什么不承认宪政呢？你们是必须承认的。"有人挖个坑，让我们往里面跳"这句一语破的的话，说明这个发明者们的另有用心已经被识破，说明中国不可能走资本主义宪政的老路。

马克思使用过"宪政"一词，但从来都是在否定资本主义的意义上使用的。马克思恩格斯在世时的巴黎公社、列宁在世时的苏维埃，没有搞什么宪政，这是人所共知的。当"宪政"喧闹已经沉寂下去，"宪制"一词又冒了出来。一些人以为打着马克思说过的"宪制"旗号，又得以翻云覆雨了。须知，在经典作家那里，"宪制"和"宪政"是在同一含义上使用的。

"宪政"是资本主义国家权力设置的前提。在"宪政"原则下，国家权力设置的根本理念，是权力分立主义（英 separation of powers，德 Gewaltenteilung，法 Séparation des pouvoirs）。

立法、执法、司法三权，早已有之。马克思恩格斯在谈到原始社会的公共权力时，使用过立法权、司法权术语。这里的术语，是对"权力"现象的一种借喻，因为无阶级社会不存在权力和权利。在资本主义那里，国家权力这三种形式不过是其发达表现的理论化而已。

权力分立主义利用国家的职能及其各个担当者分为相互独立、相互牵制的权力实体，以保障自由主义的统治组织原理，提出了"三权分立"理论，为洛克、孟德斯鸠等所首倡。其目的，是为了满足近代的市民社会自由主义和国民的表面参政的要求。三权分立成为广泛的资本主义国家宪法共同的并且是不可缺少的组织原理。在各国，三权分立的具体表现并不相同。美国类型的总统制，几乎是完全按三权分立建立起来的，但英国类型的议院内阁制却具有立法和行政相互混合的情况，而在大陆法系各国，由于强调行政裁判权从司法权独立出来，致使行政权与司法权分离。日本宪法大致承认三权分立，但是是在天皇总揽统治权下的权力分立。

三权分立的权力设置，对于封建主义的权力合一具有历史进步性。但随着资本主义的发展，这种设置逐渐成为资产阶级统治的桎梏。这从总统和议会你死我活的争斗中完全看得出来。

社会主义是否定三权分立的。这从三权分立的弊害和社会主义国家权力设置的优越性能够得到说明。

第一，统治阶级的权力意志是统一的。无论行政权上的意志还是在立法权、司法权上的意志，总是"一个意志"，因而不存在它们之间的绝对独立意志问题。

第二，权力设置只是一种部门职能的分工，不是权力相互分离。各个具体权力运作的目的，必须服从于国家权力运作的总目的，因而不存在它们之间的掣肘和牵制问题。

第三，国家权力者之间的关系，是团结协作关系。只有组成国家机器的零部件有机联系，相互配合，国家机器才能正常运转，因而不存在它们之间的对抗问题。

一、立法权力

立法权（英 legislative power，德 gesetzgebende Gewalt，法 pouvoir législatif），是制定宪法和法律的权力。立法权是国家权力的重要组成部分。

西方法学对立法权的解释，附加以"一般地、抽象地制定"前置词，在于说明立法权是在与行政权、司法权对应意义上定义的。因为依照纯粹法学的见解，行政和司法也具有法的制定意义。这是把这种制定的形式简单地归之于立法权限的程度之差。实际上，近代宪制原则把立法、行政、司法三权分属于各自具有独立权限的国家机关，立法委任给由国民选出的议员组成的议会行使。实质意义上的立法，即一般的、抽象的法律的制定，不必一定与具体职权上的划分相一致，在一定的范围内，行政机关、法院也具有法律制定的权能。而且，有的还把立法政策包括在实质意义上的立法之中。这种见解，是基于统一的国家统治权的权能，就是立法权、行政权、司法权都属于国家统治权的权能。

立法权是属于国家的，但制定法律的载体是立法机关。立法机关是以立法权的行使为职责的国家机关。这个国家机关具体是指议会（也称国会），是国家的唯一立法机关。使民选议会参与立法权是近代各国共同的特点。这里的立法权，专指立法机关的立法权，不是实质意义的立法权，即所谓除立法机关外，行政机关、司法机关也行使的立法权。

（一）立法权和议会

1. 制定宪法和法律是立法权的标志

从各国基本情况看，立法权分中央立法权和地方立法权。

中央立法是中央立法机关立法，地方立法是地方行政区域立法机关立法。由于有的国家存在行政机关立法的情形，故地方立法包括地方行政机关立法。

美国关于联邦立法和州立法的关系，宪法规定联邦立法权是有限的立法权限。根据宪法规定，国会立法由总统执行，法院负责解释。其它权限都属于州的立法权限。为了加强联邦立法的效果，近年来联邦运用一些立法手法，实际上扩大了自己的立法权限。

在德国，立法权分别属于联邦和州。立法权的行使，在基本法律无特别规定或禁止的情况下，均属于州。

关于立法权行使的具体范围，西方法学界分为：

（1）联邦专属立法。联邦专属的立法事项，是需要在全国范围内作统一规定的事项，即国籍、外交、国防；关税、货币、度量衡、专卖；邮政，电信电话；铁道、航空、营业保护、著作权等。

（2）共属立法。共属立法的事项，是在经济法、劳动法、民法、商法、刑法、诉讼法，以及身份登记制度、公共救济等领域，关于其中需要由联邦法（Bundesyesetz）规定的事项，联邦有立法权；在联邦不行使这些立法权时，承认州的立法权。但该事项由联邦法制定后，与之相抵触的州的立法，即告无效。

（3）按联邦原则立法。按联邦的原则进行立法的事项，有地区计划、居民登记、身份证明、公务员；大学制度的大纲、新闻、电影；自然保护、土地分配、狩猎等。上述事项，州可以遵照联邦规定的原则进行立法。关于这些事项的州的立法，需由联邦授权。对于基本法律没有明文规定是否由联邦立法的，立法权属于州。

在我国，中央立法是全国人大立法和人大常委会的立法。由于宪法规定行政法规是法的形式之一，而国务院的职权规定中包括制定行政法规，因而国务院制定的行政法规，属于中央立法。对于国务院所属部委办的部门规范性文件，是否属于国务院立法范围，应以国务院批复为准。凡具有以国务院名义签批的，可属于行政法规。

地方立法，是根据本行政区域的实际情况作出具体规定的立法。地方立法是国家立法的重要方面。地方立法由地方权力机关及其常设机关制定，地方政府的行政规章，一般可视为地方立法。我国属于地方立法的，有通常省、（直辖）市、（自治）区及市、州、县等地方立法和民族自治地方立法、经济特区立法、特别行政区立法。

中央立法是地方立法的依据，地方立法不得与中央立法相抵触。无论单一制国家还是联邦制国家，地方立法必须符合宪法和法律的原则和立法精神。

资产阶级就对法兰克福议会施加压力，要它尽快制订宪法；于是大小资产阶级都决心接受并赞助这个宪法（不管它是怎样一种东西），以便立即造成一个稳定的局面。总之，要求制定帝国宪法的运动一开始就是从一种反动的情感中产生的，并且是从那些早已厌倦革命的阶级中产生的。

恩格斯：《德国的革命和反革命》，
《马克思恩格斯全集》第8卷第97页。

人民派代表去参加法兰克福议会，并授以全权宣布议会是凌驾于全德国及其各邦政府之上的最高权力机关；议会由于有了人民交给的自主权，就应该通过关于德国宪法的决议。

恩格斯：《关于雅科比提案的辩论》，
《马克思恩格斯全集》第5卷第258页。

联合议会代表封建社会。与此相反，国民议会代表现代资产阶级社会。它由人民选举出来，以便独立地制定一部宪法，这部宪法应当适应同过去一直存在的政治制度和以往存在的法律发生了冲突的那种生活关系。因此，国民议会从一开始就是自主的制宪议会。

马克思：《对民主主义者莱茵区域委员会的审判》，
《马克思恩格斯全集》第6卷第293页。

关于 1848 年夏季普鲁士的事变，不久之前我们已经叙述过了。制宪议会，或者更确切些说，"为了与国王商定宪法而选出的议会"，他们既没有能够拟定宪法，也没有能够对总的立法作任何改进。他们差不多只是忙于琐碎的理喻定义、纯粹的形式问题和宪法的仪式问题。事实上，这个议会与其说是一个能够代表人民的任何一点利益的机关，不如说是一个供议员们学习议会 savoir vivre〔礼仪〕的学校。

恩格斯：《德国的革命和反革命》，

《马克思恩格斯全集》第 8 卷第 80 页。

由此可见，两院至少有一部分制宪权力。因此，只要两院还没有行使这种权力，只要两院没有同国王一起修改宪法，它们是不可能被解散的，正如为了协商普鲁士宪法而召开的如今已经仙逝的议会不可能被解散一样。

恩格斯：《第二议院的解散》，

《马克思恩格斯全集》第 6 卷第 534 页。

立法议会应该是制宪议会的继续。他们打算把人民群众的政治权力弄成一种虚构。

马克思：《1848 年至 1850 年的法兰西阶级斗争》，

《马克思恩格斯全集》第 7 卷第 49 页。

制宪议会决心不去仿效他的榜样，国民议会是资产阶级共和党的最后一个避难所。如果说它已被夺去了行政权力的一切杠杆，那末它手中不是还留有立宪大权吗？它的第一个念头，就是无论如何都要保持自己的主权岗位，并借着这个岗位去夺回失去的阵地。

马克思：《1848 年至 1850 年的法兰西阶级斗争》，

《马克思恩格斯全集》第 7 卷第 54 页。

议会终于开始清楚地看到，至少是看到了这样一点：它已失去了一切权力：它本身也在奥地利和普鲁士的掌握中；如果它真打算给德国制定全联邦宪法，它就必须立刻认真地开始做起来。

恩格斯：《德国的革命和反革命》，

《马克思恩格斯全集》第 8 卷第 89 页。

普鲁士宪章所恩准的这一切自由受到一个重大保留条件的限制。这些自由只是"在法律范围内"被恩准。但现行的法律恰好是专制独裁的法律，它是弗里德里希二世的时候制定下来的，而不是随着普鲁士宪法的诞生问世的。这样，在宪法的法律和法律的内容之间就存在着一个不可调和的矛盾，而事实上后者已使前者成为泡影。另一方面，宪章在一些最紧要的问题上要人去看构成法，它的含糊不清的原理应该由构成法加以详细发挥。但这些构成法本身是在反动势力的强大压力下制定的。它们取消了甚至在君主专制政体最反动时期都有的那些保证,例如法官不受行政权力干涉的独立性。宪章还不满足于这些搅混在一起的溶解剂——旧有的和新造的法律,它还给国王保留了在他认为必要的任何时候使宪章在任何政治问题上停止生效的权力。尽管如此,毕竟存在着两个普鲁士:宪章的普鲁士和霍亨索伦王朝的普鲁士。

马克思:《普鲁士状况》,

《马克思恩格斯全集》第 12 卷第 655~656 页。

专制制度(专制政体,无限君主制)是一种最高权力完全地整个地(无限制地)由沙皇一人独占的管理形式。沙皇颁布法律,任命官吏,搜刮和挥霍人民的钱财,人民对立法和监督管理一概不得过问。因此,专制制度就是官吏和警察专权,而人民无权。

列宁:《俄国社会民主党中的倒退倾向》,

《列宁全集》第 4 卷第 219 页。

帝国政府非常喜欢在法律中写上一些冠冕堂皇的词句,然后又准许规避这些法律,用一些训令来代替这些法律。

列宁:《新工厂法》,

《列宁全集》第 2 卷第 366 页。

恩格斯在《德国的革命和反革命》里说,"资产阶级就对法兰克福议会施加压力,要它尽快制订宪法",反映了当时围绕制宪问题上的斗争。

法兰克福国民议会把普鲁士国王选为德国皇帝以后,便派遣一个代表团到柏林去授予他皇冠。弗里德里希－威廉接见了代表们并说,虽然他接受他凌驾于德国其他各邦君主之上的权力,但在没有其余各邦君主承认他的统治权和承认赋予他这些权力的帝国宪法以前,他是不能接受皇冠的。基于此,国民议会作出一项决议:帝国宪法是国家的法律,必须加以遵守。这个决议,表明了法兰克福议会和德国各邦政府之间爆发了冲突。

资产阶级,尤其是小资产阶级,宣布拥护新的法兰克福宪法。德国各邦都表示愿意和平立宪。为此,需要解决德意志联邦新的政治组织问题。人们普遍认为这个问题必须立刻加以解决。帝国宪法的特色是:它不仅在表面上完全出自民意,同时,也是全德国最富于自由主义精神的宪法。它的最大缺点在于它只是一纸空文,它的条文没有实力作为后盾。

2. 立法权表现为议会的立法权限

西方法学认为,立法权是人民主权原理的体现,因而立法权属于人民。说人民是立法权的主体,这不仅仅是一种虚伪,更重要的在于,人民是抽象的,抽象的主体需要有具体的主体表现形式。这个具体的主体表现形式,就是议会。

显然,议会是立法权的载体,就是说,拥有制定法律的权力的主体是议会。

根据英国议会的传统,上院议长(大法官)的座位,用一个羊毛口袋作为座垫,它是英国国民财富主要来源的象征。这种象征,确切表明了议会权力的实质。议会是最高国家权力机关。

任何人，甚至最优秀的立法者也不应该使他个人凌驾于他的法律之上。

马克思：《第六届莱茵省议会的辩论（第三篇论文）》，
《马克思恩格斯全集》第 1 卷上册第 264 页。

有一点在我看来应该而且能够写到纲领里去，这就是把一切政治权力集中于人民代议机关之手的要求。

恩格斯：《1891 年社会民主党纲领草案批判》，
《马克思恩格斯全集》第 22 卷第 274 页。

可以设想，在人民代议机关把一切权力集中在自己手里、只要取得大多数人民的支持就能够按照宪法随意办事的国家里，旧社会可能和平地长入新社会，比如在法国和美国那样的民主共和国，在英国那样的君主国，英国报纸上每天都在谈论即将赎买王朝的问题，这个王朝在人民的意志面前是软弱无力的。但是在德国，政府几乎有无上的权力，帝国国会及其他一切代议机关毫无实权。

恩格斯：《1891 年社会民主党纲领草案批判》，
《马克思恩格斯全集》第 22 卷第 273 页。

如果下院拥有全国舆论的支持，如果它不只是表现资产阶级的意志，而且表现全民族的意志，那它就会把一切权力完全攫为己有，使君主和贵族失掉他们头上最后的一丝圣光。

恩格斯：《英国工人阶级状况》，
《马克思恩格斯全集》第 2 卷第 517 页。

联邦议会由所有这些小邦的代表团组成并由帝国的代表主持，它的使命是限制皇帝的权力。

恩格斯：《德国状况》，
《马克思恩格斯全集》第 2 卷第 631 页。

当帝国国会被这样剥夺了最好的权力手段，并被降到普鲁士议院——那个被 1849 年和 1850 年宪法修改、曼托伊费尔作风、宪法冲突和萨多瓦所摧毁的普鲁士议院——的屈辱地位的时候，联邦会议基本上却享有旧联邦议会在形式上所占有的种种绝对权力，并且是实际上享有这种权力，因为它身上已解除了那些束缚联邦聚会的桎梏。

恩格斯：《暴力在历史中的作用》，
《马克思恩格斯全集》第 21 卷第 521 页。

在德国唯一具有决定作用的部分——普鲁士，资产者以他们的议会两院自豪，而两院的权力必将随着政府的困难的增加而扩大；这些资产者有充分的理由（正如最近的议院辩论表明）根本不愿在"议会"的幌子下听从巴登人和维尔腾堡人的指使，这正如普鲁士政府不愿在"联邦议会"的幌子下受奥地利的统治一样；这些资产者从1848年以来就知道，议会同他们的议会两院并存，会消除两院的权力，而议会本身也要成为纯粹的幻影。

《恩格斯致马克思》，

《马克思恩格斯全集》第29卷第414页。

我们决不会要求他去做在目前情况下不可能做的事情。立即过渡到使帝国国会拥有决定性权力（类似英国下院所拥有的那种权力）的议会制是不可能的，在目前甚至是不明智的。

恩格斯：《暴力在历史中的作用》，

《马克思恩格斯全集》第21卷第517页。

本报已用一些具体例子详细指出，省等级会议没有资格参与立法工作（不管这种参与是采取谘议还是协助的形式，都构成这些等级会议权力上的，而不是能力上的差别）。

马克思：《评奥格斯堡〈总汇报〉论普鲁士等级委员会的文章》，

《马克思恩格斯全集》第1卷上册第337页。

这个联邦议会完全由普鲁士和奥地利控制着；只要它们威胁一下小邦诸侯，说不支持他们同本邦议会的斗争，就足以把后者吓得百依百顺了。这样一来，由于它们的势力压倒一切，由于它们是德意志各邦诸侯权力所依据的原则的真正代表者，它们就成了德国的绝对统治者。

恩格斯：《德国状况》，

《马克思恩格斯全集》第2卷第644页。

这个巧妙的论证（显然右派非常以这个论证自豪，因为它贯穿在右派的所有发言中）提出了崭新的理论。根据这个理论，在对国民议会的关系上，妥协议会的权力比个别人为小。

恩格斯：《关于雅科比提案的辩论》，

《马克思恩格斯全集》第5卷第259页。

反动派把自己的愿望冒充为既成事实。颤抖的联邦议会根据没有丝毫法律权力的所谓预备国会的要求，召开了德国国民议会，在这样的时候是根本谈不上协商的，因为已召开的国民议会在当时是被认为有自主权的。

恩格斯：《关于雅科比提案的辩论》，

《马克思恩格斯全集》第5卷第260页。

国民议会本身没有任何权利——人民委托给它的只是维护人民自己的权利。如果它不根据交给它的委托来行动——这一委托就失去效力。到那时，人民就亲自出台，并且根据自己的自主的权力来行动。

马克思：《对民主主义者莱茵区域委员会的审判》，

《马克思恩格斯全集》第 6 卷第 305 页。

法国人——例如路易·勃朗——把 1 月 29 日事件看成是国民议会与总统在宪法上的矛盾的表现：一面是具有主权、不许解散、由普选权产生的国民议会，另一方面是只在纸上对国民议会负责而实则也像国民议会一样由普遍投票批准的总统；并且总统一身集中了百倍分散地分配于国民议会各个议员身上的全部选票；况且总统掌握有全部行政权力，而国民议会则只是作为一种道义力量飘荡于行政权力之上。

马克思：《1848 年至 1850 年的法兰西阶级斗争》，

《马克思恩格斯全集》第 7 卷第 55～56 页。

这个党的较温和的一派认为可以对这样"民主化的"君主政体表示满意，它的较先进的一派则要求彻底建立共和国。两派都同意承认德国法兰克福国民议会为国家最高权力机关，而立宪派和反动派对这个议会的自主权却怀着很大的恐惧，他们宣布说他们认为这个议会是太革命了。

恩格斯：《德国的革命和反革命》，

《马克思恩格斯全集》第 8 卷第 43～44 页。

在维也纳和柏林的人民胜利之后，自然就产生了召开全德代表会议的问题。于是这个会议就被选举出来，在法兰克福开会，与旧的联邦议会并存。人民希望德国国民议会解决一切争论的问题，执行全德意志联邦最高立法权力机关的职能。

恩格斯：《德国的革命和反革命》，

《马克思恩格斯全集》第 8 卷第 47 页。

奥地利和普鲁士都暂时摆脱了议会监督的束缚。奥普两邦政府现在已把一切权力都集中在自己手里，并且能够在一切需要的场合使用这种权力。奥地利用它对付匈牙利和意大利，普鲁士用它对付德意志。

恩格斯：《德国的革命和反革命》，

《马克思恩格斯全集》第 8 卷第 87～88 页。

1840 年克里斯亭娜被迫放弃摄政职位而逃出西班牙的时候，埃斯帕特罗不顾进步派非常大的一部分人的愿望，接受了议会制范围内的最高权力。

马克思：《埃斯帕特罗》，

《马克思恩格斯全集》第 10 卷第 403 页。

法令没有规定普选权，反而取消了议会对王朝问题过问的权力。但是甚至就是这样一种议会看来还不见得起被接受。1812 年西班牙议会没有讨论君主制度的问题，只是因为这种制度徒有其名，国王好多年来就在国外，而不在西班牙。

马克思：《西班牙的革命》，

《马克思恩格斯全集》第 10 卷第 436 页。

人民在委任这些代表时，根本没有想到限制他们的权力和确定任期。而洪达，当然只考虑扩大权力和延长任期。正因为如此，在革命发展的整个过程中，每当革命洪流有溢出河岸的危险的时候，这些迸发的人民热情在革命初期的第一批产物都成为阻挡革命洪流的堤坝。

马克思：《西班牙的革命》，

《马克思恩格斯全集》第 10 卷第 470～471 页。

几天以前，高贵的勋爵曾经声明，会议只是暂时休会，威斯特摩兰拥有无限的权力来进行谈判。难道他的这些权力被取消了吗？什么时候被取消的呢？——帕麦斯顿答道：权力是有的！他的权力仍然像以前一样是无限的，但是他没有权利用它。拥有权力和有权利用它——这不是一回事。

马克思：《议会改革。——所谓歼灭性战争》，

《马克思恩格斯全集》第 11 卷第 280 页。

在德国，当我们的党在帝国国会中拥有二十多个议员之后，我们就看到这个不断集中又分裂的过程，但你们那里事情将进展得较快，因为决定性的权力掌握在你们众议院手里。

恩格斯：《致保尔·拉法格》，

《马克思恩格斯全集》第 39 卷上册第 371 页。

多数派的全体议员，包括一部分内阁大臣在内，都曾以股东身分参与过他们后来以立法者身分迫令国家出资进行的那些铁路建筑工程。

马克思：《1848 年至 1850 年的法兰西阶级斗争》，

《马克思恩格斯全集》第 7 卷第 14 页。

根据等级会议的业经法律规定的宗旨，它是完全正当的。这个法定宗旨，一方面要维护全省的一般利益，另一方面要维护它的特殊的等级利益。

马克思：《本地省议会代表选举》，
《马克思恩格斯全集》第 40 卷第 359 页。

恩格斯在《暴力在历史中的作用》提到的"1849 年和 1850 年宪法"，指 1848 年 11 ~ 12 月的普鲁士政变后的钦定宪法、国王使议院通过的从 1850 年 1 月 31 日起生效的更加反动的宪法。

1848 年 11 月 1 日，勃兰登堡—曼托伊费尔内阁取得了政权；1848 年 11 月 9 日，国王下诏把普鲁士国民议会会议从柏林搬到一个偏僻小城勃兰登堡去。继续留在柏林开会的议会多数派，1848 年 11 月 15 日被弗兰格尔将军的军队驱散。政变的最后完成是 1848 年 12 月 5 日的解散议会，以及所谓钦定宪法的公布。根据宪法规定，实行两院制，并且承认国王不仅有权取消议院决议，而且有权修改宪法本身的各别条文。可是，在该宪法中还保留了若干民主成果，特别是普选制。

1849 年 4 月，弗里德里希·威廉解散了根据钦定宪法选出的议院，并于 1849 年 5 月 30 日颁布了新的选举法，规定了以高额财产资格限制和居民各阶层选派议员不相等为基础的三级选举制。在新的众议院中多数的支持下，国王使议院通过了更加反动的宪法，从 1850 年 1 月 31 日起生效。在普鲁士保留了主要由封建贵族议员组成的上院（"贵族院"）。宪法规定政府有权设立特别法庭来审理叛国案件。1850 年 12 月，曼托伊费尔内阁代替了勃兰登堡—曼托伊费尔内阁，在前者执政时期，一直到 1858 年 11 月为止。

（二）立法权的行使

1. 行使最高权力

在英国，1688 年的光荣革命确立了议会的优势。议会拥有"一切无所不能"的权力。由于确立了议会万能和议会主权，结果使议会成为国家权力的最高机关，拥有无限制的立法权。所谓"无限制的立法权"，就是没有能够将其立法宣布为无效的国家机关。

美国联邦国会实行两院制。与英国不同，美国不是按照等级划分为两院，而是在按人口比例分配议员的众议院之外，还设有各州一律出两名议员组成的参议院。可以说，世界上任何国家的上院都与它的名称相反，处于第二院的地位，独有美国的参议院具有凌驾于众议院之上的权威。这是美国国会的一个特点。美国联邦参议院对条约和总统的任命拥有同意权，实际上掌握着对地方联邦官员的任命权。参议院任期为六年，众议院为二年。参议院议员实行民选。参议院议长由副总统担任，他不是参议院议员，不参加议事，只做议会开会的主持人。众议院议长是多数党的领袖。

德国的联邦议院国民代表机关。组成联邦议院的议员任期四年，通过选举产生。各州通过联邦参议院参与联邦的立法和行政。联邦参议院由各州政府作为代表任命的州政府成员组成。

法国议会由国民议会和参议院组成。参议院采取间接选举方式，具有明显代表市镇村地方的色彩。国民议会直接选举产生，任期五年。参议院间接选举产生，任期九年，每 3

年改选 1/3 议员。在议会中，国民议会占据一定优势。主要表现在：在两院意见不一致的情况下，在特别程序中有最终决定权；对政府信任或不信任的程序专属于国民议会；拥有对国民议会的解散权。

社会主义国家没有资本主义式的议会和两院，不存在执政党和在野党之分。

我国最高权力机关是全国人民代表大会。在共产党领导下，履行立法和议事职能。

参政院遵照谕旨，利用自己的最高权力撤销了法院的宣判，并把这个狡猾人物放逐西伯利亚。

《马克思致恩格斯》，

《马克思恩格斯全集》第 32 卷第 507 页。

如果法兰克福议会又要实行书报检查，并且在议会与国王发生冲突的时候要派遣巴伐利亚和奥地利军队到普鲁士去援助国王，那时贝尔格先生就没有"权力"了！贝尔格先生的权力到底是什么呢？照字面上说，不过是"同国王协商制定宪法"。

恩格斯：《关于雅科比提案的辩论》，

《马克思恩格斯全集》第 5 卷第 295 页。

反动派每天强调的也正是这点。他自己说："超出这些权力的每一个步骤都是不公正的，都是对自己权力的破坏甚至是叛变行为！"可是贝尔格先生和整个议会仍然无时无刻不得不破坏自己的权力。由于暂时的革命的（或者现在更确切地说是反动的）情况，他们不能不破坏它们。

恩格斯：《关于雅科比提案的辩论》，

《马克思恩格斯全集》第 5 卷第 296 页。

8 月 9 日的决议践踏了立宪原则，它是立法机构对行政机构职能的干预，它要消灭为了自由的利益所十分必需的分机和权力互相监督，它要把妥协议会变成国民公会！

马克思：《危机和反革命》，

《马克思恩格斯全集》第 5 卷第 476 页。

联合起来的封建主、官僚和资产者去年秋天用武力举行了政变，而现在打算靠议会给我们钦定一些为了使这些先生们能够安然享受自己的胜利成果所必需的补充法令。他们讨厌死了"激情"，他们用各种手段来扑灭"对当局的罪恶的仇恨和复仇的火焰"——因为对他们来说，这是世界上最好的权力机关了——，来恢复"秩序"和重新把"法定自由"限制在适合于他们的范围之内。

恩格斯：《关于招贴法的辩论》，

《马克思恩格斯全集》第 6 卷第 526 页。

根据美国宪法，由参议院选出一个特别的外交委员会，它的作用大致与英国枢密院（privy council）没有被所谓内阁——英国宪法的理论上的未知数——篡夺权力以前所起的作用相似。

马克思：《"特伦特号"剧中的几位主角》，
《马克思恩格斯全集》第 15 卷第 428 页。

我根本不认为个人应该成为对付法律的保障；相反，我认为法律应该成为对付个人的保障。然而，任何人，甚至最优秀的立法者也不应该使他个人凌驾于他的法律之上。任何人都无权命令别人对自己投信任票，因为这种投票对第三者带来后果。

马克思：《第六届莱茵省议会的辩论（第三篇论文）》，
《马克思恩格斯全集》第 1 卷上册第 264 页。

用衡量立宪国家现存关系的尺度来衡量普鲁士国王和普鲁士国民议会之间的冲突会导致什么结果。这将导致承认专制王权。一方面授予国王以宪法执行机关的权利，另一方面却没有任何法律、任何惯例和任何根本规定，对国王实行一个宪法执行机关所应受的限制。对人民代议机关提出了这样的要求：你应当在专制国王统治下起制宪议会的作用！

在这种情况下，根本不是执行权与立法权相对立，而且宪法的分权原则根本不适用于普鲁士国民议会和普鲁士国王。

马克思：《对民主主义者莱茵区域委员会的审判》，
《马克思恩格斯全集》第 6 卷第 295~296 页。

议会把制订宪法的工作从内阁手中夺了过来，企图使宪法取得人民的"同意"，因而任命了一个委员会来审查一切有关宪法的请愿书和奏摺。这是在事后撤销了它的关于自己有名无实的声明。议会答应通过实际行动，即通过消灭旧建筑的基础，消灭束缚农村的封建关系来着手制订宪法。这就许下了 8 月 3 日夜间许下的那一类诺言。

马克思：《6 月 15 日的妥协会议》，
《马克思恩格斯全集》第 5 卷第 92 页。

马克思在《康普豪森在 5 月 30 日会议上的声明》里说"许下了 8 月 3 日夜间许下的那一类诺言"，指法国制宪议会在日益增长的农民运动的压力下，于 1789 年 8 月 3 日夜间郑重地宣布废除一些实际上已为起义的农民所取消的封建义务。随后颁布的法令只是无偿地废除了一些个人的义务。直到雅各宾专政时期，根据 1793 年 6 月 17 日颁布的法令，才完全无偿地废除了一切封建义务。9 月 21 日发布了"告陛下的人民和德意志民族书"，答应成立等级代议机构，实施宪法，确立内阁责任制，规定公开的和口头的诉讼手续以及陪审制等。

2. 议会议事程序和立法过程

议会无论是正式会议或委员会会议，都是全体会议。会议组织和程序按照章程规定。章程不一定具有法律形式，但作为惯例，已经固定下来。这些章程是很细、很具体的。如英国，议长站起时，任何议员不得站起，必须向议长表示敬意。当议长对裁决有疑义的问题站起时，议员必须静听。

西方国家议会的议事程序，不尽相同，但大体是一致的。概括地说，会议召开——指定发言人——讨论——投票——表决。

章程规定，不足法定人数，会议不能召开，即使召开，决议也不能成立。发言人采取指定制。现场混乱时宣布散会或休会。议员进行讨论或辩论时，必须依靠"良知"。采取分割（division）表决方式。英国下院有两个走廊。赞成的到议长右侧的走廊，反对的到左侧的走廊。每边走廊各有四名计票员计票。上院也采用同样方法。

立法过程也是有章可循的。西方国家一般依靠英国的立法程序。其大致程序是，提出立法案——议案起草——三读——通过。

向议会提出的法案，经过"三读"阶段才能通过。

首先是"一读"（first reading）。先前是朗读全文，现在仅由下院书记官读正式的标题（full title or long title）。然后将法案付印。再将印刷的法案分发给议员，在一定时期内进行法案的审议。

其次是"二读"。如果在野党不再提出修正案，或是提出但遭到否决，则议长宣布进行"二读"。把法案交专门委员会处理，特别重要的法案由全院委员会（committee of the whole House）审议。研究法案中修改的部分，主要是原则方面。通过后，在下院的会议上做正式报告。

最后进入"三读"。报告阶段结束后，专门研究讨论法案的内容，可提出口头的修改动议。通过后，将法案发送到另一院。上院也需经过同样的过程，进一步修改、完善。法案成立后，送回下院。如果下院赞成这种修改，就等于议会通过了，如果反对，则组成委员会研究反对的理由，并把反对意见文件送交上院。如果上院放弃被反对的修正案，法案就算通过。

以上是普通法案的程序。

经典作家在许多文章中，如"议会辩论""战争。——议会辩论""议会的战争辩论"，等等，都分析了各色各样的议员在议会中就作战、预算、个别改革草案等形形色色的问题所发表的言论。有几次下院会议是马克思亲自出席旁听的。他用具体事例无情地批判资本主义社会，揭露了它的荒淫腐朽，戳穿了资产阶级统治制度的危机，揭示了议会制的阶级实质和议员所固有的虚伪和欺诈。

西方国家往往用议会立法的过程，标榜民主和"程序正义"。其实，这种民主是虚假的民主，所谓公正的程序并没有导致正义。人们经常看到的西方议会两党、两派的苦斗和厮杀，使议会成为争论不休的俱乐部和清谈馆，说明了议会民主制并不是什么"最好的民主制度""民主制典范"，只有真正实现人民民主的社会主义人民代表大会制度，才是人类政治文明的新曙光。

这个议会中的辩论没有任何实际结果，甚至也没有任何理论价值，只不过是重复一些陈腐不堪的哲学学派和法律学派的最乏味的老生常谈。

恩格斯：《德国的革命和反革命》，
《马克思恩格斯全集》第 8 卷第 48 页。

在关于内战的论证（当然它能使德国市民感到极其恐惧）之后的另一个论证，是关于没有权力的论证。

恩格斯：《关于雅科比提案的辩论》，
《马克思恩格斯全集》第 5 卷第 295 页。

当时立法机关每天早晨开会。在议长就位时不到者要罚款，整天缺席者处罚得更重。现在下院有 658 名议员，但是，哪一天议长就位时都有十分之一的议员缺席。常常是在几乎全院缺席的情况下议事。（恩索尔）

马克思：《从美国革命到 1801 年合并的爱尔兰》，
《马克思恩格斯全集》第 45 卷第 95 页。

这位从法律观点看来并不存在的官员竟召集了联合议会，以便利用它来通过法律，但是，这个议会本身并没有合法的权力来通过法律。这种自相矛盾、不驳自倒的玩弄形式的把戏竟被称为发展法律和保存法制基础！

马克思：《对民主主义者莱茵区域委员会的审判》，
《马克思恩格斯全集》第 6 卷第 290 页。

在英国并不是议会通过拒绝纳税的决议，而是人民本身以自己的权力宣布并实现了这一行动！而英国是历史上的立宪主义国家。

马克思：《对民主主义者莱茵区域委员会的审判》，
《马克思恩格斯全集》第 6 卷第 304 页。

议会以自己的决议废除了宪法，延长了总统掌权的期限，同时也就是宣布说，当它本身还继续存在时，宪法既不能死亡，总统的权力也不能生存。

马克思：《路易·波拿巴的雾月十八日》，
《马克思恩格斯全集》第 8 卷第 197 页。

下院就这最后一个事件通过不信任案，便是消灭帕麦斯顿所篡夺的权力的手段。所以这次投票不是单纯的议会表决，而是反叛——一种强制恢复议会宪法职权的企图。

马克思：《帕麦斯顿内阁的失败》，

《马克思恩格斯全集》第 12 卷第 155 页。

所有他的大大小小的修正案都遭到丢人的否决；人家时常当着他的面以令人最不愉快的冷言冷语谈到阿富汗的战争、波斯的战争和中国的战争；而格莱斯顿先生关于取消印度事务大臣在印度以外发动战争的权力的提案（这一提案等于是对帕麦斯顿过去执行的全部对外政策的不信任表决），尽管遭到帕麦斯顿的强烈反抗，仍然以绝大多数票通过。

马克思：《关于印度的法案》，

《马克思恩格斯全集》第 12 卷第 561 页。

在联席会议召开之后，国民院继续开会，讨论联邦委员会提出的从 1849 年 1 月 1 日起由联邦接管瑞士全部邮政部门的法案，这些邮政部门，在邮政制度没有彻底调整以前，暂时仍归各州管理，但联邦当局有绝对权力改变邮政路线等等，等等。

恩格斯：《两院的联席会议》，

《马克思恩格斯全集》第 43 卷第 60 页。

在下院（英国），乔治·杨爵士（不是爱尔兰人，却占据爱尔兰的挂名肥缺，即爱尔兰的副财政大臣的职位）反对关于向爱尔兰让步的法案、反对废除乔治一世在位第六年法规。认为国王和议会没有实行此类法案的权力（他不能违背大臣们的意志行事）。

马克思：《从美国革命到 1801 年合并的爱尔兰》，

《马克思恩格斯全集》第 45 卷第 34 ~ 35 页。

皮特为了保住自己的权力而在英国坚持并通过了摄政王选举法，也就是摄政王权力限制法。

马克思：《从美国革命到 1801 年合并的爱尔兰》，

《马克思恩格斯全集》第 45 卷第 51 页。

赖辛施佩格在施托尔贝格之后发言。他最担心的是这项把一切都置于警察权力之下的法律也适用于其他不合政府心意的政党。

马克思：《帝国国会关于反社会党人法的辩论》，

《马克思恩格斯全集》第 45 卷第 196 页。

我们看到，第 4 条由于第 14 条本不应成立，第 14 条由于第 15 条本不应成立，第 15条由于第 19 条本不应成立，而由于第 19 条表现出惩罚原则的全部弊端，从而使它本身和整个惩罚原则都不能成立。

分而治之的原则不可能运用得比这更妙了。讨论前一条时不考虑后一条，而审议后一条时又忘记了前一条。这一条已经讨论过了，而那一条还没有讨论，因此，由于根据完全相反，两条都凌驾于任何讨论之上了。

马克思：《第六届莱茵省议会的辩论（第三篇论文）》，

《马克思恩格斯全集》第 1 卷上册第 280～281 页。

付诸实施的是法律，而不是法律的动机，不是立法者的意图，这是早已人所共知的。

列宁：《政论家札记》，

《列宁全集》第 19 卷第 268 页。

法国秩序党暂时又放下了他们的内部争吵。他们重新联合起来向人民进攻。在这些法案之后还将有其他一些法案：其中之一是赋予警察局以把任何一个非巴黎出生的工人驱逐出巴黎的权利；其二，是允许政府可以不经审讯把据信犯有参加秘密社团罪的任何公民放逐到阿尔及利亚去。

恩格斯：《法国来信》，

《马克思恩格斯全集》第 44 卷第 15 页。

倍倍尔说，德意志各邦，无论是大邦或小邦，它们的宪法，连记载这些宪法的那张纸也不值。普鲁士行政机关统治整个德国，为所欲为当倍倍尔说他并不把德意志帝国宪法排除在这种一般谴责之外时，众议院根据主席的建议打断了他的发言。这就是德国议会中的大贵族、官僚、资本家和法学家所阐述的讨论自由。

恩格斯：《罗马工人代表大会。——倍倍尔在国会中的演说》，

《马克思恩格斯全集》第 44 卷第 557 页。

冯·黑尔多夫－伯德拉发言。最幼稚可笑的是：

"先生们，我们面前的这项法律是不折不扣的预防性法律。它不规定任何惩罚，而是赋予警察下禁令的权力，惩罚违反这种非常明确的禁令的行为。"

［它只允许警察禁止一切，不惩罚任何违反法律的行为，而是惩罚"违反"警察命令的行为。这真是使刑法成为多余之物的非常有效的办法。］

马克思：《帝国国会关于反社会党人法的辩论》，

《马克思恩格斯全集》第 45 卷第 196～197 页。

乔治一世这项法规是靠着许多英国贵族和下院议员的影响得以通过的。这项措施和他们的切身利益关系很大，因为他们要确保赏赐给他们的爱尔兰庄园。根据这项法律的第一条，英国获得了专横的霸权，"宣布自己有不容剥夺的权力用各种指名或不指名地涉及爱尔兰的法规束缚爱尔兰"。

马克思：《从美国革命到 1801 年合并的爱尔兰》，

《马克思恩格斯全集》第 45 卷第 11 页。

废除奴隶制国会废除了哥伦比亚地区和联邦首都的奴隶制度，对以前的奴隶主付给金钱补偿 [329]。

宣布奴隶制度在美国全部领地内是"永远不可能的"。在接受西弗吉尼亚作为新州加入联邦的法案中，规定了逐步废除奴隶制度，并宣布所有 1863 年 7 月 4 日以后出生的黑人儿童是自由人。这种逐步解放奴隶的条例，大体上是以 70 年前宾夕法尼亚州为着同样的目的所颁布的法律为蓝本的。第四个法案宣布，叛军方面的所有奴隶一到共和党的军队手里就是自由人。另一个还是现在才第一次实施的法案规定，可以把这些获得解放的黑人组成军队，开赴战场对南军作战。利比里亚、海地等黑人共和国的独立获得了承认，最后，和英国签订了禁止奴隶买卖的条约。

马克思：《评美国局势》，

《马克思恩格斯全集》第 15 卷第 558～559 页。

科伦的施图普先生对于议员不可侵犯的法律提出了修正，……

第 2 条"在议会存在期间，未经议会批准，不得因某种应受处分的行为控诉或逮捕议会的任何议员，但在当场或者在犯罪后 24 小时内被捕者除外。逮捕欠债的议员，也须经议会批准。"

修正："删去最后一句话：'逮捕欠债的议员，也须经议会批准'"。

理由："在这里存在着对公民个人权利的干涉，我认为批准这种干涉是危险的。尽管议会的利益要求在自己中间有这种或那种议员，但我仍然认为尊重个人权利还是具有重大意义的。……"

对第 2 条的第二个修正：

"在议会开会期间，未经议会同意，当局不得因某种受处分的行为控诉或逮捕议会的任何议员，当场被捕者除外。"

理由："首先，'议会'这两个字是用做团体的意思，因此，'议会存在期间'这种说法是不适当的，所以我建议改为'议会开会期间'，把'应受处分的行为'这个用语改为'受处分的行为'更为妥当。

我坚持这样的意见：我们不应当排除因受处分的行为而引起的民事诉讼的可能性，否则我们就会允许自己干涉个人权利。因此，也建议加上'当局'两个字。

如果保留'或者在最近 24 小时内等等'补充意见，那末法官就能在犯某种罪行之后 24 小时内逮捕任何一个议员。"

可以讲开会期间，而不可以讲团体存在期间！

施图普先生不想允许当局未经议会同意而控诉或逮捕议员。也就是说他允许自己干涉刑法。民事诉讼方面的控诉，却是另一回事！只是不得干涉民法！民法万岁！原来私人倒应该得到国家所不应该得到的东西！民事诉讼高于一切！民事诉讼就是施图普先生的固定观念。民法就是摩西和预言者的圣诫！对着民法，特别是对着民事诉讼发誓吧！人民，尊崇最神圣的东西吧！

没有私法对公法的干涉，可是常常有公法对私法的"危险的"干涉。一般说来，既然我们有了 Code civil ［62］〔民法典〕、民事法庭和律师，还需要宪法干什么呢？

马克思：《施图普的修正案》，

《马克思恩格斯全集》第 5 卷第 106 ~ 108 页。

　　第 3 条 "对议会议员的一切刑事控诉和一切监禁，在开会期间应一律停止，如果议会要求这样做的话。" 对第 3 条拟从措词上作如下的修正："对议会议员的一切刑事控诉和一切因控诉而发生的逮捕，如果并不是根据法庭的决定进行的，都必须立即停止，只要议会决定这样做的话。" 理由："我认为不应把那些已经根据法庭的决定判处监禁的议员从监狱中释放出来。""如果这个修正一旦被采用，那末它也适用于那些因欠债而被监禁的人。" 难道议会可以有削弱 "法庭的决定的力量" 或者甚至把那种因欠债而被 "监禁" 的人拉到自己中间去的犯罪意图吗？施图普先生浑身发抖，他简直不能容忍民事诉讼和法庭的决定受到这样的侵害。关于人民主权的一切问题现在也都得到了解决。施图普先生宣布了民事诉讼和民法的主权。

马克思：《施图普的修正案》，

《马克思恩格斯全集》第 5 卷第 108 ~ 109 页。

　　普鲁士的真正宪法就是戒严。法国的钦定宪法只包含有一条废除了这个宪法本身的条文，即第十四条。而普鲁士钦定宪法的每一条都仿佛是它的第十四条。国王用这个宪法给自己钦定了新的特权。

　　他授权自己可以 in indefinitum〔无限期地〕解散议会。他授权大臣们在议会休会期间颁布任何法律（包括关于所有权等等的法律）。他准许议员可以控告大臣们的这种行动，但是在戒严的情况下，控告者有成为 "内部敌人" 的危险。最后，他授权自己，如果春天反革命的势力扩大了，就用一种从中世纪等级差别中有机地产生出来的基督教德意志的 Magna Charta 去代替这块悬在空中的 "纸片"，或者干脆结束玩弄宪法的把戏。

马克思：《资产阶级和反革命》，

《马克思恩格斯全集》第 6 卷第 145 ~ 146 页。

　　康普豪森作为一个责任首相的地位是非法的。这位从法律观点看来并不存在的官员竟召集了联合议会，以便利用它来通过法律，但是，这个议会本身并没有合法的权力来通过法律。这种自相矛盾、不驳自倒的玩弄形式的把戏竟被称为发展法律和保存法制基础！

马克思：《对民主主义者莱茵区域委员会的审判》，

《马克思恩格斯全集》第 6 卷第 290 页。

　　在立宪国家中国王有权延期召开议会。可是不要忘记，另一方面，在所有宪法中都明文规定，议会会议可以延期多久，在多长期限以后又应召开。

马克思：《对民主主义者莱茵区域委员会的审判》，

《马克思恩格斯全集》第 6 卷第 295 页。

法令汇编中公布的财政预算，应该以各主管部门的专门预算的平均数为根据，而各主管部门的专门预算又是以前三年的实际收入为根据而编制的。如果是这样，那末在法令汇编中公布的每一份预算都应该包括接近于前三年实际收支的平均数字。如果不是这样，那末照博德尔施文克先生自己的话说，预算就是不正确的，是伪造的官方文件。

1844年法令汇编（第96页）219中公布了一个由冯·博德尔施文克先生签署的预算。这个预算的收入部分和支出部分都是57677194塔勒。这个数目理应表示前几年收支的平均数。但是事实上，前几年的收入和支出都多得多。……

收入的实际平均数是73228935塔勒，支出的平均数是76185887塔勒。可见，冯·博德尔施文克先生所说的收支数字缩小了很多，即每年隐瞒了15551741塔勒的收入和18508693塔勒的支出。……

可见，冯·博德尔施文克先生的预算，大概同他的许多先驱者和1848年以前的两个后继者的预算一样，是伪造的。

马克思：《博德尔施文克及其伙伴治理下的普鲁士财政》，
《马克思恩格斯全集》第6卷第344~345页。

关于本年度（截至1854年3月31日止）拨款，5820英镑用来抵偿英国驻巴黎大使官邸的建筑工程费、修理费、家具费等等的问题，魏兹先生在表决时问道：最近30年来按规定每年拨出的1100英镑的英国驻巴黎大使官邸的维修费到哪里去了？威廉·摩尔斯沃思爵士不得不承认，公款滥用掉了；还承认，根据政府派往巴黎的建筑师阿耳巴诺的报告，英国大使的官邸破败不堪。房子周围的游廊坍了；墙也倒了；房子好几年没有粉刷；楼梯不稳；污水并发出恶臭；房间里满是寄生虫，并且在桌上乱爬；家具和窗帘上幼虫密布，而地毯被狗屎猫屎弄得污七八糟。

帕麦斯顿勋爵提出的关于消除煤烟措施的法案通过了二读。如果这一提案能实行，英国的首都将焕然一新，市内除上院和下院外，将不再有一所肮脏房子了。

马克思：《战争问题。——英国的人口和商业报告书。——议会动态》，
《马克思恩格斯全集》第9卷第290页。

在这所有各次罢工中最重要的一件事情，是"海员联谊会"印发并被他们称为英国海员权利法案的宣言。宣言牵涉到商务航运法案，因为这个法案废除了航运法中的一条关于不列颠船主必须使本船海员至少有四分之三是不列颠臣民的规定。新法案使外国海员甚至在那些不允许外国船只通行的地方都能参加近海航运。宣言的作者们宣布，这不是海员权利法案，而是船主权利法案。在通过这一法案时除了船主以外同任何人都没有商量过。关于招收船员的那一条规定曾经对船主起了约束作用，使船主不得不对船员好些，不得不关心他们的给养。新法律把船员交给任何一个坏船长全权支配。这个法律所根据的一个原则是："17000个船主全是品德高尚、宽宏大量、慈善为怀的人，而海员全是蛮不讲理、行为乖戾、天生凶恶的人。"海员们又说，船主可以把他的船开往任何他们愿意去的地方，而海员的劳动却只能在本国范围内使用，因为政府废除了航运法，但是政府并没有事先设法也使他们取得受雇于外国船只的权利。

"由于议会使海员作了船主的牺牲品，我们作为一个阶级，必须联合起来并采取自卫的措施。"

这些措施主要是海员们打算捍卫招收船员的条款中与他们有关的那一部分。

马克思：《粮价上涨。——霍乱。——罢工。——海员中的运动》，

《马克思恩格斯全集》第 9 卷第 325~326 页。

还应当在司法方面实施协同一致的立法。德国各中等邦为反对把帝国权限也扩展到实质性的民法方面去所进行的反抗，已被克服了；但民法典仍然处在草拟的过程中，而刑法典、刑事诉讼程序和民事诉讼程序、商业法、破产条例以及审判制度已经统一地制订出来。消除各小邦形式上的和实质性的各种各样法规，本身就是资产阶级向前发展所迫切需要的，而新法律的主要功绩也就在于消除上述法规，——它们的内容的功绩倒是小得多。

恩格斯：《暴力在历史中的作用》，

《马克思恩格斯全集》第 21 卷第 523 页。

应当看到，中国问题不仅是一个国际问题，而且牵涉到一个极端重要的宪法问题。按照帕麦斯顿勋爵的独断命令而进行的第二次对华战争，曾经先招来议会对他的内阁投不信任票，接着就是他解散下院；新下院虽然是由他一手包办选举出来的，但是也从来没有人要求撤销它的前任所通过的判决。一直到现在，帕麦斯顿勋爵的第二次对华战争，还受着一个议会裁决案的谴责。

马克思：《英国的政治》，

《马克思恩格斯全集》第 15 卷第 9 页。

1857 年下院在关于答词的辩论中，现任财政大臣格莱斯顿先生谈到波斯战争时曾经愤慨地说：

"我不怕反对，我要说，不事先通过议会就开始战争的做法，是同我国的惯例完全相抵触的，这种做法危害宪法，为了使这样危险的先例完全不可能重演，绝对需要下院加以干涉。"……

他的一次对华战争曾经遭到议会的谴责，他不顾议会又进行了另一次对华战争。而在两院中，却只有一个人鼓起足够的勇气反对内阁的这种僭越行为。

马克思：《英国的政治》，

《马克思恩格斯全集》第 15 卷第 10 页。

在对中国的关系上，帕麦斯顿违背了有关交战的所有国际法准则；正是这个事实，却又被他用作理由，为自己在对英国议会的关系上不遵守宪法准则的行为辩护，而他在上院的代表格兰维耳伯爵则轻蔑地宣称："至于中国问题"，"政府征求议会的意见"，是"一

个纯粹形式上的问题"。

马克思:《英国的政治》,

《马克思恩格斯全集》第 15 卷第 13 页。

马克思在《评美国局势》里"对以前的奴隶主付给金钱补偿",指根据补偿法,政府向占有者交付偿金,解放一名奴隶偿给 300 美元。

联邦直辖区哥伦比亚,该区包括作为独立行政单位的美国首都华盛顿及其郊区。在美国首都废除奴隶制的要求,是 1775 ~ 1783 年独立战争以来反奴隶制力量的基本要求之一。1862 年 4 月 16 日的法律在补偿法规定的条件下解放了 3000 黑人。

马克思在《资产阶级和反革命》里的"第十四条",指 1814 年钦定的路易十八立宪宪章第十四条。这一条宣称:"国王是国家的元首"。

"Magna Charta",是"自由大宪章"(《Magna Charta Libertatum》)。自由大宪章是受到骑士和市民支持的起义的大封建主向英王"无地约翰"提出的一个文件。大宪章于 1215 年 6 月 15 日签署,它主要是为了大封建主的利益而限制国王的权力,并对骑士阶层和城市居民作了一些让步;而对基本的居民群众即农奴,这个中世纪的等级宪章并未给予任何权利。

马克思在《英国的政治》里的"第二次对华战争",指 1856 ~ 1858 年英法联军侵略中国的战争。这次战争的结果是清政府被迫于 1858 年 6 月在天津与英、法、俄、美四国分别签订了丧权辱国的不平等条约;1 月,又在上海签订了中英、中法、中美通商章程。

(三)立法权力关系状况

1. 当权者层面的立法权力关系

这里的"立法权力关系状况",是基于立法而出现或形成的权力关系的状况。

权力关系是统一的,当权者层面的权力关系和社会层面的权力关系也是统一的。

只是考虑到它们的不同特点和实际情况的差别,分别摘录和说明。

皇后和内阁越权背着皇帝召开了议院会议,而随着这个拥有非常权力的机构——阿尔卡迪亚村女的立法团——的会议的召开,帝国的命运便被决定了。

恩格斯:《法皇的辩白》,

《马克思恩格斯全集》第 17 卷第 172 ~ 173 页。

在普鲁士邦议会和你们自己为批准拨款作了安排之后,帝国国会在财政问题上的权力,即握紧钱袋迫使政府作出让步的可能性就等于零了。帝国国会和邦议会完全放弃自己的批准预算的权力,毫无代价地放弃了这一权力,所以这区区几百万根本算不了什么。

《恩格斯致奥古斯特·倍倍尔》,

《马克思恩格斯全集》第 35 卷第 178 页。

不到一年半的时间内他们推翻了三届内阁和一任总统。这说明在法国或英国的议会这个确实是国家的最高权力机构中，社会主义少数能够争得什么。我们的人在德国只有通过革命才能争得这种权力；然而中央党［13］的瓦解将使他们成为帝国国会的仲裁人，国会中的政治均势也将取决于他们。

恩格斯：《致劳·拉法格》，

《马克思恩格斯全集》第 39 卷上册第 369 页。

防止政变法草案反正是要完蛋的，类似的东西很难搞成，更难实施；但是，如果这些人将来有了权力，他们会设法堵住你们的嘴再和你们较量的。

恩格斯：《致理·费舍》，

《马克思恩格斯全集》第 39 卷上册第 403 页。

一些具体例子详细指出，省等级会议很少担负参与立法工作的使命（不管这种参与是采取咨询还是提供协助的形式，都构成这些等级会议权力上的，而不是能力上的差别）。

马克思：《论普鲁士等级委员会》，

《马克思恩格斯全集》第 40 卷第 336 页。

赛米尔·布罗德斯特里特爵士说："实际上，爱尔兰议会此刻开会依据的还是英国法律。"弗拉德和大卫·沃尔什也表示了同样的看法："我再说一遍——只要英国还没有明确地，即通过它自己的立法会议的法令宣布它绝对无权颁布对爱尔兰有约束力的法律，我们就始终不能认为英国的立法会议放弃了它所篡夺的权力……我们有力量确立自己的人权和争得民族的独立。"

马克思：《从美国革命到，1801 年合并的爱尔兰》，

《马克思恩格斯全集》第 45 卷第 30 页。

难道无视法律的东西能够立法吗？正如哑巴并不因为人们给了他一个极长的话筒就会说话一样，私人利益也并不因为人们把它抬上了立法者的宝座就能立法。

马克思：《第六届莱茵省议会的辩论（第三篇论文）》，

《马克思恩格斯全集》第 1 卷上册第 289 页。

现行的法律恰好是专制独裁的法律，它是弗里德里希二世的时候制定下来的，而不是随着普鲁士宪法的诞生问世的。这样，在宪法的法律和法律的内容之间就存在着一个不可调和的矛盾，而事实上后者已使前者成为泡影。另一方面，宪章在一些最紧要的问题上要人去看构成法，它的含糊不清的原理应该由构成法加以详细发挥。

马克思：《普鲁士状况》，

《马克思恩格斯全集》第 12 卷第 655 页。

马尔丁诺夫显然是误解了。我们力求同样采用所有资产阶级国家现在通用的法律，就是以既承认公有制又承认私有制的罗马法原理为根据的法律。我们想把村社土地占有制看作是公有制。

列宁：《俄国社会民主工党第二次代表大会文献》，
《列宁全集》第7卷第265～266页。

使一般法律失效的一切非常条例，按其实质来说，只是在一定的时间和地点有效。比如说，在非常情况下要求在一定的地点暂时采取非常措施，是为了建立被破坏了的均势，而只是在保持这种均势的情况下，一般法律才可以不受阻碍地发生效力。这就是现存制度的代表们的议论。

列宁：《破产的征兆》，
《列宁全集》第6卷第258～259页。

可见，康普豪森先生"在现存制度和它所提供的合法道路的基础上实现向新制度的过渡"时所利用的学理主义的戏法是这样变的：从"现存制度"的观点来看，从"旧事物"的观点来看，非法的事件把康普豪森先生变成非法的人物、负责任的首相、立宪大臣。立宪大臣非法地把反宪法的、等级制的、亲切而忠诚的"联合议会"变成制宪议会。亲切而忠诚的联合议会非法地伪造间接选举法。间接选举法创立柏林议会，柏林议会创立宪法，而宪法又创立后来的一切永世长存的议会。

马克思：《康普豪森在5月30日会议上的声明》，
《马克思恩格斯全集》第5卷第31页。

现在我的意见是这样：利用莫泽斯的告密或怀疑，首先用几句话向波拿巴·普隆宣战，也要顺手打莫泽斯的朋友艾因霍恩这个拉比几下子。然后，利用这种机会来同时反对俾斯麦，以及那些梦想或胡说什么为工人阶级而同俾斯麦建立联盟的无赖或蠢材们。最后，当然要告诉这些下流的进步党人，他们一方面由于自己在政治上的怯懦和无能妨碍了事情的进展，另一方面，如果他们要求同工人阶级结成反政府的联盟——这在目前确实是唯一正确的——那末，他们必须向工人至少作一些同他们自己的"自由贸易"和"民主主义"的原则相适应的让步，即废除一切反对工人的非常法，属于这种法律的，除了联合法，还有现行的完全是普鲁士特有的出版法。他们还必须至少大体上表示愿意重新恢复由于普鲁士政变而被取消的普选权。这是对他们的最低的要求。

《马克思致恩格斯》，
《马克思恩格斯全集》第31卷上册第56～57页。

这就是在伟大的康普豪森执政时期发生的事情。三月革命没有得到承认。柏林国民代议机关否决了关于承认三月革命的提案，从而确认自己是普鲁士资产阶级的代议机关，是协商派议会。

这个议会把已经发生的事情宣布为没有发生。它在普鲁士人民面前大声宣布：人民并不是同资产阶级联合起来实行革命去反对王权，人民实行革命是为了使王权同资产阶级联合起来去反对人民自己！这样，革命人民的权利的法律根据便被消灭，而为保守的资产阶级找到了法制基础。……

但是三月以后，大辩论的骑士康普豪森、联合议会的被复活了的幽灵以及协商派议会所赖以立足的法制基础究竟是什么呢？是1815年的宪法呢，还是1820年的省议会法？或者是1847年的敕令？抑或是1848年4月8日的选举法和协商法？

马克思：《资产阶级和反革命》，

《马克思恩格斯全集》第6卷第130～131页。

今天（1855年6月30日）一家日报引证了以下一项议会统计数字：一共有327个选区。其中受资本巨头控制的情况是：有1个资本巨头控制9个选区，有4个资本巨头各控制8个选区，有1个资本巨头控制7个选区，有3个资本巨头各控制6个选区，有8个资本巨头各控制5个选区，有26个资本巨头各控制4个选区，有29个资本巨头各控制3个选区；因此72个资本巨头控制着297个选区。所谓"独立的"选区仅仅30个。下院总共有654个议员，其中594个议员是由297个受控制的选区选出来的。这594名议员中有274名不是贵族的直系亲属，就是贵族。

马克思：《消息数则》，

《马克思恩格斯全集》第11卷第384页。

只有在这样的德国还会要求一个政党不仅在实际上而且在精神上都受现存的所谓法制的约束；要求这个政党预先保证，无论出现什么情况，也不要推翻它与之斗争的法制基础，即使能做到也不要做，换句话说，它必须承担使现存政治制度永世长存的义务。

《"卡尔·马克思在科伦陪审法庭面前"一书序言》，

《马克思恩格斯全集》第21卷第237页。

恩格斯在《法皇的辩白》里的"阿尔卡迪亚村女"或阿尔卡迪亚牧女，是对幼稚无知、无所用心的人的讽刺性的称呼。这个用语来源于古代伯罗奔尼撒的一个地区的名称——阿尔卡迪亚，据希腊神话说，该地居民异常天真淳朴。

恩格斯在《致劳·拉法格》里提到"他们推翻了三届内阁和一任总统"，是指从1893年11月起，在法国有三届内阁垮台：杜毕伊内阁（1893年11月），卡季米尔－佩里埃内阁（1894年5月），又是杜毕伊内阁（1895年1月），后来，卡季米尔－佩里埃在1895年1月15日辞去总统职务。1月17日选出了法兰西共和国的新总统费里克斯·福尔。

"中央党"，是德国天主教徒的政党。1870～1871年由普鲁士议会的和德意志帝国国会的天主教派党团（这两个党团的议员的席位设在会议大厅的中央）的统一而成立。中央党通常是持中间立场，在支持政府的党派和左派反对派国会党团之间随风转舵。它把主要是德国西部和西南部的各个中小邦的天主教僧侣中社会地位不同的各个阶层，地主、资产阶级、一部分农民联合在天主教的旗帜下，支持他们的分立主义的和反普鲁士的倾向。1893年，中央党在国会的全部397名议员中拥有106名议员，因此在其他党派发生分歧时，它的立场就能够起决定性作用。

恩格斯在《致理·费舍》里的"防止政变法草案"，指1894年12月6日政府向帝国国会提出"关于修改和补充刑法典、军事法典和出版法"法律草案，即所谓"防止政变法草案"。按照这个法案，对现行法令增加了一些补充条文，规定对"蓄意用暴力推翻现行国家秩序者""唆使一个阶级用暴力行动反对另一个阶级从而破坏公共秩序者""唆使士兵不服从上级命令者"，等等，采取严厉措施。1895年5月，该法律草案被帝国国会否决了。

马克思在《康普豪森在5月30日会议上的声明》里的"康普豪森先生"，是康普豪森·卢道夫（Camphausen，Ludolph 1803～1890年）。他是德国银行家，莱茵省自由资产阶级的领袖之一。1848年3月～6月任普鲁士首相，奉行与反动派妥协的叛卖政策，普鲁士驻中央政权的使节（1848年7月～1849年4月）。

《马克思致恩格斯》里的"普鲁士政变"，指1848年11月～12月普鲁士发生的政变，政变结果解散了所谓的协商议会，即1848年5月为了"同国王协商"制定宪法在柏林召开的国民议会。在解散议会的同时公布了实行两院制的钦定宪法。第一议院由于年龄资格和财产资格的限制，变成了享受特权的"贵族院"；根据1848年12月6日的选举法，只有所谓"独立的普鲁士人"才有资格参加进入第二议院的两级选举。1849年4月，弗里德里希－威廉解散了根据钦定宪法选出的议院，并于1849年5月30日颁布了新选举法，规定以高额的财产资格和各阶层居民的不平等的代表权为基础的三级选举。

马克思在《资产阶级和反革命》里"大辩论的骑士康普豪森、联合议会的被复活了的幽灵以及协商派议会所赖以立足的法制基础究竟是什么呢？"，是质问普鲁士国王多次虚伪许下的在全国实施宪法和代议制的诺言。1815年5月22日的命令，答应成立"人民代议机关"——在普鲁士成立省等级会议，组织全普鲁士的代议机关并实施宪法。根据1820年1月17日颁布的公债法，国家发行公债的决定在征得等级代表机关（省议会）同意之后方能生效。但这些在资产阶级反抗运动的压力下所许的诺言只是纸上空谈。结果根据1823年6月6日的法令，成立了具有有限谘议权的省等级会议（省议会）。但是，财政困难迫使弗里德里希－威廉四世于1847年2月3日颁布了召开联合议会——由普鲁士各省议会代表组成的等级机关——的诏书。曾经否决政府公债的联合议会很快就被解散了。1848年4月8日的选举法（由于普鲁士三月革命的结果而颁布的），规定召开一个"同国王协商"以制定宪法的议会。这个选举法所规定的两级选举制，保证了资产阶级和普鲁士官吏在议会中取得多数。

2. 社会层面的立法权力关系

立法权力一定反映并作用于社会关系中，从而在社会关系中形成错综复杂的权力关系。经典作家全面而深刻的论述，使我们认识到：社会关系领域，并不单单是权利关系领域，那种"唯权利论"是不正确的，是脱离实际的。马克思恩格斯所揭示的社会关系中的权力关系，恰恰是自由资本主义时期的事情，而这一时期的"唯权利论"鼓噪曾达到顶点。在当代，西方法学界已不再以"唯权利论"为圭臬。如果我们的法学家，不去研究垄断和国家垄断条件下的权力和权利问题，而依然祭起一二百年前西方法学的衣钵，其结果不会比唐吉诃德好些。

我们要问：使这样一个议会丧失一切权力，也就是说使工人自己打算通过争得直接的普选权而参加进去、并且希望有一天能够在其中成为多数的那个议会丧失一切权力，是对工人有利的吗？

> 马克思：《普鲁士军事问题和德国工人政党》，
> 《马克思恩格斯全集》第 16 卷第 81 页。

假定政府玩弄这种波拿巴主义的把戏，而工人赞同这样的做法，那末他们就是事先认为政府有权力通过新的恩赐再次废除直接的普选权，只要它愿意这样做的话。而在这样的情况下这种直接的普选权还有什么价值呢？

> 马克思：《普鲁士军事问题和德国工人政党》，
> 《马克思恩格斯全集》第 16 卷第 82 页。

自 1613 年起，爱尔兰人开始第一次被认为是英国的臣民，在这以前，他们是"法外之民"和"敌人"，而爱尔兰议会的权力没有超出"佩耳"之外。同时对天主教徒实行迫害。

> 马克思：《关于爱尔兰问题的未作的发言的提纲》，
> 《马克思恩格斯全集》第 16 卷第 508 页。

这一惩治法典加强了天主教神甫对爱尔兰人民的权力。

> 马克思：《关于爱尔兰问题的未作的发言的提纲》，
> 《马克思恩格斯全集》第 16 卷第 511 页。

这项决议，通过由议会无保留地赞扬这些自行武装、自行管理、自行训练的社团这样的办法，把英国政府贬低到从属于志愿兵的地步并把志愿兵置于英国最高权力之上。

> 马克思：《从美国革命到 1801 年合并的爱尔兰》，
> 《马克思恩格斯全集》第 45 卷第 23 页。

鉴于有人胡说志愿兵按其身分不应对政治问题、议会的行为或国家的要人进行议论或发表意见，兹一致决定：正在学习使用武器的公民决不放弃自己的任何公民权利；除国王、爱尔兰上院和下院外，任何集团要想发布约束这个王国的法律都是违反宪法的、非法的，是滥用权力；——两王国的枢密院依据波伊宁兹法行使的权力是违反宪法的，是滥用权力。

马克思：《从美国革命到 1801 年合并的爱尔兰》，

《马克思恩格斯全集》第 45 卷第 25 页。

一项法律的目的似乎是要更好地保护工厂工人的生命和安全；另一项法律的目的却是使这种保护从属于廉价的正义法院 [176]。其实，后一项法律是要把工厂工人置于法律之外，而前一项法律是要使工人丧失安全。

马克思《工厂工人状况》，

《马克思恩格斯全集》第 12 卷第 197 页。

如果说国家在这方面不够仁慈、富裕和慷慨，那么，立法者的责无旁贷的义务起码是，不要把那种仅仅由环境造成的过错变成犯罪。他必须以最伟大的仁慈之心把这一切当作社会混乱来加以纠正，如果把这些过错当作危害社会的罪行来惩罚，那就是最大的不法。不然，他就会反对社会要求，还以为反对的是这些要求的危害社会的形式。

马克思：《第六届莱茵省议会的辩论（第三篇论文）》，

《马克思恩格斯全集》第 1 卷上册 254 页。

刚才谈到的委员会的提案和省议会的投赞成票，是整个辩论的精彩场面，因为保护林木的利益和我们自己的法律所规定的各项法的原则之间的冲突，在这里进入了省议会的意识。于是，省议会对下述问题进行了表决：应该为了保护林木的利益而牺牲法的原则呢，还是应该为了法的原则而牺牲保护林木的利益，——结果利益所得票数超过了法的票数。人们甚至认识到了，这项法律是法律的例外，并由此得出一个结论，在这项法律中任何例外的规定都是允许的。省议会只限于得出立法者忽略了的那些结论。凡是立法者忘了说这里涉及法律的例外，而不涉及法律的地方，凡是在他提出法的观点的地方，我们的省议会都会出来非常得体地对他加以纠正和补充，并且凡是在法为私人利益制定了法律的地方，它都让私人利益为法制定法律。

这样，省议会便彻底完成了自己的使命。它根据自己的任务，维护了一定的特殊利益并把它作为最终目的。至于说省议会在这里践踏了法，那么，这是它的任务直接产生的后果，因为利益就其本性来说是盲目的、无节制的、片面的，一句话，它具有无视法律的天生本能；难道无视法律的东西能够立法吗？正如哑巴并不因为人们给了他一个极长的话筒就会说话一样，私人利益也并不因为人们把它抬上了立法者的宝座就能立法。

马克思：《第六届莱茵省议会的辩论（第三篇论文）》，

《马克思恩格斯全集》第 1 卷上册第 288 ~ 289 页。

我们认为，目前莱茵省全体居民，特别是莱茵省法学家的义务，是要把主要注意力放在法的内容上面，免得我们最终只剩下一副空洞的假面具。如果形式不是内容的形式，那么它就没有任何价值了。

> 马克思:《第六届莱茵省议会的辩论（第三篇论文)》,
>
> 《马克思恩格斯全集》第 1 卷上册第 288 页。

最后,关于"城市和农村分开"再说几句话。甚至撇开一般理由不说,法律只能是现实在观念上的有意识的反映,只能是实际生命力在理论上的自我独立的表现。在莱茵省,城市和农村实际上并没有分开。因此,除非法律宣布它自己无效,否则,它便不能颁布这种分开的法令。

> 马克思:《区乡制度改革和〈科隆日报〉》,
>
> 《马克思恩格斯全集》第 1 卷上册第 314 页。

这使人想起美国的一句谚语:你偷一块面包,就让你蹲监狱,你偷一条铁路,就任命你当议员。

你们的劳动果实正被根据土地法、财政法和其他各式各样的法律从你们手中骗走。你们不得不从留给你们的微不足道的钱财中偿付为了压制你们的前辈而借的债款的利息。

> 马克思:《土地和劳动同盟告大不列颠和爱尔兰男女工人书》,
>
> 《马克思恩格斯全集》第 16 卷第 662 页。

但积极性总是由于英国法律和英国气候所固有的惊人的不稳定性而冷却下来。

> 恩格斯:《致劳·拉法格》,
>
> 《马克思恩格斯全集》第 38 卷第 138～139 页。

这样一来,作者就成了最可怕的恐怖主义的牺牲品,遭到了涉嫌的制裁。追究倾向的法律,即没有规定客观标准的法律,是恐怖主义的法律;在罗伯斯比尔执政时期,国家在危急情况下所制定的就是这样的法律,在罗马皇帝们在位时期,国家在腐败不堪的情况下所制定的也是这样的法律。凡是不以当事人的行为本身而以他的思想作为主要标准的法律,无非是对非法行为的实际认可。与其把我要留胡子的想法当作剪胡子的标准,倒不如像那位俄国沙皇所做的那样,干脆让御用的哥萨克人把所有人的胡子统统剪掉。

> 马克思:《评普鲁士最近的书报检查令》,
>
> 《马克思恩格斯全集》第 1 卷上册第 120 页。

至于谈到宪政的传统,我们介绍大家看一看路易－菲力浦时代的"立宪主义者报""世纪报"和"新闻报"是怎样评论既是检察机关的领导人、又是议员的阿贝尔、普路古尔姆等先生的议会活动的。请你们读一读比利时的力主宪政的报纸——"观察家"、"政治家"、"解放",看看它们早在去年就怎样评论身兼议员和总检察官的巴魏先生的议会活动的。

刚才我们得到通知说,"新莱茵报"被禁止送入监狱。这种禁止是根据监狱的规定呢?还是政治犯被处罚只准读"科伦日报"呢?

马克思：《法庭对"新莱茵报"的审讯》，
《马克思恩格斯全集》第 5 卷第 204 页。

"法制基础"意味着：人民权利的合法根据——革命，在政府和资产阶级之间所缔结的 contrat social〔社会契约〕中并不存在。资产阶级从旧普鲁士的立法中引伸出自己的要求，为的是不让人民从新普鲁士的革命中引伸出任何要求。

马克思：《资产阶级和反革命》，
《马克思恩格斯全集》第 6 卷第 132 页。

德国从农业国转变为工业国也是以同样速度进行的；从 1866 年开始，一些有利的政治事件也促进了这个转变，这就是：建立了强有力的中央政府和全德国的立法机关，从而保证了工商业立法的一致，以及币制的统一和度量衡制度的统一；最后是法国的几十亿的流入。这样一来，到 1874 年，德国在对外贸易额方面在世界市场上就占居了第二位。

马克思：《保护关税制度和自由贸易》，
《马克思恩格斯全集》第 21 卷第 423 页。

这丝毫不妨碍我们要求无条件地废除有关追究堕胎或追究传播关于避孕措施的医学著作等等的一切法律。这样的法律不过是表示统治阶级的伪善。这些法律并不能治好资本主义的脓疮，反而会使这种脓疮变成恶性肿瘤。

列宁：《工人阶级和新马尔萨斯主义》，
《列宁全集》第 23 卷第 267 页。

已故的斯托雷平在说明自己的土地政策并为它辩护时，高声喊道："我们寄希望于强者"。这句话值得注意并且值得记住，因为这是一句出自大臣口中的不可多得的老实话，绝无仅有的老实话。农民很清楚地理解这句老实话，并且根据亲身的经历领会了这句老实话。这句话的意思就是：新法律是为了富人并由富人所制定的法律；新土地政策是为了富人并由富人所执行的政策。农民懂得了这么一个"并不奥妙的"诀窍：老爷们的杜马只会制定老爷们的法律，政府是体现农奴主－地主意志的机关，是他们统治俄国的机关。

列宁：《论现政府的（一般的）土地政策问题》，
《列宁全集》第 23 卷第 281~282 页。

无产阶级在当今的"爱国主义的"野蛮行为（它是在大资本主义所造成的巨大技术成就的条件下发生的）带来的灾祸过去以后重建欧洲时应当起的作用愈积极，这一口号就愈是显得迫切。资产阶级正利用战时法律来封住无产阶级的嘴，这就向无产阶级提出一项任务——必须创立秘密的鼓动形式和组织形式。

列宁：《战争和俄国社会民主党》，
《列宁全集》第 26 卷第 18 页。

由于拿破仑法典几乎在整个西欧还是民法的基础，我不认为我从这个角度观察问题是错误的。

恩格斯：《致菲·屠拉梯》，

《马克思恩格斯全集》第 39 卷上册第 105 页。

随着合并的实行，连表面上的民族独立也全都埋进了安葬着我们的立法的那同一墓穴里；我们的财产和人身都被置于另一国家颁布的法律支配之下，这些法律制订得就像出口的靴鞋那样，穿鞋的人得尽可能去适应鞋子。

马克思：《从美国革命到 1801 年合并的爱尔兰》，

《马克思恩格斯全选》第 45 卷第 94 页。

德国人民几乎已经在国内所有大小城市的街道上，尤其是在维也纳和柏林的街垒中，夺得了自己的主权。而且已经在国民议会的选举中行使了这个主权。

国民议会的第一个行动必须是，大声而公开地宣布德国人民的这个主权。它的第二个行动必须是，在人民主权的基础上制定德国的宪法，消除德国现存制度中一切和人民主权的原则相抵触的东西。国民议会在开会期间必须采取必要的措施，以便粉碎反动派的一切偷袭，巩固议会的革命基础，保护革命所夺得的人民主权不受任何侵犯。

恩格斯：《法兰克福议会》，

《马克思恩格斯全集》第 5 卷第 14 页。

奴隶贩子的美妙论据是，鞭打可以唤起黑奴的人性；立法者的高明准则是，为了使真理更加英勇地追求自己的目的，必须颁布压制真理的法律。

马克思：《第六届莱茵省议会的辩论（第一篇论文）》，

《马克思恩格斯全集》第 1 卷上册第 174 页 。

对公证人的需要难道不是以一定的民法（民法不过是所有制发展的一定阶段，即生产发展的一定阶段的表现）的存在为前提吗？

马克思：《哲学的贫困》，

《马克思恩格斯全集》第 4 卷第 87 页。

起义带有真正工人起义的性质。工人的怒火喷向政府和议会，因为它们辜负了工人的期望，天天采取有利于资产阶级而不利于工人的新措施，解散了卢森堡宫工人委员会，限制国家工厂的活动，颁布了禁止集会法。事件的一切详情都说明起义是具有明确的无产阶级性质的。

恩格斯：《6 月 23 日事件的详情》，

《马克思恩格斯全集》第 5 卷第 131 页。

"解决这个问题〈即解决社会问题〉的最方便、最简单的道路，就是接受去年 12 月 5 日的钦定宪法，加以修改，然后让所有的人向宪法宣誓，从而使宪法生效。这对我们说来是唯一的生路…… 因此，谁要是衷心同情自己苦难弟兄的遭遇，谁要是想使衣不蔽体食不果腹的人吃饱穿暖，——简言之，谁要是想解决社会问题，那就不要选举那些反对宪法的人。"（孟德斯鸠第五十六）

马克思：《孟德斯鸠第五十六》，

《马克思恩格斯全集》第 6 卷第 215 页。

我们要援引在 1856 年和 1857 年下院会议期间提交给下院的关于东印度的刑罚问题的官方蓝皮书。我们会看到，这些蓝皮书的材料是无可辩驳的。首先，我们有马德拉斯用刑事实调查委员会的报告。该委员会宣称，它"深信到处都在为了征收税款而使用刑罚"。委员会怀疑"每年因刑事罪而受严刑拷打的人是否有因不纳税罪而受严刑拷打的人那样多"。委员会强调指出，"有一种情形，它给委员会留下的印象，甚至比确信有刑罚存在这一点更加沉重，——这就是受害一方很难获得补偿。"

马克思：《印度刑罚的调查》，

《马克思恩格斯全集》第 12 卷第 291 页。

英国立法机关的检查只是在 1845 年才从纺织工厂扩展到花布印染工厂。花布印染工厂条例丝毫不差地重复了工厂法关于视察员的权利，关于他们对违法者的处理方式以及关于在执行时可能发生个条例在这里也规定必须登记雇佣人员、在接纳未成年者从事长期工作之前要对他们进行身体检查、严格遵守每天开工和收工的规定时间。这个条例也采用工厂法为划分工人类别而汇编造册的工厂法中所提到的各种困难的规定。

马克思：《几份重要的英国文件》，

《马克思恩格斯全集》第 12 卷第 492 页。

这里有多少事情应当去完成啊！这里有曼托伊费尔关于出版和结社权的全部立法；这里有原封不动地从君主专制那里承受来的警察和官吏权力；通过对法院权限的争论而取消了法院的裁判权；省和专区的等级会议，首先是在曼托伊费尔时代流行的对宪法的解释，为了与此对抗，需要确立新的宪法实践；这里有官僚制度对城市自治的破坏，以及其他数以千计的东西，任何其他资产阶级在类似情况下都会乐意用多向每个居民收半个塔勒的税为代价来赎回这些东西；如果他们的活动稍微机灵一点，所有这一切本来是可以得到的。但是资产阶级反对派有另外的想法。

但是特别是在 1848 年以后的这些年来，已经消耗了那样多的钱，国债增加那样多，税收提得那样重，怎么能够拨这么多的款呢！亲爱的先生，你们作为世界上最年轻的宪制国家的议员，而不知道宪制是世界上最费钱的统治形式吗？不知道这种统治形式几乎比波拿巴制度还要费钱。

恩格斯：《普鲁士军事问题和德国工人政党》，

《马克思恩格斯全集》第 16 卷第 65 页。

他们是秘密进行统治的，人民不知道也不可能知道正在拟订什么法律。

列宁：《告贫苦农民》，

《列宁全集》第 7 卷第 116 页。

马克思在《关于爱尔兰问题的未作的发言的提纲》里的"爱尔兰议会"，指 13 世纪末首次召集的英爱议会。最初由英国在爱尔兰的殖民区（佩耳）的大封建主和上层教士的代表组成。随着英国人的势力扩大到爱尔兰全岛，议会成为英国驻爱尔兰总督属下的英格兰贵族和英格兰爱尔兰贵族的代表机构。议会的权力受到极大限制。根据 1495 年颁布的法律，只有在皇家枢密院的准许之下，议会才能召开并通过法令。由反动分子组成的、实际上并无主动立法权的英爱议会，在长时期中只是英国殖民当局的工具。直到 18 世纪 80 年代，在民族解放运动高涨的影响下，英国政府才不得不同意扩大爱尔兰议会的权力。不过，自 1801 年实行英爱合并后，爱尔兰议会就被根本取消了。

马克思在《工厂工人状况》里的"正义法院"，或称大法官法庭，是英国的最高法院之一，在 1873 年司法改革后成为最高法院的分院。这个法院由大法官领导，其权限是审理有关继承、契约义务、股份公司等方面的案件。这个法院的权限在许多场合下同其他高等法院的权限分不清。同其他法院所应用的英国普通法相反，大法官法庭的诉讼程序是根据所谓"正义法"进行的。

恩格斯在《6 月 23 日事件的详情》里提到的"禁止集会法"，是法国制宪议会因慑于法国无产阶级日益增长的不满情绪而在 1848 年 6 月 7 日通过的。该法令禁止一切露天的集会和群众大会，违者处 10 年以下的徒刑。

（四）苏维埃立法权力

1. 完全新型的立法权力

列宁在《俄共（布）纲领草案》中明确指出：

资产阶级的民主制和议会制同苏维埃的或无产阶级的民主制之间的差别在于：前者是把重心放在冠冕堂皇地宣布各种自由和权利上，实际上却不让大多数居民即工人和农民稍微充分地享受这些自由和权利，相反地，无产阶级的或苏维埃的民主则不是把重心放在宣布全体人民的权利和自由上，而是着重于实际保证那些曾受资本压迫和剥削的劳动群众能实际参与国家管理，实际使用最好的集会场所、最好的印刷所和最大的纸库（储备）来教育那些被资本主义弄得愚昧无知的人们，实际保证这些群众有真正的（实际的）可能来逐渐摆脱宗教偏见等的束缚。在实际上使被剥削的劳动者能够真正享受文化、文明和民主的福利，这正是苏维埃政权一项最重要的工作，而且今后应当坚定不移地把这项工作继续下去。

我们之所以说苏维埃立法权力是完全新型的立法权力，正是基于苏维埃政权同资产阶级的政权之间的本质区别。苏维埃政权，是人类历史上第一个新类型的政权，其立法权力也是第一个新类型。这种"新型"，第一表现在本质上，第二表现在形式上。列宁的论述，完全印证了这一点。

苏维埃建立之始，即把立法放在首位。早在1917年，战火硝烟刚刚散去，《关于实行银行国有化及有关必要措施的法令草案》《关于消费公社的法令草案》《关于银行现金支付以及银行结算私人账户和贷款合同等账目的业务细则》的草稿和提纲初稿，就放在列宁的工作台上。苏维埃的土地法令、和平法令、工人监督法令相继颁行。

在列宁著作中，我们看到法案按号排列：第一个，即第384号，关于农代表问题。第928号，关于农业公有地产问题。第933号，关于国营企业工人八小时工作日和最低工资等问题。第939号，关于劳动部等问题。

在地方自治机关同所有其他个人和机关一样服从国家法律的条件下，地方自治机关的一切行动不受行政当局的监督，给予地方自治机关处理一切地方性事务的充分独立自主权。

列宁：《一封给地方自治人士的信》，
《列宁全集》第6卷第343页。

这项法令叫作《关于社会主义土地规划和向社会主义农业过渡的措施的条例》23。我不知道这里有没有这项法令的文本。我参加过这项法令的草拟工作，并在中央执行委员会设立的那个委员会上作过报告。我们的法令很多，不查一下是不能全都记得的，而且在这个法令之后，我们又颁布了许多法令。如果我没有记错的话，这项法令专门有一条规定：禁止国营农场的工作人员在国营农场内拥有个人的牲畜和菜园。我请你们把这项法令找来查一查。（有人把法令文本递给列宁）这里是第46条的条文："在国营农场内，任何工人和职员不得拥有私人的牲畜、家禽和菜园。"

列宁：《在彼得格勒省农业工人第一次代表大会上关于组织农业工会的讲话》，
《列宁全集》第36卷第24页。

最近颁布的关于把国家监察人民委员部改组为"工农检查院"的法令中，有一项法令就授权这种非党的代表会议选出国家监察委员来担任各种检查工作等等。

列宁：《共产主义运动中的"左派"幼稚病》，
《列宁全集》第39卷第28页。

我们必须心中有数：为了把经济建设置于比较正确的基础上，为了使工农检查院不仅在法令意义上存在，而且能够真正吸收工人群众参加，我们的党是否已经充分健全起来，官僚主义是否已经被彻底战胜。

列宁：《在俄共（布）莫斯科省代表会议上的讲话》，
《列宁全集》第 40 卷第 35 页。

在 1917 年底颁布的头一批法令中，有一条关于国家垄断广告业务的法令。这条法令意味着什么呢？它意味着：争得国家政权的无产阶级设想，向新的社会经济关系过渡尽可能采用渐进的办法——不取消私人报刊，而使它们在某种程度上服从国家的领导，把它们纳入国家资本主义轨道。

列宁：《在莫斯科省第七次党代表会议上关于新经济政策的报告》，
《列宁全集》第 42 卷第 222 页。

关于垄断私人广告业务的法令没有得到任何结果，它依然是一纸空文。实际生活，即资本家阶级的反抗，迫使我们的国家政权把全部斗争转移到另一个完全不同的方面，不是把斗争放在我们在 1917 年底曾天真地研究过的那些琐碎得可笑的问题上，而是放在生死存亡的问题上——粉碎整个职员阶级的怠工，击退得到全世界资产阶级支持的白卫军。

列宁：《在莫斯科省第七次党代表会议上关于新经济政策的报告》，
《列宁全集》第 42 卷第 223 页。

责成工农检查人民委员部对一切社会团体、私人团体、机关和企业的活动无例外地都进行监督，看它们是否履行对国家机关承担的义务。……

对于以拨款、补贴和贷款方式由国家发放给上述团体、企业和机关的或根据与国家签订的合同而提供给它们的一切资金和物资，实行事后监督，并检查它们履行义务的一切活动。

列宁：《对全俄中央执行委员会关于工农检查人民委员部的决定草案的意见》，
《列宁全集》第 42 卷第 445 页。

不妥。

（1）不是"责成"，而是说明现行法律及其在某方面的欠缺。

（2）不仅从这个角度，还要从法制角度，从为新的法律收集材料的角度，

以及从其他许多角度来看。……

（3）不仅是"由国家发放的"。

要再改写一遍。要考虑得极其周密。要写得非常详尽。要写得整个看起来不是一个新的法令，而是旧法令的说明和综合。由人民委员会通过，如有人不满，则由全俄中央执行委员会批准。

列宁：《对全俄中央执行委员会关于工农检查人民委员部的决定草案的意见》，
《列宁全集》第 42 卷第 445～446 页。

我们在这方面一直力求划清界限：什么是从法律上满足任何公民与目前经济流转有关

的要求，什么是滥用新经济政策。这类现象在所有国家都是合法的，而我们却不想让它合法化。你们为此专门提出并已通过的修正案成效如何，将来会见分晓。在这方面我们决不会束缚自己的手脚。一旦现实生活暴露出我们以前没有预料到的滥用新经济政策的现象，我们会马上作出必要的修正。……

这就是地方苏维埃代表大会和省执行委员会的问题。尽管有先前的各种立法制度和先前的几个宪法，这个问题一直迟迟没有解决。有人认为这个问题不重要，以为地方上可以一切照旧。我们的想法正好相反。我们深信，我们的革命所以取得了一些真正的成就，正是因为我们对地方政权、对地方本身的经验一向非常重视。

列宁：《在第九届全俄中央执行委员会第四次常会上的讲话》，
《列宁全集》第 43 卷第 246 页。

法令，这是号召群众实际行动的指令。重要的是这一点。即使这些法令有许多不合适的东西，有许多实现不了的东西，可是这些法令为实际行动提供了材料，而法令的作用在于使倾听苏维埃政权意见的那成百、成千、成百万人学会采取实际步骤。

列宁：《俄共（布）第八次代表大会文献》，
《列宁全集》第 36 卷第 188 页。

任何重大变革提到人民面前的任务显然不仅是利用现有法规，而且要制定新的相应的法规。

列宁：《没收出租住房法令的提纲》，
《列宁全集》第 33 卷第 106 页。

社会主义革命所必需的不是资产阶级议会制的所谓"全民"机关，而是被剥削劳动群众的阶级机关。俄国革命在斗争和妥协的发展过程中废除了资产阶级议会制，创建了苏维埃共和国这一无产阶级和贫苦农民专政的形式。

列宁：《〈解散立宪会议的法令草案〉的提纲》，
《列宁全集》第 33 卷第 455 页。

请司法人民委员部部务委员（最好是全体）到我这里来（日期和时间另行商定），座谈在下列几方面做了哪些工作：
（1）出版《法令汇编》，
（2）编纂法典，
（3）更迅速更无情地审判资产阶级和贪污犯等，
（4）向居民，向工人和贫苦农民宣传法律，
（a）通过印刷品，
（b）通过讲演（或举办训练班等等），
（5）吸收贫民参加审判工作（做陪审员）和侦查工作，

(6) 使用施雷德尔等人的力量。

列宁：《致司法人民委员部》，

《列宁全集》第 48 卷第 112~113 页。

法制不能有卡卢加省的法制，喀山省的法制，而应是全俄统一的法制，甚至是全苏维埃共和国联邦统一的法制。

列宁：《论"双重"领导和法制》，

《列宁全集》第 43 卷第 195 页。

法制只能有一种，而我们的全部生活中和我们的一切不文明现象中的主要弊端就是纵容古老的俄罗斯观点和半野蛮人的习惯，他们总希望保持同喀山省法制不同的卡卢加省法制。

列宁：《论"双重"领导和法制》，

《列宁全集》第 43 卷第 195 页。

资本主义对我们说来并不可怕，因为无产阶级牢牢地掌握着政权、交通运输和大工业，并且能够通过监督把资本主义引上国家资本主义的轨道。在这样的条件下，资本主义有助于同官僚主义和小生产者的涣散性进行斗争。我们知道我们要的是什么，因此我们定能取得胜利。

列宁：《给撒马尔罕共产党员的电报》，

《列宁全集》第 51 卷第 1 页。

至于直接的人民立法问题，我们觉得现在根本不应列入纲领。在原则上不能把社会主义的胜利同直接的人民立法代替议会这一点联系起来。在我们看来，关于爱尔福特纲领的讨论以及考茨基论述人民立法的著作已经说明了这一点。考茨基根据历史和政治的分析认为人民立法在下列条件下有一定的好处：(1) 没有城乡对立或城市占优势；(2) 有成熟的政党；(3) "没有独立地同人民代表机关相对抗的过分集中的国家政权"。俄国的情况完全相反，因而我国的"人民立法"有蜕化成帝国主义的"全民投票"的严重危险。考茨基在 1893 年谈到德国和奥地利两国时曾经说："对于我们东欧人，直接的人民立法是'未来国家'的制度。"那么谈到俄国就更不用说了。

列宁：《我们党的纲领草案》，

《列宁全集》第 4 卷第 194 页。

在这个纲领中占首要地位的应当是真正地彻底实现沙皇虚伪地许诺过的政治自由。必须立即切实地、有保证地真正废除一切限制言论、信仰、集会、出版、结社、罢工的自由的法律，取消一切限制这种自由的机构。在这个纲领中必须提出召开真正的全民立宪会议，这个立宪会议要依靠自由的和武装起来的人民，要掌握全部政权和全部力量，以便在俄国建立新制度。

列宁:《我们的任务和工人代表苏维埃》,

《列宁全集》第 12 卷第 60~61 页。

直到现在,俄国还是一个拥有最多的纸上的警察式法律的国家。如果以为这些法律或法案的鼓动作用是和它们篇幅长短以及数量多少成正比例,那就太迂腐了。

列宁:《普列汉诺夫同志是怎样论述社会民主党的策略的?》,

《列宁全集》第 13 卷第 167 页。

《信使报》写道:"把制定得详尽周密的包括几十个几百个章节和注解等等的法律草案提交杜马,是十分荒谬的和有害的。"(黑体都是我们用的)的确如此。按规定的用词法称为"根本性的"工作的这类工作,确实是有害的。其所以有害,是"因为这类法律草案不是作任何人都可以理解的鲜明的对比,而是用深奥的条文和章节使人民的思想乱得一塌胡涂。"完全正确。深奥的、"根本性的"、制定法律草案的空洞计划确实使人民的思想乱得一塌胡涂。这种制定空洞计划的工作模糊、麻痹和腐蚀人们的思想,因为"这些法律是永远不会实现的。要实现这些法律,先得从现在的执政者手中争取政权。而争取政权只有这样一种人民运动才能做到,它将提供一个根本不必理会杜马所制定的'法律'的、更有权力更民主得多 的机构来代替杜马"。把人们的注意力引导到绝对必须争取政权,引导到建立一个不用理会立宪民主党杜马的法律的"更有权力得多的"机构,这是极其正确地估计到了革命无产阶级的基本任务和当前的需要。

列宁:《团结起来!》,

《列宁全集》第 13 卷第 212 页。

要使社会民主党杜马党团提出的法案符合自己的任务,就必须具备下列条件:

(1)法案必须极其明确地陈述社会民主党最低纲领中明文规定的、或根据这个纲领必然得出的具体要求;

(2)法案决不应当过多地涉及法律的细则;法案应当阐明所拟定的法令的主要根据是什么,而不是提出附有详尽细则的法规;

(3)法案不应当完全孤立地陈述社会改革和民主改革各个方面的问题,尽管从狭隘法律观点、行政观点或"纯粹议会"观点来看这样做是必要的;相反,法案的目的是进行社会民主党的宣传和鼓动,所以应当尽可能使工人阶级比较明确地认识到工厂改革(以至社会改革)同民主政治改革必须联系起来,认识到如果没有民主政治改革,斯托雷平专制制度的任何"改革"都必然变成"祖巴托夫式的"不像样的东西,都必然成为一纸空文。不言而喻,要把经济改革同政治联系起来,并不是要把彻底民主制的一切要求全部写进法案,而是要根据每一项具体的改革提出民主主义的和纯粹无产阶级民主主义的设施;同时必须在法案的说明书中强调指出,如果没有根本的政治改革,这些设施就不可能实现;

列宁:《关于八小时工作制法令主要根据的草案说明书》,
《列宁全集》第 19 卷第 159 页。

如果法案、提案等等直接涉及改善工人、下级职员以至全体劳动群众的生活状况(例如,缩短工作日,增加工资,消除工人以至整个广大居民阶层生活中哪怕是不大的弊端等等),那就应该投票赞成包含着这些改善内容的条款。如果由于第四届杜马提出附带条件而使改善成了问题,党团则应当弃权,并在事先同工人组织的代表就这个问题进行商讨,必须专门说明弃权的理由。

列宁:《有党的工作者参加的俄国社会民主工党中央委员会 1913 年夏季会议的决议》,
《列宁全集》第 24 卷第 57 页。

工人民主派的民族纲领是:绝不允许任何一个民族,任何一种语言享有任何特权;采取完全自由和民主的办法解决各民族的政治自决问题,即各民族的国家分离权问题;颁布一种全国性的法律,规定凡是赋予某一民族任何特权破坏民族平等或侵犯少数民族权利的措施(地方自治机关的、城市的、村社的等等),都是非法的和无效的,同时国家的每一个公民都有权要求取消这种违反宪法的措施,都有权要求给予采取这种措施的人以刑事处分。

列宁:《关于民族问题的批评意见》,
《列宁全集》第 24 卷第 123 页。

这个法律草案的宗旨是要废除对犹太人、波兰人等一切民族的一切民族限制。但是它特别详细地谈到了对犹太人的限制。原因很明显,因为在俄国没有哪一个民族受到像犹太民族受到的那样的压迫和迫害。反犹太主义在有产者阶层中日益根深蒂固。

列宁:《关于民族平等的法律草案》,
《列宁全集》第 25 卷第 19 页。

1. 居住在俄国境内的各民族公民在法律面前一律平等。

2. 对俄国的任何一个公民,不分性别和宗教信仰,都不得因为他的任何民族出身或族籍而在政治权利和任何其他权利上加以限制。

3. 凡在社会生活和国家生活的任何方面对犹太人加以限制的一切法律、暂行规定、法律附则等等,一律废除。

列宁:《关于民族平等的法律草案》,
《列宁全集》第 25 卷第 20 页。

问:(9)是否应当召开立宪会议?

答:一、(比立宪民主党更右的)。不应当召开,因为这会损害地主的利益。搞不好农民会在立宪会议上决定要夺回地主的全部土地。

二、（立宪民主党）。应当召开，但是不要规定日期。还得多多同法学教授们商量，因为第一，倍倍尔早就说过，法学家是世界上最反动的人物；第二，一切革命的经验教导我们，把人民自由的事业托付给教授，事业就会被葬送。

三、（社会民主党和社会革命党）。应当召开，而且要快些召开。应当规定日期，这一点我们在"联络委员会"里已经说过200次了，明天我们还要最后说201次。

四、（"布尔什维克"）。应当召开，而且要快些召开。但是保证它召开并且开得成功的条件只有一个：增加工兵农等等代表苏维埃的数量，加强它们的力量，组织和武装工人群众。这是唯一的保证。

> 列宁：《俄国的政党和无产阶级的任务》，
> 《列宁全集》第29卷第193～194页。

1. 过去把召集立宪会议的要求列入革命社会民主党的纲领是完全合理的，因为在资产阶级共和国中立宪会议是民主制的最高形式，因为以克伦斯基为首的帝国主义共和国在建立预备议会时，曾用许多违反民主制的办法搞了假选举。

2. 革命社会民主党在提出召集立宪会议的要求的同时，从1917年革命一开始，就多次着重指出，苏维埃共和国是比通常那种有立宪会议的资产阶级共和国更高的民主制形式。

3. 对于从资产阶级制度过渡到社会主义制度，对于无产阶级专政，苏维埃（工兵农代表苏维埃）共和国不仅是更高类型的民主机构的形式（与通常那种戴有立宪会议花冠的资产阶级共和国相比），而且是能够保证痛苦最少地过渡到社会主义的唯一形式。

> 列宁：《关于立宪会议的提纲》，
> 《列宁全集》第33卷第163页。

按照无产阶级和农民革命以前、在资产阶级统治下存在的那些党派所提的候选人名单召集的立宪会议，必然同10月25日开始进行推翻资产阶级的社会主义革命的被剥削劳动阶级的意志和利益相冲突。这个革命的利益自然高于立宪会议形式上的权利，何况这些形式上的权利由于立宪会议法没有规定人民有权随时改选自己的代表而已经遭到破坏。

凡是直接或间接想从形式上即法律上，想在通常的资产阶级民主的框框内来考察立宪会议问题，而不考虑到阶级斗争和内战，那都是背叛无产阶级的事业和转到资产阶级的立场上去。

> 列宁：《关于立宪会议的提纲》，
> 《列宁全集》第33卷第166页。

不同这些议会制形式以及一切妥协行为决裂，被压迫阶级就不可能得到解放。而这种决裂的表现，便是举行十月革命，把全部政权交给苏维埃。根据十月革命前拟出的候选人名单选举的立宪会议，反映了过去在妥协派和立宪民主党人执政时的政治力量的对比。当时，人民在投社会革命党候选人的票时，还不可能在拥护资产阶级的右派社会革命党人和拥护社会主义的左派社会革命党人之间进行选择。因此，这个应该是资产阶级议会制共和国花冠的立宪会议，就不能不成为横在十月革命和苏维埃政权道路上的障碍。

> 列宁：《解散立宪会议的法令草案》，
> 《列宁全集》第 33 卷第 239 页。

旧的资产阶级议会制已经过时，它同实现社会主义的任务完全不相容，只有阶级的机关（如苏维埃）才能战胜有产阶级的反抗和奠定社会主义社会的基础，而全民的机关是办不到的。现在，反对苏维埃掌握全部政权，反对人民所争得的苏维埃共和国，支持资产阶级议会制和立宪会议，那就是向后倒退，就是要使整个工农十月革命失败。立宪会议就割断了它同俄罗斯苏维埃共和国的一切联系。因此，目前在苏维埃中显然占有绝大多数、并得到工人和大多数农民信任的布尔什维克党团和左派社会革命党党团退出这样的立宪会议，自然是不可避免的。

中央执行委员会决定：解散立宪会议。

> 列宁：《解散立宪会议的法令草案》，
> 《列宁全集》第 33 卷第 240 页。

只要在"全部政权归立宪会议"的口号下仍旧藏着一个"打倒苏维埃政权"的口号，我们就无法避免内战，因为我们决不会为换取世上任何东西而让出苏维埃政权！（热烈鼓掌）立宪会议再次表示要拖延苏维埃向它提出的一切迫切根据苏维埃政权的意志，现在解散不承认人民政权的立宪会议。

> 列宁：《在全俄中央执行委员会会议上关于解散立宪会议的讲话》，
> 《列宁全集》第 33 卷第 245 页。

在苏维埃政权的许多法律、法令和决定中，都有涉及立宪会议及其立法性质的内容。

所有这些内容，在中央执行委员会解散立宪会议和全俄苏维埃第三次代表大会批准这一步骤以后，就自行失效和废除。

因此，全俄苏维埃第三次代表大会决定：在苏维埃政权的法令和法律的所有新版本中，涉及原定召开的立宪会议的任何内容一概取消。

> 列宁：《全俄工兵农代表苏维埃第三次代表大会文献》，
> 《列宁全集》第 33 卷第 285 页。

召开劳动者代表的会议，由这种会议颁布直接执行和贯彻的旨在反对剥削者的法律。旧式的立宪会议和旧式的全民投票的任务是统一整个民族的意志，创造狼同羊、剥削者同被剥削者和睦共处的条件。不，我们不愿意这样做。这一切我们都经历过了，我们都领教过了。这一切我们已经受够了。

> 列宁：《在全俄铁路员工非常代表大会上关于人民委员会工作的报告》，
> 《列宁全集》第 33 卷第 306 页。

在尖锐的斗争时刻不敢修改法律的革命者不是好的革命者。在过渡时期，法律只有暂时的意义。如果法律妨碍革命的发展，那就得废除或者修改。

列宁：《对组织居民供应工作的法令草案的补充》，
《列宁全集》第 34 卷第 471 页。

我们在通过第一个关于合作社的法令的时候，曾邀请了一些不仅不是共产党员而且在立场上很接近白卫分子的人到人民委员会来参加讨论，我们同他们商量，问他们：这条你们能接受吗？他们说：这条可以，那条不行。如果只看表面，不仔细想，当然就会认为这是同资产阶级妥协。竟邀请了资产阶级合作社的代表，并根据他们的意见删去了法令中的几项条款。例如删去了关于免费使用和加入无产阶级合作社的条款。我们觉得这些是完全可以接受的，而他们却拒绝接受我们的提议。

列宁：《民主派的态度的报告》，
《列宁全集》第 35 卷第 224～225 页。

苏维埃组织还摒弃了资产阶级民主制消极的一面，即立法权和行政权分立的议会制，这一制度巴黎公社已开始废除，其狭隘性和局限性马克思主义早已指出。苏维埃把两种权力合而为一，使国家机构接近劳动群众而拆除了资产阶级议会这道围墙，因为资产阶级议会以假招牌欺骗群众，掩饰议会投机家的金融勾当和交易所勾当，保障资产阶级的国家管理机构的不可侵犯性。

列宁：《俄共（布）纲领草案》，
《列宁全集》第 36 卷第 84～85 页

资产阶级的民主制和议会制同苏维埃的或无产阶级的民主制之间的差别在于：前者是把重心放在冠冕堂皇地宣布各种自由和权利上，实际上却不让大多数居民即工人和农民稍微充分地享受这些自由和权利，相反地，无产阶级的或苏维埃的民主则不是把重心放在宣布全体人民的权利和自由上，而是着重于实际保证那些曾受资本压迫和剥削的劳动群众能实际参与国家管理，实际使用最好的集会场所、最好的印刷所和最大的纸库（储备）来教育那些被资本主义弄得愚昧无知的人们，实际保证这些群众有真正的（实际的）可能来逐渐摆脱宗教偏见等等的束缚。在实际上使被剥削的劳动者能够真正享受文化、文明和民主的福利，这正是苏维埃政权一项最重要的工作，而且今后应当坚定不移地把这项工作继续下去。

列宁：《俄共（布）纲领草案》，
《列宁全集》第 36 卷第 85～86 页。

资本的势力就是一切，交易所就是一切，而议会、选举则不过是傀儡、木偶不管一个共和国用什么形式掩饰起来，就算它是最民主的共和国吧，如果它是资产阶级共和国，如

果它那里保存着土地和工厂的私有制，私人资本把全社会置于雇佣奴隶的地位，

列宁：《在俄共（布）莫斯科代表会议上关于国内外形势的报告》，
《列宁全集》第 37 卷第 75 页。

我们的法令有很大一部分需要修改，这也是可能的。我同意这一点，对于法令，我没有丝毫的迷恋。但是应当提出实际的建议：某点某点应当修改。这才是切实的提法。这才不会是无效的工作。这才不会导致官僚主义的主观计划。……自然，在我们的法令中，时常是根据"大致估计"确定这样的比例的，但为什么这在法令中是无法避免的呢？我不是为一切法令辩护，也不想把法令说得比它们的实际情况更好。法令中常常有这样的比例数字，如 $\frac{1}{2}$ 或 1/3 的兼任人员等等，这都是根据大致的估计确定的。如果法令中写着这样的话，那么，这就是说，你们试着这样做吧，我们随后再来衡量你们"试验"的结果。

列宁：《论工会、目前局势及托洛茨基同志的错误》，
《列宁全集》第 40 卷第 210 页。

全俄中央执行委员会和人民委员会将仔细地研究实行实物税的形式并通过相应的法律。预定的程序是这样：如果今天你们能通过这个草案，这个草案就将提交全俄中央执行委员会第一次会议，这个会议也不颁布法律，而仅仅颁布一个经过修改的条例，然后再由人民委员会和劳动国防委员会把它变为法律，而更重要的是，由它们规定具体的细则。

我再说一遍：我们不能立刻颁布一项法律。我们决议的缺点就在于它不完全是法律——在党的代表大会上是不能制定法律的。

列宁：《俄共（布）第十次代表大会文献》，
《列宁全集》第 41 卷第 63、64 页。

我们现在从后来历史的发展这个背景上来评价事件，不能不认为这个法令是天真的，而且从某种意义上说是错误的，但是同时其中也有正确的成分，即国家政权（无产阶级）在向新的社会关系过渡时曾试图通过一种可以说是最能适应当时存在的关系的途径，尽可能采用渐进的办法，不作大的破坏。

另一个结论：不再搞法令游戏（有过一个必不可少的用法令进行宣传的阶段；这对革命成功曾经是需要的。这已成过去的事了）。无论对法令还是对机关都丝毫不要信赖。要做的就是检查实际情况和严格教育工作拖拉的人。

列宁：《就对外贸易垄断制和外贸工作问题给列·波·加米涅夫的信》，
《列宁全集》第 42 卷第 461 页。

我们的法令太多了，而且像马雅可夫斯基所描写的那样，都是匆匆忙忙赶出来的，但对于法令的实际执行情况却没有加以检查。

列宁：《论苏维埃共和国所处的国际和国内形势》，
《列宁全集》第 43 卷第 14 页。

要把叫作新经济政策的东西以法律形式最牢固地固定下来，以排除任何偏离这种政策的可能性。

列宁：《答〈观察家报〉和〈曼彻斯特卫报〉记者 M·法尔布曼问》，
《列宁全集》第 43 卷第 242 页。

国家计划委员会这个汇集了内行、专家、科技界人士的机关，虽然实质上掌握着正确判断事物所需的大量材料，却有点被置于我们的立法机关之外。……

我是这样设想这一步骤的：应该使国家计划委员会的决定不被通常的苏维埃审议程序推翻，改变决定要有特别程序，例如，把问题提交全俄中央执行委员会常会，根据特别指令对需要改变决定的问题进行准备，根据特别条例写出报告，来权衡国家计划委员会的这个决定是否应该取消，以及对改变国家计划委员会的问题的决定规定特别的期限，等等。

列宁：《关于赋予国家计划委员会以立法职能》，
《列宁全集》第 43 卷第 344～345 页。

必须雷厉风行地立即提出一项法令草案，规定对行贿受贿者（受贿、行贿、为行贿受贿拉线搭桥或有诸如此类行为者）应判处不少于 10 年的徒刑，外加强迫劳动 10 年。

列宁：《致德·伊·库尔斯基》，
《列宁全集》第 48 卷第 138 页。

看了你们的食盐法令草案。条款之多，使我惊讶，而且据我看，都是现行法令中已有的，是不必要的重复，而且不属于劳动国防委员会的职权范围。如果我没有弄错的话，唯一新的和实际有用的一条是禁止用食盐作奖品。我认为草案需要按司法人民委员部现行法律进行准确核对并加以修改。禁止用食盐作奖品一事我提议由劳动国防委员会立即另外专门通过一项决定。但是，我认为草案中没有的最主要的东西是，为了将食盐更严格地控制在国家手中并最大限度地减少配给工人、职员、市民和其他居民的食盐而应立即采取的一些实际措施。

列宁：《致莫·伊·弗鲁姆金、瓦·亚·阿瓦涅索夫和约·维·斯大林》，
《列宁全集》第 51 卷第 214 页。

随信附上莫斯科苏维埃主席团决议，请小人民委员会主席和全体委员、尤其是法学家哥伊赫巴尔格同志特别注意，法令条文的起草工作必须比较谨慎、细致和周到。没完没了的修改是不能容忍的。我也有这样的印象：小人民委员会最近的一系列法令是匆忙发布的。

列宁:《致小人民委员会》,
《列宁全集》第 51 卷第 242 页。

必须通过立法手续把法律订得更加明确或加以修改。

列宁:《致彼·阿·克拉西科夫》,
《列宁全集》第 51 卷第 417 页。

鉴于纪律审判会条例中有的条款规定不明确,前后不够一致,再加上整个条例与一般法律的规定不一致,人民委员会应通过一个修订纪律审判会条例的决定(组织局的一个专门委员会也得出这样的结论)。

列宁:《在彼·阿·克拉西科夫来信上写的批语》,
《列宁全集》第 51 卷第 432 页。

如果我们的法律是"互相抵触的"(这种情况无疑是有的),那司法人民委员部和法案司是干什么用的?

法典编纂方面干了些什么?——为消除互相抵触又干了些什么?

列宁:《给德·伊·库尔斯基的信和给尼·彼·哥尔布诺夫的指示》,
《列宁全集》第 52 卷第 277~278 页。

制定法律要再三斟酌。要慎之又慎!

列宁:《给德·伊·库尔斯基的便条和给尼·彼·哥尔布诺夫的指示》,
《列宁全集》第 52 卷第 319 页。

列宁在《给撒马尔罕共产党员的电报》里指出,"资本主义对我们说来并不可怕,因为无产阶级牢牢地掌握着政权、交通运输和大工业,并且能够通过监督把资本主义引上国家资本主义的轨道",体现了列宁关于新经济政策的基本思想。

列宁指示克尔日扎诺夫斯基在小册子中作必要的补充,"说明新经济政策不是要改变统一的国家经济计划,不是要超出这个计划的范围,而是要改变实现这个计划的办法"。列宁指出,"在无产阶级当权的国家里,国家资本主义只能在受限制的情况下存在,它既受推广的时间和范围的限制,也受其采用条件和监督办法等等的限制",国家资本主义"是理论上唯一正确的术语,而且是一个必不可少的术语,它可以迫使那些因循守旧的共产党员明白,新政策在认真贯彻执行"。

列宁认为,实行新经济政策必须同加强和健全法制结合起来。列宁强调法制应当是统一的,不受地方的任何干扰。他指出:"毫无疑问,我们是生活在无法纪的海洋里,地方影响对于建立法制和文明即使不是最严重的障碍,也是最严重的障碍之一。"

列宁在《我们党的纲领草案》里指出,我国的"人民立法"有蜕化成帝国主义的"全民投票"的严重危险,这是符合马克思恩格斯一贯思想的。

恩格斯指出：这就是我们的人为了讨好拉萨尔派而作出的一切。而对方做了些什么让步呢？那就是在纲领中列入一堆相当混乱的纯民主主义的要求，其中有一些是纯粹的时髦货，例如"人民立法"，这种制度存在于瑞士，如果它还能带来点什么东西的话，那么带来的害处要比好处更多。要是改成"由人民来管理"，这还有点意义。同样没有提出一切自由的首要条件：一切公务人员在自己的一切职务活动方面都应当在普通法庭上按照一般法律向每一个公民负责。至于在任何自由主义的资产阶级纲领中都会列入而在这里看起来有些奇怪的要求，如科学自由、信仰自由，我就不想再说下去了。

恩格斯同奥古斯特·倍倍尔也谈过与"人民立法"紧密相关的"人民国家"问题。他指出：自由的人民国家变成了自由国家。从字面上看，自由国家就是可以自由对待本国公民的国家，即具有专制政府的国家。应当抛弃这一切关于国家的废话，特别是在巴黎公社以后，巴黎公社已经不是原来意义上的国家了。无政府主义者用"人民国家"这一个名词把我们挖苦得很够了，虽然马克思驳斥蒲鲁东的著作和后来的《共产党宣言》都已经直接指出，随着社会主义社会制度的建立，国家就会自行解体和消失。既然国家只是在斗争中、在革命中用来对敌人实行暴力镇压的一种暂时的机关，那么，说自由的人民国家，就纯粹是无稽之谈了：当无产阶级还需要国家的时候，它之所以需要国家，并不是为了自由，而是为了镇压自己的敌人，一到有可能谈自由的时候，国家本身就不再存在了。因此，我们建议把"国家"一词全部改成《Gemeinwesen》〔"公团"〕，这是一个很好的德文古字，相当于法文中的"公社"。

列宁在《关于八小时工作制法令主要根据的草案说明书》里说，"斯托雷平专制制度的任何'改革'都必然变成'祖巴托夫式的'不像样的东西"。这里说的是沙皇俄国莫斯科保安处处长、宪兵上校谢·瓦·祖巴托夫倡导的一套对付革命的工人运动的策略。祖巴托夫分子建立亲政府的合法工人组织，诱使工人脱离反对专制制度的政治斗争，力图把工人运动引入纯粹经济要求的轨道。

列宁的《对组织居民供应工作的法令草案的补充》，是组织居民供应工作的法令草案于 1918 年 11 月 12 日提交人民委员会会议讨论，11 月 21 日由人民委员会最后批准。列宁所作的补充，写进了正式通过的法令文本。法令公布于 11 月 24 日《全俄中央执行委员会消息报》。

列宁的《致德·伊·库尔斯基》是一张便条。因为莫斯科革命法庭 1918 年 5 月 2 日审理莫斯科侦查委员会 4 名工作人员被控受贿和敲诈一案时，轻判了这些人（只判了半年监禁）。5 月 4 日列宁向俄共（布）中央提议把作出这一轻判的法官开除出党。当天人民委员会会议在议程外听取了尼·瓦·克雷连柯关于革命法庭判处侦查委员会人员受贿案的报告。根据列宁这张便条中的指示，人民委员会作出决定，责成司法人民委员部"在最近期间"制定出"关于从严惩治受贿和一切涉及受贿的行为的最低量刑标准"的法令草案。司法人民委员部所提出的《关于惩办受贿的法令》草案经列宁作了修改后，由人民委员会5 月 8 日会议审议批准。由于列宁的坚决要求，全俄中央执行委员会重新审理了莫斯科侦查委员会 4 名工作人员的案件，其中 3 名被告各被判处 10 年徒刑。

2. 社会主义立法权力关系

夺取政权的无产阶级的立法权力，是真正人民赋予的权力。苏维埃立法，具有社会主义早期立法的鲜明特征。反映在法律关系上，一是对于敌对阶级反抗的镇压关系；二是人民民主关系；三是社会主义经济建设关系。在这样的立法权力关系下，人民在实践中享有从来没有过的民主和自由。这是社会大多数人的民主和自由。

每个工厂、每个乡村都是一个生产消费公社，都有权并且应该按照自己的方式实行共同的苏维埃法规（所谓"按照自己的方式"，并不是说违反法规，而是说用各种不同的形式实行这些法规），按照自己的方式解决产品的生产和分配的计算问题。

列宁：《苏维埃政权的当前任务》，
《列宁全集》第 34 卷第 172 页。

实际上却有时会使农民们说："苏维埃政权万岁，但要打倒康姆尼！"（即共产主义）。这样的事不是捏造，而是来自实际生活，来自各地同志的报告。我们不应当忘记：任何过分，任何鲁莽急躁，都会造成莫大的害处。

列宁：《俄共（布）第八次代表大会文献》，
《列宁全集》第 36 卷第 189 页。

法令虽然是正确的，如果强迫农民接受就不正确了。在任何一个法令中都没有这样说过。这些法令是正确的，它们指出道路，号召人们采取实际措施。我们说"鼓励联合"，我们是发出指令，这些指令应当经过多次试验，以便找到实行这些指令的最终形式。

列宁：《俄共（布）第八次代表大会文献》，
《列宁全集》第 36 卷第 191 页。

反对官僚主义的斗争、经济工作和行政管理工作，都要求我们团结一致。我们需要用榜样来进行宣传，因为必须拿出榜样来给非党群众看。

列宁：《在俄共（布）莫斯科组织支部书记会议上的讲话》，
《列宁全集》第 40 卷第 44 页。

使我们的法令由废纸（不管法令本身是好还是坏，反正都一样）变成生动的实践，——这就是问题的关键。

列宁：《致格·雅·索柯里尼柯夫》，
《列宁全集》第 52 卷第 300～301 页。

规定各种征购队、征粮队以及其他队的人员，如有下列行为，应受同样惩治：对劳动居民明显不公正或违法乱纪而引起民愤；没收某个人的东西或给以某种处罚时，不作记录，不把记录副页交给本人。

列宁：《关于粮食问题的提纲》，

《列宁全集》第 35 卷第 29 页。

究竟用什么来保证法令的执行呢？第一，对法令的执行加以监督。第二，对不执行法令加以惩罚。现在，在颁布关于缩短工作日法令的同时，也颁布了（也在 1897 年 6 月 2 日）在全俄国和全波兰王国推行工厂监督的法律。在全俄国推行工厂监督条例和设立工厂视察员，这当然是前进了一步。

列宁：《新工厂法》，

《列宁全集》第 2 卷第 358 页。

政府委任的一切官吏（法官也好，工厂视察员也好）在任何时候都不能代替这种有工人亲自参加的机构。

列宁：《论工业法庭》，

《列宁全集》第 4 卷第 246 页。

富人和骗子是一枚奖章的两面，这是资本主义豢养的两种主要寄生虫，这是社会主义的主要敌人，这些敌人应当由全体人民专门管制起来，只要他们稍一违背社会主义社会的规章和法律，就要无情地予以惩治。在这方面任何软弱、任何动摇、任何怜悯，都是对社会主义的极大犯罪。

列宁：《怎样组织竞赛?》，

《列宁全集》第 33 卷第 207 页。

必须使工人和农民清楚地懂得，应当向有学问的人请教是一回事，而应当由"普通的"工农来监督那些"有学问的"人所常有的懈怠是另一回事。

这种懈怠、大意、马虎、草率、急躁，喜欢用讨论代替行动，用空谈代替工作，干什么事都是开一个头但又半途而废，——这是"有学问的人"的特点之一，这根本不是由他们天性低劣，更不是由他们存心不良造成的，而是由他们的全套生活习惯、他们的劳动环境、疲劳过度、脑力劳动和体力劳动的反常分离等等造成的。

由于我们的知识分子的这种可悲的、但在目前不可避免的特点，由于工人对知识分子的组织工作缺乏应有的监督，因而产生了一些错误、缺点和失策，这些东西在我国革命的错误、缺点和失策中占了不小的地位。……

没有知识分子、专家这些有学问的人的建议和指导性的意见是不行的。任何一个有点头脑的工人和农民，对于这一点是知道得很清楚的，我们的知识分子不能抱怨工农对他们不够重视，对他们缺少同志式的尊敬。但是，建议和意见是一回事，组织实际的计算和监督又是一回事。

列宁：《怎样组织竞赛?》，

《列宁全集》第 33 卷第 208 页。

　　肃清俄国土地上的一切害虫，肃清骗子这种跳蚤和富人这种臭虫，等等。有的地方会监禁十来个富人、一打骗子、半打逃避工作的工人（在彼得格勒，特别是党的各个印刷所，有许多排字工人逃避工作，这同样也是流氓行为）。有的地方会叫他们去打扫厕所。有的地方在他们监禁期满后发给黄色身分证，使全体人民在他们改过自新以前把他们当作危害分子加以监视。有的地方会从十个寄生虫中挑出一个来就地枪决。还有的地方会想到把不同办法配合起来运用，例如，把富人、资产阶级知识分子、骗子和流氓中的那些可以改正的人有条件地释放，使他迅速改过自新。

　　只有实践才能创造出——最好的斗争方式和手段。

列宁：《怎样组织竞赛?》，

《列宁全集》第 33 卷第 210 页。

　　人民委员会赞同安东诺夫同志在同卡列金分子及其帮凶的斗争中采取的果断措施，同时决定：军队司令员有权惩办那些造成失业和饥荒危险的怠工的资本家，直至把罪犯押送到矿山强迫劳动。

列宁：《人民委员会关于同卡列金作斗争的决定》，

《列宁全集》第 33 卷第 219 页。

　　最高国民经济委员会建立若干流动检查小组（包括监察员、统计员、会计员等），这些小组持有最高国民经济委员会的委托书，有权彻底地、无条件地检查任何企业和任何私营经济。

列宁：《〈关于实行银行国有化及有关必要措施的法令草案〉的草稿和提纲》，

《列宁全集》第 33 卷第 444 页。

　　新的法令刚颁布，三个月就修改，资本主义制度下的投机活动现在依然存在。是的，我们不知道有什么万应灵丹能够立刻消灭投机活动。资本主义制度的积习太深了，改造几百年来受这种习惯熏染的人，是一件困难的、需要很长时间的事情。

列宁：《在全俄苏维埃第五次代表大会上为人民委员会工作的报告》，

《列宁全集》第 34 卷第 469 页。

　　打击反革命的紧急措施不应受法律的限制，其条件是：（α）有关的苏维埃机关或负责人员明确地正式声明，国内战争和打击反革命的紧急情况要求超越法律界限。

列宁：《关于切实遵守法律的决定提纲草稿》，

《列宁全集》第 35 卷第 130 页。

对中农，我们是反对使用暴力的。我们向中农说：即使你们拥护苏维埃政权，我们也不想强迫你们加入公社，我们从来没有把农民强行赶入公社，也没有这种法令。如果地方上有这种情形，这是违法乱纪，必须把负责人员撤职，交付法庭审判。

列宁：《在彼得格勒苏维埃会议上关于人民委员会对外对内政策的报告》，
《列宁全集》第 36 卷第 14 页。

有人问到是否可以让过去的地主加入公社？这要看是什么样的地主。并没有哪项法令规定不许地主加入公社。当然地主是不能信任的，因为他们世世代代压迫农民，农民仇恨他们，但是有些地主，如果农民知道他们是规规矩矩的人，不仅可以而且应该让他们加入。我们应该利用这样的专家，他们有管理大农场的经验，他们能使农民和农业工人学到很多东西。

列宁：《在彼得格勒苏维埃会议上关于人民委员会对外对内政策的报告》，
《列宁全集》第 36 卷第 18 页。

用法令、法律或命令来改造农村一切生活条件是行不通的。用命令和法令可以推翻地主和资本家，可以制服富农，但如果千百万农业工人没有自己的组织，没有在这个组织中学会逐步自己解决自己的一切事情（不仅是政治方面的，而且是经济方面的，最重要的是经济方面的），没有学会管理大田庄，没有把这些田庄（既然现在它们比其他田庄具有更好的条件）从过去榨取工人血汗的样板变成协作经济的样板，那就只能怪劳动者自己了。

列宁：《在彼得格勒省农业工人第一次代表大会上关于组织农业工会的讲话》，
《列宁全集》第 36 卷第 22 页。

在这方面，首要的任务之一，就是在工会帮助下或采取其他办法建立起更严格的监督，反对那些打着共产党员招牌、实际上执行的不是共产主义政策而是官僚主义命令主义政策的苏维埃政权代表的违法乱纪行为，毫不留情地把他们驱除出去。

列宁：《俄共（布）纲领草案》，
《列宁全集》第 36 卷第 92 页。

对于一切不根据中央政权法令的确切指示而任意进行征收的行为，都应当严加追究。代表大会坚决要求农业人民委员部、内务人民委员部、全俄中央执行委员会加强这方面的监督工作。

列宁：《俄共（布）第八次代表大会文献》，
《列宁全集》第 36 卷第 197 页。

特别应当做到切实执行并彻底执行苏维埃政权的法律，这个法律要求国营农场、农业公社和一切类似的联合组织对周围的中农给予迅速的和全面的帮助。

列宁：《俄共（布）第八次代表大会文献》，

《列宁全集》第 36 卷第 198 页。

按照各地的具体经济条件来实施这项法令。当然，对任何一项法令都可以敷衍了事，甚至阳奉阴违。因此，关于帮助农民的法令，如果不认真地执行，很可能完全变成儿戏而得到完全相反的结果。

列宁：《在农业公社和农业劳动组合第一次代表大会上的讲话》，

《列宁全集》第 37 卷第 365 页。

我们必须联系非党群众。我们有了关于工农检查机构的法令，就有权吸引非党工农代表及其代表会议参与管理国家的工作。

列宁：《在莫斯科工人和红军代表苏维埃会议上的讲话》，

《列宁全集》第 38 卷第 211 页。

同群众建立联系，巧妙地进行鼓动，使工人不致受祖巴托夫分子的影响。当然，在西欧，由于合法偏见、立宪偏见和资产阶级民主偏见根深蒂固，进行这种工作要更为困难。但是这种工作能够进行而且必须进行，并且要经常不断地去进行。

列宁：《共产主义运动中的"左派"幼稚病》，

《列宁全集》第 39 卷第 35 页。

这种由于政权实际已转到工人手中而产生的法律上的可能性，就是社会主义的因素。但小私有者的和私人资本主义的自发势力却通过很多渠道来破坏法律上的规定，暗中投机，破坏苏维埃法令的执行。

列宁：《论粮食税》，

《列宁全集》第 41 卷第 198 页。

既然小业主占优势，既然有交换的可能和必要，那么事情也只能是这样。在俄国目前情况下，合作社有自由，有权利，就等于资本主义有自由，有权利。无视这一明显的真理，便是干蠢事或犯罪。

列宁：《论粮食税》，

《列宁全集》第 41 卷第 214 页。

不仅农民不会利用，就连相当多的共产党员也不会利用苏维埃的法律去同拖拉作风和官僚主义作斗争，或者去同贪污受贿这种道地的俄国现象作斗争。是什么东西妨碍我们同这种现象作斗争呢？是我们的法律吗？是我们的宣传吗？恰恰相反！法律制定得够多了！那为什么这方面的斗争没有成绩呢？因为这一斗争单靠宣传是搞不成的，只有靠人民群众的帮助才行。

列宁：《新经济政策和政治教育委员会的任务》，
《列宁全集》第 42 卷第 197 页。

在我看来，现在每一个人，不论他的职务是什么，面前都有三大敌人，每一个政治教育工作者，如果他是共产党员的话（而政治教育工作者大多是党员），面前都摆着这三项任务。他们面前的三大敌人就是：（一）共产党员的狂妄自大，（二）文盲，（三）贪污受贿。

列宁：《新经济政策和政治教育委员会的任务》，
《列宁全集》第 42 卷第 199 页。

只要有贪污受贿这种现象，只要有贪污受贿的可能，就谈不上政治。在这种情况下甚至连搞政治的门径都没有，在这种情况下就无法搞政治，因为一切措施都会落空，不会产生任何结果。在容许贪污受贿和此风盛行的条件下，实施法律只会产生更坏的结果。

列宁：《新经济政策和政治教育委员会的任务》，
《列宁全集》第 42 卷第 200 页。

大家的主要兴趣可能在于了解和评价苏维埃政权最近一些有关新经济政策的法令和决定，这是很自然的。这类决定愈多，完善、整理这些决定并总结其执行情况的需要愈迫切，对于这个问题发生兴趣也就愈自然。

列宁：《在莫斯科省第七次党代表会议上关于新经济政策的报告》，
《列宁全集》第 42 卷第 216 页。

不要滥用法令（"用法令来进行传阶段"已经过去了），改组等等，等等。平凡的文化工作，文化经济工作。检查执行情况!!!

列宁：《俄共（布）第十一次代表大会材料》，
《列宁全集》第 43 卷第 400 页。

阿佳舍沃车站的粮食工作人员们抱怨说，由于您的命令，投机商贩的马铃薯得以发运，价格抬高，采购工作陷于停顿。我们认为，绝对不应就粮食问题发布一些与法令相抵触、破坏统一的粮食政策的技术性的具体指示和命令。总之，请不要破坏政府部门之间和党组织之间的相互关系，请把主要注意力放在农民身上。

列宁：《给米·伊·加里宁的电报》，
《列宁全集》第 48 卷第 612 页

你们这些有实际经验的人，比谁都了解，从提出一般的设想和制定法令到贯彻于日常生活，需要克服什么样的困难。

列宁：《在全俄苏维埃财政部门第一次代表大会上的报告》，
《列宁全集》第 34 卷第 327 页。

因为对我们来说，重要的是革命创举，而法律则应该是它的结果。如果你们等待制定法律而自己不去发挥革命劲头，那么，你们将既得不到法律，也得不到土地。

列宁：《俄国社会民主工党（布）第七次全国代表会议》，
《列宁全集》第 29 卷第 412 页。

人民自己进行新的组织建设，起初难免不犯错误，但是犯错误而不断前进，总比等待李沃夫先生召集法学教授来草拟关于召开立宪会议、关于永远保存资产阶级议会制共和国和扼杀工农代表苏维埃的法律要好。

列宁：《无产阶级在我国革命中的任务》，
《列宁全集》第 29 卷第 163 页。

历史的发展表明，任何法律都不能决定实践，任何实践也都不能取消同它矛盾的法律。

马克思：《军衔买卖。——澳大利亚消息》，
《马克思恩格斯全集》第 11 卷第 119 页。

颁布废除私有制的法令是容易的，但是要实行这个法令就必须由而且只能由工人自己动手，即使会犯错误，那也是新阶级在创造新生活过程中的错误。

列宁：《在彼得格勒工兵代表苏维埃工人部的会议上关于彼得格勒工人经济状况和工人阶级任务的报告》，
《列宁全集》第 33 卷第 144 页。

全部工业不按照大机器生产的要求来改造，社会主义建设就只能是一大堆法令。

列宁：《在俄共（布）莫斯科省代表会议上的讲话》，
《列宁全集》第 40 卷第 31 页。

这些法律中的每一项都会引起许多实际问题。为了使各地党和苏维埃机关的全体工作人员都能够充分了解这些法律，并能够在各地实际工作中正确地运用它们，我们还需要做很多工作。

列宁：《在俄共（布）莫斯科市和莫斯科省支部书记及支部负责代表会议上关于粮食税的报告》，
《列宁全集》第 41 卷第 138 页。

现在我们不会中圈套了。我们要到商人那里去做交易，要继续执行让步政策，但是让

步的限度已经定了。我们至今在我们的合同中所给予商人的东西，意味着我们在立法上后退了一步，但我们不再往后退了。

列宁：《论苏维埃共和国所处的国际和国内形势》，
《列宁全集》第 43 卷第 15 页。

列宁在《论苏维埃共和国所处的国际和国内形势》说，"现在我们不会中圈套了。我们要到商人那里去做交易，要继续执行让步政策，但是让步的限度已经定了。我们至今在我们的合同中所给予商人的东西，意味着我们在立法上后退了一步，但我们不再往后退了"。这是列宁抱病于 1922 年 3 月 6 日上午在全俄五金工人代表大会共产党党团会议上的讲话中讲的。

列宁在这篇报告中，提出了"停止退却"的问题。接着在党的第十一次代表大会上正式宣布"退却已经结束"，并在后来一些文献中一再加以阐述。所谓"停止退却"，虽然并不意味着新经济政策的结束，但认真总结其中的经验、教训却是十分必要的。

列宁始终认为，新经济政策是资本主义方式同社会主义方式之间具有决定性意义的竞赛，是两个敌对阶级的斗争的又一形式。可是"这一年来我们十分明显地证明，我们不会经营"。如果不能在最近一年内证明我们会经营，那苏维埃政权就无法生存下去。关于国家资本主义问题。列宁指出，无产阶级掌握政权，同时又存在着国家资本主义，这种情况是历史上前所未见的。必须善于抑制新经济政策的一切消极的方面，使国家资本主义无法越出和不敢越出无产阶级为之规定的范围和有利于无产阶级的条件。可是，无产阶级还缺乏这种驾驭国家资本主义的本领，还不善于使它按照自己的意志来行动。

列宁论述了实行新经济政策时期社会主义和资本主义"谁战胜谁"的问题，指出私营商业的发展、一部分国营企业的出租、农民剩余农产品的自由买卖都意味着资本主义关系的恢复和发展。他要求全党必须清醒地看到经济建设中的这种危险，迅速掌握新的经营方法，学会在经济领域中战胜资本主义。

在新经济政策的基础上开始的大规模经济建设，要求制定出相应的新法律。列宁十分重视新法律的制定工作，要求所有公民和国家机关严格遵守已经通过的法律。列宁要求国家机关成为一个同苏维埃政权的政治敌人、同经济领域中利用新经济政策进行违法活动的坏蛋作斗争的战斗机关。

二、执法权力

执法权就是行政权，是通过国家行政机关行使所表现的国家统治权。在封建时代，君主统治权是行政、立法、司法合而为一的，行政权与立法权和司法权没有明确的区别和界限。

行政的概念，是西方在立法、司法和行政的权力分立原则下形成和发展起来的。在绝对王权和行政权优越的传统下，在行政与司法长期对抗中，以建立行政裁判制度为中心，行政权排除了司法对行政的干涉。此外，行政权的自行决定权和执行权，也使行政制度得到发展。从君主统治中，分离出议会的立法，独立的法院的司法，剩下的行政，保留于君主和其他行政机关。行政机构的作用，同立法机构和司法机构的作用是不同的。由此，产生了相对独立的行政权、立法权、司法权。法国首先建立了这种行政制度。在英美法系国家，由于缺乏行政的背景和政治基础，没有建立起法国这样的行政制度。总之，实行行政制度的国家被称为"行政国家"，不实行这一制度的国家被称为"司法国家"。

资本主义宪法把行政归属于内阁（政府），对议会负有连带责任。除了审计检查机构外，管理行政的机关均隶属于内阁（政府）。国家统治权包括中央和地方的统治权，因而地方政权或公共团体亦享有行政权。

行政权是行政法的中心，行政行为是行政法的基础。行政行为的特点是：第一，行政行为必须依法施行，具有合法性；第二，行政行为的成立是有效的并有约束力，具有法定效力；第三，行政行为有执行力，具有强制性；第四，救济制度的特殊性。对于行政复议、行政诉讼，受法律特殊规定的约束，而且，行政赔偿责任与民事上的不法行为责任有不同的特点。

执行权同立法权和司法权一样，都归之于国家统治权。这种国家权力的划分，基于它们的职能。就是说，国家统治权的三种形式，是从"职能"上划分的。学界在概括"执法"术语时，有一种说法，说法的执行有广义和狭义两种含义，广义说法把司法也包括在执法之内。其实，在与法律的关系上，司法是"适用"法律，执法是"执行"法律；执法同司法其定义的固有含义，只能从"职能"上界定和区别。当"执法"术语不存在广义之说时，它的狭义也不存在了。剩下的，只是它的固有含义，即行政执法。

（一）执法权和行政机关

1. 执法权是依法行政的国家权力

执法权是国家权力的重要组成部分。这种权力由国家行政机关拥有。

"依法行政"，是执法权成立和行使的首要前提。因为行政行为具有某种随机性，容易产生"任性执法"和"随意执法"情形；又由于行政执法具有明显的命令与服从的相互关系特征，容易产生"霸王执法"和"高压执法"情形，所以必须强调"依法行政"。

后来，这些机关，而其中主要的是国家权力，为了追求自己特殊的利益，从社会的公仆变成了社会的主宰。

恩格斯：《"法兰西内战"一书导言》，
《马克思恩格斯全集》第 22 卷第 227 页。

德国现行的国家制度不过是贵族和小资产者之间的妥协，妥协的结果，管理国家的权力落到了第三个阶级——官僚的手里。在构成这个阶级的时候，妥协的双方是按照彼此的地位加入进来的：代表较重要的生产部门的贵族把较高的职位留给自己，而小资产阶级则满足于较低的职位，只是在极个别的情况下小资产阶级才推荐自己人担任较高的行政职务。凡是官僚机构受到直接监督的地方，例如德国立宪制各邦，贵族和小资产者也是按照这个样子分享这种监督权力的。

恩格斯：《德国的制宪问题》，
《马克思恩格斯全集》第 4 卷第 51 页。

第五章行政权　第43—44条

行政权由总统行使。总统必须是年逾 30 岁，从未丧失过法国国籍，在法国出生的法国人。

法兰西共和国第一任大总统路·拿·波拿巴不仅丧失过法国国籍，不仅当年当过英国特种警察，而且甚至还入过瑞士国籍。

马克思：《1848 年 11 月 4 日通过的法兰西共和国宪法》，
《马克思恩格斯全集》第 7 卷第 584～585 页。

这个行政权力有庞大的官僚机构和军事机构，有复杂而巧妙的国家机器，有五十万人的官吏队伍和五十万人的军队，——这个俨如密网一般缠住法国社会全身并阻塞其一切毛孔的可怕的寄生机体，是在君主专制时代，在封建制度崩溃时期产生的，同时这个寄生机体又加速了封建制度的崩溃。土地所有者的和城市的领主特权转化为国家权力的同样众多的属性；封建的显贵人物转化为领取薪俸的官吏；互相交错的中世纪领主权力的五颜六色的图谱（像一堆货样一样）转化为确切规定了的国家权力的图案，这里盛行的分工和集中就像工厂里的一样。

马克思：《路易·波拿巴的雾月十八日》，
《马克思恩格斯全集》第 8 卷第 215 页。

波拿巴作为一种已经成为独立力量的行政权力，自命为负有保障"资产阶级秩序"的使命。但是这个资产阶级秩序的力量是中等阶级。所以他就自命为中等阶级的代表人物，并颁布了相应的法令。

> 马克思：《路易·波拿巴的雾月十八日》，
> 《马克思恩格斯全集》第 8 卷第 224 页。

他们的代表一定要同时是他们的主宰，是高高站在他们上面的权威，是不受限制的政府权力，这种权力保护他们不受其他阶级侵犯，并从上面赐给他们雨水和阳光。所以，归根到底，小农的政治影响表现为行政权力支配社会。

> 马克思：《路易·波拿巴的雾月十八日》，
> 《马克思恩格斯全集》第 8 卷第 217~218 页。

法律的用处通常是限制政府的绝对权力。而在这里却恰好相反，把法律保存下来似乎只是为了保存行政方面绕过这一法律的绝对权力。

> 马克思：《一八四四年的英格兰银行法》，
> 《马克思恩格斯全集》第 12 卷第 576 页。

对于警察和官吏权力的限制，情况也是如此。资产阶级认为，它通过"新纪元"的内阁已经使官僚制度听命于它，并且由于这个官僚制度对工人保持充分的自由行动而感到满意。它完全忘记了，官僚制度比任何与资产阶级友好的内阁更加强大和更富有生命力。

> 恩格斯：《普鲁士军事问题和德国工人政党》，
> 《马克思恩格斯全集》第 16 卷第 65 页。

法国的议会制共和国和整个欧洲大陆上的各国政府，在它们与 1848 年革命作斗争中，由于对人民运动采取各种镇压措施，不得不加强它们的政府权力的行动工具和集中程度。

> 马克思：《初稿。——公社》，
> 《马克思恩格斯全集》第 17 卷第 585 页。

乍看起来，这是这个政府权力对于社会的最后胜利；实际上，这是这个社会里一切腐败分子的胡作非为。在不明真相的人看来，这好像只是行政权力战胜了立法权力，好像是以超越于社会之上的权力自居的阶级统治形式最终击败了以社会自治自居的阶级统治形式。但是，事实上，这只是那个阶级统治的最后的、堕落的、唯一可能的形式，它既给统治阶级本身带来耻辱，也给受它束缚的工人阶级带来耻辱。

> 马克思：《初稿。——公社》，
> 《马克思恩格斯全集》第 17 卷第 586 页。

政府权力的这种最后形式同时也是它的最淫贱的形式，是一帮冒险分子对国家资源的无耻掠夺，是造成大宗国债的温床，是对变节卖身的赞美，是一种虚饰矫作的荒诞生活。

这一从头到脚披着华美外衣的政府权力已陷入污泥。

马克思：《初稿。——公社》，

《马克思恩格斯全集》第 17 卷第 645 页。

由于政府拥有令人倾心的官职、金钱和权势，掌握政府权力就变成了统治阶级中各个争权夺利的党派争夺的对象。

马克思：《二稿。——片段》，

《马克思恩格斯全集》第 17 卷第 659 页。

不论在旧日专制君主国中或者在近代波拿巴主义君主国中，实际的政府权力都是掌握在军官和官吏这一特殊等级的手中，这个等级在普鲁士一部分由他们自身补充，一部分由小世袭贵族补充，较少的部分由上层贵族补充，极少的部分由资产阶级补充。

恩格斯：《论住宅问题》，

《马克思恩格斯全集》第 18 卷第 289 页。

"国家权力是否应当从一个点出发"，也就是说，一个点是否应当成为行政管理的中心，或者说每个省等等是否应当自己管理自己的事务，而中央政府只有在对外政策上才应当作为"对外"的整体的权力起作用，——集权的问题决不能这样提出来。

马克思：《集权问题》，

《马克思恩格斯全集》第 40 卷第 290 页。

关于在一个国家里分工方面的这些必要的限制，在我们的"办事大臣"这样的政治人物的口中得到了如下的说明：

"既然立法权是由人民代议制行使的，那末它就有自己的机构；行政权也

像审判权一样，也有自己的机构。因此（！），假如没有专门法律的授权，一种权力直接利用另一种权力的机构是不可容忍的。"

"假如"没有"专门法律"的指示，抛弃分权原则是不可容忍的！反之，"假如"没有"专门法律"的指示，使用分权原则同样是不可容忍的！多么周密的考虑！多么了不起的发现！

恩格斯：《7 月 4 日的妥协会议》，

《马克思恩格斯全集》第 5 卷第 225 页。

秩序党在其反对人民的斗争中不得不经常加强行政权的力量。行政权一加强，它的执有者波拿巴的地位也就加强了。

马克思：《1848 年至 1850 年的法兰西阶级斗争》，

《马克思恩格斯全集》第 7 卷第 122 页。

目前，人民中的一切阶级都被政治的、行政的和财政的压迫压得喘不过气来；因此，这些委屈就突出到首要地位上来了。

> 马克思：《西西里和西西里人》，
> 《马克思恩格斯全集》第 15 卷第 51 页。

当阶级统治的这一种形式被破坏后，行政权、国家政府机器就变成了革命所要打击的、最大的、唯一的对象了。

> 马克思：《初稿。公社》，
> 《马克思恩格斯全集》第 17 卷第 588 页。

资产者如果不直接地、经常不断地控制本国的中央行政机关、对外政策和立法，就无法保障自己的利益。

> 恩格斯：《德国的制宪问题》，
> 《马克思恩格斯全集》第 4 卷第 52 页。

容克老爷们的领地警察权已经成了一种时代错误。它作为一种封建特权在名义上是被废除了，但在实际上又由于建立了独立的领地区 ［Gutsbezirke］而恢复了，在这里，地主或者亲自担任拥有乡长 ［ländlicher Gemeindevorsteher］ 权力的领地区长 ［Gutsvor-steher］，或者任命这种领地区长。

> 恩格斯：《暴力在历史中的作用》，
> 《马克思恩格斯全集》第 21 卷第 524～525 页。

容克们还是保留了一切重要的权力地位，不过把名称改变了一下。

> 恩格斯：《暴力在历史中的作用》，
> 《马克思恩格斯全集》第 21 卷第 525 页。

正是军队、政治警察、官僚这种旧的集权政府的压迫权力，即由拿破仑在 1798 年建立，以后一直被每届新政府当作合意的工具接收并利用来反对自己的敌人的权力，应该在全国各地覆没，正如它已在巴黎覆没一样。

> 恩格斯：《“法兰西内战”一书导言》，
> 《马克思恩格斯全集》第 22 卷第 226～227 页。

对生息资本使用行政权力（国家），强行降低利率，使生息资本再也不能把条件强加于产业资本。但是，这是资本主义生产一些最不发达的阶段所特有的形式。

> 马克思：《资本论第四卷》，
> 《马克思恩格斯全集》第 26 卷第 3 册第 519 页。

英国资产者从 1688 年起就按传统硬把贵族集团置于行政权的首位，而在这种特殊的贵族集团统治之下，陆军、海军、殖民部门、筑城工程事业以及整个行政管理腐败的程度，是令人吃惊的。

《马克思致恩格斯》，

《马克思恩格斯全集》第 28 卷上册第 12 页。

正是从美国的例子上可以最明显地看出，起初只应充当社会的工具的国家权力怎样逐渐脱离社会而独立。那里没有王朝，没有贵族，除了监视印第安人的一小群士兵之外没有常备军，没有那种拥有固定职位与领取年金权利的官僚。

恩格斯：《"法兰西内战"一书导言》，

《马克思恩格斯全集》第 22 卷第 227 页。

政府的观念是同契约的观念相对立的。真正革命的口号是：不要任何政府！绝对权力很快就被迫否定它自己，并且受法律和制度的限制。法律作为利益的外部表现，像利益本身一样，是数不清的。法律消失在恶无限性当中。法律是从外部强加于我们的桎梏。

《马克思致恩格斯》，

《马克思恩格斯全集》第 27 卷第 317～318 页。

有许多重要的思想无疑是从那里偷来的，例如，政府不过是一个阶级镇压另一个阶级的权力，它将随着阶级对立的消失而消失。

《马克思致恩格斯》，

《马克思恩格斯全集》第 27 卷第 335 页。

小块土地除了肩负资本加于它的抵押债务外，还肩负着赋税的重担。赋税是官僚、军队、教士和宫廷的生活源泉，一句话，它是行政权力整个机构的生活源泉。

马克思：《路易·波拿巴的雾月十八日》，

《马克思恩格斯全集》第 8 卷第 221 页。

行动内阁的不幸在于：它在经济上对封建党派的一切攻击，都是在强制公债的庇护下进行的，而它的一般改良企图在人民看来，只是为了必须充实加强了的"国家权力"的国库而采取的纯财政措施。

马克思：《资产阶级和反革命》，

《马克思恩格斯全集》第 6 卷第 141 页。

在这个内阁的保护下，"国家权力"极度地"加强了"，人民的力量极度地瘫痪了，以致屈韦特尔—汉泽曼这一对孪生子在 7 月 15 日不得不向君主国的所有行政区长官呼吁，反对官僚们特别是地方官员们的反动阴谋。

马克思：《资产阶级和反革命》，
《马克思恩格斯全集》第 6 卷第 144 页。

秩序党拥有巨额的资金，它在法国各地都成立有支部，它以薪资豢养旧制度的一切思想家，它享有现存政府权力的全部威势，它拥有散布于全部小资产者和农民大众中不领薪的臣仆军队，这些小资产者和农民还远离着革命运动，把大财主看作是天然保护他们那种小财产和小偏见的人物。

马克思：《1848 年至 1850 年的法兰西阶级斗争》，
《马克思恩格斯全集》第 7 卷第 68 ~ 69 页。

那时他好像躲到这个内阁背后，把政府权力让给了秩序党，戴上了路易－菲力浦时期报纸的责任发行人常戴的朴质的假面具，即 homme de paille〔冒名顶替者〕通常戴的假面具。

马克思：《路易·波拿巴的雾月十八日》，
《马克思恩格斯全集》第 8 卷第 161 页。

要解散巴罗内阁是不乏正当借口的。巴罗内阁在对待共和国总统这个和国民议会并存的权力时，甚至连必须遵守的礼节都忽视了。

马克思：《路易·波拿巴的雾月十八日》，
《马克思恩格斯全集》第 8 卷第 161 页。

随着这个内阁的解散，秩序党就不可挽回地丧失了为维持议会制度所必需的支柱——对行政权力的领导。

马克思：《路易·波拿巴的雾月十八日》，
《马克思恩格斯全集》第 8 卷第 162 页。

自从富尔德加入内阁以来，那一部分在路易－菲力浦时期握有绝大部分权力的商业资产阶级，即金融贵族，已经变成波拿巴派了。

马克思：《路易·波拿巴的雾月十八日》，
《马克思恩格斯全集》第 8 卷第 198 页。

议会制共和国在它反对革命的斗争中，除采用高压手段而外，还不得不加强政府权力的工具和集中化。

马克思：《路易·波拿巴的雾月十八日》，
《马克思恩格斯全集》第 8 卷第 216 页。

现在就已经可以看出，甚至像前面谈到的内阁提出的最低限度的选举改革，除了加强工业资产阶级的权力而外，不会得到其他的结果。

恩格斯：《英国》，

《马克思恩格斯全集》第 8 卷第 240 页。

各邻邦政府竟敢通过自己的代理人在瑞士领土上行使警察权力，它们不仅对流亡者行使这种权力，而且对瑞士警察人员也行使这种权力。

恩格斯：《瑞士共和国的政治地位》，

《马克思恩格斯全集》第 9 卷第 106 页。

恩格斯在《暴力在历史中的作用》里提到的"容克"，指德国的地主。

德国社会是由大地主、农民、资产者、小资产者和工人组成的，他们又分成三个主要阶级。比较大的地产都集中在少数富豪（特别是在西里西亚）和大量中等地主手中，后者在易北河以东的旧普鲁士各省最多。也正是这些普鲁士的容克，在整个这一阶级中或多或少地占着统治地位。他们通过管事来经营自己的大部分地产，在这种情况下，他们本身是农业主，此外，他们往往又是土豆酒厂和甜菜糖厂的老板。他们的地产只要有可能就作为长子继承的地产固定在家庭中。较小的儿子则参加军队或者担任国家文职，因此，这种占有土地的小贵族还拖带着一批更小的军官贵族和官吏贵族，这些人还在不断增加，因为从资产阶级的较高级军官和官吏中也产生出大批贵族。整个这一帮人构成了普鲁士的容克阶级，成了旧普鲁士国家的主要支柱之一。这个容克阶级的占有土地的核心本身，是站得极其不稳固的。容克必须按照该等级的身份来生活。

2. 拥有执法权的国家行政机关

在诸多国家机关中，只有国家行政机关才拥有执法权。

国家行政机关，是依照宪法而设置的行使国家行政职能的国家机关。其具体设置，根据行政组织法的规定。行使国家行政权，管理国家行政事务，是行政机关区别于其他国家机关的根本特征。

在组织体系上，实行领导隶属制，即上级行政机关领导下级行政机关，下级行政机关隶属于上级行政机关。由于代表国家直接对公民、社会组织进行具体管理，因而特别要求权限清楚、责任明确。行政机关的行政行为是主动的、不间断的、可重复的。行政机关为了实施管理，必须与公民个人、社会组织发生广泛的联系，因而它们的行政行为的合法性和适法性特别引人注目。

行政权力极其广泛。西方国家一般把警察行政、经济行政、社会行政、教育文化行政、卫生行政、交通行政、军事行政、财税行政、外交行政等，均纳入行使行政权的范围。调整上述行政关系的法，称为行政法。

为了使自己不受犯罪行为即公开的暴力行为的侵害，社会就需要有庞大而复杂的、耗费无数人力的行政机关和司法机关。在共产主义社会里，这些机关也将无限地加以简化，而这正是因为（不管看起来是多么奇怪）在这种社会里，管理机构必须管理的不仅是社会生活的个别方面，而且是整个社会生活的一切表现、一切方面。

恩格斯：《在爱北斐特的演说》，

《马克思恩格斯全集》第 2 卷第 608 页。

我们就拿官僚这个专干行政事务并在人民面前处于特权地位的特殊阶层的机关来说，从专制的、半亚洲式的俄国起，到有文化的、自由的、文明的英国止，我们到处都可以看到这种资产阶级社会不可或缺的官僚机关。

列宁：《俄国社会民主党人的任务》，

《列宁全集》第 2 卷第 437 页。

这种君主政体好像是通过优良的行政机关来关心资产阶级的利益似的，但是这种行政机关是由贵族领导的，而贵族则尽量使这个机关的活动避开社会的耳目。结果就形成了一个特殊的行政官吏的阶级；他们掌握着大权，他们和其他一切阶级处于对立的地位。这就是野蛮的资产阶级统治形式。

恩格斯：《德国状况》，

《马克思恩格斯全集》第 2 卷第 650 页。

普鲁士资产阶级很清楚地知道，在它自己的工业活动范围内是怎样依赖于政府的。经营权和行政监督像梦魇一样困恼着它。

恩格斯：《普鲁士军事问题和德国工人政党》，

《马克思恩格斯全集》第 16 卷第 72 页。

就是这个复杂的层层过滤的过程看来还是认为不够，因为官僚集团此外还得到了把选区任意划分、拼凑、改变、分开、合并的权力。

马克思：《普鲁士状况》，

《马克思恩格斯全集》第 12 卷第 660 页。

内阁大臣是这个拥有无限权力、事事都插手的寄生集团的首领，按照宪法第一〇六条，他们所属的下级官吏只能唯他们的意图是从，下级官吏不得过问内阁大臣的命令是否合乎法律，并且对这些命令的执行是没有责任的。

马克思：《普鲁士状况》，

《马克思恩格斯全集》第 12 卷第 659~660 页。

正如汉泽曼正确地指出的，也许没有任何一个经济问题不同对内对外政策相联系。因此，要能够坦率而公开地讨论摩泽尔河沿岸地区的状况，就先要能够坦率而公开地讨论一切"对内对外政策"。个别行政当局是无力创造这种可能性的，只有国王自己直接而果断地表明的意志才能在这里起决定性的、持久的作用。

马克思:《摩泽尔记者的辩护》,

《马克思恩格斯全集》第 1 卷上册第 381 页。

帕麦斯顿勋爵在介绍自己的新内阁以前,简略地叙述了内阁危机的经过情形。然后他就开始吹嘘自己的货色:他组织的内阁"具有足够的行政管理能力,足够的政治洞察力,高度的自由主义原则,充分的爱国主义精神和履行自己职责的决心"。

马克思:《议会》,

《马克思恩格斯全集》第 11 卷第 80 页。

看来,"办事内阁"抱着特殊的东方的神秘观点,实行特殊的摩洛赫崇拜。为了保卫区督察员、市长、警察厅长和警察总监、警察署长、检察机关官员、高等审判厅厅长或审判长、检察官、治安法官、村长、部长、僧侣、现役军人、国境官员、海关官员和税吏、森林管理局和邮政局的官员、所有监狱的看守和狱吏、巡官,以及所有未满 25 岁和已满50 岁的人(根据第 9、10 和 11 条规定,这些人并不包括在市民自卫团之列)等等的"宪法规定的自由",为了保卫这些民族精华的"宪法规定的自由",民族中的其余的人就应当流血牺牲,不仅要把自己的宪法规定的自由,而且要把自己的个人自由统统献给祖国。

马克思:《市民自卫团法案》,

《马克思恩格斯全集》第 5 卷第 284 页。

这一根本缺陷贯穿在我们的一切制度之中。譬如在刑事诉讼中,法官、原告和辩护人都集中在一个人身上。这种集中是同心理学的全部规律相矛盾的。可是,官员是超乎心理学规律之上的,而公众则是处于这种规律之下的。不过,有缺陷的国家原则还是情有可原的,但当它不够正直因而表现得不彻底时,那就是不可原谅的了。官员的责任想必比公众的责任大得无可比拟,正如官员的地位比公众高得无可比拟一样。正是在唯有彻底性才能证明原则的正确并使它在自己的范围内具有法的原则的地方,原则被抛弃了,也正是在这里,采用评普鲁士最近的书报检查令截然相反的原则。

书报检查官也就是原告、辩护人和法官三位一体的人。书报检查官被委任去管理精神,然而他是不负责任的。

假如书报检查受普通法庭的支配(诚然,这在还没有客观的书报检查法以前是不可能的),那么它就只可能有暂时忠诚的性质。可是,最恶劣的手段却莫过于把书报检查又交给书报检查机关去评判,例如,把它又交给某一个总督或最高书报检查委员会去评判。

马克思:《评普鲁士最近的书报检查令》,

《马克思恩格斯全集》第 1 卷上册第 133~134 页。

书报检查制度不是控告我违反了现行法律。它宣布我的意见有罪,因为这个意见不是书报检查官和他上司的意见。我的公开行动愿意听从世界、国家及其法律的评判,但是它却被提交给隐蔽的纯否定的势力审判,这种势力不能被确立为法律,它怕见阳光,而且不受任何普遍原则的约束。

书报检查法是不能成立的,因为它要惩罚的不是违法行为,而是意见;因为它无非是一个以条文形式出现的书报检查官而已;因为任何国家都不敢把它利用书报检查官这一工具实际上所能干出的事情在一般的法律规定中表述出来。因此,书报检查制度的执行不是交给在一般的法律规定中表述出来。因此,书报检查制度的执行不是交给法庭,而是交给警察机关。

即使书报检查制度在事实上和司法是一个东西,那么,首先,这只是一个事实,而并不是必然性。其次,自由不仅包括我靠什么生活,而且也包括我怎样生活,不仅包括我做自由的事,而且也包括我自由地做这些事。

马克思:《第六届莱茵省议会的辩论(第一篇论文)》,
《马克思恩格斯全集》第 1 卷上册第 181 页。

财政部现在的这份草案同过去的建议有本质的区别,而且即使新草案的建议也同以往一切建议一样被束之高阁,这种区别也仍然是一个极其重要的划时代的标志。本质的区别就在于:新草案的"基础"无比广泛,你们从中不仅可以感觉到少数资产阶级的先进理论家和思想家的呼声,而且可以感觉到整个工业家 - 实践家阶层的呼声。这已经不单单是一些"人道的"官吏和教授的自由主义,这是莫斯科工商业者的土生土长的、本乡本土的自由主义。说实在的,这一事实使我的内心满怀高度的爱国主义自豪感:商人值 3 戈比的自由主义要比官吏值 15 戈比的自由主义的意义大得多。

列宁:《新罢工法草案》,
《列宁全集》第 6 卷第 394 ~ 395 页。

行政机关不是向"人民代表机关"负责,而是向立法机关负责的。请记住这一点。现在我们再往下向你们说明。俄国的立法权现在属于谁呢?属于(1)最高当局;(2)国务会议;(3)国家杜马。

列宁:《立宪民主党的应声虫》,
《列宁全集》第 13 卷第 258 页。

1849 年 6 月 19 日—22 日的法律规定,政府在一年内有权封闭一切俱乐部和禁止未经政府同意的集会。1850 年 6 月 6 日—12 日的法律规定,把这种权力再授予政府一年,实际上这种权力已经扩大到那些不合政府口味的议会竞选集会上。

马克思:《1848 年 11 月 4 日通过的法兰西共和国宪法》,
《马克思恩格斯全集》第 7 卷第 581 页。

资产阶级使政府保留全部实际政权投票赞成赋税、公债和征兵,并协助它制定一切新改良法,以使得对付那些不称心人物的警察权力仍然完全有效。资产阶级用立刻放弃自己政权的代价，换取自己逐渐的社会解放。显然，资产阶级接受这种协议的主要动机，并不是害怕政府，而是害怕无产阶级。

> 恩格斯：《"德国农民战争"一八七〇年版序言的补充》，
> 《马克思恩格斯全集》第 18 卷第 563~564 页。

借口镇压盗匪活动和分布广泛的秘密盗匪组织而制定的一系列特别法律，赋予政府以极大的、无限制的权力，无限制地用来对付工人协会；工人协会中杰出的成员同匪徒一样地受到警察的监视，不经审判、侦讯就被放逐。

> 恩格斯：《一八七七年的欧洲工人》，
> 《马克思恩格斯全集》第 19 卷第 146 页。

保护关税制度本身没有被授予改革各阶级状况的权力。但是，他们说，在改革国内关系以前去改革国际关系，是愚蠢的。但是，什么是保护制度呢？证明：实行这一制度的阶级手中有统治权力。因此，只要保护制度有效，资本家就不会作任何让步。

> 马克思：《保护关税派》，
> 《马克思恩格斯全集》第 42 卷第 381 页。

为了牢牢控制各省，政府发明了一种新的统帅体制。它把法国所有十七个军区合并为四个大军区，各由一个将领统辖；这样一来，这个将领就几乎拥有东方暴君或罗马总督的无限权力。

> 恩格斯：《法国来信》，
> 《马克思恩格斯全集》第 44 卷第 11 页。

目前，真正的政府，即拥有权力的政府，是奥地利和普鲁士的政府。它们用军事专制统治德国，随意发布和取消法律。在它们的领地和属国之间，有一个所谓中立地带——上述的四个王国，正是在这里，特别是在萨克森，这两个大国的权利将发生碰撞。

> 恩格斯：《法国来信》，
> 《马克思恩格斯全集》第 44 卷第 29 页。

唯恐丧失自己手中权力的各省洪达接受了塞维尔洪达 2 19 的建议：由各省洪达各选两名代表，由代表们的会议组成中央政府，同时各省洪达保持对有关区域的内部管辖权。

> 马克思：《中央洪达》，
> 《马克思恩格斯全集》第 44 卷第 229 页。

要实现专制政权，它过于庞大了，过于复杂了，要想具有国民公会那样的权威，它的人数又太少了。中央洪达从各省洪达得到自己的权力这一情况使得它不能克服各省洪达的虚荣心、恶念和任性的妄自尊大。

马克思：《中央洪达》，

《马克思恩格斯全集》第 44 卷第 230 页。

国家的这些影响，即公债、国税等等本身在多大程度上是从资产阶级关系中产生出来的，——因而，例如在英国，这些影响决不是表现为封建主义的结果，相反地表现为封建主义的瓦解和被制服的结果，而在北美本身，中央政府的权力是和资本的集中一起增长的。

马克思：《经济学手稿》，

《马克思恩格斯全集》第 46 卷上册第 5 页。

如果看一看英国军事指挥管理的组织或其他任何管理机构的组织，就会觉得人们显然要在这里表明所谓宪法的均势原则。各式各样的机构彼此牵制，以致互相使对方完全瘫痪，从而使整个机构无所作为。

马克思：《克里木战局的回顾》，

《马克思恩格斯全集》第 10 卷第 623 页。

单个人的封建特权被废除了，但是与这种特权相联系的无限权力却转到了整个阶级手里。通过类似的魔法，英国大地主变成了治安法官，变成了农村行政机关、警察机关和下级司法机关的主人，从而使自己在现代化的新称号下继续享有各种重要的、但用旧的封建形式已无法维持的权力地位。

恩格斯：《暴力在历史中的作用》，

《马克思恩格斯全集》第 21 卷第 525 页。

马克思在《中央洪达》里说"唯恐丧失自己手中权力的各省洪达接受了塞维尔洪达的建议"，是因为在建立中央洪达之前，塞维尔洪达名义上是最高洪达。

"洪达"，是西班牙政权组织的称谓。马克思在《革命的西班牙》中做过详细的阐释。洪达的首领，首先忙于取得与自己高贵地位相称的头衔和荣誉。洪达主席得到了"殿下"的尊称，其他成员得到了"阁下"的尊称，而 in corpore（包括全部成员）的整个洪达得到了"陛下"的尊称。洪达成员都穿上了好像将军服一样的化装舞服，佩上画有新、旧大陆的胸章，并给自己规定年俸为 120000 雷阿耳。

（二）执法权的行使

1. 执法权一般行使

执法权的行使可以从多种角度进行分类。经典作家的论述是多方面的。为便利划分，这里分为一般行使和违法行使。一般行使，就是通常情况下，在权限范围内行使行政权。

我们的全部叙述表明，省议会怎样把行政权、行政当局、被告的存在、国家观念、罪行本身和惩罚降低为私人利益的物质手段。因此，人们把法庭的判决只看作是一种手段，而把判决的法律效力看作是一种多余的累赘，这是合乎逻辑的。

马克思：《第六届莱茵省议会的辩论（第三篇论文）》，

《马克思恩格斯全集》第 1 卷上册第 285 页。

人们在研究国家状况时很容易走入歧途，即忽视各种关系的客观本性，而用当事人的意志来解释一切。但是存在着这样一些关系，这些关系既决定私人的行动，也决定个别行政当局的行动，而且就像呼吸的方式一样不以他们为转移。

马克思：《摩泽尔记者的辩护》，

《马克思恩格斯全集》第 1 卷上册第 363 页。

督察委员会的委员们虚有其名，最高权力属于委员会主席。

马克思：《土耳其战争问题》，

《马克思恩格斯全集》第 9 卷第 204 页。

督察委员会的主席看起来一直就好像是一个真正的大莫卧儿，在任何情况下都有为非作恶的无限权力，例如，策动耗费极大的战争，而且每一次都是用毫无责任的董事会的招牌做掩护。但是另一方面，董事会也并不是没有实际权力。

马克思：《土耳其战争问题》，

《马克思恩格斯全集》第 9 卷第 205 页。

在布尔果斯有一个法国中央政权，以及必须以自己的圣坛来对抗外国的圣坛，——就是这些原因迫使塞维尔洪达勉勉强强地放弃了自己的不肯定的、实际上是虚有其名的最高权力，并建议各省洪达各选两名代表，由代表们的会议组成中央洪达，同时各省洪达应保持对有关地区的内部管辖权。

马克思：《革命的西班牙》，

《马克思恩格斯全集》第 10 卷第 472 ~ 473 页。

单单中央洪达的权力是从各省洪达授予的这个情况就使得它不能克服各省洪达的野心、恶念和任性的利己主义。

马克思：《革命的西班牙》，

《马克思恩格斯全集》第 10 卷第 473 页。

赶走了弗洛里达布朗卡大伯爵并剥夺了伯爵的全部权力的戈多伊，现在就由这个弗洛里达布朗卡伯爵代替了自己的职位，而轮到自己被赶走了。

马克思：《革命的西班牙》，

《马克思恩格斯全集》第 10 卷第 475 页。

王朝反对派起草的法律中有一项关于市政委员会的法律，这项法律是直接反对巴黎市长马拉斯特，反对他的独裁和权威的。马拉斯特定会垮台。

马克思恩格斯：《马拉斯特和梯也尔》，

《马克思恩格斯全集》第 5 卷第 180 页。

这里（伦敦）关于狗有非常荒谬的法律规定，我如果带猎狗去汉普斯泰特，警察会把我当作偷猎者加以拦阻。因此，在这里养班特尔狗、狐狗、塞特狗等等猎狗只是真正为打猎用的，从来不像我们大陆上那样养着玩。生活在贵族统治的国家里就是这样的。

恩格斯：《致劳·拉法格》，

《马克思恩格斯全集》第 37 卷第 385 页。

波斯特尼柯夫本来就没有打算汇总，因为他把数字资料推到次要地位，而一心注意描述的完备和鲜明。作者在自己的描述中，对经济性质的、行政法律性质的（土地占有形式）和技术性质的问题（地界问题；经营制度；收获量）几乎予以同样注意，但他打算把第一类问题放在首要地位。

列宁：《农民生活中新的经济变动》，

《列宁全集》第 1 卷第 2~3 页。

财政困难使七月王朝一开始就依赖资产阶级上层，而它对资产阶级上层的依赖又经常使财政困难日益加剧起来。当没有恢复预算平衡，没有恢复国家收支平衡的时候，是不能使国家行政服从于国民生产利益的。然而，若不缩减国家支出，即若不损害现存统治制度支柱的利益，若不改变税收制度，即若不把很大一部分税负加到资产阶级上层分子肩上，又怎能恢复这种平衡呢？

马克思：《1848 年至 1850 年的法兰西阶级斗争》，

《马克思恩格斯全集》第 7 卷第 13 页。

国家负债倒是直接符合于资产阶级中通过议会来统治和立法的那个集团的利益。国家财政赤字，正是他们投机的对象和他们致富的主要泉源。每一年度结束都有新的财政赤字。每过 4 年或 5 年就有新的公债。而每一次新的公债都使金融贵族获得新的良好机会去盘剥经常被人为地保持在濒于破产状态的国家，因为国家不得不按最不利的条件向银行家借款。此外，每一次新的公债都使他们获得新的机会，通过交易所活动来掠夺一般投资于公债券的大众，而这种交易所活动的诀窍，是政府和议会多数派议员所通晓的。

马克思：《1848 年至 1850 年的法兰西阶级斗争》，

《马克思恩格斯全集》第 7 卷第 13 页。

尽管义务认购公债的数目表面上在增加，可是在我们的经济学家看来，拥有金钱的可能性却随着财产的增加而下降。

塞万提斯在一个短篇小说中描写过一个被关在疯人院中的非常伟大的西班牙财政学家。这个财政学家发明：如果"国会通过一项法律，根据这项法律，陛下所有14岁至60岁的臣民，在一个月中间必须有一天只吃面包和水（究竟在哪一天由他们自己选择），把这一天需要买水果、蔬菜、肉、鱼、酒、鸡蛋和豆子的钱省下来分文不留地交给陛下，破坏誓言应受到惩罚"。

那末西班牙的国债就会偿清。

汉泽曼简化了手续。他建议他的凡是年收入为400塔勒的西班牙人在一年中能够有一天放弃20个塔勒。他建议财产少的人应按照调节制在40天内几乎放弃一切需要。如果他们在八九月间找不到20个塔勒，在10月里司法执行官就要去找他们。因为俗话说：只要找就可以找到。

马克思恩格斯：《强制公债法案及其说明》，
《马克思恩格斯全集》第5卷第312～313页。

教育法，秩序党用以宣布说法国愚昧状态和强制愚化是它在普选制下生存的必要条件，——所有这一切法律和措施究竟是什么呢？就是拼命企图重新使各省和各省农民受制于秩序党。……

教育法给我们指明了年轻的天主教徒和年老的伏尔泰主义者间的同盟。联合的资产阶级的统治，不是亲耶稣会的复辟王朝与卖弄自由思想的七月王朝的联合专制统治，又是什么呢？

马克思：《1848年至1850年的法兰西阶级斗争》，
《马克思恩格斯全集》第7卷第100页。

"第9条 教学自由权。教学自由须依照法律规定的条件和在政府的监督之下享受之。"这里是在重演老把戏。

"教学自由"，但是"须依照法律规定的条件"，而这些条件恰恰是一些完全消灭这种自由的条件。

马克思：《1848年11月4日通过的法兰西共和国宪法》，
《马克思恩格斯全集》第7卷第581页。

1850年3月15日的法律将整个教学系统置于教会的控制之下。这个部门的主管机关是4名法国大主教所领导的最高人民教育委员会。这项法律规定，所有地方学校的教员，即使他们是市镇委员会或老教区委员会推荐的，都必须服从recteurs，即督学的意志。教员必须接受与军队中的服从和纪律相类似的条件，服从督学、市长和牧师；可见，根据上述法律，教学自由归结起来，就是没有民政当局和教会当局的允许，谁也无权教学。

　　　　　　　马克思：《1848 年 11 月 4 日通过的法兰西共和国宪法》，
　　　　　　　　　　　《马克思恩格斯全集》第 7 卷第 582 页。

　　法国宪法第Ⅱ章"教育是自由的。教育的自由应在法律规定的范围内并在国家的最高监督下享用之。"（同上，第 9 条）……所以，宪法要经常援引未来的构成法；这些构成法应当详细地解释这些附带条件并且调整这些无限制的自由权利的享用，使它们既不致互相抵触，也不致同公共安全相抵触。后来，这种构成法由秩序之友制定出来，所有这些自由都加以调整，结果，资产阶级可以不受其他阶级的同等权利的任何妨碍而享受这些自由。

　　　　　　　马克思：《路易·波拿巴的雾月十八日》，
　　　　　　　　　　　《马克思恩格斯全集》第 8 卷第 135 页。

　　各大学——国家教会的宠儿，任何改革的主要反对者，约翰勋爵希望，"各大学自行改革"。把兴办学校的慈善基金用来营私舞弊，这是尽人皆知的。……

　　不需要有特别敏锐的目光就可以猜想到，靠滥用这些基金为生的寡头们在处理这些基金时为什么极为小心谨慎了。罗素建议：

　　"关于每年进款不超过 30 英镑的慈善基金的案件由郡的法庭审理，如果超过了这个数目，则由大法官法庭的档案保管官审理。但是，如果没有为此目的而成立的枢密院委员会的许可，无论在哪一个法庭上，都不得提起诉讼。"

　　为了在皇家法庭上提出诉讼，要求赔偿被贪污的本来规定用于国民教育事业的慈善基金，就需要得到委员会的许可。许可！但是，罗素甚至在提出了这个附带条件之后，还没有完全放心。他补充说：

　　"如果发现某一学校的行政上有营私舞弊之罪，除了枢密院委员会而外任何人都不得干预。"

　　新事物一个不立，旧事物一个不破。这种改革的目的是要保存旧的制度，办法是使它具有新的、人们比较能够接受的形式，即所谓教它学会采取新的姿态。

　　　　　　　马克思：《内阁的成就》，
　　　　　　　　　　　《马克思恩格斯全集》第 9 卷第 58 页。

　　公民马克思说，这个问题有一种特殊的困难之外。一方面，为了建立正确的教育制度，需要改变社会条件，另一方面，为了改变社会条件，又需要相应的教育制度，因此我们应该从现实情况出发。……

　　教育可以是国家的，而不是政府的。政府可以委派视察员，视察员对教学过程本身虽然无权干预，但应当监督法律的遵守，正如同工厂视察员应当监督工厂法的遵守一样。

　　　　　　　马克思：《卡·马克思关于现代社会中的普及教育的发言记录》，
　　　　　　　　　　　《马克思恩格斯全集》第 16 卷第 654～655 页。

　　平等的国民教育？他们怎样理解这句话呢？是不是以为在现代社会里（而所谈到的只

能是现代社会）教育对一切阶级都可能是平等的呢？或者是要求上层阶级也被迫降到很低的教育水平——国民小学，即降到不仅唯一适合于雇佣工人的经济状况、而且唯一适合于农民的经济状况的教育水平呢？

"实施普遍的义务教育。实施免费教育"。前者甚至存在于德国，后者就国民小学来说存在于瑞士和美国。如果说，在美国的几个州里，高等学校也是"免费的"，那末，事实上这不过是从总税收中替上层阶级支付了教育费用而已。

马克思：《哥达纲领批判》，

《马克思恩格斯全集》第19卷第33页。

这个王朝为了缓和和防止贫苦农民提出带有威胁性的要求，现在已经不得不诉诸可怜的权宜之计，这可以由各省省长在"鼓励"举办慈善事业的公文中所用的措辞看出来。例如，萨尔特省省长给他手下的专区区长们这样写道：

"务祈以全副身心致力于作为行政工作的最崇高职责之一的任务，即为那些需要资助和就业的公民找到提供资助和工作的手段，你们这样做将有助于维持社会安宁。请勿担心慈善事业的财源可能已经枯竭或者私人钱囊已为近几年的捐献——不论这些捐献的数目多大——掏空。土地所有者和农场主最近获得了大量利润，他们特别关心保持乡村的安宁，因此会了解，捐献不仅是他们的义务，而且也是他们的利益所在。"

马克思：《法国的经济危机》，

《马克思恩格斯全集》第12卷第85页。

商业确实具有这样的特性：如果社会机体表示反抗，它就会把我们的枷锁上得更紧。只要一个行政措施妨碍商业施展阴谋诡计，商业就会紧缩信贷，使流通瘫痪，而国家本来想消除一种痛疾，结果却染上了新症。

恩格斯：《傅立叶论商业的片断》，

《马克思恩格斯全集》第42卷第329~330页。

现在已经公认，法军中不仅是军需部门，而且整个军事行政机构都十分无能，它们甚至无法保证边境上的军队的供应。

恩格斯：《战争短评》，

《马克思恩格斯全集》第17卷第50页。

工厂法关于所谓教育的条款措辞草率；由于缺少行政机构，这种义务教育大部分仍然徒有其名；工厂主反对这个教育法令，使用种种阴谋诡计回避这个法令；——这一切明显地暴露出资本主义生产的本性。

马克思：《资本论第一卷》，

《马克思恩格斯全集》第23卷第439页。

　　剩下的唯一可能是，在行政、警察和审判方面采取更严厉的做法，这种做法在对彼乌斯案件的骇人听闻的判决中已经表现了出来。

恩格斯：《致奥·倍倍尔》，

《马克思恩格斯全集》第 38 卷第 283 页。

　　军队要花钱，而钱这个东西，即使最有权力的皇帝也是不能随意制造出来的。奥地利政府迄今一直通过大量发行纸币来勉强保持财政上的收支平衡。

恩格斯：《法国来信》，

《马克思恩格斯全集》第 44 卷第 32 页。

　　他们对政府的全部要求就是，自己活也让别人活，奥地利政府早已懂得这一点。因此，制造仅仅停留在纸面上的法律和命令的做法之所以达到登峰造极的程度并被奉为原则，虽然也还有其他原因，但主要是上述情况造成的；此外，这种情况造成的行政上惊人的腐败，确实超出我所能设想的程度。

恩格斯：《致维·阿德勒》，

《马克思恩格斯全集》第 39 卷上册第 133 页。

　　政府从来不知道自己所想望的是什么，得过且过，法律大多是一纸空文，行政管理普遍混乱，这一点我是通过亲自观察才得到一个真实的概念。

恩格斯：《致奥·倍倍尔》，

《马克思恩格斯全集》第 39 卷上册第 139 页。

　　既然布勒斯劳当局为炮制上述文件花费了三个月时间，那么能否至少"期望"这个否定性答复的理由有事实的根据呢？不过看来，布勒斯劳当局"认为"行政机关同法学一样享有"法律虚构"的特权。

马克思：《论大赦问题》，

《马克思恩格斯全集》第 44 卷第 482～483 页。

　　浸透俄罗斯帝国政府一切机关的讨厌的文牍主义和拖拉作风是荒谬的、野蛮的。凡是可能有一点好处的法律，总要受到这种文牍主义的拖累，使法律的实行无限期地拖延下去。

列宁：《新工厂法》，

《列宁全集》第 2 卷第 351 页。

　　这种社会主义所说的物质生活条件的改变，绝对不是只有通过革命才能实现的资产阶级生产关系的消灭，而是一种行政上的改良，这种改良是在这种生产关系的基础上实行的，因而丝毫不会使资本和雇佣劳动间的关系有所改变，至多也只能替资产阶级缩减它的统治费用和简化它的国家事务。

马克思恩格斯:《共产党宣言》,

《马克思恩格斯全集》第 4 卷第 499 页。

一方面，每个政府都具有真正的国家意识，即认为国家有不顾一切私人利益而必须实施的法律，另一方面，每个政府作为个别的行政当局又不能制定，而只能执行制度和法律。因此，政府不可能设法对管理工作本身进行改革，而只能设法对管理的对象进行改革。

马克思:《摩泽尔记者的辩护》,

《马克思恩格斯全集》第 1 卷上册第 374 页。

执政参议院出版一种《政府法令汇编》，定期公告政府的每项措施。我们就用这些材料来看一看政府在哪些方面制定了法律，发出了指令。

列宁:《时评》,

《列宁全集》第 4 卷第 374~375 页。

我不知道是否有一个英国大臣敢于在议会中提议：被选出的乡镇官吏应当经过批准，在选举不适当的情况下由政府强制任命代替者，设置拥有普鲁士县长、专区政府〔Bezirk-sregierungen〕委员和总督那种权力的国家官吏，行使那种由县组织法规定的行政管理机关有干预乡镇、区和县的内部事务的权利。

恩格斯:《暴力在历史中的作用》,

《马克思恩格斯全集》第 21 卷第 525 页。

玻利瓦尔于 1814 年 11 月 22 日到达通哈，被议会任命为联邦军队的总司令，并接受了两重任务——先迫使孔迪纳马卡省的主席承认议会的权力，然后向还控制在西班牙人手里的新格拉纳达唯一设防海港圣马尔塔进发。

马克思:《玻利瓦尔-伊-庞特》,

《马克思恩格斯全集》第 14 卷上册第 229 页。

胡阿雷斯总统的政府也就是拒绝承认这一笔至今连 420 万美元也没有付给的为数 5200 万美元的债务，理由是：一方面，它对此事毫无所知，另方面，米腊蒙、苏洛阿加和佩萨-伊-佩萨这几位先生并没有订借这样一种国债的宪法权力。

马克思:《国际性的米勒斯案》,

《马克思恩格斯全集》第 15 卷第 525~526 页。

在 1847 年他们还有能力否决借口建设东部铁路而提出的贷款，但是在 1849 年他们一开始事实上就批准了这项贷款，而事后才必恭必敬地请求给予批准拨款的理论上的权力。

马克思恩格斯:《国际述评》,

《马克思恩格斯全集》第 7 卷第 255 页。

但正如我们所看到的,他本身的权力同上述 4 个军事长官一样,并不起什么作用;军队即使采取某种微不足道的行动,也必须取得 5 个人的全体同意。

恩格斯:《英军在克里木的灾难》,

《马克思恩格斯全集》第 10 卷第 631～632 页。

因为根据为每个人专门制订的并经过相应机关批准的全部工作守则来看,正好是现在需要做的,却没有包括在他的职权范围内,而他由于没有这种权力,就不能整顿秩序。

恩格斯:《英军在克里木的灾难》,

《马克思恩格斯全集》第 10 卷第 634 页。

在这里,地主或者亲自担任拥有乡长〔landlicher Gemeindevorsteher〕权力的领地区长〔Gutsvor-steher〕,或者任命这种领地区长;此外,也是由于把区〔Amtsbezirk〕的全部警察权和警察裁判权都交给了区长〔Amtsvorsteher〕,这种区长在农村中自然几乎无例外地都是大地主,从而乡也处在他们的监督之下。

恩格斯:《暴力在历史中的作用》,

《马克思恩格斯全集》第 21 卷第 524～525 页。

马克思在《国际性的米勒斯案》里提到,"胡阿雷斯总统的政府也就是拒绝承认这一笔至今连 420 万美元也没有付给的为数 5200 万美元的债务",是指墨西哥债务问题。

墨西哥议会 1861 年 7 月 17 日关于暂停支付外国债款两年的决定,这一决定成了英、法和西班牙干涉墨西哥的借口。胡阿雷斯所领导的墨西哥政府为了避免战争,于 1861 年 11 月取消了 7 月 17 日的决定,并表示同意满足三国的要求。

英国债权人的全权代表要求提供墨西哥债务或罪行的清单,在这个时候,墨西哥的外交部长曾把对法国的债务确定为 20 万美元,即区区 4 万英镑。而法国现在所提出的账单却远远不是这个数目。

在苏洛阿加和米腊蒙的天主教政府时期,曾经以瑞士的让·巴·热衷尔银行为中介,订立了发行墨西哥国家债券 1400 万美元的协定。此项债券第一次发行时实付总数只有票面数值的 5%,即 70 万美元。所发行的全部债券很快就落入"显要的"法国人之手。

米腊蒙是在他掌握首都的时候订立这笔债务的。后来,当他变成了一个游击队首领的时候,又通过他的所谓财政长佩萨·伊·佩萨先生,发行了票面价值达 3800 万美元的国家债券,这次的中介人又是热克尔银行,但是该银行这一回仅仅垫付了 50 万美元的区区之数。瑞士的银行家又一次尽可能迅速地处理了他们在墨西哥的财产,而这些债券也就又一次落入那些"显要的"法国人手中。

马克思题目所称的"米勒斯案",是 1861 年夏在巴黎发生了轰动一时的对法国著名银行家米勒斯的诉讼案，他被控进行欺骗性的交易所投机和违反信托公司法。这一案件揭露了丑恶的金融诈骗，而且牵涉到第二帝国的许多显贵。米勒斯被判罚款和5年徒刑，但在1862年被上级法院宣告无罪。

2. 执法权违法行使

西谚说，牛身上长不出羊毛来。但牛身上长出来的一定是牛毛。几千年私有制造成的臃肿庞大的、承继下来的官僚体制，必然成就行政权违法行使的事实。

马克思主义经典作家在多种场合，揭示了形形色色的行政违法行为。

保护公民的最高利益即他们的精神的主管机关，一直在进行非法的活动，这一机关的权力简直比罗马的书报检查官还要大，因为它不仅管理个别公民的行为，而且甚至管理公众精神的行为。在组织完善的、以自己的行政机关自豪的普鲁士国家里，政府高级官员的这种不负责任的行为，这种一贯的不忠诚的行为，难道可能发生吗？还是国家总是盲目地挑选最无能的人去担任最艰巨的职务呢？最后，也许是普鲁士国家的臣民已根本不可能起来抗议这种违法的行为吧？难道普鲁士的所有作者都如此愚昧无知，连与自己生存有关的法律也不知道吗？还是他们的胆子太小，竟不敢要求实施这种法律呢？

马克思：《评普鲁士最近的书报检查令》，
《马克思恩格斯全集》第1卷上册第108页。

普鲁士有一条于1820年1月17日颁布的法律，那就是国王未得三级会议（大家都知道，在普鲁士迄今尚无这种会议）批准，不得借任何国债。这一法律就是担保普鲁士人总有一天会获得1815年就答应给他们的宪法的唯一保证。由于并不是普鲁士国外所有的人都知道有这一法律，所以1823年政府很顺利地在英国借到了300万英镑这是第一次破坏宪法。

恩格斯：《普鲁士宪法的破坏》，
《马克思恩格斯全集》第4卷第21页。

不过，旧的法令按照自己的本性宣布了某种实际上确定的东西并对它加以限制，而检查令则赋予纯粹的偶然性以空想的精神，并以普遍性的激情宣布了某种纯粹个人的东西。

但是，如果说浪漫主义的检查令在编辑问题上使最外在的确定性具有最亲切的不确定性的语调，那么，它在书报检查官问题上就使最暧昧的不确定性具有法律上的确定性的语调。

马克思：《评普鲁士最近的书报检查令》，
《马克思恩格斯全集》第1卷上册第131页。

在这里我们全文引录一篇新的群众的呈文，在这篇呈文中，芬兰人民对政府违背亚历山大一世至尼古拉二世各代沙皇的庄重誓言，一贯践踏芬兰宪法的政策表示强烈的抗议。

这篇呈文是在 1901 年 9 月 17 日（30 日）递交芬兰参政院转呈沙皇的。在呈文上签名的有芬兰各社会阶层的男女居民 473363 人，就是说，有近 50 万公民签了名。芬兰的全部人口为 250 万人，这个新的呈文真可以说是全民的呼声了。

呈文的全文如下：……

近几年来，我们边疆遭受了许多不堪忍受的痛苦。人们一次又一次地感到，边疆根本法的各项规定屡遭忽视，这一方面表现在各种立法措施上，一方面表现在俄罗斯人接替了许多重要职务上。边疆行政当局的任务好像就是要扰乱安宁和秩序，阻挠共同有益的愿望的实现，挑起俄罗斯人和芬兰人之间的不和。……

这篇呈文成了人民对破坏根本法的一帮俄国官僚的真正审判，我们对此呈文要补充的不多了。

列宁：《芬兰人民的抗议》，

《列宁全集》第 5 卷第 317～319 页。

在普鲁士，起诉权——例如对诽谤者的起诉权——是以一个官员的预先"决定"为转移的，而这个官员又会由于所谓的"违反职责"（见 1849 年 7 月 10 日暂行条例和 1851 年 5 月 7 日惩戒法）而受到政府惩罚，即予以警告、罚款、强迫调任他职或者甚至带有侮辱性地撤销其司法职务。这样的事，不用说向英国人解释清楚，就是要他们大致相信，也是很难的！

马克思：《福格特先生》，

《马克思恩格斯全集》第 14 卷上册第 687～688 页。

原来汉泽曼先生的应该巩固国家信用的财政法案，却有破坏国家信用的危险！

汉泽曼先生认为还是暂时保守国家财政状况的秘密为好！国家处在这种情况下，汉泽曼先生不公开宣布财政状况，不用事实来消除怀疑和谣言，反而不负责任地发表这种含糊其词的声明。

恩格斯：《7 月 7 日的妥协辩论》，

《马克思恩格斯全集》第 5 卷第 244～245 页。

人民要求调查秘密的普鲁士国库。办事内阁这样回答这个不知分寸的要求：它有权深入地审查所有帐簿和编制关于全体公民财产状况的清单。普鲁士的宪政时期不是由人民检查国家的财产状况开始，相反地，而是由国家检查公民的财产状况开始。这样，就给官僚制度无耻干涉公民交往和私人关系大开方便之门。在比利时，国家也发行强制公债，但它仅仅满足于税收册和抵押登记簿，满足于现有的官方文件。而办事内阁却把普鲁士军队的斯巴达精神运用到普鲁士的政治经济学中去。

马克思恩格斯：《强制公债法案及其说明》，

《马克思恩格斯全集》第 5 卷第 314 页。

你们是知道大暴行的真相的,从杜马代表的发言中就可以看出来。立宪民主党人纳波柯夫说:"我们知道,行政当局在好多方面绝对推脱不了嫌疑,即各处的大暴行所以会同时发生,或者是因为黑帮组织在采取行动之前同地方当局打了招呼,或者在最好的情况下是因为地方当局一贯地袖手旁观。"

> 列宁:《反动派开始了武装斗争》,
> 《列宁全集》第13卷第201页。

中国在1840年战争失败后被迫付给英国的赔款,大量的非生产性的鸦片消费,鸦片贸易所引起的金银外流,外国竞争对本国生产的破坏,国家行政机关的腐化,这一切就造成了两个后果:旧税捐更重更难负担,此外又加上了新税捐。

> 马克思:《中国革命和欧洲革命》,
> 《马克思恩格斯全集》第9卷第111页。

奥军的军需机构也和奥地利一切行政机构一样,是行贿受贿和营私舞弊的巢穴,它未必比俄国的好些。

> 恩格斯:《德国战争短评》,
> 《马克思恩格斯全集》第16卷第193页。

行政机构早已腐败透顶,官吏们主要是靠贪污、受贿和敲诈来维持生活,而不是靠薪俸。

> 恩格斯:《流亡者文献》,
> 《马克思恩格斯全集》第18卷第622页。

《前进报》说得对,这封信一清二楚地说明了俄国的贪污受贿和外国资本是怎样从这种贪污受贿中捞到好处的。这封信确凿地证明,在文明的资本主义国家之间,通常的"事务"关系实际上是怎么回事。欧洲到处都在干着这种勾当,但是任何地方也不像俄国干得这样无耻,任何地方都不像在专制制度的俄国这样给贪污受贿以"政治保险"(保险不被揭发)。德国社会民主党人最后说道,显然,这就是为什么欧洲工业热中于保护俄国专制制度及其暗中搞鬼的不负责任的官员们的原因!显然,这就是为什么俄国官员们拼命抵制要把行政当局置于公众监督之下的宪法的原因!

> 列宁:《法国和俄国的"贿赂"之风!》,
> 《列宁全集》第10卷第29~30页。

这里所谈的并不是滥用乡镇长的权力去为违反林木管理条例者谋取好处,而是滥用乡镇长的权力去为林木所有者谋取好处。

> 马克思:《第六届莱茵省议会的辩论(第三篇论文)》,
> 《马克思恩格斯全集》第1卷上册第269~270页。

当时的大臣霍伊姆统治了西里西亚省二十年，他独自为政，完全不受任何监督，并利用这一权力进行最可恶的容克地主式的敲诈和勒索，而为了奖励他给上帝、国王和祖国所建树的功勋，南普鲁士也委托给他管辖。

恩格斯：《波兹南》，

《马克思恩格斯全集》第 6 卷第 538 页。

马克思在《中国革命和欧洲革命》里的"中国在 1840 年战争"，指第一次鸦片战争（1839～1842 年）。这是一次英国侵略中国的战争，从这次战争开始，中国就变成了一个半殖民地国家。战争的导火线是中国当局在广州焚毁了外国商人的鸦片。英国殖民主义者利用封建落后的中国战败的机会，强迫中国签订掠夺性的南京条约（1842 年 8 月 29 日），条约规定中国向英国开放五个海港（广州、厦门、福州、宁波和上海），把香港岛割给英国作"永久的属地"，给英国巨额赔款。1843 年又补充规定，外国人在中国享有治外法权。

（三）执法权力关系状况

1. 当权者层面的执法权力关系

任何法律关系都是社会的。在"社会的"执法权力关系中，划分出当权者层面的关系和社会层面的关系。当权者层面的关系，是基于执法权力所形成的统治阶级成员相互之间的关系。

经典作家对于作为国家权力的三权的论述的内容范式，是大体相同的。因而我的读书笔记的分类和题目，亦随之相同。在"执法权力关系状况"中，因袭立法权力关系，仍然划分为当权者层面的关系和社会层面的关系。后面的司法权力一节，也采用同一思路。

自 1830 年起，资产阶级共和党人集团以其作家、演说家和"天才人物"为代表，以其名位野心家、议员、将军、银行家和律师为代表，集聚在巴黎"国民报"的周围。在外省，"国民报"设立有自己的分馆。"国民报"派是三色旗共和国的王朝。他们立刻就占据了一切国家职位——内阁各部、警察总局和邮政总局的职位，地方行政长官的职位和军队中高级军官的空缺。他们的将军卡芬雅克执掌着行政权力，而他们的总编辑马拉斯特已成为制宪国民议会常任议长了。同时他在接见宾客时，却又像一个司礼官执行着代表"正直的"共和国款待宾客的职责。

马克思：《1848 年至 1850 年的法兰西阶级斗争》，

《马克思恩格斯全集》第 7 卷第 40 页。

内阁同它的铁路法案一起遭到实际的失败，因为这个法案只包括为了这个目的而召开的议会委员会所建议的条款一小部分。因为铁路线老板们的行动十分一致，英勇的卡德威尔先生在代表内阁发言时宁肯把原来的法案撤回，用另一个由铁路经理们本人制定的法案来代替它，而这个法案既没有经理增加任何义务，也没有规定比现行规章更严格的规章。当这个法案在议院里讨论时，除了身为议员的铁路公司的经理外，会场中没有任何人。

一家周刊写道："看来，大臣和议会既不能保护股票持有人的财产和旅客们的口袋，也不能保证公众不受铁路公司的侵犯，因为铁路公司硬说它们有权擅自任意处理这些财产。"

马克思：《不列颠的财政》，

《马克思恩格斯全集》第 10 卷第 243 页。

为了在作战方面和战区的管理方面做到步调一致、坚强有力和有条不紊，帕麦斯顿提出了一个惊人的办法：在每一个职位上增设一个具有不定权力的监督员。

马克思：《议会》，

《马克思恩格斯全集》第 11 卷第 81 页。

康罗贝尔没有别的办法，只好不再指挥军队，因为他已经失去了对军队的任何权力和任何影响。

马克思恩格斯：《喜剧序幕。——克里木最近事件的经过》，

《马克思恩格斯全集》第 11 卷第 276 页。

那种虚幻的权力之所以周期性地落在约翰勋爵手中，除了靠培德福德公爵（约翰勋爵是他的幼子）家族的势力之外，还靠他缺乏所有那些一般说来他人能够控制别人的特点。

马克思：《约翰·罗素勋爵》，

《马克思恩格斯全集》第 11 卷第 431 ~ 432 页。

对于约翰·罗素勋爵来说都不过是骗人的幌子。他整个人就是骗人的幌子，他的全部生活就是一派谎言，他的全部活动都是为了达到肮脏的目的，为了侵吞公共财富和篡夺仅仅是表面上的权力而使用的一连串卑劣的阴谋诡计。

马克思：《约翰·罗素勋爵》，

《马克思恩格斯全集》第 11 卷第 455 页。

他们冷静而坚定地宣称：他们在自己的领地上有着跟普鲁士国王在全国所有的同样充分的权力。他们顽强地力争使宪法成为对其他一切阶级来说是有名无实的东西，而对自己却具有实际的作用。

马克思：《普鲁士》，

《马克思恩格斯全集》第 11 卷第 716 页。

英国内阁这种明显的优柔寡断，鼓励了奥托在 1802 年 8 月 17 日交给霍克斯柏里勋爵

一份极其蛮横的照会，照会中公然要求：采取有效措施禁止英国报刊登载一切不妥当的煽动性的通告，把某些人赶出泽稷岛，驱逐法国主教，遣送若尔日及其追随者到加拿大，放逐法国亲王到华沙。至于外侨管理法，奥托先生坚持说，政府必须具有"合法的、强有力的权力，不必诉诸法庭而能约束外侨"。

马克思：《伦敦的法国人审判案》，

《马克思恩格斯全集》第 12 卷第 460 页。

纽卡斯尔公爵力图用以证明远征白河的合法性的方式也是同样别出心裁的。根据 1843 年的中英条约，英国享有天朝给予最惠国的一切权利。而俄国在最近与中国签订的条约中享有了白河的航行权。因此，按照 1843 年的条约，英国也享有这样的航行权。纽卡斯尔公爵说，这一点他是能够坚持的，"不需要什么有力的专门的论据"。

马克思：《英国的政治》，

《马克思恩格斯全集》第 15 卷第 12 页。

在法国，至少是一个被假定为民族英雄后裔的人大胆地把自己当作国家，同时公开承担这样僭越大权的一切危险。而在英国，则是所谓内阁里的一个二流人物，一个声名狼籍的野心家，一个无名小卒，依靠议会精神的愚蠢，依靠无名报刊的迷惑人心的胡言乱语，一声不响地，毫无危险地，悄悄地窃取了无限权力。

马克思：《英国的政治》，

《马克思恩格斯全集》第 15 卷第 13 ~ 14 页。

由于降低英国商品税——不管真降低或假降低——要延搁到将来，所以英国政府实质上起一个保险公司的作用，保证在这个时期内维持住路易 - 拿破仑的权力。

马克思：《法英之间的新条约》，

《马克思恩格斯全集》第 15 卷第 18 页。

发生了一些事件，这些事件迫使内阁黜退了警察厅长施梯伯这个卑鄙的罪犯，他曾经同他的主子，已故的辛凯尔迪一起，从 1852 年起在普鲁士握有最高权力。

马克思：《柏林的情绪》，

《马克思恩格斯全集》第 15 卷第 48 页。

营里临时军官的职务的分配是不难安排的，可以先从参加的上尉中资格较老的开始，其余的以后轮流担任他们的职务。不妨委托给营长一些自决的权力来指派这些职务，以便保证在参加的军官中间开展活跃的竞赛。

恩格斯：《阿尔德肖特和志愿兵》，

《马克思恩格斯全集》第 15 卷第 300 页。

一手垄断对外政策的贵族，起初缩小成寡头集团，以一个名为内阁的秘密会议为代表，然后，内阁又被一个人挤掉，这就是帕麦斯顿勋爵，他在近30年来篡夺了管理不列颠帝国国家资源和决定其对外政策方针的绝对权力。

马克思：《伦敦"泰晤士报"和帕麦斯顿勋爵》，
《马克思恩格斯全集》第15卷第336页。

看一看同一个校官在进行营教练时的情况吧。在这里没有将官的敏锐眼睛盯着他；在这里他就是最高权力；在这里，在没有找副官讨主意或没有乱成一团以前，副官往往必须站在陛下的规章给他安排的位置上，有主意也不能提。

恩格斯：《志愿兵军官》，
《马克思恩格斯全集》第15卷第406页。

为了用现金——当然是人民口袋里的现金——买来的政权而同政府做的零星交易依然在进行。资产阶级在国家中的实际权力仅仅在于对税收的表决权，而且是非常有限的表决权。

恩格斯：《普鲁士军事问题和德国工人政党》，
《马克思恩格斯全集》第16卷第63页。

在巴黎会议上签字放弃了英国海上权利的克拉伦登勋爵，正如他以后在上院所承认的，事先并没有让女王知道，也没有相应的权力。他的全部权力就是帕麦斯顿写的一封私人信件。直到现在，帕麦斯顿还不敢要求英国议会批准巴黎宣言和克拉伦登在宣言上的签署。除了关于宣言实质的辩论以外，令人担心的还有关于宪法问题的辩论——一个英国大臣是否可以不管女王和议会，僭越权力，大笔一挥而送掉英国海上霸权的历史悠久的基础。

马克思：《华盛顿政府与西方列强》，
《马克思恩格斯全集》第15卷第452页。

有着常备军、无所不管的官僚制度、愚民的僧侣、奴性的司法体系的政府权力，脱离社会已经到这样一种程度，以致一个以一伙饿鬼般的亡命徒作后盾的、低能到可笑地步的冒险分子，都可以来运用它。

马克思：《初稿。——公社》，
《马克思恩格斯全集》第17卷第585页。

他们一听到"共和国"这个名称就怒气冲天，同时他们却以它的名义接受了俾斯麦的口授条件，以它的名义把法国剩余的财富滥花在内战上，以它的名义诋毁巴黎，以它的名义制定将来对叛乱者定罪的法律，以它的名义篡夺号令法国的权力。

马克思：《二稿。——公社》，

《马克思恩格斯全集》第 17 卷第 649 页。

文迪施格雷茨在佩斯成立了一个新的匈牙利政府委员会，它要得到旧匈牙利政府所有一切权力，从而把建立南方斯拉夫人王国的企图化为泡影，这使克罗地亚人极为恐惧。

恩格斯：《匈牙利的克罗地亚人和斯洛伐克人》，

《马克思恩格斯全集》第 43 卷第 130 页。

固有的虚弱感和人民心目中对它的权力的怀疑，使洪达经常处于恐惧状态，并且对它必须委以军事指挥重任的将军们持怀疑态度。

马克思：《中央洪达》，

《马克思恩格斯全集》第 44 卷第 231 页。

如果俄国贵族不能把他们的谷物、亚麻，一句话，把他们的农产品卖给外国，俄国连一年也维持不住，而它进行贸易主要是使用外国船只。英国要对俄作战，就必须重新掌握这种权力。放弃这种权力的借口是确保私有财产在海上和在陆地上一样安全。

《卡·马克思和弗·恩格斯的发言记录》，

《马克思恩格斯全集》第 44 卷第 671 页。

爱尔兰的情况正是这样，难道还不清楚吗？在爱尔兰只存在着行政权力，在这种体制下，最高权力能做的事情，更多的是压迫老百姓而不是保护他们的权利。

马克思：《从美国革命到 1801 年合并的爱尔兰》，

《马克思恩格斯全集》第 45 卷第 62 页。

马克思在《英国的政治》里提到"英国享有天朝给予最惠国的一切权利"，指 1843 年 10 月英国与清政府签订的"虎门条约"和"五口通商章程"。这是 1842 年的"南京条约"的补充，英国由此获得一些新的特权，主要有：领事裁判权，片面的最惠国待遇，即凡其他国家从中国得到的侵略利益，英国都可"一体均沾"，等等。

"俄国在最近与中国签订的条约中享有了白河的航行权"，指 1858 年 6 月 13 日（1日）签订的中俄天津条约。天津条约特别规定：俄国使臣可以从白河口通过大沽进入北京。

2. 社会层面的执法权力关系

社会层面的执法权力关系，是基于执法权力所形成的被统治阶级成员相互之间的关系，以及被统治阶级成员与统治阶级之间的关系。

那些纵容鸦片走私、聚敛私财的官吏的贪污行为，却逐渐腐蚀着这个家长制的权力，腐蚀着这个广大的国家机器的各部分间的唯一的精神联系。存在这种情况的地方，主要正是首先起义的南方各省。所以很明显，随着鸦片日益成为中国人的统治者，皇帝及其周围墨守成规的大官们也就日益丧失自己的权力。历史的发展，好像是首先要麻醉这个国家的人民，然后才有可能把他们从历来的麻木状态中唤醒似的。

马克思：《中国革命和欧洲革命》，

《马克思恩格斯全集》第9卷第110页。

这种把林木所有者的奴仆变为国家权威的逻辑，使国家权威变成林木所有者的奴仆。整个国家制度，各种行政机构的作用都应该脱离常规，以便使一切都沦为林木所有者的工具，使林木所有者的利益成为左右整个机构的灵魂。一切国家机关都应成为林木所有者的耳、目、手、足，为林木所有者的利益探听、窥视、估价、守护、逮捕和奔波。

马克思：《第六届莱茵省议会的辩论（第三篇论文）》，

《马克思恩格斯全集》第1卷上册第267页。

我们不是那种心怀不满的人，不会在普鲁士新的书报检查法令公布之前就声明说：即使丹纳士人带来礼物，我还是怕他们。相反，因为新的检查令允许对已经颁布的法律进行讨论，哪怕这种讨论和政府的观点不一致，所以，我们现在就从这一检查令本身谈起。书报检查就是官方的批评。书报检查的标准就是批评的标准，因此，就很难把这种标准同批评分割开来，因为它们是建立在同一个基础上的。

当然，对于检查令序言中所表述的一般倾向，每个人都只能表示赞同：

"为了使新闻出版现在就能摆脱那些未经许可的、违背陛下旨意的限制，国王陛下曾于本月10日下诏王室内阁，明确反对使写作活动受到各种无理的约束。国王陛下承认公正的、合乎礼貌的公众言论是重要的而且必需的，并授权我们再度责成书报检查官切实遵守1819年10月18日书报检查法令第2条的规定。"

当然！既然书报检查是必要的，那么公正的、自由的书报检查就更加必要了。

马克思：《评普鲁士最近的书报检查令》，

《马克思恩格斯全集》第1卷上册第107页。

它指责为保护宪法而举行的起义是图谋颠覆社会的无政府行动，也就是自己剥夺了自己在遭受行政权力违犯宪法的侵犯时诉诸起义的机会。

马克思：《路易·波拿巴的雾月十八日》，

《马克思恩格斯全集》第8卷第157页。

真正的波拿巴分子，培尔西尼和 credit mobilier〔动产信用公司〕正在酝酿一个方案，即把法兰西银行置于政府的直接和完全监督之下，使之变成国库的纯粹附属品，并利用这样得到的权力无限制地发行不能兑换黄金的国家纸币。

马克思：《不列颠的贸易》，

《马克思恩格斯全集》第 15 卷第 376 页。

一旦发生罢工或同盟歇业，地方当局立刻用自己的全部道义权力和物质权力来维护业主，反对工人；由工人掏钱供养的警察也被用来干法国军队所干的事，即挑拨工人采取非法行动，以便加以陷害。

恩格斯：《两个模范地方议会》，

《马克思恩格斯全集》第 19 卷第 294 页。

在最近的将来，法国就会重新出现陈腐的财政制度及其永恒的赤字和困难，以及随之而来的巴黎交易所的无限权力及其投机倒把、尔虞我诈和追逐暴利的行径。

恩格斯：《法国来信》，

《马克思恩格斯全集》第 44 卷第 6 页。

至于临时支用钱款，那么现在出于特殊考虑而坚决主张支款的沙佩尔和维利希两位公民十分清楚地知道，在协会背后背着大争数会员很久以来就有一个秘密委员会，它拥有支配协会基金的无限权力。

马克思恩格斯：《关于社会民主主义德国流亡者救济委员会 94 的钱款的声明草稿》，

《马克思恩格斯全集》第 44 卷第 69 页。

目前监狱已有人满之患……把要求纠正权力的滥用变成叛国行为。

马克思：《从美国革命到 1801 年合并的爱尔兰》，

《马克思恩格斯全集》第 45 卷第 71 页。

带有普选权的虚假立宪主义、作为政府支柱的庞大冗杂的军队、作为管理的主要方法的收买和贿赂、作为政府唯一目的的靠贪污欺诈以致富的行径，到处都在势不可遏地取代着我们的资产者在路易－菲力浦的太平盛世时期所梦想的所有那些漂亮的立宪主义保证，那种人为的权力均势。

恩格斯：《西班牙的共和制》，

《马克思恩格斯全集》第 45 卷第 165 页。

在教会中也像在军队中一样，除了家族关系的原则以外，现金原则也仍然盛行一时。教会的一部分职务落到年幼的贵族子弟手中，另一部分职务则落到花钱较多的人的手里。

马克思：《帕麦斯顿和英国的寡头政治》，

《马克思恩格斯全集》第 11 卷第 106 页。

除了官方的和半官方的政党，以及除了宪章派外，我们在英国还看到"贤人"集团，这些人对政府和统治阶级以及对宪章派都是同样的不满。他们高喊道：宪章派想干什么呢？想加强和扩大议会的无上权力，把它变成人民的政权。他们并不要废除议会制，他们是要把议会制提到更高的高度。而真正的目的在于摧毁代议制！领导这个集团的是一位东方贤人——戴维·乌尔卡尔特。他想恢复的界限，他希望用地方化来代替集中。他想重新挖掘"盎格鲁撒克逊时代的古老的和真正的法律源泉"。让这些泉水自然而然地流出来灌溉和肥沃周围的土地。但是戴维至少是彻底的。他打算把现代的分工和资本的积聚都恢复到古盎格鲁撒克逊的水平，最好是恢复到东方的水平。他原籍苏格兰高地居民，根据自由选择当了切尔克斯人和土耳其人的干儿子，他能够指责文明及其各种祸害，有时甚至还能对这种文明进行批判。但是他并不像一些幻想家那样庸俗，他没有把现代国家形式同现代社会分离开来，他并不幻想与资本积聚同时存在的地方独立性和与反个人主义分工同时存在的个人特殊性。

> 马克思：《行政改革协会。——人民宪章》，
> 《马克思恩格斯全集》第 11 卷第 301~302 页。

在德国的社会关系中，1866 年几乎没有改变任何东西。几点资产阶级改革，如统一度量衡，迁徙自由，营业自由等等，——而这一切都是局限于官僚制度所能够接受的范围内，——甚至没有取得其他西欧资产阶级早已得到的东西，并且丝毫也没有触动主要的祸害——官僚主义的经营权制度。而对于无产阶级说来，通常的警察行动本来也已经把迁徙自由、公民权、废止身分证等所有法律完全变成一纸空文了。

> 恩格斯：《"德国农民战争"第二版序言》，
> 《马克思恩格斯全集》第 16 卷第 449~450 页。

当中介人由于人数过多而成为社会机体上的寄生物，当他们取得默契，将商品囤积起来，借口这种人为的暖乏来抬高商品价格，总之，当他们用投机手段盘剥生产者和消费者，而不是充当这两者的简单的、公开的中介人的时候，商业就腐败了。

> 恩格斯：《傅立叶论商业的片断》，
> 《马克思恩格斯全集》第 42 卷第 323 页。

英国社会史上恐怕找不出比现代财富和赤贫现象相应增长这一点更确凿无疑的事实了。有趣的是，这条规律大概对疯人数目也适用。大不列颠疯人数目的增加不下于出口额的增长，而且超过人口的增长。

> 马克思：《英国疯人数目的增加》，
> 《马克思恩格斯全集》第 12 卷第 568 页。

过了时的社会力量，虽然它存在的基础早已腐朽，可是，在名义上它还控制着权力的一切象征，它继续苟延残喘，同时在它尚未宣告死亡和宣读遗嘱的时候，继承者们就为遗

产而争吵了起来。为历史所证明的古老真理告诉我们：正是这种社会力量在咽气以前还要作最后的挣扎，由防御转为进攻，不但不避开斗争，反而挑起斗争，并且企图从那种不但令人怀疑而且早已被历史所谴责的前提中作出最极端的结论来。

马克思：《反教会运动。——海德公园的示威》，
《马克思恩格斯全集》第 11 卷第 363 页。

了解到伊萨克怎样发展波拿巴的思想以后，我们认为重要的是再看一看波拿巴怎样评论伊萨克的思想。这一评论可以在内务大臣 1854 年 6 月 21 日向波拿巴呈递的关于 Crédit Mobilier 的活动和管理原则的报告中找到：

"……如果它的合作确实表明思想是有益的或者计划是得当的，那末，Crédit Mobilier 就应当受到而且一定会受到普遍的称赞，游资将会大量流向那些靠公司保护而能得到最可靠的使用的渠道。可见，这个公司之所以成为实现各种社会有益思想的参加者，是因为实例和威信比任何物质帮助更会使公司的任何支持具有吸引力。它将用这种办法有力地推动工业的发展，并且处处刺激发明精神。"

我们一有机会就竭力设法指出，这些冠冕堂皇的话怎样勉强地遮掩着一个普普通通的计划：使法国的整个工业卷入巴黎交易所的漩涡，并把它变成 Crédit Mobilier 的先生们及其保护人波拿巴手中的网球。

马克思：《法国的 CRéDIT MOBILIER》，
《马克思恩格斯全集》第 12 卷第 33～34 页。

英国铁路与 30 岁的人一样年纪。除国债外，没有一个国民经济部门在这样短的时期内获得过这样巨大的发展。据不久以前公布的蓝皮书统计，截至 1860 年止，投入铁路的资本为 348130127 英镑；其中 190791067 英镑来自普通股，67873840 英镑来自优先股，7576878 英镑靠借债，81888546 英镑则靠活期贷款。全部资本约为国债总额的一半，比大不列颠所有不动产的年收入多 4 倍。这种暴发户式的财富，现代工业的巨大产物，雌雄同体的经济怪物（它的脚像树根一样地扎在土地里面，而头却靠交易所养活），乃是贵族土地所有制的劲敌，资产阶级的又一支辅助部队。

1860 年铁路全长为 22000 英里，包括复线及会让站在内。也就是说，在过去 30 年内，每年平均敷设铁路 733 英里。但在这一工业部门里，平均数字与实际发展过程之间的距离比所有其他部门都大。在那些铁路热年份里，如 1844 年和 1845 年，整个本土都像突击一样在敷设铁路。以后几年，则是逐渐充实的过程，联结干线，敷设支线，所以铁路网就扩展得比较慢。在这几年，铁路建设的规模下降到平均水平以下。

马克思：《铁路统计资料》，
《马克思恩格斯全集》第 15 卷第 472 页。

西北铁路上的"利物浦号"机车，最大功率为 1140 匹马力。这个大怪物每天要吞食 1 吨煤和 1000—1500 加仑水。这样的铁马构造非常精巧，零件不下 5416 个，互相配合，

其精密程度不次于钟表。每小时走 50 英里的铁路机车车辆，其速度相当于炮弹速度的六分之一。如果每台机车的平均造价为 2200 英镑，则制造 5801 台机车的花费就是 1270 多万英镑。一年当中，每分钟就有 20000—25000 升水用 4—5 吨煤烧成蒸汽。斯蒂芬逊指出，这样变成蒸汽的水足够利物浦全体居民每日之需。同时，燃料的消耗量也几乎达到 4 年前不列颠煤的总输出量，或超过了伦敦总消费量的一半。

5801 台机车共带 15076 辆客车和 180574 辆货车，这些车辆的总值为 2000 万英镑。所有这些机车和车辆连成一列，就能把从布莱顿到阿贝丁的一条长达 600 多英里的线路完全占满。列车每天要开出 7000 多次，一昼夜之间每分钟就要开出 7 次。去年一年运送的乘客和货物的总行程在 1 亿英里以上，超过地球周长 4000 倍。一年当中，每秒钟就有 3 英里以上的铁路线被列车驶过。用铁路运输的牛、羊和猪达 1200 万头，货物和矿物达 9000 万吨。而矿物的运输量则超过其他货物运输量的 1 倍。

由于这条铁路的营业范围大大扩大（其他铁路也是如此），股东的监督削弱了，总局几乎独揽全权，管理方面就开始出现滥用职权的现象。

马克思：《铁路统计资料》，

《马克思恩格斯全集》第 15 卷第 474 ~ 475 页。

铁路投机的繁荣时期是 1845 年夏秋两季。当时股票价格不断上涨，投机者的利润很快地把各个阶级都卷入了这个漩涡。公爵和伯爵跟商人和工厂主争相参加有利可图的各铁路线的董事会。下院议员、法官和神甫也广泛参加这些董事会。

马克思恩格斯：《国际述评》，

《马克思恩格斯全集》第 7 卷第 493 页。

威尔逊先生是"经济学家"杂志的发行人和那个口是心非的、殷勤献媚的格莱斯顿的财政部的代言人，他是一个自由的使徒，同时又是一个钻营者；此人在其杂志的一个地方根本否认国家的必要性，而在另一个地方则证明说，具体说来，决不能没有联合内阁。于是，威尔逊先生就从故意歪曲事实起，开始了自己的说教。在 1854 年的输出表中，有两栏是关于机器输出的。关于铁路机车的第一栏表明，1853 年机车的输出总值为 443254 英镑，而在 1854 年为 525702 英镑，确实增加了 82448 英镑。正相反，包括工厂使用的机器和其他各种机器的第二栏（机车除外）表明：1853 年的输出总额为 1368027 英镑，1854 年为 1271503 英镑，即减少了 96524 英镑。因此，把这两笔数字比较一下，就可以看出输出额减少了 14076 英镑。这个详细数目使曼彻斯特学派 319 先生们露出了破绽。他们认为现在正是应该取消现行的那些对工厂工人有利的"限制"，即废除法律规定的妇女、18 岁以下的少年和 12 岁以下的儿童的工作时间的限制的适当时机。为了达到如此崇高的目的，捏造一些数字当然是可以的。

马克思：《工商业危机》，

《马克思恩格斯全集》第 10 卷第 642 ~ 643 页。

材料上写道：

"巴塞尔的学校里的空气比任何地方都污浊，如果说在露天空气中只有万分之四的碳酸气，在室内碳酸气一般也不超过万分之十，那末在巴塞尔的普通学校里，碳酸气的数量在上午是万分之二十到八十一，在下午是万分之五十三到九十四。"

关于这一点，巴塞尔大会议的议员图尔奈森先生无动于衷地说：

"没有什么可怕的！长辈们也在像现在这样坏的校舍里读过书，可是他们也没有怎么样。"

现在就会理解到，为什么巴塞尔工人的经济斗争的爆发标志着瑞士社会历史的一个时代。

马克思：《总委员会向国际工人协会第四次年度代表大会的报告》，
《马克思恩格斯全集》第 16 卷第 418 页。

英国议会最后不得不宣布，在一切受工厂法约束的工业中，受初等教育是"在生产上"使用 14 岁以下儿童的法定条件。工厂法关于所谓教育的条款措辞草率；由于缺少行政机构，这种义务教育大部分仍然徒有其名；工厂主反对这个教育法令，使用种种阴谋诡计回避这个法令；——这一切明显地暴露出资本主义生产的本性。

"只有立法机关应受谴责，因为它颁布了一个骗人的法令，这个法令表面上关心儿童的教育，但没有一条规定能够保证达到这个口头上的目的。它只是规定儿童每天必须有若干小时〈3 小时〉被关在叫做学校的地方的四壁之内，规定儿童的雇主每周必须从一个以男教师或女教师身分签字的人那里得到证明书。"

马克思：《资本论第一卷》，
《马克思恩格斯全集》第 23 卷第 439 页。

"工厂主对工厂法中的教育条款是十分憎恶的。"（《工厂视察员报告。截至 1856 年 10 月 31 日为止的半年》第 66 页，约翰·金凯德爵士的报告）

（应该读一读这些报告，看是怎样"荒诞"地执行工厂法教育条款关于每天在学校中学习几小时的规定的。）

"在棉纺织厂、毛纺织厂、精梳毛纺织厂和亚麻厂劳动的儿童，从 8 岁到 13 岁必须上学。在丝纺织厂劳动的和从事捻丝的儿童，从 11 岁起就不上学了，并且从这个年龄开始做全日工。即使这种极不彻底的半日工作制度，也只是在 1844 年的工厂法中规定的，在此之前，工厂主在使用童工方面实际上完全不受任何限制。"（同上，第 77 页，亚历山大·雷德格雷夫先生的报告）

马克思：《经济学手稿》，
《马克思恩格斯全集》第 47 卷第 505 页。

"在 1844 年的法令颁布以前，上学证明书往往由男教师或女教师在上面划一个十字来代替签字，因为他们自己也不会写字。我访问一所颁发这种证明书的所谓学校，教师的无知使我非常惊奇，所以我问他：'先生，请问您识字吗？'他的回答是：'唉，认识一点点。'为了申辩颁发证明书的权利，他又补充一句：'不管怎样，我总比我的学生高明。'在拟定1844年的法令的时候，工厂视察员并没有忘记描绘这种叫作学校的地方的丑事，但他们不得不承认这种学校颁发的证明书是执行工厂法的证明。他们努力的全部成果就是，从1844年的法令生效后，师必须在上学证明书上亲笔填写数字，并且必须签上自己的全名和姓。"（《工厂视察员报告。截至1855年10月31日为止的半年》第18~19页，莱昂纳德·霍纳的报告）……

"只有立法机关应受谴责，因为它颁布了一个骗人的法令，这个法令表面上关心工厂在业儿童的教育，但没有一条规定能够保证达到这个目的。它只是规定儿童一周中有几天，一天必须有若干小时〈3小时〉被关在叫做学校的地方的四壁之内，规定儿童的雇主每周必须从一个以男教师或女教师身分签字的人那里得到证明书。"（《工厂视察员报告。截至1857年10月31日为止的半年》第17页，莱昂纳德·霍纳的报告）

马克思：《经济学手稿》，

《马克思恩格斯全集》第47卷第505~506页。

为了收容各种各样的和不同程度的疯人和痴呆者，在英格兰和威尔士设有37个公立收容所，其中33个分设在各郡，4个设在城市；还有15个医院、116个官准私立疯人病院，其中37个设在首都，79个分设在外地；最后还有习艺所。公立疯人收容所或一般所称的疯人病院，按照法律规定，是为收容居民中贫苦阶层的疯病患者而专门设立的，应当是能够进行适当的医疗工作的诊所，而不仅仅是隔离疯子的地方。这些收容所是如何赶不上精神病患者的需要，举一个例子就可以说明。1831年，当可以容纳500个病人的汉威耳疯人病院（在密多塞克斯郡）修建起来的时候，都以为它可以满足全郡的需要。可是过了两年这所疯人病院就已经满员；又过两年，该院不得不扩充，以便再容纳300个病人；而现在（虽然这一时期内又修建了一所科尼·海奇疯人病院来安插该郡的1200名贫民疯病患者），汉威耳疯人病院收容的病人已在1000人以上了。科尼·海奇疯人病院是在1851年开设的；不到五年就不得不向纳税人要钱来修建新的收容所；最近的调查报告表明，1856年底，该郡居民中已有1100名以上的贫民疯病患者在这两个疯人病院中都得不到安置。

马克思：《英国疯人数目的增加》，

《马克思恩格斯全集》第12卷第569~570页。

从这笔菲薄款项里榨取大量收入，尽量少花钱来维持病人的生活。精神病委员会在最近的报告382中证实，甚至在那些领有相当大量的病人生活费的私立疯人病院里，实际上也没有提供什么良好的生活条件，而对病人的护理则恶劣到极点。

固然，大法官有权根据精神病委员会的呈请，撤销私立疯人病院的营业执照或不准它更换新照；然而在许多场合下，附近没有公立疯人病院或者现有的疯人病院已经满额，委员会不延长它们的执照期限，就得把大批贫苦的精神病患者送进各种各样的习艺所去。但是这个委员会认为，不论私立疯人病院多么糟糕，总比让这些贫苦病人几乎毫无照料地住在习艺所里要安全些，好一些。目前住在习艺所里的疯病患者将近 7000 人。

马克思：《英国疯人数目的增加》，

《马克思恩格斯全集》第 12 卷第 570～571 页。

按照法律规定，贫困的精神病患者应首先到分教区医师那里去检查，分教区医师负责把病人的情况通知济贫所的官员；济贫所的官员应当报告地方长官；按照地方长官的命令，病人被送进疯人收容所。实际上这些规定一条也没有执行。

马克思：《英国疯人数目的增加》，

《马克思恩格斯全集》第 12 卷第 571 页。

英国绝大多数马厩，与习艺所的疯人病房相比，就像是客厅一样；马厩里四条腿的牲畜受到的待遇，与贫苦居民阶层的疯病患者受到的待遇相比，不能不说是爱护备至了。

马克思：《英国疯人数目的增加》，

《马克思恩格斯全集》第 12 卷第 573 页。

火柴制造业是从 1833 年发明用木梗涂磷的办法之后出现的。自 1845 年起，它在英国迅速地发展起来，并由伦敦人口稠密的地区传到曼彻斯特、北明翰、利物浦、布利斯托尔、诺里奇、新堡、格拉斯哥等地，它同时也使牙关锁闭症蔓延到各地。维也纳的一位医生早在 1845 年就发现这种病是火柴工人的职业病。

马克思：《资本论第一卷》，

《马克思恩格斯全集》第 23 卷第 275 页。

政府也企图挑起对现存法定秩序的不满，例如，对旧普鲁士婚姻法的不满。182 法律的每一项改革和修订，每一个进步都是建立在这类不满上面的。

因为合法的发展不可能没有法律的发展，因为法律的发展不可能没有对法律的批评，因为对法律的任何批评都会在公民的脑子里，因而也在他的内心，引起与现存法律的不协调，又因为这种不协调给人的感觉是不满，所以，如果报刊无权唤起人们对现存法定秩序的不满，它就不可能忠诚地参与国家的发展。

马克思：《评部颁指令的指控》，

《马克思恩格斯全集》第 1 卷上册第 427～428 页。

马克思在《法国的 CRéDIT MOBILIER》里的，"Crédit Mobilier"，是保证以资本供给属于匿名公司的工业企业。

Crédit Mobilier 对于代表工业资本的有价证券所起的作用，类似贴现银行对于代表商业资本的有价证券所发挥的职能。这个公司拥有私人所得不到的各种通报和调查材料，来正确估计向它求助的企业的实际情况或发展前途。它们自称：在繁荣时期，我们的公司将导致资本找到能够盈利的场所；在困难时期，它的任务是用大量的资金来维持工人就业和缓和由于资本迅速缩减而引起的危机。

Crédit Mobilier 是根据 1852 年 11 月 18 日的法令建立的。根据章程规定，除了其他业务以外，该公司还可以买卖国家机关和公法机关的有价证券或工业股票，以它们作抵押品来贷款和借款，包销国家公债，简单地说，就是发行本公司的长期债券，数量同用这种办法得到的有价证券相等。可见，公司拥有在有利条件下用来吸收和随时集中大量财富的手段。

其实，这种公司是资本运作公司，"一手托两家""空手套白狼"，利用资本，创新各种"资本杠杆"，聚敛财富。在资本市场上呼风唤雨，无恶不作，从事违法犯罪活动。这类公司、这套手法，人们见得还少吗？马克思一针见血地指出：这种公司，使法国的整个工业卷入巴黎交易所的漩涡，并把它变成 Crédit Mobilier 的先生们及其保护人波拿巴手中的网球。

（四）苏维埃执法权力

1. 完全新型的执法权力

苏维埃执法权力，是完全新型的执法权力。其主要表现在：（1）人民当家作主，人民是国家执法权力的主人；（2）人民群众拥有参加各项国家事务管理的权力；（3）平等的干群关系，领导人员是人民的公仆。

胜利了的无产阶级在能够利用旧的官僚的、行政集中的国家机构来达到自己的目的之前，必须把它加以改造。

> 恩格斯：《致爱·伯恩施坦》，
> 《马克思恩格斯全集》第 36 卷第 81 页。

废除议会制（立法和行政的分立）；把国家的立法工作和行政工作结合起来。把管理和立法合在一起。

> 列宁：《俄共（布）第七次（紧急）代表大会文献》，
> 《列宁全集》第 34 卷第 67 页。

我们和我们的反对者之间的基本矛盾在于对制度和法律的理解。人们一直认为制度和法律是给地主和官吏提供方便的东西，而我们则认定制度和法律是给大多数农民提供方便的东西。只要全俄苏维埃会议没有建立，只要立宪会议没有召开，一切地方政权（县委员会，省委员会）就是最高的制度和法律！

> 列宁：《全俄农民第一次代表大会文献》，
> 《列宁全集》第 30 卷第 143 页。

成立工农临时政府，在立宪会议召开以前管理国家，临时政府定名为人民委员会。设立各种委员会，主持国家生活各部门的事务，其成员应与工人、水兵、士兵、农民和职员等群众组织紧密团结，保证实行代表大会所宣布的纲领。行政权属于由这些委员会主席组成的会议，即人民委员会。监督和撤换各人民委员的权利，属于全俄工农兵代表苏维埃代表大会及其中央执行委员会。

列宁：《全俄工兵代表苏维埃第二次代表大会文献》，
《列宁全集》第 33 卷第 22 页。

苏维埃政权即无产阶级专政则组织得能使劳动群众同管理机构接近起来。也正是为了这个目的，才在苏维埃国家组织中把立法权和行政权合而为一，并用生产单位（如工厂）来代替地域性的选区。

列宁：《共产国际第一次代表大会文献》，
《列宁全集》第 35 卷第 493 页。

应该记住，检察机关和任何行政机关不同，它丝毫没有行政权，对任何行政问题都没有表决权。

列宁：《论"双重"领导和法制》，
《列宁全集》第 43 卷第 195 页。

现在是工农国家做了"主人"，它就应当广泛地、有计划有步骤地并且公开地挑选最优秀的经济建设人员，挑选专业的和一般的、地方的和全国的行政管理人员和组织人员。

列宁：《劳动国防委员会给各地方苏维埃机关的指令》，
《列宁全集》第 41 卷第 272 页。

要消灭工农之间的差别，使所有的人都成为工作者。这不是一下子能够办到的。这是一个无比困难的任务，而且必然是一个长期的任务。这个任务不能用推翻哪个阶级的办法来解决。要解决这个任务，只有把整个社会经济在组织上加以改造，只有从个体的、单独的小商品经济过渡到公共的大经济。这样的过渡必然是非常长久的。采用急躁轻率的行政手段和立法手段，只会延缓这种过渡，给这种过渡造成困难。

列宁：《无产阶级专政时代的经济和政治》，
《列宁全集》第 37 卷第 273 页。

尽可能彻底地取消各种"委员会的讨论"，把最高经济委员会变成纯粹编纂和汇集政府经济法规的机关。最高经济委员会应当加快而不是延缓工作的总进程。

列宁：《关于新经济政策的指示草案》，
《列宁全集》第 42 卷第 379 页。

我觉察到，我们某些能够对国家事务的方针起决定性影响的同志夸大了行政这一方面。当然，在一定的地点和一定的时间，行政这一方面是必需的，但是不应该把它同科学修养方面、同掌握广泛的实际情况、同吸收人才的能力等等混为一谈。

> 列宁：《关于赋予国家计划委员会以立法职能》，
> 《列宁全集》第 43 卷第 346 页。

在考茨基看来，既然选举产生的公职人员还会存在，那也就是说，官吏在社会主义下也还会存在，官僚还会存在！这一点恰恰是不对的。马克思正是以公社为例指出，在社会主义下，公职人员将不再是"官僚"或"官吏"，其所以能如此，那是因为除了选举产生，还可以随时撤换，并且还把薪金减到工人平均工资的水平，并且还以"工作的即兼管行政和立法的"机构去代替议会式的机构。

> 列宁：《国家与革命》，
> 《列宁全集》第 31 卷第 111 页。

要善于正确地安排工作，使工作不落后，能及时解决所发生的摩擦，不要使行政管理脱离政治——这就是我们的任务。

> 列宁：《俄共（布）第十一次代表大会文献》，
> 《列宁全集》第 43 卷第 104 页。

我们就是要尽一切力量紧紧抓住这样一些人来恢复农民群众对我们的信任。这是基本的政治任务，而且是刻不容缓的任务。务请不要太热中于从"行政机关"的角度看问题，不要由于这个观点而过分焦躁。要更多地注意对农民的政治态度。

> 列宁：《致尼·巴·布留哈诺夫》，
> 《列宁全集》第 50 卷第 148 页。

社会民主党要求取消农奴主专制国家的农奴主－地主和官吏所规定的俄国原有的行政区划，而代之以根据现代经济生活要求和尽可能同居民民族成分相适应的区划。

> 列宁：《民族问题提纲》，
> 《列宁全集》第 23 卷第 331～332 页。

在说明现代资本主义的条件和要求时，不用"现代的"，不用"资本主义的"行政区划，而用俄国中世纪的、农奴制的、官方官僚制的行政区划，而且用的是最粗线条的行政区划形式（用省而不是用县），这是很可笑的。非常明显，不废除这些区划，不代之以真正"现代的"区划、真正符合资本主义的而不是官家的、不是官僚制度的、不是守旧势力的、不是地主的、不是神父的要求的区划，那么就谈不上在俄国进行什么比较认真的地方改革。

> 列宁：《关于民族问题的批评意见》，
> 《列宁全集》第 24 卷第 151 页。

俄国行政区划的变动，不论是农村或城市（村、乡、县、省、城市的区和段，以及郊区等），都必须以当前经济条件和当地居民民族成分的调查为依据。

列宁：《关于民族平等和保护少数民族权利的法律草案》，
《列宁全集》第 25 卷第 143 页。

苏维埃行政机构这架机器要工作得正常、精确而迅速。它工作松垮，不仅会使某些个人的利益受到损失，而且会使整个管理工作名不副实，形同虚设。

列宁：《致各中央苏维埃机关领导人》，
《列宁全集》第 52 卷第 170 页。

我们在设立监察委员会时，就这样说过：中央整天忙于行政管理工作，让我们选出一些在工人中享有威信的并且不是整天忙于行政管理工作的人来替中央处理各种申诉吧。这样就提供了开展批评、纠正错误的方法。

列宁：《俄共（布）第十次代表大会文献》，
《列宁全集》第 41 卷第 43 页。

既然我们，党中央和全党，还要进行行政管理，就是说，还要管理国家，我们就决不会放弃而且也不能放弃"整刷"，即放弃撤职、调职、委派、开除等等办法。

列宁：《再论工会、目前局势及托洛茨基同志和布哈林同志的错误》，
《列宁全集》第 40 卷第 297 页。

副主席应比以往更经常地行使自己的个人权力，对犯有官僚主义、拖拉作风、玩忽职守、粗心大意等过错的人给以行政处分（催促瞿鲁巴同志加速制订有关这一问题的法案）。情节严重者必须撤职，送交法庭，由司法人民委员部组织威慑性的公开审讯。

列宁：《关于副主席（人民委员会和劳动国防委员会副主席）工作的决定》，
《列宁全集》第 43 卷第 153 页。

国防委员会委托各省肃反委员会，在全俄肃反委员会最严格的监督下，对［不执行者］未按上述定额采伐木材、违犯个人劳动法令的林业部门所有［官员］工作人员［进行］［实行］进行处罚，至少应处以几个星期日的拘留。

列宁：《对国防委员会关于吸收林务员参加木材采伐工作的决定草案的修改》，
《列宁全集》第 38 卷第 223 页。

致库尔斯基：（拖拉作风的危害）（1）应当写得通俗一些。（2）要转述法律的全文。（3）举出三四个具体例子为什么？用什么方法？这有助于同拖拉作风作斗争，（4）要求每一个省执行委员会翻印，（5）说明我们要惩罚既不知道也不实施这项法律的人。

列宁：《致德·伊·库尔斯基》，
《列宁全集》第 49 卷第 180 页。

要作出决定（或者不作"决定"而在莫斯科省进行试点，以便树立典型）；立即在每个乡严惩 10 个延误（那怕稍有延误）交粮食税或对交粮食税态度消极的最富裕的农民，以儆效尤。同样——每县惩罚 1 个对交粮食税态消极的乡，或每省惩罚 2－3 个乡，以儆效尤？

列宁：《致莫·伊·弗鲁姆金》，
《列宁全集》第 51 卷第 162 页。

惩罚是否有所减轻？应当提交大人民委员会审查。惩罚只能加重。

列宁：《致阿·谢·基谢廖夫》，
《列宁全集》第 51 卷第 208 页。

今后出现在全俄代表大会讲台上的，将不仅有政治家和行政管理人员，而且有工程师和农艺师。这是最幸福的时代的开始。

列宁：《全俄苏维埃第八次代表大会文献》，
《列宁全集》第 40 卷第 154 页。

公布我们在吸收工程师参加专家委员会工作和担任行政职务方面的政策的基本原则、所宣布的条件、工人组织的评论等等。

列宁：《对人民委员会关于国家建筑工程委员会组成人员的决定草案的意见》，
《列宁全集》第 34 卷第 396 页。

在我看来，主要的是把工作重心从草拟法令和命令（在这方面我们愚蠢到了麻木不仁的程度）转到选拔人才和检查执行情况上。问题的关键就在这里。……

我们所有的人都陷在"各部门"的官僚主义臭泥潭里。要想经常不断地同这种现象作斗争，就需要有很高的威信、智慧和魄力。各部门是一堆粪土，法令是一堆粪土。发现人才，检查工作——这才是一切。

列宁：《关于改革人民委员会等机构的工作问题》，
《列宁全集》第 42 卷第 393 页。

也许公社是为了强调自己真正民主的、无产阶级的政府的性质，决定行政机关和政府全体官员的薪金不得高于正常的工人工资，一年的薪金无论如何不得超过 6000 法郎（每月不到 200 卢布）。

列宁：《纪念公社》，
《列宁全集》第 20 卷第 223 页。

说什么阶级的学校大纲势必分成富人的大纲和穷人的大纲，阶级大纲在西欧没有取得成就，阶级学校以阶级限制为前提，等等。所有这些都极其清楚地说明，尽管题目很大，尽管词句漂亮，尤沙柯夫先生却根本不了解阶级学校的实质是什么。最可敬的民粹主义者先生，这个实质就是：教育的组织和受教育的机会，对一切有产者来说，都是相同的。阶级学校不同于等级学校的实质就在于有产者这三个字上面。因此上面引证的尤沙柯夫先生的一段话，说在考虑到学校的阶级利益的情况下，似乎"根本谈不上统一类型的国立中学"，就完全是胡说。恰恰相反，阶级学校如果办得彻底，就是说，如果它没有任何等级制度的残余，那它必然以统一类型的学校为前提。

阶级社会的实质（因而也是阶级教育的实质），就是法律上完全平等，所有的公民享有完全平等的权利，有产者享有完全平等的受教育的权利和机会。等级学校要求学生必须属于一定的等级。阶级学校没有等级，只有公民。它对所有的学生只有一个要求：缴纳学费。阶级学校根本用不着把大纲分成富人的大纲和穷人的大纲，因为缴不起学费、教材费和整个学习时期膳宿费的人，阶级学校根本不让他们受中等教育。阶级学校决不以阶级限制为前提，因为阶级和等级相反，阶级总是使个人保持从一个阶级转入另一个阶级的完全自由。阶级学校不排斥任何有钱读书的人。说"这些对各居民阶层进行半教育并从德育和智育上造成阶级隔阂的危险大纲"，在西欧"没有取得成就"（第9页），这完全是歪曲事实，因为谁都知道，不论在西欧或在俄国，中等学校实质上都是阶级学校，它只为很少一部分人的利益服务。

由于尤沙柯夫先生暴露了他的概念异常混乱，我们认为对他作下面的补充说明并不是多余的：在现代社会中，即使是不收任何学费的中等学校，也仍然是阶级学校，因为学生在7—8年内的膳宿费要比学费多得多，而能够缴得起这笔费用的只有极少数人。

列宁：《民粹主义空想计划的典型》，
《列宁全集》第2卷第453~454页。

人民委员会委托国民教育人民委员部立即拟订若干决定和步骤，以便在志愿上高等学校的人数超过往常的招生名额时，采取紧急措施，保证每个人都有升学的机会，决不容许有产阶级享受任何法律上和事实上的特权。当然，首先必须招收无产阶级和贫苦农民出身的人，并普遍发给他们助学金。

列宁：《人民委员会关于俄罗斯联邦高等学校招生问题的决定草案》，20
《列宁全集》第35卷第30页。

现在必须向人民提出一些迫切的办法，使每一个识字的人都觉得自己有义务教会几个不识字的人。我们的法令已对这点作了明文规定。

列宁：《在全俄社会教育第一次代表大会上的讲话》，
《列宁全集》第36卷第320页。

规定各种征购队、征粮队以及其他队的人员，如有下列行为，应受同样惩治：对劳动居民明显不公正或违法乱纪而引起民愤；没收某个人的东西或给以某种处罚时，不作记录，不把记录副页交给本人。

列宁：《关于粮食问题的提纲》，

《列宁全集》第 35 卷第 29 页。

这项法令叫作《关于社会主义土地规划和向社会主义农业过渡的措施的条例》。我不知道这里有没有这项法令的文本。我参加过这项法令的草拟工作，并在中央执行委员会设立的那个委员会上作过报告。我们的法令很多，不查一下是不能全都记得的，而且在这个法令之后，我们又颁布了许多法令。如果我没有记错的话，这项法令专门有一条规定：禁止国营农场的工作人员在国营农场内拥有个人的牲畜和菜园。我请你们把这项法令找来查一查。（有人把法令文本递给列宁）这里是第 46 条的条文："在国营农场内，任何工人和职员不得拥有私人的牲畜、家禽和菜园。"

列宁：《在彼得格勒省农业工人第一次代表大会上关于组织农业工会的讲话》，

《列宁全集》第 36 卷第 24 页。

究竟用什么来保证法令的执行呢？第一，对法令的执行加以监督。第二，对不执行法令加以惩罚。现在，在颁布关于缩短工作日法令的同时，也颁布了（也在 1897 年 6 月 2 日）在全俄国和全波兰王国推行工厂监督的法律。在全俄国推行工厂监督条例和设立工厂视察员，这当然是前进了一步。

列宁：《新工厂法》，

《列宁全集》第 2 卷第 358 页。

政府委任的一切官吏（法官也好，工厂视察员也好）在任何时候都不能代替这种有工人亲自参加的机构。

列宁：《论工业法庭》，

《列宁全集》第 4 卷第 246 页。

人民委员会赞同安东诺夫同志在同卡列金分子及其帮凶的斗争中采取的果断措施，同时决定：军队司令员有权惩办那些造成失业和饥荒危险的怠工的资本家，直至把罪犯押送到矿山强迫劳动。

列宁：《人民委员会关于同卡列金作斗争的决定》，

《列宁全集》第 33 卷第 219 页。

最高国民经济委员会建立若干流动检查小组（包括监察员、统计员、会计员等），这些小组持有最高国民经济委员会的委托书，有权彻底地、无条件地检查任何企业和任何私营经济。

列宁：《〈关于实行银行国有化及有关必要措施的法令草案〉的草稿和提纲》，
《列宁全集》第33卷第444页。

用法令、法律或命令来改造农村一切生活条件是行不通的。用命令和法令可以推翻地主和资本家，可以制服富农，但如果千百万农业工人没有自己的组织，没有在这个组织中学会逐步自己解决自己的一切事情（不仅是政治方面的，而且是经济方面的，最重要的是经济方面的），没有学会管理大田庄，没有把这些田庄（既然现在它们比其他田庄具有更好的条件）从过去榨取工人血汗的样板变成协作经济的样板，那就只能怪劳动者自己了。

列宁：《在彼得格勒省农业工人第一次代表大会上关于组织农业工会的讲话》，
《列宁全集》第36卷第22页。

在这方面，首要的任务之一，就是在工会帮助下或采取其他办法建立起更严格的监督，反对那些打着共产党员招牌、实际上执行的不是共产主义政策而是官僚主义命令主义政策的苏维埃政权代表的违法乱纪行为，毫不留情地把他们驱除出去。

列宁：《俄共（布）纲领草案》，
《列宁全集》第36卷第92页。

我们必须联系非党群众。我们有了关于工农检查机构的法令，就有权吸引非党工农代表及其代表会议参与管理国家的工作。

列宁：《在莫斯科工人和红军代表苏维埃会议上的讲话》，
《列宁全集》第38卷第211页。

最近颁布的关于把国家监察人民委员部改组为"工农检查院"的法令中，有一项法令就授权这种非党的代表会议选出国家监察委员来担任各种检查工作等等。

列宁：《共产主义运动中的"左派"幼稚病》，
《列宁全集》第39卷第28页。

我们必须心中有数：为了把经济建设置于比较正确的基础上，为了使工农检查院不仅在法令意义上存在，而且能够真正吸收工人群众参加，我们的党是否已经充分健全起来，官僚主义是否已经被彻底战胜。

列宁：《在俄共（布）莫斯科省代表会议上的讲话》，
《列宁全集》第40卷第35页。

这种由于政权实际已转到工人手中而产生的法律上的可能性，就是社会主义的因素。但小私有者的和私人资本主义的自发势力却通过很多渠道来破坏法律上的规定，暗中投机，破坏苏维埃法令的执行。

列宁：《论粮食税》，
《列宁全集》第41卷第198页。

不妥。

（1）不是"责成"，而是说明现行法律及其在某方面的欠缺。

（2）不仅从这个角度，还要从法制角度，从为新的法律收集材料的角度，以及从其他许多角度来看。……

（3）不仅是"由国家发放的"。

要再改写一遍。要考虑得极其周密。要写得非常详尽。要写得整个看起来不是一个新的法令，而是旧法令的说明和综合。由人民委员会通过，如有人不满，则由全俄中央执行委员会批准。

列宁：《对全俄中央执行委员会关于工农检查人民委员部的决定草案的意见》，
《列宁全集》第42卷第445～446页。

列宁在《在彼得格勒省农业工人第一次代表大会上关于组织农业工会的讲话》里提到的"《关于社会主义土地规划和向社会主义农业过渡的措施的条例》"，是1919年2月全俄中央执行委员会通过的，1919年2月14日在《全俄中央执行委员会消息报》上发表。列宁直接参加了制定该条例的工作，并给全俄中央执行委员会为此设立的专门委员会作过报告。条例在土地国有化的基础上规定了一系列向社会主义农业过渡的措施。

2. 社会主义执法权力关系

完全新型的苏维埃执法权力，形成了社会主义执法权力关系。我们从列宁的论述，看到了新生的生机勃勃的权力关系。经典作家曾经告诫人们，社会主义社会是从资本主义社会脱胎而来的，它不能不带有旧社会的痕迹。在这样的过渡时期，资产阶级依然存在，小资产阶级（特别是农民）和无产阶级还存在。而且，剥削阶级在许多方面保持巨大的事实上的优势。这些情况，必然反映在干部队伍中，其中根深蒂固的官僚主义不能不对执法权力关系带来影响。

应当认为，社会主义时期每个阶级都起了变化，它们相互间的关系也起了变化，资本主义的执法权力关系为社会主义执法权力关系所取代，在执法权力关系中起决定性作用的、占主导地位的是社会主义因素。

彼舍霍诺夫部长在自己的演说中谈到了许多美妙崇高的东西：既谈到了"平均分配我们所有的一切"，又谈到了"资本家的反抗看来已经被打垮了"，以及许多诸如此类的东西。

但是，他举出的确切数字只有一个。他的演说中指出的确切事实只有一件，在共有8栏的演说中只占6行。这件事实就是：钉子出厂是20戈比1俄磅，而卖给居民则高达2卢布1俄磅。

　　如果"资本家的反抗已经被打垮了"，那么能不能通过一个法律，规定必须公布：（1）所有关于订货价格的保证书，（2）所有国家订货的价格，（3）提供给国家的产品的成本，以及（4）能不能让工人组织来检查所有这一类的事情？

列宁：《天上的仙鹤，还是手中的山雀?》，
《列宁全集》第 30 卷第 285 页。

　　俄国的全部经济生活十分紊乱，这已使空前巨大的灾难不可避免：许多极重要的生产完全停顿，农村业主不能进行必要规模的经营，铁路交通断绝，千百万工业人口和城市得不到粮食供应。此外，经济破坏已经开始，它席卷了许多部门。……

　　不论采取官僚主义的办法即建立一些由资本家和官吏占优势的机构，还是保护资本家的利润，保持他们在生产中的无限权力，保持他们对金融资本的统治，保守他们在银行业、商业和工业中的营业秘密，都不能克服这种灾难。某些生产部门中的一系列局部危机现象，十分清楚地证明了这一点。

列宁：《关于同经济破坏作斗争的几项经济措施的决议》，
《列宁全集》第 30 卷第 163 页。

　　议会制共和国的经验告诫我们，纸上的声明不可信。如果你们想实行监督，那就应该实行起来。只要一天时间就足以颁布一项关于这种监督的法律。每个银行的职员委员会、每个工厂的工人委员会、每个政党都有监督的权利。有人会对我们说，这样不行，这是商业秘密，这是神圣的私有财产！好，两条道路随你们选择一条吧。假使你们要保护托拉斯的这一切账簿和账单，要保护托拉斯的一切业务，那就用不着空谈什么监督，用不着说什么国家就要灭亡。

列宁：《战争与革命》，
《列宁全集》第 30 卷第 94 页。

　　在农村中对地方当局进行正常的监督是难一些，有时共产党员队伍中混进了一些坏分子和心术不正的人。对于这种无视苏维埃政权法律而乱整农民的人，必须进行无情的斗争，立即解除他们的职务，给予最严厉的法律制裁。

列宁：《对一个农民的询问的答复》，
《列宁全集》第 35 卷第 471 页。

　　可恶的官僚主义积习使我们陷入滥发文件、讨论法令、乱下指示的境地，生动活泼的工作就淹没在这浩如烟海的公文之中了。

　　聪明的怠工分子故意把我们拖入这个公文的泥潭。大多数人民委员和其他大员却不自觉地"往绞索套里钻"。

列宁：《关于改革人民委员会等机构的工作问题》，
《列宁全集》第 42 卷第 387 页。

我在最近一次会议记录中看到，政治局否决了国家计划委员会关于发给拉姆津教授出国费用的申请。我认为绝对有必要建议改变这个决定，批准国家计划委员会的申请。拉姆津是俄国优秀的燃料专家。第一，拉姆津是热工学这门专业最出色的学者，在基尔什之后，我国还没有这方面的人才，而热工学对整个国民经济有巨大意义；第二，他是一位绝对真诚地为苏维埃政权效力的人。他的病很重，依我看，舍不得花钱迅速彻底地为他治疗，不仅是错误，而且是犯罪。

> 列宁：《关于批准拉姆津教授出国治疗的建议》，
> 《列宁全集》第 42 卷第 432 页。

我们的房屋肮脏不堪。法令根本不管用。应该极其明确地、一个不漏地指出应负责任的人（并非一人，而是多人，依次列出），并毫不留情地把他们关进牢房。

> 列宁：《致小人民委员会》，
> 《列宁全集》第 51 卷第 188 页。

富人和骗子是一枚奖章的两面，这是资本主义豢养的两种主要寄生虫，这是社会主义的主要敌人，这些敌人应当由全体人民专门管制起来，只要他们稍一违背社会主义社会的规章和法律，就要无情地予以惩治。在这方面任何软弱、任何动摇、任何怜悯，都是对社会主义的极大犯罪。

> 列宁：《怎样组织竞赛?》，
> 《列宁全集》第 33 卷第 207 页。

必须使工人和农民清楚地懂得，应当向有学问的人请教是一回事，而应当由"普通的"工农来监督那些"有学问的"人所常有的懈怠是另一回事。这种懈怠、大意、马虎、草率、急躁，喜欢用讨论代替行动，用空谈代替工作，干什么事都是开一个头但又半途而废，——这是"有学问的人"的特点之一，这根本不是由他们天性低劣，更不是由他们存心不良造成的，而是由他们的全套生活习惯、他们的劳动环境、疲劳过度、脑力劳动和体力劳动的反常分离等等造成的。

由于我们的知识分子的这种可悲的、但在目前不可避免的特点，由于工人对知识分子的组织工作缺乏应有的监督，因而产生了一些错误、缺点和失策，这些东西在我国革命的错误、缺点和失策中占了不小的地位。

没有知识分子、专家这些有学问的人的建议和指导性的意见是不行的。任何一个有点头脑的工人和农民，对于这一点是知道得很清楚的，我们的知识分子不能抱怨工农对他们不够重视，对他们缺少同志式的尊敬。但是，建议和意见是一回事，组织实际的计算和监督又是一回事。

> 列宁：《怎样组织竞赛?》，
> 《列宁全集》第 33 卷第 208 页。

　　肃清俄国土地上的一切害虫,肃清骗子这种跳蚤和富人这种臭虫,等等。有的地方会监禁十来个富人、一打骗子、半打逃避工作的工人(在彼得格勒,特别是党的各个印刷所,有许多排字工人逃避工作,这同样也是流氓行为)。有的地方会叫他们去打扫厕所。有的地方在他们监禁期满后发给黄色身分证,使全体人民在他们改过自新以前把他们当作危害分子加以监视。有的地方会从十个寄生虫中挑出一个来就地枪决。还有的地方会想到把不同办法配合起来运用,例如,把富人、资产阶级知识分子、骗子和流氓中的那些可以改正的人有条件地释放,使他迅速改过自新。

　　只有实践才能创造出——最好的斗争方式和手段。

列宁:《怎样组织竞赛?》,

《列宁全集》第 33 卷第 210 页。

　　新的法令刚颁布,三个月就修改,资本主义制度下的投机活动现在依然存在。是的,我们不知道有什么万应灵丹能够立刻消灭投机活动。资本主义制度的积习太深了,改造几百年来受这种习惯熏染的人,是一件困难的、需要很长时间的事情。

列宁:《在全俄苏维埃第五次代表大会上于人民委员会工作的报告》,

《列宁全集》第 34 卷第 469 页。

　　打击反革命的紧急措施不应受法律的限制,其条件是:(a) 有关的苏维埃机关或负责人员明确地正式声明,国内战争和打击反革命的紧急情况要求超越法律界限。

列宁:《关于切实遵守法律的决定提纲草稿》,

《列宁全集》第 35 卷第 130 页。

　　对中农,我们是反对使用暴力的。我们向中农说:即使你们拥护苏维埃政权,我们也不想强迫你们加入公社,我们从来没有把农民强行赶入公社,也没有这种法令。如果地方上有这种情形,这是违法乱纪,必须把负责人员撤职,交付法庭审判。

列宁:《在彼得格勒苏维埃会议上关于人民委员会对外对内政策的报告》,

《列宁全集》第 36 卷第 14 页。

　　有人问到是否可以让过去的地主加入公社?这要看是什么样的地主。并没有哪项法令规定不许地主加入公社。当然地主是不能信任的,因为他们世世代代压迫农民,农民仇恨他们,但是有些地主,如果农民知道他们是规规矩矩的人,不仅可以而且应该让他们加入。我们应该利用这样的专家,他们有管理大农场的经验,他们能使农民和农业工人学到很多东西。

列宁:《在彼得格勒苏维埃会议上关于人民委员会对外对内政策的报告》,

《列宁全集》第 36 卷第 18 页。

对于一切不根据中央政权法令的确切指示而任意进行征收的行为，都应当严加追究。代表大会坚决要求农业人民委员部、内务人民委员部、全俄中央执行委员会加强这方面的监督工作。

> 列宁：《俄共（布）第八次代表大会文献》，
> 《列宁全集》第 36 卷第 197 页。

特别应当做到切实执行并彻底执行苏维埃政权的法律，这个法律要求国营农场、农业公社和一切类似的联合组织对周围的中农给予迅速的和全面的帮助。

> 列宁：《俄共（布）第八次代表大会文献》，
> 《列宁全集》第 36 卷第 198 页。

按照各地的具体经济条件来实施这项法令。当然，对任何一项法令都可以敷衍了事，甚至阳奉阴违。因此，关于帮助农民的法令，如果不认真地执行，很可能完全变成儿戏而得到完全相反的结果。

> 列宁：《在农业公社和农业劳动组合第一次代表大会上的讲话》，
> 《列宁全集》第 37 卷第 365 页。

同群众建立联系，巧妙地进行鼓动，使工人不致受祖巴托夫分子的影响。当然，在西欧，由于合法偏见、立宪偏见和资产阶级民主偏见根深蒂固，进行这种工作要更为困难。但是这种工作能够进行而且必须进行，并且要经常不断地去进行。

> 列宁：《共产主义运动中的"左派"幼稚病》，
> 《列宁全集》第 39 卷第 35 页。

既然小业主占优势，既然有交换的可能和必要，那么事情也只能是这样。在俄国目前情况下，合作社有自由，有权利，就等于资本主义有自由，有权利。无视这一明显的真理，便是干蠢事或犯罪。

> 列宁：《论粮食税》，
> 《列宁全集》第 41 卷第 214 页。

不仅农民不会利用，就连相当多的共产党员也不会利用苏维埃的法律去同拖拉作风和官僚主义作斗争，或者去同贪污受贿这种道地的俄国现象作斗争。是什么东西妨碍我们同这种现象作斗争呢？是我们的法律吗？是我们的宣传吗？恰恰相反！法律制定得够多了！那为什么这方面的斗争没有成绩呢？因为这一斗争单靠宣传是搞不成的，只有靠人民群众的帮助才行。

> 列宁：《新经济政策和政治教育委员会的任务》，
> 《列宁全集》第 42 卷第 197 页。

在我看来，现在每一个人，不论他的职务是什么，面前都有三大敌人，每一个政治教育工作者，如果他是共产党员的话（而政治教育工作者大多是党员），面前都摆着这三项任务。他们面前的三大敌人就是：（一）共产党员的狂妄自大，（二）文盲，（三）贪污受贿。

> 列宁：《新经济政策和政治教育委员会的任务》，
> 《列宁全集》第 42 卷第 199 页。

只要有贪污受贿这种现象，只要有贪污受贿的可能，就谈不上政治。在这种情况下甚至连搞政治的门径都没有，在这种情况下就无法搞政治，因为一切措施都会落空，不会产生任何结果。在容许贪污受贿和此风盛行的条件下，实施法律只会产生更坏的结果。

> 列宁：《新经济政策和政治教育委员会的任务》，
> 《列宁全集》第 42 卷第 200 页。

大家的主要兴趣可能在于了解和评价苏维埃政权最近一些有关新经济政策的法令和决定，这是很自然的。这类决定愈多，完善、整理这些决定并总结其执行情况的需要愈迫切，对于这个问题发生兴趣也就愈自然。

> 列宁：《在莫斯科省第七次党代表会议上关于新经济政策的报告》，
> 《列宁全集》第 42 卷第 216 页。

在 1917 年底颁布的头一批法令中，有一条关于国家垄断广告业务的法令。这条法令意味着什么呢？它意味着：争得国家政权的无产阶级设想，向新的社会经济关系过渡尽可能采用渐进的办法——不取消私人报刊，而使它们在某种程度上服从国家的领导，把它们纳入国家资本主义轨道。

> 列宁：《在莫斯科省第七次党代表会议上关于新经济政策的报告》，
> 《列宁全集》第 42 卷第 222 页。

关于垄断私人广告业务的法令没有得到任何结果，它依然是一纸空文。实际生活，即资本家阶级的反抗，迫使我们的国家政权把全部斗争转移到另一个完全不同的方面，不是把斗争放在我们在 1917 年底曾天真地研究过的那些琐碎得可笑的问题上，而是放在生死存亡的问题上——粉碎整个职员阶级的怠工，击退得到全世界资产阶级支持的白卫军。

> 列宁：《在莫斯科省第七次党代表会议上关于新经济政策的报告》，
> 《列宁全集》第 42 卷第 223 页。

责成工农检查人民委员部对一切社会团体、私人团体、机关和企业的活动无例外地都进行监督，看它们是否履行对国家机关承担的义务。……

对于以拨款、补贴和贷款方式由国家发放给上述团体、企业和机关的或根据与国家签订的合同而提供给它们的一切资金和物资，实行事后监督，并检查它们履行义务的一切活动。

> 列宁:《对全俄中央执行委员会关于工农检查人民委员部的决定草案的意见》,
> 《列宁全集》第 42 卷第 445 页。

我们在这方面一直力求划清界限:什么是从法律上满足任何公民与目前经济流转有关的要求,什么是滥用新经济政策。这类现象在所有国家都是合法的,而我们却不想让它合法化。你们为此专门提出并已通过的修正案成效如何,将来会见分晓。在这方面我们决不会束缚自己的手脚。一旦现实生活暴露出我们以前没有预料到的滥用新经济政策的现象,我们会马上作出必要的修正。……

这就是地方苏维埃代表大会和省执行委员会的问题。尽管有先前的各种立法制度和先前的几个宪法,这个问题一直迟迟没有解决。有人认为这个问题不重要,以为地方上可以一切照旧。我们的想法正好相反。我们深信,我们的革命所以取得了一些真正的成就,正是因为我们对地方政权、对地方本身的经验一向非常重视。

> 列宁:《在第九届全俄中央执行委员会第四次常会上的讲话》,
> 《列宁全集》第 43 卷第 246 页。

不要滥用法令("用法令来进行传阶段"已经过去了),改组等等,等等。平凡的文化工作,文化经济工作。检查执行情况!!!

> 列宁:《俄共(布)第十一次代表大会材料》,
> 《列宁全集》第 43 卷第 400 页。

阿佳舍沃车站的粮食工作人员们抱怨说,由于您的命令,投机商贩的马铃薯得以发运,价格抬高,采购工作陷于停顿。我们认为,绝对不应就粮食问题发布一些与法令相抵触、破坏统一的粮食政策的技术性的具体指示和命令。总之,请不要破坏政府部门之间和党组织之间的相互关系,请把主要注意力放在农民身上。

> 列宁:《给米·伊·加里宁的电报》,
> 《列宁全集》第 48 卷第 612 页。

列宁的《天上的仙鹤,还是手中的山雀?》这个标题,出于俄国民间谚语:"天上的仙鹤,不如手中的山雀。"列宁用这则谚语,批评了彼舍霍诺夫部长在自己的演说中喜欢谈论美妙崇高的东西,而不善于研究和解决具体问题。只谈论"平均分配我们所有的一切""资本家的反抗看来已经被打垮了",那么"钉子出厂是 20 戈比 1 俄磅,而卖给居民则高达 2 卢布 1 俄磅"要不要解决呢?怎样解决呢?而不研究、不解决实践上这些具体的、必须面对的问题,是不能"平均分配我们所有的一切""资本家的反抗被打垮"的。通过这则评论,我们看到了列宁以敏锐的目光,审视干部队伍中出现的夸夸其谈,不务实事的思想作风苗头,及时敲响警钟的领袖风范。

列宁在《政治教育工作者的任务》里提出"同官僚主义作斗争"问题。列宁多次谈到这个问题。列宁在《关于改革人民委员会、劳动国防委员会和小人民委员会的工作问题》一组文献中尖锐地指出，苏维埃国家机关最大的缺点是对执行情况缺乏检查，官僚主义积习造成滥发文件、空谈法令、乱下指示，把理应生气勃勃的工作淹没在浩如烟海的公文之中。列宁认为，国家机关卓有成效地工作的一个极其重要条件是经常检查已经通过的决议的执行情况。他一再强调政府机关领导人员的主要任务是检查执行情况，检查工作的实际效果，考核和选拔人才。他主张彻底改革工作制度，建立个人负责制，消除无人负责的现象。

三、司法权力

司法权独立（德 richterliche Unabhängigkeit），又称司法独立，是西方国家三权分立主义下司法权完全独立。

"司法权独立"是资产阶级宪政的重要组成部分。西方国家的"司法权独立"，又称"司法独立"，是指"司法权从立法权和行政权分离出来，在赋予独立的国家机构场合，进行权力分立"。这个定义是有特定含义的。在1983年出版的日本我妻荣主编的《新法律学辞典》里，概括了西方法学界关于"司法独立"的特定含义：①独立行使司法权，只受宪法和法律的约束；②司法权完全独立，不受立法权、行政权的任何干预和束缚；③法律上司法不受其他国家机关（包括总统）和任何政党的监督和管理；④司法权行使时，不受其他任何事物和形势的牵制和影响；⑤在审判案件中审判权完全独立，不受任何人指挥和命令；⑥保障法官独立性，按照宪法的规定，"所有的法官依据良心办案"，为维护司法权的独立，承认对法官特别强的地位保障和身份保障。这六个方面，完整涵盖了西方国家"司法独立"的要点。从上述特定含义可以看出，西方国家的"司法独立"概念具有专属性特征。就是说，"司法独立"只属于资本主义国家的国体和政体。专属性直接决定了对其解释的排他性，就是除了西方国家固有的解释，其他解释都是不能成立的。

司法权独立的最高法律表现，是"司法权优位"（英 judicia supremacy），也称"司法权优越"。这是承认宪法、法律为无效而拥有拒绝其适用的权力的法律制度。司法权优位，在美国由判例法确定，在英国的联邦成员（非英国国家）和拉丁美洲诸国，大多宪法都有规定。大陆法系国家只是否定司法法院的法律审查权。

西方国家设置这个制度的目的，是防止通过议会及其立法权的解释而改变宪法的原意，以抵制立法权的专断，维护和保障宪法的实施。

司法权独立和司法权优位是否适合我国情况呢？鼓吹司法独立的法学家，连西方是怎样定义的都不知道，就装作有学问的样子，跑出来大喊大叫。至于是否适合中国国情，他们就不管那么多了。

西方国家的社会性质和法院的暴力职能，要求保障法官的特殊身份。西方法学认为，"法官是法律帝国的王侯""法官不服从任何权威"，法官的职权高于一切，"拒绝政治、道德渗入"。为保障法官的特殊身份，就要维护其职位特殊性：①实行职位终身制或任职年限不受公务员那样的限制；②享有特殊待遇，实行高薪制；③要求法官非政治化、非政党化，对政治取中立立场；④法官具有"造法"职能；⑤有职务豁免权，非经本人同意，不得解职、审级等调动，无法定事由和弹劾程序，不被逮捕或诉。这样的特殊身份和职业特权，使法官优位于政府官员，凌驾于人民大众之上。在资本主义条件下，阶级的对立和利害的分化，造就了资本的良心就是法官的良心。"司法独立"本身意味着法官不可能按良心办案，可他们却欺骗说，只有"司法独立"才能保证法官按良心办案。

"审判独立"是西方"司法独立"的构成要素。我国的"独立审判"与西方国家的"审判独立"是不同的。"独立审判"，是指人民法院对案件独自进行审判。人民法院是国家审判的专门机关，审判权是专门权力，任何其他国家机关、社会组织和个人都不得行使，这是"独立审判"的基本含义；法院的审判权不得放弃和转移，是"独立审判"的首要要求。而"审判独立"，意指法院审判不受政党和其他国家机关的干预和影响。前者限定审判权的归属，讲国家机关彼此间的职能划分，不排除对审判的领导、管理、监督等"外部性"，后者强调法官的审判权不受干涉，讲排除一切"外部性"。很显然，两者是根本不同的。

这里非常关键的一点，是审判权的主体问题。"独立审判"的主体是法院，而"审判独立"的主体是法官。"司法独立"的中心是"法官独立"，就是法官拥有独立审判权。把法院的审判权变成法官的审判权，正是一些人以"司法改革"的名义施行西方国家"司法独立"的关键一招。

还有一个问题。司法权在职能上与行政权是分别行使的，但在司法领域，仍然存在司法行政问题。

司法行政，是司法活动中的行政作用。包括法院的行政事务，以及庭警、会计、经理、职员的任免和监督等。司法行政权一般由司法行政机关行使。在我国为司法部。现代以来，西方国家为确保司法权的彻底独立，司法行政权大部分属于法院。但下级法院法官的任命、预算编制的审批，仍属于内阁的权限。司法行政的监督权由各级法院（包括最高法院）行使。对于法院事务的处理不服者，可以要求行使司法行政监督权。

（一）司法权和法院

1. 司法权是依法审判的国家权力

司法权是与立法权、行政权相对的概念。司法权是通过适用法律具体解决争讼的国家权力。从这个意义上说，司法权是国家的统治权能。各国宪法规定，全部司法权均由最高法院及下级法院行使。由于司法权以法院行使为原则，因而司法权形式上表现为法院审判的权限。

古代，全部的公共权力，在和平的日子里，只限于司法权力，这种权力由百户、区和全部落的民众大会掌握。但是，民众法庭不过是一个民众的马尔克法庭，它所处理的不单是马尔克的事务，而且还有属于公共权力范围以内的事情。在行政区制度形成以后，国家的区法庭和普通的马尔克法庭划分开了，但这两种法庭里面的司法权，仍保留在人民手里。只有当古老的人民自由已经大部丧失，为法庭服务和服兵役已成为贫穷了的自由人民的重担的时候，查理大帝才能在大多数地方的区法庭里，用陪审员法庭来代替民众法庭。但这丝毫也没有触动马尔克法庭。恰恰相反，它们仍然是中世纪领地法庭的典范。就是在这种法庭里，领主也仅仅是个提问题的人，判决者则是臣仆自己。

恩格斯：《马尔克》，

《马克思恩格斯全集》第 19 卷第 360～361 页。

达到登峰造极地步的就是，这个领主王公还在实际上批准把封建领主过去早已废除的主持封建的自由农民裁判所的权利，变为实行领主裁判和建立领地警察的权利；因此，领主不仅成了警察头子，而且甚至在涉及他们自身的案件中也成了审判自己的农民的唯一裁判官，因而农民只能向领主本人控诉领主。这样一来，领主身兼立法者、裁判官和判决执行人，他成了自己领地上的完全不受任何限制的统治者。

恩格斯：《关于普鲁士农民的历史》，

《马克思恩格斯全集》第 21 卷第 281 页。

公社氏族团体和农村团体被用之于行政和司法的目的。在《耶遮尼雅瓦勒基雅》和《那罗陀》这两部法典中，农村公社社员是用公社团体或亲属会议的名称来体现的；中央行政机关将警察职权和司法职权，即治安的责任，委托给他们。这就意味着，这些氏族和公社已经由与执行这些职能无关的独立的机关变为国家的最下级的警察和保安机构了。

[它们原先所掌管的社会职能——司法和警察——现在成为由国家托付、责成和规定的了。]

从这时候起，自古以来维系他们的那种连带或联合保证（｛连环保｝），就成了共同对国家负责的关系了；在规定氏族团体对于其管区内破坏治安的案件必须负责的各个法典中，载有一系列这样的法令。[在晚期的一系列法律汇编中也可以看到这样的法令，这就使我们有可能探溯直到目前为止印度私法或公法方面的某个法制的沿革。]这样一来，先前由公社或氏族团体［犯罪者近亲］向罪行或罪过的受害人亲属所承担的赔偿（｛赎罪金｝），现在就成为向国家（向政府当局）所缴纳的罚金，作为公社未能缉捕到罪犯的失职罚金。

马克思：《马·柯瓦列夫斯基〈公社土地占有制，其解体的原因、进程和结果〉》，

《马克思恩格斯全集》第 45 卷第 248 页。

法律关系与由于分工而引起的这些物质力量的发展，联系得多么紧密，这一点是从法院权力的历史发展和封建主对法的发展的抱怨中已经可以看清楚的（例如，参看前面所引证的蒙泰的著作，14、15 世纪）。正是在介于贵族统治和资产阶级统治之间的时期，当时两个阶级的利益彼此发生了冲突，欧洲各国之间的贸易关系开始重要起来，从而国际关系本身也带上了资产阶级的色彩，正是在这样一个时期，法院的权力开始获得重要的意义；而在资产阶级统治下，当这种广泛发展的分工成为绝对必要的时候，法院的权力达到了自己的最高峰。

马克思恩格斯：《德意志意识形态》，

《马克思恩格斯全集》第 3 卷第 396 页。

这倒更像法律的争论怎样变成了法学家版税收入来源的戏剧化！而作为法学家的梅恩先生却把这叫做"司法的起源"！

马克思：《亨利·萨姆纳·梅恩〈古代法制史讲演录〉一书摘要》，
《马克思恩格斯全集》第 45 卷第 622 页。

在普鲁士，资产阶级看到，由于它怯懦地对政府采取信赖态度，对人民背叛地采取不信赖态度，资产阶级财产的必要保障——资产阶级的司法在受到威胁。

由于法官处于依附地位，资产阶级的司法本身也成了依附于政府的司法，就是说，资产阶级的法纪本身已让位于官吏的专横。La bourgeoisie sera punie par où elle a peché——资产阶级将受到它用来为非作歹的工具即政府的惩罚。

马克思：《普鲁士反革命和普鲁士法官》，
《马克思恩格斯全集》第 6 卷第 167 页。

他继续说："在司法权的行使方面，申诉所牵涉到的，主要是由于英国诉讼手续、由于据说英籍法官不称职以及土著官吏和法官贪污等等而产生的困难。"

于是，为了证明在印度要保证司法权的行使是多么困难，查理爵士告诉我们，早在 1833 年那里就成立了专门的法律委员会。

马克思：《俄国的欺骗。——格莱斯顿的失败。——查理·伍德的东印度改革》，
《马克思恩格斯全集》第 9 卷第 139 页

如果司法权不是某种与行政权完全不同的东西，这本来也不坏。在那些确实实现了各种权力分立的国家中，司法权与行政权彼此是完全独立的。在法国、英国和美国就是这样的，这两种权力的混合势必导致无法解决的混乱；这种混合的必然结果就是让人一身兼任警察局长、侦查员和审判官。但是司法权是国民的直接所有物，国民通过自己的陪审员来实现这一权力，这一点不仅从原则本身，而且从历史上来看都是早已证明了的。

恩格斯：《〈刑法报〉停刊》，
《马克思恩格斯全集》第 41 卷第 321 页。

对于罗素来说，司法改革也是一种骗人的幌子。当 1841 年议会对辉格党内阁投了不信任票，而且即将采取的解散议院的手段看来也无济于事的时候，罗素就企图使下院仓卒通过 Chancery Bill〔关于大法官法庭的法案〕，以便"通过设置两个新的 judges of equity〔正义法官〕〈这种法官应该遵循的不是法规，而是正义〉的职位来医治我们制度中的一个最令人苦恼的毛病——courts of equity〔正义法庭〕的拖拉现象"。

罗素把他的这个法案叫做"在司法改革方面的一次重大的兑现"。他的真正的目的是，要在托利党人组阁看来即将成为事实以前偷偷地把他的两个辉格党朋友安置在新设的职位上。

马克思:《约翰·罗素勋爵》,

《马克思恩格斯全集》第 11 卷第 454~455 页。

恩格斯在《马尔克》里的"陪审员法庭",是 1848 年革命以后在许多德意志邦内建立,自 1871 年以后则在整个德国建立的一种法庭。法庭当时由一个皇堂法官和两个代表(陪审员)组成,和过去的陪审员不同,他们参与了全部审判,不仅是确定罪行,而且规定处罚方法。法庭成员是从统治阶级的代表中特别挑选出来的。

这种陪审员法庭,不能跟俾斯麦—莱昂哈特的陪审员法庭混为一谈。在后一种陪审员法庭里,判决是由陪审员和律师共同作出的。在古代的陪审员法庭里,根本没有律师,法庭庭长或审判官根本没有表决权,判决是由陪审员独立作出的。

马克思在《俄国的欺骗。——格莱斯顿的失败。——查理·伍德的东印度改革》里的"他",指查理·伍德爵士。关于印度的法案,1783 年的福克斯和诺思勋爵的联合内阁曾经提起过,1853 年的格莱斯顿和约翰·罗素勋爵的联合内阁也提起过。1783 年的法案,由于企图取缔董事会和股东会 [Courts of Directors and of Proprietors] 而搁浅,1853 年的法案,因为不主张取缔董事会和股东会而遭到同样命运。

6 月 3 日,查理·伍德爵士要求准许他宣布印度管理法案。他认为,在印度"受到最大重视的各项条目,都是同司法权的行使、公共工程的缺乏和土地占有制度有关的,这些条目也是提到委员会来的申诉书中的主要内容"。关于公共工程的问题,政府打算举办"规模最大和意义最大的"工程。关于土地占有制度,查理爵士十分顺利地证明:印度现有的三种土地占有制度的形式——柴明达尔制度、莱特瓦尔制度和农村公社制度——只不过是公司用来经营财政的三种形式,其中任何一种都无法普遍推广。因此他认为,"在司法权的行使方面,申诉所牵涉到的,主要是由于英国诉讼手续、由于据说英籍法官不称职以及土著官吏和法官贪污等而产生的困难。"

2. 法院的权力集中表现为审判权力

审判权(英 jurisdiction、德 Zuständigkeit、法 juridiction),是法院行使对案件审理和判决的权限。可分为民事诉讼审判权、非讼审判权、行政诉讼审判权和刑事审判权等。在一般情况下,在国际法上不享有治外法权的外国元首、外交使节及其家属随员,不服从驻在国的审判权,也包括条约上规定的合法驻在的外国军队成员。在国内法上,日本天皇不服从刑事审判权。民事案件由哪一个国家的法院行使审判权,属于国际审判管辖问题。

审判权只属于法院。其他国家机关、社会组织均无审判权。

议会议员资格争议的裁判,其性质是一种司法作用。但宪法尊重国会的自律,根据各议院决议决定,不由法院裁判。法官弹劾裁判,由议会设立的弹劾法院行使。

审判官也称法官,是从法律上解决公民、社会组织之间的纠纷的人,属于国家公务员。审判官一定是属于最高法院和各级法院并担任裁判事务的人。在西方国家,审判官行使其职权,不受任何人的指挥命令,必须依照所谓良心解释适用宪法及法律。审判官享有身份保障。在因身心障碍不能执行职务的场合,其罢免不得违背其意志。

这是马克思恩格斯所处那个时代的西方国家的法院和法官的情况。

氏族公社成员除了治安和纳税以外，还执行民事和警事诉讼的职能，也参加处理所谓不应诉争的案件。关于诉讼程序，《耶遮尼雅瓦勒基雅》和《那罗陀》都提到：除其他法庭以外，还有公社共同占有者会议，这种会议是高等审判机关，家庭会议和工匠会议都受其制约，而其上又有国王任命的高级官吏和国王本人。交"邻人（сожители）法庭"（现在称为"班查亚特"）处理的司法对象，其性质同中世纪时日耳曼的马尔克或公社的司法对象一样，或者同现在瑞士和俄国的乡法庭或区（地方）法庭的司法对象一样。《那罗陀法典》第2卷第5款只给国王保留了｛审理｝复杂案件的权利；对其他审判只提出集体［不是个人］处理的要求。由此就可以推断，《耶遮尼雅瓦勒基雅》和《那罗陀》两部法典中所提到的全部诉讼在初级阶段都是由公社法庭办理的［家庭会议（法庭）和工匠法庭的裁判权则有一种特殊性质］。

马克思：《马·柯瓦列夫斯基〈公社土地占有制〉一书摘要》，
《马克思恩格斯全选》第45卷第249~250页。

首先是关于个人或整个公社破坏占有地地界的诉讼。依据印度法律，正如俄国法律一样，地界（termini）是不受时效限制的（《摩奴法典》第8卷第200款；《耶遮雅尼瓦勒基雅法典》第2卷第25款）（第97页，参见第98页）。如果整个公社之间发生了地界诉讼，这种诉讼的判决就属于国王法庭的权限（第98页）。对于目的在于日后夺取他人财产的行为的控告，例如对于故意取消某种地界标志的行为的控告也由公社法庭处理（同上页）。

另一类应由公社大会审理的诉讼，是因践踏田禾、攫取他人果实、砍伐他人树木、擅自修筑堤坝等等而侵犯了个别社员或整个公社的财产权的行为，这类诉讼案在上述两部法典许多条款中都提到了。公社裁判权和国王裁判权是这样划分的：每当诉讼案需要采用印度法律上的某一种神意裁判（ordeals）时，判决权就属于国王法庭或由国王任命的审判委员会（《那罗陀》）（第99页）。［按照《那罗陀法典》第1编第5章第104款，每当法官借助于其他证据而不能明确判定涉讼两造的民事责任或刑事罪行时，就被承认有采用神意裁判之权］（第99页）。

第三类应由公社法庭审理的案件，是享有充分权利、不受专业法庭审理的人们之间所发生的各种民事诉讼案件，在判决时如果认为无需求助于神意裁判，则提交公社法庭审理（同上页）。（归特别法庭审理的是：不分居的家庭成员归家庭法庭审理，手工业和商业团体的成员归工匠法庭审理）（同上页）。例如当一造否认曾接受另一造的寄存物而发生纷争时，就采用神意裁判；因此（按照那罗陀法典），在这种情况下，判决也就专属于国王法庭（同上页）。刑事裁判权大概专属于国王法庭（第99、100页）。

马克思：《马·柯瓦列夫斯基〈公社土地占有制〉一书摘要》，
《马克思恩格斯全选》第45卷第250~251页。

公社对所谓不应诉争的案件的裁判权。在《摩奴法典》中，已经提到不动产的买卖需要邻人同意。过了四个世纪以后，土地私有制原则在社会上就得到巩固，以致只需要把这种出卖公之于众就行了［赠送不动产也是这样］，而在公社大会上完成出卖手续的习俗就是与这种情况相适应的（第100页）（参看该页脚注）。

载于公元五和六世纪法律汇编中的这些有关公社｛die Kom-mune｝司法权和警察权的条款，是这一时期存在着公社的唯一的文字根据。这也是可以理解的，因为各个公社对其财产关系的管理，按规定必须象以前一样，要依据当地的习俗和规章，这些习俗的约束力，在《耶遮尼雅瓦勒基雅》和《那罗陀》两部法典中往往是明白承认了的（同上页）。［关于公社本身的组织和共同所有制形式，只留下一鳞半爪的痕迹（参看下文）］。

> 马克思：《马·柯瓦列夫斯基〈公社土地占有制〉一书摘要》，
> 《马克思恩格斯全选》第45卷第251页。

古代（罗马）的第一个诉讼法是 Legis Actio Sacramenti ｛誓金诉讼法｝，它是罗马一切诉讼的无可争议的母体，因而也是现今世界上使用的大多数民法方面的维护权利手段的母体。［法律上的 sacramentum ｛誓金｝是指诉讼的双方为讼案先存给 tresviri capitales ｛裁判官｝一笔钱，以此作保，之所以有这样的叫法，是因为败诉一方所存的钱用到了宗教目的上，尤其是用作了 sacra publica ｛公祀｝；或者甚至可以说是因为这笔钱存到了神圣的地方。费斯图斯："……交给法庭的审理费称作 sacramentum ｛誓金｝，来自 sacrum 一字。原告和被告双方交 500 铜阿司给教长保管作为审理某些案件的费用；审理其他案件尚须交法律规定的其他费用。胜诉者从教堂取回他存的钱，败诉者存的钱则充公"。瓦罗。］

这种 Actio sacramenti ｛誓金诉讼｝是司法起源的一种戏剧化。两个武装的男子扭斗，裁判官从旁而过，他加以干预，制止这种争斗；争论双方向他诉说了自己的情由后，同意他做裁判；他的处理是：败诉的一方除放弃争议的东西外，还要支付公正人（裁判官）一笔钱（第253页）。

> 马克思：《亨利·萨姆纳·梅恩〈古代法制史讲演录〉一书摘要》，
> 《马克思恩格斯全选》第45卷第621~622页。

控告别人损坏你的葡萄藤，而你把它们叫做藤，肯定会败诉；你应当称它们为树，因为十二铜表法中只谈到树。条顿法令集——《法庭注疏》——中也有同样性质的条例。如果你为了牛而起诉，把牛叫做牛，会败诉；你必须用它古时法律上的名称"畜群之首"。你必须把食指叫做"箭指"，把山羊称为"啮韭葱者"（第255、256页）。

> 马克思：《亨利·萨姆纳·梅恩〈古代法制史讲演录〉一书摘要》，
> 《马克思恩格斯全选》第45卷第623页。

现在因情欲而犯罪的现象已经愈来愈多地让位于因利害得失而犯罪的现象，就是说，侵犯人身的犯罪次数愈来愈少，而侵犯财产的犯罪次数却不断增加。

恩格斯：《在爱北斐特的演说》，

《马克思恩格斯全集》第 2 卷第 608 页。

判定某些违犯由官方制定的法律的行为是犯罪还是过失，在一定程度上则取决于官方。这种名词上的区别远不是无关紧要的，因为它决定着成千上万人的命运，也决定着社会的道德面貌。法律本身不仅能够惩治罪行，而且也能捏造罪行，尤其是在职业律师的手中，法律更加具有这方面的作用。例如，像一位卓越的历史学家所正确指出的，在中世纪，天主教僧侣由于对人的本性有阴暗的看法，就依靠自己的影响把这种观点搬到刑事立法中去了，因而他们制造的罪行比他们宽恕的过错还要多。

马克思：《人口、犯罪率和赤贫现象》，

《马克思恩格斯全集》第 13 卷第 552 页。

从抽象权利的观点看，只有一种刑罚理论是抽象地承认人的尊严的，这就是康德的理论，特别是当黑格尔用了一个更严谨的定义来表述它的时候。

黑格尔说："刑罚是罪犯的权利。它是罪犯本身意志的行为。罪犯把违法说成是自己的权利。他的犯罪是对法的否定。刑罚是这种否定之否定，因而又是对法的肯定；这种法是罪犯自己要求的，并且是他强加于自身的。"

毫无疑问，这种说法有些地方好像是正确的，因为黑格尔不是把罪犯看成是单纯的客体，即司法的奴隶，而是把罪犯提高到一个自由的、自我决定的人的地位。但是，只要我们稍微深入些观察问题的本质，就会发现，德国唯心主义只是通过神秘的形式赞同了现存社会的法律；在这里是如此，在其他许多情况下也是如此。如果用"自由意志"这个抽象概念来顶替有着行为的现实动机和受着各种社会条件影响的一定的人，如果只用人的许多特性的一个特性来顶替人本身，难道这不是荒谬的吗？这种把刑罚看成是罪犯个人意志的结果的理论只不过是古代《jus talionis》〔"报复刑"〕——以眼还眼、以牙还牙、以血还血——的思辨表现罢了。直截了当地说：刑罚不外是社会对付违犯它的生存条件（不管这是些什么样的条件）的行为的一种自卫手段。

马克思：《死刑。—科布顿先生的小册子。—英格兰银行的措施》，

《马克思恩格斯全集》第 8 卷第 578～579 页。

国家和被告之间的关系能不能因私人即林木所有者资金缺乏而改变呢？国家对于被告享有某种权利，因为国家对于这个人是以国家的身分出现的。因此，就直接产生了国家的义务，即以国家的身分并按照国家的方式来对待罪犯。国家不仅有按照既符合自己的理性、自己的普遍性和自己的尊严，也适合于被告公民的权利、生活条件和财产的方式来行事的手段，国家义不容辞的义务就是拥有这些手段并加以运用。谁也不会要求林木所有者这样做，因为他的林木并不是国家，他的灵魂并不是国家的灵魂。由此可以得出什么样的结论呢？结论就是：因为私有财产没有办法使自己上升到国家的立场上来，所以国家就有义务使自己降低为私有财产的同理性和法相抵触的手段。

有人会用同理性和法相抵触的手段来对付被告；因为高度重视狭隘的私有财产的利益就必然会转变为完全无视被告的利益。既然这里明显地暴露出私人利益希望并且正在把国家贬为私人利益的手段，那么怎能不由此得出结论说，私人利益即各个等级的代表希望并且一定要把国家贬低到私人利益的思想水平呢？任何现代国家，无论它怎样不符合自己的概念，一旦遇到有人想实际运用这种立法权利，都会被迫大声疾呼：你的道路不是我的道路，你的思想不是我的思想！

马克思：《第六届莱茵省议会的辩论（第三篇论文）》，

《马克思恩格斯全集》第 1 卷上册第 261~262 页。

如果现行法律和社会发展刚刚达到的阶段发生显著的矛盾，那末，诸位陪审员先生，你们的职责恰恰就是要在过时的律令和社会的迫切要求的斗争中讲出自己有分量的话。那时你们的任务就是要超过法律，直到它认识到必须满足社会的要求为止。这是陪审法庭的最高尚的特权。诸位先生，在这种情况下，法律的文字本身就便于你们执行这个任务。你们只是应当根据我们的时代、我们的政治权利、我们的社会要求来解释它。

恩格斯：《"新莱茵报"审判案》，

《马克思恩格斯全集》第 6 卷第 274 页。

法官拥有在一切方面自由决定之权，除了纪律条例之外，他们不受任何约束，所以在政治事务中他们的决定当然将取决于而且现在就是取决于他们的"自由裁断"。这样一来，在德国普遍存在的那种环境下，法官必然会成为行政当局的官吏和警察意志的传达者。此外，有人讲（这句俏皮话大概是文特霍尔斯特讲的），莱昂哈特在临死的时候说过："现在我对普鲁士人实行了报复，我给他们制订了一个使他们必然毁灭的诉讼程序。"

《恩格斯致爱·伯恩施坦》，

《马克思恩格斯全集》第 35 卷第 257~258 页。

万德尔议员提了一个提案：凡非法逮捕公民的官吏，应负责赔偿受害者的全部损失，此外还要处以监禁，时间应 4 倍于受害者被监禁的时间。

这个提案没有被认为必须立即讨论，因而被移交给专门委员会了。

司法大臣梅尔克尔先生声明，通过这个提案不仅不能加重现行立法所规定的对非法捕人的官吏的惩罚，反而会减轻它。（对啊）

司法大臣先生只是忘记提醒大家：根据现行的即旧普鲁士的法律，所谓官吏非法捕人几乎是不可能的。依据可敬的旧普鲁士法的条款，最肆意妄为的捕人行为也可宣判无罪。

恩格斯：《妥协辩论》，

《马克思恩格斯全集》第 5 卷第 251 页。

国王的任命是那样的神圣不可侵犯，以致在"市民自卫团法庭"一节中根本没有提到怎样的法庭可以审判"上校"，而只是确切地指出了审判少校以下的其他各级官员的法庭。

难道国王任命的上校还会犯罪吗？

马克思恩格斯：《市民自卫团法案》，

《马克思恩格斯全集》第 5 卷第 283 页。

"第 4 条　除专门任命的法官外，不得对任何人进行审判。不得以任何名义和任何借口设立特别法庭。"

我们已经知道，在"戒严状态"下军事法庭排挤一切其他法庭。不仅如此，国民议会为了审判一部分政治犯在 1848 年建立了以"最高法庭"为名的"特别法庭"，而在六月起义之后，国民议会根本没经任何审判就把 1 万 5000 名起义者流放到殖民地去了！

马克思：《1848 年 11 月 4 日通过的法兰西共和国宪法》，

《马克思恩格斯全集》第 7 卷第 580 页。

不知道法学秘密的人们难于理解：怎么在最普通的诉讼案中竟突然发生不是由该诉讼案件的实质、而是由诉讼程序方面的规定和条文所引起的法律问题。善于运用这些法律条文使人成为律师，就同善于主持宗教仪式使人成为婆罗门教的祭司一样。无论在宗教的发展过程中，或是在法律的发展过程中，形式都在变成内容。但是，法庭上诉讼程序所起的作用，在立法机关中却是属于日程和会议规则的。土地立法的历史表明，罗马的老寡头政治家——诉讼程序中的讼棍手段的创造者首先在立法程序中采用了讼棍手段。但是，在这两方面英国都超越了他们。把一个提案提到日程上时所遇到的技术困难，一个法案在成为法律前所必经的各式各样的改变；允许提案的反对者不让提案进入议会、法案的反对者不让法案通过议会的那种规则——所有这些就构成议会的讼棍手段、造谣中伤和纵横捭阖的一个无穷无尽的武库。

马克思：《议会新闻：布尔韦尔提案，爱尔兰问题》，

《马克思恩格斯全集》第 11 卷第 401 页。

应当承认，不承认私人在他的私事方面有起诉权的法律，也就破坏了市民社会的最起码的根本法。起诉权由独立的私人的理所当然的权利变成了国家通过它的司法官员所赋予的特权。在每次法律争论中，国家就站在私人和把它当作自己私产的法庭的门之间，并随心所欲地把门打开或关上。法官首先作为官吏来作出决定，以便然后作为法官来判决。同一个法官，他没有审问被告，不经过辩论的程序就预先作出是否有起诉权的决定，他，譬如说，站在控诉人一边，即作出在某种程度上认为控告合法，也就是在某种程度上对被告不利的决定——这个法官在后来开庭审讯时应该不偏不倚地作出有利于控诉人或被告的决定，也就是应该不理睬他自己的预先的决定而作出决定。乙打了甲一记耳光。在甲没有彬彬有礼地从司法官员那里得到起诉的许可以前，他不能对这个欺负者起诉。甲拒绝还给乙一块土地，乙为了能在法庭上维护自己的所有权，需要取得预先的许可，而这种许可是他可能得到，也可能得不到的。乙在报刊上公开地诽谤甲，而司法官员也许悄悄地"作出决定"，认为甲无权对乙提出控告。不难理解，这样一种诉讼程序，就是在纯粹的民事诉讼

程序中也会闹出什么样的怪事来。

马克思:《福格特先生》,
《马克思恩格斯全集》第 14 卷上册第 686 ~ 687 页。

法官和书报检查官的差别多大呀!

书报检查官除了上司就没有别的法律。法官除了法律就没有别的上司。法官有义务在把法律运用于个别事件时,根据他在认真考察后的理解来解释法律;书报检查官则有义务根据官方就个别事件向他所作的解释来理解法律。独立的法官既不属于我,也不属于政府。不独立的书报检查官本身就是政府的一员。法官最多可能表现出个人理性的不可靠,而书报检查官所表现出的则是个人品性的不可靠。在法官面前受审的是新闻出版界的一定的违法行为,而在书报检查官面前受审的却是新闻出版的精神。法官根据一定的法律来审理我的行动;书报检查官不仅惩罚罪行,而且他自己也在犯罪。如果我被提交法庭受审,我的过失一定是违反了现行法律,而在法律受到违反的地方就至少应当存在着法律。在不存在新闻出版法的地方,也就没有新闻出版法可能被违反。

马克思:《第六届莱茵省议会的辩论(第一篇论文)》,
《马克思恩格斯全集》第 1 卷上册第 180 ~ 181 页。

社会主义在自己前进的道路上还遇到重重的障碍:政府实行书报检查,集会和结社没有自由,政府颁布专制法令,设置秘密法庭,雇佣法官惩办一切胆敢用任何方式促使群众思考问题的人。

恩格斯:《共产主义在德国的迅速进展》,
《马克思恩格斯全集》第 2 卷第 588 页。

人们会反驳我们:但是陪审员们是有良心的呀!还可以要求比对哥特沙克及其同志们的审判良心更多的保障吗?啊哈,mon dieu〔我的天啊〕!良心是由人的知识和全部生活方式来决定的。

共和党人的良心不同于保皇党人的良心,有产者的良心不同于无产者的良心,有思想的人的良心不同于没有思想的人的良心。一个除了资格以外没别的本事的陪审员,他的良心也是受资格限制的。

特权者的"良心"也就是特权化了的良心。

马克思:《对哥特沙克及其同志们的审判》,
《马克思恩格斯全集》第 6 卷第 151 ~ 152 页。

希望人民在不久将来的胜利中,不要像在 3 月里那样幼稚和健忘,让屠杀自己的所有刽子手仍旧留在原来职位上。可以有把握地说,人民一定会马上把这帮反动官吏首先是那帮嗜血成性、虚伪奸诈,而且还被叫做"法官"的司法人,送到宾夕法尼亚监狱拘留半年,然后再把他们送去修筑铁路和公路,以便作进一步的治疗。

马克思恩格斯：《政治案件》，

《马克思恩格斯全集》第 6 卷第 309 页。

阿·凯特勒先生在他的高超的科学著作"人和人的能力"一书中写道：

"有一种预算，是我们根据它有规律地进行开支的，这就是监狱费、拘留所费、断头台费……我们甚至可以用我们预计每年出生和死亡人数的方法来预算出将会有多少人用自己亲人的鲜血染红自己的双手，将有多少人进行欺诈，将有多少人进行毒杀。"

凯特勒先生在 1829 年发表的对可能出现的罪行的估计，不仅仅以惊人的准确性预算出了后来 1830 年在法国发生的犯罪行为的总数，而且预算出了罪行的种类。凯特勒引用的下面这个 1822—1824 年间的统计数字证明，社会的这一或那一部分国民犯罪行为的平均数与其说决定于该国的特殊政治制度，不如说决定于整个现代资产阶级社会所特有的基本条件。美国和法国的一百个被判刑的罪犯的情况是这样的：

年　龄	费拉得尔菲亚	法　国
21 岁以下	19	19
21 岁到 30 岁	44	35
30 岁到 40 岁	23	23
40 岁以上	14	23
合　计	100	100

这样，如果说大量的犯罪行为从其数量和种类就会揭示出像自然现象那样的规律性，或者如果说，照凯特勒的说法，"在两个领域〈物理世界或社会生活〉的哪一领域中动因非常合乎规律地导致一定结果，这是很难断定的"，那末，应不应该认真考虑一下改变产生这些罪行的制度，而不是去颂扬那些处死相当数目的罪犯来为新的罪犯腾出位置的刽子手呢？

马克思：《死刑。——科布顿先生的小册子。——英格兰银行的措施》，

《马克思恩格斯全集》第 8 卷第 579～580 页。

直到 1853 年 4 月 11 日，印度当局在这方面还什么都没有做，问题到目前仍然悬而未决。

政府已经花了整整一星期的时间来调查北明翰监狱中的犯人遭到残酷虐待的事情——这种虐待已经达到他们当中的一些人自杀而另一些人也企图自尽的程度。被发现的暴行不亚于在奥地利或那不勒斯的任何一个 carcere duro〔刑讯室〕里所干出来的事情，确实是令人震惊的，但是另一方面，视察监狱的官员们对当事方面的口供百说百信态度和对受害者极其冷淡的态度也不能不使人大为惊异。他们对野蛮的狱吏的关怀已经达到这种地步，以至于在视察之前总是先通知狱吏。暴行的主犯奥斯丁中尉，就是卡莱尔在他所写的"模范监狱"一书中叫做流浪汉和罪犯的真正指挥官的那号人。

马克思：《政治动态。——欧洲缺粮》，

《马克思恩格斯全集》第 9 卷第 343 页。

在教会中也像在军队中一样，除了家族关系的原则以外，现金原则也仍然盛行一时。教会的一部分职务落到年幼的贵族子弟手中，另一部分职务则落到花钱较多的人的手里。因为英国人民的"灵魂"属于国教会，对英国人民的"灵魂"的交易，也和贩卖弗吉尼亚黑人的生意一样经常化了。在这门行业中不仅有卖者和买者，而且也有经纪人。Court of Queen's Bench〔皇家法院〕昨天审理了这种"宗教"经纪人中的一个姓辛普森的诉讼案。他要求一个叫拉姆的人付给他应得的酬金，这位拉姆根据契约规定，应当帮助约瑟亚·罗德韦耳牧师弄到西哈克尼教区的圣职，并有言在先，辛普森可以从买者和卖者那里分别拿到百分之五的佣金，某些额外收入除外。据他说，拉姆没有履行自己的义务。这桩交易的实际情况是这样的：拉姆的父亲是一个70岁的牧师，在萨塞克斯拥有两个教区，这两个教区的售价定为16000英镑。不用说，这种价格与教区的圣职收入成正比，另一方面又与占有者的年龄成反比。拉姆次子是拉姆长子所占有的教区的照管人，又是第三个更年轻的拉姆——西哈克尼的教区占有者和牧师的哥哥。因为后面这位拉姆年纪还很轻，他的薪高事少的下一任圣职的价格比较低。虽然这个教区每年的收入是550英镑（牧师的住宅费用除外），但是它的占有者把下一任圣职只卖1000英镑。在父亲去世后，他的哥哥必须把萨塞克斯的教区交给他，而又答应把西哈克尼的空位子通过辛普森以3000英镑卖给约瑟亚·罗德韦耳。这样一来他就可以拿到2000英镑的纯收入，他的弟弟可以得到较好的教区，而经纪人在这桩交易中按应付给他百分之五的佣金计算，也可以赚300英镑。后来不知为什么合同被取消了。法院判给了经纪人辛普森50英镑作为他"花费劳动"的赔偿费。

马克思：《帕麦斯顿和英国的寡头政治》，

《马克思恩格斯全集》第11卷第106～107页。

在束缚着德国人民的最后一些幻想中，占首要地位的是他们对法官的迷信般的尊敬。

马克思：《普鲁士反革命和普鲁士法官》，

《马克思恩格斯全集》第6卷第162页。

大陆上对财产继承法院的专横作了许多公正的批评。然而不取报酬的英国审判官的裁判权却恰恰是现代化了的、得到宪法掩护的领主裁判权。我们从一家英国地方报纸上逐字逐句地摘录了下面一段引文：

"上星期二，一位年迈的农业工人纳萨涅尔·威廉斯出现在伍斯特的治安法官面前。他被处5先令的罚金和13先令的费用，因为他在8月26日星期日割了属于他个人所有的一小块地的小麦。威廉斯证明说，他这样做是必需的，假如他不收割小麦，小麦就要毁掉，他在整个星期内从早到晚为租给他土地的地主忙个不停。但这些话毫无用处。坐着reverends（牧师）的法庭是哀求不动的。"

工厂主、乡绅和组成不取报酬的审判官的特权阶层的其他代表所采取的做法，也和在这种情况下作为处理自己案件的法官的牧师一样。

马克思恩格斯：《将军们的报告。——来自法国的消息》，
《马克思恩格斯全集》第 11 卷第 612 页。

这样，官方就承认了普遍施用刑罚是英属印度财政制度的不可分割的部分，但是这种承认是以替英国政府本身开脱的形式作出的。

马克思：《印度刑罚的调查》，
《马克思恩格斯全集》第 12 卷第 293 页。

对目前这一代人更有益处的是要清楚了解，小拿破仑实际上反映了大拿破仑的劣迹。这一事实的最明显的例证，就是不久以前英法之间发生的"令人可悲的误解"，以及英国政府在这种"误解"的压力之下对侨民和印刷商进行的刑事审判。简短的历史回顾将证明，在这一出卑鄙的传奇剧中，小拿破仑只是不折不扣地重演了早先大拿破仑所构思和扮演过的卑劣角色。

马克思：《伦敦的法国人审判案》，
《马克思恩格斯全集》第 12 卷第 456 页。

法官在城市里行使司法权，但是阿富汗人很少求助于法律。可汗有权制定包括死刑在内的刑罚。

恩格斯：《阿富汗》，
《马克思恩格斯全集》第 14 卷上册第 78 页。

Conseil des contentieux〔讼事审理委员会〕审理民事和刑事方面的违法行为。在建立了民政管理机构的省，有市长、法官和警官。信奉伊斯兰教的部落仍然有他们自己的法官；但他们那里有他们似乎比较喜欢的仲裁法庭制度，并且有专门负责在法国法庭上为阿拉伯人利益辩护的官员（l'avocat des Arabes〔阿拉伯人的律师〕）。

恩格斯：《阿尔及利亚》，
《马克思恩格斯全集》第 14 卷上册第 110 页。

无非是这样一种法律秩序，这种秩序，即使君主们的秘密司法在 1848 年已被消灭，但警察专横还是一天天在它上面打开缺口。新帝国法典的编纂者，就是从一切坏学校中的这个最坏的学校毕业的，他们的大作也恰好与此相称。撇开纯司法方面不谈，政治自由在这类法典中是很受约束的。如果说，陪审员法庭使资产阶级和小资产阶级拥有了参与压制工人阶级的手段，那末，国家则尽量利用限制陪审员法庭的办法使自己不致遭到资产阶级反对派复兴的危险。刑法典的政治条款往往是模棱两可、含糊不清的，就好像这些条款是按照当前帝国法庭的身段剪裁的，而这种法庭又是按照这些条款的身段剪裁的一样。新的法典对普鲁士法来说是一个进步，这是不言而喻的，——像普鲁士法这样一种令人讨厌的东西，在今天就连施特克尔也搞不出来了，即使给他行割礼他也搞不出来。可是，迄今一

直实施法国法律的各省，却非常强烈地感觉到褪了色的复制本和经典原本之间的区别。正是由于民族自由党背离了自己的纲领，所以才有可能使国家暴力靠牺牲公民自由这样加强起来，才有可能造成这第一个真正的退步。

恩格斯：《暴力在历史中的作用》，

《马克思恩格斯全集》第 21 卷第 523～524 页。

工业法庭，就是由工人和业主（工业中的厂主）双方选出的代表组成的法庭，审理的案件和纠纷涉及雇用条件、确定日常工资和加班费、无故解雇工人、赔偿损坏材料、罚款不合理等等。西欧大多数国家都有这种法庭，俄国还没有，因此，我们想探讨一下，工业法庭对工人有什么好处，为什么除了普通法庭以外，最好还要设立工业法庭（普通法庭由政府任命的或由有产阶级选出的一名法官审理案件，没有业主和工人选出的代表参加）。

列宁：《论工业法庭》，

《列宁全集》第 4 卷第 239 页。

马克思恩格斯在《政治案件》里提到的"宾夕法尼亚监狱"，是个设有单身牢房的监狱。第一所这样的监狱，1791 年修建于费拉得尔菲亚城（美国夕法尼亚州）。单独监禁在 19 世纪的欧洲非常流行。1844 年在德国修建的有名的柏林莫阿毕特区监狱和其他一些监狱就是这种类型的监狱。

马克思恩格斯在《将军们的报告。——来自法国的消息》里的"财产继承法院"，是在地主有权审判和惩罚自己的农民的基础上建立起来的封建法庭。

"不取报酬的审判官"，是英国从有产阶级代表中任命的治安法官。

（二）司法权的行使

1. 一般审判

审判，是诉讼中审理、裁判的简称。在当代，审判的重要事项、公开审判、审判请求和审判妨碍罪，是构成审判的重要因素。

公开审判，是审判的重要原则。所谓"公开"，一般指公众可以旁听开庭审判。公开审判可以提升裁判公正性和对司法权的信任，故近现代各国均予采取。在西方国家，经全体法官一致认为有害"公序良俗"之虞的案件，允许不公开。对于特定案件如政治案件、出版的案件，原来是不公开审判的，现时也一律公开。涉及个人隐私的案件，一直不予公开。在刑事诉讼法上，如有违反审判公开的规定时，则构成绝对的控诉理由，如影响公正判决时，也可成为上诉的理由。

妨害审判罪，是违反法院或法官基于法庭警察权所宣布的命令并妨碍其职务执行的罪名。根据法院组织法的规定，对于妨碍审讯的行为人，可以依法带离法庭。有的国家规定，闭庭后可以处以罚金或拘役。英美法规定的侮辱法庭罪，可以不经检察官提起公诉而直接处罚。

通过经典作家关于西方国家审判的论述，可以得出这样的结论，所谓"司法正义""审判公正"，完全是一种法律虚构。

西方国家的"法官治院"，是确立法官独断的不受任何领导、管理、监督的审判和审判权。在我国，如果实行"法官治院"，就必然导致取消司法机关的党委（党组）领导和行政领导，取消审判委员会对案件的集体指导和监督，而且司法腐败会愈演愈烈。法院是手握生杀大权和决定纠纷对错的地方，这是司法职业的特点，但职业特点绝不意味着职业特权。搞法官的职业化特权，势必会以种种借口排斥党的领导，排斥国家部门和人民群众的可靠监督，客观上一定会使法官脱离人民群众。在司法改革中，我们必须划清"法官职能"与"法官治院"的界限。在党的领导下，充分发挥审判人员的职能作用和积极性，做到办案又多又快又好，是一回事，而高人一头，口含天宪，我行我素，拒绝任何领导和监督的"法官治院"，是另一回事。

这些新手急于建立功勋的心愿同他们不了解事物的程度成正比，英国法律家的一句老谚语这次也适用于法国：法律是法律，但法官根据法律要做些什么，我们就不知道了。

恩格斯：《致劳·拉法格》，
《马克思恩格斯全集》第 39 卷上册第 268 页。

第 91—100 条是关于最高法庭的。它具有审判总统的特殊权力，提交它审判的有部长和所有国民议会认为应当由它审判的政治犯。

马克思：《1848 年 11 月 4 日通过的法兰西共和国宪法》，
《马克思恩格斯全集》第 7 卷第 587 页。

判决仅仅是为了确定再犯而存在的。对于私人利益的贪婪的焦虑来说，审判形式是迂腐的法律仪式所设置的累赘而多余的障碍。诉讼只不过是一支负责把敌人押解到牢狱里去的可靠的护送队，它只是执刑的准备。如果诉讼想超出这一点，它就会被人封住嘴巴。

马克思：《第六届莱茵省议会的辩论（第三篇论文）》，
《马克思恩格斯全集》第 1 卷上册第 286 页。

在所有国家，甚至在普鲁士，法官同其他人是一样的人。要知道，甚至普鲁士王国最高法院的副院长之一哥采博士先生也曾在普鲁士贵族院说，1848 年、1849 年和 1850 年的内乱，使普鲁士的法学陷于混乱状态，需要一些时间来为之确定方针。谁能担保哥采博士没有算错确定方针所需要的时间呢？在普鲁士，起诉权——例如对诽谤者的起诉权——是以一个官员的预先"决定"为转移的，而这个官员又会由于所谓的"违反职责"（见 1849 年 7 月 10 日暂行条例和 1851 年 5 月 7 日惩戒法）而受到政府惩罚，即予以警告、罚款、强迫调任他职或者甚至带有侮辱性地撤销其司法职务。

马克思：《福格特先生》，
《马克思恩格斯全集》第 14 卷上册第 687~688 页。

1844 年 3 月 30 日，普鲁士政府颁布了臭名远扬的法官纪律法。根据这条法律，只要内阁的一纸法令就可以撤换法官或免除法官的职务。最后一届"联合议会"废除了这条法律，并重新确定了以下的原则：只有根据法庭的判决，才能撤换法官或免除法官的职务。钦定宪法确认了这个原则。而一些法院按照司法大臣林泰伦的方法行事，想用道德压力来迫使自己的一些政治上受到损害的同行辞职，它们这样做难道不是在肆意践踏上述那些法律吗？这些法院把每个政治观点不合乎它们的普鲁士王国的"荣誉"标准的人都从自己的队伍中排挤出去，它们这样做，难道不是在把自己变为军官联合会吗？

难道规定人民代表不受法庭审讯和享有不受侵犯的特权的法律，在我们这里是不存在的吗？

真是有名无实！

如果说普鲁士宪法由于它特有的条款和产生的方式而没有把自己废弃，那末柏林高级法庭是它的最后保障这一简单的情况却会把它废弃的。宪法由大臣们的责任心来保障，而大臣们的无责任心则由为他们钦定的法院即柏林高级法庭来保障，这个高级法庭的出类拔萃的代表人物就是米勒先生。

因此，高级法庭的最近几个指令正好是公然废除钦定宪法。

马克思：《普鲁士反革命和普鲁士法官》，

《马克思恩格斯全集》第 6 卷第 166～167 页。

除了根据法律应受惩罚的行为以外，根据新的惩罚条例（见第 82 条和以下各条），在军事条令，即在这个由国王的上校在少校的协助下起草并经虚构的"区代议机关"批准的市民自卫团大宪章中所规定的各种情况，也要受到惩罚。不言而喻，监禁能用罚款的办法来代替，以便使市民自卫团中有支付能力的人同无支付能力的人之间的差别，即由"办事内阁"发现的市民自卫团中资产阶级同无产阶级之间的差别得到刑法的校准。

在宪法中应被办事内阁完全拒绝的特殊裁判权现在又被这个内阁偷偷地放到市民自卫团条例中去了。自卫团士兵和班长在军纪上的一切过错，应交给由两个排长、两个班长和 3 个士兵组成的连的法庭处理（第 87 条）。营的各个连里的指挥官，从排长到少校，在军纪上的一切过错，应交给由两个大尉、两个排长和 3 个班长组成的营的法庭处理（第 88 条）。对于少校又规定了另外一种特殊的诉讼程序，关于这种诉讼程序第 88 条叙述如下："如果少校应交给营的法庭审判，那末营的法庭除了原有的成员外还需要增添两个少校"。最后，如前所说，上校先生是不受任何法庭审判的。

马克思恩格斯：《市民自卫团法案》，

《马克思恩格斯全集》第 5 卷第 285 页。

根据密多塞克斯的资格审查律师沙德维尔先生的判决，许多属于上述自由农土地协会的选民被剥夺了选举权；他宣布，凡是土地的价值不足五十英镑的土地占有者不得享有选举权。因为这里所涉及的是事实问题，而不是权利问题，所以对于这个判决不能向普通法法院提出上诉。大家都很清楚，对事实问题和权利问题所作的这种区分，就会使始终为现存内阁所左右的资格审查律师在编制新的选民名单方面握有极大的权力。

马克思：《商业繁荣的政治后果》，
《马克思恩格斯全集》第 8 卷第 427 页。

　　在案件审理完毕以前，不要忙于作出自己的判断。如果他们现在就作进一步的说明，就会使普鲁士政府有可能阻碍揭发警察局所干的违反誓约、伪造文件、篡改日期、窃盗等等一切骗人勾当。

马克思恩格斯：《致英国各报编辑部的声明》，
《马克思恩格斯全集》第 8 卷第 429 页。

　　工厂视察员向法庭提出诉讼。但是工厂主的请愿书立即像雪片似地飞向内务大臣乔治·格雷爵士，以致他在 1848 年 8 月 5 日的通令中晓谕视察员：
　　"只要还没有证实换班制度被滥用来使少年和妇女劳动 10 小时以上，一般不要按违背法令条文来追究"。
　　在这以后，工厂视察员约·斯图亚特就准许苏格兰全境在十五小时工厂日内实行所谓换班制度，于是这种制度很快就象以前那样盛行起来。而英格兰的工厂视察员则声明，内务大臣没有权力自作主张中止法律的实施，并且继续向法庭控告那些维护奴隶制的叛乱者。
　　既然法庭，郡治安法官宣判他们无罪，那传讯又有什么用呢？法庭上坐的是工厂主先生，他们是自己审问自己。

马克思：《资本论第一卷》，
《马克思恩格斯全集》第 23 卷第 320 页。

　　即使政府官员已被正式控告并已被揭露犯有这类滥用职权的罪行，也难将他们交法庭审判，而且法律为他们规定的惩罚也过分宽厚。据查明，如果这类控告在法官面前得到证实，法官只能判处犯人 50 卢比罚款或为期一月的徒刑。诚然，他还可以把被告解交"刑事法官，由刑事法官判刑或将其案件提交巡回法院审理"。
　　报告中补充说："看来这是一个冗长的审判程序，而且只适用于一类过失，即警察的滥用职权，而在上述情况下，这种审判程序是不会有任何结果的。"

马克思：《印度刑罚的调查》，
《马克思恩格斯全集》第 12 卷第 292 页。

　　要知道人类的一切都是不完善的！因此：吃吧，喝吧！既然法官是人，那么你们要法官干什么呢？既然法律只有人才能执行，而人所执行的一切又是不完善的，那么，你们要法律干什么呢？把你自己交给上司的善良意志去摆布吧！莱茵省的司法跟土耳其的司法一样是不完善的！因此：吃吧，喝吧！

马克思：《第六届莱茵省议会的辩论（第一篇论文）》，
《马克思恩格斯全集》第 1 卷上册第 180 页。

马克思在《商业繁荣的政治后果》里的"普通法法院"，指的是民事法院，是英国的高等法院之一（1873 年改革后成为高等法院的分院）。在这里诉讼程序根据英国普通法进行。民事法院的职权范围是，除了其他问题外，还可以审理对资格审查律师就选举人名单所作的决定提出的上诉。根据英国的普通法，上诉法院只审理法律问题，即有关破坏法律的和诉讼程序的准则问题；至于事实问题，即有关案件的实际情况问题，根据普通法，则归陪审员审理。

马克思在《资本论第一卷》里的"郡治安法官"，马克思注为：这些"郡治安法官"，即被威·科贝特称为"伟大的不领薪水的人"，是由各郡绅士组成的不领薪水的治安法官。事实上，他们形成统治阶级的世袭法庭。

马克思在《第六届莱茵省议会的辩论（第一篇论文）》里的"吃吧，喝吧"，是 18 世纪在德国流行的一首大学生歌曲中的词句。这里，马克思用这句歌词嘲讽莱茵省的司法现状。

2. 对莱茵报案和革命党人的审判

经典作家经历的和为之辩护的案件，属于政治案件。资本主义国家承认"政治犯罪"。关于政治犯罪，他们的法学界有两种看法，所谓两种学说。一是"客观说"，认为应当据其行为是否侵害或威胁国家法益加以认定；另一种是"主观说"，认为应根据行为人的主观意图加以认定。资本主义国家的宪法和刑法，采纳主观说。这就为枉顾事实而主观擅断，出入人罪，提供了法律依据。他们之中的一些法学家认为，政治犯罪的概念含混，不够明确。他们认为是"用于以改变国家的基本秩序为目的的罪行"呢，还是用于"作为贯彻政治主张的手段而实行的犯罪"呢，不够明确。其实，不管上述两种情形中的任何一种，都被认定为犯罪。在资产阶级和他们的法学家那里，革命党人是政治犯，是跑不掉的。共产党人以无产阶级和广大劳动人民的解放为己任，以共产主义为崇高理想，主张建立一个没有人剥削人、人压迫人的新社会，何罪之有？反动资产阶级才是真正的犯罪。

社会主义国家不承认政治犯罪，也不承认思想犯罪，在宪法和刑法上均无政治犯罪和思想犯罪罪名。至于颠覆国家政权罪、煽动颠覆国家政权罪和分裂国家罪、煽动分裂国家罪，是刑事犯罪，不是政治犯罪。资产阶级和他们的法学家自己搞政治犯罪，却倒打一耙，硬说社会主义国家也搞政治犯罪。这完全是颠覆社会主义的意识形态。无产阶级是大公无私的阶级，这个阶级认为隐瞒自己的观点是可耻的事情。思想问题、政治问题，只能通过政治的和思想的手段去解决。事情正是这样。

诸位陪审员先生，一般说来，如果你们要像检察机关所解释的那样，把关于诽谤的第三六七条运用于报刊，那末你们借助刑事立法就可以把你们在宪法中所承认的和通过革命才取得的出版自由取消。这样你们就是批准官员们的恣意专横，给官方的一切卑劣行为大开方便之门，专门惩罚对这种卑劣行为的揭露。既然如此，何必还要虚伪地承认出版自由呢？

恩格斯：《"新莱茵报"审判案》，

《马克思恩格斯全集》第 6 卷第 274 页。

检察院鉴于——要特别注意！——"缺乏客观的犯罪构成，因此没有起诉的根据"，决定重新开始侦查。这样，根据荒谬的臆断，你首先得坐九个月牢；然后发现，你坐牢是没有任何法律根据的最后：你必须坐到侦查员能够为诉讼提出"客观的犯罪构成"为止，如果"客观的犯罪构成"找不到，你就得在监牢里吃苦头。

《马克思致斐·弗莱里格拉特》，

《马克思恩格斯全集》第 28 卷下册第 484 页。

我时刻都在等待着驱逐出境的命令，如果没有更坏的遭遇的话，因为谁也不能预料这个俄国式的比利时政府还会采取什么手段。我已作好准备，驱逐令什么时候下来都行。这就是德国民主主义者在这个"自由的"、如报纸所说，比法兰西共和国毫不逊色的国家里的处境。

恩格斯：《给"北极星报"编辑的信》，

《马克思恩格斯全集》第 4 卷第 553～554 页。

逮捕是非法进行的，因为没有一个宪兵出示逮捕令；不错，有一个宪兵从口袋里掏出一张什么小纸条，但是他并没有交给安内克过目。

黑克尔先生："派宪兵进行逮捕是根据司法机关的决定"。难道司法机关的决定可以不遵照法律的规定么？国家检察官和预审推事没收了大量的文件和传单，其中有安内克夫人的一大包文件，以及其他东西。这里应该顺便提一下：预审推事盖格尔先生已被提名为警察厅长了

晚上安内克被审问了半小时。他之所以被捕，似乎是由于他在居尔策尼希最近的一次集会上发表了煽动性的演说。Code pénal〔刑法典〕121 第 102 条所提到的公开演说，是指那些直接号召谋叛皇帝和皇族的言论或旨在号召用内战，即非法使用武力、公开进行杀戮或掠夺来破坏国家安宁的言论。普鲁士的术语"煽动不满"未见于该法典。由于无法运用普鲁士的法律，所以在司法上完全不容许运用第 102 条的场合，也都要暂时采用第 102 条了。

马克思恩格斯：《逮捕》，

《马克思恩格斯全集》第 5 卷第 191 页。

我们只是在一个法律问题上犯了错误。在逮捕人的时候，应该到场的不是"法警的官员"，而是当局的代表。法典对人身不受侵犯表现了多么动人的关怀！

然而宪兵先生没有出示逮捕令这一点，毕竟还是非法的。我们后来得知，他们还在黑

克尔先生及其随从到来以前就动手检查文件,这种行为也是非法的。但是尤其非法的,是使黑克尔先生表示遗憾的、对被捕者的粗野态度。使我们惊奇的是,法庭要审讯的不是宪兵先生们,而是揭露宪兵先生们的无礼举动的报纸。

马克思:《法庭对"新莱茵报"的审讯》,
《马克思恩格斯全集》第5卷第203页。

第六条法律。

"凡被揭露公开以武力反抗合法当局的命令或实行叛变致使军队遭到危险或使军队遭到危害者,交军事法庭惩处。"

按照人身保护法的规定,任何人都不能交由依法成立的法庭以外的法庭去审理。军事法庭和非常委员会都是非法的。以惩罚相威胁或使用法律规定的惩罚以外的惩罚都是不容许的。根据这条法律,这项规定不论在任何时间、任何地方或在任何情况下,甚至在战争或暴动的情况下,都不能停止生效。因为根据第八节规定,即使在这种情况下也只能暂时取消第一节和第六节,而且只有根据内阁的决定并由内阁负责才能这样做。虽然如此,但是冯·德利加尔斯基先生还要设立军事法庭来对付平民。因此他下令捕人,为了捕人而破坏住宅的不可侵犯也就毫不奇怪了!

马克思:《德利加尔斯基——立法者、公民和共产主义者》,
《马克思恩格斯全集》第6卷第68页。

在战时状态下,民事审判权就得失效。如果法院侦查员要继续执行他的职务,他就得登上军法官的宝座,军事条令就会成为他的法典。杜塞尔多夫检察人员很了解他们的这个新地位;事实上如果他们还承认他们享有莱茵刑事诉讼程序规定的职权,那末即使根据Habeas Corpus Act〔人身保护法〕第九节,他们也早就应该起来干涉了。

第九节规定:

"对超越职权破坏上述各项决定的文武官员,不需事先征得当局的同意即可起诉。"

要完全认清我们莱茵各机关的力量,还要看总检察官尼科洛维乌斯先生是否同意杜塞尔多夫检察人员的做法,因为所有法警官员,甚至法院侦查员都在他的监督之下。为了促使尼科洛维乌斯先生行使他的职权,处理杜塞尔多夫事件,昨天曾派一个代表团去见他,他似乎回答说:他手里没有能够据以进行干涉的法律条文。虽然这些话我们都是从最可靠的方面得知的,但是,我们仍然说:"尼科洛维乌斯先生似乎回答说"。我们还不敢相信这件事,因为否则我们就要认为,尼科洛维乌斯先生把Code pénal及今年3月以来颁布的一切法律都忘得一干二净了。

马克思:《德利加尔斯基——立法者、公民和共产主义者》,
《马克思恩格斯全集》第6卷第68~69页。

由于茨魏费尔先生用Code pénal〔刑法典〕的条文作掩护,所以魏茵哈根先生不敢公布这些事实。根据这一条文,任何揭发,即使有真凭实据,如果不可能由法庭的判决或确凿的文件来加以证实，一律都要被控告为诬蔑。

马克思：《对"新莱茵报"提出的三个诉讼案》，
《马克思恩格斯全集》第 6 卷第 71 页。

科伦 12 月 21 日。本地陪审法庭非常审判庭今晨开始对哥特沙克、安内克和埃塞尔进行审判。

被告们带着镣铐，像最普通的刑事犯一样，从新监狱被押送到戒备森严的法庭。

我们的读者都知道，像现在这样组织的陪审法庭，我们绝不能把它看做是某种保障。资格限制使一定的阶级享有从自己的人当中挑选陪审员的特权。编制陪审员名单的方式使政府有权操纵垄断，从特权阶级中挑选出自己惬意的人。这就是说，行政区长官先生从全区的陪审员名单中挑选出一些人，编制成清册；然后政府的司法代表再加以清刷，把这个名单缩减到三十六人（如果我们没有记错的话）。最后，当陪审法庭真正组成的时候，检察机关有权第三次对最后的名单，对这个经政府两次蒸馏过的阶级特权的产物进行清刷，只留下最后所需要的十二个人，而把其余的都删除。

在这样组织起来的陪审法庭上，那些公开反对特权阶级和现存国家政权的被告要是不直接落到自己死敌的手中，那简直是奇迹了。

马克思：《对哥特沙克及其同志们的审判》，
《马克思恩格斯全集》第 6 卷第 151 页。

诸位陪审员先生！

今天的审判具有相当重要的意义，因为作为对"新莱茵报"提出控告的根据的 Code pénal〔刑法典〕第二二二条和第三六七条，是当局能够用来迫害报刊的莱茵省法律中唯一的两条，当然，直接号召叛乱是另外一回事。

你们大家都知道，检察机关迫害"新莱茵报"的瘾头特别大。可是，直到目前为止，虽然检察机关费尽了心机，但除了说我们连犯了第二二二条和第三六七条的规定以外，它还无法控告我们犯了别的什么罪行。因此，为了报刊的利益，我认为有必要详细地谈谈这两个条文。

马克思：《"新莱茵报"审判案》，
《马克思恩格斯全集》第 6 卷第 262 页。

Code pénal 第二二二条只谈到关于《outrages par paroles》，口头的侮辱，没有谈到书面的或报刊的侮辱。1819 年的普鲁士法律只是为了补充，而不是要取消第二二二条。只有当 Code 规定要对这类口头侮辱的行为加以惩罚时，普鲁士法律才能把第二二二条的规定扩大到对书面的侮辱也要加以惩罚。只有在第二二二条关于口头侮辱所规定的情况和条件下才能谈得上书面的侮辱。因此，有必要弄清楚第二二二条的确切含义。

我们来看看对第二二二条所做的解释（Exposé par M. le conseiller d'état Berlier, séance du février 1810〔国务委员会委员贝利耶先生在 1810 年 2 月的会议上所作的说明〕）：

……"总之，这里所指的只是破坏社会秩序、社会安宁这样一些侮辱行为，即当官员或负责人员在执行职务时或者由于执行职务而受到的侮辱，在这种情况下，受到损害的已经不是个人，而是社会秩序……在这种情况下就要考虑到政治等级制度了：谁敢侮辱负责人员或对他们施加暴力，那末毫无疑问，他就是犯了罪，但是他引起的乱子比起侮辱法官来要轻一些。"

诸位先生，从这段解释中你们可以看出，立法者制定第二二二条的目的究竟是什么。"只有"当侮辱官员的行为破坏了社会秩序、社会安宁的时候，才能适用这一条。但什么时候社会秩序、lapaixpublique〔社会安宁〕才会遭到破坏呢？仅仅是在发生下面情况的时候：有人企图发动暴乱推翻法律，或者阻挠现行法律的实施，即反抗执行法律的官员，妨碍官员，使他无法执行职务。……

就是说，这个解释指出，必须是：（1）在官员执行职务时受到的侮辱，（2）当面对他进行的侮辱。在其他任何情况下，都不能说是实际上破坏了社会秩序。

马克思：《"新莱茵报"审判案》，

《马克思恩格斯全集》第 6 卷第 265～267 页。

这些行为要和执行职务有密切的关系，即在任何情况下都要有被侮辱的官员亲自在场。

即使我们在文章中侮辱了茨魏费尔先生，第二二二条也不适用于我们的文章，这是否还需要进一步地加以证明呢？当被指控的文章写成的时候，茨魏费尔先生并不在场；那时他不是住在科伦，而是住在柏林。在这篇文章写出来的时候，茨魏费尔先生执行的不是检察长的职务，而是协商派的职务。因此，他不可能作为正在执行职务的检察长而受到侮辱和詈骂。

马克思：《"新莱茵报"审判案》，

《马克思恩格斯全集》第 6 卷第 270～271 页。

那末，诽谤指的是什么呢？指的是把某些事实归罪于某人的詈骂。侮辱指的是什么呢？指的是谴责某种缺陷和一般的侮辱性言词。如果我说："你偷了一个银匙子"，那末照 Code pénal 的理解我就是对你进行了诽谤。如果我说："你是一个小偷，你有偷窃的习惯"，那我就是侮辱了你。

马克思：《"新莱茵报"审判案》，

《马克思恩格斯全集》第 6 卷第 271 页。

侵犯《délicatesse et honneur》，侵犯尊严和名誉是极不明确的概念。什么是名誉？什么是尊严？什么是侵犯尊严和名誉？这完全要以我所接触的那个人为转移，以他的文化程度、个人偏见和自负心理为转移。在这里，除了 noli me tangere〔含羞草〕，除了妄自尊大的自以为不可侵犯的官员的虚荣心以外，不可能有其他任何标准。

但是，即使是关于诽谤的一条，即第三六七条也不适用于"新莱茵报"上那篇文章。

第三六七条要求《fait précis》，肯定的事求，要求《un fait qui peut exister》，真正能成为事实的事实。

马克思：《"新莱茵报"审判案》，

《马克思恩格斯全集》第 6 卷第 272 页。

拉萨尔被关在杜塞尔多夫监狱已经十一个星期，可是直到现在才结束了对一些简单的、谁也不会否认的事实的侦查，直到现在高等法院才作出决定。事情竟被轻而易举地弄到这种地步：如果高等法院和检察院想使用最高限度的注定期限，那它们就可以把这个案子拖到杜塞尔多夫陪审法庭下次开庭期结束的时候，从而使囚徒再享受三个月的审前羁押！

这算是什么审前羁押呵！

马克思：《拉萨尔》，

《马克思恩格斯全集》第 6 卷第 316 页。

拉萨尔既被送交陪审法庭审判，又被送交违警法庭审判。如果陪审员把他开释，他还要受到违警法庭的审判。如果违警法庭不审判他，那他无论如何还要受到审前羁押，直到违警法庭判他无罪为止。总之，不论陪审员如何判决，拉萨尔总是得不到自由的，而普鲁士国家也就得救了。我们再说一遍，为了同一篇演说，拉萨尔既被杜塞尔多夫高等法院送交陪审法庭审判，又被送交违警法庭审判。事实原来是同一个。

马克思：《拉萨尔》，

《马克思恩格斯全集》第 6 卷第 319 页。

甚至在递交了"起诉书"之后还是禁止他们同自己的辩护人交换意见，这是一种直接破坏法律的行为。

马克思恩格斯：《关于最近的科伦案件的最后声明》，

《马克思恩格斯全集》第 8 卷第 445 页。

最后，政府总算物色到了一批从来没有在莱茵省露过面的陪审员：其中有六个是反动贵族、四个是 haute finance〔金融贵族〕的代表、两个是高级官员。

马克思恩格斯：《关于最近的科伦案件的最后声明》，

《马克思恩格斯全集》第 8 卷第 446 页。

如果令人信服的证据一件也拿不出来，而硬要宣判有罪，那末，能够这样做（即使这一类陪审员也是不能够这样做的）只是由于把新刑法典当做似乎具有追究既往的力量的法律来应用；在这样应用法律时，就连"泰晤士报"与和平协会也随时有可能被扣上叛国的可怕罪名而被告发。

马克思恩格斯：《关于最近的科伦案件的最后声明》，
《马克思恩格斯全集》第 8 卷第 447 页。

　　普鲁士政府从侦查一开始就力图在原则上系统地剥夺被告们进行辩护的种种手段。律师们由于直接同法律发生抵触，甚至在递上最后的起诉书之后，仍然被禁止同被告们进行联系，这一点他们曾经在公开审判时申诉过。

马克思：《揭露科伦共产党人案件》，
《马克思恩格斯全集》第 8 卷第 494 页。

　　《马克思致斐·弗莱里格拉特》里说，"'缺乏客观的犯罪构成，因此没有起诉的根据'，决定重新开始侦查"，是指检察院关于被捕并在科伦受审的共产主义者同盟盟员案件的决定，是一宗违法的政治迫害案件。

　　指控的是 1851 年 5 月被普鲁士警察当局逮捕的、被控为"进行叛国性密谋"的共产主义者同盟盟员。在普鲁士警察当局最终写成"起诉书"之前，被捕者受了大约一年半的审前羁押。审讯是 1852 年 10 月 4 日至 11 月 12 日在科伦进行的。受审的有 11 名共产主义者同盟盟员：亨·毕尔格尔斯、彼·诺特荣克、彼·勒泽尔、海·贝克尔、卡·奥托、威·赖夫、弗·列斯纳、罗·丹尼尔斯、约·克莱因、约·埃尔哈特和阿·雅科比。科伦共产党人案件的被告斐·弗莱里格拉特流亡伦敦，避免了逮捕和审判。

　　控告的物证是普鲁士警探们假造的同盟中央委员会会议的"原本记录"和其他一些伪造文件，以及警察当局从维利希—沙佩尔冒险主义集团那里偷来的一些文件。根据伪造文件和假证词，7 名被告被分别判处 3 年到 6 年的徒刑。马克思、恩格斯以及他们在伦敦和德国的朋友和拥护者大力协助被告的辩护人，供给他们以反驳警察当局伪造罪状的文件和材料。恩格斯的《最近的科伦案件》和马克思的《揭露科伦共产党人案件》等著作，对这个案件的组织者的挑衅行为和普鲁士警察国家用来反对国际工人运动的卑鄙手段，进行了彻底的揭露和抨击。

　　马克思恩格斯在《逮捕》里说，"他之所以被捕，似乎是由于他在居尔策尼希最近的一次集会上发表了煽动性的演说"，是指安内克 1848 年 6 月 25 日在居尔策尼希大厅科伦工人联合会大会上的发言。会上讨论了由科伦三民主团体——民主协会、工人联合会和工人业主联合会——的代表建立联合委员会的问题。

　　马克思在《德利加尔斯基——立法者、公民和共产主义者》里提到的"人身保护法"，指 1848 年 8 月 28 日普鲁士国民议会通过的人身保护法（与 1679 年英国的法令相似），该法令称为 Habeas Corpus Act（人身保护法）。这一法令一开始就被普鲁士政府粗暴地破坏了。

　　马克思在《"新莱茵报"审判案》里说"有必要弄清楚第二二二条的确切含义"的"含义"是："如果行政机关或司法部门的一个或几个负责人员在执行职务时或由于执行职务而遭到某种口头侮辱，使他们的名誉或尊严受到损害，侮辱他们的人应判处一个月到两年的徒刑。"

马克思在《"新莱茵报"审判案》里的"协商派",是马克思和恩格斯把那些为了"同国王协商"制定宪法而召集的普鲁士国民议会议员称为协商派(Vereinbarer)。

马克思在《"新莱茵报"审判案》里的"Code pénal",是刑法典。在刑法典中规定了关于侮辱和诽谤的区别。可以在第375条中找到这种区别的精确解释。在"诽谤"这一条的后面是这样说的:"对于带有谴责某种缺陷,而不是谴责某种行为的詈骂和侮辱性言词……罚款十六到五百法郎。"在第376条中规定,"所有其他的詈骂和侮辱性言词……都应受一般的行政处分。"

(三)司法权力关系状况

1. 当权者层面的司法权力关系

任何法律关系都是社会的。在"社会的"司法权力关系中,划分出当权者层面的关系和社会层面的关系。当权者层面的关系,是基于司法权力所形成的统治阶级成员相互之间的关系。

官官相护、等级特权,是当权者层面的司法权力关系的显著特征,也是司法权力关系扭曲的重要原因。

美国有一句谚语:你偷一块面包,就让你蹲监狱,你偷一条铁路,就任命你当议员。在西方国家,"社会的"司法领域突出的问题,是司法不公、司法腐败和司法冤假错案这三大问题。西方国家"司法独立"的理念、模式和具体制度,不仅根本解决不了这些问题,而且使这三大问题愈加严重。一些人盲目崇拜西方司法制度,把西方司法制度吹捧得神乎其神,什么公正呀、正义呀,每天都挂在嘴上。可只要翻一翻它们的法律,翻一翻它们的案卷,翻一翻《红与黑》《悲惨世界》《复活》,以及伟大的叛逆者雨果的其他著作,就会立刻感觉到西方腐朽的司法制度正在坍塌。

由于西方立法和法学意识形态的影响,我国的司法理论和实践出现了某些问题。这些问题是无法回避的。近年来,我国提出了"保证司法公正,提高司法公信力"的司法改革总原则,特别警示"司法不公对社会公正具有致命破坏作用",提出了"规范司法行为,加强对司法活动的监督,完善确保依法独立公正行使审判权和监督权的制度"的司法改革总要求。按照这个精神,从中国国情和现实出发,脚踏实地地搞好司法改革,是十分必要的。

在这一篇里也没有提到司法贵族(noblesse de robe)和法学家(la robe),他们实际上也构成了特权等级,在议会中拥有同王权对立的巨大的权力。他们在自己的政治活动中以限制王权的那些机关的保卫者的姿态出现,可见,他们是站在人民一边的,但作为法官,他们就是营私舞弊的体现。

恩格斯:《致卡·考茨基》,
《马克思恩格斯全集》第37卷第145页。

我根本不想谈陪审法庭的优越性和保证作用，——在这里哪怕再说一句话也是多余的。但是世界上存在着顽固不化的法学家和咬文嚼字的人，他们的座右铭是：fiat justitia, pereat mundus！〔只要法律得胜，哪怕世界毁灭！〕陪审员的自由法庭当然不合他们的心意。因为自由法庭不仅会使他们丧失司法职权，而且会使法律的神圣的字面意义，即死板和抽象的法面临危险。而这个法无论如何不应当被破坏。它是他们的帕拉斯神像。

恩格斯：《〈刑法报〉停刊》，
《马克思恩格斯全集》第41卷第321～322页。

这种诉讼方式在第二帝国史册上是屡见不鲜的。读者大概还记得法国著名律师和正统派贝利耶的儿子的诉讼案吧。当时，涉及的是一家股份企业——Docks Mapoléoniens〔拿破仑造船厂〕所干的诈骗案。要知道，老贝利耶掌握着大批文件，足以证明拿破仑亲王和玛蒂尔达公主也曾用这种使他的儿子贝利耶坐在被告席上的欺骗行为赚得了大宗款项。

马克思：《时代的表征》，
《马克思恩格斯全集》第12卷第438页。

警察发明了刑法典中所没有的新罪名，而滥用刑法典已经到了无以复加的地步。警察经常可以找到受贿的或狂妄透顶的长官和审判官来帮助他们、支持他们。升官晋级就是以这种代价得来的！

恩格斯：《俾斯麦和德国工人党》，
《马克思恩格斯全集》第19卷第310页。

警官或税吏（这是一个人，因为税款是由警察征收的）在被控诈取钱财时，先由收税官助手审判；以后被告可以向收税官提出上诉，最后可向税务局提出上诉。税务局可以把被告送到政府法院或民事法院。

"在这种审判情况下，没有一个贫穷的莱特能斗得过任何一个富裕的税吏，同时我们也不知道有农民根据这两个条例（1822年和1828年的条例）提出过控诉的任何事实。"

此外，只有在警官侵吞公款或强迫莱特229缴纳额外税款以饱私囊时，这种诈取钱财的控告才能成立。由此可见，在征收国家税款时使用暴力，法律对此并未规定任何惩罚。

马克思：《印度刑罚的调查》，
《马克思恩格斯全集》第12卷第292页。

每个政党都有自己的律师作为代表，并由自己开支有关诉讼手续的一切费用。关于因未被列入名单而提出的申诉或对某人列入名单而提出的异议二者孰是孰非的问题，须由皇家法院的首席法官所任命的资格审查律师加以裁决。

马克思：《商业繁荣的政治后果》，
《马克思恩格斯全集》第8卷第426页。

几天以前普鲁士军阀以强制手段解除了因信仰共和主义而被解散的、由什列斯维希－霍尔施坦返回斯潘道的志愿军兵团第六连士兵的武装；其中有些人甚至还被逮捕了起来。普鲁士军阀在法律上是绝对没有任何根据和任何权力这样做的。依照法律，军事当局根本没有擅自采取这种措施的权利。

恩格斯：《妥协辩论》，
《马克思恩格斯全集》第 5 卷第 194 页。

在一般人看来，法院对帕诺夫的判决简直是对司法的嘲笑；判决表明一种极其卑鄙的意图，那就是把全部罪名都推在下级警察的身上，庇护他们的顶头上司，而这种野蛮的拷打正是在他的授意和参与下进行的。从法律的观点来看，这个判决是法官们惯用的诡辩的典型，而他们本身也跟派出所巡官差不了多少。外交家说，人有舌头是为了隐瞒自己的思想。我们的法学家也可以说，定出法律就是为了曲解罪行和责任的概余。真的，为了把参与拷打改成有普通的欺压行为，法官需要多么微妙的艺术啊！

列宁：《时评》，
《列宁全集》第 4 卷第 357 页。

善于舞文弄法的法官首先利用的一点，就是法律对于在执行职务时进行拷打的人规定了好几种惩罚，让法官可以在两个月监禁和流放西伯利亚之间酌情处理。法官不受正式规定的过分约束，而有一定的伸缩余地，——这当然是一种很合理的原则，所以我国刑法学教授们才不止一次地称颂俄国的法律制度，强调它的自由主义。只是他们忘记了一件小事情：要运用合理的法规，就需要有其地位不同于一般官吏的法官，就需要社会代表参加审判和舆论界参加案件的讨论。其次，副检察长也帮助了法庭，他拒绝对帕诺夫（和奥尔霍文）的拷打和残暴行为起诉，只请求法庭惩罚他们的欺压行为。副检察长引用了鉴定人的结论，鉴定人否认帕诺夫特别凶狠和连续不断地打人。可见，法律上的诡辩主义并不怎么奥妙难解：既然帕诺夫打得比别人少，那么就可以说，他打得并不特别凶狠；既然他打得并不特别凶狠，那么就可以下结论说他的殴打不算"拷打和残暴行为"；既然不算拷打和残暴行为，那就是说这是普通的凌辱行为。这样处理，皆大欢喜，而帕诺夫先生则仍然是秩序和制度的维护者。

列宁：《时评》，
《列宁全集》第 4 卷第 358 页。

1887 年颁布过一个法律，规定凡是案件中犯法者或受害者为公职人员的时候，一律不由陪审法庭审理，而交由皇室法官和等级代表组成的法庭审理。大家知道，这些和法官同流合污的等级代表都是些没有话的配角，扮演一些可怜的角色，不过是给审讯部门的官老爷们任意决定的事情作作证、画画押而已。这只是贯串在俄国历史整个近代反动时期中的一系列法律中的一个，把这些法律串起来的是一个共同的意图，那就是恢复"牢固的统治"。

列宁:《时评》，
《列宁全集》第 4 卷第 359 页。

恩格斯在《致卡·考茨基》里的"司法贵族（noblesse de robe）"，称长袍贵族。

马克思:《商业繁荣的政治后果》里的"皇家法院"，是英国的高等法院之一，1873年改革后成为高等法院的分院。皇家法院审理刑事的和民事的案件，它有权重新审理下级法院的判决。

列宁在《时评》里评论说，"这样处理，皆大欢喜，而帕诺夫先生则仍然是秩序和制度的维护者。"对此，列宁加了一个较长的注解:

我们这里有些人不是在法庭和社会面前全盘揭露那些丑恶现象，而是在庭审时掩饰案件真相，或者用充满了漂亮空洞辞藻的通告和命令来敷衍塞责。例如，奥廖尔的警察局长为了重申以前的决定，最近又下了一道命令要各警察局长本人以及他们的副手不懈地教育下级警官，绝对不许在街上拘捕醉汉和把他们扣留在区警察局醒酒时采取粗暴态度和任何暴力行为，要向下级警官说明，保护那些显然会发生危险而自己无法防止的醉汉，也是警察的职责，因此法律规定作为居民最亲近的保卫者和保护者的下级警官，在拘捕和押送醉汉到区警察局的时候，对他们不仅不应该有任何粗暴的和不人道的态度，而且应当想方设法来保护他们，直到酒醒为止。命令告诫下级警官说，只有这样自觉地和正当地对待自己的职责，才能得到居民的信任和尊敬，反之，警官如果对醉汉残酷虐待，或采取与警官的职责不相容的暴力行为（警官应该成为行为端正和作风良好的楷模），则应受到法律的严厉制裁，因此，犯有这种罪行的下级警官，要送交法庭严惩。——讽刺杂志可以画这样一幅画:被宣告无杀人之罪的派出所巡官正在读这道告诫他应该成为行为端正和作风良好的楷模的命令!

2. 社会层面的司法权力关系

社会层面的司法权力关系，是基于司法权力所形成的被统治阶级成员与统治阶级之间的关系，以及被统治阶级成员相互之间的关系。

在社会层面，司法腐败特别引人注目。司法腐败，集中表现为法官的司法权力腐败。

西方国家的司法是"精英司法"。这是由资产阶级政权性质决定的。在这样的司法权力面前，穷人一定成为"法定谎言的牺牲品"，成为"法官谎言的牺牲品"。很显然，资产阶级司法审判是既不公平也不正义的。对此，马克思的结论是:公平和正义从来都是商品所有者的公平和正义，是资本的公平和正义。为了资产者的利益，必然把"精英司法"塑造成资产阶级统治的精巧工具，立法和司法也必须披上公平和正义的外衣。

我国司法制度的灵魂是人民司法。人民民主政权的性质，决定了国家司法权是人民权力。我国把"坚持人民主体地位"作为原则，提出"为了人民、依靠人民、造福人民、保护人民"的要求。这样的司法权性质，决定了司法机关和审判人员司法的根本宗旨是为人民服务，表现为司法审判的阶级性和人民性高度一致。在人民司法制度下，审判人员是人民的勤务员，他们忠于职守，依靠事实和法律，以国家利益和当事人的权利为重，努力做到公正司法，保障司法公信力。"马锡武审判方式""枫桥经验"等为人传颂的样板，正是人民司法的突出表现。人民司法改变了司法人员相因承袭的"坐堂办案"，而是"晴天一身汗，雨天一身泥"，下基层、跑田间工厂，查事实、找证据，一身勤勉为民、朴实亲民形象。

我不认为，皮诺夫先生还希望在什么时候在他面前的被告席上再见到你。这个家伙真是普鲁士—德意志检察机关登峰造极的产物。他解释法律，完全像俾斯麦解释宪法那样，也正像大学学生会会员在啤酒馆里解释饮酒守则那样，愈荒谬愈好。法国的法学家（更不用说英国的法学家了）对此都会大吃一惊。

恩格斯：《致奥·倍倍尔》，

《马克思恩格斯全集》第 37 卷第 344 页。

星期五晚上，马克思博士（还有其他一些人）接到了国王的一道命令，限他在二十四小时内离开国境。夜里一点钟，当他收拾行李准备启程的时候，一个警官带着十个武装警察，违反在日落到日出这段时间公民住宅不可侵犯的法律，闯入马克思的住宅，逮捕了他，把他押解到市政厅监狱。除了说他的身份证不妥贴（虽然他至少给他们拿出了三个身份证，并且他在布鲁塞尔已经住了三年）外，没有说明逮捕他的任何理由！马克思就这样被带走了。他的妻子非常惊惶不安，立刻跑到一位比利时律师、民主协会主席若特兰先生那里去。若特兰先生总是乐于帮助被迫害的外国人，我在叙述前面那件事情时所提到的正是他的友谊的干预。马克思夫人在回家的路上遇见了一位比利时友人日果先生。他送她回家去。到家时，他们看到两个曾逮捕马克思的警察站在门口。马克思夫人问道："你们把我的丈夫带到哪里去了？"他们回答说："如果您跟我们走，我们就告诉您他在哪里。"警察把她和日果先生一起带到市政厅，但是，他们并没有履行自己的诺言，反而把马克思夫人和日果先生交给了警察局，于是马克思夫人和日果先生就被关进监狱。

恩格斯：《给"北极星报"编辑的信》，

《马克思恩格斯全集》第 4 卷第 552 页。

下午三时马克思夫人和日果先生终于被提审，法官很快就释放了他们。他们到底犯了什么罪呢？游荡罪，因为他们两个人没有随身带着身份证！

马克思先生也被释放了，但是命令他在当天晚上离开国境。原来给他料理私事的二十四小时中，有十八小时他被非法关在监狱，在这期间，不但他本人，连他的妻子也被迫离开他们的三个孩子（其中最大的女孩还不满四岁）；最后，他来不及料理一下私事就被驱逐出境了。

恩格斯：《给"北极星报"编辑的信》，

《马克思恩格斯全集》第 4 卷第 553 页。

根据捏造的所谓皮阿尔阴谋反对白人、企图杀害玻利瓦尔、夺取最高权力的罪名，皮阿尔便受到布里昂主持的军事法庭的审讯,定了罪,判处死刑,并于 1817 年 10 月 16 日枪决。

马克思:《玻利瓦尔－伊－庞特》,

《马克思恩格斯全集》第 14 卷上册第 233 页。

科伦共产党人案件本身揭示出,国家权力在其反对社会发展的斗争中是软弱无力的。普鲁士王国国家检察官用来证明被告有罪的证据归根到底不过是,他们秘密地传播了危害国家的"共产主义宣言"的原则。

马克思:《"揭露科伦共产党人案件"一书第二版跋》,

《马克思恩格斯全集》第 18 卷第 627 页。

诉讼最终的结果将是法官们粗暴地拒绝对双方起诉,不会有别的任何结果,特别是因为诉讼要在伊斯林顿举行,而那里的法官天晓得是一些什么样的老蠢驴。

《恩格斯致马克思》,

《马克思恩格斯全集》第 27 卷第 230 页。

哥林盖尔的事很糟糕。你必须还钱;郡法庭的先生们办案很快,而且掌握着凭据。如果我是你,就尽快筹款还债和付法院传票的费用,并把这些钱寄给那个家伙,这是无可奈何的,不然到法院去挨罚,花钱更多,而且很不愉快。需要多少钱,你能筹多少钱?尽可能确切地告诉我,不管我现在多窘迫,也要尽我所能,不致让法院执行官找上你的门来。

《恩格斯致马克思》,

《马克思恩格斯全集》第 27 卷第 380~381 页。

警察偷窃,伪造,揭开写字台,发假誓,作伪证,除此之外,还妄图享有对待那些与世隔绝的共产党人的特权!所有这一切,以及警察当局以最无耻的手法取代检察机关的全部职能,把泽特推到无足轻重的地位,把没有任何人作证的文件、未经证实的传闻、告密、小道新闻当成真正的法律证据,当成罪证。

《恩格斯致马克思》,

《马克思恩格斯全集》第 28 卷上册第 166 页。

所有这一切,以及警察当局以最无耻的形式取代检察机关的全部职能,把泽特推到无足轻重的地位,把未经证实的纸条、不折不扣的谎言、密告和传说当作真正经过法律手续证实的事实,当作证据。所有这一切简直令人毛发悚然。必须从这里提供揭穿这种伪造的全部证据。

《燕·马克思致阿·克路斯》,

《马克思恩格斯全集》第 28 卷下册第 649 页。

弄到了 1869 年违反狩猎法的判决材料（英格兰和威尔士）。判决书共一万零三百四十五件。这可是英格兰人和威尔士人特殊的农业上的罪行。格莱斯顿先生为什么不把英格兰宪法也废除呢？

《马克思致恩格斯》，

《马克思恩格斯全集》第 32 卷第 473 页。

我从洛帕廷那里了解到，车尔尼雪夫斯基 1864 年被判处在西伯利亚矿井服苦役八年，因此还有两年才满期。初级法院曾相当公正地宣布，根本没有任何不利于他的东西，所谓图谋不轨的秘密信件显系伪造（事实就是如此）。但是，参政院遵照谕旨，利用自己的最高权力撤销了法院的宣判，并把这个狡猾人物放逐西伯利亚，如判决书所云，此人"如此狡诈"，他能"使自己的著作保持一种法律上无懈可击的形式同时又公然在其中喷射毒液"。这就是俄国的司法！

《马克思致恩格斯》，

《马克思恩格斯全集》第 32 卷第 507 页。

《社会民主党人报》不顾及德国的现行法律，德国法庭以所传播的报纸的内容为借口，给传播人加上侮辱陛下、叛国等罪名而送进监狱。但是，报纸本身以及对我们的同志的审讯报告都充分表明，这些禽兽法官不管该报写些什么，总可以找到判罪的借口。要出版一种使法官抓不着把柄的报纸，这还是一种有待发明的艺术。

《恩格斯致奥古·倍倍尔》，

《马克思恩格斯全集》第 35 卷第 315~316 页。

但是使我感到惊奇的是，正是纽约那些对芝加哥陪审法庭义愤填膺的人，其卑鄙程度却超过了这个法庭，他们给人家判罪，甚至不让人家讲话，甚至不告诉人家究竟犯了什么罪。

恩格斯：《致保·拉法格》，

《马克思恩格斯全集》第 36 卷第 600 页。

这些法律写得极其含糊，特别是在出版方面，很容易遭到如此广义的、随心所欲的解释，以致要对它们下判断只有司法实践才具有实质意义。因为，如果任何立法的精神都是由法官来体现的这一假定是正确的，那么，法官对某些规定所作的解释就应当成为这个立法的重要补充因素，事实上也是这样，在疑难情况下，过去的实践对于判决有着很大的影响。

恩格斯：《普鲁士出版法批判》，

《马克思恩格斯全集》第 41 卷第 323~324 页。

爱尔兰的陪审员人选是由大地主们提供的，陪审员的生活费用就取决于他们的判决。

压迫始终是合法的惯例。在英国，法官可以是独立的，而在爱尔兰却从来不是这样。他们的提升取决于他们如何为政府效劳。

马克思：《附录》，

《马克思恩格斯全集》第 16 卷第 668 页。

英国的治安法官一般都是由内阁在富有的资产者或地主中，有时也在神职人员中委任。可是这些"道勃雷"丝毫不懂法律，所以总是大大失策，给资产阶级丢脸，使资产阶级受到损害，因为即使碰上一个工人，只要这个工人有一名机智的律师为他辩护，他们就常常仓惶失措，不是在判决他时忽略了某些导致胜诉的法律程式，就是被弄得只好宣布他无罪。

恩格斯：《对英国工人阶级状况的补充评述》，

《马克思恩格斯全集》第 42 卷第 280 页。

一个把芬尼亚社嫌疑分子活活埋葬在其中的监狱，就是都柏林的蒙特乔伊监狱。这个监狱的狱监默里简直是一只野兽。他以极端野蛮的方式对待犯人，使其中一些人发了疯。监狱医生奥唐奈是个好人（他在迈克尔·泰伯特死后验尸时也起了值得称道的作用），他一连几个月写信表示抗议，起初是写给默里本人；由于默里未予答复，奥唐奈就写信向上级揭发；但默里这个老练的狱吏，把这些信件扣起来了。

最后，奥唐奈就直接向当时的爱尔兰总督美奥勋爵写信。那时执政的是托利党（得比—迪斯累里）。奥唐奈的尝试的结果又怎样呢？根据议会的命令，发表了有关这一事件的各种文件，而……奥唐奈医生竟被撤职！！！至于默里，他却保留原职。

马克思：《英国政府和被囚禁的芬尼亚社社员》，

《马克思恩格斯全集》第 16 卷第 459～460 页。

根据法律，拘留狱一定要同徒刑狱分开，拘留狱的囚犯所遵守的制度应当同刑事犯所遵守的制度完全不同。但是杜塞尔多夫没有专门的拘留狱，于是未决犯在被非法关进徒刑狱以后，还必须遵守为已被判决的囚犯所规定的狱规，也可以被关进禁闭室和受到体罚！

马克思：《拉萨尔》，

《马克思恩格斯全集》第 6 卷第 318 页。

最近一个时期，我稍微研究了一下弗里西安—英格兰—朱特—斯堪的那维亚的语言学和考古学，根据这一研究，我得出这样一个结论：丹麦人是地地道道的律师式的人：为了一方的利益，他们在科学问题上也会有意识地公然撒谎。

《恩格斯致马克思》，

《马克思恩格斯全集》第 31 卷上册第 8 页。

茹尔·法夫尔是 1848 年 6 月 27 日臭名昭著的法令的起草人，根据这个法令，六月起义时被俘的成千上万的巴黎工人未经任何审讯（即使是形式上的审讯也没有），就被流放到阿尔及尔等地去服苦役。

《马克思致海·荣克》，

《马克思恩格斯全集》第 33 卷第 175 页。

1 月 23 日，莫斯科高等法院组成的有等级代表参加的特别法庭在下诺夫哥罗德审理了农民季莫费·瓦西里耶维奇·沃兹杜霍夫被殴致死的案件。沃兹杜霍夫是被送到区警察局去"醒酒"的，但是在那里遭到舍列梅季耶夫、舒利平、希巴耶夫和奥尔霍文等 4 个警察和派出所代理巡官帕诺夫的一顿毒打，第二天就死在医院里了。

列宁：《时评》，

《列宁全集》第 4 卷第 352 页。

沃兹杜霍夫对其他被拘留的人说："哥儿们！你们看到警察局是怎么打人的吗？请你们作证，我要去告！"但是他没有告成，第二天清早发现他完全失去了知觉，送到医院后 8 小时昏迷不醒就死了。解剖尸体时发现他的肋骨断了 10 根，浑身青紫，脑内淤血。

法院判处舍列梅季耶夫、舒利平和希巴耶夫 4 年苦役，而奥尔霍文和帕诺夫只判了 1 个月的拘留，认为他们犯的只是"欺压"罪。

列宁：《时评》，

《列宁全集》第 4 卷第 355 页。

可以注意一下警察是怎样打人的。他们五六个人，干起来凶得像野兽，很多人都喝得醉醺醺的，每个人都有一把军刀。但是他们从来没有一个人用军刀打过遭难者。他们都是一些老手，都很知道打人应该怎样打法。用军刀打，就有了物证，而用拳头打，那你就休想证明是在警察局里打的。"他是斗殴时被打的，抓来时就打伤了"，——真是天衣无缝。

列宁：《时评》，

《列宁全集》第 4 卷第 365 页。

我们就从这个判决开始把事情分析一下。苦役是按刑法典第 346 条和第 1490 条第 2 款判处的。第 346 条写道：官员在执行职务时造成伤残事故者，应"按所犯之罪"予以最重的刑罚。第 1490 条第 2 款规定：将人严刑拷打致死者，应判处 8 年到 10 年苦役。等级代表和皇室法官组成的法庭没有予以最重的刑罚，而是把它降低了两等（第 6 等：8—10 年苦役；第 7 等：4—6 年苦役），也就是说，法庭作出的是在情节可以从轻处理的情况下法律所允许的最低刑罚，而且还是最低一等中的最低的年限。总而言之，法庭竭力为被告减刑，甚至超过了它力所能及的范围，因为它规避了关于"最重的刑罚"的法律。当然，我们决不是想说，"最公正的裁判"应该是 10 年苦役而不是 4 年苦役；重要的是凶手被认为是凶手，而且被判了苦役。但是不能不指出皇室法官和等级代表组成的法庭的极其明显的倾向：他们在审判警察局的官员时，是蓄意尽量从宽处理的；而当他们在审判那些有触犯警察的行为的人时，那大家都知道是一贯从严的。

列宁：《时评》，
《列宁全集》第 4 卷第 356 页。

永远也不要指望法官会不偏不倚，我们已经说过，这些法官属于资产阶级，他们先入为主地偏听偏信厂主的一面之词，工人的话一句也不相信。法官光知道看法律，看雇佣合同（一个人为了钱而替别人做工或为别人服务）。厂主雇用的是工程师、医师、经理也好，是小工也好，对于法官反正是一样；他认为（由于他的文牍主义作风和资产阶级的愚蠢），小工应该清楚地知道自己的权利，应该在合同上预先说明一切必要事项，就像经理、医师、工程师能够办到的一样。

列宁：《论工业法庭》，
《列宁全集》第 4 卷第 241 页。

它一方面颁布法律，规定了新的罪行（例如，擅自拒绝工作或聚众闹事，损害他人财产，或以暴力反抗武装力量），加重了对罢工等等的惩处，另一方面，无论在实际上或政治上它都不可能执行这些法律，不可能依据这些法律来治罪。在实际上它不可能向成千成万的人就拒绝工作、罢工、"聚众闹事"等问题追究责任。在政治上它也不可能每遇到这样的情况就进行法院审理，因为不管怎样安排审判人选，怎样阉割公开报导，审判还是不能不透露一点风声，而"受审"的当然不是工人，而是政府。那些直接为了帮助政府同无产阶级进行政治斗争（同时又是为了用"国家"为"社会秩序"着想等借口来掩盖斗争的政治性质）而颁布的刑法，由于直接的政治斗争，由于公开的巷战，也就根本无法起到重要的作用了。"司法机关"撕下了公正和崇高的假面具，逃之夭夭，听任警察、宪兵和哥萨克恣意横行，结果这些人受到了石块的款待。

列宁：《新的激战》，
《列宁全集》第 5 卷第 13 ~ 14 页。

恩格斯：《致保·拉法格》里说，"正是纽约那些对芝加哥陪审法庭义愤填膺的人，其卑鄙程度却超过了这个法庭"，是指工人领袖受到芝加哥陪审法庭审讯，得到资产阶级欢迎。

1886 年春，美国无产阶级开展了争取 8 小时工作日的群众运动。5 月的头几天，在芝加哥，罢工的人数达 6 万 5 千人。5 月 3 日，麦考密克农业机器制造厂的罢工工人组织了 6 千人的集会，其他一些企业的工人也参加了。大会进行中，工人和有警察作后盾的工贼发生了冲突，警察开枪射击，结果一些人被打死，很多人受伤。第二天，在草市广场举行了抗议集会，警察进行干涉。当时有人扔了一个炸弹（事后查明，原来是一个奸细扔的），炸死了 7 个警察和 4 个工人，警察便向与会者开火，几个人被打死，200 多人受了伤。当局利用这一人为事端打击工人运动，大规模地进行逮捕，8 名工人领袖受到法庭审讯。审判从 1886 年 6 月 21 日至 10 月 9 日在芝加哥陪审法庭进行，7 名被法庭判处死刑，1 名被判处 15 年苦役，2 名被判处死刑的被告后来改为无期徒刑，1 名在狱中自杀。尽管在美国和许多欧洲国家中为保卫被判罪的人而开展了广泛的运动，但是美国最高法院还是拒绝重审这一案件，并于 1887 年 11 月 11 日将 4 名被判罪的人——帕森斯、施皮斯、恩格尔和费舍处以绞刑。

恩格斯在《对英国工人阶级状况的补充评述》里说"这些'道勃雷'丝毫不懂法律"中的"道勃雷"（Dogberries），是莎士比亚《无事烦恼》一剧中的人物的名字。在英国，人们借用这个人物的名字来称呼治安法官。

列宁在《时评》里说，"当他们在审判那些有触犯警察的行为的人时，那大家都知道是一贯从严的。"列宁在注解中，顺便再举一件事实，来说明我国法庭是根据什么尺度来惩罚不同罪行的。

列宁补充写道：审判打死沃兹杜霍夫的凶手们以后没有几天，莫斯科军区法庭审判了一个在当地炮兵旅服役的士兵，他在军需库值勤的时候，从那里偷出 50 条裤子和一些靴用皮。结果被判 4 年苦役。一个被送交警察局的人，他的生命只值一个哨兵偷的 50 条裤子和一些靴用皮。在这个奇特的"等式"中，就像一滴水珠反映出整个太阳一样，反映出我们警察国家的整个制度。个人同政权比起来——太微不足道了。政权的纪律就是一切。但是，对不起，"一切"只是针对小人物而言的。小贼要处苦役，而大贼，那些侵吞大量公款的大亨、大臣、银行经理、铁路建筑师、工程师、承包人，等等，顶多不过是被流放到边远的省份，在那里他们可以靠搜刮来的钱过舒舒服服的生活（如西伯利亚西部的银行盗贼），还可以很容易地从那里逃到国外去（如宪兵上校梅兰维尔·德·圣克莱尔）。

（四）苏维埃司法权力

1. 完全新型的司法权力

通过列宁的下列论述，人们可以准确把握什么是完全新型的司法权力。

列宁指出：

法院正是吸引全体贫民参加国家管理的机关，是无产阶级和贫苦农民的权力机关，司法工作是国家管理的职能之一。

不拘形式地把法庭这一剥削的工具改造成了按照社会主义社会坚定的原则施行教育的工具。

无产阶级革命的绝对义务，不是改良司法机关，而是要完全消灭和彻底摧毁全部旧的法院和它的机构。十月革命已经完成了而且是顺利地完成了这个必要的任务。它着手创立新的人民法院，确切些说，建立在被剥削劳动者阶级参加国家管理的原则上的苏维埃法院，来代替旧的法院。

抛弃"法官由人民选举产生"这个资产阶级民主的公式，而提出"法官完全由劳动者从劳动者中选举产生"的阶级口号，并把这个口号贯彻到整个法院组织中去。

这些论述足够了。就这样，国家权力机关是新型的，司法机关是新型的，司法机关的组织和结构是新型的，司法审判人员的产生是新型的。因此，司法权力必然是完全新型的。社会主义的完全新型的司法权力，是人类法制史上从来没有过的。这种排除和摒弃剥削和压迫性质的权力，是人类历史上的第一次，是石破天惊的壮举。

这里再提一提纳杰日丁的不彻底（或吞吞吐吐?），他在自己的土地纲领草稿中看来接受了《火星报》关于农民委员会的主张，但是，他把这个主张表述得极不妥当，说什么应该"设立由人民代表组成的特别法庭，来审理农民对于伴随'解放'而来的一切措施提出的控诉和申请"（《革命前夜》第65页，黑体是我用的）。可以提出控诉的只是违法案件。2月19日的"解放"及其一切"措施"本身就是一种法律。在某一种法律还没有被废除，还没有用新的立法准则来代替（或部分废除）之前，设立特别法庭来审理对这个法律的不公正所提出的控诉，是毫无意义的。不仅应当授权"法庭"受理对割去牧场的"控诉"，而且应当授权"法庭"归还（或者赎回等）这种牧场，如果是这样，那么第一，有全权制定法律的"法庭"就不再是法庭了；第二，必须明确指出，这种"法庭"，究竟有哪些剥夺、赎买等权力。但是，不管纳杰日丁的表述多么不妥当，而对于农民改革进行民主修改的必要性，他却了解得比马尔丁诺夫正确得多。

列宁：《俄国社会民主党的土地纲领》，
《列宁全集》第6卷第298页。

同我们的土地纲领草案第4条有密切关系的是第5条，这一条要求"授权法庭降低过高的地租和宣布盘剥性契约无效"。这一条同第4条相同的地方是，两条都反对盘剥；同第4条不同的地方是，这一条要求的不是对土地制度进行一次性的改变和改革，而是对公民的法律关系进行经常性的修改。这种修改工作由"法庭"来进行，当然，这里指的不是像地方官（或者哪怕甚至是有产阶级从有产者中间选出的治安法官）那样的一些成为对法庭的可怜讽刺的"机构"，而是我们纲领草案前一部分第16条所讲的法庭。第16条要求"在国民经济各部门……"（当然也包括农业）"……设立由对等的工人代表和企业主代表组成的职业法庭"。法庭的这种成分既能保证法庭的民主性，也能保证自由地表现农村各居民阶层的不同阶级利益。这样，阶级对抗就不会被腐败的官僚主义——这具安放人民自由遗骸的粉饰的坟墓——的遮羞布所遮盖，而会公开地明显地呈现在大家面前，从而使那些在宗法制度下混日子的农村居民振作起来。从当地居民中选举法官，就能充分保证全面了解一般的农村生活和当地的具体特点。……

这种法庭的权限应当有两方面：第一，如果地租"过高"，它们有权降低地租。……第二，法庭有权"宣布盘剥性契约无效"。"盘剥"这一概念在这里没有作规定，因为对选出的法官运用这一条文加以限制，是完全不合适的。什么是盘剥？俄国农民知道得太清楚了！从科学观点看来，这个概念包括一切含有高利贷（冬季雇用等）或农奴制（因牲畜践踏庄稼而服工役等）成分的契约。

列宁：《俄国社会民主党的土地纲领》，
《列宁全集》第6卷第312~314页。

　　由自由选举的代理人组成的法庭，可以审理农民控告地主盘剥的一切案件。假使地主乘农民急需土地把地租定得过高，这样的法庭就有权减低地租。这样的法庭有权使农民不接受过低的工钱，——例如，地主在冬天用一半价钱雇定庄稼人干夏天的活，那么法庭就要审理这个案子并且规定公道的工钱。这样的法庭当然不应该由官吏组成，而应该由自由选举的代理人组成，雇农和贫苦农民一定要有自己的代表，而且其人数不应少于富裕农民和地主。这样的法庭也要审理工人同业主之间的一切案件。有了这种法庭，工人和全体贫苦农民就会比较容易捍卫自己的权利，就会比较容易联合起来并了解清楚，哪些人能够忠实可靠地支持贫苦农民和工人。

　　　　　　　　　　　　　　　列宁：《告贫苦农民》，
　　　　　　　　　　　　《列宁全集》第 7 卷第 162 页。

　　现在，在维也纳，正在举行国际法官第一次代表大会和德国法学家第三十一次代表大会。与会的达官显宦代表发表的演说，反动气焰极为嚣张。资产阶级的法学家和法官先生们大兴讨伐，反对人民参与审理案件。

　　　　　　　　　　　　　　列宁：《国际法官代表大会》，
　　　　　　　　　　　　《列宁全集》第 22 卷第 76 页。

　　自称维持秩序的资产阶级法庭，实际上是一种盲目的、被用来无情镇压被剥削者以保护富人利益的精巧工具。苏维埃政权遵照历次无产阶级革命的遗训，立即废除了旧法庭。让别人去叫喊，说我们不进行改良而一下子就废除了旧法庭吧。我们这样做，为创造真正的人民法庭扫清了道路，并且主要不是用高压的力量，而是用群众的实例，用劳动者的威信，不拘形式地把法庭这一剥削的工具改造成了按照社会主义社会坚定的原则施行教育的工具。毫无疑问，我们是不能一下子就得到这样的社会的。

　　　　　　　列宁：《全俄工兵农代表苏维埃第三次代表大会文献》，
　　　　　　　　　　　　《列宁全集》第 33 卷第 271 页。

　　在资本主义社会里，法院主要是压迫机构，是资产阶级的剥削机构。因此，无产阶级革命的绝对义务，不是改良司法机关（立宪民主党人及其应声虫孟什维克和右派社会革命党人只是局限于这个任务），而是要完全消灭和彻底摧毁全部旧的法院和它的机构。十月革命已经完成了而且是顺利地完成了这个必要的任务。它着手创立新的人民法院，确切些说，建立在被剥削劳动者阶级（仅仅是这些阶级）参加国家管理的原则上的苏维埃法院，来代替旧的法院。新的法院之所以必要，首先是为了对付那些企图恢复自己的统治或维护自己的特权，或者用明骗暗窃的手段来谋得部分特权的剥削者。除此以外，如果法院真正是按照苏维埃机关的原则组织起来的，它还担负着另一项更重要的任务。这项任务就是保证劳动者的纪律和自觉纪律得到严格的执行。

　　　　　　　列宁：《〈苏维埃政权的当前任务〉一文初稿》，
　　　　　　　　　　《列宁全集》第 34 卷第 148～149 页。

人民把法院看作一种同自己对立的衙门，这种由于地主资产阶级压迫而留传下来的观点，还没有彻底打破。人民还没有充分意识到，法院正是吸引全体贫民参加国家管理的机关（因为司法工作是国家管理的职能之一），法院是无产阶级和贫苦农民的权力机关，法院是纪律教育的工具。

列宁：《苏维埃政权的当前任务》，
《列宁全集》第 34 卷第 177 页。

《党纲中关于法院的条文的第一段》：在通过无产阶级专政走向共产主义的道路上，共产党抛弃民主主义的口号，彻底废除旧式法院之类的资产阶级统治机关，而代之以阶级的工农的法院。无产阶级掌握全部政权以后，抛弃以前那种含糊不清的"法官由人民选举产生"的公式，而提出"法官完全由劳动者从劳动者中选举产生"的阶级口号，并把这个口号贯彻到整个法院组织中去。

废除了已被推翻的政府的法律以后，党向苏维埃选民选出的法官提出以下的口号：实现无产阶级的意志，运用无产阶级的法令，在没有相应的法令或法令不完备时，要摒弃已被推翻的政府的法律，而遵循社会主义的法律意识。

列宁：《俄共（布）纲领草案》，
《列宁全集》第 36 卷第 105 页。

我们在反官僚主义的斗争中，做到了世界上任何一个国家都没有做到的事情。那种彻头彻尾都是官僚的和资产阶级压迫者的机构（甚至在最自由的资产阶级共和国中都仍然是这样的机构）已被我们彻底摧毁。单就法院来说吧。的确，这里的任务比较容易，需要建立新的机构，因为根据劳动阶级的革命法律意识来裁判是谁都会的。我们在这方面还远没有把任务贯彻到底，可是在许多方面已把法院照应有的那样建立起来了。

列宁：《俄共（布）第八次代表大会文献》，
《列宁全集》第 36 卷第 153～154 页。

无产阶级民主派掌握全部政权并彻底废除资产阶级的统治机关——旧式法院以后，抛弃"法官由人民选举产生"这个资产阶级民主的公式，而提出"法官完全由劳动者从劳动者中选举产生"的阶级口号，并把这个口号贯彻到整个法院组织中去，同时，使男女无论在选举法官或履行法官职务上都享有平等的权利。

为了吸引最广大的无产阶级和贫苦农民群众来行使司法权，应实行由经常更换的临时的法院陪审员参加审判的制度，并吸引群众性的工人组织工会等来编制名册。

苏维埃政权建立了统一的人民法院，以代替以前那些数不尽的各种体制的多级法院，简化了法院的组织，从而使它成为居民绝对易于接近的机关，并消除了办案中的任何拖拉现象。

苏维埃政权废除了已被推翻的政府的法律以后，委托苏维埃选任的法官实现无产阶级的意志，运用无产阶级的法令，在没有法令或法令不完备时，则遵循社会主义的法律意识。

在惩罚方面，这样组织起来的法院已根本改变了惩罚的性质：广泛地实行缓刑，以社会的谴责作为处罚的办法，以保持自由的强制劳动代替剥夺自由，以教养机关代替监狱，并为采用同志审判会的办法提供可能性。

俄共主张沿着这条道路进一步发展法院，应当力求使全体劳动居民人人被吸引来履行法官的职责，并且以一套教养性质的办法来最终代替惩罚办法。

列宁：《俄国共产党（布尔什维克）纲领》，

《列宁全集》第 36 卷第 411～412 页。

列宁的《俄国共产党（布尔什维克）纲领》，反映了列宁对当时一些迫切的政治、经济问题的观点和关于苏维埃俄国社会主义建设前景、关于从资本主义向社会主义过渡等根本问题的重要思想。

1919 年 3 月举行的俄共（布）第八次代表大会是这一时期的政治大事。代表大会主要解决了三个问题：通过新党纲，确定党的中农政策和军事政策。

俄国共产党第一个党纲是 1903 年在党的第二次代表大会上通过的。1917 年二月革命胜利后，列宁即在《远方来信》和《四月提纲》中提出了修改党纲以适应新形势要求的问题，并向党的第七次代表会议提出了党纲修改的方针。

《俄共（布）纲领草案》理论部分除保留 1903 年党纲对资本主义性质的评述外，增加了对帝国主义和帝国主义战争性质的分析，指出全世界无产阶级共产主义革命的新纪元已经开始，只有无产阶级社会主义革命才能把人类从帝国主义和帝国主义战争所造成的绝境中解救出来，不论革命将遇到多么大的曲折和困难，"无产阶级的最终胜利是不可避免的"。党纲草案的实践部分规定了党在从资本主义向社会主义过渡的整个时期中的各项基本任务。其中，第 11 个问题是司法方面。这里摘录的，是关于司法方面的论述。

2. 社会主义司法权力关系

在社会主义条件下，因为司法权力不是偏私的、扭曲的司法权力，因而法律关系具有社会主义性质。这是大前提。通过列宁的论述，我们看到，短短几年，苏维埃司法便取得了巨大的成就；但我们同时也看到，由于社会主义司法刚刚建立，还不够完善，处于探索之中。

新中国成立后，同样面临着司法改革的艰巨任务。与苏维埃不同，我国采取了"反对旧法观点和改革整个司法机关"的思路。这样做，既符合马克思主义原理，又符合中国国情，是一条具有中国特点的社会主义司法改革道路。

实践证明，1952 年开始的司法改革取得了成功，为我国社会主义司法制度的形成和巩固奠定了根本性基础。然而，这些年来，一些人或受西方法学的影响，或另有非学术用心，对建国初期的司法改革，采取了全盘否定的态度。他们认为，司法改革中大力批判"旧法观点"，清洗旧法人员的结果，与其说是"铲除了资产阶级旧法观点最后的据点"，不如说是排除了实行人治主义在司法机关最后的障碍。他们把司法改革说得一无是处，他们攻击人民民主政权，鼓吹司法独立和司法机关"衙门化"。其实，他们断言司法改革"同现代法治观念格格不入"，是在说"同西方法治观念格格不入"；他们断言"法学界法律界长期陷入'左'祸的'重灾区'"，是在说"法学界法律界长期陷入马列主义的'重灾区'"。这些东西，哪里是他们自称的"学术研究"呢？

我们要把所有像喀琅施塔得警察局长那样的坏蛋，交付公开的、全民的、革命法庭去审判。

列宁：《我们的任务和工人代表苏维埃》，
《列宁全集》第 12 卷第 63 页。

十月革命推翻了旧官僚，它能够做到这一点，是因为它建立了苏维埃。它赶走了旧法官，把法院变成了人民的法院。但做到这点是比较容易的，用不着懂得旧法律，只要本着公正的态度办事就行了。

列宁：《在彼得格勒苏维埃会议上关于人民委员会对外对内政策的报告》，
《列宁全集》第 36 卷第 14 页。

资产阶级的法学家和法官先生们大兴讨伐，反对人民参与审理案件。

现代国家通常有两种参与审案的主要形式：（1）陪审法庭，——陪审员只能裁断是否有罪；专职法官才有权判刑并主持诉讼程序；（2）舍芬庭，——舍芬庭陪审员类似我们的"等级代表"，与专职法官有同等权利参与决定一切问题。

列宁：《国际法官代表大会》，
《列宁全集》第 22 卷第 76 页。

人民的代表参加法庭，这无疑是民主的开端。要把这一做法坚持下去，首先就不能对陪审员的选举加以资格限制，就是说，不能用教育程度、财产状况、居住年限等条件来限制选举权。

在目前的陪审员中间，由于工人被排斥，往往是特别反动的小市民占多数。医治这种弊病的办法，就是发扬民主，采取彻底的完整的民主形式，而决不是卑鄙地弃绝民主。大家知道，在法庭体制方面，实行彻底民主的第二个条件，就是一切文明国家所公认的法官民选制。

列宁：《国际法官代表大会》，
《列宁全集》第 22 卷第 76～77 页。

各国的自由派资产者，其中包括我们俄国的自由派资产者如此热中的法官终身制，不过是一种由普利什凯维奇之流和米留可夫之流，农奴主和资产阶级来瓜分中世纪特权的制度。事实上，终身制是不可能完全实现的，况且为不中用的、漫不经心的、恶劣透顶的法官去维护这种终身制，也是荒谬的。在中世纪，法官完全由封建主和专制政权委任。现在，到了资产阶级有很多机会涌进法官界的时候，他们就提出"终身制原则"（由于多数"有学识的"法学家都是资产阶级，所以委任的法官多半也必然是资产阶级出身的人）来维护自己，排斥封建主了。这样一来，资产阶级在主张法官委任制，排斥封建主的同时，也就排斥了民主派。

> 列宁：《国际法官代表大会》，
> 《列宁全集》第 22 卷第 77 页。

值得指出的是德累斯顿的法官金斯贝格博士演说中的下面一段话。他谈到了阶级司法，即阶级压迫和阶级斗争在目前审理案件中的表现。

金斯贝格博士感慨地说道："谁要是以为人民的代表参加法庭会排除阶级司法，他就完全错了……"

说得很对，法官先生！民主决不会排斥阶级斗争，而只会使阶级斗争成为自觉的、自由的、公开的斗争。但这不能作为反对民主的理由。这倒是要把民主贯彻到底的理由。

萨克森的这位法官（萨克森的法官在德国以对工人判刑严酷而著称）接着谈道："……阶级司法无疑是实际存在的，但决不是社会民主党人所说的那样，袒护富人，歧视穷人。"不是的，阶级司法的实际情况恰恰相反。我碰到过这样一桩案件。我们三个人审判：我，还有两个舍芬庭陪审员。其中一个是公开的社会民主党人，另一个也是那一类人物。一个罢工工人被指控打了一个工贼〈'一个愿意去上工的工人'——萨克森的这位法官先生其实是这样讲的〉，抓住这个工贼的脖子喊道：'我们现在可该收拾你了，你这个该死的坏蛋！'

对这种野蛮行为通常要判 4—6 个月的徒刑，这还是最轻的惩罚。可你瞧，我却不得不花很大的气力使被告不致被宣判无罪。舍芬庭陪审员（社会民主党人）说我不了解工人的心理。我就回答他说：我非常了解挨打人的心理……"

> 列宁：《国际法官代表大会》，
> 《列宁全集》第 22 卷第 77 ~ 78 页。

中央委员会规定如下原则：

在一切纠纷案件和个人控告中，凡提出控告而不向法院提出确凿证据的人，应视为诬告者；

——凡认为自己受到此类诬告的人，可向法院申诉。

> 列宁：《俄国社会民主工党（布）中央委员会关于追究诬告责任的决定草案》，
> 《列宁全集》第 33 卷第 124 页。

人民委员会责成司法人民委员部修改关于法庭的法令草案，取消"护民官"的个人权力，不要把重点放在对 1917 年 10 月以来所建立的机构进行细微的改革方面，而要在建立真正办事迅速的、真正革命的、能无情地严惩反革命分子、受贿者、捣乱者和破坏纪律分子的法院方面作出实际的成绩。

列宁:《关于革命法庭法令的两个文件》,

《列宁全集》第 34 卷第 194 页。

现在我倒要看看有哪个人民法院,哪个工农法院,会不枪毙这个现在枪杀工人和农民的克拉斯诺夫。有人对我们说,捷尔任斯基的委员会枪毙人是可以的,但是如果法院在全体人民面前公开宣布某人是反革命分子,应该枪毙,那就不好了。一个人如果这样伪善,在政治上就不可救药了。(鼓掌)不,一个革命者,如果不愿意作个伪善者,就不能放弃死刑。没有一次革命和内战时期是不枪毙人的。

列宁:《在全俄苏维埃第五次代表大会上于人民委员会工作的报告》,

《列宁全集》第 34 卷第 470 页。

党纲中关于法院条文的惩治部分的要点 (2 月 25 日以前)

(1) 扩大缓刑的百分比

(2) 扩大舆论谴责的百分比

(3) 以监外强迫劳动代替监禁

(4) 以教育设施代替监狱

(5) 实行同志审判会 (对军队和工人中的某几类人)。

列宁:《俄共 (布) 纲领草案的材料》,

《列宁全集》第 36 卷第 397 页。

对法令草案的意见和修改 (1920 年 3 月 4 日)

(1) 划分的理论是不适用的。

(2) 法庭和监狱起伤害作用。

(3) 谁知道孩子们的心理? 审判员还是鉴定人?

(4) 特殊的机关?

(5) 投机倒把分子和其他人? 累犯?

———————

(1) 委托司法人民委员部同卫生人民委员部、教育人民委员部及中央统计局协商制定出追究和审理未成年者每一案件的报告方式。

(2) 委托教育人民委员部和卫生人民委员部加强为身心不健康的未成年者成立医疗教育机关的工作。

———————

委托司法人民委员部更严格地监督审理未成年者委员会全体成员及其履行职责的情况。

列宁:《关于对未成年者的审判》,

《列宁全集》第 38 卷第 205 页。

　　列宁在《国际法官代表大会》里提到的"舍芬庭"，是西欧某些国家的陪审法庭。舍芬（德语 Schoffe）即陪审员。

　　列宁在《在全俄苏维埃第五次代表大会上于人民委员会工作的报告》里提到的"捷尔任斯基的委员会"，指由费·埃·捷尔任斯基任主席的全俄肃反委员会。

　　全俄肃反委员会（全称是全俄肃清反革命和怠工非常委员会）是根据人民委员会 1917 年 12 月 7 日（20 日）的决定，为了同反革命、怠工和投机活动进行斗争而成立的，直属人民委员会。在国内战争和外国武装干涉时期，它在同反革命破坏活动作斗争和保卫苏维埃共和国的国家安全方面发挥了巨大作用。随着国家转入和平经济建设，列宁于 1921 年 12 月 1 日在全俄苏维埃第九次代表大会上建议改组全俄肃反委员会，缩小它的职权范围。1922 年 2 月 6 日，全俄中央执行委员会根据全俄苏维埃第九次代表大会的决定通过法令，把全俄肃反委员会改组为俄罗斯联邦内务人民委员部国家政治保卫局。

　　列宁在《俄共（布）纲领草案的材料》里提到的"同志审判会"，是和俄国的工人代表苏维埃一起出现的工人阶级组织，其使命是同违反无产阶级道德的行为作斗争。苏维埃政府将其法律化、制度化，于 1919 年和 1921 年制定了最初的同志审判会条例，规定同志审判会受理违反劳动纪律等案件，可以给过失者以训诫、警告、记过、罚款等处分。同志审判会的判决带强制性，是工人群众自己管理和教育自己的一种方式，也是预防犯罪和同轻微犯罪作斗争的一种措施。

　　列宁的《关于对未成年者的审判》，是 1920 年 3 月对法令草案的意见和修改。人民委员会的 1920 年 3 月 4 日会议，讨论了关于对未成年者的审判的问题。这里收载的是列宁对司法人民委员部所拟的法令草案的批语和他拟的决定草案。会议批准了经过列宁修改的教育人民委员部所拟的法令草案。法令由人民委员会主席列宁签署，刊登于 3 月 6 日《全俄中央执行委员会消息报》第 51 号，标题是《关于被控有危害社会行为的未成年者的案件》。

第三部分

权力的寄生性异质——非权力的"权力"

权力的质的规定性，是权力的根本性质，就是权力固有的内部联系，是由权力所包含的特殊矛盾构成的。权力的异质，是权力外部的、与权力本身相对立的因素。权力的异质性东西，是基于权力产生的，不能与权力相分离。譬如，资本主义社会有其固有的本质和特征，但在生产力和生产关系矛盾进一步发展的情况下，资本主义社会内部产生了"新的社会因素"，恩格斯概括为社会主义因素。这个"新的社会因素"，正是资本主义社会异质性的东西。就是说，它与资本主义社会的本质是不相容的，但又不能与之相分离。

权力的异质性的东西，是与权力同时产生的，没有权力本身，也就没有权力的异质。权力异质的重要特征，是它的寄生性，就是权力异质依附在权力上，依靠权力而存在。等级权力、特权、权力滥用和权力腐败，不是权力本身，是权力的异质性的东西，这里将其归之为"异质性权力"。

为什么国家权力会产生异质性权力？为什么异质性权力具有不可剥离的寄生性？

第一，私有制的要求。这是统治阶级的物质生活条件决定的。

第二，剥削阶级及其成员相互夺取权力的目的，在于多马"分肥"，在于一己的"美妙生活"。

第三，保护私有财产的统治者不可能实现自我革命。"自己的刀不能削自己的把儿"，就是这个道理。

第四，往往将社会监督、人民监督当作破坏秩序、动摇政权对待。

社会主义国家权力是人民权力，与等级权力、特权、权力滥用和权力腐败是不相容的。苏维埃国家和我国都对这种权力异质性进行坚决地斗争，但由于资产阶级的影响和存在滋生权力腐败的土壤，加之政权建设是一个长期过程，因而这种权力异质性仍然具有一定寄生性。如何做到国家公职人员"不能腐、不敢腐、不想腐"，不能不是严峻的自我革命议题和社会革命议题。

一、等级权力

等级权力，是法律规定的社会等级差别和特殊权力。在等级权力制度下，对不同的社会构成，规定不同的社会地位和法律地位。

奴隶社会和封建社会是等级社会，其权力是等级权力。奴隶社会的等级权力以"亲贵合一"为原则。在宗法制度下，以宗子为中心按照血统关系区分远近、亲疏、贵贱，从而形成等级制度。封建地主阶级提出"刑无等级"，"王子犯法与庶民同罪"等政治和法律主张，反对奴隶社会的等级制度，推动了社会进步。但这个阶级夺取政权以后，又建立了新的等级制度——封建等级制度。在接续的宗法制度下，按秩禄权位的高低划分身份等级。因此，封建权力是等级权力。

奴隶社会和封建社会的等级权力，是法律公开规定的。

我国封建社会的"八议"制度，是法律规定的。"八议"是典型的等级权力。八议由奴隶制社会《周礼》的"八辟"演变而来。八辟是议亲、议故、议贤、议能、议功、议贵、议勤、议宾之辟。三国时的魏律，最先将八议入律。此后，两晋、南北朝、隋等均入律。《唐律疏议·名例律》规定的八议是：议亲（皇亲）、议故（故旧）、议贤（大德行）、议能（大才艺）、议功（大功勋）、议贵（一定职事官品者）、议勤（大勤劳）、议宾（先代之后）。规定"诸八议者，犯死罪，皆条所坐及应议之状，先奏请议，议定奏裁；流罪以下减一等。犯十恶者，不用此律。"此后，宋、辽、金、元、明、清各律均秉承前例，规定了八议。

资产阶级在反对封建专制斗争中，提出"天赋人权""人人生而平等""在法律面前人人平等"口号，可当其夺取政权后，又实际上形成了新的等级制度和等级权力，就是资产阶级式的等级制度和等级权力。资产阶级主张阶级，否定等级，因而这样的制度和权力，没有写在法律上。这充分表现了资产阶级的虚伪性本质。

等级制度和等级权力是私有制的产物，它是私有制社会所特有的。社会主义公有制是人人享有生产资料的所有制，社会主义政权是完全新型的人民政权。巴黎公社、列宁领导的苏维埃和新中国的实践证明，等级制度和等级权力同社会主义是水火不相容的。当然，社会主义是在资本主义废墟上建立起来的，它不能不带有旧社会的痕迹。反对等级制度和等级权力的斗争，永远在路上。

这里，社会的等级、阶层、阶级的含义是不同的。等级属于社会地位范畴，阶层属于社会分工范畴，阶级属于生产资料归属范畴。等级、阶层同阶级并不是同一的，不能混淆三者的区别，把三者等同起来。把阶级说成阶层，或说阶层是阶级的细分，都是不正确的。

任何社会形态都存在阶层。社会阶层一般分为社会下层、中层、上层三个层级。处于社会生产和交换活动下端的社会阶层，如产业工人和农民，以及小手工业者、店员、小商小贩和小知识界（幼儿园教师、中小学教员）及一般职员、事务员、律师等属于这一阶层。社会中层比较复杂，所谓中产阶层和知识分子属于这一阶层。社会上层是社会高端阶层，居于社会结构的上端，富人、贵人、大腐败官员和大老板、外资企业的资产者等所谓"上流社会"，指的是这个阶层。

这里的等级权力，不包括行政级别权力。行政权的级别原则，是行政权固有的原则。任何国家的行政权力，都是按照级别原则建立和运作的。

（一）等级权力制度化

1. 等级代议制和等级法律

等级权力现象并不可怕，可怕的是等级权力制度化。这种等级权力制度，经历了奴隶制社会和封建制社会，长达几千年。

等级代议制和等级法律，是封建社会等级权力的最高表现。等级代议制，是按照代表的社会等级组成的议会所实行的代议制度。等级代议制的议事和立法，必然是等级性的。

普鲁士《国家报》"以它天真的心灵"提醒我们说，普鲁士的情况并不比英国差，我们有等级会议，只要报刊有能力，它是有权对等级会议的辩论情况进行讨论的。

> 马克思：《第六届莱茵省议会的辩论（第一篇论文）》，
> 《马克思恩格斯全集》第 1 卷上册第 144 页。

一个等级会议中的反对派如果还要说服人们相信意志自由是人的天性，那么，这样的等级会议至少还不是享有意志自由的等级会议。

> 马克思：《第六届莱茵省议会的辩论（第一篇论文）》，
> 《马克思恩格斯全集》第 1 卷上册第 146 页。

如果省根据宪法选出应当代表省的普遍智慧的等级代表，省本身也就完全放弃了自己的判断和自己的理智，这种判断和理智今后就只能由省所选出的人物来体现。

> 马克思：《第六届莱茵省议会的辩论（第一篇论文）》，
> 《马克思恩格斯全集》第 1 卷上册第 161 页。

在实行单纯的封建制度的国家即实行等级制度的国家里，人类简直是按抽屉来分类的，那里伟大圣者（即神圣的人类）的高贵的、彼此自由联系的肢体被割裂、隔绝和强行拆散，因此，在这样的国家里我们也发现动物崇拜，即原始形式的动物宗教，因为人总是把构成其真正本质的东西当作最高的本质。

马克思:《第六届莱茵省议会的辩论（第三篇论文）》，
《马克思恩格斯全集》第 1 卷上册第 248 页。

等级代表制只能由等级之间的本质差别，而不能由任何与这种本质无关的东西来决定。因而，如果说地产代表制的原则会被特殊的等级考虑所取消，那么这种等级代表制的原则就会被地产的一般条件所取消，而且这些原则将没有一条能够实现。

马克思:《评奥格斯堡〈总汇报〉论普鲁士等级委员会的文章》，
《马克思恩格斯全集》第 1 卷上册第 332 页。

这里问题不在于等级在多大程度上存在，而在于各个等级应当在多大程度上把它们的存在延伸到国家生活的最高领域。如果说把人民当作原生无机体来推动是不合适的，那么，把人民机械地划分成几个固定的、抽象的组成部分，并且要求这些无机的、被强制确定的部分进行独立运动（这只能是抽搐运动），同样也不能实现有机运动。

马克思:《评奥格斯堡〈总汇报〉论普鲁士等级委员会的文章》，
《马克思恩格斯全集》第 1 卷上册第 333 页。

本报已用一些具体例子详细指出，省等级会议没有资格参与立法工作（不管这种参与是采取谘议还是协助的形式，都构成这些等级会议权力上的，而不是能力上的差别）。其次，还要补充一点，委员会不是从作为法人的各省议会中产生，而是从分成若干机械部分的各省议会中产生。不是由省议会选出参加委员会的代表，而是由省议会的各个不同的单独的部分各自选出参加委员会的代表。

马克思:《评奥格斯堡〈总汇报〉论普鲁士等级委员会的文章》，
《马克思恩格斯全集》第 1 卷上册第 337 页。

在等级制的国家中，政府官员是国家利益本身的代表，因而，是与等级的私人利益的代表敌对的。如果说在人民代表制中有政府官员参加不是一个矛盾，那么在等级代表制中这就是一个矛盾了。

马克思:《评奥格斯堡〈总汇报〉论普鲁士等级委员会的文章》，
《马克思恩格斯全集》第 1 卷上册第 340 页。

官僚等级制度的成规和那种把公民分为两类，即分为管理机构中的积极的、自觉的公民和作为被管理者的消极的、不自觉的公民的原则。依据国家的自觉的、积极的存在体现于管理机构这一原则，每届政府都会把某个地区的涉及国家方面的状况看作自己的前任活动的结果。根据等级制度的成规，这个前任多半会升官，而且往往会成为他的继任者的顶头上司。

马克思:《摩泽尔记者的辩护》，
《马克思恩格斯全集》第 1 卷上册第 374 页。

这些区等级会议是旧普鲁士"代议制"的最好的典型。在一个区里，农民中最大的土地占有者总共可派 3 个代表；每座城市通常派一个代表；但是每个贵族地主则都是区等级会议的世袭代表。城市里的工人和一部分小资产阶级，乡村里的小私有者和外乡人，总之，绝大多数的居民都没有代表。……

这些区等级会议还能完全独立地支配一区的财政，但是在解决课税问题时，必须取得总督或国王的同意。此外，如果不能取得一致的意见和某个等级有特殊的意见，就由内政大臣来作最后的决定。由此可见，旧普鲁士国家制度是多么善于巧妙地保护大土地占有者的"合法取得的权利"和官僚制度的最高监督权。

但是，正如在中央委员会的报告中极其明确地承认的那样，官僚制度的这个最高监督权只是为了保护地方官吏的权力，使他们不受区等级会议的任何干涉，而决不是为了保护区里的居民，特别是那些没有代表权的居民，使他们不受区等级会议代表先生们的侵犯。

> 恩格斯：《关于区等级会议的妥协辩论》，
> 《马克思恩格斯全集》第 5 卷第 319 页。

在我们面前暴露了办事内阁的秘密计划。建立了中央人民代议制，等级代议制就必然要废除，这已是无可挽救的了。但是在一些较小的代议机关中，在一些区（也许还在一些省？）中，有人还想保存等级代议制，只废除贵族所享有的、优越于市民和农民的最突出的特权。

> 恩格斯：《关于区等级会议的妥协辩论》，
> 《马克思恩格斯全集》第 5 卷第 320 页。

议会通过了中央委员会的提案，废除了授予区等级会议以课税权和支配区财政权的法律，并附带声明："根据这些法律通过的区等级会议的决议仍然有效。"

这样，我们就看到办事内阁所办的"事情"就是企图用警察手段来达到反动目的和搞垮议会。

> 恩格斯：《关于区等级会议的妥协辩论》，
> 《马克思恩格斯全集》第 5 卷第 322 页。

1842 年底，普鲁士国王想赐予国家一个以非常方便的"历史"原则（这个原则在 1847 的诏书中起了卓越的作用）为基础的等级宪法，大家知道，正是尼古拉坚决反对这件事，以致使我们"基督教德意志人"很多年没有享受到诏书中所规定的种种乐事。

> 马克思恩格斯：《俄国的照会》，
> 《马克思恩格斯全集》第 5 卷第 346 页。

任何一个世袭的天赋国王，都不是一个单独的个人，而是旧社会在新社会内部的体现者。国家政权掌握在天赋国王手中，就等于国家政权掌握在残存的旧社会手中，就等于国家政权掌握在其利益同资产阶级利益极端敌对的封建等级手中。

而"天赋国王"正好是钦定宪法的基础。

正如社会上的封建分子把天赋国王看成是自己的政治领袖，天赋国王也把封建等级看成是自己的社会基础，看成是臭名远扬的"王权支柱"。

马克思：《孟德斯鸠第五十六》，

《马克思恩格斯全集》第 6 卷第 227 页。

当时整个欧洲都站在这个无疑领导了这一运动的"贵族等级"方面，因为波兰的贵族共和国比起俄国的专制政体来终究是一个巨大的进步。

恩格斯：《"科伦日报"论马扎尔人的斗争》，

《马克思恩格斯全集》第 6 卷第 363 页。

根据 1843 年莱茵省等级会议"触犯圣怒"否决了的刑事立法草案和 1847 年再度提出的法案，侮辱外国君主及"王后"者，处以两月的徒刑至两年的苦役；可是普鲁士的等级会议建议完全取消这一条，而威斯特伐里亚的容克地主反对派则认为最初的处刑标准过高。

马克思：《霍亨索伦王朝的出版法案》，

《马克思恩格斯全集》第 6 卷第 439 页。

他们对内部的统治已是很专横的。他们多半只是在万不得已的时候才召集等级会议。他们任意地征课赋税和搜刮金钱；等级会议对征税的批准权很少得到承认，更少见诸执行。就是在等级会议执行征税批准权的时候，诸侯照例总是通过骑士和上层僧侣两个等级而拥有多数，这两个等级都是既免税而又分享税收的。

恩格斯：《德国农民战争》，

《马克思恩格斯全集》第 7 卷第 388 页。

被日耳曼人侵占的各国在最初几百年间所存在的那种形式略有不同的贵族民主制，都是属于最原始的社会形态中的一种形态，以后都很自然地发展成为完备的封建等级制度，而封建等级制度显然已经是更高的阶段了。

恩格斯：《德国农民战争》，

《马克思恩格斯全集》第 7 卷第 438 页。

普鲁士王国八个省的省议会的成员是：(1) 上层贵族，前德意志帝国的各个皇族，它们的首脑是等级会议的当然成员；(2) 骑士或下层贵族的代表；(3) 城市的代表；(4) 农民或小农业主阶级的代表。

恩格斯：《德国的革命和反革命》，

《马克思恩格斯全集》第 8 卷第 20 页。

这两个草案是对旧普鲁士省议会组织法的拙劣模仿：代表名额在几个"等级"之间分配，选举权以占有土地多少而定，选举权的运用受相应选举区的"固定住所"的条件限制。

马克思：《德勒克吕兹被捕。——丹麦。——"泰晤士报"谈对俄战争的前景》，
《马克思恩格斯全集》第 9 卷第 477 页。

在议会分为代表不同等级的 brazas（支派）的时期，议会除了席位不同也是在一个共同会场里开会，而且在一起表决。在直到法国入侵时议会还在起实际作用的少数几个省份中间，诚然纳瓦腊还保持着按等级召开议会的旧习惯，但是在巴斯克各省就是十分民主的会议，连僧侣代表也不准参加。

马克思：《革命西班牙》，
《马克思恩格斯全集》第 10 卷第 496 页。

奈穆尔公爵夫人玛丽死后，弗里德里希一世提出了他的要求，但是由于又出现了十四位继承者，所以他聪明地提出由纽沙特尔和瓦兰壬的等级会议来解决这场争论，并且事先买通评议委员来取得对他有利的裁决。于是，普鲁士国王靠行贿当上了纽法特尔公爵和瓦兰壬伯爵。

马克思：《霍亨索伦王朝的神权》，
《马克思恩格斯全集》第 12 卷第 105 页。

1831 年的黑森宪法，抛开它所规定的选举办法，即由各旧有等级（贵族、城市居民、农民）选举代表的方法不谈，可以认为是欧洲曾经宣布过的一部最自由主义的根本法。没有哪一部宪法对执行机关的权限作过这样严格的限制，在更大程度上使政府从属于立法机关，并且给司法机关以如此广泛的监督权。为了说明这个奇怪的事实，可以说，1831 年的黑森革命实际上是同各个"等级"中怀有不满情绪的人们一致行动的律师、文武官员所进行的反对专制君主的革命。

马克思：《德国的动荡局势》，
《马克思恩格斯全集》第 13 卷第 597 页。

而当为施梯里亚、克伦地亚、萨尔茨堡和提罗耳等省制定的宪法——这些宪法把代议机关中的绝大部分席位轮予了贵族和僧侣并保留了旧等级差别——公布出来的时候，当旧内阁仍然掌握着政权的时候，这一切策划的目的何在，已再无任何疑问。这是打算安抚匈牙利，然后把它变为帮助专制的奥地利摆脱困境的工具；而匈牙利在奥地利重新强大以后将遭到怎样的命运，它根据经验，是知道得十分清楚的。

恩格斯：《奥地利革命的发展》，
《马克思恩格斯全集》第 15 卷第 250 页。

县议会和省议会仍然按照旧的封建方式由三个等级——大地主、市和乡的代表组成。

恩格斯：《暴力在历史中的作用》，
《马克思恩格斯全集》第 21 卷第 525 页。

最新的一个鳄鱼蛋，就是根据莱茵等级会议的建议，虚假地废除了有关叛国罪等等以及有关官吏犯罪的法国法律所受到的非法限制。不过这一次，由于涉及客观的法律规定，这个骗局又显得太愚蠢了，甚至连莱茵最笨的法学家也一眼就把它看穿了。而且普鲁士又十分幼稚地声明，如果把诉讼公开，就是把普鲁士官员的声望和威信置于危险地位。

《马克思致阿尔诺德·卢格》，
《马克思恩格斯全集》第 27 卷第 422～423 页。

等级代表制只能由等级之间的本质差别，而不能由任何与这种本质无关的东西来决定。因而，如果地产代表制的原则，被特殊的等级考虑取消，那么等级代表制的原则本身，也被地产这个一般条件取消，而且这些原则将没有一条能够实现。其次，文章的作者没有研究，上述制度中所设想的等级差别——即使认可了这种差别——反映的是过去各个等级的特征还是现在各个等级的特征。

马克思：《论普鲁士等级委员会》，
《马克思恩格斯全集》第 40 卷第 332 页。

这里问题不在于等级在什么程度上存在，而在于它们应当在什么程度上继续作为等级存在，直至国家生活的最高领域。如果试图把人民当作原生无机体来推动是不合理的，那么把人民机械地划分成几个固定的、抽象的组成部分并要求这些无机的、强制固定的部分独立运动（这只能是抽搐运动），指望这样做可以引起有机运动，同样是不合理的。

马克思：《论普鲁士等级委员会》，
《马克思恩格斯全集》第 40 卷第 333 页。

问题不在于，在把省等级会议统一为一个中央委员会的情况下，有多少根据说明组成省等级会议的成分不能适应集中活动的宗旨。相反，问题在于，在这些组成省等级会议的成分本身，有多少使它们不能真正统一为一个真正的中央委员会，也就是不能进行真正的集中活动的根据。统一不会使组成统一的成分成为不可能，但组成统一的成分却会使统一成为不可能。

马克思：《论普鲁士等级委员会》，
《马克思恩格斯全集》第 40 卷第 335～336 页。

省等级会议很少担负参与立法工作的使命（不管这种参与是采取咨询还是提供协助的形式，都构成这些等级会议权力上的，而不是能力上的差别）。与此相关的还有，委员会不是由那些作为法人的省议会组成，而是由分成若干机构的省议会组成。不是由省议会选出参加委员会的代表，而是由省议会的各单独部分各自选出参加委员会的代表。因此，这些选举是在把省议会的机构机械地分成各个组成部分的基础上，也就是在分成各个部分的基础上进行的。这就有可能使委员会中有代表的不是省议会的多数，而是它的少数。比如，贵族等级的某一个代表可能得到本等级多数代表的支持，但不是整个省议会多数的支持，因为获得省议会的多数要由例如贵族等级代表这个少数同市民等级或农民等级结合起来才行。因此，对省议会组成的反对意见，不是简单地适用于委员会，而是加倍地适用于委员会，因为在这里各个等级已经不受省议会整体的影响，而且被重新纳入自己的特殊框框。

> 马克思：《论普鲁士等级委员会》，
> 《马克思恩格斯全集》第40卷第336~337页。

我们假定，省等级会议的组成完全符合它的宗旨，即从自己特殊的等级利益观点出发代表自己特殊的省的利益。省议会的这种性质会在它的每个行动的性质上反映出来，就是说，也会在委员会的选举性质上，因而也在委员会代表本身的性质上反映出来，因为一个符合本身宗旨的省议会，在它自行选举代表这一最重要的行动中当然是始终忠于它的宗旨的。

> 马克思：《论普鲁士等级委员会》，
> 《马克思恩格斯全集》第40卷第337页。

等级代表制只承认那些彼此并存的特殊成分。因此，凡不是特殊成分的，也就不是等级代表制的成分。我们所考察的这篇文章完全正确地把问题说成智力是作为"有智力的人的共性"，即不是作为等级代表的特性参加等级代表制的，因为我和大家共有的、我和大家在同样程度上具备的属性，既不构成我的性格，又不构成我的特长，也不构成我的特殊本质。在自然科学家会议上，具有一个有智力的人的"共性"是不够的，但在等级代表会议上，具有作为共性的智力就足够了，属于自然历史类的"有智力的人"就足够了。

> 马克思：《论普鲁士等级委员会》，
> 《马克思恩格斯全集》第40卷第338页。

当我们的作者把省议会中"知识界"的代表权问题，变成学者等级，即垄断智力的等级的代表权问题，变成已成为等级的知识界的代表权问题时，他这样作是完全合乎逻辑的，不仅从他的原则来看，而且从等级代表的原则来看都是如此。

> 马克思：《论普鲁士等级委员会》，
> 《马克思恩格斯全集》第40卷第339页。

他不承认学者等级的权利，这就不对了，因为在等级原则占支配地位的地方，一切等级都应当有代表。……在等级国家，政府官员是国家利益本身的代表，因而，是与等级的私人利益的代表敌对的。如果说在人民代表制中有政府官员参加不是一个矛盾，那么在等级代表制中这就是一个矛盾了。

> 马克思：《论普鲁士等级委员会》，
> 《马克思恩格斯全集》第 40 卷第 340 页。

作者做得对，他不是从国家的需要中去寻找省等级会议的根源，他不把省等级会议看作国家的需要，而把它看作同国家相对立的特殊利益的需要。不是国家的有机理性，而是私人利益的赤裸裸的要求建立了等级制度；而智力不是寻求满足的自私的利益，它是普遍的利益。因此，知识界在等级会议中的代表权，是一个矛盾，是个无意义的要求。

> 马克思：《论普鲁士等级委员会》，
> 《马克思恩格斯全集》第 40 卷第 341~342 页。

根据等级会议的业经法律规定的宗旨，它是完全正当的。这个法定宗旨，一方面要维护全省的一般利益，另一方面要维护它的特殊的等级利益。

> 马克思：《本地省议会代表选举》，
> 《马克思恩格斯全集》第 40 卷第 359 页。

信贷是一种发达的商品流通制度。试问，既然等级法律和等级禁令的无数残余使我国农民的处境排斥正常的、自由的、广泛的和发达的商品流通，那么在他们中间建立这样的制度是不是可能呢？

> 列宁：《论报纸上的一篇短文》，
> 《列宁全集》第 2 卷第 378 页。

1887 年颁布过一个法律，规定凡是案件中犯法者或受害者为公职人员的时候，一律不由陪审法庭审理，而交由皇室法官和等级代表组成的法庭审理。大家知道，这些和法官同流合污的等级代表都是些没有话的配角，扮演一些可怜的角色，不过是给审讯部门的官老爷们任意决定的事情作作证、画画押而已。

> 列宁：《时评》，
> 《列宁全集》第 4 卷第 359 页。

大家可以看到，这个议案无疑是很讲实际的，它证明我国最高等级的人对于哪里能揩到公家的油是非常敏感的。

> 列宁：《时评》，
> 《列宁全集》第 4 卷第 368 页。

《记事》作者抱怨说："1890 年的法律给地方自治机关增添了等级色彩，加强了会议中的政府成分，所有的县贵族代表和地方官都成了省地方自治会议的成员，如果这种不伦不类的等级官僚制地方自治机关仍然能够表现出政治倾向的话，那这一点倒是值得深思的。"

> 列宁：《地方自治机关的迫害者和自由主义的汉尼拔》，
> 《列宁全集》第5卷第43页。

因为我们的一切都渗透着等级性，因为按照新的条例，各地方自治机关的无等级性大部分已经失去了，所以为了简明扼要起见，的确可以说，俄国有两个统治"阶级"：1.行政当局，2.各等级代表。第三种分子在等级的君主国中是没有立足之地的。随着资本主义的成长，非人力所能左右的经济的发展日益破坏着等级的基础，并引起对"知识分子"的需要，知识分子的人数愈来愈多，所以第三种分子将竭力扩大它那狭小的范围，那是理所当然的了。

> 列宁：《内政评论》，
> 《列宁全集》第5卷第294~295页。

按照这个宪法，未经议会，即各等级的代表会议的同意，不得颁布、修改、解释或废除任何根本法。亚历山大一世在几次颁布的诏书中都"庄严地"承认"关于要绝对保护边疆特别宪法的诺言"。

> 列宁：《芬兰人民的抗议》，
> 《列宁全集》第5卷第320页。

上述第二项法律是贵族等级事务特别会议的新产儿，这次会议所已赐予祖国的，是对西伯利亚土地的掠夺（"在西伯利亚培植领主土地占有制"）。

> 列宁：《政治斗争和政治手腕》，
> 《列宁全集》第7卷第21页。

马克思在《评奥格斯堡〈总汇报〉论普鲁士等级委员会的文章》里说，"由省议会的各个不同的单独的部分各自选出参加委员会的代表"，指的是根据等级委员会组织法规定，委员会委员应由"每个等级本身"选举产生。尽管1841年第六届莱茵省议会的多数代表提议，委员会委员应由省议会选举产生，但这项规定仍被遵照执行。这种把省议会分成几个部分的做法，从1647年起就已成为普鲁士等级代表制的一项特殊规定。对省议会来说，它意味着各个等级可自行召开会议，而且还可以单独向国王呈递意见书或决议。如果国王提出要求，或者某个等级中三分之二的成员反对省议会以多数票通过的决议，这项特殊的规定就可生效。从原则上讲，这项规定是加强贵族影响的一种手段。

马克思在《摩泽尔记者的辩护》里说，"根据等级制度的成规，这个前任多半会升官，而且往往会成为他的继任者的顶头上司"，是指冯·沙培尔1837年至1842年8月任特里尔行政区长官，后任莱茵省总督。他的前任总督恩·冯·博德尔施文格在1832~1834年担任过特里尔行政区长官并于1842年任财政大臣。

2. 社会等级差别神圣化

只要社会等级制度化，就一定产生社会等级差别神圣化。这种"神圣化"达到了至尊的程度，不可违反和侵犯。社会等级差别，不仅仅表现在"人"的不同的社会地位上，而且表现在生活方式、行为范式上。如解放前的西藏，奴隶主、贵族上马，奴隶跪在地上当"垫脚石"，奴隶遇到奴隶主、贵族，必须"低头吐舌"，就是鲜明的一例。我看到经典作家对于社会等级差别神圣化的憎恨和鞭挞，就马上想到旧西藏这可怕的一幕幕。

在现代社会中，赏善罚恶的事情难道还少吗？和这种被揭露了的秘密相比，群众的共产主义者欧文是多么的非批判呵！他看出赏罚制度是社会等级差别的神圣化，是奴隶般的屈辱状况的完整表现。

> 马克思恩格斯：《神圣家族》，
> 《马克思恩格斯全集》第 2 卷第 239～240 页。

随着封建制度的充分发展，也产生了与城市对立的现象。土地占有的等级结构以及与之有关的武装扈从制度使贵族掌握了支配农奴的权力。

> 马克思恩格斯：《德意志意识形态》，
> 《马克思恩格斯全集》第 3 卷第 27 页。

个别手工业者逐渐积蓄起来的少量资本及其与不断增长的人口比较起来是固定的人数，使得帮工和学徒制度发展起来了，而这种制度在城市里产生了一种和农村等级制相似的等级制。

> 马克思恩格斯：《德意志意识形态》，
> 《马克思恩格斯全集》第 3 卷第 28 页。

印度人和埃及人借以实现分工的原始形态在这些民族的国家和宗教中产生了等级制度，所以历史家便认为似乎等级制度是产生这种原始社会形态的力量。

> 马克思恩格斯：《德意志意识形态》，
> 《马克思恩格斯全集》第 3 卷第 44 页。

他们并没有越出等级制度的范围，而只是构成了一个新的等级，在新的环境中保存了他们过去的劳动方式，并且使它摆脱已经和他们所达到的发展阶段不相适应的桎梏，从而使它进一步发展。

> 马克思恩格斯：《德意志意识形态》，
> 《马克思恩格斯全集》第 3 卷第 87 页。

在普鲁士，无论是在军事方面还是在行政方面，组织得很好的官僚等级制度的绝对权力40年来一直占统治地位；在普鲁士，主要的敌人（这个敌人在3月19日已经败北）正是官僚制度。

> 恩格斯：《7月4日的妥协会议》，
> 《马克思恩格斯全集》第5卷第222页。

主人可任意把农民打死，或者把农民斩首。加洛林纳法典中的各章论到"割耳"，"割鼻"，"挖眼"，"断指断手"，"斩首"，"车裂"，"火焚"，"夹火钳"，"四马分尸"等等，其中没有一项没有被这些尊贵的老爷和保护人随一时高兴就用在农民身上。谁来保护农民呢？法庭上坐着的都是贵族，僧侣，城市贵族，律师，他们深知拿了钱就该办什么事。帝国官场中各等级本来就是靠在农民身上吮血吸髓过活的。

> 恩格斯：《德国农民战争》，
> 《马克思恩格斯全集》第7卷第397～398页。

贵族，尤其是帝国直辖贵族，由于他们的军人职业以及他们在和诸侯的关系上所处的地位，乃是直接代表帝国和帝国政权的等级。当时贵族是最有民族意识的等级；帝国政权越强有力，诸侯越弱越少，德国越统一，他们也就越强有力。

> 恩格斯：《德国农民战争》，
> 《马克思恩格斯全集》第7卷第437页。

拿破仑的赋税曾是刺激农民发展副业的手段，而现在赋税却使这些副业失去最后的资源，失去抵御贫困化的最后的可能性。至于大群富贵豪华的官僚，这更是最适合第二个波拿巴心意的一种《idée napoléonienne》了。既然波拿巴不得不创造一个和社会各真实阶级并列的人为等级，而对这个等级说来，保存他的统治制度又如同饭碗问题一样地迫切，那末，事情又怎能不是这样呢？

> 马克思：《路易·波拿巴的雾月十八日》，
> 《马克思恩格斯全集》第8卷第222页。

俄国的政治制度在它还没有同封建机构结合起来的所有地方，不也是按军事方式来组织等级制的民政和司法并且要人民担负全部费用的军事占领吗？谁要是认为这类制度会使南方斯拉夫人向往，那就请他看看1804年以来的塞尔维亚历史吧。

> 恩格斯：《欧洲土耳其前途如何？》，
> 《马克思恩格斯全集》第9卷第39页。

恐怕再也没有什么比所谓财政更带欺骗性了。玩弄这门"神秘科学"的术士们把有关预算和国债的最简单的业务蒙上一层难懂术语的外衣，掩盖着普通的骗术：发行名目繁多的证券，旧证券换新证券，降低利息而增加基本金额，提高利息而减少基本金额，设立奖金、奖励和优惠存款，规定有偿年金和无偿年金的区别，把转让不同证券的利益人为地分成等级。

马克思：《新的财政把戏或格莱斯顿和辩士》，
《马克思恩格斯全集》第9卷第54页。

它先是没收了土地，然后通过"议会法令"扼杀了工业，最后用武装力量摧残了爱尔兰人民的积极性和活力。这样一来，英国就建立了这样一种丑恶的"社会条件"，使一个小小的特殊等级——贪婪的贵族得以对爱尔兰人民为所欲为，任意规定他们在什么条件下才能使用土地和靠土地生活。

马克思：《印度问题。——爱尔兰的租佃权》，
《马克思恩格斯全集》第9卷第179页。

他们充当英国政府的中介人的角色并不满足，他们还造成了一种叫做帕特尼达尔的"世袭"中介人阶级，帕特尼达尔又设立了副帕特尼达尔等等。于是就产生了一个完善的中介人的等级制度，这种等级制度的全部重担都压在不幸的农民身上。

马克思：《战争问题。——议会动态。——印度》，
《马克思恩格斯全集》第9卷第243页。

教阶制度中的每个等级都有一定的价格。为了获得举行授职仪式的权利，总主教向御前会议缴纳很重的贡赋，但他也把大主教和主教的职位卖给本教会的僧侣，而后者则靠出卖下一级职位给别人并从教士身上征收贡赋犒赏自己。教士又把从上级那里买来的权力零售出去，并在他执掌的洗礼、结婚、离婚、遗嘱等执事上大做其生意。

马克思：《宣战。——关于东方问题产生的历史》，
《马克思恩格斯全集》第10卷第181页。

加斯梯里亚王政会议〔Consejo Real〕是西班牙的有害的司法等级中的最高一级。王政会议是在唐·璜和亨利的动乱时代产生的，菲力浦二世发现它是 Santo offico〔宗教裁判法庭〕的一个应有的补充机构，因而加强了它的作用。

马克思：《革命的西班牙》，
《马克思恩格斯全集》第10卷第478页。

在旧编制所具有的那种官僚制度的繁杂性和等级次第的情况下，总司令的直接影响不超出军长以外。这些军长及其司令部应当把命令下达到师，师的司令部又把命令下达到旅，而旅的司令部又把命令下达到团长，由团长在实际上把命令付诸实行。

恩格斯：《俄国军队的改革》，
《马克思恩格斯全集》第12卷第210页。

一个民族经过革命把大地产粉碎成小块，从而通过这种新的分配使生产有了一种新的性质。或者，立法使地产永久属于一定的家庭，或者，把劳动［当做］世袭的特权来分配，因而把它像等级一样地固定下来。

> 马克思:《导言》，
> 《马克思恩格斯全集》第 12 卷第 746 页。

在雅典，每一自由民出身的男子都必须服兵役。只有那些担任公职的人，而在较早的时期，则还有第四等级即最贫穷的自由民，才能免服兵役。这是以奴隶制为基础的民兵制度。凡是年满 18 岁的青年都必须服兵役两年，特别是要担任边防勤务。在这个时期内，他们完成军事训练，以后一直到 60 岁都有服兵役的义务。

> 恩格斯:《军队》，
> 《马克思恩格斯全集》第 14 卷上册第 9 页。

由蛮族和雇佣兵组成的辅助部队，是军队中最好的部队，但是就连他们的质量也不高。军队中的等级管理制度日益完备，达到了几乎是十足的官僚制度的地步，结果和我们目前在俄国所看到的一样:在花费大量金钱而且部分仅是名义上存在的军队中，有了营私舞弊和盗窃国家资财的完善的组织。

> 恩格斯:《步兵》，
> 《马克思恩格斯全集》第 14 卷上册第 363 页。

不论在旧日专制君主国中或者在近代波拿巴主义君主国中，实际的政府权力都是掌握在军官和官吏这一特殊等级的手中，这个等级在普鲁士一部分由他们自身补充，一部分由小世袭贵族补充，较少的部分由上层贵族补充，极少的部分由资产阶级补充。这个似乎站在社会以外并且可以说是站在社会之上的等级的独立性，就使得国家好像独立于社会之外。

> 恩格斯:《论住宅问题》，
> 《马克思恩格斯全集》第 18 卷第 289 页。

"巴伐利亚法"对于在教堂、公爵庄园、铁匠铺和磨坊的盗窃行为课以更多的罚金，"因为这四种建筑物是公用的房子，而且是经常开门的"。按照"弗里西安法"，杀害金匠的杀人罚金要比杀害同一等级的其他人多四分之一。

> 恩格斯:《论日耳曼人的古代历史》，
> 《马克思恩格斯全集》第 19 卷第 520~521 页。

由采邑造成的社会等级制度，就是从国王起，经过大的受采邑者（帝国公爵的前身），到中等受采邑者（以后的贵族），并且从中等受采邑者起，下至绝大多数生活在马尔克内的自由的和不自由的农民，在这样一个社会等级制度中我们看到了以后的森严的封建等级制的基础。

　　　　　　　　　　　　　　　　　恩格斯：《法兰克时代》，

　　　　　　　　　　　　《马克思恩格斯全集》第 19 卷第 551 页。

　　从国王起，经过大的受采邑者到他们的自由佃农，最后直到不自由人，这一种身分等级制度，已成为国家组织中被确认的、在行政上正式起作用的要素了。国家承认，没有它的帮助，就不能存在下去。这里当然要说明，事实上是怎样进行这种帮助的。

　　　　　　　　　　　　　　　　　恩格斯：《法兰克时代》，

　　　　　　　　　　　　《马克思恩格斯全集》第 19 卷第 556 页。

　　我们在"法哲学"的结尾发现，绝对观念应当在弗里德里希－威廉三世这么顽强而毫无结果地向他的臣民约许的那种等级制君主政体中得到实现，就是说，应当在有产阶级那种适应于当时德国小资产阶级关系的、有限的和温和的间接统治中得到实现；在这里还用思辨的方法给我们证明了贵族的必要性。

　　　　　　　　　　　恩格斯：《路德维希·费尔巴哈和德国古典哲学的终结》，

　　　　　　　　　　《马克思恩格斯全集》第 21 卷第 309 ~ 310 页。

　　在这每一个中世纪国家里，国王是整个封建等级制的最上级，是附庸不能撇开不要的最高首脑，而同时他们又不断反叛这个最高首脑。整个封建经济的基本关系（分封土地以取得一定的人身服役和贡赋），在处于最初和最简单的形式时，就已经为斗争提供了充分的材料；特别是当有这样多的人要找借口的时候更是如此。

　　　　　　　　　　恩格斯：《论封建制度的瓦解和民族国家的产生》，

　　　　　　　　　　《马克思恩格斯全集》第 21 卷第 452 ~ 453 页。

　　君主专制必然是专制的，正是由于一切因素的离心性。但是，不应该庸俗地理解它的专制性质；［它］是在时而同等级的代表机关时而同叛乱的封建主和城市的不断斗争中［发展起来的］；等级在任何地方也没有被它取消；因此，应该宁可把它看成是等级的君主制（仍然是封建君主制，但却是瓦解中的封建君主制和萌芽中的资产阶级君主制）。

　　　　　　　　　　　　　　　恩格斯：《关于"农民战争"》，

　　　　　　　　　　　　《马克思恩格斯全集》第 21 卷第 459 页。

　　这种神学上的联合不只是观念上的。它不仅实际体现在这种联合的君主制中心即教皇身上，而且首先体现在按封建和等级制原则组织起来的教会中。教会在每个国家大约占有三分之一的土地，它在封建组织内部拥有巨大的权势。

　　　　　　　　　　　　　　　恩格斯：《法学家的社会主义》，

　　　　　　　　　　　　《马克思恩格斯全集》第 21 卷第 545 页。

　　在当时德国这样一个"虔诚的育儿所"曾引起何等令人难以置信的恐惧啊！而恐惧得

最厉害的,恰恰是那个不论在柏林或在自己的庄园里,不经常使自己的肉体复权就一天也活不下去的、当时居统治地位的高贵等级（当时我们还没有阶级）！

恩格斯:《论早期基督教的历史》,

《马克思恩格斯全集》第22卷第540页。

在十八世纪,许多平庸的人物都曾努力发现一个真正的公式,以便把各个社会等级、贵族、国王、议会等等平衡起来,而第二天早晨就无论国王、议会、或贵族都没有了。这一对抗的真正平衡是推翻一切社会关系——这些封建体制和这些封建体制的对抗的基础。

《马克思致巴·瓦·安年柯夫》,

《马克思恩格斯全集》第27卷第486～487页。

德国的所有官方机构营私舞弊成风,而在小邦里还盛行着一种特殊形式的营私舞弊。那里的官吏全部或者有一半是世袭的,他们人数很少,而且死抱住自己的等级特权不放,所以到处（在法院、警察局、管理机构和军队里）都是兄弟和亲戚,他们互相包庇,狼狈为奸;这样,大邦中通行的一切法规都看不见了,最难于置信的事情也都可能发生。

恩格斯:《致奥·倍倍尔》,

《马克思恩格斯全集》第36卷上册第498页。

现在,让我们来看一看众所周知的、有目共睹的普鲁士国家的现实吧！对国家进行统治、审判、管理、征税、军训、教育,即开展全部国家生活活动的真正领域,就是区、乡、地方政府机关、省级机关、军事部门。但是这些领域并不是四个等级,相反,四个等级以纷繁多样的形式在这些更高的统一体中彼此转化,它们之间的差别不在生活本身,而只在官方文件和登记表中。

马克思:《论普鲁士等级委员会》,

《马克思恩格斯全集》第40卷第333～334页。

在这种等级制度下,市民同农民之间不存在任何壁垒,这一点甚至历史学派都不是认真对待的;这种壁垒的建立只是一种形式,好让我们觉得贵族的特殊地位是比较可以接受的东西。一切都围绕着贵族转,等级制度也随着贵族的衰落而衰落。然而,贵族的等级显得比贵族的组成情况更糟。按照现代的观点,这种建立在长子继承权基础上的世袭等级,无疑是毫无意义的。

恩格斯:《恩斯特·莫里茨·阿伦特》,

《马克思恩格斯全集》第41卷第154～155页。

虽然在法律上政府是一个不受限制的、独立的政权机关,但实际上资本家和土地占有者却有千百种手段影响政府和国家事务。他们有法律所承认的自己的等级机关、贵族和商人协会、工商业委员会等组织。他们选出的代表,或者直接充当官吏,参加国家管理（譬如贵族代表），或者被邀担任一切政府机关的委员。

列宁：《党纲说明》，

《列宁全集》第 2 卷第 84 页。

从那时起，许多事实充分证明斯卡尔金是完全正确的：继续把农民束缚在土地上和保持农民村社的等级制的闭塞状态，只能使农村无产阶级的状况恶化，阻碍全国的经济发展，丝毫也不能保卫"定居的无产者"避免最坏的盘剥和依赖地位，避免工资和生活水平下降到最低限度。

列宁：《我们拒绝什么遗产？》，

《列宁全集》第 2 卷第 391 页。

农民村社的等级制闭塞状态、连环保、禁止出卖土地和抛弃份地是与现代经济现实、是与现代资本主义商品关系及其发展处于最尖锐的矛盾中。

列宁：《我们拒绝什么遗产？》，

《列宁全集》第 2 卷第 410 页。

等级制度直到现在还在我国中学中占统治地位，即使在一般中学（更不必说特权的贵族学校等等）中也有 56% 的学生是贵族和官吏子弟。贵族和官吏唯一有力的竞争者是在实科学校中占优势的城市等级。农村等级的比重却微乎其微（假如注意到他们的人数大大超过其余的等级，这个情况就更加明显）。

列宁：《民粹主义空想计划的典型》，

《列宁全集》第 2 卷第 456 页。

农民对地主的人身依附是这种经济制度的条件。如果地主没有直接支配农民人身的权力，他就不可能强迫那些分得土地而经营自己的经济的人来为他做工。所以，必须实行"超经济的强制"，正如马克思在阐述这种经济制度时所说的（前面已经指出，马克思把这种经济制度划入工役地租的范畴。《资本论》第 3 卷第 2 部分第 324 页）。这种强制可能有各种各样的形式和不同的程度，从农奴地位起，一直到农民等级没有完全的权利为止。

列宁：《俄国资本主义的发展》，

《列宁全集》第 3 卷第 161~162 页。

从《罗斯法典》的时代起，直到现在用农民的工具耕种地主的土地为止，工役经济制度一直绝对地统治着我国的农业；伴随着这种制度而来的必然是农民的愚昧和粗野，因为农民由于从事农奴制性质的或"半自由"性质的劳动而受到屈辱；如果不是农民缺乏一定的公民权利（例如，属于最低等级，受体罚，被派出公差，束缚于份地等等），工役制度就不可能存在。因此，自由雇佣劳动代替工役制是俄国农业资本主义的巨大历史功绩。

列宁:《俄国资本主义的发展》,
《列宁全集》第 3 卷第 283 页。

　　没有迁徙的自由,离开土地往往要损失一笔钱(就是说,为土地所支付的钱超过从土地所得的收入,出租份地者还要付款给租地者),农民村社处于等级制的隔绝状态,这一切都人为地扩大采用资本主义家庭劳动的范围,人为地把农民束缚在这种最坏的剥削形式上。可见,陈旧的制度和充满等级性的土地制度无论在农业或工业中都产生着最有害的影响,使技术上落后的生产形式保留下去,这种生产形式必定使盘剥和人身依附极为盛行,使劳动人民处于最艰难和最孤立无援的地位。

列宁:《俄国资本主义的发展》,
《列宁全集》第 3 卷第 405 页。

　　请看我国的地主、企业主和商人吧,他们每个人都可以到省长或大臣那里去提出自己的要求,但是他们并不满足,他们还要设法选自己的代表参加法庭(有等级代表参加的法庭),并且直接参加管理(例如,由贵族选出的贵族代表、督学等;由商人选出的工厂事务会议成员、交易所委员会委员和市集管理委员会委员等)。俄国工人阶级则完全处于无权的地位,他们被看作驮载重荷的牛马,应该为别人埋头干活,而不敢提出自己的需要和愿望。

列宁:《论工业法庭》,
《列宁全集》第 4 卷第 244 页。

　　等级代表和皇室法官组成的法庭没有予以最重的刑罚,而是把它降低了两等(第 6 等:8—10 年苦役;第 7 等:4—6 年苦役),也就是说,法庭作出的是在情节可以从轻处理的情况下法律所允许的最低刑罚,而且还是最低一等中的最低的年限。总而言之,法庭竭力为被告减刑,甚至超过了它力所能及的范围,因为它规避了关于"最重的刑罚"的法律。

列宁:《时评》,
《列宁全集》第 4 卷第 356 页。

　　现在,参加审判的是官吏和一些不敢发表意见的等级代表,法庭关着大门进行审判,报纸默不作声,工厂当局、工厂的警卫、殴打人民的警察和枪击工人的士兵都充当了伪证人。

列宁:《苦役条例和苦役判决》,
《列宁全集》第 5 卷第 266 ~ 267 页。

　　俄国所有的农民,无论富裕农民还是贫苦农民,在许多方面仍旧是农奴:他们都是卑微的、下贱的、纳税的等级;他们都受到警官和地方官的奴役。

列宁：《告贫苦农民》，

《列宁全集》第 7 卷第 154 页。

按报纸所载关于布里根委员会工作的消息来看，沙皇政府似乎同意在没有鼓动自由的条件下，按照有严格的资格限制或严格的等级限制的选举制选出一个咨议性会议。

列宁：《社会民主党在民主革命中的两种策略》，

《列宁全集》第 11 卷第 5 页。

这些代表是在专制政府的奴仆监视和协助之下选出来的，而选举的方法是采取等级的、间接的、资格限制很严的选举制，这种选举制简直是对人民代表制思想的嘲弄。

列宁：《抵制布里根杜马和起义》，

《列宁全集》第 11 卷第 160 页。

在俄国，不仅地主土地占有制是中世纪式的，而且农民份地占有制也是中世纪式的。这种占有制极其混乱。它把农民分为无数细小的中世纪式的类别和等级。它反映出数百年来中央和地方政权粗暴干涉农民土地关系的历史。它象把人赶入犹太人居住区那样，强迫农民参加具有纳税性质的中世纪式的小团体，参加共同占有份地的团体即村社。

列宁：《社会民主党在俄国第一次革命中的土地纲领》，

《列宁全集》第 16 卷第 390 页。

一个农民家庭的平均收入总额（根据 66 份典型户家庭收支资料）是 491 卢布 44 戈比，支出总额是 443 卢布，纯收入是 48 卢布 44 戈比。每户"平均"担负的各种赋税总额是 34 卢布 35 戈比。这样，各种赋税占了纯收入的 70%。当然这只是就赋税的形式而言，事实上，这仍然是对"劳役等级"的农奴制剥削。

列宁：《19 世纪末俄国的土地问题》，

《列宁全集》第 17 卷第 84 页。

资产阶级在同中世纪的、封建的、农奴制的等级特权的斗争中，提出了全体公民权利平等的要求。比如俄国跟美国、瑞士等国家不同，直到现在，在俄国的整个政治生活中，无论是国务会议选举，还是杜马的选举，无论是地方管理，还是纳税以及其他许许多多方面，都仍然保持着贵族的等级特权。

列宁：《自由派教授论平等》，

《列宁全集》第 24 卷第 391 页。

恩格斯在《军队》里说，"在较早的时期，则还有第四等级即最贫穷的自由民，才能免服兵役"，是说从梭伦改革时期（公元前 594 年）起，雅典奴隶制共和国的自由民，根据每年农田收入的多寡划分为四个财产等级。这种等级划分也是雅典军事组织的基础。头两级的人享有很大的政治特权，但必须服兵役，并且开支很大（第一等级的人要建造战船，第二等级的人要当骑兵）。第三等级的公民在政治权利方面受到限制，但他们组成军队中的骨干——重装步兵。第四等级（贫民）是只有少量财产的公民，长期被剥夺担任任何职务的权利，最初不服兵役；但是后来由他们组成轻步兵。

恩格斯在《路德维希·费尔巴哈和德国古典哲学的终结》里说，"应当在有产阶级那种适应于当时德国小资产阶级关系的、有限的和温和的间接统治中得到实现"，是指1885年以前在法国行使"小区"选举制，当时每一个选区选一名代表参加众议院。1885年6月，根据温和的资产阶级共和派的创议，实施按各省名单选举的制度。根据这个到1889年以前一直有效的制度，小选区归并为较大的选区，每个选区相当于一个省。在这个选区内，选举人按照包括各党候选人在内的名单投票，但又必须按照该省应有的议席总数（每七万居民有一名议员）投票。在初选中，议员获得投票数的绝对多数，才算当选；在复选中，只要相对多数就可当选。

（二）社会等级结构与权力

1. 社会等级结构对权力的要求

等级权力不是凭空产生的，它一定反映和体现一定的社会要求。其中，社会等级结构与等级权力是对应的。总体上说，等级权力是法律规定的，直接来源于法律。

社会等级结构对权力的要求，不只表现在法律上，还表现在社会生活各个方面，甚至表现在心理上。

马克思在《英国资产阶级》里说，为了不把"两个行星的居民"混同起来，资产阶级太太们忘记了她们自己不久前也属于下层等级，竟迫使自己的女仆戴上标志她们的下等身分的"包发帽"，并且很少允许女仆穿得漂亮些，因为她们担心不这样就会失去她们作为土地或是金钱的所有者的特征。马克思的这个描述告诉我们，不久前还属于下层等级的资产阶级太太们，也开始在贵族、地主等级面前摆阔了，说明口头上说取消等级的资产阶级，内心仍然追求成为优越的等级。这当然是在追求权力。

恩格斯在《致弗·阿·左尔格》里说，"这里最可恶的，就是那种已经深入工人肺腑的资产阶级式的'体面'。社会分成大家公认的许多等级，其中每一个等级都有自己的自尊心，但同时还有一种生来就对比自己'更好'、'更高'的等级表示尊敬的心理；这种东西已经存在这样久和这样根深蒂固，以致资产者要搞欺骗还相当容易。"下一级等级对于比自己"更好""更高"的等级表示尊敬的心理，已经侵蚀工人们了。乃至当下中国，有些名人或名人之后的回忆录之类的东西，开头都是写上"祖上富过"哩。阿Q沦落如此地步，还说"祖上富过"哩。与阿Q不同，说"祖上富过"，当然是为了追求权力。进入资产阶级权力俱乐部，不是"祖上富过"的人是断然不成的。

它们取消了各种地方性的习惯法，但是忘记了各等级的不法行为是以任意的非分要求的形式出现的，而那些等级以外的人的法是以偶然让步的形式出现的。这些立法对于那些既有法而又有习惯的人是处理得当的，但是对于那些没有法而只有习惯的人却处理不当。

马克思：《第六届莱茵省议会的辩论（第三篇论文）》，

《马克思恩格斯全集》第 1 卷上册第 250 页。

我们认为，在关于新闻出版的辩论中，特殊等级精神比在其他任何场合都表现得清楚、明确而充分。新闻出版自由的反对派尤其是如此，正如在一般自由的反对派中，特定领域的精神、特殊等级的个人利益、品格的先天的片面性表现得最为强烈、明显，露出一副狰狞的面孔。

马克思：《第六届莱茵省议会的辩论（第一篇论文）》，

《马克思恩格斯全集》第 1 卷上册第 146 页。

从一贯的正常的典型表现来看，第六届莱茵省议会上新闻出版自由的辩护人同他们的论敌没有内容上的区别，只有方向上的不同。一部分人由于特殊等级的狭隘性而反对新闻出版，另一部分人则由于同样的狭隘性为新闻出版辩护。一部分人希望特权只归政府，另一部分人则希望把特权分给若干个人。

马克思：《第六届莱茵省议会的辩论（第一篇论文）》，

《马克思恩格斯全集》第 1 卷上册第 198 页。

每一个国家都存在着城乡之间的对立；虽然等级结构表现得非常鲜明，但是除了在乡村里有王公、贵族、僧侣和农民的划分，在城市里有师傅、帮工、学徒以及后来的平民－短工的划分之外，就再没有什么大的分工了。

马克思恩格斯：《德意志意识形态》，

《马克思恩格斯全集》第 3 卷第 28 页。

这些城市中的资本是自然形成的资本；它体现为住房、手工劳动工具和自然形成的世代相袭的主顾；由于交往和流通不发达，资本没有实现的可能，只好父传子，子传孙。这种资本和现代资本不同，它不是以货币来计算的（用货币来计算，资本体现为哪一种物品都是一样），而是与所有者的完全固定的劳动直接联系在一起的、完全不可分割的，因此它是一种等级的资本。

马克思恩格斯：《德意志意识形态》，

《马克思恩格斯全集》第 3 卷第 59 页。

德国共产主义者只能从他们出身的那个等级的生活条件中攫取自己的体系的基础。因此，唯一存在着的德国共产主义体系是法国思想在受小手工业关系限制的那种世界观范围内的复制，这是十分自然的事。

马克思恩格斯：《德意志意识形态》，

《马克思恩格斯全集》第 3 卷第 544 页。

从10世纪以来在历史舞台上出现的一切等级和阶级——贵族、农奴、徭役农民、自由农民、小资产者、帮工、工场工人、资产者和无产者——肩并肩地存在着。他们之中那些靠自己的财产而成为某个生产部门的代表者的等级和阶级,即贵族、自由农民、小资产者和资产者,按照各自的人数、财富和在全国生产中所占的地位而瓜分政治统治权。

恩格斯:《德国的制宪问题》,
《马克思恩格斯全集》第4卷第58页。

现在甚至可以说,同盟在一国内的发展程度可以确切地表明该国在世界市场等级中所占的地位。工业最发达的英国就有最大的而且也组织得最好的同盟。

马克思:《哲学的贫困》,
《马克思恩格斯全集》第4卷第195页。

在过去的各个历史时代,我们几乎到处都可以看到社会完全划分为各个不同的等级,可以看到由各种不同的社会地位构成的整个阶梯。在古代的罗马,有贵族、骑士、平民和奴隶;在中世纪,有封建领主、陪臣、行会师傅、帮工和农奴,并且几乎在每一个阶级内部,又有各种特殊的等第。

马克思恩格斯:《共产党宣言》,
《马克思恩格斯全集》第4卷第466页。

从中世纪的农奴中间产生了初期城市的自由居民;从这个市民等级中间发展出最初的资产阶级分子。

马克思恩格斯:《共产党宣言》,
《马克思恩格斯全集》第4卷第467页。

现代的大工业代替了工场手工业;工业中的百万富翁,一批批产业军的统领,即现代的资产者,代替了工业的中层等级。

马克思恩格斯:《共产党宣言》,
《马克思恩格斯全集》第4卷第467页。

在埃及有过劳动和分工,因此有等级;在希腊和罗马有过劳动和分工,因此有自由民和奴隶;在中世纪有过劳动和分工,因此有封建主和农奴、行会、等级等等。

马克思:《孟德斯鸠第五十六》,
《马克思恩格斯全集》第6卷第221页。

这种较大规模的归并是在宗教改革时期随着革命的、政治性的宗教思想之普遍传播才开始的。有些等级赞成这些思想,有些等级反对这些思想;所有这些等级把全民集结成

（当然只是很费劲地而且勉强地）三大营垒，即天主教派或反动派，路德式的市民改良派，革命派。

恩格斯：《德国农民战争》，
《马克思恩格斯全集》第 7 卷第 399 页。

可见 16 世纪初叶帝国各种不同的等级——诸侯，贵族，僧侣，城市贵族，市民，平民和农民形成一种极其庞杂的人群，他们的要求极其悬殊而又错综复杂。每一等级都妨碍着另一等级，都不免与所有其他等级处在继续不断的明争暗斗中。

恩格斯：《德国农民战争》，
《马克思恩格斯全集》第 7 卷第 398 页。

农民和平民相信和他们的一切压迫者算账的日子来到了。市民、贵族和诸侯只想打破僧侣的权力，打破罗马的羁绊，打破天主教等级制度，并没收教产而从中渔利。

恩格斯：《德国农民战争》，
《马克思恩格斯全集》第 7 卷第 407 页。

贵族既没有到不得不放弃政治特权以及在农民身上享有的封建权利的地步，革命农民也不会根据还很渺茫的希望就和贵族，也就是压迫他们最厉害的这一等级结盟。和 1830 年波兰的情形一样，1522 年的德国贵族已争取不到农民了。除非完全废除农奴制和依附农制，取消一切贵族特权，才有农村人民和贵族联合的可能。但是贵族和一切特权等级一样，丝毫不愿自动地放弃特权，放弃特殊地位，放弃其收入来源的绝大部分。

恩格斯：《德国农民战争》，
《马克思恩格斯全集》第 7 卷第 439 页。

封建制度在有些地区比在另一些地区更为盛行，但除了莱茵河西岸以外，它在任何地方都没有完全被消灭。这种封建贵族在当时人数很多，一部分也很富裕，曾被公认为是国内的第一个"等级"。他们充任政府的高级官吏，军队里的军官也差不多全是他们。

恩格斯：《德国的革命和反革命》，
《马克思恩格斯全集》第 8 卷第 8 页。

国王是他治域中的第一个大贵族；环绕着他的首先是一班显赫的朝臣——有权势的枢密近臣、王公侯伯，其次是许多较低级的富裕贵族。他按照自己的意旨统治他那些忠顺的市民和农民，作为社会各等级或阶级的无上的主宰。而各个等级或阶级都有各自的特权，它们彼此之间应该用门第的或固定不变的社会地位的几乎不可逾越的壁垒分隔开来；同时，所有这些阶级或"王国的各等级"都应该在权势方面恰好达到互相平衡，使国王能保持充分的行动自由。

> 恩格斯：《德国的革命和反革命》，
> 《马克思恩格斯全集》第 8 卷第 18～19 页。

这些提诺斯岛、安德罗斯岛和锡罗斯岛出生的人大都属于家仆等级。

> 马克思：《希腊和土耳其。——土耳其和西方强国》，
> 《马克思恩格斯全集》第 10 卷第 218 页。

在这里，一般的臣民宣誓与特殊的臣仆宣誓之间的差别，不久也就消失了。于是，所有的豪绅显贵都逐渐变为国王的臣仆了。但是，大土地占有主因此而逐渐发展成为一个特殊的等级，成为贵族，得到了国家的承认，包括于国家组织之中，成为行政上正式起作用的一种杠杆了。

> 恩格斯：《法兰克时代》，
> 《马克思恩格斯全集》第 19 卷第 557 页。

在这整个斗争中，政治暴力始终在贵族方面，只有一个时期是例外，那时王权利用市民等级反对贵族，以便利用一个等级去控制另一个等级；但是，自从政治上还没有力量的市民等级因其经济力量的增长而开始变得危险起来的时候起，王权又和贵族联合起来，因而起初在英国随后在法国引起了市民等级的革命。

> 恩格斯：《反杜林论》，
> 《马克思恩格斯全集》第 20 卷第 179 页。

不仅如此，市民等级在他们的全部生产中，还受到早已被这种生产（不但被工场手工业，而且甚至被手工业）所超过的中世纪封建政治形式的箝制，受到所有那些已经成为生产的障碍和桎梏的无数行会特权以及各地和各省的关税壁垒的箝制。市民等级的革命结束了这种状况。

> 恩格斯：《反杜林论》，
> 《马克思恩格斯全集》第 20 卷第 179 页。

中世纪的行会师傅、1789 年的法国贵族都非常坚决地作为一个等级来行动，但是都没落了。普鲁士军队在耶拿也曾作为一个等级来行动，然而非但不能保持住自己的阵地，反而不得不逃跑，后来甚至一部分一部分地投降了。

> 恩格斯：《反杜林论》，
> 《马克思恩格斯全集》第 20 卷第 234 页。

一切"有教养的等级"都为各式各样的地方局限性和片面性所奴役，为他们自己的肉体上和精神上的近视所奴役，为他们的由于受专门教育和终身束缚于这一专门技能本身而造成的畸形发展所奴役，——甚至当这种专门技能纯粹是无所事事的时候，情况也是

这样。

恩格斯：《反杜林论》，

《马克思恩格斯全集》第 20 卷第 317 页。

除了封建贵族和作为社会所有其余部分的代表出现的市民等级之间的对立，还存在着剥削者和被剥削者、游手好闲的富人和从事劳动的穷人之间的一般的对立。

恩格斯：《〈反杜林论〉材料》，

《马克思恩格斯全集》第 20 卷第 697～698 页。

自由农民等级消灭得多么迅速，这从伊尔米农所编的圣热尔门－德－普雷修道院（当时在巴黎附近，现在在巴黎市内）的地产登记册中可以得到证明。

恩格斯：《家庭、私有制和国家的起源》，

《马克思恩格斯全集》第 21 卷第 174 页。

十七世纪和十八世纪的专制君主制，就是这样，它使贵族和市民等级彼此保持平衡；法兰西第一帝国特别是第二帝国的波拿巴主义，也是这样，它唆使无产阶级去反对资产阶级，又唆使资产阶级来反对无产阶级。

恩格斯：《家庭、私有制和国家的起源》，

《马克思恩格斯全集》第 21 卷第 196 页。

市民阶级从最初起就给自己制造了一种由无财产的、不属于任何公认的等级的城市平民、零工和各种仆役所组成的附属品，即后来无产阶级的前身，同样，宗教异端也早就分成了两派；市民温和派和甚至也为市民异教徒所憎恶的平民革命派。

恩格斯：《路德维希·费尔巴哈和德国古典哲学的终结》，

《马克思恩格斯全集》第 21 卷第 350 页。

随着罗马法被重新发现，教士即封建时代的法律顾问和非宗教界的法学家之间确立了分工。不言而喻，这批新的法学家实质上属于市民等级；而且，他们本身所学的，所教的和所应用的法律，按其性质来说实质上也是反封建的，在某些方面还是市民阶级的。

恩格斯：《论封建制度的瓦解和民族国家的产生》，

《马克思恩格斯全集》第 21 卷第 454 页。

真正的工场手工业不仅使以前独立的工人服从资本的指挥和纪律，而且还在工人自己中间造成了等级的划分。简单协作大体上没有改变个人的劳动方式，而工场手工业却使它彻底地发生了革命，从根本上侵袭了个人的劳动力。工场手工业把工人变成畸形物，它压抑工人的多种多样的生产志趣和生产才能，人为地培植工人片面的技巧，这正象在拉普拉塔各州人们为了得到牲畜的皮或油而屠宰整只牲畜一样。

马克思:《资本论第一卷》,

《马克思恩格斯全集》第 23 卷第 399 页。

在现代各国,我们又发现它是封建土地所有制解体所产生的各种形式之一。英国的自耕农,瑞典的农民等级,法国和德国西部的农民,都属于这一类。

马克思:《资本论第一卷》,

《马克思恩格斯全集》第 25 卷下册第 909 页。

尽管在资本主义生产的基础上,对于直接生产者大众来说,他们的生产的社会性质是以实行严格管理的权威的形式,并且是以劳动过程的完全按等级安排的社会机构的形式出现的,——这种权威的执掌者,只是作为同劳动相对立的劳动条件的人格化,而不是像在以前的各种生产形式中那样,以政治的统治者或神权的统治者的资格得到这种权威的。

马克思:《资本论第一卷》,

《马克思恩格斯全集》第 25 卷下册第 996 页。

如果梯叶里先生读过我们的著作,他就会知道,资产阶级当然只是在不再作为第三等级同僧侣和贵族相对立的时候,才开始和人民坚决对立。至于说到"昨天刚产生的对立"的"历史根源",那末他的这本书提供了最好的证明:第三等级一形成,这种"根源"就产生了。

《马克思致恩格斯》,

《马克思恩格斯全集》第 28 卷上册第 382 页。

"民主的"波兰格密纳的命运是必然的:原来的土地所有权被国王和贵族等等所篡夺;土地所有权和农民公社之间的宗法关系导致农奴制;随意分割土地造成一种农民中间等级、即骑士等级,农民只有在侵略战争和殖民化继续下去的时候才有可能上升到这个等级,但是,此二者又正是加速他们灭亡的条件。一旦达到这个界限,这个不能起真正中间等级作用的骑士等级,就会变为贵族的流氓无产阶级。

《马克思致恩格斯》,

《马克思恩格斯全集》第 29 卷第 78～79 页。

我担心贵国的贵族农业银行也会导致普鲁士的农业银行所招致的同样结果。在那里,贵族借口改善自己的庄园而借款,事实上却把大部分钱用去维持习惯的生活方式,进行赌博,到柏林以及本省的大城市去旅行,等等。因为贵族们认为,自己的首要义务是过和自己等级相称的生活,而国家的首要义务是帮助他们实现这一点。

恩格斯:《致尼·弗·丹尼尔逊》,

《马克思恩格斯全集》第 37 卷第 7 页。

在这一篇里也没有提到司法贵族（noblesse de robe）和法学家（la robe），他们实际上也构成了特权等级，在议会中拥有同王权对立的巨大的权力。他们在自己的政治活动中以限制王权的那些机关的保卫者的姿态出现，可见，他们是站在人民一边的，但作为法官，他们就是营私舞弊的体现。

恩格斯：《致卡·考茨基》，

《马克思恩格斯全集》第 37 卷第 145 页。

这里最可恶的，就是那种已经深入工人肺腑的资产阶级式的"体面"。社会分成大家公认的许多等级，其中每一个等级都有自己的自尊心，但同时还有一种生来就对比自己"更好"、"更高"的等级表示尊敬的心理；这种东西已经存在这样久和这样根深蒂固，以致资产者要搞欺骗还相当容易。

恩格斯：《致弗·阿·左尔格》，

《马克思恩格斯全集》第 37 卷第 316 页。

在俄国，贵族地主被视为国家的第一等级。统治着农民的他们的农奴制残余，直到现在还压迫着广大人民。农民还在为从地主势力下解放出来而缴纳赎金。农民仍然被束缚在土地上，为的是使地主老爷们不致感到缺乏廉价而驯服的雇农。

列宁：《党纲说明》，

《列宁全集》第 2 卷第 92 页。

中世纪的城关市民和小农等级是现代资产阶级的前身。在工商业不很发达的国家里，这个阶级还在新兴的资产阶级身旁勉强生存着。

列宁：《评经济浪漫主义》，

《列宁全集》第 2 卷第 214 页。

所有这些等级，都有不同的土地关系史、份地面积、纳税数额等等。而且在这些等级内部又有很多类似的区分：有时甚至同一乡村的农民分为完全不同的两类，如"前某某老爷的农民"和"前某某太太的农民"。所有这些五花八门的类别，在中世纪，在遥远的过去，是很自然的和必要的，而现在保留农民村团的等级闭塞性，便是不可容忍的时代错误了，而且将使劳动群众的生活状况极端恶化，同时丝毫也不能保证他们不受新的资本主义时代条件的压迫。

列宁：《俄国资本主义的发展》，

《列宁全集》第 3 卷第 344 页。

外出到城市去，可以提高农民的公民身分，使他们跳出乡村根深蒂固的宗法式的与人身的依附关系及等级关系的深渊。

列宁:《俄国资本主义的发展》，
《列宁全集》第3卷第531页。

资本主义破坏中世纪社会狭隘的、地方的、等级的联盟，造成剧烈的竞争，同时使整个社会分裂为几个在生产中占着不同地位的人们的大集团，大大促进了每个这样的集团内部的联合。

列宁:《俄国资本主义的发展》，
《列宁全集》第3卷第551~552页。

为了把高尚的高利贷同不高尚的高利贷很好地区别开来，当然应该放声大叫，贵族去做酒店老板是有失身分的。

"我们的使命就是大公无私地为人民服务，这已经在有名的沙皇宣言中明文规定，我们必须严格遵守。自私自利的服务是跟这一点不相容的……""一个等级的祖先曾经立过战功，曾经用自己的双肩担负起亚历山大二世皇帝的伟大改革的重任，这个等级今后也肯定能够完成它对国家肩负的责任。"

列宁:《时评》，
《列宁全集》第4卷第370页。

在追逐卢布时，这个"最高等级"早就在搞这样一些高度爱国的事业，如酿造下等烧酒;建立糖厂及其他工厂;参加各种空头工商业企业;同高等的宫廷近臣、大公、大臣等类人物频繁交往，以便获得企业的特许权益和政府保障，以便为自己求得一些施舍。

列宁:《时评》，
《列宁全集》第4卷第371页。

农民虽然为人身解放缴纳了赎金，但是他们仍然不是自由的人，他们还得当20年的暂时义务农，他们仍然是（而且至今还是）下贱的等级，他们遭受鞭笞，缴纳特别捐税，不能自由退出半农奴式的村社，不能自由支配自己的土地，也不能自由迁到国内其他地方去。

列宁:《工人政党和农民》，
《列宁全集》第4卷第379页。

大权在握的官僚集团是不能同选举产生的一切等级的代议机关和睦相处的，所以就用种种方法对它进行迫害。

列宁:《地方自治机关的迫害者和自由主义的汉尼拔》，
《列宁全集》第5卷第30页。

按占有者的等级来说，这些大地产主要是贵族的。

> 列宁:《19世纪末俄国的土地问题》,
> 《列宁全集》第17卷第51页。

在19世纪末的俄国,大量土地——而且大家知道,都是最好的土地——仍然同以前(中世纪)一样,集中在享有特权的贵族等级手中,集中在昨天的农奴主–地主手中。

> 列宁:《19世纪末俄国的土地问题》,
> 《列宁全集》第17卷第51~52页。

就是最迟钝最不开展的人也能领悟到,在体力和智力上,贵族等级的每个人都不是平等的,"纳税等级"、"平民"、"下层"或"无特权的"农民等级也一样,人们彼此之间也不是平等的。但是,所有的贵族在享有权利这一点上都是平等的,而所有的农民在不享有权利这一点上也都是平等的。

> 列宁:《自由派教授论平等》,
> 《列宁全集》第24卷第391~392页。

恩格斯在《家庭、私有制和国家的起源》里的提到的"地产登记册",指9世纪编成的圣热尔门–德–普雷修道院地产登记册(地产、人口和收入登记册),以"修道院院长伊尔米农的地产登记册"的名称而闻名。恩格斯从地产登记册中引用的材料大概载于保·罗特的《从上古到十世纪的采邑制度史》,1850年厄兰根版第378页。

在《马克思致恩格斯》里的"骑士等级",在波兰,那些能够为自己搞到一匹马并置办全套骑士装备的农民,被纳入骑兵中服役。服役之后,他们就上升为贵族阶层。

恩格斯在《致尼·弗·丹尼尔逊》里的"贵族农业银行",是指俄国成立的国家贵族农业银行。在1887年12月11日(23日)丹尼尔逊在信中谈到了该银行的情况。国家贵族农业银行成立于1885年,它按照对地主有利的条件,向贵族发放以土地作抵押的贷款,目的是维持地主的土地占有制。沙皇政府给这个银行巨大的财政援助。按照比俄国其他银行更低的贷款利息提供长期贷款。

列宁在《工人政党和农民》里的"暂时义务农",指俄国农奴制废除后,为使用份地而对地主暂时负有一定义务(交纳代役租或服徭役)的前地主农民。农民同地主订立了赎买份地的契约后,即不再是暂时义务农,而归入私有农一类。1881年12月沙皇政府法令规定,从1883年1月1日起,暂时义务农必须赎得份地。

2. 等级权力与阶级权力

等级权力是奴隶制社会和封建制社会的固有特征。资产阶级正是打着反对等级权力的旗号上台的。在资本主义社会,等级权力在法律上消失了,其国家权力是阶级权力。在等级权力与阶级权力的相互关系上,资本主义社会是,法律上没有等级权力与实际上存在等级权力并存。

在每个历史地出现的社会中，产品分配以及和它相伴随的社会之划分为阶级或等级，是由生产什么、怎样生产以及怎样交换产品来决定的。所以，一切社会变迁和政治变革的终极原因，不应当在人们的头脑中，在人们对永恒的真理和正义的日益增进的认识中去寻找，而应当在生产方式相交换方式的变更中去寻找；不应当在有关的时代的哲学中去寻找，而应当在有关的时代的经济学中去寻找。

恩格斯：《社会主义从空想到科学的发展》，
《马克思恩格斯全集》第19卷第228页。

在等级的范围内，个人的享受，个人的物质变换，取决于个人所从属的一定的分工。在阶级的范围内，则只取决于个人所能占有的一般交换手段。在前一种情况下，个人作为受社会限制的主体，进入由他的社会地位所限制的交换。在后一种情况下，个人作为一般交换手段的所有者，进入同社会为万物这一代表者所能提供的一切东西的交换。

马克思：《反思》，
《马克思恩格斯全集》第44卷第161～162页。

这里所谓等级是指历史意义上的封建国家的等级，这些等级有一定严格限定的特权。资产阶级革命消灭了等级及其特权。资产阶级社会只有阶级，因此，谁把无产阶级称为"第四等级"，他就完全违背了历史。

马克思：《哲学的贫困》，
《马克思恩格斯全集》第4卷第197页。

个人的这种发展是在历史上前后相继的等级和阶级的共同的生存条件下产生的，也是在由此而强加于他们的普遍观念中产生的，如果用哲学的观点来考察这种发展，当然就不难设想，在这些个人中有类或人在发展，或者是这些个人发展了人，也就是说，可以设想出某种奥落历史科学的东西。在这以后就可以把各种等级和阶级理解为一个普遍概念的一些类别，理解为类的一些亚种，理解为人的一些发展阶段。

马克思恩格斯：《德意志意识形态》，
《马克思恩格斯全集》第3卷第85页。

所谓人民的意志，多数人的意志，并不是个别等级和阶级的意志，而是唯一的一个阶级和在社会关系即在工业和商业关系方面都从属于这个唯一的统治阶级的其他阶级以及阶级的某些部分的意志。

马克思：《柏林"国民报"致初选人》，
《马克思恩格斯全集》第6卷第235页。

当文明一开始的时候，生产就开始建立在级别、等级和阶级的对抗上，最后建立在积累的劳动和直接的劳动的对抗上。没有对抗就没有进步。这是文明直到今天所遵循的规律。

马克思：《哲学的贫困》，

《马克思恩格斯全集》第 4 卷第 104 页。

　　封建主义也有过自己的无产阶级，即包含着资产阶级的一切萌芽的农奴等级。封建的生产也有两个对抗的因素，人们称为封建主义的好的方面和坏的方面，可是，却没想到结果总是坏的方面占优势。正是坏的方面引起斗争，产生形成历史的运动。

马克思：《哲学的贫困》，

《马克思恩格斯全集》第 4 卷第 154 页。

　　现代历史编纂学表明，君主专制发生在一个过渡时期，那时旧封建等级趋于衰亡，中世纪市民等级正在形成现代资产阶级，斗争的任何一方尚未压倒另一方。

马克思：《道德化的批评和批评化的道德》，

《马克思恩格斯全集》第 4 卷第 340 页。

　　另一方面，封建等级又极端保守；对他们来说这是存在或者不存在的问题，也就是财产的保留或者被剥夺的问题。尽管资产阶级以一切忠心耿耿的誓言来表示自己的忠诚，专制的君主依然认定他的真正利益同这些等级的利益是一致的，这是显而易见的。

马克思：《道德化的批评和批评化的道德》，

《马克思恩格斯全集》第 4 卷第 348 页。

　　为要说明封建的财产关系的消灭，现代历史学家就必须指出现代运动的特征，这就是在运动的进程中，正在形成的资产阶级已达到这样的程度：其生活条件已充分发展，它完全可以消灭一切封建等级和它自己先前的封建生存方式，因而也可以消灭这些封建等级赖以进行生产的封建生产关系。

马克思：《道德化的批评和批评化的道德》，

《马克思恩格斯全集》第 4 卷第 352 页。

　　革命既反对专制王权，反对旧社会的这个最高政治表现，也反对等级代表制，因为等级代表制所代表的是一种早已被现代工业消灭了的社会制度，或者最多是些日益被资产阶级社会所超过、排挤和破坏的高傲的等级残余。

马克思恩格斯：《对民主主义者莱茵区域委员会的审判》，

《马克思恩格斯全集》第 6 卷第 291 页。

　　国王是有充分理由为他的处境感到惊慌不安的，因为他看到以资产阶级为首并且把相当大一部分下层贵族和蕴积在各个下层等级中的各种各样的不满分子包括在内的自由派，决心要获得它所要求的东西。

> 恩格斯：《德国的革命和反革命》，
> 《马克思恩格斯全集》第 8 卷第 22 页。

　　三月事变后仍然保持了对政府的决定性影响，这是因为他们不仅利用了官廷、军队和官僚，而且在更大程度上利用了在资产阶级中间迅速传播开来的对"无政府状态"的恐怖。他们很快就大胆地放出了一些试探气球，这就是：出版法、奇妙的贵族宪法和以旧日的"等级"区分为基础的选举法。

> 恩格斯：《德国的革命和反革命》，
> 《马克思恩格斯全集》第 8 卷第 65 页。

　　1812 年宪法的最明显的特点——竭力限制王权的倾向（这种倾向完全是正确的，因为戈多伊的可鄙的专制使人记忆犹新，一想到它就令人厌恶），是渊源于西班牙的古法典。加迪斯议会不过把这一监督权从特权等级的手中转到国民代表机关的手中。

> 马克思：《革命的西班牙》，
> 《马克思恩格斯全集》第 10 卷第 495 页。

　　在这个社会中还存在着阶级，可是已不再有等级了。它的发展就在于这些阶级的斗争，可是这些阶级却联合起来反对等级及其天赋王权。

> 马克思恩格斯：《对民主主义者莱茵区域委员会的审判》，
> 《马克思恩格斯全集》第 6 卷第 302 页。

　　资产阶级消灭了国内各个现存等级之间一切旧的差别，取消了一切依靠专横而取得的特权和豁免权。他们不得不把选举原则当作统治的基础，也就是说在原则上承认平等；他们不得不解除君主制度下书报检查对报刊的束缚；他们为了摆脱在国内形成独立王国的特殊的法官阶层的束缚，不得不实行陪审制。

> 马克思恩格斯：《德国状况》，
> 《马克思恩格斯全集》第 2 卷第 647 页。

　　由于资产阶级已经不再是一个等级，而是一个阶级了，因此它必须在全国范围内而不是在一个地区内组织起来，并且必须使自己通常的利益具有一种普遍的形式。由于私有制摆脱了共同体，国家获得了和市民社会并列的并且在市民社会之外的独立存在；实际上国家不外是资产者为了在国内外相互保障自己的财产和利益所必然要采取的一种组织形式。

> 马克思恩格斯：《德意志意识形态》，
> 《马克思恩格斯全集》第 3 卷第 70 页。

　　在资产阶级的统治下个人似乎要比先前更自由些，因为他们的生活条件对他们说来是偶然的；然而事实上，他们当然更不自由，因为他们更加受到物的力量的统治。和等级不同的地方特别显著地表现在资产阶级与无产阶级的对立中。

马克思恩格斯:《德意志意识形态》,
《马克思恩格斯全集》第 3 卷第 86 页。

结果,我们现在可以看到,在所有文明国家里,工厂生产几乎已在一切劳动部门中建立起来,手工业和手工工场几乎到处都被大工业排挤掉了。于是,从前的中层等级,特别是小手工业者,日益破产,劳动者的状况也发生了根本的变化,产生了两个渐渐并吞所有其他阶级的新的阶级。

恩格斯:《共产主义原理》,
《马克思恩格斯全集》第 4 卷第 358 页。

资产阶级这样每发展一步,都伴随有相应的政治上的成就。它在封建主统治时期是一个被压迫的等级,在公社里面是一个武装的和自治的团体,在一些地方组成为独立的城市共和国,在另一些地方又组成君主国中纳税的第三等级;后来,在工场手工业时期,它是等级制的君主国里或专制的君主国里与贵族相抗衡的势力,并且是一切大君主国的主要基础;最后,从大工业和世界市场确立的时候起,它在现代的代议制国家里夺得了独揽的政治统治权。现代的国家政权只不过是管理整个资产者阶级共同事务的委员会罢了。

马克思恩格斯:《共产党宣言》,
《马克思恩格斯全集》第 4 卷第 467~468 页。

封建贵族并不是唯一的被资产阶级所推翻、生活条件在现代资产阶级社会里已经渐渐恶化和消失的阶级。中世纪的市民等级和小农等级是现代资产阶级的前辈。

马克思恩格斯:《共产党宣言》,
《马克思恩格斯全集》第 4 卷第 493 页。

一方面,随着普鲁士资产阶级社会的发展,即随着工业、商业和农业的发展,旧的等级差别失去了自己的物质基础。

马克思恩格斯:《资产阶级和反革命》,
《马克思恩格斯全集》第 6 卷第 120~121 页。

为了不把"两个行星的居民"混同起来,资产阶级太太们忘记了她们自己不久前也属于下层等级,竟迫使自己的女仆戴上标志她们的下等身分的"包发帽",并且很少允许女仆穿得漂亮些,因为她们担心不这样就会失去她们作为土地或是金钱的所有者的特征。

马克思:《英国资产阶级》,
《马克思恩格斯全集》第 10 卷第 685 页。

1848—1849 年革命使 1831 年宪法具有了更加民主的精神:等级选举制废除了,最高法院成员的任命权转交给了立法机关，最后，从君主手中收回了对军队的最高指挥权并把它转交给了要对人民代表负责的人——陆军大臣。

马克思：《德国的动荡局势》，

《马克思恩格斯全集》第13卷第598页。

中世纪贵族的、城市的和僧侣的领主特权都转变为一个统一的国家政权的从属物；这个统一的国家政权以领薪的国家官吏代替封建显贵，把中世纪地主的门客仆从和市民团体手中的武器转交给一支常备军队，以系统的按等级分工的国家政权的统一计划代替中世纪的互相冲突的势力所造成的错综复杂的（光怪陆离的）无政府状态。

马克思：《"法兰西内战"初稿》，

《马克思恩格斯全集》第17卷第585页。

从前有一种错觉，以为行政和政治管理是神秘的事情，是高不可攀的职务，只能委托给一个受过训练的特殊阶层，即国家寄生虫、高俸厚禄的阿谀之徒、闲职大员等高位权贵们，这个阶层从群众中吸取有教养的分子，并利用他们去反对居于等级社会下层的群众自己。现在这种错觉已经消除。彻底清除了国家等级制，以随时可以罢免的勤务员来代替骑在人民头上作威作福的老爷们，以真正的负责制来代替虚伪的负责制，因为这些勤务员经常是在公众监督之下进行工作的。

马克思：《"法兰西内战"初稿》，

《马克思恩格斯全集》第17卷第589~590页。

当城市产生，而独立的手工业和最初在国内后来在国际上的商业流转也随之产生的时候，城市资产阶级就发展起来了，这种资产阶级早在中世纪时期，就已经在反对贵族的斗争中争得了在封建制度内同样作为一个特权等级的地位。

恩格斯：《卡尔·马克思》，

《马克思恩格斯全集》第19卷第122页。

工场手工业时代的迟缓的发展进程变成了生产中的真正的狂飙时期。社会愈来愈迅速地分化为大资本家和无产者，处于他们二者之间的已经不是以前的稳定的中间等级，而是不稳定的手工业者和小商人群众，他们过着不安定的生活，他们是人口中最流动的部分。

恩格斯：《社会主义从空想到科学的发展》，

《马克思恩格斯全集》第19卷第214页。

至于另一类的思想家，即法学家，则对新秩序赞赏不已，因为一切等级差别的取消，使他们得以全面制定他们心爱的私法，因而他们就为皇帝制定了空前卑鄙的国家法。

恩格斯：《布鲁诺·鲍威尔和早期基督教》，

《马克思恩格斯全集》第19卷第333页。

除了封建贵族和市民等级之间的对立，还存在着剥削者和被剥削者、游手好闲的富人和从事劳动的穷人之间的一般的对立。正是由于这种情形，资产阶级的代表才能标榜自己不是某一特殊的阶级的代表，而是整个受苦人类的代表。

恩格斯：《反杜林论》，
《马克思恩格斯全集》第 20 卷第 20 页。

虽然总的说来，市民等级在和贵族斗争时有权认为自己同时代表当时的各个劳动阶级的利益，但是在每一个大的资产阶级运动中，都爆发过作为现代无产阶级的多少发展了的先驱者的那个阶级的独立运动。

恩格斯：《反杜林论》，
《马克思恩格斯全集》第 20 卷第 20 页。

在封建的中世纪的内部孕育了这样一个阶级，这个阶级在它进一步的发展中，注定成为现代平等要求的代表者，这就是市民等级。最初市民等级本身是一个封建等级，当十五世纪末，海上航路的伟大发现，为它开辟了一个新的更加广大的活动场所时，它使封建社会内部的主要靠手工进行的工业和产品交换发展到比较高的水平。

恩格斯：《反杜林论》，
《马克思恩格斯全集》第 20 卷第 114 页。

另一方面，也不能不要求废除封建特惠、贵族免税权以及个别等级的政治特权。由于人们不再生活在像罗马帝国那样的世界帝国中，而是生活在那些相互平等地交往并且处在差不多相同的资产阶级发展阶段的独立国家所组成的体系中，所以这种要求就很自然地获得了普遍的、超出个别国家范围的性质，而自由和平等也很自然地被宣布为人权。

恩格斯：《反杜林论》，
《马克思恩格斯全集》第 20 卷第 116 页。

起初，市民等级是一个被压迫的等级，它不得不向统治的封建贵族缴纳贡税，它由各种各样的农奴和奴隶出身的人补充自己的队伍，它在反对贵族的不断斗争中占领了一个又一个的阵地，最后，在最发达的国家中取代了贵族的统治；在法国它直接推翻了贵族，在英国它逐步地使贵族资产阶级化，并行贵族同化，作为它自己装潢门面的上层。

恩格斯：《反杜林论》，
《马克思恩格斯全集》第 20 卷第 178～179 页。

工场手工业时代的迟缓的发展进程变成了生产中的真正的狂飙时期。社会愈来愈迅速地分化为大资本家和无产者，现在处于他们二者之间的，已经不是以前的稳定的中间等级，而是不稳定的手工业者和小商人群众，他们过着不安定的生活，他们是人口中最流动的部分。当时新的生产方式还处在上升时期的最初阶段；它还是正常的、在当时条件下唯一可能的生产方式。

恩格斯：《反杜林论》，

《马克思恩格斯全集》第 20 卷第 285~286 页。

现存的社会制度是由现在的统治阶级即资产阶级创立的。资产阶级所固有的生产方式（从马克思以来称为资本主义生产方式），是同封建制度的地方特权、等级特权以及相互的人身束缚不相容的；资产阶级摧毁了封建制度，并且在它的废墟上建立了资产阶级的社会制度，建立了自由竞争、自由迁徙、商品所有者平等的王国，以及资产阶级的一切美妙东西。

恩格斯：《反杜林论》，

《马克思恩格斯全集》第 20 卷第 292~293 页。

了解到法国革命是阶级斗争，并且不仅是贵族和市民等级之间的、而且是贵族、市民等级和无财产者之间的阶级斗争，这在 1802 年是极为天才的发现。

恩格斯：《〈反杜林论〉材料》，

《马克思恩格斯全集》第 20 卷第 705 页。

法国在中世纪是封建制度的中心，从文艺复兴时代起是统一的等级君主制的典型国家，它在大革命时期粉碎了封建制度，建立了纯粹的资产阶级统治，这种统治所具有的典型性是欧洲任何其他国家所没有的。而奋起向上的无产阶级反对占统治地位的资产阶级的斗争在这里也以其他各国所没有的尖锐形式表现出来。

马克思：《"路易·波拿巴的雾月十八日"一书德文第三版序言》，

《马克思恩格斯全集》第 21 卷第 291 页。

自从资产阶级在反对封建制度的斗争中并在发展资本主义生产的过程中不得不废除一切等级的即个人的特权，而且起初在私法方面、后来逐渐在公法方面实施了个人在法律上的平等权利以来，平等权利在口头上是被承认了。

恩格斯：《路德维希·费尔巴哈和德国古典哲学的终结》，

《马克思恩格斯全集》第 21 卷第 332 页。

直到今天，英国的资产阶级还深深感到自己的社会地位很低，甚至用自己的和人民的金钱去豢养一个供装饰用的有闲等级，要它在一切庄严的场合体面地代表民族；而且当他们自己中间有人被认为有资格进入这个归根到底是他们自己造就的高等特权集团里去的时候，他们便认为是无上的光荣。这样，工商业中等阶级还没有来得及把土地贵族从政权中完全赶走，另一个竞争者，工人阶级，便已经登上舞台了。

恩格斯：《"社会主义从空想到科学的发展"英文版导言》，
《马克思恩格斯全集》第 22 卷第 357～358 页。

制宪议会还在理论上解决了一个问题：统治阶级的代议机构和统治等级的代议机构之间的区别，资产阶级的这种政治统治受每个单个人的地位的制约，因而也受当时的生产关系的制约。代议机构是现代资产阶级社会的十分特殊的产物，很难把它同现代资产阶级社会分开，就像很难把单独的个人同现代资产阶级社会分开一样。

马克思恩格斯：《〈德意志意识形态〉第一卷手稿片断》，
《马克思恩格斯全集》第 42 卷第 371～372 页。

手工业者获得解放的道路是：或者是成为资产者或一般是变为中间等级，或者是由于竞争而成为无产者（正如现在所经常发生的），并参加无产阶级的运动，也就是参加或多或少自觉的共产主义运动。

恩格斯：《共产主义信条草案》，
《马克思恩格斯全集》第 42 卷第 377 页。

按照公有制原则结合起来的各个民族的民族特点，由于这种结合而必然融合在一起，从而也就自行消失，正如各种不同的等级差别和阶级差别由于废除了它们的基础——私有制——而消失一样。

恩格斯：《共产主义信条草案》，
《马克思恩格斯全集》第 42 卷第 380 页。

这里也正确地指出了把欧洲和俄国历史上的等级和阶级区别开来的另一个特征，即等级属于农奴社会，阶级则属于资本主义社会。

列宁：《民粹主义空想计划的典型》，
《列宁全集》第 2 卷第 452～453 页。

对这些阶级来说这不是无所谓的问题，因为等级制度无论在生活中或在学校中对它们的压迫都特别沉重，因为用阶级学校代替等级学校不过是俄国全盘欧化过程中的一个环节。

列宁：《民粹主义空想计划的典型》，
《列宁全集》第 2 卷第 457 页。

工役制和奴役制依然存在，农民没有充分的等级权利和公民权利，农民从属于手执鞭子的享有特权的土地占有者，日常生活中受屈辱使农民变成真正的野蛮人，——所有这一切在俄国农村中都不是例外，而是常规，所有这一切归根到底都是农奴制的直接残余。在农奴制还占统治地位的场合和关系中，——而且正因为它还占统治地位，——它的敌人就是作为一个整体的全体农民。对于农奴制，对于农奴主－地主以及为他们效劳的国家来说，农民还仍然是一个阶级，不过不是资本主义社会的而是农奴制社会的一个阶级，也就是说仍然是等级的阶级。

列宁：《俄国社会民主党的土地纲领》，
《列宁全集》第6卷第287页。

废除连环保（这种改革，维特先生大概不等到革命就会实行），消灭等级划分，实行迁徙自由和每一个农民支配土地的自由，在事实上当然会不可避免地迅速消除这种重负。

列宁：《俄国社会民主党的土地纲领》，
《列宁全集》第6卷第316页。

现在我们来看一下这些在等级上也彼此不同的阶级的土地占有情况，因为大部分私有主土地是贵族的土地，份地是农民的土地。在10170万俄亩私有主土地中，1580万俄亩属于村团和协作社，其余8590万俄亩都属于个人所有。

列宁：《19世纪末俄国的土地问题》，
《列宁全集》第17卷第49页。

现在必须确切地肯定，俄国土地私有制的发展就是由等级性转向无等级性的。到19世纪末，贵族的封建地产或农奴制地产仍然占私有地产的绝大部分，但是发展的趋势显然是造成资产阶级的土地私有制。从侍卫、世袭领主、官宦及其他人那里继承下来的私有地产正在减少。直接用钱买进的私有地产正在增加。土地权力在削减，货币的权力在增长。

列宁：《19世纪末俄国的土地问题》，
《列宁全集》第17卷第50页。

经济的发展从各方面、通过各种途径导向一个结果，这就是中世纪的土地占有形式不断遭到破坏，等级制界限（份地、地主的土地等等）不断被摧毁，新的经济形式正在不加区别地由各种土地占有制的碎片组成。19世纪遗留给20世纪的必须完成的任务就是要彻底"清除"中世纪的土地占有形式。斗争焦点是：这种"清除"是通过农民的土地国有化的方式来进行呢，还是通过由富农加速掠夺村社并把地主经济变为容克经济的方式来进行？

列宁：《19世纪末俄国的土地问题》，
《列宁全集》第17卷第86页。

俄国农业生产力发展的主要的和基本的障碍是农奴制残余，这首先是工役制和盘剥制，其次是农奴制的赋税、农民的权利不平等、农民在上层等级面前所处的屈辱地位，等等。铲除这些农奴制残余在经济上早已十分必要了。

列宁：《19 世纪末俄国的土地问题》，
《列宁全集》第 17 卷第 110 页。

形形色色的中世纪土地占有制阻碍了经济的发展；等级的框框妨碍了商业周转；旧土地占有制同新经济之间的不适应现象产生了尖锐的矛盾；地主靠大地产来延续工役制的寿命；农民被束缚在象犹太人居住区那样的份地上，然而现实生活处处都在破坏份地占有制的框架。

列宁：《19 世纪末俄国的土地问题》，
《列宁全集》第 17 卷第 112 页。

在目前这种情况没有改变以前，我们还是要求使用土地的自由，要求建立法庭以降低地租，要求消灭等级制度等等。但是同时我们也要同当前的趋势作斗争，支持农民的革命要求，以便迅速地发展生产力，广泛地、自由地开展阶级斗争。

列宁：《社会民主党在俄国革命中的土地纲领》，
《列宁全集》第 17 卷第 153 页。

中层等级的下层，即小工业家、小商人和小食利者、手工业者和农民——所有这些阶级都降落到无产阶级的队伍里来了，有的是因为他们的小资本不够经营大工业，经不起大资本家竞争；有的是因为他们的专门技艺已经被新的生产方法弄得一钱不值了。无产阶级的队伍就是这样从居民中间的各个阶级补充起家的。

马克思恩格斯：《共产党宣言》，
《马克思恩格斯全集》第 4 卷第 474 页。

中层等级，即小工业家、小商人、手工业者、农民，他们同资产阶级作斗争，都只是为了挽救他们这种中层等级的生存，以免于灭亡。所以，他们不是革命的，而是保守的。不仅如此，他们甚至是反动的，因为他们力图把历史的车轮扭向后转。如果说他们是革命的，那是指他们将转入无产阶级的队伍里来，那是指他们维护的不是他们目前的利益，而是他们将来的利益，那是指他们抛弃自己原来的观点，而接受无产阶级的观点。

马克思恩格斯：《共产党宣言》，
《马克思恩格斯全集》第 4 卷第 476～477 页。

工人阶级解放的条件就是要消灭一切阶级；正如第三等级即资产阶级解放的条件就是消灭一切等级一样。

马克思：《哲学的贫困》，
《马克思恩格斯全集》第 4 卷第 197 页。

私有制也要和资产阶级一道被消灭，工人阶级的胜利将使一切阶级统治和等级统治一去不复返。

> 恩格斯:《保护关税制度还是自由贸易制度》,
> 《马克思恩格斯全集》第 4 卷第 69 页。

全法国都会组织起独立工作的、自治的公社;国民军会代替常备军;大批国家寄生虫会被排除;教师会代替僧侣等级;国家法官会改换为公社的机构;国民代表的选举会不再是总揽一切大权的政府玩弄手腕的事情,而是组织起来的各公社的意志的自觉表现;国家的职务会只限于几项符合于普遍性、全国性目的的职务。

> 马克思:《"法兰西内战"初稿》,
> 《马克思恩格斯全集》第 17 卷第 593 页。

掌握政权的第一个条件是改造传统的国家工作机器,把它作为阶级统治的工具消灭掉。这个庞大的政府机器,像蟒蛇一样地用常备军、等级制的官僚、驯顺的警察、僧侣、卑贱的法官把现实社会机体从四面八方缠绕起来。

> 马克思:《"法兰西内战"二稿》,
> 《马克思恩格斯全集》第 17 卷第 642 页。

中央集权的国家政权及其遍布各地的机关——常备军、警察、官僚、僧侣和法官(这些机关是按照系统的和等级的分工原则建立的),是起源于君主专制时代,当时它充当了新兴资产阶级社会在争取摆脱封建制度束缚的斗争中的有力武器。

> 马克思:《"法兰西内战"二稿》,
> 《马克思恩格斯全集》第 17 卷第 659 页。

俄国中世纪的半农奴制度的残余还异常强而有力(比西欧),它像一副沉重的枷锁套在无产阶级和全体人民身上,阻碍着一切等级和一切阶级的政治思想的发展,所以我们不能不主张反对一切农奴制度即反对专制制度、等级制度、官僚制度的斗争对于工人有巨大的重要性。

> 列宁:《什么是"人民之友"以及他们如何攻击社会民主党人?》,
> 《列宁全集》第 1 卷第 255 页。

同激进民主派一道去反对专制制度,反对反动的等级和机构,是工人阶级的直接责任,社会民主党人必须使工人阶级明了这种责任,同时又要时时刻刻使工人阶级记住:反对这一切制度的斗争,只是作为促进反资产阶级斗争的手段才是必要的。

> 列宁:《什么是"人民之友"以及他们如何攻击社会民主党人?》,
> 《列宁全集》第 1 卷第 255~256 页。

社会民主党人支持进步的社会阶级去反对反动的社会阶级,支持资产阶级去反对那些特权等级土地占有制的代表人物，反对官吏，支持大资产阶级去反对小资产阶级的反动妄想。

列宁：《俄国社会民主党人的任务》，
《列宁全集》第 2 卷第 434 页。

因此我们成了（在特定的历史情况下，作为一种例外）小私有制的维护者，但是，我们只是在它同"旧制度"的残余作斗争的时候，只是在下述条件下才维护小私有制，这就是废除那些有碍于凝固在停滞、闭塞和荒芜状态的宗法式奥勃洛摩夫卡得到改造的制度，建立迁徙的完全自由和土地流通的自由，彻底消灭等级划分。

列宁：《俄国社会民主党的土地纲领》，
《列宁全集》第 6 卷第 319 页。

我们要求立即无条件从法律上承认农民同其他一切等级完全平等，要求设立农民委员会，以消灭农村中的一切农奴制残余，并采取重大措施来改善农民的状况。

列宁：《专制制度在动摇中……》，
《列宁全集》第 7 卷第 107 页。

每个觉悟的农民都应该支持社会民主党人，社会民主党人向沙皇政府要求的，首先和最主要的就是召开人民代表会议。代表应该由全体人民选举，不分等级，不分贫富。选举应该是自由的，不受官吏的任何干扰；监督选举的应该是人民代理人，而不是巡官和地方官。

列宁：《告贫苦农民》，
《列宁全集》第 7 卷第 145 页。

社会民主党人要求取消等级，要求国内全体公民完全平等。现在我们这里有不纳税等级和纳税等级，有特权者和非特权者，有贵族出身和平民出身；对于平民甚至还可以拷打。没有哪一个国家的工人和农民会受到这样的屈辱。除了俄国之外，没有哪一个国家对不同的等级有不同的法律。

列宁：《告贫苦农民》，
《列宁全集》第 7 卷第 147 页。

我们先从作者一条正式的意见谈起：他认为我们既要求消灭等级，又要求设立农民委员会即等级委员会，这是矛盾的。其实这里的矛盾只是表面现象：为了消灭等级，就需要实行卑微等级即受压迫等级的"专政"，正像为了消灭包括无产者阶级在内的一切阶级，需要实行无产阶级专政一样。我们的整个土地纲领，其目的就是要消灭土地关系方面的农奴制传统和等级制传统，而要消灭这些传统，只能依靠卑微等级，即依靠受这些农奴制残余压迫的人。

列宁：《答对我们纲领草案的批评》，
《列宁全集》第 7 卷第 205 页。

无产阶级既然参加了运动，就是觉悟的无产阶级，他们并不是出自工人的某个等级的利益，而是为整个阶级、为一切受资本主义制度压迫的阶级而斗争。

列宁：《一项给遭受不幸事故的工人发放抚恤金的法令》，
《列宁全集》第 7 卷第 310 页。

这个驯如绵羊的议会，选举代表的全部程序是建立在等级原则上的。工人没有而且也不可能有"等级"。在城市和商人的选举中，通过各级复选人筛选出来的只有工商业资产阶级，不过特别耐人寻味的是，这个资产阶级甚至同贵族比较起来，完全被排挤到无足轻重的地位了。

列宁：《宪法交易》，
《列宁全集》第 10 卷第 69 页。

上层等级（地主）被粉碎和消灭得愈彻底，资产阶级和无产阶级之间的阶级对峙也就愈深刻。

列宁：《小资产阶级社会主义和无产阶级社会主义》，
《列宁全集》第 12 卷第 41 页。

第二次代表大会通过的土地纲领的个别条文中，除了无可争辩的要求（废除等级赋税，减租，自由支配土地）外，还包含有归还赎金和成立农民委员会以收回割地和消灭农奴制关系残余这样的要求。

列宁：《修改工人政党的土地纲领》，
《列宁全集》第 12 卷第 217 页。

士兵提出的要求，其目标显然是要取消等级制的、脱离人民的军队，而代之以享有充分权利的公民的军队。而这也就是要取消常备军，武装人民。

列宁：《军队和人民》，
《列宁全集》第 13 卷第 281 页。

20 世纪开始时，资本主义的发展彻底冲垮了这一制度。旧的等级制的村社，农民对土地的依附，半农奴制农村的因循守旧，这一切都同新的经济条件发生了极其尖锐的矛盾。

列宁：《新土地政策》，
《列宁全集》第 16 卷第 407 页。

为了颁布这样的法律，并不需要任何机构，任何"统计"（切尔诺夫曾想用"统计"来代替农民的革命首创精神），因为这种法律应当由工厂主或工业家本身，由现有的社会力量来实施，并由现有的社会（即不是政府的，不是官僚的）力量加以监督，不过这种社会力量一定要来自所谓"下层等级"，即来自被压迫被剥削阶级，因为这些阶级的英勇精神、自我牺牲精神和集体纪律，在历史上总是比剥削者高出无数倍。

列宁：《强迫参加联合组织》，
《列宁全集》第 32 卷第 203 页。

事实上，学校完全变成了资产阶级阶级统治的工具，它浸透了资产阶级的等级观念，它的目的是为资本家培养恭顺的奴才和能干的工人。

列宁：《在全俄教育工作第一次代表大会上的讲话》，
《列宁全集》第 35 卷第 77 页。

在任何地方我们都看不到一种特殊等级的人分化出来管理他人并为了管理而系统地一贯地掌握着某种强制机构即暴力机构，这种暴力机构，大家知道，现在就是武装队伍、监狱及其他强迫他人意志服从暴力的手段，即构成国家实质的东西。

列宁：《论国家》，
《列宁全集》第 37 卷第 63 页。

我们没有让等级制这个古老的建筑留下一砖一瓦（英、法、德这些最先进的国家至今还没有消除等级制的遗迹！）。等级制的老根，即封建制度和农奴制度在土地占有制方面的残余，也被我们彻底铲除了。

列宁：《十月革命四周年》，
《列宁全集》第 42 卷第 171 页。

马克思在《哲学的贫困》里，对"工人阶级解放的条件就是要消灭一切阶级；正如第三等级即资产阶级解放的条件就是消灭一切等级一样"这句话的注解，是恩格斯在 1885 年德文版上加的注。这个注解，恩格斯定义性地解释了"等级"和"阶级"，指出了当时等级的封建国家属性和阶级的资产阶级属性。

恩格斯在《德国的革命和反革命》里提到的"出版法、奇妙的贵族宪法和以旧日的'等级'区分为基础的选举法"，其中"出版法"，是指 1848 年 4 月 1 日奥地利政府公布的出版暂行条例。该条例规定，必须交纳大量保证金才能取得出版报纸的权利。由于保留书报检查制度和"出版方面犯罪"的人交由行政法庭（而不是陪审法庭）审判的制度，政府官吏就有可能禁止任何一本著作的出版。

"奇妙的贵族宪法"，是指 1848 年 4 月 25 日的宪法。宪法规定了在选举议会方面的苛刻的财产资格限制和居住资格限制，建立了两院——下院和上院，并且保留了各省的等级代议机关。宪法将执行权和军权交给皇帝并授予皇帝否决两院通过的法律的权力。

"选举法"，是指 1848 年 5 月 11 日的选举法 。选举法剥夺了工人、日工和仆役的选举权。一部分上院议员由皇帝任命，另一部分上院议员则按照两级选举制从纳税数目最多的人中间选举。下院的选举也是两级制。

列宁在《俄国社会民主党的土地纲领》里的"奥勃洛摩夫卡"，是俄国作家伊·亚·冈察洛夫的长篇小说《奥勃洛摩夫》中的主人公奥勃洛摩夫的庄园。

列宁在《告贫苦农民》里提到的"纳税等级"，原指俄国交纳人头税的居民，包括农民、小市民、手艺人等。在废除人头税以后，由于他们同其他居民在社会地位上还有另外的差别，所以这个称呼仍然存在。属于纳税等级的人，不能免除体罚，要服劳役，并且没有迁徙的自由。

列宁在《修改工人政党的土地纲领》里的"割地"，指俄国 1861 年农民改革中农民失去的土地。按照改革的法令，如地主农民占有的份地超过当地规定的最高标准，或者在保留现有农民份地的情况下地主占有的土地少于该田庄全部可耕地的 1/3（草原地区为 1/2），就从 1861 年 2 月 19 日以前地主农民享有的份地中割去多出的部分。份地也可通过农民与地主间的特别协议而缩减。割地通常是最肥沃和收益最大的地块，或农民最不可缺少的地段（割草场、牧场等），这就迫使农民在受盘剥的条件下向地主租用割地。改革时，对皇族农民和国家农民也实行了割地，但割去的部分要小得多。要求归还割地是农民斗争的口号之一，1903 年俄国社会民主工党第二次代表大会曾把它列入党纲。1905 年俄国社会民主工党第三次代表大会提出了没收全部地主土地，以代替这一要求。

二、特权

马克思在《评普鲁士最近的书报检查令》中，首次提出"特权"术语。

特权（德 Regalien，拉 regalia），是特别权力。在法律上，专指国王特权。在特定的领域内或特定事项上，国王具有排他性的包括统治权力要素和财产权要素的权力。当国家权力概念确立后，特权便同国家最高权力分离，由此，国王特权术语并不再具有国家最高权力的含义。

在特权概念的认识上，应当认为：

第一，特别权力与特殊权利不是一回事。在法律上，存在以排他性地取得特定财物或排他性地经营特定企业为内容的权利。如特许经营、开采和设立特殊企业，等等。这属于特殊权利。这种特殊权利，源于法律规定。

第二，特权关系不是特别法上的特定权力关系。特别法就特定主体、特定目的、特定事项、特定适用范围加以规定，以形成特定权力关系。这仍属于国家权力，是行使统治权力而进行命令和强制。之所以称为特定权力关系，是因为与一般权力关系的概念相对立。

马克思主义经典作家论述中的特权，当然指国王特权，但在资产阶级统治权力扩张情况下，普遍存在当权者和资产者的特权泛化。因此，经典作家论述里的特权，就反映了这种泛化。在资本主义社会，特权及其特权思想浸润于社会的每一个细胞。

在理论上，作为特别权力的特权，是违反宪法和法律的，也是与国家权力相抵触的。特权的异质寄生性表明，一是特权使国家权力变成了个人权力；二是特权获得了资本对政治的权力。

（一）特权是与国家权力相抵触的权力

1. 特权权力和特权权力下的特权权利

经典作家论述中的特权，包括特权权力和特权权力下的特权权利两个方面。这与国王特权含义里的特别统治权力和特别财产权利两个方面相一致，只是特权不再专指国王特权。资产阶级以反对封建特权起家，可夺取政权后，重蹈覆辙，又是特权满天飞了。这是私有制基础决定的。有私有制就注定有特权，尽管资产阶级不是把特权写在法律上。

在不久前出版的一本拥护封建制度的著作（科泽加滕论地产析分）中，作者走得太远，竟宣称私有财产是一种特权。这是傅立叶的基本原则。难道人们同意了基本原则便不能同时对结论及其运用进行争论吗？

马克思：《共产主义和奥格斯堡〈总汇报〉》，

《马克思恩格斯全集》第 1 卷上册第 295 页。

"按能力计报酬"这个以我们目前的制度为基础的不正确的原理应用——因为这个原理是仅就狭义的消费而言——变为"按需分配"这样一个原理，换句话说：活动上，劳动上的差别不会引起在占有和消费方面的任何不平等，任何特权。

马克思恩格斯：《德意志意识形态》，

《马克思恩格斯全集》第 3 卷第 637 ~ 638 页。

外国人要做生意，也只限和行商进行交易；政府特许这些商人有做洋货生意的特权，用这种方法阻止其余的臣民同它所仇视的外国人发生任何接触。无论如何，在这个时候，西方各国政府的任何干涉只能使革命更带有暴力的性质，并且延长商业的停滞时期。

马克思：《中国革命和欧洲革命》，

《马克思恩格斯全集》第 9 卷第 115 页。

英国政治寡头预感到他们的光荣统治的末日即将来到，他们有一种很可以理解的愿望，即想同英国的立法机关订一项合同，有了这项合同，即使不久以后英国摆脱了他们的无力然而贪婪的手掌，他们和他们的同伙在印度的特权也可以再保持整 20 年。

马克思：《荷兰情况。——丹麦。——印度。——土耳其和俄国》，

《马克思恩格斯全集》第 9 卷第 121 页。

到 1833 年更换特许状的时候，这最后的限制也被取消，公司什么生意都不许做了，它的商业性没有了，而且还被剥夺了禁止不列颠臣民在印度居留的特权。

马克思：《东印度公司，它的历史与结果》，

《马克思恩格斯全集》第 9 卷第 173 页。

土耳其政府先是派马夫罗格尼先生去伦敦，后来又派纳梅克 - 帕沙请求派一支海军分舰队援助，并且答应苏丹将负担这支分舰队的全部费用，将来还要给予不列颠臣民以新的贸易特权和优先权来报答这种援助。

马克思：《帕麦斯顿勋爵》，

《马克思恩格斯全集》第 9 卷第 422 页。

在整个这段时间内，俄国军队却在土耳其边境集结，而涅谢尔罗迭伯爵一直都对克拉伦登勋爵说，他的政府要求等价偿还正教教会在耶路撒冷失去的特权，而特权问题是在没有他的政府参加的情况下解决的。

马克思：《议会辩论》，

《马克思恩格斯全集》第 10 卷第 96 页。

1816 年 6 月 1 日，敕令宣布，国家今后绝不发行不兑现的纸币，正在流通中的纸币必须逐渐停止流通，金属货币必须重新成为标准的流通手段。为了履行这些诺言，1818 年 1 月 18 日成立了享有特权的国民银行。

> 马克思：《奥地利的破产》，
> 《马克思恩格斯全集》第 10 卷第 113 页。

1818 年，为了兑回纸币，国家不得不成立属于私人资本家的财产的享有特权的银行；这个银行获得一种对国家是非常沉重的负担的特权，但是银行必须发行可兑现的银行票。

> 马克思：《奥地利的破产》，
> 《马克思恩格斯全集》第 10 卷第 113 页。

这里可以对土耳其人提出的主要责难，并不是他们限制了基督教教士的特权，相反地是在他们统治之下，这种无所不包的专制监护，这种教会监督和干涉可以渗透到社会生活的一切领域。

> 马克思：《希腊人暴动》，
> 《马克思恩格斯全集》第 10 卷第 142 页。

因为君士坦丁堡同土耳其欧洲部分的大部分地区一样是投降的，所以那里的基督徒享有在土耳其政府的保护下作为莱雅而存在的特权。他们之所以享有这个特权，仅仅是因为他们同意把自己置于穆斯林的保护之下。

> 马克思：《宣战。——关于东方问题产生的历史》，
> 《马克思恩格斯全集》第 10 卷第 180 页。

土地巨头和资本巨头总是要利用他们的政治特权未维护和永久保持他们的经济垄断，来奴役劳动。

> 马克思恩格斯：《在海牙举行的全协会代表大会的决议》，
> 《马克思恩格斯全集》第 18 卷第 165 页。

容克地主阶级现在只有在东部的六个省内仍热处于全盛时代，在容克地主的地产大部分受到限制的情况下，它为了自己的生存，需要若干封建特权；没有这些特权，大多数容克地主很快就会降到一般地主的水平。

> 恩格斯：《普鲁士"危机"》，
> 《马克思恩格斯全集》第 18 卷第 327 页。

这个专区法是以往颁布过的最可怜的法令之一。它的内容可以用两句话来说明。它废除单个容克地主由于封建特权而享有的权力，以便在实行专区自治的幌子下把这个权力归

还给容克地主阶级。

> 恩格斯：《普鲁士"危机"》，
> 《马克思恩格斯全集》第18卷第328页。

它废除单个容克地主在他领地范围内的封建特权，但这不过是为了用全体大土地所有者在全专区的特权的形式来恢复这种特权。事情的实质依然如故，只是把封建的行话翻译成资产阶级的行话而已。

> 恩格斯：《"德国农民战争"一八七〇年版序言的补充》，
> 《马克思恩格斯全集》第18卷第563页。

可以表明这种人权的特殊资产阶级性质的是美国宪法，它最先承认了人权，同时确认了存在于美国的有色人种奴隶制：阶级特权被置于法律保护之外，种族特权被神圣化了。

> 恩格斯：《反杜林论》，
> 《马克思恩格斯全集》第20卷第116页。

在迄今为止的历史中，这种基金都是一个特权阶级的财产，而政治上的统治权和精神上的指导权也和这种财产一起落到这个特权阶级的手里。

> 恩格斯：《反杜林论》，
> 《马克思恩格斯全集》第20卷第211页。

富有和贫穷的对立并没有在普遍的幸福中得到解决，反而由于沟通这种对立的行会特权和其他特权的废除，由于缓和这种对立的教会慈善设施的取消而更加尖锐化了；工业在资本主义基础上的迅速发展，使劳动群众的贫穷和困苦成了社会的生存条件。

> 恩格斯：《反杜林论》，
> 《马克思恩格斯全集》第20卷第281～282页。

奥尔良王室将放弃自己旧日的要求，放弃它在差不多一百年的斗争中从波旁王室长系手里夺得的一切权利，它将要为了宗族的特权而放弃自己的历史特权，即现代君主国的特权。

> 马克思：《路易·波拿巴的雾月十八日》，
> 《马克思恩格斯全集》第8卷第194～195页。

土地所有者的和城市的领主特权转化为国家权力的同样众多的属性；封建的显贵人物转化为领取薪俸的官吏；互相交错的中世纪领主权力的五颜六色的图谱（像一堆货样一样）转化为确切规定了的国家权力的图案，这里盛行的分工和集中就像工厂里的一样。

> 马克思：《路易·波拿巴的雾月十八日》，
> 《马克思恩格斯全集》第8卷第215页。

1831 年辉格党人把政治方面的改革刚好进行到不致使资产阶级过分不满的程度；1846 年以后他们又把自己的自由贸易措施限制到能替土地贵族挽救尽可能多的特权的地方。他们每一次都急忙拉住运动，以便阻止运动继续发展，同时恢复自己的地位。

马克思：《英国的选举。——托利党和辉格党》，

《马克思恩格斯全集》第 8 卷第 385 页。

第一批冒险去同这样的民族做生意的欧洲商人一开始就力图保证个人享有特殊条件和特权，后来，这种特殊条件和特权扩大到他们的整个国家。这就是特惠条例产生的根源。特惠条例——这是土耳其政府发给欧洲各国的帝国文书，即特权证件，它允许这些国家的臣民通行无阻地进入伊斯兰教土地，在那里从事自己的营业并按照本国的仪式进行祈祷。它和条约最大的不同之处在于，它不是建立在相互基础上的协定，不是经过有关双方的共同讨论磋商，也不是在互利互让的基础上经双方批准的。相反地，特惠条例是由一个政府单方面赋予的优待，因此也可以由它自行决定废除。而事实上，土耳其政府已经不止一次地使它赋予某个国家的特权化为乌有，其办法就是把这些特权也赋予其他国家，或者完全废除这些特权，再不就是拒绝继续加以遵守。

马克思：《宣战。——关于东方问题产生的历史》，

《马克思恩格斯全集》第 10 卷第 182 页。

开始了新的纪元——土地贵族和金融贵族相结合的纪元。从那时到现在，一直保持着血统特权和金钱特权之间的立宪均势。例如根据血统特权，军队中一部分的职务是按家族关系的原则、通过徇私和宠爱来分配的，但是金钱原则也占有一定的位置，因为一切军官官衔都是用硬币买卖的。

马克思：《帕麦斯顿和英国的寡头政治》，

《马克思恩格斯全集》第 11 卷第 106 页。

在立宪民主党对于根据普遍、直接、平等和无记名投票的原则选举地方土地委员会这一问题所持的态度上，十分明显地表现出他们主张在实行改革时保留地主特权。

列宁：《社会民主党在俄国第一次革命中的土地纲领》，

《列宁全集》第 16 卷第 210 页。

所有这三种可能都是在同一个经济基础上产生的，因为新的农场主要巩固新的资本主义的土地占有制，自然会产生反无产阶级的情绪，他们也自然会力图造成新的特权，即新的所有权。

列宁：《社会民主党在俄国第一次革命中的土地纲领》，

《列宁全集》第 16 卷第 288 页。

由此可见，在 19 世纪末的俄国，大量土地——而且大家知道，都是最好的土地——仍然同以前（中世纪）一样，集中在享有特权的贵族等级手中，集中在昨天的农奴主－地主手中。至于这些大地产用什么方式经营，我们到下面再作详细叙述。这里只简单地提一下鲁巴金先生在其文章中描述得很清楚的那个众所周知的事实：一个个高官显贵都出身于贵族大地产占有者。

列宁：《19 世纪末俄国的土地问题》，

《列宁全集》第 17 卷第 51 ~ 52 页。

维护教会的封建特权，公开捍卫中世纪制度，——这就是第三届杜马中大多数僧侣的政策的实质。

列宁：《各阶级和各政党对宗教和教会的态度》，

《列宁全集》第 17 卷第 404 页。

这两个党过去和现在都坚持"严格立宪的"观点，也就是说，把自己限制在沙皇和农奴主的黑帮所规定的活动范围之内，而黑帮既不交出自己的政权，也不放弃自己的专制制度，既不牺牲自己"千百年来神圣的"奴隶占有制收入中的一个戈比，也不舍弃自己"理所应得的"权利中的丝毫特权。

列宁：《"农民改革"和无产阶级－农民革命》，

《列宁全集》第 20 卷第 177 页。

俄国官吏的特权是贵族－地主的特权和土地权力的另一方面。由此可见，贵族联合会和"右派"各政党坚持农奴制旧传统的政策并不是偶然的，而是必然的，并不是出于个别人的"恶意"，而是由一个极强大的阶级的利益所驱使的。

列宁：《论俄国各政党》，

《列宁全集》第 21 卷第 286 页。

现代资本主义的政治设施，如报刊、议会、各种社团和代表大会等等，就替那些恭顺驯良的改良主义和爱国主义的职工们，创造了一种同他们获得的经济上的特权和小恩小惠相适应的政治上的特权和小恩小惠。

列宁：《帝国主义和社会主义运动中的分裂》，

《列宁全集》第 28 卷第 81 页。

革命前俄国的没有受过教育的工人不知道：沙皇是一个统治阶级即大地主阶级的首脑，这些大地主已经同大资产阶级有千丝万缕的联系，并且准备用一切暴力手段来维护他们的垄断、特权和利润。

列宁：《关于 1905 年革命的报告》，

《列宁全集》第 28 卷第 314 页。

米柳亭和索洛维约夫本人就维护农奴主的特权，主张为这些特权付出非常重的"赎金"。米留可夫先生闭口不谈这一点，就是在歪曲历史，因为历史证明农奴主的特权、无限权力和无上权势在米柳亭及其同伙以后，在"他们的"农奴制改革以后的半世纪里还是"富有生命力"的。

列宁：《自由派在粉饰农奴制》，

《列宁全集》第 23 卷第 16 ～ 17 页。

这个法律草案的用意是很明显的。地主想为农民资产阶级建立一种享有特权的、不受资本主义侵犯的土地所有制。地主感到自己的特权和自己的农奴主土地占有制已在动摇，因此竭力想把农民资产阶级中为数极少但最富裕的阶层争取过去。

列宁：《土地"改革"的新措施》，

《列宁全集》第 23 卷第 429 页。

马克思在《共产主义和奥格斯堡〈总汇报〉》里说"竟宣称私有财产是一种特权"，出自威·科泽加滕的《论地产的可转让性和可分割性，特别兼顾普鲁士君主国的某些省份》（1842 年波恩版）一书。该书认为，"地产，按其自然状况来考察，决不是所有人都享有的权利，因而按照近代政治家的见解倒不如把它看成是一种优先权，近代政治家正是把不是所有人都应得到的一切权利称为特权或优先权。"

2. 特权是一种时代错误

资产阶级消灭了各个等级之间一切旧的差别，取消了一切依靠世袭和专横而取得的特权。从宣言和立法看，资产阶级开始了一个消灭特权的新时代。

然而，经典作家指出，资产阶级的力量全部取决于金钱，所以他们要取得政权就只有使金钱成为人在立法上的行为能力的唯一标准。他们一定得把历代的一切封建特权和政治垄断权合成一个金钱的大特权和大垄断权。资产阶级的政治统治之所以具有自由主义的外貌，原因就在于此。

正是虚伪的资产阶级，使国家权力成为统治阶级——地主和资本家的社会特权。在标榜消灭了特权的新时代，却回到封建特权的旧时代。新时代就是旧时代，正是在这个意义上，经典作家说，特权是一种时代错误。

所谓特权者的习惯是和法相抵触的习惯。这些习惯产生的时期，人类史还是自然史的一部分，根据埃及的传说，当时所有的神灵都以动物的形象出现。人类分成为若干特定的动物种属，决定他们之间的联系的不是平等，而是不平等，法律所确定的不平等。不自由的世界要求不自由的法，因为这种动物的法是不自由的体现，而人类的法是自由的体现。

马克思：《第六届莱茵省议会的辩论（第三篇论文）》，

《马克思恩格斯全集》第 1 卷上册第 248 页。

当特权者不满足于制定法而诉诸自己的习惯法时，他们所要求的并不是法的人类内容，而是法的动物形式，这种形式现在已丧失其现实性，变成了纯粹的动物假面具。

马克思：《第六届莱茵省议会的辩论（第三篇论文）》，

《马克思恩格斯全集》第1卷上册第249页。

习惯法作为与制定法同时存在的一个特殊领域，只有在法和法律并存，而习惯是制定法的预先实现的场合才是合理的。因此，根本谈不上特权等级的习惯法。法律不但承认他们的合理权利，甚至经常承认他们的不合理的非分要求。特权等级没有权利预示法律，因为法律已经预示了他们的权利可能产生的一切结果。

马克思：《第六届莱茵省议会的辩论（第三篇论文）》，

《马克思恩格斯全集》第1卷上册第250页。

立法的理智认为，对于较贫苦的阶级来说，它取消这种不确定的财产所负的责任是有道理的，尤其是因为它已取消了国家对财产的特权。然而它忘记了，即使纯粹从私法观点来看，这里也存在两种私法：占有者的私法和非占有者的私法，更何况任何立法都没有取消过国家对财产的特权，而只是去掉了这些特权的偶然性质，并赋予它们以民事的性质。

马克思：《第六届莱茵省议会的辩论（第三篇论文）》，

《马克思恩格斯全集》第1卷上册第251~252页。

省议会由于其特殊组成，无非是各种特殊利益的联合，这些特殊利益享有一种能够用自己的特殊界限去对抗国家的特权；所以，省议会无非是国家中一些非国家要素自己组成的合法机构。因而，省议会按其本质对国家抱有敌对情绪，因为特殊东西在其单独活动中总是整体的敌人，因为正是这个整体使特殊东西感到它自身的界限，因而也就使它感到自己是微不足道的。

马克思：《评奥格斯堡〈总汇报〉论普鲁士等级委员会的文章》，

《马克思恩格斯全集》第1卷上册第343~344页。

立宪主义根本就是现代代议制国家和旧的特权国家之间的矛盾。

马克思恩格斯：《神圣家族》，

《马克思恩格斯全集》第2卷第147~148页。

资产阶级的力量全部取决于金钱，所以他们要取得政权就只有使金钱成为人在立法上的行为能力的唯一标准。他们一定得把历代的一切封建特权和政治垄断权合成一个金钱的大特权和大垄断权。资产阶级的政治统治之所以具有自由主义的外貌，原因就在于此。资产阶级消灭了国内各个现存等级之间一切旧的差别，取消了一切依靠专横而取得的特权和豁免权。

恩格斯：《德国状况》，

《马克思恩格斯全集》第 2 卷第 647 页。

　　资产阶级实行这一切改良，只是为了用金钱的特权代替已往的一切个人特权和世袭特权。这样，他们通过选举权和被选举权的财产资格的限制，使选举原则成为本阶级独有的财产。平等原则又由于被限制为仅仅在"法律上的平等"而一笔勾消了，法律上的平等就是在富人和穷人不平等的前提下的平等，即限制在目前主要的不平等的范围内的平等，简括地说，就是简直把不平等叫做平等。这样，出版自由就仅仅是资产阶级的特权，因为出版需要钱，需要购买出版物的人，而购买出版物的人也得要有钱。陪审制也是资产阶级的特权，因为他们采取了适当的措施，只选"有身分的人"做陪审员。

恩格斯：《德国状况》，

《马克思恩格斯全集》第 2 卷第 648 页。

　　请看一下"德法年鉴"，那里指出特权、优先权符合于与等级相联系的私有制，而权利符合于竞争、自由私有制的状态（第 206 页及其他各页）；指出人权本身就是特权，而私有制就是垄断。

马克思恩格斯：《德意志意识形态》，

《马克思恩格斯全集》第 3 卷第 229 页。

　　"唯一的"历史告诉我们，圣麦克斯把历史关系变为观念，然后把利己主义者变为违背这些观念的罪人，他把一切利己主义的自我实现变为违背这些观念的罪过，把例如特权者的权力变为违背平等观念的罪过，变为专制的罪过。

马克思恩格斯：《德意志意识形态》，

《马克思恩格斯全集》第 3 卷第 282 页。

　　建立了中央人民代议制，等级代议制就必然要废除，这已是无可挽救的了。但是在一些较小的代议机关中，在一些区（也许还在一些省?）中，有人还想保存等级代议制，只废除贵族所享有的、优越于市民和农民的最突出的特权。

恩格斯：《关于区等级会议的妥协辩论》，

《马克思恩格斯全集》第 5 卷第 320 页。

　　在西蒙斯先生看来，司法的利益，即检察院、国家检察官和陪审法庭的特权，高于人民代表的自由和人民代表不受侵犯的利益。

恩格斯：《关于瓦德涅尔案件的妥协辩论》，

《马克思恩格斯全集》第 5 卷第 363 页。

　　在汉泽曼执政期间由帕托夫所提出的关于废除封建义务的法案（参看我们过去对这个

法案的批评），是资产阶级想废除封建特权，废除这些"同新的国家宪法相抵触的关系"的极其软弱的意图的可怜果实，是资产阶级在任何一种财产遭到革命的侵害时所流露出的恐惧。

马克思：《资产阶级和反革命》，
《马克思恩格斯全集》第 6 卷第 143 页。

在这个内阁的保护下，"国家权力"极度地"加强了"，人民的力量极度地瘫痪了，以致屈韦特尔—汉泽曼这一对孪生子在 7 月 15 日不得不向君主国的所有行政区长官呼吁，反对官僚们特别是地方官员们的反动阴谋；以致后来除了协商派议会以外，"贵族和大地主会议"也在柏林开会以保护本身的特权；以致最后为了同所谓的柏林国民议会相对抗，于 9 月 4 日在上劳西兹举行了中世纪遗留下来的"市镇代表会议，保护受威胁的地主所有权"。

马克思：《资产阶级和反革命》，
《马克思恩格斯全集》第 6 卷第 144 页。

像现在这样组织的陪审法庭，我们绝不能把它看作是某种保障。资格限制使一定的阶级享有从自己的人当中挑选陪审员的特权。编制陪审员名单的方式使政府有权操纵垄断，从特权阶级中挑选出自己惬意的人。……最后，当陪审法庭真正组成的时候，检察机关有权第三次对最后的名单，对这个经政府两次蒸馏过的阶级特权的产物进行清刷，只留下最后所需要的十二个人，而把其余的都删除。

马克思：《对哥特沙克及其同志们的审判》，
《马克思恩格斯全集》第 6 卷第 151 页。

共和党人的良心不同于保皇党人的良心，有产者的良心不同于无产者的良心，有思想的人的良心不同于没有思想的人的良心。一个除了资格以外没有别的本事的陪审员，他的良心也是受资格限制的。

特权者的"良心"也就是特权化了的良心。

因此，在我们看来，现今这样组织的陪审法庭是维护某些人的特权的机关，而绝不是保障一切人的权利的机关。

马克思：《对哥特沙克及其同志们的审判》，
《马克思恩格斯全集》第 6 卷第 152 页。

在贵族和贵族大地主看来，什么叫做"社会问题"呢？这就是保存封建地主原来享有的特权，让贵族在军队和民事官厅中占据收入最多的肥差美缺，以及直接从国库中拿钱来供养他们。除了这些可以感触到的物质的，因而也是"最神圣的"利益以外，"天佑吾王，天佑吾国"的先生们自然还要保持那些使他们的门第同资产者、农民和平民的下等门第有所区别的社会特权。

马克思：《孟德斯鸠第五十六》，
《马克思恩格斯全集》第 6 卷第 226 页。

如果现行法律和社会发展刚刚达到的阶段发生显著的矛盾，那末，诸位陪审员先生，你们的职责恰恰就是要在过时的律令和社会的迫切要求的斗争中讲出自己有分量的话。那时你们的任务就是要超过法律，直到它认识到必须满足社会的要求为止。这是陪审法庭的最高尚的特权。

马克思：《"新莱茵报"审判案》，
《马克思恩格斯全集》第 6 卷第 274 页。

陪审法庭的特权是：陪审员可以不依赖传统的审判实验解释法律，而按照他们的健全理智和良心的启示去解释法律。

马克思：《"新莱茵报"审判案》，
《马克思恩格斯全集》第 6 卷第 280 页。

这一套旧政权机构的相应的社会基础是享有特权的贵族土地占有制及其农奴和半农奴、小规模的宗法式的或者在行会基础上组织起来的工业、彼此隔绝的等级、城市和乡村之间的尖锐对立，而首先是乡村对城市的统治。

马克思：《对民主主义者莱茵区域委员会的审判》，
《马克思恩格斯全集》第 6 卷第 301 页。

"新宪法"昨天已经在杜塞尔多夫生效。一般的法律和法庭已被废除，臣民之父授予了"我的英勇军队"以杀人的特权。

卫戍司令在取得胜利和血腥地镇压人民之后，立即请求柏林方面给予指示。他收到冯·霍亨索伦先生的下属勃兰登堡—曼托伊费尔用电报拍来的命令——颁布血腥法律并成立刽子手的军事法庭。

马克思恩格斯：《杜塞尔多夫的血腥法律》，
《马克思恩格斯全集》第 6 卷第 580 页。

在英国和法国，集中在大城市，特别是集中在首都的强大富裕的资产阶级，已经完全消灭了封建制度，或者至少像在英国那样，已经使它只剩下一些微不足道的残余，而德国的封建贵族却仍然保有很大一部分旧日的特权。封建土地所有制差不多到处都还居于统治地位。封建领主甚至还保有对佃户的审判权。他们虽然被剥夺了政治上的特权——对各邦君主的控制权，但他们几乎原封不动地保持着对他们领地上的农民的那种中世纪的统治权以及不纳税的权利。

恩格斯：《德国的革命和反革命》，
《马克思恩格斯全集》第 8 卷第 7～8 页。

二月事变原先的目的只是要争得选举制度的改革，以求扩大有产阶级内部享有政治特权者的范围和推翻金融贵族独占的统治。但是，当事变已演进到引起实际冲突，当人民已投入街垒斗争，当国民自卫军采取消极等待的态度、军队不进行认真抵抗而王室已经逃走的时候，成立共和国就是自然而然的事情了。

马克思：《路易·波拿巴的雾月十八日》，
《马克思恩格斯全集》第 8 卷第 127 页。

民主党人认为，和他们对立的是一个特权阶级，但他们和全国所有其他阶层一起构成了人民。

马克思：《路易·波拿巴的雾月十八日》，
《马克思恩格斯全集》第 8 卷第 155 页。

陪审法庭是特权阶级的等级法庭，建立这种法庭的目的是为了用资产阶级良心的宽广来填补法律的空白。

马克思：《揭露科伦共产党人案件》，
《马克思恩格斯全集》第 8 卷第 536 页。

这两项条款确保了俄国"扩张领土和获得贸易特权"，因而公开破坏了威灵顿公爵在圣彼得堡签订的 1826 年 4 月 4 日的议定书，以及俄国同其他大国在伦敦缔结的 1827 年 7 月 6 日的条约。

马克思：《帕麦斯顿勋爵》，
《马克思恩格斯全集》第 9 卷第 444 页。

在讨论这个宪法时，引起他们反对的仅仅是废除他们的古老特权和利益一项。

马克思：《革命的西班牙》，
《马克思恩格斯全集》第 10 卷第 466 页。

王政会议既然领导法官这一等级并成为法官们滥用职权、享受特权的具体保障，自然也拥有全部由西班牙司法制度产生的无数具有权威的利益。

马克思：《革命的西班牙》，
《马克思恩格斯全集》第 10 卷第 478 页。

另一些人，例如德·普腊德神甫在"现代的西班牙革命"一书中，认为议会毫无必要地死抓住从西班牙古法典抄来的、属于国王权力受到大贵族的非常特权限制的那一封建时代的陈旧条文。

马克思：《革命的西班牙》，

《马克思恩格斯全集》第 10 卷第 494 页。

　　1812 年宪法的最明显的特点——竭力限制王权的倾向（这种倾向完全是正确的，因为戈多伊的可鄙的专制使人记忆犹新，一想到它就令人厌恶），是渊源于西班牙的古法典。加迪斯议会不过把这一监督权从特权等级的手中转到国民代表机关的手中。

马克思：《革命的西班牙》，

《马克思恩格斯全集》第 10 卷第 495 页。

　　俄国同中华帝国的关系是很特殊的。当英国人和我们连跟两广总督直接进行联系的特权都得不到的时候，——至于法国人，他们之参加目前的军事行动，完全是客串性质的，因为他们实际上没有同中国进行贸易，——俄国人却享有在北京派驻使节的优先权。固然，据说这种优先权是由俄国人付出屈尊容忍的代价换来的：它只有算作中华帝国的一个朝贡藩属才得侧身于天朝的朝廷。但这毕竟使俄国外交在中国，也像在欧洲一样，有可能产生一种绝不仅限于外交事务的影响。

马克思：《俄国的对华贸易》，

《马克思恩格斯全集》第 12 卷第 166 页。

　　这位独裁者企图既代表王权与议会相抗衡，又代表议会与王权相抗衡，从而把双方的特权集中于一身。

马克思：《关于印度的法案》，

《马克思恩格斯全集》第 12 卷第 560 页。

　　第一次瓜分是由于波兰贵族力图保存已经失去存在权利的宪法和特权而引起的；那部宪法和那些特权不仅没有维持安宁和保证进步的发展，反而破坏了公共秩序，给国家带来了危害。

恩格斯：《支持波兰》，

《马克思恩格斯全集》第 18 卷第 673 页。

　　从消灭阶级特权的资产阶级要求提出的时候起，同时就出现了消灭阶级本身的无产阶级要求——起初采取宗教的形式，以早期基督教为凭借，以后就以资产阶级的平等论本身为依据了。

恩格斯：《反杜林论》，

《马克思恩格斯全集》第 20 卷第 116 页。

　　为了得出"平等＝正义"这个命题，几乎用了以往的全部历史，而这只有在有了资产阶级和无产阶级的时候才能做到。但是，平等的命题是说不应该存在任何特权，因而它在本质上是消极的，它宣布以往的全部历史都是糟糕的。

恩格斯：《〈反杜林论〉材料》，

《马克思恩格斯全集》第 20 卷第 669 页。

容克老爷们的领地警察权已经成了一种时代错误。它作为一种封建特权在名义上是被废除了，但在实际上又由于建立了独立的领地区 [Gutsbezirke] 而恢复了，在这里，地主或者亲自担任拥有乡长 [ländlicher Gemeindevorsteher] 权力的领地区长 [Gutsvor-steher]，或者任命这种领地区长；此外，也是由于把区 [Amtsbezirk] 的全部警察权和警察裁判权都交给了区长 [Amtsvorsteher]，这种区长在农村中自然几乎无例外地都是大地主，从而乡也处在他们的监督之下。单个人的封建特权被废除了，但是与这种特权相联系的无限权力却转到了整个阶级手里。

恩格斯：《暴力在历史中的作用》，

《马克思恩格斯全集》第 21 卷第 524～525 页。

省议会由于它们的特殊组成不外是各种特殊利益的联合，这些特殊利益拥有一种能对国家保持自己的特殊界限的特权；所以，它们是国家中一些非国家成分的合法化的自发机构。

马克思：《论普鲁士等级委员会》，

《马克思恩格斯全集》第 40 卷第 343 页。

实际上，政府并不是凌驾于阶级之上的，而是维护一个阶级来反对另一个阶级，维护有产阶级来反对穷人阶级，维护资本家来反对工人。不受限制的政府如果不给有产阶级种种特权和优待，就不可能管理这样一个大国。

列宁：《社会民主党纲领草案及其说明》，

《列宁全集》第 2 卷第 84 页。

一个阶级与另一个阶级的区别不在于法律上的特权，而在于事实上的条件，因此现代社会的阶级是以法律上的平等为前提的。

列宁：《民粹主义空想计划的典型》，

《列宁全集》第 2 卷第 452 页。

欧洲一直保护着旧世界已经确立的关系和特权，维护着它的优惠的权利，即几世纪以来一直被视为天经地义的剥削亚洲各国人民的权利。

列宁：《旅顺口的陷落》，

《列宁全集》第 9 卷第 135 页。

资产阶级的阶级地位必然会造成内部的不稳定并且会使它对基本政治任务的提法本身

具有欺骗性：争取自由的斗争，争取推翻长期存在的专制制度特权的斗争，是和维护私有制的特权不相容的，因为私有制的特权要求"爱护"君主制。

列宁：《革命斗争和自由派的渔利行为》，
《列宁全集》第 10 卷第 248 页。

那时我们为人民争取到的将不是保证资产阶级政治特权的君主立宪。我们为俄国争取到的将是一个一切被压迫民族享有完全自由、农民和工人享有完全自由的共和国。

列宁：《无产阶级在进行斗争，资产阶级在窃取政权》，
《列宁全集》第 11 卷第 150 页。

资产阶级想要议会制度而不要官僚制度，为的是保证资本的统治，同时却想要君主政体，常备军，并保留官僚制度的某些特权，这样可以使革命不能进行到底，使无产阶级不能武装起来。

列宁：《革命的官样文章和革命事业》，
《列宁全集》第 12 卷第 112 页。

任何这种半民主的、实际上是反动的国家的全部客观含义无非就是：牺牲一些最无关紧要的特权，以保住地主资产阶级的和官僚的政权的根基。

列宁：《修改工人政党的土地纲领》，
《列宁全集》第 12 卷第 234～235 页。

不论是资产阶级民主派，还是自由派（所有的自由派都是资产阶级自由派，但并不是所有的民主派都是资产阶级民主派），都反对旧制度，反对专制制度、农奴制度、最高等级的特权等等，都拥护政治自由和立宪的"法"制。这是他们共同的地方。

列宁：《立宪民主党和土地问题》，
《列宁全集》第 22 卷第 49～50 页。

自由派不仅不致力于完全消灭一切中世纪特权，反而维护某些最重要的特权，竭力想要由普利什凯维奇之流和米留可夫之流来瓜分这些特权，而不是加以全部消除。

自由派主张政治自由和实行宪制时，总要打些折扣（如两院制和许多别的主张），而每打个折扣都是为了保留农奴主的特权。

列宁：《立宪民主党和土地问题》，
《列宁全集》第 22 卷第 50 页。

地主和农民的平等，客观上的必然结果只能是地主和资产阶级瓜分特权。1861 年的情况正是这样：地主把自己千分之一的特权让给了新兴的资产阶级，而农民群众却不得不遭受半个世纪（1861＋50＝1911）的痛苦：无权，备受凌辱，慢慢饿死，交纳苛捐杂税，等

等。此外，不应当忘记，地主在 1861 年把自己千分之一的政治特权让给资产阶级（地方自治改革，城市改革，司法改革，等等）的同时，他们自己在经济上也开始向资产阶级转化，开办起酿酒厂、甜菜制糖厂，参加股份公司董事会，等等。

列宁：《立宪民主党和土地问题》，
《列宁全集》第 22 卷第 54 页。

为了维护他们某一方面的政治特权，就不能容许第三个阵营独立存在，就要把一切反对派限制在不是拥护宪制就是反对宪制的公式所反映的这个立场上，而且只能限制在这个立场上。

列宁：《谈谈"吃掉立宪民主党人"》，
《列宁全集》第 22 卷第 65 页。

各国的自由派资产者，其中包括我们俄国的自由派资产者如此热中的法官终身制，不过是一种由普利什凯维奇之流和米留可夫之流，农奴主和资产阶级来瓜分中世纪特权的制度。

列宁：《国际法官代表大会》，
《列宁全集》第 22 卷第 77 页。

俄国自由派资产阶级由于自己的经济地位而不得不追求的，不是消灭普利什凯维奇之流的特权，而是要在农奴主和资本家之间瓜分这些特权。与此相反，俄国资产阶级民主派即农民不得不追求的，是消灭所有这些特权。

列宁：《两种乌托邦》，
《列宁全集》第 22 卷第 327 页。

大国瓜分世界意味着，它们的一切有产阶层都从占有殖民地和势力范围中获得利益，都从压迫其他民族、因自己属于"大"国和压迫民族而身居大有收益的职位和享有特权中获得利益。

列宁：《第二国际的破产》，
《列宁全集》第 26 卷第 245 页。

其实，这场战争是两个强盗大国集团为了瓜分殖民地，为了奴役其他民族，为了在国际市场上得到便宜和特权而进行的。这是一场最反动的战争，是现代奴隶主为了保存和巩固资本主义奴隶制而进行的战争。

列宁：《反战传单》，
《列宁全集》第 27 卷第 1 页。

帝国主义是垄断的资本主义。每个卡特尔、托拉斯、辛迪加以及每家大银行，都是一种垄断组织。超额利润并没有消灭，它仍然存在。一个享有特权的财力雄厚的国家对其他所有国家的剥削仍然存在，并且更加厉害了。

> 列宁：《帝国主义和社会主义运动中的分裂》，
> 《列宁全集》第 28 卷第 79 页。

警察脱离人民，形成一个职业性的帮派，这些人"被调教出来"用暴力来对付穷人，享有较高的待遇和"权势者"的特权（更不用说"正当收入"了），所以在资产阶级统治下，不管在哪种民主共和国中，警察必然始终是资产阶级最可靠的工具、支柱和保卫者。决不能依靠警察来实现有利于劳动群众的重大的和根本的改革。这在客观上是不可能的事。

> 列宁：《忘记了主要的东西》，
> 《列宁全集》第 30 卷第 22 页。

马克思在《资产阶级和反革命》里说"我们过去对这个法案的批评"，是在《马克思恩格斯全集》第 5 卷中，《帕托夫赎买法案建议书》《废除封建义务的法案》和《关于现行赎买法案的辩论》三篇文章的有关论述。

马克思在《资产阶级和反革命》里的"贵族和大地主会议"，指"保护财产和保障一切阶级的福利联盟"的领导人于 1818 年 8 月 18 日在柏林召开的容克代表大会。大会将这个联盟改名为"保障地主利益联盟"。这个代表大会获得了容克议会的称号。

马克思在《帕麦斯顿勋爵》里说的"俄国同其他大国在伦敦缔结的 1827 年 7 月 6 日的条约"，指 1826 年 4 月 4 日彼得堡议定书和 1827 年 7 月 6 日伦敦条约。在 1826 年 4 月 4 日的议定书中，签订这个议定书的沙俄和英国力图掩饰它们站在希腊方面干涉希土冲突的真正目的，声明它们既不是要损害土耳其来扩大自己的领土，也不是追求无上的势力和在苏丹属地上的贸易特权。英、俄、法在缔结 1827 年 7 月 6 日伦敦条约时又重复了这样的声明。

（二）特权的普遍性

1. 特权主体的阶级内泛化

在封建制社会和资本主义社会条件下，由于特权本身的特殊利益性和权力功能，决定了它一定成为统治阶级成员追逐的焦点。所言"特权主体的阶级内泛化"，是指特权者已经超出少数当权者的范围，在统治阶级内部普遍化了。

特权是一种与国家权力对立的寄生性权力，它扭曲和破坏国家权力的运行，因而成为造成社会危机的重要原因。

资产阶级废除了长子继承权或不许出卖领地的禁令，取消了贵族的一切特权，这样便消灭了特权贵族、土地贵族的权力。资产阶级取消了所有行会，废除了手工业者的一切特权，从而打垮了行东的威风。

恩格斯：《共产主义原理》，

《马克思恩格斯全集》第 4 卷第 362 页。

改革法案规定采用选举资格，废除对某些个人和团体旧有的选举特权，这在原则上应该使资产者富豪阶级掌握政权；但在实际上，土地占有者阶级在议会中还保存着相当大的优势，他们派到议会去的代表直接的有各郡产生的 143 人，间接的有小城市产生的几乎所有代表，此外，大城市的托利党人代表也是代表他们的。

恩格斯：《补遗 英国谷物法史》，

《马克思恩格斯全集》第 4 卷第 568 页。

国王用这个宪法给自己钦定了新的特权。他授权自己可以 in indefinitum〔无限期地〕解散议会。他授权大臣们在议会休会期间颁布任何法律（包括关于所有权等等的法律）。他准许议员可以控告大臣们的这种行动，但是在戒严的情况下，控告者有成为"内部敌人"的危险。

马克思：《资产阶级和反革命》，

《马克思恩格斯全集》第 6 卷第 146 页。

贵族、僧侣、官僚、军官"看来准备"放弃自己的特权，但这并不是慑于武装的人民，也不是因为对欧洲革命一感到畏惧就在自己队伍中不可抑制地发生的愈来愈严重的精神瓦解和组织瓦解使得他们无力反抗，——不是的！和平、善良、互利的 2 月 24 日和 3 月 18 日的"协定"（用康普豪森先生的话来说），使"他们深信"，这是"合乎他们自身的、正确理解的利益的"！

马克思：《柏林"国民报"致初选人》，

《马克思恩格斯全集》第 6 卷第 239 页。

伟大的施万贝克当然不屑知道，大多数匈牙利贵族也同大多数波兰贵族一样，都是纯粹的无产者，他们所享有的全部贵族特权只不过是不能对他们施以体罚而已。

马克思：《"科伦日报"论马扎尔人的斗争》，

《马克思恩格斯全集》第 6 卷第 363 页。

这个资本家的特权不会长久，因为同他竞争的资本家也会采用同样的机器，实行同样的分工，并以同样的或更大的规模采用这些机器和分工。

马克思：《雇佣劳动与资本》，

《马克思恩格斯全集》第 6 卷第 501 页。

正如他的君主国是资产阶级上层统治的理想名称一样，在他的各届内阁中，特权的利益必定要带着证明个人大公无私的思想名称。

马克思：《1848 年至 1850 年的法兰西阶级斗争》，

《马克思恩格斯全集》第 7 卷第 89 页。

两院仅仅为了不致被解散回家，仅仅为了使国王最后能庄严地向宪法宣誓，竟不惜通过贵族特权，特别法庭，国民兵役，地产长子继承权等所有的提案。这就是普鲁士立宪派资产者进行的报复。

马克思恩格斯：《国际述评（一）》，

《马克思恩格斯全集》第 7 卷第 254 页。

捐税实际上就成了保险人为了享有以下特权而纳的保险金：（1）社会保护，诉讼免费，举行宗教仪式免费，教育免费，获得抵押贷款以及向储金局领取养老金；（2）免除和平时期的兵役；（3）保证不虞匮乏；（4）火灾、水灾、雹灾、兽瘟、轮船失事等的损失得到赔偿。

马克思恩格斯：《"新莱茵报。政治经济评论"第 4 期上发表的书评》，

《马克思恩格斯全集》第 7 卷第 335 页。

在僧侣中间有两个极其不同的阶级。僧侣中的封建特权阶层形成贵族阶级，包括主教和大主教，修道院长，副院长以及其他高级僧侣。这些教会显贵或者本身就是帝国诸侯，或者是在其他诸侯的麾下以封建主身分控制着大片土地，拥有许多农奴和依附农。他们不仅像贵族和诸侯一样肆无忌惮地榨取自己属下的人民，而且在办法上还更加无耻得多。

恩格斯：《德国农民战争》，

《马克思恩格斯全集》第 7 卷第 391 页。

僧侣中的平民集团是由农村传教士和城市传教士组成的。他们不属于教会封建特权阶层，不能分享特权阶层的财富。他们的工作，上级不大过问；虽则他们的工作对教会如此重要，可是在当时被重视的程度却远不能和兵营内的修道士娄罗们的警察活动相比拟。因此他们的待遇就坏得多，他们的俸给多半都很微薄。

恩格斯：《德国农民战争》，

《马克思恩格斯全集》第 7 卷第 392 页。

高踞在城市社会上层的是富贵家族，即所谓"名门望族"。他们都是最富有的人家。据有政府席位以及一切城市官职的全是他们。因此他们不仅管理城市的收入，而且也吞食城市的收入。他们倚仗其财富，倚仗其久经皇帝和帝国承认的贵族地位，以各种方式来剥削城市公社以及隶属于城市的农民。……他们出卖行会特权，师傅权，市民权，还出卖法庭裁判权。……这个在一切方面都拥有特权、人数较少、靠亲戚关系和利害关系紧密结合起来的阶级，在当时是如何轻易地从城市收入中大量中饱，我们只消回想一下 1848 这一

年在许多城市管理机构中揭露出的那种种侵吞诈骗的现象，就可以明白了。

恩格斯：《德国农民战争》，

《马克思恩格斯全集》第 7 卷第 393~394 页。

小资产阶级的统治者，尤其是在巴登（以布伦坦诺先生为首），无论如何也忘不了他们篡夺"合法的"君主即大公的地位和特权，是一种叛逆行为。

恩格斯：《德国的革命和反革命》，

《马克思恩格斯全集》第 8 卷第 108 页。

土地贵族即使不得不忍心再一次丧失自己的特权，那末它无论如何也要为自己保持自愿放弃这些特权的功绩。

马克思：《人民得肥皂，"泰晤日报"得贿赂。——联合内阁的预算》，

《马克思恩格斯全集》第 9 卷第 94 页。

然而这还不是董事们的最主要的特权。他们的年薪一共只有 300 英镑，但是实际上他们是靠卖官鬻爵得到收入，他们可以保荐所有的文职和军职人员，印度总督和各管区的省督都必须从这些被保荐的人中间挑选担任各种官职的人，因为印度居民是禁止担任这些官职的。

马克思：《土耳其战争问题。——"纽约论坛报"在下院。——印度的管理》，

《马克思恩格斯全集》第 9 卷第 205 页。

即使僧侣和贵族还保持自己的可憎的特权，他们也早已不是作为古议会的结构的基础的那种独立政治团体了。

马克思：《革命的西班牙》，

《马克思恩格斯全集》第 10 卷第 496 页。

协会从自己这方面要求英国的选民们把自己亲自选举出来的有功劳的候选人派到议会中去，而不是像过去那样，把贵族俱乐部硬塞给他们的候选人派去。因此，它认为享有选举权的特权集团的存在是正常的，按照它的说法，这个选民集团对某几个俱乐部的依附关系、卖身投靠和缺乏独立性才产生了现今的下院，从而也产生了现今的政府。

马克思：《关于改革运动》，

《马克思恩格斯全集》第 11 卷第 267 页。

过了很长时间，股份公司才取得了起诉和代表董事会在法庭上答辩的权利。但是为了利用这项特权，它们应当进行登记，也就是进行合并，可是按照 1837 年的法律，合并是要由王权根据 Board of Trade〔贸易部〕的呈报来实现的；因此，某一公司能否合并实际上是听凭于 Board of Trade 是否大发慈悲。

　　　　　　　　　　　　　马克思：《消息数则》，

　　　　　　　　　　《马克思恩格斯全集》第 11 卷第 383 页。

　　一位显赫的贵族兰斯科伊被任命为内务大臣，他向贵族们发布了一项公告，宣布亚历山大皇帝已用特别法令保证贵族的一切权利和特权，这就说明，农奴主中间的这些不满情绪的征兆已经使宫廷感到多么惊慌。

　　　　　　　　　　　　　恩格斯：《俄国军队》，

　　　　　　　　　　《马克思恩格斯全集》第 11 卷第 637 页。

　　我们在研究 1857 年法兰西银行法时，已经详细谈过波拿巴为了保证自己发行可怜的 2000 万美元公债，而牺牲国家利益赐给法兰西银行极大特权的问题。当时我们认为这个法兰西银行法是"社会救主"在财政上的绝望的哀号，然而，从那时起法国商业、工业、农业遭到的灾难也殃及了本来就在以骇人比例增长着支出的国库。

　　　　　　　　　　马克思：《波拿巴的财政手段。——军事专制》，

　　　　　　　　　　《马克思恩格斯全集》第 12 卷第 521 页。

　　如果我们来看一看例如从 1844 年至 1857 年这一段时间，我们就会发现，除了商业恐慌时期以外，这家银行尽管有着通过购买公债把自己的银行券投入市场的特权，尽管连续降低利率，也从来没能使它投入流通的银行券达到法定的最高限量。

　　　　　　　　　　　马克思：《英国的贸易危机和货币流通》，

　　　　　　　　　　《马克思恩格斯全集》第 12 卷第 579 页。

　　对于 1848 年的革命，再没有比罗马天主教僧侣所采取的反对态度为害更大的了。他们由于革命而获得了大量好处，即赢得了可以同教皇直接来往、可以建立女修道院和男修道院的权利，还有一点并不次要的，是可以购置地产的权利。这些圣徒们为了酬答他们所赢得的这些特权，在革命失败的时候当然是恶狠狠地来打击它。

　　　　　　　　　　　　　马克思：《新内阁》，

　　　　　　　　　　《马克思恩格斯全集》第 12 卷第 675 页。

　　议会于 1828 年 3 月 2 日开幕，会上宣读了一个长篇报告，报告中证明政府迫切需要新的特权。

　　　　　　　　　　　马克思：《玻利瓦尔－伊－庞特》，

　　　　　　　　《马克思恩格斯全集》第 14 卷上册第 239 页。

　　在实行手工业自由的时候，对以前享有特权的手工业者的保护就不存在了，他们到处都遇到竞争者。尽管这样，庄园主还是继续征收原来的捐税，借口说这不是同手工业有关，而是同土地有关；而法院也偏袒贵族的利益，在极大多数情况下都是承认了这种无理

的要求。

恩格斯:《威廉·沃尔弗》,

《马克思恩格斯全集》第 19 卷第 88 页。

老爷们自己也逐渐办起水力磨坊和风力磨坊,以后还办起蒸汽磨坊,因而自己对先前拥有特权的磨坊主造成了不可抗拒的竞争。

恩格斯:《威廉·沃尔弗》,

《马克思恩格斯全集》第 19 卷第 89 页。

码头主(wharfingers)、驳船主(lightermen)和船夫(watermen)组成了各种享有特权的、有的甚至还带有中世纪的外表的真正的行会。这些古老的行会特权近七十年来由于码头公司的垄断而达到了登峰造极的地步;因而整个巨大的伦敦港就转入少数对它进行肆无忌惮的剥削的特权的行帮手中。

恩格斯:《资产阶级让位了》,

《马克思恩格斯全集》第 21 卷第 440 页。

这六家享有特权的银行的银行券根据一项法律作为足值的支付手段进行流通,而这项法律的有效期在几年以前就满了,但是后来一年又一年地延长,一直延到 1892 年 12 月 31 日,最后,又延长了三个月——到 1893 年 3 月 31 日。

恩格斯:《关于意大利的巴拿马》,

《马克思恩格斯全集》第 22 卷第 418 页。

不久,克里斯比垮台,鲁迪尼上台;后来鲁迪尼垮台,成立了现在执政的焦利蒂内阁。规定要改组银行并将其特权延长六年的确定的银行法,仍然没有着落。谁也不想去碰这个危险的诱饵。

恩格斯:《关于意大利的巴拿马》,

《马克思恩格斯全集》第 22 卷第 419 页。

于是就暴露出来了惊人的事情!非法超额发行的银行券达 900 万法郎;银行的现金同黄金储备混在一起(这对银行行长和出纳员来说极其便利,但银行章程是禁止这样做的);总存量全部是根本不能兑现的空头票据;曾经从银行基金中拨出了 7300 万贷款发放给 179 个特权人物,其中 3350 万仅仅发给了 19 个人。在银行的债务人中间,有借款超过 100 万的银行行长汤隆古和借款 400 万的银行监事长朱利奥托洛尼亚公爵,等等。此外,科拉扬尼一个名字也没有提到,但他暗示他知道的比说的还要多,并且要求议会对银行的业务进行调查。

恩格斯:《关于意大利的巴拿马》,

《马克思恩格斯全集》第 22 卷第 419~420 页。

　　工业资本家这些新权贵，不仅要排挤行会的手工业师傅，而且要排挤占有财富源泉的封建主。从这方面来说，他们的兴起是战胜了封建势力及其令人愤恨的特权的结果，也是战胜了行会及其对生产的自由发展和人对人的自由剥削所加的束缚的结果。

马克思：《资本论第一卷》，
《马克思恩格斯全集》第 23 卷第 783 页。

　　这六家享有特权的银行的银行券根据一项法律作为足值的支付手段进行流通，而这项法律的有效期在几年以前就满了，但是后来一年又一年地延长，一直延到 1892 年 12 月 31 日，最后，又延长了三个月——到 1893 年 3 月 31 日。

恩格斯：《关于意大利的巴拿马》，
《马克思恩格斯全集》第 22 卷第 418 页。

　　不久，克里斯比垮台，鲁迪尼上台；后来鲁迪尼垮台，成立了现在执政的焦利蒂内阁。规定要改组银行并将其特权延长六年的确定的银行法，仍然没有着落。谁也不想去碰这个危险的诱饵。

恩格斯：《关于意大利的巴拿马》，
《马克思恩格斯全集》第 22 卷第 419 页。

　　工业资本家这些新权贵，不仅要排挤行会的手工业师傅，而且要排挤占有财富源泉的封建主。从这方面来说，他们的兴起是战胜了封建势力及其令人愤恨的特权的结果，也是战胜了行会及其对生产的自由发展和人对人的自由剥削所加的束缚的结果。

马克思：《资本论第一卷》，
《马克思恩格斯全集》第 23 卷第 783 页。

　　用国家的名义装饰起来的大银行，从一产生起就只不过是私人投机家的公司，它们支持政府，依靠取得的特权能够把货币贷给政府。因此，国债积累的最准确的尺度就是这些银行的股票的不断涨价，这些银行的充分发展是从英格兰银行的创立（1694 年）开始的。

马克思：《资本论第一卷》，
《马克思恩格斯全集》第 23 卷第 823 页。

　　在这一篇里也没有提到司法贵族（noblesse de robe）和法学家（la robe），他们实际上也构成了特权等级，在议会中拥有同王权对立的巨大的权力。他们在自己的政治活动中以限制王权的那些机关的保卫者的姿态出现，可见，他们是站在人民一边的，但作为法官，他们就是营私舞弊的体现。

恩格斯：《致卡·考茨基》，
《马克思恩格斯全集》第 37 卷第 145 页。

因为只要贵族还自认为是特殊人物，那么，他们就会要求特权并且必定会享有特权。我们仍然坚持我们的要求：废除一切等级，建立一个伟大的、统一的、平等的公民国家！

恩格斯：《恩斯特·莫里茨·阿伦特》，

《马克思恩格斯全集》第 41 卷第 155 页。

在封建领地上，领主和土地之间还存在着比单纯物质财富的关系更为密切的关系的假象。地块随它的主人一起个性化，有它的爵位，即男爵或伯爵的封号；有它的特权、它的审判权、它的政治地位等等。土地仿佛是它的主人的无机的身体。因此俗语说："没有无主的土地。"这句话表明领主的权势是同领地结合在一起的。

马克思：《1844 年经济学哲学手稿》，

《马克思恩格斯全集》第 42 卷第 83~84 页。

现在整个东方还是如此；多妻制是富人和显贵人物的特权，多妻主要是用购买女奴隶的方法取得的；人民大众都是过着一夫一妻制的生活。

恩格斯《家庭、私有制和国家的起源》，

《马克思恩格斯全集》第 21 卷第 73 页。

现在在大多数情形之下，丈夫都必须是有收入的人，赡养家庭的人，至少在有产阶级中间是如此，这就使丈夫占居一种无需有任何特别的法律特权的统治地位。

恩格斯《家庭、私有制和国家的起源》

《马克思恩格斯全集》第 21 卷第 87 页。

其实，我国从来没有实行过普遍义务兵役制，因为出身显贵、有钱有势的人享有的特权，造成了许多例外。其实，我国在服兵役方面，从来没有过什么类似公民一律平等的东西。相反，兵营中充满着极其使人愤怒的无权现象。工农出身的士兵毫无保障，人格受侮辱，横遭勒索，总是被拳打脚踢。有钱有势的人却有种种优待和豁免。

列宁：《183 个大学生被送去当兵》，

《列宁全集》第 4 卷第 348 页。

自由派对待语言问题也像对待所有的政治问题一样，活像一个虚伪的小商人，一只手（公开地）伸给民主派，另一只手（在背后）却伸给农奴主和警察。自由派分子高喊：我们反对特权；但在背后却向农奴主时而要求这种特权，时而要求那种特权。

列宁：《自由派和民主派对语言问题的态度》，

《列宁全集》第 23 卷第 449 页。

同地主达成自愿协议，那就是大大提高、加强和巩固富裕农民所享有的优越的特权地位和利益，因为富裕农民确实有能力付款给地主，而且在每个地主的心目中，富裕农民是有支付能力的人。

列宁：《全俄农民第一次代表大会文献》，
《列宁全集》第 30 卷第 144 页。

现在我们放下各个郡来谈谈小城市吧，这里我们会看到一些新的难以理解的选举特权，这些特权部分地是从 1852 年和 1854 年约翰·罗素勋爵提出的两个未获通过的法案中抄来的，部分地也应该归功于费尽心机想出矛盾百出的倒霉的印度法案的埃伦伯勒勋爵的天才。在这些特权中，首先有所谓教育优惠条件。……根据这种优惠条件，受过高等教育的人、英国教会以及其他一切宗教团体的教士、律师、私法律师和公证人、辩护士和法院代诉人、医生、领有执照的教师，总之，从事各种自由职业的人，或者法国人在基佐先生时代通常称之为"贤者"的人，都享有选举权。

马克思：《英国议会改革的新法案》，
《马克思恩格斯全集》第 13 卷第 237 页。

诽谤者先生们特别是在资产阶级报刊上享有充分的自由：任意在报刊上匿名发表议论，造谣诽谤，用一些没有任何官方人士署名的但似乎又是官方的消息来掩盖自己的行为，等等，——不管怎样做，都可以逍遥法外！以米留可夫先生之流为首的卑鄙的诽谤者正在享受这种豁免的特权。

列宁：《论诽谤者》，
《列宁全集》第 32 卷第 113 页。

如果说在那些生产本身还没有社会化、还是分散零星的小商品经济中，即在小农和小手工业者中，保持商业秘密是必不可免的，那么在大资本主义经济中保护这种秘密，便是保护真正一小撮人的特权和利润而损害全体人民。

列宁：《取消商业秘密》，
《列宁全集》第 32 卷第 199 页。

这是因为资产阶级施用小恩小惠，把"肥缺"赐给这些领袖，把自己的利润的零头赏给这些上层分子，把报酬最少的和最笨重的工作放到由国外招募来的落后工人身上，不断增加"工人阶级贵族"优于群众的特权。

列宁：《资产阶级如何利用叛徒》，
《列宁全集》第 37 卷第 182 页。

17 世纪和 18 世纪的职业的、行会的、有特权的学者、博士等等以及大学的平庸作者们，他们头戴呆板的假发，学究气十足，抱着烦琐的咬文嚼字的学位论文站在人民同精神、生活同科学、自由同人的中间。我国的著作业是由那些不够资格的作者创立的。

马克思：《第六届莱茵省议会的辩论（第一篇论文)》，
《马克思恩格斯全集》第 1 卷上册第 197 页。

而小林木所有者又得出什么样的结论呢？他的结论是，他有权雇用短期的进行估价的护林官员。没有资金成了小林木所有者享有特权的根据。

马克思：《第六届莱茵省议会的辩论（第三篇论文)》，
《马克思恩格斯全集》第 1 卷上册第 260 页。

根据自由的理论，犹太人和基督徒是平等的，但根据实际来看，和犹太人比较，基督徒却享有特权，因为，不然的话，基督教的礼拜日怎么能够在为全体法国人制定的法律中得到反映呢？难道犹太教的安息日就没有同样的权利吗？

马克思恩格斯：《神圣家族》，
《马克思恩格斯全集》第 2 卷第 147 页。

臣民分为特权者和非特权者，特权者不但看不出政治等级是降低人格的阶梯，却反而认为它是飞黄腾达的途径，甚至那些把臣服看作是锁链的臣民（对这些锁链的重压的感受很不一致）也注意到这一切，那就表明自己毫无理智、表明自己有警察思想。

马克思：《道德化的批评和批评化的道德》，
《马克思恩格斯全集》第 4 卷第 345 页。

相反地，"好"报刊却有报道或不报道、歪曲或不歪曲革命文件和事实的特权。

马克思：《国家检察官"黑克尔"和"新莱茵报"》，
《马克思恩格斯全集》第 5 卷第 524 页。

马克思在《柏林"国民报"致初选人》里说的"和平、善良、互利的 2 月 24 日和 3 月 18 日"，是反讽。1848 年 2 月 24 日，是法国人民在这一天推翻了法国路易－菲力浦王朝。1848 年 3 月 18 日，普鲁士革命在这一天开始，在柏林发生了街垒战。

马克思恩格斯在《国际述评（一)》里的"地产长子继承权"，是 1850 年 1 月 31 日两院通过的弗里德里希－威廉四世同意的宪法规定的。在普鲁士，保留主要由封建贵族代表组成的上院（贵族院）和按三级选举制选举出来的下院。根据宪法第 40 条，保留了地产长子继承权——封建的土地所有权继承形式，按这种继承形式，所有权不得转让，归长子所有。

2. 特权种类多样性

经典作家关于特权多样性的论述中，提到了下面一些特权：

阶级特权、政治特权、议会特权、议会提问特权、选举特权、王室特权、所有权特权、所有制特权、农业特权、林木特权、新闻出版特权、城市特权、宗教特权、民族特权、特别法上的特权、起诉特权、公会特权、贵族特权、免除服兵役特权、指挥官职位任职特权、军队抢劫暴行和屠杀特权、外国兵特权、外国大使馆干预特权、买卖中国茶叶特权和血统特权、金钱特权，以及不平常的特权和微不足道的特权，等等。

在封建地主阶级、资产阶级如此花样翻新的特权统治下，人民群众该是怎样的生活境况呵！

省议会并不认为前来告发的护林官员的这种地位是有问题的，相反，它认为关于前来告发的护林官员的终身任命的规定，即在林木特权统治这个领域内留给国家的最后一丝权力的唯一规定有问题。

> 马克思：《第六届莱茵省议会的辩论（第三篇论文）》，
> 《马克思恩格斯全集》第 1 卷上册第 258 页。

鲍威尔先生已经指出德国犹太人的妄想：他们在没有任何社会政治生活的国家里要求参与社会政治生活，在只有政治特权的地方要求政治权利。

> 马克思恩格斯：《神圣家族》，
> 《马克思恩格斯全集》第 2 卷第 142 页。

他们还为了许多微不足道的特权争吵不休，其实这些特权大部分都是特权享有者本身的累赘，但是他们认为事关荣誉，因此在这些问题上争吵得特别厉害。

> 恩格斯：《德国状况》，
> 《马克思恩格斯全集》第 2 卷第 632 页。

在基佐先生看来，查理一世和议会之间的全部斗争完全是围绕着纯粹政治特权而进行的。究竟为什么议会和它所代表的阶级需要这种特权，却只字未提。

> 马克思恩格斯：《"新莱茵报。政治经济评论"第 2 期上发表的书评》，
> 《马克思恩格斯全集》第 7 卷第 250 页。

萨尔茨堡城在农民和矿工支持之下，自从 1522 年以来就因本城的城市特权以及宗教争端的关系而和大主教结怨了。

> 恩格斯：《德国农民战争》，
> 《马克思恩格斯全集》第 7 卷第 475 页。

所以肯普腾城竟强迫诸侯修道院长将他在此城享有的一系列重要特权廉价地卖给此城了。

> 恩格斯：《德国农民战争》，
> 《马克思恩格斯全集》第 7 卷第 479 页。

教产是以最有利于他们的方式还俗了；一部分半破落或全破落的贵族不得不逐渐降伏于他们的统治之下；向城市和农民搜刮勒索的金钱流入他们的金库，同时由于取消了那么多的城市特权，他们要在财政措施上为所欲为就更加有余地了。

恩格斯：《德国农民战争》，

《马克思恩格斯全集》第 7 卷第 480 页。

秩序党自己岂不是也不断地（特别是在废除普选权时）把它的议会特权当作违反宪法的手段吗？

马克思：《路易·波拿巴的雾月十八日》，

《马克思恩格斯全集》第 8 卷第 187 页。

举手表决的选举只不过是一种仪式，是对"有主权的人民"的形式上的礼貌；一旦特权受到威胁，这种礼貌马上就不要了。例如，如果享有选举特权的人们的候选人在举手表决中落选，这些候选人就会要求投票表决；而投票表决则只有享有特权的选民阶层才能参加，只有在投票表决中获得多数选票的人才算是合法的当选者。

马克思：《宪章派》，

《马克思恩格斯全集》第 8 卷第 391～392 页。

主人就是统治阶级的或统治阶级中某些集团的达官显贵，扮演奴隶角色的就是这些阶级的大批享有选举特权的人，他们周围则有成千上万个没有选举权的人，后者的唯一使命就是充当单纯的配角。

马克思：《选举中的舞弊》，

《马克思恩格斯全集》第 8 卷第 401 页。

占国内人口大多数的没有选举权的居民对享有特权的选民圈施加的压力愈大，资产阶级要求扩大这个圈子的呼声和工人阶级要求彻底消灭这个圈子的呼声愈高，真正参加投票的选民也就愈来愈少，因而，选民圈也就愈来愈缩小。……

这些例子已经足够了。这说明什么呢？说明享有选举特权的选民对选举的冷淡。而这种冷淡又说明什么呢？说明这个选民圈已经过时了，这些选民对于自己的政治生活失去了任何兴趣。但这决不是说，选民们对任何政治都抱淡漠态度；他们只是对结果多半不是帮助托利党赶走辉格党就是帮助辉格党战胜托利党的这样一种政治抱淡漠态度。

马克思：《选举中的舞弊》，

《马克思恩格斯全集》第 8 卷第 403～404 页。

在不同地区和不同情况下，土耳其人中有工人、佃农、小土地所有者、商人、处于封建主义最低和最野蛮阶段的封建地主、官吏或军人；但是，不管一个土耳其人的社会地位如何，他却属于有特权的宗教和民族——只有土耳其人才有佩带武器的权利，而地位最高的基督徒在遇见社会下层的穆斯林时也必须让路。

> 马克思恩格斯:《不列颠政局。——流亡者。——土耳其》,
> 《马克思恩格斯全集》第 9 卷第 8 页。

他们主要是土耳其族,同时,尽管他们的雇主主要是信基督教的资本家,但是他们仍然狂热地维护自己想象的优越性和胡作非为不受惩罚的实有的权利,这种权利,是因为他们信奉有特权的宗教即伊斯兰教而享有,用来对付基督徒的。

> 马克思恩格斯:《不列颠政局。——流亡者。——土耳其》,
> 《马克思恩格斯全集》第 9 卷第 9 页。

根据十八世纪末签订的库楚克-凯纳吉条约,在君士坦丁堡应该建造一座正教教堂,而且俄国大使馆有权干预正教教堂的神甫同土耳其人的争端。阿德里安堡条约又重申了这项特权。但现在缅施科夫公爵却想把这项不平常的特权变成对土耳其整个希腊正教教会的普遍保护权,即对欧洲土耳其的大多数居民的普遍保护权。

> 马克思:《荷兰情况。——丹麦。——不列颠国债条款变更——印度。
> ——土耳其和俄国》,《马克思恩格斯全集》第 9 卷第 122 页。

于是就决定,向君士坦丁堡宫廷和圣彼得堡宫廷发出内容相同的照会,建议"由列强会同订立一项保障条约,把沙皇为正教徒要求的特权也赋予居住在土耳其属地上的所有其他的基督徒"。

> 马克思:《俄土纠纷。——东印度问题》,
> 《马克思恩格斯全集》第 9 卷第 219 页。

市民们渐渐聚集在大厅里了,他们没有选举权,但是英国宪法赋予他们一种特权,即在 hustings〔选举大会〕上可以提出问题来麻烦候选人。悉尼·赫伯特还没有来得及坐下,各种各样的问题像冰雹一样打在他神圣的头上。

> 马克思:《赫伯特的重新当选。——新内阁的最初措施》,
> 《马克思恩格斯全集》第 11 卷第 76 页。

我们知道,英国大臣们有一种习惯,即在反对王室时举出议会的特权,而在反对议会时则举出王室的特权,这已经有 150 年的传统。实际上格莱安是以委员会的调查会造成英法同盟破裂的危险这一点来吓唬人。

> 马克思:《论新的内阁危机》,
> 《马克思恩格斯全集》第 11 卷第 78 页。

当时波尔切斯特尔勋爵向下院提出了任命一个调查委员会的提案。查理·约克激烈反对,说这是阴谋,这是要激起人们的不满,等等。尽管如此,波尔切斯特尔的提案还是被通过了。于是约克决定使公众无法了解调查材料，坚持要行使旧的不合理的议会特权，坚持不让公众和记者进入议会走廊。结果是这样做了。

马克思：《上院会议》，

《马克思恩格斯全集》第 11 卷第 248～249 页。

他们本来应当首先竭力破坏上院这个英国贵族的最后堡垒的威望。可是他们却抱怨上院忽略了必须依靠现在的内阁而不是依靠自己的特权来获得极短暂的威望的机会！

马克思：《资产阶级反对派和宪章派》，

《马克思恩格斯全集》第 11 卷第 252 页。

凡兵役制带有义务性质而服役期限长的国家，欧洲社会认为必须给有产阶级规定以某种形式出钱免除本人服役的特权。

恩格斯：《欧洲军队。——法国军队》，

《马克思恩格斯全集》第 11 卷第 474 页。

但是十分明显，国家没有力量使上述目的所需的大量青年受到教育；因而施加精神上的压力，使贵族子弟必须在军队或民政机关至少服务 5 年或 10 年。凡贵族家庭，其成员连续三代"未服公职"的，便失掉贵族特权，其中包括农奴所有权，而没有这种所有权，大量地产在俄国便毫无价值了。

恩格斯：《欧洲军队。——法国军队》，

《马克思恩格斯全集》第 11 卷第 508～509 页。

那不勒斯政府如此迫切需要新兵，以致连当时逃亡瑞士的政治犯中的背叛者也不拒绝接收。在这种情况下，那不勒斯国王确认了条约规定的关于瑞士兵的特权，去年 8 月，在定约 30 年期满的时候，又颁布特别法令，只要瑞士人继续为国王效劳，这项特权始终有效。

恩格斯：《欧洲军队。——法国军队》，

《马克思恩格斯全集》第 11 卷第 528 页。

"九尾皮鞭"是这样一种工具，利用它，可以保持不列颠军队的贵族性质，依靠它，从准尉一级开始的所有指挥官职位可以通过封建特权的形式固定由贵族和绅士的年幼子弟来担任。

马克思恩格斯：《对英国兵士的惩罚办法》，

《马克思恩格斯全集》第 11 卷第 574 页。

无论在欧洲或者在美洲都没有像英国军队这样残暴的军队。抢劫、暴行、屠杀——这在任何别国军队里都是已经严格禁止和完全排除了的行为，——是英国士兵由来已久的特权，是他们的合法权利。

恩格斯：《与波斯签订的条约》，

《马克思恩格斯全集》第 12 卷第 499 页。

1834 年，也像 1800 年、1816 年和 1824 年一样，在鸦片贸易史上，标志着一个时代。东印度公司不仅在那一年被取消了买卖中国茶叶的特权，而且必须完全停止一切商务。由于东印度公司从商务机关改组为纯粹的行政机关，对华贸易就完全转到了英国私人企业手里，它们干得非常起劲，以致不顾天朝的拼命抵制，在 1837 年就已将价值 2500 万美元的 39000 箱鸦片顺利地偷运入中国。

马克思：《鸦片贸易史》，

《马克思恩格斯全集》第 12 卷第 589 页。

有关选举权和选举机构方面的安排，不仅把人民的大多数排除在外，而且还使其余享有特权的一部分遭到官僚集团最肆无忌惮的摆布。选举分两级。首先选举复选人，然后由复选人选举议员。在初选当中，不仅不缴纳直接税者都被排除在外，而且全部初选人还要分成三类：最高、中等、量低税额缴纳者。

马克思：《普鲁士状况》，

《马克思恩格斯全集》第 12 卷第 660 页。

大资本不愿满足于它用来打败小资本家竞争的经济手段中的优势，在英国大资本也采取了各种法律上的特权和各种特别法，这些事实，从英国的有关股份公司和一般贸易公司的法律上得到了最雄辩的证明。

马克思：《消息数则》，

《马克思恩格斯全集》第 11 卷第 383 页。

奥托大帝授与该城以帝国自由城市的特权，但是教皇党人和保皇党人 272 之间的斗争使这个城市遭到许多灾难。

马克思：《布里西亚》，

《马克思恩格斯全集》第 14 卷上册第 286 页。

不承认私人在他的私事方面有起诉权的法律，也就破坏了市民社会的最起码的根本法。起诉权由独立的私人的理所当然的权利变成了国家通过它的司法官员所赋予的特权。在每次法律争论中，国家就站在私人和把它当作自己私产的法庭的门之间，并随心所欲地把门打开或关上。

马克思：《福格特先生》，

《马克思恩格斯全集》第 14 卷上册第 686～687 页。

如果资产阶级和贵族忽视它们对自己后代应尽的责任，那是它们的事。享有这些阶级的特权的孩子们却不免要由于它们的偏见而遭殃。

马克思:《临时中央委员会就若干问题给代表的指示》，

《马克思恩格斯全集》第 16 卷第 217 页。

中世纪的市民阶级所有制还同封建的限制密切交织在一起，例如，这种所有制主要由特权构成。因此，从这个意义上来说，罗马法比当时的市民阶级的关系要先进得多。

恩格斯:《论封建制度的瓦解和民族国家的产生》，

《马克思恩格斯全集》第 21 卷第 454 页。

新的工场手工业建立在通海港口或不受旧城市及其行会制度控制的内陆地区。因此，在英国，享有公会特权的城市对这些新的工业培养所进行了激烈的斗争。

马克思:《资本论第一卷》，

《马克思恩格斯全集》第 23 卷第 819 页。

当然，英格兰银行作为一个受国家保护并赋有国家特权的公共机关，是不可能像私人营业那样肆无忌惮地利用自己的权力的。

马克思:《资本论第三卷》，

《马克思恩格斯全集》第 25 卷下册第 616 页。

农业的特权（由土地所有权造成的）表现为:当农产品的价值高于平均价格时，农业不是按平均价格，而是按产品价值出卖自己的产品。这种特权，对于不同土地所生产的各种产品的相互关系，对于同一生产领域内生产的各种价值不同的产品，是完全不适用的。

马克思:《资本论第四卷》，

《马克思恩格斯全集》第 26 卷第 2 册第 105 页。

地主在土地所有权上（就绝对地租来说）和在土地等级的自然差别上（级差地租）却拥有一种特权，使他能把这种剩余劳动或剩余价值的一部分装进自己的腰包，尽管他在管理和创造这种剩余劳动或这种剩余价值方面毫无贡献。

马克思:《资本论第四卷》，

《马克思恩格斯全集》第 26 卷第 2 册第 372 页。

如果城市必然使自己处于特权地位，使乡村处于从属的、不发达的、无助的、闭塞的状态，那么，只有农村居民流入城市，只有农业人口和非农业人口混合和融合起来，才能使农村居民摆脱孤立无援的地位。

列宁:《评经济浪漫主义》，

《列宁全集》第 2 卷第 197 页。

马克思在《荷兰情况。——丹麦。——不列颠国债条款变更——印度。——土耳其和俄国》里提到的"库楚克－凯纳吉条约",是在1768—1774年俄土战争俄国战胜后,两国于1774年7月21日（10日）签订的和约。根据这个条约,俄国得到了黑海北岸的南布格河和德涅泊河之间的地区,其中包括金布恩要塞,此外还得到了阿速夫、刻赤和叶尼卡列,并且迫使土耳其承认了克里木的独立,为俄国以后合并克里木造成了方便的条件。俄国商船获得了自由通过博斯普鲁斯海峡和达达尼尔海峡的权利。条约还规定苏丹应给予希腊正教教会一系列特权,其中包括第十四款关于在君士坦丁堡修建一座正教教堂的规定。

马克思在《布里西亚》里提到的"教皇党人和保皇党人",是12世纪至15纪罗马教皇和德意志皇帝进行斗争期间在意大利成立的两个政党。教皇党人是教皇的拥护者,是意大利城市中商业手工业阶层的上层。保皇党人主要是拥护皇帝的封建贵族的代表人物。

（三）特权同公民权利的对抗性质

1. 在特权面前,权利成了幻想的条件

特权同权利是对立的。特权不仅仅是对公民权利的侵犯,而且是在这种侵犯中消灭了权利本身。这样,法律规定的公民权利,便成为了经典作家所讥讽的"幻想的条件",权利只是在幻想里才存在的。

> 我在这一章里所谈的资产阶级,也包括所谓的贵族阶级在内,因为说它是贵族阶级,说它享有特权,这只是对资产阶级而言,并不是对无产阶级而言。无产者把它们二者都仅仅看作有产阶级,即资产者。在财产特权面前,其他一切特权都算不了什么。
>
> 恩格斯:《英国工人阶级状况》,
> 《马克思恩格斯全集》第2卷第564页。

> 如果我们设想国家中存在着"要别人服从的人"和"服从别人的人",那末我们也就"设想"前者拥有优于后者的"特权"。
>
> 马克思恩格斯:《德意志意识形态》,
> 《马克思恩格斯全集》第3卷第428页。

> 他没有注意到:在分工的范围内,私人关系必然地、不可避免地会发展为阶级关系,并作为这样的关系固定下来;因此,他的全部空谈只是一个虔诚的愿望,他打算实现这种愿望,而其办法是劝告这些阶级的个人把他们的"对立"和他们的"特殊的""特权"的观念从头脑中挤出去。
>
> 马克思恩格斯:《德意志意识形态》,
> 《马克思恩格斯全集》第3卷第513～514页。

国家日益需要更多的货币，它为充实国库起见，现在仍然禁止输出金银；资产者对此完全满意，因为这些刚刚投入市场的大量货币，成了他们进行投机的主要对象；过去的特权成了政府收入的来源，并且可以拿来出卖；在关税法中规定了出口税，这种税只是阻碍了工业的发展，它纯粹是以增加国库收入为目的。

> 马克思恩格斯：《德意志意识形态》，
> 《马克思恩格斯全集》第 3 卷第 65 页。

这是因为在建立在贫困上的社会中，最粗劣的产品就必然具有供给最广大群众使用的特权。

> 马克思：《哲学的贫困》，
> 《马克思恩格斯全集》第 4 卷第 105 页。

德·日拉丹先生在反驳的时候指出了一件无人不知的事实，即"时代"的编辑们曾屡次向杜沙特尔先生求乞，最后杜沙特尔先生对他们说："黄金白银我可没有，不过我有什么给你们什么就是了"，——他给了他们一项在巴黎开设第三家歌剧院的特权，"时代"的"贵人们"把这项特权卖了 10 万法郎，其中 6 万用来贴补该报，下余的 4 万则不知去向。

> 恩格斯：《基佐的穷途末日。法国资产阶级的现状》，
> 《马克思恩格斯全集》第 4 卷第 202 页。

英国资产阶级到现在为止还是在前进的道路上；他们还必须推翻贵族和享有特权的僧侣；他们将不得不实行一系列只有他们才能胜任的进步措施。

> 恩格斯：《基佐的穷途末日。法国资产阶级的现状》，
> 《马克思恩格斯全集》第 4 卷第 205 页。

这样一来，资本的政治特权便利用一种最难觉察同时也是最有效和最具有决定意义的形式恢复起来了。资本对穷人享有掌握武器的特权，就像中世纪的封建贵族对农奴享有掌握武器的特权一样。

> 马克思恩格斯：《市民自卫团法案》，
> 《马克思恩格斯全集》第 5 卷第 279 页。

为了居民中那部分有产者的利益，即为了特权资本的利益，甚至这些把大多数居民的武装权利变成了幻想的条件，又被那些新的、有更多限制的条件所约束了。

> 马克思恩格斯：《市民自卫团法案》，
> 《马克思恩格斯全集》第 5 卷第 280 页。

令人赞叹的是 17 世纪勃兰登堡市侩们的这种"深厚的道德感"，他们预先就深知事关

自己的利益，因而热烈地欢迎选帝侯，当时选帝侯正向他们的敌人——封建主进攻，但是却把特权出卖给他们。

> 恩格斯：《关于雅科比提案的辩论》，
> 《马克思恩格斯全集》第 5 卷第 304 页。

但是农民购买小块地的价格越提高，则农民负债程度即抵押程度，就必然随着增大起来，——不管这小块地是由他自己购得，或是作为资本由共同继承人分给他，都是一样。加在土地上的债务，称为土地抵押，即土地典当。正如在中世纪大地产周围积集着特权一样，在现代的小块地周围积集着押据。另一方面，在小块地制度下，土地对于所有者全然是生产工具。

> 马克思：《1848 年至 1850 年的法兰西阶级斗争》，
> 《马克思恩格斯全集》第 7 卷第 96 页。

在历史上各个时期中，绝大多数的人民都不过是以各种不同的形式充当了一小撮特权者发财致富的工具。但是所有过去的时代，实行这种吸血的制度，都是以各种各样的道德、宗教和政治的谬论来加以粉饰的。

> 恩格斯：《10 小时工作制问题》，
> 《马克思恩格斯全集》第 7 卷第 269～270 页

高贵的人之所以高贵，是因为他聪明而博学。所以必须在独享教育权利的阶级即特权阶级中去寻找这样的人；而这些阶级本身也将在它们当中找出这样的人，并对他们想当贵人和贤人的要求作出决定。因此，特权阶级现在即使不成为十足的贵人和贤人的阶级，至少也是说话时"吐字清晰"的阶级；而被压迫的阶级当然是"哑巴，是说话吐字不清晰"的阶级，因此阶级统治又重新得到肯定。

> 马克思恩格斯：《"新莱茵报。政治经济评论"第 4 期上发表的书评》，
> 《马克思恩格斯全集》第 7 卷第 307 页。

捐税能使一些阶级处于特权地位，使另一些阶级负担特别沉重，例如我们在金融贵族统治时期看到的情形就是这样。捐税只会使处于资产阶级和无产阶级之间的社会中间阶层遭到破产，因为他们的地位使他们不能把捐税的重担转嫁到另一个阶级的身上。

> 马克思恩格斯：《"新莱茵报。政治经济评论"第 4 期上发表的书评》，
> 《马克思恩格斯全集》第 7 卷第 336 页。

城市多半因享有特权的保护而免担此重负；于是整个税赋的重担就落到农民身上了，既落在诸侯们的农庄雇农身上，也落在农奴，依附农以及隶属诸侯的骑士们的佃农身上。

> 恩格斯：《德国农民战争》，
> 《马克思恩格斯全集》第 7 卷第 389 页。

把城市特权和其他特权出卖，然后又用强力收回，以便再以更高的价钱卖出；利用反对派的任何企图为口实进行各种各样的洗劫和掠夺；所有这一类的事情，都是当时诸侯们司空见惯的谋取收入的财源。

> 恩格斯：《德国农民战争》，
> 《马克思恩格斯全集》第 7 卷第 389 页。

在当时的社会里，由于每一种行业，以至每一种生活领域，都成为无数特权把持着的禁地；由于封建社会的崩溃，所以促成无定业无定居的人数大量增加。

> 恩格斯：《德国农民战争》，
> 《马克思恩格斯全集》第 7 卷第 395 页。

当时在德国只有一切反对党派结成联盟，尤其是贵族要与农民联盟，才能使运动成功。但是恰恰这种联盟在两方面的情况中都是不可能的。贵族既没有到不得不放弃政治特权以及在农民身上享有的封建权利的地步，革命农民也不会根据还很渺茫的希望就和贵族，也就是压迫他们最厉害的这一等级结盟。

> 恩格斯：《德国农民战争》，
> 《马克思恩格斯全集》第 7 卷第 439 页。

他们承认了，或者毋宁说恢复了令人憎恨的各种封建特权，因而出卖了农民的自由和利益。他们既没有能够拟定宪法，也没有能够对总的立法作任何改进。

> 恩格斯：《德国的革命和反革命》，
> 《马克思恩格斯全集》第 8 卷第 80 页。

现代统治阶级的特权以及对工人阶级的奴役，都同样是以现行的劳动组织为基础的，现代统治阶级当然要用它拥有的全部工具（其中之一就是现代国家机器）来维护和支持现行的劳动组织。

> 马克思：《工人议会开幕。——英国的军事预算》，
> 《马克思恩格斯全集》第 10 卷第 126 页。

从 1815 年媾和以来，每当资产阶级想要反对贵族阶级的时候，它总是使工人阶级相信，工人阶级的穷困是贵族阶级的某种特权或垄断造成的。资产阶级就这样鼓动工人阶级帮助它在 1832 年赢得了改革法案，可是它在为自己争得了这个法案之后，却从此不许工人阶级为自己争得类似的法案。

> 马克思：《英国资产阶级》，
> 《马克思恩格斯全集》第 10 卷第 687 页。

想让工人阶级相信贵族建立的立法制度是它困苦境况的原因，这种欺骗的最后可能性，也跟贵族阶级的这个最后的微不足道的特权一起消失了。

马克思：《英国资产阶级》，

《马克思恩格斯全集》第 10 卷第 687 页。

在英国，出版自由直到现在仍然是资本的无上特权。少数代表工人阶级利益的周刊（当然谈不上出版日报），依靠为了总的目的而作出与大陆工人完全不同的牺牲的英国工人的每周捐款，勉强维持着自己的生存。

马克思：《拿破仑和巴尔贝斯。——报纸印花税》，

《马克思恩格斯全集》第 11 卷第 179～180 页。

这种降低在某种程度上被抵销了，因为居住在有权选派代表参加议会的各城市中的有 40 先令收入的自由农 99 在各郡中都被剥夺了投票权；而且这个法案也被斑驳杂陈的一大堆难以理解的选举特权装饰着；这些特权一方面总的说来是微不足道的，另一方面它们也只会加强现存的阶级垄断。

马克思：《英国议会改革的新法案》，

《马克思恩格斯全集》第 13 卷第 235 页。

要解放劳动群众，合作劳动必须在全国范围内发展，因而也必须依靠全国的财力。但是土地巨头和资本巨头总是要利用他们的政治特权来维护和永久保持他们的经济垄断的。他们不仅不会赞助劳动解放的事业，而且恰恰相反，会继续在它的道路上设置种种障碍。

马克思：《国际工人协会成立宣言》，

《马克思恩格斯全集》第 16 卷第 13 页。

农业无产阶级是工人阶级的这样一个部分，它最难于弄清，而且将比其他部分更迟一些弄清自己本身的利益、自己本身的社会地位；换句话说，这个部分在最长时间内一直是剥削它的特权阶级手中的一个无意识的工具。

马克思：《普鲁士军事问题和德国工人政党》，

《马克思恩格斯全集》第 16 卷第 83 页。

在爱尔兰，享有特权的人数也增加了，他们的收入增多了，而同时却有 1/6 的爱尔兰劳动儿女死于饥饿和由饥饿引起的疾病，1/3 幸存的人则被依法从租种的土地上赶走和抛向街头，他们为了逃避罪恶的篡夺者的迫害而不得不流亡他乡。

恩格斯：《土地和劳动同盟告大不列颠和爱尔兰男女工人书》，

《马克思恩格斯全集》第 16 卷第 659 页。

封建领主的特权、地方的特权、城市和行会的专利以及各省的法规等这一切中世纪的

垃圾阻碍了它的发展。十八世纪法国革命的大扫帚，把所有这些过去时代的垃圾都扫除干净，从而从社会基地上清除了那些妨碍建立现代国家大厦这个上层建筑的最后障碍。

马克思：《法兰西内战》，

《马克思恩格斯全集》第 17 卷第 355 页。

国家高级官吏所享有的一切特权以及支付给他们的办公费，都随着这些官吏的消失而消失了。社会公职已不再是中央政府走卒们的私有物。不仅城市的管理，而且连先前属于国家的全部创议权都已转归公社。

马克思：《法兰西内战》，

《马克思恩格斯全集》第 17 卷第 358 页。

中世纪贵族的、城市的和僧侣的领主特权都转变为一个统一的国家政权的从属物；这个统一的国家政权以领薪的国家官吏代替封建显贵，把中世纪地主的门客仆从和市民团体手中的武器转交给一支常备军队，以系统的按等级分工的国家政权的统一计划代替中世纪的互相冲突的势力所造成的错综复杂的（光怪陆离的）无政府状态。

马克思：《初稿。——公社》，

《马克思恩格斯全集》第 17 卷第 584 页。

历史的进步整个说来只是极少数特权者的事，广大群众则不得不为自己谋取微薄的生活资料，而且还必须为特权者不断增殖财富。

恩格斯：《卡尔·马克思》，

《马克思恩格斯全集》第 19 卷第 123 页。

富有和贫穷的对立并没有在普遍的幸福中得到解决，反而由于缓和这种对立的行会特权和其他特权的废除，由于减弱这种对立的教会慈善设施的取消而更加尖锐化了；现在已经实现的脱离封建桎梏的"财产自由"，对小资产者和小农说来，就是把他们的被大资本和大地产的强大竞争所压垮的小财产出卖给这些大财主的自由，于是这种"自由"对小资产者和小农说来就变成了失去财产的自由；工业在资本主义基础上的迅速发展，使劳动群众的贫穷和困苦成了社会的生存条件。

恩格斯：《社会主义从空想到科学的发展》，

《马克思恩格斯全集》第 19 卷第 208 页。

大家知道，对群众的消费品征收间接税是极不公平的。间接税的全部重担都压在穷人身上，而给富人制造特权。一个人愈穷，就愈要把自己更大一部分收入以间接税形式交给国家。

列宁：《关于俄国社会民主工党纲领的文献》，

《列宁全集》第 6 卷第 244~245 页。

工役制和奴役制依然存在，农民没有充分的等级权利和公民权利，农民从属于手执鞭子的享有特权的土地占有者，日常生活中受屈辱使农民变成真正的野蛮人，——所有这一切在俄国农村中都不是例外，而是常规，所有这一切归根到底都是农奴制的直接残余。

列宁：《俄国社会民主党的土地纲领》，
《列宁全集》第 6 卷第 287 页。

现在我们这里有不纳税等级和纳税等级，有特权者和非特权者，有贵族出身和平民出身；对于平民甚至还可以拷打。没有哪一个国家的工人和农民会受到这样的屈辱。

列宁：《告贫苦农民》，
《列宁全集》第 7 卷第 147 页。

恩格斯的《德国农民战争》里的"佃农"，是依附农。农奴制和依附农制，是德国封建社会中同时存在的两个主要的封建剥削形式。农奴制中有人身依附关系，是最重的封建剥削形式。依附农制已无人身依附关系，只有物的依附关系。依附农是通过世袭租佃方式附着于封建主土地，但通过物的依附关系所承担的义务还是非常重的，比农奴差不多少。骑士们的佃农和诸侯们的农庄雇农，都不是主要的形式，而且都可能同时就是依附农。

列宁在《告贫苦农民》里的"纳税等级"，原指俄国交纳人头税的居民，包括农民、小市民、手艺人等。在废除人头税以后，由于他们同其他居民在社会地位上还有另外的差别，所以这个称呼仍然存在。属于纳税等级的人，不能免除体罚，要服劳役，并且没有迁徙的自由。

2. 人民反对特权并不是为自己争取特权

资产阶级反对封建特权是为自己争取特权。恰恰相反，工人阶级和广大劳动人民反对特权，并不是为自己争取特权，"而是要争取平等的权利和义务，并消灭任何阶级统治。"

恩格斯在《反杜林论》里说，"现代的大工业，一方面造成了无产阶级，这个阶级能够在历史上第一次不是要求废除某个特殊的阶级组织或某种特殊的阶级特权，而是要求根本废除阶级；这个阶级所处的地位，使他们不得不贯彻这一要求，否则就有沦为中国苦力的危险。"

经典作家关于工人阶级解放的思想，在巴黎公社、列宁领导的苏维埃和新中国实现了。

工人阶级的解放应该由工人阶级自己去争取；工人阶级的解放斗争不是要争取阶级特权和垄断权，而是要争取平等的权利和义务，并消灭任何阶级统治。

马克思：《协会临时章程》，
《马克思恩格斯全集》第 16 卷第 15 页。

协会成立宣言（1864 年），即对章程的一种正式的和具有约束性的解释，宣言里说：

"土地巨头和资本巨头总是要利用他们的政治特权来维护和永久保持他们的经济垄断的。他们不仅不会赞助劳动解放的事业，而且恰恰相反，会继续在它的道路上设置种种障碍……所以，夺取政权已成为工人阶级的伟大使命。"

马克思恩格斯：《总委员会给"意大利无产者报"编辑部的声明》，

《马克思恩格斯全集》第 17 卷第 508 页。

在这两个国家里，大胆的社会改革都受到了阻碍，都有其局限性，因为这些改革都是由君主赏赐的，而不是（并非）由人民夺得的。虽然如此，仍然发生了一些巨大的社会变革，这些变革取消了统治阶级的最恶劣的特权，改变了旧社会的经济基础。

马克思：《初稿。——国防政府》，

《马克思恩格斯全集》第 17 卷第 560 页。

这次革命的新的特点还在于他们组成了公社，从而把他们这次革命的真正领导权握在自己手中，同时找到了在革命胜利时把这一权力保持在人民自己手中的办法，即用他们自己的政府机器去代替统治阶级的国家机器、政府机器。这就是他们的滔天大罪！工人们竟敢侵犯"一万个上层人"的统治特权，竟敢宣布他们决心破坏这种为了自己的利益而运用着社会的有组织的国家力量的阶级专制的经济基础！

马克思：《初稿。——公社》，

《马克思恩格斯全集》第 17 卷第 602～603 页。

在统治阶级与威胁着他们的特权的生产阶级进行的战斗中，总是充满着这类暴行，但没有一次像在这次战斗中那样，被压迫者显示了这样过分的人道，而他们的敌人表现得如此卑鄙无耻。

马克思：《二稿。——公社》，

《马克思恩格斯全集》第 17 卷第 640 页。

以扫除领主的、地方的、城镇的、各省的特权这些中世纪垃圾为任务的十八世纪的法国革命，不能不同时从社会基地上清除那些妨碍着中央集权的国家政权充分发展的最后障碍，这种国家政权有它的按系统的和等级的分工原则建立的遍布各地的机关。

马克思：《二稿。——公社》，

《马克思恩格斯全集》第 17 卷第 643 页。

无产阶级不再在个别的场合同经济特权阶级作斗争，它已经获得了足够的力量和组织性，能够在同这些阶级作斗争的时候采取一般的强制手段；但是，它只能采取这样一些经济手段，这些手段将消除它作为雇佣工人的特性，因而消除它作为阶级的特性；随着它获得彻底胜利，它的统治也就结束了，因为它的阶级性质已经消失了。

马克思:《巴枯宁〈国家制度和无政府状态〉一书摘要》,
《马克思恩格斯全集》第 18 卷第 696 页。

平等的要求已经不再限于政治权利方面,它也扩大到个人的社会地位方面了;必须加以消灭的不仅是阶级特权,而且是阶级差别本身。

恩格斯:《社会主义从空想到科学的发展》,
《马克思恩格斯全集》第 19 卷第 207 页。

必须为广大农民要求同样的平等权利,农民受着各种程度的奴役,直到完全成为奴隶,他们必须把自己极大部分的劳动时间无偿地献给仁慈的封建领主,此外,还得向领主和国家缴付无数的代役租。另一方面,也不能不要求废除封建特惠、贵族免税权以及个别等级的政治特权。

恩格斯:《反杜林论》,
《马克思恩格斯全集》第 20 卷第 116 页。

现代的大工业,一方面造成了无产阶级,这个阶级能够在历史上第一次不是要求废除某个特殊的阶级组织或某种特殊的阶级特权,而是要求根本废除阶级;这个阶级所处的地位,使他们不得不贯彻这一要求,否则就有沦为中国苦力的危险。

恩格斯:《反杜林论》,
《马克思恩格斯全集》第 20 卷第 171 页。

俄国工人阶级在争取自身解放的斗争中的主要阻碍是不受限制的专制政府及其无需承担责任的官吏。这个政府依靠土地占有者与资本家的特权和对他们利益的殷勤效劳,使下层等级处于完全无权地位,从而束缚了工人运动,阻碍了全国人民的进步。因此,俄国工人阶级争取自身解放的斗争,必然引起反对专制政府的无限权力的斗争。

列宁:《社会民主党纲领草案及其说明》,
《列宁全集》第 2 卷第 70 页。

社会民主党人支持进步的社会阶级去反对反动的社会阶级,支持资产阶级去反对那些特权等级土地占有制的代表人物,反对官吏,支持大资产阶级去反对小资产阶级的反动妄想。

列宁:《俄国社会民主党人的任务》,
《列宁全集》第 2 卷第 434 页。

与俄国的落后性及其专制制度相适应的,是人民在官吏面前完全无权,特权官僚完全不受监督。在英国,人民对行政机关实行强有力的监督,然而即使在那里,这种监督也远不是完全的,官僚仍然保持着不少特权,他们往往是人民的主人,而不是人民的公仆。即使在英国，我们也看到，有势力的社会集团总是支持官僚特权地位，不让这个机关完全民主化。这是由于什么原因呢？由于这个机关的完全民主化仅仅有利于一个无产阶级；于是连资产阶级最先进的阶层，也维护官吏的某些特权，反对一切官吏由选举产生，反对完全废除资格限制，反对官吏对人民直接负责等等，因为他们感觉到，这种彻底的民主化将被无产阶级利用来反对资产阶级。

> 列宁：《俄国社会民主党人的任务》，
> 《列宁全集》第 2 卷第 437 页。

资产阶级不会对无产阶级实行和平的让步，一到紧要关头，他们就会用暴力保卫自己的特权，这是很可能的，甚至是极其可能的。那时，工人阶级要实现自己的目的，除了革命就别无出路。

> 列宁：《俄国社会民主党中的倒退倾向》，
> 《列宁全集》第 4 卷第 230 页。

想用保护小经济和小私有制不受资本主义侵犯的办法来拯救农民，就是徒劳无益地阻碍社会的发展，就是用人们在资本主义制度下也能够安居乐业的幻想欺骗农民，就是分散劳动阶级的力量，牺牲多数人的利益来建立少数人的特权地位。

> 列宁：《工人政党和农民》，
> 《列宁全集》第 4 卷第 381 页。

什么是阶级斗争？这就是一部分人反对另一部分人的斗争，就是广大无权者、被压迫者和劳动者反对特权者、压迫者和寄生虫的斗争，雇佣工人或无产者反对私有主或资产阶级的斗争。

> 列宁：《告贫苦农民》，
> 《列宁全集》第 7 卷第 169 页。

这种会议的选举，必须是自由的，一律平等的，不给地主和富人任何特权，不受官员和警察的任何干扰。只有自由选举的全民立宪会议，才能成为真正的杜马而不是假杜马。只有这种会议，才能在俄国建立良好的秩序，才能改善工人的生活，给农民以土地，给全体人民以自由。

> 列宁：《告彼得堡市区和郊区全体男女工人书》，
> 《列宁全集》第 12 卷第 182 页。

民主的意思是说代表人民群众的利益而不是代表一小撮特权分子的利益。我们必须直截了当和明确地向人民指出，没有民主的国家，没有政治自由，没有握有全权的人民代表机关，任何土地改革都不可能对农民有利。

列宁：《在第二届国家杜马中关于土地问题的发言稿》，
《列宁全集》第 15 卷第 144 页。

我们那些孟什维克却没有想一想，要实现不分等级的自治，必须先取得胜利，先剥夺作为斗争对象的特权等级的权力。

列宁：《社会民主党在俄国第一次革命中的土地纲领》，
《列宁全集》第 16 卷第 321 页。

要在俄国建立起真正自由的农场主经济，必须"废除"全部土地——无论是地主的土地还是份地——的"地界"。必须摧毁一切中世纪的土地占有制，必须为自由的业主经营自由的土地铲除一切土地方面的特权。必须尽最大的可能保证自由交换土地、自由迁居、自由扩大地块，建立新的自由的协作社来代替陈旧的带纳税性质的村社。

列宁：《社会民主党在俄国第一次革命中的土地纲领》，
《列宁全集》第 16 卷第 390～391 页。

无产阶级的阶级地位使它绝对没有可能去同任何人"分享"特权或害怕他们中的任何人失去这些特权。因此，那种贪图私利的、狭隘的、鄙俗的、愚钝的改良主义是同无产阶级格格不入的。至于农民群众，一方面由于他们受着重重压迫，只有忍饥挨饿而谈不到什么特权，另一方面又由于他们无疑是小资产阶级，所以势必动摇于自由派和工人之间。

列宁：《几个争论的问题》，
《列宁全集》第 23 卷第 78 页。

任何一个民族、任何一种语言都不得享有任何特权！对少数民族不能有丝毫的压制，不能有丝毫的不公平！——这就是工人民主的原则。

列宁：《工人阶级和民族问题》，
《列宁全集》第 23 卷第 140 页。

我们作为民主主义者，决不容许对任何民族实行任何哪怕是极轻微的压迫，决不容许任何一个民族享有任何特权。我们作为民主主义者，要求政治意义上的民族自决的自由（见俄国社会民主工党的纲领），即分离的自由。我们要求国内各民族绝对平等，并且要求无条件地保护一切少数民族的权利。我们要求广泛的自治并实行区域自治，自治区域也应当根据民族特征来划分。

列宁：《民族问题》，
《列宁全集》第 23 卷第 214～215 页。

根据这项法律，凡人口占多数的民族企图用来为自己建立民族特权或缩小少数民族的权利（在教育事业、使用某种语言、预算等方面）的任何措施，应当一律宣布无效，谁采取这种措施，谁就应当受到惩罚。

列宁：《民族问题提纲》，

《列宁全集》第 23 卷第 332 页。

　　我们的任务是争取实行充分的民主制，取消一切民族特权，使在俄国的德意志工人同所有其他民族的工人在保卫和发展社会主义的国际文化的事业中联合起来。

列宁：《民族问题提纲》，

《列宁全集》第 23 卷第 333 页。

　　英国工人群众正在缓慢而坚定地走上新的道路——从维护工人贵族的区区特权转到工人群众自己为建立新的社会制度而进行伟大英勇的斗争。通过这条道路，英国无产阶级凭着自己的毅力和组织性，将比任何地方更迅速、更坚决地实现社会主义。

列宁：《都柏林的阶级战争》，

《列宁全集》第 23 卷第 428 页。

　　这个决定要求"宪法中还要加一条基本法律条款，宣布任何一个民族不得享有特权、不得侵犯少数民族的权利"。

列宁：《关于民族问题的批评意见》，

《列宁全集》第 24 卷第 145 页。

　　任何资产阶级在民族问题上都希望本民族享有种种特权，或者为本民族谋取特殊利益；这就叫作"实际"。无产阶级反对任何特权，反对任何特殊。要无产阶级讲"实际主义"，就等于迁就资产阶级，陷入机会主义。

列宁：《论民族自决权》，

《列宁全集》第 25 卷第 238 页。

　　民主派认为，反动派是虚伪的，实际上他们在维护警察和官僚的无限权力，维护男性的特权以及对女性最沉重的压迫；实际上离婚自由并不意味着家庭关系"瓦解"，反而会使这种关系在文明社会中唯一可能的和稳固的民主基础上巩固起来。

列宁：《论民族自决权》，

《列宁全集》第 25 卷第 251 页。

　　只要我们组织起来并做好宣传，那么，不仅无产者而且十分之九的农民也会起来反对恢复警察，反对从不撤换的、拥有特权的官吏，反对脱离人民的军队。新的国家类型的实质就在这里。

列宁：《无产阶级在我国革命中的任务》，

《列宁全集》第 28 卷第 163 页。

我们这个诞生中的新国家已经不是原来意义上的国家，因为在俄国许多地方，这种武装队伍就是群众自己，就是全体人民，而不是那些居于人民之上、脱离人民、拥有特权、实际上从不撤换的人。

> 列宁：《无产阶级在我国革命中的任务》，
> 《列宁全集》第 28 卷第 179 页。

在公社用来代替资产阶级社会贪污腐败的议会的那些机构中，发表意见和讨论的自由不会流为骗局，因为议员必须亲自工作，亲自执行自己通过的法律，亲自检查实际执行的结果，亲自对自己的选民直接负责。代表机构仍然存在，然而议会制这种特殊的制度，这种立法和行政的分工，这种议员们享有的特权地位，在这里是不存在的。

> 列宁：《国家与革命》，
> 《列宁全集》第 31 卷第 45 页。

把属于全民的住宅租给单个家庭就既要征收租金，又要实行一定的监督，还要规定分配住宅的某种标准。这一切都需要有一定的国家形式，但决不需要那种公职人员享有特权地位的特殊的军事和官僚机构。

> 列宁：《国家与革命》，
> 《列宁全集》第 31 卷第 55 页。

我们政治组织和工会组织内的公职人员是受到了资本主义环境的腐蚀（确切些说，有被腐蚀的趋势），是有变为官僚的趋势，也就是说，是有变为脱离群众、站在群众之上、享有特权的人物的趋势。

> 列宁：《国家与革命》，
> 《列宁全集》第 31 卷第 111 页。

如果试一试用革命民主国家，即用采取革命手段摧毁一切特权、不怕以革命手段实现最完备的民主制度的国家来代替容克资本家的国家，代替地主资本家的国家，那又会怎样呢？那你就会看到，真正革命民主国家中的国家垄断资本主义，必然会是走向社会主义的一个或一些步骤！

> 列宁：《害怕走向社会主义能不能前进？》，
> 《列宁全集》第 32 卷第 217 页。

昨天的奴隶主和他们的知识分子奴仆们总是这样想，这样说：我们一向是组织者和长官，一向是发号施令的，我们仍旧要这样，我们不会听"老百姓"的话，不会听工人和农民的话，不会服从他们，我们要把知识变成保护富人特权和保护资本对人民的统治的工具。

列宁：《论修改党纲》，

《列宁全集》第 33 卷第 204 页。

为了维护自己原来的特权，并尽可能设法延缓和阻挠国家的社会主义改造事业，资产阶级保存和隐藏分享社会财富的凭证，向劳动者索取贡赋的凭证，即保存和隐藏货币，以便在俄国一旦再遇到军事和贸易方面的困难或危机时，保证自己有可能——哪怕是某些可能——保持自己的地位和恢复原来的特权。

列宁：《〈苏维埃政权的当前任务〉一文初稿》，

《列宁全集》第 34 卷第 126 页。

新的法院之所以必要，首先是为了对付那些企图恢复自己的统治或维护自己的特权，或者用明骗暗窃的手段来谋得部分特权的剥削者。

列宁：《〈苏维埃政权的当前任务〉一文初稿》，

《列宁全集》第 34 卷第 148 页。

人民委员会委托国民教育人民委员部立即拟订若干决定和步骤，以便在志愿上高等学校的人数超过往常的招生名额时，采取紧急措施，保证每个人都有升学的机会，决不容许有产阶级享受任何法律上和事实上的特权。

列宁：《人民委员会关于俄罗斯联邦高等学校招生问题的决定草案》，

《列宁全集》第 35 卷第 30 页。

旧的资产阶级机构，即官吏，还有财富特权、资产阶级的教育和联系等等特权（资产阶级民主愈发达，这些事实上的特权也就愈多种多样）——所有这些，在苏维埃组织下正在消失。

全部世界史的经验、被压迫阶级反抗压迫者的一切起义的经验告诉我们，剥削者必然要进行拼命的和长期的反抗来保持他们的特权。苏维埃国家组织适合于镇压这种反抗，否则就谈不上胜利的共产主义革命。

列宁：《俄共纲领草案初稿》，

《列宁全集》第 36 卷第 83~84 页。

我们说，一个政府要使千百万劳动者摆脱剥削，却又不肯把牺牲加在其他阶级身上，那它就不是社会主义政府，而是叛徒政府。

列宁：《全俄苏维埃第七次代表大会文献全俄苏维埃第七次代表大会文献》，

《列宁全集》第 37 卷第 387 页。

马克思在《二稿。——公社》里说，"在统治阶级与威胁着他们的特权的生产阶级进行的战斗中，总是充满着这类暴行"，是指公社成立前夕，宪兵对国民自卫军的暴行。先是国民自卫军士兵在贝耳－埃潘向 peloton〔一队〕占压倒优势的骑兵投降，后来被骑在马上的骑兵队长一个个枪毙了；躲藏有巴黎军队和国民自卫军士兵的房屋，被宪兵们团团围住，浇上煤油，纵火焚烧；烧焦的尸体；木兰－萨克多面堡中的国民自卫军士兵在睡梦中被刺刀挑杀（公社社员在睡梦中受到突袭）；克拉马尔的大屠杀（枪杀），穿着常备军制服的俘虏们被就地枪决，等等。马克思愤怒指出，"梯也尔永远遵循着中世纪浪游骑士的老格言：一切武器只要是用来反对平民的都是正当的武器。"

由于传出色当战败、巴黎发生革命、帝国于 1870 年 9 月 4 日崩溃这些消息，法国许多城市发生了工人的革命武装起义。其中如里昂、马赛、土鲁斯等城市成立了人民政权机关——公社。各省的公社，特别是里昂的公社，尽管存在的时间很短，都采取了一系列重要的革命措施（取消警察官僚机构，释放政治犯，实行非宗教的教育，对大资产者征税，无偿发还小当铺的典当物品等等）。国防政府残酷地镇压了这些地方公社。

三、权力滥用和权力腐败

同等级权力和特权一样，权力滥用、权力腐败也是一种国家权力的异质，也具有寄生性。

权力滥用，是形式上具备权力行使的形式，实际上脱离权力本质要求的一种违法行为。

权力滥用的构成要件是：①行使的权力是法定权力；②权力行使的违法性；③不产生权力对象的责任和义务；④无效的权力行为。

对于权力滥用行为，不问任何目的，不问是否为他人带来损害或利益，只问其合法性，因而在构成要件中，不考虑主观故意或无意情况。在何种情况下构成权利滥用，要根据具体情况进行判断。

权力腐败，不是法学术语，因而无法下定义。在语义学上，腐败是腐烂和堕落。见此，"权力腐败"我们可以理解为权力行使过程中因违法行为而造成社会关系的混乱和非正义。经典作家没有给腐败下定义，从论述的广度看，腐败既是国家的，也是社会的；既是权力的，也是权利的。

（一）权力滥用

1. 权力滥用是权力行使中的违法行为

权力滥用的核心问题，是权力行使中的违法行为。只要违反法定权力的宗旨，不论权利人是否出于个人目的和是否得到私利，都属于权力滥用。

权力滥用是普遍存在的。如一外来户在某农户的宅基地上盖房子，其建筑批件、房管局的房产证均为非法取得。农户向行政审判庭起诉，请求撤销批件和房产证，但法官不予立案，理由是农民身份不能诉告房管局。法官具有受理或不受理的权力，但在这一权力行使中，违反法律规定，公然指称按法律规定不能受理。这是典型的权力滥用，是利用审判权力"唬老百姓"。

这种对法的滥用行为的肯定方面，就它把某一方面的法变成偶然而言，也是一种对法的滥用行为；现在人们把这种肯定方面取消了，但取消的办法不是把偶然变成必然，而是把偶然弃置不顾。

马克思：《第六届莱茵省议会的辩论（第三篇论文）》，《马克思恩格斯全集》第1卷上册第251页。

这里所谈的并不是滥用乡镇长的权力去为违反林木管理条例者谋取好处，而是滥用乡镇长的权力去为林木所有者谋取好处。就是在人们偶尔提到对违反条例者说来是很不可靠的好处的稀少场合，林木所有者的不容争辩的好处却是有保证的。

马克思：《第六届莱茵省议会的辩论（第三篇论文）》，

《马克思恩格斯全集》第 1 卷上册第 269 ~ 270 页。

如果私人滥用自己作为立法者的职权，以第三者的罪行为借口来窃取国家权利，他的罪名并不会因此而减轻。盗用公共的国家金钱是一种国事罪，难道罚款不也是公共的国家金钱吗？

马克思：《第六届莱茵省议会的辩论（第三篇论文）》，

《马克思恩格斯全集》第 1 卷上册第 277 页。

政府派来接任这一职务的并不是大家所期望并向政府指明的那种人，而是一个曾因类似的滥用职权行为受到自己原先的被管理者指控的乡镇长，此人在两年前被撤职，最后只是由于证据不足才宣告无罪。

马克思：《摩泽尔记者的辩护》，

《马克思恩格斯全集》第 1 卷上册第 395 页。

欧仁·苏消除"国家中的无法纪"的方法是：修改法国刑法典中关于"滥用信任"的那一节，其次，特别是任命一批领取固定薪俸的律师为穷人办事。可见，欧仁·苏先生认为，在已经设有为穷人办事的律师的皮蒙特、荷兰及其他国家中是消除了无法纪状态的。

马克思恩格斯：《神圣家族》，

《马克思恩格斯全集》第 2 卷第 243 页。

5 月 23 日，先是为记录问题争吵起来，然后又听取无数的建议，而当美因兹的齐茨提出了关于普鲁士军阀的粗暴行为和美因兹的普鲁士司令官专横暴虐滥用职权的问题时，又想马上转到议事日程上去，即转到特别受人喜爱的会议规则上去。

恩格斯：《法兰克福议会》，

《马克思恩格斯全集》第 5 卷第 15 页。

如果你们这样来解释第三六七条——其实，如果你们不想为了政府当局的利益取消出版自由，你们就应当这样来解释它，——那末 Code〔法典〕同时也就给你们提供了反对报刊滥用职权的武器。根据第三七二条，如果某人进行揭露，那末对他的司法上的追究和关于是否诽谤问题的判决必须延期进行，直到对所揭露的事实调查清楚为上。根据第三七三条，属于诽谤性的揭露要受到惩罚。

马克思恩格斯：《〈新莱茵报〉审判案》，
《马克思恩格斯全集》第 6 卷第 275 页。

这种保存法制基础的做法，其目的在于使那些现在已经不占统治地位的私人利益成为占统治地位的利益；其目的在于强迫社会接受那些已被这一社会的生活条件、获取生活资料的方式、交换以及物质生产本身宣判无效的法律；其目的在于使那些专门维护私人利益的立法者继续掌握政权；其结果会导致滥用国家权力去强迫大多数人的利益服从少数人的利益。

马克思：《对民主主义者莱茵区域委员会的审判》，
《马克思恩格斯全集》第 6 卷第 292 页。

除了使用残酷的暴力而外，一切宗教上的诡计也都施用了，除了刑具的威吓外，一切驱逐出教和拒绝赦罪的威吓也实行了，此外还滥用忏悔牧师进行一切诡计图谋，总之是要从所属人民身上敲出最后一文钱，以增添教会的产业。

恩格斯：《德国农民战争》，
《马克思恩格斯全集》第 7 卷第 391 页。

这些纯粹的共和派曾经极其残暴地滥用武力对付人民，而现在，当需要捍卫他们自己的共和主义和自己的立法权力以对抗行政权力和保皇党人时，他们却极其怯懦地、畏缩地、沮丧地、软弱无力地放弃了斗争。

马克思：《路易·波拿巴的雾月十八日》，
《马克思恩格斯全集》第 8 卷第 140～141 页。

不需要有特别敏锐的目光就可以猜想到，靠滥用这些基金为生的寡头们在处理这些基金时为什么极为小心谨慎了。

马克思：《内阁的成就》，
《马克思恩格斯全集》第 9 卷第 58 页。

关于本年度（截至 1854 年 3 月 31 日止）拨款，5820 英镑用来抵偿英国驻巴黎大使官邸的建筑工程费、修理费、家具费等等的问题，魏兹先生在表决时问道：最近 30 年来按规定每年拨出的 1100 英镑的英国驻巴黎大使官邸的维修费到哪里去了？威廉·摩尔斯沃思爵士不得不承认，公款滥用掉了；还承认，根据政府派往巴黎的建筑师阿耳巴诺的报告，英国大使的官邸破败不堪。

马克思：《战争问题。——英国的人口和商业报告书。——议会动态》，
《马克思恩格斯全集》第 9 卷第 290 页。

占有圣地和圣墓神殿的有天主教徒、正教徒、阿尔明尼亚人、阿比西尼亚人、叙利亚

人和科普特人。在这些觊觎者中发生了冲突，欧洲君主们认为这些宗教纠纷是一个有关自己在东方的影响的问题，于是他们便首先注意到了土地的主人——滥用自己职权的、狂热的和贪婪的帕沙们。奥斯曼政府和它的官吏非常出色地掌握了很麻烦的 système de bascule〔秋千法〕，他们对问题的解决是使天主教徒、正教徒和阿尔明尼亚人轮流得到好处，从而向这些人或那些人要求和索取黄金，并拿所有的人来开心。

马克思：《宣战。——关于东方问题产生的历史》，

《马克思恩格斯全集》第 10 卷第 183～184 页。

那些中小国家的代办则认为竭力回避表示同情或反感才是上策。因此，梅塔克萨斯先生只好把自己的随员留在君士坦丁堡。然而不久发现这位代理滥用土耳其政府所授予的职权，尽力地把护照发给希腊的莱雅，使他们有可能加入阿尔巴尼亚起义者的队伍。因此希腊代表机构的活动被完全取缔，而把签发护照的事宜交给由两个土耳其人和两个莱雅组成的委员会负责办理。

马克思：《希腊和土耳其。——土耳其和西方强国英国粮食贸易的缩减》，

《马克思恩格斯全集》第 10 卷第 218 页。

查理阴谋活动的结果是，在加斯梯里亚爆发了许多次起义，成立了阿维拉神圣同盟，联合起来的城市在托尔特西利亚斯召开了议会会议。1520 年 10 月 20 日，从这里向国王发出了"反对滥用职权的抗议书"，查理对这个抗议的回答是，剥夺所有出席托尔特西利亚斯会议的代表的人身权利。

马克思：《革命的西班牙》，

《马克思恩格斯全集》第 10 卷第 460 页。

王政会议既然是当时旧西班牙最有威力的政权机关，当然也就是新西班牙和不久前产生的有削弱王政会议最高权威的危险的人民政权的死敌。王政会议既然领导法官这一等级并成为法官们滥用职权、享受特权的具体保障，自然也拥有全部由西班牙司法制度产生的无数具有权威的利益。因此它是革命决不能同它妥协的一种力量；革命本身要想不被这个力量消灭，就必须消灭这个力量。

马克思：《革命的西班牙》，

《马克思恩格斯全集》第 10 卷第 478 页。

康罗贝尔如果获得成功，就可以如愿地成为法国的元帅、伯爵、公爵、亲王，并享有"滥用"公款的无限权利。反之，如果失败，他就要成为出卖皇帝利益的叛徒，并将和他的同僚拉摩里西尔、贝多、尚加尔涅一样被流放。

恩格斯：《大冒险家的命运》，

《马克思恩格斯全集》第 11 卷第 143 页。

　　如果英国内阁已经发表的邓达斯海军上将的急电证明了这样的事实：丝毫没有容许由"哥萨克"调遣的船只上的军官或船员滥用军使旗从而使俄国人有可能为汉格的暴行制造借口，那末"俄国残废者"关于这件事的叙述就不会令人产生任何疑问。

　　　　　　马克思：《关于占领塞瓦斯托波尔的消息。——巴黎交易所新闻上院
　　　　　　关于洛格暴行的辩论》，《马克思恩格斯全集》第 11 卷第 354 页。

　　即使政府官员已被正式控告并已被揭露犯有这类滥用职权的罪行，也难将他们交法庭审判，而且法律为他们规定的惩罚也过分宽厚。据查明，如果这类控告在法官面前得到证实，法官只能判处犯人 50 卢比罚款或为期一月的徒刑。

　　　　　　马克思：《印度刑罚的调查》，
　　　　　　《马克思恩格斯全集》第 12 卷第 292 页。

　　委员会宣称，它已"满意地查明，英国、美国和北欧最近一次贸易危机无疑地主要是由过度投机和滥用信贷造成的"。这个结论的价值，自然不会因为世人无需下院委员会的帮助就能得出它，不会因为社会从这个启示中所能吸取的一切教训目前已经失去任何实际意义，而有丝毫减少。

　　　　　　马克思：《英国的贸易和金融》，
　　　　　　《马克思恩格斯全集》第 12 卷第 606 页。

　　记者们从教皇国详细地报道了教权主义政府日益严重的滥用职权的情况，并且还谈到，罗马居民深深相信：改革或者改良是不可能实现的，唯一的办法是彻底推翻这个政府，假如不是驻有瑞士、法国和奥地利的军队，这个办法也许早就采用了，而且尽管有这些重大的障碍，这种行动还是随时可能采取的。

　　　　　　马克思：《意大利的统一问题》，
　　　　　　《马克思恩格斯全集》第 13 卷第 178 页。

　　教皇在教皇国内应当停止滥用教权制度——顺便提一提，这种滥用教权制度的行为曾长期受到法国武器的支持，——或者跟在托斯卡纳、帕尔马、摩地那等国的小暴君的后面急急忙忙地逃跑到他们以为安全的维也纳去。

　　　　　　马克思：《历史上的类似现象》，
　　　　　　《马克思恩格斯全集》第 13 卷第 318 页。

　　一当曾经统率军队向君士坦丁进行过第一次也是十分不成功的一次远征的克洛塞尔元帅回到阿尔及利亚，所有这些措施都停止了。他的治理极其不能令人满意，结果在 1836 年有一份由 54 个知名的领导人物签名的请愿书送到巴黎，要求调查他的滥用职权行为。这终于使克洛塞尔辞职了。

恩格斯:《阿尔及利亚》,

《马克思恩格斯全集》第 14 卷上册第 108 页。

他像大多数自己的同胞一样,不能长期努力奋斗,他的独裁不久就变成了军事无政府状态;他把最重要的事务托付给亲信,可是他们滥用国家的钱,后来为了抵补这笔钱,又采取卑鄙的手段。因此,人民原先的热情很快就变成了不满,而敌人的分散的兵力又有了重新集结的可能。

马克思:《玻利瓦尔－伊－庞特》,

《马克思恩格斯全集》第 14 卷上册第 228 页。

路易·波拿巴在这些公国里滥用"民族原则",是为了掩盖他把多瑙河各公国转送给俄国,正如奥地利政府在 1848—1849 年滥用"民族原则",是为了借助塞尔维亚人、斯洛文尼亚人、霍尔瓦提人和瓦拉几亚人等等来绞杀马扎尔人和德国人的革命一样。

马克思:《福格特先生》,

《马克思恩格斯全集》第 14 卷上册第 564 页。

奴隶主集团同北部民主党联盟,有加无已地滥用联邦,可以说是本世纪开始以来美国历史的一般公式。

马克思:《美国问题在英国》,

《马克思恩格斯全集》第 15 卷第 323 页。

普选权在此以前一直被滥用,或者被当作以议会方式批准神圣国家政权的工具,或者被当作统治阶级手中的玩物,只是让人民每隔几年行使一次,来批准议会制的阶级统治(选择这种统治的工具);而现在,普选权已被应用于它的真正目的:由各公社选举它们的行政的和创制法律的公职人员。

马克思:《初稿。——公社》,

《马克思恩格斯全集》第 17 卷第 589 页。

在第二帝国时期,由于国家资财被滥用浪费,富有的资本家借以自肥,这个中等阶级遭受着股票经纪人、铁路大王、Crédit Mobilier〔动产信用公司〕之类诈骗公司的掠夺,遭受着资本家的联合组织(股份公司)的抢劫。如果说,这个阶级在政治地位上受着贬抑,在经济利益上受着打击,那末,它在精神上则被这个制度的无耻闹宴所激怒。

马克思:《初稿。——公社》,

《马克思恩格斯全集》第 17 卷第 599～600 页。

警察发明了刑法典中所没有的新罪名,而滥用刑法典已经到了无以复加的地步。警察经常可以找到受贿的或狂妄透顶的长官和审判官来帮助他们、支持他们。升官晋级就是以这种代价得来的！

> 恩格斯：《俾斯麦和德国工人党》，
>
> 《马克思恩格斯全集》第 19 卷第 310 页。

　　伯爵能够如此滥用他的职权这一简单的事实，最清楚不过地证明，当时残余下来的普通的自由人要想从王权及其机构那里期待保护，是怎样地不可能，这样一来，伯爵就更容易做到这一点了。

> 恩格斯：《法兰克时代》，
>
> 《马克思恩格斯全集》第 19 卷第 559 页。

　　法兰西法只有教唆犯罪，而这只有"通过送礼、许愿、威胁、滥用威信或权力、狡猾的挑拨或犯罪的勾当"（刑法典第六十条）来进行时才可以判罪。埋头于普鲁士邦法的检察机关，完全和杜林先生一样，忽略了规定得很明确的法兰西法律和含糊的普鲁士邦法的不确定性之间的本质差别，对拉萨尔提出了带有倾向性的诉讼并引人注目地失败了。

> 恩格斯：《反杜林论》，
>
> 《马克思恩格斯全集》第 20 卷第 120 页。

　　战争中的庞大牺牲使俄国人民太激动了，沙皇太滥用了俄国人民的忠诚，要立即使他们回到从前那种机械服从的消极状态是不可能了。而且俄国在经济方面和思想方面也逐渐发展；除贵族阶级之外又出现了另一个开明的阶级——资产阶级。

> 恩格斯：《俄国沙皇政府的对外政策》，
>
> 《马克思恩格斯全集》第 22 卷第 44 页。

　　普选权在法国是老早就已存在的，但它在那里因受波拿巴政府滥用而获得了一种恶劣的名声。公社之后，就没有工人政党能去利用它了。在西班牙，普选权也是自共和国成立时起就已施行了的，但在西班牙拒绝参加选举早已成为一切严肃的反对党派的通例。

> 马克思：《〈法兰西阶级斗争〉导言》，
>
> 《马克思恩格斯全集》第 22 卷第 601 页。

　　定量土地的法律权力来说明，是什么问题也解决不了的。这种权力的利用，完全取决于不以他们的意志为转移的经济条件。

> 马克思：《资本主义生产的总过程》，
>
> 《马克思恩格斯全集》第 25 卷下册第 696 页。

　　背叛行径、军事长官和要塞司令们的出卖行为、滥用军费、形形色色的欺诈——总之，足以毁灭任何别的国家的一切事情，在土耳其当然也是应有尽有，但是，却不足以使它毁灭。

《恩格斯致威·白拉克》，

《马克思恩格斯全集》第 34 卷第 258 页。

1782 年 2 月 15 日丹甘囊代表会议通过的志愿兵宣言

"鉴于有人胡说志愿兵按其身分不应对政治问题、议会的行为或国家的要人进行议论或发表意见，兹一致决定：正在学习使用武器的公民决不放弃自己的任何公民权利；除国王、爱尔兰上院和下院外，任何集团要想发布约束这个王国的法律都是违反宪法的、非法的，是滥用权力；

——两王国的枢密院依据波伊宁兹法行使的权力是违反宪法的，是滥用权力；

——在爱尔兰也像在英国一样，法官必须具有独立性才能做到执法公正；拒绝或拖延给予爱尔兰这种权利将会在不应存在差别的地方制造差别；会在理应完全一致的地方挑起猜忌；这种拒绝本身是违反宪法的，是滥用权力；我们的坚定不移的目标就是消灭这种对权力的滥用……尽快地和切实地消灭；作为人，作为爱尔兰人，作为基督徒和新教徒，我们为用来反对我们的天主教徒同胞的惩治法被削弱而感到高兴；我们认为，这个措施对爱尔兰居民的团结一致和繁荣昌盛来说预示着极美好的前景。"

马克思：《从美国革命到 1801 年合并的爱尔兰》，

《马克思恩格斯全集》第 45 卷第 25 页。

下院两年开一次会，因此，一次要批准对政府的两年拨款；只要不要求新的拨款，立法权就不起作用。这时下院决定只批准对王室的六个月拨款——这暗示着它将不再批准拨款，直到消灭对权力的滥用为止。

马克思：《从美国革命到 1801 年合并的爱尔兰》，

《马克思恩格斯全集》第 45 卷第 26 页。

"一位尊贵的议员指摘法案所体现的原则，认为这个原则是限制国王的慷慨好施……胡乱地大量使用人民的金钱去助长一切人间恶事——这是不可容忍的滥用权力的行为……在极盛时期年金发放单也是我们国家的耻辱，而现在滥用权力则超出了一切限度。"（柯伦）

马克思：《从美国革命到 1801 年合并的爱尔兰》，

《马克思恩格斯全集》第 45 卷第 42～43 页。

柯伦说："这项法律不是为了限制骚乱，倒是为了扩大骚乱。"这项法律宣布，任何一群人都无权委托少数人代他们行动，思考或递交请愿书。

这实质上是一个不准许群众性的集会递交反对滥用权力的请愿书的法案。根据集会法令，任何一部分居民举行集会，其目的在于选出某个人以集会者的名义起草请愿书或以其他形式代表他们，以图改变法律规定，就是最严重的违法行为。

> 马克思：《从美国革命到 1801 年合并的爱尔兰》，
> 《马克思恩格斯全集》第 45 卷第 65 页。

"目前监狱已有人满之患……把要求纠正权力的滥用变成叛国行为。

> 马克思：《从美国革命到 1801 年合并的爱尔兰》，
> 《马克思恩格斯全集》第 45 卷第 71 页。

官吏是完全为所欲为的。他们好像是一个骑在公民头上的特殊等级。官吏的为所欲为、横行霸道和人民本身的毫无发言权，使这些官吏穷凶极恶地滥用职权和侵犯平民百姓的权利达到了任何一个欧洲国家几乎都不可能有的地步。

> 列宁：《党纲说明》，
> 《列宁全集》第 2 卷第 83 页。

任何一种权力都可能被滥用。

> 列宁：《俄国社会民主工党总委员会文献》，
> 《列宁全集》第 8 卷第 448 页。

滥用字眼是政治方面最普通的现象。

> 列宁：《社会民主党在民主革命中的两种策略》，
> 《列宁全集》第 11 卷第 110 页。

革命的社会民主党不能够而且不应该支持任命杜马中的多数组成责任内阁的要求！要知道这样的内阁只会是立宪民主党内阁，它实际上明天就会对滥用自由进行惩罚。

> 列宁：《团结起来！》，
> 《列宁全集》第 13 卷第 213 页。

1905 年革命以后是 13 万地主管理俄国，他们管理的方法就是对 15000 万人滥用暴力，肆意侮辱，强迫大多数人从事苦役、过半饥饿的生活。

> 列宁：《布尔什维克能保持国家政权吗？》，
> 《列宁全集》第 32 卷第 305 页。

恩格斯的《法兰克福议会》里提到的"美因兹的普鲁士司令官专横暴虐滥用职权的问题"，情况是这样：美因兹的许泽尔发明了一个新方法，这个新发明无疑能给他带来大笔收入。这个新方法是：放两个或好几个喝醉酒的士兵到大街上去，他们自然会和市民吵架。当局便进行干涉并逮捕士兵；这就足以使任何一个要塞司令宣布城市戒严，没收全部武器，让居民去受肆无忌惮的丘八蹂躏。这个方法在德国特别有效，因为这里的要塞多半用于反对内部敌人，而不是反对外部敌人。这个方法之所以特别有效，是因为任何一个由人民供养的要塞司令，不管是许泽尔，或者是罗特·冯·施莱根施坦，都可以做出国王或皇帝所不敢做的事情。

马克思在《关于占领塞瓦斯托波尔的消息。——巴黎交易所新闻》里的"俄国残废者"（《Русский инβапид》），是陆军部机关报。1813 年至 1917 年在圣彼得堡出版，从 1816 年起改为日报。1855 年 6 月 1 日该报登载了汉格事件的消息（指的是 1855 年 5 月对在汉格岛登陆的英国巡航舰的小艇上的船员的袭击，俄国驻防军把他们当成了侦察部队）。

马克思在《"法兰西阶级斗争"导言》里说，"在西班牙，普选权也是自共和国成立时起就已施行了"，是指普选权在西班牙从 1868 年（1868—1874 年西班牙资产阶级革命时期）开始实施，并经 1869 年宪法批准。西班牙共和国在 1873 年宣布成立，到 1874 年由于保皇派发动政变而被推翻。

2. 苏维埃政权对权力滥用的坚决斗争

资产阶级国家权力的性质，决定了权力的滥用是不可避免的。在社会主义国家，权力属于人民，由人民的代表行使，这就从根本上防止了普遍的、大规模的、持续的权力滥用。问题不在于是否存在权力滥用，而在于对于防止权力滥用是否有坚实的制度保障。列宁领导下的苏维埃政权对权力滥用的坚决斗争表明，社会主义制度完全可以解决权力滥用问题。

现在我们的任务是过渡到共耕制，过渡到公共的大经济。但是，任何强迫手段都是苏维埃政权所不能采取的，任何法律都不能强迫这样做。农业公社是根据自愿原则建立的，过渡到共耕制只能是自愿的，在这方面，任何强迫手段都是工农政府所不能采取的，而且是法律所不容许的。如果你们中间有人看到这种强迫现象，那你们应当知道，这是滥用职权，这是违法行为，这是我们正在竭力纠正而且以后也要纠正的现象。

列宁：《在彼得格勒省农业工人第一次代表大会上关于组织农业工会的讲话》，
《列宁全集》第 36 卷第 25 页。

在这方面，有人在滥用革命暴力，滥用专政，我要警告你们防止这种违法乱纪现象。革命暴力和专政如果用的得当，该用的时候就用，该用于谁就用于谁，那是很好的东西。但在组织方面是不能用它们的。这个教育、改造和长期组织工作的任务，我们根本没有解决，现在我们应当有步骤地来着手解决这个任务。

列宁：《俄共（布）第八次代表大会文献》，
《列宁全集》第 36 卷第 134 页。

在改善国营农场的组织和经营方面，整个工作的重点是：第一，坚决反对带有明显的地主特点的滥用职权的行为，其表现为采用货币地租、对分制地租等等；第二，坚决改变劳动纪律极度废弛和劳动生产率极端低下的状况。

列宁:《人民委员会关于改善国营农场组织的措施的决定草案》,
《列宁全集》第 38 卷第 222 页。

在地方上有两种倾向;坏倾向比好倾向要少。坏倾向就是:混到共产党里来的旧官吏、地主、资产者以及其他败类滥用职权,他们有时做出违法乱纪、欺压农民等恶劣行为。这就需要用恐怖手段进行清洗:就地审判,立即枪决。

列宁:《为共产国际第二次代表大会准备的文件》,
《列宁全集》第 41 卷第 222 页。

粮食税额多少,每个农民从开春起就能预先确切知道。这样在征税时滥用职权的现象就会少些。农民对扩大播种面积,改善自己的经营,努力提高收成的兴趣就会大些。

列宁:《留声机片录音讲话》,
《列宁全集》第 41 卷第 236 页。

意见最多的是铁路木柴采委会分派的工作太重,让人吃不消,分配和指派工作有许多不当之处,特别是在这些工作直接损害农户的时候。所有这些意见我都记下了,我也记下了最后一次三周突击运动期间从中央把所有同志派往各地这件事。我已要求收集关于燃料工作处事失当和滥用职权的情况的确凿材料,还要求收集一批报告。

列宁:《全俄苏维埃第九次代表大会文献》,
《列宁全集》第 42 卷第 356~357 页。

为什么决定实行劳动和畜力运输税,主要原因之一就在于如果不对劳动量作出合理的规定(目前正在这样做:在法律上规定六天的工作量),如果不在法律上作这样合理的规定,省林业委员会和铁路木柴采委会滥用职权的现象就难以避免,同这些现象作斗争也非常困难。

列宁:《全俄苏维埃第九次代表大会文献》,
《列宁全集》第 42 卷第 357 页。

中央执行委员会中来自非党农民的委员的人数,我听所有参加代表大会的同志讲,肯定要增加。中央执行委员会中非党农民委员愈多,就愈容易用这个办法去更有效地同铁路木柴采委会滥用职权的行为作斗争。

列宁:《全俄苏维埃第九次代表大会文献》,
《列宁全集》第 42 卷第 358 页。

在这方面,正是司法人民委员部和人民法院肩负着战斗性特别强、责任特别重大的任务。然而看不出他们对此有所理解。报纸上对滥用新经济政策的现象议论纷纷。这种现象多不胜数。可是,对惩办滥用新经济政策的坏蛋的示范性审判,什么地方有过议论呢? 没有，因为并没有进行过这类审判。司法人民委员部"忘记了"：这是它的事情；没有能督促、推动、整顿人民法院的工作，没有能教会它们无情地（直至枪决）和迅速地惩办滥用新经济政策的人，而这正是司法人民委员部的职责。它要对此负责。在这方面一点也看不到司法人民委员部的生气勃勃的工作，因为它根本没有这样做。

列宁：《关于司法人民委员部在新经济政策条件下的任务》，
《列宁全集》第 42 卷第 425～426 页。

对人民法院和革命法庭进行切实有效的而不是有名无实的监督，使它们真正能够既对苏维埃政权的政治敌人加紧惩治（如果不加紧惩治，司法人民委员部就是头号罪犯），也对滥用新经济政策的人加紧惩治。

列宁：《关于司法人民委员部在新经济政策条件下的任务》，
《列宁全集》第 42 卷第 428 页。

你们还审议了像民法典、一般法院组织这样的问题。你们知道，在我们坚决推行的、我们对之不会动摇的现行政策下，这是一个对广大居民极其重要的问题。你们也知道，我们在这方面一直力求划清界限：什么是从法律上满足任何公民与目前经济流转有关的要求，什么是滥用新经济政策。这类现象在所有国家都是合法的，而我们却不想让它合法化。你们为此专门提出并已通过的修正案成效如何，将来会见分晓。在这方面我们决不会束缚自己的手脚。一旦现实生活暴露出我们以前没有预料到的滥用新经济政策的现象，我们会马上作出必要的修正。在这方面你们大家当然都很清楚，像我们这种立法的速度，其他大国可惜还未有过。

列宁：《在第九届全俄中央执行委员会第四次常会上的讲话》，
《列宁全集》第 43 卷第 245～246 页。

有时候人们说，不能把私人信件用于政治斗争。这话不对。当私人信件揭露党内负责人员滥用职权时，利用这些信件是必要的。

列宁：《致奥·阿·皮亚特尼茨基》，
《列宁全集》第 44 卷第 496 页。

俄国社会民主工党代表会议谴责了瓦解我们党而在国内又不能代表任何人的取消派和各种国外集团。目前在巴黎投票通过上述决议的恰恰就是这一类集团。按照惯例，所有被判定有罪的人都有权利在 24 小时之内咒骂自己的审判官。签署这个决议的人把这种权利用得太广了，甚至可以说是滥用了这种权利。

列宁：《致卡·胡斯曼》，
《列宁全集》第 46 卷第 83～84 页。

利扎列夫的报告极为重要。应当加倍重视，并通过一些十分客观的人加以核实。别洛博罗多夫是不是搞错了？那里是否有滥用职权的现象？找谁去核实好呢？

列宁：《致维·米·莫洛托夫》，

《列宁全集》第50卷第83～84页。

列宁的《人民委员会关于改善国营农场组织的措施的决定草案》，是1920年4月15日，人民委员会批准的农业人民委员部制定的《关于改善国营农场组织的措施的决定草案》。

1919年12月23日，人民委员会讨论了从国营农场取得的余粮的数量问题。会议决定成立一个由粮食人民委员部、农业人民委员部、最高国民经济委员会、中央统计局和全俄工会中央理事会的代表组成的委员会，其任务是按照列宁的指示就改进对国营农场的计算与监督，改善国营农场组织的措施提出实际建议。委员会由农业人民委员谢·帕·谢列达召集，定于三周后向人民委员会作出报告。1920年1月27日，人民委员会审议并批准了谢列达所提出的关于国营农场管理的细则草案。3月9日，人民委员会讨论了委员会所作的报告。这里收载的决定草案是列宁在审议这个问题时提出的。

列宁在《致维·米·莫洛托夫》里提到的"利扎列夫的报告"，指斯塔夫罗波尔省委主席团委员、省执行委员会主席C.利扎列夫1921年5月2日给俄共（布）中央的报告。报告说，斯塔夫罗波尔省党和苏维埃领导人之间的关系不正常，他们胡作非为（滥用职权，违法乱纪，酗酒，同当地资产阶级勾勾搭搭），而俄共（布）中央东南局对这些现象采取纵容态度。利扎列夫说，他要揭露坏人坏事、改变斯塔夫罗波尔省的局面、整顿省委工作等的做法引起了俄共（布）中央东南局书记亚·格·别洛博罗多夫的不满。后者在省苏维埃代表大会上指责利扎列夫是挟嫌报复，并以东南局的名义给他以严重警告。

（二）权力腐败

1. 权力腐败是国家腐败的权力表现

表面看起来，权力腐败造成了国家和社会的腐败，其实，权力腐败不是国家腐败的原因，而是它的结果。官吏的权力腐败，同国家和社会的腐败互为表里，只是官吏的腐败处于关键和显现的位置，因为权力的力量和引领效应是巨大的。国家腐败，不仅仅是官吏腐败，它包含更广义的制度腐败、社会组织腐败、各行各业的腐败，乃至意识、生活方式、行为范式等整个社会肌体的腐败。这些方面，经典作家揭示得非常清楚。

国家腐败的根本原因，是生产关系不再适应生产力的发展，成为生产力发展的桎梏。在这种情况和态势下，社会革命便到来了。以往的社会形态更替的历史，说明了这一点。

追究倾向的法律，即没有规定客观标准的法律，是恐怖主义的法律；在罗伯斯比尔执政时期，国家在危急情况下所制定的就是这样的法律，在罗马皇帝们在位时期，国家在腐败不堪的情况下所制定的也是这样的法律。

马克思:《评普鲁士最近的书报检查令》,

《马克思恩格斯全集》第 1 卷上册第 120 页。

在官廷主政时期,解体表现为放荡的轻佻,它懂得并嘲笑现存状况的思想空虚,但这只是为了摆脱一切理性的和道德的束缚,去戏弄腐朽的废物并且在这些废物的戏弄下被迫走向解体。这就是自己拿自己寻欢作乐的当时那个世界的腐败过程。

马克思:《历史法学派的哲学宣言》,

《马克思恩格斯全集》第 1 卷上册第 232 页。

塞尔维亚独立的缔造者卡拉－格奥尔基被人民唾弃了,重新恢复了这个独立的米洛什·奥布廉诺维奇可耻地被逐出国,这两个人落得这样的下场,都是因为企图推行俄国的专制制度,这种制度必然带来贪污腐败、半军事的官僚制和敲诈勒索,像土耳其的帕沙们现在所做的那样。

恩格斯:《欧洲土耳其前途如何?》,

《马克思恩格斯全集》第 9 卷上册第 39~40 页。

我之所以记述这一段 chronique scandaleuse〔丑闻〕——我可以担保这件事的真实性——是因为在君主国家里,往往在革命还没有采取民众骚动的形式以前,王朝的腐败就已宣布它的来临。

马克思:《普鲁士状况》,

《马克思恩格斯全集》第 12 卷第 694 页。

既然人们知道,政府收了代役金而通常并不用去雇佣代役兵(这当然是部队中每个军官都知道的),既然陆军部为了筹集资金秘密供皇帝挥霍而开始用其他办法盗窃军用物资;既然军队中的要职因此必然被那些参与这个密谋,因而不论怎样胡作非为和玩忽职守也不致被撤换的人窃踞,那末,道德败坏的现象也就在部队的军官中间蔓延开来。我们不想肯定说,侵吞公款在他们中间已是普遍现象,但是藐视上级、玩忽职守和纪律松弛却是不可避免的后果。如果上级有威望的话,军官们难道还敢常常乘坐马车行军吗?整个制度都已腐朽透了;笼罩着第二帝国的贪污腐败的空气最后也侵袭到这个帝国的主要支柱——军队中来了。而在经受考验的时刻里,这支军队除了光荣的传统和兵士的天赋的勇敢就没有什么可以用来抵抗敌人,但是仅仅靠这一点是不足以保持欧洲第一流军队的地位的。

恩格斯:《军队的盛衰》,

《马克思恩格斯全集》第 17 卷第 107 页。

梯也尔这个侏儒怪物,将近半世纪以来一直受法国资产阶级倾心崇拜,因为他是这个资产阶级的阶级腐败的最完备的思想代表。还在他成为国家要人以前,他作为一个历史学家就已经显出他的说谎才能了。

马克思:《法兰西内战》,

《马克思恩格斯全集》第 17 卷第 339 页。

特殊的历史条件可能阻碍像在法国出现过的那种资产阶级统治形式的典型发展,而造成例如英国那样的状态,即主要的中央国家机关由贪污腐败的教区委员会,钻营私利的市参议会议员,城市里凶狠的济贫所监督和郡里事实上世袭的治安法官加以补充。

马克思:《法兰西内战》,

《马克思恩格斯全集》第 17 卷第 360 页。

这个邪恶的侏儒在半个世纪中一直受法国资产阶级倾心崇拜,因为他是这个资产阶级的阶级腐败的最真实的思想代表。当他置身在反对派之列时,他喋喋不休地重复着他那 libertés nécessaires〔必不可少的自由〕的陈腐说教,轮到他上台时便压制这些自由。

马克思:《初稿。——国防政府》,

《马克思恩格斯全集》第 17 卷第 552 页。

乍看起来,这是这个政府权力对于社会的最后胜利;实际上,这是这个社会里一切腐败分子的胡作非为。在不明真相的人看来,这好像只是行政权力战胜了立法权力,好像是以超越于社会之上的权力自居的阶级统治形式最终击败了以社会自治自居的阶级统治形式。但是,事实上,这只是那个阶级统治的最后的、堕落的、唯一可能的形式,它既给统治阶级本身带来耻辱,也给受它束缚的工人阶级带来耻辱。

马克思:《初稿。——公社》,

《马克思恩格斯全集》第 17 卷第 586 页。

摧毁它的也是无产阶级,但无产阶级摧毁它,并不是把它当作政府(集中化)权力的一种特殊形式,而是把它当作这种权力的最强大的、外表上似乎独立于社会之上的表现形式,因而也就是把它当作这种权力的最淫贱的实体,这个实体的集中表现是对内腐败透顶,对外昏愦无能,从头到脚卑鄙龌龊。

马克思:《初稿。——公社》,

《马克思恩格斯全集》第 17 卷第 588 页。

在法国经受着这场战争带来的种种灾难,经受着民族崩溃的危机和经济破产的情况下,这个中等阶级感到:唯一能够救亡济危的是工人阶级的宏伟的志向和巨人般的力量,而不是妄想当法国奴隶主的那个腐败的阶级!

马克思:《初稿。——公社》,

《马克思恩格斯全集》第 17 卷第 600 页。

理性的国家完全破产了。卢梭的社会契约在恐怖时代获得了实现,对自己的政治能力丧失了信心的资产阶级为了摆脱这种恐怖，起初求助于腐败的督政府，最后则托庇于拿破仑的专制统治。早先许下的永久和平变成了一场无休止的掠夺战争。

恩格斯：《社会主义从空想到科学的发展》，

《马克思恩格斯全集》第 19 卷第 208 页。

可是断言可能派"无论在巴黎或是外省"都是"绝对最强大的法国社会主义党派"，这纯粹是撒谎。大家都清楚地知道巴黎是可能派的堡垒，然而即使在这里，可能派的状况从他们不仅公开同资产阶级激进派，而且还同机会主义派这帮成为目前法国官方集团腐败现象的化身的证券投机商人结盟以来就急剧地恶化了

恩格斯：《1889 年国际工人代表大会》，

《马克思恩格斯全集》第 21 卷第 595～596 页。

谷物法临废除前的一段时期，进一步透露了农业工人的状况。一方面，资产阶级鼓动家的利益是要证明这个保护法对谷物的真正生产者很少起什么保护作用。另一方面，工业资产阶级又非常恼恨土地贵族对工厂状况的非难，恼恨这些腐败透顶、丧尽天良、矜持高傲的游惰者对工厂工人的痛楚所表示的假慈悲，恼恨他们对工厂立法所表现的那种"外交热忱"。

马克思：《政治经济学批判》，

《马克思恩格斯全集》第 23 卷第 741 页。

在亚洲的各种形式下，高利贷能够长期延续，这除了造成经济的衰落和政治的腐败以外，没有造成别的结果。只有在资本主义生产方式的其他条件已经具备的地方和时候，高利贷才表现为形成新生产方式的一种手段；这一方面是由于封建主和小生产遭到毁灭，另一方面是由于劳动条件集中为资本。

马克思：《资本主义生产的总过程》，

《马克思恩格斯全集》第 25 卷下册第 675 页。

英国资产者从 1688 年起就按传统硬把贵族集团置于行政权的首位，而在这种特殊的贵族集团统治之下，陆军、海军、殖民部门、筑城工程事业以及整个行政管理腐败的程度，是令人吃惊的。在英国人大肆吹嘘之后，当自由派在科苏特的庇护下发出叫嚣之后，以及在博览会期间高唱了世界主义的、博爱主义的和商业上的和平赞歌之后，一句话，在资产阶级自吹自擂的这个时期之后，令人高兴的是，现在这些恶棍发现，在丹麦王国里不是"有点"腐败，而是"全部"腐败了。

《马克思致恩格斯》，

《马克思恩格斯全集》第 28 卷上册第 12 页。

小福克斯早些时候赞扬过这些文章，前天却在中央委员会上对于你把波兰被瓜分归咎

于波兰贵族的腐败那一节进行了攻击。同时，他特别攻击了那些借助于萨克森王朝等等而去破坏波兰的德国人。我简短地答复了他。

> 马克思：《马克思致恩格斯》，
> 《马克思恩格斯全集》第31卷上册第220页。

在收到停战或维也纳决战的消息之前，必须放弃对目前局势作任何判断。不管怎样，事件的进程表明奥地利制度是极端腐败的。

> 马克思：《马克思致恩格斯》，
> 《马克思恩格斯全集》第31卷上册第241页。

路易错过最好的进攻时机只是由于本身的缘故，也就是说，由于没落帝国，由于军需部门的腐败，结果使他耽搁了五天，看来，连现在也是没有准备就绪就被迫出动了。

> 恩格斯：《恩格斯致马克思》，
> 《马克思恩格斯全集》第33卷第25页。

由于1848年开始的腐败时期，英国工人阶级渐渐地、愈来愈深地陷入精神堕落，最后，简直成了"伟大的自由党"即他们自己的奴役者——资本家的政党的尾巴。英国工人阶级的领导权完全落入了卖身投靠的工联首领和职业鼓动家手中。

> 马克思：《马克思致威·李卜克内西》，
> 《马克思恩格斯全集》第34卷第297页。

德国的历史科学在三十年战争以后，曾经由于德国的政治极端腐败而堕落到卑贱的地步，现在竟然由于德国上升到欧洲第一强国的地位而再次堕落到同样卑贱的地步，这是黑格尔所说的那种世界历史的讽刺的一个很妙的例证。

> 恩格斯：《致尼·弗·丹尼尔逊》，
> 《马克思恩格斯全集》第36卷第375页。

在美国，"劳动骑士"是必然的起点，他们是真正的力量，而且肯定会成为运动的雏形。他们不合理的组织和极不可靠的领导人——这些人习惯于玩弄腐败的美国党派伎俩——会很快地在那个组织内部引起危机，然后，一个更合适、更有效的组织会从中发展起来。

> 恩格斯：《致劳·拉法格》，
> 《马克思恩格斯全集》第36卷第558~559页。

明亮的居室，曾被埃斯库罗斯笔下的普罗米修斯称为使野蛮人变成人的伟大天赐之一，现在对工人说来已不再存在了。光、空气等等，甚至动物的最简单的爱清洁习性，都不再成为人的需要了。肮脏，人的这种腐化堕落，文明的阴沟（就这个词的本意而言），成了工人的生活要素。完全违反自然的荒芜，日益腐败的自然界，成了他的生活要素。他的任何一种感觉不仅不再以人的方式存在，而且不再以非人的方式因而甚至不再以动物的方式存在。

马克思：《1844年经济学哲学手稿》，

《马克思恩格斯全集》第42卷上册第133~134页。

当中介人由于人数过多而成为社会机体上的寄生物，当他们取得默契，将商品囤积起来，借口这种人为的暖乏来抬高商品价格，总之，当他们用投机手段盘剥生产者和消费者，而不是充当这两者的简单的、公开的中介人的时候，商业就腐败了。我们在乡村和城市的小集市上还能看到那种公开的中介活动。

恩格斯：《傅立叶论商业的片断》，

《马克思恩格斯全集》第42卷上册第323页。

至于说在路易－菲力浦腐败透顶的政府当政的情况下这些改革的后果如何，那么，你根据那个引起二月革命的、比较微不足道的原因，就可以作出判断了。

恩格斯：《法国来信》，

《马克思恩格斯全集》第44卷上册第6页。

除了后果具有这种欺骗性外，还要加上毫无原则。经济学家承认，他们的科学根本就没有固定的原则。准许像商人这一类如此腐败的代理人享有充分的自由，这可真是登峰造极的无原则。

恩格斯：《傅立叶论商业的片断》，

《马克思恩格斯全集》第42卷上册第331~332页。

在一个十分腐败、十分贪婪的世纪里，如果有人想以教育者的口吻来反对已被认可的罪恶即反对破产，就会遭到众人的嘲笑。聪明得多的做法是随声附和流行的论调，观察社会罪恶的有趣的方面。因此，我将证明：破产是骗局，是比它的帮凶和庇护者所认为的还要可笑得多的骗局，这些人认为破产这种商业上的掠夺行为无非是可笑的小事。

恩格斯：《傅立叶论商业的片断》，

《马克思恩格斯全集》第42卷上册第336页。

纲领之所以迫切需要，还因为俄国舆论常常对俄国社会民主党人真正的任务和活动方式发生极其严重的误解。这些误解部分是由于我国政治腐败而必然产生的，部分是社会民主党的敌人有意制造的。但是，不管怎样，我们必须重视这个事实。

列宁：《我们党的纲领草案》，

《列宁全集》第4卷第187页。

对日战争暴露了专制制度的全部腐败，最后甚至破坏了它在"友好的盟友"法国资产阶级心目中的信誉。

列宁：《欧洲资本和专制制度》，

《列宁全集》第 9 卷第 354 页。

专制制度正是按冒险主义方式把人民投入了一场荒谬可耻的战争。它现在正面临着罪有应得的下场。战争揭出了它的一切疮疤，暴露了它的全部腐败，表明它同人民完全分离，摧毁了凯撒统治的唯一支柱。战争成了严峻的法庭。人民已经对这个强盗们的政府作出自己的判决。革命将执行这一判决。

列宁：《覆灭》，

《列宁全集》第 10 卷第 244 页。

不实行任何建设性的纲领，就是容忍腐败的专制制度下的农奴制关系继续存在。能够容忍这种农奴制关系的，只有背叛革命事业的人们的政府，而决不是成为人民起义机关的政府。如果有人以立宪会议可能还不承认集会自由为借口，而主张在立宪会议承认这种自由以前，不要在事实上实现这种自由，那简直是开玩笑！反对临时革命政府立即实现最低纲领，正好就是开的这种玩笑

列宁：《社会民主党在民主革命中的两种策略》，

《列宁全集》第 11 卷第 11 页。

1 月 9 日彼得堡发生了大屠杀，12 日就开始了这种从军事观点来看毫无意义的进攻，结果沙皇的将军们再次惨败。俄国人被击退，连新时报记者也报道说，俄国死伤达 13000 人，比日本人大约多一倍。满洲的军事管理机关的腐败和士气涣散的情况，也和彼得堡一样。

列宁：《进一步，退两步》，

《列宁全集》第 9 卷第 231 页。

革命的道路是迅速开刀、使无产阶级受到的痛苦最小的道路，是直接切除腐烂部分的道路，是对君主制度以及和君主制度相适应的令人作呕的、卑鄙龌龊的、腐败不堪的、臭气熏天的种种设施让步最少和顾忌最少的道路。

列宁：《社会民主党在民主革命中的两种策略》，

《列宁全集》第 11 卷第 33 页。

世界各国的资产阶级都必然要规定出两种管理方式，两种保护自己利益和捍卫自己统治的斗争方法，并且这两种方法时而交替使用，时而以不同的方式结合在一起。第一种方法就是暴力的方法，拒绝对工人运动作任何让步的方法，维护一切陈旧腐败制度的方法，毫不妥协地反对改良的方法。这就是保守主义政策的实质，这种政策在西欧各国愈来愈不

成其为土地占有者阶级的政策，而成为整个资产阶级政策的一个变种了。第二种方法就是"自由主义的"方法，即采取扩大政治权利、实行改良、让步等等措施的方法。

> 列宁：《欧洲工人运动中的分歧》，
> 《列宁全集》第 20 卷第 68 页。

实际上，他在论述自由主义、民粹主义和马克思主义在革命后的演进时，并没有指出，也不可能指出任何悲剧性的东西。然而，在波特列索夫先生的议论中喜剧性的东西却不胜枚举。波特列索夫先生写道："正是自由主义这个思潮呈现了一幅极端腐败和极端无能的图画。不妨看一看实践的自由主义同理论化的自由主义之间"。

> 列宁：《我们的取消派》，
> 《列宁全集》第 20 卷第 116 页。

克里木战争表明了农奴制俄国的腐败和无能。农民的"骚乱"在解放前每 10 年都要高涨一次，使得头号地主亚历山大二世不得不承认，与其等待从下面来推翻，不如从上面来解放。

> 列宁：《"农民改革"和无产阶级－农民革命》，
> 《列宁全集》第 20 卷第 174 页。

俄国无疑是处在革命的前夜。财政已经混乱到了极点。捐税的重压已在失去作用，旧国债的利息用新公债来偿付，而每一次新公债都遇到愈来愈大的困难；只有借口建造铁路还能得到一些钱！行政机构早已腐败透顶，官吏们主要是靠贪污、受贿和敲诈来维持生活，而不是靠薪俸。

> 恩格斯：《流亡者文献》，
> 《马克思恩格斯全集》第 18 卷第 622 页。

为了证明格莱斯顿赞同再把一个"基督教"国家从可怕得不堪言状的土耳其人的压迫下解放出来，恰恰在目前，故作姿态地把柏林会议 75 之后派往小亚细亚去监督改革的英国全权代表们召回，并公布他们的报告，从这些报告来看，土耳其人把他们愚弄了，一切都是老样子，官吏的腐败作风没有铲除。

> 恩格斯：《恩格斯致马克思》，
> 《马克思恩格斯全集》第 35 卷第 90 页。

农民由于乡村居民所特有的分散性，不能成为有组织的反对力量。他们对政府的全部要求就是，自己活也让别人活，奥地利政府早已懂得这一点。因此，制造仅仅停留在纸面上的法律和命令的做法之所以达到登峰造极的程度并被奉为原则，虽然也还有其他原因，但主要是上述情况造成的；此外，这种情况造成的行政上惊人的腐败，确实超出我所能设想的程度。

恩格斯:《致维·阿德勒》,

《马克思恩格斯全集》第 39 卷上册第 133 页。

我们看到,奥古斯都清除了元老院中犯罪行为的痕迹,因为元老院中混进了一些极其腐败的人,他从该院中清洗了许多其作风为他所憎恶的人,吸收了许多智勇出众的人。

马克思:《拉丁文作文》,

《马克思恩格斯全集》第 40 卷第 825 页。

被摄政之争议弄得惊恐不安、被法国革命弄得走投无路的政府,开始比任何时候都更起劲地推行腐败的做法和分裂的政策。

马克思:《从美国革命到 1801 年合并的爱尔兰》,

《马克思恩格斯全集》第 45 卷上册第 17 页。

1790 年 2 月 11 日。爱尔兰下映(政府的收买和爱国党人的反对仍在继续,而人民越来越相信,只有改革下院才能把 1782 年宪法从大臣们的腐败政治下拯救出来)。福布斯提出一份奏书,描述和谴责了不久前的几桩授予年金的事例。柯伦表示支持。提案以 136 票对 92 票被否决。

马克思:《从美国革命到 1801 年合并的爱尔兰》,

《马克思恩格斯全集》第 45 卷上册第 43 页。

1793 年 1 月 10 日。威斯特摩兰勋爵宣布议会开幕。他抱怨爱尔兰的不满情绪,但只字不提大臣们的腐败作风、浪费行为和他们推行的为国民所无法接受的政策。

马克思:《从美国革命到 1801 年合并的爱尔兰》,

《马克思恩格斯全集》第 45 卷上册第 63 页。

英国人受到了(因为合并而造成的)损害,特别是因为它为议会大兴腐败之风出了那么多钱。

马克思:《从美国革命到 1801 年合并的爱尔兰》,

《马克思恩格斯全集》第 45 卷上册第 92 页。

议会的爱尔兰议员——在下院里受贿和腐败之风大长。政府方面的篡权愈演愈烈。

马克思:《从美国革命到 1801 年合并的爱尔兰》,

《马克思恩格斯全集》第 45 卷上册第 95 页。

法庭的这种成分既能保证法庭的民主性,也能保证自由地表现农村各居民阶层的不同阶级利益。这样,阶级对抗就不会被腐败的官僚主义——这具安放人民自由遗骸的粉饰的坟墓——的遮羞布所遮盖,而会公开地明显地呈现在大家面前,从而使那些在宗法制度下混日子的农村居民振作起来。

> 列宁：《俄国社会民主党的土地纲领》，
> 《列宁全集》第 6 卷第 313 页。

农民经济状况的极端恶化、专制政府的掠夺性的预算政策和官僚机构的彻底腐败，在很大程度上阻碍了业已开始的经济高涨，同时，日益昂贵的生活费用也使工人阶级和广大居民群众的贫困日趋严重。

> 列宁：《俄国社会民主工党第六次（布拉格）全国代表会议文献》，
> 《列宁全集》第 21 卷第 129 页。

俄国的情况所以不堪忍受，正是因为我们这里价格涨得最厉害的恰恰是石油，而且生产没有提高而是停滞了。俄国的情况所以绝对不堪忍受，正是因为这里不是资本主义广泛的、自由的、迅速的发展，而是停滞和腐败。因此，同样的物价上涨在我国就严重百倍。

> 列宁：《论"石油荒"》，
> 《列宁全集》第 23 卷第 36 页。

只要那些主张改良和改善的人还不懂得，任何一个旧设施，不管它怎样荒谬和腐败，都由某些统治阶级的势力在支撑着，那他们总是会受旧事物拥护者的愚弄。要粉碎这些阶级的反抗，只有一个办法，就是必须在我们所处的社会中找出一种力量，教育它和组织它去进行斗争，这种力量可以（而且按它的社会地位来说应当）成为能够除旧立新的力量。

> 列宁：《马克思主义的三个来源和三个组成部分》，
> 《列宁全集》第 23 卷第 48 页。

我们这个时代，由于资产阶级的停滞和腐败，由于工人领袖把注意力都集中到日常琐事上以及其他种种原因，各国工人运动深受机会主义之害，对这些现象观察愈深，这部通信集极其丰富的材料的价值就愈大，因为从这些材料中可以看到，通信人对无产阶级变革的根本目的有非常深刻的理解，并且从这些革命目的出发异常灵活地规定了相当的策略任务，对机会主义或革命空谈则寸步不让。

> 列宁：《马克思和恩格斯通信集》，
> 《列宁全集》第 24 卷第 275～276 页。

但是，我们从《正确思想报》第 3 号纪念米海洛夫斯基的文章中又看到"左派"民粹派和《俄国财富》杂志的"社会立宪民主党人"拼凑了一个腐败的同盟（联盟），这难道还不说明问题吗？

> 列宁：《民粹派论尼·康·米海洛夫斯基》，
> 《列宁全集》第 24 卷第 363 页。

当今教授们的学术界竟腐败、堕落和无耻到这种地步！司徒卢威先生明明知道，科学社会主义是以资本主义使生产社会化这一事实为依据的。这一事实正被世界各地看到的无数现象所证明。关于这些现象的发展程度和发展速度，有极其丰富的"经验"材料可以说明。

> 列宁：《又一次消灭社会主义》，
> 《列宁全集》第 25 卷第 52～53 页。

欧洲大战意味着最严重的历史性的危机，意味着新时代的开始。战争也同任何危机一样，使潜伏于深处的矛盾尖锐化和表面化，它扯掉一切虚伪的外衣，抛弃一切俗套，破坏一切腐朽的或者说已经完全腐败了的权威。

> 列宁：《死去的沙文主义和活着的社会主义》，
> 《列宁全集》第 26 卷第 105 页。

大卫是一个彻底的机会主义者，是德国的《我们的事业》杂志——《社会主义月刊》的长期撰稿人，是一部论述土地问题、内容毫无社会主义和马克思主义气息的大部头著作的作者。这样一个毕生用资产阶级思想腐蚀工人运动的分子竟会成为党的许多和他同样满脑子机会主义的领袖之一，成为国会议员，甚至成为德国社会民主党国会党团执行委员会的成员，仅仅这一点就足以发人深省：德国社会民主党的腐败过程是多么久远，多么深刻，多么严重。

> 列宁：《德国机会主义论战争的一本主要著作》，
> 《列宁全集》第 26 卷第 289～290 页。

第一次革命以及接着到来的反革命时期（1907—1914 年），暴露了沙皇君主制的全部实质，使它达到了"极限"，揭露了它的全部腐败和丑恶，揭露了以穷凶极恶的拉斯普廷为首的沙皇匪帮的极端厚颜无耻和放荡淫逸，揭露了罗曼诺夫家族的全部兽行，正是这些大暴行制造者使犹太人、工人和革命者的鲜血洒遍了俄国，正是这些占有几百万俄亩土地的"头号"地主为了保全自己和本阶级的"神圣的私有制"而无恶不作，无罪不犯，任意摧残和扼杀国民。

> 列宁：《远方来信》，
> 《列宁全集》第 29 卷第 10 页。

这种失败动摇了全部旧的政府机构和全部旧制度，引起了全国所有阶级对它的仇恨，激起了军队的愤怒，大批地清除了那些带有因循守旧的贵族习气和腐败透顶的官僚性质的旧军事指挥人员，而代之以年轻的、生气勃勃的、多半是资产阶级、平民知识分子、小资产阶级出身的军事指挥人员。那些公然对资产阶级摇尾乞怜或者简直是毫无气节的人，曾经大吵大闹地反对"失败主义"，他们现在面临一个事实，这就是最落后最野蛮的沙皇君主制的失败同革命大火的燃起有历史的联系。

列宁:《远方来信》,

《列宁全集》第 29 卷第 13 页。

在 1905—1914 年间加紧组织起来并在 1914—1917 年间加快了组织步伐的俄国整个资产阶级,同地主勾结起来反对腐败的沙皇君主政府,想靠掠夺亚美尼亚、君士坦丁堡、加里西亚等地发财。

列宁:《论俄国社会民主工党在俄国革命中的任务》,

《列宁全集》第 29 卷第 65 页。

《马克思致恩格斯》里说,"从 1688 年起就按传统硬把贵族集团置于行政权的首位",是 1688 年英国发生一次政变,政变后,建立在土地贵族和金融资产阶级妥协的基础上的君主立宪制在英国得到确立。

"在博览会期间高唱了世界主义的、博爱主义的和商业上的和平赞歌",指第一届世界工商业博览会 1851 年 5 月 1 日在伦敦开幕,10 月 15 日闭幕。许多国家参加了博览会。资产阶级和平主义者把博览会的开幕,描绘成一件标志着"普遍和平"纪元的开始的大事。

英国热烈欢迎 1851 年 10 月到达那里的科苏特。英国资产阶级的自由派,以及政府官员中的某些人,特别是当时的外交大臣帕麦斯顿利用科苏特到英国这件事,进行蛊惑性的宣传,吹嘘英国的立宪自由。这就虚伪地掩盖了资产阶级贵族英国在镇压欧洲革命(包括匈牙利革命在内)时期所扮演的不光彩的角色,给反革命势力以外交上的支持,并促使在欧洲建立专制制度。科苏特于 1851 年 11 月去美国。

"在丹麦王国里不是'有点'腐败,而是'全部'腐败了",是莎士比亚《哈姆雷特》第一幕第四场里的台词。

恩格斯《致劳·拉法格》里的"劳动骑士","劳动骑士团"的简称,是 1869 年在费拉得尔菲亚创建的美国工人组织,在 1878 年以前,是一个带有秘密性的团体。"骑士团"主要联合了非熟练工人,其中包括许多黑人,它的目的是建立合作社和组织互助,并参加工人阶级的许多暴动。但是,"骑士团"的领导人实际上反对工人参加政治斗争,并主张阶级合作。1886 年,"骑士团"的领导人反对全国性罢工,禁止它的成员参加罢工,尽管如此,"骑士团"的普通成员还是参加了罢工。此后,"骑士团"失去了它在工人群众中的影响,到九十年代末就瓦解了。

2. 苏维埃政权对权力腐败的坚决斗争

社会主义国家是完全新型的,法律上的权力也是完全新型的。社会主义公有制和生产关系,适应生产力的发展,并为其不断发展开辟了广阔道路。当然,由于资产阶级的影响和旧社会的痕迹,还存在腐败现象,但从列宁领导的苏维埃政权和我国对腐败现象所做的坚决斗争中,人们看到,任何腐败,都是同社会主义的理论、制度和道路水火不相容的。

在公社用来代替资产阶级社会贪污腐败的议会的那些机构中,发表意见和讨论的自由不会流为骗局，因为议员必须亲自工作，亲自执行自己通过的法律，亲自检查实际执行的结果，亲自对自己的选民直接负责。代表机构仍然存在，然而议会制这种特殊的制度，这种立法和行政的分工，这种议员们享有的特权地位，在这里是不存在的。

列宁：《国家与革命》，

《列宁全集》第 31 卷第 45 页。

假设孟什维克和社会革命党人继续动摇不定，不把政权交给苏维埃，不推翻克伦斯基，而用稍微不同的形式（例如用"无党派的"科尔尼洛夫分子来代替立宪民主党人）恢复过去同资产阶级的腐败的妥协，不用苏维埃机关来代替国家政权机关，不提出缔结和约，不同帝国主义决裂，不没收地主的土地。假设社会革命党人和孟什维克目前动摇的结果就是这样，"9 月 12 日"的结果也正是这样。

列宁：《俄国革命和国内战争》，

《列宁全集》第 32 卷第 177 页。

十个觉悟了的士兵或者落后工厂的十个觉悟了的工人，要比李伯尔唐恩之流所伪造的各代表团的一百个代表重要一千倍。利用议会活动（特别是在革命时期），决不是把宝贵的时间浪费在腐败的代表身上，而是拿腐败的事例去教育群众。

列宁：《论进行伪造的英雄和布尔什维克的错误》，

《列宁全集》第 32 卷第 249 页。

同志们，我们很清楚，我们之所以最先参加了苏维埃的无产阶级革命，并不是因为我们的准备同别国工人一样好，或者比他们更好，而是因为我们不如他们。正因为如此，我们所对付的敌人是最野蛮最腐败的敌人，正因为如此，革命从表面看才有那样磅礴的气势。

列宁：《关于共产国际的成立》，

《列宁全集》第 35 卷第 510~511 页。

不信任法令、机构、"改组"和大员，特别是共产党员中的大员；通过对人的考核和对实际工作的检查同腐败的官僚主义和拖拉作风作斗争；毫不留情地赶走多余的官员，压缩编制，撤换不认真学习管理工作的共产党员，——人民委员和人民委员会、人民委员会主席和副主席的工作方针就应该是这样。

列宁：《关于改革人民委员会等机构的工作问题》，

《列宁全集》第 42 卷第 395 页。

"……鼓舞着斯巴达克派的精神，实质上是鲁登道夫精神……斯巴达克派不仅会葬送自己的事业，而且会加强多数派社会党人的暴力政策。诺斯克是斯巴达克派的对头……"考茨基的这几句话（摘自他的发表于维也纳《工人报》的论文）真是愚蠢、卑鄙、无耻到了极点，不值一提。一个党容忍这班领袖，就是腐败的党。考茨基先生所属的伯尔尼国际，从考茨基的这几句话看来，只配评价为黄色国际。

> 列宁：《伯尔尼国际的英雄们》，
> 《列宁全集》第 36 卷第 386 页。

不久以前法国社会党人代表大会已经表明，我们在这个沙文主义最盛行的国家里已经赢得了多数，他们的党已经分裂，那些腐败的领袖已经被抛弃，这一切都是违背工团主义者的意愿的。所有优秀的工人和优秀的领袖，都接受了我们的理论。甚至全世界的工团主义者，革命的工团主义者都在向我们靠拢。

> 列宁：《在全俄矿工第二次代表大会俄共（布）党团会议上的报告》，
> 《列宁全集》第 40 卷第 253 页。

资产阶级社会的尸体，正如我有一次说过的，又不能装进棺材，埋到地下。被打死的资本主义在我们中间腐烂发臭，污染空气，毒化我们的生活，用陈旧的、腐败的、死亡的东西的密网死死缠住新鲜的、年轻的、生气勃勃的东西。

> 列宁：《给美国工人的信》，
> 《列宁全集》第 35 卷第 59 页。

要知道，正是在你们的报纸上（5 月 9 日第 44 号），谢·姆斯季斯拉夫斯基在谈到普列汉诺夫时写道："俄国社会民主党不久前的思想领袖也插手这种反革命的攻讦〈像《俄罗斯意志报》和《新时报》那样〉，人们不得不抱着莫大的遗憾和真正痛惜的心情来确认这个事实，因为的确没有想到国际竟腐败到了这种地步。"同这个"统一派"结成联盟的社会革命党人也腐败到了这种地步！

> 列宁：《"手上的戏法"和政治上无原则性的戏法》，
> 《列宁全集》第 30 卷第 177 页。

资本家把富人收买报刊的自由、利用他们的财富假造所谓社会舆论的自由叫作出版自由。这些事实再次表明，维护"纯粹民主"实际上就是维护使富人能控制群众教育工具的最肮脏最腐败的制度，就是欺骗人民，用冠冕堂皇然而虚伪透顶的言辞诱使人民放弃把报刊从资本的束缚下解放出来的具体历史任务。

> 列宁：《共产国际第一次代表大会文献》，
> 《列宁全集》第 35 卷第 489 页。

让谢德曼之流和考茨基之流在他们的《前进报》和《自由报》上，对共产党人中间的意见分歧幸灾乐祸吧。这些腐败的市侩主义的英雄只能靠讥笑共产党人来掩盖自己的腐朽。但是，如果谈到问题的实质，那只有瞎子才会到现在还看不见事实真相。这个事实真相就是，谢德曼派和考茨基派极其可耻地出卖了德国的无产阶级革命，背叛了德国的无产阶级革命，真正地站到反革命资产阶级方面去了。

列宁：《向意大利、法国和德国的共产党人致敬》，
《列宁全集》第 37 卷第 205 页。

在社会关系、经济关系和政治关系的所有领域中，我们是"极端"革命的。但在尊敬上司，遵守办文的形式和礼节上，我们的"革命性"往往被最腐败的因循守旧的习气取而代之了。

列宁：《宁肯少些，但要好些》，
《列宁全集》第 43 卷第 387 页。

关于第三次代表大会的《通知》，直到现在国内还没有一个地方全文翻印过，这太不象话了，中央委员会所有的这些有名的"技术部门"如此腐败，我简直不明白文特尔为什么不管？佐梅尔等人为什么不管？再说，我们各地方委员会不是有印刷所吗?!?

列宁：《致俄国社会民主工党中央委员会》，
《列宁全集》第 45 卷第 50 页。

这个策略好像是"自私自利的"，但是它是唯一合理的。如果我们团结得很好，组织得很完备，如果我们能从自己队伍中驱除一切腐败分子和倒戈分子，那么我们的坚定核心，即便是不大的核心，也会领导起全部"组织散乱的"大众。

列宁：《致俄国社会民主工党中央委员会》，
《列宁全集》第 45 卷第 100 页。

这篇文章恬不知耻地批评整个俄国社会民主主义运动，它企图用最阴沉的语调向外国描述俄国社会民主党的没落、无能和腐败。

列宁：《致德国社会民主党执行委员会》，
《列宁全集》第 45 卷第 384 页。

我之所以不惋惜，是因为我原来只在理论上知道欧洲党的腐败，而现在却增加了不无教益的实际知识。

列宁：《致伊·费·阿尔曼德》，
《列宁全集》第 47 卷第 560 页。

我建议逐步采取措施解除那些腐败的部队和流氓分子的武装并加以驱逐。应请地方执行委员会和区域委员会委员帮助处理这一极重要的工作，因为这是一件头等重要的国家大事。请将此电通知各地执行委员会和党委会。

列宁：《给杰·季·彼特鲁丘克的电报》，
《列宁全集》第 48 卷第 292 页。

　　生活使您厌恶，和共产主义的"分歧在加深"。分歧在哪里呢，无法理解。您丝毫没有指出政治上或思想上的分歧。其实这是两种人的情绪的分歧：一种人从事政治或者致力于最激烈的斗争，另一种人则人为地置身于无法观察新生活而被资产阶级大首都的腐败印象所折服的境地。

列宁：《致阿·马·高尔基》，

《列宁全集》第 49 卷第 45 页。

　　列宁在《在全俄矿工第二次代表大会俄共（布）党团会议上的报告》里的"不久以前法国社会党人代表大会"，指 1920 年 12 月 25—30 日在图尔举行的法国社会党（工人国际法国支部）第十八次代表大会。出席这次代表大会的代表共 285 名，他们共有委托书 4575 份。大会讨论的中心问题是关于法国社会党加入共产国际的问题。该党地方组织在大会前分别召开了代表大会，其中绝大多数都已表示赞成该党立即加入共产国际，但是在大会上围绕这个问题仍展开了激烈斗争。克·蔡特金化名出席了大会，作了长篇发言，向代表们转达了共产国际的敬意。经过 4 天辩论，大会以多数票（3208 份委托书，占总数 70% 以上）通过了加入共产国际的决定。以莱·勃鲁姆为首的少数派拒绝代表大会的决定，退出大会，另行建立一个独立的党，仍用法国社会党这一名称。多数派建立了法国共产党。

第四部分

权利义务关系——对等协商关系

权利义务关系，是法律关系的重要方面。在现代社会，只有权力关系或只有权利关系，都是不可想象的。权利是主体权能不可缺少的形式之一。

权利，是指主体依据法律规定所获得的实现自身目的，满足物质利益需要的权利。权利具有法律规定的性质。权利是被法律所规范并在一定法律关系中实现的，法律是权利的可能行为的尺度。这是权利的根本特征。

权利是一种法律资格。其意义是：主体凭借这种资格，可调节或进行一定的活动，参加具体的法律关系；凭借这种法律资格，可要求义务主体为一定行为或不为一定行为，以实现自己的权益和要求；凭借这种法律资格，在义务主体不履行义务时，有权要求仲裁机构、司法机关强制执行，以保护自身权益。

从权利产生的法律基础和根据出发，权利为固有权利。固有权利，是指主体依照法律、法规以及命令、章程等直接获得的权利。这是法律等规范性文件直接规定的权利。它不必服从于其他社会组织或公民个人的意志，也不依赖其他社会组织或公民个人的行为而存在。这种固有权利，是法律关系形成的基础，以此为基础参加法律关系，以产生具体的权利。

此外，在法律关系中，还存在取得权利。这种权利，是主体通过参加具体法律关系而实现或获得的权利。取得权利由特定义务主体实施一定行为时才能获得，因而必须参加具体法律关系。这种权利，不借助于法律关系则不能实现。主体的权利，是固有权利和取得权利的总和，它既是法律规定的可能性的权利，也是参加法律关系时能够得以实现的权利。因此，把权利归结为"法律规定的权利"，或归结为"法律关系中的权利"，都是片面的，是不符合权利概念要求的。

权力和义务、权利和义务是不可分割的，犹如一枚钱币的两面，所以应将义务同权力、权利结合起来认识和阐释。

义务，是主体为满足权利主体或权力主体要求，依法实施一定行为或不实施一定行为。法律上的义务，既包括对权利主体的义务，也包括对权力主体的义务。在这一点上，它与民事关系中满足民事权利主体要求的义务，以及行政关系中满足行政主体要求的义务是不同的。义务的含义和特征是：义务由法律设定。法律设定，是法律明文规定义务。至于参加法律关系时双方当事人约定的义务，也必须以法律为依据。义务是满足权利主体或权力主体要求的行为，不履行义务则应承担责任。

根据权利者或权力者的不同情况，义务可分为国家义务、当事人义务、社会组织内部义务和社会义务。

国家义务，是主体依照法律规定所应承担的对国家的义务，如依法服兵役义务、纳税义务、保护公共财产义务、完成指令性计划义务等。这种义务的特点是，只要求履行职责，即按规定的职责履行义务，不一定必须与权力相对应。

当事人义务，是主体在协商性社会关系中当事人相互之间的义务。约定，是这种义务的重要特征。它要求与约定的权利相对应，如在商品交易中，一方当事人让渡该商品的所有权是他的义务，为此获得等额货币是他的权利；另一方当事人为此支付货币是他的义务，而获得该商品的所有权是他的权利。

社会组织内部义务，是在作为主体的社会组织内部形成的关系中所承担的义务，如生产经营责任制义务、内部合同义务、内部审计义务等。这种义务的特点是，不由法律直接规定，而是社会组织依据法律规定或对外签订的合同的约定，将为履行义务而分解成的义务。其违反义务的责任，为内部责任。

社会义务，是主体对社会依法承担的义务，如产品质量安全义务、防止环境污染义务等。其特点是，所承担义务的载体是"社会"，主要是关于社会公共利益、社会秩序等方面的义务。

社会运行过程中形成的关系，是组织关系和活动关系相统一的社会关系。其中的权力活动与权利活动，不可分割地联系在一起，相互制约、相辅相成，形成复合关系。复合关系的成因主要是：社会关系的统一性，决定了对社会关系进行法律调整的统一性，这种统一性，通过作为法律调整重要对象的权力活动与权利活动的统一性表现出来；社会组织与国家机关职能上的联系性，决定了实现国家目的和实现社会组织目的的一致性；权力与权利的相互制约性，决定了任何权力的实现离不开权利基础，而权利的实现也离不开权力的作用。

以税收关系为例加以说明。税收关系是国家与社会组织和公民个人等主体之间的税负与征收关系。这种关系，通常认为是一种权力关系。其主要理由是：课税是国家的重大事务，它不以自身财产为根据而以国家权力为根据，强制地向纳税人征税，义务纳税人必须依法服从。因此，税收关系要素为权力要素；税收具有无偿性特征，国家凭借权力不付任何报酬地征收税款，从而实现义务纳税人的货币财产所有权的无偿转移。其实，税收关系的一元权力论者未能揭示其中的权利关系。权利关系的主要表现是：税收适用公平负担原则和诚实信用原则。纳税人应忠诚老实，恪守信用。同时，对错误征税曾表示过服从的纳税人的权益，法律对其纠正将予以保护。在税收中按受益负担和按能力负担，实际上体现了当事人之间的公平。滞纳金制度是一种债权抵押制度。作为第三人的义务扣缴人，对义务纳税人享有反对债权，可以行使相抵权。这样，在国家的抵押债权和社会组织及公民个人的抵押债权上，确立了第三债务人的法律地位。我的这个理论主张，得到我国税法学界的响应和接受，只是被称为民法上的"债权债务关系"。

复合关系的形成，以国家和国家机关的二重身份为中介。当国家和国家机关以活动主体身份参加社会关系时，其双方之间的关系，是权利义务关系，但权力渗透、参与其中；当国家和国家机关以社会组织主体的身份参加社会关系时，双方之间的关系，是权力义务关系，但权利渗透、参与其中。

权力与权利的复合关系有两种形式，即直接复合关系和间接复合关系。

直接复合关系，是国家和国家机关进行社会组织活动时形成的复合关系，如税务主管部门因征税而与经济组织等形成的关系。政府税务主管部门根据税收计划，对企业征税。同时，会同有关部门解决企业生产经营中的困难，为生产发展提供必要的服务，这些都是直接权力活动。在征税活动中存在政府税务主管部门、企业各自税务上的权利和义务，这又是一种权利活动。在税收关系及以此为基础形成的其他关系中，权力与权利的关系，是直接复合关系。直接复合关系成立的前提条件，是国家机关直接依据权力参加社会关系，形成权力与权利直接联系的复合关系。

间接复合关系，是活动主体相互之间进行活动时形成的复合关系。这种复合关系，首先是权利关系。互不隶属的国家机关相互之间的关系，社会主体相互之间的关系，是一种权利性关系。经典作家在国家机关相互关系的场合，均采用"权利"术语，说明了他们法学理论力的超人程度。在社会活动关系中，当事人之间关系的形成基础和直接联系，是权利、义务，而权力作用是依据法律间接地附加在权利义务关系上面的，因而两者的复合关系，是间接复合关系。间接复合关系形成的前提条件，是法律规定，即主体依据法律有关权力性规定而不是依据国家机关的权力参加社会关系，从而形成权利与权力间接联系的复合关系。

各国的实践证明，单纯依靠行政权力或单纯依靠民事权利来解决社会良性运行问题，无一例成功。权力与权利的复合性，是当代社会关系发展的客观法则。当然，两者复合的程度、方式和适用领域等问题，是需要认真研究的，但我们要使这种研究符合社会发展的客观本性的要求。

一、权利是法律上的权益

权利是法律上的权益。西方学者所鼓吹的所谓"抽象权利""天然权利""永久性权利"，都是不存在的。"道德权利"，是一种依靠人们内心感悟的"权利"；"习惯权利"，是风俗习惯形成的"权利"。因为它们没有强制执行的能力，没有国家强制力作后盾和责任追究问题，因而不具有权利效力。这种"权利"，不过是采用了权利这个词语而已。

权利是法律上的权益，其具体含义是：

首先，权利是被法律设定的，法定性是经济权利的根本属性。这里的"被法律设定"，有三方面的含义：①权利是法律规定出来的；②主体的权利主张依据于法律；③权利可能性的界限为法律所制约。从这个意义上说，任何权利都是法定权利。

其次，主体自主实现自身法益，是权利的首要含义。法益即合法利益，它是权利的核心概念。只有当某种利益被确定为法益时，才能受到法律的保护。因此，法益的自主实现，是权利的显著特征。"自主实现法益"的含义是：①意思决定的自主性；②行为方式的选择自由；③享有取得利益的资格。因为这种自主性是法律承认的自主性，所以主体能得以能动地去追求并实现自身法益。

最后，权利只是主体活动的法律界限，法律界限限定了权利的基本内容。主体把意思力、社会活动表现为权利，取决于法律上的可能性。就是说，只有符合法律规定范围内的活动方式，主体才能实现自身权益。这种法律上的可能性，包括：①一定行为的可实现性；②履行相应义务要求的可实现性；③借助于国家强制力实现自身权益的可实现性。

（一）权利是法律赋予的

1. 没有法律也就没有权利

原始社会不存在权利和义务，这是经典作家经过致密研究得出的科学结论。那么，如何理解他们曾经谈到过的氏族社会的权利、义务呢？在原始社会，没有权利和义务是基本实态。从经典作家的权利、义务术语使用中，我们看到下列两种情况：一是习惯、传统延续下来认识。"我要……，你就……"，是一种持续的、可重复的思维模式，形成了依靠习惯、传统维持的自然法则。二是氏族社会后期出现私有观念和私有财产后，"我要……，你就……"这种自然的关系中产生了"责任"因素，使其相互关系具有一定的对价性质。这时，称权利、义务就与法上的权利、义务相近了。

我们概括一种社会形态的性质、状态和特征，只能从其一般的、稳定的形式去理解和把握。每一社会形态的前期和后期，都存在这种形态异质的东西。其前期，具有旧社会形态的"痕迹",其后期,具有新社会形态的"新的社会因素"成长起来。这是社会形态演变的重要特征。了解这一点,具有重大的方法论意义。

在氏族制度内部,权利和义务之间还没有任何差别;参加公共事务,实行血族复仇或为此接受赎罪,究竟是权利还是义务这种问题,对印第安人来说是不存在的;在印第安人看来,这种问题正如吃饭、睡觉、打猎究竟是权利还是义务的问题一样荒谬。

恩格斯:《家庭、私有制和国家的起源》,
《马克思恩格斯全集》第21卷第180页。

正如几个氏族组成一个胞族一样,几个胞族就古典形式来说则组成一个部落;而那些大大衰微的部落则往往没有胞族这种中间环节。那末,美洲印第安人部落有什么特征呢?

……有宣布氏族所选出的酋长和军事首领正式就职的权利。……有撤换他们的权利,甚至可以违反他们氏族的愿望而撤换他们。由于这些酋长和军事首领都是部落议事会的成员,所以部落对待他们有这种权利乃是当然的。凡已经组成部落联盟以及加入该联盟的一切部落都有代表参加联盟议事会的地方,上述权利便转归联盟议事会了。

恩格斯:《家庭、私有制和国家的起源》,
《马克思恩格斯全集》第21卷第105～106页。

几个氏族结合而为一个比较不那么密切的胞族;但是在这里我们也可以看到类似的相互权利与义务,特别是共同举行一定的宗教仪式以及在胞族成员被杀害时进行追究的权利。

恩格斯:《家庭、私有制和国家的起源》,
《马克思恩格斯全集》第21卷第115页。

胞族在其成员被害时有追究的权利和义务;可见在较早的时代,胞族也有血族复仇的义务。

恩格斯:《家庭、私有制和国家的起源》,
《马克思恩格斯全集》第21卷第118～119页。

古代部落对部落的战争,已经开始蜕变为在陆上和海上为攫夺家畜、奴隶和财宝而不断进行的抢劫,变为一种正常的营生,一句话,财富被当作最高福利而受到赞美和崇敬,古代氏族制度被滥用来替暴力掠夺财富的行为辩护。所缺少的只是一件东西,即这样一个机关,它不仅可以保障单个人新获得的财富不受氏族制度的共产制传统的侵犯,不仅可以使以前被轻视的私有财产神圣化,并宣布这种神圣化是整个人类社会的最高目的,而且还会给相继发展起来的获得财产的新形式,因而是给不断加速的财富积累,盖上社会普通承认的印章;所缺少的只是这样一个机关,它不仅可以使正在开始的社会划分为阶级的现象永久化,而且可以使有产阶级剥削无产者的权利以及前者对后者的统治永久化。而这样的机关也就出现了。国家被发明出来了。

恩格斯：《家庭、私有制和国家的起源》，
《马克思恩格斯全集》第 21 卷第 123～124 页。

雅典人比美洲任何土著民族都前进了一步：相邻的各部落的单纯的联盟，已经由这些部落合并为统一的民族〔Volk〕所代替了。于是就产生了凌驾于各个部落和氏族的法权习惯之上的一般的雅典民族法；只要是雅典的公民，即使在非自己部落的地区，也取得了确定的权利和新的法律保护。

恩格斯：《家庭、私有制和国家的起源》，
《马克思恩格斯全集》第 21 卷第 126 页。

由一定家庭的成员担任氏族公职的习惯，已经变为这些家庭担任公职的无可争辩的权利；这些因拥有财富而本来就有势力的家庭，已经开始在自己的氏族之外联合成一种独特的特权阶级；而刚刚萌芽的国家，也就使这种霸占行为神圣化。

恩格斯：《家庭、私有制和国家的起源》，
《马克思恩格斯全集》第 21 卷第 127 页。

贸易把许多外地人吸引到雅典来，这些外地人是为了易于赚钱而移居这里的；按照旧制度，他们既没有权利，也不受法律保护，所以尽管有传统的容忍精神，他们仍然是人民中间令人不安的异己分子。

恩格斯：《家庭、私有制和国家的起源》，
《马克思恩格斯全集》第 21 卷第 130 页。

只有三个上等阶级的人才能担任一切官职；只有第一阶级的人才能担任最高的官职；第四阶级只有在人民大会上发言和投票的权利，但是，一切官吏都是在这里选出的，一切官吏在这里都要作关于自己活动的报告；一切法律都是在这里制定的；而第四阶级在这里占多数。

恩格斯：《家庭、私有制和国家的起源》，
《马克思恩格斯全集》第 21 卷第 132 页。

这样，在制度中便加入了一个全新的因素——私有财产。国家公民的权利和义务，是按照他们的地产的多寡来规定的，于是，随着有产阶级日益获得势力，旧的血缘亲属团体也就日益遭到排斥；氏族制度遭到了新的失败。

然而，按照财产来规定政治权利的办法，并不是国家不可缺少的设施。虽然这种办法在国家制度的历史上起过很大的作用，但是许多国家，而且恰好是最发达的国家，都是不需要它的。

恩格斯:《家庭、私有制和国家的起源》,
《马克思恩格斯全集》第21卷第132页。

　　罗马氏族的职能就是这样。除了已经完成向父权制的过渡这一点以外,都完全是易洛魁氏族的权利与义务的再版;在这里也"可以清楚地看到易洛魁人"。

恩格斯:《家庭、私有制和国家的起源》,
《马克思恩格斯全集》第21卷第140页。

　　元老院是代替她的丈夫把这个权利给予她的;元老院给予她的显然不多不少恰恰和她的丈夫可能给予她的一样多;但是元老院给予她的乃是没有任何其他限制的绝对权利,以便她如果使用这个权利,她的新丈夫也不应因此而受到损害;元老院甚至责成现在的和将来的执政官和大法官注意不要使她因此而遭到任何烦恼。

恩格斯:《家庭、私有制和国家的起源》,
《马克思恩格斯全集》第21卷第142页。

　　以前库里亚大会的一切政治权利(除了若干名义上的权利以外),现在都归这个新的百人团大会了;这样一来,库里亚和构成它们的各氏族,像在雅典一样,就降为纯粹私人的和宗教的团体,并且作为这样的团体还苟延残喘了很久,而库里亚大会不久就完全消失了。

恩格斯:《家庭、私有制和国家的起源》,
《马克思恩格斯全集》第21卷第147页。

　　耕地仍然是部落的财产,最初是交给氏族使用,后来由氏族交给家庭公社使用,最后便交给个人使用;他们对耕地或许有一定的占有权,但是更多的权利是没有的。

恩格斯:《家庭、私有制和国家的起源》,
《马克思恩格斯全集》第21卷第184页。

　　他们最近首先力求实现的,正是要摆脱氏族公社索取这些小块土地的权利,这种权利对他们已成为桎梏了。这种桎梏他们是摆脱了,但是不久他们也失去了新的土地所有权。完全的、自由的土地所有权,不仅意味着毫无阻碍和毫无限制地占有土地的可能性,而且也意味着把它出让的可能性。

恩格斯:《家庭、私有制和国家的起源》,
《马克思恩格斯全集》第21卷第190页。

　　在罗马,氏族社会变成了闭关自守的贵族,贵族的四周则是人数众多的、站在这一社会之外的、没有权利只有义务的平民;平民的胜利炸毁了旧的氏族制度,并在它的废墟上面建立了国家,而氏族贵族和平民不久便完全溶化在国家中了。

> 恩格斯：《家庭、私有制和国家的起源》，
> 《马克思恩格斯全集》第 21 卷第 193 页。

按地区来划分就被作为出发点，并允许公民在他们居住的地方实现他们的公共权利和义务，不管他们属于哪一氏族或哪一部落。

> 恩格斯：《家庭、私有制和国家的起源》，
> 《马克思恩格斯全集》第 21 卷第 194 页。

直到现在每一个吉里亚克男人对自己兄弟的妻子以及对自己妻子的姊妹都有丈夫的权利，至少行使这些权利并不认为是被禁止的事情。这些以氏族制度为基础的群婚的残余，颇似本世纪上半叶还在散得维岢群岛存在着的有名的普那路亚家庭。

> 恩格斯：《新发现的一个群婚实例》，
> 《马克思恩格斯全集》第 22 卷第 410~411 页。

恩格斯在《家庭、私有制和国家的起源》里提出，"雅典人比美洲任何土著民族都前进了一步"，其具体情况是：

一是，由于地产的买卖，由于农业和手工业、商业和航海业之间的分工的进一步发展，氏族、胞族和部落的成员，很快就都杂居起来。在胞族和部落的地区内，移来了这样的居民，他们虽然也是本民族的同胞，但并不属于这些团体，因而他们在自己的居住地上被看作"外人"。

二是，每一个胞族和每一个部落都是自己管理自己的事务，也不向雅典的人民议事会或巴赛勒斯请示。但是那些住在胞族或部落的地区内而不属于这个胞族或部落的人，自然是不能参与这种管理的。这就扰乱了氏族制度机关的正常活动，需要设法补救。

三是，实行了提修斯所规定的制度。这一改变首先在于在雅典设立了一个中央管理机关，就是说，以前由各部落独立处理的一部分事务，被宣布为共同的事务，而移交给设在雅典的总议事会管辖。这就跨出了摧毁氏族制度的第一步，因为这是后来容许不属于全阿提卡任何部落并且始终都完全处于雅典氏族制度以外的人也成为公民的第一步。

四是，提修斯所制定的第二个制度，就是把全体人民，不问氏族、胞族或部落，一概分为 Eupatriden（贵族）、Geomoren（农民）和 Demiurgen（手工业者）三个阶级，并赋予贵族以担任公职的独占权。但这一划分，除了由贵族担任公职以外，并未规定各个阶级之间的任何法权上的差别。

五是，由一定家庭的成员担任氏族公职的习惯，已经变为这些家庭担任公职的无可争辩的权利。这些因拥有财富而本来就有势力的家庭，已经开始在自己的氏族之外联合成一种独特的特权阶级。而刚刚萌芽的国家，就使这种霸占行为神圣化。

恩格斯《新发现的一个群婚实例》中的"一个群婚实例"，其资料来源，是 1892 年 10 月 14 日"俄罗斯新闻"第 284 号上发表的一篇关于俄国民族学家列·雅·施特恩堡对库页岛的吉里亚克人（尼夫赫人）的生活和社会制度的研究结果的报道。恩格斯引用了这

篇报道的内容，并把它译成德文，为了想把若干地方搞得更准确、更清楚，译文与原文稍有出入。

"俄罗斯新闻"（《Pycckue Beьomocmu》）是一家社会政治性的报纸。1863 年至 1918 年在莫斯科出版，1863 年至 1867 年每周出刊三次，1868 年起改为日报。

2. 权利只在于法律的规定

经典作家关于权利的论述，集中到一点，就是权利只在于法律的规定。法律设定什么权利、撤销什么权利，法律规定哪些权利、不规定哪些权利，盖源于统治阶级的意志。

对于法律来说，除了我的行为以外，我是根本不存在的，我根本不是法律的对象。我的行为就是法律在处置我时所应依据的唯一的东西，因为我的行为就是我为之要求生存权利、要求现实权利的唯一东西，而且因此我才受到现行法的支配。

马克思：《评普鲁士最近的书报检查令》，

《马克思恩格斯全集》第 1 卷上册第 121 页。

难道探讨的方式不应当随着对象而改变吗？当对象欢笑的时候，探讨却应当摆出严肃的样子；当对象令人讨厌的时候，探讨却应当是谦逊的。这样一来，你们就既损害了主体的权利，也损害了客体的权利。你们抽象地理解真理，把精神变成了枯燥地记录真理的裁判官。

马克思：《评普鲁士最近的书报检查令》，

《马克思恩格斯全集》第 1 卷上册第 113 页。

习惯法作为与制定法同时存在的一个特殊领域，只有在法和法律并存，而习惯是制定法的预先实现的场合才是合理的。因此，根本谈不上特权等级的习惯法。法律不但承认他们的合理权利，甚至经常承认他们的不合理的非分要求。特权等级没有权利预示法律，因为法律已经预示了他们的权利可能产生的一切结果。

马克思：《第六届莱茵省议会的辩论（第三篇论文）》，

《马克思恩格斯全集》第 1 卷上册第 250 页。

什么是宪法？宪法就是一张写着人民权利的纸。真正承认这些权利的保证在哪里呢？在于人民中那些意识到并且善于争取这些权利的各阶级的力量。

列宁：《两次会战之间》，

《列宁全集》第 12 卷第 50 页。

俄国的法律大体上可以分成两类：一类是赋予工人和平民百姓某种权利的法律，另一类是禁止什么或允许官员去禁止什么的法律。

列宁：《新工厂法》，

《列宁全集》第 2 卷第 351 页。

"正当获得的权利"也决不会"在任何情况下"成为他的利益。所以在法的根据上，"人的权利"和"正当获得的权利"还有本质的区别。

马克思恩格斯：《德意志意识形态》，

《马克思恩格斯全集》第 3 卷第 373 页。

"明文规定的权利和法律"是同农民的要求"矛盾"的。但它们总是同任何一种进步矛盾的，因为每一项新的法律都是要废除旧的明文规定的权利和旧的法律的。

马克思：《废除封建义务的法案》，

《马克思恩格斯全集》第 5 卷第 329 页。

业已通过的德国公民的基本权利第一条称："凡是德国人皆享有全德公民权"。按照盖格尔先生的解释，这大概是说：凡是德国人皆享有被驱逐出 37 个德意志邦的权利。除了国民议会的立法还有盖格尔的立法！

马克思：《德国公民权和普鲁士警察》，

《马克思恩格斯全集》第 5 卷第 433 页。

权利在力量方面。没有力量的方面只是空谈权利。

马克思：《柏林的危机》，

《马克思恩格斯全集》第 6 卷第 6 页。

宪法一再重复着一个原则：对人民的权利和自由（例如，结社权、选举权、出版自由、教学自由等等）的调整和限制将由以后的组织法加以规定，——而这些"组织法"用取消自由的办法来"规定"被允诺的自由。

马克思：《1848 年 11 月 4 日通过的法兰西共和国宪法》，

《马克思恩格斯全集》第 7 卷第 588 页。

1849 年 2 月和 3 月间，议会结束了关于帝国宪法以及权利宣言和帝国选举法的讨论，同时不得不在许多地方作了十分矛盾的让步——时而向保守派或者更确切些说向反动派让步，时而又向议会中较进步的派别让步。

恩格斯：《德国的革命和反革命》，

《马克思恩格斯全集》第 8 卷第 93 页。

人身、出版、言论、结社、集会、教育和信教等等的自由（1848 年各种自由权的必然总汇），都穿上宪法制服而成为不可侵犯的了。这些自由中的每一种都被宣布为法国公民的绝对权利，然而总是加上一个附带条件，说明它只有在不受"他人的同等权利和公共安全"或"法律"限制时才是无限制的，而这些法律正是要使各种个人自由彼此之间以及同公共安全协调起来。例如："公民有权成立团体，有权和平地、非武装地集会，有权进行请愿并且通过报刊或用其他任何方法发表意见。对于这些权利的享受，除受他人的同等权利和公共安全限制外，不受其他限制。"

马克思：《路易·波拿巴的雾月十八日》

《马克思恩格斯全集》第 8 卷第 134～135 页。

宪法要经常援引未来的构成法；这些构成法应当详细地解释这些附带条件并且调整这些无限制的自由权利的享用，使它们既不致互相抵触，也不致同公共安全相抵触。

马克思：《路易·波拿巴的雾月十八日》

《马克思恩格斯全集》第 8 卷第 135 页。

资产阶级可以不受其他阶级的同等权利的任何妨碍而享受这些自由。至于资产阶级完全禁止"他人"享受这些自由，或是允许"他人"在一定条件下（每一个条件都是警察的陷阱）享受这些自由，那末这都是仅仅为了保证"公共安全"，也就是为了保证资产阶级的安全，宪法就是这样写的。

马克思：《路易·波拿巴的雾月十八日》

《马克思恩格斯全集》第 8 卷第 135 页。

山岳党引证了权利的基础；秩序党给它指出了产生权利的基础——资产阶级所有制。

马克思恩格斯：《国际述评（三）》，

《马克思恩格斯全集》第 7 卷第 522 页。

比顿先生死了，总督认为最好是把法典交给第三个英国法学家——并且是对印度人的风俗习惯一无所知的法学家去裁夺，这样他就为自己保留了等这位完全不称职的官员拼凑好一部法典后再来否定的权利。这部至今尚未问世的法典的坎坷历史就是如此。

马克思：《俄国的欺骗。——格莱斯顿的失败。——查理·伍德的东印度改革》，

《马克思恩格斯全集》第 9 卷第 140 页。

这种为了幼树的权利而牺牲人的权利的做法真是最巧妙而又最简单不过了。如果法律的这一条款被通过，那么就必然会把一大批不是存心犯罪的人从活生生的道德之树上砍下来，把他们当作枯树抛入犯罪、耻辱和贫困的地狱。

马克思：《第六届莱茵省议会的辩论（第三篇论文）》，

《马克思恩格斯全集》第 1 卷上册第 243 页。

如果说较高级的权利形式必须由较低级的权利形式来证实这一结论是正确的，那么把

较低级的领域用作衡量较高级领域的尺度则是错误的了；这样一来，就会把在一定限度内是合理的规律歪曲成为可笑的东西，因为这是硬要要求这些规律不成为该领域的规律，而成为另一个更高级领域的规律。

马克思：《第六届莱茵省议会的辩论（第一篇论文）》，
《马克思恩格斯全集》第 1 卷上册第 190 页。

自由的每一特定领域就是特定领域的自由，同样，每一特定的生活方式就是特定自然的生活方式。要狮子遵循水螅的生命规律，这难道不是反常的要求吧？如果我这样去推论，即既然手和脚以其独特的方式发挥职能，那么眼睛和耳朵这两种使人摆脱他的个体性的羁绊而成为宇宙的镜子和回声的器官，就应当有更大的活动权利，因而也就应当具有强化的手和脚的职能；如果我这样去推论，我对人体各种器官的联系和统一的理解将是多么错误呵！

马克思：《第六届莱茵省议会的辩论（第一篇论文）》，
《马克思恩格斯全集》第 1 卷上册第 190～191 页。

如果对别人我没有权利成为英才，那么，对自己我也就没有权利成为英才；难道你们想把成为英才的特权只赋予个别人吗？每个人都在学习写作和阅读，同样，每个人也应当有权利写作和阅读。

马克思：《第六届莱茵省议会的辩论（第一篇论文）》，
《马克思恩格斯全集》第 1 卷上册第 196 页。

这种在一定条件下无阻碍地享用偶然性的权利，迄今一直称为个人自由。而这些生存条件当然只是现存的生产力和交往形式。

马克思恩格斯：《德意志意识形态》，
《马克思恩格斯全集》第 3 卷第 85 页。

至于谈到权利，我们和其他许多人都曾强调指出了共产主义对政治权利、私人权利以及权利的最一般的形式即人权所采取的反对立场。请看一下"德法年鉴"，那里指出特权、优先权符合于与等级相联系的私有制，而权利符合于竞争、自由私有制的状态（第 206 页及其他各页）；指出人权本身就是特权，而私有制就是垄断。

马克思恩格斯：《德意志意识形态》，
《马克思恩格斯全集》第 3 卷第 228～229 页。

我们所最热烈希望的是内阁失败，因为这个内阁的对内政策反动而诡诈，同它的畏首畏尾的和阿谀逢迎的对外政策一样，都应该受到鄙视。而且我们认为，我们完全有权利这样做，因为这样的事件无疑将符合人民的利益。

马克思：《人民得肥皂，"泰晤日报"得贿赂——联合内阁的预算》，
《马克思恩格斯全集》第 9 卷第 94 页。

能够说明 1848 年瑞士宪法成就的，顶多不过是最文明的一部分瑞士人通过宪法的施行表达了他们在一定范围内由中世纪过渡到现代社会的愿望。但是他们能不能摆脱有特权的商业公所、行会以及诸如此类的各种中世纪的宝贝呢？关于这一点，只要稍微了解一点这个国家的性质，只要一度看到过那些握有"既得权利"的尊贵人物是怎样死顽固地反对甚至最必要的改革，都会觉得很成问题。

马克思：《瑞士共和国的政治地位》，
《马克思恩格斯全集》第 9 卷第 105 页。

他曾经建议废除国债，没收教会领地，取消各种纸币。他探究了政治集权怎样一步步地侵犯地方自治的权利，并且谴责这种侵犯，认为它破坏了英国臣民的权利和自由。他不懂得这就是工业集中的必然结果。他提出的所有政治要求后来都写在人民宪章里，但是他的这些要求，实际上并不是工业无产者而是工业小资产阶级的政治宪章。

马克思：《累亚德的质询。——围绕着十小时工作日法案的斗争》，
《马克思恩格斯全集》第 9 卷第 214 页。

他们认为，一个人有责任不仅为自己本人，而且为每一个履行自己义务的人要求人权和公民权。没有无义务的权利，也没有无权利的义务。

马克思：《协会临时章程》，
《马克思恩格斯全集》第 16 卷第 16 页。

代表大会认为自己有责任为一切人要求人权和公民权。没有无义务的权利，也没有无权利的义务。

马克思：《国际工人协会章程和条例》，
《马克思恩格斯全集》第 16 卷第 600 页。

集权所具有的矛盾是无可争辩的，但是我们也承认集权有其存在的历史的和合理的权利！集权是国家的本质、国家的生命基础，而集权之不无道理正在于此。每个国家必然要力求实现集权，每个国家，从专制君主政体起到共和政体止，都是集权的。

恩格斯：《集权和自由》，
《马克思恩格斯全集》第 41 卷第 396 页。

除了罗马凯撒时代的专制统治，除了把商业和工业关闭在它那关税壁垒的大牢狱之内，第二帝国没有给它们带来任何东西，最多不过是给它们一个可以自愿滚开的权利。

恩格斯：《萨瓦、尼斯与莱茵》，

《马克思恩格斯全集》第 13 卷第 645 页。

　　马克思在《协会临时章程》里"没有无义务的权利，也没有无权利的义务"的这一段和前面一段，是马克思在起草委员会其他委员的坚持下加入章程的引言部分的，马克思在 1864 年 11 月 4 日写给恩格斯的信里曾谈到这件事。

　　"协会临时章程"，是由马克思在起草"成立宣言"的同时写的。在草拟"章程"时，马克思彻底改写了在 1864 年 10 月 18 日临时委员会会议上被提出的那份文件的引言部分，把章程的条目由 40 条缩减为 10 条，改变了根本的组织原则，只把个别形式性质的条款保留下来（如组织名称、关于 1865 年在布鲁塞尔召开代表大会的决定、对于从一地转至另一地的组织成员给以帮助，等等）。

　　马克思所写的"临时章程"，在 10 月 27 日得到起草委员会的赞同，并在 1864 年 11 月 1 日由临时委员会一致批准。在 1864 年底把"临时章程"翻译成法文时，巴黎支部的蒲鲁东主义领导作了许多歪曲，这些歪曲后来被同马克思敌对的分子利用来反对总委员会。经过改正的新的法译文是由沙·龙格在马克思的指导下译出的，它和"成立宣言"一起发表于 1866 年在布鲁塞尔出版的小册子"国际工人协会宣言。附临时章程"。日内瓦代表大会在 9 月 5 日的会议上批准了"章程"（"共同章程"），并给它补充了一个"条例"，"条例"在 1866 年 9 月 8 日的会议上得到批准，后来被称为"组织条例"。

　　3. 所谓"抽象权利""天然权利""永久性权利"等等

　　权利和权利的表现是一个东西，离开具体表现的"抽象权利"，是不存在的。"天然权利"是从天上掉下来的，这如同天上掉馅饼一样，是掉不下来的。任何权利都具有暂时性。"永久性权利"是为暂时的资产者作辩护的理论。这一点，马克思的《战争问题。——议会动态。——印度》和恩格斯的《致弗里德里希·格雷培》，说得非常清楚。

　　"权利"作为范畴，是对所有的权利和权利现象的总概括。人们在分析权利概念时，必须把握它的主体性和具体化。就是说，首先要明确是谁的权利，是什么样的权利。离开了权利的主体性和具体化，其权利什么都不是。

　　譬如，假如"喝河水"是权利，这是一个普遍的规定，就是谁都可以"喝河水"。狼可以喝，小羊也可以喝。可是，实际上只有狼能喝而小羊不能喝。一则寓言说：小羊正在河边喝水。狼说小羊弄脏了河水，小羊说我没有弄脏。狼说，河水被弄脏了，不是你就是你爹，反正一样。"喝河水"的权利，是谁的权利呢，是狼的权利，不是小羊的权利。所以说，只有范畴意义上的普遍的规定是不行的。

　　经典作家对"抽象权利""天然权利""永久性权利"之类，取否定态度。

　　经典作家下面的论述是中肯的，很有说服力的。

　　援引社会必然性，比起要求抽象的权利，是更加有力的论据。抽象的权利曾经被坚决地用来为所有的东西辩护，为形形色色的压迫形式辩护；早就应该摒弃这种鼓动了。问题在于应当用什么形式来实现这种权利。变封建所有制为农民所有制曾经是一种社会必然性。在英国，私有者在农业中已经不再是一种必然性了。

> 《卡·马克思关于土地所有制的发言记录》，
> 《马克思恩格斯全集》第 16 卷第 648 页。

至于说天然权利，那末动物对土地也有天然权利，因为动物离开土地就不能生存。如果把这种天然权利演绎到逻辑的终结，那末，我们就会得出如下的论点：每个人都应当耕种自己所有的一小块土地。

> 《卡·马克思关于土地所有制的发言记录》，
> 《马克思恩格斯全集》第 16 卷第 648 页。

他们都花了不少精力用"天然权利"来掩盖掠夺这一原始事实。既然掠夺给少数人造成了天然权利，那末多数人就只得积聚足够的力量，来取得夺回他们被夺去的一切的天然权利。在历史进程中，掠夺者都认为需要通过他们自己硬性规定的法律，来赋予他们凭暴力得到的原始权利以某种社会稳定性。

> 马克思：《论土地国有化》，
> 《马克思恩格斯全集》第 18 卷第 64 页。

由于这种合作，"青年德意志"的目标更明显地形成了，这就是在他们心目中意识到的"时代观念"。这些本世纪的观念（奎纳和蒙特就是这样说的）并不像人们诬蔑的那样，是某种蛊惑人心的或反基督教的东西；它们建筑在每个人的天然权利之上，并且涉及现代关系中同这种权利相矛盾的一切事物。这些观念包括：首先是人民参加国家管理，也就是实行立宪制度；其次是犹太人的解放，取消一切宗教强制，取消一切门阀贵族，等等。

> 恩格斯：《致弗里德里希·格雷培》，
> 《马克思恩格斯全集》第 41 卷第 457 页。

我们想让陛下相信，按照我们的从美国革命到 1801 年合并的爱尔兰浅见，我们的这一权利就是我们的自由的真正本质之所在；我们以全体爱尔兰人民的名义宣布这一权利是我们的天赋权利，我们只要一息尚存就决不放弃它。

> 马克思：《从美国革命到 1801 年合并的爱尔兰》，
> 《马克思恩格斯全集》第 45 卷第 27~28 页。

莱特和法国农民一样，是私人高利贷者敲诈勒索的牺牲品，但是他们不如法国农民，他们对土地没有任何世代相承的权利，没有任何永久性权利。他们和农奴一样被强迫耕种土地，但是他们又不如农奴，他们在极端困苦时得不到保证。

马克思：《战争问题。——议会动态。——印度》，
《马克思恩格斯全集》第 9 卷第 244 页。

一个民族如果像美好时代的所有民族那样只让宫廷弄臣享有思考和述说真理的权利，这样的民族就只能是依附他人、不能自立的民族。

马克思：《第六届莱茵省议会的辩论（第一篇论文）》，
《马克思恩格斯全集》第 1 卷上册第 145 页。

由于这个个人说出关于世界的概念的判断，因此，在他身上就显出内部的不协调，而他也被判为罪人。因为一方面他本身来源于实体的东西，他存在的权利仅仅建立在他的国家权利、他的宗教权利之上，一句话，建立在一切实体条件之上，这些条件在他身上表现为他的本质。

马克思：《关于伊壁鸠鲁哲学的笔记》，
《马克思恩格斯全集》第 40 卷第 68 页。

土地要为自己的权利说话，必定要以智力的形式表现出来；愿望、利益本身是不说话的，说话的只是人；但是，难道土地、利益、愿望因为它们通过人的嘴，通过有智力的人的嘴说出了自己的权利，就越出它们固有的范围了吗？问题不单纯在于智力的形式，而在于智力的内容。

马克思：《论普鲁士等级委员会》，
《马克思恩格斯全集》第 40 卷第 339 页。

我们暂且把蒲鲁东先生当做一个范畴看待，看一看他的好的方面和坏的方面，他的长处和短处。如果说，与黑格尔比较，他的长处是提出任务并且保留为人类最大幸福而解决这些任务的权利，那末，他也有一个短处：当他想用辩证法引出一个新范畴时，却毫无所获。

马克思：《哲学的贫困》，
《马克思恩格斯全集》第 4 卷第 146 页。

李嘉图这位大不列颠现代政治经济学的创始人并没有批驳地主的"权利"，因为他深信地主的无理要求所根据的是事实而不是权利，而政治经济学是根本不研究法权问题的。李嘉图攻击土地垄断的办法更简单、更科学，因而也更危险。

马克思：《印度问题。——爱尔兰的租佃权》，
《马克思恩格斯全集》第 9 卷第 181 页。

伦敦的"经济学家"（它的主编詹·威尔逊先生不仅是自由贸易派的神灵，而且也是辉格党人的神灵，不仅是辉格党人的代表人物，而且是历届辉格党内阁或联合内阁的国库

的忠实附庸）在不同的文章中都一直肯定地认为：确切地说，不可能允许任何个人或某些个人有要求独自占有国家土地的权利。

> 马克思：《印度问题。——爱尔兰的租佃权》，
> 《马克思恩格斯全集》第9卷第182页。

从现代英国政治经济学的代表人物的观点来看，对本国的土地享有权利的也只有爱尔兰的租佃者和农业工人，决不是英国的地主－篡夺者；而"泰晤士报"反对爱尔兰人民的要求，也就同不列颠资产阶级的科学直接抵触起来了。

> 马克思：《印度问题。——爱尔兰的租佃权》，
> 《马克思恩格斯全集》第9卷第183页。

在黑格尔法哲学中，扬弃了的私人权利等于道德，扬弃了的道德等于家庭，扬弃了的家庭等于市民社会，扬弃了的市民社会等于国家，扬弃了的国家等于世界史。在现实中，私人权利、道德、家庭、市民社会、国家等等依然存在着，它们只是变成了环节，变成了人的存在和存在方式，这些存在方式不能孤立地发挥作用，而是互相消融，互相产生等等。它们是运动的环节。

> 马克思：《1844年经济学哲学手稿》，
> 《马克思恩格斯全集》第42卷第172页。

无政府主义者就是这样看待问题的：个人的权利不受限制；他们可以彼此冲突；每个个人都可以自行确定自身的权利范围。

> 列宁：《进一步，退两步》，
> 《列宁全集》第8卷第365页。

既然时间和空间只是概念，那么创造它们的人类就有权利超出它们的界限，资产阶级教授们就有权利由于保卫这种超越的合法性、由于直接或间接地维护中世纪的"荒诞事情"而从反动政府领取薪金了恩格斯曾经向杜林指出，否认时间和空间的客观实在性，在理论上就是糊涂的哲学思想，在实践上就是向信仰主义投降或对它束手无策。

> 列宁：《唯物主义和经验批判主义》，
> 《列宁全集》第18卷第182页。

唯物主义者既然承认现实世界、我们感觉到的物质是客观实在，也就有权利由此得出结论说，任何超出时间和空间界限的人类臆想，不管它的目的怎样，都不是现实的。

> 列宁：《唯物主义和经验批判主义》，
> 《列宁全集》第18卷第186页。

当然，跟哪一个思想反动的人走都可以，这是每个公民尤其是每个知识分子的神圣权

利。但是，如果在哲学上同马克思主义基础已经彻底决裂的人，后来又开始支吾不清，颠倒是非，闪烁其词，硬说他们在哲学上"也是"马克思主义者，硬说他们和马克思"差不多"是一致的，只是对马克思学说稍稍作了"补充"，那么，这实在是令人十分厌恶的。

列宁：《唯物主义和经验批判主义》，

《列宁全集》第 18 卷第 211～212 页。

只要不曲解科学二字的意义，那么，科学若是纯粹人造的作用于自然界的手段，若是单纯的功利主义的技术，它就没有权利被称为科学。说科学只能是人造的作用手段，而不能是任何别的东西，这就是否定真正的科学。

列宁：《唯物主义和经验批判主义》，

《列宁全集》第 18 卷第 268 页。

如果自然科学在它的理论中不给我们描绘客观实在，而只是给我们提出一些人类经验的比喻、符号、形式等等，那么毫无疑问，人类就完全有权利替另一个领域创造出上帝之类的同样"实在的概念"。

列宁：《唯物主义和经验批判主义》，

《列宁全集》第 18 卷第 365 页。

由此应当得出民主主义的结论，因为在俄国出现托尔马乔夫、杜姆巴泽、雷因博特、伊利奥多尔以及杀害赫尔岑施坦的凶手等等人之后还否认这种联系，那就太可笑了。可你们由于自己的不彻底性，却由此得出了天真的"权利问题"。这权利的范围将由谁来决定呢？你们在这方面怎样才能达成"协议"呢？政治权利如果不是力量对比的表述、记录，那又是什么呢？你们的权利的定义是从西欧的教科书上抄下来的，而西欧教科书所记载的是作为西方长期战斗的整个时期的结果的东西，是作为已经确定的（在根本不同的另一种工人阶级的运动出现以前）西方资产阶级、西方农民、西方地主——封建主和政权等等的各种成分之间的力量对比的结果的东西。

列宁：《三项质询》，

《列宁全集》第 21 卷第 94～95 页。

《卡·马克思关于土地所有制的发言记录》，是马克思在 1869 年 7 月 6 日总委员会会议上讨论巴塞尔代表大会议程时就土地所有制问题作的两次发言。尽管布鲁塞尔代表大会已经以多数票通过了有利于土地所有制公有化的决议，但是关于土地所有制的问题由于以蒲鲁东主义者托伦为首的一小伙土地小私有制拥护者的要求，而被再次列入应届代表大会的议程。

马克思的第一次发言是回答工人米尔纳的。米尔纳在力求论证布鲁塞尔代表大会的决议的正确性时，却发言维护了对土地的天然权利。马克思的第二次发言是回答以客人身份出席会议的法国无政府主义者埃·莱克留的发言的。莱克留声称，农民没有出席国际的历次代表大会，不值得为他们操心。讨论的结果是总委员会以多数票肯定了布鲁塞尔代表大会通过的关于土地所有制的决议是正确的。

（二）权利平等及其实现条件

1. 权利平等是所有的公民享有完全平等的权利

权利平等是指所有的公民享有完全平等的权利，是马克思主义法学的基本观点。这在本书第一卷的第一部分已做过阐释。法律上的权利平等和实际上的权利平等并不是一回事。实际上的权利，是权利行使中的权利。行使的权利，是法律关系中的权利。

经典作家下面的论述，是从法关系的角度摘引的。

要从这种相对平等的原始观念中得出国家和社会中的平等权利的结论，要使这个结论甚至能够成为某种自然而然的、不言而喻的东西，那就必然要经过而且确实已经经过了几千年。在最古的自发的公社中，最多只谈得上公社成员之间的平等权利，妇女、奴隶和外地人自然不在此列。在希腊人和罗马人那里，人们的不平等比任何平等受重视得多。

恩格斯：《反杜林论》，

《马克思恩格斯全集》第20卷第113页。

在历史上的大多数国家中，公民的权利是按照财产状况分级规定的，这直接地宣告国家是有产阶级用来防御无产者阶级的组织。在按照财产状况划分阶级的雅典和罗马，就已经是这样。在中世纪的封建国家中，也是这样，在这里，政治的权力地位是按照地产来排列的。这也表现在现代的代议制的国家的选举资格上面。

恩格斯：《家庭、私有制和国家的起源》，

《马克思恩格斯全集》第21卷第196页。

连这位现实哲学的亚当也是要犯原罪的。在这位亚当之旁突然出现了一个人，虽不是卷发垂垂的夏娃，也是第二个亚当。于是亚当立即有了责任，而且……破坏了这个责任。他不是把这位兄弟当作有平等权利的人拥抱于怀，而是迫使他服从自己的统治，对他进行奴役——而世界全部历史直到今天吃够了这第一次犯罪的后果的苦，奴役别人的原罪的苦。

恩格斯：《反杜林论》，

《马克思恩格斯全集》第20卷第168页。

他丧失了自己曾作为其中一员的自治公社的保护，同时也丧失了他那一份使用古老公社土地的权利。公社的土地一部分被他过去的封建主，一部分被那开明的、基于罗马法的、官僚制度的立法用欺诈手段从他手中掠夺去了，从而现代的小农便丧失了不购买饲料而喂养耕畜的可能。

> 恩格斯：《法德农民问题》，
> 《马克思恩格斯全集》第 22 卷第 568 页。

在这里，君主制是不现实的，革命是现实的。同样，在发展的进程中，以前的一切现实的东西都会成为不现实的，都会丧失自己的必然性、自己存在的权利、自己的合理性；一种新的、富有生命力的现实的东西就会起来代替正在衰亡的现实的东西，——如果旧的东西足够理智，不加抵抗即行死亡，那就和平地代替；如果旧的东西抵抗这种必然性，那就通过暴力来代替。

> 恩格斯：《路德维希·费尔巴哈和德国古典哲学的终结》，
> 《马克思恩格斯全集》第 21 卷第 307 页。

一旦社会的经济进步，把摆脱封建桎梏和通过消除封建不平等来确立权利平等的要求提到日程上来，这种要求就必定迅速地获得更大的规模。虽然这一要求是为了工业和商业的利益提出的，可是也必须为广大农民要求同样的平等权利，农民受着各种程度的奴役，直到完全成为奴隶，他们必须把自己极大部分的劳动时间无偿地献给仁慈的封建领主。

> 恩格斯：《反杜林论》，
> 《马克思恩格斯全集》第 20 卷第 116 页。

在法国为行将到来的革命启发过人们头脑的那些伟大人物，本身都是非常革命的。他们不承认任何外界的权威，不管这种权威是什么样的。宗教、自然观、社会、国家制度，一切都受到了最无情的批判；一切都必须在理性的法庭面前为自己的存在作辩护或者放弃存在的权利。思维着的悟性成了衡量一切的唯一尺度。

> 恩格斯：《反杜林论》，
> 《马克思恩格斯全集》第 20 卷第 19 页。

伴随着一个还没有成熟的阶级的这些革命武装起义，产生了相应的理论表现；在十六和十七世纪有理想社会制度的空想的描写，而在十八世纪已经有直接共产主义的理论（摩莱里和马布利）。平等的要求已经不再限于政治权利方面，它也扩大到个人的社会地位方面了；必须加以消灭的不仅是阶级特权，而且是阶级差别本身。

> 恩格斯：《反杜林论》，
> 《马克思恩格斯全集》第 20 卷第 21 页。

权利的公平和平等，是十八、十九世纪的资产者打算在封建制的不公平、不平等和特权的废墟上建立他们的社会大厦的基石。

> 恩格斯：《马克思和洛贝尔图斯。"哲学的贫困"德文版序言》，
> 《马克思恩格斯全集》第 21 卷第 210 页。

现在平等权利被承认了。自从资产阶级在反对封建制度的斗争中并在发展资本主义生产的过程中不得不废除一切等级的即个人的特权，而且起初在私法方面、后来逐渐在公法方面实施了个人在法律上的平等权利以来，平等权利在口头上是被承认了。但是，追求幸福的欲望只有极微小的一部分可以靠理想的权利来满足，绝大部分却要靠物质的手段来实现，而由于资本主义生产所关心的，是使绝大多数权利平等的人仅有最必需的东西来勉强维持生活，所以资本主义对多数人追求幸福的平等权利所给予的尊重，即使一般说来多些，也未必比奴隶制或农奴制所给予的多。

恩格斯：《路德维希·费尔巴哈和德国古典哲学的终结》，
《马克思恩格斯全集》第21卷第332页。

他们一面庆祝国内1846年废除谷物法的胜利，一面到大陆去，以大陆各国向英国自由输入谷物的权利为交换条件，要求让英国的工业品自由输入大陆各个市场。

马克思：《保护关税制度和自由贸易》，
《马克思恩格斯全集》第21卷第413页。

平等现在就是通过暴力实行的平等化；而第二个意志被第一个意志通过压服承认为有平等权利的。

恩格斯：《反杜林论》，
《马克思恩格斯全集》第20卷第112页。

异己的意志正是在通过暴力实行的平等化中被认为是有平等权利的，这句话不过是对黑格尔学说的一种歪曲。按照黑格尔学说，受罚是犯罪者的权利。

恩格斯：《反杜林论》，
《马克思恩格斯全集》第20卷第112页。

所有的人的劳动——因为它们都是人的劳动并且只就这一点而言——的平等和同等效用，不自觉地但最强烈地表现在现代资产阶级经济学的价值规律中，根据这一规律，商品的价值是由其中所包含的社会必要劳动来计量的。——但是，当经济关系要求自由和平等权利时，政治制度却每一步都以行会的束缚和特殊的特权同它相对立。

恩格斯：《反杜林论》，
《马克思恩格斯全集》第20卷第115页。

大规模的贸易，特别是国际贸易，尤其是世界贸易，要求有自由的、在行动上不受限制的商品所有者，他们作为商品所有者来说是有平等权利的，他们根据对他们来说全都平等的（至少在各该当地是平等的）权利进行交换。

恩格斯：《反杜林论》，

《马克思恩格斯全集》第 20 卷第 115 页。

从国内贸易向出口贸易过渡便成为各有关工业部门的生死存亡的问题了，但是，另外一些人的既定的权利和既得的利益却同它们发生矛盾，因为对于这些人，保护关税制度在目前比自由贸易更可靠、更有利。

马克思：《保护关税制度和自由贸易》，

《马克思恩格斯全集》第 21 卷第 422 页。

这样一来，有产阶级的所谓现代社会制度中占支配地位的是公道、正义、权利平等、义务平等和利益普遍协调这一类虚伪的空话，就失去了最后的根据，于是现代资产阶级社会就像以前的各种社会一样被揭穿：它也是微不足道的并且不断缩减的少数人剥削绝大多数人的庞大机构。

恩格斯：《卡尔·马克思》，

《马克思恩格斯全集》第 19 卷第 125 页。

资产阶级经济学家只是感到，在现代警察制度下，比在例如强权下能更好地进行生产。他们只是忘记了，强权也是一种法，而且强者的权利也以另一种形式继续存在于他们的"法治国家"中。

马克思：《经济学手稿》，

《马克思恩格斯全集》第 46 卷上册第 25 页。

社会民主党人所理解的平等，在政治方面是指权利平等，在经济方面，我们刚才已经说过，是指消灭阶级。至于确立人类在力气和才能（体力和智力）上的平等，社会主义者连想也没有想过。

列宁：《自由派教授论平等》，

《列宁全集》第 24 卷第 391 页。

凡达到一定年龄的国家公民，只要不是患通常的痴呆病，也不是患自由派教授那样的痴呆病，都享有同样的政治权利，这是权利平等的要求。

列宁：《自由派教授论平等》，

《列宁全集》第 24 卷第 391 页。

资产阶级在同中世纪的、封建的、农奴制的等级特权的斗争中，提出了全体公民权利平等的要求。比如俄国跟美国、瑞士等国家不同，直到现在，在俄国的整个政治生活中，无论是国务会议选举，还是杜马的选举，无论是地方管理，还是纳税以及其他许许多多方面，都仍然保持着贵族的等级特权。

列宁：《自由派教授论平等》，

《列宁全集》第 24 卷第 391 页。

就是最迟钝最不开展的人也能领悟到，在体力和智力上，贵族等级的每个人都不是平等的，"纳税等级"、"平民"、"下层"或"无特权的"农民等级也一样，人们彼此之间也不是平等的。但是，所有的贵族在享有权利这一点上都是平等的，而所有的农民在不享有权利这一点上也都是平等的。

列宁：《自由派教授论平等》，

《列宁全集》第 24 卷第 391～392 页。

在美国和其他先进国家，不存在中世纪特权。全体公民在政治权利上是平等的。但是他们在社会生产中所处的地位是不是平等的呢？——不是的，杜冈先生，不是平等的。一些人掌握土地、工厂、资本，靠工人的无酬劳动生活；——这样的人只占极少数。另一些人，也就是广大居民，没有任何生产资料，只有靠出卖自己的劳动力过活；这些人就是无产者。

美国没有贵族，而且资产者和无产者享有同样的政治权利。可是他们的阶级地位不是平等的：一些人，即资本家阶级，他们掌握生产资料，靠工人的无酬劳动生活；另一些人，即雇佣工人、无产者阶级，他们没有生产资料，全靠在市场上出卖自己的劳动力维持生活。

列宁：《自由派教授论平等》，

《列宁全集》第 24 卷第 392 页。

这种私有制不仅由于建立了保证法庭上的"平等"（这种"平等"在生活中体现为"自由劳动"和把劳动卖给资本）的新的"辩论原则的"民事诉讼程序而第一次得到了充分的实现，而且已扩大到地主和农民的土地占有制方面，使地主摆脱了对国家的一切赋税和义务，使农民变成了私有者农民；它甚至成了"公民"参加地方自治的政治权利（选举资格）的基础等等。

列宁：《民粹主义的经济内容及其在司徒卢威先生的书中受到的批评》，

《列宁全集》第 1 卷第 394 页。

全部区别在于我国法律制度有自己的特点（农民公民权利的不平等，土地占有形式），由于我国资本主义不够发展而比较完整地保留着"旧制度"的痕迹。但是，这些特点丝毫不妨碍我国农民制度和西欧农民制度同属一个类型。

列宁：《民粹主义的经济内容及其在司徒卢威先生的书中受到的批评》，

《列宁全集》第 1 卷第 456 页。

这种强制可能有各种各样的形式和不同的程度，从农奴地位起，一直到农民等级没有完全的权利为止。

列宁：《俄国资本主义的发展》，
《列宁全集》第 3 卷第 162 页。

如果不通过这种或那种形式把居民束缚在居住的地方，束缚在"村社"里，如果没有公民权利的某些不平等，工役制作为一种制度便无法存在。

列宁：《俄国资本主义的发展》，
《列宁全集》第 3 卷第 176 页。

对俄国的任何一个公民，不分性别和宗教信仰，都不得因为他的任何民族出身或族籍而在政治权利和任何其他权利上加以限制。

列宁：《关于民族平等的法律草案》，
《列宁全集》第 25 卷第 20 页。

如果一方面承认每个公民有占有同量土地的平等权利，一方面一小撮人又腰缠万贯，而大多数人一贫如洗，那么俄国人民能不能摆脱压迫和剥削呢？不能，先生们，只要存在资本权力，就不可能有土地占有者之间的任何平等，谁想禁止买卖土地都是做不到的，荒诞可笑的。

列宁：《在第二届国家杜马中关于土地问题的发言稿》，
《列宁全集》第 15 卷第 153 页。

这种私有制不仅由于建立了保证法庭上的"平等"（这种"平等"在生活中体现为"自由劳动"和把劳动卖给资本）的新的"辩论原则的"民事诉讼程序而第一次得到了充分的实现，而且已扩大到地主和农民的土地占有制方面，使地主摆脱了对国家的一切赋税和义务，使农民变成了私有者农民；它甚至成了"公民"参加地方自治的政治权利（选举资格）的基础等等。

列宁：《民粹主义的经济内容及其在司徒卢威先生的书中受到的批评》，
《列宁全集》第 1 卷第 394 页。

在美国，谁也不敢议论允许不允许移民的问题，因为每一个公民都有随意迁移的权利。那里，凡是愿意从事农业的人，在法律上都有权利占用本国边疆地区的空地。那里形成起来的不是亚洲式的暴吏阶级，而是发展本国的一切生产力的积极肯干的农场主阶级。那里由于空地很多，工人阶级的生活水平居于首位。

列宁：《农奴主在活动》，
《列宁全集》第 5 卷第 81 页。

除了俄国之外，没有哪一个国家对不同的等级有不同的法律。现在，该是俄国人民也要求每个庄稼人都享有贵族享有的一切权利的时候了。农奴制度已经废除 40 多年了，还有拷打，还有纳税等级，这不是耻辱吗？

列宁：《告贫苦农民》，
《列宁全集》第 7 卷第 147 页。

只要农民还不能亲自处理自己的一切事情，只要农民还没有争得完全的平等权利和完全的自由，就永远得不到好处。

列宁：《告贫苦农民》，
《列宁全集》第 7 卷第 160 页。

无论在什么情况下，我们第一项的，我们主要的和责无旁贷的任务是：巩固农村无产者和半无产者同城市无产者的联盟。为了这个联盟，我们要马上使人民得到充分的政治自由，使农民得到完全的平等权利和消灭农奴制盘剥。

列宁：《告贫苦农民》，
《列宁全集》第 7 卷第 169 页。

如果看一下俄国农村经济的这些基本特点，我们就会发现，农户在小块土地上孤立地经营，现在已经起着主导作用的商品经济正在日益增长。这正是给"小经济"这一概念提供内容的那些特点。其次，我们同样可以看到西欧的资料所证明的那种情况：农民欠高利贷者的债，遭到剥夺。全部区别在于我国法律制度有自己的特点（农民公民权利的不平等，土地占有形式），由于我国资本主义不够发展而比较完整地保留着"旧制度"的痕迹。

列宁：《民粹主义的经济内容及其在司徒卢威先生的书中受到的批评》，
《列宁全集》第 1 卷第 455～456 页。

恩格斯在《反杜林论》里说"在十六和十七世纪有理想社会制度的空想的描写"，首先指的是空想共产主义的代表人物的著作——托马斯·莫尔的《乌托邦》（1516 年出版）和托马佐·康帕内拉的《太阳城》（1623 年出版）。

马克思在《保护关税制度和自由贸易》里提到的"1846 年废除谷物法"，大致情况是：英国的谷物税是根据所谓的谷物法征收的。谷物法的目的是限制或禁止从国外输入谷物，是为了大地主的利益而实行的。因谷物法而引起的工业资产阶级与土地贵族之间的斗争，以 1846 年通过了废除谷物法的法案而告结束。这一措施以及由此引起的谷物价格的下跌，虽然使生活费用有所减低，但归根结底还是降低了工人的工资，增加了资产阶级的利润。谷物法的废除是对土地贵族的一个有力的打击，并且加快了资本主义在英国的发展。

恩格斯在《反杜林论》里说，"商品的价值是由其中所包含的社会必要劳动来计量的"，是从资产阶级社会的经济条件导出现代的平等观念，是首先由马克思在《资本论》

中作出的。

列宁在《自由派教授论平等》里提到的"国务会议",是俄罗斯帝国的最高咨议机关,于1810年设立,1917年二月革命后废除。国务会议审议各部大臣提出的法案,然后由沙皇批准;它本身不具有立法提案权。国务会议的主席和成员由沙皇从高级官员中任命。在沙皇亲自出席国务会议时,由沙皇担任主席。国家杜马设立以后,国务会议获得了除改变国家根本法律以外的立法提案权。国务会议成员半数改由正教、各省地方自治会议、各省和各州贵族组织、科学院院士和大学教授、工商业主组织、芬兰议会分别选举产生。国务会议讨论业经国家杜马审议的法案,然后由沙皇批准。

2. 城乡权利平等问题

"城乡权利平等"的口号,虽然是马克思针对市政改革提出的,但具有重大的理论意义和实践意义。进一步地,包括"消灭城乡差别"在内的"消灭三大差别",体现了马克思主义的远大共产主义理想。

迄今为止《科隆日报》还没有发表过一篇关于应该在坚持权利平等原则的条件下实现区乡制度改革的形式的文章。因此,我们不可能同不存在的敌人进行斗争。也许《科隆日报》认为,"城市和农村分开",即该报许多文章中建议通过区乡分开的条例合法地确定的那种分开,同样也是使权利平等的原则具体化的形式之一?《科隆日报》是否认为这种确定下来的权利不平等就是权利平等的一种形式呢?

马克思:《区乡制度改革和〈科隆日报〉》,
《马克思恩格斯全集》第1卷上册第310页。

从这个简单事实就可以得出结论,政府根本没有什么秘密的预谋,而宁可说是完全相信这样分开并不破坏莱茵的权利平等。如果说莱茵报界这个莱茵省的喉舌确信本省持截然相反的看法,那么由此可以同样简单地得出结论:报界必须证明,制定城市和农村共同的区乡条例是莱茵省权利平等的必然结果。

马克思:《区乡制度改革和〈科隆日报〉》,
《马克思恩格斯全集》第1卷上册第313页。

《莱茵报》提出了城市和农村权利平等的口号,而《科隆日报》接受这个口号是带有小心谨慎的条件的:我们把"权利平等"理解为各种权利的平等,而不是共产主义的梦想。

马克思:《区乡制度改革和〈科隆日报〉》,
《马克思恩格斯全集》第1卷上册第313~314页。

《莱茵报》曾要求我省各报编辑部为了祖国捐弃个人考虑和以往成见,而《科隆日报》则作出某种空泛的、不说明任何理由的对城市和农村权利平等的承认,而这种承认的表面价值又由于它声称城市和农村"分开"就是权利平等的一种"形式"而被它自己取消了。

马克思：《区乡制度改革和〈科隆日报〉》，

《马克思恩格斯全集》第 1 卷上册第 314 页。

《科伦日报》认为自己必须一反平常的暧昧态度，在它 11 月 11 日这一号报上作一番假说明，并且承认城乡权利应该平等，虽然承认时怀着无法掩饰的不满、犹豫不定和有所保留，而且疑心重重地瞻前顾后和故意模棱两可。今天我们再次利用这个机会让《科伦日报》意识到它的精神状态，而且不妨愉快地、虽然是异想天开地希望它一旦认清自己的观点，就会放弃这种观点。

马克思：《市政改革和〈科伦日报〉》，

《马克思恩格斯全集》第 40 卷第 303～304 页。

它认为在市政改革方面对权利平等原则给以应有的评价是"适当的"。人们将发现，这种"认为是适当的"观点对于莱茵省是非常明智的，而且根本不能把它简单地看作是《科伦日报》富于创造性思维的证明。除了对该省精神给以适当评价以外，《科伦日报》还认为它的"职责"就是提供尽可能广泛的园地来进行有关市政改革的"形式"的讨论，它把"不平等"的形式也理解为上述形式。

马克思：《市政改革和〈科伦日报〉》，

《马克思恩格斯全集》第 40 卷第 305 页。

假如《科伦日报》的报道是根据事情的实质，根据事实，即《莱茵报》要求建立城乡平等的市政机构，并且在所引文章中明确指出这种平等就是"市和乡的权利平等"，那么上述对共产主义理想的狡猾的暗示就会是不可思议的，同样地对我们的非共产主义倾向的宽宏大量的假定也会没有必要。

马克思：《市政改革和〈科伦日报〉》，

《马克思恩格斯全集》第 40 卷第 306 页。

如果政府将主张城乡分开的市政机构草案提交莱茵代表审议，那么，从这个简单事实就应得出结论，政府根本没有什么秘密的预谋，而宁可说是完全相信这样分开并不破坏莱茵的平等权利。

马克思：《市政改革和〈科伦日报〉》，

《马克思恩格斯全集》第 40 卷第 307 页。

《莱茵报》提出了城乡权利平等的口号，而《科伦日报》接受这个口号是带有小心谨慎的条件的：我们把"权利平等"理解为各种权利的平等，而不是共产主义的理想。《莱茵报》一得到柏林消息就向莱茵省各报纸的信念呼吁，而《科伦日报》却密告它怀疑陛下的意旨。《莱茵报》曾号召我省各报编辑部为了祖国捐弃个人考虑和成见，而《科伦日报》则作出某种空泛的、不说明任何理由的对城乡权利平等的承认，而这种承认的表面价值又被该报自己说的城乡"分开"就是权利平等的一种"形式"这一点所否定。

马克思：《市政改革和〈科伦日报〉》，

《马克思恩格斯全集》第 40 卷第 308 页。

　　文章说，如果按照省等级会议组织法，地产被当作等级代表制的一个条件（这项规定合乎逻辑地也适用于从省等级会议中产生出来的等级委员会），那么地产虽然是享有等级代表制权利的一般条件，但无论如何不是享有等级代表制权利的唯一标准。

马克思：《论普鲁士等级委员会》，

《马克思恩格斯全集》第 40 卷第 330 页。

　　当《莱茵报》"郑重其事地以康普豪森和梅尔肯斯同反对我省权利的人对立"时，《莱茵—摩塞尔日报》对它表示赞赏。那么，是什么促使它"表示赞赏"呢？显然是当选代表的品格。但是，难道他们的品格在科伦不如在科布伦茨那样为人知晓吗？在省议会上所应代表的各项利益中，《莱茵—摩塞尔日报》仅举出"比较自由的行政区机构"和"扩大等级权利"两项。

马克思：《本地省议会代表选举》，

《马克思恩格斯全集》第 40 卷第 357～358 页。

　　说到"扩大等级利益"，那么，在科伦人人都很知道。梅尔肯斯先生首先反对这些利益受到自治权的限制，与此同时，他也坚决维护这样一种观点，即等级利益在同普遍利益、普遍权利和理智发生冲突时（像关于林木盗窃法和狩猎法的辩论时所出现的那种情况），不应超越自己的范围。

马克思：《本地省议会代表选举》，

《马克思恩格斯全集》第 40 卷第 358 页。

　　马克思在《论普鲁士等级委员会》里提到的"省等级会议组织法"，指 1823 年 6 月 5 日在普鲁士颁布的《省等级会议一般组织法》。根据该法，1824 年 3 月 24 日颁布了莱茵省等级会议（省议会）组织法。

3. 男女权利平等问题

　　男女权利平等问题，既是法律问题，也是社会问题。资本主义立法把男女平等写在纸上，实践中根本做不到。在政治、经济、文化教育、婚姻家庭等领域，男女不平等问题比比皆是，实例令人触目惊心。女性参加管理国家的权利、男女同工同酬的权利、婚姻家庭中的平等权利等等，都不可能落实。

　　男女权利不平等的核心问题，是妇女的物化。在法律上，妇女是人，是主体，但资本权力把她们异化为物，为客体。这样，两性之间的关系，便是主体与客体性质的关系了。

在社会领域，实现男女权利平等，是社会主义的基本社会要求。世界上第一个社会主义国家建立后，列宁反复强调男女平等，并当作国家大事来抓。

我国宪法和法律明确规定了男女平等的根本原则。1949 年的《中国人民政协协商会议共同纲领》规定："妇女在政治的、经济的、文化教育的、社会生活各个方面均享有男子平等的权利。"1954 的宪法规定："妇女在政治的、经济的、社会的和家庭生活各方面享有同男子平等的权利。婚姻家庭、母亲和儿童受国家保护。"其他立法如劳动法、继承法、母婴保健法等，也都明确规定了妇女的合法权益。

"修改我国全部民法和刑法，取消等级划分和有损人的尊严的刑罚"。还应该加上一条："规定男女有完全平等的权利。"

> 列宁：《我们党的纲领草案》，
> 《列宁全集》第 4 卷第 195 页。

医学宣传的自由和保护男女公民的起码民主权利是一回事。新马尔萨斯主义的社会学说是另一回事。觉悟的工人永远要进行最无情的斗争来反对把这一反动的怯懦的学说强加到现代社会最先进、最强大、最有决心进行伟大改造的阶级身上的尝试。

> 列宁：《工人阶级和新马尔萨斯主义》，
> 《列宁全集》第 23 卷第 267 页。

在一切文明国家，甚至最先进的国家，妇女就其地位说被称为家庭奴隶不是没有道理的。在任何一个资本主义国家里，甚至在最自由的共和国里，妇女都没有完全的平等权利。

> 列宁：《在全俄女工第一次代表大会上的讲话》，
> 《列宁全集》第 35 卷第 180 页。

资本主义连形式上的平等（法律上的平等，饱食者和挨饿者、有产者和无产者的"平等"）也不能彻底做到。这种不彻底性的最鲜明的表现之一，就是男女间权利不平等。权利的完全平等在任何一个资产阶级国家，甚至在最共和、最民主、最先进的资产阶级国家里，也是不曾有过的。

> 列宁：《迎接国际劳动妇女节》，
> 《列宁全集》第 38 卷第 203 页。

党不只限于使妇女获得形式上的平等权利，而且尽力使她们摆脱那些旧时家务的物质重担，方法是用家务公社、公共食堂、洗衣站、托儿所等等来代替。

> 列宁：《俄国共产党（布尔什维克）纲领》，
> 《列宁全集》第 36 卷第 407 页。

就拿宗教、妇女的毫无权利或非俄罗斯民族的被压迫和不平等地位来说吧。这些都是资产阶级民主革命的问题。小资产阶级民主派这些鄙俗之徒在这些问题上空谈了八个月。世界上没有一个最先进的国家按照资产阶级民主方针彻底地解决了这些问题。而在我国，这些问题已由十月革命后颁布的法律彻底地解决了。

列宁：《十月革命四周年》，

《列宁全集》第 42 卷第 171 页。

要吸引群众参与政治就不能不吸引妇女参与政治，因为占人类半数的妇女在资本主义制度下受着双重的压迫。女工和农妇受着资本的压迫，不仅如此，她们甚至在最民主的资产阶级共和国里也仍然没有享受充分的权利，因为法律不允许她们同男子平等。

列宁：《国际劳动妇女节》，

《列宁全集》第 40 卷 380 页。

布尔什维克革命即苏维埃革命彻底铲除了妇女受压迫和不平等的根源，这是过去世界上任何一个政党、任何一次革命都不敢做的。在我们苏维埃俄国，法律上男女的不平等已经完全取消了。苏维埃政权彻底消灭了婚姻法和家庭法上的特别可耻、卑鄙、伪善的不平等，消除了在对子女关系上的不平等。

列宁：《国际劳动妇女节》，

《列宁全集》第 40 卷 381 页。

共产党只是把不使用雇佣劳动榨取利润的工农代表选进法院，对妇女同样看待，使男女无论在选举法官或履行法官职务上都享有平等的权利。

列宁：《俄共（布）纲领草案》，

《列宁全集》第 36 卷第 105 页。

列宁在《迎接国际劳动妇女节》里指出，"这种不彻底性的最鲜明的表现之一，就是男女间权利不平等。"列宁把资本主义既有形式上的平等，又有经济上的不平等和随之而来的社会的不平等，归结为资本主义的基本特点之一，而男女间权利不平等，列宁认为是资本主义各种不平等"最鲜明的表现之一"。因此，俄罗斯苏维埃共和国一下子就扫除了妇女在法律上不平等地位的一切痕迹，保证了妇女在法律上的完全平等的地位。

列宁赞同"妇女的法律地位最能说明文明程度"这句话。他认为从这个观点来看，只有无产阶级专政，只有社会主义国家才能够达到而且已经达到了高度的文明。对那些直接或间接地、完全或部分地受到资本主义压迫的人说来，正是苏维埃制度而且也只有苏维埃制度才保证了民主。这一点从工人阶级和贫苦农民的地位可以清楚地看出来。这一点从妇女的地位也可以清楚地看出来。

4. 民族权利平等问题

民族权利平等，指各民族政治权利和社会地位的平等，消灭民族压迫和民族剥削，在发展经济和文化的基础上，逐步消除民族间事实上的不平等，反对任何民族的任何特权，保护少数民族的权利，禁止对任何民族的歧视。实现民族权利平等，要求在社会生活一切领域的实行平等，要求尊重各民族的风俗习惯，承认各民族间的文化差异。

民族权利平等不仅仅是法律上的平等，而且是实际上的平等。民族权利平等是马克思主义关于民族问题的基本原则。列宁在《关于民族问题的批评意见》中指出，"保障少数民族权利的问题，只有在不背离平等原则的彻底的民主国家中，通过颁布全国性的法律才有可能得到解决。"

我国宪法规定，"中华人民共和国各民族一律平等。国家保障各少数民族的合法的权利和利益，维护和发展各民族的平等、团结、互助关系。禁止对任何民族的歧视和压迫"；规定"国家从财政、物资、技术等方面帮助各少数民族加速发展经济建设和文化建设事业"；规定"各民族都有使用和发展自己的语言文字的自由，都有保持或者改革自己的风俗习惯的自由。"

宪法在"国家机构"一章设专节规定民族自治地方的自治机关和自治权。根据宪法的规定，民族自治机关有权制定自治条例和单行条例，自主管理民族自治地方的财政、经济建设、教育、科学、文化等事业。1984 年我国制定了民族区域自治法，2001 年进行了修改，充分保障了各少数民族人民当家做主的权利。

此外，刑法设"非法侵犯少数民族风俗习惯罪"。对侵犯少数民族风俗习惯的罪行实行刑事处罚。

"民族原则"完全不触及欧洲历史上的一些民族（peoples）的民族生存权利这个大问题，如果说它也触及的话，那也只是为了混淆问题。民族原则提出了这样两类问题：第一是关于这些历史上的大的民族（peoples）之间的分界线问题；第二是关于一些民族（peoples）的为数众多的细小残余的民族独立生存权利问题，这些民族（peoples）在历史舞台上曾经或长或短地存在过一个时期，但后来却成为某一个更有生命力因而也能克服更大困难的较强大的民族的组成部分。

恩格斯：《工人阶级同波兰有什么关系》，
《马克思恩格斯全集》第 16 卷第 176 页。

借口要维护民族原则，因为东部地区的居民是小俄罗斯人，需要把他们合并到大俄罗斯里去；并且借口革命权利，武装农奴去反对他们的主人。

恩格斯：《工人阶级同波兰有什么关系》，
《马克思恩格斯全集》第 16 卷第 182 页。

犹太因素对德国来说是绝对必要的；犹太人是这样一类人，甚至在农奴制下，他们虽然既无祖国又无权利（参见居利希关于弗里德里希—威廉二世的论述），但是也保持了自由，而且——由于他们命定要从事商业——成为未来因素的体现者；因此，他们在群众对压迫无力做出反应的地方具有反抗的能力；而且他们生来就比德意志人实干和积极。

恩格斯：《关于德国的札记》，

《马克思恩格斯全集》第 45 卷第 172 页。

在将来的俄国，我们承认一切民族都有自由的自决权利，因为我们只把民族自由看作是整个公民自由的一种形式。

列宁：《论亚美尼亚社会民主党人联合会的宣言》，

《列宁全集》第 7 卷第 88 页。

他们自己在为反对俄国境内的任何民族压迫而斗争，并且号召俄国整个无产阶级来进行这一斗争，他们在自己的纲领中不仅提出语言、民族等等完全平等，而且承认每个民族有自己决定自己命运的权利。在承认这种权利的时候，我们对民族独立要求的支持，是服从于无产阶级斗争的利益的。

列宁：《我们纲领中的民族问题》，

《列宁全集》第 7 卷第 225 页。

社会民主党要求颁布一项全国性的法律，以保护国内任何地方的任何少数民族的权利。根据这项法律，凡人口占多数的民族企图用来为自己建立民族特权或缩小少数民族的权利（在教育事业、使用某种语言、预算等方面）的任何措施，应当一律宣布无效，谁采取这种措施，谁就应当受到惩罚。

列宁：《民族问题提纲》，

《列宁全集》第 23 卷第 332 页。

政府的政策彻头彻尾地表现出民族主义精神。当局竭力使"统治"民族，即大俄罗斯民族享有种种特权，虽然大俄罗斯人在俄国人口中占少数，即只占43%。它竭力把住在俄国的一切其他民族的权利削减得愈来愈少，使它们彼此隔绝并煽起它们之间的仇恨。

列宁：《犹太学校的民族化》，

《列宁全集》第 23 卷第 395 页。

工人阶级的利益——以及一般政治自由的利益——则要求这个国家的各个民族一律享有最完全的平等权利，消除各民族之间的种种隔膜，使各民族的儿童在统一的学校里打成一片，等等。只有抛弃一切荒谬的和愚蠢的民族偏见，只有使各民族的工人结成一个联盟，工人阶级才能成为一种力量，给资本以反击并争得生活的真正改善。

列宁：《犹太学校的民族化》，

《列宁全集》第 23 卷第 396 页。

无论在奥地利还是在俄国，一切民族的资产阶级都高喊"民族文化"这个口号，实际上是在分裂工人，削弱民主派，同农奴主大做出卖人民权利和人民自由的交易。

> 列宁：《犹太学校的民族化》，
> 《列宁全集》第 23 卷第 449 页。

颁布一种全国性的法律，规定凡是赋予某一民族任何特权、破坏民族平等或侵犯少数民族权利的措施（地方自治机关的、城市的、村社的等等），都是非法的和无效的，同时国家的每一个公民都有权要求取消这种违反宪法的措施，都有权要求给予采取这种措施的人以刑事处分。

> 列宁：《关于民族问题的批评意见》，
> 《列宁全集》第 24 卷第 123 页。

实现民族和平的条件只能是：建立彻底的民主共和国国家制度，保证一切民族和语言完全平等，取消强制性国语；保证为居民设立用本地语言授课的学校，宪法中还要加一条基本法律条款，宣布任何一个民族不得享有特权，不得侵犯少数民族的权利。

> 列宁：《有党的工作者参加的俄国社会民主工党中央委员会
> 1913 年夏季会议的决议》，《列宁全集》第 24 卷第 60 页。

任何一个民主主义者，马克思主义者就更不用说了，都会坚决反对骇人听闻的对乌克兰人的侮辱，都会要求保证他们享有完全平等的权利。

> 列宁：《关于民族问题的批评意见》，
> 《列宁全集》第 24 卷第 132 页。

如果一个大俄罗斯的马克思主义者哪怕只是一分钟忘记了乌克兰人对于完全平等的要求，或者忘记了他们享有建立独立国家的权利，那么他同样也会滚入民族主义的泥潭，并且不仅会滚入资产阶级民族主义的泥潭，而且还会滚入黑帮民族主义的泥潭。

> 列宁：《关于民族问题的批评意见》，
> 《列宁全集》第 24 卷第 135 页。

保障少数民族权利同完全平等的原则是分不开的。

> 列宁：《关于民族问题的批评意见》，
> 《列宁全集》第 24 卷第 146 页。

如果在国家宪法中有一项规定不得侵犯少数民族权利的基本法律条款，那么任何一个公民都可以要求废除这样的命令，例如，规定不得用公费雇专门教员讲授犹太语、犹太史等等的命令，或者规定不向犹太、亚美尼亚、罗马尼亚孩子乃至一个格鲁吉亚孩子提供公家场所听课的命令。

> 列宁：《关于民族问题的批评意见》，
> 《列宁全集》第 24 卷第 147 页。

保障少数民族权利的问题，只有在不背离平等原则的彻底的民主国家中，通过颁布全国性的法律才有可能得到解决。

> 列宁：《关于民族问题的批评意见》，
> 《列宁全集》第 24 卷第 148 页。

问题在于，大骂"分离主义"是"梦呓"和冒险主义，是不能容许的，这是沙文主义的手法，而大俄罗斯民主主义者在批判某种分离（分立）的计划时，务必宣传分离自由，宣传分离的权利。

> 列宁：《立宪民主党人和"民族自决权"》，
> 《列宁全集》第 24 卷第 217 页。

在《真理之路报》第 48 号（3 月 28 日）上，俄国社会民主党工人党团公布了关于民族平等的法律草案，该法律草案的正式名称是《关于废除对犹太人权利的一切限制及与任何民族出身或族籍有关的一切限制的法律草案》。

> 列宁：《民族平等》，
> 《列宁全集》第 25 卷第 90 页。

某一地区或边疆区的一切国家机关和社会团体用何种语言处理事务，由当地的地方自治机关或自治议会确定，同时，各个少数民族根据平等的原则，有权要求无条件地保护本民族语言的权利，例如，要求国家机关和社会团体用来访来函的语言作答复的权利，等等。

> 列宁：《关于民族平等和保护少数民族权利的法律草案》，
> 《列宁全集》第 25 卷第 143～144 页。

正是从大俄罗斯无产阶级的利益出发，必须长期教育群众，使他们以最坚决、最彻底、最勇敢、最革命的态度去捍卫一切受大俄罗斯人压迫的民族的完全平等和自决的权利。大俄罗斯人的民族自豪感（不是奴才心目中的那种自豪感）的利益是同大俄罗斯（以及其他一切民族）无产者的社会主义利益一致的。

> 列宁：《论大俄罗斯人的民族自豪感》，
> 《列宁全集》第 26 卷第 112 页。

但是目前这场战争却产生于完全不同的历史时代，现在资产阶级已经由进步阶级变为反动阶级了。从参战的大国集团双方来说，这场战争都是奴隶主之间为保持和巩固奴隶制而进行的战争，是为了重新瓜分殖民地，取得压迫其他民族的"权利"，维护大国资本的特权和垄断，用分裂和反动地镇压各国工人的手段来使雇佣奴隶制永世长存。

列宁：《左派社会民主党人为国际社会党第一次代表会议准备的决议草案》，
《列宁全集》第 26 卷第 294~295 页。

"保卫祖国"这个口号在当前这场战争中的真正含义，就是保卫"自己"国家的资产阶级压迫其他民族的"权利"，就是实行民族主义自由派的工人政策，就是一小部分特权工人同"自己"国家的资产阶级联合起来反对无产者和被剥削者群众。

列宁：《左派社会民主党人为国际社会党第一次代表会议准备的决议草案》，
《列宁全集》第 26 卷第 295 页。

为侵占比利时的行为辩护或者容忍这种行为的德国社会民主党人，实际上已经不是社会民主主义者，而是帝国主义者和民族主义者了，因为他们维护德国资产阶级（在某种程度上也包括德国工人）压迫比利时人、阿尔萨斯人、丹麦人、波兰人、非洲黑人等的"权利"。他们不是社会主义者，而是帮助德国资产阶级掠夺其他民族的奴仆。

列宁：《和平问题》，
《列宁全集》第 26 卷第 314 页。

世界上没有一个地方像在俄国那样对国内的多数居民进行这样的压迫：大俄罗斯人只占人口的 43%，即不到一半，而其余一切民族都被当作异族看待，没有任何权利。在俄国的 17 000 万人口中，有近 1 亿的居民遭受压迫，没有权利。

列宁：《社会主义与战争》，
《列宁全集》第 26 卷第 329 页。

机会主义和社会沙文主义的经济基础是同一个，那就是人数很少的特权工人阶层和小资产阶级的利益。这些人所捍卫的是自己的特权地位，是从"自己"国家的资产阶级靠掠夺其他民族、靠它的大国优越地位等等而攫取的利润中分得一点油水的"权利"。

列宁：《社会主义与战争》，
《列宁全集》第 26 卷第 334 页。

目前这场大国之间的战争，是奴隶主之间为加强和巩固奴隶制而进行的战争，是为了重新瓜分殖民地，取得压迫其他民族的"权利"，维护大国资本的特权，反动地镇压工人运动。所以，所谓的"保卫祖国"从参战的大国集团双方来说，都是资产阶级对人民的欺骗。

列宁：《左派社会民主党人为国际社会党第一次代表会议准备的决议草案的一个草稿》，
《列宁全集》第 26 卷第 378~379 页。

资产阶级要做的事情，就是为自己国家的资本的特权和优越地位而斗争，欺骗（在拉布里奥拉和普列汉诺夫的帮助下）人民即老百姓，把争夺抢掠别国的"权利"的帝国主义斗争说成是民族解放战争。

> 列宁：《意大利的帝国主义和社会主义》，
> 《列宁全集》第 27 卷第 21 页。

在目前这场战争中，如果革命使无产阶级政党掌握了政权，那它要做些什么呢？我们的回答是：我们要向各交战国建议媾和，条件是解放殖民地和所有从属的、受压迫的、没有充分权利的民族。无论是德国还是英国和法国，只要它们的现政府还在执政，都不会接受这个条件。那时我们就应当准备和进行革命战争。

> 列宁：《几个要点》，
> 《列宁全集》第 27 卷第 55 页。

"在帝国主义时代"保卫祖国就是保卫本国资产阶级压迫异族的权利。但是，这种说法仅仅对于帝国主义战争，也就是说，对于帝国主义大国或大国集团之间的战争是正确的，因为交战双方不但都压迫"异族"，而且进行战争是为了决定由谁压迫更多的异族！

> 列宁：《关于自决问题的争论总结》，
> 《列宁全集》第 28 卷第 27 页。

因此，用来评价某次战争或某次起义的，不是它的实际社会内容（被压迫民族反对压迫民族、争取解放的斗争），而是目前被压迫的资产阶级可能行使的它的"压迫权利"。

> 列宁：《关于自决问题的争论总结》，
> 《列宁全集》第 28 卷第 28～29 页。

我们可以要求：由人民选举军官，废除一切军法，外国工人和本国工人享有同等权利（这一条对于像瑞士这样的帝国主义国家尤其重要，因为它们无耻地剥削愈来愈多的外国工人，使他们处于无权的地位）；其次，给予国内比如每一百居民以建立学习军事的自由团体的权利，自由选举教官，由国家支付薪金，等等。

> 列宁：《无产阶级革命的军事纲领》，
> 《列宁全集》第 28 卷第 95 页。

在战争期间谈论"权利"似乎是可笑的，因为任何战争都是用公开的和直接的暴力代替权利，但决不能因此忘记，过去历史上曾经有过（恐怕将来也还会有，而且一定会有）民主的和革命的战争，这种战争虽然在战时用暴力代替了任何"权利"和任何民主，但按其社会内容和后果来说，是为民主事业因而也是为社会主义事业服务的。

> 列宁：《对彼·基辅斯基（尤·皮达可夫）的回答》，
> 《列宁全集》第 28 卷第 109 页。

帝国主义战争可以说是对民主的三重否定（一、任何战争都是用暴力代替"权利"；二、帝国主义本身就是对民主的否定；三、帝国主义战争使共和国完全等同于君主国）。

列宁：《对彼·基辅斯基（尤·皮达可夫）的回答》，
《列宁全集》第 28 卷第 111 页。

说法国在 1914—1917 年的这场战争中是为争取自由、民族独立和民主等等而斗争，那是不正确的……法国是为了保持自己的殖民地和保持英国的殖民地而斗争，而德国是有更多的权利得到这些殖民地的，——当然，这是从资产阶级权利的观点来看。

列宁：《给波里斯·苏瓦林的公开信》，
《列宁全集》第 28 卷第 304 页。

这就是资产阶级的关于"解放"战争、"民族"战争、"争取权利和正义的战争"的种种谎言以及诸如此类的花招所掩盖的真相，资本家总是用这些东西来愚弄普通的老百姓。

列宁：《远方来信》，
《列宁全集》第 29 卷第 48 页。

大批的革命工人已经出发到前线去，以便利用所享有的自由，同士兵商量如何一致行动，如何结束战争，如何保障人民的权利，如何巩固在俄国争得的自由。

列宁：《告被俘同志书》，
《列宁全集》第 29 卷第 81 页。

我们将宣布我们的媾和条件：立刻解放一切殖民地和一切被压迫的或没有充分权利的民族。

列宁：《给瑞士工人的告别信》，
《列宁全集》第 29 卷第 89 页。

党要求在宪法中列入一条根本性的法律，宣布任何一个民族的任何特权以及对于少数民族权利的任何侵犯都是没有法律效力的。

列宁：《俄国社会民主工党（布）第七次全国代表会议文献》，
《列宁全集》第 29 卷第 432 页。

只有双方平等才能达成协议。要使协议真正成为协议而不成为压服的掩饰物，双方就必须有真正的平等，即俄国和芬兰都有不同意的权利。这像白天一样清楚。

列宁：《芬兰和俄国》，
《列宁全集》第 29 卷第 469 页。

我们要向各交战国建议媾和，条件是解放殖民地和所有从属的、受压迫的、没有充分权利的民族。

列宁：《我党在革命前就战争问题发表过哪些声明》，

《列宁全集》第 30 卷第 72 页。

美国资本家就需要干预这场战争，以便找到借口，用保护弱小民族的权利这个崇高理想做幌子来建立强大的常备军。

列宁：《我党在革命前就战争问题发表过哪些声明》，

《列宁全集》第 30 卷第 96 页。

波拿巴主义者克伦斯基之流对俄国没有充分权利的民族采取兼并政策，横施暴力的政策，已经自食其果了。被压迫民族的广大居民群众，即他们中间的小资产阶级群众，对俄国无产阶级的信任超过了对资产阶级的信任，因为历史已经把被压迫民族反对压迫民族、争取解放的斗争提到日程上来了。

列宁：《布尔什维克能保持国家政权吗？》，

《列宁全集》第 32 卷 292 页。

当 1917 年革命不仅恢复了苏维埃，而且使苏维埃遍布全国的时候，苏维埃教育了工人、士兵和农民，使他们懂得，他们能够而且应当把全部国家政权掌握在自己手中，而不能像资产阶级议会那样，那里每一个公民都享有与其他公民平等的权利。

列宁：《在全俄铁路员工非常代表大会上关于人民委员会工作的报告》，

《列宁全集》第 33 卷第 299 页。

1917 年 10 月，俄国工人刚把本国的帝国主义政府推翻，苏维埃政权，革命工人和农民的政权，就公开向所有交战国建议缔结没有兼并和赔款的公正的和约，充分保证各民族权利一律平等的和约。

列宁：《给美国工人的信》，

《列宁全集》第 35 卷第 51 页。

社会主义是以各民族的平等、自由、自决为前提的，所以当我们国家遭到进攻或者敌军侵入我国领土时，社会主义者有权利而且有义务保卫祖国。

列宁：《无产阶级革命和叛徒考茨基》，

《列宁全集》第 35 卷第 287 页。

在任何情况下，曾经是压迫民族的那些民族的无产阶级，对待被压迫民族或没有充分权利的民族的劳动群众的民族感情残余，必须特别慎重，特别注意。

列宁：《俄国共产党（布尔什维克）纲领》，
《列宁全集》第 36 卷第 409 页。

为了反对"民族文化自治论者"的胡说，应该让俄国社会民主党工人党团向国家杜马提出一项关于民族平等和保护少数民族权利的法律草案。

列宁：《致斯·格·邵武勉》，
《列宁全集》第 46 卷第 474 页。

保护少数民族，使之有权获得一定比例的经费用于给"异族"学生盖校舍（无偿地），聘请"异族"教师，设立博物馆、图书馆、剧院及其他机构的"异族"分部；——让每个公民有权要求废除（向法院提出）任何违反平等或任何"蹂躏"少数民族权利的东西（人口普查在民族杂居地区 5 年进行一次，在全国范围 10 年进行一次），等等。

列宁：《致亚·安·特罗雅诺夫斯基》，
《列宁全集》第 46 卷第 475 页。

在英国，还应当在军队中，在"本"国被压迫的、没有平等权利的民族（如爱尔兰和各殖民地）中，按新的方式（不是按社会党的方式，而是按共产主义的方式，不是用改良办法，而是用革命办法）来进行宣传、鼓动和组织工作。

列宁：《共产主义运动中的"左派"幼稚病》，
《列宁全集》第 39 卷 78 页。

把被压迫的、附属的、没有平等权利的民族，同压迫的、剥削的、享有充分权利的民族也明确地加以区分。这同资产阶级民主的谎言是截然相反的，这种谎言掩盖金融资本和帝国主义的时代所特有的现象，即为数无几的最富裕的先进资本主义国家对世界大多数人实行殖民奴役和金融奴役。

列宁：《为共产国际第二次代表大会准备的文件》，
《列宁全集》第 39 卷 161 页。

应当不断地揭露各资本主义国家违背本国的"民主"宪法，经常破坏民族平等，破坏保障少数民族权利的种种事实。

列宁：《为共产国际第二次代表大会准备的文件》，
《列宁全集》第 39 卷 163 页。

群众的贫困、破产空前加重，这首先是指包括 125 000 万人口，即占全世界人口 70% 的地区。这是一些居民在法律上毫无权利的殖民地附属国，是被"委任"给金融强盗们统治的国家。

列宁：《共产国际第二次代表大会文献》，
《列宁全集》第 39 卷 213 页。

劳动者不应当忘记，资本主义把民族分成占少数的压迫民族，即大国的（帝国主义的）、享有充分权利和特权的民族，以及占大多数的被压迫民族，即附属或半附属的、没有平等权利的民族。

列宁：《为战胜邓尼金告乌克兰工农书》，
《列宁全集》第 38 卷 46 页。

东方的人民群众将作为独立的斗争参加者和新生活的创造者起来奋斗，因为东方亿万人民都是一些不独立的、没有充分权利的民族，至今仍是帝国主义国际政治的客体，它们的存在只是为了给资本主义文化和文明当肥料。

列宁：《在全俄东部各民族共产党组织第二次代表大会上的报告》，
《列宁全集》第 37 卷 322 页。

乌克兰地区的俄国共产党党员，应当切实保证劳动群众在学校和一切苏维埃机关中使用本民族语言的权利，应当坚决反对人为地把乌克兰语排挤到次要地位的做法，相反，应当努力把乌克兰语变成对劳动群众进行共产主义教育的工具。

列宁：《俄共（布）中央关于乌克兰苏维埃政权的决议》，
《列宁全集》第 37 卷 329 页。

列宁在《民族平等》里提到的"《关于废除对犹太人权利的一切限制及与任何民族出身和族籍有关的一切限制的法律草案》"，简称《关于民族平等的法律草案》。草案是列宁为第四届国家杜马俄国社会民主党工人党团起草的，显然准备在杜马讨论内务部预算时提出。法律草案以俄国社会民主党工人党团的名义公布在《真理之路报》上。列宁认为用成千上万个无产者的签名和声明来支持该草案是俄国工人的光荣的事情。他指出："这将最有效地巩固俄国不分民族的全体工人的充分团结，使他们更加打成一片。"

5. 权利和义务平等的前提，是人民当家作主

人民当家作主，是权利和义务平等的前提。

马克思指出：工人阶级的解放斗争不是要争取阶级特权和垄断权，而是要争取平等的权利和义务，并消灭任何阶级统治。列宁在谈到苏维埃政权的实质时指出：正是受资本主义压迫的阶级即工人和半无产者的群众组织，是整个国家政权和整个国家机构的固定的和唯一的基础。正是那些过去在法律上有平等权利、实际上被用各种手法加以排挤而不能参加政治生活、不能享受民主权利和自由的群众，现在经常被吸引来，而且一定要吸引来参加对国家的民主管理并在其中起决定作用。经典作家告诫我们，没有社会主义政权，没有人民当家作主，是不可能实现真正的权利和义务平等的。

如果杜林先生手头即使仅仅有过欧文的《新道德世界书》，那末他在这本书里就不仅可以看到规定有平等的劳动义务和平等的取得产品的权利的最坚决的共产主义陈述（正如欧文经常补充说明的，平等是按年龄的大小规定的），而且还可以看到为未来共产主义公社作的带有平面图、正面图和鸟瞰附图的详尽的房屋设计。

恩格斯：《反杜林论》，

《马克思恩格斯全集》第20卷第290页。

工人阶级的解放应该由工人阶级自己去争取；工人阶级的解放斗争不是要争取阶级特权和垄断权，而是要争取平等的权利和义务，并消灭任何阶级统治。

马克思：《协会临时章程》，

《马克思恩格斯全集》第16卷第15页。

在共产主义制度下和资源日益增多的情况下，经过不多几代的社会发展，人们就一定会认识到：侈谈平等和权利，如同今天侈谈贵族等等的世袭特权一样，是可笑的；对旧的不平等和旧的实在法的对立，甚至对新的暂行法的对立，都要从现实生活中消失；谁如果坚持要人丝毫不差地给他平等的、公正的一份产品，别人就会给他两份以资嘲笑。

恩格斯：《〈反杜林论〉材料》，

《马克思恩格斯全集》第20卷第670页。

在工业领域内，只有在资本家阶级的一切法律上的特殊权利被废除，而两个阶级在法律上的完全平等的权利确立以后，无产阶级所受的经济压迫的独特性质，才会最明白地显露出来；民主共和国并不消除两个阶级的对立；相反，正是它才提供了一个为解决这一对立而斗争的地盘。

恩格斯：《家庭、私有制和国家的起源》，

《马克思恩格斯全集》第21卷第87页。

工人阶级的解放斗争不是要争取阶级的特权和垄断权，而是要争取平等的权利和义务，并消灭任何阶级统治。

马克思：《国际工人协会共同章程和组织条例草案》，

《马克思恩格斯全集》第44卷第572页。

苏维埃政权的实质在于：正是受资本主义压迫的阶级即工人和半无产者（不剥削他人劳动并经常出卖至少是一部分自己的劳动力的农民）的群众组织，是整个国家政权和整个国家机构的固定的和唯一的基础。正是那些过去在法律上有平等权利、实际上被用各种手法加以排挤而不能参加政治生活、不能享受民主权利和自由（甚至在最民主的资产阶级共和国也是这样）的群众，现在经常被吸引来而且一定要吸引来参加对国家的民主管理并在其中起决定作用。

列宁：《共产国际第一次代表大会文》，

《列宁全集》第 35 卷第 492～493 页。

苏维埃国家组织戳穿了这种欺骗和伪善，实现了真正的民主制度，即一切劳动者的真正平等，把剥削者排除出享有充分权利的社会成员之外。

列宁：《俄共（布）纲领草案》，

《列宁全集》第 36 卷第 83 页。

旧的资产阶级民主宪法大书特书形式上的平等和集会权利，我们的、无产阶级和农民的、苏维埃的宪法则抛弃形式上平等的虚伪词句。当资产阶级共和派推翻帝制时，他们并不关心君主派同共和派的形式上的平等。现在要来推翻资产阶级了，只有叛徒或白痴才会极力为资产阶级争取形式上的平等权利。

列宁：《给美国工人的信》，

《列宁全集》第 35 卷第 61 页。

社会民主党人支持一切反对现存任何社会制度的革命运动，支持一切被压迫的民族、被迫害的宗教、被贱视的等级等等去争取平等权利。

列宁：《俄国社会民主党人的任务》，

《列宁全集》第 2 卷第 435 页。

请你马上选出自己的代表；你认为怎样方便就怎样选举好了，我们会很乐意很高兴接受他做我们工人代表苏维埃、农民委员会、士兵代表苏维埃等等的享有充分权利的成员。这个政权对大家都是公开的，它办理一切事情都不回避群众，群众很容易接近它；它直接来自群众，是直接代表人民群众及其意志的机关。这就是新政权，或者确切些说，是新政权的萌芽，因为旧政权的胜利过早地摧折了这棵新生的幼苗。

列宁：《立宪民主党人的胜利和工人政党的任务》，

《列宁全集》第 12 卷第 287 页。

把资产阶级作为一个阶级来镇压是必要的，但剥夺它的选举权和平等权利则不是必要的。我们不愿意给资产阶级以自由，我们不承认剥削者和被剥削者平等，但我们在党纲中对这个问题是这样看的：像工人和农民不平等之类的办法，根本不是宪法所规定的。

列宁：《俄共（布）第八次代表大会文献》，

《列宁全集》第 36 卷第 156 页。

马克思说：这里确实有"平等的权利"，但这仍然是"资产阶级权利"，这个"资产阶级权利"同任何权利一样，是以不平等为前提的。任何权利都是把同一标准应用在不同的人身上，即应用在事实上各不相同、各不同等的人身上，因而"平等的权利"就是破坏平等，就是不公平。的确，每个人付出与别人同等份额的社会劳动，就能领取同等份额的社会产品（作了上述各项扣除之后）。

列宁：《国家与革命》，
《列宁全集》第 31 卷第 88～89 页。

马克思不仅极其准确地估计到了人们不可避免的不平等，而且还估计到：仅仅把生产资料转归全社会公有（通常所说的"社会主义"）还不能消除分配方面的缺点和"资产阶级权利"的不平等，只要产品"按劳动"分配，"资产阶级权利"就会继续通行。

列宁：《国家与革命》，
《列宁全集》第 31 卷第 90 页。

因此，在共产主义社会的第一阶段（通常称为社会主义），"资产阶级权利"没有完全取消，而只是部分地取消，只是在已经实现的经济变革的限度内取消，即只是在同生产资料的关系上取消。"资产阶级权利"承认生产资料是个人私有财产，而社会主义则把生产资料变为公有财产。在这个范围内，也只是在这个范围内，"资产阶级权利"才不存在了。

列宁：《国家与革命》，
《列宁全集》第 31 卷第 90 页。

除了"资产阶级权利"以外，没有其他准则。所以就这一点说，还需要有国家在保卫生产资料公有制的同时来保卫劳动的平等和产品分配的平等。国家正在消亡，因为资本家已经没有了，阶级已经没有了，因而也就没有什么阶级可以镇压了。但是，国家还没有完全消亡，因为还要保卫那个确认事实上的不平等的"资产阶级权利"。

列宁：《国家与革命》，
《列宁全集》第 31 卷第 91 页。

在共产主义第一阶段还保留着"资产阶级权利的狭隘眼界"。既然在消费品的分配方面存在着资产阶级权利，那当然一定要有资产阶级国家，因为如果没有一个能够强制人们遵守权利准则的机构，权利也就等于零。可见，在共产主义下，在一定的时期内，不仅会保留资产阶级权利，甚至还会保留资产阶级国家，——但没有资产阶级！

列宁：《国家与革命》，
《列宁全集》第 31 卷第 94～95 页。

马克思并不是随便把一小块"资产阶级"权利塞到共产主义中去，而是抓住了从资本主义脱胎出来的社会里那种在经济上和政治上不可避免的东西。

列宁:《国家与革命》,
《列宁全集》第 31 卷第 95 页。

民主是国家形式,是国家形态的一种。因此,它同任何国家一样,也是有组织有系统地对人们使用暴力,这是一方面。但另一方面,民主意味着在形式上承认公民一律平等,承认大家都有决定国家制度和管理国家的平等权利。

列宁:《国家与革命》,
《列宁全集》第 31 卷第 96 页。

恩格斯在《反杜林论》里提到"欧文的《新道德世界书》",是欧文关于婚姻和共产主义制度的主要著作之一。此外,还有《新道德世界的婚姻制度》(1838 年)和《人类头脑和实践中的革命》(1849 年)。杜林不学无术,不知道欧文的重要的著作,却攻击欧文"不能假定有任何坚决的共产主义"。恩格斯认为,欧文不仅宣传了"坚决的共产主义",而且在五年之中(30 年代末和 40 年代初)还在汉普郡的协和移民区实行了共产主义,那里的共产主义在坚决性方面可说是无与伦比的了。当然,恩格斯正确地指出:"在欧文那里空想主义者之所以是空想主义者,正是因为在资本主义生产还很不发达的时代他们只能是这样。他们不得不从头脑中构思出新社会的轮廓,因为这些轮廓在旧社会本身中还没有普遍地明显地表现出来。"

(三)特殊权利关系

1. 自决权

这里,之所以把自决权和宗教权利归于特殊权利,是因为这些权利的主体具有某种特定组织性。在这种权利与国家的关系中,不是表现为"公民的",而是一般表现为"民族的""宗教的"。

自决权,全称为民族自决权,是民族自由分离的权利。

列宁全面地多场合地论述了关于民族自决权问题。列宁的主要观点是:

承认一切民族完全平等和各民族的自决权;民族自决权是基本的民主原则;无条件地保护一切少数民族的权利,要求广泛的自治并实行区域自治,自治区域也应当根据民族特征来划分;我们决不宣传每个民族一定要分离,但是我们无条件地、坚决地维护每个民族的政治自决的权利,即分离的权利;分离的完全自由,最广泛的地方自治(和民族自治),详尽规定保障少数民族权利的办法,——这就是革命无产阶级的纲领;这种政治民主要求并不就等于要求分离、分裂、建立小国,它只是反对任何民族压迫的斗争的彻底表现;承认各民族平等,承认各民族都有成立民族国家的平等权利,同时又把各民族无产者之间的联合看得高于一切,提得高于一切;谁如果不承认被压迫民族有获得解放的权利,有同压迫它们的大国分离的权利,谁就不能做一个"民族的"政治家;维护这种权利不但不会鼓励形成小国家,相反,这会促使更自由更大胆因而更广泛更普遍地形成更有利于群众和更适合经济发展的大国家和国家联盟；我们主张自由的、自愿的接近和融合，但不主张强制的接近和融合；要完全解放殖民地民族和其他被压迫的或没有充分权利的民族，使他们有分离的自由，这样才能保证资本主义遗留下来的、各民族劳动群众的不信任和被压迫民族工人对压迫民族工人的愤恨完全消失，而代之以自觉自愿的联盟。

列宁论述了民族自决权的三种情况：一是处于殖民统治之下、正在争取民族解放和国家独立的民族自决权；二是处在外国军事侵略和占领下的民族自决权；三是主权国家内的民族自决权。多民族国家的民族自决权的主体，应是全体人民，不是少数民族或属于某一民族的个人。

我们应当全面、准确地把握列宁关于民族自决权的思想，充分注意民族自决权的前提、目的和发展方向。如果断章取义，从列宁完整思想链条中取出个别词句，鼓吹所谓"民族独立"，以图达到为某个民族和居住区域从各民族大家庭中、从祖国的版图中分裂出去的目的，那么，这就不仅仅是对马克思主义的背叛问题了。

"自决"一词曾多次引起了曲解，因此我改用了一个十分确切的概念："自由分离的权利"。俄国革命无产阶级的政党，用大俄罗斯语言进行工作的政党，必须承认分离权，这一点在有了1917年这半年来的革命经验以后，未必再会引起争论了。我们夺得政权之后，会无条件地立刻承认芬兰、乌克兰、亚美尼亚以及任何一个受沙皇制度（和大俄罗斯资产阶级）压迫的民族都享有这种权利。但是从我们方面来说，我们决不希望分离。

列宁：《论修改党纲》，

《列宁全集》第 32 卷第 369～370 页。

我们必须阐明这个密谋所造成的实际的而不是嘴上的结果，即打击土耳其革命，俄国协同扼杀波斯革命，干涉他国事务，破坏民族自决权这个基本的民主原则。我们的纲领同世界各国社会民主党的纲领一样，是要捍卫这种权利的。

列宁：《巴尔干和波斯的事变》，

《列宁全集》第 17 卷第 207 页。

没有俄国无产阶级和革命农民的胜利，谈论什么波兰的真正自治和地方自治机关的权利等等，那是可笑的。这是在讲空话。俄国农民正因为是革命的，正因为他们不允许同资产阶级和十月党人妥协，而是同工人和民主派一起进行斗争，所以他们已经无可辩驳地证明自己是同情土地国有化的。

列宁：《对彼·马斯洛夫的〈答复〉的几点意见》，

《列宁全集》第 17 卷第 245 页。

只有巴尔干各国人民得到充分的自由和完全的独立，只有建立巴尔干联邦共和国，才能够保证找到摆脱目前危机的最好办法并通过承认一切民族完全平等和有政治自决的绝对权利的途径使民族问题得到真正解决。

列宁：《关于杜马中的工人代表和他们的宣言问题》，
《列宁全集》第 22 卷第 220 页。

俄国社会民主党完全承认每个民族都有"自决"权，都有决定自己的命运，甚至可以同俄国分离的权利。这是因为俄国的革命、民主事业，决不像德国过去那样是同联合和集中的事业联在一起的。决定俄国民主化的，不是民族问题，而是土地问题。

列宁：《今天的俄国和工人运动》，
《列宁全集》第 23 卷第 58 页。

我们作为民主主义者，要求政治意义上的民族自决的自由（见俄国社会民主工党的纲领），即分离的自由。我们要求国内各民族绝对平等，并且要求无条件地保护一切少数民族的权利。我们要求广泛的自治并实行区域自治，自治区域也应当根据民族特征来划分。

列宁：《民族问题》，
《列宁全集》第 23 卷第 215 页。

至于在沙皇君主制度压迫下的各民族的自决权，即分离权和成立独立国家的权利，无疑是社会民主党应当维护的。这是国际民主派的基本原则的要求，尤其是遭受沙皇君主制度空前的民族压迫的俄国多数居民的要求，因为沙皇君主制度同欧洲和亚洲的邻国相比是最反动最野蛮的国家制度。

列宁：《有党的工作者参加的党中央委员会 1913 年夏季会议的决议》，
《列宁全集》第 24 卷第 61 页。

波兰地主一向维护波兰的民族文化，要争得自治机构（而不仅是自治权）和使用波兰语的权利。大俄罗斯地主则维护俄罗斯的民族文化，声明（他们已经掌握了一切，因此无需再争得什么）俄罗斯民族文化是至高无上的，"俄罗斯的"海乌姆地区应当脱离波兰。

列宁：《政治教训》，
《列宁全集》第 25 卷第 17 页。

据报道，是斯托雷平亲自和波兰的贵族、波兰的大地主进行这些谈判的。斯托雷平作了承诺。草案也提出来了。但是……海乌姆地区虽已分离出来，而在波兰自治机构使用波兰语的权利却被我们的国务会议否决了。科科夫佐夫"忠心耿耿地"维护斯托雷平的事业，但是并没有能维护住。国务会议中的右派成员没有跟着他走。

列宁：《政治教训》，
《列宁全集》第 25 卷第 17～18 页。

向群众（特别是向大俄罗斯的群众）宣传这种权利的重大意义及其迫切性是民主主义者的义务。

列宁:《立宪民主党人和"民族自决权"》,
《列宁全集》第 24 卷第 219 页。

谢姆柯夫斯基先生断言:承认自决权"有利于""臭名远扬的资产阶级民族主义"。这是幼稚的胡说,因为承认这种权利,既毫不排斥鼓动和宣传反对分离,也毫不排斥揭露资产阶级民族主义。但是,否认分离权则"有利于"臭名远扬的大俄罗斯黑帮民族主义,这是完全不容争辩的!

列宁:《论俄国社会民主工党的民族纲领》,
《列宁全集》第 24 卷第 239 页。

在整个国际民主运动史上,特别是 19 世纪中叶以来,民族自决正是指的政治自决,即分离权,成立独立民族国家的权利,我们开明的"立宪民主党人"是不是要否认这一点呢?

列宁:《民族自由主义和民族自决权》,
《列宁全集》第 24 卷第 259~260 页。

凡是我们看到存在着民族间的强制的联系的地方,虽然我们决不宣传每个民族一定要分离,但是我们无条件地、坚决地维护每个民族的政治自决的权利,即分离的权利。维护、宣传、承认这种权利,就是维护民族平等,就是不承认强制的联系,就是反对任何民族的任何国家特权,就是培养各民族工人的充分的阶级团结精神。

列宁:《关于民族平等的法律草案》,
《列宁全集》第 25 卷第 72 页。

分离的完全自由,最广泛的地方自治(和民族自治),详尽规定保障少数民族权利的办法,——这就是革命无产阶级的纲领。

列宁:《无产阶级在我国革命中的任务》,
《列宁全集》第 29 卷第 166 页。

为了提醒人民不要相信资本家的空洞诺言,代表会议声明必须严格区别口头上的放弃兼并和真正的放弃兼并,真正的放弃兼并,也就是立即公布并废除一切掠夺性的秘密条约,立即给予各民族以权利,让他们通过自由投票决定他们愿意成为独立国家还是愿意加入某个国家的问题。

列宁:《俄国社会民主工党(布)第七次全国代表会议文献》,
《列宁全集》第 29 卷第 385~386 页。

必须承认构成俄国的一切民族都有自由分离和成立独立国家的权利。否认这种权利和不设法保证这种权利的实现,就等于拥护侵略政策或兼并政策。无产阶级只有承认民族分离权，才能保证各民族工人的充分团结，才能促进各民族真正民主的接近。

列宁：《俄国社会民主工党（布）第七次全国代表会议文献》，

《列宁全集》第 29 卷第 431 页。

"自决权不仅意味着有要求分离的权利，而且还意味着有要求结成联邦的权利和要求自治的权利。"我绝对不能同意。自决权并不意味着有成立联邦的权利。联邦是各平等者的联盟，是一个要求一致同意的联盟。怎么会引出一方面要求另一方面同意的权利呢??这是胡说。

列宁：《致斯·格·邵武勉》，

《列宁全集》第 46 卷第 380 页。

民族自决权只是一种政治意义上的独立权，即在政治上从压迫民族自由分离的权利。具体说来，这种政治民主要求，就是有鼓动分离的充分自由，以及由要求分离的民族通过全民投票来决定分离问题。因此，这种政治民主要求并不就等于要求分离、分裂、建立小国，它只是反对任何民族压迫的斗争的彻底表现。

列宁：《社会主义革命和民族自决权》，

《列宁全集》第 27 卷第 257 页。

无产阶级团结的利益、工人的阶级斗争的同志般团结一致的利益要求各民族最充分的平等，以消除民族间最微小的不信任、疏远、猜疑和仇恨。充分平等也包括否认某种语言的任何特权，包括承认各民族自决的权利。

列宁：《精致的民族主义对工人的腐蚀》，

《列宁全集》第 25 卷第 153 页。

无产阶级反对这种实际主义。它承认各民族平等，承认各民族都有成立民族国家的平等权利，同时又把各民族无产者之间的联合看得高于一切，提得高于一切，从工人的阶级斗争着眼来估计一切民族要求，一切民族的分离。实际主义的口号，实际上只是盲从资产阶级要求的口号。

列宁：《论民族自决权》，

《列宁全集》第 25 卷第 239 页。

我们不想凭空"猜测"，但坚决拥护这一毫无疑问的原则：乌克兰有成立这种国家的权利。我们尊重这种权利，我们不赞成大俄罗斯人有统治乌克兰人的特权，我们教育群众承认这种权利，否认任何一个民族享有国家特权。在资产阶级革命时代一切国家都经历过的那种飞跃中，为了建立民族国家的权利而发生冲突和斗争是可能的，而且是很有可能的。

列宁：《论民族自决权》，

《列宁全集》第 25 卷第 242 页。

　　罗莎·卢森堡因追求"实际主义"而忽略了大俄罗斯无产阶级和其他民族的无产阶级的主要实际任务，即进行日常宣传鼓动，反对任何国家特权和民族特权，主张一切民族有成立自己的民族国家的同等权利；这种任务是我们在民族问题上的主要（在目前）任务，因为只有这样，我们才能捍卫住民主运动的利益和一切民族的一切无产者平等联合的利益。

列宁：《论民族自决权》，

《列宁全集》第 25 卷第 242 页。

　　在帝国主义战争中，谁如果不做社会主义的政治家，也就是说，谁如果不承认被压迫民族有获得解放的权利，有同压迫它们的大国分离的权利，谁就不能做一个"民族的"政治家。在帝国主义时代，如果大国民族的无产阶级不采取超出和打破民族界限的、推翻国际资产阶级的革命行动，世界上大多数民族就不会有生路。不推翻国际资产阶级，大国民族就会继续存在，也就是说，全世界十分之九的民族就会继续受压迫。

列宁：《德国机会主义论战争的一本主要著作》，

《列宁全集》第 26 卷第 293 页。

　　是否可能使各国社会党人就一定的和平条件取得一致意见呢？如果可能，那么在这些条件中，毫无疑问必须包括承认一切民族都享有自决权，包括放弃任何"兼并"即对自决权的侵犯。但是如果认为只有某些民族才配享有这种权利，那么这就是维护某些民族的特权，也就是说，要做一个民族主义者和帝国主义者，而不是社会主义者。而如果认为一切民族都有这种权利，那就不能单单提出，譬如说，比利时一个国家，而必须包括欧洲的一切被压迫民族（英国的爱尔兰人、尼斯的意大利人、德国的丹麦人等、俄国的百分之五十七的居民，等等）和欧洲以外的一切被压迫民族，即一切殖民地。

列宁：《和平问题》，

《列宁全集》第 26 卷第 314 页。

　　如果"大"国即进行大规模掠夺的国家的所有社会党人不坚持各殖民地也有这种权利，那么这正是因为而且也只是因为他们实际上是帝国主义者，而不是社会主义者。有些人因为自己属于压迫民族，就不坚持被压迫民族的"自决权"，如果幻想这种人能够实行社会主义的政策，那就太可笑了。

列宁：《和平问题》，

《列宁全集》第 26 卷第 317 页。

　　社会党人不同一切民族压迫作斗争，就不能达到自己的伟大目的。因此，他们必须要求各压迫国家（特别是所谓"大"国）的社会民主党承认和维护各被压迫民族的自决权，而且是政治上的自决权，即政治分离权。大国的或拥有殖民地的民族的社会党人如果不维护这种权利，那就是沙文主义者。维护这种权利不但不会鼓励形成小国家，相反，这会促使更自由更大胆因而更广泛更普遍地形成更有利于群众和更适合经济发展的大国家和国家联盟。

　　　　　　　　　　　列宁：《社会主义与战争》，
　　　　　　　　　　　《列宁全集》第 26 卷第 340 页。

　　根据这个区分应当得出我们对"民族自决权"的彻底民主主义的、革命的、同为社会主义而立即斗争的总任务相适应的定义。为了这种权利，为了真正承认这种权利，压迫民族的社会民主党人应当提出被压迫民族有分离的自由这一要求，否则，所谓承认民族平等和工人的国际团结，实际上就只能是一句空话，只能是一种欺人之谈。

　　　　　　　　　　　列宁：《革命的无产阶级和民族自决权》，
　　　　　　　　　　　《列宁全集》第 27 卷第 81 页。

　　在俄国，为了完成自己民主主义的和社会主义的任务，社会民主党必须承认受沙皇制度压迫的民族有从俄国自由分离的权利。我们党在 1912 年 1 月重建后，在 1913 年通过了一项决，这项决议再次肯定了自决权，并且对其具体含义作了如上的解释。

　　　　　　　　　　　列宁：《革命的无产阶级和民族自决权》，
　　　　　　　　　　　《列宁全集》第 27 卷第 266 页。

　　普鲁士把石勒苏益格归并进来时，像其他所有"大"国一样，也占据了一部分丹麦人居住的地方。这显然是侵犯了这些居民的权利，因为奥地利根据 1866 年 8 月 23—30 日签订的布拉格和约，把自己统治石勒苏益格的"权利"让给了普鲁士，但和约中规定，关于石勒苏益格北部的居民是否愿意并入丹麦的问题，应当通过自由投票来征求他们的意见，如果答复是肯定的，那就应当并入丹麦。可是普鲁士并没有这样做，而在 1878 年取消了这些对它十分"不愉快的"条款。

　　弗·恩格斯对于大国民族的沙文主义并不是漠不关心的，他曾经特别指出普鲁士这一侵犯弱小民族权利的事。

　　　　　　　　　　　列宁：《论德国的和非德国的沙文主义》，
　　　　　　　　　　　《列宁全集》第 27 卷第 322 页。

　　考茨基的立场是对工人阶级最有害最危险的立场，因为他口头上承认民族自决，口头上承认社会民主党"全面地〈!〉和无条件地〈?〉尊重和捍卫民族独立"，而实际上恰恰把这种权利化成一个毫无意义的公式，恰恰是在删减它，不区分出被压迫民族的社会主义者。

列宁：《〈革命的无产阶级和民族自决权〉一文材料》，
《列宁全集》第 27 卷第 447 页。

因为所有反动分子和资产者都准许被强制留在本国疆界内的民族在下议院内享有"共同决定"国家命运的权利。威廉二世也准许比利时人在德国下议院内享有"共同决定"德意志帝国命运的权利。

列宁：《关于自决问题的争论总结》，
《列宁全集》第 28 卷第 18 页。

力争摆脱资产阶级桎梏的劳动群众，为了取得这种"文化援助"，一定会竭尽全力争取同先进的社会主义大民族实行联合和融合，只要昨天的压迫者不伤害长期被压迫的民族的自尊心这种高度民主的感情，并且给后者以各方面的平等权利，包括建设国家、尝试建立"自己的"国家的平等权利。

列宁：《关于自决问题的争论总结》，
《列宁全集》第 28 卷第 35 页。

只有它的自由分离，才在实际上表明和证明它享有平等权（这里顺便补充一句，正是这种自由退出，才为在权利平等的基础上更紧密更民主的接近打下了基础）。只要挪威还仅仅实行自治，瑞典贵族就享有一种额外特权；分离则不是"削弱"这种特权（改良主义的实质就是削弱祸害，而不是消灭祸害），而是把它彻底消灭（这是纲领的革命性质的基本标志）。

列宁：《关于自决问题的争论总结》，
《列宁全集》第 28 卷第 41 页。

既然我们面临的是这样一场残忍的大厮杀，那还谈什么保卫祖国！既然到处都是粗暴的镇压，那还谈什么民族权利！看看人们怎样对待"独立的"希腊，就知道民族自决和"独立"是怎么一回事了！既然为了军阀的利益，到处都在践踏一切权利，那还谈论和考虑"权利"干什么！既然在这次战争期间，最民主的共和国和最反动的君主国之间已经没有细微的差别了根本不存在任何差别了，在我们周围连一点差别的痕迹也看不到了，那还谈论和考虑共和国干什么！

列宁：《对彼·基辅斯基（尤·皮达可夫）的回答》，
《列宁全集》第 28 卷第 108～109 页。

他的一切可笑的逻辑错误和一切糊涂观念——不仅在自决问题上而且在保卫祖国、离婚和一般"权利"的问题上——的真正根源，就在于他的思想受到了战争的压抑，因而马克思主义对一般民主的态度被根本歪曲了。

列宁：《对彼·基辅斯基（尤·皮达可夫）的回答》，
《列宁全集》第 28 卷第 110 页。

如果瑞典工人像瑞典贵族和瑞典资产阶级那样，否认挪威人有不通过瑞典人、不顾及瑞典人的意愿而自行解决这一问题的权利，那他们就是社会沙文主义者，就是决不容许留在社会民主党内的恶棍。

列宁：《论面目全非的马克思主义和"帝国主义经济主义"》，
《列宁全集》第 28 卷第 144 页。

"社会主义社会"愿意"从殖民地滚出去"，仅仅是指给它们自由分离的权利，决不是指提倡它们分离。

列宁：《论面目全非的马克思主义和"帝国主义经济主义"》，
《列宁全集》第 28 卷第 159 页。

如果我们要求给予蒙古人、波斯人、埃及人以及所有一切被压迫的和没有充分权利的民族以分离自由，那么这决不是因为我们主张它们分离，而仅仅是因为我们主张自由的、自愿的接近和融合，但不主张强制的接近和融合。

列宁：《论面目全非的马克思主义和"帝国主义经济主义"》，
《列宁全集》第 28 卷第 161 页。

彻底的即社会主义的民主派宣布、规定并且要实现这一权利，不这样就没有走向各民族完全自愿的接近和融合的道路。

列宁：《论面目全非的马克思主义和"帝国主义经济主义"》，
《列宁全集》第 28 卷第 169 页。

觉悟的无产阶级和忠于自己纲领的社会民主党人，主张芬兰也和一切没有充分权利的民族一样，有与俄国分离的自由。

列宁：《芬兰和俄国》，
《列宁全集》第 29 卷第 469 页。

国内各民族都有自由分离和建立自己的国家的权利。俄罗斯人民共和国不应当用暴力，而只应当通过自愿的协议来吸引其他民族建立共同的国家。各国工人应当团结一致，结成兄弟联盟，不容许对其他民族直接或间接地使用暴力。

列宁：《修改党纲的材料》，
《列宁全集》第 29 卷第 487 页。

俄国社会主义政府即人民委员会再次确认，凡是过去受沙皇政府和大俄罗斯资产阶级压迫的民族都享有自决权，直至这些民族同俄国分离的权利。

列宁：《告乌克兰人民书》，

《列宁全集》第 33 卷第 140 页。

人民委员会一向无条件地承认，包括乌克兰在内的任何民族都有作为独立国家生存的权利。

列宁：《人民委员会关于同拉达举行谈判的决议》，

《列宁全集》第 33 卷第 186 页。

任何一个民主主义者也都不会否认乌克兰有同俄国自由分离的权利，因为只有无条件地承认这种权利，才有可能宣传乌克兰人和大俄罗斯人结成自由联盟，宣传两个民族自愿联合成一个国家。只有无条件地承认这种权利，才能真正同万恶的沙皇制度的过去永远彻底决裂。

列宁：《乌克兰》，

《列宁全集》第 30 卷第 312 页。

俄罗斯革命民主派要想成为真正革命的真正民主派，就必须同过去这一切决裂，必须使乌克兰工人和农民重新像兄弟一样信任自己，信任俄罗斯的工人和农民。不完全承认乌克兰的权利，包括自由分离的权利，就不可能做到这一点。

列宁：《乌克兰》，

《列宁全集》第 30 卷第 313 页。

要达到这一目的，就要完全解放殖民地民族和其他被压迫的或没有充分权利的民族，使他们有分离的自由，这样才能保证资本主义遗留下来的、各民族劳动群众的不信任和被压迫民族工人对压迫民族工人的愤恨完全消失，而代之以自觉自愿的联盟。

列宁：《俄共（布）纲领草案》，

《列宁全集》第 36 卷第 101 页。

列宁在《革命的无产阶级和民族自决权》里提到的"在 1913 年通过了一项决议"，指列宁起草并由 1913 年 9 月 23 日 ~10 月 1 日在波罗宁举行的有党的工作者参加的俄国社会民主工党中央委员会会议通过的关于民族问题的决议。

列宁在《论德国的和非德国的沙文主义》里说，"弗·恩格斯对于大国民族的沙文主义并不是漠不关心的，他曾经特别指出普鲁士这一侵犯弱小民族权利的事"。在丹麦国王弗雷德里克七世死以后，奥地利和普鲁士于 1864 年 1 月 16 日向丹麦政府提出了最后通牒，要它把宣布什列斯维希完全归并丹麦的 1863 年宪法废除。丹麦拒绝接受最后通牒，于是奥地利和普鲁士就开始采取军事行动，到 1864 年 7 月，击溃了丹麦军队。法国和俄国在整个战争期间都对奥地利和普鲁士保持友好的中立态度。按照 1864 年 10 月 30 日在维也纳签订的和约的规定，两个公国的领土，其中包括住有德国居民的各个部分，被宣布为奥地利和普鲁士共有，而在 1866 年的奥普战争以后，这些领土就完全归并于普鲁士了。

列宁在《对彼·基辅斯基（尤·皮达可夫）的回答》里说，"看看人们怎样对待'独立的'希腊，就知道民族自决和'独立'是怎么一回事了"，是说第一次世界大战中，协约国为使希腊参战而对它施加了种种压力。它们用武力侵占希腊的一部分领土，派军舰封锁希腊，最后制造政变，迫使希腊国王君士坦丁一世逊位。1917 年 6 月，希腊宣布站在协约国一边参战。

2. 宗教权利

宗教权利，包括宗教组织的权利、教派的权利、教徒的权利和宗教信仰者的权利等权利。在中世纪，实行政教合一，存在宗教掌控国家的权利。资产阶级推翻封建社会后，存在宗教在某种程度上操纵国家的权利。社会主义宗教观，是完全新型的宗教观，从根本上改变了宗教掌控、操纵国家的局面。

我国宪法明确规定了公民宗教信仰自由的权利。其他法律、法规也作了相应的规定，如《中华人民共和国全国人民代表大会和地方各级人民代表大会选举法》、《城市居民委员会组织法》、《村民委员会组织法》、《民族区域自治法》、《中华人民共和国兵役法》、《中华人民共和国劳动法》、《教育法》、《中华人民共和国刑法》，等等。

对于利用宗教危害国家安全等问题，我国立法加强对宗教事务的管理；坚持保护合法、制止非法、遏制极端、抵御渗透、打击犯罪；任何组织或者个人不得利用宗教进行危害国家安全等的活动，不得宣扬宗教极端主义，不得利用宗教破坏民族团结、分裂国家和进行恐怖活动；涉宗教内容的出版物和互联网宗教信息服务禁止含有煽动民族仇恨、分裂国家和恐怖活动内容。

针对国内外宗教势力向教育领域渗透的情况，教育法规定，"国家实行教育与宗教相分离，任何组织和个人不得利用宗教进行妨碍国家教育制度的活动。"

如果一个国家有几个平等的教派，而国家又不去侵犯各个特殊教派的权利，那它就再也不可能是一个宗教国家，不可能是那种把其他教派的拥护者指责为异教徒、根据信仰配给每片面包并把教义变成个人和国家公民的存在之间的纽带的教会了。

马克思：《〈科隆日报〉第 179 号的社论》，
《马克思恩格斯全集》第 1 卷上册第 225 页。

根据自由的理论，犹太人和基督徒是平等的，但根据实际来看，和犹太人比较，基督徒却享有特权，因为，不然的话，基督教的礼拜日怎么能够在为全体法国人制定的法律中得到反映呢？难道犹太教的安息日就没有同样的权利吗？或者，也有这样的情形，在法国的实际生活中，犹太人实际上并没有受到基督教特权之害，然而法律却不敢公开承认这种实际的平等。

马克思恩格斯：《神圣家族》，

《马克思恩格斯全集》第2卷第147页。

鲍威尔先生最先是一个神学家，但并不是一个普普通通的神学家，而是一个批判的神学家或神学的批判家。当他还是一个把一切宗教的和神学的蠢事加以思辨装饰的老黑格尔正统派的最极端的代表时，他就不断地宣称批判是他的私人财产。那时他就已经把施特劳斯的批判看成人类的批判，而和这种批判相反，他十分明确地维护神的批判的权利。

马克思恩格斯：《神圣家族》，

《马克思恩格斯全集》第2卷第181页。

他们主要是土耳其族，同时，尽管他们的雇主主要是信基督教的资本家，但是他们仍然狂热地维护自己想象的优越性和胡作非为不受惩罚的实有的权利，这种权利，是因为他们信奉有特权的宗教即伊斯兰教而享有，用来对付基督徒的。

马克思恩格斯：《不列颠政局。——流亡者。——土耳其》

《马克思恩格斯全集》第9卷第9页。

关于取消对犹太人权利的限制的法案举行了二读，关于加拿大教会预备基金的法案举行了三读。后一法案将使加拿大立法机关能够掌握一部分出卖土地的收入。而这种收入原先是英国国教教会和长老会教会独占的。

马克思：《内阁的成就》，

《马克思恩格斯全集》第9卷第56页。

在这个报告中清楚地指出，西方强国所追求的伟大目标，就是使土耳其境内基督教和伊斯兰教享有平等权利。这一点或者根本不意味着什么，或者意味着不论谁信哪一教，根本不分教别地赋予穆斯林和基督徒以政治权和公民权，换句话说，这意味着国家同教会、宗教同政治的完全分离。

马克思：《希腊人暴动》，

《马克思恩格斯全集》第10卷第141页。

但是在可兰经面前，能不能使正统教徒和异教徒、穆斯林和莱雅享有平等权利呢？这实际上必然意味着用新的民法典来代替可兰经，换句话说，就是破坏土耳其社会的结构，在它的废墟上建立新的秩序。

马克思：《希腊人暴动》，

《马克思恩格斯全集》第10卷第141页。

根据法律，大主教和主教都是市政委员会的委员，并在总主教的领导下管理向正教徒分派赋税的事宜。总主教对自己的教徒的行为向土耳其政府负责。总主教由于有权审判本教的莱雅，他可以把这个权利转托给大主教和主教在他们管辖的教区内行使，而他们的判决，必须由土耳其官吏和法官等等执行。他们有权判处罚款、徒刑、笞刑和流放。

马克思：《宣战。——关于东方问题产生的历史》，
《马克思恩格斯全集》第 10 卷第 181 页。

但是我们知道，伊斯兰教总教长已经由于拒绝作出决定来批准确立这种平等权利的条约而被撤换了；君士坦丁堡的老土耳其居民非常愤懑；而从今天收到的电讯中我们得知，沙皇向普鲁士声明说，如果西方强国能够迫使土耳其政府接受这种条约，他就准备把自己的军队撤出多瑙河各公国。

马克思：《议会的战争辩论》，
《马克思恩格斯全集》第 10 卷第 190 页。

因此托利党人是教会和国家、保护关税政策和反天主教问题上的一切旧英国偏见的保持者。辉格党人是文明的寡头政治家，他们毫不犹豫地抛弃了那些妨碍他们实现操纵国家职位的世袭权利的偏见。

马克思：《"晨邮报"反对普鲁士。——辉格党和托利党》，
《马克思恩格斯全集》第 11 卷第 245～246 页。

他们由于革命而获得了大量好处，即赢得了可以同教皇直接来往、可以建立女修道院和男修道院的权利，还有一点并不次要的，是可以购置地产的权利。

马克思：《新内阁》，
《马克思恩格斯全集》第 12 卷第 675 页。

1685 年。詹姆斯二世给爱尔兰的天主教徒完全自由。天主教军成长起来；对它给以庇护。天主教徒不久就声明必须废除组织法令，并恢复 1641 年的土地所有者的权利。詹姆斯征集几个爱尔兰团前往英格兰。

马克思：《关于爱尔兰问题的未作的发言的提纲》，
《马克思恩格斯全集》第 16 卷第 509 页。

宣传天主教成为应处以苦役的刑事罪行，从新教改信天主教成为叛国行为。天主教大主教被放逐；如果他在被放逐后重新回来，将被控犯叛国罪而处绞刑，活活地剖膛挖肚，然后砍掉四肢和头颅。企图强迫爱尔兰人民大众改信英国国教。天主教徒参加议员选举的权利被剥夺。这一惩治法典加强了天主教神甫对爱尔兰人民的权力。

马克思：《关于爱尔兰问题的未作的发言的提纲》，
《马克思恩格斯全集》第 16 卷第 511 页。

1778 年。关于容忍信奉罗马天主教者的法案（由英爱议会实行的）。天主教徒仍然没

有权利通过购买或租赁获得自由地产。

马克思:《关于爱尔兰问题的未作的发言的提纲》,

《马克思恩格斯全集》第 16 卷第 511～512 页。

以前,经济关系和社会关系是由教会批准的,因此曾被认为是教会和教条所创造的,而现在这些关系则被认为是以权利为根据并由国家创造的。

恩格斯:《法学家的社会主义》,

《马克思恩格斯全集》第 21 卷第 546 页。

在反对罗马教会权利的斗争中,最有直接利害关系的阶级是资产阶级。

恩格斯:《"社会主义从空想到科学的发展"英文版导言》,

《马克思恩格斯全集》第 22 卷第 348 页。

而你们(起码是你们之中的某些人)却表现软弱,敌人提出守法的义务是道义上的、是适用于一切场合的,你们对这一要求未能给予应有的抵制,当时本应声明:你们掌权,你们制定法律,我们如有违犯,你们可以根据这些法律处置我们,我们只得忍受;如此而已,此外,我们再没有任何义务,你们也再没有任何权利。天主教徒在五月法令时期是这样做的,麦生的老路德派教徒和那个在各家报刊上出头露面的门诺派教徒士兵也是这样做的;你们没有权利从这个立场后退。防止政变法草案反正是要完蛋的,类似的东西很难搞成,更难实施;但是,如果这些人将来有了权力,他们会设法堵住你们的嘴再和你们较量的。

恩格斯:《致理·费舍》,

《马克思恩格斯全集》第 39 卷上册第 402～403 页。

现在我已得出这样的结论:只有能够经受理性检验的学说,才可以算作神的学说。是谁赋予我们盲目地信仰圣经的权利呢?不过是在我们以前就这样做的那些人的威望而已。是的,同圣经相比,可兰经是一部比较有机的作品,因为它要求人们相信它的完整的、有连续性的内容。但是,圣经是由许多作者写的许多片断组成的,而作者中很多人甚至自己也对神性无所要求。难道仅仅因为父母对我们讲过,我们就必须违背自己的理性而相信它吗?

恩格斯:《致弗里德里希·格雷培(1839 年 6 月 15 日)》,

《马克思恩格斯全集》第 41 卷第 502 页。

基督教说过:我要使你们免罪。但这也是其他人即唯理论者所追求的。这时基督教进行干涉,不准唯理论者去追求这个目的,因为唯理论者的道路离开目的更远。如果基督教给我们提出哪怕一个人来表明它使此人在一生中那样自由,从来无罪,那么它倒还多少有权利这样讲,否则它就无权这样说。

恩格斯:《致弗里德里希·格雷培(1839 年 6 月 15 日)》,

《马克思恩格斯全集》第 41 卷第 503 页。

普鲁士是个基督教君主专制的国家，它所处的世界历史地位，使它有权利要求承认它的各项原则是实际起作用的原则。无论你是否赞成这些原则，反正它们是存在着的，而且普鲁士很强大，在必要的时候足以捍卫这些原则。

恩格斯：《谢林和启示》，
《马克思恩格斯全集》第 41 卷第 214 页。

上帝的公正不允许为了自己的复兴而一举消灭世界，因为对立的本原如今在一定意义上有了权利，有了不以上帝为转移的意志。因此，它逐渐地并且按照一种决定发展阶段的原则通过最后两种潜在力返回。

恩格斯：《谢林和启示》，
《马克思恩格斯全集》第 41 卷第 248 页。

这种实证哲学应当是有别于天主教的、有别于英国国教教会的实证哲学。大家都有同样的权利，因为"讲的不是教义，而是事实"，而借助于谢林所喜爱的"自由的"思维，可以把任何东西构造成绝对的东西。伊斯兰教中构造的事实恰恰要比基督教中构造的事实好得多。

恩格斯：《谢林和启示》，
《马克思恩格斯全集》第 41 卷第 265 页。

任何人都有充分自由信仰任何宗教，或者不承认任何宗教，就是说，像通常任何一个社会主义者那样做一个无神论者。在公民中间，完全不允许因为宗教信仰而产生权利不一样的现象。在正式文件里应当根本取消关于公民某种信仰的任何记载。决不应当把国家的钱补贴给国家教会，决不应当把国家的钱补贴给教会团体和宗教团体，这些团体应当是完全自由的、与政权无关的志同道合的公民联合会。

列宁：《社会主义和宗教》，
《列宁全集》第 12 卷第 132 页。

马克思在《关于爱尔兰问题的未作的发言的提纲》里说，"天主教徒仍然没有权利通过购买或租赁获得自由地产"，其自由地产是小地产的一种，这种名称起源于中世纪的英国。自由地产的所有者向贵族缴纳少量固定的货币地租，有权自由支配自己的土地。

恩格斯在《致理·费舍》里提到的"防止政变法草案"，是 1894 年 12 月 6 日政府向帝国国会提出"关于修改和补充刑法典、军事法典和出版法"法律草案。按照这个法案，对现行法令增加了一些补充条文，规定对"蓄意用暴力推翻现行国家秩序者""唆使一个阶级用暴力行动反对另一个阶级从而破坏公共秩序者""唆使士兵不服从上级命令者"，等等，采取严厉措施。因为对于增加的这些补充条文，被认为是用于"防止政变"的，所以称为"防止政变法草案"。1895 年 5 月，该法律草案被帝国国会否决了。

二、权利的阶级内容

恩格斯说过，工人和企业主有两种方言。连方言都不同，体现统治阶级意志的权利怎么能够相同呢？这里问题的关键，在于权利的阶级内容。

权利的阶级内容，主要是权利本身和权利设置的目的、权利的运作、权利的实现方式等的阶级性。其阶级性的鲜明表现，是权利的分属性，即有的权利属于统治者和富人，有的权利属于被统治者和穷人。如生产资料所有权属于资产者，劳动权属于劳动者。

明显分属的权利有阶级性，那么"人人享有"的权利也有阶级性吗？譬如选举权。

所谓美国"全民选总统"，在我国一些人那里传为神话。美国实行总统制，每四年举行一次总统选举。选举的主要包括预选、各党召开全国代表大会确定总统候选人、总统候选人竞选、全国选民投票选出总统"选举人""选举人"成立选举人团投票表决正式选举总统和当选总统就职典礼等程序。

美国总统并不实行直接选举，而实行间接选举：①由各州选民投票选出人数与本州国会议员人数相等的本州选举人；②由各州选举人同时在各州首府投票选举正、副总统。议员选举实行直接选举。众议员、参议员由各州选民直接选举；州长、议员和某些州的法官、重要行政官员都由选民选举产生。

美国用复杂的选举制度，以标榜民主和程序正义。既然如此政治民主和程序正义，何以穷人总是选不上总统、州长、议员和法官？西方国家的选举制度，是政党政治制度。政党的政见有别，但都是资产阶级政党，这些政党通过选举形式，垄断政权。美国的单名选区制和多数代表制，能够确保资产阶级的统治地位。

资产阶级政党轮流坐庄，无非是表演那个政党统治的法子好。

由此说来，选举权并非中性的、惠及全民的，是资产阶级独享的。它不是穷人的选举权，而是富人的选举权。

况且，"黑金"政治、金钱游戏、选举舞弊，是西方国家选举的常态。

（一）属于统治者的权利

1. 政权系统的权利

议会、行政和法院是行使国家权力的机关，属于政权系统。在政权系统里的构成部分相互之间，不是权力关系，而是权利关系，存在彼此权利问题。

中世纪的等级就曾经把国家的一切权利都集中在自己手里，并使其成为反对国家的特权。公民不承认以特权形式存在的权利。他会不会认为在旧的特权者以外再增加新的特权者竟是一种权利呢？在这种情况下，省议会的权利已不再是省的权利，而是反对省的权利，省议会本身也成为对省采取极端非法行为的体现者，它力求具有神秘的意义，即获得省的最大权利的荣誉。从骑士等级的辩论人后来的发言中我们可以看到，他对省议会所抱的这种中世纪的观点是多么根深蒂固，他反对省的权利、维护等级特权是多么无所顾忌。

马克思：《第六届莱茵省议会的辩论（第一篇论文）》，

《马克思恩格斯全集》第 1 卷上册第 156 页。

发表辩论情况也是省等级会议的特权，省等级会议如果认为合适的话，它是有权利用印刷机喧闹的回音来为自己的智慧服务的。

马克思：《第六届莱茵省议会的辩论（第一篇论文）》，

《马克思恩格斯全集》第 1 卷上册第 157 页。

在辩论人看来，省议会并没有把省的一般权利看成自己唯一的特权，否则，每天不加删节地发表省议会辩论情况就将成为省议会的一种新的权利，因为这将成为省的一种新的权利。恰恰相反，辩论人认为，是省把等级会议的特权看成自己唯一的权利，既然如此，为什么省不把某一官僚阶级和贵族或僧侣的特权也看成自己唯一的权利呢！是的，我们这位辩论人毫不掩饰地宣称，省等级会议的特权正随着省的权利的扩大而相应地缩小。

马克思：《第六届莱茵省议会的辩论（第一篇论文）》，

《马克思恩格斯全集》第 1 卷上册第 158 页。

辩论人认为，省议会通过全文发表其辩论情况会由省等级会议的特权变为省的权利；省议会既然直接成为社会精神的对象，就应当下决心成为社会精神的体现；省议会既然被按照普遍意识的精神来解释，它就应当为了普遍的本质放弃自己的特殊本质。

马克思：《第六届莱茵省议会的辩论（第一篇论文）》，

《马克思恩格斯全集》第 1 卷上册第 158 页。

国家和被告之间的关系能不能因私人即林木所有者资金缺乏而改变呢？国家对于被告享有某种权利，因为国家对于这个人是以国家的身分出现的。因此，就直接产生了国家的义务，即以国家的身分并按照国家的方式来对待罪犯。国家不仅有按照既符合自己的理性、自己的普遍性和自己的尊严，也适合于被告公民的权利、生活条件和财产的方式来行事的手段，国家义不容辞的义务就是拥有这些手段并加以运用。

马克思：《第六届莱茵省议会的辩论（第三篇论文）》，

《马克思恩格斯全集》第 1 卷上册第 261 页。

管理机构采取的其他两种措施，越出了它自己的职权范围。它所采取的实际行动，就在于一面指点摩泽尔河沿岸地区的居民如何自己拯救自己，一面建议他们限制和放弃一种历来就有的权利。

马克思：《摩泽尔记者的辩护》，

《马克思恩格斯全集》第1卷上册第375页。

为了证明这些苛税和义务存在的理由不充分，吉尔克先生深入到封建权利的最黑暗的领域中去。他呼吁给"整整1000年来德意志各邦一开始就很缓慢的发展"以援助。但是这对吉尔克先生难道有什么好处吗？吉尔克先生愈是深入到遥远的过去，愈是搅动陈腐的封建权利的淤泥，这种权利就愈向他证明：上述义务存在的理由根本不是很不充分，而是从封建的观点看来非常充实；不幸的大臣竭力按照现代民法的概念去阐明封建权利，并且迫使别人像议论19世纪的资产者那样去议论12世纪的封建贵族，就只能遭到别人的嘲笑。

马克思：《废除封建义务的法案》，

《马克思恩格斯全集》第5卷第328页。

吉尔克先生为了贯彻到底，到处把现代的权利概念同封建的权利规定相提并论，并且在紧要关头总是诉诸现代的权利概念，这一点看来用不着多说了。但是，如果吉尔克先生用现代权利的要求去衡量某些义务，那就很难理解，为什么他不用这种要求去衡量所有的一切义务。

马克思：《废除封建义务的法案》，

《马克思恩格斯全集》第5卷第328页。

在这种情况下，怎么竟能想出荒唐的主意，让联合议会——这一旧社会的代表——对这个用革命方法确定了自己权利的新社会颁布法律呢？

马克思：《对民主主义者莱茵区域委员会的审判》，

《马克思恩格斯全集》第6卷第291页。

只要德国人民在德国国土上任何一个地方企图利用自己历来的基本权利——起义反对封建的或市侩立宪的暴政的权利，法兰克福就会急忙派出"帝国军队"，以便用驻扎军队、抢劫、屠杀和种种军事骚扰来惩治和镇压人民，以便使反革命的工具保持正常状态，即靠损害人民和践踏人民的"基本权利"来把它好好地养肥，使它更有力量，好继续建树英雄业绩。

马克思：《维也纳和法兰克福》，

《马克思恩格斯全集》第6卷第399页。

1848年6月的大失败之后，在资产阶级议会统治的三年半期间，凡是能够从工人阶级那里抢去的东西，他们都已经抢走了。的确，在12月2日前夕，工人阶级手里还留下什么可抢的东西呢！选举权吗？——1850年的五月选举法已经剥夺了工人阶级的这项权利。

集会权吗？——这项权利很久之前就已经被社会上的"可靠的"和"善良的"阶级所垄断了。

恩格斯：《去年十二月法国无产者相对消极的真正原因》，

《马克思恩格斯全集》第 8 卷第 245 页。

盖米季先生接着分析了下院的成分，他指出，如果注意到这个议院的议员们是属于哪些阶级和代表哪些阶级，就决不会想到在他们和千百万劳动者中间还会有某种哪怕是微乎其微的谅解。发言人最后说，人民应该认清自己的社会权利。

马克思：《俄国对土耳其的政策。——英国的工人运动》，

《马克思恩格斯全集》第 9 卷第 193 页。

这件事办妥之后，勋爵阁下就假装出向舆论让步的样子，一连串发射了许多纸上声明的空炮，用规劝的和多情的语调提醒那个"以实力作权利标准、以利害而不是以正义来指导行动的专制政府"。

马克思：《帕麦斯顿勋爵》，

《马克思恩格斯全集》第 9 卷第 450 页。

由于复辟王朝粗暴地蹂躏了农民的权利，七月王朝使他们成了投机的对象，而第二共和国又强迫他们交付二月革命的花销，所以在农民心目中，恢复波拿巴王朝就等于恢复农民自己的最高权力。

马克思：《俄国的胜利。——英国和法国的地位》，

《马克思恩格斯全集》第 9 卷第 606 页。

奴才派人数最多，但是酷爱自由主义少数派的积极、奋发和热情。占奴才派多数的僧侣代表随时准备牺牲国王的特权，一则由于他们没有忘记教会同国家对立，一则也是想猎取声望，从而保住本阶级的特权和权利。

马克思：《革命的西班牙》，

《马克思恩格斯全集》第 10 卷第 500 页。

如果资产阶级——其实只是资产阶级的上层——一般也被认为是政治方面的统治阶级，那只有在各方面的一切实际管理，甚至行使立法权的职能，即在议会两院实际立法的权利，都掌握在土地贵族手中的情况下才谈得上。

马克思：《不列颠宪法》，

《马克思恩格斯全集》第 11 卷第 109 页。

这个不列颠宪法无非就是过了时的妥协，由于这种妥协，国家政权完全转入资产阶级的某些阶层手里，然而其条件是：一切实际管理、全部行政权、甚至行使立法权的职能，

即在议会两院实际立法的权利，都依旧掌握在土地贵族手里。

　　　　　　　　　　　　　马克思：《英国的危机》，

　　　　　　　　　《马克思恩格斯全集》第 11 卷第 114～115 页。

　　内阁大臣是这个拥有无限权力、事事都插手的寄生集团的首领，按照宪法第一〇六条，他们所属的下级官吏只能唯他们的意图是从，下级官吏不得过问内阁大臣的命令是否合乎法律，并且对这些命令的执行是没有责任的。这样，官僚的权威以及随之而来的执行机关的权威就仍然原封不动，而宪法规定的"普鲁士人的权利"变成了一纸具文。

　　　　　　　　　　　　　马克思：《普鲁士状况》，

　　　　　　　　　《马克思恩格斯全集》第 12 卷第 659～660 页。

　　因此，它既然是由君主的意志产生的，也就可以由君主的意志废除。至于为废除它而偿付赎金的问题，用奏折中的话来说，这种用缴钱换取权利的办法，会构成俄国历史上真正可耻的一页，因为这些权利是农民天赋的，根本不应该予以剥夺的。

　　　　　　　　　　　　马克思：《关于俄国的农民解放》，

　　　　　　　　　《马克思恩格斯全集》第 12 卷第 717 页。

　　这就把它拴在俄国的凯旋车上，使得它的政府竟然在 1863 年和 1864 年能够毫无阻碍地在普属波兰，以后更进而在全国所有其他地方，破坏法律，侵犯人身自由、集会权利和出版自由；这就完全弄坏了资产阶级的自由主义运动，资产阶级由于担心在东方边界上失去若干平方英里的领土，曾允许政府把波兰人置于法律保障之外。

　　　　　　　　　　　恩格斯：《工人阶级同波兰有什么关系》，

　　　　　　　　　《马克思恩格斯全集》第 16 卷第 173 页。

　　这种为欧洲民主派所承认的欧洲各个大的民族构成体对政治独立的权利，当然不能不得到特别是工人阶级方面的同样承认。实际上，这也就是承认其他生命力显然很强的大的民族具有那种正是各国工人为自己所要求的独立的民族生存权利。

　　　　　　　　　　　恩格斯：《工人阶级同波兰有什么关系》，

　　　　　　　　　《马克思恩格斯全集》第 16 卷第 175 页。

　　在君主专制时代，它是现代社会反封建的斗争工具，这一斗争到法国革命时达到了顶点；在第一个波拿巴时代，它不仅被用来压制革命，取消人民的一切自由权利，而且是法兰西革命的一种工具，用来对外攻击，用来为法国在大陆上建立大体与法国相仿佛的一些国家来代替封建王朝。

　　　　　　　　　　　　马克思：《"法兰西内战"草稿》，

　　　　　　　　　《马克思恩格斯全集》第 17 卷第 585 页。

他们驯顺地忍受杜弗尔这样的人和"地主议员"对他们的侮辱，沉醉于梯也尔的"合法"权利，而且竟在匪徒面前咳声叹气，使自己备蒙羞辱！

马克思：《"法兰西内战"草稿》，

《马克思恩格斯全集》第 17 卷第 601 页。

在君主制度下，统治阶级的在野集团还往往在人民面前谴责当权政府的镇压措施及其宣布的原则；统治阶级的反对派集团采用为人民利益呼吁、装出人民保护者姿态、要求维护人民自由权利的办法来使人民关心他们的派系争执。

马克思：《"法兰西内战"草稿》，

《马克思恩格斯全集》第 17 卷第 660 页。

事实上，1848 年宪法，甚至 1849 年宪法的初步草案，虽然用的是普通的鄙陋的形式，但是已经包含了这方面的一切实质性的东西。资产阶级只要稍微反抗一下就会使封建权利不可能得到恢复。除了少数顽固的容克地主或者再添上一个浪漫主义者弗里德里希－威廉四世，再也没有人对恢复封建权利感兴趣了。

恩格斯：《普鲁士"危机"》，

《马克思恩格斯全集》第 18 卷第 324～325 页。

纲领的政治要求除了陈旧的、人所共知的民主主义的废话，如普选权、直接立法权、人民权利、人民军队等等之外，没有任何其他内容。这纯粹是资产阶级的人民党、和平和自由同盟的回声。

马克思：《哥达纲领批判》，

《马克思恩格斯全集》第 19 卷第 31 页。

柏林议会在 12 月初被解散了，开始了曼托伊费尔反动时期。新政府的最初措施之一，是使东普鲁士的封建主对他们占有农民无偿劳动的这种有争议的权利感到放心。三月事件以后，东普鲁士农民到处停止服徭役，有些地区，甚至迫使老爷立下字据，放弃占有这种劳动的权利。所以，只要把这种实际情况用法律肯定下来，长期受盘剥的易北河以东的农民，便会成为自由人了。

恩格斯：《威廉·沃尔弗》，

《马克思恩格斯全集》第 19 卷第 72 页。

出现了在德国几乎前所未闻的暗探诱捕手法；警察的专横远远超过了 1848 年以前的专横；一切权利都遭到德国的法院，首先是高贵的、帝国法院的无耻踩踏；由于反社会党人法，整个工人阶级变成了无权阶级——所有这一切在相当时期里存在过，而且这样的时期由于德国庸人的怯懦延长了很久，但是现在就要结束了。

恩格斯：《今后怎样呢？》，

《马克思恩格斯全集》第 22 卷第 7~8 页。

那里没有王朝，没有贵族，除了监视印第安人的一小群士兵之外没有常备军，没有那种拥有固定职位与领取年金权利的官僚。然而我们在那里可以看到两大帮政治投机家，他们轮流执掌政权，用最肮脏的手段为最卑鄙的目的运用这个政权，而国民却无力对付这两个大的政客集团，这些人表面上是替国民服务，实际上却是统治和掠夺国民的。

恩格斯：《“法兰西内战”一书导言》，

《马克思恩格斯全集》第 22 卷第 227~228 页。

德意志帝国宪法，以交给人民及其代议机关的权利来衡量，不过是 1850 年普鲁士宪法的抄本，而 1850 年宪法在条文里反映了极端反动的东西，根据这个宪法，政府握有全部实权，议院连否决税收的权利也没有，正如在宪制冲突时期所证明的，政府可以对它为所欲为。帝国国会的权利同普鲁士议院的权利完全一样，所以，李卜克内西把这个帝国国会称作专制制度的遮羞布。

恩格斯：《1891 年社会民主党纲领草案批判》，

《马克思恩格斯全集》第 22 卷第 272 页。

不折不扣的警察暴政。在英格兰属于基本权利的东西，在爱尔兰则被禁止并被认为是犯罪。这是现在的托利党和自由党人合并派的墓碑，我原以为前者不会这么愚蠢，后者不会这么卑鄙。此外，该法令不是在一定时期内有效，而是永远有效。英国议会已降低到了德国国会的水平。这种状况当然长久不了。

恩格斯：《致弗·阿·左尔格》，

《马克思恩格斯全集》第 36 卷第 656~657 页。

我们现在就处在这样的历史转折点上。自查理大帝以来登上舞台的各种思想，五百年间不断相互排斥的各种风尚，都企图把自己的消亡了的权利再次强加于现代。中世纪的封建主义和路易十四的专制制度、罗马的教阶制度和上一世纪的虔诚主义，相互争夺消灭自由思想的荣誉！

恩格斯：《时代的倒退征兆》，

《马克思恩格斯全集》第 41 卷第 32 页。

最近在哈茨费尔德驱散了区委员会的枪骑兵中也有许多人来到凯恰，并收缴了塞尔维亚人的武器。然后，他们骑马到塞尔维亚的茨尔尼亚去，打算解散区法院，但塞尔维亚人声称，他们不会服从军令，并且准备为了保卫自己的权利流尽最后一滴血。

恩格斯：《战地新闻。——塞尔维亚的混乱局面》，

《马克思恩格斯全集》第 43 卷第 272 页。

在这些法案之后还将有其他一些法案：其中之一是赋予警察局以把任何一个非巴黎出生的工人驱逐出巴黎的权利；其二，是允许政府可以不经审讯把据信犯有参加秘密社团罪的任何公民放逐到阿尔及利亚去，此外还有许多法案，而这一切必然以对普选权的比较直接的攻击为收场。可见，他们是以消灭劳动者阶级的一切权利来挑动起义。

恩格斯：《法国来信》，
《马克思恩格斯全集》第 44 卷第 15 页。

从此煤气工厂就从海上和陆地被一道警察的警戒线包围起来，防止工人从这个新型的监狱中逃走。所有这些都是在要求意大利人去完成极不适合于他们的工作时发生的。这就是"模范共和国"在工人为争得自己的权利刚想侵犯资本家阶级的利益或舒适生活的时候所采取的手段。

恩格斯：《〈国际先驱报〉上关于国际工人运动的简讯》，
《马克思恩格斯全集》第 44 卷第 626 页。

"鉴于有人胡说志愿兵按其身分不应对政治问题、议会的行为或国家的要人进行议论或发表意见，兹一致决定：正在学习使用武器的公民决不放弃自己的任何公民权利；除国王、爱尔兰上院和下院外，任何集团要想发布约束这个王国的法律都是违反宪法的、非法的，是滥用权力"。

马克思：《从美国革命到 1801 年合并的爱尔兰》，
《马克思恩格斯全集》第 45 卷第 25 页。

这项措施通过得太晚了，以致不能使爱尔兰人民相信他们自己的议会是清白无辜的。它使爱尔兰人民相信，这个议会要么是无能，要么是叛卖——否则英国议会通过放弃权利法令就完全是多余的。应当保证自己的自由。对爱尔兰实行的放弃权利法令使爱尔兰议会在爱尔兰人民的心目中威信扫地。

马克思：《从美国革命到 1801 年合并的爱尔兰》，
《马克思恩格斯全集》第 45 卷第 36 页。

关于英国的放弃权利法令的争论得出的结论是必须改革自己的议会，因为不对它进行全面的改革就不能保证不受英国的反复无常和两面手法之害。

马克思：《从美国革命到 1801 年合并的爱尔兰》，
《马克思恩格斯全集》第 45 卷第 36 页。

在这里已经可以看出后来在伊丽莎白和詹姆斯时期实行的没收土地的整个计划。在爱尔兰人同佩耳的英裔爱尔兰人的纠葛当中不承认爱尔兰人有任何权利，只要他们一开始反抗，就被宣布为叛乱。

从此以后，经常采取这种手段。

恩格斯：《有关爱尔兰没收土地历史的材料》，

《马克思恩格斯全集》第45卷第141页。

俄国政府颁布法律时，总是担心这个法律会触怒厂主老爷，担心费尽心机搞出来的文牍式条例和官员的权利及义务会和另外一些文牍式的条例（我国有数不清的条例）、另外一些官员的权利及义务相抵触，因为如果有某个新官员闯进这些官员管辖的范围，他们就会大发雷霆，那就要耗费公家整桶整桶的墨水和整令整令的纸张来打"职权划分"的笔墨官司。

列宁：《对工厂工人罚款法的解释》，

《列宁全集》第2卷第59页。

官吏的为所欲为、横行霸道和人民本身的毫无发言权，使这些官吏穷凶极恶地滥用职权和侵犯平民百姓的权利达到了任何一个欧洲国家几乎都不可能有的地步。

列宁：《党纲说明》，

《列宁全集》第2卷第83页。

利用这种宣传鼓动，痛斥自由主义君主派资产阶级的代表（如立宪民主党人之流）的怯懦，因为他们腐蚀居民的公民意识，在国内战争尖锐的时候鼓吹立宪幻想，宣扬杜马并且参加杜马，他们在一群以政府自命的武装匪徒只是依靠暴力才得以维持其统治的时候，竟拒绝采用暴力来维护绝大多数人民的自由和权利。

列宁：《俄国社会民主工党彼得堡组织关于抵制策略的决议》，

《列宁全集》第12卷第187页。

十分厚颜无耻的俄国大臣们也避免公开谈论这些强盗式的功绩。攻击那些起来争取自己权利、抵抗厂主专横的和平工人的，是包括警察和军队、宪兵和检察长在内的国家政权的全部力量；反对那些靠自己的几文钱和自己同志——英国工人、波兰工人、德国工人和奥地利工人的几文钱来维持生活的工人的，是答应援助穷苦厂主的国库的全部力量。

列宁：《告沙皇政府》，

《列宁全集》第2卷第97~98页。

他们在下列三种情况下都能够直接改变法律的要求，就是说，可以提高也可以降低法律的要求（法律蓄意留下的伏笔，正是给大臣以降低新法律对厂主的要求的权利）。

列宁：《新工厂法》，

《列宁全集》第2卷第350页。

大臣们能够规定哪些生产部门对工人的健康特别有害（他们也可以不规定，因为法令并没有责成他们必须规定，而只是给了他们这种权利……虽然这种权利他们早就有了，只不过是不愿意使用罢了！），并且为这些生产部门颁布特殊的条例。

列宁：《新工厂法》，

《列宁全集》第 2 卷第 350 页。

政府可以毫不费力地禁止官吏（例如工厂视察员）发表他们的报告书，禁止他们向工人谈论工人的权利和业主的胡作非为，也可以毫不费力地把这些官吏变成工厂中的巡官，命令他们把工人的任何不满和风潮报告警察局。

列宁：《论工业法庭》，

《列宁全集》第 4 卷第 249 页。

这一条例要求当地居民管理有关地方的利益和需要的事务；然而由于大多数土地占有者对给予他们的权利漠不关心，所以"地方自治会议仅仅成了一种形式，而由在性质上远不合乎要求的地方自治局来主持事务"。

列宁：《内政评论》，

《列宁全集》第 5 卷第 295 页。

这些残余极严重地阻碍着经济的进步，使无产阶级的阶级斗争不能全面发展，使国家和有产阶级对千百万农民的各种最野蛮的剥削保存下来并日益加重，使全体人民处于愚昧无知、毫无权利的境地。

列宁：《俄国社会民主工党纲领》，

《列宁全集》第 7 卷第 426～427 页。

保存封建权利，在（虚幻的）赎买的幌子下批准这些权利，——这就是 1848 年德国革命的结果。

列宁：《社会民主党在民主革命中的两种策略》，

《列宁全集》第 11 卷第 119 页。

工人阶级和一切没有财产的人完全没有选举杜马代表的权利。杜马代表是由富裕的地主和商人通过省复选人选举的。农民甚至连省复选人也不能直接选举，而必须通过在乡会上选举出来的县复选人。

列宁：《为·尼古拉耶夫〈俄国革命〉小册子加的一条注释》，

《列宁全集》第 11 卷第 169 页。

任何资产阶级国家在这种情况下首先关心和最为关心的，必定是怎样设法维护资产阶级统治的基础。只要一触犯到地主资产阶级国家的根本利益，那么，脸盆镀锡自治的一切权利和特权，马上就被取缔，全部地方公有立刻完蛋，地方机关中民主制度的一切痕迹也将受到"讨伐"而化为乌有。

列宁:《修改工人政党的土地纲领》,

《列宁全集》第 12 卷第 235 页。

在自由问题上,人民完全得指靠官吏。未经官吏同意,人民代表无权决定任何事情。大臣会议甚至认为自己无权研究杜马要求扩大人民代表机关权利的愿望。人民代表对权利问题连想也不能想。他们的任务就是请求。而官吏的任务就是审查这些请求,像上述声明审查杜马的"请求"那样。既不给土地,也不给自由。

列宁:《既不给土地,也不给自由》,

《列宁全集》第 13 卷第 108 页。

只有毫无政治头脑的人,才会否决所有争论中的一切重要的东西,拒绝实行以强制转让私有土地为基础的土地改革,无视人民的需要和人民的权利意识。

列宁:《连讨价还价也不肯!》,

《列宁全集》第 13 卷第 120 页。

在国家杜马中以特别有势力的立宪民主党为代表的自由派资产阶级,必然要在俄国目前进行的民主变革中尽量削减穷人特别是无产阶级的权利,从而限制他们为争取全面的而不仅仅是政治上的解放所进行的斗争。

列宁:《关于我们杜马党团的宣言》,

《列宁全集》第 13 卷第 224 页。

立宪民主党力求使政权转到自由派资产阶级手中。君主制保存警察和军队的权力,要维护资本家掠夺工农的权利。

列宁:《把谁选入国家杜马?》,

《列宁全集》第 14 卷第 130 页。

黑帮不给人民任何自由、任何权力。全部权力归沙皇政府。人民的权利就是:纳税,为富人干活,坐牢。

列宁:《把谁选入国家杜马?》,

《列宁全集》第 14 卷第 131 页。

《言语报》也公开承认:提出"召开立宪会议"口号的立宪民主党人也是在愚弄人民。我们立宪民主党人希望召开的是"保存君主特权〈即权利〉的"立宪会议,而不是共和制的立宪会议。

列宁:《新的参议院说明》,

《列宁全集》第 14 卷第 145 页。

这个政策意味着维护一小撮大地主和朝臣显贵的利益，维护他们剥削和压迫人民的权利。既不给土地，也不给自由！——这就是政府通过斯托雷平向人民作的宣告。

列宁：《关于斯托雷平的宣言》，
《列宁全集》第 15 卷第 26 页。

根据可怜的自由派如此愚蠢地赞美的、如此阴险地要人民信以为真的宪制，解散杜马的权利是极其"合法的"权利。

列宁：《杜马即将解散和策略问题》，
《列宁全集》第 15 卷第 58 页。

这个措施的内容就是专制政府同自由派资产阶级勾结起来或者试图勾结起来阻止革命。杜马组阁的客观经济意义就是如此。所以布尔什维克有充分的权利和理由说：杜马组织的内阁或责任内阁实际上就是立宪民主党内阁。

列宁：《不应当怎样写决议》，
《列宁全集》第 15 卷第 99 页。

在人类历史上还从未有过这样的事例：统治阶级和压迫阶级会自愿放弃自己统治的权利、压迫的权利以及从被奴役的农民和工人身上榨取成千上万收入的权利。

列宁：《在第二届国家杜马中关于土地问题的发言稿》，
《列宁全集》第 15 卷第 132 页。

民主派应当向人民揭示议会权利和君主特权之间的鸿沟，而不应当模糊人民的意识，歪曲政治斗争，把政治斗争简化为文牍主义式地修正法律。立宪民主党人这样提出问题，就在实际上表明他们是沙皇官吏和十月党人的竞争者，而不是争取自由的战士，甚至也不是为大资产阶级一个阶级争取自由的战士。

列宁：《关于扩大杜马预算权的辩论》，
《列宁全集》第 16 卷第 430 页。

这是因为葛伊甸的十月主义，他的"和平革新派思想"，以及他在第一届杜马解散后同斯托雷平的各次谈判，其本质统统无非是从事最粗暴、最肮脏的勾当，无非是设法以更稳妥、更狡猾、更巧妙、更隐蔽、更不外露的手法来维护高贵的俄国贵族榨取千百万"乡巴佬"血汗的权利。

列宁：《纪念葛伊甸伯爵》，
《列宁全集》第 16 卷第 39 页。

政府将提出一些新法令。十月党人、立宪民主党人和黑帮分子也会这样做。所有这些法令都将厚颜无耻地欺骗人民，都将粗暴地侵犯人民的权利和利益，嘲弄人民的要求，诬蔑人民在争取自由的斗争中所作的牺牲。所有这些法令都将维护地主和资本家的利益。这些法令中的每一项都将是暴力者和寄生虫准备用来奴役工人、农民和城市贫民的锁链中新的一环。

> 列宁：《第三届国家杜马和社会民主党》，
> 《列宁全集》第 16 卷第 174 页。

斯托雷平要用暴力消灭村社，是为了有利于一小撮有钱人。农民想消灭村社，是要代之以自由的协作社和"个人"使用国有化份地的权利。马斯洛夫之流主张资产阶级进步，却又在违反这种进步的基本要求，维护中世纪的土地占有制。

> 列宁：《社会民主党在俄国第一次革命中的土地纲领》，
> 《列宁全集》第 16 卷第 251 页。

但是当前说的不是杜马的权利，因为我们当中没有一个人想提出违反杜马权利法的任何微小提案。这里谈的是杜马应该明确地表达而主要是正确地表达人民的真正利益，在土地问题的解决上说实话，使农民群众看清什么是阻碍解决土地问题的绊脚石。

> 列宁：《在第二届国家杜马中关于土地问题的发言稿》，
> 《列宁全集》第 15 卷第 148 页。

自由派总是说，资产阶级议会制度正在消灭阶级和阶级的划分，因为一切公民都毫无差别地拥有投票的权利，参与国家事务的权利。19 世纪下半叶的全部欧洲史和 20 世纪初的全部俄国革命史，都很清楚地表明这种观点是多么荒谬。

> 列宁：《马克思主义和修正主义》，
> 《列宁全集》第 17 卷第 16 页。

自由派资产阶级已经不再保护人民的权利，而是坚决掉过头来保护反对人民的制度。可是自由派的政客们还希望保持"民主主义者"的称号。

> 列宁：《论〈路标〉》，
> 《列宁全集》第 19 卷第 170 页。

民主主义者所考虑的扩大人民的权利和自由，换句话说就是上层阶级对人民负有"义务"的意思。民主主义者根本不可能想到，而且也根本不会想到，在改革前的国家或者在实行六三"宪制"的国家，竟然去谈人民对统治阶级负有"责任"。

> 列宁：《论〈路标〉》，
> 《列宁全集》第 19 卷第 173～174 页。

问题就是：以尼古拉二世为首的黑帮分子想把杜马权利说成是有限的，想把本来已被削减得不象样的杜马权利再削减。黑帮地主和他们的头子，最有钱最反动的黑帮地主尼古拉·罗曼诺夫把一个局部性的小问题变成了原则问题，即关于沙皇权利的问题，关于专制制度的权利的问题，并且指责资产阶级（甚至指责十月党人资产阶级）蓄谋削减沙皇权利，限制沙皇权力，"把军队首领和军队分隔开来"等等。

列宁：《他们在为军队担忧》，

《列宁全集》第 19 卷第 224 页。

世界各国的资产阶级都必然要规定出两种管理方式，两种保护自己利益和捍卫自己统治的斗争方法，并且这两种方法时而交替使用，时而以不同的方式结合在一起。……第二种方法就是"自由主义的"方法，即采取扩大政治权利、实行改良、让步等等措施的方法。资产阶级从一种方法转而采用另一种方法，并不是由于个别人用心险恶的算计，也不是由于什么偶然的原因，而是由于它本身地位的根本矛盾性。

列宁：《欧洲工人运动中的分歧》，

《列宁全集》第 20 卷第 68 页。

因此，自由派只限于进行"争取改革的斗争"，"争取权利的斗争"，也就是只限于在农奴主和资产阶级之间瓜分政权。在这种力量对比之下，除了农奴主实行的改革外，不会有其他任何"改革"，除了被农奴主的专横所限制的权利外，不会有其他任何"权利"。

列宁：《农奴制崩溃五十周年》，

《列宁全集》第 20 卷第 176 页。

这两个党过去和现在都坚持"严格立宪的"观点，也就是说，把自己限制在沙皇和农奴主的黑帮所规定的活动范围之内，而黑帮既不交出自己的政权，也不放弃自己的专制制度，既不牺牲自己"千百年来神圣的"奴隶占有制收入中的一个戈比，也不舍弃自己"理所应得的"权利中的丝毫特权。

列宁：《农奴制崩溃五十周年》，

《列宁全集》第 20 卷第 177 页。

君主"感到羞耻"的是有人竟会强迫他立宪，他认为这是"缩小"他的权利，同时对旨在"缩小"他的权利的任何法律所作的各种各样、形形色色的解释都使他"感到遗憾"。有两个方面。有两种对权利的解释。两方面都感到遗憾和羞耻。所不同的只是，一方面光是感到"遗憾和羞耻"，另一方面既不说感到遗憾，也不说感到羞耻，而说缩小"是不能容许的"。

列宁：《"遗憾"和"羞耻"》，

《列宁全集》第 20 卷第 249～250 页。

自由派资产者对工人说：你们有权利进行斗争，你们必须为争取自己的政治自决的自由、为争取拥有本阶级的政党和自由开展自己的活动的权利、为争取作为独立的组织力量参加政治生活而进行斗争。

列宁:《选举运动的几个原则问题》,
《列宁全集》第21卷第121页。

政府和统治阶级在迁移农民到西伯利亚去这件事情上抱着完全相同的目的;由于追求政治目的,他们在这样做的时候既不考虑移民的利益,也不考虑当地居民的权利。

列宁:《移民问题》,
《列宁全集》第21卷第337页。

勒拿事件的特点决不表现在要争取某一种权利,即使这种权利是无产阶级最根本最重要的权利。这次事件所表明的一点,是在一切方面都完全缺乏最起码的法制。勒拿事件表明,奸细、侦探、特务以及沙皇的奴仆走上了不要任何政治借口便大批枪杀人民的道路。在勒拿事件中表现得非常明显因而把群众的革命烈火点燃起来的,正是俄国生活中的这种普遍无权状况,正是争取某种权利已经毫无希望毫无可能的现状,正是沙皇君主制及其整个政治制度已经不可救药的现状。

列宁:《革命的高涨》,
《列宁全集》第21卷第344页。

1789年的法国资产阶级一分钟也没有抛开自己的同盟者——农民。资产阶级知道:它的统治的基础就是消灭农村中的封建制度,就是创立自由的占有土地的农民阶级。1848年的德国资产阶级毫无良心地出卖这些农民,出卖自己的天然的同盟者,可是农民与它骨肉相连,没有农民,它就无力反对贵族。保存封建权利……这就是1848年德国革命的结果。真是雷声大雨点小。

列宁:《社会民主党在民主革命中的两种策略》,
《列宁全集》第11卷第111页。

只有这一条出路能使俄国变得真正像个欧洲国家。只有这一条出路能使俄国千百万农民喘口气并且恢复元气。只有这一条出路能使俄国从一个受地主盘剥而一直挨饿的贫苦农民的国家变成"欧洲式进步"的国家,从一个文化水平很低的国家变成文化水平高的国家,从一个落后的、极端停滞的国家变成能发展能前进的国家,从一个人民没有权利的奴隶制的国家变成自由的国家。

列宁:《论现政府的(一般的)土地政策问题》,
《列宁全集》第23卷第286~287页。

无论在奥地利还是在俄国,一切民族的资产阶级都高喊"民族文化"这个口号,实际上是在分裂工人,削弱民主派,同农奴主大做出卖人民权利和人民自由的交易。

列宁：《关于民族问题的批评意见》，
《列宁全集》第 24 卷第 123 页。

任何一种民主权利都不是"偶像"，但是也不能忘记任何一种民主权利所包含的，比如说，阶级内容。所有的一般民主要求都是资产阶级的民主要求，但是，只有无政府主义者和机会主义者才会由此得出那种反对无产阶级彻底维护这些要求的结论。

列宁：《立宪民主党人和"民族自决权"》，
《列宁全集》第 24 卷第 218 页。

使被压迫阶级不能"实现"自己的民主权利的条件，在资本主义制度下是常见的，不是个别情形，而是典型现象。

列宁：《论面目全非的马克思主义和"帝国主义经济主义"》，
《列宁全集》第 28 卷第 166 页。

数十年来瑞士政府天天实行愈来愈反动的政策和秘密的外交，破坏和侵犯人民的民主权利和自由，对军人集团卑躬屈膝，经常地、无耻地牺牲广大居民群众的利益，使之服从一小撮金融寡头的利益；——所有这一切都决不是偶然的现象，而是上述经济事实的必然结果。

列宁：《瑞士社会民主党对战争态度的提纲》，
《列宁全集》第 28 卷第 216 页。

尽管谁都知道，没有一个最民主的共和国是完全民主的。它们只提供一点点民主制，在小事情上削减剥削者一些权利，可是那里的劳动群众仍然和各处一样受到压迫。虽然如此，但我们还是说，资产阶级的制度既有旧的君主制，也有立宪共和制。

列宁：《全俄工兵农代表苏维埃第三次代表大会文献》，
《列宁全集》第 33 卷第 271 页。

罗马的法律把奴隶看成一种物品。关于杀人的法律不适用于奴隶，更不用说其他保护人身的法律了。法律只保护奴隶主，只把他们看作是有充分权利的公民。不论当时所建立的是君主国还是共和国，都不过是奴隶占有制君主国或奴隶占有制共和国。在这些国家中，奴隶主享有一切权利，而奴隶按法律规定却是一种物品，对他们不仅可以随便使用暴力，就是杀死奴隶也不算犯罪。

列宁：《论国家》，
《列宁全集》第 37 卷第 68 页。

恩格斯在《致弗·阿·左尔格》里提到的"托利党和自由党人合并派"，指的是自由党内部的意见分歧以及自由党的一派——辉格党——准备和保守党靠拢。1886 年，反对给予爱尔兰自治的这一派脱离了自由党，组成了自己的以约·张伯伦为首的自由党人合并派。在许多问题上自由党人合并派都支持保守党。

恩格斯在《战地新闻。——塞尔维亚的混乱局面》里说，"最近在哈茨费尔德驱散了区委员会的枪骑兵中也有许多人来到凯恰，并收缴了塞尔维亚人的武器"，其背景是：1849 年春，帝国当局企图削弱塞尔维亚民族运动，坚决要求克尼查宁指挥的志愿部队返回塞尔维亚公国。同时向塞尔维亚的伏伊伏丁那派驻正规部队，开始解散地方的权力机关，解除人民的武装，恢复以前的边屯区的组织。

边屯区居民，是指在所谓的边屯区的全部士兵。指的是 16 至 19 世纪在奥地利帝国南部地区形成的军事移民制度。实行这种制度的目的在于保卫边境，防止土耳其人入侵。边屯区居民（住在边境地区的居民，即塞尔维亚人、克罗地亚人、罗马尼亚人、塞克列人、萨克森人）由国家分配小块土地，为此他们有义务服兵役、纳税和承担社会义务。在行政方面，边屯区分成很多小边屯区或者军管区，团管区或连管区，甚至还有一些专门的营管区（例如，柴基营管区、巴纳特伊利里亚营管区等）。这些边屯团和营是以这些士兵家乡的地区，或各该边屯区中心城市的名称，以及构成该军队基础的民族的名称命名的。彼得瓦尔登是团管区的中心。

2. 有产者的权利

立法上的权利，就是给有产者制定的。有产者的权利，一是真实的，不是虚假的；二是权利行使的限制的目的，不针对有产者；三是有具体保障条件的能够实现的权利。这是有产者权利的基本特点。

我们通过公法时代到达了加倍的、多倍的世袭权利时代。世袭所有者利用摒弃他们要求的时代进步，以便窃取野蛮人世界观所固有的私人惩罚和现代人世界观所固有的公众惩罚。

马克思：《第六届莱茵省议会的辩论（第三篇论文）》，
《马克思恩格斯全集》第 1 卷上册第 276 页。

林木所有者既不能从国家获得实行公众惩罚的私人权利，他本身也没有任何实行惩罚的权利。但是，如果我在没有合法权利的情况下把第三者的罪行变成收入的主要来源，我这样做难道不就成为他的同谋者吗？难道仅仅因为他该受惩罚，而我坐享犯罪的好处，我就不是他的同谋者吗？如果私人滥用自己作为立法者的职权，以第三者的罪行为借口来窃取国家权利，他的罪名并不会因此而减轻。盗用公共的国家金钱是一种国事罪，难道罚款不也是公共的国家金钱吗？

马克思：《第六届莱茵省议会的辩论（第三篇论文）》，
《马克思恩格斯全集》第 1 卷上册第 277 页。

人们一方面指出了工业的繁荣，另一方面"更着重地"指出了智力以及"它参加等级代表制的权利"。文章说，如果按照省等级会议组织法，地产被当作等级资格的一个条件（这项规定合乎逻辑地适用于从省等级会议代表中产生出来的等级委员会），那么地产虽然是享有等级代表权利的一般条件，但无论如何不是享有等级代表权利的唯一标准。

马克思：《评奥格斯堡〈总汇报〉论普鲁士等级委员会的文章》，
《马克思恩格斯全集》第 1 卷上册第 330 页。

他们竭力维护自己从供应欧洲市场取得巨额利润的权利，和拿破仑的大陆体系分庭抗礼。

恩格斯：《德国状况》，
《马克思恩格斯全集》第 2 卷第 639 页。

1830 年的波兰贵族所希望的是什么呢？就是保卫已得的权利不受帝王方面的侵犯。

马克思恩格斯：《论波兰问题》，
《马克思恩格斯全集》第 4 卷第 538 页。

资产阶级把"受命于天"的非凡的权利变成以文件作根据的平凡的权利，把贵族血统的统治变成一纸公文的统治，把王国的太阳变成资产阶级的星灯。

马克思：《柏林的反革命》，
《马克思恩格斯全集》第 6 卷第 16 页。

一些人把自己的"基本权利"在一块纸片上确认下来，而另一些人，即反革命分子诸公，则用磨得锋利无比的马刀、大炮和斯拉夫的红斗篷把自己的"基本力量"巩固起来。

马克思：《维也纳和法兰克福》，
《马克思恩格斯全集》第 6 卷第 399 页。

所以必须在独享教育权利的阶级即特权阶级中去寻找这样的人；而这些阶级本身也将在它们当中找出这样的人，并对他们想当贵人和贤人的要求作出决定。

马克思恩格斯：《"新莱茵报。政治经济评论"第 4 期上发表的书评》，
《马克思恩格斯全集》第 7 卷第 307 页。

他们倚仗其财富，倚仗其久经皇帝和帝国承认的贵族地位，以各种方式来剥削城市公社以及隶属于城市的农民。他们用粮食和货币来放高利贷，把各种垄断权据为己有，把公社中共同享用市有森林及牧场的一切权利一步步取消了，并把这些森林和牧场直接用来为自己的私利服务。

恩格斯：《德国农民战争》，
《马克思恩格斯全集》第 7 卷第 393 页。

城市贵族们曾想尽办法，到处使城市公社的权利不发生作用，特别是在财政事项中不发生作用。后来是这些老爷们的欺诈行为太不象话了，各公社才又行动起来，以求至少要监督城市行政。在大多数城市中，公社也确实恢复了自己的权利。

恩格斯：《德国农民战争》，

《马克思恩格斯全集》第 7 卷第 394 页。

贵族既没有到不得不放弃政治特权以及在农民身上享有的封建权利的地步，革命农民也不会根据还很渺茫的希望就和贵族，也就是压迫他们最厉害的这一等级结盟。

恩格斯：《德国农民战争》，

《马克思恩格斯全集》第 7 卷第 439 页。

他们虽然被剥夺了政治上的特权——对各邦君主的控制权，但他们几乎原封不动地保持着对他们领地上的农民的那种中世纪的统治权以及不纳税的权利。

恩格斯：《德国的革命和反革命》，

《马克思恩格斯全集》第 8 卷第 8 页。

资产阶级每次政治上的失败，总是伴随着一次贸易立法上的胜利。当然，1818 年普鲁士的保护关税条例以及关税同盟的建立给德国工商业者的好处要比在某一小公国的议会中对内阁阁员们表示不信任的那种不大可靠的权利大得多，他们在议会中的投票，只能使阁员们发笑而已。

恩格斯：《德国的革命和反革命》，

《马克思恩格斯全集》第 8 卷第 9 页。

资产阶级共和派为资产阶级建立了共和国把革命无产阶级赶下台，一时堵住了民主派小资产阶级的嘴，以后自己也就被资产阶级群众所排斥，这些人有充分权利把共和国据为自己的私有的财产。

马克思：《路易·波拿巴的雾月十八日》，

《马克思恩格斯全集》第 8 卷第 140 页。

容克们并不以千方百计地摆脱纳税为满足；他们还把资产阶级硬塞进行会、社团，破坏他们的市政机关，废除了他们的法官的独立地位和不能更换的规定，结束了各种宗教派别的平等权利，等等。

马克思：《普鲁士》，

《马克思恩格斯全集》第 11 卷第 717 页。

收入减少，地产跌价，他们作为围绕着中央暴君旋转的许多小暴君所惯于享有的政治权利受到严重侵犯，——这就是他们会预料到的、也是很难期望他们会乐于承受的直接后果。

马克思：《关于俄国废除农奴制的问题》，

《马克思恩格斯全集》第 12 卷第 627 页。

领主审判权应该为此提供借口，这是一种非常美妙的制度，只是现在由于通过了专区法才予以废除，这种制度给予庄园主以审讯自己从前的臣民的权利。

恩格斯：《威廉·沃尔弗》，

《马克思恩格斯全集》第 19 卷 89 页。

在 4 月 14 日的"新莱茵报"上，沃尔弗转而论述狩猎权，这种权利在 1848 年已经无偿地废除了；容克老爷们当时大叫大嚷要求把它恢复或者用"补偿损失"的办法来赎买。

恩格斯：《威廉·沃尔弗》，

《马克思恩格斯全集》第 19 卷 92 页。

贵族创业者的权利只限于征收贡赋、在休闲地和留荏地上共同放牧、收取森林收益的剩余部分并主持同村人会议，而同村人全都是人身自由的人。

恩格斯：《关于普鲁士农民的历史》，

《马克思恩格斯全集》第 21 卷第 277～278 页。

这种状况总的说来要比当时西德意志和南德意志农民所处的状况好得多；后者那时为了自己旧日的世袭权利，已经同封建主进行激烈的、经常爆发的斗争，并且大多数人已经陷入了一种痛苦得多的、威胁着甚至完全剥夺了他们的人身自由的依附形式。

恩格斯：《关于普鲁士农民的历史》，

《马克思恩格斯全集》第 21 卷第 278 页。

这个领主王公还在实际上批准把封建领主过去早已废除的主持封建的自由农民裁判所的权利，变为实行领主裁判和建立领地警察的权利；因此，领主不仅成了警察头子，而且甚至在涉及他们自身的案件中也成了审判自己的农民的唯一裁判官，因而农民只能向领主本人控诉领主。

恩格斯：《关于普鲁士农民的历史》，

《马克思恩格斯全集》第 21 卷第 281 页。

这整个时期充满着贵族和平民之间的斗争，因为，从废除王政直到第一次布匿战争，一直进行着关于贵族和平民的权利之争，而大部分历史叙述的却只是彼此有过激烈斗争的护民官或执政官所颁布的法律。

马克思：《拉丁文作文》，

《马克思恩格斯全集》第 40 卷第 824 页。

1798年，法兰西人推翻了瑞士贵族专制的旧式贵族制度，下瓦勒才取得参政权，但是并没有得到应有的全部权利。1830年，当民主党在整个瑞士都占优势时，宪法在公正民主的原则的基础上重新得到修订，可是上瓦勒受僧侣蹂躏的牧民和他们至高无上的思想统治者——牧师，从那个时候起总是企图复辟不公正的旧制度。

恩格斯：《瓦勒内战》，

《马克思恩格斯全集》第42卷第208页。

当然只有尤沙柯夫先生和瓦·沃·先生之流才会把农民的无权说成是农民被剥夺和被剥削的原因，但行政机关对农民的压迫不仅是明显的事实，并且不是简单的压迫，而是公然把农民看作"贱民"，认为他们命该受高贵地主的支配，让他们享受一般公民权利（例如迁徙权）只是一种特别的恩惠，任何一个庞巴杜尔都可以把他们当作关在贫民习艺所里的人来摆布。

列宁：《什么是"人民之友"以及他们如何攻击社会民主党人》，

《列宁全集》第1卷第254页。

工厂视察员的演说，他们向工人解释说，厂主借以压榨工人的诡计，是以有关当局批准的、允许厂主任意压榨工人的条例的确切含意为依据的，或者说，厂主的压迫是完全合法的，因为厂主只是运用自己的权利，他们是以国家政权机关批准和维护的某项法令为依据的。

列宁：《党纲说明》，

《列宁全集》第2卷第88页。

地主老爷们奴役千百万农民，强迫他们给自己做工，使他们继续处于毫无权利的地位，由于这些英勇业迹，地主老爷们享受最高的国家特权。国家的最高职务主要由贵族地主担任（而且按照法律，贵族等级也享有担任国家职务的最大权利）；显贵地主最近宫廷，他们比任何人都更直接、容易地使政府的政策服从自己的利益。

列宁：《党纲说明》，

《列宁全集》第2卷第92~93页。

贵族老爷们——从实际主义者到浪漫主义者——的信念都是一样的。他们都确信他们有"神圣的权利"来占有祖先们所掠夺来的或者掠夺者所赐予的几百几千俄亩土地，确信他们有权利剥削农民并且在国家中做统治者，确信他们有权利大量（不得已时，小量也行）揩公家的油，即搂老百姓的钱。

列宁：《时评》，

《列宁全集》第4卷第372页。

资产者忘记了微不足道的人物，忘记了人民，忘记了千千万万的工人和农民，可这些工人和农民却用自己的劳动为资产阶级创造了全部财富，并且正在为了他们所需要的像阳光和空气一样的自由而进行斗争。资产者是有权利忘记他们的，因为他们还没有用对政府的胜利来证明自己的"物质力量"。

> 列宁：《无产阶级在进行斗争，资产阶级在窃取政权》，
> 《列宁全集》第 11 卷第 149 页。

富有的地主和厂主资本家（有时还有富裕农民）可以在警察局（或地方官，或工厂视察员等）的"公开的"会议上进行"协商"。他们永远有权利提出自己的主张请皇帝陛下……不，请巡官"明断"。而"庶民"，即城市的工人和农村的穷人自然是永远不能参加任何"协商"的。

> 列宁：《"沙皇与人民和人民与沙皇的一致"》，
> 《列宁全集》第 11 卷第 175 页。

大资产阶级永远不会成为人民专制的忠实可靠的拥护者。它永远会一只手抓宪法（为了自己），一只手剥夺人民的权利或者阻碍扩大人民的权利。大资产阶级不可能不竭力争取保证大资产阶级特权的宪法。

> 列宁：《做君主派资产阶级的尾巴，还是做革命无产阶级和农民的领袖?》，
> 《列宁全集》第 11 卷第 192～193 页。

每当革命正要胜利的时候，就必然出来阻挡革命的车轮前进，而且千方百计地进行阻挠，比如说利用"教授们"对拉丁文进行"科学的"歪曲来使人民丧失必胜的信念，或者仅仅承认当时已经过时的革命斗争手段！这样既无害，又有利。说它无害，是因为磨钝了的武器显然不能使人民取得胜利，不能使无产阶级和农民取得政权，顶多只能稍微摇撼一下专制制度，帮助立宪民主党人替资产阶级争得一点点"权利"。说它有利，是因为这样可以伪装"革命"，可以伪装同情人民的斗争，可以骗取大批真心实意希望革命取得胜利的人对立宪民主党人的同情。

> 列宁：《立宪民主党人的胜利和工人政党的任务》，
> 《列宁全集》第 12 卷第 259 页。

拥有份地的农民必须对地主有人身依附关系，因为农民既然占有土地，如不实行强制，他是不会去为东家干活的。于是这种经济形式就产生了"超经济的强制"、农奴制、法律上的依附关系、没有充分的权利等等。相反，"理想的"资本主义就是在自由市场上最充分的契约（私有者和无产者之间的契约）自由。只有弄清楚农奴制经济或徭役经济的这种经济实质，我们才能够懂得工役制的历史地位和意义。工役制是徭役制的直接残余，是从徭役制向资本主义的过渡。

列宁:《19 世纪末俄国的土地问题》,
《列宁全集》第 17 卷第 60 页。

当时的资产阶级在自己的权利得到保证以前,也仍然善于扣住每一个铜板,并限制国王和容克的收入;它宁肯失掉国王的宠爱,也不愿牺牲自己的长子继承权来帮助国王免除破产的命运。

列宁:《弗·梅林论第二届杜马》,
《列宁全集》第 15 卷第 258~259 页。

这次调查由于只涉及到我国资产阶级生活的一个方面,反而证实了资产阶级在政治上受奴役的地位。调查表明,资产阶级在经济上是在前进,资产阶级某些私人的权利在扩大,它的组织正在成长为阶级,它在政治生活中的作用也在增强。

列宁:《关于大资本组织的调查》,
《列宁全集》第 21 卷第 303 页。

即使是在政府改变土地政策以后,即使是在臭名昭彰的斯托雷平改革以后,俄国农村仍然像在农奴制时代一样受压迫、受剥削、贫穷,没有权利。贵族联合会的"新"土地政策,仍然保护旧农奴主不受侵犯,仍然维护他们的数千俄亩乃至数万俄亩的大地产的压迫。"新"土地政策使旧地主和一小撮农民资产者富了起来,使农民群众更加穷困。

列宁:《论现政府的(一般的)土地政策问题》,
《列宁全集》第 23 卷第 281 页。

不久以前,顿涅茨工人代表团在彼得格勒作报告,揭露了顿涅茨煤矿主先生们的罪行,这些先生破坏生产,使生产停顿,使工人失业(为了维护他们取得暴利的"神圣"权利),使国家面临饥荒,使工业因缺煤而发生危机。

列宁:《资本家的又一次罪行》,
《列宁全集》第 30 卷第 123 页。

如果多数农民说,几十年几百年来农民一直受这些地主的压迫,地主的土地不应当再留在地主手里,那么,这并不是越轨行动,这是恢复权利,而且刻不容缓地需要恢复这种权利。

列宁:《全俄农民第一次代表大会文献》,
《列宁全集》第 30 卷第 141 页。

从某种程度上来说,富裕的帝国主义国家的寄生性就建立在这一点上面,这些国家在无耻地大肆剥削"廉价的"外国工人劳动的同时还以较高的工资收买一部分本国工人,"低工资的"这几个字应当加上,同时还应当加上"而且往往是无权的"字样,因为"文明"国家的剥削者总是利用输入的外国工人毫无权利这一点的。

列宁:《论修改党纲》,

《列宁全集》第 32 卷第 362 页。

马克思在《评奥格斯堡〈总汇报〉论普鲁士等级委员会的文章》里的"省等级会议组织法",指 1823 年 6 月 5 日在普鲁士颁布的《省等级会议一般组织法》。该法第 11 条规定,地产是享有等级代表资格的条件。根据该法,1824 年 3 月 27 日颁布了《莱茵省等级会议(省议会)组织法》。

恩格斯在《德国的革命和反革命》里提到的"1818 年普鲁士的保护关税条例以及关税同盟",是指 1818 年的保护关税条例。该条例废除了普鲁士境内的国内税并且为建立关税同盟创造了条件。

确定共同税界的德意志各邦的关税同盟,是在 1834 年由普鲁士主持成立的。后来,这个同盟包括了除奥地利和一些小邦以外的德意志所有各邦。由于必须建立全德意志市场而成立的关税同盟,后来也促进了德意志政治上的统一。

列宁在《什么是"人民之友"以及他们如何攻击社会民主党人》里提到"迁徙权"时,加的注解说,"说到这里,不能不想起现任农业大臣叶尔莫洛夫先生在《歉收和人民的灾难》一书中反对移民时所表现的纯粹俄罗斯式的农奴主的厚颜无耻。他说,从国家观点看来,不能认为移民是合理的,因为欧俄地主还很需要空闲人手。——真的,农民生在世上,不是为了用自己的劳动来养活寄生的地主及其'显贵的'走卒,又是为了什么呢?"

(二)被统治者的权利

1. 法律上的权利,是被统治者的"权利幻想"

法律上规定的权利,看上去是不偏不倚的、任何人都享有的。可实际上,并不是被统治者所能享有的权利。这样的权利,在被统治者那里,同统治者的权利恰恰相反,一是虚假的,不真实的;二是被统治者的权利行使受到种种限制;三是没有具体保障条件的权利。既然如此,何以法律规定不偏不倚的权利呢?立法者的目的,正是用于制造被统治者的"权利幻想"。

由此应当得出什么结论呢?我们的辩论人的议论是不完善的,政府是不完善的,省议会是不完善的,新闻出版自由是不完善的,人类生存的一切领域都是不完善的。因此,如果其中一个领域由于这种不完善而不应当存在,那就是说,没有一个领域是有权存在的,就是说,人根本没有生存权利。

马克思:《第六届莱茵省议会的辩论(第一篇论文)》,

《马克思恩格斯全集》第 1 卷上册第 158 页。

没有一个人反对自由，如果有的话，最多也只是反对别人的自由。可见，各种自由向来就是存在的，不过有时表现为特殊的特权，有时表现为普遍的权利而已。

马克思：《第六届莱茵省议会的辩论（第一篇论文)》，
《马克思恩格斯全集》第1卷上册第167页。

在国家的权利没有得到承认的时候，个别公民的权利是毫无意义的。如果总的说来自由是合法的，不言而喻，某一特定形式的自由表现得越鲜明、越充分，自由的这一特定形式也就越合法。如果水螅由于身上有自然界的生命在微弱地跳动，就有生存的权利，那么，体内有生命奔腾怒吼着的狮子怎么会没有生存权利呢？

马克思：《第六届莱茵省议会的辩论（第一篇论文)》，
《马克思恩格斯全集》第1卷上册第190页。

正如富人不应该要求得到大街上发放的布施一样，他们也不应该要求得到自然界的这种布施。但是，贫民在自己的活动中已经发现了自己的权利。

马克思：《第六届莱茵省议会的辩论（第三篇论文)》，
《马克思恩格斯全集》第1卷上册第253页。

为什么小林木所有者要求得到和大林木所有者同样的保护呢？因为他们两者都是林木所有者。但是，难道林木所有者和违反森林管理条例者不都是国家的公民吗？既然大小林木所有者都有同样的权利要求国家的保护，那么，难道国家的大小公民不是更有同样的权利要求这种保护

马克思：《第六届莱茵省议会的辩论（第三篇论文)》，
《马克思恩格斯全集》第1卷上册第260页。

不能由于一个人的道德品质，由于他的政治观点和宗教观点，而把这个人监禁起来，或者剥夺他的财产或其他任何一项法律权利。

马克思：《〈科隆日报〉的告密和〈莱茵－摩泽尔日报〉的记争》，
《马克思恩格斯全集》第1卷上册第418页。

我们希望一种恶劣存在的合法地位不受侵犯，并不是因为它恶劣，而是因为它的恶劣性包藏于思想之中，而对于思想来说，既没有法庭，也没有法典。可见，我们是把恶劣思想的存在和恶劣行为的存在对立起来的；对于恶劣思想来说，并没有法庭，至于那些恶劣行为，如果它们是违法的，那就会有审理它们的法庭和惩治它们的法律。可见，我们是说，一种恶劣的存在尽管恶劣，但只要它不违法，它就有存在的权利。

马克思：《〈科隆日报〉的告密和〈莱茵－摩泽尔日报〉的记争》，
《马克思恩格斯全集》第1卷上册第418页。

在费尔巴哈的一切天才发现之后，绝对的批判还竟敢用新的形式来为我们恢复一切陈腐的废物。而且正是这时它把这种陈腐的废物痛骂为"群众的"废物，——它没有什么权利这样做，因为它对摧毁哲学并没有出过一点力。

马克思恩格斯：《神圣家族》，

《马克思恩格斯全集》第 2 卷第 119 页。

"自由的人性"的所有这些表现在法国人权宣言中得到了极其肯定的承认。犹太人就更有权利要求承认自己的"自由的人性"，因为"自由的市民社会"具有纯粹商业的犹太人的性质，而犹太人老早就已经是它的必然成员了。

马克思恩格斯：《神圣家族》，

《马克思恩格斯全集》第 2 卷第 145 页。

最后，批判断言，犹太人和基督徒为了使别人和自己获得普遍的人权，应该放弃信仰的特权（批判的神学家都是从自己的唯一的固定观念出发来阐明一切事物的），和它的这种断言特别对立的是出现在一切非批判的人权宣言中的一项事实：信仰任何事物的权利，举行任何一种宗教仪式的权利，这些都极其肯定地被认为是普遍人权。

马克思恩格斯：《神圣家族》，

《马克思恩格斯全集》第 2 卷第 146 页。

英国已经到了这种地步，资产阶级也天天在报纸上读到这一切，可是他们却无动于中。然而，如果我根据我所引用的那些不能不为他们所熟悉的官方或非官方的证据，控告他们犯了社会谋杀罪，他们是没有权利申辩的。

恩格斯：《英国工人阶级状况》，

《马克思恩格斯全集》第 2 卷第 394 页。

英国资产阶级行善就是为了他们自己的利益；他们不会白白地施舍，他们把自己的施舍看作一笔买卖。他们和穷人做买卖，对穷人说：我为慈善事业花了这么多钱，我就买得了不再受你们搅扰的权利，而你们就得待在自己的阴暗的狗窝里，不要用你们的那副穷相来刺激我的敏感的神经！你们不妨继续悲观失望，但是要做得让人觉察不到。

恩格斯：《英国工人阶级状况》，

《马克思恩格斯全集》第 2 卷第 567 页。

以 1601 年的法案（伊丽莎白女王第四十三年的法案）为基础的旧济贫法还天真地从这样的原则出发：照顾穷人的生活是教区的责任。谁没有工作，谁就得到救济，久而久之，穷人就十分自然地认为教区有责任不让他们饿死。他们把每周的救济当作权利而不当作恩惠，资产阶级对此终于感到厌烦了。1833 年，当资产阶级由于选举改革取得政权而农业区的贫困又达到顶点的时候，他们就立刻着手以自己的观点来修改济贫法。

恩格斯：《英国工人阶级状况》，
《马克思恩格斯全集》第 2 卷第 574 页。

他们任命了一个委员会来调查济贫所的工作，这个委员会揭露了很多惊人的事实。它发现农业区的整个工人阶级都变成了贫民，他们全部或部分地靠济贫金过活，或在工资低的时候领到一点补助金。委员会得出这样的结论：这个制度养活了失业工人，帮助了工资低和孩子多的人，使私生子的父亲抚养自己的孩子，并一般地承认穷人有被保护的权利；这个制度使国家破产。

恩格斯：《英国工人阶级状况》，
《马克思恩格斯全集》第 2 卷第 574 页。

假如我享有只有德国人才享有的那种最高权利，那末无论如何也不能拒绝给我普鲁士公民权这种有限的权利。

马克思：《马克思和普鲁士国籍》，
《马克思恩格斯全集》第 5 卷第 453 页。

他们向资产阶级警察告发我们。而我们却相反，利用不朽的三头政治的政治家杜蒙－勃律盖曼－沃尔弗斯效劳的机会，奉劝工人，奉劝这些"不幸的人""认清自己真正的权利和义务，了解维护秩序和培养真正公民的科学"。

恩格斯：《"科伦日报"论六月革命》，
《马克思恩格斯全集》第 5 卷第 166 页。

为了居民中那部分有产者的利益，即为了特权资本的利益，甚至这些把大多数居民的武装权利变成了幻想的条件，又被那些新的、有更多限制的条件所约束了。

恩格斯：《市民自卫团法案》，
《马克思恩格斯全集》第 5 卷第 280 页。

它使工人的身体免于过早的衰弱。但是，它没有给工人提供什么东西，可以使工人在反动的同盟者心目中成为危险的人物，因为它没有给他们带来政治权利也没有改变他们作为雇佣工人的社会地位。

恩格斯：《英国的 10 小时工作制法案》，
《马克思恩格斯全集》第 7 卷第 279 页。

平民在当时是完全被摈于正式存在的社会之外的唯一阶级。他们处于封建组织之外，也处于市民组织之外。他们既无特权，又无财产；连象农民和小市民那样一点带着沉重负担的产业也没有。他们在任何情况之下都是既无产业又无权利的。

恩格斯:《德国农民战争》,

《马克思恩格斯全集》第 7 卷第 404 页。

事实上,当工人独立行动的场地尚未扫清、直接的普遍的选举制尚未建立、三十六个大小邦照旧把德国分成无数小块的时候,无产阶级党除了注视对他们具有极重要意义的巴黎革命运动,以及和小资产阶级一同争取那些使他们日后能够为自身的事业进行斗争的权利以外,别的还能做些什么呢?

恩格斯:《德国的革命和反革命》,

《马克思恩格斯全集》第 8 卷第 44 页。

这真是空前未有的最无耻的供状,原来人民群众根本不配有任何权利,他们只有在立法机关——换句话说,也就是统治阶级——认为适当的限度内才能享有一点自由。

马克思:《帕麦斯顿勋爵》,

《马克思恩格斯全集》第 9 卷第 396 页。

的确,农民现在也占有着这些土地,但是还是处在地主的控制之下,并且必须执行完全由地主所规定的各项徭役。可是今后土地实际上应该属于农民,他们成为土地的永久持有者,他们获得完全赎买自己家园的权利,他们的徭役虽然规定得很多,但毕竟是要由法律加以严格限定的;更糟的是,农民可以按照(对他们)很有利的价格通过赎买来摆脱这些徭役。

马克思:《关于俄国的农民解放》,

《马克思恩格斯全集》第 12 卷第 719~720 页。

甚至在尼古拉统治时期,也曾有一系列敕谕限制贵族对农奴的权利:允许农奴(1842年的敕谕)与其主人签订有关服役期限的契约(这便间接地允许农奴起诉控告主人);以政府名义(1844 年)保证农民履行契约所规定的义务;保证农奴(1846 年)在他们所依附的领地需要拍卖时有权赎买自由;允许依附于这种领地上的农民(1847 年)在该领地一出售时立即把它全部买下来。

马克思:《关于俄国的农民解放》,

《马克思恩格斯全集》第 12 卷第 723~724 页。

国家的分裂状态将是无产阶级运动的障碍,它在无产阶级心目中永远不会获得存在的权利,并且永远不会是无产阶级认真考虑的对象。

恩格斯:《普鲁士军事问题和德国工人政党》,

《马克思恩格斯全集》第 16 卷第 74 页。

最后是奴隶,他们没有权利,没有自由,而斯巴达克的失败,也证明他们不可能解放自己，可是其中大部分原是自由人或自由人的后裔。所以在他们中间，大部分人当然对自己的生活状况怀有强烈的（虽然表面上并不显露的）怨恨。

恩格斯：《布鲁诺·鲍威尔和早期基督教》，

《马克思恩格斯全集》第 19 卷第 332 页。

为了德国无产阶级、小资产阶级和小农的利益，必须尽力争取实现上述各项措施；因为只有实现这些措施，德国千百万一直受少数人剥削、少数人今后仍力图使之受压迫的人，才能争得自己的权利和作为一切财富的生产者所应有的权力。

恩格斯：《关于共产主义者同盟的历史》，

《马克思恩格斯全集》第 21 卷第 253~254 页。

农民只要担负这些赋役，就是自己胡菲的世袭占有者。此外，他们在创业者（后来的领主）的森林中还享有西德意志农民在他们公共马尔克中享有的同样的权利，如采伐、放牧、采集橡实饲料等等。村庄的耕地实行强制的轮作制，大多数是按照三圃制分为冬耕地、春耕地、休闲地来耕种。休闲地和留茬地供创业者和农民共同放牧之用。

恩格斯：《关于普鲁士农民的历史》，

《马克思恩格斯全集》第 21 卷第 277 页。

不仅农民根据契约规定使用领主森林的权利——在这种权利还没有受到限制的场合——变成了封建领主可以随时取消的恩准，不仅违法地增加了徭役和代役租，而且还增加了各种新的赋役，例如被认为是农奴依附状态的特征的接租费（农户户主死亡时向封建主缴的费用）；或者使通常的传统的赋役具有只是农奴而不是自由人担负的那种赋役的性质。

恩格斯：《关于普鲁士农民的历史》，

《马克思恩格斯全集》第 21 卷第 279 页。

贵族都占有面积多少是比较大的土地，但是这些土地，除了少数例外，已经全部租给了世袭的佃农，这些佃农只要担负规定的赋役，他们对于自己的田庄和胡菲以及公有地便享有与领主本人同样的权利。

恩格斯：《关于普鲁士农民的历史》，

《马克思恩格斯全集》第 21 卷第 280 页。

在 1821 年 6 月 7 日，又颁布了新的赎免条例，重新规定对赎免权利加以限制，只把这种权利授予比较大的农户，即所谓的自给户，而对于小农户——无地农、茅屋工、打谷工，一句话，一切定居下来的短工——都明确地规定要永远担负徭役和其他各种封建赋役。从此以后，这便成了一种通例。

恩格斯：《关于普鲁士农民的历史》，

《马克思恩格斯全集》第 21 卷第 284～285 页。

　　但俾斯麦不这样想。相反地，他却利用战后盛行的爱国狂热来诱导帝国国会的多数派不仅不去扩大人民权利，甚至不去明确规定人民权利，要他们只限于在帝国宪法中简单地重复北德意志联邦宪法和条约中的法制基础。

恩格斯：《暴力在历史中的作用》，

《马克思恩格斯全集》第 21 卷第 520 页。

　　对于完全处在封建的等级划分之外、失去了阶级特点、几乎被置于最低阶层的地位的那些分子的发展和作用研究得很不够。这些分子随着每一个城市的形成而必不可免地要出现，他们组成了中世纪每一个城市居民中最低的、毫无权利的阶层，他们处于马尔克公社、封建从属关系和行会之外。这样的研究工作是很艰巨的，但是这是主要的基础，因为随着各种封建关系的瓦解，这些人逐渐形成了无产阶级的前身，1789 年它在巴黎郊区进行了革命，吸收了封建的和行会的社会中一切被抛弃的人。

恩格斯：《致卡·考茨基》，

《马克思恩格斯全集》第 39 卷上册第 461 页。

　　普选权的废除没有引起任何一点骚动或示威游行，法国工人重新沦为路易－菲力浦时代那种没有应有的权利、没有表决权、没有武器的政治上受鄙视的人

恩格斯：《法国来信》，

《马克思恩格斯全集》第 44 卷第 19 页。

　　一段时间以来，他们对马志尼在一个比欧洲任何其他国家都更多地受僧侣统治的国家里进行完全不合适的宗教宣传已经感到厌恶；他们也厌恶他的无休止的提示：工人生活的目的就是履行义务，而马志尼却从来不提他们的权利。

恩格斯：《罗马工人代表大会。——倍倍尔在国会中的演说》，

《马克思恩格斯全集》第 44 卷第 554～555 页。

　　那个因自身的社会地位而在文明社会中最大限度地被排除在公共事务之外的阶级，那个被以前的君主制立法剥夺了全部政治权利的阶级，那个从来不看报、可是却在法国人中占绝大多数的阶级，终于迅速觉悟过来。这个阶级就是小农，男女和儿童总共约二千八百万人，其中小土地所有者八、九百万人，他们以自由农的身分占有法国全部土地的至少五分之四。

恩格斯：《法国来信》，

《马克思恩格斯全集》第 44 卷第 7 页。

谁都知道，村社农民也按权利和份地分为不同的类别；在任何一个最村社化的村庄里，农民也"按权利"分为无土地的农民、有份地的农民、以前当家奴的、以特种纳费赎买了份地的农民、注册农民等等；也"按财产"分为出租份地的农民、因欠缴税款、因不从事耕种以至荒废土地而份地被剥夺的农民、承租他人份地的农民、有"永久"地或有几亩"买上几年的"土地的农民、无住房的农民、无牲畜的农民、无马的农民和多马的农民。

> 列宁：《民粹主义的经济内容及其在司徒卢威先生的书中受到的批评》，
> 《列宁全集》第 1 卷第 333 页。

没有流动的自由，法律不承认每个公民有选择在国内任何城市公社或村社居住的权利，难道不限制工业自由吗？

> 列宁：《彼尔姆省手工业调查》，
> 《列宁全集》第 2 卷第 328 页。

法令所规定的一切限制都只涉及平常的、正常的、规定时间内的工作，和加班无关。因此，事实上厂主的"权利"一点也没有受到限制，他还是可以强迫工人干时间长得不受限制的工作，即使一昼夜 24 小时也行。

> 列宁：《新工厂法》，
> 《列宁全集》第 2 卷第 345 页。

只要俄国工人以及全体俄国人民在警察政府面前还处于无权地位，只要他们还是没有政治权利，任何改革都不会实现。

> 列宁：《新工厂法》，
> 《列宁全集》第 2 卷第 348 页。

新法令还是一纸空文，是一块漂亮而虚伪的招牌，我们的政府正竭力用这样的招牌来粉饰那幢充满了警察暴力而工人则没有权利和受尽压迫的已经完全腐朽的建筑物。

> 列宁：《新工厂法》，
> 《列宁全集》第 2 卷第 353 页。

这是斯卡尔金见解中极其突出和重要的特点，他把农民状况恶化的一切原因都归结为农奴制度的残余，即农奴制度遗留下来的工役、代役租、割地、农民无人身权利和不能更换住所。

> 列宁：《我们拒绝什么遗产？》，
> 《列宁全集》第 2 卷第 393 页。

因此在俄国也是这样，既然这里过去和现在都保存着工役制，所以农民没有充分公民权利，被束缚在土地上，体罚，强制干活的权利，都是这个制度的必然补充。

列宁：《民粹主义空想计划的典型》，
《列宁全集》第 2 卷第 471 页。

从《罗斯法典》的时代起，直到现在用农民的工具耕种地主的土地为止，工役经济制度一直绝对地统治着我国的农业；伴随着这种制度而来的必然是农民的愚昧和粗野，因为农民由于从事农奴制性质的或"半自由"性质的劳动而受到屈辱；如果不是农民缺乏一定的公民权利（例如，属于最低等级，受体罚，被派出公差，束缚于份地等等），工役制度就不可能存在。

列宁：《俄国资本主义的发展》，
《列宁全集》第 3 卷第 283 页。

俄国政府也很可能会采取某种类似的办法，因为它总是设法给人民小恩小惠，确切些说，假仁假义地施与人民小恩小惠，目的只是使人民不去考虑自己毫无权利和备受压迫的状况。

列宁：《我们的纲领》，
《列宁全集》第 4 卷第 162 页。

当官吏向工人指出某项法律时，工人如果说声不知道，官吏（或法官）不是讥笑，就是责骂说："谁也没有权利拿不懂法律当挡箭牌。"——这就是俄国法律的基本精神。

列宁：《论工业法庭》，
《列宁全集》第 4 卷第 242 页。

任何一个工人一旦熟悉了法律，就会很清楚地看出，这些法律代表的是有产阶级、私有者、资本家、资产阶级的利益，而工人阶级，在他们还没有争得权利选举自己的代表参加法律的制定和监督法律的执行以前，永远也不能可靠地从根本上改善自己的景况。

列宁：《论工业法庭》，
《列宁全集》第 4 卷第 243 页。

政府所以委派新的官吏而不设立工业法庭，是因为工业法庭会提高工人的觉悟，促进他们认识自己的权利，认识自己作为一个人和一个公民应该有的尊严，并且会使他们习惯于独立思考国家事务和整个工人阶级的利益，习惯于选举比较开展的伙伴去担任工人代表，这样也就部分地限制了一小撮专横的官吏，使他们再不能独断独行。

列宁：《论工业法庭》，
《列宁全集》第 4 卷第 248 页。

审讯过程中的这一个细节也和所有其他细节一样，清楚地说明这是一个无所不包的牢固的罗网，这是一个多年的脓疮，要想除掉它就必须根除整个警察专制制度和人民毫无权利的现象。

列宁：《时评》，

《列宁全集》第4卷第367页。

如果过去说，俄国农民对自己的贫困最缺乏认识，那么，现在可以说，俄国的平民或臣民由于缺乏公民权利，对自己的无权尤其缺乏认识。庄稼汉对自己无法摆脱的贫困已经安之若素，习以为常，不去考虑自己贫困的原因和消除贫困的可能性，俄国的平民也同样对政府的无限权力安之若素，习以为常，不去考虑这种无限权力能不能继续保持下去，除了这种无限权力以外，是不是还存在着腐蚀陈旧的政治制度的现象。

列宁：《地方自治机关的迫害者和自由主义的汉尼拔》，

《列宁全集》第5卷第18页。

不必是预言家也可以预见到：我国的革命运动将达到自己的顶点，社会上自由主义的不满情绪将十倍地泛滥起来，政府中将出现一些打着"权利与拥有权力的地方自治机关"旗帜的新的洛里斯－梅利科夫们和伊格纳季耶夫们。至少，这对俄罗斯来说将是一种最不利的结局，而对政府来说将是一种最有利的结局。

列宁：《地方自治机关的迫害者和自由主义的汉尼拔》，

《列宁全集》第5卷第59~60页。

新的暂行条例，对于饥民是名副其实的苦役条例，是剥夺他们的权利、押送他们去劳动的条例，这一切是因为饥民竟敢用请求救济来麻烦长官。政府并没有局限于剥夺地方自治机关管理粮食工作的权力，禁止私人未经警察局许可而开办食堂，下令缩减实际需要量的五分之四，它还宣布农民不得享受全部公民权利，命令对他们可以不加审讯就进行惩罚。农民常年过着忍饥挨饿和操劳过度的苦役生活，现在又加上了官办工程的苦役的威胁。

列宁：《苦役条例和苦役判决》，

《列宁全集》第5卷第264~265页。

为了坚持民粹派关于"村社原则"和"平均原则"的偏见，他们竟拒绝为农民争取像支配自己土地这样"最起码的公民权利"，他们闭目养神，无视现实村社中的等级制闭关自守状态，他们成为警察禁令的辩护人，成为"国家"所设置和支持的……地方官的捍卫者！

列宁：《革命冒险主义》，

《列宁全集》第6卷第384~385页。

工役制和奴役制依然存在，农民没有充分的等级权利和公民权利，农民从属于手执鞭子的享有特权的土地占有者，日常生活中受屈辱使农民变成真正的野蛮人，——所有这一切在俄国农村中都不是例外，而是常规，所有这一切归根到底都是农奴制的直接残余。

列宁：《俄国社会民主党的土地纲领》，

《列宁全集》第 6 卷第 287 页。

地主直到现在还在强迫农民服徭役——因使用土地、牧场、饮马场和草地为贵族老爷"服工役"，"为践踏了庄稼"而干活，"为表示尊敬"而派女人去收割庄稼。由于这种种工役，贫苦农民承受的负担比富裕农民更重。

列宁：《告贫苦农民》，

《列宁全集》第 7 卷第 155 页。

资本把大批工人从国家的这个角落抛到那个角落，剥夺了他们的定居权，而正是由于这种情况，工人阶级就得丧失自己的部分政治权利！

列宁：《政治诡辩》，

《列宁全集》第 10 卷第 197 页。

沙皇政府背弃了诺言。选举法削减了农民和工人的权利，而增强了地主和资本家的权利。杜马本身的权利几乎化为乌有。但这还不是主要的。主要的是：一切自由和权利不过是一纸空文，因为实权和实力依然全部掌握在沙皇政府手里。

列宁：《告选民书草案》，

《列宁全集》第 14 卷第 102 页。

俄国农业生产力发展的主要的和基本的障碍是农奴制残余，这首先是工役制和盘剥制，其次是农奴制的赋税、农民的权利不平等、农民在上层等级面前所处的屈辱地位，等等。

列宁：《19 世纪末俄国的土地问题》，

《列宁全集》第 17 卷第 110 页。

发给外出从事农业劳动的工人为期 10 个月的免费出国护照，加剧了这种流动。这种流动是什么原因造成的呢？原因是：在受农奴主压制和人民没有权利的情况下，经济生活完全停滞不前，这就使得俄国农民日益破产，俄国的工资愈来愈低。俄国的工资保持在农奴制的低水平上。

列宁：《地主谈外流的农业工人》，

《列宁全集》第 23 卷第 168 页。

什么动摇和软弱，你们说来倒很容易。你们那里是共和国，资产阶级共和派为了击败保皇派，不得不给你们一些政治权利，而这些是我们在德国根本享受不到的。

恩格斯：《致保·拉法格》，
《马克思恩格斯全集》第 38 卷第 19 页。

恩格斯在《关于普鲁士农民的历史》里提出的"世袭的佃农"，是享有人身自由，但有义务为了归他们世袭占有的份地而用货币或实物贡赋交付一定的租金（世袭封建地租）的依附农。

恩格斯在《关于普鲁士农民的历史》里提出的"自给户"（Ackernahrung），是在普鲁士人们对一种农户的称呼，这种农户拥有的土地和生产工具可以使家庭成员不用雇佣别人的劳力，也不用从事其他副业，而只依靠自己的劳动来维持生活。

恩格斯在《法国来信》里说，"那个从来不看报、可是却在法国人中占绝大多数的阶级，终于迅速觉悟过来"，是恩格斯在谈到最近 12～15 个月法国农民情绪的变化时，对比了 1850 年冬季法国的形势和 1848 年 10 月至 11 月他在法国旅行时得到的关于法国农民敌视城市无产阶级革命起义的印象。

"自由农"，是英国小土地所有者的一种，这个名称起源于中世纪的"自由所有者"。自由农向大地主交纳少量固定的货币地租，并有权自由支配自己的土地。这里也像在其他许多场合一样，恩格斯在描写法德两国实际生活中的现象时，尽量使用英国工人熟悉的概念。

列宁在《民粹主义的经济内容及其在司徒卢威先生的书中受到的批评》里的"注册农民"，是沙皇俄国国家农民的一种。17 世纪末～18 世纪，沙皇政府为了扶持大工业和保证这种工业有廉价的、固定的劳动力，把大量国家农民编入俄国各地的手工工场。这种农民被称为注册农民。注册农民要为国有或私有手工工场做辅助工作（劈柴、备煤、碎矿、搬运等），以顶替代役租和人头税。他们名义上属于国家，实际上变成了工厂的农奴。从 19 世纪初开始，注册农民逐渐被解除工厂的劳动，直到 1861 年农民改革后才完全解脱出来。

2. 对权利的侵犯

被统治者的权利不仅没有实现的保障，而且受到侵犯。这是资本主义条件下不可移易的事实。经典作家揭示了对权利侵犯的状况、程度和后果。

只要军事长官"为了防止骚动"宣布戒严，"人身自由"马上就不再有保障了，住宅就不再是不可侵犯的了，"法定的"受审程序、出版自由、印刷厂主的保护、结社的权利都失效了，甚至庸夫俗子的"目的不违反刑事法规"的"社团"——娱乐场和跳舞厅，也只有 par grace de M. le commandant〔得到卫戍司令先生的恩准〕才能存在，而决不是根据"权利"存在。

恩格斯：《新的军法宪章》，
《马克思恩格斯全集》第 6 卷第 593 页。

　　采取隐蔽方式侵犯无产阶级权利的行为太多了，就是在一次议会会议期间所发生的，我也不可能一一列举出来。我只举出 1844 年那次会议上所发生的一件事情。一个没有名声的议员迈尔斯先生提出了一个调整主仆关系的法案，这个法案看来完全是无可非议的。政府赞同这一法案，而且把它提交给一个专门的委员会去审理。

恩格斯：《英国工人阶级状况》，

《马克思恩格斯全集》第 2 卷第 571～572 页。

　　资产阶级自己，甚至他们中的一些正派人物都直接助长了卖淫呢？每天晚上充塞于伦敦街头的 4 万个妓女中有多少是靠道德高尚的资产阶级为生呵！为了不得不向每一个过路人出卖自己的肉体以免饿死，她们当中有多少人应当感谢她们的第一个引诱者——资产者呵！最没有权利责备工人淫荡的就是资产阶级，这难道还不明显吗？

恩格斯：《英国工人阶级状况》，

《马克思恩格斯全集》第 2 卷第 414～415 页。

　　农奴必须把 jus primae noctis（初夜权）献给主人；自由工人必须献给老板的，不但是初夜权，而且是每夜权。农奴没有权利弄到一份财产，他所有的一切，地主都可以拿走；自由工人也没有财产，而且由于竞争也不可能弄到一份财产。

恩格斯：《英国工人阶级状况》，

《马克思恩格斯全集》第 2 卷第 471 页。

　　这些法律本身解决不了任何问题，因为它们是联合议会随意捏造出来的。国民议会所通过的拒绝纳税的决议，无论形式上和事实上都具有法律效力。我们在呼吁书中比国民议会跑得更远。这是我们的权利和我们的义务。

马克思：《对民主主义者莱茵区域委员会的审判》，

《马克思恩格斯全集》第 6 卷第 306 页。

　　在科伦的白天，特别是晚上，可以看到的景象是各兵种士兵之间经常不断的流血殴斗。显然，有人蓄意以对工人的诽谤来掩盖就"我的英勇军队"提出的质问。政府在公开准备政变，以便完成反革命事业。

马克思：《政府的挑衅》，

《马克思恩格斯全集》第 6 卷第 409 页。

　　无产阶级因为在 1848 年 3 月间自认为已争到手的那些权利又被人用欺骗的手段夺去了，所以只是等待机会报仇雪恨。

马克思：《德国维护帝国宪法的运动》，

《马克思恩格斯全集》第 7 卷第 138 页。

在美国有一个团体为了维护自己存在的权利不受资本的侵犯，曾花费了 70000 美元。

马克思：《国际工人协会总委员会向 1867 年洛桑代表大会的报告》，

《马克思恩格斯全集》第 16 卷第 633 页。

最后一次大屠杀是在贝尔拉雪兹墓地上的一堵墙近旁进行的，这堵"公社社员墙"至今还直立在那里，作为一个哑的但却雄辩的证人，说明当无产阶级敢于起来捍卫自己的权利时，统治阶级的疯狂暴戾能达到何种程度。

恩格斯：《"法兰西内战"一书导言》，

《马克思恩格斯全集》第 22 卷第 224 页。

琉森政府至少要在联邦委员会了解到补偿一事情况怎样。于是，只剩下了诸旧州，它们还保留着每个公民出卖自己的权利，只要联邦宪法允许，也就是说只要现在的雇佣兵条约还有效，它们将继续这样做下去。这种自我出卖的权利是自由的老式瑞士人的一种最美好、最古老的特权，如果说这些勇敢的"自由的头生子"不顾联邦新宪法，力图保留"他们五百年以来的权利"，那么，这首先是指保留那种联邦新宪法所废除的特权。雇佣兵条约对诸旧州来说的确是一个关系到生死存亡的问题。

恩格斯：《瑞士和意大利的事件》，

《马克思恩格斯全集》第 43 卷第 87 页。

农民仍然被束缚在土地上，为的是使地主老爷们不致感到缺乏廉价而驯服的雇农。农民直到现在还像一群毫无权利、尚未成年的人一样，受官吏们的任意摆布，这些官吏维护自己的腰包，干预农民的生活，以便使农民能够"按时"向农奴主-地主缴纳赎金和代役租，以便使农民不敢"逃避"给地主做工，不敢（举例来说）迁徙，因为迁徙会使地主不得不到别处去雇没有这样便宜、没有受到这样贫困逼迫的工人。

列宁：《党纲说明》，

《列宁全集》第 2 卷第 92 页。

因此向专制政府要求保证人身不受侵犯（和结社自由）是毫无意义的，因为这种要求无异于为人民要求政治权利，而专制政府之所以叫作专制政府，正是由于它不给人民政治权利。

列宁：《〈哈尔科夫的五月〉小册子序言》，

《列宁全集》第 4 卷第 330 页。

最残酷的迫害，最难忍的挑剔，就整个俄国而言，最多只能剥夺掉数以百计、数以千计、甚至数以万计的选民的权利。然而，群众的情绪和他们对政府的态度，将不会因此而有所改变。

列宁：《各资产阶级政党和工人政党是怎样对待杜马选举的?》，
《列宁全集》第 14 卷第 227 页。

马克思在《国际工人协会总委员会向 1867 年洛桑代表大会的报告》里说，"在美国有一个团体为了维护自己存在的权利不受资本的侵犯，曾花费了 70 000 美元"，指的是国际铸工联合会，正如在 1867 年 7 月 9 日的总委员会会议上宣读的它的领导人西耳维斯的一封信中所说的，1866 ~ 1867 年它花费了很大一笔钱帮助罢工的工人。

恩格斯在《瑞士和意大利的事件》里提到"琉森政府至少要在联邦委员会了解到补偿一事情况怎样"，看来是指居住在那不勒斯王国的瑞士公民，在 1848 年 5 月 15 日那不勒斯人民起义遭到镇压时受到的物质上的损失，以及斐迪南二世为了镇压西西里的革命运动而派出的王国军队，在 1848 年 9 月初对墨西拿进行四天野蛮炮击和抢劫时他们所遭受的物质损失。

3. 争取阶级权利的斗争

对于工人阶级和广大劳动人民来说，他们争取的权利，是阶级权利。这是从自在阶级转化为自为阶级的必然选择和重要标志。正如恩格斯指出的，总有一天无产阶级的力量会强大起来，觉悟会提高起来，他们再也不愿载负着一直压在他们肩上的整个社会大厦的重担，他们会要求更公平地分配社会的负担和权利。

但是民间故事书还有一个使命，这就是同圣经一样使农民有明确的道德感，使他意识到自己的力量、自己的权利和自己的自由，激发他的勇气并唤起他对祖国的热爱。

恩格斯：《德国民间故事书》，
《马克思恩格斯全集》第 41 卷第 14 页。

无产者只是通过长期的发展过程才达到这个统一的状态，在这个发展过程中，对自己权利的呼吁也起了一定的作用。而且，对自己权利的这种呼吁只是使他们成为"他们"、即成为革命的联合的群众的一种手段。

马克思恩格斯：《德意志意识形态》，
《马克思恩格斯全集》第 3 卷第 370 页。

无产阶级谴责议会，是因为它执行防御策略，没有转入进攻，没有大踏步地前进。他们谴责它不够坚决，没有给无产阶级提供参加运动的机会。无产阶级当然不会对等级的权利发生任何兴趣。

马克思：《"莱茵观察家"的共产主义》，
《马克思恩格斯全集》第 4 卷第 215 页。

宪章派协会执行委员会委员麦克格雷斯先生提醒大家：人民不应该相信资产阶级，人民应该用自己的力量争取自己的权利。如果人民恳求别人把本来属于他们的东西再施舍给他们，那是有损他们的尊严的。

> 恩格斯：《宪章派为1847年选举而举行的宴会》，
> 《马克思恩格斯全集》第4卷第379页。

总有一天无产阶级的力量会强大起来，觉悟会提高起来，他们再也不愿载负着一直压在他们肩上的整个社会大厦的重担，他们会要求更公平地分配社会的负担和权利。

> 恩格斯：《在爱北斐特的演说》，
> 《马克思恩格斯全集》第2卷第618页。

共产党人为着工人阶级的最近目的和利益而奋斗，但是他们在当前的运动中同时还坚持着运动的未来。在法国，共产党人联合社会主义民主党去反对保守派的和激进派的资产阶级，但是他们并不因此放弃对于那些从革命的传统中产生出来的空谈和幻想采取批判态度的权利。

> 马克思恩格斯：《共产党宣言》，
> 《马克思恩格斯全集》第4卷第502~503页。

共产主义否认阶级存在的必要性；它要消灭任何阶级，消除任何阶级的差别。而克拉柯夫革命家只希望消除阶级间的政治差别；他们要给不同的阶级以同等的权利。

> 马克思恩格斯：《论波兰问题》，
> 《马克思恩格斯全集》第4卷第535页。

领导克拉柯夫革命运动的人深信，只有民主的波兰才能获得独立，而如果不消灭封建权利，如果没有土地运动来把农奴变成自由的私有者，即现代的私有者，波兰的民主是不可能实现的。

> 马克思恩格斯：《论波兰问题》，
> 《马克思恩格斯全集》第4卷第536~537页。

她拿起剪刀来抵抗用拳头打她的"刺客"。这是我们初次遇见她的情景。在这个场面中，她不是一个毫无反抗地屈服于暴力之下的没有防御能力的羔羊，而是一个善于捍卫自己的权利和能够坚持斗争的女郎。

> 马克思恩格斯：《神圣家族》，
> 《马克思恩格斯全集》第2卷第215页。

正是这些一贯的卑鄙诡计，这些微小让步和姑息手段，这些谋取妥协的企图造成了这种难以忍受和暧昧不明的政治局面，而这种政治局面到处都引起无数的零星暴动，要消灭这些暴动只有采取流血手段和限制已经取得的权利的办法。

恩格斯：《休战协定的批准》，
《马克思恩格斯全集》第 5 卷第 483 页。

为了德国无产阶级、小资产阶级和小农的利益，必须尽力争取实现上述各项措施。因为只有实现了这些措施，一直受少数人剥削，并且今后还有可能受少数人压迫的德国千百万人民，才能争得自己的权利和作为一切财富的生产者所应有的政权。

马克思恩格斯：《共产党在德国的要求》，
《马克思恩格斯全集》第 5 卷第 5 页。

革命打倒了君主专制的一切势力——贵族、官吏、军阀和牧师。它使大资产阶级独自获得了政权。它给了人民不必交纳押金的出版自由的武器，给了他们结社的权利，至少在某种程度上也给了他们物质的武器——步枪。

恩格斯：《柏林关于革命的辩论》，
《马克思恩格斯全集》第 5 卷第 77~78 页。

革命所提出的明显的要求、需要和权利，当然不可能获得立法的批准，因为立法的基础正是被革命本身所摧毁的。

恩格斯：《瓦德涅尔的被捕。——泽巴尔特》，
《马克思恩格斯全集》第 5 卷第 97 页。

武器的确是属于人民的，这首先是因为，它是全民的财产，其次，它是人民所争得的有保证的武装权利的不可分割的部分。

恩格斯：《6 月 17 日的妥协会议》，
《马克思恩格斯全集》第 5 卷第 102 页。

革命是人民权利的法律根据；人民根据革命提出自己的强烈要求。革命是人民转在资产阶级名下的一张期票。资产阶级由于革命而取得了政权。在它取得政权的那一天，这张期票的支付期限就满了。资产阶级必然要拒付这张期票。

马克思：《资产阶级和反革命》，
《马克思恩格斯全集》第 6 卷第 130 页。

它在普鲁士人民面前大声宣布：人民并不是同资产阶级联合起来实行革命去反对王权，人民实行革命是为了使王权同资产阶级联合起来去反对人民自己！这样，革命人民的权利的法律根据便被消灭，而为保守的资产阶级找到了法制基础。

马克思：《资产阶级和反革命》，
《马克思恩格斯全集》第 6 卷第 131 页。

国民议会本身没有任何权利——人民委托给它的只是维护人民自己的权利。如果它不根据交给它的委托来行动——这一委托就失去效力。到那时,人民就亲自出台,并且根据自己的自主的权力来行动。

马克思:《对民主主义者莱茵区域委员会的审判》,

《马克思恩格斯全集》第 6 卷第 305 页。

工人阶级的解放应该由工人阶级自己去争取;工人阶级的解放斗争不是要争取新的阶级特权,而是要争取平等的权利和义务,并消灭任何阶级统治。

马克思:《国际工人协会章程和条例》,

《马克思恩格斯全集》第 16 卷第 599 页。

必须先实行无产阶级专政,才可能实现这种变革,而无产阶级专政的首要条件就是无产阶级的军队。工人阶级必须在战场上争得自身解放的权利。国际的任务就是把工人阶级的力量组织起来、团结起来,以迎接即将到来的斗争。

马克思:《关于瑞士罗曼语区的分裂的决议》,

《马克思恩格斯全集》第 17 卷第 468 页。

工人阶级的解放应该由工人阶级自己去争取;工人阶级的解放斗争不是要争取阶级特权和垄断权,而是要争取平等的权利和义务,并消灭任何阶级统治。

马克思:《国际工人协会的共同章程和组织条例》,

《马克思恩格斯全集》第 17 卷第 475 页。

而现在的情况怎样呢?工人群众越来越认清,他们的出路,与其说在于靠同个别企业主作斗争以争得较高的工资和较短的工作日,不如说,首先是在于组织成为独立政党的工人阶级争得政治权利,争得议会。这在 1892 年大选中第一次显示出来。

恩格斯:《1893 年五一节致德国工人》,

《马克思恩格斯全集》第 22 卷第 469 页。

只要把社会民主主义的种子撒在这些工人当中,只要鼓舞他们和团结他们去为自己的权利而斗争,——那末容克的统治就会完结。这一对于德国犹如俄国沙皇制度对于整个欧洲一样是种野蛮劫掠成分的巨大反动势力,就会像个刺破了的肥皂泡一样完全瓦解。

恩格斯:《法德农民问题》,

《马克思恩格斯全集》第 22 卷第 587 页。

工人阶级没有政治权利就不能进行自己的经济斗争——和组成战斗的阶级。(为了进行经济斗争和组成战斗的阶级,它必须拥有随着它的成就而扩大的政治自由和平等权利?)——其余不动。

恩格斯:《致卡·考茨基》,
《马克思恩格斯全集》第 38 卷第 152 页。

现在工人就会知道,只有工人本身的联合斗争和自觉态度(力求争得自己的权利),才能粉碎政府的谎言。

列宁:《党纲说明》,
《列宁全集》第 2 卷第 96 页。

无论前一种鼓动或后一种鼓动,都能唤起工人觉悟,组织他们,使他们遵守纪律,教育他们进行一致活动并为社会民主主义理想而斗争,因而也就使工人有可能在解决迫切问题和迫切需要方面试验自己的力量,使工人们有可能从敌人方面争得局部的让步,改善自己的经济状况,使资本家不能不考虑有组织的工人的力量,使政府不能不扩大工人的权利和接受工人的要求,使政府在怀有敌对情绪并由坚强的社会民主党组织所领导的工人群众面前经常胆战心惊。

列宁:《俄国社会民主党人的任务》,
《列宁全集》第 2 卷第 433 页。

历史经验又确凿地证明,当无产阶级没有政治自由或者政治权利受到限制的时候,始终必须把政治斗争提到首位。

列宁:《俄国社会民主党人抗议书》,
《列宁全集》第 4 卷第 152 页。

一切经济斗争都必然要变成政治斗争,所以社会民主党应该把这两种斗争紧紧地结合成无产阶级统一的阶级斗争。这种斗争的首要目的应该是争取政治权利,争取政治自由。既然彼得堡一个城市的工人在社会党人的帮助不大的情况下能够很快地迫使政府让步——颁布关于缩短工作日的法令,那么整个俄国工人阶级在"俄国社会民主工党"的统一领导下就一定能够通过顽强的斗争获得无比重大的让步。

列宁:《我们的纲领》,
《列宁全集》第 4 卷第 163 页。

只有彻底贯彻政治斗争原则和高举民主旗帜的全党机关报,才能把一切战斗的民主分子吸引到自己方面来,才能利用俄国一切进步力量来争取政治自由。只有到那时候,才能把工人对警察和当局的敢怒而不敢言的憎恨变成对专制政府的自觉的憎恨,变成为工人阶级和俄国全体人民的权利而进行殊死斗争的决心。

列宁:《迫切的问题》,
《列宁全集》第 4 卷第 174 页。

不应该忘记农村中的知识分子，如国民学校教师。他们在物质上和精神上都处于受屈辱的地位，他们亲眼看到、亲身感受到人民没有权利和受压迫的情形，所以他们普遍同情社会民主主义（在运动进一步开展的情况下）是毫无疑义的。

> 列宁：《我们党的纲领草案》，
> 《列宁全集》第4卷第207页。

1875年成立了"南俄工人协会"，1878年成立了"俄国北方工人协会"，这些工人组织没有受俄国社会党人思潮的影响；这些工人组织要求给人民政治权利，想为争取这些权利进行斗争，可是当时俄国社会党人错误地认为，进行政治斗争是违背社会主义的。

> 列宁：《俄国社会民主党中的倒退倾向》，
> 《列宁全集》第4卷第213页。

这个更广泛更根本的要求就是：人民要有政治权利，也就是说，人民要有参加国家管理的权利，有权不仅在报纸上、而且在人民集会上公开申述人民的需要。

> 列宁：《论工业法庭》，
> 《列宁全集》第4卷第249～250页。

19世纪下半叶，当局慑于局势，不得不同"市井小民"接触，但是市井小民的成分发生了急速的变化，那些无知的平民变成了开始意识到自己权利的公民，他们中间甚至还出现了能够为权利而斗争的战士。

> 列宁：《时评》，
> 《列宁全集》第4卷第359页。

社会民主党人正在为使全体劳动人民从一切掠夺、一切压迫、一切不公平中解放出来而斗争。要得到解放，工人阶级首先应当联合起来；而要联合，就应当有联合的自由、联合的权利，就应当有政治自由。

> 列宁：《告贫苦农民》，
> 《列宁全集》第7卷第145页。

农村中的第一步就是完全解放农民，给农民以充分的权利，建立农民委员会以收回割地。而我们在城市和农村里的最后一步是一样的：剥夺地主和资产阶级的全部地和全部工厂，建立社会主义社会。

> 列宁：《告贫苦农民》，
> 《列宁全集》第7卷第164～165页。

要求设立农民委员会来限制盘剥和收回割地，这并不是一堵墙。这是一道门。首先要走出这道门，才能继续往前走，顺着宽广的大道走到头，直到彻底解放俄国全体劳动人民。只要农民没有走出这道门，他们就仍然是愚昧的和受盘剥的，没有充分的权利，没有充分的真正的自由，甚至彼此都不能彻底弄清谁是劳动者的朋友，谁是劳动者的敌人。

列宁：《告贫苦农民》，

《列宁全集》第 7 卷第 165～166 页。

劳动反对资本的伟大斗争使各国工人付出了巨大的牺牲。他们为了捍卫自己过美好生活和享有真正自由的权利，已经流了许多血。无数为工人事业而奋斗的战士遭到政府的迫害。但是不管怎样迫害，全世界工人的联合还是在不断发展和加强。

列宁：《五一节》，

《列宁全集》第 8 卷第 194 页。

只有觉悟的组织起来的无产阶级才能回击一切欺骗人民、剥夺人民权利并使人民变成资产阶级的简单工具的企图。

列宁：《五一节》，

《列宁全集》第 8 卷第 196 页。

除了向人民呼吁以外，还几乎一致通过了反对政府一意孤行和非正义行动的决议。这一决议声明，"鉴于当局一意孤行和经常破坏社会权利，代表大会认为一切人都有责任用和平手段保卫人的天然权利，其中包括反对政府破坏这种权利的行动，即使这些行动是以法律文字为根据的"（摘自《泰晤士报》）。

列宁：《无产阶级在进行斗争，资产阶级在窃取政权》，

《列宁全集》第 11 卷第 142～143 页。

战斗性的民主要求，一切能够保障革命人民权利的东西，一切能够发展和扩大争取自由的斗争的东西，开始一个个地抛弃（在决议中不谈撇开杜马进行斗争等等）！一切仅仅使资产阶级一个阶级的权力（首先是杜马中的席位）得到保证的民主要求，却开始加强起来！少在人民中进行宣传，多在杜马中做实际工作吧！

列宁：《地方自治人士代表大会》，

《列宁全集》第 11 卷第 279～280 页。

在有利的条件下开始攻击，不仅是每一个革命者的权利，而且是他的直接的义务。打死特务、警察、宪兵，炸毁警察局，救出被捕者，夺取政府的钱财以供起义的需要，——一切爆发起义的地方都在采取这种行动，无论在波兰或高加索都是这样而每支革命军战斗队都应当立刻准备去采取这样的行动。

列宁：《革命军战斗队的任务》，

《列宁全集》第 11 卷第 343 页。

无产阶级的策略应该是：利用沙皇政府在无产阶级打击的压力下所赐予的权利，组织工人大会解决继续罢工的问题，成立民兵保护革命的权利，提出大赦的要求。

> 列宁：《革命第一个回合的胜利》，
> 《列宁全集》第 12 卷第 30 页。

我们的目标不是使沙皇政权丢脸，不是要它承认人民的权利，而是消灭这个政权，因为沙皇政权是黑帮统治俄国的政权。而这一点也绝不是我们的结论。这是现实生活的结论。这是事变的教训。

> 列宁：《两次会战之间》，
> 《列宁全集》第 12 卷第 52 页。

我们联合所有的革命政党，号召一切愿意为自由、为我们提出的保证人民起码权利和要求的纲领而斗争的居民团体的代表参加我们的行列。我们特别要向身穿军装的工人同志和农民弟兄伸出我们的手，为彻底反对地主和官僚的奴役，为争取土地和自由而共同奋斗。

> 列宁：《我们的任务和工人代表苏维埃》，
> 《列宁全集》第 12 卷第 62～63 页。

对"人道的"文明生活的要求、对联合的要求、对保护自己的尊严以及人权和公民权的要求，笼罩了一切，联合了一切阶级，大大地超过了任何党性，激励着还远远不能提到党性高度的人们。由于对当前的、必需的起码的权利和改良的迫切需要，对以后的一切事情的想法和考虑都推迟了。

> 列宁：《社会主义政党和非党的革命性》，
> 《列宁全集》第 12 卷第 125～126 页。

目前解放运动的主要形式不是在伪宪法的基础上进行合法斗争，而是发动广大人民群众掀起直接的革命运动，去摧毁警察农奴制的法律，创造革命的权利，用暴力摧毁压迫人民的机关。

> 列宁：《提交俄国社会民主工党统一代表大会的策略纲领》，
> 《列宁全集》第 12 卷第 202 页。

最民主的地区组织和地方自治组织，要是同革命的农民委员会相比，都不能不是官僚主义的组织；革命的农民委员会对于地主必然就地立即处置，并夺取应由全民立宪会议批准的权利。

> 列宁：《修改工人政党的土地纲领》，
> 《列宁全集》第 12 卷第 236 页。

总之，在土地问题上是"绝对不许可"。在自由问题上，即在人民代表机关的实际权利问题上，"杜马无权要求加以修改"。

列宁：《既不给土地，也不给自由》，
《列宁全集》第 13 卷第 108 页。

士兵不愿意站在政治之外。士兵不赞同立宪民主党人。士兵提出的要求，其目标显然是要取消等级制的、脱离人民的军队，而代之以享有充分权利的公民的军队。而这也就是要取消常备军，武装人民。

列宁：《军队和人民》，
《列宁全集》第 13 卷第 281 页。

我们的任务是力争革命取得彻底胜利，但是我们没有权利忘记，过去有过而现在还会有未完成的、半途而废的资产阶级革命。

列宁：《不应当怎样写决议》，
《列宁全集》第 15 卷第 100 页。

孟什维克在自己的决议案中把杜马组阁说成是争取召集立宪会议的斗争中一个必要的阶段等等。这是完全不正确的。马克思主义者没有权利只从这个方面来看杜马组阁，而忽视俄国经济发展的两种形式的客观可能性。在俄国，资产阶级民主变革是不可避免的。但是这种变革可能采取保存地主经济和使地主经济逐渐转化成容克－资本主义经济的形式（斯托雷平的和自由派的土地改革），也可能采取消灭地主经济而把土地转交给农民的形式（社会民主党的土地纲领所支持的农民革命）。

列宁：《不应当怎样写决议》，
《列宁全集》第 15 卷第 100～101 页。

但是关于这个党愿意为自由、为人民的权利而斗争这一点，我们倒听说过无数……无数无数遍了。而现在，当提到日程上来的恰好不是立即实现社会主义的问题，而是立即实现自由、摆脱农奴制而取得自由这个问题的时候。

列宁：《在第二届国家杜马中关于土地问题的发言稿》，
《列宁全集》第 15 卷第 138 页。

我们一致承认，工人政党有权利和有义务领导小资产阶级民主派政党（包括农民政党在内）不仅同专制制度作斗争，而且同背叛成性的自由派资产阶级作斗争。

列宁：《俄国社会民主工党第五次代表大会文献》，
《列宁全集》第 15 卷第 340 页。

19 世纪中叶法国工人要求劳动的权利，是希望根据合作制和社会主义等原则革新整个小生产，这在经济上是办不到的。20世纪的俄国农民要求劳动的权利，则是希望在国有化土地上革新农业小生产，这在经济上是完全可以办到的。在20世纪俄国农民对"劳动的权利"的要求中，除了虚假的社会主义理论，还有现实的资产阶级的内容。在19世纪中叶法国小市民和工人对劳动的权利的要求中，除了虚假的社会主义理论就一无所有了。我国许多马克思主义者常常忽视的就是这个区别。

列宁：《社会民主党在俄国第一次革命中的土地纲领》，
《列宁全集》第16卷第363页。

争论点在于，是不是要作出用起义回答每一次战争的规定来束缚无产阶级。如果要这样做，那就是剥夺无产阶级选择决战时机的权利，而把这种权利交给敌人；那就是说，不是由无产阶级根据自己的利益，在无产阶级的社会主义觉悟普遍很高、组织性强、时机有利等等的时候来选择斗争的时机；不是的，资产阶级政府甚至能在条件不利于无产阶级的情况下挑动无产阶级举行起义，例如，政府可以宣布进行一场特别能煽起各阶层居民的爱国主义和沙文主义情绪的战争，从而使起义的无产阶级陷于孤立。

列宁：《好战的军国主义和社会民主党反军国主义的策略》，
《列宁全集》第17卷第171页。

能否因为资产阶级制度的维护者不承认我们这些整个资产阶级制度的反对者有资产阶级权利上的平等，就感到自己是"受了侮辱"呢？如果认为这样就能侮辱我，那就足以说明我的社会主义信念是多么的不坚定了！

列宁：《两个世界》，
《列宁全集》第20卷第11~12页。

谁也不能否认，呼声派和前进派违背他们自己签署的决议，没有履行这些条件。因此，我们有废除这个协定的合法权利是不容争议的。我们废除这个协定是为了主动进行护党斗争，主动进行建党工作，撇开那些一年来实践证明不愿意进行这种工作的人，联合那些证明愿意这样做的孟什维克和非派别组织分子一起进行这种工作。

列宁：《致全体社会民主党护党派的公开信》，
《列宁全集》第20卷第36~37页。

1905年革命动摇了沙皇专制制度。在俄国，这场革命第一次把一群对农奴制压迫抱有刻骨仇恨的庄稼人，变成了开始认识到自己的权利、开始感觉到自己的力量的人民。

列宁：《农奴制崩溃五十周年》，
《列宁全集》第20卷第143页。

取消派不但不向工人指出，在俄国，要争取结社的完全自由，必须进行争取基本民主要求的群众革命斗争，反而在实际上宣扬所谓的"争取权利的斗争"，即自由派争取通过局部改善来"革新"六三制度的斗争。

列宁:《俄国社会民主工党第六次（布拉格）全国代表会议文献》,

《列宁全集》第 21 卷第 158 页。

党悟的工人在这种场合是不应当保持沉默的。应当善于捍卫自己的权利,任何选民都有的权利,即要求他们选出的代表始终忠于自己的旗帜,不敢随便逃跑,否则他们将因此受到惩罚。

列宁:《关于捷·奥·别洛乌索夫代表退出社会民主党杜马党团的问题》,

《列宁全集》第 21 卷第 199 页。

起初,社会主义运动是为生存而斗争,而反对社会主义运动的是相信自己的力量、大胆地和一贯地维护自由主义这整套经济政治观点的资产阶级。后来,社会主义运动壮大了,它在整个文明世界已经保住了自己的生存权利,它现在是在为争取政权而斗争;而日渐腐朽的、看到自己必然要灭亡的资产阶级,则竭力用不彻底的、伪善的让步来延缓这种灭亡,以求在新的条件下保住自己的政权。

列宁:《俄国社会民主主义运动中的改良主义》,

《列宁全集》第 20 卷第 307~308 页。

俄国行将到来的不是革命危机,而是"立宪"危机,工人阶级只要在这个"立宪危机"的基础上,设法捍卫自己的权利和利益就行了。

列宁:《俄国社会民主主义运动中的改良主义》,

《列宁全集》第 20 卷第 311 页。

工人自由派是"为争取拥有本阶级的〈从布伦坦诺的社会自由主义的意义上理解的〉政党的权利"而斗争的。服从这个原则,这就等于背叛民主派事业。无论自由派资产者,还是政府中的狡猾市侩,都只希望工人为"自己的政治自决"的自由而斗争。

列宁:《来自斯托雷平"工"党阵营的议论》,

《列宁全集》第 20 卷第 365 页。

"新经济派"即取消派说:选举鼓动的全部内容,要服从工人为争取拥有本阶级的政党的权利而斗争这个原则。

列宁:《来自斯托雷平"工"党阵营的议论》,

《列宁全集》第 20 卷第 366 页。

任何地方,只要每个人时时刻刻都听到那些仅仅因为敢于在全国面前履行自己作为一个人和一个公民的义务而被监禁、失去自由、失掉一切公民权利和政治权利的人的镣铐银铛声,那里就没有也不可能有安宁和心绪平静。

列宁:《关于第二届杜马的社会民主党党团》,
《列宁全集》第 20 卷第 385 页。

恩格斯在《宪章派为 1847 年选举而举行的宴会》里的"宪章派协会",是指 1840 年 7 月建立的宪章派全国协会,它是工人运动史上第一个群众性的工人政党。在宪章运动高涨的年代,会员曾达 4 万名之多。协会的活动表明协会会员缺乏思想上和策略上的一致,表明宪章派大多数领袖有小资产阶级思想意识。1848 年宪章运动失败后,协会趋于衰落,至 50 年代完全停止活动。

列宁在《我们的纲领》里提到的"颁布关于缩短工作日的法令",指 1897 年 6 月 2 日(14 日)颁布的将工业企业和铁路工厂的工作日缩短为 111/2 小时的法令。1895 年特别是 1896 年以纺织工人为主的彼得堡工人举行罢工。1896 年的罢工开始于 5 月底,起因是工厂主拒绝给工人支付尼古拉二世加冕礼那几天假日的全额工资。罢工从俄罗斯纺纱厂(即卡林金工厂)开始,很快就席卷了所有纺织工厂,并波及机器、橡胶、造纸、制糖等工厂,参加者达 3 万多人。这次罢工是在彼得堡工人阶级解放斗争协会领导下进行的。该会散发了传单和宣言,号召工人起来捍卫自己的权利。罢工的基本要求是:把工作日缩短为 101/2 小时,提高计件单价,按时发放工资等。列宁称这次罢工为著名的"彼得堡工业战争"。它第一次推动了彼得堡无产阶级结成广泛阵线向剥削者进行斗争,并促进了全俄国工人运动的发展。在这次罢工的压力下,沙皇政府加速了工厂法的修订,颁布了这一法令。

4. 苏维埃真正实现了革命权利和人民权利

从根本上说,资本主义条件下工人阶级和广大劳动人民的权利,不是法律给予的,而是他们经过不折不挠的斗争争取而来的。这个权利,就是革命权利和人民权利。经典作家提出"革命权利""人民权利"术语,最准确、最直接地表达了权利概念的核心和实质。

革命权利和人民权利的真正实现,必须经过社会革命。当生产力发展到一定阶段,同现存生产关系发生矛盾,生产关系由生产力发展的形式变成生产力发展的桎梏,社会革命时代就来了。苏维埃通过社会主义革命,建立人民政权,革命权利和人民权利便实现了。

不言而喻,我们的外国同志们是决不会因此而放弃自己的革命权的。须知革命权是唯一的真正"历史权利",——是所有现代国家一无例外都以它为基础建立起来的唯一权利,连梅克伦堡也是如此,那里的贵族革命是于 1755 年以"继承条约"这个至今还有效力的光荣的封建主义文书告终的。革命权已如此深入人心,甚至鲍古斯拉夫斯基将军也只是根据这个人民权利才为自己的皇帝引伸出举行政变的权利。

恩格斯:《卡·马克思"1848 年至 1850 年的法兰西阶级斗争"一书导言》,
《马克思恩格斯全集》第 22 卷第 608 页。

所有通过革命取得政权的政党或阶级，就其本性说，都要求由革命创造的新的法制基础得到绝对承认，并被奉为神圣的东西。革命的权利原先是存在的，否则执政者就得不到法律的批准，但是后来它被取消了。

恩格斯：《致奥古斯特·倍倍尔》，

《马克思恩格斯全集》第 36 卷第 238 页。

普鲁士挑起了内战，从而引起了革命。它取得了胜利，推翻了三个"天赐"王位，兼并了他们的领土以及过去的一个自由市法兰克福。如果这不是革命的行为，那我就不知道革命这个词根本是什么意思了。此外，它还没收了被逐君主的私有财产。它承认这个行动是不合法的，然而却是革命的，后来要求会议（国会）批准这次行动，虽然国会并不比政府拥有更多的权利来处理这笔财产。

恩格斯：《致奥古斯特·倍倍尔》，

《马克思恩格斯全集》第 36 卷第 239 页。

但是，谁以铁和血行事，推翻王位，吞并整个整个的邦，没收私有财产，谁就无权指责别人是革命者。如果党能保持住做一个革命党的权利，恰恰像帝国政府当年做的那样，那末党也就有了它所需要的一切。

恩格斯：《致奥古斯特·倍倍尔》，

《马克思恩格斯全集》第 36 卷第 239 页。

任何一个政党，要是不撒谎的话，都不曾否认过在一定的情况下有进行武装反抗的权利。从来没有一个政党会放弃这种非常的权利。如果就一个政党在什么情况下为自己保留这种权利发生了争论，那对我们是有利的。

恩格斯：《致奥古斯特·倍倍尔》，

《马克思恩格斯全集》第 36 卷第 240 页。

现在事实已经表明，英国的大臣们（奥尔梭普、皮尔、摩里，甚至格莱斯顿）都把进行革命的权利当作立宪理论来宣传；诚然，这仅仅是在他们处于反对派地位时才这样，附去的格莱斯顿的胡言乱语证明了这一点，但就在这里他也不敢否认这种权利本身。

恩格斯：《致爱·伯恩施坦》，

《马克思恩格斯全集》第 36 卷第 478 页。

我认为，如果你们宣扬绝对放弃暴力行为，是决捞不到一点好处的。没有人会相信这一点，也没有一个国家的任何一个政党会走得这么远，竟然放弃拿起武器对抗不法行为这一权利。

恩格斯：《致理·费舍》，

《马克思恩格斯全集》第 39 卷上册第 401 页。

今天，我们从德国南部各地收到的几封信，全都带来了喜人的消息，说人民到处都焦急地等待着这样一个时刻：最后以真正的革命——当然不是三月革命——来反对"奉天承运"的君主们和他们所嘉许的同谋者的无耻反革命行径，为人民权利长期以来天天遭受暴力和蹂躏而复仇。

> 恩格斯：《来自德国南部的消息》，
> 《马克思恩格斯全集》第 43 卷第 436 页。

人民有权利，也有义务不用表决，而用强力来解决这样的问题；在革命的紧要关头，人民有权利，也有义务指导自己的代表，甚至自己最优秀的代表，而不是等待他们。

> 列宁：《给中央委员的信》，
> 《列宁全集》第 32 卷第 431 页。

一切伟大的革命总是力求彻底摧毁旧的资本主义制度，不仅力求获得政治权利，而且力求从统治阶级、劳动人民的一切剥削者和压迫者手中夺得国家管理权本身，以求永远消灭一切剥削和压迫。

> 列宁：《全俄工兵农代表苏维埃第三次代表大会文献》，
> 《列宁全集》第 33 卷第 286 页。

彼得堡的社会民主主义无产阶级懂得，开始进行新的革命斗争，不应当是为争取一种权利，哪怕是对工人阶级来说最主要最重要的权利，而应当是为争取全体人民的自由。

> 列宁：《1912 年 1 月俄国社会民主工党全国代表会议的口号和五月运动》，
> 《列宁全集》第 21 卷第 354 页。

成千上万的忠实于工人民主派利益的、自觉捍卫自己权利的工人听做到的事情，任何其他政党不花费一大笔钱就无法做到。

> 列宁：《选举为期不远了，大家行动起来吧！》，
> 《列宁全集》第 21 卷第 379 页。

俄国社会民主工党的纲领写道："……俄国社会民主工党的最近的政治任务是推翻沙皇专制制度，代之以民主共和国，共和国的宪法应保证（1）建立人民专制……"等等，——接着列举了各种"自由"和"权利"。

> 列宁：《改良派的纲领和革命的社会民主党的纲领》，
> 《列宁全集》第 22 卷第 188 页。

全世界工人阶级进行斗争不是为了使自己组织社会主义政党的权利得到承认，而是为了夺取政权，为了建立新的社会制度。在杜马讲坛上讲明这种情况，告诉俄国工人欧洲和

美洲争取社会主义的伟大战斗已经开始，社会主义在文明世界即将胜利（必然会胜利），——这是极端重要的。

> 列宁：《关于工人代表的某些发言问题》，
> 《列宁全集》第 22 卷第 214 页。

世界资本主义和俄国 1905 年的运动终于唤醒了亚洲。几万万受压制的、由于处于中世纪的停滞状态而变得粗野的人民觉醒过来了，他们走向新生活，为争取人的起码权利、为争取民主而斗争。

> 列宁：《亚洲的觉醒》，
> 《列宁全集》第 23 卷第 161 页。

工人阶级正在吸引被剥夺了最起码权利并且陷于绝望境地的被剥削劳动群众参加革命行动。工人阶级教导他们进行革命斗争，培养他们从事革命活动，告诉他们出路和生路何在。

> 列宁：《革命无产阶级的五一游行示威》，
> 《列宁全集》第 23 卷第 315 页。

反对资产阶级的国内战争，是贫苦群众用民主方式组织和进行的反对少数有产者的战争。国内战争也是战争，因此它必不可免地要用暴力代替权利。但是，为了多数人的利益和权利而采用的暴力，其性质不同：它践踏的是剥削者即资产阶级的"权利"，如果不用民主的方式组织军队和"后方"，这样的暴力是不能实行的。

> 列宁：《对彼·基辅斯基（尤·皮达可夫）的回答》，
> 《列宁全集》第 28 卷第 112～113 页。

在俄国目前这种时刻，在属于资本家阶级并取得小资产阶级广大群众信任（必然是不长久的）的临时政府已承诺召开立宪会议的时候，无产阶级政党面临的直接任务，就是争取一个最能保证经济发展和人民权利，特别是保证痛苦最少地向社会主义过渡的国家制度。

> 列宁：《修改党纲的材料》，
> 《列宁全集》第 29 卷第 475～476 页。

觉悟的工人现在和将来都会说：我们决不放弃我们的权利和要求——向人民公开金融资本的最主要堡垒，把它放在工人的监督之下。愈来愈多的劳苦大众，愈来愈占明显多数的人民，愈来愈多的真心寻求摆脱灾难的途径的老实人，都会日益相信这种说法是正确的

> 列宁：《必将到来的灾难和不讲分寸的诺言》，
> 《列宁全集》第 30 卷第 108 页。

　　既然无产阶级和革命民主派确实不需要任何新的国家机构，那么苏维埃也就失掉存在的理由和存在的权利了，那么立宪民主党科尔尼洛夫分子消灭苏维埃的意图也就是正当的了！

列宁：《布尔什维克能保持国家政权吗?》，

《列宁全集》第 32 卷第 296 页。

　　布尔什维克没有权利等待苏维埃代表大会，他们应当立刻夺取政权。只有这样，才能挽救世界革命（因为不这样，各国帝国主义者就有勾结起来的危险，他们在德国大屠杀以后，将会相互迁就，联合起来反对我们），才能挽救俄国革命（不然真正无政府状态的浪潮将会比我们更强大），才能挽救战争中的几十万人的生命。

列宁：《给中央委员会、莫斯科委员会、彼得堡委员会的信》，

《列宁全集》第 32 卷第 332～333 页。

　　我们是勇敢地进行世界上最伟大的革命、同时又冷静考虑事实的马克思主义者，我们没有权利抛弃最低纲领。如果现在我们抛弃最低纲领，这证明我们没有胜利就失去了头脑。可是无论在胜利前、胜利中或胜利后，我们都不应当失去头脑，因为一失去头脑，我们就会丧失一切。

列宁：《论修改党纲》，

《列宁全集》第 32 卷第 366～367 页。

　　苏维埃政权由于得到工人和绝大多数农民的支持，取消地主和资产阶级对国家的这种主要形式的财富的权利并没有遇到什么困难。

列宁：《〈苏维埃政权的当前任务〉一文初稿》，

《列宁全集》第 34 卷第 125 页。

　　过去，我们从原则上反对护国主义，所以我们当时有理由讥笑那些好像是为了社会主义的利益而想"保护"自己祖国的人。现在，我们已经获得做无产阶级护国派的权利，问题的整个提法就根本改变了。我们的责任就是慎重估计各种力量，仔细考虑我们的同盟者（国际无产阶级）是否来得及援助我们。

列宁：《论"左派"幼稚性和小资产阶级性》，

《列宁全集》第 34 卷第 272 页。

　　帝国主义列强之间结合的集团，不管看起来多么牢固，只要神圣的私有制利益、神圣的租借权利等等要求闹翻，那么在几天之内就可以闹翻。也许只要有一个小小的火星就足以毁掉现有的大国集团。

列宁：《在全俄中央执行委员会和莫斯科苏维埃联席会议上关于对外政策的报告》，

《列宁全集》第 34 卷第 309 页。

如果你们剥削者企图反抗我们的无产阶级革命，我们就会无情地镇压你们，把你们变成没有权利的人，不仅如此，还不给你们粮食吃，因为在我们无产阶级共和国中，剥削者将没有权利，将没有饭吃，因为我们是真正的社会主义者，而不是谢德曼式和考茨基式的社会主义者

列宁：《无产阶级革命和叛徒考茨基》，

《列宁全集》第 35 卷第 282 页。

革命的发展总是长期的，艰苦的。蹩脚的社会党人才认为资本家会立即放弃自己的权利。不会的，世上还没有过这样好心肠的资本家。社会主义只有同资本主义作斗争才能发展。世界上还没有一个不经过斗争就自动下台的统治阶级。

列宁：《在普列斯尼亚区工人代表会议上的讲话》，

《列宁全集》第 35 卷第 370～371 页。

宪法第 23 条规定："俄罗斯社会主义联邦苏维埃共和国为了整个工人阶级的利益，对利用权利来危害社会主义革命利益的个人和集团，得剥夺其一切权利。"

列宁：《关于工会在支援东线的动员工作中的任务的报告》，

《列宁全集》第 36 卷第 281 页。

为了镇压剥削者的反抗，所以苏维埃宪法毫不犹豫地剥夺剥削者的政治权利，其出发点是：任何自由，如果同劳动摆脱资本压迫这一点相抵触那就是欺骗。

列宁：《俄国共产党（布尔什维克）纲领》，

《列宁全集》第 36 卷第 406 页。

那时开始的斗争（你们都很清楚，这一点用不着多讲了）是一场反对旧的社会制度的殊死斗争，我们反对这种旧制度，为的是争取生存与和平发展的权利。这种权利我们已经争得了。

列宁：《在莫斯科苏维埃全会上的讲话》，

《列宁全集》第 43 卷第 298 页。

只要世界上还存在不愿意向工农拱手交出自己的地主权利、自己的资本家权利的剥削者，没有这样的机关，劳动者的政权就不可能存在。

列宁：《全俄苏维埃第九次代表大会文献》，

《列宁全集》第 42 卷 352 页。

无产阶级的统治表现在废除了地主和资本家的所有制。以前所有一切宪法，以至最民主的共和宪法的精神和基本内容都归结在所有制这一点上。我们的宪法之所以有权在历史

上存在，所以争取到了这个权利，就是因为废除这一所有制不是仅仅在纸上写写而已。获得胜利的无产阶级废除并彻底破坏了这一所有制，阶级统治也就表现在这里。首先就表现在所有制问题上。我们实际解决了所有制问题，这样也就保证了阶级统治。

列宁：《俄共（布）第九次代表大会文献》，
《列宁全集》第 38 卷 281 页。

恩格斯在《卡·马克思"1848 年至 1850 年的法兰西阶级斗争"一书导言》里说，"连梅克伦堡也是如此，那里的贵族革命是于 1755 年以'继承条约'这个至今还有效力的光荣的封建主义文书告终的"，是指梅克伦堡 – 施韦林公国和梅克伦堡 – 施特雷利茨公国中公爵政权和贵族阶级之间的长期斗争，以 1755 年在罗斯托克签订作为宪法基础的关于继承权的条约告终。根据这个条约，梅克伦堡的贵族获得对自己过去的优惠和特权的确认，争取到自己的一半土地以及商业和手工业可以免税，自己在国家开支中的那部分可以固定下来，并且巩固了自己在等级议会及其常设机构中的领导地位。

恩格斯在《致奥古斯特·倍倍尔》里说，"普鲁士挑起了内战，从而引起了革命。它取得了胜利，推翻了三个'天赐'王位，兼并了他们的领土以及过去的一个自由市法兰克福"，是指在奥普战争中站在奥地利方面的汉诺威王国、黑森—加塞尔选帝侯国、拿骚公国和美因河畔法兰克福自由市，根据 1866 年 9 月 20 日的法律被兼并和划归普鲁士。

三、权力下的权利关系

法学界对于权力下的权利关系，比较生疏，而且对于权力下权力与权利的关系也往往缺乏认识。譬如，东海中属于我国管辖的领海，就存在国家权力（主权）和权利问题。有的主管机关和媒体，把我国的领海主权或海洋权益说成"我国权利"。权利可以商量，而主权和国家权益是不可以商量的。维护领海主权，是维护国家权力；如果在我国领海内国内企业与外国企业合作开采石油，它们之间便存在相互权利义务问题了。

经典作家的论述，开阔了人们的视野。我们应当以经典作家的思想为指针，认真研究权力下的权利关系问题。

根据经典作家的论述，这里，对于权力下的权利关系，分为内政权利关系和对外权利关系两个方面。其内政关系，是国家的国务事项关系；对外关系，是国家的外部交往关系。

在法律上，内政、外交具有固有的含义。1919 年的《国际联盟盟约》，将"内政"定义为"按诸国际法纯属该国内管辖之事件。"《联合国宪章》的定义与之大体相同，即"本质上属于任何国家国内管辖之事件"。在司法上，1923 年常设国际法院的咨询意见解释为"纯属国内管辖之事件"，指"原则上不受国际法调整的事项"。总之，对内政的理解，限于某一事项的一国国内管辖。法律上的外交关系含义，比泛指的对外交往要窄。外交关系，是由外交主体、外交程序、外交形式和外交内容组成的，主要是外交关系的建立、外交代表机关派遣和接受的程序、外交代表机关的组成、等级及其职务以及外交特权与豁免等方面关系的规则。

（一）内政权利关系

1. 议会权利关系

议会是国家权力机关，但议会内部关系，既存在职级上的权力关系，也存在其内部组织相互之间的权利关系。

这个议会的任务，就是完成 1820 年的法令在需要的情况下所要求做的"工作"，即表决公债和增税，此外它不应该有任何权利。它对总的立法方面的意见，只是谘议性的；它开会无定期，国王想什么时候开就什么时候开；政府喜欢让它讨论什么问题它就讨论什么问题。

恩格斯：《德国的革命和反革命》，
《马克思恩格斯全集》第 8 卷第 22 页。

把立法会议分割为 4 个独立的封建的省议会，废除立法会议的自行决定课税问题的权利，废除普选权，取消出版自由，恢复闭塞的行会用以代替自由竞争，剥夺所有官员即丹麦唯一有教养阶级不经国王特许而可以被选入代议机关的权利，——所有这一切都叫做"对宪法的略事修改"！

马克思：《广告税。——俄国的行动。——丹麦。——合众国在欧洲》，
《马克思恩格斯全集》第 9 卷第 273 页。

至于议会在国王年幼时指定摄政的权利，加斯梯里亚的古议会在十四世纪长期有未成年国王在位的时期就经常行使。

马克思：《革命的西班牙》，
《马克思恩格斯全集》第 10 卷第 495 页。

当 1805 年需要新编一部西班牙法律全书时，国王发出一道敕令，命令删除前一版本中所包含的以及由于君主国软弱而国王不得不同自己的诸侯订立损害国王主权的协议的那一时代所保留的一切封建权利的遗迹。

马克思：《革命的西班牙》，
《马克思恩格斯全集》第 10 卷第 495～496 页。

2 月 24 日，约翰勋爵向议会提出了他的关于取消对犹太人权利的限制的法案，但是没有得到任何结果，因为上院把这个法案束之高阁了。4 月 4 日他提出了教育改革法案。

马克思恩格斯：《上一届英国政府》，
《马克思恩格斯全集》第 11 卷第 26 页。

议会的这次常会讨论的一个最重要的问题是关于东印度的法案。内阁提出把东印度公司特许状再延长 20 年，并且对管理印度的制度不作任何重大改变。这个建议连本届议会也不能接受，因此只得放弃。常会决定授予议会废除特许状的权利，但须在一年之内预先通知该公司。

马克思恩格斯：《上一届英国政府》，
《马克思恩格斯全集》第 11 卷第 27 页。

由人民选举的市议会议员，不仅应关怀地方当局的各种决定的执行，而且应当关怀国家的一般法律的实施。军官们在就职之前必须宣誓效忠宪法，他们在对王权的关系上享有同文职人员一样的权利。代议机关只由一院组成，它在同执行机关不论发生什么冲突时，有权停止征收一切赋税。

马克思：《德国的动荡局势》，

《马克思恩格斯全集》第 13 卷第 597～598 页。

帝国议会虽然补充了一些来自各省的极端的保守分子和贵族分子，并且被赋予在和平时期监督国家财政的权利，但它不久即将讨论人民代议机关以及帝国宪法和帝国内各省的宪法问题。

恩格斯：《奥地利病夫》，

《马克思恩格斯全集》第 15 卷第 143 页。

问题不仅在于，要剥夺匈牙利议会对拨款和军队定额的决定权，并把它们交给中央议会，甚至部分地交给皇帝本人，——仿佛这个在最近十年中不得不忍受接二连三的政治打击的政府，还有足够的力量把这些权利从实际夺得者那里再夺来之后，保持在自己手里似的，——而且，对照一下给予帝国其他部分和中央代议机关的那些权利，看看这些权利是如何微不足道和不明确，整个意图的虚伪性便立刻暴露无遗。

恩格斯：《奥地利革命的发展》，

《马克思恩格斯全集》第 15 卷第 249～250 页。

因此，同皇帝做了这笔交易的匈牙利的旧保守派（vulgo〔换言之〕贵族）就失去了自己家中的一切支柱；他们已决定用议会的两个最重要的权利来换取这些。实际上，皇帝的恩诏没有骗住任何人。

恩格斯：《奥地利革命的发展》，

《马克思恩格斯全集》第 15 卷第 250 页。

各领地的立法议会被剥夺了禁止奴隶制度的权利，而国会就同联邦政府一起，被赋予保护奴隶制度的先锋的义务了。

马克思：《北美内战》，

《马克思恩格斯全集》第 15 卷第 350～351 页。

国民议会不但没有从外省方面得到它所必需的物质援助，而且连最后一点起道义力量作用的权利，即认为自己是全国普遍意志表达者的权利，也完全丧失了。而使它彻底失败的，是法国所有城市新选出的市镇参议会决定在波尔多召集一个反议会，这就公开地威胁了篡夺政权的凡尔赛议会。

马克思：《法兰西内战》，

《马克思恩格斯全集》第 17 卷第 374 页。

使全部帝国宪法具有一个唯一的稳固的轴心——一个帝国首相。联邦会议应当处于这样一种地位，这种地位使其他责任行政权成为不可能，可能的只有帝国首相的责任行政权，因而使帝国责任大臣无法存在。实际上想通过任命责任内阁来调整帝国行政的任何企图，都被看成是破坏联邦会议权利的行为，都遭到了无法克服的反抗。

恩格斯：《暴力在历史中的作用》，

《马克思恩格斯全集》第 21 卷第 521～522 页。

您应当知道，美国总统无权宣战。这项权利只属于参议院。如果说约翰逊总统——他是前奴隶主们手中的肮脏工具（尽管您非常天真地把他变成了第二个华盛顿）——搅乱外交事务，在国外吹牛夸口，力图以此博得某种声誉，那末要知道，美国佬不是孩子也不是法国人。

《马克思致奥·韦莫雷耳》，

《马克思恩格斯全集》第 31 卷下册第 557 页。

我看到，中央党提出在帝国国会暂停起诉期间中止时效的问题。因为中央党是具有决定性作用的党，所以这项提案有可能被通过。在这种情况下，在我看来，似乎不应当把这种对国会权利的限制，白白送给政府。报偿应当是：承认国会也有制止逮捕的无可辩驳的权利，否则，这就会意味着国会的又一次让步，无论这一措施有多少法律上的理由。

恩格斯：《致奥·倍倍尔》，

《马克思恩格斯全集》第 39 卷上册第 14 页。

看来布勒斯劳当局"认为"，1848 年的大赦以及由于这次大赦而获得的权利被 1861 年的大赦废除了。在这种情况下，类似这样的"具有回溯效力"的立法恐怕会在法学史上开辟一个新的时期。

马克思：《论大赦问题》，

《马克思恩格斯全集》第 44 卷第 483 页。

他正确地指出，"谈国家杜马的预算权，只能是一种讽刺"，我们不仅要求有彻底修改整个预算的权利（在是否准许"彻底修改"、修改范围多大的问题上，捞到肥缺的官吏科科夫佐夫同没捞到肥缺的官吏盛加略夫和阿杰莫夫，在杜马中展开了最激烈的争论），而且要求有"改变整个财政制度"的权利，要求有"否决政府预算案"的权利。他最后提出了实行"充分的民权制度"的要求，这个要求同样正确，而且作为一个工人政党的党员也是必须提出的。

列宁：《关于扩大杜马预算权的辩论》，

《列宁全集》第 16 卷第 430 页。

恩格斯在《致奥·倍倍尔》里的"中央党"，是德国天主教徒的政党，1870 年～1871 年由普鲁士议会的和德意志帝国国会的天主教派党团（这两个党团的议员的席位设在会议大厅的中央）的统一而成立。中央党通常是持中间立场，在支持政府的党派和左派反对派国会党团之间随风转舵。它把主要是德国西部和西南部的各个中小邦的天主教僧侣中社会地位不同的各个阶层，地主、资产阶级、一部分农民联合在天主教的旗帜下，支持他们的分立主义的和反普鲁士的倾向。1893 年中央党在国会的全部三百九十七名议员中拥有一百零六名议员，因此在其他党派发生分歧时，它的立场就能够起决定性作用。

"这项提案有可能被通过"，是指这个提案是中央党议员维克多·林泰伦于 1892 年 12 月 15 日在帝国国会讨论修改刑法典时提出的。

2. 政务权利关系

行政权是国家权力，是因行政机关执行职权而发生的命令与服从关系。这种关系，主要是行政管理关系和行政监督关系。但在这种权力关系中，存在权利关系。主要表现在两个方面，一是行政机关及其部门与作为管理和监督对象的行政相对人发生的权利关系；二是其内部职能部门之间、部门与行政人员之间发生的权利关系。法律规定权利关系当事人以实体上和程序上的权利和义务。

按照法律，他应受的处分是撤职、罚款或要塞监禁和剥夺担任任何公职的权利。由于他给国家造成了极大的损失，所以应该按照法律所许可的最高限度来剥夺他的自由。

马克思：《博德尔施文克及其伙伴治理下的普鲁士财政》，
《马克思恩格斯全集》第 6 卷第 353 页。

（3）民政机关的所有公职以及必须具备专门知识的所有军职，在印度都通过公开征求的办法补缺；董事只有任命集团军直属骑兵的低级军官的权利；（4）总督一职和孟加拉省督一职分开；授予最高权力机关在印度河区域成立新的管区的权利。

马克思：《俄国的欺骗。——格莱斯顿的失败。——查理·伍德的东印度改革》，
《马克思恩格斯全集》第 9 卷第 141 页。

这件事现在仅是以女王的名义宣布的；虽然这时下院正在开会，但是大臣们什么也没有通知它。这样，大臣们便把按照宪法规定仅仅属于下院的权利——确定军队薪饷数额的权利攫为己有。

马克思：《消息数则》，
《马克思恩格斯全集》第 11 卷第 382 页。

印度同亚洲大多数国家一样，土地的最高所有权是属于国家的。但是争论的一方认为，应该把国家看作土地的所有者，它把土地按分成制租给农人；另一方则认为，实质上土地在印度就同任何其他国家一样，是私人所有，而所谓国家所有不外是指土地由君主封赠——这种封赠在所有以封建权利为法律基础的国度中都得到理论上的承认，并且还毫无例外地在所有一切国度中被实际实行着，因为政府有权按自己的需要征收土地税，除政治上的考虑以外，丝毫不照顾占有者的方便。

马克思：《坎宁的公告和印度的土地占有问题》，

《马克思恩格斯全集》第 12 卷第 516 页。

一位显赫的贵族兰斯科伊被任命为内务大臣，他向贵族们发布了一项公告，宣布亚历山大皇帝已用特别法令保证贵族的一切权利和特权，这就说明，农奴主中间的这些不满情绪的征兆已经使宫廷感到多么惊慌。

恩格斯：《俄国军队》，

《马克思恩格斯全集》第 11 卷第 637 页。

既然这些中间人，不论其权利从何而来，能够援引惯例来维护自身的利益，就不能不承认他们的要求有一定程度的合法性，不管这些要求对人民是如何难堪、专横和沉重。

马克思：《坎宁的公告和印度的土地占有问题》，

《马克思恩格斯全集》第 12 卷第 517 页。

在奥德，在土著王公的微弱统治下，这些封建土地占有者在削减政府的要求和耕种者的权利方面都做得很过分，因此，坎宁的公告和印度的土地占有问题当不久前这个王国被兼并后，对这个问题又进行重新审查的时候，受委托实行新土地法的官吏很快就和这些封建土地占有者就其权利的实际范围发生了极其激烈的争论。因此也就在他们中间产生了不满，促使他们与起义的西帕依联合起来。

马克思：《坎宁的公告和印度的土地占有问题》，

《马克思恩格斯全集》第 12 卷第 517～518 页。

拥护上述政策的人们（上述政策即村社土地整理制度的政策，它把直接耕种者看作土地所有权的拥有者，这种权利驾凌于国家赖以取得其一份农产品的中间人的权利之上），为坎宁勋爵的公告辩护认为它成功地利用了大多数柴明达尔和塔鲁克达尔在奥德所处的地位；他们说这一公告的目的是为在其他任何情况下都不可能的更广泛得多的改革铺平道路；他们说，根据这一公告没收的所有权只是柴明达尔或塔鲁克达尔的权利，只涉及很小一部分居民，而且完全不包括直接耕种者。

马克思：《坎宁的公告和印度的土地占有问题》，

《马克思恩格斯全集》第 12 卷第 518 页。

不论他们夫妇之间目前取得了什么样的协议，英国公众感兴趣的是这样一个问题：能以重金收买两个贪财医师的无耻阔人有没有权利在疯人待遇法的掩盖下发出 lettres de cachet〔拘捕令〕？

马克思：《布尔韦尔－利顿夫人的囚禁》，

《马克思恩格斯全集》第 12 卷第 567 页。

根据摄政王引据的条款，"王位直接继承者"应立即召集两院举行联席会议，决定"有无必要实行摄政"。为了剥夺议会的上述权力，要强调国王是自愿引退的，可是为了不致完全依赖于国王的任性，又抬出了宪法。可见，摄政王提出的论点是有漏洞的，因为他所依据的是两种彼此不相容的权利。

马克思：《普鲁士国王的疯癫症》，

《马克思恩格斯全集》第 12 卷第 644 页。

至于谈到法律界——竞选时要请来帮忙的辩护士、代理人、律师，那末，他们当然完全有合法的权利得到报酬。总不能要求他们花自己的时间去白"干"一场吧。

马克思：《英国的贿选活动》，

《马克思恩格斯全集》第 13 卷第 588 页。

好像福格特要向我们证明："小拿破仑"并不是真拿破仑！福格特可以用同样的权利在 1851 年预言：侄儿——除了斯特拉斯堡冒险、远征布伦和萨托里的腊肠阅兵之外，他根本拿不出什么货色来同第一次意大利战争和远征埃及相比，——永远不会模仿雾月十八日，更不会给自己戴上皇冠。

马克思：《福格特先生》，

《马克思恩格斯全集》第 14 卷上册第 562 页。

贵族表示准备放弃自己在地方上对农奴的统治权，但它要求从中央政府手中取得政治权力来代替这种统治权，实质上，就是要取得宪法权利参加帝国的一般治理。

马克思：《俄国利用奥地利。——华沙会议》，

《马克思恩格斯全集》第 15 卷第 194 页。

帕麦斯顿勋爵掌管不列颠帝国的对外政策于密室，不仅广大公众或议会，甚至他自己的同僚都不知道他的真正意图，在这种情况下，如果他不设法抓住这家篡夺了以英国人民名义广泛议论他的秘密勾当的权利的唯一报纸，那他就太笨了。

马克思：《伦敦〈泰晤士报〉和帕麦斯顿勋爵》，

《马克思恩格斯全集》第 15 卷第 336 页。

南部同盟不顾密苏里和肯塔基等州的意志而企图并吞它们，这就证明了它所说的为维护各州权利、反对联邦侵犯而战的借口是虚伪的。的确，它承认被它算入"南部"的各州有脱离联邦的权利，但它并不承认它们有留在联邦内的权利。

马克思：《美国内战》，

《马克思恩格斯全集》第 15 卷第 362 页。

现在资产阶级反对派的处境是，它必须或者在军事问题上取得胜利，或者失去它尚享

有的那一点政权残余；至于它由于什么错误和阴谋诡计而陷入这样的处境，那是无关紧要的。政府已经对于它表决预算案的全部权利表示怀疑。

马克思：《普鲁士军事问题和德国工人政党》，
《马克思恩格斯全集》第16卷第71页。

共和国是在9月4日由巴黎人民宣告成立的，而不是由在市政厅中擅自建立国防政府的讼棍们宣告成立的。它受到法国举国一致的欢迎。它通过以巴黎的长期抵抗为基础的五个月的战争为自己争得了存在的权利。

马克思：《"法兰西内战"初稿》，
《马克思恩格斯全集》第17卷第551页。

扮演着帖木儿－塔梅尔兰角色的这个大拇指般的小人物梯也尔，在万分可耻的得意忘形中，拒不承认那些反对他这个小人的尊严的"叛乱者"享有交战一方的一切权利和惯例，甚至于拒绝给予"伤兵救护站"的权利。

马克思：《"法兰西内战"二稿》，
《马克思恩格斯全集》第17卷第639页。

各省递交的大部分呈文建议：立即和巴黎缔结停战协定，解散国民议会，"因为它的任期已满"，给予巴黎所要求的市政权利；这些呈文的语调是如此不堪入耳，以致杜弗尔在发给各省省长的"反对议和的通告"中对之大加诋毁。

马克思：《"法兰西内战"二稿》，
《马克思恩格斯全集》第17卷第654页。

帝国诸侯的权力愈来愈接近完全的自主。他们不服从皇帝意志的权利（这种权利在德国相当于波兰的 liberum veto〔自由否决权〕）根据威斯特伐里亚和约的条款得到法国和瑞典的明确保障；因此，德国中央权力的加强就得取决于其全部利益在于阻挠这一加强的外国的同意。

恩格斯：《俄国沙皇政府的对外政策》，
《马克思恩格斯全集》第22卷第22页。

劳动妇女，由于她们的特殊生理机能，需要特别的保护，来对付资本主义的剥削，我认为这是很明显的。英国那些女斗士们争取妇女的形式上的权利，让妇女和男子受资本家同样厉害的剥削，她们自己多半同资本主义对男女劳动者的剥削有直接或间接的利害关系。

恩格斯：《致盖尔特鲁黛·吉约姆－沙克》，
《马克思恩格斯全集》第36卷第339页。

他当然指望得到尼古拉的奖赏，可是这位专制君主谨慎之至，对一个叛徒是不信任的。他利用了他，又抛弃了他；他给了他一个下级官职，古罗夫斯基眼见自己没有晋升的希望就辞去了这个职务。他甚至由于自己参加起义而丧失的一个国民的权利都得不到；最后，他决定再度离开波兰去普鲁士避难，到布勒斯劳，他已要求那里的当局把他当作一个军队逃兵来对待。古罗夫斯基由于自己的同胞鄙视他——他背弃了他们的事业——，欧洲一切党派嘲笑他，沙皇又抛弃了他，所以正打算到美国去，大概是希望他的名声不会随着他一道漂洋过海吧。

恩格斯：《一个叛徒的命运》，

《马克思恩格斯全集》第 42 卷第 198 页。

问题在于同一个阶级应当既在中央又在地方掌握政权，在中央和地方都要完全彻底地实行同样程度的民主制，以保证（比如说）大多数居民即农民完全占统治地位。这才是防止中央"过分"侵犯地方、侵犯地方"合法"权利的唯一实际的保证。

列宁：《社会民主党在俄国第一次革命中的土地纲领》，

《列宁全集》第 16 卷第 304 页。

联邦制就是权利平等的组织之间达成的协议。这就是说，在确定工人阶级的策略方面，拉林建议把拥护"不折不扣的口号"的绝大多数工人的意志同或多或少地赞成上面那段话的取消派小集团的意志等量齐观。

列宁：《统一》，

《列宁全集》第 25 卷第 79 页。

为人人得到面包的权利和合理分配的权利而斗争，是一项伟大的任务。善于平均地进行分配，是我们正在创建的社会主义的原则。在这方面，我们不仅要对我们自己的弟兄们负责，而且要对全世界的工人负责。

列宁：《在全俄苏维埃第五次代表大会共产党党团会议上的讲话》，

《列宁全集》第 34 卷第 458 页。

从我国宪法的这个基本原则就可以看出，苏维埃政权依靠的是劳动者，给他们以安排国家生活的权利，苏维埃政权依靠的是全国的绝大多数人。

列宁：《在普列斯尼亚区工人代表会议上的讲话》，

《列宁全集》第 35 卷第 365 页。

他们习惯于自由出卖自己的粮食，而且每一个农民都认为这是他的不可侵犯的权利。现在需要进行巨大的工作，来使他们完全相信，只有共产主义的经济组织才能克服战争给我们遗留下来的经济破坏状况。在这里不应该使用暴力，只能用说服的办法。

列宁:《在彼得格勒苏维埃会议上关于人民委员会对外对内政策的报告》,
《列宁全集》第 36 卷第 7 页。

我们将在纽约银行寄存黄金,数额等于他们一个月中为救济百万饥饿儿童和病人所提供的款额的 120%。不过,那时我们的条件是:由于有这样充分的物质保证,美国人不仅在政治上而且在行政上都不准进行丝毫干涉,不得提出任何要求。也就是说,那时条约中给了他们哪怕是一点点只干涉行政事务的权利的条文都要全部作废。检查由双方(我国政府一方,他们一方)权利对等的委员会就地进行。

列宁:《致格·瓦·契切林和列·波·加米涅夫》,
《列宁全集》第 51 卷第 202 页。

阿多拉茨基同志:拉甫连季耶娃的申请书我已交给斯莫尔亚尼诺夫(代哥尔布诺夫任人民委员会办公厅主任职务)转有关部门。我无论如何也不能干预这类事;而且您能给请求者的帮助,也应仅限于"法律上的"帮助,也就是教会他们(并帮助他们)按照俄罗斯联邦合法的维护权利的斗争的各项规则为自己的权利而争。

列宁:《致弗·维·阿多拉茨基》,
《列宁全集》第 51 卷第 253 页。

如果您认为值得的话,我们就拟定明确的书面规章,赋予专家(也就是您)一切权利,并由我向发明者保证我们将保守秘密。那时就认真地干起来,即吸收专家们来完成一系列辅助性的专门任务并向一名专家(您)公开所有的机密

列宁:《致阿·马·尼古拉耶夫》,
《列宁全集》第 49 卷第 437~438 页。

为了保护列车免遭匪徒抢劫,您当然有权利而且有义务采取一切措施直至临时停车,因为您负责列车的安全。关于基兹利亚尔—旧捷列克铁路是否需要的问题,人民委员会经过重新审议,最终确认它是需要的。

列宁:《致莫·伊·弗鲁姆金》,
《列宁全集》第 49 卷第 554 页。

我建议中央委员会在目前情况下否决"双重"领导,规定地方检察机关只受中央机关领导,保留检察机关从地方政权机关的一切决定或决议是否合乎法制的观点对它们提出异议的权利和义务,但无权停止决议的执行,而只有权把案件提交法院裁决。

列宁:《论'双重'领导与法制》,
《列宁全集》第 43 卷第 198 页。

无产阶级国家应当从权利上和物质上鼓励工人参加工会组织。但是工会如果不尽义

务，就不应当有任何权利。

列宁：《关于工会在新经济政策条件下的作用和任务的提纲草案》，

《列宁全集》第 42 卷 369 页。

在没有达到共产主义社会最高发展阶段以前，专家始终是一个特殊的社会阶层，我们应该使专家这个特殊的社会阶层在社会主义制度下比在资本主义制度下生活得更好，不仅在物质上和权利上如此，而且在同工农的同志合作方面以及在思想方面也如此，也就是说，使他们能从自己的工作中得到满足，能意识到自己的工作不再受资本家阶级私利左右而有益于社会。这一切我们还不能很快办到，但无论如何一定要办到。

列宁：《关于工会在新经济政策条件下的作用和任务的提纲草案》，

《列宁全集》第 42 卷 374 页。

必须使私营电影院将相当一部分收入以租金形式上交国家。要给企业主扩大片目和上映新片的权利，使企业主能从制作和生产新影片中得到好处，但一定要经过教育人民委员部审查并保持娱乐片同题为《各国人民生活点滴》的宣传片之间的比例。在上述范围内，应给他们广泛的主动权。

列宁：《对电影事业的指示》，

《列宁全集》第 42 卷 383 页。

如果国民教育人民委员部"不发给半身雕像"（你们几时要求过？向谁要求的？副本和证据在哪里？你们几时上告过？），你们本应当为维护自己的权利而斗争。而"拒绝承担责任"则是任性的小姐和愚蠢的俄国知识分子的作风。

列宁：《致莫斯科苏维埃主席团》，

《列宁全集》第 48 卷第 368 页。

从前授予各团体、机关和个人的征用伏尔加河船只和水上工具的权利，现予取消。今后，为军事目的征用水上工具，每次均须经共和国革命军事委员会特别批准。

列宁：《收复萨马拉后发的电报》，

《列宁全集》第 48 卷第 743 页。

弗拉基米尔·伊万诺维奇·塔涅耶夫公民有权利用人民委员会图书馆，所有其他国立图书馆应对他的科学研究工作予以大力协助。各级苏维埃政权应协助弗拉基米尔·伊万诺维奇·塔涅耶夫公民保护他本人及其家属、住宅和财产。各铁路和航运当局在弗拉基米尔·伊万诺维奇·塔涅耶夫公民于俄罗斯社会主义苏维埃共和国境内旅行时，应尽可能协助他及其家属得到车（船）票和座位。

列宁：《给弗·伊·塔涅耶夫的保护证书》，

《列宁全集》第 48 卷第 762 页。

现在，西伯利亚的农民群众已经站到我们这一边了。西伯利亚的农民握有余粮，但是他们被资本主义所腐蚀，坚持旧时的贸易自由，认为这是他们的神圣权利，他们在这点上是被孟什维克和社会革命党人弄糊涂了（这就是孟什维克和社会革命党人的悲惨命运，而除此之外他们也的确没有事可干），他们认为自由买卖余粮是他们的神圣权利，以为他们可以保留这种权利。他们不考虑这种所谓公民平等意味着饱食者对挨饿者的剥削，要知道，农民握有余粮而又不愿把它给挨饿者，是在实现资本主义关系的原则。

列宁：《在莫斯科工人和红军代表苏维埃会议上的讲话》，
《列宁全集》第 38 卷第 208 页。

马克思在《福格特先生》说福格特预言"小拿破仑""永远不会模仿雾月十八日"，是马克思用腊肠阅兵来讥讽路易·波拿巴总统于 1850 年 10 月 10 日在萨托里平原（凡尔赛附近）举行的总阅兵。在总阅兵时，路易·波拿巴用腊肠、冷盘野味、香槟酒和雪茄烟款待士兵和军官们，企图借此收买军队，以便来日发动政变。

恩格斯在《俄国沙皇政府的对外政策》里的"Liberum veto"，字面意思是"禁止的自由"，马克思概括为"自由否决权"。自由否决权是 16 世纪至 18 世纪封建贵族的波兰所实行的国会决定任何问题必须一致通过的原则。根据这一原则，国会下院的任何一个议员都能阻止议案的通过，尽管所有其他的议员都赞成这一议案。这个原则同波兰国王的选举制一样，是旨在削弱国王权力以巩固波兰大地主和贵族的政治地位的波兰贵族"宪法"的基本原则之一。

"根据威斯特伐里亚和约的条款得到法国和瑞典的明确保障"里面的"威斯特伐里亚和约"，是结束三十年战争（1618～1648）的 1648 年威斯特伐里亚和约，指的是两个和约：一个是德国皇帝、德意志诸侯和瑞典在鄂斯纳布鲁克签订的和约，另一个是德国皇帝和法国在闵斯德签订的和约（两个城市都在威斯特伐里亚境内）。由于战胜国（瑞典和法国）和德意志诸侯的互相勾结，根据和约的条款，德国被割去一大片领土。整个波美拉尼亚西部加上吕根岛、波美拉尼亚东部的几个地方，以及几个教会领地割让给瑞典，法国获得了哈布斯堡王朝在亚尔萨斯的过去的领地，以及对它过去所侵占的领土的权利的确认。一些德意志诸侯也扩大了自己的领地。威斯特伐里亚和约加强了德国政治上的分崩离析状态。德意志诸侯获得了奉行独立的对外政策、彼此间缔结同盟以及和外国缔结同盟的权利。

列宁的《致格·瓦·契切林和列·波·加米涅夫》，由列宁建议发出的这份电报在作了一些文字上的修改后，于当天即 8 月 13 日发往里加交给代表苏维埃政府同美国救济署进行谈判的马·马·李维诺夫。

列宁在《致弗·维·阿多拉茨基》里提到的"拉甫连季耶娃的申请书"，说的是寄给列宁的一份请求协助发还被没收财物的申请书。

3. 军政权利关系

军事关系属于行政关系，称为"军事行政"。由于军事关系的特殊性，这里单独设题。经典作家特别是恩格斯对于军事领域和军政权利关系有大量论述。

在各军事单位，从步兵连到骑兵连，对于各种最重要的军职问题，尤其是各级军人的权利和义务问题，在看法上都存在着很大分歧。

> 恩格斯：《妥协辩论》，
> 《马克思恩格斯全集》第 5 卷第 252 页。

所有这些文件都要通过层层的中间机构，而这些机构总要想方设法地加以补充、说明、解释又解释，把文件弄得面目全非。这种混乱现象自然就助长了军官的跋扈，使士兵遭殃。结果，士兵不知道自己有什么权利，只知道一些义务。过去也有过军律，人们称之为猪皮律，可是到 20 年代就禁止私人使用。从那时候起，任何一个士兵都不能利用它来保护自己的利益，然而高级军官却还是用它来制服士兵！

> 恩格斯：《妥协辩论》，
> 《马克思恩格斯全集》第 5 卷第 252 页。

在所有人口超过 5000 人的城市中，服装增加了实际上决定掌握武器权利的财产资格限制，同时也增加了市民自卫团中处于无产者地位的人的数目。正如服装和武器仅仅是租借给这个无产阶级，即仅仅是租借给绝大多数居民的一样，武装的权利，即无产阶级作为自卫团而存在的权利，一般也只是租借给他们的，beati possidentes，有产者到底是幸福的！

> 恩格斯：《市民自卫团法案》，
> 《马克思恩格斯全集》第 5 卷第 280 页。

查理·纳皮尔爵士大胆地打破了"私人的指示"的束缚，他可能使自己遭到从英国海军军官正式名册中除名的危险，而且还可能不定什么时候失去重新升起自己旗帜的权利；但同时，他不仅阻碍了詹姆斯爵士在海军部继续担任职务，而且向英国人民指出，他们的舰队同他们的军队一样腐败透顶了。

> 马克思：《英国的新揭露材料》，
> 《马克思恩格斯全集》第 11 卷第 585 页。

至少前者按照他们的游荡不定的路线很快就过去了；而这些有条不紊的英国人却到处带着自己的搜括人员，把抢劫变成制度，把抢来的东西登记下来，公开拍卖，并特别注意使英国兵的英勇受赏的权利不受欺骗。

> 恩格斯：《英国军队在印度》，
> 《马克思恩格斯全集》第 12 卷第 528 页。

我们认为，集中这样多的人，并且武装起来以后，只有把领导权和自由任命师、旅的参谋军官、队列军官的权利一并交给区的司令，才会更加符合军事隶属关系和志愿兵本身的利益。无疑的，志愿兵将像以往那样，受到友好的对待。

恩格斯：《志愿兵将军》，
《马克思恩格斯全集》第 15 卷第 278 页。

我们要问，兰尼勒勋爵或柏立勋爵有什么权利把自己提出来做志愿兵将军的候补者，从而在一向协同一致行动的部队之间引起纠纷呢？

恩格斯：《布莱顿和温伯耳登》，
《马克思恩格斯全集》第 15 卷第 281 页。

直到现在，在志愿兵所有大的集训中，总司令的职务和任命旅长、师长的权利，通常都是授予区的司令的。

恩格斯：《布莱顿和温伯耳登》，
《马克思恩格斯全集》第 15 卷第 281 页。

他发起脾气来，但最后终于退出，同时威胁说，如果剥夺了他的"特有的权利"，不让他在陆军部里了解政府会议的结果、电报、公函及战讯，"先驱报"就要对现在的陆军部开火。

马克思：《美国近事》，
《马克思恩格斯全集》第 15 卷第 508 页。

英国军队共有99个团，即106个步兵营，其中驻殖民地的至少有35个营。此外，有40个营已编入派往克里木的头5个师，后来至少又有8个营前往增援。因此，还余下约23个营，其中恐怕连一个营也不可能调到国外去服役。5万名以上的民军则有到国外去服役的权利。

马克思恩格斯：《议会和军事问题》，
《马克思恩格斯全集》第 11 卷第 96 页。

自从一方面需要教士兵愈来愈多的科目，同时另一方面又不考虑把过时了的、失去任何意义的战术练习这全部无用的废物抛弃的时候起，军士就逐渐取得了愈来愈不受限制的权利，可以采用只要他认为合适的任何训练方法；同时，规定军士要在短期内给自己的班有效地灌输这种或那种军事规则，也间接地迫使他采取强制手段。加之士兵提出申诉的权利纯粹是一种嘲弄，中意的旧普鲁士方法在士兵顺从地容忍它的地方又大为盛行起来就不奇怪了。

恩格斯:《欧洲能否裁军?》,

《马克思恩格斯全集》第 22 卷第 460~461 页。

马克思在《美国近事》里写的这段话,是指艾夫斯博士发脾气的事。事情的经过大致是这样:"先驱报"的业主和主编贝奈特,以前曾经通过他的驻华盛顿的"特别代表",alias〔或者叫做〕通讯员,操纵皮尔斯政府和布坎南政府。在林肯政府下,他又企图用一种迂回的方法来取得这种地位。为了这个目的,他的"特别代表"艾夫斯博士——南方人,逃往同盟派方面的一个军官的弟兄——设法取得了麦克累伦的宠信。这位艾夫斯由于得到麦克累伦的庇护,在凯麦隆主持陆军部时肯定是享有很大特权的。显然他指望斯坦顿也给他同样的厚待,因而于 2 月 8 日又去陆军部,恰巧遇见陆军部长、他的主任秘书和几个国会议员正在那里商讨战事。人家要他出去,他就发起脾气来。

其麦克累伦,是西点军校出身,所担任的 (commander in chief) 这个职位,是英国传给美国的,它大约相当于旧时法国军队中的大元帅 (grandcon-netabe) 称号。

4. 地方自治权利关系

资本主义国家的"地方自治",是按行政区域单位,通过民选产生地方自治机关的制度。地方自治机关对其行政区域享有行政权力。地方自治关系,是一种权力关系。但在地方自治权力之下,同上述的政务关系一样,大体上存在与之相同的权利关系。

与资本主义国家不同,我国的"地方自治",表现为"民族区域自治"。这个区域,就是在少数民族聚居区内少数民族实行区域自治的行政区域。我国民族区域自治地方,分为自治区、自治州、自治县三级。民族区域自治地方行政机关的组织,同一般地方行政机关的组织相同。其区别在于,政府的正职行政首长由民族区域自治的民族的公民担任。除一般行政机关的法定职权外,民族区域自治地方享有法律规定的自治权。

1866 年 11 月 21 日颁布一项法令,限制地方自治机关征收工商业营业税的权利。1867 年的彼得堡地方自治会议尖锐地批评了这项法令并通过了(根据安·彼·舒瓦洛夫伯爵的提议)向政府提出请愿的决定,请求"由中央行政当局和地方自治机关共同努力"来研讨这项法律所涉及的问题。

列宁:《地方自治机关的迫害者和自由主义的汉尼拔》,

《列宁全集》第 5 卷第 31 页。

它们不是去支持其他省的地方自治会议,利用圣上赐给它们的权利来认真照顾委托给它们管理的地方自治机关的地方经济利益〈就是说,不是乖乖地顺从和执行官僚的"意向"〉,而是一味歪曲事实真相,曲解法律,力图煽起不信任不尊重政府的情绪。

列宁:《地方自治机关的迫害者和自由主义的汉尼拔》,

《列宁全集》第 5 卷第 31 页。

1893 年 6 月 8 日颁布的不动产估价法，同样采用了制定规章的原则，并限制了地方自治机关的课税权利，这个法律也没有得到支持，而且在许多场合"实际上根本没有贯彻执行"。地方自治机关建立的对居民很有利（当然是和官僚政治比较而言）的医务机构和统计机构是很有力量的，足以使彼得堡官厅所制订的规章不起任何作用。

> 列宁：《地方自治机关的迫害者和自由主义的汉尼拔》，
> 《列宁全集》第 5 卷第 42～43 页。

当尔·恩·斯（维特记事序言的作者）之流的先生们就拥有权力的地方自治机关的权利或宪法问题同政府讨价还价时，我们却要为民主共和国而斗争。

> 列宁：《关于俄国社会民主工党纲领的文献》，
> 《列宁全集》第 6 卷第 252 页。

列宁在《关于俄国社会民主工党纲领的文献》里提到"尔·恩·斯（维特记事序言的作者）之流"，是指尔·恩·斯一类人。尔·恩·斯是彼·伯·司徒卢威为财政大臣谢·尤·维特的秘密记事由曙光杂志社于 1901 年在斯图加特出版《专制制度和地方自治机关》写序言用的笔名。列宁在《地方自治机关的迫害者和自由主义的汉尼拔》一文中批判了这篇序言。

（二）对外权利关系

1. 条约权利关系

条约，是国际法主体间订立的相互间权利义务关系的国际书面协议。1969 年《维也纳条约法公约》对"条约"解释为："称'条约'者，谓国家间所缔结而以国际法为准之国际书面协议，不论其载于一项单独文书或两项以上相互有关文书内，亦不论其特定名称为何。"条约是各缔约国确定的相互间必须遵守的行为规则，这些权利和义务规则，是缔约国依据国际法创设的。

经典作家对许多条约的成因、内容和后果进行了深入分析，其结论具有原理性质。经典作家对秘密条约作了否定性评价。

俄国目前向苏丹提出要求，只能以凯纳吉条约为依据，虽然这项条约并没有规定沙皇对他的教友实行保护，而仅仅是给予他在伊斯坦布尔建筑教堂和呼吁苏丹仁慈对待他的基督教臣民的权利。

> 马克思：《政府在财政问题上的失败。——马车夫。——爱尔兰——俄国问题》，
> 《马克思恩格斯全集》第 9 卷第 260 页。

当英法第一次表示要干涉当前的土耳其问题时，俄皇曾断然否认 1841 年条约对他同土耳其政府的关系的约束力和由这个条约产生的西方列强进行干涉的权利。但同时他却依

据同一个 1841 年条约坚持其他强国的军舰不得驶入达达尼尔海峡。现在阿伯丁勋爵在公开的隆重的议会会议上竟然同意了对这个条约的这种粗暴的解释；而这个条约是俄国专制君主只有在把大不列颠赶出欧克辛海时才会同意承认的

马克思：《乌尔卡尔特。——贝姆。——土耳其问题在上院》，

《马克思恩格斯全集》第 9 卷第 298 页。

随后它又迫使苏丹签订了巴尔塔利曼尼条约；这个条约确定了俄国干预各公国一切内政的权利，"各公国现在被占领也证明，莫尔达维亚和瓦拉几亚实际上是俄国的省份"。

马克思：《土耳其问题在下院》，

《马克思恩格斯全集》第 9 卷第 304 页。

外国列强干预苏丹和他的基督教臣民之间的相互关系的权利将成为欧洲国际法的一部分，并且，一旦发生任何新的冲突，根据条约欧洲就必须支持俄国的无理要求，因为俄国作为这个条约的参加国，将获得权利，可以随意解释苏丹属地上的基督徒关于要求保护的申请。

恩格斯：《四国协定。——英国与战争》，

《马克思恩格斯全集》第 9 卷第 595 页。

在这两条的前一条中，奥地利保留了同俄国缔结协定的权利，只要协定根据维也纳照会中所确定的 stanus quo〔状态〕原则就行。在后一条中，奥地利答应不是在它同俄国签订协定之后，而只是在俄国同土耳其之间的条约签订后才撤出它的军队。

马克思：《马德里的起义。——奥地利—土耳其条约》，

《马克思恩格斯全集》第 10 卷第 327 页。

俄土之间签订的条约当然不能使莫尔达维亚人和瓦拉几亚人自己同土耳其政府签订的条约失效，因为这两个民族从来没有跟俄国人进行过谈判，也没有给土耳其政府代他们达成协议的权利。

马克思：《马德里的起义。——奥地利—土耳其条约》，

《马克思恩格斯全集》第 10 卷第 329 页。

法国翻出了一些早已被人遗忘的羊皮纸文件，按照文件，波斯沙赫已经两次把哈腊克岛割让给法国——第一次是在 1708 年，路易十四统治时期，第二次是在 1808 年，——固然，两次割让都附有条件，但条文上却讲得清清楚楚：必须让出某些权利，或者认可具有强烈反英情绪的国君的现代模仿者对岛屿的要求是合理的。

马克思：《英国—波斯战争》，

《马克思恩格斯全集》第 12 卷第 78 页。

人们可能提出这样的问题：虽然天津条约赋予英国以设立使馆的抽象权利，但是额尔金勋爵难道没有至少在目前时期拒绝实际应用这种权利吗？如果翻阅一下"女王陛下特谕刊行的额尔金伯爵赴华特别使命有关文件汇编"，每个公正无私的人都能深信第一，允许英国公使前往北京原不应在现时实行，而应在较晚的时候实行；第二，英国公使留驻北京的权利附有各种条件；最后，第三，英文条约底本中关于允许公使前往北京的一款，即有绝对意义的第三款，曾根据中国使节的要求，在条约的中文底本中加以修改了。

马克思：《新的对华战争》，

《马克思恩格斯全集》第 13 卷第 570 ~ 571 页。

既然天津条约中并无条文赋予英国人和法国人以派遣舰队驶入白河的权利，那末非常明显，破坏条约的不是中国人而是英国人，而且，英国人预先就决意要在规定的交换批准书日期以前向中国寻衅了。

马克思：《新的对华战争》，

《马克思恩格斯全集》第 13 卷第 573 页。

纽卡斯尔公爵力图用以证明远征白河的合法性的方式也是同样别出心裁的。根据 1843 年的中英条约，英国享有天朝给予最惠国的一切权利。

马克思：《英国的政治》，

《马克思恩格斯全集》第 15 卷第 12 页。

英国的债券持有人由于帕麦斯顿自愿地牺牲了 1826 年的条约为他们所取得的抵押，事实上已经失掉向墨西哥提出要求的任何权利。

马克思：《对墨西哥的干涉》，

《马克思恩格斯全集》第 15 卷第 391 页。

在巴黎会议上签字放弃了英国海上权利的克拉伦登勋爵，正如他以后在上院所承认的，事先并没有让女王知道，也没有相应的权力。他的全部权力就是帕麦斯顿写的一封私人信件。

马克思：《华盛顿政府与西方列强》，

《马克思恩格斯全集》第 15 卷第 452 页。

美国报纸现在 inextenso〔全文〕发表了美国和英国今年 4 月 7 日在华盛顿签订的制止奴隶买卖的条约。这个重要文件的要点如下。双方互有检验权，但双方的检验权只能由缔约国之一所特别赋予此项权利的战舰行使。

马克思：《制止奴隶买卖的条约》，

《马克思恩格斯全集》第 15 卷第 531 页。

　　这时，俄国援引它根据 1779 年帖欣条约所取得的保证人的权利宣布，在分配赔偿的时候，决定性的话应当由它和法国这两个德国混乱局面的保证人来讲。而德意志诸侯的割据和贪婪，他们习以为常的对帝国的背叛，已经保证了俄国和法国讲的话成为真正决定性的话。

恩格斯：《俄国沙皇政府的对外政策》，

《马克思恩格斯全集》第 22 卷第 29 页。

　　在各个宫廷充满了俄国人的献媚、威胁、欺骗和贿赂的同时，给公众散发了神秘的小册子，其中把俄国捧为唯一能够拯救并且有效地保护德国的强国，而根据 1779 年的帖欣条约，保护德国是它的权利和义务。

恩格斯：《俄国沙皇政府的对外政策》，

《马克思恩格斯全集》第 22 卷第 30 页。

　　在 1856 年的巴黎会议上，奥尔洛夫扮演了一个为许多人所追求的主角；他不但没有作出牺牲，反而获得了新的成就；英国自认为应当享有的、而俄国从叶卡特林娜时代起就提出异议的海上作战权利，被彻底取消了。

恩格斯：《俄国沙皇政府的对外政策》，

《马克思恩格斯全集》第 22 卷第 46 页。

　　帕麦斯顿曾经一劳永逸地定下了一条原则：一般性条约只赋予每个国家以干预的权利，而绝没有让它承担干预的义务。那末，英国为了波兰的利益在维也纳会议上对普鲁士和俄国所承担的义务又算什么呢？同样地，法国所承担的义务又算什么呢？

《马克思致恩格斯》，

《马克思恩格斯全集》第 31 卷上册第 323 页。

　　由于 1826—1827 年的战争和签订土库曼彻条约，尼古拉又夺走了波斯许多地方，使它承担了巨大债务，并且剥夺（禁止）波斯船只在它自己的里海北岸航行的权利。

马克思：《对波斯的战争》，

《马克思恩格斯全集》第 44 卷第 358 页。

　　闵斯德和约。1645 年——首先是在西班牙和联合省共和国之间。瑞典获得波美拉尼亚的大部分、不来梅、凡尔登等地。法国得到对麦茨、土尔和连同郊区的凡尔登、布赖扎赫的全部主权，以及奥地利在亚尔萨斯具有的种种权利。

马克思：《关于欧洲历史的笔记》，

《马克思恩格斯全集》第 44 卷第 384~385 页。

　　根据斯德哥尔摩和约，什列斯维希划归丹麦。彼得把自己的女儿安娜嫁给霍尔施坦公爵，夺取他的"权利"。最初彼得同丹麦结成同盟反对这个公爵。

马克思：《〈从十六世纪初到目前的现代欧洲国家政策〉一书摘录》，

《马克思恩格斯全集》第 44 卷第 462 页。

马克思在《英国的政治》里说"英国享有天朝给予最惠国的一切权利"，指 1843 年 10 月英国与清政府签订的《虎门条约》和《五口通商章程》。这是 1842 年的《南京条约》的补充，英国由此获得一些新的特权，主要有：领事裁判权、片面的最惠国待遇（即凡其他国家从中国得到的侵略利益，英国都可"一体均沾"），等等。

恩格斯在《俄国沙皇政府的对外政策》里提到"缔结了反对奥地利的俄法同盟"，指附于《巴黎和约》的《海上国际法原则宣言》。由于波拿巴法国和沙皇俄国在巴黎会议上的接近，两国在拿破仑第三的倡议下于 1859 年 3 月 3 日缔结了法俄秘密协定。沙皇亚历山大二世答应拿破仑第三在他准备从军事上粉碎奥地利方面给予外交上的援助，而一旦战争发生即将俄军开至奥地利边境，以便在东方牵制奥地利的一部分军队。同时拿破仑根据协定的精神，继续支持俄国在巴尔干半岛的政策。

马克思在《对波斯的战争》里的《土库曼彻条约》，指 1828 年 2 月 22 日（俄历 10 日）签订的《土库曼彻条约》。该条约结束了 1826～1828 年的俄国和波斯的战争，条约使俄国享有在黑海驻有舰队的特权。

马克思《关于欧洲历史的笔记》里的《闵斯德和约》，指 1648 年 10 月 24 日在闵斯德签订的《威斯特伐利亚和约》。它是由两项相联系的和约即《鄂斯纳布鲁克和约》（一方为"神圣罗马帝国"皇帝及其同盟者，另一方为瑞典及其同盟者）和《闵斯德和约》（一方是皇帝，另一方是法国和它的同盟者）组成的。和谈是从 1645 年开始进行的。

2. 外交干涉中的权利关系

外交干涉，是一国或国家集团通过外交途径和手段对于别国的内政和对外事务所作的干预。这种干涉，直接损害了被干涉国的国家主权和独立。不干涉原则，是国际法的基本原则。外交干涉直接违反了国际法原则。

除外交干涉外，还有政治、经济等手段的干涉，也有武装干涉和武力威胁。

外交干涉往往起因于根据一国自己的理解来解释自己的各项条约的权利。

明智的伯爵起初想用俄皇老是猜疑土耳其政府企图侵犯他的权利的说法来解释问题，现在伯爵则说，俄皇猜疑土耳其只是因为他认为吞并土耳其的适当时刻已经到来。

马克思：《乌尔卡尔特。——贝姆。——土耳其问题在上院》，

《马克思恩格斯全集》第 9 卷第 294 页。

在 1784 年以前，东印度公司首先是要维护自己的生存和势力；在 1784 年以后，英国寡头政治把它能够攫取的公司的权利都攫为己有，同时却不承担任何责任；而到 1813 年和 1833 年更换公司特许状的时期，英国人民所注意的主要是其他更迫切的问题。

马克思：《东印度公司，它的历史与结果》，

《马克思恩格斯全集》第 9 卷第 170 页。

阿伯丁勋爵否认对土耳其有任何义务，无非是不愿有反对俄国的权利而已。

马克思：《土耳其问题在下院》，

《马克思恩格斯全集》第 9 卷第 302 页。

1843 年，俄国要求有干预塞尔维亚内政的权利。绝对没有任何条约使俄国有这样的权利，但是，它从当时的外交大臣阿伯丁勋爵那里得到了这种全权，阿伯丁勋爵当时宣布，"俄国有根据自己的理解来解释自己的各项条约的权利"。

马克思：《土耳其问题在下院》，

《马克思恩格斯全集》第 9 卷第 303 页。

皇帝从英国政府方面"得到了""最开诚布公地表明意见"的"权利"，因为他具有"崇高的信念"，认为英国政府会帮助他瓜分土耳其、出卖法国以及在奥斯曼的统治被推翻时帮助他镇压基督教居民企图成立自由独立的国家的任何活动。

马克思：《秘密的外交公文的往来》，

《马克思恩格斯全集》第 10 卷第 172 页。

这一点决不会令人感到意外，因为俄国采取的政策一贯不仅鼓励，甚至还唆使土耳其人破坏瓦拉几亚人的权利，以便在他们之间煽起敌意，从而给自己制造干涉的借口。

马克思：《马德里的起义。——奥地利—土耳其条约》，

《马克思恩格斯全集》第 10 卷第 330 页。

我的最近一篇文章里，曾请你们注意瓦拉几亚人民的权利和他们的状况，同时驳斥了所谓外交冲突是由于这些权利遭到破坏才产生的论调。

马克思：《马德里起义的细节。——奥地利和普鲁士的要求》，

《马克思恩格斯全集》第 10 卷第 347 页。

读者们或许还记得，我曾请诸位注意这项条款的模棱两可的措词。列施德－帕沙反对说，在土耳其政府确信这两位国君没有违背他们的效忠苏丹的责任以前，不可能恢复他们的权利。

马克思：《奥地利的政策。——下院的战争辩论》，

《马克思恩格斯全集》第 10 卷第 384～385 页。

爱尔兰的政治家们就不得不干当年奥康奈尔所极力回避和反对的事情，即触及爱尔兰的祸根——土地所有制关系并提出改革这种关系的要求作为竞选口号，也就是有助于他们

被选入议会的口号。在得到议席之后，他们就立即设法利用佃农的权利问题等等（像从前利用 Repeal 一样），来缔结新的"利奇菲耳德府邸"协定。

马克思：《爱尔兰的复仇》，

《马克思恩格斯全集》第 11 卷第 135 页。

这一"外交干涉"对普鲁士国王管治纽沙特尔的神权的承认，只不过是在维也纳条约规定的限度内。维也纳条约所根据的，又是普鲁士在 1707 年所取得的权利。

马克思：《霍亨索伦王朝的神权》，

《马克思恩格斯全集》第 12 卷第 104 页。

为了不致对这件事的性质留下任何疑点，它附有两个条件：一个条件是卢森堡王朝保留可用 40 万金弗罗伦赎回选帝侯国的权利；另一个条件是弗里德里希及其继承者在每次选举皇帝的时候，必须投卢森堡王朝的票。

马克思：《霍亨索伦王朝的神权》，

《马克思恩格斯全集》第 12 卷第 108 页。

当它被提交东印度公司董事会核准时，后者认为它破坏公司和奥德国王之间的友好关系，是总督对这位君主的权利的侵犯，而把它宣告作废了（1838 年 4 月 10 日）。

马克思：《奥德的兼并》，

《马克思恩格斯全集》第 12 卷第 506 页。

作为德国的一个大邦它保留研究奥地利在意大利的要求究竟在多大程度上真正符合德国的利益这一问题的权利。普鲁士的态度还远不限于此。

马克思：《普鲁士的战争前景》，

《马克思恩格斯全集》第 13 卷第 312 页。

对于"解放教皇国并讨论在意大利各国实行改革"这项建议，布奥尔同意让欧洲"全面地讨论"这些问题，但是，他同时认为"直接有关的各国""应保留最后是否接受拟定的建议"的权利。

马克思：《即将举行的和平会议》，

《马克思恩格斯全集》第 13 卷第 341 页。

此外，奥地利至少现在对意大利没有监护权了，它以前一直不顾撒丁的抗议和不满，坚持保留这种权利，从而引起了这次战争。但是，尽管奥地利这次被迫放弃了监护人的身分，然而监护人的位子看来却没有空出来。

马克思：《意大利赢得了什么？》，

《马克思恩格斯全集》第 13 卷第 466 页。

撒丁所以一再大声疾呼地控诉奥地利，不仅因为奥地利图谋全面监督意大利事务，而且还因为它支持一切违法乱纪行为，它的政策是要保持现状，它干涉它的各个意大利邻国的内政和妄想取得用武力来镇压这些国家的居民改变或改善自己政治地位的任何尝试的权利。

马克思：《意大利赢得了什么?》，

《马克思恩格斯全集》第 13 卷第 467 页。

莱希堡也要求得到施莱尼茨这份稀奇的照会的副本。威尔特尔宣称，为了有文件证明普鲁士的信任态度，"根据自己得到的指示"，他受命宣读照会，但是无论如何没有权利留下这个 corpus delicti〔物证〕。

马克思：《QUID PRO QUO》，

《马克思恩格斯全集》第 13 卷第 515～516 页。

这样一来，普鲁士诱使奥地利承认它在德国的优先地位并且具有充分权利担任欧洲调停国的崇高角色的企图便以彻底的失败而告终了。

马克思：《QUID PRO QUO》，

《马克思恩格斯全集》第 13 卷第 518 页。

最初的运动是真正的民族运动，它比从阿尔汉格尔斯克到旧金山的一切席勒纪念活动都具有更强烈得多的民族性质；这个运动是自然地、本能地、直接地发生的。至于奥地利对意大利是否享有权利，意大利是否要求独立，明乔河线是否需要，——这一切在当时对这个民族运动来说都无所谓。

恩格斯：《萨瓦、尼斯与莱茵》，

《马克思恩格斯全集》第 13 卷第 636 页。

但是要礼尚往来，据"泰晤士报"消息，他正利用福格特先生顺便询问一下瑞士州议会，问它是否同意因此而赋予他自由支配辛普朗山口的权利。这是第一次暗示说：辛普朗也是法国的一个自然界桩，正像它在第一帝国时代真的曾经是法国的界桩一样。

恩格斯：《萨瓦、尼斯与莱茵》，

《马克思恩格斯全集》第 13 卷第 657～658 页。

1848 年以前，那些同意维护波兰、匈牙利和意大利的独立不仅是维护这些国家的权利、而且也是维护德国和欧洲的利益的人，在 1859 年意大利战争中德国对路易·波拿巴所应采取的策略问题上，却表示了截然相反的观点。

马克思：《福格特先生》，

《马克思恩格斯全集》第 14 卷上册第 403 页。

德国警察当局一提出要求，瑞士自由派政府便把所谓的"首领"驱逐出境，从而破坏了避难权，——这项权利是以残存的革命军不参加巴登土地上的最后一战为条件的。

马克思：《福格特先生》，

《马克思恩格斯全集》第 14 卷上册第 435 页。

瑞士的命运取决于瑞士将用什么样的毅力去反对这第一步，将用什么样的毅力去维护它本身的权利，在决定性时刻使用这种权利，并把有关权利的问题变为全欧洲的问题，——而且这一切都必须在保证能得到英国政府的同情，而刚发动局部战争的路易·波拿巴还不敢向瑞士提出挑战的时候做到。

马克思：《福格特先生》，

《马克思恩格斯全集》第 14 卷上册第 582 页。

因此，"新瑞士人、伯尔尼州公民和联邦院日内瓦议员"就异常努力地来搅乱问题，而把允许法军通过中立地区说成是瑞士应当使用的权利，说成是对奥地利的一种英勇示威。

马克思：《福格特先生》，

《马克思恩格斯全集》第 14 卷上册第 583 页。

德意志人从来没有享受过匈牙利人那样的权利，用较少的东西可能就会使他们满足。为了生存，奥地利皇朝是必须挨次地挑拨它统治下的各民族相互反对的。斯拉夫人只有在万不得已的情况下才可以去发动，因为泛斯拉夫主义的宣传把他们同俄国联系得太紧密了。

恩格斯：《奥地利革命的发展》，

《马克思恩格斯全集》第 15 卷第 251 页。

1851 年丹麦国王在什列斯维希问题上曾自愿地对普鲁士和奥地利承担某些义务。他答应，公国将不被合并于丹麦；它的议会将与丹麦的议会分立；两个民族，德意志民族和丹麦民族将在什列斯维希享受同等权利。此外，对霍尔施坦议会的权利作了专门的保证。在这样一些条件之下，占领霍尔施坦的联军撤了回去

恩格斯：《德国的运动》，

《马克思恩格斯全集》第 15 卷第 253 页。

这位慈善家就对奴隶买卖发动了一个猛烈的抨击！他承认，1812～1814 年同美国的战争是由于英国坚持在美国军舰上搜查逃亡的英国水兵的权利而引起的。

马克思：《英美的冲突》，

《马克思恩格斯全集》第 15 卷第 414 页。

关于这件事的法律方面，保守党的报纸和"纪事晨报"所提出的第一个难题是：美国从未承认南部脱离派为交战国，因此，美国对他们就不能妄用交战国的权利。

> 马克思：《"特伦特号"事件的消息和伦敦的反应》，
> 《马克思恩格斯全集》第 15 卷第 418 页。

他们得出了这样的结论，即"圣贾辛托号"错在自己作主逮捕了南部的特使，而没有把"特伦特号"带到联邦的某一港口，把这个问题交付联邦的战利品裁判所，因为任何武装的巡航舰都没有权利做海上的法官。

> 马克思：《"特伦特号"事件的消息和伦敦的反应》，
> 《马克思恩格斯全集》第 15 卷第 420 页。

另一方面，它们又夸口说，根据这些纯粹讼师的狡辩，就应当向美国发出命令式的最后通牒，虽然发出这种最后通牒的根据只能是严重的违法行为，而绝不是在行使公认的权利时所发生的形式上的错误。

> 马克思：《关于"特伦特号"事件的争论》，
> 《马克思恩格斯全集》第 15 卷第 431 页。

这就完全改变了事态。由于有这些公文，"圣贾辛托号"就有了带走"特伦特号"的权利，而每一个美国的战利品裁判所也都有没收"特伦特号"及其货载的职责。船上的乘客也必然应当与"特伦特号"一起受美国司法的管辖

> 马克思：《关于"特伦特号"事件的争论》，
> 《马克思恩格斯全集》第 15 卷第 433 页。

当"利奥波德号"借口强征美国船只上的英籍船员服兵役——这个借口根本不符合海上交战国权利的规定，它是对一切国际法的明目张胆的、凶恶粗暴的违犯。

> 马克思：《英国的舆论》，
> 《马克思恩格斯全集》第 15 卷第 467 页。

英国在颁布枢密院敕令时曾明白地承认：这些敕令是侵犯中立国权利特别是侵犯美国权利的，但是它不得不实行这些法律作为对拿破仑实行报复的措施；一旦拿破仑取消了他侵犯中立国权利的措施，英国也将欣然取消这些敕令。拿破仑在 1810 年春取消了涉及美国的这些措施，而英国则继续坚持自己直认不讳的对美国海上权利的侵犯。

> 马克思：《英国的舆论》，
> 《马克思恩格斯全集》第 15 卷第 467～468 页。

由此可见，在 6 年当中，在这件事情上，英国还不是拒绝对公开侵犯别国权利予以赔

偿，而是拒绝停止这种侵犯。而这些人今天竟然还谈论美国政府错过了什么好机会！

马克思：《英国的舆论》，
《马克思恩格斯全集》第 15 卷第 468 页。

"特伦特号"的冲突现在虽然这样解决了，但潜伏在这整个争端下面的问题，并且有可能再发生的问题，即一个海上强国作为交战国家对中立国家的权利问题，并没有因而得到解决。

马克思：《英国的舆论》，
《马克思恩格斯全集》第 15 卷第 468 页。

和英国内阁在"特伦特号"一剧中演出的终场同样有趣的，是这一场戏剧的俄国的尾声。在这整个喧闹时期中一直在后台不声不响的俄国，现在突然跳到前台来，拍拍西华德先生的肩膀，并且声明：彻底解决中立国海上权利问题的时刻终于到来了。

马克思：《约翰·罗素勋爵的一次政变》，
《马克思恩格斯全集》第 15 卷第 478 页。

俄国就在那一个月递交土耳其政府一份照会，建议由俄国出面调停门的内哥罗问题。这次调停被拒绝了，其理由据说是苏丹自己能够捍卫自己的权利。

马克思：《俄国的外交。——关于东方问题的蓝皮书。——门的内哥罗》，
《马克思恩格斯全集》第 10 卷第 73 页。

值得提醒的是，俄国的主要要求是承认它有直接同土耳其政府解决它所谓的仅仅涉及它同土耳其的争端而不受其他强国干涉的权利。

马克思：《欧洲战争问题》，
《马克思恩格斯全集》第 10 卷第 77 页。

这样一来，德国不仅变得软弱无力、孤立无援，在内部争斗中弄得精疲力尽，注定在政治上、军事上、甚至工业上都处于微不足道的地位。而且，更坏的是，法国和俄国由于已成的习惯，取得了分割德国的权利，正像法国和奥地利攫取了监视意大利、使它始终处于四分五裂状态的权利一样。沙皇尼古拉在 1850 年由于享有这种所谓的权利，才极端蛮横地不许擅自对宪法做任何修改，强迫恢复联邦议会——德国虚弱无力的象征。

恩格斯：《暴力在历史中的作用》，
《马克思恩格斯全集》第 21 卷第 468～469 页。

使德国和意大利处于分割状态，对法国以往所执行的政策来说，曾经是法国的一种不可让予的基本权利；路易-拿破仑则立即着手零星售卖这种基本权利以换取所谓补偿。他愿意帮助意大利和德国消除分割状态，但是有一个条件：德国和意大利向民族统一方面每前进一步，都要割让领土给他做报酬。

恩格斯:《暴力在历史中的作用》，

《马克思恩格斯全集》第 21 卷第 471 页。

根据这个协定，奥康奈尔虽然也可以大叫大嚷地反对辉格党，但是他必须投票赞成辉格党，条件是给予奥康奈尔以在爱尔兰任命负责人员的权利。现在是爱尔兰旅抛掉爱国主义假面具的时候了。现在是爱尔兰人民不再对英格兰人采取沉默的仇视，而要求自己的代表对他们的罪过负责的时候了

马克思:《蓝皮书。——二月六日的议会辩论》，

《马克思恩格斯全集》第 10 卷第 67 页。

就是说，除了匈牙利的一小块领土之外，还要一小块德国的领土。随后，他们要求下列的权利:（1）通过各自的议会调整克罗地亚—斯拉窝尼亚同达尔马戚亚之间内部关系的权利;（2）经共同协商调整自己同塞尔维亚伏伊伏丁那之间关系的权利;（3）"经互相协商与其余毗邻的奥地利帝国的斯拉夫省份建立更紧密的政治联盟"的权利，这就是说，有权在帝国皇家联合君主国内建立一个反对德国人和马扎尔人的泛斯拉夫主义的宗得崩德。按潘都尔兵—奥地利边防军马队的看法，这种单独联盟的权利，就是首要的人权。

恩格斯:《新克罗地亚—斯拉窝尼亚—达尔马戚亚强盗国》，

《马克思恩格斯全集》第 43 卷第 388 页。

坎伯兰公爵是不伦瑞克王位的不容争辩的法定继承人。普鲁士国王坐朝柏林的权利并不比坎伯兰公爵追求不伦瑞克王位的权利更多。对公爵的各种要求，只有在他登上按理属于他的法定王位以后，才能提出来。但是革命的德意志帝国政府用强力阻止他登基。这又是一个革命行动。

恩格斯:《致奥古斯特·倍倍尔》，

《马克思恩格斯全集》第 36 卷第 240 页。

目前，真正的政府，即拥有权力的政府，是奥地利和普鲁士的政府。它们用军事专制统治德国，随意发布和取消法律。在它们的领地和属国之间，有一个所谓中立地带——上述的四个王国，正是在这里，特别是在萨克森，这两个大国的权利将发生碰撞。但是，它们之间不可能发生严重的冲突。

恩格斯:《法国来信》，

《马克思恩格斯全集》第 44 卷第 29 页。

陛下强加给善良的普鲁士人一部新宪法，又要让议会进行修订。他的议会进行了修订，即把残存的一点点公民权利统统勾销。而国王还不满足，宣布说，若不作上述补充修改，他的"国王良心"就不允许他接受那部按照他自己的利益修订了的他自己的宪法。这

的确是货真价实的"国王的"良心！

> 恩格斯：《法国来信》，
>
> 《马克思恩格斯全集》第 44 卷第 33～34 页。

　　这个鞑靼人的一贯政策是使俄罗斯王公们互相遏制，助长他们的纠纷，使他们彼此势均力敌，而不让任何一个得以壮大。伊万·卡利塔则把汗变成了用以翦灭最危险的竞争者和扫除篡权道路上的一切障碍的工具。他并不征服封土，而是暗地里使鞑靼征服者的权利完全为他的利益服务。他采用他曾用以提高莫斯科大公国地位的那同样的手段，那种君权与奴才地位的奇妙结合，保证了他儿子的继位。

> 马克思：《十八世纪外交史内幕》，
>
> 《马克思恩格斯全集》第 44 卷第 311～312 页。

　　他收买了这个共和国的一个使节在一次公开接见时称他为君主，接着就立即要求享有一个专制君主的全部权利——共和国自行消灭。

> 马克思：《十八世纪外交史内幕》，
>
> 《马克思恩格斯全集》第 44 卷第 316 页。

　　1498 年路易十二同天主教徒斐迪南暗中勾结。把自己对那不勒斯的权利让给他（1506 年），为此而得到（帝国）在米兰的支持。1506 年，路易十二争取到同教皇、威尼斯和其他意大利国家［建立］反对马克西米利安的神圣同盟。

> 马克思：《关于欧洲历史的笔记》，
>
> 《马克思恩格斯全集》第 44 卷第 384～385 页。

　　1783 年。乔治三世在位第二十三年法令。英国议会在立法方面的任何干涉权和英国的上诉裁判权都被废除。未经辩论即通过。英国的这个放弃权利法令使爱尔兰议会在爱尔兰人民的心目中威信扫地，证明它要么是无能，要么是叛卖——否则这个法令就是多余的。现在的口号是改革爱尔兰议会。

> 马克思：《从美国革命到 1801 年合并的爱尔兰》，
>
> 《马克思恩格斯全集》第 45 卷第 105 页。

　　马克思在《马德里起义的细节。——奥地利和普鲁士的要求》里提到"我的最近一篇文章"，是指《马德里的起义。——奥地利—土耳其条约》一文。

　　马克思在《奥地利的政策。——下院的战争辩论》里提醒"请诸位注意这项条款的模棱两可的措词"中的"这项条款"，指奥土条约的第四条规定："奥地利宫廷必须不同俄国宫廷缔结任何触犯苏丹主权和苏丹帝国的整的协定。"

　　第五条规定："一旦土耳其政府和俄国宫廷的和约签订而使本协定的目的达到，奥地利皇帝应尽可能立即采取措施，撤出他的军事力量。有关奥地利撤军的详细条件将与土耳其政府专门协商。"

恩格斯在《德国的运动》里提到，"1851 年丹麦国王在什列斯维希问题上曾自愿地对普鲁士和奥地利承担某些义务"，是指 1851 年丹麦国王对普鲁士、奥地利和俄国所承担的在什列斯维希、霍尔施坦和劳恩堡等公国的国家制度方面的义务。

恩格斯在《新克罗地亚—斯拉窝尼亚—达尔马戚亚强盗国》里提到的"宗得崩德"，是瑞士经济落后的七个天主教州在 1843 年缔结的单独联盟。其目的是要反抗在瑞士实现进步的资产阶级改革，维护教会和耶稣会教徒的特权。1847 年 7 月瑞士代表会议决定解散宗得崩德。因此宗得崩德便在 11 月初对其他各州采取了军事行动。1847 年 11 月 23 日宗得崩德的军队被联邦政府的军队击溃。

马克思在《关于欧洲历史的笔记》里提到"把自己对那不勒斯的权利让给他（1506年）"，指路易十二放弃了他 1504 年根据 1500 年条约获得的那不勒斯王国的那一部分。这一事件结束了意大利战争的第二个时期。

3. 战争、占领中的权利关系

战争，是两个或两个以上国家以武力执行其国家意图所产生的国家相互之间的状态。战争状态是战争交战国之间关系的状态。战争状态期间，适用战争法和中立法。战争法是保护交战国、中立国的合法权益，保护平民和战斗人员免遭非法伤害的国际法。

马克思恩格斯所处时代的战争法，诸如 1856 年《关于海战的巴黎宣言》、1864 年《改善战地伤者境遇的日内瓦公约》、1868 年《禁止在战争中使用某些爆炸性子弹的圣彼得堡宣言》；列宁所处时代的战争法，诸如 1904 年《医院船免税的日内瓦公约》、1906 年《改善战地伤者境遇的日内瓦公约》、1907 年海牙诸公约与宣言、1909 年《伦敦海战法宣言》、1922 年《关于在战争中使用潜水艇和有毒气体的公约》、1925 年《关于禁用毒气或类似毒品和细菌作战方法的日内瓦议定书》、1929 年《改善战地伤者病者境遇的日内瓦公约》和《关于战俘待遇的日内瓦公》，等等。二战和二战结束后，1945 年《关于审判和惩处欧洲各轴心国主要战争罪犯的协定》、1946 年《远东盟军最高统帅总部宣布成立远东国际军事法庭的特别通告》、1949 年日内瓦四公约、1954 年《关于发生武装冲突时保护文化财产的海牙公约》、1971 年《禁止在海床、洋底及其底土安置核武器及其他大规模毁灭性武器条约》、1972 年《禁止细菌（生物）及毒素武器的发展、生产及储存以及销毁这类武器的公约》、1977 年《禁止为军事或任何其他敌对目的使用改变环境的技术的日内瓦公约》、1977 年关于日内瓦四公约的两个附加议定书、1980 年《禁止或限制使用某些可被认为具有过分伤害力或滥杀滥伤作用的常规武器公约》、1993 年《禁止发展、生产、储存和使用化学武器以及销毁此类武器的公约》，等等。这些战争法表示涉及交战国所选择的作战手段和方法的权利，是受到限制的；明确受国际法保护的"战争受难者"，包括伤者、病者及遇船难者、战俘和处于敌方武力之下平民的权利。

经典作家关于战争和占领状态下的权利关系的论述，是广泛的，并不限于上列立法规定的内容。

只有反对俄国的战争才是革命的德国的战争,只有在这个战争中它才能消除以往的罪过,才能巩固起来并战胜自己的专制君主,只有在这个战争中它才能像那些要摆脱长期的奴隶枷锁的人民所应该做的那样,用自己子弟的鲜血来换取宣传文明的权利,并且在解放国外各民族的同时使自己在国内获得解放。

恩格斯:《德国的对外政策和布拉格最近发生的事件》,
《马克思恩格斯全集》第5卷第235～236页。

根据法国人据以夺取了弗朗德里亚、洛林和亚尔萨斯以及迟早会侵占比利时的那种权利,德国正在夺取什列斯维希,这种权利就是:文明对于野蛮的权利,进步对于停滞的权利。即使(很值得怀疑)协定对丹麦有利,但是这个权利超过了一切协定,因为这是历史发展的权利。

恩格斯:《丹麦和普鲁士的休战》,
《马克思恩格斯全集》第5卷第466页。

他们能够成为这样的民族,是有充分理由的:压迫他们的,主要是他们自己的所谓斯拉夫兄弟,而波兰人对俄罗斯人的仇恨甚至超过对德国人的仇恨——他们有充分的权利这样做。

马克思:《民主的泛斯拉夫主义》,
《马克思恩格斯全集》第6卷第339页。

1848年的革命,立即唤醒一切被压迫民族起来要求独立和自己管理自己事务的权利;所以很自然的,波兰人也立即要求恢复他们以1772年以前旧波兰共和国的疆界为界的国家。

恩格斯:《德国的革命和反革命》,
《马克思恩格斯全集》第8卷第53页。

现在我们果然从君士坦丁堡方面得知,奥地利已经声明抗议奥美尔-帕沙渡过多瑙河的意图;它要求取得占领多瑙河各公国的专有权利和封闭不仅是英法军队,甚至包括土军进入该地的通道的权利。为答复这项抗议,土耳其政府似乎已经命令奥美尔-帕沙目前不要渡过多瑙河,但是原则上拒绝承认奥地利占领多瑙河各公国的专有权利;从自己的老师和保护者帕麦斯顿勋爵那里学会了一点东西的不幸的列施德-帕沙,当然不会认真反对这种做法:实际上容许那些被他在原则上拒绝的事情。

马克思:《奥地利的政策。——下院的战争辩论》,
《马克思恩格斯全集》第10卷第383页。

波拿巴王朝需要攻下塞瓦斯托波尔,而且要不惜任何代价在最短期限内攻下它,联军必须完成这个任务。康罗贝尔如果获得成功,就可以如愿地成为法国的元帅、伯爵、公爵、亲王，并享有"滥用"公款的无限权利。

恩格斯：《大冒险家的命运》，

《马克思恩格斯全集》第 11 卷第 143 页。

　　在公爵夫人接收这些领地后，英国国王兼纳骚－奥伦治公爵威廉三世提出抗议，并把他想取得纽沙特尔和瓦兰壬的权利让给他的堂弟，普鲁士国王弗里德里希一世；但这个决定在威廉三世在世时没有得到任何结果。

马克思：《霍亨索伦王朝的神权》，

《马克思恩格斯全集》第 12 卷第 105 页。

　　事实是，无论在欧洲或者在美洲都没有像英国军队这样残暴的军队。抢劫、暴行、屠杀——这在任何别国军队里都是已经严格禁止和完全排除了的行为，——是英国士兵由来已久的特权，是他们的合法权利。

恩格斯：《攻占勒克瑙的详情》，

《马克思恩格斯全集》第 12 卷第 499 页。

　　说得明白一点：因为英国军队占领了勒克瑙，所以英国政府有权没收它尚未到手的奥德土地。因为靠英国人供养的土著士兵哗变了，所以原来在武力压迫下屈从于英国统治之下的奥德当地居民就没有权利为争取自己的民族独立而举行起义

马克思：《奥德的兼并》，

《马克思恩格斯全集》第 12 卷第 503 页。

　　英国没有增加任何新的领土——如果它不给予法国同样的权利，就不能提出领土要求，可是让法国借助英国进行的战争来在中国沿海得到领土，对于英国来说是非常不利的。

恩格斯：《俄国在远东的成功》，

《马克思恩格斯全集》第 12 卷第 664 页。

　　我们现在已经明白，"中欧大国"鼓吹者所提出的"自然疆界"论将导致什么结果。德国有权利要求波河，法国也有同样的权利要求莱茵河。如果说法国不应当为了一个好的军事阵地而把 900 万瓦伦人、尼德兰人和德国人并入法国，那末我们同样也没有任何权利为了一个军事阵地而去奴役 600 万意大利人。

恩格斯：《波河与莱茵河》，

《马克思恩格斯全集》第 13 卷第 293 页。

　　德国人开始懂得，quid pro quo〔混淆是非〕的作法使他们坠入迷雾，开始懂得保卫奥地利所必需的军事阵地，对于保卫德国完全是不需要的，法国人也有同样的权利，甚至

有更多的权利把莱茵河看作是自己的自然军事疆界，就像德国人对波河、明乔河和阿迪杰河所持的看法一样。

马克思：《普鲁士的战争前景》，
《马克思恩格斯全集》第 13 卷第 315 页。

意大利战争似乎没有发生过。维克多 艾曼努尔甚至不能希望受到一个次要的盟国所能受到的重视。他不是交战的一方；他只是一个工具，因此不能享有按照国际法每一个参战国无论本身多小都应享有的权利。

恩格斯：《维拉弗兰卡条约》，
《马克思恩格斯全集》第 13 卷第 474 页。

而作为武装调停者，既有各个中立大国掩护它的两翼和后方，又有那副老是虚张声势说将来要建树"德国的"功绩的难以捉摸的神气，它就能专心致志地去实现挽救奥地利的既神秘莫测又经过深思熟虑的措施，从而就有权利希望有朝一日用诈骗的手段去贴现德国霸权的期票了。

马克思：《QUID PRO QUO》，
《马克思恩格斯全集》第 13 卷第 510 页。

为了讨好施莱尼茨，对于他的绝对秘密的政治思想，它将绝对保守秘密。至于媾和，莱希堡指出，普鲁士可以向法国随便提出多少媾和建议，"条件是，这些建议要保持奥地利和其他意大利君主的 1815 年的版图和自主权利不受侵犯"。

马克思：《QUID PRO QUO》，
《马克思恩格斯全集》第 13 卷第 517 页。

甚至施莱尼茨以他所固有的理解能力也"会理解到"，由于柏林"无论在哪一方面都没有承担过束缚它的义务"，由于他自己"把做出关于武装调停的决定的时机推延"到未定的"将来，并且保留了选择这种时机的权利"，维也纳也"应当完全保持在德意志联邦关系方面的自由"。

马克思：《QUID PRO QUO》，
《马克思恩格斯全集》第 13 卷第 518 页。

难道法国公使留驻伦敦的权利就能赋予法国公使以率领法国远征队强行侵入太晤士河的权利吗？应该明白地承认：英国人如此解释英国公使前往北京的权利是极其奇怪的，这至少和英国人在上次侵华战争中所发明的那种说法同样奇怪；当时他们说炮轰帝国的一个城市，并不是与帝国本身作战，而只是与帝国一个省份发生地方性质的冲突。

马克思：《新的对华战争》，
《马克思恩格斯全集》第 13 卷第 570 页。

11 月 9 日存放军需品的堡垒被阿富汗人占领（堡垒守军只有 80 人），这样，英军就势必要挨饿。11 月 5 日埃耳芬斯顿就已经谈论要出钱换取不受阻碍地撤出该国的权利。实际上到 11 月中旬，由于他的优柔寡断和无能，军心已经非常涣散，不论欧洲兵或是西帕依都已经无法同阿富汗人进行野战。

　　　　　　　　　　　　恩格斯：《阿富汗》，

　　　　　　　　《马克思恩格斯全集》第 14 卷上册第 83 页。

在同中国接壤的省份，有一种很有趣的情况：那里的人民毫不在乎地在两国政府（中国政府和缅甸政府）的管辖下生活，两国政府以平等的权利参与批准这些地方的执政者，但是通常都是明智地选定同一个人。

　　　　　　　　　　　　恩格斯：《缅甸》，

　　　　　　　　《马克思恩格斯全集》第 14 卷上册第 293 页。

这条线以东全是斯拉夫地区；混杂在斯拉夫地区里的几块德国的和其他外族的土地，不可能较久地阻碍伟大的斯拉夫整体的发展；况且，它们也没有权利继续留在原地方。

　　　　　　　　　　　　马克思：《福格特先生》，

　　　　　　　　《马克思恩格斯全集》第 14 卷上册第 549 页。

只要各个海上强国放弃它们作为交战国对中立国所享有的权利，因而也放弃它们对俄国出口贸易的控制，这些国家就会拿俄国毫无办法。

　　　　　　　　马克思：《约翰·罗素勋爵的一次政变》，

　　　　　　　　《马克思恩格斯全集》第 15 卷第 478 页。

另一方面，得比以他固有的一贯性又反对海上法的"新理论"。英国从很早的时候起就坚持与中立国的要求作对的交战国权利。诚然，1856 年克拉伦登勋爵在巴黎作了一个"危险的"让步。

　　　　　　　　马克思：《议会中关于答词的辩论》，

　　　　　　　　《马克思恩格斯全集》第 15 卷第 495 页。

联军不应当剥夺墨西哥人"选举自己政府"的权利，这就是暗示在墨西哥"不存在政府"，墨西哥人在结盟的征服者的庇护下不仅必须选举新的总督，而且必须确立"新的政体"。

　　　　　　　　马克思：《墨西哥的混乱》，

　　　　　　　　《马克思恩格斯全集》第 15 卷第 502～503 页。

我要指出（这一点，甚至对捍卫爱尔兰民族并拥护爱尔兰与英国分离的权利的那些英国人来说，也是一个秘密），从 1846 年以来，压迫的形式虽然不那么野蛮了，但实质上却是毁灭性的，而除了或者英国自愿给爱尔兰以自由，或者作一场殊死的决战之外，别的出路是没有的。

马克思：《关于爱尔兰问题的未作的发言的提纲》，

《马克思恩格斯全集》第 16 卷第 507 页。

所谓的英法对俄战争把高加索的山地要塞、黑海的统治权，以及叶卡特林娜二世、保罗和亚历山大一世曾经枉费心机地想从英国手里夺去的海上权利交给了俄国。铁路正在把俄国分布很广的兵力连接起来和集中起来。

马克思：《1867 年 1 月 22 日在伦敦纪念波兰起义大会上的演说》，

《马克思恩格斯全集》第 16 卷第 227 页。

看来，英国人还想保持长期议会所通过的法令381。他们赋予自己一种神圣的权利，可以在爱尔兰国土上反对爱尔兰人，而任何一个爱尔兰人，要在英国反对不列颠政府，就会被宣布为非法。

马克思：《关于爱尔兰问题的未作的发言的提纲》，

《马克思恩格斯全集》第 16 卷第 499 页。

1792 年冬—1793 年初。法国政府并吞比利时，英国决定对法国开战，此后，惩治法典又有一部分停止生效。爱尔兰人可以获得军队中团长的官衔，获得了选举爱尔兰议会的权利，等等。

马克思：《1867 年 12 月 16 日在伦敦德意志工人共产主义教育协会
所作关于爱尔兰问题的报告的提纲》，

《马克思恩格斯全集》第 16 卷第 512 页。

但是如果情形是这样，即法国没有因为其首都得不到掩护而具有取得莱茵河的权利，那末，德国就应当记住，同类性质的军事理由也不能使它有更多的权利要求取得法国的领土。

恩格斯：《战争短评》，

《马克思恩格斯全集》第 17 卷第 127 页。

俾斯麦和茹尔·法夫尔达成协议的文件内最令人奇怪的条款之一是布尔巴基和加里波第活动的 4 个省不包括在总的停战地区之内；这样普军实际上保留着在那里想作战多久就作战多久的权利。这个史无前例的条件最清楚地表明，胜利者按照真正的普鲁士精神要求得到他们仗着暂时的优势所能勒索到的一切让步。

恩格斯：《战争短评》，

《马克思恩格斯全集》第 17 卷第 267 页。

　　他以对德国统一的恣意攻击挑唆了这场对普战争，因为他并不把这种统一看作是掩盖普鲁士专制制度的假面具，却把它看作是对保持德国的分裂状态这一法国的世袭权利的侵害。

马克思：《法兰西内战》，

《马克思恩格斯全集》第 17 卷第 341 页。

　　1772 年波兰遭到第一次瓜分；1779 年俄国已经根据帖欣和约要求并得到了干涉德国事务的正式权利。这对于德国各邦君主应当是一个教训；但是，尽管如此，弗里德里希 - 威廉二世，这个唯一认真反抗俄国政策的霍亨索伦和弗兰茨二世仍然同意完全消灭波兰。

恩格斯：《流亡者文献》，

《马克思恩格斯全集》第 18 卷第 575 页。

　　波兰是扼杀不了的，它在 1863 年证明了这一点，而且现在每天都在证明着。它在欧洲各民族大家庭中独立生存的权利是不容争辩的。波兰的恢复是必要的，对于德国人和俄国人这两个民族自己来说尤其是必要的。

恩格斯：《流亡者文献》，

《马克思恩格斯全集》第 18 卷第 577 页。

　　第一次瓜分是由于波兰贵族力图保存已经失去存在权利的宪法和特权而引起的；那部宪法和那些特权不仅没有维持安宁和保证进步的发展，反而破坏了公共秩序，给国家带来了危害。在第一次瓜分以后，有一部分波兰贵族承认了这个错误；并且确信波兰只有通过革命才能恢复；十年之后，我们看见了，波兰人是怎样在美国为自由而斗争的。

恩格斯：《支持波兰》，

《马克思恩格斯全集》第 18 卷第 628 页。

　　首先，当然是由于对一个被奴役的民族的同情，这个民族对奴役他们的人进行了不断的英勇斗争，从而证明了它具有民族独立和民族自决的历史权利。国际的工人政党力求实现波兰民族的恢复，这根本没有丝毫矛盾。

恩格斯：《支持波兰》，

《马克思恩格斯全集》第 18 卷第 630 页。

　　对浩劫的评述。经济的、社会的、政治的后果：向法国的让步；瑞典和丹麦之闯入德国；做保证者的强国进行干涉的权利；中央政权的彻底衰落；欧洲向德国诸侯们保证的反抗皇帝、进行内战和背叛祖国的权利。

恩格斯：《关于德国的札记》，

《马克思恩格斯全集》第 18 卷第 650 页。

只有拿出一个新的、明显的证据，证明普鲁士不仅比这些政府强大得多，而且强大到足以保护它们的地步，——也就是说，只有进行一场新的、全德性的战争，才能很快地使它们投降。加之，美因河分界线，虽然是由俾斯麦和路易－拿破仑事先在暗中商定的，但在胜利以后，看来却像是后者强加给普鲁士的；因此，同德国南部联合一起，就是侵犯了这一次正式承认法国人享有的分割德国的权利，就是战争的理由。

> 恩格斯：《暴力在历史中的作用》，
> 《马克思恩格斯全集》第 21 卷第 497 页。

俄国现在已经强大到不要再像彼得那样想取得作为德意志帝国成员的权利了；它现在力求在那里取得它已在波兰取得的和法国在德意志帝国所占据的地位，即能防止任何改良企图而保持德国混乱局面的保证人的地位。

> 恩格斯：《俄国沙皇政府的对外政策》，
> 《马克思恩格斯全集》第 22 卷第 26 页。

在美国独立战争期间，叶卡特林娜以自己及自己同盟者的名义首先提出了"武装中立"的原则（1780 年），即要求限制英国认为党的军舰在公海上应当享有的权利，这一要求从那时起便成为俄国政策的不变目的，并且按照 1856 年巴黎和约的条款已基本上为欧洲和英国本身所承认。

> 恩格斯：《俄国沙皇政府的对外政策》，
> 《马克思恩格斯全集》第 22 卷第 27 页。

一旦同普鲁士或大陆其他军事强国交战，你们唯一的可靠的进攻手段，就是截断他们的海上贸易。但是只有在恢复了你们的"海上权利"（这是由于内阁玩弄阴谋，未经国会批准，根据 1856 年巴黎和约而让给俄国的权利）之后，你们才能做到这一点。

> 《马克思致爱·斯·比斯利》，
> 《马克思恩格斯全集》第 33 卷第 152 页。

在这里，可靠的手段就是暂时破坏或中断大陆国家的海外贸易。这主要靠运用这样一个原则：劫夺中立国船上的敌对国货物。英国人在作为巴黎和约附件的所谓宣言中已放弃了这个海上权利（以及其他类似的权利）。

> 《马克思致路德维希·库格曼》，
> 《马克思恩格斯全集》第 33 卷第 169 页。

佩尔采尔在巴奇考向塞尔维亚人征收沉重的军税，并征招新兵。但同时他却保障他们的语言和民族权利，并废除边屯区。

恩格斯:《战地新闻》,

《马克思恩格斯全集》第 43 卷第 451 页。

他们受了骗,原来答应他们建立"斯拉夫奥地利",他们被利用来在意大利和匈牙利博得胜利,对他们的酬谢是又重新被抛了回去,回到了梅特涅棍棒制度的统治下。带给他们的不是"斯拉夫奥地利"而是所谓的"民族权利平等",这就是说,对于不属于任何民族的最高贵族阶级的、权力无限的宫廷权奸来说,一切民族都是平等的无权。

恩格斯:《论奥地利的军事专政》,

《马克思恩格斯全集》第 43 卷第 468 页。

丹麦凭借把人民视作动产的宝贵继承权,吞并了德国的两个邦——什列斯维希和霍尔施坦。这两个公国各有自己的宪法,容彼此相同,还有它们的君主们所赐给的早已规定的权利,"两国应该永远统一而不可分割"。

恩格斯:《德国来信。什列斯维希—霍尔施坦的战争》,

《马克思恩格斯全集》第 44 卷第 65～66 页。

用轮船调运部队,用帆船调运马匹,把军官留在伦敦,认为所有其他地方中最适于占领的正是君士坦丁堡,而不是敖德萨、克里木、芬兰、多瑙河口或者任何其他对俄国有危险的据点而让士兵在君士坦丁堡登陆,这样做的目的不是打败哥萨克,而是为了在这一紧要关头让伊斯兰教和拜占庭的教士认识西方的权利和公民的平等。

马克思:《不列颠的金融。——普雷斯顿的骚动》,

《马克思恩格斯全集》第 44 卷第 208 页。

我们也可以说,俄军要想摇旗呐喊、军乐齐鸣地径直向君士坦丁堡进军,并不是那么简单的事情。但是,如果土耳其人仍然没有援军,俄军终究会到达那里。这一点,除了时髦的军事作家,从来没有人否认过,因为他们不是根据事实,而是根据什么"权利反对暴力"必胜、"正义的事业"不会有任何错误的信念来作出判。

恩格斯:《土耳其战争》,

《马克思恩格斯全集》第 44 卷第 225 页。

1561 年,当俄国人拿下纳尔瓦并且想方设法在那里大力兴办贸易时,汉撒各城市,主要是卢卑克,曾试图得到这种贸易关系。当时的瑞典国王埃里克十四反对它们这种企图。卢卑克市认为这种反对是前所未闻的新闻,因为它从远古时代起就同俄国有贸易关系。它还援引各国商船只要不携带战争禁运品均可在波罗的海航行的权利为自己辩护。

马克思:《十八世纪外交史内幕》,

《马克思恩格斯全集》第 44 卷第 294 页。

1779 年爱尔兰没有军队驻守，存在着法国入侵爱尔兰的危险，法国和西班牙的联合舰队威胁着英国的海岸（普利茅斯）。在这种情况下产生了志愿兵运动——爱尔兰武装新教徒运动，部分原因是为了防御外国人，部分原因是为了保卫自己的权利。

> 马克思：《从美国革命到 1801 年合并的爱尔兰》，
> 《马克思恩格斯全集》第 45 卷第 15 页。

留舍斯·奥勃莱恩爵士针对菲茨吉本的提议提出修正案，要求国王作为爱尔兰的国王"以对葡萄牙采取军事行动的方式"确认这个王国的权利，这个修正案的结尾说："我们不怀疑这个民族（爱尔兰）有足够的力量和手段来保卫自己的一切权利，震撼一切敌人。"

> 马克思：《从美国革命到 1801 年合并的爱尔兰》，
> 《马克思恩格斯全集》第 45 卷第 24 页。

中国人憎恶的不是欧洲人民，因为他们之间并无冲突，他们憎恶的是欧洲资本家和唯资本家之命是从的欧洲各国政府。那些到中国来只是为了大发横财的人，那些利用自己吹捧的文明来进行欺骗、掠夺和镇压的人，那些为了取得贩卖毒害人民的鸦片的权利而同中国作战（1856 年英法对华的战争）的人，那些利用传教伪善地掩盖掠夺政策的人，中国人难道能不痛恨他们吗？

> 列宁：《对华战争》，
> 《列宁全集》第 4 卷第 320 页。

欧洲一直保护着旧世界已经确立的关系和特权，维护着它的优惠的权利，即几世纪以来一直被视为天经地义的剥削亚洲各国人民的权利。

> 列宁：《旅顺口的陷落》，
> 《列宁全集》第 9 卷第 135 页。

废除芬兰人借以保护自己的权利免受俄国专制君主蹂躏的宪法，使芬兰同低国其他地区处于同样无权的非常状态，——这就是这次进攻的目的。这次进攻是以沙皇不通过芬兰议会而颁布关于兵役问题的命令并从俄国官吏中任命一批新的参议员这两件事作为开端的。

> 列宁：《沙皇对芬兰人民的进攻》，
> 《列宁全集》第 19 卷第 126 页。

德国打仗是因为德国资本家认为（这也是完全合乎情理的），他们在掠夺殖民地和附属国方面居于世界首位是他们"神圣的"资产阶级权利，德国打仗同时还是为了控制巴尔干国家和土耳其。

列宁：《论单独媾和》，

《列宁全集》第 28 卷第 193 页。

　　恩格斯在《阿富汗》里说的"西帕依"，是英国殖民者在印度本地人中间招募的雇佣兵，他们受英国军官指挥。在英印军队中的西帕依部队被英国人用来征服印度和对印度邻近国家（阿富汗、缅甸等）进行侵略战争。然而成为英国统治的支柱的西帕依却受到印度人民群众对殖民制度共同的不满情绪的侵袭，这在 1857～1859 年印度规模极大的民族解放起义期间尤其明显。

　　马克思在《议会中关于答词的辩论》里说"1856 年克拉伦登勋爵在巴黎作了一个'危险的'让步"，指 1856 年 4 月 16 日（4 日）巴黎会议通过的海上国际法原则宣言。宣言禁止私掠并保证保护中立国商船不受交战国的侵犯。宣言的通过是俄国外交上的胜利。俄国从 1780 年起就反对英国要求检查和截夺中立国船只的权利。

　　恩格斯在《战争短评》里提到的"俾斯麦和茹尔·法夫尔达成协议"，指 1871 年 1 月 28 日俾斯麦和法夫尔签订的停战和巴黎投降协定。国防政府不再抵抗普鲁士侵略者并且可耻地投降，这就出卖了法国民族利益；法国统治阶级当时不惜牺牲民族利益以求利用一切力量镇压国内的革命运动。在签订协定时，法夫尔同意了普鲁士提出的屈辱要求：在两星期内付清 2 亿法郎的赔款；交出大部分巴黎堡垒；交出巴黎军团的野炮和弹药。但是俾斯麦和法夫尔不敢把解除大部分由工人组成的巴黎国民自卫军的武装这一条列入协定。协定中规定在最短期间内举行国民议会选举，因为媾和问题应由国民议会决定。

　　恩格斯在《流亡者文献。——波兰宣言》里提到的"帖欣和约"，是普奥之间的巴伐利亚王位继承战争结束后于 1779 年签订的和约。作为这个和约的发起人的俄国起初充当交战双方的调停人，而在和约缔结时则同法国一起被宣布为条约所规定的秩序的保证国，实际上获得了干涉德国各邦的事务的权利。

　　恩格斯在《战地新闻》里说，佩尔采尔将军"却保障他们的语言和民族权利，并废除边屯区。"边屯区居民是在所谓的边屯区的全部士兵。这是 16 至 19 世纪在奥地利帝国南部地区形成的军事移民制度。实行这种制度的目的在于保卫边境，防止土耳其人入侵。边屯区居民（住在边境地区的居民，即塞尔维亚人、克罗地亚人、罗马尼亚人，塞克列人、萨克森人）由国家分配小块土地，为此他们有义务服兵役、纳税和承担社会义务。

　　起初，佩尔采尔将军占领巴奇考以后，在同塞尔维亚居民关系上采取了灵活的政策。例如，他在柴基营管区仍继续使用塞尔维亚语。1849 年 5 月底，科苏特也想到有必要对斯拉夫民族作出一些让步，其中他认为边屯区居民应同国内其他居民享有平等的权利。

第五部分

基本权利——基础的上位权利

公民的基本权利由宪法规定。根据宪法的规定，这里把基本权利归纳为政治权利、经济权利和社会权利。除宪法规定的权利形式外，法律、法规也规定某种基本权利形式和基本权利的构成形式。我们知道，没有单独的孤立的权利形式，权利范畴是由一系列上位概念、下位概念组成的，这些权利形式共同构成权利体系。

这里有两个认识问题需要解决。

一是管理国家事务的权利，在权利体系中处于首要地位、核心地位问题。

在资本主义权利立法的游戏中，恰恰排斥了这一权利。其目的，是为了保障世袭权贵和知识精英的统治。既然国家的一切权力属于人民，那么人民就有权利依照法律规定，通过各种途径和形式，管理国家事务，管理经济和文化事业，管理社会事务。近年来，我国基层人员、普通劳动者进入全国人大，提高其组成人员比例的举措，是大得人心的，是完全正确的，符合经典作家论述和我国宪法的初心。

二是把权利归结为民事权利问题。

以往的法学理论，常常把权利归结为民事权利。如果在前资本主义和自由资本主义情况下是可以理解的话，那么在垄断资本主义和社会主义时期，便是不可理喻的了。在社会经济的复杂化和高度发展过程中，形成了庞大的、性质各异的权利系统，仅仅那点民事权利显然是无济于事的。民事权利中没有政治权利，经济权利又以合同权利为核心。谁都知道，劳动权是重要的经济权利，但在民法那里，雇佣合同就足够了。近现代以来，劳动关系取代了劳资关系，成为新法——劳动法的重要领域。

劳动法是从传统民法分化出来形成的新的法的结构分支。在传统民法那里，劳动雇佣关系由民法关于财产关系的原则加以调整，劳动关系的基本规范属于民事合同规范范畴。劳动法从民法分离出来，始于 20 世纪初叶。劳动法之所以不再属于民法范围，是基于以下事实：劳动法在其自身发展中已趋形成完善的体系，总体上具有经济法或社会法的性质和特征。

在生产社会化条件下，劳动关系成为国民经济关系的重要组成部分，劳动关系法律调整的状况如何，直接关系到国民经济总体运行。譬如劳动就业关系。在独立的、分散生产经营的条件下，劳动就业问题属于业主与劳动者个人之间的事情。在私人自治原则下，双方通过劳动契约进行劳动力的买和卖。当代各国的就业、解雇和失业不但关系到劳动者、业主的权益，还关系到社会经济的安定。为此，西方国家（垄断资本主义国家）制定雇佣保险法、雇佣对策法、职业安定法、失业紧急对策法、促进中高龄雇佣特别措施法、残疾人雇佣促进法、特定不景气行业离职法、特定不景气地区离职法、雇佣机构法等法律，对劳动就业关系进行调整。这些法律，都不属于民法。

一、政治权利

马克思主义经典作家使用了"政治权利"术语。根据经典作家的论述和当时资本主义国家立法情况，这里把选举权、集会游行示威权、结社权、罢工权、言论自由权和出版权，纳入政治权利范畴。这些政治权利，是从权利关系的角度阐释的。

（一）选举权

1. 选举权的全部关键在于选举法

所谓美国"全民选总统"，在我国一些人那里传为神话。美国实行总统制，每四年举行一次总统选举。选举主要包括预选、各党召开全国代表大会确定总统候选人、总统候选人竞选、全国选民投票选出总统"选举人""选举人"成立选举人团投票表决正式选举总统和当选总统就职典礼等程序。

美国总统并不实行直接选举，而实行间接选举：①由各州选民投票选出人数与本州国会议员人数相等的本州选举人；②由各州选举人同时在各州首府投票选举正、副总统。议员选举实行直接选举。众议员、参议员由各州选民直接选举；州长、议员和某些州的法官、重要行政官员都由选民选举产生。

西方国家用复杂的选举制度，标榜民主和程序正义。既然如此政治民主和程序正义，何以穷人总是选不上总统、州长、议员和法官？列宁说，地主制定的这个有利于地主的、经地主沙皇批准的法律，不是把选举农民杜马代表的权利交给农民复选人，而是交给地主。地主喜欢哪个农民复选人，就把哪个选入杜马作农民代表！

西方国家的选举制度，是政党政治制度。政党的政见有别，但都是资产阶级政党，这些政党通过选举形式，垄断政权。美国的单名选区制和多数代表制，能够确保资产阶级的统治地位。资产阶级政党轮流坐庄，无非是表演那个政党统治的法子好。

法国七月王朝政府首脑弗·皮·纪·基佐的一次讲话中说："发财吧，先生们，你们会成为选民的。"资产阶级规定了很高的选民财产资格，不仅工人和农民，而且小资产阶级和部分资产阶级也被剥夺了选举权。

由此说来，选举权是资产阶级独享的，并非中性的、惠及全民的。它不是穷人的选举权，而是富人的选举权。况且，选举法为"黑金"政治、金钱游戏、选举舞弊这些西方国家选举的常态，打开了方便之门。

列宁在《农民和第四届杜马的选举》里指出，全部关键在于选举法。

当然，经典作家要求具体地、历史地对待普选权。马克思的《行政改革协会。——人民宪章》针对宪章派政治纲领的中心——要求普选权时指出，在50年代的英国条件下实现这一纲领，能够为工人阶级取得国家政权并利用它来进行社会主义改造开辟道路。但是，普选权这个口号的内容和意义是随着历史条件的不同而改变的。如果说在法国以及整个大陆普选权口号的内容并没有超出资产阶级民主要求的范围，那么在英国的条件下，这个要求和宪章派纲领的其他条目一样，具有另外的性质。

马克思和恩格斯希望争取恢复宪章运动的斗争能促使这个任务得到解决，但这个希望没有实现。宪章派在50年代想掀起群众性的争取宪章的运动的尝试没有成功。宪章运动本身不久便完全退出了舞台。宪章运动失败的原因在于，英国工人中间机会主义倾向的加剧，而机会主义倾向的加剧，则是由英国在世界市场上的垄断地位和资产阶级从殖民地取得巨大超额利润收买了英国无产阶级上层分子——"工人贵族"而造成的。

选举制度是按居民的人数制定的。下面4条，我们认为有必要照抄下来。

"第24条 选举权是直接的和普遍的，投票采取秘密方式。"

"第25条 凡年满21岁，没有被剥夺政治权和公民权的法国人，均为不受任何选举资格限制的选民。"

"第26条 凡年满25岁的选民均可以当选为议员，而不受居住资格的限制。"

"第27条 剥夺法兰西公民的选举权和被选举权所依据的条件由选举法规定之。"

上面引用的几个条款表述的精神跟宪法里所有其他条款的精神毫无二致。"凡是法国人均为享有政治权力的选民"，但是"选举法"必须规定，哪些法国人不应享有政治权利！

1849年3月15日的选举法把政治犯除外的一切罪犯都划入这个范围。而1850年3月31日的选举法不仅把政治犯，不仅把所有被认为藐视早已确定的社会舆论和出版法的罪犯一律划入这个范围，而且实际上规定了居住资格，从而使2/3的法国人不能参加投票！

马克思：《1848年11月4日通过的法兰西共和国宪法》，
《马克思恩格斯全集》第7卷第583页。

第33-38条 议员可以重选。他们不受过去颁布的任何命令的约束，他们不受侵犯，不得由于在国民议会里发表意见而遭受迫害和担负责任。他们可以得到他们不得拒绝的薪金。

至于"议员的不受侵犯性"和他的"发表意见的自由"，国民议会的多数在6月13日以后通过了一项新的规章，决定国民议会议长有权谴责议员，处以罚款，剥夺他的薪金和暂时把他驱逐出会场，——这样一来，也就最后消灭了"言论自由"。1850年，国民议会通过了一项法律，根据这项法律，议员甚至在会议期间可以因债务诉讼而遭到逮捕和在一定期间内如不还清债务而被剥夺其人民代表的资格。

所以，无论议员的议论自由或议员的不受侵犯性在法国都是不存在的，而所存在的只有债权人的不受侵犯性。

马克思：《1848 年 11 月 4 日通过的法兰西共和国宪法》，
《马克思恩格斯全集》第 7 卷第 584 页。

贝克莱先生的决议案所以被托利党和辉格党联合投票否决，是因为他们的共同利益——保持他们在地方上对不独立的租佃者、小店主和被保护的土地所有者的影响——受到了严重威胁。"交租金者应当把选票同租金一块交来"——这就是光荣的英国宪法的一条古老的原则。

马克思：《英国的繁荣。——罢工。——土耳其问题。——印度》，
《马克思恩格斯全集》第 9 卷第 154～155 页。

有关选举权和选举机构方面的安排，不仅把人民的大多数排除在外，而且还使其余享有特权的一部分遭到官僚集团最肆无忌惮的摆布。选举分两级。首先选举复选人，然后由复选人选举议员。在初选当中，不仅不缴纳直接税者都被排除在外，而且全部初选人还要分成三类：最高、中等、量低税额缴纳者。三类中的每一类都像塞尔维乌斯·土利乌斯王的特里布斯一样，选举同等数目的议员。然而就是这个复杂的层层过滤的过程看来还是认为不够，因为官僚集团此外还得到了把选区任意划分、拼凑、改变、分开、合并的权力。譬如说，如果疑心某一个城市倾向于自由派，那就可以把它淹没在乡村选民的大量反动选票中；内阁大臣只凭一纸命令就能把这个倾向于自由派的城市和反动的农村地区合并成一个选区。

马克思：《普鲁士状况》，
《马克思恩格斯全集》第 12 卷第 660 页。

这个法案规定把各郡的选民选举资格限制由 50 英镑降低到 10 英镑。这种降低在某种程度上被抵销了，因为居住在有权选派代表参加议会的各城市中的有 40 先令收入的自由农在各郡中都被剥夺了投票权；而且这个法案也被斑驳杂陈的一大堆难以理解的选举特权装饰着；这些特权一方面总的说来是微不足道的，另一方面它们也只会加强现存的阶级垄断。关于让大多数人民参加选举、对一切选区权利平等、保证秘密投票这些重要问题，甚至没有提到。我对这个法案的评语是确切的，这可以从对法案基本原则的下列简要叙述中得到证明；这些基本原则就是：应该为各郡和各城市的租赁者制定一种统一的选举法；换句话说，1832 年的议会改革法案中规定各郡的租地者的财产资格限制为 50 英镑的契安多斯的条文应该取消。

马克思：《英国议会改革的新法案》，
《马克思恩格斯全集》第 12 卷第 235 页。

不动产租赁者的选举法适用于各种不动产，不管这种不动产是否包括建筑物。根据纽马奇先生估计，在各郡实行 10 英镑的财产资格限制，将使各郡选民人数增加 103000 人，而迪斯累里先生认为，各郡选民将增加 20 万。另一方面，40 先令的自由农名义上照旧都

有选举权，但是，居住在城市中的、由于自己占有自由土地在此以前一直在各郡享有投票权的 40 先令的自由农，现在却失去了这种权利，因为他们必须在他们所居住的城市投票。这样一来，大约有 10 万选票将从各郡转移到城市，同时，大约有 4 万名（甚至可能更多）不是经常居住在各郡的选民的权利完全被剥夺了。

马克思：《英国议会改革的新法案》，

《马克思恩格斯全集》第 12 卷第 235～236 页。

这就是新法案的实质。它用一只手夺去了另一只手给予各郡选举权的东西，它所特别关心的是，要彻底消除 1832 年议会改革以来城市通过购买 40 先令的自由农的土地而对各郡选举所起的影响。

马克思：《英国议会改革的新法案》，

《马克思恩格斯全集》第 13 卷第 236 页。

宪法的基础是普选权。废止普选权，——这就是秩序党的最后一言，资产阶级专政的最后一言。

在 1848 年 5 月 4 日，1848 年 12 月 20 日，1849 年 5 月 13 日，1849 年 7 月 8 日，普选权承认了资产阶级实现这种专政的权利。在 1850 年 3 月 10 日，普选权谴责了它自己。把资产阶级统治视为普选权的结论和结果，视为人民主权意志绝对的表现，——这就是资产阶级宪法的意思。但是，当这个普选权，这个人民主权意志的内容已不再是归结为资产阶级统治的时候，宪法还会有什么意思呢？难道资产阶级的直接责任不正是要把选举加以调整，使其倾向于合理的制度，即倾向于资产阶级的统治吗？难道普选权每次取消现存国家权力而又从本身中间再造出新的国家权力，岂不就是消灭全部安定状态，岂不就是时刻把一切现存权力弄成问题，岂不就是破坏权威，岂不就是威胁着要把无政府状态本身提升为权威吗？在 1850 年 3 月 10 日之后，谁还会怀疑这点呢？

资产阶级既将它向来用作护身符并从中汲取支配一切的力量的普选权抛弃，也就是公开承认："我们的专政至今是遵照人民意志存在的，今后它却一定要违反人民意志而巩固起来了。"

马克思：《1848 年至 1850 年的法兰西阶级斗争》，

《马克思恩格斯全集》第 7 卷第 109 页。

工业资产阶级所要求的要多得多。它要求 household suffrage，即凡是占用一幢房子或其一部分并因此而交纳市政税的户主的选举权；它也要求秘密投票和完全重新划分选区，以保证同样数目的选民和同样数目的财产有相等的代表名额。它将顽强地、长期地和内阁进行讨价还价，并从内阁方面得到每一个可能得到的让步之后，才会出售对内阁的支持。我们的英国工业家们都是些老练的商人，大概他们要按最高的价格出售自己的一票的。

但是，现在就已经可以看出，甚至像前面谈到的内阁提出的最低限度的选举改革，除了加强工业资产阶级的权力而外，不会得到其他的结果。

恩格斯：《英国》，

《马克思恩格斯全集》第 8 卷第 240 页。

任何一个革命都需要有一个宴会问题。普选权就是新革命的宴会问题。

可是，联合的资产阶级中各个集团既已抛弃它们联合权力的唯一可能形式，既已抛弃它们阶级统治的最强大最完备的形式，即抛弃立宪共和国，而向后跑回到较低级、不完备、较软弱的形式即君主国去，它们就是自己给自己作出了判决。

马克思：《1848 年至 1850 年的法兰西阶级斗争》，

《马克思恩格斯全集》第 7 卷第 110 页。

宪章派这个不列颠工人阶级的具有政治积极性的部分。他们为之而斗争的宪章里的六条，所包括的内容不外是对普选权的要求，以及使普选权不致成为工人阶级的空想的那些条件，这就是：实行秘密投票、规定议员支薪、每年举行大选。但是普选权就等于英国工人阶级的政治统治。

因为在英国，无产阶级占人口的绝大多数，在长期的、虽然是隐蔽的内战过程中，无产阶级已经清楚地意识到自己的阶级地位，而且甚至在农业地区也不再有农民，而只有地主、资本主义企业主（农场主）和雇佣工人。因此，在英国，普选权的实行，和大陆上任何标有社会主义这一光荣称号的其他措施相比，都将在更大的程度上是社会主义的措施。

在这里，实行普选权的必然结果就是工人阶级的政治统治。

马克思：《宪章派》，

《马克思恩格斯全集》第 8 卷第 390～391 页。

西班牙 1837 年的选举法规定只有拥有或承租房产或地产、缴纳 mayores cuotas（国家征收的船舶税）和年满 25 岁的公民才有选举权。此外，享有选举权的还有西班牙历史和自由艺术科学院的成员，神学、法学和医学科系的博士、硕士，神甫会会员，教区主教和他所辖的教士，有两年资历的法官和律师，服满一定期限的现役或预备役的军官，有两年服务期限的内外科医生和药剂师，身为某一科学院成员的建筑师、画家和雕刻家，官办学校的教授和教员。这个法律还规定剥夺不缴纳国家或地方税者、破产者、由于道德方面的缺陷或不够公民资格而被褫夺权利者和所有正受法庭审理的人的选举权。

马克思：《西班牙的革命》，

《马克思恩格斯全集》第 10 卷第 436 页。

我们在这里首先要指出，这个给予"政治权利"的"注册法案"是市政的或公会的法案，或者用桑乔更易了解的语言来说，是"城市条例"；它给予的不是"政治权利"，而是市政权利，即选举地方官吏的选举权。

马克思恩格斯：《德意志意识形态》，

《马克思恩格斯全集》第 3 卷第 424 页。

它主张扩大选举权，把选举权给予每一个属于国民自卫军的人。这项措施将会使整个手工业者和店主阶级获得投票的权利，把选举权扩大到像英国改革法案那样大的范围。然而这项措施的后果对法国却严重得多。

恩格斯：《法国的改革运动》，
《马克思恩格斯全集》第4卷第400页。

左派要求"由国民议会在一定期间选出对国民议会负责的中央权力执行机关"。但这种中央权力机关是否应该像激进党的宣言所明确要求的那样从国民议会内部选出，这个问题它却没有加以解决。最后，左派的宣言要求立即规定、宣布并保证德国人民的基本权利，防止各邦政府对这些权利的一切可能的侵犯。

马克思恩格斯：《法兰克福激进民主党和法兰克福左派的纲领》，
《马克思恩格斯全集》第5卷第44页。

资产阶级从自己的物质利益出发，必然要提出参与政权的要求。只有它自己才能利用各项法律来满足它的商业和工业的要求。它必然要从既不学无术而又妄自尊大的腐朽的官僚手中把照管它的这些"最神圣的利益"的权力夺取过来。它必然要要求监督国家财政的权利，因为它认为自己是财富的创造者。

马克思：《资产阶级和反革命》，
《马克思恩格斯全集》第6卷第121页。

一个由人民公开、直接选举出来的委员会，它的任务是代表在合法的政权机关中没有代表的那部分居民的利益，它只进行合法的活动，除了道义上的影响之外，决不妄想摄取任何权力，而这种道义上的影响，是结社的权利、法律和选民的信任所允许的。

马克思：《民众大会和安全委员会》，
《马克思恩格斯全集》第5卷第594页。

1850年5月31日的选举法根本剥夺了无产阶级参政的权利，甚至断绝了他们接近战场的机会。这个法律使工人回复到他们在二月革命以前所处的毫无权利的地位。

马克思：《路易·波拿巴的雾月十八日》，
《马克思恩格斯全集》第8卷第170页。

根据密多塞克斯的资格审查律师沙德维尔先生的判决，许多属于上述自由农土地协会的选民被剥夺了选举权；他宣布，凡是土地的价值不足五十英镑的土地占有者不得享有选举权。因为这里所涉及的是事实问题，而不是权利问题，所以对于这个判决不能向普通法法院提出上诉。大家都很清楚，对事实问题和权利问题所作的这种区分，就会使始终为现存内阁所左右的资格审查律师在编制新的选民名单方面握有极大的权力。

马克思：《商业繁荣的政治后果》，
《马克思恩格斯全集》第 8 卷第 427 页。

现在，政治寡头打算利用这些被揭发的事件来实行一种削弱城市选区而加强各郡的改革。而曼彻斯特学派的改革者并不是要普遍扩大选举权利，他们只不过要在城市选区中扩大选举权利，如今面对着这样一个主张，他们当然有苦难言了。

按照供求规律，工人们早已有权得到更高的工资，他们之所以没有得到更高的工资，只是由于企业主们钻了工人们不熟悉劳动市场状况的空子罢了。一旦工人们终于弄清了这种状况，一直宣扬着"永恒的供求规律"的企业主们就回到了"开明专制"论，并且要求有随便处理自己财产的权利；他们用恶狠狠的最后通牒的形式宣称，工人们自己并不知道什么对他们是好，什么对他们是坏。

马克思：《伦敦交易所的恐慌。——罢工》，
《马克思恩格斯全集》第 9 卷第 377 页。

这些宪法草案中最值得注意的有两条：一条规定，废除法院旧有的取消行政决定的权利；另一条规定，凡是由于参加 1848—1850 年革命斗争而破坏了自己名誉的人，不管后来是否被赦免，一律剥夺其投票权。
马克思：《德勒克吕兹被捕。——丹麦。——奥地利——"泰晤士报"谈对俄战争的前景》，
《马克思恩格斯全集》第 9 卷第 477 –478 页。

这个法律还规定剥夺不缴纳国家或地方税者、破产者、由于道德方面的缺陷或不够公民资格而被褫夺权利者和所有正受法庭审理的人的选举权。

马克思：《西班牙的革命。——博马尔松德》，
《马克思恩格斯全集》第 10 卷第 436 页。

"人民宪章"直到现在还是宪章派的政治纲领，按其实质来说，这就是要求普选权和创造在英国能够真正实现这种权利的条件。

马克思：《休谟》，
《马克思恩格斯全集》第 11 卷第 102 页。

议会将由于给它的机体中注入新鲜血液、给至今在议会中还没有表决权和代表的广大人民群众中的至少某一部分以政治权利，而获得新的生命。然而战争中断了这一自然的发展过程。

马克思：《帕麦斯顿内阁的失败》，
《马克思恩格斯全集》第 12 卷第 155 页。

根据纽马奇先生估计，在各郡实行 10 英镑的财产资格限制，将使各郡选民人数增加

103000 人，而迪斯累里先生认为，各郡选民将增加 20 万。另一方面，40 先令的自由农名义上照旧都有选举权，但是，居住在城市中的、由于自己占有自由土地在此以前一直在各郡享有投票权的 40 先令的自由农，现在却失去了这种权利，因为他们必须在他们所居住的城市投票

马克思：《英国议会改革的新法案》，

《马克思恩格斯全集》第 13 卷第 235～236 页。

根据这一决议，凡愿意回到德国并声明愿意恢复自己公民权的政治流亡者，一律有选举权和被选入德国国民议会的权利。因而，根据普鲁士政府参与制定同时普鲁士也必需遵守的这一决议，凡过去是某邦公民或现在愿意在某地居住的政治流亡者，都恢复其公民权。

《卡·马克思因申请恢复普鲁士国籍被拒绝而提出的申诉书》，

《马克思恩格斯全集》第 15 卷第 677 页。

在马赛它禁止我们的会员集会选举出席巴塞尔代表大会的代表。在其他城市也重演了这种卑鄙的勾当，但是欧洲以及其他地方的工人终于开始懂得，夺取自己的天赋权利的最可靠的办法是：不待他人的许可，每人奋不顾身地自动来行使这种权利。

马克思：《总委员会向国际工人协会第四次年度代表大会的报告》，

《马克思恩格斯全集》第 16 卷第 427 页。

普选制不是为了每三年或六年决定一次，究竟由统治阶级中的什么人在议会里代表和压迫人民，而是应当为组织在公社里的人民服务，正如个人选择的权利为任何一个工厂主服务，使他们能为自己的企业找到工人、监工和会计一样。

马克思：《法兰西内战》，

《马克思恩格斯全集》第 17 卷第 360 页。

正在瓦解的小资产阶级和农民的胜利可能把一个"改宗的"共和主义者的内阁捧上台。这将使我们获得普选权利显著扩大的活动自由（出版、集会、结社的自由、取消 ammonizione〔警察监视〕等等），这是不应该予以忽视的新的武器。

恩格斯：《未来的意大利革命和社会党》，

《马克思恩格斯全集》第 22 卷第 516 页。

在德国，很难说普选制究竟是把谁抬得更高些，是把俾斯麦还是把布莱希勒德。最后，有产阶级是直接通过用普选制来统治的。只要被压迫阶级——在这里就是无产阶级——还没有成熟到能够自己解放自己，这个阶级的大多数人就仍将承认现存的社会秩序是唯一可能的秩序，而在政治上成为资本家阶级的尾巴，构成它的极左翼。但是，随着无产阶级成熟到能够自己解放自己，它就作为独立的党派结合起来，选举自己的代表，而不是选举资本

家的代表了。因此，普选制是测量工人阶级成熟性的标尺。在现今的国家里，普选制不能而且永远不会提供更多的东西。

恩格斯：《家庭、私有制和国家的起源》，

《马克思恩格斯全集》第 21 卷第 197 页。

我决定谈谈公猫的事，为了引起话题就从这里的社会主义没有指望和毫不适用谈起。他就这个题目发挥起来：就是普选权在这里也不会有任何意义——工人不会去利用这项权利；为了独立参加选举就要像德国那样花费金钱和精力，而英国工人既然不能指望从中得到直接的金钱利益，他们就不会出一点力，出一文钱。在德国，资产阶级政治革命来得如此之晚，以至落到了觉醒的工人阶级的份上，这是德国的幸运。这使德国工人阶级不像英国工人阶级那样埋头于纯职业的斗争，而是使他们保持着对社会政治的关心。

恩格斯：《维·伊·查苏利奇致格·瓦·普列汉诺夫》，

《马克思恩格斯全集》第 39 卷下册第 490～491 页。

在法国和英国，——其实这两个国家的制度我们是决不赞成的，——选派代表的权利不是根据某人拥有什么，而是根据他对国家有多大好处；不是根据占有权，而似乎根据占有权所履行的国家职能。

马克思：《论普鲁士等级委员会》，

《马克思恩格斯全集》第 40 卷第 341 页。

全部关键在于选举法！地主制定的这个有利于地主的、经地主沙皇批准的法律，不是把选举农民杜马代表的权利交给农民复选人，而是交给地主。地主喜欢哪个农民复选人，就把哪个选入杜马作农民代表！

列宁：《农民和第四届杜马的选举》，

《列宁全集》第 21 卷第 219 页。

承认一定的斗争形式而不承认学习斗争技术的必要性，就等于我们承认需要参加某次选举而不重视规定这次选举的技术问题的法律。

列宁：《谈谈对俄国革命的估计》，

《列宁全集》第 17 卷第 35 页。

1907 年 6 月 3 日（16 日）的选举法是无耻的冒牌法律的样板。下面这些材料可以说明这个法律的性质：

居民被划分为几个"选民团"：地主、第一等和第二等市民、农民、哥萨克、工人。各选民团分别选出的复选人（有时不是直接选举，而是由初选人选举），由政府分配参加各省的选举大会，再由这些选举大会选出杜马代表！

选举法在分配复选人名额上，预先就使（50 个省中的）28 个省的选举大会只能是地主占多数，其他省份则是第一城市选民团的复选人（大资本家）占多数。

列宁：《给社会党国际局的报告〈第四届杜马的选举〉》，
《列宁全集》第 22 卷第 174 页。

美国是最民主的国家之一，是一个堂堂的、属于全社会的民主共和国。在这个有各种选举权、有自由国家的一切权利的国家里，涉及权利的各种问题总该得到正确的解决吧。然而我们知道，在那里，在这个民主共和国里，是怎样对待一位神父的：给他满身浇上沥青，把他打得血肉模糊。

列宁：《在工人合作社第三次代表大会上的讲话》，
《列宁全集》第 35 卷第 345 页。

为争取工人享有真正的充分权利，即普选权而斗争。

列宁：《〈革命第一个回合的胜利〉一文笔记》，
《列宁全集》第 12 卷第 369 页。

奥地利人（维克多·阿德勒、阿德尔海德·波普）为自己在争取男子的普选权的斗争中的策略辩解，他们认为，为了取得这个权利，方便的做法是在鼓动时不把妇女也有选举权的要求提到首要地位。德国的社会民主党人，特别是蔡特金，早在奥地利人开展争取普选权的运动时就反对这种主张。

列宁：《斯图加特国际社会党代表大会》，
《列宁全集》第 16 卷第 72 页。

选举是在社会民主党和所有一切工人阶级的组织被完全剥夺了合法权利的情况下进行的：工人大会根本不能召开，工人报刊完全被禁止，立宪民主党完全垄断了（靠警察措施）"反对党"的地位。

列宁：《谈谈彼得堡的选举》，
《列宁全集》第 19 卷第 68 页。

地主制定的这个有利于地主的、经地主沙皇批准的法律，不是把选举农民杜马代表的权利交给农民复选人，而是交给地主。地主喜欢哪个农民复选人，就把哪个选入杜马作农民代表！很清楚，地主总是要选黑帮农民的。

列宁：《农民和第四届杜马的选举》，
《列宁全集》第 21 卷第 219 页。

资产阶级国家，哪怕是最民主的资产阶级国家的各种选举制度，实际上不是用年龄（在俄国要年满 25 岁），就是用居住地和工作地点固定的期限（在俄国是半年）等等来限制工人的选举权利。通常最受这种条例限制的正是无产阶级中年轻的、更觉悟、更坚决的阶层。

列宁：《工人阶级及其"议会"代表团》，

《列宁全集》第 22 卷第 253 页。

　　改选问题，这是一个真正实现民主原则的问题。一切先进国家的惯例，只有当选者可以就国家立法问题说说话。资产阶级虽然给了选举代表来开动国家机器的权利，但是故意不给罢免权，即真正的监督权。然而，在历史上所有的革命时期，对宪法的一切修改都贯穿着这样一个基本精神：要求得到罢免权。

列宁：《在全俄中央执行委员会会议上关于罢免权的报告》，

《列宁全集》第 33 卷第 106 页。

　　不赋予罢免立宪会议代表的权利，就是不让表达人民的革命意志，也就是篡夺了人民的权利。我们实行的是比例制选举，这的确是最民主的选举。在这种情况下实行罢免权是有一些困难，但是，这方面的困难纯粹是技术性的，而且很容易克服。比例制选举和罢免权之间无论如何是没有矛盾的。

列宁：《在全俄中央执行委员会会议上关于罢免权的报告》，

《列宁全集》第 33 卷第 107 页。

　　只有在那些根据这个制度有权利并有可能拟订候选人名单的党派真正代表了选举他们的选民集团的情绪、愿望、利益和要求的时候，这种选举制才能正确地表达人民的意志，

列宁：《在全俄铁路员工非常代表大会上关于人民委员会工作的报告》，

《列宁全集》第 33 卷第 293 页。

　　在我国，只有那些不劳而获、剥削别人的剥削者，才被剥夺了选举权以及参加和影响国内政治生活的权利。

列宁：《在普列斯尼亚区工人代表会议上的讲话》，

《列宁全集》第 35 卷第 364 页。

　　无产阶级民主派掌握全部政权并彻底废除资产阶级的统治机关——旧式法院以后，抛弃"法官由人民选举产生"这个资产阶级民主的公式，而提出"法官完全由劳动者从劳动者中选举产生"的阶级口号，并把这个口号贯彻到整个法院组织中去，同时，使男女无论在选举法官或履行法官职务上都享有平等的权利。

列宁：《俄国共产党（布尔什维克）纲领》，

《列宁全集》第 36 卷第 411 页。

　　来人想了解苏维埃选举的问题。我对他们说，他们随时有罢免自己代表的权利。

列宁：《致亚·德·瞿鲁巴》，

《列宁全集》第 48 卷第 175～176 页。

马克思在《英国议会改革的新法案》里说，"1832 年的议会改革法案中规定各郡的租地者的财产资格限制为 50 英镑的契安多斯的条文应该取消"，是说有一条文规定，只有每年缴纳租金 50 英镑以上的租地者才能享有选举权，这一条文是被当作对契安多斯（格伦维耳）公爵法案的修改而提出的。1831 年经英国下院通过、1832 年 6 月经上院最后批准的选举法，对选举进行了改革。改革的目的是反对土地贵族和金融贵族的政治垄断，为工业资产阶级的代表进入议院打开大门。在争取改革的斗争中作为主力的无产阶级和小资产阶级受了骗，没有获得选举权。

1852 年 2 月，约翰·罗素作了一个关于提出改革法案的预先声明。法案规定的各项措施——取消 1832 年改革以后仍然保留下来的居民在 500 人以下的、过去曾经选派议员的所谓"腐朽的市镇"，重新分配议员的席位，使之有利于大城市，以及降低选举资格限制和财产资格限制——是为了加强工业资产阶级的政治权力；但是，这一法案也没有提交议院讨论。1854 年 2 月，约翰·罗素提出了一个新法案，提出对农村选区和城市选区应权利平等，凡是每年薪金达 100 英镑以上的人，或者持有国不动产租赁者的选举法适用于各家有价证券、银行股票或东印度公司股票而每年收入的利息在 10 英镑以上的人，或者在储蓄所有 50 英镑以上存款的人，都可以享有选举权；并且提出要给持有大学毕业证书的人以选举权。约翰·罗素的这个法案遭到下院否决。

马克思在《宪章派》里提出"实行普选权的必然结果就是工人阶级的政治统治"，指出了宪章派提出的使英国政治制度民主化的纲领的意义。这个纲领的中心要点就是要求普选权。这篇论文表明，马克思和恩格斯虽然认为暴力革命是在大陆国家建立无产阶级专政的唯一可行的手段，但认为当时条件下的英国是一个例外。马克思和恩格斯考虑到英国的特点，当时英国不存在发达的军事官僚机构，同时英国在欧洲是唯一的无产阶级占人口大多数的国家，认为英国工人阶级有可能通过和平的、议会的途径取得政权。他们认为实现这个可能性的最重要条件就是提高英国无产阶级的政治觉悟和政治积极性，实行普选权和彻底改革议会制度。

恩格斯在《维·伊·查苏利奇致格·瓦·普列汉诺夫》里提到的"公猫"，是维·伊·查苏利奇对马克思的《资本论》第三卷的称呼。

2. 理论上最纯洁的选举权与实践中最大规模的选举舞弊

选举关系是法律关系。选举的原则、目的和程序，都是选举法规定的，违反选举法规定的行为，为违法行为。看上去，选举法和选举权都好到天上去了。那么，为什么实践中却发生持续的、最大规模的选举舞弊？经典作家的论述告诉我们，这一切，都是资本主义制度造成的，不进行社会革命，不推翻资本主义制度，选举舞弊绝不会自动消失。

理论上宣布了最纯洁的选举，而在实践中却发生了最大规模的选举舞弊。

马克思:《选举中的舞弊》,

《马克思恩格斯全集》第 8 卷第 399 页。

恫吓和舞弊是司空见惯的方式。首先是政府方面直接施加压力。例如,在得比,有一个选举代理人在行贿时被当场抓住,从他身上搜出了军务大臣贝雷斯福德少校的一封信,这位少校借给他一笔钱作竞选费用,要他凭信到一家商行去支取。"普尔公报"公布了由一个海军基地司令官签署的海军部给预备役军官的通告,要他们执政府提名的候选人的票。此外,还直接使用了武力,在科克、拜尔法斯特和里美黎克就发生了这样的事情(在里美黎克打死了八个人)。地主威胁佃户,如果佃户不和他们投一样的票,就要把他们从土地上赶走;得比勋爵的地产管理人在这方面给他们的同行做出了榜样。店主遭到失去主顾的威胁,工人遭到解雇的威胁;到处都使用了把选民灌醉的办法,如此等等,不一而足。除了使用这些世俗的舞弊方法外,托利党还采用了宗教的手段。女王颁布了禁止天主教举行游行仪式的告谕,借以煽起宗教狂热和宗教仇恨;到处都是"打倒天主教徒!"的喊声。斯托克波尔特的骚动就是这个告谕造成的一个后果。当然,爱尔兰的神甫也用类似的武器回敬了敌人。

马克思:《选举中的舞弊》,

《马克思恩格斯全集》第 8 卷第 400 页。

议会刚刚以 60 票的多数否决了由贝克莱提出并得到菲利莫尔先生、科布顿先生、布莱特先生、罗伯特·皮尔爵士等支持的关于无记名投票的建议。做这

样的事的,也就是那个用全力反对在本身的选举中出现的恫吓和贿赂现象的议会,它宁愿在整整好几个月中丢开正经事不问,整天调查选举舞弊情况来削减自己的人数。

马克思:《英国的繁荣。——罢工。——土耳其问题。——印度》,

《马克思恩格斯全集》第 9 卷第 154 页。

两位候选人都搞钱来收买选票,但是,两个人都尽力不让人知道这笔钱的用途。从选举开始直到结束,他们的代理人的账单以几何级数在增加着,而他们认为选民们洁白无疵这个信心也以同样的级数在增加。拿他们的话来讲就是,在议会中代表这些选民是他们平生最大的宿愿。

马克思:《英国的贿选活动》,

《马克思恩格斯全集》第 13 卷第 586 页。

议会候选人的全部竞选哲学就在于,他们不让自己的左手知道右手在做什么,以便在天真无邪的水里洗净双手。打开自己的腰包,不提出任何问题,相信人类的美德,——这一切使他们感到最惬意不过了。

至于谈到法律界——竞选时要请来帮忙的辩护士、代理人、律师,那末,他们当然完全有合法的权利得到报酬。总不能要求他们花自己的时间去白"干"一场吧。有一位这种

格罗斯特的议员制造者大叫道:"我为什么要白白地投他们的票呢? 看看那24位律师吧,他们每人一次就得到25英镑,每天还要拿5基尼;因此要白白地投他们的票我可不干!"

马克思:《英国的贿选活动》,

《马克思恩格斯全集》第13卷第588~589页。

同罗·卡登爵士一起拉票的绅士乔治·布卡南先生说:

"事实上,所有的人都在拼命搞钱。使我感到不快的是,每天只挣3先令6辨士的穷人那样任人辱骂,不做什么事情而得到巨款的职业家们却一身清白。"

至于这些议员制造者们本身,只要举几个例子就足以说明他们的特征了。罗·卡登爵士的代理人和拉票人符·克拉特尔巴克先生暗笑着说,"格罗斯特的贿卖价格并不比英国任何其他地方高"。他立即看中了"库比一家"。库比这一家有八九口人,历来就在格罗斯特选举中起卓越的作用。克拉特尔巴克说:"这是些需要别人来逗乐的人。"因此他就到库比家中去了,他同库比全家人一起抽烟,一起聊天,但是,没有直接对他们许下什么诺言,是的,根本没有!但是,到底还是"给了他们一点希望"。在他之后,包工头约翰·华德先生接踵而去,提出给库比全家每人5英镑,据他说,有两个人收下了钱。诚然,其中一个已经死了,不过有人代他投了票。

马克思:《英国的贿选活动》,

《马克思恩格斯全集》第13卷第589页。

鉴于对英国选举制度作了这些令人愤慨的揭露,布鲁姆勋爵认为有必要在布莱得弗德发表长篇演说,公开承认同贿选有关的罪行正在迅速增加,这些罪行在1832年以前比较少,但从1832年议会改革以来,却大大增加了。

马克思:《英国的贿选活动》,

《马克思恩格斯全集》第13卷第591页。

独立的选民纷纷请愿并提出抗议,反对内阁阁员的当选;他们断言并一再证明或者准备证明,政府官吏在选举时几乎到处肆意破坏法律;他们证明,在选举过程中采取了贿赂、收买、恫吓和各种各样的包庇行为。但是大多数议员对这些事实从来不加注意。当每个反对派议员对这类丑恶行为提出坚决抗议时,口哨声、喧嚣声和"进行表决,进行表决!"的喊声便迫使他们缄默下去。于是一切违法行为便被符合法律的表决掩饰起来。

恩格斯:《法国的政府和反对派》,

《马克思恩格斯全集》第4卷第31页。

请看,这就是商人雇来的辩护士的推论:他们心安理得地把选举权看成一种可以买卖的东西。仿佛交付地方自治机关摊派的税款的人是在购买委派代表的权利!

列宁:《商人的算盘》,

《列宁全集》第23卷第92页。

马克思《选举中的舞弊》里的"斯托克波尔特的骚动",指 1852 年 6 月 29～30 日一群狂热的英国新教徒,在地方当局和警察的纵容下在斯托克波尔特城(英国柴郡)蹂躏爱尔兰人的暴行。占全城居民三分之一的爱尔兰天主教徒的住房被捣毁,有些爱尔兰人被打死,数十人受伤;而当时警察却把一百多名无辜的爱尔兰人拘禁起来,拘禁的借口是他们参加了骚动。斯托克波尔特事件使英格兰和爱尔兰之间的民族纠纷重新加剧起来。

马克思在《英国的贿选活动》里说,"从选举开始直到结束,他们的代理人的账单以几何级数在增加着",确实反映了实际情况。如被委派去调查格罗斯特和威克菲尔德两个选区情况的委员会每天的发现,只是证明了曾经做过改革俱乐部竞选代理人的柯波克老头儿的话。他说,英国下院的真正宪法可以用一个词来表达——贿赂。格罗斯特历来就是一个"腐朽的市镇"。"腐朽的市镇",是英国 18 至 19 世纪对一些居民稀少或根本无人居住的小市镇和乡村的称呼,这些市镇和乡村从中世纪起享有选举代表到议会中去的权利。"腐朽的市镇"的代表,实际上是由支配着当地居民的大土地贵族指派的。"腐朽的市镇"的这种特权被 1832、1867 和 1884 年的改革所取消。

(二)集会游行示威权

1. 法定的集会游行示威权及其被垄断

集会、游行、示威,是公民为一定目的,集聚表达意愿的一种政治自由。

对于这种共同意愿的表达,集会是在一定场所表达,游行是列队行进表达,示威是在露天公共场所或者公共道路上以集会、游行、静坐等方式表达。因为它们有一定的共同性,故单项立法往往以《集会游行示威法》合而为一命名。

英国 1689 年的《权利法案》规定,"向国王请愿,乃臣民之权利,一切对此项请愿之判罪或控告,皆为非法。"美国 1791 年的"权利法案"规定,"国会不得剥夺人民和平集会及向政府请愿的权利。"集会、游行、示威,是公民基本政治权利之一,世界大多数国家的宪法,都对集会、游行、示威自由作了规定。

集会、游行、示威自由看上去是一种权利,实际上不过是立法规定的一种"发泄疗法"。

精神病学理上说,神经回路中神经元与神经元之间,是通过神经回路来进行信息的传递,GABA(γ-氨基丁腺素)、Glu(谷氨酸)、5-HT(5-羟色胺)、Ach(乙酰胆碱)、NE(去甲肾上腺素)、DA(多巴胺)等 6 种神经回路的传递表达,决定了脑神经的兴奋与抑制的正常传递。如果神经元之间兴奋和抑制传递不平衡,导致神经回路信息传导不畅,就会导致精神分裂症等精神疾病发生。反应性精神病的发病,系由明显而强烈的精神创伤所引起,故精神治疗尤为重要。

譬如,让患者往水泥墙上摔玻璃瓶子,一个一个地摔、使劲地摔,直到摔不动了。这时,暴躁、烦闷的心情得到缓解。集会、游行、示威自由也是这类东西。通过聚一聚、走一走、喊一喊,对阶级统治极度不满的心态,暴躁、烦闷的情绪得到缓解,然后该做什么还是去做什么。这样，社会秩序稳定了。应当说，资本主义法律上的集会、游行、示威自由权，确是精巧的统治小智术。

结社和集会权。——1848 年 7 月 28 日—8 月 2 日的法令，使俱乐部受到警察局的许多限制，几乎丧失了一切自由。例如，俱乐部无权通过带有立法性质的决议等等。这项法令使一切非政治性的组织和私人集会完全置于警察的监护之下，听受警察的任意摆布。

马克思：《1848 年 11 月 4 日通过的法兰西共和国宪法》，

《马克思恩格斯全集》第 7 卷第 581 页。

集会权吗？——这项权利很久之前就已经被社会上的"可靠的"和"善良的"阶级所垄断了。

恩格斯：《去年十二月法国无产者相对消极的真正原因》，

《马克思恩格斯全集》第 8 卷第 245 页。

奥康奈尔已经及时地组织了许多次大规模的群众集会来反对这个法案，并且在请愿书上征集了 5 万人的签名；他那时在都柏林，从那里领导整个运动。King Dan（丹王——人民这样称呼丹尼尔·奥康奈尔）如果这时被认为是和罗素一伙的话，那他就会失去他的王国和收入。因此他以威胁的形式警告这个矮小人物，要他立即撤回他的武器法案。

马克思：《约翰·罗素勋爵》，

《马克思恩格斯全集》第 11 卷第 445～446 页。

1848 年的情况很顺利。抱着一套套宪法的西西里革命刚刚一闪而过，巴黎就发生了胜利的起义。反对派代表公开宣称要以勇敢的游行示威来捍卫集会权，以防基佐、杜沙特尔和阿贝尔对它的侵犯。

恩格斯：《巴黎的革命》，

《马克思恩格斯全集》第 4 卷第 545 页。

到不久前的 coup d'état〔政变〕时，工人阶级在政治权利方面可失去的东西已经极少，甚至可以说根本没有了。而另一方面，中等资产阶级和大资产阶级这时却拥有全部政治权力。报刊、集会权、携带武器权、选举权、议会都属于它们。

恩格斯：《去年十二月法国无产者相对消极的真正原因》，

《马克思恩格斯全集》第 8 卷第 245～246 页。

一切教派的牧师都很不受工人欢迎，虽然他们在工人中的影响只是在最近才失去的；现在，只要大叫一声《he is a parson!》（"他是个牧师！"），就常常能够把一个牧师从公共集会的讲坛上赶下来。和生活条件本身一样，缺少宗教教育及其他教育，也使得工人比资产者客观，比资产者容易摆脱传统的陈腐的原则和先人之见的束缚。

恩格斯:《英国工人阶级状况》,

《马克思恩格斯全集》第 2 卷第 412 页。

行政改革协会昨天在德留黎棱剧院组织了一次盛大的集会,然而,它不是公开的集会,而是 ticket meeting,即凭票入场的集会。因此,协会的先生们感到毫不拘束,就像是《au sein de leur famille》〔"在自己家里"〕。他们声称,这次集会是为了给"舆论"开路。然而,为了防卫这种舆论不受到外来的风的吹袭,在德留黎棱剧院的入口处布置了半个连的警察。只是在警察和入场券的保卫下舆论才敢于成为舆论,这是多么微妙的有组织的舆论啊!

马克思:《纳皮尔的信。——罗巴克委员会》,

《马克思恩格斯全集》第 11 卷第 334 页。

这里 5 月 4 日的示威真是规模宏大,甚至所有资产阶级报纸也不得不承认这一点。我是在第四号讲坛(一辆大货车)上面,环顾四周只能看到整个人群的五分之一或八分之一,但是在目力所及范围内,只见万头钻动,人山人海。有二十五万至三十万人,其中四分之三以上是参加示威的工人。艾威林、拉法格和斯捷普尼亚克都在我的那个讲坛上发表了演说,而我纯粹是一个观众。拉法格以他那种虽然带有很重的法国口音但说得很好的英语和南方人的炽烈风格博得了真正暴风雨般的欢呼声。斯捷普尼亚克也是这样。爱德在杜西那个讲坛上讲话,也非常成功。七个讲坛彼此相隔一百五十公尺,最边上的距离公园的边沿是一百五十公尺,

这么一来,我们的集会(在国际范围内争取在法律上规定八小时工作日)占了长一千二百余公尺、宽约四、五百公尺的一块地方,而且全都挤满了人。另一面是工联理事会 307 的六个讲坛和社会民主联盟 68 的两个讲坛,但那里的听众不到我们的一半。总而言之,这是这里从未举行过的规模最大的一次集会。

恩格斯:《致奥古斯特·倍倍尔》,

《马克思恩格斯全集》第 37 卷第 399 页。

恩格斯在《致奥古斯特·倍倍尔》里提到的"公园",是海德公园。

"工联理事会",是指工联伦敦理事会。于 1860 年 5 月在伦敦各工联代表会议上成立的。它的成员是代表工人贵族的最大的工联的领袖们。在 60 年代前半期,曾经领导英国工人反对干涉美国、维护波兰和意大利的历次行动。稍后又领导了他们争取工联合法化的运动。从工联代表大会成立时起(1868 年),由改良主义领袖领导的伦敦理事会,已不再起全国中心的作用,虽然它在工联运动中继续占据有影响的地位,向工人阶级传播自由资产阶级影响。

"社会民主联盟",是英国社会主义组织,成立于 1884 年 8 月。这个组织联合了各种各样的社会主义者,主要是知识分子中的社会主义者。以执行机会主义和宗派主义政策的海德门为首的改良主义分子,长期把持了联盟的领导。加入联盟的一小批革命马克思主义

者（爱·马克思－艾威林、爱·艾威林、汤·曼等人），与海德门的路线相反，为建立同群众性的工人运动的密切联系而斗争。1884年秋天联盟发生分裂，左翼组成了独立的组织——社会主义同盟。在此以后，机会主义者在联盟里的影响加强了。但是，在群众的革命情绪影响之下，联盟内部仍在继续产生不满机会主义领导的革命分子。

2. 对集会游行示威权的限制或禁止

只有对集会游行示威权的行使进行限制或禁止，才能达到设定这项权利的目的。法律规定：和平地举行集会游行示威；禁止携带武器举行集会游行示威；根据维护公共安全和预防社会不幸事件的充分理由，禁止集会游行示威；警察机关拥有解散集会游行示威权，等等。

经典作家细致入微地揭示了资本主义国家鲜为人知的种种限制或禁止措施。

刑法典第三六七条规定："凡在公共场所或公共集会上，或在真实的和正式的文件中，或在已刊印的或未刊印的文章中（只要这些文章已经张贴、出售或分发），指责某人有如下行为者则犯有诽谤罪：如果这种行为确已发生，就会引起刑事警察或违警警察对此人的追究，或至少引起公民对他的鄙视或憎恨。"

第三七〇条对此作了如下补充：

"如果指责所根据的事实按照法定手续查明属实，则提出这种指责的人不受任何惩罚。——只有以法庭判决或其他真实文件为根据的证据，才算是合法证据"。

诸位先生！检察机关已就这些法律条文向你们作了自己的解释，并要求据此宣判我们有罪。

马克思恩格斯：《"新莱茵报"审判案》，
《马克思恩格斯全集》第6卷第279页。

如果我们从三月诺言中把那些被新的军法宪章所废除的条款取消，那末剩下的还有什么呢？这样一来，"为了防止骚动"，任何一个"军事长官"可以随意使下列条款停止生效：

……第二十七条："一切普鲁士人有权在室内举行和平的、不带武器的集会"。

马克思恩格斯：《新的军法宪章》，
《马克思恩格斯全集》第6卷第593页。

执行委员会颁布了许多挑衅性的法令，如禁止民众集会等等。从制宪国民议会的讲坛上发出了公开向工人挑衅、侮辱工人和谩骂工人的言论。

马克思恩格斯：《1848年至1850年的法兰西阶级斗争》，
《马克思恩格斯全集》第7卷第34页。

工人的怒火喷向政府和议会，因为它们辜负了工人的期望，天天采取有利于资产阶级而不利于工人的新措施，解散了卢森堡官工人委员会，限制国家工厂的活动，颁布了禁止集会法。

恩格斯：《6 月 23 日事件的详情》，

《马克思恩格斯全集》第 5 卷第 131 页。

　　社会主义在自己前进的道路上还遇到重重的障碍：政府实行书报检查，集会和结社没有自由。

恩格斯：《共产主义在德国的迅速进展》，

《马克思恩格斯全集》第 2 卷第 588 页。

　　不久以前我访问了莱茵河上的几个城市，到处我都看到，从我上次访问以来，我们的思想又占据了一些阵地，并且每天都在占领更多的阵地。到处我都碰到一些新近改变信仰的人，他们都在无比热情地讨论和传播共产主义的思想。普鲁士的一切城市都举行了许多公开的集会，目的是要成立协会来制止贫困、愚昧和犯罪的现象在广大居民中滋长。

恩格斯：《共产主义在德国的迅速进展》，

《马克思恩格斯全集》第 2 卷第 593 页。

　　在莱茵普鲁士的工业区中心爱北斐特，还定期举行共产主义的集会。这个城市的共产主义者被一些最有身分的人物请去和他们讨论共产主义的原则。首次会议是在二月里举行的，私人的性质比较多一些。到会的人有四五十个，其中包括总检察长、法院的其他人员以及几乎所有的大工厂和大商号的代表。

恩格斯：《共产主义在德国的迅速进展》，

《马克思恩格斯全集》第 2 卷第 596 ~ 597 页。

　　爱北斐特市市长真的跑到旅馆老板那里去，威胁他说，如果他再允许在他的旅馆里举行这类集会，就要撤销他的营业执照。

恩格斯：《共产主义在德国的迅速进展》，

《马克思恩格斯全集》第 2 卷第 598 页。

　　地方当局在通知书里引证了一大堆习惯法和成文法，宣布这类集会是违法的，并且威胁说，如果不停止，他们就要用武力来解散它。

恩格斯：《共产主义在德国的迅速进展》，

《马克思恩格斯全集》第 2 卷第 598 页。

　　下面一些事实表明居于统治地位的资产阶级对这一点知道得多么清楚：出版物和社团无数次地被起诉，集会和宴会遭到禁止，资产阶级利用警察对改革派和共产主义者进行百般吹毛求疵的迫害。

> 恩格斯:《德国的制宪问题》,
> 《马克思恩格斯全集》第 4 卷第 48 页。

资产阶级没有向前进,它不得不倒退了,它限制出版自由,取消集会结社的自由,颁布各种各样的特别法以便压制工人。

> 恩格斯:《基佐的穷途末日。法国资产阶级的现状》,
> 《马克思恩格斯全集》第 4 卷第 205 页。

在曼彻斯特一个一万多人的集会上,奥康瑙尔作了长达四小时的演说,轰鸣的掌声淹没了他的讲话,大家都一致表示对他信任。听众太多了,以至除了奥康瑙尔为替自己辩护而亲自出场的大会而外,不得不在广场上另行组织集会,由几个演说家向不能进入会场的一万至一万五千人讲话。

> 恩格斯:《宪章派土地纲领》,
> 《马克思恩格斯全集》第 4 卷第 377 页。

大约四个月以前,反对派的各色各样人物联合起来组织了支持选举改革的示威运动。他们决定举行一次公开的宴会,这次宴会是 7 月间在巴黎的红宫舞厅举行的。所有支持改革的派别都有代表人物参加,所以这次集会的成分是相当复杂的;但是表现得最积极的民主派显然占了优势。他们提出了一项要求作为他们参加宴会的条件,即不为国王的健康干杯,而为人民的主权干杯。

> 恩格斯:《法国的改革运动》,
> 《马克思恩格斯全集》第 4 卷第 395 页。

为了这个目的,属于各种不同民族的共产党人就集会于伦敦,拟定如下的宣言,用英文、法文、德文、意大利文、弗兰德尔文和丹麦文公布于世。

> 马克思恩格斯:《共产党宣言》,
> 《马克思恩格斯全集》第 4 卷第 465 页。

在英国和爱尔兰,宪章派和合并取消派被大批地投入监狱,手无寸铁的人们的集会被龙骑兵驱散。

> 恩格斯:《科伦在危急中》,
> 《马克思恩格斯全集》第 5 卷第 66 页。

"英国人民"从 1839 年以来就在所有的集会上和刊物中同自由贸易的拥护者作斗争;在反谷物法同盟最兴盛的时期,英国人民迫使他们秘密集会,迫使他们规定持有特殊的入场券才能进入自己集会的会场。

恩格斯：《"科伦日报"论英国秩序》，
《马克思恩格斯全集》第 5 卷第 335 页。

反革命会变得愈益蛮横无耻，它会宣布戒严，取消出版自由，封闭俱乐部和禁止人民集会，从而会使我们处于奴隶地位，但这是不会长久的。

高卢雄鸡的叫声会宣布解放的时刻，会宣布报仇的时刻。

恩格斯：《法兰克福起义》，
《马克思恩格斯全集》第 5 卷第 486 页。

在慕尼黑禁止军官、官员和编制以外的官员参加人民集会。

马克思恩格斯：《"新莱茵报"审判案》，
《马克思恩格斯全集》第 6 卷第 276 页。

科伦市政委员会的集会自由却是在法制基础最时行的情况下被一脚踢掉的。

恩格斯：《莱茵省市政委员会代表大会被禁》，
《马克思恩格斯全集》第 6 卷第 559 页。

在英国的民主运动史上还从未有一次游行示威像上个星期日在西莱丁举行的恢复宪章运动大会和本杰明·腊斯顿的葬仪那样声势浩大；在哈里法克斯集会的人有 20 万以上，——这种情况甚至在运动的最盛期也是没有过的。我奉劝那些仅仅根据英国社会的那种死气沉沉的易患中风的外表来判断这个社会的人们，到这样的工人集会上去深入地看一看那种负有摧毁这个社会的使命的力量。

马克思：《俄国对土耳其的政策。——英国的工人运动》，
《马克思恩格斯全集》第 9 卷第 195～196 页。

理查·梅恩爵士在给首都各警察分局的指令中禁止警察举行大会和结社，同时宣布他准备亲自审理每一项个人的申诉。警察回答他说，他们认为集会的权利是英国人不可剥夺的权利。

马克思：《粮价上涨。——霍乱。——罢工。——海员中的运动》，
《马克思恩格斯全集》第 9 卷第 325 页。

在废除出版自由之后，紧接着也是根据女王的敕令废除了集会自由。马德里的俱乐部被解散了，各省的洪达和公安委员会，除内阁承认为"代表团体"的以外，也一律被解散了。

马克思：《西班牙的反动》，
《马克思恩格斯全集》第 10 卷第 513 页。

这个俱乐部曾经派出一个代表团去见内务大臣，指责马德里总督萨加斯蒂先生侵犯了出版自由和集会的权利，要求把他撤职。桑塔－克鲁斯先生答复说，他不能指责一个国家官员采取了内阁所认可的措施。结果掀起了一场大风波。

马克思：《西班牙的反动》，
《马克思恩格斯全集》第 10 卷第 513 页。

根据维多利亚省省长查理·霍桑爵士的命令，逮捕了三名祸首。11 月 27 日，采金人代表团要求释放被捕者。霍桑拒绝了这个要求。采金人便组织了大规模的群众集会。省长从墨尔本调来了警察和正规部队。双方发生了冲突，结果有几个人被打死。

马克思：《军衔买卖。——澳大利亚消息》，
《马克思恩格斯全集》第 11 卷第 120 页。

戚美尔曼说得很对，这一法律是对三月革命所争得的各项人民权利——集会、言论和出版等自由的一种极端无耻的侵犯。

马克思：《福格特先生》，
《马克思恩格斯全集》第 14 卷上册第 492 页。

同时，我们在伦敦举行了维护爱尔兰权利的群众大会。一向渴望巴结英国的法国政府认为从拉芒什海峡两岸夹攻国际工人协会的良机到了。

马克思：《国际工人协会总委员会第四年度报告》，
《马克思恩格斯全集》第 16 卷第 361 页。

在意大利，协会自门塔纳大屠杀以后被反动势力削弱了。其直接后果之一就是警察当局限制了结社和集会的权利。但是我们广泛的通信表明，意大利的工人阶级正在日益摆脱一切旧政党的影响而取得完全的独立。

马克思：《国际工人协会总委员会第四年度报告》，
《马克思恩格斯全集》第 16 卷第 363 页。

资产阶级并不是以自己的英勇而只是由于奥军的失败才取得了新的地位，它自己也明明知道，它未必能够保住既得的东西，使之不受王朝、贵族和教会的侵犯；但是，这个资产阶级却不惜耗费自己的精力，卑鄙地企图剥夺工人阶级的结社、集会和出版自由的权利

马克思：《总委员会向国际工人协会第四次年度代表大会的报告》，
《马克思恩格斯全集》第 16 卷第 427 页。

如果说在英国没有像去年那样积极地进行宣传工作，这很容易用下面的情况来说明：政府从来没有主动采取某种开明的措施；只有在长期的鼓动把人民群众发动起来之后，它才会在他们的压力下让步。这一点可以从选举改革问题和在公园举行群众大会的权利问题

得到证明。

马克思:《国际工人协会总委员会向1867年洛桑代表大会的报告》,

《马克思恩格斯全集》第16卷第618~619页。

结果,所有维护租佃者权利的群众大会都取消了,而爱尔兰人要求释放犯人。他们已经和教权派断绝关系,现在则要求爱尔兰自治。穆尔和巴特表示赞成这一点。他们决心争取释放奥顿诺凡-罗萨,把他选为议会的议员。

《卡·马克思关于不列颠政府对被囚禁的爱尔兰人的政策的发言记录》,

《马克思恩格斯全集》第16卷第668页。

英国工人阶级已有20万以上的男女老幼在海德公园发出响亮的抗议,要求释放他们的爱尔兰弟兄,伦敦的国际工人协会总委员会(它的一些委员是英国工人阶级公认的领导人)也尖锐地斥责虐待被囚禁的芬尼亚社社员,反对英国政府并捍卫爱尔兰人民的权利。

《燕妮·马克思关于爱尔兰问题的文章》,

《马克思恩格斯全集》第16卷第681页。

政治自由、集会结社的权利和出版自由,就是我们的武器;如果有人想从我们手里夺走这个武器,难道我们能够袖手旁观和放弃政治吗?有人说,进行任何政治行动都等于承认现存制度。但是,既然这个制度把反对它的手段交到我们手中,那末利用这些手段就不意味着承认现存制度。

恩格斯:《关于工人阶级的政治行动》,

《马克思恩格斯全集》第17卷第450页。

在最近一次议会会议上,政府使议会通过了一项法律,授权政府制定在伦敦各公园举行公众集会的条例。政府利用这一权利,下令张贴了一张条例,规定凡是想举行这种公众集会的人,必须在举行集会前两天以书面形式将此事通知警察局,并注明演讲人的姓名。这个对伦敦报刊严密封锁的条例,一笔勾销了伦敦劳动人民最珍贵的权利之一——即随便在什么时候和随便以什么方式在公园举行公众集会的权利。服从这个条例就是牺牲人民的权利。

恩格斯:《伦敦来信》,

《马克思恩格斯全集》第18卷第211页。

他们也受到针对他们而制定的那些限制出版自由、结社和公开集会权利的法律的束缚。尽管如此,他们还在继续斗争,并且现在正在波尔图召开一次新的代表大会,这次会议将使他们能够向世界表明,葡萄牙的工人阶级正在对伟大的全世界争取劳动解放的斗争作出自己的贡献。

恩格斯：《一八七七年的欧洲工人》，
《马克思恩格斯全集》第 19 卷第 146 页。

任何君主制的复辟必然会带来暴力的统治、对各种社会自由和个人权利的压制，而这正是工人阶级应当力求避免的。另一方面，保存现有的共和政府，至少使工人阶级仍然有可能得到某种程度的个人自由和社会自由，以便创办工人报刊，在集会上进行鼓动和组织独立的政党；此外，保存了共和国，工人阶级就不必在将来专门为了赢得共和国而再进行斗争了。

恩格斯：《一八七七年的欧洲工人》，
《马克思恩格斯全集》第 19 卷第 152 页。

在你们奥地利，工人还没有选举权，至于你们那里的出版自由、结社和集会权利等情况，则从政府参事查普卡男爵先生在帝国议会回答质询时所做的说明就可以一目了然。因此，当奥地利工人在任何情况下都始终不渝地坚持进行五一庆祝活动时，他们是正确的，无论如何是正确的。

恩格斯：《为庆祝 1893 年五一节给奥地利工人的贺信》，
《马克思恩格斯全集》第 22 卷第 470 页。

普选权的废除没有引起任何一点骚动或示威游行，法国工人重新沦为路易－菲力浦时代那种没有应有的权利、没有表决权、没有武器的政治上受鄙视的人。

恩格斯：《法国来信》，
《马克思恩格斯全集》第 44 卷第 19 页。

这个新式的"正直人"所谓用宪法统治和侍奉上帝是什么意思，现在已经非常清楚。在这次宣誓闹剧之后，陛下的大臣们一是提出了两条几乎完全废除出版自由以及结社和公众集会权利的法律；二是提出了拨一千八百万塔勒（二百五十万镑）用于扩军的要求。这中间的意思很清楚。首先逐步消灭这个出色的宪法赝品留给人民的不多几种虚假的自由，然后使军队达到战时水平，并同俄国和奥地利一起去进攻法国。

恩格斯：《法国来信》，
《马克思恩格斯全集》第 44 卷第 35～36 页。

马克思博士说：根据明显的原因：集会权在这里是已确定的东西。这种权利在德国虽然存在，但困难重重；而在法国已经多年没有这种权利了。

《卡·马克思同〈世界报〉记者谈话的记录》，
《马克思恩格斯全集》第 44 卷第 695 页。

在俄国，工人的处境是，他们被剥夺了最普通的公民权利。他们既不能集会，也不能共同讨论自己的事情，既不能结社，也不能刊印自己的声明。

列宁：《党纲说明》，
《列宁全集》第 2 卷第 83 页。

而工人没有任何办法可以左右工厂视察机关，当工人还不能享受自由集会、结社、刊印自己的书籍、出版自己的报纸的权利时，他们也不可能有这样的办法。在工人没有这些权利的时候，根本不可能有官员对厂主的监督，这样的监督永远也不会是认真的和有效的。

列宁：《新工厂法》，
《列宁全集》第 2 卷第 359 页。

如果工人不能像德国工人和欧洲其他一切国家（土耳其和俄国除外）工人那样享有自由集会、结社、办报纸、派代表参加人民的集会这些权利，那么任何经济斗争都不能给他们带来持久的改善，甚至不可能大规模地进行任何经济斗争。

列宁：《我们的纲领》，
《列宁全集》第 4 卷第 162 页。

沙皇的爪牙在暗中胡作非为，我们一定要把他们的罪恶行径公之于众。捍卫自己改善生活的权利的工人，在我国遭到殴打；抗议暴政的大学生，在我国也遭到殴打；一切真实大胆的言论，在我国都受到压制！这次也有工人参加的游行，在大学生的庄严的朗诵声中结束："暴政就要垮台！坚强、自由和充满力量的人民就要起来！"

列宁：《游行示威开始了》，
《列宁全集》第 5 卷第 333 ~ 334 页。

一年级学生提出了要求辞退拉格尔马尔克教授的请愿书，控诉他处理问题的官僚主义态度以及令人难以忍受的粗暴行为：他竟把授课提纲甩到学生的脸上！政府的答复是不问情由开除全年级的学生，而且还在公告中诬蔑学生，说他们要求有任命教授的权利。于是哈尔科夫的全体大学生都行动起来了，决定举行罢课和游行示威。

列宁：《游行示威开始了》，
《列宁全集》第 5 卷第 335 页。

其实，政府恩赐的、《暂行条例》规定的那种荒唐可笑的集会"权利"和结社"权利"，是专制制度之为专制制度所能给予大学生的最高限额的东西。朝这个方向每再前进一步，都会意味着当局和"臣民"之间的均势遭到自杀性的破坏。

列宁：《破产的征兆》，
《列宁全集》第 6 卷第 257 页。

正像过去农民是地主的农奴一样，现在全国人民都是官吏的农奴。俄国人民没有权利选举官吏，没有权利选举代表来为全国立法。俄国人民甚至没有权利集会讨论国家的事务。

> 列宁：《告贫苦农民》，
>
> 《列宁全集》第 7 卷第 114 页。

莫斯科事变是由那些初看起来纯属学院性质的事件引起的。政府赐给大学一部分"自治权"，或者所谓的自治权。教授先生们获得了自治的权利。大学生获得了集会的权利。这样，就在专制农奴制压迫的整个体系上打开了一个小小的缺口。新的革命激流立即以意想不到的力量奔向这个缺口。微小的让步和微不足道的改良，其目的是缓和政治矛盾和在掠夺者与被掠夺者之间进行"调解"，实际上却大大加剧了斗争，扩大了参加斗争的人数。

> 列宁：《革命军战斗队的任务》，
>
> 《列宁全集》第 11 卷第 380～381 页。

"已经给了我们集会自由，但是我们的集会仍然被军队包围着。已经给了我们出版自由，但是书报检查制度继续存在着。已经允许有学术自由，但是大学被军队占据着。已经给了人身不可侵犯的权利，但是监狱里关满了囚犯。已经给了维特，但是特列波夫继续存在。已经给了宪法，但是专制制度继续存在。给了我们一切，但是我们一无所有。"

> 列宁：《总解决的时刻临近了》，
>
> 《列宁全集》第 12 卷第 66 页。

我们党的活动的条件发生了根本的变化。集会、结社、出版的自由已经争取到了。当然，这些权利是极不稳固的，如果指靠现有的自由，即使不是犯罪，也是愚蠢的。决定性的斗争还在后面，因此，必须把这个斗争的准备工作提到首要地位。

> 列宁：《论党的改组》，
>
> 《列宁全集》第 12 卷第 77 页。

恩格斯在《6 月 23 日事件的详情》里提到的"禁止集会法"，是法国制宪议会因慑于法国无产阶级日益增长的不满情绪而在 1848 年 6 月 7 日通过的。该法禁止一切露天的集会和群众大会，违者处 10 年以下的徒刑。

"国家工厂"是 1848 年二月革命结束后，根据法国临时政府的指示建立起来的。建立国家工厂的目的，是要使路易·勃朗组织劳动的思想在工人中丧失信用，另外是想利用按军事方式组织起来的国家工厂的工人来反对革命的无产阶级。因为这个分裂工人阶级的挑拨性的计划没有成功，而国家工厂的工人反而更加受到革命感情的熏陶，资产阶级政府就采取了一系列的措施去取消国家工厂（如减少工人人数、把他们派到外省去从事公共工程的工作等）。这种做法引起了巴黎无产阶级的极大愤怒，成了巴黎六月起义的原因之一。起义被镇压后，卡芬雅克政府于 1848 年 7 月 3 日下令解散国家工厂。

马克思在《国际工人协会总委员会第四年度报告》里的"门塔纳大屠杀",是 1867 年 11 月 3 日,法国军队同教皇的雇佣卫队一起在门塔纳附近击败了再次进攻罗马的加里波第军队。加里波第进攻罗马的目的,是要把罗马从法国占领下解放出来,归入意大利的版图。

马克思在《国际工人协会总委员会向 1867 年洛桑代表大会的报告》里,说的"选举改革问题和在公园举行群众大会的权利问题",是说在英国的选举改革运动过程中,伦敦的工人不得不为在首都的公园举行群众大会的权利而斗争。尽管政府禁止预定在 1866 年 7 月 23 日在海德公园召开群众大会,群众大会还是召开了,而且事情弄到参加大会的人同警察发生了冲突。在人民群众的压力下,内务大臣同意改革同盟使用伦敦的公园举行群众大会。然而在筹备预定 7 月 30 日在海德公园举行的第二次群众大会时,改革同盟委员会由于害怕群众的革命积极性的高涨,通过决议一概不许露天举行群众大会。

《燕妮·马克思关于爱尔兰问题的文章》里"已有 20 万以上的男女老幼在海德公园发出响亮的抗议",要求释放被囚禁的芬尼亚社社员,是指 1869 年 10 月 24 日伦敦工人举行的示威游行。

总委员会在争取赦免被囚禁的芬尼亚社社员的运动中,发挥了重要作用。"总委员会关于不列颠政府对被囚禁的爱尔兰人的政策的决议草案",是在 1869 年 11 月 16 日总委员会讨论爱尔兰问题时由马克思提出的。1869 年的夏天和秋天,在爱尔兰广泛地展开了争取赦免被囚禁的芬尼亚社社员的运动。在许多次群众大会(里美黎克和其他城市)上通过了请愿书,要求英国政府释放爱尔兰革命者。英国政府首脑格莱斯顿拒绝了爱尔兰人的要求,引起了 1869 年 10 月 24 日的伦敦抗议示威游行。伦敦工人参加了游行,马克思也参加了这次游行。1869 年 11 月 9 日,总委员会根据马克思的提议决定讨论不列颠政府对被囚禁的爱尔兰人的态度以及英国工人阶级在爱尔兰问题上的立场。在讨论过程中,马克思曾两次发言,结果在 1869 年 11 月 30 日总委员会一致通过了马克思所提出的决议草案,只有一处根据英国工联改良主义领袖之一奥哲尔的提议作了修改,即删去了决议第一段中"有意地"三字。

3. 集会游行示威权的真正实现

只有通过社会主义革命,建立人民政权,人民群众的集会游行示威权才能真正实现。列宁说,"现在谁也不能妨碍集会了,苏维埃政权只需要提供集会用的大厅。"道理很简单,政权是人民自己的政权,人们不会利用集会游行示威来自己反对自己。在社会主义苏联,在新中国,集会游行示威不绝。人民群众为了捍卫社会主义江山,为了保卫国家独立和富强,为了反对和抗议帝国主义的侵略,他们通过集会游行示威,显示人民和国家的力量。

　　如果说过去要求保证集会权利特别重要,那么现在我们对集会权利的看法是:
列宁:《俄共(布)第七次(紧急)代表大会文献》,
《列宁全集》第 34 卷第 48 页。

最好的建筑如宫殿、公馆、地主宅邸等等也是如此。苏维埃政权把成千上万座最好的建筑物一下子从剥削者手里夺过来，就使群众的集会权利更加"民主"百万倍，而没有集会权利，民主就是骗局。

列宁：《无产阶级革命和叛徒考茨基》，

《列宁全集》第 35 卷第 249 页。

列宁在《无产阶级革命和叛徒考茨基》里说，"没有集会权利，民主就是骗局"，是针对考茨基空谈民主说的。考茨基写出一整本论民主的书，用两页谈专政，用几十页谈"纯粹民主"，但问题的本质他却没有看到。国家机构、国家机器的阶级实质，他却没有注意到。在资产阶级民主制度下，"纯粹的"民主愈发达，方法愈巧妙，愈有效，资产阶级就愈千方百计地排斥群众，使他们不能参加管理，不能享受集会自由、出版自由。

苏维埃是被剥削劳动群众自己的直接的组织，它便于这些群众自己用一切可能的办法来建设国家和管理国家。苏维埃组织自然而然使一切被剥削劳动者便于团结在他们的先锋队即无产阶级的周围。无产阶级民主在世界上史无前例地发展和扩大了的，正是对大多数居民即对被剥削劳动者的民主。列宁指出，"最好的建筑如宫殿、公馆、地主宅邸等等也是如此。苏维埃政权把成千上万座最好的建筑物一下子从剥削者手里夺过来，就使群众的集会权利更加'民主'百万倍"。

（三）结社权

1. 宪法和法令对结社权相互矛盾的规定

结社权是公民的政治权利之一，是以共同目的和一定宗旨而结成社会组织的自由权。这类社会组织一般称为社团。结社以自愿为原则，依照法定程序成立。

资本主义的结社自由，是人权宣言所保障的传统的自由之一。在资本主义条件下，比较突出的是政治结社和工人结社。

1948 年国际劳动组织第 31 届全体大会通过的《关于保护结社自由及团结权的条约》规定：①工人和雇佣者可以建立自动选择的团体，以及只要以遵守该团体的章程为条件对其参加的权利不得予以任何歧视；②工人团体及雇佣者团体，不得以行政的权限而解散或停止其活动；③同意工人团体及雇佣者团体的联合、总联合的建立，以及加入或加入国际团体的权利；④关于取得法人资格禁止附带限制适用本条约规定条件，等等。

由于结社是非政府主导的重要的社会行动，因而各国立法总是在同意和限制、禁止之间徘徊。日本旧宪法下的《治安维持法》和《治安警察法》，对政治结社自由有很多限制，在第二次世界大战后被废除了。但之后的《破坏活动防止法》及《政治资金规正法》，又予以限制和调整。这就反映了相互矛盾的立法心态及相互矛盾的立法。

经典作家的论述，揭示了各种场合的宪法和法令对结社权相互矛盾的规定。

结社自由权的基本条件是：警察机关不能解散或封闭任何一个社团，任何一个协会。这些措施只有在法庭判决某一社团或它的活动和宗旨多非法的，从而要惩处有关过失人员的时候，才能采用。

恩格斯：《巴登各民主团体的解散》，

《马克思恩格斯全集》第 5 卷第 323 页。

一个由人民公开、直接选举出来的委员会，它的任务是代表在合法的政权机关中没有代表的那部分居民的利益，它只进行合法的活动，除了道义上的影响之外，决不妄想摄取任何权力，而这种道义上的影响，是结社的权利、法律和选民的信任所允许的。

马克思恩格斯：《民众大会和安全委员会》，

《马克思恩格斯全集》第 5 卷第 594 页。

这个法律是在 1824 年通过的，它废除了以前禁止工人为保护自己的利益而联合起来的一切法令。工人得到了过去只是贵族和资产阶级才有的结社的权利。诚然，在工人中间过去一直就有秘密的工会存在。

恩格斯：《英国工人阶级状况》，

《马克思恩格斯全集》第 2 卷第 502 页。

法国资产阶级在革命风暴一开始，就胆敢再把工人刚刚争得的结社权剥夺掉。它在 1791 年 6 月 14 日颁布法令，宣布工人的一切结社都是"对自由和人权宣言的侵犯"，要课以 500 利弗尔的罚金并剥夺公民权一年。这个法律用国家警察手段把资本和劳动之间的斗争限制在对资本有利的范围内。

马克思：《资本论第一卷》，

《马克思恩格斯全集》第 23 卷第 810 页。

在这里，一般说来结社权并没有怎样公开被否认，这里只是有人根据联邦议会的旧的早已被废除的特别法否认大学生的结社权。大学生都受到这些已失效的法律所规定的各种惩罚的威胁。

恩格斯：《斯图加特和海得尔堡俱乐部被封》，

《马克思恩格斯全集》第 5 卷第 268 页。

这个法律是在 1824 年通过的，它废除了以前禁止工人为保护自己的利益而联合起来的一切法令。工人得到了过去只是贵族和资产阶级才有的结社的权利

恩格斯：《英国工人阶级状况》，

《马克思恩格斯全集》第 2 卷第 502 页。

反对结社权的反动警察措施接踵而来。首先封闭的是斯图加特民主联合会，接着就是

海得尔堡民主联盟。胜利使反动派先生们增加了勇气。巴登政府目前正在解散巴登所有的民主团体。

这正是在 soi-disant〔所谓的〕法兰克福国民议会讨论永久保障"德国人民的基本权利"之——结社权问题时发生的。

恩格斯:《巴登各民主团体的解散》,
《马克思恩格斯全集》第5卷第323页。

革命的结果,一方面是人民有了武装,获得了结社的权利,实际上争得了主权;另一方面是保存了君主政体,成立了康普豪森——汉泽曼内阁,即代表大资产阶级的政府。

恩格斯:《柏林关于革命的辩论》,
《马克思恩格斯全集》第5卷第72页。

如果国王取得胜利,组成了普鲁士亲王内阁,那末议会将被解散,结社的权利将被取消,报刊就会受到压制,就会颁布关于选举资格的法律,也许还会象上面所说的那样,再次招回联合议会的魂灵,——而所有这些都是受到军事独裁、大炮和刺刀保护的。

马克思:《危机和反革命》,
《马克思恩格斯全集》第5卷第473页。

德利加尔斯基先生的第二条法律是:

"解散一切追求政治目的和社会目的的团体。"

4月6日法令的第四节与德利加尔斯基先生有什么关系呢?既然这一节规定:"所有普鲁士人都享有不经警察局事先许可进行结社的权利,只要不是追求违背现行法律的目的",这就是说,这显然是那些应当尽速收回的、与德利加尔斯基的法律不相容的"成果"之一。

马克思:《德利加尔斯基——立法者、公民和共产主义者》,
《马克思恩格斯全集》第6卷第66页。

根据普鲁士法,或者,在该法律不适用时根据 Code pénal〔刑法典〕对报刊案件进行的无数审讯,根据同样"充分的理由"(这是奥尔斯瓦特的公式)所实行的无数逮捕,在柏林实行警察制度,而且每两幢住宅就有一个警察监管,警察对结社自由的侵犯,唆使兵痞殴打不顺从的公民,唆使市民自卫团殴打不顺从的无产者,实行戒严以示恫吓,——汉泽曼时代的所有这些丰功伟绩至今记忆犹新。

马克思:《资产阶级和反革命》,
《马克思恩格斯全集》第6卷第138~139页。

我们昨晚披露的这一段话的原话如下:

"为了恢复法定秩序,有必要在首都及其近郊宣布戒严。只要目前尚受到威胁的社会安全（为了保障社会安全，必须采取这一措施）还没有得到强硬的法律的经久可靠的维护，戒严就不能取消。这些法律的草案将立刻提交给你们。”

这一段话虽然也是遮遮掩掩，但还是泄露了御前演说的全部秘密。直截了当地说，这段话的意思就是：只要普遍戒严被钦定为全王国的法律并成为我们的立宪惯例，特别戒严就会取消。这一套“强硬的”法律将以关于结社和出版的九月法令开始。

马克思恩格斯：《御前演说》，
《马克思恩格斯全集》第 6 卷第 375 页。

根据军事当局所颁布的命令的第一条和第六条，结社权被废除了，不值一谈的钦定宪章的第五、六、七、二十四、二十五、二十六、二十七和二十八各条均失去效力。

马克思恩格斯：《杜塞尔多夫的血腥法律》，
《马克思恩格斯全集》第 6 卷第 580 页。

在 1 月 26 日，部长福速提出了关于结社权的法案，其中第一条就是“禁止俱乐部”。他提议把这个法案当作刻不容缓的法案立即进行讨论。制宪议会否决了关于所谓刻不容缓性的问题，而 1 月 27 日赖德律－洛兰就提出了一项由 230 个议员署名的法案，其内容是说内阁因犯违反宪法罪应交付法庭审判。

马克思：《1848 年至 1850 年的法兰西阶级斗争》，
《马克思恩格斯全集》第 7 卷第 59 页。

3 月 21 日，在国民议会的日程上是福速所提出的反对结社权的法案：查封俱乐部。宪法第 8 条保证一切法国人有结社权。因此，禁止俱乐部就是公然破坏宪法，而制宪议会却不免要亲手批准对自己的这个圣物的亵渎。

马克思：《1848 年至 1850 年的法兰西阶级斗争》，
《马克思恩格斯全集》第 7 卷第 62 页。

宪法所说的结社权显然只是指容许那些能与资产阶级统治，即与资产阶级制度共处的社团存在。

马克思：《1848 年至 1850 年的法兰西阶级斗争》，
《马克思恩格斯全集》第 7 卷第 62 页。

国民议会在 6 月、7 月和 8 月间的全部立法活动，都充满着各种镇压法律，这些法律授予了政府以宣布戒严的权利，更紧地勒住了报刊的喉头，并消灭了结社权。

马克思：《1848 年至 1850 年的法兰西阶级斗争》，
《马克思恩格斯全集》第 7 卷第 82 页。

协议用一些空泛言词来搪塞农民，并且以严禁暴动与结社的惩治法令来对付农民。

恩格斯：《德国农民战争》，

《马克思恩格斯全集》第7卷第431页。

我们以后将看到，在英国，由于有了结社的自由，无产阶级对资产阶级的反抗就成为合法的了。

恩格斯：《英国工人阶级状况》，

《马克思恩格斯全集》第2卷第402页。

这时候，秩序党却在庆祝政权重新回到它手里（1848年它失掉了这个政权，好像只是为了1849年它摆脱一切羁绊的时候重新把它收回来），它对共和国和宪法横加侮辱，咒骂未来、现在和过去的一切革命，甚至连它自己的领袖所完成的革命都包括在内，最后还颁布了箝制报刊言论、消灭结社自由和把戒严状态规定为正常制度的法律。

马克思：《路易·波拿巴的雾月十八日》，

《马克思恩格斯全集》第8卷第160页。

让工厂主不受惩罚地违反其他一切为制止工厂主的"露骨的"贪欲而专门颁布的法律；而对结社法它们总是作最偏颇和最不利于工人的解释。

马克思：《英国的繁荣。——罢工。——土耳其问题。——印度》，

《马克思恩格斯全集》第9卷第152页。

上院在上星期五的会议上否决了下院通过的工人结社法案。这一法案不过是1825年旧结社法的新解释，其目的是通过取消结社法中一些难懂的和意义含糊的词句的方法，使工人与企业主在他们结社的合法性被承认方面处于比较平等的地位。

马克思：《战争问题。——英国的人口和商业报告书。——议会动态》，

《马克思恩格斯全集》第9卷第283页。

法兰克福议会经过长期讨论公布了新的出版法和结社法。结社法干干脆脆禁止任何政治性的集会或会议。

马克思：《东方问题。——西班牙的革命。——马德里报刊》，

《马克思恩格斯全集》第10卷第427页。

英国的工厂工人获得这一法律，是由于多年的坚持，是由于与工厂主作过最激烈最坚决的斗争，是由于出版自由，集会结社的权利，并且由于巧妙地利用统治阶级内部的分裂。这个法律成了英国工人的保护者。

恩格斯：《卡·马克思"资本论"第一卷书评》，

《马克思恩格斯全集》第16卷第269页。

实际情况是：1812 年宪法是翻版的古法典，但这是按法国革命的精神理解的、适合于现代社会的需要的古法典。例如起义的权利一般认为是 1793 年雅各宾党的宪法的最大胆的创造之一，其实起义权在索勃拉尔贝的古法典中就出现了，那里起义权叫 Privilegiodela Union〔结社权〕。

这种权利在加斯梯里亚的古宪法中也有。

马克思：《革命的西班牙》，

《马克思恩格斯全集》第 10 卷第 494 页。

马克思在《资本论》第 1 卷里，对于"宣布工人的一切结社都是'对自由和人权宣言的侵犯'，要课以 500 利弗尔的罚金并剥夺公民权一年"，注解为：这个法律的第一条说："取缔同一等级或同一职业的市民的各种联合组织，是法国宪法的根本基础之一，因此禁止以任何借口或任何形式恢复这种联合组织。"第四条说："同一职业、手艺或手工业的市民，如果为了一致拒绝从事手艺或劳动或为了按一定报酬才从事手艺或劳动而彼此协商或协议，那末这种协商和协议……应视为违反宪法，侵犯自由和人权……"从而，和旧劳工法中的规定完全一样，应视为国事罪。

马克思在《资产阶级和反革命》里提到，"在柏林实行警察制度"，是指奥尔斯瓦特—汉泽曼内阁自 1848 年 6 月 25 日至 9 月 21 日执掌政权后，1848 年夏，在柏林城里除普通警察外还组织了一支携带武器的便衣警察，他们专门破坏人民群众的街头集会和演说，并且进行特务活动。这支警察部队被称为特别警察，因为他们的行动和参加破坏 1848 年 4 月 10 日宪章派的示威游行的英国特别警察的活动如出一辙。

马克思恩格斯在《御前演说》里提到的"九月法令"，是法国政府 1835 年 9 月颁布的反动法令。这项法令限制了陪审人员的裁判活动，对出版采取了严峻的措施。在出版方面，该法令规定增加定期刊物的保证金，对发表反对私有制和现存国家制度的言论的人处以监禁和课以大量罚款。

马克思在《英国的繁荣。——罢工。——土耳其问题。——印度》里的"结社法"，指 1825 年英国议会通过的结社法或工人联合法。这项法律重申废除议会在 1824 年禁止工人团体（工联）的决定，但严格限制工人的活动。例如，仅仅宣传工人结社和参加罢工就被看作"强制"和"暴力"，给以刑事惩罚。

马克思在《革命的西班牙》里说，"起义的权利一般认为是 1793 年雅各宾党的宪法的最大胆的创造之一"，指 1793 年 4 月通过的人权和公民权宣言——1793 年雅各宾党宪法的导言——第三十五条。这一条规定："如果政府破坏人民的权利，起义即为全体人民和任何一部分人民的最神圣的权利和最必要的义务。"

2. 实际上对结社权的限制或取缔

在资本主义条件下，社会团体特别是政治团体和工人团体同国家的关系，具有对抗性质。因之，政府对结社自由进行比较严格地限制或取缔。

以暴力推翻政府为宗旨或以犯罪为目的的结社，为法律所禁止。德国宪法规定："所有德国人都有结社和组织社团的权利。如社团的目的和活动违反国家刑法，或导致违反宪法秩序及国际间协作原则时，得予以禁止。"在美国，政府雇员不得参加政治性社团的管理工作。

经典作家论述中揭示的对革命团体、工人团体的打压、限制和取缔的情形，令人触目惊心。

在英国，组织同盟是议会的法令所认可的，而且正是经济体系迫使议会批准了这种法律。1825 年，在哈斯基森大臣任内，议会必须修改法律才能更加适应自由竞争所造成的环境，在这个时候，议会不得不废除一切禁止工人组织同盟的法律。现代工业和竞争愈发展，产生同盟和促进其活动的因素也就愈多，而同盟一经成为经济事实并日益稳定，它们也必然很快地成为合法的事实。

马克思：《哲学的贫困》，
《马克思恩格斯全集》第 4 卷第 194 页。

当 1824 年工人得到自由结社的权利时，这些工会就很快地布满了全英国并获得了巨大的意义。所有的劳动部门中都成立了这样的工会（trades-unions〔工联〕），它们公开宣称要竭力保护各个工人不受资产阶级的横行霸道和冷酷待遇之害。

恩格斯：《英国工人阶级状况》，
《马克思恩格斯全集》第 2 卷第 503 页。

一些期刊，主要是"莱茵年鉴"，就成了那些在报刊上坚持共产主义的人的中心。通过来往的旅客还维持着某种联系，但是也就止于此了。结社是违法的，甚至通信也不安全，因为近来"秘密机关"的活动特别频繁。

恩格斯：《共产主义在德国的迅速进展》，
《马克思恩格斯全集》第 2 卷第 600 页。

1844 年西里西亚的织工发出了信号，波希米亚和萨克森的印花工人和铁路建筑工人、柏林的印花工人以及几乎整个德国的产业工人都纷纷举行罢工和局部的起义来响应；这些起义几乎都是由于法律禁止结社而引起的。现在运动差不多扩展到了全国，并且还在继续平稳地发展。

恩格斯：《最近发生的莱比锡大屠杀。——德国工人运动》，
《马克思恩格斯全集》第 2 卷第 629～630 页。

资产阶级没有向前进，它不得不倒退了，它限制出版自由，取消集会结社的自由，颁布各种各样的特别法以便压制工人。最近几个星期以来所揭发的丑闻十分明显地证明，在法国，统治的资产阶级已经彻底地老朽"无用"了。

恩格斯:《基佐的穷途末日。法国资产阶级的现状》,
《马克思恩格斯全集》第 4 卷第 205 页。

无产阶级当然不会对等级的权利发生任何兴趣。但假如议会能够提出实行陪审制、实现法律面前人人平等、废除徭役、实现出版自由、结社自由和真正的人民代议制的要求,假如议会能同过去一刀两断,根据目前的需要,而不是根据旧时的法律制定自己的要求,——这样的议会是可以指望得到无产阶级最热情的支持的。

马克思:《"莱茵观察家"的共产主义》,
《马克思恩格斯全集》第 4 卷第 215 页。

批判发现:"工人仍被宪章运动的广泛的允诺所迷住",而实际上宪章运动正是工人的舆论的政治表现;批判在自己的绝对精神的深处看出"两个集团即政治集团与土地和工厂所有者集团已经互不融合和互不掩护",但是到现在为止我们还没有听到过,土地和工厂所有者集团这两个私有者阶级虽然人数不多,政治权利也完全一样(少数贵族除外),却具有这样广泛的性质,我们还没有听到过,实际上作为政党的最彻底的表现和顶点的这一集团又是和政党集团绝对同一的。

马克思恩格斯:《神圣家族》,
《马克思恩格斯全集》第 2 卷第 17 页。

如果有人设想现在的政府会解除目前对出版、结社权和集会权的束缚,那他就是那种不值得理睬的人。而没有出版自由、结社权和集会权,就不可能有工人运动。

恩格斯:《普鲁士军事问题和德国工作政党》,
《马克思恩格斯全集》第 16 卷第 84 页。

在意大利,协会自门塔纳大屠杀以后被反动势力削弱了。其直接后果之一就是警察当局限制了结社和集会的权利。但是我们广泛的通信表明,意大利的工人阶级正在日益摆脱一切旧政党的影响而取得完全的独立。

马克思:《国际工人协会总委员会第四年度报告》,
《马克思恩格斯全集》第 16 卷第 363 页。

矿工协会章程当中一个最新的,也是最卑鄙的章程(1862 年 Ⅲ 矿制定的章程),对于罢工和结社规定了如下骇人听闻的附带条件:

"每一个矿工协会的会员,对于依据工资条例给他规定的工资,应当永远满意,任何时候都不得参加集体行动,要求提高工资,更不用说煽动自己的同伴这样做。"

为什么下维尔施尼茨—基尔希堡煤矿股份公司的莱喀古士立法者们 B·克吕格尔、F·W·施瓦姆克鲁格和 F·W·李希特尔诸先生不索性规定,从现在起,每一个煤炭购买者"应当永远满意于"他们钦定的煤炭价格呢?这的确是冯·罗霍夫先生的"有限的臣民智慧"所难以理解的了。

恩格斯：《关于萨克森煤矿工人行业协会的报告》，

《马克思恩格斯全集》第 16 卷第 390 页。

在政治情况恶劣到连集会权利都成为非法的法国和意大利，参加秘密团体（这种团体的结果总是不好的）的倾向会十分强烈，并且，这种组织形式妨碍无产阶级运动的发展，因为这些团体不是对工人进行教育，而是要工人服从束缚工人的独立自主和模糊他们意识的那些强制性的和神秘的法规。

《卡·马克思关于秘密团体的发言记录》，

《马克思恩格斯全集》第 17 卷第 703 页。

工人党一旦被正式宣布为非法，并被剥夺了其他德国人表面上可以享受的一切政治权利，警察就可以对该党的每个党员为所欲为了。在搜查违禁出版物的借口下，他们的妻子和女儿受到最无礼和野蛮的对待。

恩格斯：《俾斯麦和德国工人党》，

《马克思恩格斯全集》第 19 卷第 309 页。

当二月革命爆发的时候，我们所称的德国"共产党"仅仅是一个人数不多的核心，即作为秘密宣传团体而组成的共产主义者同盟。同盟所以是秘密的，只是因为当时在德国没有结社和集会的权利。

恩格斯：《马克思和"新莱茵报"》，

《马克思恩格斯全集》第 21 卷第 17 页。

当时德国工人应当首先争得那些为独立地组成阶级政党所必需的权利：出版、结社和集会的自由——这些权利本是资产阶级为了它自己的统治必须争得的，但它现在由于害怕工人竟不赞成这些权利。

恩格斯：《马克思和"新莱茵报"》，

《马克思恩格斯全集》第 21 卷第 19 页。

我们社会民主党人承认一切公民有自由结社的权利，这丝毫不意味着我们必须支持组织任何新的社团，丝毫也不妨碍我们发表意见、进行鼓动，反对不适宜的和不明智的组织某种新的社团的想法。

列宁：《我们纲领中的民族问题》，

《列宁全集》第 7 卷第 219 页。

在柏林无产阶级 3 月 18 日的胜利以后，——《新莱茵报》写道，——革命产生了两方面的结果："一方面是人民有了武装，获得了结社的权利，实际上争得了主权；另一方面是保存了君主制，成立了康普森森—汉泽曼内阁，即代表大资产阶级的政府。这样，革命就有了两种必然会背道而驰的结果。人民胜利了；他们争得了无疑是具有民主性质的自由，但是直接的统治权并没有转到他们的手中，而落入了大资产阶级的手中。"

列宁：《社会民主党在民主革命中的两种策略》，

《列宁全集》第 11 卷第 117 页。

在完全有结社自由和完全保障居民的公民权利的条件下，我们当然应该在各地建立社会民主党的（不仅是工会的，而且是政治的、党的）团体。在目前条件下，必须用我们所拥有的一切方法和手段努力奔向这个目的。

列宁：《论党的改组》，

《列宁全集》第 12 卷第 82 页。

为了言论自由，我应该给你完全的权利让你随心所欲地叫喊、扯谎和写作。但是，为了结社的自由，你必须给我权利同那些说这说那的人结成联盟或者分手。党是自愿的联盟，假如它不清洗那些宣传反党观点的党员，它就不可避免地会瓦解，首先在思想上瓦解，然后在物质上瓦解。

列宁：《党的组织和党的出版物》，

《列宁全集》第 12 卷第 95 页。

俄国社会民主工党在俄国沙皇政府和反革命杜马通过剥夺芬兰人民的权利和自由的法律之后第一次召开的代表会议，对兄弟的芬兰社会民主党表示深切的同情，并且强调指出，在反对践踏人民权利的俄国反革命政府和反革命资产阶级的斗争中，芬兰工人和俄国工人的任务是一致的，同时表示深信，只要俄国工人和芬兰工人共同努力，就能推翻沙皇政府，使俄国人民和芬兰人民获得自由。

列宁：《俄国社会民主工党第六次（布拉格）全国代表会议文献》，

《列宁全集》第 21 卷第 164 页。

在广大居民没有权利、没有政治自由、当权者横施暴政的落后国家里，是不会有任何广泛一些的政治组织的。只有一小撮地主或者工业界百万富翁才享有"结社自由"，但是这一小撮人把他们的全部注意力都集中在上层，集中在"上流社会"，集中在政权上，他们不仅不去组织人民群众，而且像害怕火一样地害怕这种组织工作。

列宁：《德国天主教徒在组织群众》，

《列宁全集》第 23 卷第 193 页。

恩格斯在《关于萨克森煤矿工人行业协会的报告》说"这的确是冯·罗霍夫先生的'有限的臣民智慧'所难以理解的了"，暗指普鲁士内务大臣罗霍夫于 1838 年 1 月 15 日给埃尔宾城居民的一封信中所说的话，后者对把七位持有反对派情绪的教授驱逐出汉诺威议会一事表示不满。罗霍夫写道："尽忠的臣民对自己的国王和国君应当俯首听命，而不该依据自己有限的智慧来企图干预国家元首的事务。"

（四）罢工权

1. 罢工权是劳动者应有的权利

罢工权，又称"罢工自由权"，是工人以集体停止生产或工作的方式表达反抗的权利。罢工权是工人阶级在法律范围内，反抗政治压迫和经济剥削的最高形式。罢工是政治、经济等原因引起的。有联合罢工、行业罢工、全国总罢工等形式。世界上大多数国家在宪法和法律上确认了罢工权。有些国家虽然法律没有规定罢工权，但实际上并不禁止。1966年12月16日联合国大会通过的《经济、社会、文化权利国际公约》规定："有权罢工，但应按照各个国家的法律行使此项权利。"

经典作家有大量的关于罢工的论述。

马克思不厌其详地引用了关于英国各工业区发生的罢工的消息。他分析了罢工者的要求，揭露了工厂主和资产阶级当局对罢工工人所采取的蛮横行动，并且对罢工运动的性质和它在无产阶级解放斗争中的作用作了评价。马克思认为，罢工是资本主义社会中的阶级战争、即劳动和资本之间的战争的鲜明表现。马克思证明，罢工在资本主义制度的条件下是合乎规律的现象；罢工是制止工厂主的专横、保障工人的必要生存条件的手段。

特别重要的是，马克思关于罢工的意义的结论。他认为罢工是激发劳动者的斗志，团结他们向剥削者作斗争的要素。这些思想，是马克思主义奠基人早在《英国工人阶级状况》、《哲学的贫困》和《共产党宣言》等著作中就已经提出的关于工人联盟是无产阶级的阶级斗争的学校这一原理的直接发展。马克思认为，罢工的主要意义在于罢工对工人所起的精神上和政治上的影响，罢工能培养工人的无产阶级团结精神，促使他们团结起来，组织起来。

恩格斯在总结英国工人运动的经验时得出结论说，诚然，进行罢工和成立工会是组织和教育工人阶级的有效手段，但是二者毕竟无力把他们从雇佣奴隶制中解放出来。

列宁在《谈谈罢工》里说，"特别有名的德国内政大臣，有一次向人民代表说：'每次罢工的背后，都隐隐约约地出现革命这条九头蛇〈妖怪〉。'"列宁引用的是普鲁士内政大臣冯·普特卡默的话。他提到的"九头蛇"是希腊神话中的一条非常凶猛而且生命力极强的怪蛇。可见，连统治者都感觉或认识到，罢工与革命的关系。

总之，在资本主义条件下，罢工是与资本权力相抗衡的规律性现象。那么，在社会主义条件下，是否容许罢工，是否需要写在宪法或法律上，应当认真研究。

社会主义实现了生产资料的全民所有制，不存在资本家的压迫和剥削，因而从理论上说，罢工已无意义。但是，列宁领导的第一个社会主义国家，却坚持把罢工权写在宪法上。列宁反复强调，"只要工业和农业的电气化还没有完成（哪怕是基本完成），只要小经济和市场统治的一切根子还没有因此而被铲除，阶级斗争就会存在，而且不可避免。因此，目前我们决不能放弃罢工斗争，不能在原则上同意实行用强制的国家调解代替罢工的法律""在我们这种过渡型的无产阶级国家中，罢工斗争的最终目的只能是通过同这个国家的官僚主义弊病，同它的错误和缺点，同资本家力图逃避国家监督的阶级野心等等作斗争，来巩固无产阶级国家和无产阶级的国家政权""在无产阶级掌握国家政权的国家里采取罢工斗争，其原因只能是无产阶级国家中还存在着官僚主义弊病，在它的机构中还存在着各种资本主义旧残余"。

在我国，宪法规定了罢工自由，1982年修改宪法时作了删除，没有把罢工自由作为公民的一项基本权利加以规定。对此，法学界解释为，我国是社会主义国家，工人阶级是领导阶级，已不存在罢工自由的政治前提和经济基础，规定罢工自由不仅对工人无益反而有害。这种解释是文不对题的。列宁和毛泽东之所以主张规定罢工权，主要考虑是用以反对官僚主义。规定罢工权的这个理由始终是存在的。而且，在我国新的历史时期，情况发生了变化。外国资本和私人资本，已占据国民经济相当大的总量。我们党不仅在国内坚持推进社会主义事业，在国际共产主义运动中亦负有重要的责任和担当。在这种情况下，保留宪法上的罢工权，具有重大意义。

20世纪90年代，在去香港讲课之前，知道了学生们都是兼职上课，非常辛苦，上课时吃饭、睡觉、晚来早走。如果教师声色俱厉地禁止，就站在学生们的对立面了，况且他们还是依然故我，因为他们的具体问题没有解决嘛。我去讲课时提出"三可以"，就是上课时可以吃饭、可以睡觉、可以迟到早退。"政策"宣布后，学生们突然一改从前，反倒一个也不吃饭、不睡觉、不晚来早走了。这不是怪事，这是辩证法。

它们的目的是：规定工资，作为一个力量，集体地和雇主进行谈判，按雇主所获利润的多少来调整工资，在适当的时候提高工资，并使每一种职业的工资保持同一水平。因此，这些工会总是向资本家力争一个大家都得遵守的工资标准，谁拒绝接受这种工资标准，就向他宣布罢工。

恩格斯：《英国工人阶级状况》，

《马克思恩格斯全集》第2卷第503页。

这些工会为了达到自己的目的通常使用如下的手段。如果有一个或几个业主拒绝承认工会所规定的工资，那就派一个代表团去见他们，或者向他们送上一份请愿书（看吧，工人是能够承认专制的厂主在他那小王国里的权力的）。如果这样做仍没有结果，工会就下令停工，所有的工人都散伙回家。如果一个或几个厂主拒绝承认工会所规定的工资，这种罢工（turn-out或strike）就是局部性的；如果某一个劳动部门所有的厂主都拒绝承认，那末罢工就会成为总罢工。这就是工会的合法手段——所谓合法就是在宣布罢工前要预先提出警告。

恩格斯：《英国工人阶级状况》，

《马克思恩格斯全集》第2卷第504页。

据昔蒙兹说（"手工业和手工业者"第 137 页及以下各页），在苏格兰，还在 1812 年就发生了由秘密的团体所组织的格拉斯哥织工的总罢工。1822 年又发生了罢工，有两个工人因不愿加入工会而被宣布为本阶级的叛徒，有人把硫酸泼在他们的脸上，结果这两个人都成了瞎子。1818 年，苏格兰矿工的团体也已经强大到能进行总罢工的程度。

恩格斯：《英国工人阶级状况》，

《马克思恩格斯全集》第 2 卷第 503 页。

更加值得注意的事情是农业工人的组织得井井有条的罢工——这是过去从来没有过的事件。南威尔特郡的农业工人举行了罢工，要求提高工资 2 先令，现在他们一周的工资只有 7 先令。

马克思：《国防。——财政。——贵族的死绝。——政局》，

《马克思恩格斯全集》第 8 卷第 585 页。

在英国全国，特别是在它的北方工业区，几乎到处都爆发了一系列的罢工，成了"泰晤士报"歌颂和谐的赞歌的一个很怪的回声。这些罢工，是剩余劳动力在生活必需品的价格普遍上涨的同时相对减少的必然结果。利物浦罢工的有 5000 人，斯托克波尔特有 35000 人，等等。罢工热甚至把警察也传染上了，在曼彻斯特就有 250 名巡警提出了辞呈。

马克思：《英国的繁荣。——罢工。——土耳其问题。——印度》，

《马克思恩格斯全集》第 9 卷第 151－152 页。

工人的罢工和联合正以飞快的速度和空前的规模发生和扩展着。我现在有以下各地工人罢工的报告书：斯托克波尔特各行各业工厂工人的罢工；曼彻斯特铁工、纺工、织工等等的罢工；基台尔明斯特织毯工人的罢工；布利斯托尔附近林格伍德各煤矿矿工的罢工；布莱克本和达尔温织工的罢工；波士顿红木细工工人的罢工；波尔顿及其近郊的漂白工、砑光工、染色工和机械织布工的罢工；班斯里织工的罢工；斯比脱菲尔兹丝织业工人的罢工；诺定昂花边编织业工人的罢工；北明翰区及许多其他地方各行各业工人的罢工。每班邮递都会带来罢工的新闻。停工带有传染性。每一次大罢工，如斯托克波尔特和利物浦等地的罢工，都必然产生一连串较小的罢工。

马克思：《俄国对土耳其的政策。——英国的工人运动》，

《马克思恩格斯全集》第 9 卷第 189～190 页。

一个地方的罢工就会得到最远地区的罢工的响应。在某些情况下，要求提高工资只不过是意味着要求处理厂主的旧有欠债问题而已。在斯托克波尔特大罢工时就是这样。

马克思：《俄国对土耳其的政策。——英国的工人运动》，

《马克思恩格斯全集》第 9 卷第 190 页。

在德国，政府是第一次被迫做出一副对罢工采取不偏不倚的立场的样子。因此，它就

永远失去了自己在这方面的贞操。威廉也好，俾斯麦也好，都不得不在十几万罢工工人的大军面前低下头来。单单这一点就已经是一个了不起的成绩了。

恩格斯：《1889 年鲁尔矿工的罢工》，

《马克思恩格斯全集》第 21 卷第 434 页。

每一次罢工都提醒资本家，真正的主人不是他们自己，而是愈来愈响亮地宣告自己的权利的工人。每一次罢工都提醒工人，他们的处境不是没有希望的，他们并不孤立。

列宁：《谈谈罢工》，

《列宁全集》第 4 卷第 255 页。

到了罢工的时候，他们响亮地提出自己的要求，向厂主提出以前受过的种种迫害，宣告自己的权利，他想的已经不仅仅是他自己一个人和他自己的一份工钱，他想的是所有同他一道停止工作、为了捍卫工人事业而不怕受迫害的伙伴。

列宁：《谈谈罢工》，

《列宁全集》第 4 卷第 255 页。

工人开始懂得，法律只是为富人的利益制定的，当官的也是保护富人的利益的，工人大众则不准随便讲话，不能说出自己的疾苦，工人阶级必须争取到罢工、出版工人报纸和参加人民代表机关的权利，由这个代表机关颁布法律和监督法律的执行。

列宁：《谈谈罢工》，

《列宁全集》第 4 卷第 257 页。

工人觉悟到，政府是他们的敌人，工人阶级为了争取人民的权利应当做好准备同政府作斗争。工人的这种觉悟，随着每次罢工愈来愈坚定和提高了。

列宁：《谈谈罢工》，

《列宁全集》第 4 卷第 257~258 页。

如果认定罢工是犯罪行为，就会引起警察局过分热心的干涉，这种干涉害多利少，与其说给厂主帮了忙，倒不如说是给厂主添了困难和麻烦。报告书建议完全废除对个别工人的擅自旷工和和平罢工（即不使用暴力、不破坏社会秩序等等）的一切处分。应该仿效外国法律，只规定：凡"雇主或工人违反他人自由合法之意志，以强迫他人或妨碍他人"在某种条件下进行工作"为目的，而对其人身或财产施以暴力、威吓或污辱〈！〉者"，应予以处分。换句话说，就是建议取消对罢工者的刑事处分，而对妨碍他人"自愿工作"者予以刑事处分。

列宁：《新罢工法草案》，

《列宁全集》第 6 卷第 393~394 页。

新罢工法草案不是"国家思想"提出来的,而是厂主们提出来的。这个草案之所以出现,不是因为国家"承认了"公民权利的基本原则(业主和工人之间的资产阶级的"自由与平等"),而是因为废除对罢工者的刑事处分对厂主们有利。

列宁:《新罢工法草案》,

《列宁全集》第6卷第399~400页。

给予通讯地址这件事应当由委员会根据情况和材料确定,而不是根据"民主"分配通讯地址这种不现实的权利来确定。

罢工的起因很平常,工人提出的要求也微不足道,这既特别清楚地表明无产阶级(它一下子就认识到铁路工人的斗争是他们的共同事业)团结的强大力量,又表明他们容易接受政治思想和政治宣传,也表明他们有决心在同军队的直接战斗中挺身捍卫自由生活和自由发展的权利——这些权利已成为一切有思想的工人共同的和最基本的东西。

列宁:《新事件和旧问题》,

《列宁全集》第7卷第45页。

在沙皇专制制度下,为立宪改革而斗争是不行的。无产阶级斗争的罢工浪潮已席卷全国,既有经济罢工,也有政治罢工。两种罢工的结合,无论过去和现在都是运动的力量之所在。这不是一般的罢工,这是群众性的革命高潮,这是工人群众对沙皇君主制进攻的开始。

列宁:《陆海军中的起义》,

《列宁全集》第22卷第3页。

罢工在工人阶级的斗争中究竟有什么意义呢?要回答这个问题,先要详细谈一谈罢工。我们知道,工人的工资是由厂主和工人之间的合同规定的,要阻止厂主降低工资,或者争得更高的工资,单个工人是完全没有力量的,所以很明显,工人一定要联合起来坚持自己的要求,一定要举行罢工。

列宁:《谈谈罢工》,

《列宁全集》第4卷第254页。

事实上,没有一个实行资本主义制度的国家,没有发生过工人罢工。在欧洲各国和美国,工人处处都感到单独行动没有力量,要反抗厂主,只有联合起来,或者举行罢工,或者以罢工相威胁。资本主义愈发展,大工厂发展愈快,大资本家对小资本家的排挤愈厉害,工人就愈需要联合起来进行反抗;因为失业现象愈来愈严重,资本家之间力求进行廉价生产(要廉价生产,付给工人的工资也应当尽量压低)的竞争愈来愈激烈,工业波动和危机愈来愈厉害。在工业繁荣时期,厂主得到很多利润,却没有想到分一点给工人;但是到了危机时期,他们倒要把亏损转嫁给工人。在欧洲各国,大家都公认罢工是资本主义社会里的必然现象,甚至连那里的法律也不禁止组织罢工,只有在俄国还有野蛮的反罢工法

（关于这些法律及其实施情况，我们下次再谈）。罢工是由资本主义社会的本质造成的，但是它标志着工人阶级反对这个社会制度的斗争的开始。

列宁：《谈谈罢工》，

《列宁全集》第 4 卷第 254 页。

社会主义的伟大导师恩格斯在谈到英国工人罢工的时候说："为了制服一个资产者的反抗而忍受着这些苦难的人们是能够摧毁整个资产阶级的力量的。"往往只要一个工厂发生罢工，就立即会引起大批工厂一连串的罢工。罢工的精神影响多么深啊！那些哪怕是暂时摆脱了奴隶地位而同富人平起平坐的伙伴的榜样，对工人的感染多么强烈啊！每一次罢工都大大地推动工人想到社会主义，想到整个工人阶级为了使本阶级从资本的压迫下解放出来而需要进行的斗争。常常有这种情形：在大罢工以前，某个工厂、某个行业或者某个城市的工人几乎不知道也没有想到过社会主义，但是在罢工以后，工人小组和工人联合会获得了蓬勃的发展，愈来愈多的工人成了社会党人。

列宁：《谈谈罢工》，

《列宁全集》第 4 卷第 256 页。

俄共纲领十分明确地指出：我们现在还只是在采取最初步骤从资本主义向社会主义过渡。因此共产党也好，苏维埃政权也好，工会也好，都应当公开承认：只要工业和农业的电气化还没有完成（哪怕是基本完成），只要小经济和市场统治的一切根子还没有因此而被铲除，阶级斗争就会存在，而且不可避免。因此，目前我们决不能放弃罢工斗争，不能在原则上同意实行用强制的国家调解代替罢工的法律。

列宁：《关于工会在新经济政策条件下的作用和任务的提纲草案》，

《列宁全集》第 42 卷第 367 ~ 368 页。

在资本主义制度下，罢工斗争的最终目的显然是破坏国家机构，推翻现有的、阶级的国家政权。而在我们这种过渡型的无产阶级国家中，罢工斗争的最终目的只能是通过同这个国家的官僚主义弊病，同它的错误和缺点，同资本家力图逃避国家监督的阶级野心等等作斗争，来巩固无产阶级国家和无产阶级的国家政权。

列宁：《关于工会在新经济政策条件下的作用和任务的提纲草案》，

《列宁全集》第 42 卷第 368 页。

在无产阶级掌握国家政权的国家里采取罢工斗争，其原因只能是无产阶级国家中还存在着官僚主义弊病，在它的机构中还存在着各种资本主义旧残余，这是一方面；另一方面，是由于劳动群众政治上不开展和文化上落后。既然法院和其他一切国家机关都是由劳动者自己在阶级基础上建立的，而把资产阶级排除在选民之外，那么，解决劳资之间、受雇者和雇用者之间的冲突，应当愈来愈多地采取由劳动者直接投诉国家机关这种正常的方式。

列宁：《关于工会在新经济政策条件下的作用和任务的提纲草案》，

《列宁全集》第42卷第368页。

列宁《新罢工法草案》的这段话，是引自财政部"关于修改法律中惩治罢工和提前解除雇佣合同的条文、关于希望建立工人自助组织"的报告书的有关内容。财政部认为，以逮捕或监禁的办法来威胁任意旷工的个别工人或经大家约定而停工的许多工人，是达不到自己目的的。经验证明，社会秩序并不能因此而得到保障，这种威胁只能激怒工人，使他们确信法律的不公正。施行这种法律非常困难，"因为"要对每一个工人的旷工都"起诉，案件就会有几百起，有时会有几千起，这是繁重不堪的"，而且，如果由于罢工而监禁工人，那就会没有工人做工，这对厂主是不利的。财政部的新报告书的总性质无疑是自由主义的，中心问题是建议废除对罢工者的刑事处分。

2. 罢工权的行使

由于罢工的后果和影响的严重性，西方国家立法对罢工权的行使规定了严格的限制。主要规定：不得使用暴力；不得长期使用罢工手段；不得破坏生产和损坏安全设备；不得危及人体生命安全；不得妨碍公共交通秩序；不得伤害社会风化；不得举行政治罢工及其同盟罢工；国家公职人员不得罢工，等等。

这位先生在他的"工厂哲学"第277页及以下各页中写道，有人告诉工人，他们所得的报酬和他们所做的牺牲是不相称的，这就破坏了老板和工人之间的良好的关系。工人不应当这样想，他们应当努力表现自己的勤劳和忠诚，并为自己的老板的成功而欢欣鼓舞，这样他们就可以成为监工、经理，最后甚至可以成为股东，从而（多聪明呵，你说得真像鸽子咕咕叫一样！）"市场上对工人的需求立刻就会增加"！！——"要不是工人这样不安静的话，工厂制度的发展会得到更加有益的结果。"接着就是一段抱怨工人倔强的冗长的耶利米哀歌，而在讲到工资最高的工人（精纺工）的罢工时，竟说出了下面这些天真的话：

"是的，正是他们的高额工资使他们能够维持一个有薪俸的委员会，并且给他们吃着就这种工作说来是营养过多、刺激性太大的伙食，因而得了神经营养过度的毛病！"（第298页）

恩格斯：《英国工人阶级状况》，

《马克思恩格斯全集》第2卷第453~454页。

工人一罢工，厂主就赶他们搬家，而且只给他们一星期的限期；限期一过，工人不但没有吃的，而且也没有住的，只好成为流浪汉了，而根据法律，流浪汉是毫不容情地要被送到监狱里去关一个月的。

恩格斯：《英国工人阶级状况》，

《马克思恩格斯全集》第2卷第470页。

每个厂主都知道，每一次降低工资，如果不是由他和他的竞争者所共有的条件决定的，结果都会引起罢工，而罢工无疑地会给他带来损失，因为在罢工期间他投下的资本不能周转，机器也要生锈。同时，在这种情况下他到底是否能降低工资也还不知道。

恩格斯：《英国工人阶级状况》，

《马克思恩格斯全集》第 2 卷第 505 页。

大多数的罢工都是以工人吃亏而告终。这就发生了一个问题，工人明明知道宣布罢工没有用，为什么还要采取这种办法呢？问题很简单，因为工人必须反对降低工资，甚至要反抗这种降低的必然性本身；因为工人一定要宣布，他作为一个人，不能去迁就环境，相反地应该让环境来适应自己，适应人；因为工人的沉默就表示同这种环境妥协，承认资产阶级在商业繁荣时期有权剥削工人，而在萧条时期又有权把工人饿死。

恩格斯：《英国工人阶级状况》，

《马克思恩格斯全集》第 2 卷第 506 页。

要粉碎资产阶级的势力，除了工会和罢工，还需要更多的东西。但是这些工会及其所组织的罢工，其意义首先在于：它们是工人想消灭竞争的第一次尝试。它们存在的前提就是工人已经懂得，资产阶级的统治正是建筑在工人彼此间的竞争上，即建筑在无产阶级的不团结上，建筑在一些工人和另一些工人的对立上。而正因为工会努力反对竞争，反对现存社会制度的生命攸关的神经（虽然这种努力有很大的片面性和局限性），所以这个社会制度才把它看得这样地危险。

恩格斯：《英国工人阶级状况》，

《马克思恩格斯全集》第 2 卷第 506~507 页。

自 1825 年起，一切新发明几乎都是工人同千方百计地力求贬低工人特长的企业主进行冲突的结果。在每一次多少有一点重要性的新罢工之后，总要出现一种新机器。而工人则很少在机器的应用中看到他们的权利的恢复，或如蒲鲁东先生所说，他们的复原。因此，在 18 世纪中，工人曾经长期地反抗过正在确立的自动装置的统治。

马克思：《哲学的贫困》，

《马克思恩格斯全集》第 4 卷第 169 页。

在英国，罢工常常引起某种新机器的发明和应用。机器可以说是资本家用来对付熟练工人反抗的武器。现代工业中一个最重大的发明——self-act ingmul〔自动骡机〕击溃了进行反抗的纺纱工人。如果说用来反对同盟和罢工的机械发明的加强是同盟和罢工的唯一结果，那末就这一点来说，同盟和罢工对工业的发展也是有巨大影响的。

马克思：《哲学的贫困》，

《马克思恩格斯全集》第 4 卷第 192 页。

如果代表团得不到任何结果，郎卡郡棉纺织企业的全体工人将宣布罢工。

这次罢工和北明翰冶金工人和矿工的已经开始的罢工联合起来，很快就会达到像1842年爆发的最后一次总罢工那样可怕的规模。对政府说来，这次罢工很可能更为可怕。

恩格斯：《英国的商业危机。宪章运动。爱尔兰》，

《马克思恩格斯全集》第4卷第317~318页。

现在罢工的特点是：罢工先在下层不熟练（非工厂）工人，即现在直接受人口外流影响的工人中开始，换言之，是在各种普通工匠中开始，然后才把大不列颠各大工业中心的工厂无产阶级卷进来。以前的罢工正相反，总是先在工厂工人上层，即在机械工人、纺纱工人等等之中开始，然后再扩大到这个巨大的工人群的下层，最后才把工场工人卷进来。这个特点完全是由于人口外流的影响而产生的。

马克思：《俄国对土耳其的政策。——英国的工人运动》

《马克思恩格斯全集》第9卷第190页。

在同一天，下院在三读中通过了出租马车税法案，恢复了十四世纪的马车官价，并通过了弗·斯卡利先生提出的出租马车主组织罢工应予法办的条款。

马克思：《战争问题。——英国的人口和商业报告书。——议会动态》

《马克思恩格斯全集》第9卷第287页。

在这所有各次罢工中最重要的一件事情，是"海员联谊会"印发并被他们称为英国海员权利法案的宣言。宣言牵涉到商务航运法案，因为这个法案废除了航运法中的一条关于不列颠船主必须使本船海员至少有四分之三是不列颠臣民的规定。新法案使外国海员甚至在那些不允许外国船只通行的地方都能参加近海航运。宣言的作者们宣布，这不是海员权利法案，而是船主权利法案。

马克思：《粮价上涨。——霍乱。——罢工。——海员中的运动》，

《马克思恩格斯全集》第9卷第325页。

我还从私人的消息中听说，"泰晤士报"关于曼彻斯特周围工厂区的工业状况的报告总的说来是不符合实际的，除了北明翰以·外到处都是营业不振。"曼彻斯卫报"证实了这一点，还补充说，有那么多数量的罢工工人复工，一定会使价格下跌。

马克思：《英国特别的陆军部的成立。——军事行动》，

《马克思恩格斯全集》第10卷第280~281页。

至于工人阶级，政府对他们的罢工采取猛烈镇压的办法，阻挠他们从主人所得的利益中获取他们应得的那部分，并且经常不断地排斥他们参加任何政治活动。

马克思：《普鲁士》，

《马克思恩格斯全集》第 11 卷第 718 页。

在英国，难得有一个星期没有罢工，而且是规模很大的罢工。如果政府在这种场合唆使它的士兵去屠杀工人阶级，这个罢工之国就会变成屠杀之国；但是不会很长久。因为这个政府在经过几次这样的采用暴力之后，就不会再继续存在了。

马克思：《比利时的屠杀》，

《马克思恩格斯全集》第 16 卷第 395 页。

在文明世界里只有一个国家，在那里每一次罢工都马上被人迫不及待地变成公开屠杀工人阶级的借口。这一片乐土就是比利时——这个大陆上的典范的立宪国家。

马克思：《比利时的屠杀》，

《马克思恩格斯全集》第 16 卷第 395 页。

现在，连资本家的报刊无意中透露的证据也证明了：塞兰考克利尔铁工厂的搅铁工人所举行的完全合法的罢工之所以转为骚动，只是因为大队的骑兵和宪兵突然被派到出事地点，激怒了人民。

马克思：《比利时的屠杀》，

《马克思恩格斯全集》第 16 卷第 395～396 页。

当这一矿区所有的矿工几乎都卷入了罢工的时候，那里集中了人数很多的军队，他们在弗腊默里以火枪射击开始了军事行动，结果 9 名矿工被打死，20 名矿工受重伤；在这段短短的开场白之后就宣布了骚乱治罪法，——法文十分独特地叫做《les sommations préalables》——然后又开始了屠杀。

马克思：《比利时的屠杀》，

《马克思恩格斯全集》第 16 卷第 396 页。

圣亚田、里夫－德－纪埃和菲尔米尼的矿工镇静而坚决地要求矿业公司的经理修改工资条例，缩短长达 12 小时的井下繁重劳动的工作日。由于和平解决纠纷的意图没有收到成效，他们才在 6 月 11 日举行了罢工。当然，对于他们来说，最迫切的问题就是保证自己得到那些还在继续工作的同志的支援。为了阻止这一点，各矿业公司的经理向卢瓦尔省省长要求派遣军队，并且得到了满足。6 月 12 日罢工者发现矿井上加强了武装戒备。矿业公司为了保证政府派来的士兵对它们尽心竭力，每天付给每个士兵 1 法郎的报酬。士兵为了表达他们对公司的感谢，拘捕了将近 60 个企图偷偷溜到矿井上的同伴那儿去的矿工。被拘捕的矿工在当天下午就被第四基干团的 150 名士兵押送去圣亚田。在这些勇士出发之前，多利安公司的一个工程师分发给他们 60 瓶酒，并且恳切地嘱咐他们一路上要机警地监视被捕者：他说，这些矿工都是些未开化的野人和逃亡的苦役犯。酒和这样一番训导准备好了一场流血冲突。在队伍后面紧跟着一群矿工和他们的妻儿，他们在里卡马里附近的蒙塞耳高地的一条狭谷把队伍包围起来，要求释放被捕者。士兵拒绝他们的要求，于是石块向士兵投来；这时士兵预先没有警告就突然向人群的最稠密处乱放起枪来，打死了15人，其中有两个妇女和一个吃奶的婴儿，许多人受了重伤。

> 马克思：《总委员会向国际工人协会第四次年度代表大会的报告》，
> 《马克思恩格斯全集》第16卷第425页。

对于"罢工基金会"是罢工工人的"生活来源"的说法，首先可以这样反驳：这种"基金会"常常是虚构的。

> 马克思：《关于1871年法国人支部的决议草案》，
> 《马克思恩格斯全集》第17卷第501页。

从去年冬天开始，工人一再警告说，如果情况不改善，他们就要宣布罢工。但是一切仍然如故，他们终于罢工了，而他们要这样做是预先警告过的；矿主撒谎否定这一事实。一星期以后有7万人罢工。雇主不得不出钱支持罢工，因为他们每月只给工人发一次工资，他们手里总是控制一个月的工资，现在他们必须把这一个月的工资发给罢工者。这样一来，雇主们就落进了自己设下的网罗。后来工人派了一个有名的代表团去见皇帝——这是个虚荣、自负的纨绔小儿，——他接见了代表团，威胁说：如果他们转向社会民主党方面，并使当局蒙受耻辱，他就要下令毫不留情地把他们枪毙。（实际上在波洪已经这样试办了，那里有一个中尉，一个十九岁的小子，命令他的士兵向罢工者开枪，但大多数都是朝天打的。）然而整个帝国还是为这些罢工者所震惊。派到罢工区去的有一个军区司令，还有内务大臣；为了说服矿主让步用尽了一切办法。皇帝甚至建议他们慷慨一些，并在内阁中声言："我的士兵驻在那里是为了维持秩序，而不是为了保证矿主得到大量利润"。

> 恩格斯：《1889年鲁尔矿工的罢工》，
> 《马克思恩格斯全集》第21卷第432～433页。

约克郡也发生了罢工，因为工人要求自己有权管理自己的疾病互助基金并抗议企业主不许工人结社。结社权从1824年起在英国就作为法律条文固定下来了，因此企业主的行为实际上是直接违反国家法律的，尽管如此，政府还是按照企业主的要求派兵供他们使用。

> 《燕妮·马克思（女儿）致路·库格曼》，
> 《马克思恩格斯全集》第32卷第698页。

有时资本家也能诱骗某些消息不灵通的工人；但是一旦向他们说明他们的权利和义务，他们就立刻放弃工作。在资本看来，工人不过是能生产的机器而已；最近对伦敦编筐工人采取的同盟歇业就是一个明显的例子。

马克思：《国际工人协会总委员会向 1867 年洛桑代表大会的报告》，

《马克思恩格斯全集》第 16 卷第 617 页。

一个市长的虔诚祝愿怎么能够取消罢工者的权利和自由，这点无论如何是没有交代清楚的。不管怎么样，受同盟领导的工人当时通过一个委员会向市政当局宣布，如果它不打算遵守在罢工期间保持中立的诺言，那末为了避免冲突起见，它最好卸职。

恩格斯：《行动中的巴枯宁主义者》，

《马克思恩格斯全集》第 18 卷第 528 页。

甚至直到 1848 年还被宣布不受法律保护的罢工，现在也被认为有时很有用处，特别是当工厂主老爷们在需要时主动挑起罢工的时候。在那些剥夺了工人同雇主平等的权利的法律中，至少已经废除了最令人反感的那一部分法律。而十分可怕的人民宪章，实际上已经成了那些直到最近以前还在反对它的工厂主们自己的政治纲领。

恩格斯：《"英国工人阶级状况"1892 年德文第二版序言》，

《马克思恩格斯全集》第 22 卷第 375 页。

在巴枯宁主义的纲领中，总罢工是实现社会革命的杠杆。有朝一日，某个国家的或者甚至全世界的一切工业部门的全体工人都停止工作，这样最多经过一个月，就可以迫使有产阶级或者低头认罪，或者向工人进攻，那时工人就获得自卫的权利，乘机推翻整个旧社会。这种方案决不是什么新东西；法国社会主义者以及比利时社会主义者从 1848 年以来就常常是骑着这匹战马横冲直闯的，不过这匹马原来是英国种。

恩格斯：《行动中的巴枯宁主义者》，

《马克思恩格斯全集》第 18 卷第 524～525 页。

罢工不仅使工人认清了资本家，而且也认清了政府和法律。厂主总想冒充工人的恩人，当官的和他们的狗腿子也像厂主一样总想让工人相信，沙皇和沙皇政府对厂主和工人是一视同仁的。工人不懂法律，他们同当官的，特别是同大官没有打过交道，所以往往相信了这一切。

但是罢工发生了。工厂里出现了检察官、工厂视察员、警察，往往还有军队。工人才发觉原来自己犯了法：法律允许厂主聚会和公开谈论怎样降低工人的工资，而工人要共同提出条件，却被宣布为犯法！于是工人被赶出住宅，警察封闭工人可以赊购食品的店铺，就是在工人安分守己地工作的时候，也往往要唆使士兵去迫害他们。士兵甚至受命向工人开枪，当他们向赤手空拳的工人开枪，打死逃跑的工人的时候，沙皇还会亲自向他们表示感谢（沙皇就曾这样感谢过 1895 年枪杀雅罗斯拉夫尔罢工工人的士兵）。每一个工人都开始明白，沙皇政府是工人的死敌，它保护资本家，束缚工人的手脚。工人开始懂得，法律只是为富人的利益制定的，当官的也是保护富人的利益的，工人大众则不准随便讲话，不能说出自己的疾苦，工人阶级必须争取到罢工、出版工人报纸和参加人民代表机关的权利，由这个代表机关颁布法律和监督法律的执行。

列宁：《谈谈罢工》，

《列宁全集》第 4 卷第 256 页。

政府也很清楚地知道，罢工会擦亮工人的眼睛，因此它非常害怕罢工，总是想方设法尽快地把罢工镇压下去。难怪一个因为尽力迫害社会党人和觉悟工人而特别有名的德国内政大臣，有一次向人民代表说："每次罢工的背后，都隐隐约约地出现革命这条九头蛇〈妖怪〉。"

列宁：《谈谈罢工》，

《列宁全集》第 4 卷第 257 页。

《新罢工法草案》：我们得到了一份新的秘密文件：财政部"关于修改法律中惩治罢工和提前解除雇佣合同的条文、关于希望建立工人自助组织"的报告书。……

报告书的开头概述了我国的工厂立法史，指出了 1886 年 6 月 3 日和 1897 年 6 月 2 日的法律，随后谈到关于废除对旷工和罢工者的刑事处分问题。财政部认为，以逮捕或监禁的办法来威胁任意旷工的个别工人或经大家约定而停工的许多工人，是达不到自己目的的。……

报告书建议完全废除对个别工人的擅自旷工和和平罢工（即不使用暴力、不破坏社会秩序等等）的一切处分。应该仿效外国法律，只规定：凡"雇主或工人违反他人自由合法之意志，以强迫他人或妨碍他人"在某种条件下进行工作"为目的，而对其人身或财产施以暴力、威吓或污辱〈！〉者"，应予以处分。换句话说，就是建议取消对罢工者的刑事处分，而对妨碍他人"自愿工作"者予以刑事处分。

列宁：《新罢工法草案》，

《列宁全集》第 6 卷第 393 ~ 394 页。

财政部现在的这份草案同过去的建议有本质的区别，而且即使新草案的建议也同以往一切建议一样被束之高阁，这种区别也仍然是一个极其重要的划时代的标志。本质的区别就在于：新草案的"基础"无比广泛，你们从中不仅可以感觉到少数资产阶级的先进理论家和思想家的呼声，而且可以感觉到整个工业家－实践家阶层的呼声。这已经不单单是一些"人道的"官吏和教授的自由主义，这是莫斯科工商业者的土生土长的、本乡本土的自由主义。

列宁：《新罢工法草案》，

《列宁全集》第 6 卷第 394 页。

新罢工法草案不是"国家思想"提出来的，而是厂主们提出来的。这个草案之所以出现，不是因为国家"承认了"公民权利的基本原则（业主和工人之间的资产阶级的"自由与平等"），而是因为废除对罢工者的刑事处分对厂主们有利。现在财政部"自动"

（《解放》第 4 期第 50 页）提出的法律条文以及十分令人信服的论据，早就在俄国文献、甚至在政府委员会的文件中有过了，但是，在厂主开口以前，这一切都被束之高阁，而工人实际上已经向厂主表明了旧法律的荒谬。

列宁：《新罢工法草案》，

《列宁全集》第 6 卷第 399～400 页。

马克思在《比利时的屠杀》里指出，"在那里每一次罢工都马上被人迫不及待地变成公开屠杀工人阶级的借口"，是指 1869 年 4 月在比利时的塞兰和弗腊默里对罢工者的血腥屠杀的详细情形。

在 1869 年 4 月 20 日总委员会会议上，宣读了比利时联合会委员会的代表安斯的详细报告，揭露了这次镇压罢工的情况。马克思受委托代表总委员会起草抗议比利时当局罪行的文告。马克思用英文和法文写成的"告欧洲和美国工人书"，于 1869 年 5 月 4 日在总委员会会议上宣读，总委员会并通过了印发呼吁书的决定。英文呼吁书即成传单《The Belgian Massacres》，法文呼吁书刊载在许多报纸上。

恩格斯在《1889 年鲁尔矿工的罢工》里说，"工人派了一个有名的代表团去见皇帝"，是指罢工矿工三人代表团是经帝国国会某些自由派议员的努力而组成的，这些议员力图不让社会民主党对煤矿工人的影响增加，利用了部分矿工政治觉悟程度不够这一点组成了代表团。代表团于 5 月 14 日为威廉二世所接见。

（五）言论自由权和出版权

1. 言论自由权和出版权是公民的必然权利

言论自由权，是人们发表思想或意见的自由权利。其实质，是表现思想的自由权利。表现思想可以是言论的，也可以是文字的，因而言论自由和出版自由同列，为言论出版自由。表现思想除印刷和出版之外，也包括戏剧、电影、广播、音乐、舞蹈等等。言论自由权和出版自由权，是公民的基本自由权利之一。

1789 年的法国《人权和公民权利宣言》第 11 条规定："自由传达思想和意见是人类最宝贵的权利之一；因此，各个公民都有言论、著述和出版自由，但在法律所规定的情况下，应对滥用此项自由负担责任。"美国宪法第 1 条修正案规定，国会"不得制定剥夺言论自由的法律"。

1948 年的《世界人权宣言》和 1966 年的《公民权利和政治权利国际公约》，对言论和出版自由作出了规定。在我国和其他社会主义国家，宪法和法律对言论和出版自由也作出了明确规定。

言论自由权和出版自由权是通用范畴，资本主义可以用，社会主义也可以用。

范畴的主体性和具体化，要求我们必须区分谁的言论自由权和出版自由权、什么样的言论自由权和出版自由权。在这一点上，资产阶级统治下的思想表达权和人民当家做主下的思想表达权并不是一回事，它们的实质是截然不同的。

对于资本主义的言论自由权和出版自由权及其实施，经典作家进行了深入研究和批判。

马克思在《普鲁士出版法案》和其他文章中，都谈到"出版自由"问题。马克思在第一篇政论文章《评普鲁士最近的书报检查令》中，揭露了弗里德里希－威廉四世所颁布的书报检查令的伪善本质，论述了实行新闻出版自由的必要性，指出普鲁士警察国家及其书报检查立法的目的，不是要保障国家公民在法律面前的平等地位，而是要维护反动势力的利益，把反动统治者的观点和要求提升为法律，以压制广大人民群众的言论自由。因此，这个国家是和人民根本对立的。马克思得出结论说："整治书报检查制度的真正而根本的办法，就是废除书报检查制度"。这里批判的锋芒已经指向整个普鲁士国家。

马克思最先在《莱茵报》上发表的，是《第六届莱茵省议会的辩论》这一组文章中的第一篇《关于新闻出版自由和公布省等级会议辩论情况的辩论》。在这里，马克思已经不是像在评书报检查令的那篇文章中那样，从一般的理论观点出发，而是从具体的政治观点出发来看待新闻出版自由了，已经把新闻出版自由的问题同各个社会等级对这个问题的态度联系起来了。他认为，问题不在于新闻出版自由是否应当存在，而在于新闻出版自由是个别人物的特权还是人民应当享有的权利。马克思还提出了自由报刊应具有人民性，代表人民精神的观点，认为自由报刊是人民精神的洞察一切的慧眼，是人民自我信任的表现，是把个人同国家和世界联结起来的纽带，是人民用来观察自己的一面精神上的镜子。马克思在《〈科隆日报〉第179号的社论》一文中，揭露了该报呼吁政府禁止在报刊上讨论宗教和哲学问题的反动主张，维护了哲学干预现实生活和探讨宗教问题的权利。

马克思在评述《莱比锡总汇报》在普鲁士邦境内被查禁的一组文章中，严厉谴责了普鲁士政府迫害进步报纸的行径，同时热情地支持刚刚崛起的年轻的人民报刊，对它们寄予深切的期望。他指出，人民报刊生活在人民当中，真诚地同情人民的一切希望与忧患、热爱与憎恨、欢乐与痛苦，表达人民的思想和利益，只有通过斗争才能争得自己生存的权利。

列宁在《论诽谤者》里说，"诽谤者先生们特别是在资产阶级报刊上享有充分的自由"，这就一针见血地指出了资产阶级"出版自由"的实质。

苏维埃建立后，列宁在领导经济建设的过程中密切注意思想领域的阶级斗争。他剖析"出版自由"的口号时指出：从中世纪末到19世纪，这个口号反映了资产阶级的进步性，即反映了资产阶级的反封建斗争；在现在的资本主义世界中，出版自由就是收买报纸、制造"舆论"来帮助资产阶级的自由；在处于全世界资产阶级包围之中的俄罗斯联邦提出"出版自由"的口号，就是让资产阶级及其奴仆孟什维克和社会革命党人有建立政治组织和进行反动宣传的自由，因此这是一个政治错误。

在社会主义条件下，人民享有广泛的出版自由。列宁认为苏维埃报刊、政治读物应该大力宣传新事物、研究和总结人民群众建设新生活的经验和成就。列宁写的《论我们报纸的性质》一文批评老一套的政治鼓动在报纸上占的篇幅太多；要求"多谈些经济"，希望报纸搜集、审核和研究新生活建设中的各种事实。列宁认为，革命报刊必须抨击坏人坏事、号召学习好人好事，不能对这些默不作声或者做官样文章、走过场。列宁提出："少发一些书生的议论。多深入生活。多注意工农群众怎样在日常工作中实际地创造新事物。多检查检查，看这些新事物中有多少共产主义成分。"列宁写《一幅说明大问题的小图画》，是为了推荐一本优秀的政治读物——亚·托多尔斯基的《持枪扶犁的一年》。列宁认为这本书好就好在它用实际例子生动地介绍了一年来苏维埃政权建设的工作经验。

普鲁士《国家报》"以它天真的心灵"提醒我们说，普鲁士的情况并不比英国差，我们有等级会议，只要报刊有能力，它是有权对等级会议的辩论情况进行讨论的。因为《国家报》具有伟大的典型的自我意识，它认为普鲁士报纸缺少的不是权利，而是能力。

马克思：《第六届莱茵省议会的辩论（第一篇论文）》，
《马克思恩格斯全集》第 1 卷上册第 144 页。

问题不在于新闻出版自由是否应当存在，因为新闻出版自由向来是存在的。问题在于新闻出版自由是个别人物的特权呢，还是人类精神的特权。问题在于一方面的有权是否应当成为另一方面的无权。问题在于"精神的自由"是否比"反对精神的自由"享有更多的权利。

马克思：《第六届莱茵省议会的辩论（第一篇论文）》，
《马克思恩格斯全集》第 1 卷上册第 167 页。

因为反对任何一种存在的斗争都是这一存在得到认可和这一存在的现实性与力量的最初形式。所以，只有斗争才能不仅使政府，而且使人民、使报刊自己相信报刊具有真正的和必然的存在权利。只有斗争才能表明，这种权利究竟是一种让步还是一种必然，是一种幻觉还是一种真实。

马克思：《〈莱比锡总汇报〉在普鲁士邦境内的查禁》，
《马克思恩格斯全集》第 1 卷上册第 353～354 页。

这个具有公民头脑和市民胸怀的补充因素就是自由报刊。在报刊这个领域内，管理机构和被管理者同样可以批评对方的原则和要求，然而不再是在从属关系的范围内，而是在平等的公民权利范围内进行这种批评。

马克思：《摩泽尔记者的辩护》，
《马克思恩格斯全集》第 1 卷上册第 378 页。

我们并不是说"还有其他的报纸"，而是说所有的旧式德国报纸（我们明确地把《莱茵—摩泽尔日报》也归入其中）都不能靠互相援例来彻底地进行自我辩解，相反，它们有权利互相提出同样的责难。

马克思：《摩泽尔记者的辩护》，
《马克思恩格斯全集》第 1 卷上册第 416 页。

事实上，鲍威尔先生已经指出德国犹太人的妄想：他们在没有任何社会政治生活的国家里要求参与社会政治生活，在只有政治特权的地方要求政治权利。在这方面已经向鲍威尔先生表明，他自己也沉浸在关于"德国政治制度"的"妄想"之中，而且一点也不亚于犹太人。

马克思恩格斯：《神圣家族》，

《马克思恩格斯全集》第 2 卷第 142 页。

在这两次代表会议上讨论了煤矿工人的一切问题，并就比较大规模的罢工的问题做出了决定。为了维护煤矿工人的权利，创办了好几种新的期刊，特别是泰纳河上的新堡创办的"矿工的律师"月刊。

恩格斯：《英国工人阶级状况》，

《马克思恩格斯全集》第 2 卷第 542 页。

其中最老的、最早独立发展的一个支派是威斯特伐里亚社会主义派。由于该派同普鲁士王国的警察进行过无比重要的争吵，由于威斯特伐里亚的进步人物在捍卫发表言论的权利方面表现了热忱，德国公众已经在科伦、特利尔等地的一些报纸上看到了该派的全部历史。

恩格斯：《"真正的社会主义者"》，

《马克思恩格斯全集》第 3 卷第 642 页。

"改革报"保住了法国民主派作为一个独立的党派所具有的荣誉、独立性和力量。它捍卫了处于"国民报"奉行的那种政策威胁之下的革命原则。它奋起捍卫工人阶级的权利，使其不受资产阶级的侵犯。它撕破了这些资产阶级激进派的假面具，这些人企图使人民相信阶级压迫是不存在的。

恩格斯：《"满意的"多数派议员》，

《马克思恩格斯全集》第 4 卷第 437 页。

但是要知道，报刊不仅有权利而且有义务严密地监督人民代表先生们的活动。我们同时指出，茨魏费尔先生在议会里的活动使我们有理由认为，过去说他敌视人民可能是有根据的。难道有人想剥夺报刊评论人民代表的议会活动的权利吗？那末，又何必要报刊呢？

马克思：《法庭对"新莱茵报"的审讯》，

《马克思恩格斯全集》第 5 卷第 203 页。

必须说明招贴的作用，捍卫"街头文学"，特别是捍卫工人享受免费文学的权利，而招贴则是免费文学的一种。不应该对用招贴引起激愤情绪的权利含糊其词，而应该公开地维护这种权利。

恩格斯:《关于招贴法的辩论》,

《马克思恩格斯全集》第 6 卷第 522 页。

在"经济学家"看来,金融市场的紧张状态只不过是增多的商品出口的结果。可是我们也可以同样有权利说,最近这几个月来出口的增加只不过是金融市场困难的必然结果。

马克思:《繁荣。——工人问题》,

《马克思恩格斯全集》第 9 卷第 526 页。

· 新成立的德国政党所提出的纲领自然包括联邦改革、普鲁士的霸权、废除联邦议会有关反对出版和结社权利的决议等。

马克思:《政治评论》,

《马克思恩格斯全集》第 13 卷第 548 页。

当 1885 年党团的多数倾向于投票赞成航运津贴的时候,该报坚决支持反对意见,并且甚至在党团的多数用一道现在连它自己也觉得不能理解的命令禁止该报采取这个方针以后,还是坚持自己这样做的权利。

恩格斯:《给"社会民主党人报"读者的告别信》,

《马克思恩格斯全集》第 22 卷第 90 页。

维也纳的女工报纸可能会在你们那些为妇女报刊撰稿的妇女中间引起很大的不满。她们还处在沙克的强烈影响下,希望有一种特殊的妇女运动,而不希望妇女运动只是成为工人运动的一个方面。而维也纳的这家报纸大力传播的,正是这后一种观点;如果我们的妇女像你所说的那样,毅然行动起来,那末,所谓争取妇女权利的特殊的运动——纯粹是资产阶级的把戏——就会很快退居次要地位。

恩格斯:《致奥古斯特·倍倍尔》,

《马克思恩格斯全集》第 38 卷第 161 页。

我们没有权利把逐渐成为现实的倾向说成既成的事实,况且,例如在英国,这种倾向永远不会彻底变成事实。当这里发生变革时,资产阶级仍然愿意实行种种微小的改革。但是,只有到那时,对制度进行某些微小的改革,才失去任何意义,因为制度本身已在彻底消灭。

恩格斯:《致卡·考茨基》,

《马克思恩格斯全集》第 38 卷第 176 页。

如果李卜克内西在我离开伦敦时给"总汇报"寄去过一份伦敦出现的反对"民主主义者"福格特的传单,那末,他是有充分权利这样做的;因为他知道,这份传单的出版者是一个"民主主义者";"民主主义者"福格特曾亲自邀请他参加他的"民主主义的"宣传，从而，把他看成是跟他本人相等的"民主主义者"。

马克思：《福格特先生》，

《马克思恩格斯全集》第 14 卷上册第 679 页。

如果赫尔姆霍茨有权利用所谓光的折射力、电接触力等等来解释物理现象，那末中世纪的经院哲学家就有同样的权利用热力和冷力来解释温度的变化，从而就用不着对热这个现象作任何进一步的研究了。

恩格斯：《论辩证法》，

《马克思恩格斯全集》第 20 卷第 421 页。

他不应该替别人的文章承担责任，也没有权利把文章的作者说出来。

恩格斯：《致奥古斯特·倍倍尔》，

《马克思恩格斯全集》第 36 卷第 292 页。

此外，关于要写的著作，我只是从您的简单叙述中知道一些，我怀疑我是否有权利作它的合著者而承担一定的道义上的责任。

再说，受既定范围的限制，这一著作会是毫无用处的。半吊子庸人（您准备驳斥这种人的偏见）即使是对我的最有说服力的话，也会根本无动于衷。那些硬说马克思"去世时没有朋友"的人，首先必然认为根本没有我这个人。那我的论断又怎么能发生什么魔力呢？

恩格斯：《致理·施特格曼》，

《马克思恩格斯全集》第 36 卷第 305～306 页。

关于马克思和我在政治著述方面相互信任地进行合作的情况，我没有权利做任何报道，供最后拿去发表。我既不能以马克思的名义，也不能以我本人的名义对整个法国的纲领承担任何责任，因为在起草纲领时，实际上我们至多只能提些建议。

恩格斯：《致盖尔特鲁黛·吉约姆－沙克》，

《马克思恩格斯全集》第 36 卷第 339 页。

作者对于译者来说的国际版权，可以在原著出版后保留三年，但必须是在第一年内确实发表了经作者许可的译本的开头部分。因此，如果瓦尔特夫人的译本不是在对旧版本有重大修改和补充的新的德文版本出版后一年之内出现的（而实际情况未必如此），你就没有任何权利提起控诉。

恩格斯：《致奥古斯特·倍倍尔》，

《马克思恩格斯全集》第 39 卷上册第 136 页。

剩下的问题就是亚·瓦尔特夫人的控诉权问题。她有没有这样的权利，取决于她在出英文第一版时是自己保留了版权，还是正式地或默许地把版权让给了出版者"现代印刷"。这一点应该弄清楚。如果她没有正式为自己保留这种权利，那末按照这里的法律规定，十之八九版权自然已经转到出版者手里，而她也就不再有任何控诉权利。

恩格斯：《致奥·倍倍尔》，

《马克思恩格斯全集》第 39 卷上册第 136 页。

只是狄茨不要再受骗了，像过去为斯捷普尼亚克的事同桑南夏恩打交道时那样，那次他损失了二十五英镑。这笔钱简直是白花了，而且使英国出版者对他们的德国同行的业务能力产生错误的想法。不应该使自己成为这种人的取笑对象；只有善于维护自己的权利，才能使英国人佩服。

恩格斯：《致卡·考茨基》，

《马克思恩格斯全集》第 39 卷上册第 158 页。

事情是这样：根据国际法，要保留翻译权，必须在原著出版后一年之内发表该原著的译文，即使是译文的开头部分；那时，在该国用该种文字进行翻译的权利可保留三年。否则，没有这种权利。根据这一点，无论是豪威耳还是他的出版者都不可能提出任何法律要求。

恩格斯：《致卡·考茨基》，

《马克思恩格斯全集》第 39 卷上册第 158~159 页。

我们这里仅仅作者单方面的同意并不是保证，因为在英国十之八九是出版者说了算，很大一部分版权，包括翻译权在内，都转到出版者手里（例如，在桑南夏恩所有的合同单上业已载明这点），或者专门为出版者保留了提出自己意见的权利。

恩格斯：《致卡·考茨基》，

《马克思恩格斯全集》第 39 卷上册第 173 页。

无论是我给马克思的《雇佣劳动与资本》所写的导言（1891 年），还是上边提到的那些文章，根据伯尔尼协定，版权都归我所有，当它们在参加这一协定的国家里被译成外文出版时，必须征得我的许可。即使在涉及真正的党的事业时稿费问题是次要的，或者根本不起什么作用，但是从事情本身着想，我仍然应当坚持自己的权利，否则，对于那些不称职或不能信任的人译成的东西的发表，我就要担负责任。

恩格斯：《致波·纳·克里切夫斯基》，

《马克思恩格斯全集》第 39 卷上册第 237~238 页。

根据伯尔尼协定，版权都归我所有，要翻译这些作品的任何一篇都须征得我的许可；从事情本身着想，我不得不坚持自己的权利，不允许不称职或其他方面不合格（不能信任的）的人担任翻译；因此，他的首要责任是事先请求我的许可才能进行翻译，他却没有这样做；因此我声明坚决抗议他的做法并保留自己的一切权利。

恩格斯：《致格·瓦·普列汉诺夫》，

《马克思恩格斯全集》第39卷上册第239页。

如果你认为六十分尼和一马克价格的差别不影响销售，那我当然赞成按一马克出版。四百马克的稿酬我给你印数不超过三千册的出版权利，你可以马上着手排印。

恩格斯：《致保·施土姆普弗》，

《马克思恩格斯全集》第39卷上册第386页。

我终于把1842年的老《莱茵报》弄到手了。它一直都呆在柏林图书馆里，我们在柏林的朋友们本来早就应该知道这点，可是一直到现在才发现它。在这件事情上，柏林有一个人比他们办事机灵，他打算出版这个报上发表的摩尔的文章；我们没有权利制止这件事，因为按照德国法律，凡匿名或以笔名发表的作品，如果作者或其他受委托人未事先登记著作权，那末该作品自发表之日起三十年后就成为公共的财产。

恩格斯：《致劳·拉法格》，

《马克思恩格斯全集》第39卷上册第448页。

上帝的公正不允许为了自己的复兴而一举消灭世界，因为对立的本原如今在一定意义上有了权利，有了不以上帝为转移的意志。因此，它逐渐地并且按照一种决定发展阶段的原则通过最后两种潜在力返回。

恩格斯：《谢林和启示》，

《马克思恩格斯全集》第41卷第248页。

这种实证哲学应当是有别于天主教的、有别于英国国教教会的实证哲学。大家都有同样的权利，因为"讲的不是教义，而是事实"，而借助于谢林所喜爱的"自由的"思维，可以把任何东西构造成绝对的东西。伊斯兰教中构造的事实恰恰要比基督教中构造的事实好得多。

恩格斯：《谢林和启示》，

《马克思恩格斯全集》第41卷第265页。

关于《资本论》的美国版，我无可奉告，因为我从未见过，也不知道是个什么样子。那里的人有权翻印我们的作品，这是众所周知的。他们运用这个权利，正说明此事他们有利可图；这是十分可喜的，尽管继承人要蒙受损失。但是，我们本来就应当估计到，在美国的销路大大增加以后，会发生这样的情况。

恩格斯：《致保·拉法格》，

《马克思恩格斯全集》第38卷28页。

为了维护摩尔根的权利，我要给那些剽窃他的著作的人们一点厉害看看，因此我不能让他们抓住我什么差错。

恩格斯：《致保·拉法格》，
《马克思恩格斯全集》第 38 卷 111 页。

"唤起社会舆论"——这种愿望也是一样。是唤起"怀着午睡般的宁静心情寻求理想"的社会的舆论吗？这是民粹派先生们习惯了的活动，他们"10 年、20 年、30 年以至更长时间地"致力于这一活动，而且有了辉煌的成绩。……

"……第二，著作界应享有更多的言论自由和更多的接近人民的机会。"

愿望是好的。"社会"同情这种"理想"。但既然它是怀着午睡般的宁静心情来"寻求"这种理想，既然它最怕扰乱这种宁静，所以……所以它总是慢慢地赶，而且前进得如此聪明，以致一年比一年落后得更远了。民粹派先生们认为这是偶然现象，认为午睡的美梦就要结束，真正的前进即将开始。你们就等着那一天吧！

列宁：《民粹主义的经济内容及其在司徒卢威先生的书中受到的批评》，
《列宁全集》第 1 卷第 351 页。

在马克思和恩格斯看来，哲学没有任何单独存在的权利，它的材料分布在实证科学的各个不同部门。因此，哲学的论证可以理解为哲学前提和其他科学的确定规律的对照 [司徒卢威先生自己也承认，心理学提供的一些原理已使人们不得不拒绝主观主义而接受唯物主义]，或者是运用这个理论的经验。

列宁：《民粹主义的经济内容及其在司徒卢威先生的书中受到的批评》，
《列宁全集》第 1 卷第 379 ~ 380 页。

信仰、言论、集会等等绝对自由（这里似乎应该特别加上罢工自由）。

列宁：《我们党的纲领草案》，
《列宁全集》第 4 卷第 195 页。

工人把工厂事务和工人的需要在法庭上公之于世，就会马上看出，这还不够，因为现在只有报纸和人民集会才能使这些东西真正公开，于是工人就要提出集会自由、言论自由和出版自由的要求。正因为如此，政府才把在俄国设立工业法庭的草案埋葬掉了！

列宁：《论工业法庭》，
《列宁全集》第 4 卷第 249 页。

信仰、言论、出版、集会、罢工和结社的自由不受限制。

列宁：《关于俄国社会民主工党纲领的文献》，
《列宁全集》第 6 卷第 195 页。

首先要求召开人民代表会议。让人民自己在全俄各地选举自己的议员（代表）。让这些议员组成最高会议，由它在俄罗斯建立选举产生的管理机关，使人民摆脱对官吏和警察的农奴制依附，保证人民享有集会自由、言论自由和出版自由的权利！

> 列宁：《社会民主党人要求什么？》，
> 《列宁全集》第 7 卷第 117 页。

经警察当局恩准而开展起来的地方自治运动，斯维亚托波尔克－米尔斯基和政府的半官方刊物的委婉动听的言论，自由派刊物调子的提高，所谓有教养的社会的活跃，这一切都向工人政党提出了极其严重的任务。

> 列宁：《地方自治运动和〈火星报〉的计划》，
> 《列宁全集》第 9 卷第 75 页。

立即废除与人身、言论、出版、结社和集会自由的原则相抵触的法律、制度、规定和命令，并宣布政治大赦。

> 列宁：《资产阶级背叛的头几步》，
> 《列宁全集》第 10 卷第 279 页。

这个时期，无产阶级在自己的劳动条件上争得了许多改善。而农民群众争得的，是地主的专横"收敛"了，地租和地价降低了。整个俄国争得了相当程度的集会、言论和结社自由，使专制政府公开放弃了老一套做法，承认了立宪。

> 列宁：《革命和反革命》，
> 《列宁全集》第 16 卷第 111～112 页。

而瑞典工人作为社会党人，只有在一贯地、彻底地、经常地反对瑞典政府而拥护挪威分离自由的情况下，才有权利和有可能在类似的场合进行反对分离的宣传。否则，挪威工人和挪威人民就不相信而且也不能相信瑞典工人的劝告是诚恳的。

> 列宁：《论面目全非的马克思主义和"帝国主义经济主义"》，
> 《列宁全集》第 28 卷第 149 页。

这是从造谣诬蔑、肮脏诽谤、鼓吹大暴行的逆流中冲出来的正直呼声。的确，每一个公民都有权利而且有义务要求调查任何一件有社会意义的事实。

这是正直的人们（不是大暴行制造者）所采取的正当的办法。

> 列宁：《诽谤者大合唱中的正直呼声》，
> 《列宁全集》第 29 卷第 233 页。

为什么我们工人和农民要承认这种神圣的权利呢？这种刊登不真实的消息的"权利"比占有农奴的"权利"好在什么地方呢？

列宁：《怎样保证立宪会议的成功》，
《列宁全集》第 32 卷第 230 页。

不论在报刊上或者在口头上，我从来没有看到也没有听到布尔什维克发表过关于我们不应当单独夺取政权的声明。我仍然坚持这样的观点：任何政党，特别是先进阶级的政党，如果在可能取得政权的时候拒绝夺取政权，那它就没有权利存在下去，就不配称为政党，就任何意义上来说都是渺小的无用之辈。

列宁：《布尔什维克能保持国家政权吗?》，
《列宁全集》第 32 卷第 283 页。

恩格斯在《致波·纳·克里切夫斯基》里提到的"伯尔尼协定"，是大不列颠、德国、法国和意大利以及其他一些国家，为了保护文艺作品的版权于 1886 年 9 月 9 日在伯尔尼签订的。

恩格斯在《致劳·拉法格》里说，"他打算出版这个报上发表的摩尔的文章"，指马克思以下这几篇文章：《第六届莱茵省议会的辩论。关于出版自由和公布等级会议记录的辩论》《第六届莱茵省议会的辩论。关于林木盗窃法的辩论》《摩塞尔记者的辩护》。恩格斯曾打算重新出版这几篇文章，但这个愿望在他生前未能实现。

2. 对言论自由权和出版权的限制或取缔

在资本主义国家，法律限制的言论自由权和出版权的范围是：①煽动暴乱或危害公共安全；②扰乱公共秩序，破坏他人正常生活；③诽谤、侮辱他人；④猥亵性语言和淫秽刊物；⑤泄露国家机密；⑥因职业关系如现役军人或犯罪服狱的人，言论和出版自由得特别限制；⑦侵犯他人私生活。

我国宪法规定："中华人民共和国有言论、出版、集会、结社、游行、示威的自由。"对于言论自由的法律限制性规定，主要体现在 1982 年宪法第 38、41、51、54 条和 1997 年修订的《中华人民共和国刑法》有关条款中。根据宪法和刑法的规定，对于进行危害国家安全的宣传、煽动或对他人进行诽谤、侮辱或诬告陷害则构成犯罪。

检查令禁止作者怀疑个别人或整个阶级的思想，但是同时它又允许书报检查官把全体公民分成可疑的和不可疑的两种，分成善意的和恶意的两种。新闻出版被剥夺了批评的权利，可是批评却成了政府批评家的日常责任。

马克思：《评普鲁士最近的书报检查令》，
《马克思恩格斯全集》第 1 卷上册第 122 页。

"如果书报检查能按照这些根据 1819 年 10 月 18 日书报检查法令的精神制定的指令来实行，这将为合乎礼貌的、公正的公众言论提供足够的活动场所；并能期望，这将引起人们对祖国利益的更大关注，从而增强他们的民族感情。"

根据这些指令办事，就能为合乎礼貌的，即书报检查认为是合乎礼貌的公众言论提供非常足够的活动场所，这一点我们是承认的；"活动场所"这个词选得十分恰当，因为这种场所是为以玩把戏为乐事的报刊预备的。但公正的公众言论是否能得到这种活动场所，公正是否能找到容身之地，那就只有让有洞察力的读者去判断了。

> 马克思：《评普鲁士最近的书报检查令》，
> 《马克思恩格斯全集》第1卷上册第125页。

检查令是非常讲求实际的，它不会满足于希望和善良的愿望。善意的检查令赋于报刊一种在今后改善自己状况的希望作为新的优待，但同时它却剥夺了报刊目前享有的权利。

> 马克思：《评普鲁士最近的书报检查令》，
> 《马克思恩格斯全集》第1卷上册第126页。

如果书报检查官的专横（承认独断意见的权利就是承认专横的权利）是被巧妙地伪装成客观规定的逻辑结论，那么检查令则完全有意识地表现了无条件享有信任的总督府的专横，而这种对总督的信任就是报刊的最后保证。

> 马克思：《评普鲁士最近的书报检查令》，
> 《马克思恩格斯全集》第1卷上册第133页。

"他认为，这里会议上能进行自由讨论并且不必小心翼翼地斟酌每一个字眼，这是合乎希望的，同样，他也认为，为了保持这种言论自由和发言的不受拘束，必须使我们的言论在目前只由应该听到这些言论的人来评判。"

辩论人最后说，正因为在我们会议中进行自由讨论是合乎希望的（只要谈的是我们，哪些自由是我们所不期望的呢？），所以在省里进行自由讨论就是极不合乎希望的。由于我们希望不受拘束地讲话，所以我们更希望对省严守秘密。我们的言论不是为省发表的。

> 马克思：《第六届莱茵省议会的辩论（第一篇论文）》，
> 《马克思恩格斯全集》第1卷上册第158页。

如果对精神事物的理解是个人的，那么，一种思想观点有什么权利高于另一种思想观点，书报检查官的意见有什么权利高于作者的意见呢？

> 马克思：《第六届莱茵省议会的辩论（第一篇论文）》，
> 《马克思恩格斯全集》第1卷上册第179~180页。

我们这位辩论人从"私人"利益出发，害怕新闻出版自由。他没有想到，书报检查制度是对私人权利，尤其是对思想的一种经常的侵犯。

> 马克思：《第六届莱茵省议会的辩论（第一篇论文）》，
> 《马克思恩格斯全集》第1卷上册第183页。

如果说当局的措施能造成不自由的报刊，那么与此相反，在报刊普遍没有自由的情况下，当局却无力保证尽量坦率而公开地讨论一些专门的问题，因为即使报纸的各个栏目中充满了讨论某些个别事情的坦率的言论，这些言论也不可能引起普遍的关注，因而也就不可能具有真正的公开性。

马克思：《摩泽尔记者的辩护》，

《马克思恩格斯全集》第 1 卷上册第 381 页。

我们的目标不可能是对这些特殊条件进行哪怕只是接近于全面的描述；如果这样做，那就意味着试图描述自 1830 年以来与摩泽尔河沿岸地区有关的当代史。我们认为，只要证明一切形式的坦率而公开的言论都受到特别的阻挠，我们的任务就算完成了，不管发表这种言论的形式是口头的，还是书面的，是没有经过书报检查而刊行的，还是经过书报检查而刊行的。

马克思：《摩泽尔记者的辩护》，

《马克思恩格斯全集》第 1 卷上册第 385 页。

萨克森人现在一定会知道，他们也像其他一切德国人一样处在军阀统治之下；他们一定会知道，尽管他们有宪法、自由主义的法律、自由主义的警报检查制度和国王的自由主义言论，但是在他们这个小国家中实际存在的不过是军法而已。

马克思：《最近发生的莱比锡大屠杀。——德国工人运动》，

《马克思恩格斯全集》第 2 卷第 628 页。

他为了换换花样，又把自由看作是"自我解放"："这就是说，我能享有多少自由，这要看我根据我的独自性需要给我创造多少自由"；而在这里所有的思想家特别是德国的思想家向来说成是自我规定的自由，又是作为独自性出现的。桑乔用"山羊"的例子向我们说明这一点，他说，"给山羊以言论自由"，对山羊说来没有任何"用处"（第 220 页）。他在这里所谓的独自性就是自我解放这个观念是多么庸俗浅薄，我们只要从他一再重复关于钦赐的自由、释放、自我解放等等陈词滥调这一点上就可以看出来了（第 220 、221 页）。

马克思恩格斯：《德意志意识形态》，

《马克思恩格斯全集》第 3 卷第 354 页。

卡贝在自己的"伊加利亚旅行记"第 12 章和第 13 章中十分零乱地援引了一些新旧权威人士所发表的有利于共产主义的言论。他的目的决不在于描绘整个的历史运动。对法国资产者来说，共产主义是某种可疑的人物。

马克思恩格斯：《德意志意识形态》，

《马克思恩格斯全集》第 3 卷第 616 页。

连续两个星期每天晚上都有几万人聚集在街头；他们受到最卑劣的待遇；他们已经完全准备好以武力回答武力，但是他们忍耐住了，没有让政府从他们那里找到颁布箝制言论自由的新法律的借口。

恩格斯：《法国的改革运动》，

《马克思恩格斯全集》第4卷第401页。

大家知道，七月革命后不久，胜利的资产阶级在九月法令中规定（大概也是为了"人性"）"唆使各阶级的居民互相反对"为最大的政治罪行，违者囚禁，课以罚金等等。其次，大家知道，英国资产阶级的机关报也放弃其他一切告密形式而宁愿责难宪章派的领袖和共和主义者唆使一些阶级的居民去反对另一些阶级的居民。甚至大家也知道，德国的作家们就是因为唆使各阶级的居民互相反对而被活活埋葬在城堡中的。

马克思：《道德化的批评和批评化的道德》，

《马克思恩格斯全集》第4卷第345页。

第1条"对议会议员的投票或以议员资格发表的言论和意见，不得以任何方式追究责任。"

修正："删去第一行的'言论'两字。"

理由："议员有权自由发表自己的意见就够了。'言论'还可能包含有对荣誉的侮辱，这种侮辱给了被侮辱者提出民事诉讼的权利。使议员免受这种申诉，我觉得是同议会的声誉相抵触的。"

议员根本用不着发表任何意见，他们只要跺脚和投票就够了。真的，为什么不把"意见"这两个字也勾去呢？要知道，意见必须用"言论"来表达，甚至还可能用"侮辱荣誉的"言论来表达。此外，甚至在"意见"中也可能"包含有"侮辱荣誉的意见。

马克思恩格斯：《施图普的修正案》，

《马克思恩格斯全集》第5卷第106页。

晚上安内克被审问了半小时。他之所以被捕，似乎是由于他在居尔策尼希最近的一次集会上发表了煽动性的演说。Code pénal〔刑法典〕第102条所提到的公开演说，是指那些直接号召谋叛皇帝和皇族的言论，或旨在号召用内战，即非法使用武力、公开进行杀戮或掠夺来破坏国家安宁的言论。普鲁士的术语"煽动不满"未见于该法典。由于无法运用普鲁士的法律，所以在司法上完全不容许运用第102条的场合，也都要暂时采用第102条了。

马克思恩格斯：《逮捕》，

《马克思恩格斯全集》第5卷第191页。

官僚机构曾经在自己和公众之间建立过一座像中国的万里长城那样的长城吗？在这一条文的保护下，官员们和代表们也和立宪君主一样不可侵犯了。这些先生可以随心所欲地

干那些"引起公民对他们轻视和憎恨"的事情，但是你要想不被剥夺公民权、不被监禁和
罚款，就决不能谈论、记述和发表这些事情。受第367、368和370条束缚的出版自由和
言论自由万岁！别人把你非法地监禁在狱中。报刊揭露了这种不法行为。结果：在"法庭
审讯""诬蔑"那位有不法行为的可敬的官员的案件时，这次揭露便得到应有的"胜
利"，——竟有这样的奇迹：今天才发生的不法行为，昨天法庭已作了判决。

马克思：《法庭对"新莱茵报"的审讯》，

《马克思恩格斯全集》第5卷第231～232页。

根据刑法典这几条的规定，把关于要取消"3月19日革命的成果，取消俱乐部，取
消出版自由"的传闻叫做诬蔑，真是荒唐！似乎用刑法典第367、368和370条来对付政
治演说和著作并不是实际上最后地取消3月19日革命的成果，取消俱乐部和出版自由！
没有言论自由，俱乐部成了什么东西呢？有了刑法典第367、368和370条，言论自由又
成了什么呢？没有俱乐部和言论自由，3月19日革命的成果又成了什么呢？难道压制言论
自由和出版自由实际上不就是最令人信服地证明了，只有诬蔑者才能空谈做这种事情的意
图吗？

马克思：《法庭对"新莱茵报"的审讯》，

《马克思恩格斯全集》第5卷第232页。

神圣同盟和它的决非神圣的行动，在卡尔斯巴德、来巴赫、维罗那等地召开的强盗式
的代表会议，俄德对一切自由言论的追究，——也就是俄国从1815年以来所执行的全部
政策。

马克思恩格斯：《俄国的照会》，

《马克思恩格斯全集》第5卷第343页。

在那些构成把拉萨尔送交陪审法庭审判的理由的情节中，同样也有这篇在诺伊斯发表
的演说。高等法院指出，拉萨尔在这篇演说中"号召武装反对政府当局"（构成第八十
七、九十一、一○二各条所指的罪行）。

可见，为了同一篇演说，拉萨尔既被送交陪审法庭审判，又被送交违警法庭审判。如
果陪审员把他开释，他还要受到违警法庭的审判。如果违警法庭不审判他，那他无论如何
还要受到审前羁押，直到违警法庭判他无罪为止。总之，不论陪审员如何判决，拉萨尔总
是得不到自由的，而普鲁士国家也就得救了。

马克思恩格斯：《拉萨尔》，

《马克思恩格斯全集》第6卷第319～320页。

依照普鲁士法，侮辱陛下的最重惩罚在此以前是两年监狱监禁或要塞监禁，而对陛下
表示不敬的最重惩罚则是一年监狱监禁或要塞监禁（普鲁士公法第二篇第二○章第一九
九、二○○节）。

可是，这些条文对于"强大的普鲁士王权"的君主感情来说，似乎还不是充分的保障。还在 1847 年提交给联合委员会的"普鲁士各邦刑事立法草案"中就已经规定，"凡蓄意通过语言、文字或以图画等形式对国王的名誉表示任何侮辱者（第一〇一节），罚苦役六个月至五年"；可是，"凡本身虽不能算作侮辱国王、但有失下应有之尊敬的言论或行为"（第一〇二节），处以六星期至一年的徒刑。在官方关于这个草案的说明中指出，虽然萨克森等级会议（对 1843 年的类似草案）建议在"表示不敬"之前加上"蓄意"二字，使这种说法的含义精确，以免那些"决无对国王表示不敬之意图"的言论和行为受制于这条法律，但是，据说政府必定会拒绝加上"蓄意"二字，因为这会"抹杀侮辱陛下和表示不敬之间的差别"，因为"蓄意"表示"不敬"应该定罪为"侮辱"。

马克思恩格斯：《霍亨索伦王朝的出版法案》，
《马克思恩格斯全集》第 6 卷第 435 页。

谁都知道，这位出生于霍亨索伦家族的藩臣 [Unterknäs]，按照神圣同盟的意图，全力去巩固贵族、官僚、军阀的统治，用蛮横的暴力——不仅在普鲁士，而且在全德意志——把言论自由消灭得干干净净，绝不让"顺民的有限理智"对政府起一丝一毫的影响。

马克思：《霍亨索伦王朝的丰功伟绩》，
《马克思恩格斯全集》第 6 卷第 574 页。

多数派则把自己的议会专制提升为法律。这个多数派发布了新的议会规章，借以消灭讲坛上的言论自由，并授权国民议会议长用各种惩戒手段，如提出谴责、科以罚金、停发薪金、暂时逐出会场、逮捕等手段，来惩罚议员违反规则的行为。这个多数派在山岳党的躯干上悬挂的不是什么刀剑，而是一根鞭子。

马克思：《1848 年至 1850 年的法兰西阶级斗争》，
《马克思恩格斯全集》第 7 卷第 81 页。

国民议会在 6 月、7 月和 8 月间的全部立法活动，都充满着各种镇压法律，这些法律授予了政府以宣布戒严的权利，更紧地勒住了报刊的喉头，并消灭了结社权。

马克思：《1848 年至 1850 年的法兰西阶级斗争》，
《马克思恩格斯全》第 7 卷第 82 页。

1850 年 7 月 23 日的法律增加了保证金的数额和扩大了有关一切周报、杂志和其他期刊等等的法律的有效范围。此外，这项法律要求每篇文章都要有作者的署名，并且重新规定向报纸征收印花税。不仅如此，这项法律还规定向报纸登载的小说、纯文艺性的报刊作品征收印花税；如不遵行上述的一切规定，按照法律，便有受到巨额罚金的处分的危险。自从上述的法律颁布以后，革命报刊完全绝迹了。每一周总有一家报纸或一本小册子成为法庭迫害的对象，遭受罚款和查禁，为了反对这些迫害，革命报刊进行了长期的斗争。资产阶级要在陪审法庭上来消灭工人的报纸。

这种制度在 1850 年 7 月 30 日的恢复剧本检查的法律中达到了顶点。这样，言论自由便从它的最后的文学掩避所中被驱逐出来了。

马克思：《1848 年 11 月 4 日通过的法兰西共和国宪法》，

《马克思恩格斯全集》第 7 卷第 581 页。

至于"议员的不受侵犯性"和他的"发表意见的自由"，国民议会的多数在 6 月 13 日以后通过了一项新的规章，决定国民议会议长有权谴责议员，处以罚款，剥夺他的薪金和暂时把他驱逐出会场，——这样一来，也就最后消灭了"言论自由"。

马克思：《1848 年 11 月 4 日通过的法兰西共和国宪法》，

《马克思恩格斯全集》第 7 卷第 584 页。

从 1848—1849 年革命失败以来，无产阶级政党在大陆上失去了在这个短短时期中例外地享有的东西：报刊、言论自由和结社权，换句话说，失去了党组织的种种合法手段。

马克思：《揭露科伦共产党人案件》，

《马克思恩格斯全集》第 8 卷第 521 页。

"共产主义者同盟"并不是一个阴谋家团体，而是一个秘密地进行组织无产阶级政党的团体，因为德国无产阶级被公开地剥夺了 igni et aqua〔必需的生活条件〕，被剥夺了出版、言论和结社的自由。如果这样的团体也进行秘密活动，那末，这只有在蒸汽和电进行反对 status quo 的秘密活动的意义上才会发生。

马克思：《揭露科伦共产党人案件》，

《马克思恩格斯全集》第 8 卷第 522 页。

这个俱乐部曾经派出一个代表团去见内务大臣，指责马德里总督萨加斯蒂先生侵犯了出版自由和集会的权利，要求把他撤职。桑塔－克鲁斯先生答复说，他不能指责一个国家官员采取了内阁所认可的措施。结果掀起了一场大风波；但是国民自卫军占据了宪法广场，事情因而也平息下来。

马克思：《西班牙的反动》，

《马克思恩格斯全集》第 10 卷第 513 页。

政府的一个四等文官被捕是因为印行了关于财政危机的传单；有一个裁缝被捕是因为打听了自己几个朋友是否真的像他所听说的那样遭到逮捕；最后，有一个工人被捕是因为跟自己一个当宪兵的同乡谈到食品价格昂贵，而宪兵把工人的话说成是反对政府的言论。

鉴于这一切事实，法国的商业和工业恐怕很难避免崩溃，这种崩溃将引起比较严重的政治事件，并且将不仅对欧洲的而且对美洲的信贷与商务的稳定性发生最严重的影响。

马克思：《法国的经济危机》，

《马克思恩格斯全集》第 12 卷第 85～86 页。

当波拿巴以这种虚伪而又傲慢的语调同英国政府秘密通信时，"通报"竟肆无忌惮地对英国人民横加侮辱，并且发表了塞巴斯提昂尼上校的官方报告，报告中对驻埃及的英军进行了极端侮辱性的责难。1803年2月5日，法国驻泽稷岛 commissaire de relation commerciale〔商务委员〕尽管没有任何官方权力，却蛮横地埋怨一些印刷商从伦敦报纸上转载了一段侮辱波拿巴的章节，并且威胁说，如果不取缔这类阴谋，波拿巴一定会对泽稷岛进行报复。……

波拿巴列举了一些似乎是他从英国方面受到的挑衅。

"他谈到了英国报刊对他的侮辱，但是他说，他对此并不像对伦敦出版的法文报纸上发表的东西那样注意。他认为后者包藏着更大得多的祸心，因为法文报纸的目的是要鼓动他的国家反对他本人和他的政府。他抱怨不该对若尔日及其同伙加以庇护。……为了保持和平，必须遵守亚眠和约。如果不彻底制止报刊上的侮辱言论，至少也应当加以限制，而且仅限于对英国报纸，同时必须禁止对他的极凶恶的敌人进行如此公开的庇护。"

2月21日，贝尔蒂埃在埃伦伯勒勋爵和特别指定的陪审官面前受审，他的罪名是发表诽谤波拿巴的文章和"唆使法国人民谋刺自己的元首"。

马克思：《伦敦的法国人审判案》，

《马克思恩格斯全集》第12卷第461~462页。

1803年初，拿破仑曾着手整顿英国议会的程序和限制议会议员的言论自由。他在自己的"通报"上直接影射前任大臣温德姆先生、格伦维耳勋爵和敏托勋爵说：

"禁止前任大臣在辞职后七年之内担任英国议会议员的法律，是一条爱国的明智的法律。另外一条对侮辱友好人民及其政府的任何议员剥夺两年发言权的法律，也是明智的法律。舌头犯了罪，舌头就应当受惩罚。"

马克思：《伦敦的法国人审判案》，

《马克思恩格斯全集》第12卷第460~461页。

除了正派的或自命正派的首都报纸以外，还有不正派的报纸。这种报纸完全听命于自己的政治后台老板，这些人根本无所谓文化界地位问题的约束，随时准备着利用自己特有的言论自由来发财，并竭力抓紧一切机会在公众眼前显示自己是勇敢精神的唯一体现者。

马克思：《布尔韦尔－利顿夫人的囚禁》，

《马克思恩格斯全集》第12卷第563页。

伦敦"泰晤士报"——不知还有什么能更有力地表明这个心地宽宏的报纸的特色——今天向华盛顿政府告发了温德耳·菲力浦斯在阿宾顿的演说。"泰晤士报"认为这篇演说是"滥用"言论自由。

它说："简直不可能做出比这更放肆的事情。无论在哪一个国家里，凡是头脑正常并且稍微重视自己的生命或自由的人，都不会在内战时期说出这样疯狂的话。读了这篇演说不能不得出这个结论：演说者是诚心要政府来检举他。"

看来，"泰晤士报"是不顾自己对联邦政府的痛恨——也许正是由于这种痛恨——很乐意来充当检察官的角色的！

马克思：《美国废奴派的示威》，
《马克思恩格斯全集》第 15 卷第 563～564 页。

全德国都效法了福格尔·冯·法尔肯施坦的先例，而俾斯麦在外交通告中却采取了一种侮辱欧洲的手法，把自己装扮成维护法国主和派的言论自由、出版自由和集会自由的义愤填膺的卫士。正当他要求法国要有一个自由选举的国民议会的时候，在德国本国他却因为倍倍尔和李卜克内西曾在德国国会中代表国际发言反对过他而下令把他们关进监狱，以便在即将举行的普选中阻止他们再度当选。

马克思：《总委员会向在海牙举行的国际工人协会第五次年度大会的报告》，
《马克思恩格斯全集》第 18 卷第 147 页。

在 1848 年 6 月和 1851 年 12 月的失败以后，接着就是波拿巴帝国的 18 年统治，在此期间，出版受到限制，集会和结社的权利被剥夺，工人阶级从而失去了互相联系和组织起来的一切手段。

恩格斯：《一八七七年的欧洲工人》，
《马克思恩格斯全集》第 19 卷第 151 页。

在今天的《科伦日报》上公布了一项在上月份发给所有总督的王室内阁法令，全文如下：

"……我所关心的是，高尚的、忠诚的、值得尊崇的思想不论在什么地方出现，都能享受充分的言论自由，而且为了真理，尽可能缩小对社会舆论的限制。我越关心这些，就越要毫不容情地把利用撒谎和迷惑作武器的这种风气刹住，使言论自由不致因这种风气的蔓延而失去其成果和裨益。"

……如果那些即使在编辑部极其谨慎的情况下也总是难免会报道的不真实的或被歪曲的事实可以由官方来源得到更正，那么每一家忠诚的报纸只会把上述法令看作是政府方面的一个巨大支持。政府通过这些官方说明不但为定期报刊保证了事实材料的一定历史正确性，而且更重要的是，它通过同报刊的积极合作承认了报刊的巨大意义，而这种积极合作则把通过查封、关闭和检查来实现的那种消极合作限制在越来越小的范围。

马克思：《关于定期报刊的内阁法令》，
《马克思恩格斯全集》第 40 卷第 312～313 页。

我始终坚信，我对这一节的谴责，并不像这一节所说的那样，是"蛮横、无礼地"，而是像书报检查令所说的那样，"有礼貌地和善意地"。书报检查令毕竟承认了这种引起不满的权利是合法的，而且，值得普鲁士人民引以自豪的是，从那时起为了唤起人们的不满和愤怒,凡能做到的都做了。

恩格斯:《普鲁士出版法批判》,

《马克思恩格斯全集》第 41 卷第 330 页。

你们以前的不满可多了,是吗?波林先生冷笑着回答,并且趁此机会大谈手工业者联合会,罢工等等,大谈它们给工人带来的贫困,——对此代表团的一位成员指出,工人决不愿意让人把他们的权利一点一点地夺走,例如就像现在要他们做的那样,每年白干 144 小时。——沙普斯先生说,也应该算一下,游行参加者由于那天没干活所造成的损失,如罢工的花费、罢工者的工资损失等等。——代表团的一位成员说:这是我们自己的事,我们并不要求您为这件事从您的口袋里掏一文钱。

恩格斯:《对英国工人阶级状况的补充评述》,

《马克思恩格斯全集》第 42 卷第 289 页。

资本家和土地占有者举行全俄代表大会,讨论自己的事情,寻求对本阶级有利的各种措施,代表所有贵族地主代表"全俄商界"请求发布新法令,修改旧法令。他们可以在报上讨论自己的事情,因为不管政府怎样通过自己的书报检查箝制言论,但是剥夺有产阶级讨论自己事情的权利,那它是连想也不敢想的。

列宁:《党纲说明》,

《列宁全集》第 2 卷第 84 页。

俄国工人阶级即使得不到其他任何阶级的帮助,也能单独进行经济斗争和政治斗争。但是在政治斗争中工人并不是孤立的。人民毫无权利,强盗官吏横行霸道,也激怒了一切对限制言论自由和思想自由的行为不能容忍的比较正直的知识界人士,激怒了受迫害的波兰人、芬兰人、犹太人和俄国的教派信徒,激怒了受官吏和警察欺压而又无处投诉的小商人、小企业主和小农。

列宁:《我们的纲领》,

《列宁全集》第 4 卷第 163 页。

正因为那些正在被毁掉的革命运动的参加者是沙皇心中所珍视的,所以沙皇才马上许下诺言,要严厉杜绝一切脱离社会生活常规的现象,也就是要对自由言论、工人罢工和人民游行示威进行疯狂的迫害。

列宁:《专制制度在动摇中……》,

《列宁全集》第 7 卷第 106 页。

我们要求立即无条件从法律上承认集会自由、出版自由,要求大赦一切"政治犯"和一切教派信徒。只要这点做不到,任何关于宽容异教、关于信教自由的言词就始终是一种毫无价值的儿戏和卑鄙的谎言。只要不宣布集会自由、言论自由和出版自由,对非官方的信仰、非官方的意见和非官方的学说横加迫害的可耻的俄国式暴虐就不会消失。

列宁：《专制制度在动摇中……》，

《列宁全集》第 7 卷第 107 页。

没有官吏的许可，人民不能开会，也不能出书办报！这难道不是农奴制依附吗？既然不能自由开会，不能自由出书，又怎么去管束官吏和富人呢？自然，任何真实反映人民疾苦的书籍和言论，官吏都要禁止。

列宁：《告贫苦农民》，

《列宁全集》第 7 卷第 146 页。

请愿书的作者伤心地说："压制个人和社会，压制言论和种种横行霸道的事层出不穷，愈来愈多"，但是对策却提不出来。在同沙皇"协商中"横行霸道的事愈来愈多，也是在同沙皇协商中"革新"国家制度……资产阶级的代表人物死抱住"协商"论不放，当然不是由人民，而是由资产阶级同人民的压迫者"协商"。

列宁：《资产阶级背叛的头几步》，

《列宁全集》第 10 卷第 278 页。

沙皇与人民的一致就是沙皇与地主、资本家，再加上一小撮富裕农民的一致，在所有选举都要服从警察局的严格监视的条件下的一致。根本谈不上言论、出版、集会、结社的自由，而没有这种自由，选举纯粹是一出滑稽剧。

列宁：《"沙皇与人民和人民与沙皇的一致"》，

《列宁全集》第 11 卷第 174 页。

俄国人民取得了最初的一点点立宪主义的教训。只要还没有实际争得人民专制，还没有充分的言论、出版、集会、结社的自由，还没有能保障人身不受侵犯的公民武装，任何人民代表选举法都是一文不值的。

列宁：《"沙皇与人民和人民与沙皇的一致"》，

《列宁全集》第 11 卷第 176 页。

自由派资产者也不能不看到，沙皇的宣言只是一些空话，一些诺言。现在谁还只是相信诺言呢？当监狱里仍然关满所谓政治犯，书报检查制度还在继续执行的时候，这些关于人身不可侵犯和言论自由的空话难道不是笑话吗？

列宁：《革命第一个回合的胜利》，

《列宁全集》第 12 卷第 29 页。

必须立即切实地、有保证地真正废除一切限制言论、信仰、集会、出版、结社、罢工的自由的法律，取消一切限制这种自由的机构。

> 列宁:《我们的任务和工人代表苏维埃》,
> 《列宁全集》第 12 卷第 60 页。

资产阶级个人主义者先生们,我们应当告诉你们,你们那些关于绝对自由的言论不过是一种伪善而已。在以金钱势力为基础的社会中,在广大劳动者一贫如洗而一小撮富人过着寄生生活的社会中,不可能有实际的和真正的"自由"。作家先生,你能离开你的资产阶级出版家而自由吗?

> 列宁:《党的组织和党的出版物》,
> 《列宁全集》第 12 卷第 96 页。

演讲人不仅以无产阶级的真正代表的魄力痛斥了大暴行制造者的政府,不仅把政府的代表称为"人民的敌人"(立宪民主党杜马的主席限制言论自由的新尝试引起了极左派正当的抗议),而且在演说结束时还提出了杜马与人民的关系这个总的问题。

> 列宁:《杜马和人民》,
> 《列宁全集》第 13 卷第 215 页。

在那里(在纲领中,伊兹哥耶夫先生!),比如说,有言论自由,集会自由,有许多好东西。但是,这并不妨碍立宪民主党人去制定既反对言论自由,也反对集会自由和反对其他好东西的苦役法案。

> 列宁:《报刊评论》,
> 《列宁全集》第 13 卷第 283 页。

《有何吩咐报》(这是通常对《新时报》的叫法)转载了它的尊敬的同行《彼得堡新闻》的一篇来自伊万诺沃－沃兹涅先斯克省的通讯。

这家报纸的通讯说:"在我们这个工厂城,街头巷尾听到的都是脏话,听不到人的言语。工厂的工人骂骂咧咧;马车夫、衣冠楚楚的人和执行公务的巡警也都满口不干不净。"

《新时报》对于这种风气评论说:

"这是一座幸运的工人城市,在那里实现了社会民主党人的最大胆的愿望,即没有任何束缚的言论自由。"

这种下流的中伤手段不是也能给人很大教益吗?效忠政府的报纸的编辑先生们,谁不知道正是那些最亲近政府的第三届杜马中的右派政党"实现了"说脏话的言论自由呢?谁不知道,普利什凯维奇、马尔柯夫先生之流和他们的同伙因此而名扬全国呢?

> 列宁:《俄国的"言论自由"》,
> 《列宁全集》第 21 卷第 436 页。

马克思的《评普鲁士最近的书报检查令》,是马克思写的第一篇政论文章,从此他作为革命民主主义者开始了政治活动。这篇文章中评论的是普鲁士政府于 1841 年 12 月 24

日颁布的新书报检查令。

普鲁士政府在 1819 年曾经颁布过关于实行书报检查的法令。1830 年七月革命后又增加了一些新的书报检查措施。1840 年以后，普鲁士自由主义反对派对新闻出版自由的要求日益强烈，为了适应政治形势的变化，普鲁士政府颁布了新的书报检查令。这项新法令，使自由主义者产生了不切实际的幻想，以为新闻出版自由的新时代即将到来。然而新的书报检查令只是表面上不限制作家的写作活动，实际上它不仅保存而且还加强了反动的普鲁士书报检查制度。马克思写这篇文章的目的，就在于从政治上分析新闻出版自由的必要性和普鲁士书报检查立法的性质，从而揭露新的书报检查令的虚伪性。

新的书报检查法令，是 1841 年 12 月 10 日由普鲁士国王弗里德里希·威廉四世下令起草、12 月 24 日颁布的，由负责书报检查的内务与警务大臣，宗教事务、教育与卫生大臣以及外交大臣三人联名签署，于 1841 年 12 月 27 日首次在政府通报上公布。1842 年 1 月上半月，普鲁士各家报纸相继登载了这一法令。

1819 年 10 月 18 日书报检查法令，即《关于应如何根据德意志联邦今年 9 月 20 日决议实行印刷品的书报检查的决定。自 1819 年 10 月 18 日起为期五年》。

1819 年书报检查法令第 16 条第 2 款规定："如果某一作品的内容本身是违法的，那么除此以外还要由法庭作出合乎法律的惩罚。在此，我们申明，如果在国内对邦的法律和命令进行放肆而无礼的指责和嘲讽，那就不仅仅是引起不快和不满的问题，而且由于发表这种违法的言论本身应判处六个月至两年监狱监禁或要塞监禁。"

马克思在《道德化的批评和批评化的道德》里，引用"'唆使各阶级的居民互相反对'为最大的政治罪行，违者囚禁，课以罚金等等"，指 1835 年 9 月法国政府颁布的反动法令。该法令限制陪审法庭的活动，并采取了严厉措施对付出版物。在出版方面规定增加期刊的押金，如果发表反对私有制和现行国家制度的言论则处以囚禁和课以巨额罚金。

马克思在《1848 年 11 月 4 日通过的法兰西共和国宪法》里，说"1850 年 7 月 23 日的法律增加了保证金的数额和扩大了有关一切周报、杂志和其他期刊等等的法律的有效范围"，是根据法国在 1819 年就通过的出版法，出版物登记时，保证金的多寡则取决于它的出版期数和出版地点，保证金最高的是每周出版 3 期以上、在巴黎及其附近 3 个省出版的刊物。1850 年 7 月 23 日的法律，把这种最高保证金又扩大到在里昂和位于这个城市周围的罗纳省出版的刊物。

二、经济权利

经济权利是法学理论的重要范畴。

经典作家提出和使用了"经济权利"术语。大陆法系没有这个术语，只承认"民事权利"术语。身居大陆法系国家的马克思，在对经济学理论和法学理论深入交叉研究的基础上，破天荒地提出经济权利术语，足见他非凡的理论勇气和坚持学术真理的科学精神。

主体是依据法律规定的经济权利去参加现实经济关系的。在具体法律关系的建立和形成中，经济权利是主体必要的资格基础。国民经济的统一运行过程，其经济组织关系和经济活动关系的不可分割性，决定了在主体间相互关系中权力与权利不可能孤立存在，而经济权力与经济权利的复合形式，正是当代社会经济对法的客观要求，经济权利概念是这种客观要求的理论表现。

经济权利是主体的权利，是主体参加法律关系的根据和资格。经济权利的拥有者只能是法律主体，它是法律主体的一种资格。经济权利概念，是对主体资格的概括性说明。凭借这种资格，主体既可以参加多级别、多层次的经济组织关系，也可以参加各种门类的经济活动关系。

在用经济权利概念说明主体的法律地位时，应当将这个概念与用以说明民事主体资格的权利能力概念加以区别。权利能力是民事主体的一种抽象的能力，而经济权利则是与主体的活动相适应的经济权力、经济权利和义务，它不是一种抽象的能力，而是一种具体的能力，这种具体的能力，实际上是现实法律关系中的经济权力和经济权利所固有的。

经济权利概念是总体概念，不同的主体具有不同的经济权利。国家通过经济法律、法规，规定主体的经济权利，确定其实现经济目的所必需的经济权利的范围。由于各类主体的法律地位不同，其活动范围、目的任务各不相同，因而经济权利也不相同。因此，对于主体说来，其经济权利是具体的、特定的。主体正是依据具体的、特定的经济权利参加法律关系的。

我们在理解经济权利的含义时，应当注意把握经济权利概念的基础，是经济权力与经济权利的复合关系，而不是什么"纵向""横向"关系；它不单纯强调权力或权利，而是强调经济权力与经济权利的有机结合；不同的主体的经济权利有不同的规定性；具体经济权利是法律关系中的权利，它不能存在于法律关系之外。

根据经典作家的论述，这里归纳了所有权、合同权利和劳动权三方面的经济权利，因为它们是普遍的、基本的、基础性的经济权利。

（一）所有权法与所有权

1. 所有权的来源和变迁

这里，"所有权是伴随财产私人占有产生的"命题，是基于对"占有"的认识提出的。占有本身是一个事实，而不是所有权本身，因为存在占有而没有所有权的情况。所有权有占有、使用、收益和处分四种权能。占有只是所有权的一种权能，如同阳光只是太阳的一种光能而不是太阳本身一样。

马克思在《黑格尔法哲学批判》里说，"私有财产的真正基础，即占有，是一个事实，是不可解释的事实，而不是权利。只是由于社会赋予实际占有以法律的规定，实际占有才具有合法占有的性质，才具有私有财产的性质。"马克思恩格斯在《德意志意识形态》里说，"这种把权利归结为纯粹意志的法律幻想，在所有制关系进一步发展的情况下，必然会造成这样的现象：某人在法律上可以享有对某物的占有权，但实际上并没有占有某物。例如，假定由于竞争的缘故，某一块土地不再提供地租，可是这块土地的所有者在法律上仍然享有占有权利以及使用和滥用的权利。但是这种权利对他毫无用处：他作为这块土地的所有者，如果除此之外没有足够的资本来经营他的土地，就一无所有。"

所有权有一个演变过程。一是所有权含义的演变。所有权最初是由占有开始的，逐渐发展成使用、收益、处分权能形式。二是所有权主体和客体的演变。奴隶主所有权、封建主所有权、资本家所有权和国家所有权等形式，是依次更替的社会形态下的所有权形式。随着社会经济的发展，所有权关系的客体范围越来越扩大，客体的属性越来越复杂。

（1）所有权是伴随财产私人占有产生的

变成个人私有财产的第一块土地是住宅地。住所的不可侵犯性——一切个人自由的基础，开始于游牧民族的篷车，经过定居农民的木屋，然后逐渐变为一种对于家宅和园地的完全所有权。这在塔西佗时代早已发生。自由的日耳曼人的住处，大概在那时就已经从马尔克中分离出来，因而成了马尔克公职人员不能进去的地方，成了逃亡者的安全避难所，我们看到，这在后世的马尔克章程里，部分在五到八世纪制定的"民族法"里，就已有了记载。因为，住所的神圣不可侵犯，不是它转变为私有财产的结果，而是它的原因。

恩格斯：《马尔克》，
《马克思恩格斯全集》第 19 卷第 356 页。

按照当时家庭内的分工，丈夫的责任是获得食物和为此所必需的劳动工具，从而，他也取得了劳动工具的所有权；在离婚时，他就随身带走这些劳动工具，而妻子则保留有她的家庭用具。所以，根据当时社会的习惯，丈夫也是食物的新来源——家畜的所有者，而后来又是新的劳动工具——奴隶的所有者。

恩格斯：《家庭、私有制和国家的起源》，
《马克思恩格斯全集》第 21 卷第 67 页。

在古代民族中，由于一个城市里同时居住着几个部落，因此部落所有制就具有国家所有制的形式，而个人的所有权则局限于简单 possessio〔占有〕，但是这种占有也和一般部落所有制一样，仅仅涉及到地产。无论在古代或现代民族中，真正的私有制只是随着动产的出现才出现的。——（奴隶制和共同体）（dominium ex jure Quiritum〔以罗马公民法为依据的占有〕）。

马克思恩格斯：《德意志意识形态》，
《马克思恩格斯全集》第 3 卷第 69～70 页。

社会舆论非常坚持保存这个依亲属关系规定份地的制度，以致我们往往发现有些人，其先人已经有一代甚至两代根本不参预公社所有权，而仍能被允许使用土地……这样规定的可耕份地，既不能认为是终身的，也不能认为是世袭的。份地归各个家庭支配，一直到必须给新生的或暂时外出的氏族成员分配新的份地，因而必须重新分配公社耕地为止。

马克思：《马·柯瓦列夫斯基〈公社土地占有制，其解体的原因、进程和结果〉一书摘要》，《马克思恩格斯全集》第 45 卷第 235 页。

氏族和部落到处都杂居了起来，到处都有奴隶、被保护民和外地人在自由民中间居住着。直到野蛮时代中级阶段末期才达到的定居状态，由于居住地受商业活动、职业变换和土地所有权转让的影响而变动不定，所以时常遭到破坏。

恩格斯：《家庭、私有制和国家的起源》，
《马克思恩格斯全集》第 21 卷第 192 页。

在梭伦所进行的革命中，应当是损害债权人的财产以保护债务人的财产。债务简单地被宣布无效了。详情我们虽然不太清楚，但是梭伦在他的诗中自夸说，他清除了负债土地上的抵押柱，使那些因债务而被出卖和逃亡到海外的人都重返家园。这只有通过公开侵犯了财产所有权才能做到。的确，一切所谓政治革命，从头一个起到末一个止，都是为了保护一种财产而实行的，都是通过没收（或者也叫做盗窃）另一种财产而进行的。所以毫无疑问，二千五百年来私有制之所以能保存下来，只是由于侵犯了财产所有权的缘故。

恩格斯：《家庭、私有制和国家的起源》，
《马克思恩格斯全集》第 21 卷第 131 页。

他们最近首先力求实现的，正是要摆脱氏族公社索取这些小块土地的权利，这种权利对他们已成为桎梏了。这种桎梏他们是摆脱了，但是不久他们也失去了新的土地所有权。完全的、自由的土地所有权，不仅意味着毫无阻碍和毫无限制地占有土地的可能性，而且也意味着把它出让的可能性。只要土地是氏族的财产，这种可能性是不存在的。但是，当新的土地占有者彻底摆脱了氏族和部落的最高所有权这一桎梏的时候，他也就挣断了迄今把他同土地不可分割地连在一起的纽带。这意味着什么，和土地私有权同时被发明出来的货币，向他做了说明。土地现在可以成为出卖和抵押的商品了。土地所有权刚一确立，抵押制就被发明出来了（见关于雅典的一节）。

> 恩格斯：《家庭、私有制和国家的起源》，
> 《马克思恩格斯全集》第 21 卷第 190～191 页。

在关于罗马共和国内部斗争的古代史料中，只有阿庇安一人清楚明白地告诉我们，这一斗争归根到底是为什么进行的，即为土地所有权进行的。

> 恩格斯：《路德维希·费尔巴哈和德国古典哲学的终结》，
> 《马克思恩格斯全集》第 21 卷第 347 页。

立法者在两部法典中都特别重视事实上的占有即耕种情况。一方面 [《耶遮尼雅瓦勒基雅》和《那罗陀》]，立法者不承认非法占有的事实亦即不与耕种相结合的占有——纵然连续三代——为所有权的根据；另一方面，对于被先前的所有者 [即占有者] 抛弃了的地段，立法者承认 × 谁在这一地段上花了劳力谁就是占有者（第 102 页）[例如（见同页脚注 4）在《那罗陀法典》中提到："如果某一地段的占有者因贫穷而无力耕种，或者占有者身故或失踪，该地段的收益就属于直接从事耕种的人"。]

> 马克思：《马·柯瓦列夫斯基〈公社土地占有制，其解体的原因、进程和结果〉
> 一书摘要》，《马克思恩格斯全集》第 45 卷第 252～253 页。

距部落最初在某一定地区定居的时间越久，随着时间的推移变成了民族首领（Нароьные старейщины）的那些部落首领（领袖）的权力也就增长得越大，他们权力的增长主要表现在财产关系方面——表现在制定法律虚构方面，凭借这种法律虚构，民族首领成了本民族所占全部土地纵然不是事实上的、也是法律上的最高所有者（第 103 页）。这里所指的是那种现在还存在于埃及、土耳其等国穆斯林中间的 dominium eminens，这种最高所有权也存在于俄国——至少在其历史上的莫斯科公国时代，还作为法律概念存在于英国。

> 马克思：《马·柯瓦列夫斯基〈公社土地占有制，其解体的原因、进程和结果〉
> 一书摘要》，《马克思恩格斯全集》第 45 卷第 253～254 页。

在较晚的法典中，家庭的利益大部分成为私人所得物的利益的牺牲品。《耶遮尼雅瓦勒基雅法典》中已载明对朋友所送的礼物，对新娘的嫁妆等物有独占的所有权（第 110 页）。

> 马克思：《马·柯瓦列夫斯基〈公社土地占有制，其解体的原因、进程和结果〉
> 一书摘要》，《马克思恩格斯全集》第 45 卷第 256 页。

根据《摩奴法典》，要出让土地，须经邻人即氏族公社成员事先同意；而在《那罗陀法典》中，只要求公开成立卖契。但它也远远没有把这一条规定推广到全部土地所有权。

马克思:《马·柯瓦列夫斯基〈公社土地占有制,其解体的原因、进程和结果〉一书摘要》,《马克思恩格斯全集》第45卷第256~257页。

关于未经耕种的土地,《穆尔泰卡》是这样说的:"伊玛目在任何时候都有权将未经耕种的国家土地予以分配。×任何人,无论是正教徒或异教徒,凡将荒地加以耕种者,都获得对那块荒地的所有权"。但是事实上,这需要取得伊玛目的同意。例如,在《海代牙》中是这样说的:"谁在得到伊玛目许可之后耕种荒地,那他 eo ipso 就成为荒地的所有者。凡未经其许可而擅自耕种者,根据阿布·哈尼法的说法,便不得享此权利。"

马克思:《马·柯瓦列夫斯基〈公社土地占有制,其解体的原因、进程和结果〉一书摘要》,《马克思恩格斯全集》第45卷第266页。

局部订正土地登记册至今仍在进行,其目的是在扩大公社土地占有制的原则;进行订正的出发点也不是私人土地占有制,像以前那样,而是把公社土地占有制当作占统治地位的类型。占有的时效被承认是土地属于农村公社的不可争辩的证据,而对于声称对土地有所有权的私人,则要求他提出购买土地或穆斯林政府赐予土地的文字契据。(第177页)

马克思:《马·柯瓦列夫斯基〈公社土地占有制,其解体的原因、进程和结果〉一书摘要》,《马克思恩格斯全集》第45卷第296页。

布伦德斯胡尔的收税官特恩布尔写道:"为了避免有势力的邻人无理提出的诉讼,一个不懂司法手续并且出不起诉讼费的公社份地占有者往往把自己的所有权转交给另一个同样有势力的邻居,求他出主意和帮助。这个小农并没有好好考虑他这样做的全部后果,对于自己的利益只有非常模糊的认识,只是一心想达到自己眼前的目的,所以就接受所谓伊克巴尔达瓦制,或把属于他的份地以保留使用权为条件出让给大土地占有者所有,只是在他的份地依法转到他人手中以后,才恍然大悟自己所做的事多么愚蠢。"

马克思:《马·柯瓦列夫斯基〈公社土地占有制,其解体的原因、进程和结果〉一书摘要》,《马克思恩格斯全集》第45卷第305页。

关于第ⅩⅤ点。专偶制家庭。这种家庭作为一种充分发展的形式,确认了子女与父亲的关系,用动产和不动产的个人所有权代替了共同所有权,以子女的绝对继承权代替了父方亲属的继承权。

马克思:《路易斯·亨·摩尔根〈古代社会〉一书摘要》,《马克思恩格斯全集》第45卷第377页。

个人财产显著增加,个人对土地的关系也发生了一些变化。土地仍然是部落公有,但此时已划出一部分作为维持管理机构之用,另一部分则用于宗教方面,还有更重要的一部分,即人民借以为生的部分,则在各氏族之间或住在同一村落的各公社之间分配。没有人对土地或房屋拥有个人所有权,任何人都无权把它们当作自由财产任意出卖和出让。土地为氏族或公社共有、共同住宅以及各个有亲属关系的家庭聚居的方式，都不容许个人占有房屋和土地。

　　　马克思：《路易斯·亨·摩尔根〈古代社会〉一书摘要》，
　　　《马克思恩格斯全集》第 45 卷第 387 页。

　　由于解体的形式的不同，从部落所有权中产生了不同的死后继承制度，子嗣平分土地就是其中之一，并且在一些调节土地的耕作，有时还调节产品的分配的细致的习俗规定中也留下了另一种遗迹（第 120、121 页）。

　　　马克思：《亨利·萨姆纳·梅恩〈古代法制史讲演录〉一书摘要》，
　　　《马克思恩格斯全集》第 45 卷第 582 – 583 页。

　　澳洲人（不同于美洲的红种人，红种人借以维持生活的是比较大的猎取物，他们只有部落的土地所有权，土地由各个狩猎集团共同使用）借以维持生活的是负鼠、爬虫、昆虫、植物根等等，一般说来，只能够在自己个人占有的土地上获取食物——"每一个男子都有一定份额的土地，任何时候他都能精确地指出他的地界。这种地产由父亲在世时分给儿子们，而且差不多一代一代地传下去。"

　　　马克思：《约·拉伯克〈文明的起源和人的原始状态〉一书摘要》，
　　　《马克思恩格斯全集》第 45 卷第 678 页。

　　只要公共马尔克仍然存在，马尔克制度就能适应千变万化的耕地占有关系；在马尔克不再是自由的马尔克以后，马尔克制度同样能适应公共马尔克中各种极不同的所有权。马尔克制度所以没落，是因为贵族和僧侣在地方当局的乐意支持下，差不多夺去了全部农民土地（不管是分配了的或没有分配的）。

　　　恩格斯：《马尔克》，
　　　《马克思恩格斯全集》第 19 卷第 361 页。

　　弗里西安人、尼德兰人、萨克森人和莱茵—法兰克尼亚人向勃兰登堡及西里西亚的移殖，最清楚不过地表明，那时马尔克制度对于耕作，甚至对于大规模的土地占有，还是多么必要。这些人从十二世纪起就在地主的土地上，以村的形式定居下来，而且正是按照日耳曼的法律，即古代的马尔克法律进行的，——既然在地主的庄园上还保留着这种法律。每个人都分到了家宅和园地，分到了一块同样大小的、用古代抽签方法决定的村有土地。每个人都有利用森林和牧场的权利，这多半是地主的森林，专用的马尔克比较少。所有这些都是世袭的。土地所有权还是地主的，移民必须世世代代向地主付一定的代役租，为地主服一定的徭役。

　　　恩格斯：《马尔克》，
　　　《马克思恩格斯全集》第 19 卷第 363 页。

古代社会形态也是这样，表现为一系列不同的、标志着依次更迭的时代的阶段。俄国农村公社属于这一链条中最新的类型。在这种公社里面，农民已经根据私人所有权占有了他所居住的房屋和作为房屋附属物的菜园。这正是古代形式的第一个破坏性因素，是较古的类型所没有的。

马克思：《给维·伊·查苏利奇的复信草稿》，
《马克思恩格斯全集》第19卷第444~445页。

在穆斯林征服者统治之下，土地通常仍然留在它的先前的占有者手里：政府只把国有领地和未耕种地据为己有；对穆斯林只从这些土地中授田。军功田的授予所产生的后果，在绝大多数情况下不过是使国库损失了某些地区的税收，而绝不是剥夺了农村居民。农村居民仍然根据公社所有权或私人所有权照旧占有他们的土地。

马克思：《马·柯瓦列夫斯基〈公社土地占有制，其解体的原因、进程和结果〉一书摘要》，《马克思恩格斯全集》第45卷第269页。

另一种剥夺方式是：小土地所有者把所有权转给大土地所有者，而以给小土地所有者保留世袭使用权为条件。这种契约［相当于罗马－日耳曼人中世纪时的"荫庇制"］，直到今天还存在于印度，称为"伊克巴尔达瓦"。

马克思：《马·柯瓦列夫斯基〈公社土地占有制，其解体的原因、进程和结果〉一书摘要》，《马克思恩格斯全集》第45卷第281页。

"古老的租佃形式一直是古代财产形式的证明…… 最高所有权的产生，是由于购买小自主地所有者（?）的土地，由于向村落荒地殖民使其成为领主的荒地，或者（在更早的阶段）由于把整个公社的农民变为农奴（维蓝），以及由于逐步改变关于他们权利的法律理论。"

马克思：《亨利·萨姆纳·梅恩〈古代法制史讲演录〉一书摘要》，
《马克思恩格斯全集》第45卷第579页。

握有不是土地本身的耕作工具的所有权，在早期的农业公社中是最重要的力量。

马克思：《亨利·萨姆纳·梅恩〈古代法制史讲演录〉一书摘要》，
《马克思恩格斯全集》第45卷第596页。

恩格斯的《马尔克》里的"民族法"（拉丁文为 Leges Barbarorum，德文为 Germanische Volksrechte），即所谓野蛮人法，是日耳曼各部落的习惯法的记录，这些部落于五至七世纪在过去西罗马帝国及其邻近地区的领土上建立了王国和公国。这部民族法是5至9世纪之间制定的。

马克思在《马·柯瓦列夫斯基〈公社土地占有制，其解体的原因、进程和结果〉一书摘要》里的"dominium eminens"，为最高所有权。

（2）不同社会形态的所有权演变

在塔希提有一个很特别的惯例，即国王只要一生了儿子，就得退位；土地所有者生了儿子就失去其对土地的所有权而变成仅仅是年幼的所有者的土地代管人了。（见埃利斯《对波利尼西亚的考察》第 2 卷第 346 、347 页）

马克思：《约·拉伯克〈文明的起源和人的原始状态〉一书摘要》，

《马克思恩格斯全集》第 45 卷第 678 页。

那些亲自经营自己的土地因而仍然保有产权的旧的所有者，将转化为新的占有者，交纳同样的地租，享有同样的权利，因此任何在地区和继承问题上产生的偶然情况都不会使任何人获得特权，土地耕作条件对所有的人也是一样的。

《马克思致恩格斯》，

《马克思恩格斯全集》第 27 卷第 320 页。

小经济从中世纪起一直是农业中占优势的经济形式。因此，小农经济在革命前就已经存在了。革命只是改变了土地的所有权：它从封建主手里夺取了土地所有权，直接或间接地把这所有权交给农民。

恩格斯：《英国工人阶级状况》，

《马克思恩格斯全集》第 2 卷第 562 页。

在起源于中世纪的民族那里，部落所有制先经过了几个不同的阶段——封建地产，同业公会的动产，工场手工业资本——然后才变为由大工业和普遍竞争所产生的现代资本，即变成抛弃了共同体的一切外观并消除了国家对财产发展的任何影响的纯粹私有制。现代国家是与这种现代私有制相适应的。

马克思恩格斯：《德意志意识形态》，

《马克思恩格斯全集》第 3 卷第 69～70 页。

社会革命完全不同于以往的政治革命，它的矛头不是对着垄断权的所有，而是对着所有权的垄断；社会革命是穷人反对富人的公开的战争。所有那些过去在历史上的冲突事件中表现得不显著的隐蔽的动力和原因，都会在这个斗争中明显而公开地显示出来。

恩格斯：《在爱北斐特的演说》，

《马克思恩格斯全集》第 2 卷第 624 页。

在法国第一次革命时期，农民们只是当他们的显然可以感觉得到的迫切的个人利益要求他们进行革命的时候，他们才起来革命：只是当他们过去在封建关系下耕种的那一小块土地的所有权没有保证的时候，当这种封建关系还没有永远被消灭、外国军队还没有撤离他们的国土的时候，他们才起来革命。

恩格斯：《从巴黎到伯尔尼》，

《马克思恩格斯全集》第 5 卷第 560 页。

联合议会所代表的首先是大地产。而大地产是中世纪封建社会的真正基础。与此相反，现代资产阶级社会，我们的社会，是以工业和商业为基础的。土地所有权本身已经失去了它过去的全部生存条件，它依赖于商业和工业。因此，在我们这个时代，农业是根据工业原则经营的。

马克思恩格斯：《对民主主义者莱茵区域委员会的审判》，

《马克思恩格斯全集》第 6 卷第 290 ~ 291 页。

土地所有权作为一种占统治地位的社会因素是以中世纪的生产方式和交换方式为前提的。联合议会代表的就是这种早已不存在的中世纪的生产方式和交换方式。这种生产方式和交换方式早已不复存在，而这种方式的代表人物虽然死死抱住旧的特权不放，但是他们分享新社会的福利并不比别人少些，并且同样地剥削新社会以自肥。

马克思恩格斯：《对民主主义者莱茵区域委员会的审判》，

《马克思恩格斯全集》第 6 卷第 291 页。

在莱茵河左岸已经有两代人不知封建主义为何物：贵族已经被剥夺了特权，土地所有权从贵族和教会的手中转入农民的手中，土地都被分成小块，农民也像在法国一样是自由的土地私有者。

恩格斯：《德国维护帝国宪法的运动》，

《马克思恩格斯全集》第 7 卷第 135 页。

在对印度斯坦的习俗和孟加拉土地法所造成的社会与政治方面的困难做较为仔细的研究之后，使人产生了这样一种看法，即根据古印度教徒的习俗，土地所有权属于村社，村社有权把土地分配给个人耕种；柴明达尔和塔鲁克达尔当初只不过是政府委派去监收农村缴纳的税款并将其汇齐交给王公的官吏。

马克思：《坎宁的公告和印度的土地占有问题》，

《马克思恩格斯全集》第 12 卷第 516 页。

他们知道，目前"资本和土地所有权的自然规律的自发作用"只有经过新条件的漫长发展过程才能被"自由的、联合的劳动的社会经济规律的自发作用"所代替，正如过去"奴隶制经济规律的自发作用"和"农奴制经济规律的自发作用"之被代替一样。但是，工人阶级同时也知道，通过公社的政治组织形式，可以立即向前大步迈进，他们知道，为了他们自己和为了人类开始这一运动的时刻已经到来了。

马克思：《"法兰西内战"初稿》，

《马克思恩格斯全集》第 17 卷第 594 页。

一方面，从它里面已经成长起来了一支巨大的、与城市雇佣工人利益完全一致的 prolétariat foncier（农村无产阶级）。由于农艺学的新发展，这种生产方式本身已经老朽了。最后，农民所有权本身也变得徒有其名，他们自己劳动的果实已被夺走，留给他们的不过是所有权的幻觉。

马克思：《"法兰西内战"初稿》，

《马克思恩格斯全集》第 17 卷第 597 页。

只有公社这种政府形式才能够保证他们改变他们目前的经济状况；能够一方面拯救他们免遭地主的剥夺，另一方面使他们不至于为了所有权的名义而遭受榨取、苦役和贫困的煎熬；能够把他们名义上的土地所有权变成他们对自己劳动果实的实际所有权。

马克思：《"法兰西内战"初稿》，

《马克思恩格斯全集》第 17 卷第 598 页。

大西洋彼岸的美国副总统威德先生也在公众集会上说：在奴隶制废除后，资本关系和土地所有权关系的变革会提到日程上来！这是时代的标志，不是用紫衣黑袍遮掩得了的。这并不是说明天就会出现奇迹。但这表明，甚至在统治阶级中间也已经透露出一种模糊的感觉：现在的社会不是坚实的结晶体，而是一个能够变化并且经常处于变化过程中的机体。

马克思：《〈资本论〉第一版序言》，

《马克思恩格斯全集》第 23 卷第 12 页。

在英格兰，现代农业是在十八世纪中叶出现的，虽然生产方式由以发生变化的基础，即土地所有权关系的变革还要早得多。

马克思：《资本论第一卷》，

《马克思恩格斯全集》第 23 卷第 738 页。

在英国，农奴制实际上在十四世纪末期已经不存在了。当时，尤其是十五世纪，绝大多数人口是自由的自耕农，尽管他们的所有权还隐藏在封建的招牌后面。

马克思：《资本论第一卷》，

《马克思恩格斯全集》第 23 卷第 784～785 页。

至于在向完全的共产主义经济过渡时，我们必须大规模地采用合作生产作为中间环节，这一点马克思和我从来没有怀疑过。但事情必须这样来处理，使社会（即首先是国家）保持对生产资料的所有权，这样合作社的特殊利益就不可能压过全社会的整个利益。

恩格斯：《致奥·倍倍尔》，

《马克思恩格斯全集》第 36 卷第 416～417 页。

在日耳曼蛮族,用农奴耕作是传统的生产,过的是乡村的孤独生活,他们能够非常容易地让罗马各省服从这些条件,因为那里发生的土地所有权的集中已经完全推翻了旧的农业关系。

马克思:《政治经济学批判》,

《马克思恩格斯全集》第 46 卷上册第 35 页。

每一种农村工人都带有特殊的土地制度的痕迹,即特殊的土地关系历史的痕迹,然而这并不妨碍经济学家把他们概括为农业无产阶级这一类型。他们的小块土地所有权的法律根据,毫不影响他们这种属性。不论他们对土地拥有完全的所有权(如小块土地农民),还是大地主或贵族领主只把土地交给他们使用,或者是他们作为大俄罗斯农民村社的一员而占有土地,——情况并不因此而有丝毫改变。

列宁:《俄国资本主义的发展》,

《列宁全集》第 3 卷第 151 页。

土地所有权的垄断,限制着农业资本主义:在工业中,资本的增长是靠积累,靠额外价值转化为资本;集中,即几个小的资本合并为大资本,起的作用比较小。在农业中就不同了。全部土地都已占用(在各文明国家),只有把几块土地集中起来,并且把它们联成一整块地,才能扩大农场的土地面积。

列宁:《农业中的资本主义》,

《列宁全集》第 4 卷第 110~111 页。

在资本主义社会制度下,土地的有限的确是以土地的垄断为前提的,但是这说的是作为经营对象的土地,而不是作为所有权对象的土地。在设想资本主义农业组织的时候,必须设想到全部土地被各个私人农场所占用,但是绝对不能设想全部土地都是这些业主或其他人的私有财产,或者都归私人占有。对土地所有权的垄断和对土地经营的垄断,不仅在逻辑上而且在历史上,都是两种完全不同的现象。

列宁:《土地问题和"马克思的批评家"》,

《列宁全集》第 5 卷第 100 页。

这一切现象说明了什么呢?说明尽管存在着土地所有权的垄断,尽管这种所有权的形式层出不穷,但是在农业中还是形成了自由竞争。现在,在一切资本主义国家里,任何一个拥有资本的人都可以对农业投资(用买地或租地的办法),而且像对任何一个工商业部门投资一样容易,或者说差不多一样容易。

列宁:《土地问题和"马克思的批评家"》,

《列宁全集》第 5 卷第 102 页。

土地占有者将依靠他的土地所有权，向农场主索取级差地租。既然级差地租是超过资本正常的平均利润的额外利润，既然在农业中存在着（或者说，资本主义的发展正在创造着）竞争自由，即对农业投资的自由，那么，土地占有者随时都可以找到愿意只拿平均利润而把超额利润让给他这个土地占有者的农场主。

列宁：《土地问题和"马克思的批评家"》，

《列宁全集》第 5 卷第 104 页。

既然扩大农民的土地使用权一定会导致资本主义的发展，那么扩大农民对产生特殊的农奴制盘剥的特殊地段的土地所有权，这种结果就更加不可避免了。

列宁：《答对我们纲领草案的批评》，

《列宁全集》第 7 卷第 213 页。

新的农场主要巩固新的资本主义的土地占有制，自然会产生反无产阶级的情绪，他们也自然会力图为自己造成新的特权，即新的所有权。由此可见，问题正是由这种经济上的巩固引起的。妨碍这种巩固的一个经常的对抗因素将是资本主义的发展，资本主义的发展将会加强大农业的优越性，并要求小农场地块能够随时很容易"结合"成大农场。

列宁：《社会民主党在俄国第一次革命中的土地纲领》，

《列宁全集》第 16 卷第 288 页。

中国社会关系的辩证法就在于：中国的民主主义者真挚地同情欧洲的社会主义，把它改造成为反动的理论，并根据这种"防止"资本主义的反动理论制定纯粹资本主义的、十足资本主义的土地纲领！

孙中山在文章的开头谈得如此娓娓动听而又如此含糊其辞的"经济革命"归结起来究竟是什么呢？

就是把地租转交给国家，即通过亨利·乔治式的某种单一税来实行土地国有化。孙中山所提出和鼓吹的"经济革命"，决没有其他实际的东西。

穷乡僻壤的地价与上海的地价的差别是地租量上的差别。地价是资本化的地租。使地产"价值的增殖额"成为"人民的财产"，也就是说把地租即土地所有权交给国家，或者说使土地国有化。

列宁：《中国的民主主义和民粹主义》，

《列宁全集》第 21 卷第 431 页。

其实，右派也好，民族党人也好十月党人也好（老实说，还有立宪民主党人）分明都不是"民主派"。他们无疑都是君主派，但不是民主派。他们或者完全不赞成民主选举法，不赞成关于出版、集会和结社的民主法令，不赞成对土地所有权的民主分配，或者用空洞的词句回避这些严肃的民主问题。

624 | 马克思主义法学原理读书笔记 第3卷 法关系原理

列宁:《再论第四届杜马中的农民代表》,
《列宁全集》第 22 卷第 234～235 页。

将近 80% 的铁路集中在 5 个最大的强国手中,但是这些铁路的所有权的集中程度,金融资本的集中程度,还要高得多,例如美、俄及其他国家铁路的大量股票和债券都属于英法两国的百万富翁。

列宁:《帝国主义是资本主义的最高阶段》,
《列宁全集》第 27 卷第 410 页。

资产阶级政权暂时是胜利了。农民的经济地位使他们不同于地主。农民需要的不是土地所有权,他们需要的是雇农代表苏维埃。

列宁:《俄国社会民主工党(布)彼得格勒市代表会议文献》,
《列宁全集》第 29 卷第 238 页。

无产阶级政党要求全国所有土地国有化;国有化就是把全部土地的所有权交给国家,把土地的支配权交给地方民主机关。

列宁:《俄国社会民主工党(布)第七届全国代表会议文献》,
《列宁全集》第 29 卷第 419 页。

地主的土地应该立刻没收,也就是说,土地私有制应该立刻废除,而且是无偿地废除。

怎样占用这些土地呢?应该由谁立刻占用和耕种这些土地呢?应该由当地农民有组织地即根据多数人的决定来占用和耕种这些土地。这就是我们党的建议。立刻让当地农民占用地主的土地,而土地所有权仍属于人民。最后占用权将由立宪会议(或全俄苏维埃会议,如果人民使它成为立宪会议的话)来确定。

列宁:《论"擅自夺取"土地》,
《列宁全集》第 30 卷第 132 页。

各农户占有土地的地区和村社占有土地的地区、大俄罗斯人地区和其他民族地区、中部地区和边疆地区、没有农奴制的地区等等,在取消一切农民土地所有权、定期重分土地、禁止使用雇佣劳动、没收地主的农具和牲畜等等问题的提法上,有什么差别。如果没有这些详细的资料,就不可能对农民委托书中非常宝贵的材料进行科学的研究。

列宁:《政论家札记》,
《列宁全集》第 32 卷第 104～105 页。

银行所支配和银行所汇集的那些资本的所有权,是有印制和书写的凭据为证的,这些凭据就叫作股票、债券、期票、收据等等。在实行银行国有化,即把所有银行合并为一个国家银行时，这些凭据一个也不会作废，一个也不会改变。谁的存折上有 15 个卢布，在银行国有化以后，他仍旧是 15 卢布的所有者，谁有 1500 万卢布，在银行国有化以后，他仍然握有 1500 万卢布的股票、债券、期票、货单等等。

列宁：《大难临头，出路何在?》，
《列宁全集》第 32 卷第 190 页。

非出租房屋的房主在立宪会议作出决定以前仍为房主，其所有权不作任何改变。

列宁：《没收出租住房法令的提纲》，
《列宁全集》第 33 卷第 105 页。

无论直接或间接地把个别工厂或个别行业的工人对他们各自的生产部门的所有权合法化，还是把他们削弱或阻挠执行全国政权命令的权利合法化，都是对苏维埃政权基本原则的极大歪曲，都是对社会主义的彻底背弃。

列宁：《关于苏维埃政权的民主制和社会主义性质》，
《列宁全集》第 34 卷第 448 页。

生产资料所有权和政权仍然掌握在剥削者的手里，因而根本谈不上被剥削者即大多数居民的真正自由和真正平等。

列宁：《论"民主"和专政》，
《列宁全集》第 35 卷第 384 页。

城市的工人、农村的长工和日工实际上被这种"神圣不可侵犯的所有权"（这种权利是由考茨基和伦纳之流先生们来捍卫的，遗憾的是弗里德里希·阿德勒也跑到他们那边去了）和资产阶级的国家政权机构即资产阶级的官吏、资产阶级的法官等等排除于民主之外。

列宁：《论"民主"和专政》，
《列宁全集》第 35 卷第 385 页。

妨碍人们享受这种平等的，是生产资料、货币和资本的私有权。富人房产的所有权可以一下子夺过来，资本和生产工具也可以较快地夺过来，但是要把货币的所有权拿过来，你试试看吧。

列宁：《在全俄社会教育第一次代表大会上的讲话》，
《列宁全集》第 36 卷第 340 页。

在资本主义制度下，无产阶级是被压迫阶级，是被剥夺了任何生产资料所有权的阶级，是唯一同资产阶级直接对立和完全对立的因而也是唯一能够革命到底的阶级。

列宁:《无产阶级专政时代的经济和政治》，
《列宁全集》第 37 卷第 275 页。

消灭封建主义及其遗迹、实行资产阶级的（也可以说是资产阶级民主的）制度的原则，在世界历史上用了整整一个时代。而这一世界历史时代的口号必然是自由、平等、所有权和边沁。

列宁:《论意大利社会党党内的斗争》，
《列宁全集》第 39 卷 423 页。

德国的情况是，奇阿图拉锰矿中极大一部分是属于某些德国资本家的。现在的问题是把这项所有权改为租借权或者承租权，也就是把那些原来为德国资本家所有的矿山仍然租借给那些德国资本家。

列宁:《在全俄工会中央理事会共产党党团会议上关于租让问题的报告》，
《列宁全集》第 41 卷第 173 页。

租让是一种特殊的租借合同。根据合同，资本家在一定期限内是一部分国家财产的租借者，但不是所有者。所有权仍然属于国家。

列宁:《留声机片录音讲话》，
《列宁全集》第 41 卷第 238～239 页。

可否这样做：想办法采取签订两项合同的形式（合适的、方便的形式）：一项是瑞典滚珠轴承公司向我们购买整个仓库（承认所有权属于我们，这是问题的实质）。

列宁:《致德·伊·库尔斯基》，
《列宁全集》第 51 卷第 495 页。

马克思在《资本论》第 1 卷第 784 页对"绝大多数人口是自由的自耕农"注释为："用自己双手耕种自己的田地并满足于小康生活的小土地所有者……当时在国民中所占的部分比现在重要得多……至少有 16 万个土地所有者靠耕种自己的小块 Freehold〔自由地〕〈Freehold 是完全自由支配的财产〉为生，他们连同家属在内要占总人口的 1/7 以上。这些小土地所有者的平均收入……估计为 60—70 镑。根据计算，耕种自己土地的人多于租种别人土地的人。"（马考莱《英国史》1854 年伦敦第 10 版第 1 卷第 333～334 页）——在十七世纪最后三十多年，还有 4/5 的英国人是务农的。（同上，第 413 页）——我所以引用马考莱的话，是因为他作为系统的历史伪造者，是要尽量"砍掉"这类事实的。

列宁在《俄国社会民主工党（布）第七次全国代表会议文献》里，提出了"无产阶级政党要求全国所有土地国有化"，在列宁的其他论述中，还全面地阐述了布尔什维克的土地国有化纲领。列宁认为，土地国有化可以加速农奴制的灭亡，可以彻底扫除土地占有制方面的一切中世纪关系，可以消灭在土地上的一切人为的界限，使土地变成真正自由的土地，使建立在这样的土地上的纯粹资产阶级农场加速发展。列宁用马克思主义观点说明了土地国有化的经济实质，就是土地国有化是消灭绝对地租，把土地所有权转交给国家，禁止土地的一切转让，就是说，取消土地经营者和土地所有者（国家）之间的一切中介人。列宁批判了孟什维克彼·马斯洛夫和格·普列汉诺夫否认马克思的绝对地租理论、维护所谓"土地肥力递减规律"的错误。列宁进一步指出，只有实行彻底的政治变革，消灭专制制度，建立民主共和国，才能实行彻底的土地变革，才能没收地主土地，实现土地国有化。列宁认为土地国有化是最彻底的资产阶级措施，它为俄国资产阶级民主革命取得完全胜利并转变为社会主义革命准备条件。

2. 所有权法律关系的特征

法学家把所有权说得神乎其神，乃至说"所有权是法的精神"。其实，所有权没有自己独立发展的历史，所有权不过是一种法律形式。

所有权关系是由社会生产关系决定的。有什么样的社会生产关系，就有什么样的所有权关系。社会生产关系不改变，所有权关系亦不会改变；社会生产关系改变了，所有权关系亦随之改变。而且，单纯法律上的土地所有权，不会为土地所有者创造任何地租，单纯法律上的资本所有权，不会为资本家创造任何劳动者生产的剩余价值。

这里，把所有权分为土地所有权和资本所有权两个基本所有权形式摘录，其他所有权形式没有归入。如恩格斯在《论住宅问题》（《马克思恩格斯全集》第18卷）、《马克思致恩格斯》（《马克思恩格斯全集》第27卷）和《恩格斯致爱·伯恩施坦》（《马克思恩格斯全集》第35卷）、恩格斯在《致菲·屠拉梯》（《马克思恩格斯全集》第39卷上册）中论述的"住宅权"；马克思在《孟德斯鸠第五十六》（《马克思恩格斯全集》第6卷）中论述的"传单和广告权"；马克思在《〈从十六世纪初到目前的现代欧洲国家政策〉一书摘录》（《马克思恩格斯全集》第44卷）中论述的"领地所有权"；马克思在《宣战。——关于东方问题产生的历史》（《马克思恩格斯全集》第10卷）中论述的耶路撒冷的"圣墓神殿的所有权"；马克思恩格斯在《市民自卫团法案》（《马克思恩格斯全集》第5卷）中论述的市民自卫团的"军备所有权"；马克思在《美国内战》（《马克思恩格斯全集》第15卷）中论述的美国得克萨斯作为蓄奴州的"所有权"，等等。

（1）所有权不是一种独立的关系，它只是收入的一个源泉，一种手段

"社会"本身——人生活在社会中，而不是作为独立自主的个人——是所有权、建立在所有权基础上的法律以及由所有权必然产生的奴隶制的根源。

马克思：《资本论第四卷》，

《马克思恩格斯全集》第26卷第一册第368页。

伊登应当问一下："市民制度"又是谁的创造物？他从法律幻想的观点出发，不是把法律看作物质生产关系的产物，而是相反，把生产关系看作法律的产物。兰盖只用"法的精神就是所有权"这样一句话，就把孟德斯鸠幻想的"法的精神"推翻了。

马克思：《资本论第一卷》，

《马克思恩格斯全集》第 23 卷第 676 页。

在每个历史时代中所有权以各种不同的方式、在完全不同的社会关系下面发展着。因此，给资产阶级的所有权下定义不外是把资产阶级生产的全部社会关系描述一番。

要想把所有权作为一种独立的关系、一种特殊的范畴、一种抽象的和永恒的观念来下定义，这只能是形而上学或法学的幻想。

马克思：《哲学的贫困》，

《马克思恩格斯全集》第 4 卷第 180 页。

我不想在这里给自己提出一个任务，即讨论土地私有制的拥护者们——法学家、哲学家、政治经济学家——所提出的全部论据，我仅仅指出，第一，他们都花了不少精力用"天然权利"来掩盖掠夺这一原始事实。既然掠夺给少数人造成了天然权利，那末多数人就只得积聚足够的力量，来取得夺回他们被夺去的一切的天然权利。

在历史进程中，掠夺者都认为需要通过他们自己硬性规定的法律，来赋予他们凭暴力得到的原始权利以某种社会稳定性。

马克思：《论土地国有化》，

《马克思恩格斯全集》第 18 卷第 64 页。

关于公平和正义的空谈，归结起来不过是要用适应于简单交换的所有权关系或法的关系作为尺度，来衡量交换价值的更高发展阶段上的所有权关系和法的关系。

马克思：《经济学手稿》，

《马克思恩格斯全集》第 46 卷上册第 280 页。

甲拒绝还给乙一块土地，乙为了能在法庭上维护自己的所有权，需要取得预先的许可，而这种许可是他可能得到，也可能得不到的。

马克思：《福格特先生》，

《马克思恩格斯全集》第 14 卷上册第 687 页。

A 卖给 B 的房屋，是作为商品流通的，但是它并没有移动。棉花、生铁之类可以移动的商品价值，经过许多流通过程，由投机者反复买卖，但还是留在原来的货栈内。这里实际运动的，是物品的所有权证书，而不是物品本身。

马克思：《资本论第二卷》，

《马克思恩格斯全集》第 24 卷第 167～168 页。

对于自然对象如土地、水、矿山等的私有权，对于这些生产条件，对于自然所提供的这种或那种生产条件的所有权，不是价值的源泉，因为价值只等于物化劳动时间；这种所有权也不是超额剩余价值即无酬劳动中超过利润所包含的无酬劳动的余额的源泉。但是，这种所有权是收入的一个源泉。它是一种权利，一种手段，使这一生产条件的所有者能够在他的所有物作为生产条件加入的生产领域中占有被资本家榨取的无酬劳动的一部分，否则这一部分会作为超过普通利润的余额被投进资本总库中去。这种所有权是一种手段，它能阻止在其余资本主义生产领域发生的上述过程发生，并且把这个特殊生产领域所生产的剩余价值扣留在这个领域中，于是剩余价值现在就在资本家和土地所有者之间进行分配。因此，土地所有权，就像资本一样，变成了支取无酬劳动、无代价劳动的凭证。

> 马克思：《资本论第四卷》，
> 《马克思恩格斯全集》第 26 卷第 2 册第 36 页。

从法律上来说，租地农场主只有在他把用商品换得的货币交给土地所有者的时候，才成为这种商品的所有者。他对商品的权利发生了变化；商品本身仍然在他的手里。但是，以前商品在他手里是作为他掌握的东西，商品的所有者是土地所有者。而现在商品在他手里是作为归他自己所有的东西。仍然保留在同一个人手里的商品所发生的法律形式的变化，自然不会引起商品本身的转手。

> 马克思：《资本论第四卷》，
> 《马克思恩格斯全集》第 26 卷第 1 册第 332 页。

如果说对土地的开垦"创造充分的土地所有权"，那末这种论断就正是 petitio principii。其实，这里只创造了物质的新的生产能力。至于说因此也创造了对物质本身的所有权，那还需要加以证明。人并没有创造物质本身。甚至人创造物质的这种或那种生产能力，也只是在物质本身预先存在的条件下才能进行。

> 马克思恩格斯：《神圣家族》，
> 《马克思恩格斯全集》第 2 卷第 58 页。

我且不谈所谓的所有"权"，我确信，社会的经济发展、人口的增加和集中——这些情况迫使资本主义农场主在农业中采用集体的和有组织的劳动并使用机器和其他发明——将使土地国有化愈来愈成为一种"社会必然性"，抗拒这种必然性是任何拥护所有权的言论都无能为力的。社会的迫切需要必须而且一定会得到满足，社会必然性所要求的变化一定会给自己开辟道路，并且迟早总会使立法适应这些变化。

> 马克思：《论土地国有化》，
> 《马克思恩格斯全集》第 18 卷第 64~65 页。

因为资产者在国家之内组织了自己财产的护卫工作，因而"我"不能"从那个厂主手中"夺去他的工厂，除非在资产阶级条件下即在竞争的范围内做到这一点，于是这位乡下佬雅各认为，"国家拥有工厂是根据所有权，而厂主拥有工厂则只是根据采邑权和占有权。"（第 347 页）

同样，我的看家狗"拥有"这幢房屋是"根据所有权"，而我只是根据"采邑"权、"占有"权从狗那里得到这幢房屋。

由于私有财产的隐蔽的物质条件往往不得不与有关私有财产的法学幻想发生矛盾——例如在征用财产时可以看出这一点——于是这位乡下佬雅各得出结论说：

"这里清楚地显露出一个在其他场合下是隐蔽的原则，这个原则就是，只有国家是所有者，而个别的人只是受采邑之封的人。"（第335页）

"这里清楚地显露出"的只是我们这位可敬的市民的有眼看不到那隐蔽在"圣物"幕后的世俗的财产关系，他还得去向中国借一架"天梯"来，以便"攀登"到甚至是文明国家的教书匠所达到的那个"文化阶段"。

马克思恩格斯：《德意志意识形态》，

《马克思恩格斯全集》第3卷第412~413页。

农民的所有权是一种符咒，它至今还使农民遭受资本支配；资本一向就是借口这个所有权来唆使农民反对工业无产阶级。只有资本的倾覆，才能使农民地位提高；只有反资本主义的无产阶级政府，才能终结他们在经济上的贫困和社会上的衰落。

马克思：《1848年至1850年的法兰西阶级斗争》，

《马克思恩格斯全集》第7卷第98页。

在这个内阁的保护下，"国家权力"极度地"加强了"，人民的力量极度地瘫痪了，以致屈韦特尔—汉泽曼这一对孪生子在7月15日不得不向君主国的所有行政区长官呼吁，反对官僚们特别是地方官员们的反动阴谋；以致后来除了协商派议会以外，"贵族和大地主会议"也在柏林开会以保护本身的特权；以致最后为了同所谓的柏林国民议会相对抗，于9月4日在上劳西兹举行了中世纪遗留下来的"市镇代表会议，保护受威胁的地主所有权"。

马克思：《资产阶级和反革命》，

《马克思恩格斯全集》第6卷第144页。

一个名叫斯雷德的人的惨无人道和一个奄奄一息的人的默默惨死——这是一幅足以令人震惊而又发人深思的景象。

当他在敞棚里和破烂的草棚里寻找一个容身之处时，无疑，他侵害了所有权!!!

马克思：《政局展望。——商业繁荣。——饿死事件》，

《马克思恩格斯全集》第8卷第567~568页。

这些巨大的生产力的创造史到现在为止总是劳动者的殉难史。谁能阻挡他们再前进一步去支配这些到现在还支配着他们的力量呢？有什么力量能抗拒他们呢？没有这种力量！到那时，乞灵于"所有权"是没有用的。

马克思：《强迫移民。——科苏特和马志尼。——流亡者问题》，
《马克思恩格斯全集》第 8 卷第 620 页。

托利党人无疑将会反对格莱斯顿的草案，而迪斯累里也一定会要求恢复他在扩大遗产税和所得税的征收范围和降低茶税方面被窃走了的桂冠的所有权，以及要求承认他的被格莱斯顿如此无耻地攫为己有的其他功绩。

马克思：《人民得肥皂，"泰晤日报"得贿赂。——联合内阁的预算》，
《马克思恩格斯全集》第 9 卷第 93～94 页。

土地使所有者在生前有权以地租形式毫无抵偿地攫取他人劳动的果实。资本使所有者有权以利润和利息的形式获得同样的果实。国家有价证券所有权使所有者能够不劳而获地专靠他人的劳动果实过活等等。

马克思：《总委员会关于继承权的报告》，
《马克思恩格斯全集》第 16 卷第 305 页。

他们叫喊说，公社想消灭构成全部文明基础的所有权！是的，诸位先生，公社曾想消灭那种将多数人的劳动变为少数人的财富的阶级所有权。它曾想剥夺剥夺者。它曾想把现在主要用作奴役和剥削劳动的工具的生产资料、土地和资本变成自由集体劳动的工具，以实现个人所有权。

马克思：《法兰西内战》，
《马克思恩格斯全集》第 17 卷第 362 页。

废除官方司法制度，废除一切法律上称为权利的东西，并停止实现这些权利。这样，也就废除和烧毁一切规定了所有权和依法继承权的文书契约（买得的和赠予的）、一切诉讼案件，总而言之，废除和烧毁一切司法的和民事的文书废物。在一切地方和一切方面都以革命行动代替国家所创立并加以保障的权利。

马克思恩格斯：《社会主义民主同盟和国际工人协会》，
《马克思恩格斯全集》第 18 卷第 510 页。

在现代的法国，生产资料，即土地，在许多地方还是掌握在个体生产者手中的个人财产；社会主义的任务并非在于把所有权和劳动分隔开来，而是在于把任何生产的这两个要素结合在同一手中。

恩格斯：《法德农民问题》，
《马克思恩格斯全集》第 22 卷第 573 页。

流通中发展起来的交换价值过程，不但尊重自由和平等，而且自由和平等是它的产物；它是自由和平等的现实基础。作为纯粹观念，自由和平等是交换价值过程的各种要素

的一种理想化的表现；作为在法律的、政治的和社会的关系上发展了的东西，自由和平等不过是另一次方上的再生产物而已。这种情况也已为历史所证实。建立在这一基础上的所有权、自由和平等的三位一体，不仅在理论上首先是由十七和十八世纪的意大利的、英国的和法国的经济学家们加以论述的。而且这种三位一体也只是在现代的资产阶级社会中才得到实现。

马克思：《经济学手稿》，

《马克思恩格斯全集》第 46 卷下册第 477 页。

马克思恩格斯在《神圣家族》里的"petitio principii"，指一种逻辑上的错误，即在证明某个论点时使用这样的论据，该论据本身只有在假定待证明的论点正确的条件下方才有效。

马克思在《资产阶级和反革命》里的"贵族和大地主会议"，指"保护财产和保障一切阶级的福利联盟"的领导人于 1818 年 8 月 18 日在柏林召开的容克代表大会，大会将这个联盟改名为"保障地主利益联盟"。这个代表大会获得了"容克议会"的称号。

（2）单纯法律上的土地所有权，不会为土地所有者创造任何地租

单纯法律上的土地所有权，不会为土地所有者创造任何地租。但这种所有权使他有权不让别人去经营他的土地，直到经济关系能使土地的利用给他提供一个余额，而不论土地是用于真正的农业还是用于其他生产目的（例如建筑等等）。

马克思：《资本论第三卷》，

《马克思恩格斯全集》第 25 卷下册第 853 页。

土地所有权虽然在法律上存在着，实际上还只是偶然的现象，还只是本来意义上的土地占有。换句话说，虽然土地所有权在法律上存在着，但由于土地对劳动和资本来说作为自然要素而存在的关系，它还不能对资本进行抵抗，还不能把农业变成与非农业生产部门有别的、对投资进行特殊抵抗的活动场所。

马克思：《资本论第四卷》，

《马克思恩格斯全集》第 26 卷第二册第 339 页。

在土地所有权——实际上或法律上——不存在的地方，不会有绝对地租存在。土地所有权的恰当表现，是绝对地租，而不是级差地租。如果说，在有土地所有权存在和没有土地所有权存在的地方，都是同一些原理支配着地租，那就等于说，土地所有权的经济形式不取决于是否存在土地所有权。

马克思：《资本论第四卷》，

《马克思恩格斯全集》第 26 卷第二册第 375 页。

斯密合理地指出，绝对地租对于其他土地例如矿山来说，也可能不存在，因为后者在

数量上相对地说总是无限的（同需求相比），以致土地所有权在这里不可能对资本进行任何抵抗；土地所有权即使在法律上存在，在经济上也是不存在的。

马克思：《资本论第四卷》，
《马克思恩格斯全集》第 26 卷第二册第 414 页。

法律可以使一种生产资料，例如土地，永远属于一定家庭。这些法律，只有当大土地所有权适合于社会生产的时候，如像在英国那样，才有经济意义。在法国，尽管有大土地所有权，但经营的是小规模农业，因而大土地所有权就被革命摧毁了。但是，土地析分的状态是否例如通过法律永远固定下来了呢？尽管有这种法律，土地所有权却又集中起来了。法律在巩固分配关系方面的影响和它们由此对生产发生的作用，要专门加以确定。

马克思：《导言》，
《马克思恩格斯全集》第 12 卷第 748 页。

土地只要产生利息，就是土地资本，但是，它既是土地资本，也就不能提供地租，就不能形成土地所有权。地租是实行土地经营时那种社会关系的结果。它不可能是土地所具有的多少是经久的持续的本性的结果。地租来自社会，而不是来自土壤。

马克思：《哲学的贫困》，
《马克思恩格斯全集》第 4 卷第 190 页。

"泰晤士报"说道："但是，实际上爱尔兰的地主和租佃者之间的关系不久就将被一种比立法更有力的因素所改造。土地所有权正在迅速易手，同时，如果人口外流照现在这样的规模继续下去，那末，爱尔兰土地的耕种权也将转到其他人手里。"

在这里，"泰晤士报"最后说出了实话。

马克思：《印度问题。——爱尔兰的租佃权》，
《马克思恩格斯全集》第 9 卷第 180～181 页。

私立学校在这方面什么都不做，或者做得很少，一切都得由国家进行。但是十分明显，国家没有力量使上述目的所需的大量青年受到教育；因而施加精神上的压力，使贵族子弟必须在军队或民政机关至少服务 5 年或 10 年。凡贵族家庭，其成员连续三代"未服公职"的，便失掉贵族特权，其中包括农奴所有权，而没有这种所有权，大量地产在俄国便毫无价值了。

恩格斯：《欧洲军队。——俄国军队》，
《马克思恩格斯全集》第 11 卷第 508～509 页。

现在，又是这个英国政府，由印度总督坎宁勋爵出面，更进一步破坏了现行的国际法。它宣称：

"奥德省的土地所有权应予没收，归英国政府所有；英国政府将本着它认为适宜的方

式行使此项权利。"

1831年华沙陷落以后，俄国皇帝没收了那时属于许多波兰贵族的"土地所有权"，这件事在英国报界和议会中引起了一致的愤怒。诺瓦拉战役以后，奥地利政府并没有没收而只是查封了积极参加独立战争的伦巴第贵族的地产，这在英国又引起了一致的愤怒。最后，当路易－拿破仑在1851年12月2日以后没收了奥尔良家族的地产——按照法国的习惯法，这些地产早在路易－菲力浦登极时就该收归国有，但是由于一个法律上的花招而逃避了这种命运。

马克思：《奥德的兼并》，

《马克思恩格斯全集》第12卷第502页。

印度同亚洲大多数国家一样，土地的最高所有权是属于国家的。但是争论的一方认为，应该把国家看作土地的所有者，它把土地按分成制租给农人；另一方则认为，实质上土地在印度就同在任何其他国家一样，是私人所有，而所谓国家所有不外是指土地由君主封赠——这种封赠在所有以封建权利为法律基础的国度中都得到理论上的承认，并且还毫无例外地在所有一切国度中被实际实行着，因为政府有权按自己的需要征收土地税，除政治上的考虑以外，丝毫不照顾占有者的方便。

马克思：《坎宁的公告和印度的土地占有问题》，

《马克思恩格斯全集》第12卷第516页。

俄国全部贵族中有十分之九都对信用银行，也就是说对国家负有大量债务。但是，大家知道，俄国贵族此外还欠了私人、银行家、商人、犹太人和高利贷者许多的债，并且大多数贵族负债都非常沉重，以致对他们的地产只保有名义上的所有权。

马克思：《关于俄国的农民解放》，

《马克思恩格斯全集》第12卷第721页。

农奴可以购买土地，但是不能购买依附于土地之上的人；换句话说，农奴在购买他们所附属的领地时，并没有购买他们自己的自由。恰恰相反，他们仍然是农奴，而且全部交易只有得到原来地主的同意才能有效！除此以外，有许多所谓按照自己农奴的信托而持有地产的贵族，由于那同一道敕谕，得到权利并且受到鼓励去破坏这种信托关系，收回对地产的全部所有权。

马克思：《关于俄国的农民解放》，

《马克思恩格斯全集》第12卷第724页。

蒙古人把俄罗斯弄成一片荒凉，这样做是适合于他们的生产、畜牧的，大片无人居住的地带是畜牧的主要条件。在日耳曼蛮族，用农奴耕作是传统的生产，过的是乡村的孤独生活，他们能够非常容易地让罗马各省服从这些条件，因为那里发生的土地所有权的集中已经完全推翻了旧的农业关系。

　　马克思：《导言》，

《马克思恩格斯全集》第 12 卷第 748 页。

　　爱尔兰的妇女由于绿色艾林的小块租佃土地日益加剧的集中化而半裸着身体流落街头，走到哪里被哪里驱逐，就像鞑靼人洗劫了她们的家乡一样，她们的哭声直到现在只从上院、下院和女王陛下的政府那里唤起了唯一的一声回响——关于绝对的土地所有权的说教。

　　马克思：《英国的人道与美国》，

《马克思恩格斯全集》第 15 卷第 539 页。

　　他被束缚在土地上，为了获得相当少的一点收入，他必须把他的全部精力投在土地上，他不得不把大部分产品以赋税的形式交给国家，以诉讼费的形式交给讼棍，以利息的形式交给高利贷者；他对于自己小天地之外的社会运动一无所知；尽管如此，他仍然痴情地迷恋着他那一小块土地和他对这块土地的纯粹有名无实的所有权。于是法国农民就陷入了同产业工人阶级相对立的极其不幸的境地。

　　马克思：《论土地国有化》，

《马克思恩格斯全集》第 18 卷第 66 页。

　　为了不受官吏、法官和高利贷者的粗暴蹂躏，他们往往托庇于有权势者以求护；不仅农民个人这样做，而且整个公社也这样做，以致四世纪的皇帝们屡次发布命令，禁止这种行为。但是寻求保护的人这样做得到了什么好处呢？保护者向他们提出了这样的条件：他们把自己的土地所有权转让给他，而他则保证他们终身使用这块土地，——这也就是神圣的教会所注意到，并且在九和十世纪竭力用来扩张神的统治和教会地产的诡计。

　　恩格斯：《家庭、私有制和国家的起源》，

《马克思恩格斯全集》第 21 卷第 171 页。

　　作为未来的无产者，他本来应当乐意倾听社会主义的宣传。但是他那根深蒂固的私有观念，暂时还阻碍他这样做。他为了保持他那一小块危机四伏的土地而进行的斗争愈加艰苦，他便愈加顽固地拼命抓住这一小块土地不放，他便愈加倾向于把那些对他说应将土地所有权转交整个社会掌握的社会民主党人看作如同高利贷者和律师一样危险的敌人。

　　恩格斯：《法德农民问题》，

《马克思恩格斯全集》第 22 卷第 569 页。

　　社会主义的任务，勿宁说仅仅在于把生产资料转交给生产者公共占有。我们只要忽视这一点，上述论点立刻就会使我们产生出一种错误想法，仿佛社会主义的使命是把小农对自己田地的现在这种虚构的所有权变成真正的所有权，也就是说，把小佃农变成私有者，把满身债务的私有者变成没有债务的私有者。自然，社会主义是要设法使农民所有权的这种假象消失的，但不是用这种方法。

恩格斯：《法德农民问题》，
《马克思恩格斯全集》第 22 卷第 573 页。

在经济方面是由于工业资本和贵族土地所有权之间发生了纷争。这种纷争在法国是隐藏在小块土地所有制和大土地所有制的对立后面，在英国则在谷物法颁布后公开爆发出来。

马克思：《〈资本论〉第二版跋》，
《马克思恩格斯全集》第 23 卷第 17 页。

很大一部分教会地产送给了贪得无厌的国王宠臣，或者非常便宜地卖给了投机的租地农场主和市民，这些人把旧的世袭佃户大批地赶走，把他们耕种的土地合并过来。法律保证贫苦农民对一部分教会什一税的所有权，也被暗中取消了。

马克思：《资本论第一卷》，
《马克思恩格斯全集》第 23 卷第 789 页。

与独立的、自耕的农村居民稀薄化相适应的，不仅仅是工业无产阶级的稠密化。虽然种地的人数减少了，但土地提供的产品和过去一样多，或者比过去更多，因为伴随土地所有权关系革命而来的，是耕作方法的改进，协作的扩大，生产资料的积聚等等，因为农业雇佣工人不仅被迫加强了劳动强度，而且他们为自己进行劳动的生产范围也日益缩小了。

马克思：《资本论第一卷》，
《马克思恩格斯全集》第 23 卷第 814 页。

西蒙医生在官方的卫生报告中说：

……大地主们只要决定不准在他们的领地上建筑工人住宅，他们对穷人的负担马上就可以减轻一半。那些可以'任意支配自己财产'的地主，凭借绝对的土地所有权，竟能够像对待异邦人那样对待土地的耕种者并把他们从自己的庄园上赶出去。对于这样一种绝对的土地所有权，英国宪法和法律究竟准备在多大程度上予以承认，这个问题不属于本报告所讨论的范围……这种驱逐权不单是一种理论问题，它在实际上被广泛地行使着。这是对农业工人的居住条件有决定性影响的情况之一。

马克思：《资本论第一卷》，
《马克思恩格斯全集》第 23 卷第 748 页。

我们所考察的土地所有权形式，是土地所有权的一个独特的历史形式，是封建的土地所有权或小农维持生计的农业（在后一场合，土地的占有是直接生产者的生产条件之一，而他对土地的所有权是他的生产方式的最有利的条件，即他的生产方式得以繁荣的条件）受资本和资本主义生产方式的影响而转化成的形式。如果说资本主义生产方式是以工人的劳动条件被剥夺为前提，那末，在农业中，它是以农业劳动者的土地被剥夺，以及农业劳动者从属于一个为利润而经营农业的资本家为前提。因此，如果有人提醒我们说，曾经有过，或者说，现在还有其他的土地所有权形式和农业形式，那末，这对我们的阐述来说，只是一种完全开关的指责。只有对那些把农业中的资本主义生产方式及与之相适应的土地所有权形式不是看作历史的范畴，而是看作永恒的范畴的经济学家来说，这种指责才会有意义。

马克思：《资本论第三卷》，
《马克思恩格斯全集》第 25 卷下册第 693～694 页。

考察一下现代的土地所有权形式，对我们来说是必要的，因为这里的任务总的来说是考察资本投入农业而产生的一定的生产关系和交换关系。不考察这一点，对资本的分析就是不完全的。

马克思：《资本论第三卷》，
《马克思恩格斯全集》第 25 卷下册第 694 页。

土地所有权的前提是，一些人垄断一定量的土地，把它作为排斥其他一切人的、只服从自己个人意志的领域。在这个前提下，问题就在于说明这种垄断在资本主义生产基础上的经济价值，即这种垄断在资本主义生产基础上的实现。用这些人利用或滥用一定量土地的法律权力来说明，是什么问题也解决不了的。这种权力的利用，完全取决于不以他们的意志为转移的经济条件。法律观念本身只是说明，土地所有者可以象每个商品所有者处理自己的商品一样去处理土地；并且，这种观念，这种关于土地自由私有权的法律观念，在古代世界，只是在有机的社会秩序解体的时期才出现。

马克思：《资本论第三卷》，
《马克思恩格斯全集》第 25 卷下册第 695～696 页。

人民群众的土地被剥夺。在这个意义上，土地所有权的垄断是资本主义生产方式的历史前提，并且始终是它的基础，正像这种垄断曾是所有以前的、建立在对群众的某种剥削形式上的生产方式的历史前提和基础一样。不过，资本主义生产方式产生时遇到的土地所有权形式，是同它不相适应的。同它相适应的形式，是它自己使农业从属于资本之后才创造出来的；因此，封建的土地所有权，克兰的所有权，或马尔克公社的小农所有权，不管它们的法律形式如何不同，都转化为同这种生产方式相适应的经济形式。

马克思：《资本论第三卷》，
《马克思恩格斯全集》第 25 卷下册第 696 页。

这个货币额，不管是为耕地、建筑地段、矿山、渔场、森林等等支付，统称为地租。这个货币额，在土地所有者按契约把土地租借给租地农场主的整个时期内，都要支付给土地所有者。因此，在这里地租是土地所有权在经济上借以实现即增殖价值的形式。

马克思：《资本论第三卷》，

《马克思恩格斯全集》第 25 卷下册第 698 页。

土地所有权的正当性，和一定生产方式下的一切其他所有权形式的正当性一样，要由生产方式本身具有的历史的暂时的必然性来说明，因而也要由那些由此产生的生产关系和交换关系具有的历史的暂时的必然性来说明。当然，像我们以后会看到的那样，土地所有权同其他各种所有权的区别在于：在一定的发展阶段，甚至从资本主义生产方式的观点来看，土地所有权也是多余而且有害的。

马克思：《资本论第三卷》，

《马克思恩格斯全集》第 25 卷下册第 702 页。

一切古老国家都把土地所有权看作所有权的特别高尚的形式，并且把购买土地看作特别可靠的投资。

马克思：《资本论第三卷》，

《马克思恩格斯全集》第 25 卷下册第 703~704 页。

为了科学地分析地租，即土地所有权在资本主义生产方式基础上的独立的特有的经济形式，摆脱一切使地租歪曲和混杂的附属物，纯粹地考察地租，是很重要的；另一方面，为了理解土地所有权的实际影响，甚至为了从理论上了解同地租概念和性质相矛盾但仍然表现为地租的存在方式的大量事实，认识造成这种理论混乱的因素，也是同样重要的。

马克思：《资本论第三卷》，

《马克思恩格斯全集》第 25 卷下册第 704 页。

正是在土地所有权在经济上的实现中，在地租的发展中，有一点表现得特别突出，这就是：地租的量完全不是由地租的获得者决定的，而是由他没有参与、和他无关的社会劳动的发展决定的。因此，很容易把一切生产部门及其一切产品在商品生产基础上，确切地说，在资本主义生产（这种生产在它的整个范围内都是商品生产）基础上共有的现象，当作地租的（和一般农产品的）特征来理解。

马克思：《资本论第三卷》，

《马克思恩格斯全集》第 25 卷下册第 717 页。

瀑布的土地所有权本身，对于剩余价值（利润）部分的创造，从而对于借助瀑布生产的商品的价格的创造，没有任何关系。即使没有土地所有权，例如，即使瀑布所在的土地是作为无主的土地由工厂主来利用，这种超额利润也会存在。所以，土地所有权并不创造那个转化为超额利润的价值部分，而只是使土地所有者，即瀑布的所有者，有可能把这个超额利润从工厂主的口袋里拿过来装进自己的口袋。

马克思：《资本论第三卷》，

《马克思恩格斯全集》第 25 卷下册第 729 页。

当商品生产，从而价值生产随着资本主义生产发展时，剩余价值和剩余产品的生产也相应地发展。但随着后者的发展，土地所有权依靠它对土地的垄断权，也相应地越来越能攫取这个剩余价值中一个不断增大的部分，从而提高自己地租的价值和土地本身的价格。资本家在这个剩余价值和剩余产品的发展上还是一个能动的当事人。土地所有者只是坐享剩余产品和剩余价值中一个不断增大的份额。这就是他所处地位的特征。

马克思：《资本论第三卷》，

《马克思恩格斯全集》第 25 卷下册第 719 页。

土地所有权使地主有可能把个别利润和平均利润之间的差额占为己有。这样获得的逐年更新的利润能够资本化，并表现为自然力本身的价格。

马克思：《资本论第三卷》，

《马克思恩格斯全集》第 25 卷下册第 730 页。

租地农场主不支付地租就能按普通利润来增殖他的资本这一事实，对土地所有者来说，决不是把土地白白租给租地农场主并如此慈善地给这位营业伙伴以无息信贷的理由。这样一个前提，意味着土地所有权的取消，土地所有权的废除。而土地所有权的存在，正好是对投资的一个限制，正好是对资本在土地上任意增殖的一个限制。

马克思：《资本论第三卷》，

《马克思恩格斯全集》第 25 卷下册第 846 页。

这种土地所有权所产生的巨大权力，这种土地所有权，在和产业资本结合在一个人手里时，实际上可以使产业资本从地球上取消为工资而进行斗争的工人的容身之所。在这里，社会上一部分人向另一部分人要求一种贡赋，作为后者在地球上居住的权利的代价，因为土地所有权本来就包含土地所有者剥削土地，剥削地下资源，剥削空气，从而剥削生命的维持和发展的权利。

马克思：《资本论第三卷》，

《马克思恩格斯全集》第 25 卷下册第 872 页。

西班牙政府承认公社对所耕种的土地的所有权，但只承认公社对土地登记时期正在耕种的土地有这种权利。其余一切土地被宣布为"荒芜"土地，而作为荒芜土地，则成为当局自由处理的对象，于是当局就将其慷慨赠予殖民者。

马克思：《马·柯瓦列夫斯基〈公社土地占有制〉一书摘要》，

《马克思恩格斯全集》第 45 卷第 221 页。

现代土地所有权如果没有资本这个前提就根本无法理解，因为它没有这个前提就不能存在，而且在历史上也确实表现为由资本把以前的土地所有权的历史形态改变成适合于资本的一种形式。因此，正是在土地所有权的发展中才能研究资本逐步取得的胜利和资本的形成，由于这个缘故，现代经济学家李嘉图为了确定资本、雇佣劳动以及地租的关系的特殊形式，以深刻的历史眼光把这些关系放在土地所有权范围内进行了考察。

马克思：《政治经济学批判》，

《马克思恩格斯全集》第 46 卷上册第 205~206 页。

产业资本家对土地所有者的关系，表现为土地所有权以外的关系。但是，这种关系作为现代租地农场主对地租所得者的关系，表现为土地所有权本身的内在关系，而土地所有权则表现为只是存在于它对资本的关系中。土地所有权的历史表明了封建地主逐步转化为地租所得者，世袭的半交代役租的而且常常是不自由的终身租佃者逐步转化为现代租地农场主，以及依附于土地而没有迁徙自由的农奴和徭役农民逐步转化为农业短工的过程，这种历史事实上就是现代资本的形成史。

马克思：《政治经济学批判》，

《马克思恩格斯全集》第 46 卷上册第 206 页。

资本是现代土地所有权的创造者，从某一方面来看，它表现为现代农业的创造者。因此，在现代土地所有权（它表现为这样一个过程："地租—资本—雇佣劳动"；这个三段论的形式也可以另外表达为："雇佣劳动—资本—地租"；不过资本必须总是作为活跃的中词出现）的经济关系中表现出现代社会的内在结构，或者说表现出处在资本的各种关系的总体上的资本。

马克思：《政治经济学批判》，

《马克思恩格斯全集》第 46 卷上册第 233 页。

虽然是在村社的土地占有制之下，但还会有许多实际上没有土地的雇农与'富人'同时存在。我虽有土地所有权，但是我既没有资本也没有农具来耕种，那么它对于我和我的孩子们又有什么用呢？这等于把土地交给瞎子。

列宁：《我们拒绝什么遗产?》，

《列宁全集》第 2 卷第 400 页。

这样，我们看到的就是一套真正的美国土地平分计划：把大量土地从商业周转抽出来，赋予土地所有权，限制土地占有量或土地使用量。

列宁：《马克思论美国的"土地平分"》，

《列宁全集》第 10 卷第 51 页。

否定地主的土地所有权。明确地规定改革的方法是一切通过地方委员会，——这就是说农民的利益应压倒地主的利益。不经赎买地转让，——这就是说，彻底捍卫农民的利益，同地主的阶级私利进行毫不妥协的斗争。

列宁：《口蜜腹剑》，

《列宁全集》第 15 卷第 114 页。

马克思在《资本论第三卷》第 25 卷下册第 696 页里的"克兰"即氏族。

马克思在《英国的人道与美国》里的"绿色艾林"，是爱尔兰的古称。

"关于绝对的土地所有权的说教"，大概是指不止一次地在英国议会中提出的关于爱尔兰大地主和佃农的法案的讨论。在这些法案中，爱尔兰土地出租的条件都有所放宽。1853年这些法案在下院通过，但遭到上院的反对。在以后几年，法案从这届议会转到那届议会，并作了各种不同的旨在保护大地主特权的修改。但是就连这样改过的法案，仍然遭到大地主代表的顽固抵制。1855 年 7 月，对这些法案的讨论又被不定期地推迟下去。

恩格斯在《法德农民问题》里提到的"未来的无产者"，是指每况愈下的小农。捐税、歉收、继承人分家、诉讼，将农民一个又一个地驱向高利贷者；负债现象愈来愈普遍，而且每个人的债务愈来愈沉重。在这种情况下，小农，正如任何过了时的生产方式的残余一样，在不可挽回地走向灭亡。基于此，恩格斯说他们是未来的无产者。

马克思在《资本论》第 1 卷第 748 页对"大地主们"，注释为"为了便于理解下文，这里要说明：close villages（非开放村庄）是指一个或几个大地主所有的村庄；open villages（开放村庄）是指土地分属于许多小地主的村庄。建筑投机家只有在开放村庄才能建造小屋和旅店。"

马克思在《资本论第三卷》第 25 卷下册第 695 页"把它作为排斥其他一切人的、只服从自己个人意志的领域"，其注释是针对黑格尔的。说没有什么比黑格尔关于土地私有权的说法更可笑的了。黑格尔的《法哲学》认为，人作为人格，必须使自己的意志这个外在自然界的灵魂，具有现实性，因此，他必须把这个自然界作为自己的私有财产来占有。如果这就是"人格"的规定，就是人作为人格的规定，那末，由此可以说，每个人就都必须是土地所有者，以便作为人格而实现。土地的自由私有权——一种十分现代的产物。黑格尔说这不是一种确定的社会关系，而是人作为人格对于"自然界"的关系，是"人对一切物的绝对占有权"。马克思认为，首先，很明显，一个人格不能单凭自己的"意志"硬说自己是一块土地的所有者，而不顾他人也要在这块土地上体现的意志。这里要的是和善良的意志完全不同的东西。此外，"人格"在什么地方确立实现自己意志的界限，他的意志的存在是在一个国家内实现，还是需要占有一大批国家，以便"表示我的意志对物的至高无上"，这是绝对不能看出的。黑格尔在这里是完全碰壁了。"占有完全是零星的；我不能占有比我的身体所接触到的更多的东西，但是，另一方面，外界的东西比我所能把握的更为广大。因此我占有某物时，总有他物与之相联系。我用手占有，但手的范围可以扩大。"但是，和这个他物相联系的，又有另一个他物。因此，我的意志作为灵魂注入土地的界限，就消失了。"当我占有某物时，理智立即推想到，不仅我直接占有的东西是我的，而且与此有联系的东西也是我的。实在法必须作出各种规定，因为从概念中已不能进一步作出推断。"马克思认为，这是"概念"的异常天真的自白，并且证明这个概念对土地所有权的实际性质"一窍不通"，因为这个概念从一开始就错了，就把一个完全确定的、属于资产阶级社会的、关于土地所有权的法律观念，看作绝对的东西。同时其中还包含这样的自白：随着社会发展即经济发展的需要的变化，"实在法"能够而且必须改变自己的各种规定。

（3）资本所有权是榨取劳动者剩余价值的基本前提

由于从法律上来看这种交换的唯一前提是每个人对自己产品的所有权和自由支配权（从工人方面来说，是自由支配自己的个人能力的权利），以及由于追加资本只是追加资本的结果，因而是上述这前一种关系的结果，所以，所有权在资本方面就辩证地转化为对他人的产品的权利，或者说转化为对他人劳动的所有权，转化为不支付等价物便占有他人劳动的权利，而在工人方面则辩证地转化为必须把他本身的劳动或把他本身的产品看作他人财产的义务。不过，表现为最初行为的等价物交换，现在发生了变化：对一方来说只是表面上进行了交换，因为同劳动能力相交换的那一部分资本，第一，本身是没有支付等价物而被占有的他人的劳动，第二，它必须由劳动能力附加一个剩余额来偿还，也就是说，这一部分资本实际上并没有交出去，而只是从一种形式变为另一种形式。可见，交换的关系成了流通过程所固有的纯粹的假象其次，所有权最初是以自己的劳动为基础的。现在所有权表现为占有他人劳动的权利，表现为劳动不能占有它自己的产品。所有权或财富同劳动之间的分离，现在表现为以它们的同一性为出发点的规律的结果。

马克思：《经济学手稿》，
《马克思恩格斯全集》第 48 卷第 161 页。

资本主义生产是在存在土地所有权的前提下开始的，而土地所有权不是从资本主义生产中产生的，它在资本主义生产之前就已经存在。因此，单单土地所有权的存在本身就给问题作了答复。资本所能做的一切，就是使农业服从资本主义生产的条件。

马克思：《资本论第四卷》，
《马克思恩格斯全集》第 26 卷第二册第 270 页。

我们倒是应该这样说：如果把投在土地上的一切没有报酬的、但已被土地所有者和资本家转化为货币的劳动计算一下，那末，全部投在土地上的资本已经一再以高额的利息偿还了，土地所有权也早就一再被社会赎买回来了。

马克思：《资本论第二卷》，
《马克思恩格斯全集》第 24 卷第 394~395 页。

大大扩充的银行，特别是在德国（在各式各样的官僚名义下），日益成为抵押土地的持有者；连同这些银行的股票一起，地产的实际的最高所有权被转移到了交易所手中；而在田庄落入债权人手里的时候，情形就更是如此。

马克思：《资本论第三卷》，
《马克思恩格斯全集》第 25 卷下册第 1030 页。

如果这是不动产抵押单，那它就只是有权获得未来地租的证据。如果这是股票，那它就只是有权取得未来剩余价值的所有权证书。所有这些东西，都不是实际的资本，也都不是资本的组成部分，并且本身也不是价值。

马克思：《资本论第三卷》，
《马克思恩格斯全集》第 25 卷上册第 519 页。

尽管革命的发起可能来自法国，但是只有英国可以成为重大经济革命的杠杆。它是这样一个国家，唯有那里已经没有农民并且土地所有权集中在少数人手里。唯有这个国家中的资本主义形式——即劳动大规模地联合在资本主义企业主的统治下——几乎笼罩了整个的生产。

马克思：《机密通知》，
《马克思恩格斯全集》第 16 卷第 472 页。

在中世纪得到发展的那种商品生产中，劳动产品应当属于谁的问题根本不可能发生。当时个体生产者通常都用自己所有的、往往是自己生产的原料，用自己的劳动资料，用自己成家属的手工劳动来制造产品。这样的产品根本用不着他去占有，它自然是属于他的。因此，产品的所有权是以自己的劳动为基础的。

恩格斯：《社会主义从空想到科学的发展》，
《马克思恩格斯全集》第 19 卷第 231 页。

在奴隶劳动下，连奴隶只是用来补偿他本身的生活资料的价值的工作日部分，即他实际上为自己劳动的工作日部分，也表现为好像是为主人的劳动。他的全部劳动都表现为无酬劳动。相反地，在雇佣劳动下，甚至剩余劳动或无酬劳动也表现为有酬劳动。在奴隶劳动下，所有权关系掩盖了奴隶为自己的劳动，而在雇佣劳动下，货币关系掩盖了雇佣工人的无偿劳动。

马克思：《资本论第一卷》，
《马克思恩格斯全集》第 23 卷第 590～591 页。

如果货币在我们这个资本家的交易中执行支付手段的职能（其方式是商品要经过或长或短的时期才由买者支付），那末，要资本化的剩余产品就不转化为货币，而转化为债权，也就是对买者或许已经到手或许可望到手的等价物的所有权。

马克思：《资本论第二卷》，
《马克思恩格斯全集》第 24 卷第 92 页。

　　这种固定资本的所有权证书却可以变换，可以买卖，就这一点说，可以观念地流通。这种所有权证书，甚至可以在国外市场上流通，例如以股票的形式。但是，这一类固定资本的所有主的变换，不会使一个国家财富中不动的、物质上固定的部分和可动的部分之比发生变化。

马克思：《资本论第二卷》，

《马克思恩格斯全集》第 24 卷第 182 页。

　　所有权证书，例如铁路的所有权证书，每天都可以易手，它们的所有者甚至可以在国外出售这种证书而获得利润，因此，铁路本身虽然不能输出所有权证书却是可以输出的。

马克思：《资本论第二卷》，

《马克思恩格斯全集》第 24 卷第 235 页。

　　至于 Crédit Mobilier ，我们已经说过，这个机构的意图与它的名称根本不符。它的意图是使资本固定下来，而不是使它流通。它所要流通的只不过是所有权而已。的确，它所创办的各公司的股票完全是流动性质的，但是这些股票所代表的资本却陷住不动。Crédit Mobilier 的全部秘诀就在于把资本吸引到工业企业里，使它陷在那里不动，然后以出卖代表这种资本的股票来进行投机。

马克思：《法国的经济危机》，

《马克思恩格斯全集》第 12 卷第 83 页。

　　股票。如果没有欺诈，它们就是对一个股份公司拥有的实际资本的所有权证书和索取每年由此生出的剩余价值的凭证。

马克思：《资本论第二卷》，

《马克思恩格斯全集》第 24 卷第 387 页。

　　与信用事业一起发展的股份企业，一般地说也有一种趋势，就是使这种管理劳动作为一种职能越来越同自有资本或借入资本的所有权相分离，这完全像司法职能和行政职能随着资产阶级社会的发展，同土地所有权相分离一样，而在封建时代，这些职能却是土地所有权的属性。

马克思：《资本论第三卷》，

《马克思恩格斯全集》第 25 卷上册第 436 页。

　　在股份公司内，职能已经同资本所有权相分离，因而劳动也已经完全同生产资料的所有权和剩余劳动的所有权相分离。资本主义生产极度发展的这个结果，是资本再转化为生产者的财产所必需的过渡点，不过这种财产不再是各个互相分离的生产者的私有财产，而是联合起来的生产者的财产，即直接的社会财产。

马克思：《资本论第三卷》，

《马克思恩格斯全集》第 25 卷上册第 494 页。

我们完全用不着去否定交易所的"不道德行为"和诈骗行为，我们甚至可以一针见血地把它如实地描绘成资本主义赢利的顶峰，在那里所有权完全直接变成了盗窃；不过还应当做出进一步的结论：摧毁现代经济的这个表现得最清楚的顶峰，绝对不利于无产阶级，而相反地应当让它充分地自由发展，以便使最蠢的人也开始明白，现代经济会造成什么后果。

《恩格斯致卡·考茨基》，

《马克思恩格斯全集》第 35 卷第 429～430 页。

既然工厂法通过它的各种强制性规定间接地加速了较小的工场向工厂的转化，从而间接地侵害了较小的资本家的所有权，并确保了大资本家的垄断权，那末，法律关于工场中的每个工人应占有必要空间的强制规定，就会一下子直接剥夺成千上万的小资本家！就会动摇资本主义生产方式的根基，也就是说，会破坏大小资本通过劳动力的"自由"购买和消费而实现自行增殖。

马克思：《资本论第一卷》，

《马克思恩格斯全集》第 23 卷第 528～529 页。

"农民在乌拉尔居住的目的，是想替工厂主做工"，——这是一个住在下谢尔金斯克工厂里的人巴布什金的一封信中所说的话，见《手工工业调查委员会的报告》。这句老实话非常正确地说明了工厂主在这个地区生活中的巨大作用，说明了他们作为地主兼工厂主的意义，说明了他们习惯于完全的和无限制的统治，习惯于垄断者的地位，把自己的工业建筑在自己的所有权上，而不是建筑在资本和竞争上。

列宁：《彼尔姆省手工业调查》，

《列宁全集》第 2 卷第 325 页。

从前，资本在它认为必要的时候，就通过强制的法律来实现对自由工人的所有权。例如在 1815 年以前，英国曾以严厉的刑罚来禁止机器工人向国外迁移。

马克思：《资本论第一卷》，

《马克思恩格斯全集》第 23 卷第 630 页。

在工人们容忍其代表参加地方管理机关的那个阶级的人们看来，罢工简直就是反对现存社会制度的暴动，是对神圣的所有权的践踏。

恩格斯：《两个模范地方议会》，

《马克思恩格斯全集》第 19 卷第 294 页。

马克思在《法国的经济危机》里说，"至于 Crédit Mobilier，我们已经说过，这个机构的意图与它的名称根本不符"，是说 Crédit Mobilier 这种证券公司的秘密之一，就是增加自己的业务和减少自己的风险，办法是参与各种各样的企业和尽快地退出这些企业。广泛地收买股票，用它们进行大量的投机活动，在赚取贴水以后，尽快地把这些股票抛售出去。

"而不是使它流通"中的"流通"，是双关语。Mobilier 的意思是"可以动的"；to mobilize 的意思是"将……变成活动的""使……流通起来"。

3. 两种所有权

大陆法系用"物权"概念排斥"所有权"概念，或者把所有权作为物权的一个方面。其基本主张，是"一元所有权"论，即物权是直接支配物的排他的绝对的权利。既然如此，那工人对于自己生产的产品为什么没有所有权呢？马克思发现了其中的秘密。马克思从工人生产产品入手，得出劳动力所有权与其劳动条件的所有权分离的结论。这就是两种所有权理论的来源。正是这样的所有权理论，揭示了工人阶级受苦受难的根源，揭示了资产阶级的剥削本性。有人说，是资本家养活工人，没有资本家，工人就没有饭吃，没有衣穿，他们鼓吹大力发展自由资本主义。一百多年的社会主义史证明，正是没有了资本家，工人才有饭吃，才有衣穿。

在经典作家那里，两种所有权，包括生产资料所有权与生活资料所有权、劳动力所有权与资本所有权。空谈所有权概念，用古今中外法律所保护的人人都有的、世世皆存的生活资料所有权，掩盖只有资本主义立法所保护的资产者享有的生产资料所有权，用劳动力所有权，掩盖资本所有权，这些手法，完全是用于为资本主义经济制度和法律制度辩护的。

生产资料私人所有权，是一种占有产品和他人无偿劳动的权利。依据这种权利，得以使构成资本的生产资料和生活资料产生出来和积累起来，并被用来扩大生产，形成资本运动过程。这样，所有权实际上不只是对物的所有权，而且成为对直接生产者的统治权、对竞争对手的支配权和对社会经济关系的控制权。上述财产权利，又转化为财产权力，实现着财产权力的社会化。

（1）劳动力所有权与其劳动条件的所有权的分离

最初，在我们看来，所有权似乎是以自己的劳动为基础的。至少我们应当承认这样的假定，因为互相对立的仅仅是权利平等的商品所有者，占有别人商品的手段只能是让渡自己的商品，而自己的商品又只能是由劳动创造的。现在，所有权对于资本家来说，表现为占有别人无酬劳动或产品的权利，而对于工人来说，则表现为不能占有自己的产品。

马克思：《资本论第一卷》，

《马克思恩格斯全集》第 23 卷第 640 页。

他作为人，必须总是把自己的劳动力当作自己的财产，从而当作自己的商品。而要做到这一点，他必须始终让买者只是在一定期限内暂时支配他的劳动力，使用他的劳动力，就是说，他在让渡自己的劳动力时不放弃自己对它的所有权。

马克思：《资本论第一卷》，
《马克思恩格斯全集》第 23 卷第 191 页。

工人除了具有分享企业主的利润的不可争辩的权利之外，还具有另一种更加不可争辩的权利，即成为自己劳动的支配者的权利。为了这一点，而且为了更有效地调整工资，除了剥夺企业主因为有了剩余劳动力而得到的权力之外，群众运动的资金应该用于购置土地。土地以非理事会理事的个人的名义购置，并根据土质，根据个人租用或大合作社企业使用等不同用途分成大小不同的农场。这些土地的所有权属于群众运动，不得转让。土地将按照公平合理的价格短期出租，在租借合同中有专门的条文规定，无力支付租金者立即剥夺租借权。

马克思：《工人议会》，
《马克思恩格斯全集》第 10 卷第 138 页。

这样一来，表现在一种规定性上的［生息的］资本，就和表现在另一种规定性上的［提供产业利润的］同一个资本，在固定的形式上对立起来，就像土地所有权和资本相互对立一样，事实上，土地所有权和资本是以两种本质上不同的生产资料为基础的、占有别人劳动的权利。

马克思：《资本论第四卷》，
《马克思恩格斯全集》第 26 卷第 3 册第 525 页。

现在，对过去无酬劳动的所有权，成为现今以日益扩大的规模占有活的无酬劳动的唯一条件。资本家已经积累的越多，就越能更多地积累。

马克思：《资本论第一卷》，
《马克思恩格斯全集》第 23 卷第 639 页。

货币最初转化为资本，是完完全全符合商品生产的经济规律以及由此产生的所有权的。尽管这样，这种转化仍然有以下的结果：

1. 产品属于资本家，而不属于工人；

2. 这一产品的价值除包含预付资本的价值外，还包含剩余价值，后者要工人耗费劳动，而不要资本家耗费任何东西，但它却成为资本家的合法财产；

3. 工人保持了自己的劳动力，只要找到买者就可以重新出卖。

简单再生产仅仅是这种最初的活动的周期反复。货币总是一次又一次地重新转化为资本。因此，规律并没有遭到违反，相反地，只是得到不断发生作用的机会。

马克思：《资本论第一卷》，
《马克思恩格斯全集》第 23 卷第 641~642 页。

尽管每一个单独考察的交换行为仍遵循交换规律，但占有方式却会发生根本的变革，而这丝毫不触犯与商品生产相适应的所有权。同一所有权，在产品归生产者所有，生产者用等价物交换等价物，只能靠自己劳动致富的初期，是有效的；在社会财富越来越多地成为那些能不断地重新占有别人无酬劳动的人的财产的资本主义时期，也是有效的。

马克思：《资本论第一卷》，

《马克思恩格斯全集》第23卷第643~644页。

大多数人的贫穷和少数人的富有就是从这种原罪开始的；前者无论怎样劳动，除了自己本身以外仍然没有可出卖的东西，而后者虽然早就不再劳动，但他们的财富却不断增加。例如梯也尔先生为了替所有权辩护，甚至带着政治家的严肃神情，向一度如此富有才华的法国人反复叨念这种乏味的儿童故事。但是，一旦涉及所有权问题，那末坚持把儿童读物的观点当作对于任何年龄和任何发育阶段都是唯一正确的观点，就成了神圣的义务。

马克思：《资本论第一卷》，

《马克思恩格斯全集》第23卷第782页。

所有权和劳动的分离，成了似乎是一个以它们的同一为出发点的规律的必然结果。换句话说，即使我们排除任何掠夺、任何暴力和任何欺骗的可能性，即使假定一切私有财产起初都基于占有者自己的劳动，而且在往后的全部进程中，都只是相等的价值和相等的价值进行交换，那末，在生产和交换的进一步发展中也必然要产生现代资本主义的生产方式，出现生产资料和生活资料被一个人数很少的阶级所垄断，而另一个构成人口绝大多数的阶级被降低到无产者的地位，出现狂热生产和商业危机的周期交替，出现整个现在的生产无政府状态。

恩格斯：《反杜林论》，

《马克思恩格斯全集》第20卷第178页。

资本关系以劳动者和劳动实现条件的所有权之间的分离为前提。资本主义生产一旦站稳脚跟，它就不仅保持这种分离，而且以不断扩大的规模再生产这种分离。因此，创造资本关系的过程，只能是劳动者和他的劳动条件的所有权分离的过程，这个过程一方面使社会的生活资料和生产资料转化为资本，另一方面使直接生产者转化为雇佣工人。因此，所谓原始积累只不过是生产者和生产资料分离的历史过程。这个过程所以表现为"原始的"，因为它形成资本及与之相适应的生产方式的前史。

马克思：《资本论第一卷》，

《马克思恩格斯全集》第23卷第782~783页。

物质财富的对立的社会性质，——物质财富和作为雇佣劳动的劳动之间的对立，——离开生产过程，已经表现为资本所有权本身。这个因素是资本主义生产过程不断产生的结果，并且作为这样的结果又是它的不断需要的前提；这个因素离开资本主义生产过程本身，现在表现在这样的事实上：货币，商品也一样，就其自身来说，潜在地，在可能性上是资本，它们能够作为资本出售，并且以这个形式支配别人的劳动，提出占有别人劳动的要求，因而是自行增殖的价值。这里也清楚地表明了：占有别人劳动的根据和手段，是这种关系，而不是资本家方面提供的任何作为对等价值的劳动。

马克思：《资本论第三卷》，

《马克思恩格斯全集》第 25 卷上册第 398～399 页。

如果土地所有权归人民所有，资本主义生产的整个基础，使劳动条件变成一种独立于工人之外并同工人相对立的力量的基础，就不再存在了。

马克思：《资本论第四卷》，

《马克思恩格斯全集》第 26 卷第二册第 108 页。

在交换价值进一步的发展中，这种情况发生了变化，并且最终表明，对自己劳动产品的私人所有权也就是劳动和所有权的分离，而这样一来，劳动将创造他人的所有权，所有权将支配他人的劳动。

马克思：《政治经济学批判》，

《马克思恩格斯全集》第 46 卷上册第 189 页。

劳动（活的、合乎目的的活动）转化为资本，从自在意义上说，是资本和劳动交换的结果，因为这种交换给资本家提供了对劳动产品的所有权（以及对劳动的支配权）。这种转化只有在生产过程本身中才得到实现。

马克思：《政治经济学批判》，

《马克思恩格斯全集》第 46 卷上册第 268 页。

其本身包含的劳动量或劳动时间进行交换的规律进行的，并且，由于从法律上来看这种交换的唯一前提是任何人对自己产品的所有权和自由支配权（从而，剩余资本同剩余资本的关系是这前一种关系［资本同劳动的关系］的结果），我们看到，通过一种奇异的结果，所有权在资本方面就辩证地转化为对他人的产品的权利，或者说转化为对他人劳动的所有权，转化为不支付等价物便占有他人劳动的权利，而在劳动能力方面则辩证地转化为必须把它本身的劳动或把它本身的产品看作他人财产的义务。所有权在一方面转化为占有他人劳动的权利，在另一方面则转化为把它本身的劳动的产品和它本身的劳动看作属于他人的价值的义务。

马克思：《政治经济学批判》，

《马克思恩格斯全集》第 46 卷上册第 454～455 页。

所有权最初是以自己的劳动为基础的。现在所有权表现为占有他人劳动的权利，表现为劳动不能占有它自己的产品。所有权同劳动之间,进一步说,财富同劳动之间的完全分离,现在表现为以它们的同一性为出发点的规律的结果。

> 马克思:《政治经济学批判》,
>
> 《马克思恩格斯全集》第 46 卷上册第 455 页。

资产阶级所有权的这第二条规律是第一条规律 [即对自己劳动的产品拥有所有权的规律] 转变来的,并通过继承权等等而长期存在下去,不受单个资本家的易逝性的影响;它同第一条规律一样被承认为规律。第一条是劳动和所有权的同一性;第二条是劳动表现为被否定的所有权,或者说所有权表现为对他人劳动的异己性的否定。

> 马克思:《政治经济学批判》,
>
> 《马克思恩格斯全集》第 46 卷上册第 469 页。

等价物的交换好像是以个人劳动产品的所有权为前提的,因此好像把通过劳动的占有,即占有的现实经济过程,同对客体化的劳动的所有权等同起来了(过去表现为实际过程的东西,在这里表现为法律关系,也就是说,被承认为生产的一般条件,因而也就在法律上被承认,成为一般意志的表现),——这样的等价物的交换转向自己的反面,由于必然的辩证法而表现为劳动和所有权之间的绝对分离,表现为不通过交换不付给等价物而占有他人的劳动。以交换价值为基础的生产,即在表面上进行着上述那种自由和平等的等价物交换的生产,从根本上说,是作为交换价值的物化劳动同作为使用价值的活劳动之间的交换;或者可以换一种说法,是劳动把劳动客观条件——因而也是把劳动本身所创造的客体性——看作是他人财产的关系:劳动的异化。另一方面,交换价值的条件是,交换价值用劳动时间来计量,因此作为价值尺度的是活劳动,

而不是活劳动的价值。如果认为,在一切生产形式中,生产,从而社会,都建立在单纯的劳动同劳动的交换上,那就错了。在劳动把它的生产条件看作是自己的财产的各种形式中,劳动者的再生产都不是由单纯的劳动所决定的,因为劳动者的所有权关系,不是他的劳动的结果,而是他的劳动的前提。

> 马克思:《政治经济学批判》,
>
> 《马克思恩格斯全集》第 46 卷上册第 518~519 页。

只是劳动同劳动发生交换的那种状态(不管是以直接的活劳动的形式进行交换,还是以产品的形式进行交换),其前提是劳动从它同它的客观条件的原始共生状态中脱离出来,由于这种脱离,一方面,劳动表现为单纯的劳动,另一方面,劳动的产品作为物化劳动,同 [活] 劳动相对立而获得作为价值的完全独立的存在。劳动同劳动相交换——这看起来是劳动者所有权的条件——是以劳动者一无所有为基础的。

> 马克思:《政治经济学批判》,
>
> 《马克思恩格斯全集》第 46 卷上册第 519~520 页。

作为原因，作为活动，工人被资本所吸收，并体现为资本。这样，交换变成了自己的对立面，而私有制的规律，——自由、平等、所有权，即对自己劳动的所有权和自由支配权，——变成了工人没有所有权和把他的劳动让渡出去，而工人对自己劳动的关系，变成了对他人财产的关系，反过来也一样。

> 马克思：《政治经济学批判》，
>
> 《马克思恩格斯全集》第 46 卷下册第 187 页。

工人丧失所有权，而物化劳动拥有对活劳动的所有权，或者说资本占有他人劳动，——两者只是在对立的两极上表现了同一关系，——这是资产阶级生产方式的基本条件，而决不是同这种生产方式毫不相干的偶然现象。这种分配方式就是生产关系本身，不过是从分配角度来看罢了。

> 马克思：《政治经济学批判》，
>
> 《马克思恩格斯全集》第 46 卷下册第 361 页。

交换过程的各主体表现为商品的所有者。因为在简单流通的基础上，只有一种方法可以使每个人成为某种商品的所有者，这就是通过付出新的等价物，所以，在交换之前就存在的商品所有权，即对于那种不是通过流通而占有的商品的所有权，或者不如说，对于那种还要进入流通的商品的所有权，就表现为直接从商品占有者的劳动中产生的所有权，而劳动则表现为最初的占有方式。作为交换价值的商品只是［劳动］的产品，对象化的劳动。同时，商品首先是某个把自己的劳动体现在这一商品中的人的对象性；是他自己的、他本身生产的、为他人的对象存在。

> 马克思：《政治经济学批判》，
>
> 《马克思恩格斯全集》第 46 卷下册第 462 页。

资本家和工人之间的——买和卖的——货币关系掩盖着无酬劳动，而在奴隶劳动的情况下，奴隶和他的主人之间的所有权关系掩盖着为自己的劳动。

> 马克思：《经济学手稿》，
>
> 《马克思恩格斯全集》第 48 卷第 11 页。

马克思在《资本论》第 1 卷里第 191 页说的"他在让渡自己的劳动力时不放弃自己对它的所有权"，是由黑格尔的《法哲学》有关论述推导出来的。黑格尔认为，各种立法都规定了劳动契约的最长期限。在自由劳动的民族里，一切法典都规定了解除契约的条件。在有些国家，特别是墨西哥（美国南北战争前，从墨西哥夺去的领土也是这样，库扎政变前多瑙河地区实际上也是这样），奴隶制采取债役这种隐蔽的形式。由于债务要以劳役偿还，而且要世代相传，所以不仅劳动者个人，而且连他的家族实际上都成为别人及其家族的财产。胡阿雷斯废除了债役。所谓的皇帝马克西米利安颁布一道敕令，又把它恢复了。华盛顿的众议院一针见血地谴责这个敕令是恢复墨西哥的奴隶制的敕令。"我可以把我的体力上和智力上的特殊技能和活动能力……在限定的时期内让渡给别人使用，因为根据这种限制，它们同我的整体和全体取得一种外在的关系。如果我把我的由于劳动而具体化的全部时间和我的全部生产活动都让渡给别人，那么，我就把这种活动的实体、我的普遍的活动和现实性、我的人身，变成别人的财产了。"

（2）资本所有权对劳动的统治

资本是一种集中的社会力量，而工人只拥有自己的劳动力。因此，劳资之间永远不可能在公平的条件下缔结协定，即使在物质生活资料和劳动资料的所有权同活的生产力相对抗的社会看来的公平条件下也不可能。

马克思：《临时中央委员会就若干问题给代表的指示》，
《马克思恩格斯全集》第 16 卷第 219～220 页。

工业上的最高权力成了资本的属性，正像在封建时代，战争上和审判上的最高权力是土地所有权的属性一样。

恩格斯：《相对剩余价值的生产第四章》，
《马克思恩格斯全集》第 16 卷第 310 页。

在资本上，工人的物化劳动表现为统治工人的权力，同样，在土地所有权上，土地所有权使土地所有者能从资本家那里扣下一部分无酬劳动的这种情况，表现为土地所有权似乎是价值的一个源泉。

马克思：《资本论第四卷》，
《马克思恩格斯全集》第 26 卷第二册第 36 页。

凯尔恩斯教授在他的著作《奴隶劳力》（1862 年伦敦版）中所说的，在更大程度上是对工厂主说的，因为他们拥有对所雇工人的绝对所有权，他们甚至不必为这一所有权支付报酬。

马克思：《经济学手稿》，
《马克思恩格斯全集》第 47 卷第 612 页。

在那些生产当事人看来，资本、土地所有权和劳动，是三个不同的、独立的源泉，每年生产的价值——从而这个价值借以存在的产品——的三个不同的组成部分，就是从这些源泉本身产生出来的。

马克思：《资本论第三卷》，
《马克思恩格斯全集》第 25 卷下册第 929 页。

与利润的一部分相适应的是资本的社会形式，即资本是所有权；与利润的另一部分相适应的是资本的经济职能，即资本在劳动过程中的职能，不过这种职能已摆脱并抽掉了使资本得以执行这种职能的社会形式，即对立形式。至于有人怎样用聪明的理由进一步为这一点作辩护，我们将在分析把利润解释为"监督劳动"的报酬的辩护论观点时作更详细的考察。在这里人们把资本家和他的经理混同起来了，这一点斯密已经指出过。

马克思：《资本论第四卷》，
《马克思恩格斯全集》第 26 卷第三册第 550 页。

在工业发展的初期，大部分需求是与供给相一致的，竞争是有限制的，因此，在一切工业部门中产生了垄断价格，经常发生工业所有权对土地所有权的侵吞（也以分裂为［农业和工业］国家的形式），因此，一方发财，另一方贫困，所以市场价格和实际价格之间的斗争，在现象上，在程度上，都和现代社会里的情形有所不同。当时市场价格经常超过实际价格。

马克思：《关于大·李嘉图〈政治经济学和赋税原理〉》，
《马克思恩格斯全集》第 44 卷第 112 页。

资本家先生们只有在一种场合（矿）缴款与工人相同，而在其余各种场合都比工人少得多。可是他们却由此要求对协会的储金享有下列所有权：

在 I 矿，协会储金的所有权不属于矿工协会会员，因此，他们除了按照章程规定可以在一定场合下领取补助外，不得对储金会有更多要求，尤其不能要求解散储金会和分配其现款，即使在某一企业停工时亦不许可。

"如果申堡公爵在埃耳斯尼茨的煤矿全部停工"，在清偿了现有的债务以后，"余款的支配权归公爵——矿主。"

在 II 矿，"如果下维尔施尼茨煤矿公司停办，矿工协会的储金会应同时宣告结束……所余现金的支配权归经理部。"

矿工协会会员对协会的储金没有任何所有权。

在 III 矿，与 II 矿相同。

恩格斯：《关于萨克森煤矿工人行业协会的报告》，
《马克思恩格斯全集》第 16 卷第 387 页。

工人向协会储金会缴纳了大部分储金，而资本家则把这种储金的所有权攫为己有。看来，似乎是资本家赠送礼品给他们的工人。实际上是工人被迫将礼品奉送给他们的资本家。跟所有权一起，对储金的管理权自然也落到资本家手中了。

恩格斯：《关于萨克森煤矿工人行业协会的报告》，
《马克思恩格斯全集》第 16 卷第 387 页。

当时《泰晤士报》（1863 年 3 月 24 日）发表了曼彻斯特前任商会会长艾德蒙·波特尔的一封信。这封信在下院被恰当地称为"工厂主宣言"。我们在这里举出几处有代表性的地方，这些地方毫无掩饰地表明了资本对劳动力的所有权。

马克思：《资本论第一卷》，
《马克思恩格斯全集》第 23 卷第 630 页。

从质的方面来看，利息是资本的单纯所有权所提供的剩余价值，是资本自身提供的剩余价值，虽然资本的所有者一直处在再生产过程之外；因此，是资本在和自己的过程相分离的情况下提供的剩余价值。

马克思：《资本论第三卷》，
《马克思恩格斯全集》第 25 卷上册第 423 页。

商品价值的各个组成部分是作为独立的收入互相对立的，并且它们作为独立的收入，是与劳动、资本和土地这三种彼此完全不同的生产要素发生关系，因而好像它们就是由这些东西产生的一样。劳动力的、资本的和土地的所有权，就是商品这些不同的价值组成部分所以会分别属于各自的所有者，并把这些价值组成部分转化为他们的收入的原因。但价值并不是因它转化为收入而产生的，它在能够转化为收入，能够取得这种形式以前，必须已经存在。这三个部分的相对量是由不同的规律决定的，它们和商品价值本身的联系以及它们受商品价值本身的限制的事实，决不会在表面上显现出来，所以，颠倒的假象必然更具有迷惑作用。

马克思：《资本论第三卷》，
《马克思恩格斯全集》第 25 卷下册第 980 ~ 981 页。

如果我们只考察商品流通所产生的经济形式，那末，它的最终产物是货币，而货币正是资本的最初的表现形式。资本在历史上起初总是作为货币财产，作为商业资本或高利贷资本，与土地所有权相对立。就是现在，一切新资本也是以货币形态登上舞台，货币经过一定的过程，就转化为资本。

恩格斯：《卡·马克思"资本论"第一卷提纲》，
《马克思恩格斯全集》第 16 卷第 287 页。

如果在我们的资本家的交易中货币不是作为流通手段，而是作为支付手段执行职能，而且不仅仅是作为形式上的支付手段，而是作为特有的支付手段执行职能，那么，应该资本化的剩余产品就不是转化为货币，而是转化为债务要求权，转化为对等价物的所有权，买者可能已经拥有这种等价物，也可能买者还只是期望得到它。

马克思：《资本论第二册》，
《马克思恩格斯全集》第 50 卷第 42 ~ 43 页。

商品生产按自己本身内在的规律越是发展成为资本主义生产，商品生产的所有权规律也就越是转变为资本主义的占有规律。

马克思：《资本论第一卷》，

《马克思恩格斯全集》第 23 卷第 644 页。

很清楚，100 镑的所有权，使其所有者有权把利息，把他的资本生产的利润的一定部分，据为己有。如果他不把这 100 镑交给另一个人，后者就不能生产利润，也就根本不能用这 100 镑来。

在这里，同吉尔巴特一起（见注）说什么自然正义，这是荒谬的。生产当事人之间进行的交易的正义性在于：这种交易是从生产关系中作为自然结果产生出来的。这种经济交易作为当事人的意志行为，作为他们的共同意志的表示，作为可以由国家强加给立约双方的契约，表现在法律形式上，这些法律形式作为单纯的形式，是不能决定这个内容本身的。这些形式只是表示这个内容。这个内容，只要与生产方式相适应，相一致，就是正义的；只要与生产方式相矛盾，就是非正义的。在资本主义生产方式的基础上，奴隶制是非正义的；在商品质量上弄虚作假也是非正义的。

马克思：《资本论第三卷》，

《马克思恩格斯全集》第 25 卷上册第 379 页。

只是为这个要由产业资本家去完成的循环作了准备。在这里，货币的第一次换位，不表示形态变化的任何行为，既不表示买，也不表示卖。所有权没有被出让，因为没有发生交换，也没有得到任何等价物。货币由产业资本家手中流回到借贷资本家手中，不过是对放出资本的第一个行为的补充。这个以货币形式预付的资本，通过循环过程，又以货币形式回到产业资本家手中。

马克思：《资本论第三卷》，

《马克思恩格斯全集》第 25 卷上册第 388～389 页。

生息资本是作为所有权的资本与作为职能的资本相对立的。但是，资本在它不执行职能的时候，不剥削工人，也不是同劳动处于对立之中。

马克思：《资本论第三卷》，

《马克思恩格斯全集》第 25 卷上册第 426 页。

执行职能的资本家不是从他对资本的所有权中，而是从资本同它只是作为无所作为的所有权而存在的规定性相对立的职能中，得出他对企业主收入的要求权，从而得出企业主收入本身。

马克思：《资本论第三卷》，

《马克思恩格斯全集》第 25 卷上册第 426 页。

在再生产过程中，执行职能的资本家作为别人所有的资本的代表，同雇佣工人相对立；货币资本家则由执行职能的资本家来代表，参与对劳动的剥削。由于在再生产过程中的资本职能同在再生产过程外的资本的单纯所有权的对立，人们忘记了：能动资本家只有作为生产资料的代表同工人相对立，才能执行职能，才能使工人为他的利益而劳动，或者说，使生产资料发挥资本的作用。

马克思：《资本论第三卷》，

《马克思恩格斯全集》第25卷上册第427~428页。

在资本主义生产方式下，资本的独特的社会规定性的因素——具有支配别人劳动的属性的资本所有权——已经固定下来，利息又因此表现为资本在这种条件下生出的剩余价值的一部分，所以剩余价值的另一部分——企业主收入——就必然表现为：它并不是由资本本身生出的，而是由同它的、已经以资本利息这个名称取得特殊存在方式的独特社会规定性相分离的生产过程生出的。

马克思：《资本论第三卷》，

《马克思恩格斯全集》第25卷上册第429页。

利息本身正好表现出，劳动条件作为资本而存在，同劳动处于社会对立中，并且转化为同劳动相对立并且支配着劳动的私人权力。利息把单纯的资本所有权表现为占有别人劳动产品的手段。但是，它是把资本的这种性质表现为某种在生产过程之外属于资本的东西，而不是表现为这个生产过程本身的独特的资本主义规定性的结果。它不是把资本的这种性质表现为同劳动直接对立，而是相反地同劳动无关，只是表现为一个资本家对另一个资本家的关系，也就是说，表现为一种存在于资本对劳动本身的关系之外的、与这种关系无关的规定。

马克思：《资本论第三卷》，

《马克思恩格斯全集》第25卷上册第429~430页。

利息，而不是利润，表现为从资本本身，因而从单纯的资本所有权中产生的资本的价值创造；因此利息表现为由资本本能地创造出来的收入。庸俗经济学家就是在这种形式上理解利息的。在这种形式上，一切中介过程都消失了，资本的物神的形态也像资本物神的观念一样已经完成。这种形态之所以必然产生，是由于资本的法律上的所有权同它的经济上的所有权分离，由于一部分利润在利息的名义下被完全离开生产过程的资本自身或资本所有者所占有。

马克思：《资本论第四卷》，

《马克思恩格斯全集》第26卷第三册第511页。

由这种所有权证书的价格变动而造成的盈亏，以及这种证书在铁路大王等人手里的集中，就其本质来说，越来越成为赌博的结果。赌博已经代替劳动，并且也代替了直接的暴力，而表现为夺取资本财产的原始方法。这种想象的货币财产，不仅构成私人货币财产的很大的部分，并且正如我们讲过的，也构成银行家资本的很大的部分。

马克思:《资本论第三卷》,

《马克思恩格斯全集》第 25 卷下册第 541 页。

如果高利贷者不满足于只榨取他的牺牲者的剩余劳动,而逐渐取得了对后者的劳动条件本身的所有权,即土地、房屋等等的所有权,并用这种办法不断地对后者进行剥夺,那末,又会从另一方面忘记这样一点:劳动者的劳动条件这样完全被剥夺,并不是资本主义生产方式所要达到的结果,而是它作为出发点的现成的前提。

马克思:《资本论第三卷》,

《马克思恩格斯全集》第 25 卷下册第 673~674 页。

高利贷资本和商人财产促进了不依赖于土地所有权的货币财产的形成。产品的商品性质越是不发达,交换价值越是没有占领生产的全部广度和深度,货币就越是表现为真正的财富本身,表现为一般财富,而和财富在使用价值上的有限表现相对立。

马克思:《资本论第三卷》,

《马克思恩格斯全集》第 25 卷下册第 676 页。

由于农业工人的平均工资低于工业工人的平均工资,地租(也就是说,土地所有权的现代形式)已经成为可能,这是撇开由土地肥力不同引起的地租差别而单单就地租的存在本身说的。因为,在这里,资本家起初按照传统(因为旧时代的租地农民变成资本家早于资本家变成租地农场主),一开始就从他的收入中拿出一部分来交给土地所有者,所以他就把工资压到水平以下,来弥补自己的损失。随着工人从农村外逃,工资必然上涨,实际上也上涨了。但是,当这种压力几乎还没有感觉出来的时候,机器等等就被采用了,农村中又形成了(相对的)人口过剩(请看英国)。尽管劳动时间没有延长,劳动生产力也没有发展,剩余价值可以由于工资压到传统水平以下而增加。凡是以资本主义方式经营农业生产的地方,实际上都是这种情况。

马克思:《资本论第四卷》,

《马克思恩格斯全集》第 26 卷第二册第 5 页。

凡是在土地所有权由于资本对较早的土地所有权形式发生作用而转化为货币地租(这种情况在现代农民被创造出来的地方,则以另一种方式发生),因而与此同时资本经营的农业转化为企业化农业的地方,无地农民、农奴、徭役农民、世袭租佃者、茅舍贫农等等就必然转化为短工、雇佣工人;可见,雇佣劳动就其总体来说,起初是由资本对土地所有权发生作用才创造出来的,后来在土地所有权已经作为形式形成以后,则是由土地所有者自己创造出来的。

马克思:《政治经济学批判》,

《马克思恩格斯全集》第 46 卷上册第 233~234 页。

资本发展到怎样的范围，雇佣劳动也就发展到怎样的范围，结果，一方面，为了简化关系、减轻赋税等等，工人力求以资产者同样的形式把土地所有者当作赘瘤切除；另一方面，为了摆脱雇佣劳动，为了成为直接为消费而劳动的独立生产者，工人要求分割大地产。这样，土地所有权就从两方面被否定了：从资本方面来的否定只是［私有权的］形式变化，其目的是达到资本的独裁。（把地租变成一般的国债（国税），这样，资产阶级社会就以另一种方式再现了中世纪的制度，不过它是作为中世纪制度的完全的否定再现这一制度的。）从雇佣劳动方面来的否定只是对资本的隐蔽的否定，从而是对雇佣劳动本身的隐蔽的否定。因此，现在要把雇佣劳动当作与资本相独立的东西来考察。

马克思：《政治经济学批判》，

《马克思恩格斯全集》第 46 卷上册第 237 页。

马克思在《资本论》第 4 卷里说，"这一点斯密已经指出过"，马克思指的是斯密《国富论》第一篇第六章。

马克思在《第二册 资本的流通过程》里对"如果在我们的资本家的交易中货币不是作为流通手段，而是作为支付手段执行职能，而且不仅仅是作为形式上的支付手段，而是作为特有的支付手段执行职能"和后面的话，加写了注解，即"在商品为订货而生产并在交货时才进行支付的情况下，货币在形式上作为支付手段执行职能。只有在商品从卖者手里转到买者手里以后过一定时期才进行支付时，货币才作为特有的支付手段执行职能"，做了进一步说明。

马克思在《资本论》第 1 卷第 644 页谈到"商品生产的所有权规律也就越是转变为资本主义的占有规律"时，加了一个注释，就是"蒲鲁东把永恒的商品生产所有权规律同资本主义所有制对立起来，想以此来消灭资本主义所有制，对他的这种机智不能不感到惊讶！"

马克思在《资本论》第 3 卷里提到"100 镑的所有权"，是否是"执行资本家的职能"问题时，注解为："一个借钱为了获取利润的人，应该把利润的一部分给予贷出者，这是一个不言而喻的合乎自然正义的原则。"（吉尔巴特《银行业的历史和原理》1834 年伦敦版第 163 页）

4. 关于所有权问题的法学谬说

这里摘录了经典作家对于法学家和经济学家关于所有权问题的谬说。

关于所有权范畴本身的谬说，有马克思恩格斯对亚当·斯密、李嘉图、施蒂纳、黑格尔、蒲鲁东、古尔克、舍尔比利埃、马丁、布阿吉尔贝尔和斯多葛学派谬说的分析和批判，有列宁对李嘉图、安德森、马斯洛夫谬说的分析和批判。

关于同所有权相关的权利和事实的谬说，有马克思对亚里士多德、李嘉图、蒲鲁东、梯也尔、重农学派和奴颜婢膝的法学家谬说的分析和批判，有列宁对米拉波谬说的分析和批判。

（1）所有权范畴本身的谬说

真正的蒲鲁东并没有强迫萨伊从土地比较容易占有这个事实"立即"引伸出土地所有

权来。他之责难萨伊，是因为萨伊用可能性来代替权利，把可能性的问题和权利的问题混为一谈

马克思恩格斯：《神圣家族》，

《马克思恩格斯全集》第 2 卷第 53 页。

在批判的蒲鲁东那里，

"古代的财产创建人由于过分关心自身的需要而忽略了这样一个情况：

转让、出卖、赠送、获得与丧失的权利也就相当于所有权，这就消灭了他们所赖以产生的平等。"

在真正的蒲鲁东那里，财产的创建人并不是由于关心自身的需要而忽略了财产的这种发展进程。……他没有把转让、出卖等权利和"所有权"对立起来，也就是说，他没有把种和类对立起来。他是把"遗产的保存权"和"遗产的转让等权"对立起来，这才是真正的对立和真正的进步。

马克思恩格斯：《神圣家族》，

《马克思恩格斯全集》第 2 卷第 47 页。

在批判的蒲鲁东看来，萨伊从土地比空气和水易于占有这个事实，"立即引伸出把田野变为财产的权利"。可是萨伊根本没有从土地比较容易占有这个事实引伸出土地所有权，相反地，他毫不含糊地说：《Les droits des propriétaires de terres—remontent à une spoliation》〔"土地所有者的权利是由掠夺而来的"〕（"论政治经济学"第三版第一卷第 136 页注释）。所以，根据萨伊的看法，土地所有权的确立需要《concours de la législation》和《droit positif》〔"立法"和"实在法"的"促成"〕。

马克思恩格斯：《神圣家族》，

《马克思恩格斯全集》第 2 卷第 53 页。

真正的蒲鲁东没有说所有权"产生"jus utendi et abutendi〔使用和滥用的权利〕。他是过于群众化了，所以不谈什么产生所有权的所有权。Jus utendi et abutendi re sua〔使用和滥用自己财物的权利〕也就是所有权本身。因此，蒲鲁东直截了当地否认人民对自己领土的所有权。他反驳那些认为这是夸大其词的人们说，在各个时代，人们都从这个臆造的民族所有权中引出了诸如宗主权、贡税、王侯的专卖权、徭役等等一类的东西。

马克思恩格斯：《神圣家族》，

《马克思恩格斯全集》第 2 卷第 56 页。

真正的蒲鲁东说：

"就算劳动者能占有他自己劳动的产品吧；可是我不懂为什么产品所有权必须产生对物质的所有权。在同一岸边捕鱼的渔夫中，捕鱼最多的渔夫难道就会凭他捕鱼的本领高明而成为他捕鱼的那一地段的所有者吗？难道有猎人曾经因他猎术高明而获得对整个地区的

野兽的所有权吗？农夫的情形也是如此。要把占有变为财产，除了要花费劳动外，还必须有另外一个条件；否则，只要人不再是一个劳动者，他也就立刻不再是一个所有者了。"

Cessante causa, cessat effectus〔原因一消逝，结果也随之消逝〕。如果一个所有者之为所有者，只由于他是一个劳动者，那末只要他不再是劳动者，他也就立刻不再成其为所有者了。

马克思恩格斯：《神圣家族》，
《马克思恩格斯全集》第2卷第57页。

施蒂纳的"对一切的所有权"的情况如何，这从那句话的后半句"我所需要的并能占有的一切东西"中已经可以看得很清楚。他自己在第353页里详细地解释了这一点："如果我说：世界是属于我的，那末这其实也是空谈，这只有在我不尊重别人财产的情况下才有意义"，这就是说，只有在对别人财产的不尊重就是他的财产的情况下才有意义。

马克思恩格斯：《德意志意识形态》，
《马克思恩格斯全集》第3卷第425页。

我们没有必要借分析拉马丁先生的模糊感觉来揭露他特有的矛盾。我们只指出一点。拉马丁先生提出，所有制根本就是从野蛮状况到文明状况的过渡阶段，并解释说，所有权是进行呼吸和生儿育女过程的先决条件，同样也是社会现存的私有财产的先决条件。他以为这样就证实了资产阶级所有制的万古长存。

拉马丁先生正像没有看到"占有"空气和"占有"社会产品之间的差则一样，没有看到从野蛮过渡到文明的时代和我们的时代之间的区别；就像两个时代都是"过渡时代"一样，反正两者都是"占有"！

马克思：《拉马丁和共产主义》，
《马克思恩格斯全集》第4卷第419页。

吉尔克先生为了贯彻到底，到处把现代的权利概念同封建的权利规定相提并论，并且在紧要关头总是诉诸现代的权利概念，这一点看来用不着多说了。但是，如果吉尔克先生用现代权利的要求去衡量某些义务，那就很难理解，为什么他不用这种要求去衡量所有的一切义务。当然，如果他这样做，就很难使徭役同个性和所有权的自由相一致了。

马克思：《废除封建义务的法案》，
《马克思恩格斯全集》第5卷第328页。

吉尔克先生在这里看到了所有权的破坏，这种破坏会动摇一切法权准则。但是，为什么无偿地废除在法案中提到的各项义务就不是破坏所有权呢？其实在这里，不仅存在着毫无疑义的契约关系，并且还存在着从太古以来就无条件存在的无可争辩的权利，而修改契约的要求所涉及的那些契约就决不是无可争辩的，因为贿赂和欺诈是众所周知的，在许多场合下是有真凭实据的。

马克思：《废除封建义务的法案》，

《马克思恩格斯全集》第 5 卷第 330 页。

对"神圣的所有权"进行最无耻的凌辱，对人身施加最粗暴的暴力，只要这是为建立资本主义生产方式的基础所需要的，政治经济学家就会以斯多噶派的平静的心情来加以观察。

马克思：《资本论第一卷》，

《马克思恩格斯全集》第 23 卷第 796 页。

因为亚·斯密完全正确地从商品以及商品交换出发，从而生产者最初只是作为商品所有者——商品的卖者和买者——相互对立，所以，他发现（他以为），在资本和雇佣劳动的交换、物化劳动和活劳动的交换中，一般规律立即失效了，商品（因为劳动既然被买卖，那它也是商品）已经不按照它们所代表的劳动量来交换了。由此他得出结论：一旦劳动条件以土地所有权和资本的形式同雇佣工人相对立，劳动时间就不再是调节商品交换价值的内在尺度了。正如李嘉图正确地评论他的那样，斯密倒是应当做出相反的结论："劳动的量"和"劳动的价值"这两个用语不再是等同的了，因而，商品的相对价值，虽然由商品中包含的劳动时间调节，但已经不再由劳动的价值调节了，因为后一个用语只有在同前一个用语等同的时候，才是正确的。

马克思：《资本论第四卷》，

《马克思恩格斯全集》第 26 卷第 1 册第 50 页。

从资本主义生产的观点看来，资本所有权的确是作为"最初的"所有权出现的，因为它是一种作为资本主义生产的基础，并在这种生产制度中表现为生产的当事人和生产职能的承担者（对土地所有权就不能这样说）的所有权。土地所有权在这里表现为派生的东西，因为，现代土地所有权，实际上是封建的，但是由于资本对它的作用，发生了形态变化，因而它作为现代土地所有权所特有的形式是派生的，是资本主义生产方式的结果。李嘉图把现代社会中存在和表现出来的这个事实也看成历史上最初的东西（而您呢，洛贝尔图斯先生，不是去研究现代形式，而是摆脱不了地主的回忆），这是一种误解，资产阶级经济学家们在考察资产阶级社会的一切经济规律时都陷入这种误解，在他们看来，这些规律是"自然规律"，因而也表现为历史上最初的东西。

马克思：《资本论第四卷》，

《马克思恩格斯全集》第 26 卷第 2 册第 168 页。

照舍尔比利埃的说法，这个基本原则就是：

"劳动者对于作为自己劳动的结果的价值，拥有专门的权利。"（第 48 页）

……

舍尔比利埃所说的"基本原则"纯粹是一种虚构。它是由商品流通造成的假象产生的。商品按照它们的价值，即按照它们包含的劳动彼此交换。单个人在这里只是作为商品所有者互相对立，所以，只有让出自己的商品，才能占有别人的商品。因此形成一种似乎他们能交换的只是自己的劳动的假象，因为包含别人劳动的商品的交换，在这些商品本身又不是用自己的商品换得的情况下，是以与 [简单] 商品所有者即买者和卖者的关系不同的另一种人与人之间的关系为前提的。

......

"没有所有权的劳动者"作为"基本原则"，倒不如说只是文明的产物，而且是"资本主义生产"这个一定的历史阶段上的产物。这是"剥夺"规律，不是"占有"规律，至少不是舍尔比利埃所想象的一般占有规律，而是和一定的、特殊的生产方式相适应的占有规律。

马克思：《资本论第四卷》，
《马克思恩格斯全集》第26卷第3册第416~417页。

至于蒲鲁东，看来这个人有所进步。不管怎样，他的荒谬东西在发展中经过了的阶段，具有了比较不错的形式，而路易·勃朗先生对于这种"邪说"是啃不动的。蒲鲁东先生现在终于也认识到，财产所有权的真正意义在于，由或多或少是隐蔽的国家隐蔽地没收各种财产，而废除国家的真正意义是国家的更加集中。因为"通过协商对土地质量的差别和土地耕作上的特点加以均衡的共和国的所有公社"及其不可避免的特征和后果，会是别的什么东西吗？

《恩格斯致马克思》，
《马克思恩格斯全集》第27卷第324页。

黑格尔论法哲学，是从主体的最简单的法的关系即占有开始的，这是对的。但是，在家庭或主奴关系这些具体得多的关系之前，占有并不存在。相反，如果说存在着还只是占有，而没有所有权的家庭和氏族，这倒是对的。所以，同所有权相比，这种比较简单的范畴，表现为比较简单的家庭团体或氏族团体的关系。它在比较高级的社会中表现为一个发达的组织的比较简单的关系。但是那个以占有为关系的比较具体的基础总是前提。可以设想有一个孤独的野人占有东西。但是在这种情况下，占有并不是法的关系。说占有在历史上发展为家庭，是错误的。占有倒总是以这个"比较具体的法的范畴"为前提的。

马克思：《经济学手稿》，
《马克思恩格斯全集》第46卷上册第39页。

资产阶级经济学家们把资本看作永恒的和自然的（而不是历史的）生产形式，然后又竭力为资本辩护，把资本生成的条件说成是资本现在实现的条件，换句话说，把资本家还是作为非资本家——因为他还只是正在变为资本家——用来进行占有的要素，说成是资本家已经作为资本家用来进行占有的条件。这些辩护的企图证明他们用心不良，并证明他们没有能力把资本作为资本所采用的占有方式同资本的社会自身所宣扬的所有权的一般规律调和起来。

马克思：《政治经济学批判》，

《马克思恩格斯全集》第 46 卷上册第 457～458 页。

　　所有现代的经济学家，无论偏重经济学方面或偏重法学方面，都把个人己的劳动说成最初的所有权依据，而把对自己劳动成果的所有权说成资产阶级社会的基本前提（舍尔比利埃的著作，同上。并见亚·斯密的著作）。这种前提本身是建立在交换价值这种支配着生产关系和交往关系的总和的经济关系本身的前提上的，因而它本身是资产阶级社会即发达的交换价值的社会的史产物。

马克思：《政治经济学批判》，

《马克思恩格斯全集》第 46 卷下册第 464 页。

　　因为在考察比简单流通所表现的经济关系更为具体的经济关系时，似乎出现了与 [上述占有规律] 相矛盾的规律，所以一切古典经济学家，直到李嘉图，都喜欢把这种来自资产阶级社会本身的观点称为一般规律，但却把这种规律的严格的现实性驱逐到还不存在所有权的黄金时代去。可以说是驱逐到经济学上的原罪以前的时代去，例如布阿吉尔贝尔就是如此。

　　于是，就会产生这样一个奇怪的结果：资产阶级社会的占有规律的真实性竟不得不被搬到这种社会本身还不存在的那个时代去，而所有权的基本规律不得不被搬到还没有所有权的那个时代去。这种幻觉是显而易见的。

马克思：《政治经济学批判》，

《马克思恩格斯全集》第 46 卷下册第 464 页。

　　蒲鲁东在他的《贫困的哲学》中论述了所有权的非经济起源问题，他把所有权理解为土地所有权。这种神话是在资产阶级以前的（资本主义以前的）[个人] 同自己的劳动条件，首先同劳动的天然条件，从而同土地的关系中找到谜底的。他同样也完全可以把资本和雇佣劳动当作所有权形式而归之于非经济的起源。因为工人找到作为资本的劳动客观条件，资本家找到作为丧失所有权的工人即抽象工人的工人，这要以历史过程为前提，尽管 [资本和雇佣劳动] 会在某一天已经存在的基础上再生产这种关系，既在广度上又在深度上发展这种关系，即发展构成资本和雇佣劳动形成史的历史过程。换句话说，所有权的非经济起源不外是资产阶级生产形式的历史起源，而这些形式则在政治经济学的范畴中获得理论的或观念的表现。

马克思：《经济学手稿》，

《马克思恩格斯全集》第 48 卷第 122 页。

　　马斯洛夫在玩弄辞藻，或者在混淆概念。国有意味着转交土地所有权，即收取地租的权利，而决不是土地本身。国有绝对不是说全体农民非自愿地把土地交给别人。我们举一个例子来向马斯洛夫说明这一点。社会主义革命意味着不仅把土地所有权,而且把作为经营对象的土地本身也交给全社会掌握。这是不是说,社会主义者想违反小农的意志而从他们手中夺取他们的土地呢? 不是的,从来没有哪一个有理智的社会主义者建议做这种蠢事。

列宁:《修改工人政党的土地纲领》,
《列宁全集》第 12 卷第 229 页。

在这样一个他们看来最顽固地保存了封建土地所有权的国家里,经济学家们——安德森也好,李嘉图也好——却从不存在土地所有权的观点出发。这种情况可用以下两点来解释:

第一,英国的"公有地圈围法"(《 law of enclosures 》) 149〈即圈围村社土地的法令〉有它的特点,同大陆上的瓜分公有地毫无共同之处;

第二,从亨利七世以来,资本主义生产在世界任何地方都不曾这样无情地处置过传统的农业关系,都没有创造出如此完善的〈适合自己的〉条件,并使这些条件如此服从自己支配。

列宁:《社会民主党在俄国第一次革命中的土地纲领》,
《列宁全集》第 16 卷第 238~239 页。

马克思在《资本论》第 1 卷里的"斯多葛派",是公元前 4 世纪末在古希腊产生并存在到公元 6 世纪的一个哲学学派。这个学派的代表人物摇摆于唯物主义和唯心主义之间。在罗马帝国时代,斯多葛派哲学变成了一种反动的宗教唯心主义学说。斯多葛派坚持肉体之外存在着灵魂,主张神秘主义和宿命论、听天由命、不抗恶、自我舍弃和禁欲主义等等。斯多葛派的学说对基督教的形成有相当大的影响。

列宁在《社会民主党在俄国第一次革命中的土地纲领》里的"公有地圈围法",是指18 世纪英国议会根据地主的申请通过的一些圈地法令。按照这些法令,圈地经许可后,被圈土地就要在土地占有者中间重新分配,使交错分散的土地集中起来。所谓重分,实际等于没收,受害者都是小农户。土地所有权的高度集中,使资本主义大农场迅速发展起来,而大部分小农则陷于破产,流向城市,加入雇佣工人的行列。马克思在《资本论》第1 卷第 24 章《所谓原始积累》里对"公有地圈围法"作了评论。

(2)同所有权相关的权利和事实的谬说

奴颜婢膝的法学家阶级为贵族卖了多大力气,这从上世纪一位英国法学家达尔林普尔那儿就可以看到,他在自己的著作"封建所有制"中以极其坦率的态度证明:在为所有权进行的诉讼中,在资产阶级大发横财时期的英国,法学家对于有关财产的每一条法律和每一份文件就作有利于资产阶级的解释;在贵族阶级发财致富的苏格兰,则作有利于贵族阶级的解释,而在两种场合下,都充满着敌视人民的精神。

马克思：《选举。——财政困难。——萨特伦德公爵夫人和奴隶制》，
《马克思恩格斯全集》第 8 卷第 575 页。

李嘉图极力证明，土地所有权即地租不能改变农产品的相对价值，而资本积累对相对
价值（它是由生产中花费的劳动比较量决定的）只起暂时的不稳定的作用。为了证明这一
命题，他创立了有名的地租论，把资本分解为各个组成部分，最后，他在资本里除了积累
的劳动以外什么也没有看到。他接着又发挥了整套的工资和利润理论，并且证明，工资和
利润的增减互成反比，而这并不影响产品的相对价值。

马克思：《哲学的贫困》，
《马克思恩格斯全集》第 4 卷第 91 页。

虽然蒲鲁东先生表面上似乎讲的是一般的所有权，其实他所谈论的不过是土地所有
权，地租而已。

"地租和所有权一样，其起源可以说是不在经济范围之内：它根源于同财富生产极少
关系的心理上和道德上的考虑。"（第二卷第 269 页）

这样，蒲鲁东先生就是承认自己在了解地租和所有权产生的经济原因上是无能的。他
承认这种无能使他不得不求助于心理上和道德上的考虑；这些考虑的确同财富生产极少关
系，但是同他那狭隘的历史眼光却大有关系。蒲鲁东先生断言，所有权的起源包含有某种
神秘的和玄妙的因素。但是，硬使所有权的起源神秘化也就是使生产本身和生产工具的分
配之间的关系神秘化，用蒲鲁东先生的话来说，这不是放弃对经济科学的一切要求了吗？

马克思：《哲学的贫困》，
《马克思恩格斯全集》第 4 卷第 180 ~ 181 页。

李嘉图所说的地租就是资产阶级状态的土地所有权，也就是从属于资产阶级生产条件
的封建所有权。

马克思：《哲学的贫困》，
《马克思恩格斯全集》第 4 卷第 183 页。

尽管李嘉图已经假定资产阶级的生产是地租存在的必要条件，但是他仍然把他的地租
概念用于一切时代和一切国家的土地所有权。这就是把资产阶级的生产关系当作永恒范畴
的一切经济学家的通病。

马克思：《哲学的贫困》，
《马克思恩格斯全集》第 4 卷第 186 页。

梯也尔反对土地流通，另一方面却推崇英国的关系，可是他忘记了英国的农业在很大
程度上恰恰具有这样一种优越性：它是采取工厂方式经营的，而地租（即土地所有权）也
像任何其他交易所证券一样，都是活动的和流通的证券。采取工厂方式（按照大工业的方

式）经营农业必然会使土地流通起来，使它成为自由交易的对象。

马克思：《梯也尔关于采用强制比价证券的全国抵押银行的演说》，

《马克思恩格斯全集》第 5 卷第 504 页。

米尔柏格最抱怨我的，就是我一"碰见蒲鲁东所特有的某些说法"就称他为蒲鲁东主义者。恰恰相反。一切"说法"都是米尔柏格的，内容则是蒲鲁东的。而当我随后用蒲鲁东的话来补充蒲鲁东主义的论文时，米尔柏格就埋怨说我把蒲鲁东的"古怪观点"悄悄加到他头上了！

那末我对这个蒲鲁东主义计划提出了什么反驳意见呢？

第一，把地租转交给国家，就等于消灭个人土地所有权。

第二，赎买出租住宅并把住宅所有权转交给原来的承租人，根本不能触动资本主义生产方式。

第三，在现代的大工业和城市发展情况下提议这样做是既荒谬又反动的；恢复各个人对自己住宅的个人所有权，就是后退一步。

恩格斯：《论住宅问题》，

《马克思恩格斯全集》第 18 卷第 317 页。

政治经济学在原则上把两种极不相同的私有制混同起来了。其中一种是以生产者自己的劳动为基础，另一种是以剥削别人的劳动为基础。它忘记了，后者不仅与前者直接对立，而且只是在前者的坟墓上成长起来的。

在西欧，政治经济学的故乡，原始积累的过程多少已经完成。在这里，资本主义制度或者已经直接征服整个国民生产，或者在这种关系还不很发达的地方，它也至少间接地控制着那些与它并存的、属于旧生产方式的、腐朽的社会阶层。事实越是明显地反对政治经济学家的意识形态，政治经济学家就越是热心地起劲地把资本主义以前世界的法权观念和所有权观念应用到这个已经完成的资本世界。

马克思：《资本论第一卷》，

《马克思恩格斯全集》第 23 卷第 833 页。

蒲鲁东关于货币资本的作用所持的见解颇为奇特（《无息信贷。弗·巴师夏先生和蒲鲁东先生的辩论》1850 年巴黎版）。在蒲鲁东看来，贷放是一件坏事，因为它不是出售。取息的贷放"是人们可以不断重新出售同一物品，并且不断重新为此得到价格，但从来不出让对所售物品的所有权"（第 9 页）。

货币、房屋之类的物品，不会变更所有者，这同在买和卖时不一样。不过蒲鲁东没有看到，当货币以生息资本的形式放出时，并没有得到任何等价物作为报酬。当然，在每一次买和卖的行为上，既然有交换过程发生，就一定有物品被让出去。所售物品的所有权总是要被放弃。但人们不会放弃它的价值。

马克思：《资本论第三卷》，

《马克思恩格斯全集》第 25 卷上册第 386 页。

亚里士多德：

"因为主人〈资本家〉不是通过获得奴隶〈通过使他有权购买劳动的资本所有权〉，而是通过使用奴隶〈通过在生产过程中使用劳动者，在今天是使用雇佣工人〉，来证明他自己是主人。这种学问并没有什么博大高深的地方；那不过是，凡是奴隶必须会做的事情，主人应当会命令。在主人不必自己操心的地方，这种荣誉就由管家来承受，而主人自己则从事政务或研究哲学。"（亚里士多德《政治学》，贝克尔编，第 1 册第 7 章）

亚里士多德直率地说，在经济领域内和在政治领域内，统治权把各种统治的职能加在掌权者身上，这就是说，在经济领域内，他们必须善于消费劳动力。他还说，这种监督劳动没有什么了不起的地方，因此，主人一旦有了足够的财富，他就会把干这种操心事的"荣誉"交给一个管家。

指挥和监督的劳动，只要它不是由一切结合的社会劳动的性质引起的特殊职能，而是由生产资料所有者和单纯的劳动力所有者之间的对立所引起的职能。

马克思：《资本论第三卷》，

《马克思恩格斯全集》第 25 卷上册第 433 页。

有些著作家，例如凯里，一方面作为土地所有权的代言人，反对资产阶级经济学家的攻击，一方面又竭力把包含各种对立的资本主义生产制度说成一种"协调"的制度，他们企图把地租这种土地所有权的特有经济表现，说成和利息一样的东西。好像这样一来，土地所有者和资本家之间的对立就消失了。

马克思：《资本论第三卷》，

《马克思恩格斯全集》第 25 卷下册第 701 页。

在重农学派本身得出的结论中，对土地所有权的表面上的推崇，也就变成了对土地所有权的经济上的否定和对资本主义生产的肯定。一方面，全部赋税都转到地租上，换句话说，土地所有权部分地被没收了——而这正是法国革命制定的法律打算实施的办法，也是李嘉图学派的充分发展的现代政治经济学的最终结论。

马克思：《资本论第四卷》，

《马克思恩格斯全集》第 26 卷第一册第 26 页。

这里还有"人民之友"米拉波侯爵，老米拉波！正是这个学派以自己的自由放任口号推翻了柯尔培尔主义，并根本否定政府对市民社会活动的任何干涉。它只让国家在这个社会的缝隙中生活，就像伊壁鸠鲁让神在世界的缝隙中存在一样！对土地所有权的颂扬，在实践中变成了把赋税全都转到地租上的要求，这就包含着国家没收地产的可能性，——这一点完全同李嘉图学派的激进分子一样。法国革命不顾勒代雷和其他人的反对，采纳了这种赋税理论。

马克思:《资本论第四卷》,

《马克思恩格斯全集》第 26 卷第 1 册第 42 页。

　　他 1815 年关于保护关税和地租的著作,部分地是要证明他以前为生产者的贫困所作的辩解,但首先是为了维护反动的土地所有权,反对"开明的"、"自由的"和"进步的"资本,特别是要证明英国立法当时为了保护贵族利益反对工业资产阶级而采取的倒退措施是正确的。最后,他的《政治经济学原理》是反对李嘉图的,这本书的根本目的,就是要把"工业资本"及其生产率依以发展的那些规律的绝对要求,纳入从土地贵族、国教会(马尔萨斯所属的教会)、政府养老金领取者和食税者的现有利益看来是"有利的"和"适宜的""范围"。但是,一个人如果力求使科学去适应不是从科学本身(不管这种科学如何错误),而是从外部引出的、与科学无关的、由外在利益支配的观点,我就说这种人"卑鄙"。

马克思:《资本论第四卷》

《马克思恩格斯全集》第 26 卷第 2 册第 126 页。

　　我们要谈到这里使我们最感兴趣的一点,即租地农场主地租。正是在这里,琼斯的优越之处突出地显示了出来:他证明,李嘉图等人看作是土地所有权的永恒形式的东西,却是土地所有权的资产阶级形式,这种形式一般只在以下情况才出现,第一,土地所有权不再是支配生产从而支配社会的关系;第二,农业本身以资本主义方式经营,而这又是以城市的大工业(至少是工场手工业)的发展为前提。琼斯指出,李嘉图所说的地租只存在于以资本主义生产方式为基础的社会。随着地租转化为超额利润,土地所有权对工资的直接影响也就终止,换句话说,这只是意味着,今后直接占有剩余劳动的人不是土地所有者,而是资本家。

马克思:《资本论第四卷》,

《马克思恩格斯全集》第 26 卷第 3 册第 442 页。

　　如果关于这一切还可能产生什么误会,那要么是由于不了解所有权、占有权、支配权、使用权等概念的区别,要么是由于蛊惑人心地玩弄省区自治和联邦制。地方公有化和国有化的基本区别并不在于中央和地方之间权限的划分,更不在于中央的"官僚主义"(只有十分无知的人们才会有这样的想法和说法),而在于实行地方公有化后还会保存某一类土地的私有制,实行国有化后则完全废除了这种私有制。

列宁:《社会民主党在俄国第一次革命中的土地纲领》,

《列宁全集》第 16 卷第 302 ~ 303 页。

　　直到现在还没有一个"最亲爱的一半"敢于比较明确地、公开地、原则地向大家正式声明,司徒卢威式的被阉割了的"马克思主义"的拥护者和"土地所有权"的拥护者是怎样联合起来的，由于什么原因联合起来的，为了什么联合起来的，联合到了什么程度。

　　　　　　　　　　　　　　　　　　　列宁:《松垮的革命》,

　　　　　　　　　　　　　　　　　　《列宁全集》第 30 卷第 355 页。

　　马克思在《资本论》第 4 卷里提到的"自由放任"（原文是：laissez faire，laissez aller，亦译听之任之）是重农学派的口号。重农学派认为，经济生活是受自然规律调节的，国家不得对经济事务进行干涉和监督；国家用各种规章进行干涉，不仅无益，而且有害；他们要求实行自由主义的经济政策。

　　"柯尔培尔主义"，指法国路易十四时期柯尔培尔的重商主义经济政策。柯尔培尔当时任财政总稽核，他采取的财政经济政策是为了巩固专制国家的。例如，改革税收制度，建立垄断性的对外贸易公司，通过统一关税率来促进国内贸易，建立国家工场手工业，以及修建道路和港口。柯尔培尔主义客观上促进了新兴的资本主义经济方式的发展。它是法国资本原始积累的一个工具。但是随着资本主义生产方式日益强大，国家的这些强制性措施就由于日益阻碍经济发展而失去作用。

　　"就像伊壁鸠鲁让神在世界的缝隙中存在一样"，是说古希腊哲学家伊壁鸠鲁认为，神存在于世界与世界之间的空隙、间隙中，它对宇宙的发展和人类的生活没有任何影响。

　　"这一点完全同李嘉图学派的激进分子一样"，马克思指激进的李嘉图学派。这个学派从李嘉图的理论中得出了反对土地私有制存在的实际结论，建议把这一制度（全部或部分）转变为资产阶级国家所有制。属于这个激进的李嘉图学派的有詹姆斯·穆勒、约翰·斯图亚特·穆勒、希尔迪奇，在一定程度上也有舍尔比利埃。

　　列宁在《社会民主党在俄国第一次革命中的土地纲领》里提到"蛊惑人心地玩弄省区自治和联邦制"，是指马斯洛夫就玩弄过的这种手法。列宁在注释中说，他在《教育》杂志（1907 年第 3 期第 104 页）上写道"……某些地方的农民也许会同意交出自己的土地，但只要有某一个大地区（例如波兰）的农民拒绝交出自己的土地，全部土地国有化的方案就会成为无稽之谈了。"这就是庸俗论据的典型，其中没有任何思想，而只有字句的堆砌。条件特殊的一个地区表示"拒绝"，不会改变总的纲领，也不会使这个纲领变为无稽之谈。有的地区也可能"拒绝"地方公有化。然而这个并不重要。重要的是在统一的资本主义国家里，土地私有制和大规模的国有制这两种制度是不可能并存的。其中必有一个要占上风。工人政党的任务就是要维护较为优越的、能加速生产力的发展、能保证自由地开展阶级斗争的制度。

　　列宁在《松垮的革命》里的"最亲爱的一半"，是俄语中对妻子或丈夫的谑称。

（二）合同法与合同权利

1. 对"契约自由"的认识

　　马克思生活的时代，是契约自由和契约神圣盛行的时代。马克思认为，创造这种契约"自由"，正是资本主义生产的最主要的任务之一。

马克思和恩格斯通过契约程式、辛普森诉讼案、短工契约等分析，揭示了契约"自由"的实质。而当时的法学家们以及任何法典的立场，却认为契约是个人之间的事情，是缔约双方的个人意愿。

18世纪后半叶，亚当·斯密提出了自由放任思想。他主张为提高生产率而规定的国家制度，应以个人尊严和个人自由为基本价值观，在功利主义（以最小牺牲换取最大利益的心理结构）和合理主义（实现功利主义的最佳手段）的基础上，实行自由市场经济，在"看不见的手"的作用下，整个社会自然而然地处于调和和繁荣状态。到19世纪初，这种被西欧国家普遍采用的理论发展成为"夜警国家"论，即国家从社会经济活动的外部而不是内部监督社会经济的运行。自由放任市场经济即自由资本主义经济。其基本原则被西方经济学文献概括为：私有财产神圣不可侵犯；契约自由；实行自由竞争的市场经济。

与自由放任市场经济相适应，自然法学派提出了"个人本位"论、"权利本位"论主张，认为国家应给予每一社会成员以自由选择的权利，即由其自己来决定如何取得权利及如何让渡权利。在权利的自由选择中，合同便成为自由竞争的普遍联系形式。合同法确认的两项基本原则是契约自由和契约神圣。

契约自由，是指双方当事人自由地签订任何内容的合同。其基本含义是：双方当事人之间的关系以协议为基础；合同是自由选择的结果而不是法定义务。

合同法对"协议"使用了不同的术语，如"相互同意""意思表示一致""合意"等，但核心在于说明协议是双方当事人自由意志的结果。自然法理论认为，每一个人都有为自己而缔约的权利，这种权利是不可剥夺的，法律的目的，是使人们能够实现自己的自由意志。如果双方明确表示同意的话，就可以签订任何合同，如佃租过高的合同、工资过少的合同。因此，在自由放任市场经济条件下，一个人按照法定义务而与他人签订合同的事情，只是作为例外存在。

契约自由的表现是：①订立契约的自由。包括签订契约自由和不签订契约的自由。签订契约自由，包括要约、承诺都是自由的；②选择契约对方的自由。即同谁签订契约是自由的，可以根据自己的意志自由加以选择；③决定契约内容的自由。契约的内容包括条款，完全由当事人自由决定；④契约成立方式的自由。当双方当事人完全"合意"时，契约便成立了，不需要有特定的方式。

契约神圣，是指契约一经自由缔结成立，则至高无上，不得侵犯。契约神圣的表现是：①当事人双方订立的合同，被认为是约束双方当事人的法律，对当事人直接发生法律效力；②当事人一方违约，则由法院按照合同规定强制执行；③政府、他人不得干预合同的履行；④司法机关没有解除合同的权力。

"所有权神圣不可侵犯""契约自由"和"契约神圣"是合同法立法的基础。在这种情况下，西方法学家认为，法律主要起消极作用。国家原则上不干预经济，法律所保障的只是市场经济的自动调节功能，法的前提是法的主体是具有平等人格的自由人，法所保障的只是自由人的自由经济活动。这是法起消极作用的根本因。

在法与合同、合同关系的关系上，法是作为"消极法"存在的。主要表现在以下四个方面：一是，法律仅仅是执行当事人协议的工具，法律中大量现实规则，是以当事人的意思表示为根据的；二是，把法律推定为当事人的意思表示，就是说，合同关系是当事人之间的意思表示关系，法律只是这种意思表示关系的反映；三是，在"合同优先于法律"原则下，法律规定只适用于合同无约定的场合，在一定情况下，即使有法律规定，也允许"合同优先"；四是，在司法上，当事人之间的争议，被当作当事人双方的意思表示发生了争议来对待，不是作当事人双方的意思表示与法律发生了抵触来对待，法官是公正人，他只是利用法律手段依据合同来帮助受损害一方当事人。

在自由放任市场经济条件下，"法律的作用是消极的""合同优先于法律"的事实，否认了合同权利的个人意志性与合同权利的国家意志性的统一关系，混淆了反映国家意志的合同权利客体化为一般法律规范与合同主体的现实权利的区别。

在法的领域，与现代资本主义市场经济的发展相适应，发生着私法的公法化过程。私法的公法化过程，一方面是公法对私法关系的干预和渗透，另一方面是私法本身的修正。在这一过程中，合同法也在发生分化、演变。

首先是合同法的指导原理被修正了。合同法的指导原理是"私人自治"。这一原理的基础，是私人所有权的绝对性。生产社会化的发展，要求私人所有权的获得和行使必须与社会公共利益相一致，从而出现了社会权利、禁止所有权的滥用等崭新内容。这是私人自治向私权的公共性的重大转变，合同法被修正了。

其次，是合同法基本原则的变更。合同法的基本原理修正了，其意思自治、所有权的绝对性、契约自由和过错责任等原则，必然随之动摇。

最后，由于企业组织本身被限制，企业活动事项如生产、经营、质量、价格、信用、设备等被限制，企业的生产经营方式、手段被限制，则合同主体资格、合同标的、合同履行、合同的效力也被限制。

这样，便发生了所有权绝对性向所有权公共性、契约自由向契约限制、过错责任向过错责任与无过错责任并存的演变。

在法学家们以及任何法典看来，各个个人之间的关系，例如缔结契约这类事情，一般是纯粹偶然的现象；这些关系被他们看作是可以随意建立或不建立的关系，它们的内容完全取决于缔约双方的个人意愿。

马克思恩格斯：《德意志意识形态》，
《马克思恩格斯全集》第 3 卷第 72 页。

一切公民权自然也随同这些财产关系而得到恢复。因此，桑乔本人，完全以法学家的精神，阐述了契约学说。这一点可以从下面的一句话里看出："如果我例如通过任何一种契约使我失去这种或那种自由，这没有什么可说的。"（第 409 页）为了"保障""已有争议的"契约，他一定会重新服从法庭审判，服从现代民事诉讼的一切判决，这同样也是"没有什么可说的"。

马克思恩格斯：《德意志意识形态》，
《马克思恩格斯全集》第 3 卷第 467 页。

只有能够自由地支配自身、行动和财产并且彼此处于平等地位的人们才能缔结契约。创造这种"自由"而"平等"的人们，正是资本主义生产的最主要的任务之一。

恩格斯：《家庭、私有制和国家的起源》，
《马克思恩格斯全集》第 21 卷第 93 页。

1812 年，总督曾颁布法令，以法律形式肯定（农民与柴明达尔之间的）"自由契约"，政府不加干涉。

马克思：《马·柯瓦列夫斯基〈公社土地占有制〉一书摘要》，
《马克思恩格斯全集》第 45 卷第 290 页。

在社会中进行生产的个人，——因而，这些个人的一定社会性质的生产，自然是出发点。被斯密和李嘉图当作出发点的单个的孤立的猎人和渔夫，是一种十八世纪鲁滨逊式故事的毫无想象力的虚构，这种鲁滨逊式的故事决不像文化史家设想的那样，仅仅是对极度文明的反动和想要回到被误解了的自然生活中去。同样，卢梭的通过契约来建立天生独立的主体之间的相互关系和联系的 contrat social〔社会契约论〕，也不是奠定在这种自然主义的基础上的。

马克思：《导言》，
《马克思恩格斯全集》第 12 卷第 733 页。

按照资产阶级的理解，婚姻是一种契约，是一种法律行为，而且是一种最重要的法律行为，因为它决定了两个人终身的肉体和精神的命运。不错，这种契约那时在形式上确是自愿缔结的；没有当事人双方的同意就不能解决问题。不过人人都非常明白，这一同意是如何取得的，实际上是谁在订立婚约。既然在缔结别的契约时要求真正自由的决定，那末在订立婚约时为什么不要求这种自由呢？

恩格斯：《家庭、私有制和国家的起源》，
《马克思恩格斯全集》第 21 卷第 93～94 页。

除了由自由佃农构成的这种《homines》以外，还有另外一种人。这就是自愿跟豪绅显贵们发生服役关系或侍从关系的贫穷的自由人。

豪绅显贵是怎样获得这些侍从的，这可以从当日的契约程式中看出来。例如，在一张这样的契约程式（西尔蒙契约程式集第 43 号）中说：

"众所周知，我无衣无食，所以请求您（主人）开恩，我希望受您的庇护（mundeburdum——等于监护）并投靠于您，条件如下：您按照我为您服务的情况和应得的报酬负责供给我衣食；而我只要还活着就要按照一个自由人（ingenuili ordine）的样子，听候您的使唤；并且，我终生都不脱离您的权力和保护，一辈子留在您的权力和保护之下。"

这一契约程式充分说明了单纯的、丝毫没有掺杂外来成分的侍从关系如何产生和具有怎样的性质，尤其是说明了一个完全破产的穷人贫困到了极点的情况。

恩格斯：《法兰克时代》，

《马克思恩格斯全集》第 19 卷第 554～555 页。

给领主当侍从的关系的产生，乃是出于双方自由的协议——所谓自由，乃是罗马的和现代的法学上的自由——它往往跟现代工人为工厂主服务的情况是一样的。"人"投靠主人，主人接受他的投靠。投靠的仪式用握手和宣誓效忠表示出来。协议是终身的，只有在缔约双方有一方死亡的时候，方能解除。仆从必须负责完成他主人交给他的任何一种与一个自由人地位不相违背的劳役。为此，主人必须维持他的生活，并酌情给予报酬。

恩格斯：《法兰克时代》，

《马克思恩格斯全集》第 19 卷第 555 页。

要遵守契约，要遵守盖了章的东西！法学家对此立即作了很好的回答：那是邪恶的契约。神学家也说，给恶魔立的契约，就是用血签的字盖的章也无效。因为凡是违反上帝、法律和自然的东西都等于零。因此，国君（只有他能做到这一点）应该立刻干预这件事，毁掉印章和契约，而不考虑……

这是对一般资本家的绝妙写照，资本家装出一副样子，好像他从别人那里拖回他的洞里去的东西是从他那里出来的，因为他使这些东西倒着走，看起来好象是从他的洞里走出来的。

马克思：《资本论第四卷》，

《马克思恩格斯全集》第 26 卷第 3 册第 595～596 页。

万尚克在同您和盖得签订的合同中，应该给予你们在他毁约的情况下收回这笔款子的权利。不然的话，他同你们两人签订的私人合同与筹建中的公司将不会发生关系，除非公司明确地承认这个合同。不过，这些都是法律上的细节。

《恩格斯致保·拉法格》，

《马克思全集》第 38 卷第 401～402 页。

一切通过契约进行。我同自己的邻居达成某项协议——我的意志就表现在契约里。同样，我可以同自己公社的一切居民签订契约，而我的公社可以同本国的任何其他公社、所有其他公社签订契约。"我深信，以这种方式在共和国的各地制定的和反映千百万不同意志的法律，将永远只是我的法律。"

恩格斯：《对蒲鲁东的〈十九世纪革命的总观念〉一书的批判分析》，

《马克思恩格斯全集》第 44 卷第 187 页。

国家对借入资本每年要付给自己的债权人以一定量的利息。在这个场合，债权人不能要求债务人解除契约，而只能卖掉他的债权，即他的所有权证书。

马克思：《资本论第三卷》，
《马克思恩格斯全集》第25卷下册第527页。

Courtof Queen's Bench〔皇家法院〕昨天审理了这种"宗教"经纪人中的一个姓辛普森的诉讼案。他要求一个叫拉姆的人付给他应得的酬金，这位拉姆根据契约规定，应当帮助约瑟亚·罗德韦耳牧师弄到西哈克尼教区的圣职，并有言在先，辛普森可以从买者和卖者那里分别拿到百分之五的佣金，某些额外收入除外。

马克思：《帕麦斯顿和英国的寡头政治》，
《马克思恩格斯全集》第11卷第107页。

对于迪斯累里先生的诚实，任何人都不会有怀疑的。这个闷葫芦究竟怎样才能打开呢？原来，露西·帕森斯的高贵后人托一个代理人或朋友把租赁蒙台居住宅的契约偷偷地夹在一堆由大臣不阅读就签署的文件之中。这样迪斯累里先生就签署了这份文件，而对它的内容却一点也不了解！

马克思：《一场丑剧》，
《马克思恩格斯全集》第15卷第552页。

Land Bill〔土地法案〕是以帮助农民之名，行巩固大地主统治之实。然而，格莱斯顿为了迷惑人心和安慰一下自己的良心，不得不在必须履行某些法律手续的条件下才批准重新延长农业中现存的专制秩序。只须指出下面一点就足以说明一切了：只要大地主能将无法偿付的荒诞的地租强加于随时都可以使之退佃的佃农（tenant satwill）身上，或者在根据契约出租土地时强使农民签订自愿被奴役的条约，那末在将来，大地主的专横仍会像过去一样具有法律的效力！

《燕妮·马克思关于爱尔兰问题的文章》，
《马克思恩格斯全集》第16卷第692页。

短工部分地是通过契约、部分地是通过盛行的实物报酬制度（住房也包括在内）实际上处在对庄园主依附的地位，这种依附丝毫也不下于奴仆对庄园主的依附；像沃尔弗描述的西里西亚的那种对农村工人和家奴的宗法式的态度，打嘴巴、棒打鞭抽，至今仍然盛行于易北河以东。

恩格斯：《威廉·沃尔弗》，
《马克思恩格斯全集》第19卷第98页。

"至于建筑物的修缮、管理和维护以及建造新的建筑物，公社可以根据新的社会契约的原则和规则，同泥瓦工协会或建筑工人协会签订协议。单独居住自己房屋的所有者，保留他对自己房屋的所有权，直到他认为不需要的时候为止。"

《马克思致恩格斯》，

《马克思恩格斯全集》第 27 卷第 319 页。

普鲁士人的一切令人讨厌的行为就是明目张胆地、毫不掩饰地企图吓唬人，因此你索性对这些坏蛋嗤之以鼻。令人难堪的情况也许只是：债务是以誓言作保证的。在法律上这不会改变什么，但会是一件败坏名誉的事。

《马克思致彼·伊曼特》，

《马克思恩格斯全集》第 32 卷第 641 页。

对那些被卖到秘鲁沿岸去充当连奴隶都不如的牛马以及在古巴被卖为奴的受骗的契约华工横施暴行"以至杀害"的情形，我们一点也听不到。外国人常常无耻地欺凌性情柔弱的中国人的情形以及这些外国人在各通商口岸干出的伤风败俗的事情，我们一点也听不到。

马克思：《英人在华的残暴行动》，

《马克思恩格斯全集》第 12 卷第 178 页。

马克思在《导言》里的"社会契约论"，是指卢梭关于人从自然状态过渡到市民状态的相互关系的理论。这个理论见于让·雅·卢梭"社会契约论，或政治权利的原则"，1762 年阿姆斯特丹版。

按照卢梭的理论，人们最初生活在自然状态的条件下，在这种条件下人人都是平等的。私有制的产生和财产不平等的发展决定了人们从自然状态向市民状态的过渡，并导致以社会契约为基础的国家的形成。但是，后来由于政治不平等的发展，社会契约遭到破坏，产生了新的自然状态。消灭这种自然状态，是以新的社会契约为基础的理性国家的使命。这个理论的细节，反映在卢梭的 1755 年阿姆斯特丹出版的《论人间不平等的起源和原因》一书中。

恩格斯在《法兰克时代》里的"homines"，是指人。当时，在查理大帝统治下，这种新制度已经稳固地确立起来，而且已经普遍推行了。可是，自由佃农的政治地位，却起了重要的变化。他们过去不管在经济上怎样厉害地依附于地主，但在法律上是同他们的地主平等的，现在他们在法律上也成了地主的臣属了。经济上的屈从取得了政治上的认可。地主成为领主、老爷，佃农成为他的人（homines），"主人"成了"人"的长官。

恩格斯在《法兰克时代》里的"契约程式"，是把各种各样有关财产和其他性质的契约和协定在法律上固定下来的具体文书的标准样式。恩格斯研究了流传的几本契约程式集，了解了 6 世纪末至 9 世纪末法兰克王国各地区的社会经济关系。恩格斯引用的这个契约程式，收在名为《西尔蒙通俗叙述的图尔契约程式集》（《Formulae Turonenses vulgo Sirmondicae dictae》）里。

马克思在《帕麦斯顿和英国的寡头政治》里提到的"辛普森的诉讼案"，交易的实际情况是这样的：拉姆的父亲是一个 70 岁的牧师，在萨塞克斯拥有两个教区，这两个教区的售价定为 16000 英镑。不用说，这种价格与教区的圣职收入成正比，另一方面又与占有者的年龄成反比。拉姆次子是拉姆长子所占有的教区的照管人，又是第三个更年轻的拉姆——西哈克尼的教区占有者和牧师的哥哥。因为后面这位拉姆年纪还很轻，他的薪高事少的下一任圣职的价格比较低。虽然这个教区每年的收入是 550 英镑（牧师的住宅费用除外），但是它的占有者把下一任圣职只卖 1000 英镑。在父亲去世后，他的哥哥必须把萨塞克斯的教区交给他，而又答应把西哈克尼的空位子通过辛普森以 3000 英镑卖给约瑟亚·罗德韦耳。这样一来他就可以拿到 2000 英镑的纯收入，他的弟弟可以得到较好的教区，而经纪人在这桩交易中按应付给他 5% 的佣金计算，也可以赚 300 英镑。后来不知为什么合同被取消了。法院判给了经纪人辛普森 50 英镑作为他"花费劳动"的赔偿费。

2. 契约的经济强制力

契约的强制力表现为契约履行的强制力。关于这一点，中外法学界的认识是大体一致的。只是有的叙述得一般化一点，有的叙述得深入一点罢了。比较新颖的，是加拿大法学家 Peter Benson 用经济学理论来分析强制履行承诺问题。很可惜，这样的经济学理论难于成立。他说只有履行承诺行为本身有效率的情况下，强制执行承诺才是有效率的，这是"科斯定理"的翻版。对于"科斯定理"，我在本书第 1 卷已经评论过了，是取否定态度的。违反承诺属于违约行为，不管履行承诺有没有效率，都与必须依合同规定履行无关。而且，就是在条件发生变化的情况下，如从签订合同时的有效率，到履行合同时无效率或负效率，承诺都必须履行。至于承诺人利用故意违约的办法来保持或增加效率，不在这里讨论的范围之内。这里的关键问题是：履行承诺的效率与强制执行承诺的效率，并不是相关关系。

履行契约的强制力，是教科书上的问题，经典作家当然不会重复。经典作家捉住的是契约的根本问题，即决定契约的经济强制力问题。订立契约的目的是经济、契约的内容是经济、契约履行的结果是经济。经典作家发现了契约的经济强制力的奥秘。离开经济基础和经济现实，离开经济法则、经济规律，契约不过是一纸空文。法学家只是把契约关系当作法权关系、意志关系，认识不到法权关系、意志关系不外是经济关系的反映，认识不到法权关系、意志关系的内容是由经济关系本身赋予的。国内外合同法理论研究长期陷于停滞的事实，说明了合同法理论脱离马克思主义法学理论的指导，一定会寸步难行。

他们当中也有许多小佃农，可是这不是现代所谓的佃农，而是这样一些人，他们由于契约上的可以继承的租佃关系或者由于古老的习惯，从父亲和祖父手里继承了小块的土地，一直稳稳当当地坐在上面，就好像这些土地是他们的财产一样。现在，在产业工人放弃了农业以后，许多土地闲起来了，在这些土地的基础上就产生了新的大佃农阶级，他们一租就是 50 英亩、100 英亩、200 英亩或者更多的土地，这些人就是所谓的 tenants-at-will（即每年都可以退佃的佃农）。

恩格斯：《英国工人阶级状况》，
《马克思恩格斯全集》第 2 卷第 285 页。

第二种所有制形式是古代公社所有制和国家所有制。这种所有制是由于几个部落通过契约或征服联合为一个城市而产生的。在这种所有制下仍然保存着奴隶制。除公社所有制以外，动产的私有制以及后来不动产的私有制已经开始发展起来，但它们是作为一种反常的、从属于公社所有制的形式发展起来的。

马克思恩格斯：《德意志意识形态》，

《马克思恩格斯全集》第 3 卷第 25 页。

蒲鲁东先生脑子里产生了一个非常简单的问题：为什么只有金银才能成为"构成价值"的典型？"习惯赋予贵金属作为交换手段的特殊职能是纯粹契约的职能。任何别的商品，虽然可能有些不便，也都能同样可靠地实现这个作用；经济学家们都承认这一点，并且举出了不少例子。……"

蒲鲁东先生这样提出问题，那就已经预先假定了货币的存在。蒲鲁东先生应该首先自问一下：为什么在目前已形成的这种交换中，必须创造一种特殊的交换手段来使交换价值个别化呢？货币不是东西，而是一种社会关系。

马克思：《哲学的贫困》，

《马克思恩格斯全集》第 4 卷第 119 页。

蒲鲁东先生"只是提醒：在经济进化的第七个时代（即信用时代），现实曾为虚构所排挤，人的活动有在空虚里消失的危险，因此有必要把人更紧地束缚于自然，而地租就是这种新契约的代价。"（第二卷第 265 页）

在您的世界里，信用是使人消失于空虚的手段，因此，要把人束缚于自然，土地所有权也许有必要。但是在现实生产的世界上，土地所有权始终走在信用的前面，所以蒲鲁东先生的 horror vacui 〔惧怕空虚〕是不可能存在的。

马克思：《哲学的贫困》，

《马克思恩格斯全集》第 4 卷第 181 页。

庞大的国债，二十多年积下的大量私人债务和定额债券等，都是用贬值的银行券订立的。这些债务是否应该用每 4672 镑 10 先令不仅名义上而且实际上也代表 100 磅 22 开金的银行券来偿还呢？北明翰银行家托马斯·阿特伍德以 Lowndes redivivus 〔朗兹转世〕的姿态出现。他主张债权人在契约中名义上借出多少先令，就该在名义上收回多少先令；不过，如果按照从前的铸币含金量把大约 $\frac{1}{78}$ 盎斯金称作 1 先令，那末现在应该比如把 $\frac{1}{90}$ 盎斯金称作 1 先令。

马克思：《政治经济学批判》，

《马克思恩格斯全集》第 13 卷第 72 页。

在 W—G 的这个改变了的形式中，即在商品存在着而货币只是被代表着的形式中，货币首先起着价值尺度的作用。商品的交换价值用货币来计算，把货币当作它的尺度；但是价格，作为在契约上规定了的交换价值，不仅存在于卖者的头脑中，而且同时也是买者所负的义务的尺度。其次，货币在这里起着购买手段的作用，虽然它不过是把自己的未来存在的影子投射在自己面前。这也就是，它使商品离开自己的位置，把商品从卖者手中转入买者手中。一旦契约到期，货币就进入流通，因为它变换位置，从过去的买者手里转入过去的卖者手里。

马克思：《政治经济学批判》，

《马克思恩格斯全集》第 13 卷第 131 页。

商品在交换中才证明它是商品。两个商品的所有者必须愿意互相交换他们的商品，因此，必须彼此承认对方是私有者。这种具有契约形式的法权关系，不外是一种反映经济关系的意志关系。这种法权关系或意志关系的内容是由经济关系本身赋予的。（第45页）

恩格斯：《卡·马克思"资本论"第一卷提纲》，

《马克思恩格斯全集》第 16 卷第 277～278 页。

通过交易获得财物的契约。在这里这个蠢汉（vir obscurus）完全本末倒置。在他看来，先有法，后有交易；而实际情况却相反：先有交易，后来才由交易发展为法制。我在分析商品流通时就指出，还在不发达的物物交换情况下，参加交换的个人就已经默认彼此是平等的个人，是他们用来交换的财物的所有者；他们还在彼此提供自己的财物，相互进行交易的时候，就已经做到这一点了。这种通过交换和在交换中才产生的实际关系，后来获得了契约这样的法的形式，等等，但是这一形式既不构成自己的内容，即交换，也不构成存在于这一形式中的人们的相互关系，而是相反。

马克思：《评阿·瓦格纳的"政治经济学教科书"》，

《马克思恩格斯全集》第 19 卷第 422～423 页。

代替教条和神权的是人权，代替教会的是国家。以前，经济关系和社会关系是由教会批准的，因此曾被认为是教会和教条所创造的，而现在这些关系则被认为是以权利为根据并由国家创造的。由于达到社会规模并且得到充分发展的商品交换产生了（尤其是由于预付和信贷制度）复杂的契约关系，从而要求只能由社会提供的公认的规章亦即国家规定的法律准则，于是人们以为，这些法律准则不是从经济事实中产生的，而是由国家正式规定的。由于竞争——这个自由商品生产者的基本交往形式——是平等化的最大创造者，因此法律面前的平等便成了资产阶级的决战口号。

恩格斯：《法学家的社会主义》，

《马克思恩格斯全集》第 21 卷第 546 页。

一方只有符合另一方的意志，就是说每一方只有通过双方共同一致的意志行为，才能让渡自己的商品，占有别人的商品。可见，他们必须彼此承认对方是私有者。这种具有契约形式的（不管这种契约是不是用法律固定下来的）法权关系，是一种反映着经济关系的意志关系。这种法权关系或意志关系的内容是由这种经济关系本身决定的。在这里，人们彼此只是作为商品的代表即商品所有者而存在。在研究进程中我们会看到，人们扮演的经济角色不过是经济关系的人格化，人们是作为这种关系的承担者而彼此对立着的。

马克思：《资本论第一卷》，

《马克思恩格斯全集》第 23 卷第 102 ~ 103 页。

周转时间的差别也是由供货契约的范围引起的。契约范围随资本主义生产的范围和规模一同扩大。作为买者和卖者之间的交易的供货契约，是一种与市场即流通领域有关的业务。因此，由此引起的周转时间的差别，是由流通领域引起的，不过这种差别又反过来直接影响生产领域，而且把所有支付期限和信用关系撇开不说，即使在现金支付的情况下也影响生产领域。

马克思：《资本论第二卷》，

《马克思恩格斯全集》第 24 卷第 281 页。

这种经济交易作为当事人的意志行为，作为他们的共同意志的表示，作为可以由国家强加给立约双方的契约，表现在法律形式上，这些法律形式作为单纯的形式，是不能决定这个内容本身的。这些形式只是表示这个内容。这个内容，只要与生产方式相适应，相一致，就是正义的；只要与生产方式相矛盾，就是非正义的。在资本主义生产方式的基础上，奴隶制是非正义的；在商品质量上弄虚作假也是非正义的。

马克思：《资本论第三卷》，

《马克思恩格斯全集》第 25 卷上册第 379 页。

在实行货币地租时，占有并耕种一部分土地的隶属农民和土地所有者之间的传统的合乎习惯法的关系，必然会转化为一种由契约规定的，即按成文法的固定规则确定的纯粹的货币关系。

马克思：《资本论第三卷》，

《马克思恩格斯全集》第 25 卷下册第 899 ~ 900 页。

地租一旦取得货币地租的形式，同时交租农民和土地所有者的关系一旦取得契约关系的形式，——这种转化一般只是在世界市场、商业和工业已有一定的比较高的发展程度以后才有可能，——也就必然出现租赁土地给资本家的现象。这些资本家一向置身在农村范围之外，现在却把他们在城市中获得的资本和城市中已经发展的资本主义经营方式，即产品只是作为商品，并且只是作为占有剩余价值的手段来生产的形式，带到农村和农业中来。

马克思：《资本论第三卷》，

《马克思恩格斯全集》第25卷下册第900~901页。

农业资本家以契约规定的租金的形式和其他企业家以营业场所的租金的形式支付的地租，也是这样。剩余价值所分成的这些部分，因为对单个资本家来说作为成本价格的要素是已定的，所以反而表现为剩余价值的形成要素；它们表现为商品价格的一个部分的形成要素，就像工资表现为商品价格的另一个部分的形成要素一样。

马克思：《资本论第三卷》，

《马克思恩格斯全集》第25卷下册第985页。

因为货币会自行保存，是自行保存的价值，所以产业资本家能够按照随意约定的期限把它归还。因为货币每年创造一定的剩余价值，一定的利息，确切些说，因为在每一段时间内它的价值都在增长，所以，产业资本家也能够每年或在契约规定的其他任何期限内把这个剩余价值支付给贷款人。要知道，作为资本的货币，和雇佣劳动完全一样，每天都提供剩余价值。

马克思：《资本论第四卷》，

《马克思恩格斯全集》第26卷第3册第510~511页。

劳动者在经济上的奴隶地位，是由这种出卖行为的周期更新、自由契约的假象、雇主的更换和劳动的市场价格的变动造成的，同时又被这些事实所掩盖。

马克思：《著者亲自修订的〈资本论〉第一卷法文版片断》，

《马克思恩格斯全集》第49卷第216页。

商品在交换中才证明它是商品。两个商品的所有者必须愿意互相交换他们的商品，因此，必须彼此承认对方是私有者。这种具有契约形式的法权关系，不外是一种反映经济关系的意志关系。这种法权关系或意志关系的内容是由经济关系本身赋予的。

恩格斯：《卡·马克思"资本论"第一卷提纲》，

《马克思恩格斯全集》第16卷第277~278页。

货币所有者要在市场上找到作为商品的劳动力，劳动力就必须是由它的所有者出售，也就是说，必须是自由的劳动力。因为买者和卖专作为缔约的双方是在法律上平等的人，所以劳动力必须只出卖一个时期，如果一次 enbloc 出卖，卖者就不再是卖者，而本身成为商品了。另一方面，劳动力所有者已没有可能出卖把他的劳动物化在内的商品，他只有把他自己的劳动力作商品来出卖。

可见，货币所有者要把货币转化为资本，必须在商品市场上找到自由的工人。这里的自由具有双重意义：一方面，作为一个自由人，他能够把他的劳动力当作他的商品来处理；另一方面，他没有别的商品可以出卖，自由得一无所有，没有实现他的劳动力所必需

的一切东西。（第 132 页）

恩格斯：《卡·马克思"资本论"第一卷提纲》，

《马克思恩格斯全集》第 16 卷第 293 页。

货币所有者和劳动力所有者的关系，不是自然关系，也不是一切时代所共有的社会关系，而是一种历史的关系，是许多经济变革的产物。

恩格斯：《卡·马克思"资本论"第一卷提纲》，

《马克思恩格斯全集》第 16 卷第 293 页。

马克思在《资本论》第 1 卷里说，"这种法权关系或意志关系的内容是由这种经济关系本身决定的"，是针对蒲鲁东从与商品生产相适应的法权关系中提取他的公平的理想，永恒公平的理想提出的。蒲鲁东的说法，给一切庸人提供了一个使他们感到宽慰的论据，说商品生产形式像公平一样也是永恒的。然后，他反过来又想按照这种理想来改造现实的商品生产和与之相适应的现实的法权。对此，马克思质问道：如果一个化学家不去研究物质变换的现实规律，并根据这些规律解决一定的问题，却要按照"自然性"和"亲合性"这些"永恒观念"来改造物质变换，那么对于这样的化学家人们该怎样想呢？如果有人说，"高利贷"违背"永恒公平""永恒公道""永恒互助"以及其他种种"永恒真理"，那么这个人对高利贷的了解比那些说高利贷违背"永恒恩典""永恒信仰"和"永恒神意"的教父的了解又高明多少呢？

恩格斯在《卡·马克思"资本论"第一卷提纲》里的"enbloc"，意思是指"永远"。

3. 立法对契约的限制

经典作家早就揭示了对契约限制的事实。

这种限制，古已有之。契约的效力从各方面受家族、远亲、同村人、部落、首领的权利的限制，如果你缔结有损教会利益的契约（后来随着基督教的出现），还受教会权利的限制。在近现代，订立契约受到宗教的限制，契约具有宗教因素。而且，契约受到国家的限制，经典作引用租佃权法案规定 60 个以上的禁止签订为期 21 年的租佃契约的议会法令。财产契约的强制注册，是明显的限制。修改契约也受到限制，包括其中贿赂和欺诈手段对契约的限制。

通过列宁的论述，我们理解到社会主义国家摒弃资本主义的契约自由，对契约进行限制是理所当然的。其中就有立法对契约实行监督。

在对契约进行限制的理论中，不能不涉及对"社会契约论"的认识。

经典作家明确指出，"社会契约论"表现为而且也只能表现为资产阶级的民主共和国。社会契约应当包括革命，但在政府和资产阶级之间所缔结的社会契约中，人民革命并不存在。卢梭的"社会契约论"，完全没有超越时代思维的范围。

这里，马克思指出了"社会契约"（contrat social）术语并不是卢梭提出的，而是伊壁鸠鲁最先提出来的。

经典作家提出的对契约进行限制的思想，我们看到了它在当代法学中的发展。

由放任市场经济的发展，使生产社会化与生产资料私人占有之间的矛盾日益尖锐、日益深化，整个资本主义社会处于急剧动荡和深刻危机之中。随着"国家之手"的出现，替代自由放任市场经济的现代资本主义市场经济，出现了许多新事实。这些新事实是：①对无限制的所有权和自由竞争的限制；②垄断体与非垄断体经济上的从属关系；③支配力过度集中的市场结构；④垄断组织与国家政权的结合。这些新事实，并不表明现代资本主义市场经济是对自由放任市场经济的革命性改造，但毕竟说明了社会经济关系发生了变异，即在自由放任市场经济中楔进、生长出异质的东西。

社会经济关系发生了重大变化，作为其普遍联系形式的合同关系也随之发生了重大变化。这些重大变化是：

第一，自由意思表示的外部制约性。

在现代资本主义市场经济条件下，作为合同基础的当事人的自由意志受到限制。"超当事人意志"在起作用，"非自我目的""无选择性"等因素贯穿于合同关系之中。

主要表现在以下几个方面：一是法律规定合同条款。某类合同的主要条款由法律规定，而不是由双方当事人商定，这就限制了对这类合同内容的自由选择权。二是签订合同为法定义务。法律规定某类合同必须签订，如关系到社会公共利益的合同。由于某类合同的签订被确定为义务，则限制了缔约自由权。三是执行标准合同。合同的内容事先由一方当事人规定，制成条文式或表格式，另一方当事人只有签订或不签订的自由，而无决定合同内容的自由权。

第二，当事人相互关系不对等。

在法律上，双方当事人的地位是平等的，但经济上的从属关系，决定了他们彼此之间不可能是对等的、同一水平的关系。

主要表现在以下几个方面：一是缔约能力的不对等。大中企业与小企业、垄断体与非垄断体、经济发达地区的当事人与经济不发达地区的当事人，由于经济能力的强弱不同，在签约谈判中讨价还价能力显然有差别。二是双方权利、义务不对等。在合同内容上，往往规定价格歧视、规定排他性条件、搭配销售及只适用于一方的约束性条款等。三是合同履行中的不对等。主要表现在一方当事人利用合同谋取更大利益和追求合同外利益两个方面。四是合同裁判上的不对等。经济上的强者往往在诉讼中也成为强者。

第三，依据法律解决合同争议。

法院基本上是依据法律原则和法律规定，取裁判合同内容的合法性和权利义务关系的有效性，而主要不是依据意思表示。

理性的国家、卢梭的社会契约在实践中表现为而且也只能表现为资产阶级的民主共和国。十八世纪的伟大思想家们，也和他们的一切先驱者一样，没有能够超出他们自己的时代所给予他们的限制。

恩格斯：《社会主义从空想到科学的发展》，
《马克思恩格斯全集》第 19 卷第 206 页。

正是宪法、法权体系、任何领域的思想观念的独立历史的这种外表，首先蒙蔽了大多数人。如果说，路德和加尔文"克服"了官方的天主教，黑格尔"克服"了费希特和康德，卢梭以其共和主义的"社会契约论"间接地"克服"了立宪主义者孟德斯鸠，那末，这仍然是神学、哲学、政治内部的一个过程，它表现为这些思维领域发展的一个阶段而且完全不越出思维的范围。

> 《恩格斯致弗·梅林》，
>
> 《马克思恩格斯全集》第 39 卷上册第 95 页。

请不要忘记，德意志帝国，也如一切小国家和一切现代国家一样，乃是契约的产物：首先是君主之间的契约的产物，其次是君主与人民之间的契约的产物。如果有一方破坏契约，契约就要全部作废，另一方也不再受契约义务的约束。这点已由。

> 恩格斯：《"法兰西阶级斗争"导言》，
>
> 《马克思恩格斯全集》第 22 卷第 611 页。

获得了政权即建立了康豪森内阁的资产阶级，立即把协商论宣布为普鲁士的 contrat social〔社会契约〕的"最广泛的"基础，这种理论绝不是空洞的理论，相反地，它是在"黄金"生活之树上生长出来的。三月革命绝没有使天赋君主屈服于人民的主权。这次革命只是迫使王权，迫使专制国家同资产阶统进行勾结，同自己的老对手进行协商。

> 马克思：《资产阶级和反革命》，
>
> 《马克思恩格斯全集》第 6 卷第 128 页。

"法制基础"意味着：人民权利的合法根据——革命，在政府和资产阶级之间所缔结的 contrat social〔社会契约〕中并不存在。资产阶级从旧普鲁士的立法中引伸出自己的要求，为的是不让人民从新普鲁士的革命中引伸出任何要求。

> 马克思：《资产阶级和反革命》，
>
> 《马克思恩格斯全集》第 6 卷第 132 页。

为了让我们的圣者看看伊壁鸠鲁哲学所根据的现实基础，我们只须提出以下一点就够了：国家起源于人们相互间的契约，起源于 contrat social（σηη）〔社会契约〕，这一观点就是伊壁鸠鲁最先提出来的。

> 马克思恩格斯：《德意志意识形态》，
>
> 《马克思恩格斯全集》第 3 卷第 147 页。

1790 年财产契约的强制注册范围扩大了，税率也提高了。注册税规定多从买卖中征收，少从赠产和遗产中征收。印花税是纯粹财政上的创举，它对不同的利润却征收同样的捐税。

马克思恩格斯：《"新莱茵报。政治经济评论"第4期上发表的书评》，
《马克思恩格斯全集》第7卷第332页。

租佃权法案修改并概括了60个以上的禁止签订为期21年的租佃契约的议会法令，处理了租佃者根据相应的合同作了改良设施的补偿费问题，并且不许采用转租制。最后，租佃者改良设施补偿费法案规定，租佃者在没有与地主签订任何合同的情况下所作的改良设施应予补偿，还有一条规定这一法律具有回溯效力。

马克思：《战争问题。——英国的人口和商业报告书。——议会动态》，
《马克思恩格斯全集》第9卷第284~285页。

吉尔克先生在这里看到了所有权的破坏，这种破坏会动摇一切法权准则。但是，为什么无偿地废除在法案中提到的各项义务就不是破坏所有权呢？其实在这里，不仅存在着毫无疑义的契约关系，并且还存在着从太古以来就无条件存在的无可争辩的权利，而修改契约的要求所涉及的那些契约就决不是无可争辩的，因为贿赂和欺诈是众所周知的，在许多场合下是有真凭实据的。

马克思：《废除封建义务的法案》，
《马克思恩格斯全集》第5卷第330页。

实际上，吉尔克先生在侵犯所有制，这是无可争辩的，但并不是侵犯现代的资产阶级所有制，而是侵犯封建所有制。他破坏封建所有制，借以巩固在封建所有制的废墟上成长起来的资产阶级所有制。他之所以不想修改赎买契约，只是因为通过这种契约，封建的所有制关系已经变成资产阶级的所有制关系，因为他如果修改这些契约，就要同时在条文上侵犯资产阶级所有制。而资产阶级所有制当然是神圣不可侵犯的，

马克思：《废除封建义务的法案》，
《马克思恩格斯全集》第5卷第330页。

一切已由契约或判决调整过的封建义务的赎金仍然有效。这就是说，农民将得不到任何补偿。可是农民在从1816年，特别是从1840年颁布的有利于贵族的反动法律生效期间，曾经赎买过自己的义务；当时为了封建主的利益，曾经用欺骗的手段，即最初利用法律，后来利用受贿的官吏剥夺了农民的财产。

马克思：《"盖尔温努斯报"的威胁》，
《马克思恩格斯全集》第5卷第124页。

1832年，他准许放弃希腊国民议会作为1824年希英贷款的保证而给英国契约一方的以领土所作的抵押，并把它移作在俄国帮助下签订的另一项贷款的保证。

马克思：《帕麦斯顿勋爵》，
《马克思恩格斯全集》第11卷第73页。

这就是中央政府所理解的农奴解放。至于俄国贵族阶级中有势力的那一部分贵族，他们由于没有希望保持昔日的状况，于是就决定在两个条件下让农奴解放。第一个条件是要补偿金，使农民由农奴变为契约债务人，这样一来，从物质利益这方面来说，至少在两三个世代之内，除了农奴依附的形式可能由宗法式的变为新的、文明的形式外，就什么也不会改变。

马克思：《俄国利用奥地利。——华沙会议》，

《马克思恩格斯全集》第 15 卷第 193～194 页。

宗教中可以看到多神教因素是完全可以理解的，这种情况到处都有。例如在爱尔兰，在订契约的场合除触摸圣物外还要立血誓；在举行葬礼的场合葬后设宴狂饮喧闹；洗礼时右手不入洗礼盘，等等。

恩格斯：《高德文·斯密斯〈爱尔兰历史和爱尔兰性〉一书札记》，

《马克思恩格斯全集》第 45 卷第 121 页。

根据布雷亨法规，"契约"有两种，即"有效契约和无效契约"。古时，契约的效力从各方面受……家族、远亲、同村人、部落、首领的权利的限制；如果你缔结有损教会利益的契约（后来随着基督教的出现），还受教会权利的限制。《科鲁斯·别斯克纳》的大部分就是论述这些古代的限制的（第 57、58 页）。

马克思：《亨利·萨姆纳·梅恩〈古代法制史讲演录〉一书摘要》，

《马克思恩格斯全集》第 45 卷第 574 页。

我们不仅有关于监督的国家法令，甚至还有更宝贵的东西，这就是无产阶级试图同工厂主同盟订立，以保证工人能够管理整个工业部门。制革工人同全俄皮革业工厂主协会已经开始拟订这种合同，并且差不多就要签订了；我认为，这种合同有特别重大的意义。这种合同表明，工人已逐渐在认识到自己的力量。

列宁：《全俄工兵农代表苏维埃第三次代表大会文献》，

《列宁全集》第 33 卷第 277 页。

恩格斯在《"法兰西阶级斗争"导言》里说，"俾斯麦在 1866 年给我们绝妙地表明了""君主与人民之间的契约的产物"。这是对俾斯麦独裁专制的辛辣讽刺。

当时，正在制定新的法律来反对变革，妄图把一切都颠倒过来。而今天的变革的敌人是昨天的颠覆者。汉诺威国王、黑森选帝侯、拿骚公爵驱出了他们祖传世袭的合法的领土，并且兼并了这些领土，而这些推翻了德意志联邦和三个奉天承运国王的人们，竟在那里埋怨变革。谁能容许崇拜俾斯麦的人们咒骂变革呢？通过反对变革的法案把法案弄得更残忍些，就是反对变革，特别是社会民主党的变革。破坏宪法，实行独裁，恢复专制，宣传君主的意志是最高的法律，就需要实际行动。然而，俾斯麦却奢谈什么"契约社会"。

列宁在《全俄工兵农代表苏维埃第三次代表大会文献》里说，"制革工人同全俄皮革业工厂主协会已经开始拟订这种合同，并且差不多就要签订了"，指全俄制革工人工会和企业主的谈判。这一谈判是1917年12月开始的，主要问题是按照民主原则改组在十月革命以前成立的制革业总委员会，增加其中的工人代表。1918年初，根据多次谈判的结果，制革业总委员会和各地区委员会都进行了改组，工人在委员会中得到了三分之二席位。1918年4月6日，向各地苏维埃发出了列宁签署的关于制革业总委员会的地方机关，必须民主化和制革业总委员会和各地区委员会的指示必须严格执行的电报。

4. 一般合同权利和劳动合同权利

一般意义上的合同权利，属于常识性的东西，经典作家没有作过多论述，反倒对劳动合同权利的论述多些。

经典作家提出了"劳动契约"术语，其关于契约的论述，有相当大的部分是关于劳动契约的。在理论上，经典作家去伪存真，正本清源，深入进行了有说服力的论证。劳动契约直接关系到劳动者的地位和生存状况，因而经典作家对于资本主义劳动契约进行了无情地批判和揭露。

在民法那里，劳动关系就是劳动雇佣关系，是由人身财产关系派生出来的，由民法关于人身财产关系的原则加以调整，劳动雇佣关系的基本规范，属于民事合同规范范畴。

在这里，不仅存在着毫无疑义的契约关系，并且还存在着从太古以来就无条件存在的无可争辩的权利，而修改契约的要求所涉及的那些契约就决不是无可争辩的，因为贿赂和欺诈是众所周知的，在许多场合下是有真凭实据的。

马克思：《废除封建义务的法案》，

《马克思恩格斯全》第5卷第330页。

商品在交换中才证明它是商品。两个商品的所有者必须愿意互相交换他们的商品，因此，必须彼此承认对方是私有者。这种具有契约形式的法权关系，不外是一种反映经济关系的意志关系。这种法权关系或意志关系的内容是由经济关系本身赋予的。（第45页）

恩格斯：《卡·马克思"资本论"第一卷提纲》，

《马克思恩格斯全集》第16卷第277~278页。

除了由自由佃农构成的这种《homines》以外，还有另外一种人。这就是自愿跟豪绅显贵们发生服役关系或侍从关系的贫穷的自由人。

豪绅显贵是怎样获得这些侍从的，这可以从当日的契约程式中看出来。例如，在一张这样的契约程式（西尔蒙契约程式集第43号）中说：

"众所周知，我无衣无食，所以请求您（主人）开恩，我希望受您的庇护（mundebur-dum——等于监护）并投靠于您，条件如下：您按照我为您服务的情况和应得的报酬负责供给我衣食；而我只要还活着就要按照一个自由人（ingenuili ordine）的样子，听候您的使唤；并且，我终生都不脱离您的权力和保护，一辈子留在您的权力和保护之下。"

　　这一契约程式充分说明了单纯的、丝毫没有掺杂外来成分的侍从关系如何产生和具有怎样的性质，尤其是说明了一个完全破产的穷人贫困到了极点的情况。给领主当侍从的关系的产生，乃是出于双方自由的协议——所谓自由，乃是罗马的和现代的法学上的自由——它往往跟现代工人为工厂主服务的情况是一样的。"人"投靠主人，主人接受他的投靠。投靠的仪式用握手和宣誓效忠表示出来。协议是终身的，只有在缔约双方有一方死亡的时候，方能解除。仆从必须负责完成他主人交给他的任何一种与一个自由人地位不相违背的劳役。为此，主人必须维持他的生活，并酌情给予报酬。

恩格斯：《法兰克时代》，
《马克思恩格斯全集》第 19 卷第 554~555 页。

　　要遵守契约，要遵守盖了章的东西！法学家对此立即作了很好的回答：那是邪恶的契约。神学家也说，给恶魔立的契约，就是用血签的字盖的章也无效。因为凡是违反上帝、法律和自然的东西都等于零。因此，国君（只有他能做到这一点）应该立刻干预这件事，毁掉印章和契约，而不考虑……

　　这是对一般资本家的绝妙写照，资本家装出一副样子，好象他从别人那里拖回他的洞里去的东西是从他那里出来的，因为他使这些东西倒着走，看起来好象是从他的洞里走出来的。

马克思：《资本论第四卷》，
《马克思恩格斯全集》第 26 卷第 3 册第 596 页。

　　万尚克在同您和盖得签订的合同中，应该给予你们在他毁约的情况下收回这笔款子的权利。不然的话，他同你们两人签订的私人合同与筹建中的公司将不会发生关系，除非公司明确地承认这个合同。不过，这些都是法律上的细节，

恩格斯：《致保·拉法格》，
《马克思恩格斯全集》第 38 卷第 401~402 页。

　　一切通过契约进行。我同自己的邻居达成某项协议——我的意志就表现在契约里。同样，我可以同自己公社的一切居民签订契约，而我的公社可以同本国的任何其他公社、所有其他公社签订契约。"我深信，以这种方式在共和国的各地制定的和反映千百万不同意志的法律，将永远只是我的法律。"（第 236 页）

恩格斯：《对蒲鲁东的〈十九世纪革命的总观念〉一书的批判分析》，
《马克思恩格斯全集》第 44 卷第 187 页。

　　被告有权利以任何合法手段阻止他们到波林和亨弗莱那里去工作。——蒙克先生反驳说，这些起诉人从他们离开苏格兰上船时起就被雇用了。丹尼尔·莫德先生指出，诚然，有人说订过这样的雇工合同，但是这个文件没有交出来。

恩格斯：《对英国工人阶级状况的补充评述》，
《马克思恩格斯全集》第 42 卷第 287 页。

当那些靠抢劫国民财富为生的人的境遇一得到改善，图尔恩－塔克西斯公爵就认为他的垄断权比合同上规定的钱数更有价值，而不愿放弃这些权利。

恩格斯：《法国来信》，
《马克思恩格斯全集》第 44 卷第 31 页。

厂主是绝对的立法者。他随心所欲地颁布工厂规则；他爱怎样就怎样修改和补充自己的法规；即使他在这个法规中加上最荒谬的东西，法官还是对工人说："你们是可以自己做主的，如果你们不高兴，就不必订这样的契约；但是现在你们既然自愿地订了这个契约，那你们就得履行它。"这样，工人还得忍受这个本身就属于资产阶级的治安法官的嘲笑，忍受同一个资产阶级所制定的法律的嘲笑。

恩格斯：《英国工人阶级状况》，
《马克思恩格斯全集》第 2 卷第 464～465 页。

在日益需要儿童的情况下，习艺所里穷人的孩子就成了十足的交易对象。他们从 4 岁起，甚至从 3 岁起，就成批地以签订学徒契约的形式卖给出价最高的厂主。

恩格斯：《英国的 10 小时工作制法案》，
《马克思恩格斯全集》第 7 卷第 276 页。

某些工厂主在某种意义上恢复旧的学徒制，同监护院签订关于雇佣无以为生的贫民儿童的有期契约。工厂主供给儿童住房、穿衣、吃饭，但不付给任何定期的工薪。

马克思：《不列颠工厂工业的状况》，
《马克思恩格斯全集》第 15 卷第 90 页。

资本是一种集中的社会力量，而工人只拥有自己的劳动力。因此，劳资之间永远不可能在公平的条件下缔结协定，即使在物质生活资料和劳动资料的所有权同活的生产力相对抗的社会看来的公平条件下也不可能。工人的社会力量仅在于他们的数量。然而，数量上的优势被他们的分散状态所破坏。

马克思：《临时中央委员会就若干问题给代表的指示》，
《马克思恩格斯全集》第 16 卷第 219～220 页。

货币所有者要在市场上找到作为商品的劳动力，劳动力就必须是由它的所有者出售，也就是说，必须是自由的劳动力。因为买者和卖专作为缔约的双方是在法律上平等的人，所以劳动力必须只出卖一个时期，如果一次 enbloc 出卖，卖者就不再是卖者，而本身成为商品了。另一方面，劳动力所有者已没有可能出卖把他的劳动物化在内的商品，他只有把他自己的劳动力作商品来出卖。

货币所有者和劳动力所有者的关系，不是自然关系，也不是一切时代所共有的社会关系，而是一种历史的关系，是许多经济变革的产物。

恩格斯：《卡·马克思"资本论"第一卷提纲》，
《马克思恩格斯全集》第 16 卷第 293 页。

劳动的性质意味着，劳动力只有在缔结契约以后才被使用，因为货币对于这种商品多半是充当支付手段，所以在一切资本主义生产方式的国家中，只有在劳动力发挥作用以后，才付给报酬。因此，到处都是工人借贷给资本家。

恩格斯：《卡·马克思"资本论"第一卷提纲》，
《马克思恩格斯全集》第 16 卷第 294 页。

工人从生产过程中出来时，已和他进入时完全不同了。劳动契约对他来说并非生产的自由当事人的契约。他自由出卖劳动力的时间，乃是他被迫出卖劳动力的时间。工人只有进行群众性的反抗，才能争取到国家的法律，以保障自己不再因和资本订立自愿契约，而把自己和自己的后代出卖，沦于死亡和奴隶的境地。工厂法的朴素 Magna Charta〔大宪章〕，代替了关于不可出卖的人权的华丽条目。（第 280 、281 页）

恩格斯：《卡·马克思"资本论"第一卷提纲》，
《马克思恩格斯全集》第 16 卷第 303 ~ 304 页。

从手工业到工场手工业的转变，要有一定数量的自由工人——所谓自由，一方面是他们解脱了行会的束缚，另一方面是他们失去了独立使用自己的劳动力所必需的资料——为前提，他们可以和厂主订立契约出租他们的劳动力，因而作为缔约的一方是和厂主权利平等的。最后，所有的人的劳动——因为它们都是人的劳动并且只就这一点而言——的平等和同等效用，不自觉地但最强烈地表现在现代资产阶级经济学的价值规律中，根据这一规律，商品的价值是由其中所包含的社会必要劳动来计量的。

恩格斯：《反杜林论》，
《马克思恩格斯全集》第 20 卷第 115 页。

劳动契约仿佛是由双方自愿缔结的。但是，这种契约的缔结之所以被认为出于自愿，只是因为法律在纸面上规定双方处于平等地位而已。至于不同的阶级地位给予一方的权力，以及这一权力加于另一方的压迫，即双方实际的经济地位，——这是与法律毫不相干的。而在劳动契约有效期间，只要任何一方没有明白表示抛弃自己的权利，双方仍然被认为是权利平等的。至于经济地位迫使工人甚至把最后一点表面上的平等权利也抛弃掉，这仍然与法律毫不相干。

恩格斯：《家庭、私有制和国家的起源》，
《马克思恩格斯全集》第 21 卷第 86 页。

在市场上，他作为"劳动力"这种商品的所有者与其他商品的所有者相遇，即作为商品所有者与商品所有者相遇。他把自己的劳动力卖给资本家时所缔结的契约，可以说像白纸黑字一样表明了他可以自由支配自己。在成交以后却发现：他不是"自由的当事人"，他自由出卖自己劳动力的时间，是他被迫出卖劳动力的时间；实际上，他"只要还有一块肉、一根筋、一滴血可供榨取"，吸血鬼就决不罢休。

马克思：《资本论第一卷》，

《马克思恩格斯全集》第23卷第334~335页。

一个工人同一家铁工厂订了两年合同。由于同工厂主吵了一次架，他离开了工厂，并表示决不再给这个工厂主干活了。结果他被控违反合同，判了两个月徒刑。（要是工厂主违反合同，只能受民法制裁，只有罚款的危险。）两个月刑满出狱后，那个工厂主又要他按旧合同回厂工作。这个工人说不行，他违反合同已经受过处罚。工厂主又把他告了，法院又对他判刑，虽然其中一位法官施先生公开指责说，一个人为了同一过失或罪行，要一辈子一次又一次地受处罚，这在法律上是荒谬的。

马克思：《资本论第一卷》，

《马克思恩格斯全集》第23卷第465~466页。

工人的个人消费一方面保证他们维持自己和再生产自己，另一方面通过生活资料的耗费来保证他们不断重新出现在劳动市场上。罗马的奴隶是由锁链，雇佣工人则由看不见的线系在自己的所有者手里。他这种独立的假象是由雇主的经常更换以及契约的法律虚构来保持的。

马克思：《资本论第一卷》，

《马克思恩格斯全集》第23卷第629~630页。

法官光知道看法律，看雇佣合同（一个人为了钱而替别人做工或为别人服务）。厂主雇用的是工程师、医师、经理也好，是小工也好，对于法官反正是一样；他认为（由于他的文牍主义作风和资产阶级的愚蠢），小工应该清楚地知道自己的权利，应该在合同上预先说明一切必要事项，就象经理、医师、工程师能够办到的一样。

列宁：《论工业法庭》，

《列宁全集》第4卷第241页。

恩格斯在《法兰克时代》里提到的"契约程式"，是把各种各样有关财产和其他性质的契约和协定在法律上固定下来的具体文书的标准样式。流传到现在的几本契约程式集，使我们能够了解6世纪末至9世纪末法兰克王国各地区的社会经济关系。恩格斯引用的这个契约程式，是收在名为"西尔蒙通俗叙述的图尔契约程式集"（《Formulae Turonenses vulgo Sirmondicae dictae》）里。

恩格斯在《卡·马克思"资本论"第一卷提纲》里的"enbloc",指全部。这里的意思是永远。

恩格斯在《反杜林论》里说,人的劳动的"平等和同等效用"和"商品的价值是由其中所包含的社会必要劳动来计量的",是马克思在资本论第一卷第一章论证的。

马克思分析如下:充当等价物的商品的物体总是当作抽象人类劳动的化身,同时又总是某种有用的、具体的劳动的产品。因此,这种具体劳动就成为抽象人类劳动的表现。例如,如果上衣只当作抽象人类劳动的实现,那末,在上衣内实际地实现的缝劳动就只当作抽象人类劳动的实现形式。在麻布的价值表现中,缝劳动的有用性不在于造了衣服,从而造了人,而在于造了一种物体,使人们能看出它是价值,因而是与物化在麻布价值内的劳动毫无区别的那种劳动的凝结。要造这样一面反映价值的镜子,缝劳动本身就必须只是反映它作为人类劳动的这种抽象属性。

5. 苏俄早期的租让合同权利

苏维埃共和国成立之初,数量最多、范围最广的合同,是租让合同。其主要原因,是"战时共产主义"转变为"新经济政策"时期,需要同外国企业签订租让合同。1921 年 3 月,俄共(布)召开第四次代表大会,通过了"新经济政策"。主要内容是,用粮食税代替余粮收集制,允许农民出卖余粮,允许开展自由贸易,把一些企业租让给外国资本家。

同美国的俄裔百万富翁哈默签订的租让合同,是谈成的第一个租让合同。列宁自始至终参与了这项谈判。10 月 14 日,列宁写信通报全体中央委员:朱·哈默想以优惠条件向乌拉尔工人提供 100 万普特粮食,他的儿子阿·哈默去过乌拉尔,决定帮助恢复乌拉尔的工业。他在 10 月 19 日致路·卡·马尔滕斯的信中写道,必须使哈默答允的事情具有租让合同这种确切的法律形式,因为这在政治上是重要的,让世人看到美国人已经承租。

哈默晚年回忆录——《超越生命》(已出版中译本),记叙了当年他在苏俄的投资和它同列宁的友谊。哈默的父亲是美国共产党的创始人之一,关注苏俄的革命。因为为苏俄提供一些需用品而被捕入狱。列宁实行"新经济政策"后,哈默即到莫斯科,决定提供粮食。列宁知道他的情况后,同意他来俄办企业,帮助恢复经济。后来列宁几次接见他。

列宁在 10 月 13 日致悉尼·希尔曼的信中,祝贺迅速达成关于组织美国工人援助苏维埃俄国的协议,指出特别重要的是组织这种援助的工作现在也对那些并非共产主义者的工人提出来了。在同外国工人签订的所有协议中,最大最重要的一个,是关于美国工人移民团承办库兹涅茨克煤田一批企业和承租库兹巴斯一片土地的协议。

《留声机片录音讲话》又论述了关于租让和发展资本主义的问题,认为资本家到俄国来承租企业就意味着发展资本主义,但资本家在一定期限内承租的这一部分企业的所有权仍属于苏维埃国家,而苏维埃国家的工人和农民却会由于产品的增加而得到好处。

列宁提出的租让制是有严格限制条件的。列宁明确要求全党:

第一,租让是战争在经济方面的继续,目的是发展我们的生产力。认为租让就是和平,是极其错误的。

第二,租让问题上的基本原则,从政治上考虑,就是利用两个帝国主义之间、两个资本主义国家集团之间的对立和矛盾，使他们互相争斗。

第三，应该处处用共产主义影响抵制将带来腐蚀人民的资本主义习气。这也是一场战争，是共产主义和资本主义这两种方式、两种形态、两种经济的军事较量。

第四，俄国现有的资产阶级分子，是投机倒把、间谍活动以及给资本家各种帮助的根源，必须同他们作斗争。

第五，国家要同租让中作为小业主的农民的自由贸易倾向进行斗争，因为这种行为是犯罪行为。

第六，人民把摆脱资本家的压迫看得重于一切，要使他们加倍警惕地、非常警觉地对待每一个可能产生新的危险即可能导致资本主义复辟的步骤。

第七，在执行租让合同时，一定要保护住我们的利益，决不让资本家政权复辟。

第八，全俄肃反委员会、莫斯科肃反委员会、省肃反委员会等等相应的机关要对付危害我国的情况。

第九，必须服从我们的一切法律，一旦发生战争（我们应当时刻准备同资产阶级作战），根据战争法规全部财产都归我们所有。

第十，紧紧依靠群众。从来自工人群众的呼声"不要听从资本家的，这是一些精明狡猾的家伙"，可以看到，誓与资本家斗争到底的广大群众正在成长起来。

第十一，要按棋盘的格式设置租让企业。划成棋盘格式的布局，使租让地段和我们能够开采的区域相间。

第十二，租让哪些地区，要有选择。我们要租让的地方大部分是在边疆地区。森林租让在西西伯利亚和北部边远地区。

第十三，每一个租让合同都受到一定期限、一定协议的限制，并且有种种经过周密考虑的保证条件。临时性的合同并不等于出卖，它们和出卖俄国毫无共同之处。

第十四，租让谈判要讲价钱，不能不讲价钱。

第十五，承租人应该同工会达成协议。工会的参与像一根红线贯穿于一切立法之中，因为一切具有这种重大意义的法律，工会都有权参与，工会符合于社会主义原则的地位是受到法律保障的。

通过以上十五点，可以看出列宁作为革命家的本色和作为领袖的高瞻远瞩、洞察一切的胆识。

历史证明，以共产主义为最高纲领的"新经济政策"和租让，在俄国没有出现资本主义复辟。斯大林 1924 年 1 月 26 日在全苏维埃第二次代表大会上的演说——《悼列宁》中，以"列宁同志和我们永别时嘱咐我们"为题，概括了珍重并保持共产党员的伟大称号的纯洁性、保护党的统一、保护并巩固无产阶级专政、巩固工农联盟、巩固并扩大共和国联盟和忠实于共产国际的原则等六大方面。接着，1925 年 5 月，召开俄共（布）第十四次代表大会，斯大林在总结讲话中，指出了走向工业"电气化"、农业"合作化"伟大目标的道路。从此，苏联的历史翻开了新的一页。

责成由列宁、米柳亭、库尔斯基、列扎瓦和谢列达等同志组成的委员会于一周内修改并审订完租让法令草案中适合在国外发表的部分，即第一，关于提供租让的总的亦即原则性的决定；第二，极简短地说明租让的一般经济条件和法律条件；第三，开列租让项目，并对每个租让项目的经济意义作出相当清楚的说明。

列宁：《人民委员会关于租让问题的决定草案》，
《列宁全集》第 40 卷第 15 页。

现在他们想用合同来使我们俯首听命。在革命还没有到来以前，资产阶级的资本对我们是有利的。当我们国家在经济上还极其薄弱的时候，怎样才能加速经济的发展呢？那就是要利用资产阶级的资本。目前我们有两种租让合同草案一种是堪察加为期 10 年的租让合同草案。这里来过一位美国亿万富翁，他十分露骨地说出了订合同的动机，那就是万一发生对日战争，美国想在亚洲有一个基地。这位亿万富翁说，如果我们把堪察加卖给美国，那么他可以向我们保证，美国民众的热情很大，一定会使美国政府立刻承认俄国的苏维埃政权；如果我们只能出租，那么热情就要小些。现在他已经回美国去报告，说苏维埃俄国完全不是他们所想象的那样。

我们过去所以打败世界资产阶级，是因为世界资产阶级不能团结起来。无论布列斯特条约还是凡尔赛条约都使他们分崩离析。现在美国和日本之间疯狂的敌对情绪日益增长。我们正利用这一点，提议出租堪察加，而不是把它白白送掉，因为日本已经用武力霸占了远东的一大片土地 35。所以，不是去冒险，而是出租堪察加，从那里得到一部分产品，对我们有利得多，何况事实上我们反正无法支配和利用堪察加。合同还没有签订，而在日本人们谈起这件事就怒不可遏了。我们利用这个合同更加加深了我们敌人之间的分歧。

第二种租让就是我们出租阿尔汉格尔斯克省的数百万俄亩森林，这些森林即使我们尽一切努力也无法利用。划成棋盘格式的布局，使租让地段和我们能够开采的区域相间，这样，我们的工人就可以向他们学习技术。这一切对我们都是十分有利的。

列宁：《在俄共（布）莫斯科组织支部书记会议上的讲话》，
《列宁全集》第 40 卷第 42～43 页。

租让并不是和平，它也是战争，不过是用另外一种、对我们比较有利的形式进行的战争。从前战争是靠坦克、加农炮等等进行的，而这些东西妨碍了我们的工作，现在这场战争将在经济战线上进行。也许他们将竭力恢复贸易自由，但是他们没有我们就不行。其次他们必须服从我们的一切法律，我们的工人可以向他们学习，而一旦发生战争（我们应当时刻准备同资产阶级作战），根据战争法规全部财产都归我们所有。我再重说一遍，租让是战争在经济方面的继续，不过在这场战争中我们已经不是在破坏而是在发展我们的生产力。毫无疑问，他们会设法欺骗我们，并且逃避我们的法律，但是我们有全俄肃反委员会、莫斯科肃反委员会、省肃反委员会等等相应的机关来对付这种情况。我们相信，我们一定会取得胜利。

列宁：《在俄共（布）莫斯科组织支部书记会议上的讲话》，
《列宁全集》第 40 卷第 42～43 页。

租让问题上的基本原则，从政治上来考虑（对这个问题有政治上的考虑，也有经济上的考虑）就是：应该利用两个帝国主义之间、两个资本主义国家集团之间的对立和矛盾，使他们互相争斗。这个原则我们不仅理论上已经懂得了，而且实际上已经在运用；对我们来说，社会主义在全世界最终胜利以前很长的时期内，这将是一个基本原则。只要我们还没有夺得全世界，只要从经济和军事的角度来看我们仍然比资本主义世界弱，就应该坚持这样一个原则：应该善于利用帝国主义者之间的矛盾和对立。如果我们不坚持这个原则，我们大家早就被绞死了，这正合资本家的心意。

列宁：《在俄共（布）莫斯科组织积极分子大会上关于租让的报告》，
《列宁全集》第 40 卷第 59 页。

如果注意到世界各地大多数盛产原料的地方都被资本家买下了，即使没有被买下，也在政治上被侵占了；既然这种均势存在于资本主义的基础之上，那就应该善于估计到这一点，善于利用这一点。

在政治上我们应该利用敌人之间的分歧，并且只利用由最深刻的经济原因引起的深刻分歧。如果我们企图利用微小的偶然的分歧，我们就会成为渺小的政客和一钱不值的外交家。而这样做是干不成大事的，玩弄这套把戏的外交家大有人在，他们混上几个月，飞黄腾达于一时，然后就销声匿迹了。

列宁：《在俄共（布）莫斯科组织积极分子大会上关于租让的报告》，
《列宁全集》第 40 卷第 62~63 页。

日本统治着远东，它在那里可以为所欲为。如果我们把法律上属于我们而事实上却被日本占领的堪察加让给美国，我们显然会得到好处。这就是我的政治论断的基础，根据这个论断，我们立即决定必须同美国订立合同。当然，这要讲讲价钱，如果我们不讲价钱，任何商人都不会尊重我们。

……

我们起草了一个合同草案，还没有签字，草案规定把堪察加这块位于西伯利亚最东头和东北角的大片领土租给美国人 60 年，他们有权在那个有石油和煤炭的不冻港建造军港。

合同草案并没有什么约束力，我们随时都可以说还有不明确的地方而拒绝签订。即使如此，我们也不过是浪费了与万德利普会谈的时间和很少的几张纸而已，可是我们现在已经得到了好处。只要看看欧洲的消息就可以知道我们已经得到了好处。来自日本的每一条消息都谈到日本对拟议中的租让表示极大不安。日本声称："我们不能容忍这样做，这侵犯了我们的利益。"——那就请你们去打败美国吧，我们对此是不会反对的。

列宁：《在俄共（布）莫斯科组织积极分子大会上关于租让的报告》，
《列宁全集》第 40 卷第 66 页。

在租让法令中，我们代表全人类提出了在利用世界各地原料的基础上恢复世界经济力量这样一个在经济上无可非议的纲领。对我们来说，重要的是使什么地方都没有饥饿。你们资本家不能消灭饥饿，而我们能够消灭它。

列宁：《在俄共（布）莫斯科组织积极分子大会上关于租让的报告》，
《列宁全集》第 40 卷第 74 页。

租让会产生新的危险。我指的是我在开始时已经谈过的那一点，就是来自基层，来自工人群众的呼声："不要听从资本家的，这是一些精明狡猾的家伙。"听了这种话令人很高兴，因为可以看到，誓与资本家斗争到底的广大群众正在成长起来。斯捷潘诺夫同志在他的一些文章中象讲课似地作了全面论述（我先把反对租让的理由一一列举出来，然后再说明为什么必须实行租让。但是，有的读者还没有读到精彩的部分，就会以为不需要租让，而把这些文章丢下不读了），他的文章中有正确的见解。不过，他认为不要对英国实行租让，以免召来洛克哈特，这一点我不同意。当肃反委员会刚刚成立，还没有象现在这样严密的时候，我们就已经能够对付洛克哈特了。如果在三年战争之后我们还不会抓特务，那应当说，这种人不配管理国家。我们正在完成无比困难的任务。例如，克里木现在有 30 万个资产阶级分子。这是将来投机倒把、间谍活动以及给资本家各种帮助的根源。但是，我们并不怕他们。我们说，我们要掌握他们，安排他们，制服他们，改造他们。

……

但是，如果认为租让就是和平，那当然是极其错误的。完全不是这么回事。租让不过是战争的新形式。欧洲同我们作过战，而现在战争正转入一个新的领域。

列宁：《在俄共（布）莫斯科组织积极分子大会上关于租让的报告》，
《列宁全集》第 40 卷第 76 页。

我们正在继续打下去，正在转向经济战争。我们说得很明确，租让的地块、租让的方格一边将是我们的方格，接下去又是他们的方格；我们要挨着他们开办自己的企业，学习他们如何经营模范的企业。如果我们做不到这一点，那就什么也不用说了。

……

我们要按棋盘的格式设置租让企业：来吧，就在这里学习。

租让企业在经济上对我们有很大好处。当然，它们在建设一些工人村时，将带来资本主义习气，腐蚀农民。但是应该加以注意，应该处处用自己的共产主义影响加以抵制。这也是一场战争，是共产主义和资本主义这两种方式、两种形态、两种经济的军事较量。

只要存在着资本主义和社会主义，它们就不能和平相处，最后不是这个胜利，就是那个胜利；不是为苏维埃共和国唱挽歌，就是为世界资本主义唱挽歌。这是战争的延期。资本家是会找借口来打仗的。如果他们接受建议，签订租让合同，他们就会更加困难。一方面，一旦战争爆发，我们有最有利的条件；另一方面，那些要打仗的人是不会接受租让的。租让的存在就是反对战争的经济根据和政治根据。如果那些可能同我们作战的国家接受租让，这就使它们受到约束，不能同我们作战。

列宁：《在俄共（布）莫斯科组织积极分子大会上关于租让的报告》，
《列宁全集》第 40 卷第 78 页。

我们要租让的地方大部分是在边疆地区。在俄国欧洲部分的北部有 7000 万俄亩森林。要租让的有 1700 万俄亩。我们的林场已经按棋盘格式划好，这些森林都在西西伯利亚和北部边远地区。我们任何东西都不会丧失。主要的企业在物产无限丰富的西西伯利亚。我们在 10 年内连这些宝藏的 1% 也无法开发。如果我们把一个矿租让给外国资本家，在他们的帮助下，我们就有可能开发自己的矿。至于租让哪些地区，我们是有选择的。

从监督的观点来看怎样安排租让呢？他们企图腐蚀我们的农民、我们的群众。作为小业主的农民，其本性是倾向自由贸易的，而我们则认为这种行为是犯罪的。国家要同这种行为进行斗争。正是在这方面我们应当让社会主义和资本主义这两种经营方式较量较量。这也是一场战争在这场战争中我们也应当进行坚决的战斗。

……我们还有 100 万俄亩荒地没有开垦，因为我们没有耕畜，没有必要的工具。如果用拖拉机，这些土地要耕多深就可以耕多深。因此，出租这些土地对我们有利。

列宁：《在俄共（布）莫斯科组织积极分子大会上关于租让的报告》，
《列宁全集》第 40 卷第 79 页。

11 月 23 日的法令，这个法令阐明了关于世界经济利益的思想。"恢复俄国生产力以及整个世界经济的过程，可以通过如下途径而大大加速，这就是吸引外国的国家机构和地方机构、其他国家的私人企业、股份公司、合作社和工人组织来参加开发和加工俄国的天然财富。"当然，这只有宣传上的意义，但是在经济上也是无可争辩的。

列宁：《在俄共（布）莫斯科组织积极分子大会上关于租让的报告》，
《列宁全集》第 40 卷第 81 页。

我们想吸引外国人。因此，在法令的结尾部分列举了如下一些条件：

第一条："承租人将按照合同规定，得到一部分产品作为报酬并有权运出国外。"不这样规定他们是不会干的。至于多大一部分，没有讲。在这种情况下，将为这一部分产品而发生斗争。……

第二条："如果大规模地采用特殊的技术革新，承租人将获得贸易上的优惠权（例如：在机器采购方面，在签订大宗订货的专门合同方面，等等）。"什么是贸易上的优惠权呢？这就是我们把签订合同的优惠权给予某个公司，而不给予其他公司。而如果哪个公司获得承租权的话，我们也可以从它那里把租让企业赎回来，也许我们要多付给它一点钱。……

第三条："长期租让的期限将根据租让企业的性质和条件来定，以保证充分补偿承租人所担的风险和投入租让企业的技术设备。"这里谈的是租让期限的长短问题。这种期限根本没有规定，我们不可能用另外的条件把堪察加租出去。……

第四条："俄罗斯联邦政府保证承租人投入企业的财产既不会收归国有，也不会没收或征用。"而你们没有忘记我们还有法院吧。这是一句仔细斟酌过的、对我们极有利的话。……

第五条："承租人有权为自己在俄罗斯联邦境内的企业雇用工人和职员，但要遵守劳动法典或专门合同的规定，专门合同要保证遵守对工人和职员所规定的劳动条件，以保护他们的生命和健康。"这里没有任何要小心谨慎的地方。如果工人举行罢工，而且罢工又是合理的，那我们就可以暗中支持罢工者。资本家拿什么来威胁呢？"我们要把你赶到马路上去，你就得挨饿。"……

第六条："俄罗斯联邦政府向承租人保证决不以政府的任何命令或法令单方面改变租让合同的条款。"我们不会单方面改变合同条款，因为那样的话谁也不会来承租。……

如果合同是财产方面的，这是允许的。从国际法的基本原则来看，这是一种私合同，你可以撕毁它，但要赔偿。如果你撕毁了合同，你就得赔偿。

列宁：《在俄共（布）莫斯科组织积极分子大会上关于租让的报告》，
《列宁全集》第40卷第81～83页。

在租让谈判上，我们的主要利益是政治上的利益。最近的事态也十分清楚地证明，光是谈谈租让问题，我们就得到了好处。我们还没有实行租让，并且在美国总统就职（这不会早于3月）以前，我们是不能租让的。此外，我们还保留了在拟订详细合同时拒绝签字的权利。

这就是说，这个问题在经济上是十分次要的，它的全部实质是在于它的政治意义。

列宁：《在俄共（布）党团会议上关于租让问题的报告》，
《列宁全集》第40卷第99页。

同英国的这个贸易协定有关的我国经济政策的一个极重大的问题，就是租让问题。今年11月23日公布的租让法令，是苏维埃政权在报告总结的这段期间内通过的最重要的法令之一。……

我们所发表的单行本不仅附有这个法令的全文，而且还开列了粮食、森林和矿业等最主要的租让项目。我们已经采取措施，使我们所公布的这个法令的全文尽快地传到西欧各国去，并且希望我们的租让政策在实践上也将获得成功。至于这个政策在一个社会主义苏维埃共和国，而且是一个落后的弱国会引起什么危险，我们决不视而不见。当然，只要这种根本对立还存在，危险也就存在，并且不能避免。我们只要站稳脚跟，就能克服这些危险，要善于把较大的危险和较小的危险区别开来，宁愿承受较小的危险而避免较大的危险。……

在非党劳动群众中，不只是在工人中，而且在农民中，三年来他们在政治和经济方面的经验已经成熟。这些经验使他们能够而且不得不把摆脱资本家的压迫看重于一切，使他们加倍警惕地、非常警觉地对待每一个可能产生新的危险即可能导致资本主义复辟的步骤。

列宁：《全俄中央执行委员会和人民委员会关于对外对内政策的报告》，
《列宁全集》第40卷第134～135页。

我们说的是租让，同时每一个租让合同都受到一定期限、一定协议的限制，并且有种种经过周密考虑的保证条件，这些保证条件在这次代表大会上和以后各种会议上我们还要不止一次地和你们共同考虑和讨论，所以这些临时性的合同并不等于出卖。它们和出卖俄国毫无共同之处，但是，它们是对资本家作的某种经济上的让步，目的是使我们能够尽快地获得必需的机器和机车，没有这些东西，我们就不能恢复我们的经济。我们没有权利轻视任何多少有助于改善工农处境的事情。

列宁：《全俄中央执行委员会和人民委员会关于对外对内政策的报告》，
《列宁全集》第40卷第135~136页。

应该使工人和农民的心情都像那些说自己不怕牺牲和困苦的非党农民的心情一样。他们意识到资本主义干涉的危险，并不从伤感的观点来看租让问题，而是把租让看成战争的继续，也就是说无情的斗争转到了另一个方面，同时他们还看到资产阶级可能一次再次地试图复辟从前的资本主义。

我们相信，即使在执行租让合同的时候，我们也一定会保护住我们的利益，决不让资本家政权复辟。

列宁：《全俄中央执行委员会和人民委员会关于对外对内政策的报告》，
《列宁全集》第40卷第136页。

以前你们怎么办的，现在还怎么办。只要严格遵守苏维埃政权的法令，不违背你们的共产党员的良知，就放手地像过去一样干吧。

列宁：《在俄共（布）党团会议上对问题的答复》，
《列宁全集》第40卷第188页。

鉴于苏维埃政权因经济破坏和落后而面临垮台的巨大危险、落后和赶不上的危险，只能这样提出任务：借助联合外国资本赶上去？

"如果租让1/4，2/4就不会落后"，这是理想；这一点我们一年内不能解决，如果五年能解决，那就是伟大的胜利。

这才是切实地，而不是幼稚地提问题的方法。……

那么经过30年（平均租让期限）将有把握和平地取得胜利，或许过15年我们就会赎回。

列宁：《给巴库同志们的信的提纲》，
《列宁全集》第40卷第376页。

今年2月1日，人民委员会又通过了一项关于租让问题的决定11。其中第一条规定："原则上赞同在格罗兹尼和巴库以及其他正在开采的油田提供石油租让，并开始谈判，谈判要加速进行。"

这个问题不能不引起一些争论。有些同志认为把格罗兹尼和巴库的一部分油田租让出去是错误的，会引起工人的反对。大多数中央委员和我个人却认为这种抱怨也许是不必要的。

列宁：《俄共（布）中央政治工作报告》，
《列宁全集》第 41 卷第 17 页。

第 5 条："承租人必须遵守俄罗斯联邦的法律，包括有关劳动条件、发薪期限等方面的法律，必须同工会达成协议（在承租人认为有必要时，我们同意作这样的一点补充，即在协议中定出一个双方都必须遵守的相当于美国或西欧普通工人的标准）。"

提出这个附带条件是为了消除资本家对我国工会的顾虑。我们说承租人应该同工会达成协议，是因为工会的参与像一根红线贯穿于一切立法之中，因为一切具有这种重大意义的法律，工会都有权参与，工会的符合于社会主义原则的地位是受到法律保障的。

列宁：《在全俄工会中央理事会共产党党团会议上关于租让问题的报告》，
《列宁全集》第 41 卷第 159 页。

我还常常听到有人说："你们是公式化地理解租让。资本家总是使最有经验的俄国法学家受骗。"是的，当国家政权掌握在资本家手里，一切实力都掌握在资本家手里时，是有过这种情形。

列宁：《在全俄工会中央理事会共产党党团会议上关于租让问题的报告》，
《列宁全集》第 41 卷第 177 页。

假如承租人提出这个条件，那么我们可以接受它。既然合同明确规定，应当提供哪些商品和配售证如何支付，那么我们可以采纳这个办法。

列宁：《在全俄工会中央理事会共产党党团会议上关于租让问题的报告》，
《列宁全集》第 41 卷第 178 页。

列宁提到的《人民委员会关于租让问题的决定草案》，是在 1920 年 11 月 16 日人民委员会会议审议租让法令草案时提出的，为会议所通过。租让法令草案是人民委员会 1920 年 10 月 30 日成立的专门委员会草拟的。11 月 23 日，人民委员会批准了租让法令。

（三）劳动法与劳动权

1. 劳动立法

劳动法开始时称为劳工法。工厂制度形成后，资本、劳动力和生产资料是工厂构成的基本要素，而其劳动力的买卖，则是工厂运作的首要的条件。18 世纪前后，劳动关系即劳工关系，就是工厂主招收工人，形成工厂主和工人之间一对一的关系。由于实行企业自治，国家对于企业的内部关系不予干涉。随着自由资本主义向垄断资本主义的转变，社会经济连成一气，经济问题不再是个别企业的问题，而是整个国民经济问题。在这样的背景下，仅仅调整劳工关系的法是远远不够了。作为对劳动关系作统一、综合、协调调整的法——劳动法产生了。劳动关系是劳动力与生产资料相结合的社会关系，是劳动力资源配置的社会形式。因为劳动法直接关系到劳动力资源的配置，因而属于国家干预法的范畴。

劳动法从民法分离出来，始于 20 世纪初叶。劳动法在其自身发展中逐步形成完善的体系，总体上不再具有民法的性质和特征。它包括：劳动合同（订立和解除的程序、劳动条件、合同期限、解雇限制等）；工资（工资的支付、最低工资标准等）；劳动时间、休息和休假；安全和卫生；女工和未成年工的保护；徒工培训；劳动保险；劳动保护；工会的权利义务和组织原则；劳动就业和劳动监督机关等一整套规定。这一整套规定，不是仅仅用民事合同法规就能概括的。

在生产社会化条件下，劳动关系成为社会关系的重要组成部分，劳动关系法律调整的状况如何，直接关系到国民经济总体运行效果，关系到国家安定。在这种情况下，失业率、劳动者权利、集体谈判制度便成为劳动法立法的焦点。

"劳动者权利"具有不同于雇工权利的内涵。这种权利，不再局限于作为雇主相对人的雇工的合同权利，而是一种社会性权利。雇工的权利，是同劳动者整体的权利相联系的，包括企业的参与权、管理权。这些权利，由法律加以规定，不是与企业主商定的。因此，规定"劳动者权利"的法，不属于民法。

"集体谈判制度"，是工会或职工代表与就业单位就劳动条件进行交涉的制度。这是在生产社会化条件下，雇主或雇主群体或组织同工人组织之间进行的谈判。单个工人的合理要求和抗争，往往不能解决问题，而签订集体合同，是工会为改善其会员、工人代表为改善工人的就业及劳动条件所出现的一种新手段。在生产社会化条件下，全国范围的企业、劳动者都连成一气，劳资冲突和对抗，不仅仅给企业单位带来影响，还直接影响社会安定。法律规定集体谈判制度的目的，是通过集体协商，建立协调稳定的企业劳动关系。

劳动法，是调整劳动关系的法。各国的劳动法的名称并不相同，但都可以用劳动法概括。其具体法律制度的内容包括工作时间、休息休假、工资、禁止使用童工、女工和未成年工的劳动保护、职业安全卫生等方面。劳动法的核心是劳动权，即作为劳动者的公民权利，就是平等的就业权和择业权。同时，劳动报酬权、劳动保护权、休息权、职业培训权、民主管理权、受物质帮助权，等等，也包括在劳动权之内。劳动法调整劳动关系，还调整与劳动关系有密切联系的一些社会关系，如保险关系和保障关系，等等。

19 世纪以来，尤其是 20 世纪初期，法国和苏联制定劳动法典以来，劳动法在大多数国家被相继制定出来。

国际劳动立法，主要是国际劳工公约和国际劳工建议书。截至目前，共通过了 188 个劳工公约和 200 个建议书。其立法机构是国际劳工组织。该组织成立于 1919 年，1946 年12 月成为联合国的一个专门机构。目前有 182 个成员国。

（1）资本主义劳动立法

在六月事变以前制定的最初宪法草案中，还提到了《droit au travail》——劳动权，还提到了这个初次概括无产阶级各种革命要求的笨拙公式。现在这个公式却已转化为 droit à l'assistance——享受社会慈善救济权，——但试问有哪一个现代国家不是这样或那样饲养着自己的乞丐呢？劳动权在资产阶级的意义上说乃是一种胡说，乃是一种可怜的善良愿望，其实劳动权是表示控制资本，而控制资本又表示占有生产资料，使其受联合的工人阶级支配，从而消灭雇佣劳动、资本及其相互间的关系。"劳动权"是以六月起义为后盾的。制宪议会既然已在事实上把革命无产阶级置于 hors la loi——法律之外，也就不免要在原则上把它的公式从宪法——法律的法律——中删去，把"劳动权"当作邪说来加以诅咒。

马克思：《1848 年至 1850 年的法兰西阶级斗争》，
《马克思恩格斯全集》第 7 卷第 47 页。

劳动力所有者和货币所有者在市场上相遇，彼此作为身分平等的商品所有者发生关系，所不同的只是一个是买者，一个是卖者，因此双方是在法律上平等的人。这种关系要保持下去，劳动力所有者就必须始终把劳动力只出卖一定时间，因为他要是把劳动力一下子全部卖光，他就出卖了自己，就从自由人变成奴隶，从商品所有者变成商品。他作为人，必须总是把自己的劳动力当作自己的财产，从而当作自己的商品。而要做到这一点，他必须始终让买者只是在一定期限内暂时支配他的劳动力，使用他的劳动力，就是说，他在让渡自己的劳动力时不放弃自己对它的所有权。

马克思：《资本论第一卷》，
《马克思恩格斯全集》第 23 卷第 190～191 页。

自始就是为了剥削工人，而在其发展中一直与工人为敌的关于雇佣劳动的立法，在英国开始于 1349 年爱德华三世的劳工法。在法国，与此相当的，是 1350 年以国王约翰名义颁布的敕令。英法两国的立法齐头并进，内容也相同。关于劳工法企图强制延长工作日这一点，我就不再谈了，因为前面（第 8 章第 5 节）已经讲过了。劳工法是由于下院的迫切要求而颁布的。

马克思：《资本论第一卷》，
《马克思恩格斯全集》第 23 卷第 806～807 页。

自从资本家以其私人立法来管理工厂，并依靠济贫税把农业工人的工资补充到必要的最低限度以来，这些法律就变成了可笑的反常的东西。但是劳工法中有关雇主和雇佣工人之间的契约以及解约期限等条款，直到现在还完全有效，这些条款规定，对违约的雇主只提出民事诉讼，而对违约的工人则提出刑事诉讼。

马克思：《资本论第一卷》，
《马克思恩格斯全集》第 23 卷第 809 页。

生产资料成了吸取他人劳动的手段。于是不再是工人使用生产资料，而是生产资料使用工人。（第289页）不是工人把生产资料……消费，而是生产资料把工人当作它们自身生活过程的酵母来消费；而资本的生活过程只是资本作为自行增殖的价值的运动……单是货币转化为生产资料，就使生产资料转化为取得他人劳动和剩余劳动的合法权和强制权。

恩格斯：《卡·马克思"资本论"第一卷提纲》，

《马克思恩格斯全集》第16卷第305页。

资本发展成了对劳动的指挥权，它进行监督，要工人守规矩地紧张地工作。其次，它强制工人超过维持自己生活的需要而从事更多的劳动。在榨取剩余价值上，它超过了过去任何以直接强制劳动为基础的生产制度。资本是在一定的技术条件下支配劳动的，最初它并未改变这些条件。

恩格斯：《卡·马克思"资本论"第一卷提纲》，

《马克思恩格斯全集》第16卷第305页。

以前社会时代的剩余劳动。在交换价值的重要性还没有超过使用价值以前，剩余劳动是较少的，如在古代；那时只有在直接生产交换价值，即生产金银的地方，剩余劳动才是惊人的。（第203页）美国奴隶制各州，在尚未大量生产出口的棉花以前，情况就是如此。此外，在实行徭役劳动的地方，如罗马尼亚，也是如此。

徭役劳动是用来同资本主义剥削作比较的最好的例子。因为前者确定并表明剩余劳动是专门提供的劳动时间。瓦拉几亚的 Règlement organigue。

这是对剩余劳动的贪欲的正面表现，英国的 Factoryacts〔工厂法〕则是这种贪欲的反面表现。

恩格斯：《卡·马克思"资本论"第一卷提纲》，

《马克思恩格斯全集》第16卷第300～301页。

废除了一切妨碍工人从一个生产部门转移到另一个生产部门，或者从一个生产地点转移到另一个生产地点的法律；工人对于自己劳动的内容是无所谓的；一切生产部门的劳动都已最大限度地化为简单劳动；工人抛弃了一切职业的偏见；最后，特别是工人受资本主义生产方式的支配。

马克思：《资本论第三卷》，

《马克思恩格斯全集》第25卷上册第219页。

工人愿意从事任何一种根据公共工程法令安排的劳动。

"组织劳动就业的原则，各个城市极不相同。但是，即使在户外劳动不是绝对当作试工的地方，这种劳动得到的报酬，要么只有普通的救济费那样多，要么多一点也有限，结果这种劳动实际上还是一种试工。"（第69页）"1863年的公共工程法令试图消除这个弊病，使工人能够作为不依赖别人的短工取得日工资。这项法律有三重目的：1. 使地方当局〈在取得中央济贫局局长的同意后〉能够从国库贷款委员会得到贷款；2. 使各棉纺织工业区的城市的改善比较容易进行；3. 使失业工人获得工作和适当的报酬。"

到1863年10月底为止，按这项法律批准的贷款，已达883700镑。（第70页）实施的工程，主要是挖下水道，修筑道路，铺砌街道，修建自来水厂的蓄水池等等。

布莱克本委员会主席汉德逊先生曾就这个问题写信给工厂视察员雷德格雷夫说：

"在目前这个艰难困苦的时期，我所经历的一切事情中，再没有比本区失业工人乐于接受布莱克本市政当局按公共工程法令给他们安排的工作这件事，更使我感动和高兴的了。那些从前在工厂充当熟练工人的纺纱工人，现在是在14呎或18呎深的地方充当挖排水沟的短工，很难想象出还有比这更为鲜明的对比了。"

（他们做这种工作，根据家庭人口多少，每周可以挣4—12先令；这笔"巨款"，竟然往往要用来维持八口之家。市侩老爷们因此得到了双重的利益：第一，他们以特别低廉的利息获得了资金，来改善他们的乌烟瘴气的、无人过问的城市；第二，他们付给工人的工资，比正常工资率低得多。）

马克思：《资本论第三卷》，
《马克思恩格斯全集》第25卷上册第151~152页。

现在，该是工厂主先生们着急的时候了。由于公共工程法令的实施，对工人的需求迅速增加，以致有些工厂工人现在可以在贝凯普采石场每天挣得4—5先令。因此，公共工程只好逐渐停下来，它是1848年国家工厂的新版，不过这一次是为了资产阶级的利益而举办的。

马克思：《资本论第三卷》，
《马克思恩格斯全集》第25卷上册第152页。

（2）巴黎公社和苏维埃劳动立法

公社莫大的荣幸，就在于它的一切经济措施的"活的灵魂"不是由什么原则，而是由简单的实际需要所构成。正因为如此，所以这些措施——废除面包工人的夜工、禁止工厂罚款、没收停业工厂和作坊并将其交给工人团体——一点不合乎蒲鲁东的精神，而合乎德国科学社会主义的精神。

恩格斯：《论住宅问题》，
《马克思恩格斯全集》第18卷第297页。

在公、私工厂里，废除了厂主等（制造商）（大小雇主）擅自僭取的私人裁判权（这些厂主在诉讼中身兼法官、执行吏、胜利者和当事人）；废除了他们擅自制定使他们能够用罚金、扣款等处分来掠夺劳动者工资的刑法典的权利；雇主违反这条法令时将受处罚；3月18日以后勒取的罚金和扣款必须发还工人（4月27日）。当铺里的典当物品停止出售

（3月29日）。

马克思：《初稿》，

《马克思恩格斯全集》第17卷第573页。

在纯粹社会方面，公社来得及做的事情不多，但这些不多的事情毕竟足以清楚地揭示公社这样一个人民的、工人的政府的性质：禁止面包坊做夜工；废除了罚款这种法律规定的掠夺工人的制度；最后，颁布了一项著名的法令（指令），规定把所有被业主抛弃或停业的工厂和作坊转交给工人协作社以恢复生产。

列宁：《纪念公社》，

《列宁全集》第20卷第223页。

我们不仅有关于监督的国家法令，甚至还有更宝贵的东西，这就是无产阶级试图同工厂主同盟订立合同，以保证工人能够管理整个工业部门。制革工人同全俄皮革业工厂主协会已经开始拟订这种合同，并且差不多就要签订了；我认为，这种合同有特别重大的意义。这种合同表明，工人已逐渐在认识到自己的力量。

列宁：《全俄工兵农代表苏维埃第三次代表大会文献》，

《列宁全集》第33卷第277页。

法令必须明确规定要实行泰罗制，换句话说，要采用这一制度所提供的一切科学的工作方法。否则就无法提高生产率，而不提高生产率我们就不能建立社会主义。

列宁：《在最高国民经济委员会主席团会议上的讲话》，

《列宁全集》第34卷第195页。

苏维埃政权经过立法手续实行了并在《劳动法典》中明文规定了：所有劳动者的工作日最长为8小时，对未满18岁者，对在特别有害健康的生产部门工作的人，以及在地下工作的矿工，工作日不得超过6小时；所有劳动者每周都应有42小时的连续休息；作为通例，禁止加班加点；禁止使用童工及未满16岁的少年；禁止一切女工和未满18岁的男工做夜工、或在特别有害健康的部门中做工以及加班加点；妇女产前产后各给假8周，工资照付，医疗服药均予免费；并让哺乳的女工每隔三小时有一次至少半小时的喂奶时间，发给哺乳的母亲额外补助金；由工会委员会选出劳动检查和卫生检查组织。

苏维埃政权通过立法手续对于一切不剥削他人劳动的劳动者实行了充分的社会保障，凡丧失劳动能力的人以及——世界上破天荒第一次——遭到失业的人，都由雇佣者和国家给予生活保障。同时这一工作完全由被保障者自行管理，并有工会的广泛参加。

列宁：《俄国共产党（布尔什维克）纲领》，

《列宁全集》第36卷第422页。

拿你们通过的第一部法典即劳动法典来说吧。在各国都向工人阶级进攻的时候，我们提出了一个牢固确立劳动立法原则（例如八小时工作制）的法典，这是苏维埃政权的一大成就。当然，可以对这个法典提出这样那样的更大的希望。但是我认为这种希望是不适当的。

列宁：《在第九届全俄中央执行委员会第四次常会上的讲话》，
《列宁全集》第 43 卷第 244 页。

马克思在《资本论》第 1 卷里，对"他在让渡自己的劳动力时不放弃自己对它的所有权"，在注解中说：各种立法都规定了劳动契约的最长期限。在自由劳动的民族里，一切法典都规定了解除契约的条件。并引用了黑格尔《法哲学》里的下面一段话："我可以把我的体力上和智力上的特殊技能和活动能力……在限定的时期内让渡给别人使用，因为根据这种限制，它们同我的整体和全体取得一种外在的关系。如果我把我的由于劳动而具体化的全部时间和我的全部生产活动都让渡给别人，那末，我就把这种活动的实体、我的普遍的活动和现实性、我的人身，变成别人的财产了。"

马克思在《资本论》第 1 卷里说，"自始就是为了剥削工人，而在其发展中一直与工人为敌的关于雇佣劳动的立法"，其注解说：亚·斯密说："每当立法机关企图调解雇主与其工人之间的纠纷时，它的顾问总是雇主"，兰盖说："法的精神就是所有权。"

马克思在《资本论》第 3 卷里说的"公共工程法令"，是 1863 年 4 月，由英国议会通过了公共工程法令（Public Works Act）。

当时，由于停止从美国运进棉花而引起了英国棉纺织区的生产缩减和大量失业，针对这一点，这个法令规定拨给棉纺织区各城市的地方当局一笔基金，用以雇佣失业者去进行公共工程、主要是城市公用事业（铺设下水道、修筑道路等）方面的修建。这些工程的组织和工资的支付由救济委员会负责进行，这种委员会归根到底是维护资本家利益的。失业者不得不同意从事繁重的劳动而领取少得可怜的工资。

2. 劳动就业权

就业权是劳动者不可剥夺的权利。保障劳动者充分就业和防止失业，是立法的重要方面。社会就业状况，通过"就业率"能够反映出来。"就业率"，是就业人数在全国劳动力总人数中所占的比重，"失业率"，是失业人数在全国劳动力总人数中所占的比重。"就业率"和"失业率"，是劳动关系中的重要概念，是国家整体经济状况的一个指标。

在独立的、分散生产经营的条件下，劳动就业问题，属于业主与劳动者个人之间的事情，在私人自治原则下，双方通过劳动契约进行劳动力的买和卖。然而，当代各国的就业、解雇和失业不但关系到劳动者、业主的权益，还关系到社会的安定。在资本主义制度下，失业是私有财产制度的必然产物，是资本主义生产方式存在的一个条件。过剩的工人人口形成了可供支配的产业后备军，隶属于资本。资本家可以利用失业来加强对在业工人的剥削，压低在业工人的工资和整个无产者的生活水平，使他们经常处于不稳定状态。但是，高失业率必然引发社会矛盾和劳资之间的剧烈冲突，从而破坏了资本主义的生存条件。这时，国家不得不承担起保护自身的责任。

自始就是为了剥削工人，而在其发展中一直与工人为敌的关于雇佣劳动的立法，在英国开始于1349年爱德华三世的劳工法。在法国，与此相当的，是1350年以国王约翰名义颁布的敕令。英法两国的立法齐头并进，内容也相同。关于劳工法企图强制延长工作日这一点，我就不再谈了，因为前面（第8章第5节）已经讲过了。

劳工法是由于下院的迫切要求而颁布的。

> 马克思：《资本论第一卷》，
> 《马克思恩格斯全集》第23卷第806~807页。

劳动力所有者和货币所有者在市场上相遇，彼此作为身分平等的商品所有者发生关系，所不同的只是一个是买者，一个是卖者，因此双方是在法律上平等的人。这种关系要保持下去，劳动力所有者就必须始终把劳动力只出卖一定时间，因为他要是把劳动力一下子全部卖光，他就出卖了自己，就从自由人变成奴隶，从商品所有者变成商品。他作为人，必须总是把自己的劳动力当作自己的财产，从而当作自己的商品。而要做到这一点，他必须始终让买者只是在一定期限内暂时支配他的劳动力，使用他的劳动力，就是说，他在让渡自己的劳动力时不放弃自己对它的所有权。

> 马克思：《资本论第一卷》，
> 《马克思恩格斯全集》第23卷第190~191页。

生产资料成了吸取他人劳动的手段。于是不再是工人使用生产资料，而是生产资料使用工人。（第289页）不是工人把生产资料……消费，而是生产资料把工人当作它们自身生活过程的酵母来消费；而资本的生活过程只是资本作为自行增殖的价值的运动……单是货币转化为生产资料，就使生产资料转化为取得他人劳动和剩余劳动的合法权和强制权。

> 恩格斯：《卡·马克思"资本论"第一卷提纲》，
> 《马克思恩格斯全集》第16卷第305页。

徭役劳动是用来同资本主义剥削作比较的最好的例子。因为前者确定并表明剩余劳动是专门提供的劳动时间。瓦拉几亚的 Règlement organigue。

> 恩格斯：《卡·马克思"资本论"第一卷提纲》，
> 《马克思恩格斯全集》第16卷第300~301页。

资本发展成了对劳动的指挥权，它进行监督，要工人守规矩地紧张地工作。其次，它强制工人超过维持自己生活的需要而从事更多的劳动。在榨取剩余价值上，它超过了过去任何以直接强制劳动为基础的生产制度。

资本是在一定的技术条件下支配劳动的，最初它并未改变这些条件。

> 恩格斯：《卡·马克思"资本论"第一卷提纲》，
> 《马克思恩格斯全集》第16卷第300~301页。

工人愿意从事任何一种根据公共工程法令安排的劳动。

"组织劳动就业的原则，各个城市极不相同。但是，即使在户外劳动不是绝对当作试工的地方，这种劳动得到的报酬，要么只有普通的救济费那样多，要么多一点也有限，结果这种劳动实际上还是一种试工。"（第69页）"1863年的公共工程法令试图消除这个弊病，使工人能够作为不依赖别人的短工取得日工资。这项法律有三重目的：1.使地方当局〈在取得中央济贫局局长的同意后〉能够从国库贷款委员会得到贷款；2.使各棉纺织工业区的城市的改善比较容易进行；3.使失业工人获得工作和适当的报酬。"

到1863年10月底为止，按这项法律批准的贷款，已达883700镑。（第70页）实施的工程，主要是挖下水道，修筑道路，铺砌街道，修建自来水厂的蓄水池等等。

布莱克本委员会主席汉德逊先生曾就这个问题写信给工厂视察员雷德格雷夫说：

"在目前这个艰难困苦的时期，我所经历的一切事情中，再没有比本区失业工人乐于接受布莱克本市政当局按公共工程法令给他们安排的工作这件事，更使我感动和高兴的了。那些从前在工厂充当熟练工人的纺纱工人，现在是在14呎或18呎深的地方充当挖排水沟的短工，很难想象出还有比这更为鲜明的对比了。"

（他们做这种工作，根据家庭人口多少，每周可以挣4—12先令；这笔"巨款"，竟然往往要用来维持八口之家。市侩老爷们因此得到了双重的利益：第一，他们以特别低廉的利息获得了资金，来改善他们的乌烟瘴气的、无人过问的城市；第二，他们付给工人的工资，比正常工资率低得多。）

马克思：《资本论第三卷》，
《马克思恩格斯全集》第25卷上册第151~152页。

现在，该是工厂主先生们着急的时候了。由于公共工程法令的实施，对工人的需求迅速增加，以致有些工厂工人现在可以在贝凯普采石场每天挣得4—5先令。因此，公共工程只好逐渐停下来，它是1848年国家工厂53的新版，不过这一次是为了资产阶级的利益而举办的。

马克思：《资本论第三卷》，
《马克思恩格斯全集》第25卷上册第152页。

废除了一切妨碍工人从一个生产部门转移到另一个生产部门，或者从一个生产地点转移到另一个生产地点的法律；工人对于自己劳动的内容是无所谓的；一切生产部门的劳动都已最大限度地化为简单劳动；工人抛弃了一切职业的偏见；最后，特别是工人受资本主义生产方式的支配。关于这个问题的进一步说明，属于专门研究竞争的范围。

马克思：《资本论第三卷》，
《马克思恩格斯全集》第25卷上册第219页。

鲁道夫创立了贫民银行。这个批判的贫民银行的章程如下：银行的主旨是对规矩的有家室的工人在失业期间予以救济。它应该代替施舍和当铺。它每年有 12000 法郎的收入，发放 20 到 40 法郎一份的无息救济贷款。在开始的时候，它只在住着大部分工人的巴黎第七区展开活动。要求救济的男工或女工必须持有自己的最后一家雇主的证明书，上面确认他（或她）的行为规矩并载明他（或她）被解雇的原因和日期。这笔贷款于债务人重新找到工作的时候开始归还，每月偿还全部贷款的六分之一或十二分之一，听债务人的自便。偿还贷款的保障是具有誓言的借约。此……外，还需要另外有两个工人来担保贷款受主的誓言。……

现在我们用群众的眼光来看看批判的政治经济的实践。银行每年的收入共计 12000 法郎。一个人发给贷款 20 至 40 法郎，因此平均每人 30 法郎。第七区的"贫苦"工人的数目，据官方的承认，至少是 4000 人。这样，每年能救济 400 个工人，即第七区的最贫苦的工人的十分之一。就算失业的平均时间是四个月即十六个星期——对于巴黎，这个数字是太小了。要是把 30 法郎分十六个星期去用，那末每个星期的所得就不到 37 个苏零 3 生丁，也就是一天的所得少于 27 个生丁。在法国，一个囚犯每天的开支平均是 47 个多生丁，其中仅饮食一项就要用去 30 多个生丁。

马克思恩格斯：《神圣家族》，

《马克思恩格斯全集》第 2 卷第 251～252 页。

失业的或工资低的手工织工和其他有工作的或工资高的织工竞争，并力图把他们挤掉。工人彼此间的这种竞争对于工人来说是现代各种关系中最坏的一面。

恩格斯：《英国工人阶级状况》，

《马克思恩格斯全集》第 2 卷第 359～360 页。

他住猪圈也可以，只要不住在露天底下；穿得破破烂烂也可以，只要不赤身露体；吃土豆也可以，只要不挨饿。工人情愿只拿一半工资，等待着好日子到来，但是不愿像很多失业者那样饿死在街头。这一点点东西，这一点聊胜于无的东西，就是最低工资。

恩格斯：《英国工人阶级状况》，

《马克思恩格斯全集》第 2 卷第 362 页。

工业中采用了上面说到的那些可以增加生产的手段，这就逐渐使生产出来的商品价格降低，从而使这些商品的消费量增加，因此，相当大的一部分失业工人终于又在新的劳动部门找到了工作，自然这是经过了长期痛苦的。

恩格斯：《英国工人阶级状况》，

《马克思恩格斯全集》第 2 卷第 366 页。

无产者除了自己的两只手就什么也没有，昨天挣的今天就吃掉，受各种各样的偶然事件的支配，没有任何保证使自己能够获得最必要的生活必需品，——任何危机，主人的任何迟性都能使他失业，——这个无产者已经被置于人们所能想像的最令人愤怒的非人的地位了。

恩格斯:《英国工人阶级状况》,

《马克思恩格斯全集》第2卷第401页。

让我们举几个例子来说明一下。由于头一个发明——一个工人摇动的珍妮纺纱机(见前)的生产能力至少比一架普通纺车高5倍,所以每一架新的珍妮纺纱机就要使5个纺工失业。生产力比珍妮纺纱机大得多而且也只需要一个工人操纵的水力纺纱机就剥夺了更多的人的生计。产量不变而需要工人更少的骡机也起着同样的作用,而它的每一次改进,即锭子数目每增加一次,都又一次地减少了所需工人的数目。骡机上的锭子已经大大增加,使许多工人都失业了:以前一个纺工和几个接断头的童工(piecers)管600个锭子,而现在他一个人就能够看两架骡机,总共是1400—2000个锭子,这样,两个成年纺工和他们的一部分助手就得失业。

恩格斯:《英国工人阶级状况》,

《马克思恩格斯全集》第2卷第421页。

去年秋天,工会每月收入的款项都在700英镑以上,其中约有200英镑用做薪俸、讼费等等,其余的大部分是用来补助失业工人或者由于和雇主冲突

而罢工的工人。工人就这样愈来愈觉悟到,他们团结起来就会成为一个相当巨大的力量。

恩格斯:《英国工人阶级状况》,

《马克思恩格斯全集》第2卷第548页。

马尔萨斯把穷人,或者更确切地说,把失业的人叫做"多余的人",宣布他们是罪犯,社会应当用饿死来惩罚他们。

恩格斯:《英国工人阶级状况》,

《马克思恩格斯全集》第2卷第575页。

如果我们宣布贸易自由并取消我们的关税,那末我们的全部工业,除去少数几个部门,都会垮台。那时,棉纺业、机织业、棉纺织业和毛纺织业中的大多数部门、丝纺织业中的主要部门以及几乎整个采铁业和制铁业都谈不上了。所有这些工业部门的工人都会突然失业,他们将像潮水般地涌入农村和余下的幸免于难的工业部门。

恩格斯:《在爱北斐特的演说》,

《马克思恩格斯全集》第2卷第619页。

工业(由于必须给不断增长的城市人口提供就业机会而成为必不可少的,并且大部分是外来的工业)没有特权不行,当然,这种特权不仅可以用来对付国内的竞争,而且主要是用来对付国外的竞争。

马克思恩格斯:《德意志意识形态》,

《马克思恩格斯全集》第3卷第64~65页。

除了这个"最有效的"办法以外,汉泽曼先生还有其他的办法:

"为了这一目的,依靠对国家有实际益处的公共工程来提供就业条件也是必要的。"

由此可见,汉泽曼先生答应要在这方面比帕托夫先生"做更多的工作来为人民中的整个劳动阶级造福"。但是只有"在内阁解除了由骚动和煽动所造成的使国家秩序遭到破坏的忧虑以后,在内阁恢复了获得必要的货币资金所必需的普遍信任以后",他才会这样做。

恩格斯:《妥协辩论》,

《马克思恩格斯全集》第5卷第183页。

我们把在光荣的科伦市从事城市建筑工作的无产者必须签字的"工人手册"逐字逐句地转载在下面,作为证明我国资产阶级卑鄙无耻地对待工人阶级的历史文件。……

第七条 工人被解雇,应载入工人手册。如工人系被开除,得视情况禁止其再在原建筑工地或一切城市建筑工地就业。

马克思:《资产阶级的文件》,

《马克思恩格斯全集》第6卷第178页。

雇佣劳动生产着对它起支配作用的他人财富,也就是说生产着同它敌对的力量——资本,而它从资本那里取得就业手段,即取得生活资料,是以雇佣劳动又会变成资本的一部分,又会变成使资本加速增殖的杠杆为条件的。

马克思:《雇佣劳动与资本》,

《马克思恩格斯全集》第6卷第491页。

企业主掌握着就业手段 [Beschäftigungsmittel],也就是掌握着工人的生活资料,就是说,工人的生活依赖于他;好像工人甚至把自己的生命活动也降低为单纯的谋生手段了。

马克思:《工资》,

《马克思恩格斯全集》第6卷第643页。

生产力的增长同时也使工人人数和工人的就业手段数量之间的不均衡现象加剧。就其本身来看,这既不取决于生活资料数量的增加,也不取决于人口的增加。这是由大工业的本性以及劳动和资本的关系中所必然产生的现象。

马克思:《工资》,

《马克思恩格斯全集》第6卷第655页。

采矿业、军火生产和其他的金属生产都集中在这块没有多少平方里的面积上,并且给德国的空前稠密的人口提供了就业的条件。

> 恩格斯：《德国维护帝国宪法的运动》，
> 《马克思恩格斯全集》第 7 卷第 135 页。

到 1850 年，由大不列颠和爱尔兰向印度的输出总值增至 8024000 英镑，其中仅棉织品一项的输出即达 522 万英镑，占大不列颠出口总值的 1/8 强，占棉织品对外输出总值的 1/4 强。现在，大不列颠在棉纺织业中就业的人口已经达到 1/8，国民收入的 1/12 来自棉纺织业。

> 马克思：《东印度公司，它的历史与结果》，
> 《马克思恩格斯全集》第 9 卷 174 页。

"商业危机仍然迫使许多工业部门即使没有停止生产，至少也缩减了生产或降低了工资"，因而"大批工人苦于被迫赋闲"。所以他设立一笔 100 万法郎的贷款来救济贫民和赋予他们就业手段，命令在里昂采取军事预防措施，并通过自己的报纸对私人慈善事业发出呼吁。

> 马克思：《法国的危机》，
> 《马克思恩格斯全集》第 12 卷第 376 页。

普鲁士政府在这个公告中指出，在西里西亚、柏林、萨克森和莱茵普鲁士成批地遣散工业大军是危险的，同时宣称，它不能同意柏林、布勒斯劳、施特廷、但泽和马格德堡的贸易局建议它大量发行币值不变的纸币来进行可疑试验的请愿书，它更加坚决地拒绝仅仅为了使工人就业和挣得工资这个唯一的目的而在公共工程中使用工人。

> 马克思：《普鲁士对战争的看法》，
> 《马克思恩格斯全集》第 13 卷第 394 页。

这种不断地增加的工人人数将招致什么结果呢？他们形成产业后备军，这种产业后备军，在营业状况衰落或平常的时候，是在劳动价值以下付予报酬的，而且就业不经常，或者要靠公共慈善机关的救济为生。

> 恩格斯：《卡·马克思"资本论"第一卷书评》，
> 《马克思恩格斯全集》第 16 卷第 270 页。

机器每改良一次，这笔资本雇用的工人也就减少一次。如果新采用的机器的费用少于机器所排挤的劳动力和劳动工具的总额，比如说，不是 1500 镑而只是 1000 镑，那末，1000 镑可变资本就被变成了不变资本，或者说，被束缚起来，而有 500 镑资本被游离出来。假定年工资是相同的，在解雇 50 个工人的情况下，这 500 镑资本就形成大约 16 个工人的就业基金，其实大大少于 16 个工人，因为要使 500 镑变成资本，就必须把其中的一部分再转化为不变资本，因而也只能把一部分转化为劳动力。

马克思：《资本论第一卷》，

《马克思恩格斯全集》第 23 卷第 480 页。

现在资本家不让工人做满维持自身生存所必需的劳动时间，也能从工人身上榨取一定量的剩余劳动。他可以破坏就业方面的任何规则性，完全按照自己的方便、意愿和眼前利益，使最惊人的过度劳动同相对的或完全的失业互相交替。

马克思：《资本论第一卷》，

《马克思恩格斯全集》第 23 卷第 597 页。

从这里只能得出结论说，土地可以自由出卖，而同一村社的社员有优先购买所出售土地的权利同这种自由并不矛盾。废除连环保会把农民村社的全体社员变为某块土地的自由的共同占有者。至于他们将怎样支配这块土地，这是他们自己的事情，这将取决于一般的民法和他们之间的专门契约。

列宁：《俄国社会民主党的土地纲领》，

《列宁全集》第 6 卷第 317 页。

社会民主工党的领袖们，例如德国的领袖们，就不止一次地反对过工厂代表机构。这是可以理解的，因为资本的压迫太沉重了，解雇工人的权利——这一资本主义自由契约的神圣权利——又总是会削弱每个工厂的工人代表机构。

列宁：《改革的时代》，

《列宁全集》第 7 卷第 303 页。

马克思在《资本论》第 1 卷里说，"他在让渡自己的劳动力时不放弃自己对它的所有权"，可参见黑格尔《法哲学》里面的说明：各种立法都规定了劳动契约的最长期限。在自由劳动的民族里，一切法典都规定了解除契约的条件。"我可以把我的体力上和智力上的特殊技能和活动能力……在限定的时期内让渡给别人使用，因为根据这种限制，它们同我的整体和全体取得一种外在的关系。如果我把我的由于劳动而具体化的全部时间和我的全部生产活动都让渡给别人，那末，我就把这种活动的实体、我的普遍的活动和现实性、我的人身，变成别人的财产了。"

恩格斯在《卡·马克思"资本论"第一卷提纲》里的"Règlement organique"，指组织规程，是多瑙河各公国（莫尔达维亚和瓦拉几亚）的第一部宪法。1828—1829 年俄土战争结束后，根据 1829 年俄土两国的阿德里安堡和约，俄军占领了这些公国。这部宪法是由这些公国的俄国行政当局首脑巴·德·基谢廖夫于 1831 年实施的。根据组织规程，每个公国的立法权交给大土地占有者所选出的议会，而行政权交给土地占有者、僧侣和城市的代表所选出的终身国君。规程巩固了大贵族和上层僧侣的统治地位，保持了原有的封建制度，包括徭役制。农民曾举行许多次起义来回答这部"宪法"。同时，组织规程还规定了资产阶级的改革，如废除国内关税，实行贸易自由，司法和行政分立等。

3. 工时法之权利

要求确定合理工作和休息时间，是劳动者的重要权利。工时法，是关于劳动者工作的时间和休息、休假时间的法律制度。工作（劳动）时间，是法律规定的劳动者在一昼夜和一周内从事劳动的时间，休息时间，是劳动者在工作时间以外用于个人自行支配的时间。

经过工人阶级的不懈斗争，各国立法已经实现 8 小时工作制，同时，立法对加班加点的条件、总时间、手续和报酬进行限制。对于休息、休假时间，即工作日内的间歇时间；工作日之间的休息时间；休息日；休假日（法定节假日）等，由法律作出规定。

国际劳工组织大会 1921 年 10 月通过了《（工业）每周休息公约（第 14 号公约）》，规定凡公营或私营的工业企业或其任何分部所雇用的全体职工，除以下各条所规定的例外外，均应于每 7 日的期间内享有连续至少 24 小时的休息时间。规定如每周的休息时间同时给予全体职工者，应在工作场所或其他任何适当地点张贴明显的通告，或采用政府所许可的其他方法，以公布集体休息的日期与时间；如休息时间非同时给予全体职工者，应依照本国法律或主管机关规章所许可的方法，拟订名册，以公布适用于特别休息办法的工人或雇员。

通过经典作家下面的论述，人们看到当年乃至现在的立法内容，经典作家全部涉及了。这是经典作家的历史性功绩。站在劳动人民立场上，替劳动人民说话，这就是经典作家法学研究的宗旨和方向。

（1）把工作日限制为小时

二月革命一度几乎使大陆工业完全停顿，这就帮助了英国人轻而易举地度过危机的年头，在相当大的程度上促进了海外市场存货的倾销，并使 1849 年春季工业的新高涨成为可能。这种高涨（其实它还是影响了大陆的相当一部分工业）近 3 个月来竟达到了这样的水平，就连工厂主也说，他们从来没有见过这样的好时光，——这种说法总是出现在危机的前夕。工厂的订货非常多，因此都加紧生产，千方百计地不执行 10 小时工作制法案，增加更多的劳动时间。在所有的工业区，大批新工厂正在兴建，旧工厂亦在扩大。现金涌入市场，游资企图抓住到处发财的机会，期票贴现助长了投机并投进了生产或原料贸易，几乎所有商品都绝对地涨价，而一切商品都毫无例外地相对地涨价。总之，英国由于名副其实的"繁荣"而大享其福。不过有个问题：这样悦人的好时光能继续多久呢？无论如何不会很久。

马克思恩格斯：《国际述评》，

《马克思恩格斯全集》第 7 卷第 261～262 页。

10 小时工作制法案，从它本身和它的最终目的来看，毫无疑问是个骗人的步骤，是不适用的，甚至是反动的措施，它本身包含着自己毁灭的根苗。这个法案一方面没有破坏现存的社会制度，另一方面也没有促进它的发展。10 小时工作制法案不是使这个制度迅速发展到顶点，发展到统治阶级的一切资源都消耗殆尽，于是使统治权转到另一个阶级手里，使社会革命无法避免，而是竭力强使社会回到早已让位给现存制度的既往阶段。

恩格斯：《10 小时工作制问题》，

《马克思恩格斯全集》第 7 卷第 271 页。

是不是工人阶级掀起风潮，用自己的威胁行动争得这个法律的呢？不是，当然不是。如果是这样，工人早就争取到宪章了。而且来自工人当中的领导缩短工作日运动的那些人决不是可怕的革命者。这大部分是忠实于教会和国王的温和的和可尊敬的人物。他们对于宪章运动敬而远之，而对于一种温情的保守主义却心向往之。他们从来没有使任何一个政府感到畏惧。施行 10 小时工作制法案的，是自由贸易的反动敌人，是土地所有者、金融资本家、殖民地各公司和航运公司的代表，即贵族和本身害怕那些主张自由贸易的厂主进行统治的那一部分资产阶级的同盟。他们施行这个法律是不是出于一种对人民的同情？根本不是。他们过去和现在都是靠掠夺人民过活的。虽然他们比较不那么露骨，更加温情些，但是丝毫也不比厂主强。他们不愿意被厂主排挤掉，所以出于对厂主的憎恨而施行了这个法律，以便赢得人民的同情并且阻止厂主的社会力量和政治力量的迅速增长。10 小时工作制法案的通过不是证明工人阶级有力量，而只是证明厂主还没有足够的力量来获得他所想获得的东西。

厂主的势力越强大，就越对 10 小时工作制法案的束缚感到头痛。他们开始公开地破坏这个法案：他们恢复了轮班制，迫使内政部颁发指令，让工厂视察员毫不追究这种破坏法律的行为；最后，由于对他们的商品的需求日益增长，某些讨厌的视察员的批评意见也使他们无法容忍，于是他们把问题提到财务法庭，而财务法庭仅仅以一纸判决就完全废除了 10 小时工作制法案。

恩格斯：《10 小时工作制问题》，

《马克思恩格斯全集》第 7 卷第 272～273 页。

你们都知道，1848 年实行了十小时工作日法令，或者说得更正确点，十小时半工作日法令。这是我们亲眼见过的极大的经济改革之一。实行这一法令，意味着并不是在某些地方性的企业中，而是在英国赖以统治世界市场的主要工业部门中突然和强制地提高工资。这是在特别不利的情况下提高工资。

马克思：《工资、价格和利润》，

《马克思恩格斯全集》第 16 卷第 121 页。

我们建议通过立法手续把工作日限制为小时。这种限制是美国工人的共同要求；代表大会的决定将使它成为全世界工人阶级的共同行动纲领。

为了提起大陆上那些在工厂法方面经验较少的协会会员的注意，我们还要补充说明：如果不精确指明这 8 小时劳动安排在一天中的哪些时间里，则任何法定的限制都不能达到目的，而会遭到资本的破坏。这一时间的长短应规定为劳动 8 小时，外加吃饭的时间。例如，各次吃饭的时间共占小时，法定的一天时间就应该是 9 小时，比如说，从上午 7 时到下午4时或从上午8时到下午5时，等等。夜工只能在法律上明文规定的生产行业或生产部门中当作一种例外。必须力争完全废除夜工。

这一节只涉及成年男女的情况；必须绝对禁止妇女从事任何夜工，也禁止她们从事对妇女较弱的身体有害的，以及可能使她们受到有毒物质及其他有害物质影响的各种劳动。所谓成年是指年满18岁的人。

马克思：《临时中央委员会就若干问题给代表的指示》，
《马克思恩格斯全集》第16卷第216页。

只有在那些由法律规定工作日，并且其遵守受到监督的地方，才能够说，在那儿，存在着标准的工作日。……英国的工厂工人获得这一法律，是由于多年的坚持，是由于与工厂主作过最激烈最坚决的斗争，是由于出版自由，集会结社的权利，并且由于巧妙地利用统治阶级内部的分裂。这个法律成了英国工人的保护者。

恩格斯：《卡·马克思"资本论"第一卷书评》，
《马克思恩格斯全集》第16卷第269页。

这是对剩余劳动的贪欲的正面表现，英国的 Factory acts〔工厂法〕则是这种贪欲的反面表现。

Factoryacts。1850年的法律规定平日是101/2小时，星期六是71/2小时，总计每周60小时。工厂主由逃避工厂法而取得的利润。

恩格斯：《卡·马克思"资本论"第一卷书评》，
《马克思恩格斯全集》第16卷第301页。

规定标准工作日，是资本家和工人几世纪来斗争的结果。起初，制定法律是为了延长劳动时间，现在却是为了缩短劳动时间（第244页）。最初的 Statute of labourers〔劳工法〕（爱德华·三世第二十三年即1349年制定）以及鼠疫减少了人口为借口，要每个人必须更多地工作。因此，法律规定了工资的最高额和工作日的界限。1496年，在亨利七世统治下，规定了农业劳动者和所有手艺人（artificers）的工作日，在夏季，自3月至9月，是从早晨5时到晚上7—8时，其中休息时间为1小时、11/2小时和1/2小时 =3小时。在冬季，是从早晨5时到天黑为止。这个劳工法始终没有严格地实行。在十八世纪，资本还不能支配工人整个星期的劳动（农业工人除外）。见当时的争论（第248—251页）。直到大工业出现后，资本才做到这点；不但如此，大工业更进而冲破了一切界限，极端无耻地剥削工人。无产阶级一旦觉醒，立即反抗。1802—1833年间的5个劳工法只是纸上空文，因为没有视察员。只有1833年的法律，在4种纺织业中建立了标准工作日：从早晨5点半钟起，到晚上8点半钟止。在这个时间内，13岁到18岁的 young persons〔少年〕只准劳动12小时，其中还要有11/2小时的休息，9岁到13岁的儿童，只准劳动8小时，禁止儿童和少年做夜工。

Relais system〔换班制度〕以及为了逃避实行而滥用这种制度（第256页）。最后，

1844 年的法律对各种年龄的妇女实行了同少年一样的规定。儿童劳动限制为 6 1/2 小时，换班制度受到限制。但另一方面，却允许 8 岁以上的儿童做工。在 184 年，终于通过了妇女和少年的十小时工作日法案（第 259 页）。资本家们力图反对（第 260—268 页）。1847 年法律的缺点，引起了妥协的 1850 年法律（第 269 页）。这项法律把妇女和少年的工作日规定为每周有 5 天各为 $10\frac{1}{2}$ 小时，有一天为 $7\frac{1}{2}$ 小时＝每周 60 小时，并且规定劳动时间在早上 6 点至晚上 6 点之间。此外，1847 年的法律对儿童劳动依然有效。丝业是个例外（第 270 页）。1853 年，儿童的劳动时间，也限制在早上 6 点到晚上 6 点之间。（第 272 页）

1845 年的 Print works Act〔印花厂法〕，几乎什么都没有限制，妇女和儿童可以工作 16 小时！

恩格斯：《卡·马克思"资本论"第一卷书评》，

《马克思恩格斯全集》第 16 卷第 302～303 页。

同时，机器由于使被排挤的工人遭到失业，并由于吸收妇女和儿童，就造成了过剩的劳动人口，使他们被迫听命于资本所定下的法律。因此，它打破了工作日的一切道德界限和自然界限。由此就产生了一种反常的现象：缩短劳动时间的最有力的手段，竟成为把工人及其家庭的全部生活时间变成可以增殖资本价值的劳动时间的最可靠的手段。（第 398 页）

我们已经看到，社会的反应怎样表现为要求确立标准的工作日；而现在，在这个基础上又发展起来了劳动的强化。（第 399 页）

恩格斯：《卡·马克思"资本论"第一卷提纲》，

《马克思恩格斯全集》第 16 卷第 319 页。

劳动是怎样强化的呢？在工场手工业中已经证明，例如在陶器业等等中，只是缩短工作日，就大大提高了生产率。在机器劳动中，这就大可怀疑了。……

一旦缩短工作日成了法律，机器就成了从工人身上榨取强度更高的劳动的手段，其方法或者是加快速度，或者是与机器相对而言减少人手。例证（第 403～407 页）。与此同时，工厂日益致富和扩大。

恩格斯：《卡·马克思"资本论"第一卷提纲》，

《马克思恩格斯全集》第 16 卷第 320 页。

马克思揭开了关于"资本家使用机器的影响"问题的辩论。他说，使我们最为惊奇的是，使用机器的结果竟同人们原来认为必然会产生的那一切截然相反。劳动时间没有像所期望的那样缩短，工作日反而延长到 16—18 小时。从前，一个工作日通常是 10 小时；而近百年来，无论在英国还是在大陆，劳动时间都通过立法手段而延长了。近百年来工厂立法的全部实质，就在于依靠法律的力量来强迫工人多工作几小时。

《卡·马克思关于在资本主义制度下使用机器的后果的发言记录》，

《马克思恩格斯全集》第 16 卷第 640 页。

总的说来，这也并不取决于个别资本家的善意或恶意。自由竞争使资本主义生产的内在规律作为外在的强制规律对每个资本家起作用。

正常工作日的规定，是几个世纪以来资本家和工人之间斗争的结果。但在这个斗争的历史中，出现了两种对立的倾向。例如，我们对照一下英国现行的工厂立法和从十四世纪起一直到十八世纪中叶的劳工法。现代的工厂法强制地缩短工作日，而当时的劳工法力图强制地延长工作日。资本在它的萌芽时期，由于刚刚出世，不能单纯依靠经济关系的力量，还要依靠国家政权的帮助才能确保自己榨取足够的剩余劳动的权利，它在那时提出的要求，同它在成年时期不得不忍痛做出的让步比较起来，诚然是很有限的。

马克思：《资本论第一卷》，

《马克思恩格斯全集》第 23 卷第 300 页。

在 1496 年（亨利七世时期）的法令中又提到了。依照法令（虽然始终没有实现），所有手艺人和农业工人的工作日，从三月到九月，应该是从早晨 5 点到晚上 7~8 点，其中吃饭时间是早饭 1 小时，午饭 1 – 1.2 小时，午后小餐 1.2 小时，正好比现行工厂法规定的吃饭时间多一倍。

马克思：《资本论第一卷》，

《马克思恩格斯全集》第 23 卷第 302 页。

现代工业中的正常工作日，只是从 1833 年颁布了有关棉、毛、麻、丝等工厂的工厂法起才出现的。1833 年到 1864 年的英国工厂立法史，比任何东西都更能说明资本精神的特征！1833 年的法令规定，工厂的普通工作日应从早晨 5 点半开始，到晚上 8 点半结束。

马克思：《资本论第一卷》，

《马克思恩格斯全集》第 23 卷第 309 页。

资本手中的机器所造成的工作日的无限度的延长，使社会的生命根源受到威胁，结果像我们所看到的那样，引起了社会的反应，从而产生了受法律限制的正常工作日。

马克思：《资本论第一卷》，

《马克思恩格斯全集》第 23 卷第 448 页。

当 1844 年讨论把工作日缩减到 12 小时以下的问题时，罗·加德纳先生从 1844 年 4 月 20 日起，在普雷斯顿他的两个大工厂里，把劳动时间由每天 12 小时改为 11 小时。经过大约一年的时间，结果是："花费同样多的开支，得到同样多的产品，而全体工人 11 小时挣的工资，和以前 12 小时挣的同样多"。

马克思：《资本论第一卷》，

《马克思恩格斯全集》第 23 卷第 451 页。

缩短工作日，这种起初创造了使劳动凝缩的主观条件，也就是使工人有可能在一定时间内付出更多力量的办法，一旦由法律强制实行，资本手中的机器就成为一种客观的和系统地利用的手段，用来在同一时间内榨取更多的劳动。这是通过两种方法达到的：一种是提高机器的速度，另一种是扩大同一个工人看管的机器数量，即扩大工人的劳动范围。

马克思：《资本论第一卷》，

《马克思恩格斯全集》第23卷第452页。

毫无疑问，当法律使资本永远不能延长工作日时，资本就力图不断提高劳动强度来补偿，并且把机器的每一改进变成加紧吮吸劳动力的手段，资本的这种趋势很快又必定达到一个转折点，使劳动时间不可避免地再一次缩短。

马克思：《资本论第一卷》，

《马克思恩格斯全集》第23卷第457页。

强制性立法最初始于爱德华三世的法律，这项法律规定了工作日的长度（同时试图把工资保持在低水平上），其精神同现代的工厂法恰好相反。前一种立法同资本主义生产的形成时期相适应，那时这种生产的条件正在逐渐成熟；后一种立法适用于资本主义生产方式取得统治地位的时期，这时这一生产方式已扫清了它的前进路上的一切障碍，并造成了"自然规律"自由发挥作用的条件。前一种立法就工作日作出规定，旨在依靠不受经济规律制约的强制手段迫使工人每天完成一定量劳动；这是对付工人阶级的所谓"怠惰和偷懒"的法律。相反地，后一种立法，即禁止过度劳动的法律，是对经济规律的"自然作用"的侵犯。前一种法律同后一种法律的相反的性质，表明了资本主义生产借以实行强制劳动的方法的特征：一种法律实行强制劳动，另一种法律则强制限制工作日。

马克思：《经济学手稿》，

《马克思恩格斯全选》第48卷第111~112页。

现在我们来详细研究一下1897年6月2日的法令。我们已经说过，新法令，第一，限制了所有工人的工作日；第二，规定了星期日和节日必须休息。在制定有关工作时间数字的条款以前，法令应该确定，究竟应该怎样理解工作时间。因此新法令规定了这样一条："按照雇佣合同工人必须留在厂内并在工厂经理支配下进行工作之时间，均算作每一工人一昼夜之工作时间或工作时数。"总之，工人根据作息时间表或经理要求而留在厂内的全部时间都应该算作工作时间。在这段时间内，不论工人是做本职工作还是做日常工作，不论经理让他做别的工作还是让他闲着等待，反正都是一样，工人在工厂中度过的全部时间都应该算作工作时间。

列宁：《新工厂法》，

《列宁全集》第2卷第338页。

新法令颁布后，该报马上登载了一篇有关新法令的文章（1897年《财政通报》第26

号），文中详细地说明了新法令的意义，并且证明，关心工人的健康正是政府的职责。也就是在这篇文章中，官员们竭力向厂主指出规避新法令的门道。这篇文章直截了当地说，如果合同中根本没有谈到工作时间，那么新法令是不适用的，因为承包一定工作的工人，"已不是雇佣工人，而是接受订货者。"这就是说，厂主要摆脱讨厌的法令并不太难，只要不称工人为工人，而称之为"接受订货者"就行了！不说工人留在工厂内受厂主支配的时间算作工作时间，而说工人按照合同必须留在厂内的时间算作工作时间，可见法令是故意含糊其词。

列宁：《新工厂法》，
《列宁全集》第 2 卷第 340 页。

根据这些基本前提来看，应当说八小时工作制法案初稿的起草人所选择的法案类型，较之法国和德国社会党人提交他们各自的议会的关于缩短工作日的法案更适合俄国情况。例如，1894 年 5 月 22 日茹尔·盖得提交法国众议院的八小时工作制法案有两条，第 1 条是：禁止一昼夜工作超过 8 小时，禁止一周工作超过 6 天；第 2 条是：允许几班制工作，但一周工作总时数不得超过 48 小时。1890 年德国社会民主党的法案共 14 行字，提议立即实行十小时工作制，从 1894 年 1 月 1 日起实行九小时工作制，从 1898 年 1 月 1 日起实行八小时工作制。在 1900—1902 年的帝国国会常会上，德国社会民主党人提出了一个更加简短的提案，主张立即把工作日限为一昼夜 10 小时，然后在特别规定的期限内限为一昼夜 8 小时。

列宁：《关于八小时工作制法令主要根据的草案说明书》，
《列宁全集》第 19 卷第 160 页。

就各个企业来说，这 9 个半小时的工作日是有很大出入的。

从作者的统计表可以看出，有 33466 名工人每天工作超过 10 小时！他们占被调查的工人总数的 15％以上。

有 13189 名工人每天工作超过 11 小时，75 名工人每天工作超过 12 小时。受这种超长工作日折磨的工人，大部分是在纺织工业部门。

列宁：《莫斯科省工厂的工作日》，
《列宁全集》第 22 卷第 30 页。

科兹米内赫－拉宁工程师的资料表明，就连极陈旧的、允许实行 11 个半小时（!!!）工作制的俄国 1897 年法令，厂主都没有遵守。这个法令规定，在两班制的情况下，每个工人的工作时间，按两周计算，每昼夜不得超过 9 小时。

事实上，在作者调查的 83990 名两班制工人中，有 14376 人工作超过 9 小时。他们占两班制工人总数的 17％。而做修理工和辅助工的 3733 名两班制工人中，就有 2173 人，即几乎占到 3/5，每昼夜要工作 9 小时以上！即使按照官方的统计数字，也总共有 16500 名工人被迫工作得超过法律允许的长度！

列宁:《莫斯科省工厂的工作日》,
《列宁全集》第 22 卷第 31 页。

(2) 对"白天""夜间"的限定

1844 年 3 月 19 日,艾释黎勋爵以 179 票对 170 票的多数通过了一项决议,规定工厂法案中"夜间"一词应了解为晚上六时到第二天早上六时这一段时间。

恩格斯:《英国工人阶级状况》,
《马克思恩格斯全集》第 2 卷第 461 页。

新法令声称:"开工一班者,晚 9 时至晨 5 时算作夜班,开工两班或两班以上者,晚 10 时至晨 4 时算作夜班。"终生为他人工作的粗鄙小民的"夜"和可以靠别人劳动过活的纯洁老爷的"夜",在"法律"上是截然不同的东西。在圣彼得堡也罢,在莫斯科也罢,有大半年在早晨 4 点钟的时候还是一片漆黑,还完全是黑夜。但是俄国的法律规定,工人应该时时刻刻适应资本家的利益;工人必须相信,白天一定在 4 点多钟开始,虽然离开日出还有好几个小时。工人要是不住在厂里,就不得不在 3 点钟起床,也许还得早一些,才能在 4 点钟以前赶到工厂!对彼得堡的官老爷们来说,"白天"是从正午 12 点,甚至是 1 点开始的,不过官老爷本来就是极特殊的人物……对工人来说,"白天"直到晚上 10 点钟才结束,工人从工厂走到漆黑的街上,他不应当对这种黑暗惶惑不安,他应当记得并且相信,"白天"刚刚结束,因为法律是这样规定的。为什么法律不规定,工人的"白天"是在工厂汽笛叫他上工的时候开始,而在汽笛叫另外一班来上工的时候结束,这样岂不更坦白、更公正些!

列宁:《新工厂法》,
《列宁全集》第 2 卷第 342~343 页。

财政部出版的《财政通报》在一篇解释新法令的文章中指出,在别的国家(例如法国)是禁止夜班的。但是我国的法律,该报说是不能如此规定的。"限制工厂昼夜开工不尽可能,有许多生产部门因其本身的特点而要求不间断地开工。"

列宁:《新工厂法》,
《列宁全集》第 2 卷第 343 页。

(3) 妇女和儿童工作时间

1844 年的法令规定,上午 12 点以前做工的 8—13 岁的儿童不准在下午 1 点以后继续做工。但是在中午 12 点或下午开始做工的儿童的 61/2 小时劳动,法令却未作任何规定!因此,可以使中午 12 点开始做工的 8 岁儿童在 12 点至 1 点之间干 1 小时,在下午 2 点至 4 点之间干 2 小时,在 5 点至晚上 8 点半之间干 31/2 小时,总共是法定的 61/2 小时!甚至还有更妙的办法。为了使儿童的劳动同干到晚上 8 点半的成年男工的劳动配合起来，工厂主只要在下午 2 点以前不给儿童活干，就可以使他们在工厂中连续不停地干到晚上 8 点半！

马克思：《资本论第一卷》，

《马克思恩格斯全集》第 23 卷第 318 页。

按照工厂法的定义，延长工作时间就是迫使未成年者每天工作的时数超过法律所允许的时数。这有各种各样的方法：或者在早晨 6 点钟以前开工，或者在下午 6 点钟还不收工，或者缩短工人法定的用餐时间。在一天之中，蒸汽机开动 3 次，即在早晨开工时，以及在早饭和午饭后复工时；它也停止 3 次，即在每顿饭开始时和下午收工时。这样，就有 6 次可以偷去 5 分钟的机会，一天总共可以偷去半个小时。每天延长 5 分钟的工作，一周一周积累起来，一年就是两天半；但是延长工作时间的骗人伎俩远远地超过了这个范围。兹摘录郎卡郡工厂视察员莱昂纳德·霍纳先生的一段话：

"用这种非法的延长工作时间的方法所获得的利润，似乎是工厂主不能抗拒的巨大诱惑。他们指望不被发现，可是当他们看到被发现的人所缴纳的罚款和讼费的数目并不大，他们就认为，即使被查出来，他们还是能得到很多好处。"

马克思：《工厂工人状况》，

《马克思恩格斯全集》第 12 卷第 198～199 页。

10 小时工作制法案限制 18 岁以下的少年和女工每日的工作时间为 10 小时。因为妇女、少年和儿童占工厂工人的大部分，其必然后果就是所有的工厂每天都只能工作 10 小时。但是，当繁荣时期工厂主需要增加劳动时间的时候，他们总会找到出路的。像过去那样，在问题关系到工作时间限制更大的 14 岁以下的儿童的时候，他们开始多雇佣一些妇女和少年来帮忙和轮换。这样，他们可以使自己的工厂和成年工人每天工作 13、14、15 小时，但是适用 10 小时工作制法案的工人却每天工作仍不超出 10 小时。这就有些违背了法律的条文，尤其是违背了法律的整个精神和立法者的意图。工厂视察员向法庭提出了控告，由于治安法官之间不一致，他们的判决也是分歧的。越是繁荣，工业家就越大张旗鼓地反对 10 小时工作制法案以及工厂视察员的干涉。内政大臣乔·格雷先生命令视察员对轮班制（relay 或 shift system）采取容许的态度。但是，他们当中许多人都以法律为根据，而不理会这个命令。最后，有一个特别典型的事件告到财务法庭，而法庭的主张却有利于工厂主。这种判决实际上就是废除了 10 小时工作制法案，工厂主又成了自己工厂的全权主人。

恩格斯：《英国的 10 小时工作制法案》，

《马克思恩格斯全集》第 7 卷第 283～284 页。

（4）休息时间

花布印染工厂条例与工厂法的重大区别，就在于对以下几点没有作任何规定：划出吃饭时间，星期六休息，在圣诞节和耶稣受难日停工，定期的半日休假，对危险机器的防护设备，不幸事件的登记和对受害者的津贴，厂房的定期粉刷。

马克思：《几份重要的英国文件》，

《马克思恩格斯全集》第12卷第493页。

英格兰、苏格兰和爱尔兰的工厂视察员们公布了关于他们各自的视察区到1858年10月31日为止定期的半年报告，我也照例把我对这些极端重要的工业通报94的简评寄给你们。综合报告这一次压缩得只有几行字，它仅仅指出，除了苏格兰一地而外，工厂主违反关于未成年工和女工的工作时间，特别是他们吃饭时间的法律的事件，确实急剧地增加了。因此，视察员们认为，他们有责任坚决要求颁布一个补充法令来取缔这些违法行为。

他们说："工厂立法的缺点使视察员及其助理极难执行揭发和惩处违反工厂立法的人的任务，而且极难实现本立法有关限制工作时间、保证工人们在一天中有充分的可能来休息和吃东西等极其重要的事情的明确意图。因此有必要对各项法律做某些修改。如果议会预料到，有人会这样规避法律，它就一定会事先做出相应的决定，以防止这种情况。"

因为我认真地研究了产生现行工厂法的热烈的议会辩论，所以，我不赞同工厂视察员们的结论，并继续坚持自己的看法。我认为，制定工厂法的明显意图，就是使人有一切可能去违反和回避这些法律。促使这些法律产生的土地占有者和工厂主之间的强烈敌意，终究由于这两个统治阶级对那些他们称之为"黎民百姓"的人的共同仇恨而缓和了。

马克思：《不列颠工厂工业的状况》，

《马克思恩格斯全集》第13卷第221页。

在手工业生产中以及甚至在工场手工业中，工具的动作决定于人的动作。相反，在机械工厂中，人的动作决定于机器的动作。戴·巴莱爵士说道：

"……在这里，法律上和事实上的一切自由都不见了。工人必须在清晨5点半钟到工厂。如果迟到几分钟，那就得受罚；如果他迟到10分钟，在吃完早饭以前干脆就不放他进去，这样，他就要丧失一天工资的四分之一……无论吃饭、喝水、睡觉，他都得听命令……专制的钟声经常把他从睡梦中唤走，把他从早餐和午餐中唤走。"

马克思：《经济学手稿》，

《马克思恩格斯全选》第47卷第527页。

法令要求厂主在星期日和节日让工人休息，一昼夜不得要工人工作11个半小时以上，但是没有规定不履行这些要求要受什么惩罚。厂主破坏这一法令要负什么责任呢？至多是被拉到治安法官那里，课以50卢布以下的罚款，或者由工厂管理局自己决定惩罚，那也只是罚款而已。难道50卢布的罚款就会吓住厂主吗？他强迫全体工人为他多做一夜或者一个节日的工，所得的利润何止50卢布！违反法律而交付罚款对厂主更有利。

列宁：《新工厂法》，

《列宁全集》第2卷第360页。

（5）加班

　　我们把新法令叫作关于缩短工作日的法令。上面我们已经说过，新法令把工作日限定为 11 个半小时（夜班是 10 小时）。但是实际情况并不是这样，而是要坏得多。法令所规定的一切限制都只涉及平常的、正常的、规定时间内的工作，和加班无关。因此，事实上厂主的"权利"一点也没有受到限制，他还是可以强迫工人干时间长得不受限制的工作，即使一昼夜 24 小时也行。请看法令是怎样谈加班的："在按照厂规工人已无需工作之时间内而在工厂中进行之工作即称为加班。实行加班，必须根据工厂经理与工人之特殊协定。生产技术条件所必需的加班的条件，始得列入雇佣合同。"这是新法令中非常重要的一条，整个这一条完全为了反对工人而给厂主以胡作非为的充分自由。以前加班是依惯例处理，法律对加班没有什么规定。现在政府却把这种加班合法化了。法律补充的一句，加班要有工人和厂主的"特殊协定"，是毫无意义的空话。工人所做的一切工作都是"根据"和厂主的"协定"进行的；工人又不是农奴（虽然很多俄国官员极力想把工人变成农奴），他们是受雇即按协定做工的。又何必说什么加班要有协定呢？政府把这句空话放进法律里，是要装出一副姿态，好象政府也想限制加班似的。事实上，这里对加班没有任何限制，以前厂主对工人说："想干就加班，不想干就滚蛋！"现在还是会这样说。只是从前这么做是根据习惯，而现在却是根据法律了。从前厂主不能根据法律来解雇不肯加班的工人，而现在法律公然示意厂主可以怎样压迫工人。这一条法律不但没有限制加班，反而容易引起更广泛地利用加班。法律甚至还给予厂主把加班的要求列入合同的权利，只要这种加班是"生产技术条件所必需的"就行。这个附带条件一点也不会限制厂主。怎样来判别哪些加班是"生产技术条件所必需的"，哪些加班不是必需的呢？由谁来判别呢？如果厂主说，他派工人加班是"生产技术条件所必需的"，那怎样才能驳斥厂主的话呢？没有人来判别这一点，没有谁审查厂主的话。法律只是助长了厂主的胡作非为，因为它暗示给厂主一种特别可靠的压迫工人的方法。

列宁：《新工厂法》，
《列宁全集》第 2 卷第 345～346 页。

　　财政部如何急于巴结厂主，教给厂主用新法令来掩护更广泛地实行加班，这从《财政通报》的下述议论中看得特别明显："遇到厂主完全不能预料而又要在某一短时期内完工的紧急订货时，如果厂主不可能或者很难增雇工人，加班也是必需的。"看吧，厂主的那些坐在财政部里的热心走狗们是多么有成效地"解释"法令！法令中只讲到技术条件所必需的加班，而财政部赶紧承认在有"预料不到的"（?!）订货的时候，甚至在厂主"很难"增雇工人的时候，加班也是"必需的"！这简直是在戏弄工人！要知道，每个狡猾的厂主随时都可以说他有"困难"。增雇工人，就是雇用新工人，就是减少群集在工厂大门口的失业者，

列宁:《新工厂法》,

《列宁全集》第 2 卷第 347 页。

恩格斯的《10 小时工作制问题》,揭露了资本主义施行 10 小时工作制法案的实质。同时,对英国无产阶级争取 10 小时工作制法案的斗争的意义,对缩短工作日对英国无产者在身体和精神的发展上的良好影响,有些估计不足。后来马克思在《国际工人协会成立宣言》和《资本论》第 1 卷中,对这个法律及其对工人阶级的意义,作了更全面的估价。

恩格斯在《10 小时工作制问题》里说,"财务法庭仅仅以一纸判决就完全废除了 10 小时工作制法案",是财务法庭于 1850 年 2 月曾宣判被控告破坏 10 小时工作制法案的厂主无罪。这个决定事实上等于取消该法案,因此引起工人的反对;于是 1850 年 8 月 5 日议会颁布了新法令,规定女工和童工每日劳动 10 个半小时和每天劳动开始和结束的时间。

财务法庭(Court of Exchequer)是英国最老的法庭之一,起初主要担负财政职能,在 19 世纪执行了英国最高司法机关的职责。

马克思在《临时中央委员会就若干问题给代表的指示》里说,"这种限制是美国工人的共同要求",是说在美国,内战结束后,为争取通过立法手续规定八小时工作日的运动加强了。全国成立了许多为八小时工作日而斗争的联盟。全国劳工同盟参加了这一运动,它在 1866 年 8 月于巴尔的摩举行的全国代表大会上宣布,八小时工作日的要求是把劳动从资本主义奴役下解放出来的必要条件。

马克思在《资本论》第 1 卷里提出的"自由竞争使资本主义生产的内在规律作为外在的强制规律对每个资本家起作用",在注解中写道:例如,我们看到,1863 年初,在斯泰福郡拥有大规模陶器厂的 26 家公司,其中包括约·威季伍德父子公司,提出呈文,请求"国家进行强制干涉"。他们说,同"别的资本家的竞争"使他们不能"自愿地"限制儿童的劳动时间等等。"因此,虽然我们对上述弊病深恶痛绝,但依靠工厂主之间的某种协议是不可能制止这种弊病的……鉴于所有这些情况,我们确信,制定一种强制的法律是必要的。"(《童工调查委员会。第 1 号报告》1863 年第 322 页)

注解补充说:最近有一个更突出的例子。在热病式的繁荣时期,棉价很高,于是布莱克本的棉织业主们达成协议,在一定时期内缩短自己工厂的劳动时间。这个期限大约到十一月底(1871 年)为止。然而兼营纺和织的富裕厂主利用这个协议所造成的生产缩减的机会,扩大自己的营业,从而靠牺牲小厂主获得了大量利润。这些小厂主迫于困难就向工厂工人呼吁,要他们大力鼓吹九小时工作日,并答应为此给以资助!

马克思在《资本论》第 1 卷里提到的"从十四世纪起一直到十八世纪中叶的劳工法",马克思注解说,在英国,这些劳工法(在法国、尼德兰等国同时也有这种法令)是在 1813 年,在生产关系早已使它们失效以后,才正式废除的。

马克思:《资本论》第 1 卷里说,"其中吃饭时间是早饭 1 小时,午饭 1～1.2 小时,午后小餐 1.2 小时,正好比现行工厂法规定的吃饭时间多一倍"。对此,注解写道:关于这项法令,约·威德公正地指出:"从 1496 年的法令可以看出,当时的伙食费等于手工业者收入的三分之一,等于农业工人收入的二分之一。这说明,当时的工人比现在的工人有更大的独立性，因为现在农业工人和工场手工业工人的伙食费在他们工资中所占的比重大得多了。"（约·威德《中等阶级和工人阶级的历史》第 24、25、577 页）有人认为，这种差别是由于现在的食品和衣服的比价和那时的比价不同造成的，但只要略为看一下弗利特伍德主教的《行情表》（1707 年伦敦第 1 版及 1745 年伦敦第 2 版），这种意见就不攻自破了。

恩格斯在《英国的 10 小时工作制法案》里分析的这个法案，是 1847 年 6 月 8 日英国议会通过了只适用于童工和女工的十小时工作日法案。但是实际上许多厂主并没有遵守这项法律。

通过这个法案的时候既不是繁荣时期，也不是危机时期，而是这样一个过渡时期，即工业受生产过剩的影响还非常严重，以致能够动用的只是自己的一部分资源，因此工厂主自己也不让整天工作。只是在 10 小时工作制法案限制了厂主间的竞争的时候，它才被接受。

4. 工资法之权利

工资法律制度，是调整工资关系的法律制度，是劳动法的重要内容。其具体法律制度包括：工资标准、工资形式、工资支付办法、工资保障措施等。

资本主义工资的实质是劳动力的价格，其制度的核心是实行按资分配。有利于企业追求剩余价值、同工不同酬，是这种工资制度的突出特点。

1949 年，国际劳动大会通过了《工资保障公约》和《工资保障建议书》，主要内容有：①用法定货币支付工资；②工资应该直接发给工人本人；③禁止雇主以任何方式限制工人支配自己工资的自由；④当企业内设有向工人出售商品的小卖部，或开办与企业有关的服务设施时不得向有关工人施加压力，以迫使他们去利用这些小卖部或服务设施；⑤只有在国家法律允许或仲裁协议或集体合同予以确定的条件和范围内，始得对工资作出扣除；⑥当企业倒闭或判决清理时，该企业的工人享有优先债权人的地位；⑦工资应定期支付；⑧当工资以货币支付时，其发放只应在工作日和在工作场所或工作场所附近进行；⑨应尽力对扣除工资进行限制。

我国是社会主义国家，实行按劳分配的工资制度。工资不是劳动力买卖的价格，而是应得的劳动报酬。现行的工资形式，是计时工资和计件工资两种基本形式。国家要求保障劳动者按时得到工资，并自由支配，不允许任何单位或个人对工资进行非法扣除。对于拒发工资和扣发工资的，严肃依法查处。

经典作家对于资本主义制度下形形色色的工资问题，作了全面的客观的披露和评论。他们的主张，因为反映了时代的要求和劳动人民的强烈呼声，后来逐渐被立法者写进立法。

新兴的资产阶级为了"规定"工资，即把工资强制地限制在有利于赚钱的界限内，为了延长工作日并使工人本身处于正常程度的从属状态，就需要并运用了国家权力。这是所谓原始积累的一个重要因素。

马克思：《资本论第一卷》，

《马克思恩格斯全集》第 23 卷第 806 页。

法律规定了城市和农村、计件劳动和日劳动的工资率。农村工人受雇期限应为一年，城市工人则应在"自由市场"上受雇。支付高于法定工资的人要被监禁，但接受高工资的人要比支付高工资的人受到更严厉的处罚。例如，伊丽莎白的学徒法第 18 条和第 19 条规定，支付高工资的人，监禁十天，而接受的人，则监禁二十一天。1360 年的法令加重了处罚，甚至授权雇主按法定的工资率通过体罚去榨取劳动。把瓦匠和木匠相互联系在一起的一切结合、契约、誓约等都被宣告无效。从十四世纪起到 1825 年废除禁止结社法 175 止，工人结社一直被认为是严重的犯罪行为。1349 年的劳工法和以后的一切类似法令的精神清楚地表现在这一事实上：国家虽然定了工资的最高限度，但从来没有规定工资的最低限度。大家知道，在十六世纪，工人的状况十分恶化。货币工资提高了，但其提高的程度不及货币贬值和物价相应上涨的程度。

马克思：《资本论第一卷》，

《马克思恩格斯全集》第 23 卷第 807 页。

在乔治二世八年，除国丧期外，伦敦及其近郊的裁缝帮工的日工资还禁止超过 2 先令 712 便士；乔治三世十三年颁布的第 68 号法令还授权治安法官规定丝织工人的工资；在 1796 年，治安法官关于工资的命令是否也适用于非农业工人，还需要经过高等法院的两次判决来确定；在 1799 年，一项议会法令还规定，苏格兰矿工的工资要根据伊丽莎白的一项法令和 1661 年及 1671 年的两项苏格兰法令来规定。

马克思：《资本论第一卷》，

《马克思恩格斯全集》第 23 卷第 808 页。

1863 年时，情况已经比较好转，织布工人、纺纱工人等的周工资也只有 3 先令 4 便士、3 先令 10 便士、4 先令 6 便士、5 先令 1 便士等。即使在这样悲惨的状况下，工厂主在克扣工资方面的创造精神也没有丝毫减退。工厂主的棉花不好和机器不合用等等使产品出了毛病，这也成了罚扣工资的部分原因。

马克思：《资本论第一卷》，

《马克思恩格斯全集》第 23 卷第 500 页。

还有两种办法特别加强了厂主对工人的奴役，这就是 truck-system（实物工资制）和 cottage-system（小宅子制）。工人们把用商品支付工资叫做 truck，这种支付办法以前曾通行于全英国。"为了使工人方便起见，使他们不受小商人的高价的剥削"，厂主就开一个商店，出卖各种各样的商品。而为了使工人不到别的价钱比较便宜的商店里去（因为 tommy-shop〔工厂商店〕中的价格通常都比别的地方贵 25—30%），支付工资时不用现款，而用工厂商店的购买券。这种可耻的制度引起了公愤，因此 1831 年公布了 Truck Act〔实物工资法〕，根据这个法律，对大多数工人采用的以商品支付工资的办法被宣布为无效的、非法的，谁要这样做就处以罚款。但是这个法律也像大多数的英国法律一样，只是在个别地方具有实际效力。

恩格斯：《英国工人阶级状况》，

《马克思恩格斯全集》第 2 卷第 467~468 页。

离帕德蒙登（约克郡西区）不远，在哥克斯霍尔姆的一间小里，住着一位老大爷和两个女儿；老大爷已经年迈，而且身体很弱，女儿靠在哈利韦耳先生的棉纺织厂做工谋生。他们住在底楼的一间可怜的小屋里，离脏水沟只有几步；他们窗户上面是个楼梯，供楼上的人行走。这个楼梯夺去了他们这间可怜小屋的阳光。在最好的时候，他们也只能挣到"仅得不死"的工资，但是在最近的 15 个星期里，唯一的工资来源也没有了。工厂关闭了；全家生活费用完全断绝。贫困一步一步地把他们拉进它的深渊。时间每小时都在逼他们走进坟墓。一点微薄的积蓄很快花光了。接着就把破烂的家具、衣服和衬衣——一切可以卖掉或当掉的东西，全都换了面包。别人都知道，他们在 14 个星期内没有挣到一法寻，但一次也没有找教区求过帮助。

祸不单行，老大爷又病了已经一个月，不能起床。乌哥利诺和他儿子们的悲剧在帕德蒙登的小屋里又重演了，只不过是没有吃人的场面罢了。8 天以前（12 日），两个姑娘中身体比较好些的一个在极端绝望中最后决定去找济贫所监督，向他讲述了这个悲惨的故事。而这位先生竟然令人难以置信地回答说，他在下星期三以前为这家人什么也不能做。三个不幸的受难者在这个有力的刽子手最后开恩给予帮助以前，还得忍受 5 天。全家只好等待，没有任何别的办法。盼望很久的星期三终于到了，官方救济机关应该给挨饿的一家人扔下一点面包渣了；这时，村里的居民就被一个消息震动：一个姑娘已经饿死了。这个可怕的消息得到了证实。饿死的姑娘的尸体直僵僵地躺在一张破板床上，周围是一片可怕贫困的象征，她的虚弱无力的老父在自己床上痛哭；那个还活着的姑娘几乎没有力气讲述他们的苦难。我们根据经验知道，这个在现代决不是绝无仅有的可怕事件将怎样结束。将进行一次验尸。Coroner（验尸官）将大谈英国济贫法的慈善精神，将再次称述执行机关的完美，举出 prima facie〔初步〕证据说明法律对这个悲惨事件决不能负责。济贫所监督也能找出理由为自己辩护；就算法庭不对他说一堆恭维话，至少他也将很欣慰地听到人说他没有丝毫罪过。最后，陪审官们将用这样一句庄严的判决词来结束这出法庭喜剧：《Died by the visitation of God》（遵上帝旨意而死）。

马克思：《英国工人的贫困》，

《马克思恩格斯全集》第 15 卷第 579~580 页。

谷物关税废除了，棉花和其他原料的关税也废除了。但是这个目的刚一达到，工厂主们反对十小时工作日法案的劲头比以前任何时候都更大了。此后不久，当十小时工厂劳动终于定为法律时，由此产生的第一个结果就是企图普遍降低工资。

马克思：《资本论第三卷》，
《马克思恩格斯全集》第 25 卷上册第 124 页。

商业经理和产业经理的管理工资，在工人的合作工厂和资本主义的股份企业中，都是完全同企业主收入分开的。在其他场合偶然出现的管理工资同企业主收入的分离，在这里则是经常的现象。在合作工厂中，监督劳动的对立性质消失了，因为经理由工人支付报酬，他不再代表资本而同工人相对立。与信用事业一起发展的股份企业，一般地说也有一种趋势，就是使这种管理劳动作为一种职能越来越同自有资本或借入资本的所有权相分离，这完全象司法职能和行政职能随着资产阶级社会的发展，同土地所有权相分离一样，而在封建时代，这些职能却是土地所有权的属性。

马克思：《资本论第三卷》，
《马克思恩格斯全集》第 25 卷上册第 436 页。

盖得来到了伦敦，在这里和我们（我、恩格斯和拉法格）一起为即将到来的普选起草一个工人竞选纲领。尽管我们反对，但盖得还是认为有必要把法定最低工资之类的废话奉献给法国工人。（我对他说：如果法国无产阶级仍然幼稚到需要这种诱饵的话，那末，现在就根本不值得拟定任何纲领），除了这些废话之外，这个很精练的文件在序言中用短短的几行说明了共产主义的目的，而在经济部分中只包括了真正从工人运动本身直接产生出来的要求。这是把法国工人从空话的云雾中拉回现实的土地上来的一个强有力的步骤。

《马克思致弗里德里希·阿道夫·左尔格》，
《马克思恩格斯全集》第 34 卷第 451 页。

法律规定，工作开始前应向工人宣布他做这个工作可以得到多少工资，对织工也应实行这个法律。不要让工厂视察员签署的工资表变成一纸空文，而要像法律要求的那样付诸实施。例如对织布工作，在规定现行工资标准时，应补充说明羊毛的质量及其中所含的诺列斯和克诺普的数量，并且应该把做准备工作的时间计算在内。

列宁：《告托伦顿工厂男女工人》，
《列宁全集》第 2 卷第 15 页。

年年总是给工人开"空头支票"许愿改革的英国政府，现在可真的手忙脚乱了。只用了 5 天时间议会就通过了一项新法律！这项法律规定了最低工资，即明文规定了一种工资额，工资下降不得低于这个数额。

列宁：《1912 年的英国工人运动》，
《列宁全集》第 22 卷第 289 页。

英国所有煤矿工人都充分地认识到，臭名昭著的最低工资法不可能真正改善他们的生活状况。

列宁：《在英国》，

《列宁全集》第 22 卷第 41 页。

《马克思致弗里德里希·阿道夫·左尔格》里说，"盖得来到了伦敦，在这里和我们（我、恩格斯和拉法格）一起为即将到来的普选起草一个工人竞选纲领"，指茹尔·盖得和保尔·拉法格同马克思和恩格斯一起在 1880 年 5 月共同制订的法国工人党纲领。纲领以《社会主义劳动者竞选纲领》为题发表在 1880 年 6 月 30 日《平等报》第 2 种专刊第 24 号上。纲领单行本第一版于 1883 年在巴黎出版，标题是《工人党纲领》。在纲领的扉页上注明作者是茹·盖得和保·拉法格。

列宁在《在英国》里说，"臭名昭著的最低工资法不可能真正改善他们的生活状况"。为什么最低工资法"臭名昭著"？因为最低工资法规定的最低工资，并不是劳动者应当得到的工资。列宁引用的一个例证，是阿尔奇现在已经 83 岁。他还住在他出生的那个乡村，他出生的那幢房子里。他告诉来访的人说，农业工人工会曾经使每周的工资提高到了 15、16、17 先令（1 先令合将近 48 戈比）。但目前，英国农业工人的工资又下降了，——在阿尔奇所在的诺福克，降到了每周 12—13 先令。

列宁指出，英国的工人运动日益发展壮大。罢工正在变为群众性的罢工，并且不再是纯粹的经济罢工，而是在向政治罢工转化。不久以前显示了这种群众斗争威力的苏格兰煤矿工人的领袖罗伯特·斯迈利宣称，煤矿工人在下一次大战斗中，将要求把煤矿收归国有。正是在这样的背景下，列宁说"臭名昭著的最低工资法不可能真正改善他们的生活状况"，因此工人们罢工，要求把煤矿收归国有。

5. 罚款法之权利

经典作家关于企业对劳动者的罚款，集中论述了罚款法本身存在的问题和企业非法罚款问题。

一是关于罚款法本身存在的问题。

法律规定，课处罚款的理由，也就是使厂主有权课处工人罚款的过失有下列几种：①工作草率；②旷工；③违反制度。法律中说："不得借其他理由课处任何罚金。"法律是这样规定了，可如何解释，解释权则掌握在工厂主手里。对此，列宁认为，这一法律，不足以保护工人，不能保护工人不受老板的虐待和不公正的罚款。因为老板可以随意确定什么是"工作草率"、"旷工"和"违反制度"。老板随时可以故意挑剔，随时可以加重罚款，并且通过罚款以同样的工资获得更多的劳动。这项法律使工人处于无保障的地位，使老板有迫害工人的可能。很清楚，这项法律是偏袒的，是为了厂主利益而制定的，是不公正的。

二是关于企业非法罚款问题。

资本主义企业为了维持最高限度的剩余价值，以罚款、扣发工资、赔偿金和违约金等名义，对职工进行经济处罚。

企业的违法行为，主要有以下方面：①劳动规章制度和生产经营活动违反法律、法规的规定；②侵犯劳动者的合法权益和人身权利；③违反国家就业和劳动制度的法律规定；④违反劳动合同的约定，给劳动者造成济损失。

许多厂主用最残酷的严厉办法向工人榨取强加在他们头上的罚款，从一无所有的无产者身上搜刮一文半文的小钱来增加自己的利润。

恩格斯《英国工人阶级状况》，

《马克思恩格斯全集》第2卷第466页。

罚款制度在煤矿里一般都是极其厉害的，有时候一个穷人做完了整整一星期的工去领工资的时候，才从监工——他高兴罚就罚，甚至不预先告知工人——那里知道不仅一个钱也领不到，甚至还必须缴多少多少罚款。

恩格斯《英国工人阶级状况》，

《马克思恩格斯全集》第2卷第540页。

事实上罚款往往超过工人实际所造成的损失。为了设法使工人容易挨罚，工厂的钟点拨快了，发给工人劣等的原料而要他制出好的成品。工头要是没有足够的花招来增加类似的犯规数字，便被辞退。

马克思《关于自由贸易的演说》，

《马克思恩格斯全集》第4卷第448页。

"许多厂主用最残酷的严厉办法向工人榨取强加在他们头上的罚款，从一无所有的无产者身上搜刮一文半文的小钱来增加自己的利润。"这是世界上独一无二的立法——独一无二的法规（至少奴隶主不搞这类立法丑剧也行），它的公开目的无非是使那种只考虑私人利益，只考虑榨取金钱的立法者靠牺牲他的臣民来最大限度地"发财致富"。

马克思：《经济学手稿》，

《马克思恩格斯全集》第47卷第528页。

任何厂主为他个人的日常生活所需，都有一套规程，其中规定对一切有意无意的过失都处以罚金；例如，假使工人不幸在椅上坐了一下，偶而私语或谈笑，迟到了几分钟，损坏了机器的某一部件，或者制品的质量不合规格等等，他就得挨罚。事实上罚款往往超过工人实际所造成的损失。为了设法使工人容易挨罚，工厂的钟点拨快了，发给工人劣等的原料而要他制出好的成品。工头要是没有足够的花招来增加类似的犯规数字，便被辞退。先生们，你们看，这种私人立法的建立是为了制造过失，而过失却成为生财之道。因此，厂主不择手段，竭力减低名义工资，甚至还要从这些并非由于工人的过失而造成的事故中得到好处。

马克思：《关于自由贸易的演说》，

《马克思恩格斯全集》第4卷第448～449页。

戴·巴莱爵士说道:

"工厂里的情形又怎样呢?在这里,厂主是绝对的立法者。他随心所欲地颁布工厂规则;他爱怎样就怎样修改和补充自己的法规;即使他在这个法规中加上最荒谬的东西,法院还是对工人说:……你们既然自愿地订了这个契约,那你们就得履行它。"(同上,第217—218页)

这一切立法都归结为罚款或扣发工资。恩格斯从一个规则中摘引了一段:

"(6)在工作时和别人说话、唱歌或吹口哨,即罚6便士;工作时离开现场者,也罚6便士。"

马克思:《经济学手稿》,

《马克思恩格斯全集》第47卷第527页。

罚款法规定,只有因工人工作马虎而使工作受到损失时才能处以罚款,在这种情况下,应该在处以罚款后三天内把扣款登记在工资簿的罚款栏里。各项罚款都应有精确的账目,款项不能落入厂主的腰包,而应该用在该厂工人的需要上。……。

其实,他们在利用我们的无知来规避法律,并且轻而易举地干开了自己的勾当……你们看见了吗,他们不是罚我们的款,而是扣我们的钱,按低标准付给我们工资。只要存在着高低两种工资标准,就怎么也挑不出他们的毛病,他们扣来扣去把款项都扣进了自己的腰包。

列宁:《告托伦顿工厂男女工人》,

《列宁全集》第2卷第16页。

人们通常认为,罚款就是工人因使厂主受到损失而付给厂主的钱。这是不对的。罚款和赔偿损失是两件不同的事情。对平等的人是要求赔偿损失,只有对下属才能处以罚款。……因此赔偿损失要经过法院审判,罚款则不经法院而是由厂主规定的。

列宁:《对工厂工人罚款法的解释》,

《列宁全集》第2卷第25页。

罚款的目的不是为了赔偿损失,而是为了建立纪律,也就是使工人服从厂主,强迫工人执行厂主的命令,上工的时候听从厂主。罚款法就是这么说的:罚款是"工厂经理为维护制度而以私人权力所施加的现金处分"。因此罚款的多少不是由损失的大小,而是由工人工作草率的程度决定的:工作愈草率,对厂主愈是不服从,对厂主的要求违抗得愈厉害,罚款也就愈多。

列宁:《对工厂工人罚款法的解释》,

《列宁全集》第2卷第26页。

往往还有这样的情况:除了罚款还规定了违约罚金;例如,离开工厂要罚10卢布。

每当厂主的买卖不好的时候，他可以轻易地违反契约，降低工资。他命令工头更严格地勒取罚款，剔除废品，结果等于降低了工人的工资。

列宁：《对工厂工人罚款法的解释》，
《列宁全集》第2卷第29～30页。

1886年6月公布了新的罚款法，它指出在什么情况下可以罚款，确定了罚款的最高限度，并且规定罚款不应当落入厂主的腰包，而应当用在工人本身的需要上。

列宁：《对工厂工人罚款法的解释》，
《列宁全集》第2卷第33页。

在以罚款高得不象话而出名的工厂里，罚款居然比俄国法律准许的数目还要低！……这个法律对工人保护得多好，真是没有说的！

列宁：《对工厂工人罚款法的解释》，
《列宁全集》第2卷第43页。

我国关于罚款数额的一些法律的特点是：不仅贪得无厌，而且极不公正。如果罚款过多（超过1/3），厂主可以废除合同，但是工人却没有这种权利，就是说，如果他被课处的罚款太多，超过了工资的1/3，他也无权离开工厂。显然，法律只关心厂主，好像课处罚款只是由于工人的过失。

列宁：《对工厂工人罚款法的解释》，
《列宁全集》第2卷第43页。

1886年的新法律规定了一条总的规则：罚款不得落入老板的腰包。法律规定："每一工厂的工人罚款应积成一笔由厂方经管之专用款。根据财政大臣与内务大臣商定而颁发之条例，该款由视察员批准，只能用于工人本身之需要。"总之，法律规定罚款只能用在工人本身的需要上。罚款是工人自己的钱，是从他们工资当中扣出来的。

列宁：《对工厂工人罚款法的解释》，
《列宁全集》第2卷第48页。

我们已经看到，这个法律引起了资本家老爷们极大的不满，它只是在可怕的工人闹事的压力下才得以实施的。第一，罚款法只推行于俄国一小部分地区。第二，罚款法也象所有工厂监督条例一样，不推行于官办企业和政府机关企业，在官办工厂中有"关怀"工人的厂长，法律不愿意用罚款条例来麻烦他们。第三，罚款积金用于工人本身需要的这一条例不推行于铁路工厂的工人，因为那里有抚恤基金或储蓄补助基金，罚款就用作这些基金。

列宁：《对工厂工人罚款法的解释》，
《列宁全集》第2卷第48页。

违反法律而交付罚款对厂主更有利。法律没有专门规定厂主不执行法律要受什么惩罚，这是不能容忍的不公平，这直接说明了我们的政府想尽量延缓法律的实行，说明了政府不肯严格要求厂主遵守法律。

列宁：《新工厂法》，
《列宁全集》第 2 卷第 360 页。

罚款法规定，只有因工人工作马虎而使工作受到损失时才能处以罚款，在这种情况下，应该在处以罚款后三天内把扣款登记在工资簿的罚款栏里。各项罚款都应有精确的账目，款项不能落入厂主的腰包，而应该用在该厂工人的需要上。可是，看看我们的工资簿吧，罚款栏是一片空白，没有罚款，人们可能认为我们的厂主是所有的厂主中心肠最好的。其实，他们在利用我们的无知来规避法律，并且轻而易举地干开了自己的勾当……你们看见了吗，他们不是罚我们的款，而是扣我们的钱，按低标准付给我们工资。

列宁：《告托伦顿工厂男女工人》，
《列宁全集》第 2 卷第 16 页。

罚款的目的不是为了赔偿损失，而是为了建立纪律，也就是使工人服从厂主，强迫工人执行厂主的命令，上工的时候听从厂主。罚款法就是这么说的：罚款是"工厂经理为维护制度而以私人权力所施加的现金处分"。因此罚款的多少不是由损失的大小，而是由工人工作草率的程度决定的：工作愈草率，对厂主愈是不服从，对厂主的要求违抗得愈厉害，罚款也就愈多。谁替厂主做工，他显然就成了不自由的人；他必须听从厂主，而厂主可以惩罚他。从前农奴给地主干活，受地主惩罚。现在工人替资本家做工，受资本家惩罚。全部差别只在于，不自由的人从前是挨棍打，现在是挨卢布打。也许有人会反对这一点，他们会说：工厂里没有纪律，大量工人就不能进行共同的工作；必须有工作制度，必须遵守这种制度，惩罚违反这种制度的人。他们会说：因此，课处罚款并不是因为工人是不自由的人，而是因为共同的工作需要一种制度。

这种意见是完全不正确的，虽然初看起来它可能使人迷惑。只有那些不愿意让工人知道自己是处于不自由地位的人才会发表这样的意见。确实，进行任何共同的工作都需要一种制度。但是，难道工作的人服从厂主的专横，即服从那些自己不工作，只不过因为占有了全部机器、工具和原料才有势力的人的专横也是必要的吗？没有制度，不要求大家都服从这种制度，就不能进行共同的工作；但是不要求工人服从厂主，也可以进行共同工作。共同的工作确实要求监督大家都遵守制度，但是它决不要求把监督别人的权力永远交给那些自己不工作而依靠别人的劳动过活的人来掌握。

列宁：《对工厂工人罚款法的解释》，
《列宁全集》第 2 卷第 26 页。

1886 年以前，根本没有罚款法，厂主想罚就罚，想罚多少就罚多少。那时厂主勒取的罚款高得惊人，靠罚款获得了大量收入。规定罚款有时全凭"厂主定夺"，无须说明罚款的原因。罚款有时高达工资的一半，工人要从挣得的每一卢布中交给厂主 50 戈比作为罚款。往往还有这样的情况：除了罚款还规定了违约罚金；例如，离开工厂要罚 10 卢布。

列宁：《对工厂工人罚款法的解释》，
《列宁全集》第 2 卷第 29 页。

　　从 1882 年起，莫罗佐夫开始降低工资，到 1884 年已经降低过 5 次。同时罚款也愈来愈厉害了：在全厂，罚款几乎占工资的四分之一（一卢布工资要罚掉 24 戈比），个别工人的罚款有时达到工资的一半。为了掩盖这种高得不象话的罚款，厂方在发生暴乱的前一年曾经这样做过：强行解雇那些罚款数达工资一半的工人，然后，甚至就在同一天又让这些工人来上工，并发给他们一个新的工资簿。厂方用这种方法来销毁那些记载着巨额罚款的工资簿。旷工 1 天要扣 3 天的工资，抽一次烟要罚 3 个、4 个和 5 个卢布。工人忍无可忍，就在 1885 年 1 月 7 日扔下工作，接连几天捣毁厂主开设的店铺、工头绍林的住宅和其他一些厂房。这次上万工人（人数达 11000）的可怕暴动使政府大为震惊：军队、省长、弗拉基米尔的检察长、莫斯科的检察长都立即赶到奥列霍沃－祖耶沃。在和罢工者谈判的时候，工人群众交给这些官员一些"工人自己拟定的条件"。工人在这些条件中，要求发还自 1884 年复活节起所扣的罚款，要求今后罚款不超过工资的 5%，即在每一卢布的工资中不超过 5 戈比，要求旷工 1 天所扣的罚款不超过 1 卢布。此外，工人还要求恢复 1881—1882 年度的工资标准，要求厂主付给工人因厂主的过失而未上班的工资，完全解雇工人要在 15 天以前通知，验收货物要有工人在场作证等等。

　　这一次大规模的罢工给予政府很深的印象，它看见当工人一致行动的时候，特别是当一致行动的工人群众直接提出自己要求的时候，他们就成为一支可怕的力量。厂主们也感觉到了工人的力量，因而比较谨慎些了。

列宁：《对工厂工人罚款法的解释》，
《列宁全集》第 2 卷第 30～31 页。

　　法律规定，课处罚款的理由，也就是使厂主有权课处工人罚款的过失有下列几种：（1）工作草率；（2）旷工；（3）违反制度。法律中说："不得借其他理由课处任何罚金。"现在我们把这三个理由仔细地逐个研究一下。

　　第一个理由是工作草率。法律中说："工人由于工作马虎而制成劣质产品，或在工作中损坏材料、机器及其他生产工具时，均得认为工作草率。"这里应该记住"由于工作马虎"这几个字。这几个字非常重要。就是说，只有因为工作马虎才能课处罚款。如果产品的质量低劣并不是因为工人工作马虎，而是，譬如说，因为老板给的原料不好，那么厂主就没有权利课处罚款。必须使工人们很好地懂得这一点；如果工人因工作草率而被课处罚款，但草率现象的产生不是由于工人的过失，不是由于工人工作马虎，那么工人就要提出抗议，因为这种情况下的罚款完全是违法的。我们再举一个例子。一个工人在电灯旁边的车床上工作，飞起了一块铁片，正好碰在灯泡上，把灯泡打破了。老板就记下一笔"损坏器材"的罚款。他有权利这样做吗？不，没有，因为这不是工人工作马虎才打破了灯泡：工人没有过错，厂方并没有用什么东西保护灯泡，以免被工作时经常会飞起的铁片打破。

现在试问，这一法律足以保护工人吗？它能保护工人不受老板的虐待和不公正的罚款吗？当然不能，因为老板可以随意确定产品质量的好坏；老板随时可以故意挑剔，随时可以加重对产品质量不好的罚款，并且通过罚款以同样的工资获得更多的劳动。这项法律使工人处于无保障的地位，使老板有迫害工人的可能。很清楚，这项法律是偏袒的，是为了厂主利益而制定的，是不公正的。

应该怎样保护工人呢？工人早就指出来了。莫罗佐夫的尼科利斯科耶工厂的织工在1885年罢工时就提出过这样的要求："交货时确定质量好坏，遇有争执，须有在近旁工作的工人作证，并把所有这些情形记在收货簿上。"（这一要求写在"经工人一致同意"而拟定的请求书里，请求书在罢工时由工人群众交给了检察长。这个请求书曾在法庭上宣读过。）这个要求是完全正当的，因为在发生货品质量好坏的争执时，除非找来证人作证，就不可能有别的方法来防止老板的专横，并且做证人的一定要工人，因为工头或职员从来也不敢反对老板。

课处罚款的第二个理由是旷工。在法律中把什么叫作旷工呢？法律中说："旷工不同于迟到或擅自离开工作，缺勤时间在半个工作日以上才算旷工。"下面我们马上就要看到，按法律规定，迟到或擅自离开工作是"违反制度"，而这种罚款是较轻的。如果一个工人上工迟到了几小时，但总还是在午前到的，那就不能算旷工，只能算违反制度；如果他正午才上工，那就算旷工。同样，如果一个工人在午后没有得到允许而擅自离开工作，即缺勤了几小时，这算违反制度；如果他离开了整整半天，那就算旷工。法律规定，如果一个工人接连旷工3天以上或一个月里总共旷工6天以上，厂主就有权解雇他。试问，是不是缺勤半天或一整天都算旷工呢？不是的，只有没有正当理由的缺勤才算旷工。在法律中列举的缺勤的正当理由如下：（1）"工人失去自由"，就是说，例如工人被逮捕了（根据警察局的命令或治安法官的判决），那在结算工资时厂主就无权扣旷工罚款；（2）"遭受不幸事件而突然破产"；（3）"火灾"；（4）"河水泛滥"，例如在春季发大水的时候，工人不能渡河，厂主就无权罚他的款；（5）"病得无法离家"；（6）"父母、丈夫、妻子、子女死亡或患重病"。在这六种情况下缺勤，可以算是有正当理由的。工人只有取得证明，才能不出旷工罚款，因为口头上说他不上工有正当理由厂方是不相信的。必须取得医生的（例如患病）或警察局的（例如遇到火灾）证明。如果不能立刻弄到证明，即使迟一点也必须缴上证明，然后根据法律要求不受罚款处分，如果已经处分了，可以要求取消。

谈到这些缺勤的正当理由的法律条例时必须指出，这些条例严酷得好象是对待军营中的士兵，而不是对待自由的人。这些条例是从关于不出庭的合法理由的条例上抄来的：如果一个人被控告犯了某种罪行，侦查人员就要传讯他，被告就必须出庭。准许他们不出庭的那些情况也正是准许工人缺勤的那些情况①。这就是说，法律对待工人象对待一切骗子、小偷等一样严厉。谁都懂得，为什么传讯条例要这样严厉，因为侦查犯罪行为关系到整个社会。但是工人上工完全与整个社会无关，只不过与一个厂主有关，而且，要使工作不致停顿，一个工人由另一个工人代替也是轻而易举的。这就是说，完全没有必要采用这种军规一样严厉的法律。然而资本家并不限于剥夺工人在厂里工作的全部时间，他们还想剥夺工人的任何意志，剥夺他们一切与工厂无关的兴趣和思想。他们对待工人象对待不自由的人一样，因此制定了这样军法式的、繁文缛节的苛刻条例。譬如我们刚才所看到的，法律承认"父母、丈夫、妻子、子女死亡或患重病"是缺勤的正当理由。在传讯条例中这样说，在工人上工规定中也这样说。这就是说，例如一个工人死掉了姊妹，而不是死掉了妻子，那他就不得缺勤，就不得花费时间去埋葬，因为时间不是属于他的，而是属于厂主的。埋葬的事警察局也可以做，还值得为这种事操心吗。按传讯条例，家庭的利益应服从社会的利益，对社会说来，侦查犯罪行为是必需的。按上工法，工人的家庭利益应服从厂主的利益，对厂主说来，获得利润是必需的。既然如此，那班制定、执行和保护这些法律的高贵的老爷们竟还敢责备工人不重视家庭生活！……

我们来看看，旷工罚款法是否公正呢？工人一两天不去做工就被认为是旷工，就要受到处罚，而一连旷工3天以上还要被开除。但是，厂主停工（例如因为没有订货），或每星期不按规定开工6天而只开工5天，那会怎样呢？如果工人和厂主真是平等的话，那么对待厂主的法律也应当象对待工人的法律一样。工人停止工作，他就得不到工资而且要付出罚款。那么，厂主任意停工，第一，他就应当付给工人在工厂停工期间的全部工资；第二，他也应当付出罚款。但是这两点在法律中都没有规定。这个例子清楚地证明了我们前面关于罚款所说的那些话：罚款意味着资本家对工人的奴役，意味着工人是一个下等的、不自由的阶级，注定终生替资本家工作，给他们创造财富，为此得到的几文钱，还不够维持最起码的生活。至于要厂主付出任意停工的罚款，那就更谈不上了。厂主甚至在不是由于工人的过失而停工时都不付给工人工资。这是极为令人愤慨的不公平现象。在法律中只有这样一条："工厂因火灾、水灾、锅炉爆炸以及其他类似事件而停工7天以上时"，厂主和工人间的合同即告失效。工人应当力争制定厂主在停工期间照付工人工资的条例。这一要求，在1885年1月11日季·萨·莫罗佐夫工厂发生著名的罢工时，俄国工人就公开提出来了。在工人的请求书中有这样的要求："旷工扣款不能超过1卢布，同时因厂方的原因（如机器停车或改装机器）而停工时，老板应照付停工期间的工资，为此，每一个停工日也要记入工资簿。"工人的前一要求（旷工罚款不超过1卢布）已被采纳并写进了1886年的罚款法。后一要求（因厂方的原因而停工时，老板应照付停工期间的工资）没有被采纳。……

课处罚款的第三个理由是"违反制度"。法律认为下列八种情况是违反制度：（1）"迟到或擅自离开工作"（刚才我们已经讲过这一条和旷工不同的地方）；（2）"不遵守厂内防火规则，但工厂经理认为无须废除（根据第105条附注1）与工人签订之雇佣合同者"，这就是说，在工人违反防火规则时，法律赋予厂主以选择自由，或是对工人罚款，或是开除（即法律所说的"废除雇佣合同"）；（3）"不注意厂内的整齐清洁"；（4）"工作时喧闹、叫喊、口角、争吵或殴打而妨碍安静"；（5）"不服从"。关于这一点应当指出，只有在工人不执行法定要求即合同规定的要求时，厂主才有权课处工人以"不服从"的罚款。如果任意提出一种不是工人和老板签订的合同规定的要求，那就不能课处"不服从"的罚款。例如，有一个工人正按照计件工作的条件在工作，工头却叫他丢下这件工作去做另一件工作，工人拒绝了。在这种情况下要课处不服从的罚款是不对的，因为这个工人按照合同只做一件工作，因为他的工作是计件的，去做别的工作就等于白做；（6）"喝醉酒上工"；（7）"违禁聚赌（打牌，掷钱等）"；（8）"违反厂规"。厂规是各工厂的老板制定并经工厂视察员批准的。工资簿上都印有厂规摘要。

必须把这些规则和法律区别开来。对所有的工厂法律只有一个；而厂规则每个工厂各不相同。法律由皇上批准或废除，厂规由工厂视察员批准或废除。所以，如果这些规则是压迫工人的，那就可以向视察员申诉，争取废除它们（如果遭到拒绝，可以到工厂事务会议去控告视察员）。为了说明区别法律和厂规的必要，现在我们举一个例子。假定说，一个工人被罚款是因为他没有依照工头的要求在假日或非规定时间来工作。这种罚款是否合理呢？要回答这点，就应当知道厂规。如果在厂规内一点也没有讲到工人有按照要求在非规定时间来工作的义务，那么罚款就是不合法的。但如果在厂规内讲到：工人必须按照上级要求在假日和非规定时间来工作，那么罚款是合法的。要达到废除这种义务的目的，工人应该做的不是抱怨罚款，而是要求修改厂规。

列宁：《对工厂工人罚款法的解释》，
《列宁全集》第 2 卷第 34～40 页。

法律没有为一切工厂规定出同样的罚款数目。它只规定了一个罚款不得超过的限额。这个限额对三种罚款（工作草率、旷工和违反制度）分别作了规定。旷工罚款的限额如下：如果是计日工资，全月的罚款不得超过 6 天的工资，也就是说，一个月的旷工罚款不得多于 6 天的工资。如果是计件工资，则 1 天的旷工罚款以 1 卢布为限，一个月的罚款总数以 3 卢布为限。

列宁：《对工厂工人罚款法的解释》，
《列宁全集》第 2 卷第 41 页。

根据法律，罚款是由工厂经理"以私人权力"课处的。关于对经理的处置提出申诉的问题，法律规定："对工厂经理课处工人罚款之处置，不得提出申诉。但在工厂视察机关官员巡视工厂时，若从工人申述中发现课处工人的罚款有不符合法律要求的情形，应追究经理的责任。"显然，这种规定是非常含糊和自相矛盾的：一方面跟工人说，不得对课处罚款提出申诉；另一方面又说，工人可以向视察员"申述"罚款是"不符合法律"的。一个没有机会熟悉俄国法律的人也许会问："对违法现象提出申述"和"对违法现象提出申诉"，这有什么区别呢？区别是没有的，不过法律咬文嚼字地规定这么一条，其目的倒也非常明显：是想限制工人对厂主无理的违法罚款提出申诉的权利。现在如果哪个工人向视察员申诉违法罚款的事件，视察员就可以对他说："法律不许对罚款提出申诉。"未必会有多少工人熟悉这种狡猾的法律，能够回答说："我不是申诉，我只是申述。"设置视察员，就是为了监督各工厂遵守种种有关工人和厂主之间关系的法律。视察员有责任接受一切对违法现象的申述。按照条例（见财政大臣批准的《致工厂视察机关官员之训令》），视察员每周至少要有一天接待需要面谈的人，而且每一工厂都应公布接待日期。所以，如果工人都懂得法律，而且坚决不容许任何违法现象发生，那么刚才谈到的这个法律所玩弄的诡计就会落空，工人也就能争取到使人遵守法律。

列宁：《对工厂工人罚款法的解释》，
《列宁全集》第 2 卷第 44 页。

资本家在给工人课以罚款时总是以审判官自居。因此，在罚款时，总是对工人任意胡来，有时甚至公然侮辱工人。自然，工人总是要求取消罚款，取消资本家在工人自己的事情上充当审判官的权利。

列宁：《数字的语言》，
《列宁全集》第 23 卷第 454 页。

列宁的《对工厂工人罚款法的解释》，写于 1895 年秋，分析和批判了沙皇政府 1886 年 6 月 3 日颁布的《工厂工人罚款法》。本书最初于 1895 年 12 月由民意社的彼得堡拉赫塔秘密印刷厂印了 3000 册。

6. 童工法之权利

童工法，是关于儿童或者少年工人参加劳动的法律。童工法规定童工的最低就业年龄、劳动条件、工作时间、夜班工作及享有最低限度教育等方面。

1802 年，英国议会通过《学徒健康与道德法》，这是最早的童工法。该法规定，纺织厂不得雇佣 9 岁以下的学徒；纺织厂童工的工作时间每天不得超过 12 小时；禁止夜间工作，工作时间限于早 6 点至晚 9 点之间；雇主提供教育，星期天每一个学徒工都必须受到 1 小时的指导和检查。1938 年美国颁布《公平劳动基准法》。该法是关于工资和工时的法律，其中对童工作了规定。禁止在州际贸易商品的生产中，雇佣 16 岁以下的童工。

资本主义国家的童工立法，由于是建立在不断贫富分化的基础上，雇主为了赚钱，童工为了活命，因而童工参加劳动是不可避免的。立法的规定，往往成为一纸空文，很难产生实际效力。

在国际上，1920 年，国际劳工组织大会通过《海上最低年龄公约（第 7 号公约）》。公约对准许儿童在海上工作的最低年龄作出了规定。1937 年，国际劳工组织大会通过《（工业）最低年龄公约（一九三七年修正）（第 59 号公约）》。1973 年，国际劳工组织大会通过《允许雇佣的最低年龄公约》（第 138 号公约）。规定，参加工业劳动的最低年龄标准为 15 周岁。在批准这项公约的国家，低于 15 周岁的未成年人如被雇佣，即为童工。除艺术、体育等特定行业外，其他雇佣童工的行为是非法行为。

我国劳动法规定，禁止录用未满 16 岁的少年，因特殊原因需录用的，必须报经县级以上人民政府劳动行政机关批准，并给予特殊保护。实际上，在私营企业，特别是"五小企业"，雇佣童工的现象是普遍的严重的。为了立法能够真正实施，有权机关必须忠于职守，确实加强检查和监督。对于怠于执法或渎职的，应当追究法律责任。

经典作家呼吁童工立法，对资本主义童工法的立法弊端进行了理由充分的分析，对企业违反童工法的违法行为进行了深刻揭露和批判。

政府通过了 1819 年、1825 年和 1831 年的工厂法，前两个法律根本没有人遵守 107，后一个也只是部分地被人遵守而已。根据约凯霍布豪斯爵士的提议而通过的 1831 年的法律，禁止棉纺织工厂使用二十一岁以下的工人在夜间（晚上七时半到早上五时半）做工；此外，这一法律还规定，在任何工厂里，十八岁以下的工人的工作时间每天不得超过十二小时，星期六不得超过九小时。但是，工人为了不致遭到解雇的危险，就不能出面作证反对自己的老板，所以这项法律并没有给工人带来多大好处。

恩格斯：《英国工人阶级状况》，
《马克思恩格斯全集》第 2 卷第 455～456 页。

视察员霍纳和桑德斯在他们的 1843 年 10 月和 12 月的报告里说，在那些可以不用童工或者可以用失业的成年工人来代替他们的部门里，许多厂主仍然要他们每天工作十四小时到十六小时，甚至还要多些。在这些地方，刚超过受法律保护的年龄的年轻人特别多。其他的厂主干脆就破坏这个法律，他们缩短休息时间，使孩子们工作的时间超过法律所许可的范围；受法庭追究的危险并不能制止他们，因为他们可能受到的处罚和他们因破坏法律而获得的利益比起来实在太微小了。

恩格斯：《英国工人阶级状况》，
《马克思恩格斯全集》第 2 卷第 459～460 页。

在 1838 年至 1850 年期间，童工数目有所增长，但是并不是与工人的总增长数按比例地增长。自 1850 年至 1856 年期间，英国工厂制度童工数目增长很大，共计有 10761 名，其中有 9655 名在棉纺织业部门。必须再提一下，1844 年的"人道的"法律允许工厂雇用 8 岁的儿童，而以前法律是禁止雇用 9 岁以下的儿童的。

马克思：《英国工厂制度》，
《马克思恩格斯全集》第 12 卷第 207～208 页。

英国工厂制度中的卑劣现象正随着这个制度的增长而增长；为了抑制工厂主的残酷贪欲而制定的法律不过是骗人的东西，因为这些法律的措辞就使它们本身的规定完全归于无效，并且使负责执行它们的人无能为力；工厂主与工人之间的对立在迅速接近那种爆发真正社会战争的限度；被这种制度吸收的 13 岁以下的童工数目在一些部门里正在增加，而女工数目则在一切部门里均有增长；虽然现在工人数目对马力数量的比例还和过去几个时期一样，但是工人数目对机器数量的比例却减少了；由于更经济地使用动力，一台蒸汽机能够比十年以前带动更多的机器；现在由于增快机器的转速以及采取其他的方法，可以完成更多的工作；工厂主在迅速地填满自己的腰包。

马克思：《工厂工人状况》，
《马克思恩格斯全集》第 12 卷第 199～200 页。

对劳动的唯一限制，包括在花布印染工厂条例（在维多利亚女王统治第八年和第九年时通过，第二十九章）第二十二款中，它规定不应当使用8岁至13岁的童工和妇女做夜工，并且夜工时间是指从晚上10时到翌晨6时。因此，8岁的儿童完全合法地可以而且实际上也常常被雇用来从事在许多方面都与纺织工厂的劳动类似的、主要是在高温室内进行的劳动，从上午6时一直到晚上10时，没有休息或吃饭的间歇时间；而年满13岁的孩子完全合法地可以而且常常被雇用来在白天黑夜进行任何时数的劳动，根本没有限制。

马克思：《几份重要的英国文件》，

《马克思恩格斯全集》第12卷第493页。

关于花布印染工厂的童工上学的问题，是这样规定的：每个儿童应该在进入花布印染工厂以前至少上学30天，或者在受雇以前的六个月中至少在学校学习了150小时；然后在受雇于花布印染工厂期间，他应该上学30天，或者每六个月上学150小时。上学时间应该在上午8时至下午6时之间。同一天内在校时间不足两个半小时或超过5小时，都不算入这150小时。

马克思：《几份重要的英国文件》，

《马克思恩格斯全集》第12卷第493～494页。

就在霍纳先生的视察区，自从工业状况在不久以前得到了改善以来，愈来愈经常地发生蓄意和自觉违反限制工作时间的各项规定的事件和违反关于工人年龄和从8—13岁的童工（法律规定，他们的工作时间应该减半）上学的各项规定的事件。报告说：

“一些工厂主迷恋于增加利润，在他们的道德规范中违反议会决议并不是犯罪，他们的盘算是，就算他们的行为被揭露而被课以任何数量的罚款，那在他们由于不遵守法律规定而赚得的利润中也只占很小一部分。”

要了解这个在历次报告中一再提出的平常的控诉，首先必须注意到，在大多数情况下法官都是工厂主或他们的亲属，其次，法律规定的罚款是很少的，最后，只是在“没有反证”的情况下，未成年工和女工才被认为是在工作。可是，霍纳先生说：

“对于不诚实的工厂主来说，再也没有比提出反证更容易的了。为此，他只要在视察员刚一出现的时候关上他的蒸汽机就行了，那时全部工作都会停止；在每一次报告中，视察员都要证明，控诉中所提到的人是真正在工作时被发现的。刚一开始非法的工作（这在一天的不同时间里要发生六次，因为一天的工时总数是由许多小部分组成的）就派人出去望哨，只要视察员一来，就马上发出信号，关上机器，叫工人离开工厂。”

马克思：《不列颠工厂工业的状况》，

《马克思恩格斯全集》第13卷第224页。

依据法律规定，雇主实际上不必要求某种有可靠根据的关于儿童年龄的证明书；对他来说只要按照儿童的外貌来判断他的年龄就够了。半日工作制所依据的原则是，如果儿童在工厂工作的同时没有每天上学，就不应允许童工劳动。这种制度由于两种原因遭到了工厂主们的反对。他们不愿意对半日工作者（13 岁以下的儿童）必须上学这点负责，并且认为使用一班童工代替两班轮流工作 6 小时的童工比较便宜和省事。

马克思：《不列颠工厂工业的状况》，

《马克思恩格斯全集》第 13 卷第 241 页。

现代工业（至少在那些现代工业早就发达的国家里）迫使童工寻找工钱的情况达到了什么程度，这在不久前普鲁士的例子中再次得到了明显的说明。1853 年普鲁士工厂法规定，从 1855 年 7 月 1 日起，任何一个未满 12 岁的儿童都不得进工厂工作，12—14 岁的童工每日工作时间不得超过 6 小时，每天至少要有 3 小时去上学。这项法律遭到了工厂主们的强烈反对。

马克思：《不列颠工厂工业的状况》，

《马克思恩格斯全集》第 13 卷第 242 页。

这些报告一致证明，近半年来工业活动异常活跃。对劳动力的需求很大，以致某些工业部门工人不足。在因机器的改进使工厂主可以不用手工劳动的毛织厂，这个困难小些，而在那些由于缺少工人，特别是缺少青年工人，大部分机器停工的纺纱厂和精梳毛纺织厂则大些。为了消除这种人手暂时不足的现象，过去往往采用一些不道德的办法。当工厂制度发展之初，工厂主在人手不足的情况下，便直接求助于某远方教区的管理人，这些人招来一定数量的学徒即幼年儿童，把他们固定给工厂主做工，并规定一定的年限。一当孩子们被送去学徒，主管济贫所的官员就祝贺教区摆脱了吃闲饭的人，而工厂主就马上从这笔交易中牟取最大的好处，他们尽可能少地开销学徒的生活费，尽可能多地从他们身上榨取劳动。因此，1802，即乔治三世在位的第四十二年通过的一系列工厂法令中的第一个法令（第七十三章），就得名为"棉纺棉织等工厂企业的学徒和其他雇工的健康和道德保护法令"；这个法律的目的只不过是减轻学徒制的罪恶。但是，随着机器的改进，就需要有另一种劳动力了，这时，生意兴隆，邻近地区的居民已不能充分给工厂提供所需数量的人手。

马克思：《不列颠工厂工业的状况》，

《马克思恩格斯全集》第 15 卷第 89～90 页。

一个 13 岁童工的通常工资是每周约 4 先令；再供给 50 或 100 个这样的童工住房、穿衣、吃饭、医疗和应有的监督，还要发给他们一些金钱奖励，平均每人每星期 4 先令都不够开销。

对比一下工厂工人 1839 年和 1859 年的工资水平，就可发现一个非常值得注意的事实，这就是：在一些工时限制在每周 60 小时的工厂中，工资（至少是名义工资）提高了；而在童工、未成年工和女工的工时未加限制，有时每天工作 14—15 小时的印花、漂白和染色的企业中，实际工资却降低了，只有少数例外。

马克思：《不列颠工厂工业的状况》，

《马克思恩格斯全集》第 15 卷第 90 页。

他们知道，首先应当使工作的儿童和少年不受现代制度破坏作用的危害。这只有通过变社会意识为社会力量的途径才能办到，而在目前条件下，只有通过国家政权施行的普遍法律才能办到。工人阶级要求施行这种法律，决不是巩固政府的权力。

马克思：《临时中央委员会就若干问题给代表的指示》，

《马克思恩格斯全集》第 16 卷第 217 页。

这项法律把妇女和少年的工作日规定为每周有 5 天各为 $10 1/2$ 小时，有一天为 $7 1/2$ 小时＝每周 60 小时，并且规定劳动时间在早上 6 点至晚上 6 点之间。此外，1847 年的法律对儿童劳动依然有效。丝业是个例外（第 270 页）。1853 年，儿童的劳动时间，也限制在早上 6 点到晚上 6 点之间。（第 272 页）

1845 年的 Printworks Act〔印花厂法〕，几乎什么都没有限制，妇女和儿童可以工作 16 小时！

漂白工厂和染色工厂在 1860 年施行了工厂法，花边工厂是在 1861 年，陶器业和许多其他部门是在 1863 年（同年，露天漂白业和面包业施行了特别法）。（第 274 页）……

法国只是在 1848 年，才在一切劳动部门施行了对一切年龄的工人通用的十二小时工作日法。（见第 253 页关于 1841 年法国童工法的脚注。这项法律直到 1853 年才实际施行，而且只是在诺尔省施行。）比利时完全的"劳动自由"。美国争取八小时工作制的运动。

恩格斯：《卡·马克思"资本论"第一卷提纲》，

《马克思恩格斯全集》第 16 卷第 302～303 页。

在大不列颠，不顾法律的规定，至少还有 2000 名儿童被自己的父母卖出去充当活的烟囱清扫机（虽然已经有机器可以代替他们）。机器引起的劳动力买者和卖者之间的法权关系的革命，使全部交易本身失去了自由人之间的契约的外表，这就为后来英国议会提供了国家干涉工厂事务的法律上的根据。

马克思：《资本论第一卷》，

《马克思恩格斯全集》第 23 卷第 436 页。

1840 年调查委员会揭露了骇人听闻、令人愤慨的事实，这在整个欧洲引起了极大的震动，以致议会为了拯救自己的良心，不得不通过了 1842 年的矿业法，这项法律仅限于禁止使用妇女和不满 10 岁的儿童从事井下劳动。

以后，1860 年，制订了矿山视察法，规定矿山要受专门任命的国家官员的检查，不许雇用 10 岁至 12 岁的儿童，除非他们持有学校的证明或者按一定的时数上学。由于任命的视察员少得可笑，职权又很小，加上其他一些下面将要详细叙述的原因，这项法令不过是一纸空文。

关于矿山的最近的蓝皮书5之一，是《矿山特别委员会的报告。附证词。1866年7月23日》。这是由下院议员组成的一个有全权传讯证人的委员会的作品，是厚厚的一册对开本，其中报告本身一共只有五行，内容是：委员会无话可说，还必须传讯更多的证人！

讯问证人的方法使人想起英国法庭的反问法，就是律师乱七八糟地提出各种无耻的模棱两可的问题，弄得证人胡里胡涂，然后对他的话加以歪曲。在这里，律师也就是议会调查委员会的委员，其中有矿主和矿山经营者；证人是矿工，大部分是煤矿工人。这套滑稽戏最能说明资本的精神了。

马克思：《资本论第一卷》，

《马克思恩格斯全集》第 23 卷第 542 ~ 543 页。

马克思在《英国工厂制度》里说的"以前法律是禁止雇用 9 岁以下的儿童的"，是指禁止在棉纺织厂、毛纺织厂、亚麻纺织厂和丝织厂雇用 9 岁以下童工的法律，由议会于1833 年通过。

三、社会权利

社会权利，是马克思提出和使用的术语。马克思在《关于土地所有制的发言记录》里指出，"社会权利和社会必然性决定着取得生活资料的方式。"

社会权利是社会组织和公民个人在社会生活领域的权利。如果把权利的范围分为国家的、社会的和个人的，那么社会权利就是"社会"的权利。社会权利的载体是社会。迈克尔·曼的《社会权利的来源》（上海人民出版社中译本），没有把权利同权力区分开，书名是"社会权利"，内容却是权力。韦伯在"三种权利理论"中，谈的传统权力、超凡权力和法定权力，内容是权力，可见权利是在权力的意义上使用的，这也是把权利同权力混淆了。

马克思指出过，资本主义社会存在两种不同的权力，一是资本权力（马克思有的场合称社会权力），二是国家权力。这里，社会权力的含义很清楚，就是财产（资本）权利异化为财产权力。这一点，本书第六部分将专门阐释。把社会权力等同于社会权利，实在是不得了的事情。

（一）社会组织权利

1. 作为社会组织的权利

社会组织是门类众多、特点有别的社会团体，其各自具体权利义务不尽相同。但涉及权利问题的基本方面，是相同的。主要有：①外部关系方面的权利关系；②内部各部门之间的权利关系；③组织体与组成人员之间的权利关系。其中，外部关系方面的权利，由法律规定；内部各部门之间和组织体与组成人员之间的权利，由组织章程或合同依据法律加以规定。

经典作家关于社会组织的论述，这里摘引的是关于革命社团组织的论述。

需要说明，社会经济组织由企业法、公司法等专门法律加以规定，故这里没有包括在内。

我们确切地知道如下一个经济上的真理，即由于资本主义经济的竞争和海外廉价的粮食生产，无论大农和中农都同样不可避免地要走向灭亡，这是日益增加的债务和他们的经济到处显著衰落所证明了的。对于这种衰落我们根本没有办法阻止，这里我们也只能建议把各个农户联合为合作社，以便在这种合作社内愈来愈多地消除对雇佣劳动的剥削，并把这些合作社逐渐变成全国大生产合作社的拥有同等权利和义务的组成部分。

恩格斯：《法德农民问题》，

《马克思恩格斯全集》第 22 卷第 585 页。

争取使工会（工联）享有充分的自由，并承认它们是法人，享有法人的一切权利。你们要求这一点，不过是要求工人的利益受到和资产者的利益同等程度的照顾罢了；如果给资本家的这些赠款似乎是用来振兴工业，那末，给工人的赠款在这方面将产生更大的效果。

恩格斯：《致奥古斯特·倍倍尔》，

《马克思恩格斯全集》第 36 卷第 261~262 页。

除了国际协会的地方组织之外，还将存在国际同盟的地方组织，后者"将通过"活动于国际协会的各个全国局之外的"它们自己的民族局向同盟中央局提出请求加入国际工人协会"；这样，同盟中央委员会就授予自己接纳加入国际协会的权利。

马克思：《国际工人协会和社会主义民主同盟》，

《马克思恩格斯全集》第 16 卷第 382 页。

日内瓦的罗曼语区联合会委员会对总委员会、对国际工人协会始终如一地履行了自己的职责，并一贯按照协会章程办事，因此，总委员会没有权利除掉这个委员会的名称。

马克思：《总委员会关于瑞士罗曼语区联合会委员会的决议》，

《马克思恩格斯全集》第 16 卷第 490 页。

每年召开一次的代表大会规定下次代表大会召开的时间和地点，确定总委员会驻在地，选举总委员会委员，并赋予总委员会以增加新委员的权利。

马克思：《国际工人协会章程和条例》，

《马克思恩格斯全集》第 16 卷第 600 页。

由 30 人以上组成的总委员会，当然不可能自己直接草拟它的文件。它不得不将这一工作委托给委员会的这个或那个委员，而自己保留有否决文件或修改文件的权利。

马克思：《致"每日新闻"编辑》，

《马克思恩格斯全集》第 17 卷第 401 页。

在属于一个全国性组织的团体或支部之间、或各全国性组织之间发生纠纷时，总委员会有权解决这些纠纷，但是，它们保留有向应届代表大会进行申诉的权利，由应届代表大会做出最后决定。

马克思：《关于瑞士罗曼语区的分裂的决议》，

《马克思恩格斯全集》第 17 卷第 462 页。

即使代表会议不享有全协会代表大会所具有的权利，但至少也具有比总委员会更大的权利。

马克思：《关于瑞士罗曼语区的分裂的决议》，

《马克思恩格斯全集》第 17 卷第 463 页。

因而，在总委员会看来，汝拉支部委员会从法律上说是不存在的，公民荣克也就没有权利承认它，直接邀请它派代表参加代表会议。

马克思：《关于瑞士罗曼语区的分裂的决议》，

《马克思恩格斯全集》第 17 卷第 464 页。

首先，它规定每一个支部派代表参加总委员会的名额，并保留有根据这些代表能否胜任他们所应负担的全面领导职务来决定接受或不接受这些代表的权利。这些代表之成为总委员会委员，不是由于他们是自己支部派出的代表，而是由于根据共同章程，总委员会有权加聘新的委员。

马克思：《关于 1871 年法国人支部章程的决议》，

《马克思恩格斯全集》第 17 卷第 472 ~ 473 页。

有鉴于此，总委员会不能批准上述条款，因为它与共同章程相抵触，它剥夺总委员会为国际工人协会的共同利益而自由补充自己成员的权利。

马克思：《关于 1871 年法国人支部章程的决议》，

《马克思恩格斯全集》第 17 卷第 474 页。

第五条　总委员会有权接受或不接受新的支部和小组，但它们保留有向应届代表大会提出申诉的权利。

但在设有联合会委员会的地方，总委员会在决定接受或不接受新的支部或团体之前，须听取属于联合会委员会权限范围以内的意见；但总委员会仍有临时决定问题的权利。

马克思：《国际工人协会的共同章程和组织条例》，

《马克思恩格斯全集》第 17 卷第 481 页。

第七条　总委员会有权解决属于一个全国性组织的团体或支部之间、或各全国性组织之间可能发生的纠纷，但是，它们保留有向应届代表大会进行申诉的权利，应届代表大会的决定才是最终决定。

马克思：《国际工人协会的共同章程和组织条例》，

《马克思恩格斯全集》第 17 卷第 481 页。

接纳由伦敦各支部直接提出的代表作委员，一向都是总委员会的行政措施。总委员会在这种情况下只是行使了它所享有的加聘成员的权利（见 10 月 17 日总委员会决议第二条

的第 2 点）

马克思：《关于 1871 年法国人支部的决议草案》，
《马克思恩格斯全集》第 17 卷第 502 页。

如果我们的协会走上了这条道路，它就会失掉被称作国际的权利。协会没有规定政治运动的固定形式；它只要求这些运动朝向一个目标。国际是联合起来的团体的网，它布满整个劳动世界。

《卡·马克思同"世界报"记者谈话的记录》，
《马克思恩格斯全集》第 17 卷第 683 页。

由于波拿巴政府对国际的残酷迫害，巴塞尔代表大会决议规定在巴黎召开代表大会一事已无法实现。总委员会就行使章程第四条赋予它的权利，于 1870 年 7 月 12 日发出通告，宣布在美因兹召开代表大会。

马克思恩格斯：《所谓国际内部的分裂》，
《马克思恩格斯全集》第 18 卷第 9 页。

除了国际的地方组织之外，还将存在同盟的地方组织，后者将通过活动于国际的各个全国局之外的它们自己的民族局"向同盟中央局提出请求加入国际"；这样，同盟中央委员会就攫取了接纳加入国际的权利。

马克思恩格斯：《所谓国际内部的分裂》，
《马克思恩格斯全集》第 18 卷第 12 页。

斗争是从关于同盟代表参加代表大会的权利问题开始的，日内瓦联合会和绍德封各支部的代表对这个权利持有异议。

马克思恩格斯：《所谓国际内部的分裂》，
《马克思恩格斯全集》第 18 卷第 18 页。

根据巴塞尔代表大会第五项关于组织问题的决议，总委员会如果不征求两年来一直肩负着同各宗派主义支部作斗争的重担的日内瓦联合会委员会的意见，就没有权利接受这一支部。

马克思恩格斯：《所谓国际内部的分裂》，
《马克思恩格斯全集》第 18 卷第 20 页。

总委员会为了不违反共同章程，一向采取如下做法：预先它规定每一个支部派代表参加总委员会的名额，并保留有根据这些代表能否胜任他们应担负的全面领导职务来决定接受或不接受这些代表的权利。

马克思恩格斯：《所谓国际内部的分裂》，

《马克思恩格斯全集》第 18 卷第 27 页。

由于工人受就业机会的束缚而使总委员会的人员经常变更，如果总委员会没有加聘权，它怎么能够把所有这些必要的条件结合起来呢？因此总委员会终究认为必须比较明确地规定这项权利；它在最近一次代表会议上表示了这种愿望。

马克思恩格斯：《所谓国际内部的分裂》，

《马克思恩格斯全集》第 18 卷第 38 页。

首先我们要指出，这里丝毫也没有提到可以有特殊的原则宣言，或是某个支部除国际的一切组织所追求的共同目标之外可以自己承担特殊的任务。这里所说的只是支部使共同章程和条例适合于"当地条件和本国法律"的权利。

马克思恩格斯：《所谓国际内部的分裂》，

《马克思恩格斯全集》第 18 卷第 40 页。

总委员会履行这类职能是由共同章程第六条加以规定的，这一条给地方性独立团体，即在该国联合会组织之外成立的团体，保留了同总委员会发生直接联系的权利。

马克思恩格斯：《所谓国际内部的分裂》，

《马克思恩格斯全集》第 18 卷第 40 页。

第三条——只有这个代表大会才具有制订合众国国际工人协会组织的地方章程和条例的权利，但是，此种地方章程和条例的内容，不得与协会的共同章程和条例有任何抵触（组织条例第五节第一条）。

马克思：《国际工人协会总委员会会议通过的关于合众国联合会的分裂的决议》，

《马克思恩格斯全集》第 18 卷第 57 页。

这个建议的真正目的在于使各爱尔兰支部受不列颠联合会委员会的管辖。这是各爱尔兰支部绝对不会同意的、而总委员会也既无权利又无权力强加于它们的事情。根据章程和条例，总委员会无权强迫任何一个支部或分部承认任何一个联合会委员会的管辖权。

恩格斯：《关于各爱尔兰支部和不列颠联合会委员会的相互关系》，

《马克思恩格斯全集》第 18 卷第 86 页。

爱尔兰人在各方面都组成了自己的独立的民族，他们讲英语这个事实并不能使他们丧失在国际内部具有独立的民族组织这一大家共同享有的权利。

恩格斯：《关于各爱尔兰支部和不列颠联合会委员会的相互关系》，

《马克思恩格斯全集》第 18 卷第 86 页。

对于加入了某一个联合会的支部，总委员会只有在事先听取了该联合会委员会的意见以后，才能使用这一权利。

恩格斯：《在海牙举行的全协会代表大会的决议》，
《马克思恩格斯全集》第 18 卷第 167 页。

它当然有权修改那些规章；但是，如果海牙代表大会修改了那些规章，它就会使自己失去存在的权利，这样一来它就绝对必须立即自行解散，宣布按新的组织规章重新选举代表，召开新的代表大会。

恩格斯：《海牙代表大会的限权代表委托书》，
《马克思恩格斯全集》第 18 卷第 192 页。

此后不久，萨加斯塔就开始迫害国际，宣布它为非法。而当时仍是马德里地方委员会委员的莫拉哥，再次离开了自己的岗位，并呈请辞职。但是，在政府的这些威胁之后没有采取什么严厉措施。诚然，国际会员举行公众集会的权利被取消了，可是，各个支部和委员会却继续无阻碍地举行自己的会议。

恩格斯：《关于协会在西班牙、葡萄牙和意大利的状况给总委员会的报告》，
《马克思恩格斯全集》第 18 卷第 204～205 页。

这里力求按照纽约总委员会的章程和条例行动，不过还保留了在将于 1873 年 9 月举行的协会代表大会上提出必要修改意见的权利，同时否认其他任何一个代表大会有通过涉及协会共同利益的这种或那种决议的权利。

恩格斯：《伦敦来信》，
《马克思恩格斯全集》第 18 卷第 214 页。

总委员会决定把修改共同章程和条例作为海牙代表大会应予讨论的最重要问题列入议事日程，同时保留以后根据各支部和联合会的建议，拟定代表大会的较详细议程的权利。

恩格斯：《总委员会关于在海牙召开代表大会和代表大会议事日程的决议》，
《马克思恩格斯全集》第 18 卷第 103 页。

它表示只有在这样一个不可缺少的条件下才同意接受社会主义民主同盟加入国际，即同盟不再作为一个国际联合组织而存在，它必须解散自己的组织，它的各个支部将根据普通地方支部的权利加入国际。同盟正式接受了这些条件。

恩格斯：《总委员会告国际工人协会全体会员书》，
《马克思恩格斯全集》第 18 卷第 129 页。

当总委员会驻在伦敦的时候，英国人的代表总是比其他任何国家的代表要多得多，而且往往占绝对多数；同时，法国人有一个时期在委员会里却根本没有代表。但是，英国人

不能把这种状态看作是他们的不可剥夺的权利。当海牙代表大会根据共同章程第三条赋予它的权利和义务选举新的总委员会的时候，它选择了在它看来是最好的驻在地，并且在这个地方选出了最好的人。在通告上署名的人可以持另一种见解，但是这并不能缩小代表大会的权利。

恩格斯：《曼彻斯特外国人支部致不列颠联合会所有支部和全体会员》，
《马克思恩格斯全集》第 18 卷第 223 页。

在总委员会要暂时开除整个联合会的时候，如果其余的联合会提出要求，总委员会就必须在一个月内向所有联合会都派有代表参加的代表会议提出自己的决定，以便做出最后裁决。这就是通告中所说的不说明理由地暂时开除的权利！

恩格斯：《曼彻斯特外国人支部致不列颠联合会所有支部和全体会员》，
《马克思恩格斯全集》第 18 卷第 224 页。

不管是哪一个支部，不管是不列颠联合会委员会，也不管是它们召开的任何全国性代表大会，都没有权利推翻通过合法手续召开的全协会代表大会的决议。

恩格斯：《曼彻斯特外国人支部致不列颠联合会所有支部和全体会员》，
《马克思恩格斯全集》第 18 卷第 224 页。

共同章程并没有授予任何一个地方性代表大会或联合会代表大会修改任何一次全协会代表大会的决议的权利。

马克思：《不列颠联合会委员会告国际不列颠联合会会员书》，
《马克思恩格斯全集》第 18 卷第 228 页。

国际手中握有自己的死敌——这个团体——的规章；在规章中它公开宣布自己是当代的耶稣会，并且声称在实践中使用耶稣会的一切办法是它的权利和义务；这些规章使这个团体对国际采取的一切敌对行动立即得到了说明；但是国际却不能够利用这些文件，因为这就意味着出卖秘密团体！

马克思恩格斯：《社会主义民主同盟和国际工人协会》，
《马克思恩格斯全集》第 18 卷第 371～372 页。

除了由历次代表大会选举产生的国际总委员会以外，还要有一个自己任命自己的、设在日内瓦的同盟中央委员会；除了国际的各地方组织以外，还要有同盟的地方组织，后者将通过活动于国际的各个全国局之外的它们自己的民族局，"向同盟中央局提出请求加入国际"。这样，同盟中央局就攫取了接纳加入国际的权利。

马克思恩格斯：《社会主义民主同盟和国际工人协会》，
《马克思恩格斯全集》第 18 卷第 387～388 页。

国际只承认有一种在权利和义务上都平等的会员；同盟却把他们分成两类，即亲信者和非亲信者，而且后者注定要由前者通过一个后者根本不知道的组织来领导。

马克思恩格斯：《社会主义民主同盟和国际工人协会》，
《马克思恩格斯全集》第 18 卷第 414 页。

6 月 1 日和 2 日在曼彻斯特举行了国际不列颠组织的代表大会，这次代表大会无疑将为英国工人运动开辟一个时代。出席会议的有 26 位代表，他们代表英国主要工业中心以及一些不大的城市。联合会委员会的报告和以前所有这种类文件的区别就在于，它——在这个有守法传统的国家内——承认工人阶级有用暴力捍卫自己要求的权利。

恩格斯：《在国际中》，
《马克思恩格斯全集》第 18 卷第 517 页。

可以相信，就是在这个问题上，意大利工人也一定会同欧洲其他各国和美利坚合众国的工人取得一致意见。国际在西班牙的情况还是那样。政府不给国际会员召集公开会议的权利，但在其他方面却没有干预他们的活动。

《弗·恩格斯关于国际在意大利和西班牙的情况的发言记录》，
《马克思恩格斯全集》第 18 卷第 714 页。

鉴于国际工人协会共同章程规定"没有无义务的权利，也没有无权利的义务"，每一个团体或个人有参与通过决议的权利，同时也有执行已被通过的决议的义务。

恩格斯：《告国际工人协会全体会员》，
《马克思恩格斯全集》第 18 卷第 736 页。

虽然代表大会后来可以接受或拒绝这个日程和这个审查代表资格证的方法，但是，接受或拒绝的权利在任何情况下都无疑应该给代表大会本身，何况，可能派规定的审查代表资格证的方法，实际上使他们有可能只许合乎他们愿望的法国代表参加代表大会。

恩格斯：《1889 年国际工人代表大会》，
《马克思恩格斯全集》第 21 卷第 580 页。

任何代表大会都不能提出下次代表大会无权废除的决议。因而，伦敦代表大会没有权利授权可能派制定巴黎代表大会必须遵循的规章和指令。而且它也根本没有这样做。

恩格斯：《1889 年国际工人代表大会》，
《马克思恩格斯全集》第 21 卷第 601 页。

在这两种情况下，他们的经济地位都会有所改善，并且这同时会保证总的社会领导机构有必要的威信逐渐把农民合作社转变为更高级的形式，使整个合作社及其各别社员的权利和义务跟整个社会其他部分的权利和义务处于平等的地位。

恩格斯:《法德农民问题》,

《马克思恩格斯全集》第 22 卷第 581 页。

联合会委员会绝对没有任何权利放弃自己的职责,而把它转让给《平等报》(这家报纸对我们来说是不存在的),也没有任何权利要求中央委员会同这样的代理人进行公开解释和辩论。

《马克思致恩格斯》,

《马克思恩格斯全集》第 32 卷第 405 页。

除了国际的地方组织之外,还将存在同盟的地方组织,后者将通过活动于国际协会的各个全国局之外的它们自己的民族局向同盟中央局提出请求加入国际。这样,同盟中央委员会就授予自己接纳加入国际的权利。

《马克思致路德维希·库格曼》,

《马克思恩格斯全集》第 33 卷第 264 页。

在设有联合会委员会的地方,总委员会在决定接受或不接受一个新的支部或团体之前,须听取联合会委员会的意见;但总委员会保留做出临时决定的权利。

马克思:《国际工人协会共同章程和组织条例草案》,

《马克思恩格斯全集》第 44 卷第 580 页。

但是怎么能够号召所有的人去为少数人的利益而联合起来呢?如果我们的协会走上了这条道路,它就会失掉被称作国际的权利。协会没有规定政治运动的固定形式;它只要求这些运动朝向一个目标。国际是联合起来的团体的网,它布满整个劳动世界。

《卡·马克思同〈世界报〉记者谈话的记录》,

《马克思恩格斯全集》第 44 卷第 690 页。

所要求的权力大概已经反映到章程里了。所提出的条款不是让总委员会拥有无限的权利,而是规定了监督权。

《卡·马克思和弗·恩格斯在 1872 年海牙代表大会上的发言记录》,

《马克思恩格斯全集》第 44 卷第 712 页。

我们称为真正的不列颠联合会委员会的权利可以由下述事实来确认:许多在组织上已成立、实际上已存在的英国支部参加到我们这边,它们根据章程有二十三名代表参加了我们的委员会;诺定昂集团的两个成员也参加到我们这边;大不列颠的唯一的国际协会刊物支持我们。

恩格斯:《不列颠联合会委员会致〈东邮报〉编辑的信》,

《马克思恩格斯全集》第 44 卷第 722 页。

社会民主党的任务，是提高群众的政治觉悟，而不是做没有政治权利的群众的尾巴。

　　　　　　　　　　　　　　　　　　　　列宁：《论〈宣言书〉》，

　　　　　　　　　　　　　　　　　　　　《列宁全集》第 4 卷第 277 页。

　　我们深信，没有一个社会民主党人不认为组织委员会这样扩大职权是迫切需要的，因为这只是扩大提供服务的范围而已，这种服务将满足已经成千上万次地提出过的要求，并不需要谁放弃任何的"权利"，而只想尽快地在实践上消除隔绝状态，来共同安排一系列联合措施。

　　　　　　　　　　　　　　　　　列宁：《〈关于"组织委员会"成立的通告〉后记》，

　　　　　　　　　　　　　　　　　《列宁全集》第 7 卷第 77 页。

　　问题是再清楚不过的：章程是组织的形式表现，而组织各委员会的权利按照我们党章第 6 条的规定应该无条件地属于中央委员会；党章规定了委员会自治的范围，而规定这些范围的决定权在党的中央机关，而不在党的地方机关。

　　　　　　　　　　　　　　　　　　　　列宁：《进一步，退两步》，

　　　　　　　　　　　　　　　　　　　　《列宁全集》第 8 卷第 364 页。

　　开除出党只能根据党的裁决来进行，任何一个组织，甚至连中央委员会也没有权利把某一个社会民主党组织开除出党。况且在第二次代表大会上通过的党章第 8 条已经规定，任何一个组织都在本地的事务方面享有自治权（自主权），因此沃罗涅日委员会有充分的权利把自己的组织观点贯彻到实际生活中去，贯彻到党内来。

　　　　　　　　　　　　　　　　　　　　列宁：《进一步，退两步》，

　　　　　　　　　　　　　　　　　　　　《列宁全集》第 8 卷第 409～410 页。

　　不能剥夺中央向各委员会委派候选人的权利。当然，任何一种权力都可能被滥用，但为了防止这种弊端，可以例如通过报刊或总委员会的活动等形式来实行监督。

　　　　　　　　　　　　　　　　　　　　列宁：《俄国社会民主工党总委员会文献》，

　　　　　　　　　　　　　　　　　　　　《列宁全集》第 8 卷第 448 页。

　　党总委员会现在是在公然伪造党内舆论和党的决议，委托分明敌视召开代表大会的思想的中央委员会去审查各委员会的决议，怀疑这些决议，迟迟不发表这些决议，错算票数，攫取代表大会宣布代表资格无效的权利，用促使"外层组织"反对地方委员会的办法破坏正常工作。

　　　　　　　　　　　　　　　　　　　　列宁：《关于成立多数派委员会常务局的通知》，

　　　　　　　　　　　　　　　　　　　　《列宁全集》第 9 卷第 53 页。

在1905年1月1日以前，波列斯克委员会、西北委员会、库班委员会和喀山委员会就被称作有权利能力的委员会了，然而后两个委员会根本没有得到中央委员会的批准，而前两个委员会则是从1905年4月1日起才成为享有全权的委员会的。

列宁：《寓言喂不了夜莺》，

《列宁全集》第9卷第346页。

在第四次代表大会召开以前，必须暂时停止中央委员会用劝告以外的方式来影响各委员会人选的权利。

列宁：《我们争取什么？》，

《列宁全集》第9卷第8页。

这个草案根本没有提到组织地方委员会的权利。是党代表大会选出的党章起草委员会把这个权利列入草案的，而党代表大会批准了委员会的草案。

列宁：《进一步，退两步》，

《列宁全集》第9卷第36页。

"对现在的地方自治机关，我们的任务归结为〈！！〉向它们提出革命无产阶级的某些政治要求。它们必须支持这些要求，才能有某种权利代表人民说话和指望得到工人群众的积极支持。"不用说，把工人政党的任务规定得太好了！

列宁：《地方自治运动和〈火星报〉的计划》，

《列宁全集》第9卷第67页。

总委员会在1905年4月7日的决定中公开承认自己是争论的一方，但同时它却毫不客气地享用全党机关的称号、权利和全权，拒绝向党交出党给它的委托书！这完全是一种令人发指的背信行为。

列宁：《被揭穿的总委员会》，

《列宁全集》第10卷第59页。

现在，召开代表大会无疑是责无旁贷的事，党的各中央机关没有任何正式权利拖延宣布代表大会的召开，它们在道义上有责任尽自己的一切努力使党在这方面所花费的力量不致白费。

列宁：《给俄国社会民主工党总委员会主席普列汉诺夫同志的公开信》，

《列宁全集》第10卷第75页。

中央委员会，作为党的唯一的从事实际工作的中央机关，认为，党的其他机关对这项工作的任何干涉企图都是违反党章的，并且把这种行为当作对自己权利的侵犯而加以拒绝。至于谈到章程第2条授予党总委员会召开党的代表大会的各项权利，中央委员会对这些权利的理解是：总委员会宣布召开代表大会，并对中央委员会所进行的实际工作加以监督。

> 列宁：《给俄国社会民主工党总委员会主席普列汉诺夫同志的公开信》，
> 《列宁全集》第 10 卷第 75~76 页。

关于喀山委员会和库班委员会是否有权利能力的问题，组委会没有作出任何决定，因为中央委员会和多数派委员会常务局有分歧。

> 列宁：《俄国社会民主工党第三次代表大会文献》，
> 《列宁全集》第 10 卷第 85 页。

中央委员会认为，既然这两个委员会已列入显然是以党总委员会的名义发表的《火星报》的名单里，那么我们就没有理由认为这两个委员会是没有权利能力的。

> 列宁：《俄国社会民主工党第三次代表大会文献》，
> 《列宁全集》第 10 卷第 86 页。

即使中央委员会的活动是不合法的，难道党总委员会因此也就有权进行不合法的活动吗？

> 列宁：《俄国社会民主工党第三次代表大会文献》，
> 《列宁全集》第 10 卷第 93 页。

从党章的精神来看，甚至从党章的字面来看，如果把党章当作一个整体，很明显，党总委员会是党的各委员会的受托者。各委员会的受托者拒绝执行自己的委托者的意志。如果受托者不执行党的意志，党就只好自己来实现这个意志。因此，我们党的各委员会不仅有权利，而且有义务自行召开代表大会。

> 列宁：《俄国社会民主工党第三次代表大会文献》，
> 《列宁全集》第 10 卷第 94 页。

代表资格审查委员会根据实际上已查明这些委员会工作了一年以上，决定承认它们是享有全权的。这个决定是不正确的，因此我建议把这些委员会算作没有权利能力的。

> 列宁：《俄国社会民主工党第三次代表大会文献》，
> 《列宁全集》第 10 卷第 104 页。

革命农民委员会的口号是唯一正确的口号。没有这些委员会所行使的革命权利，农民永远也不能保住他们现在所争得的东西。

> 列宁：《俄国社会民主工党第三次代表大会文献》，
> 《列宁全集》第 10 卷第 148 页。

我曾主张撤销地方委员会，但是在党总委员会，在我们的派别敌对情况加剧的时候，我反对这样做，因为这个权利运用得有点不得当。如果这一条对知识分子组成的地方委员会起到威胁作用，我举双手赞成这一条。知识分子一向必须严加管束。

列宁：《俄国社会民主工党第三次代表大会文献》，
《列宁全集》第 10 卷第 161～162 页。

社会民主党全俄代表会议曾授权中央委员会在各地把非社会民主党人从社会民主党候选人名单中排除出去，就是说，要求社会民主党绝对独立地进行活动。中央委员会还没有在任何地方使用过这种权利，实际上承认崩得和俄国社会民主工党所有其他组织的自治权。

列宁：《社会民主党和杜马选举》，
《列宁全集》第 14 卷第 312 页。

现在我们来回顾一下俄国社会民主工党军事和战斗组织代表会议召开的前后经过。去年秋季，在这个问题上彼得堡军事组织和中央委员会发生了冲突。前者根据"党章规定地方组织有召开代表会议的权利"，筹划召集军事和战斗组织的代表会议。中央委员会反对彼得堡军事组织的主动精神，并且不允许战斗组织参加。结果召开了两个代表会议。

列宁：《关于俄国社会民主工党十一月军事和战斗代表会议的记录》，
《列宁全集》第 15 卷第 298～299 页。

许多小组徒有虚名，现在已被人忘掉，但当时它们却想通过斗争来证明自己有存在的权利。其次，各小组之间的分歧，是在于如何进行在当时还是新的工作。

列宁：《〈十二年来〉文集序言》，
《列宁全集》第 16 卷第 98 页。

该党有不容争辩的权利参加国际代表大会。社会民主党自己甚至不要求在国际局作决定的时候有参加的权利；否则是可以给该党发言权的，对某些俄国政党就是这么处理的。

列宁：《在社会党国际局会议上关于荷兰社会民主工党分裂问题的发言》，
《列宁全集》第 19 卷第 125 页。

波兰王国和立陶宛社会民主党总执行委员会没有任何权利决定或宣布谁属于我所代表的俄国社会民主工党。波兰王国和立陶宛社会民主党总执行委员会本身现在就不属于我们党，因为它在组织上既同我所代表的 1912 年一月代表会议选出的中央委员会没有关系，也同与这一中央委员会对立的取消派中心（所谓"组织委员会"）没有关系。

列宁：《致社会党国际局书记处》，
《列宁全集》第 22 卷第 47 页。

我们随时都准备接纳左派社会革命党人参加政府，然而我们声明，我们作为全俄苏维埃第二次代表大会上的多数党，不仅有权利，而且对人民负有义务组织政府。

列宁：《俄国社会民主工党（布尔什维克）中央委员会宣言》，
《列宁全集》第 33 卷第 68 页。

马克思的《总委员会关于瑞士罗曼语区联合会委员会的决议》的背景是：在"平等报"编辑部改组后，巴枯宁分子力图夺回失去的阵地，他们在保证了自己有形式上的多数票之后，出席了 1870 年 4 月 4—6 日在拉绍德封举行的罗曼语区联合会代表大会。当时巴枯宁分子拥有 21 张代表资格证，代表那些不大的而且有些是虚构的支部，而由于这一原因或那一原因反对巴枯宁的日内瓦各支部和各地方支部却分别只有 12 张代表资格证和 6 张代表资格证。代表大会的议事日程列有关于工人阶级对政治斗争的态度的问题。由于巴枯宁的坚持，代表大会一开头就讨论接受新成立的各支部加入罗曼语区联合会的问题。在是否接受巴枯宁在日内瓦建立的名为"社会主义民主同盟。中央支部"的支部和拉绍德封的巴枯宁派支部的问题上展开了激烈的斗争。日内瓦俄国支部的领导人之一尼·吴亭曾发言揭露巴枯宁的分裂活动。发生了分裂：日内瓦的代表和其他拥护总委员会的人独立地继续开会。

同盟的支持者窃取了罗曼语区代表大会的名义，选出了新的联合会委员会，并把它改设在拉绍德封。这样一来，在瑞士罗曼语区就有了两个联合会委员会：一个在日内瓦，一个在拉绍德封。1870 年 4 月 12 日总委员会接到有关代表大会上的事件的消息后，委托海·荣克收集补充材料，总委员会于 4 月和 5 月间的一系列会议上听取了关于这些材料的报告。为了答复日内瓦委员会委员们的坚决请求，总委员会于 6 月 28 日通过了马克思提出的决议案。

2. 社会组织成员的权利

社会组织成员的权利，是社会组织每一个成员个人的权利。

一般地说，包括：①参加有关会议，阅读有关文件，接受教育和培训。②在会议上和内部刊物上，参加有关问题的讨论。③对工作提出建议和倡议。④在会议上有根据地批评任何组织和任何成员，揭发、检举任何组织和任何成员违法乱纪的事实，要求罢免或撤换不称职的负责人。⑤行使表决权、选举权，有被选举权。⑥本人对处分有权申辩。⑦对决议和政策如有不同意见，可以声明保留，并且可以把自己的意见向国家有关组织提出。

小作坊、手工业、制鞋业、缝纫业等等以及商业等等，没有联合会。在大工业中有联合会。所以，这里有工人协会。联合会的每一个成员，对于协会的财产享有共有的权利；他们有权连续担任协会内的任何职务。

马克思：《马克思致恩格斯》，
《马克思恩格斯全集》第 27 卷第 320 页。

协会的每个会员根据其贡献按比例分配协会的赢利并承担协会的义务；每个人如果愿意都有权退出联合会，进行结算和拒绝履行他的权利。

马克思：《马克思致恩格斯》，

《马克思恩格斯全集》第 27 卷第 321 页。

他虽然希望有"强大的工人协会"，但是又十分害怕这种产业"行会"，以致他尽管没有让国家但却让社会具有解散它们的权利。作为一个地道的法国人，他只是把联合会局限于工厂，因为他既不知道"莫泽斯父子公司"，也不知道中洛迪安的农场主。

马克思：《马克思致恩格斯》，

《马克思恩格斯全集》第 27 卷第 331 页。

在工人以全副精力维护自己的公民权利的时候，总委员会不可能把他们的注意力吸引到他们认为在遥远的将来才能解决的社会问题上去。

马克思：《国际工人协会总委员会向 1867 年洛桑代表大会的报告》，

《马克思恩格斯全集》第 16 卷第 618~619 页。

国际工人协会的每一个会员有参加选举全协会代表大会的代表和被选为代表的权利。

马克思：《国际工人协会的共同章程和组织条例》，

《马克思恩格斯全集》第 17 卷第 478 页。

很难理解，共同章程没有提到派代表参加总委员会的权利，怎么能够令人信服地用来论证在总委员会里当代表的条件。

马克思：《关于 1871 年法国人支部的决议草案》，

《马克思恩格斯全集》第 17 卷第 503 页。

总委员会回答说，该协会的特别章程中，在涉及资本的那一部分所阐述的实证主义原则明显地同共同章程的导言相抵触，因而，应当抛弃这些原则，并且以"无产者"的资格而不是以"实证主义者"的资格加入国际，但是可以保留自由地使自己的理论观点和协会的共同原则协调起来的权利。

马克思恩格斯：《所谓国际内部的分裂》，

《马克思恩格斯全集》第 18 卷第 23 页。

爱尔兰人也和其他被压迫民族一样，只有在和统治民族的代表享有平等权利并反对奴役的情况下才能加入协会。

恩格斯：《关于各爱尔兰支部和不列颠联合会委员会的相互关系》，

《马克思恩格斯全集》第 18 卷第 87 页。

但是"宣言"是一个历史文件,我们已没有权利来加以修改。

> 马克思:《"共产党宣言"一八七二年德文版序言》,
> 《马克思恩格斯全集》第 18 卷第 105 页。

我们的章程只承认有一种在权利和义务上都平等的国际会员;同盟却把他们分成两类,即亲信者和非亲信者,而且后者注定要由前者通过一个后者根本不知道的组织来领导。

> 马克思恩格斯:《总委员会告国际工人协会全体会员书》,
> 《马克思恩格斯全集》第 18 卷第 130 页。

如果说这些国际兄弟在他们同这个虚无缥缈的国家进行的激烈斗争中善于避开实实在在的国家用来对付普通革命者的警察皮鞭、监狱和子弹的话,那末另方面我们也看到,他们保留着只有经教皇的允许才能得到的,利用这些实实在在的资产阶级国家所提供的一切有利条件的权利。

> 马克思恩格斯:《社会主义民主同盟和国际工人协会》,
> 《马克思恩格斯全集》第 18 卷第 381 页。

如果这些先生组成社会民主小资产阶级党,那末他们是有充分的权利这样做的。那时我们可以同他们进行谈判,在一定的条件下结成联盟等等。但是在工人党中,他们是冒牌货。如果有理由暂时还容忍他们,那末我们就应当仅限于容忍他们,而不要让他们影响党的领导工作,并且要清楚地知道,和他们分裂只是一个时间问题。

> 马克思恩格斯:《给奥·倍倍尔、威·李卜克内西、威·白拉克等人的通告信》,
> 《马克思恩格斯全集》第 19 卷第 189 页。

他们的所作所为表明他们像支配未来代表大会的某种神秘的、实质上是无限的权力的体现者一样,如果他们愿意,他们可以把自己的这种权利让出一部分,以讨好外国组织,然而后者为此就应该承认他们窃取控制代表大会的权力的其余的野心。

> 恩格斯:《1889 年国际工人代表大会》,
> 《马克思恩格斯全集》第 21 卷第 608 页。

如果可能派在最初关于召开代表大会的通告里就不追求伦敦代表大会本身没有的、因此也就不可能授予他们的权力,即追求主持代表大会内部事务的权利,事先规定审查代表资格证的方式、议事日程和整个议事规程的权利,换句话说,就是追求议会委员会在伦敦代表大会上所追求和实施的那些权利,那末实现两个代表大会的合并几乎是没有阻碍的。

> 恩格斯:《1889 年国际工人代表大会》,
> 《马克思恩格斯全集》第 21 卷第 611 页。

应该让他们懂得：他们那种本来还需要加以深刻的批判性自我检查的"学院式教育"，并没有给予他们一种军官官衔和在党内取得相应职位的权利；在我们党内，每个人都应该从当兵做起；要在党内担任负责的职务，仅仅有写作才能或理论知识，甚至二者全都具备，都是不够的；要担任领导职务，还需要熟悉党的斗争条件、掌握这种斗争的方式，具备久经考验的耿耿忠心和坚强性格，最后还必须自愿地把自己列入战士的行列中——一句话，他们这些受过"学院式教育"的人，总的说来，应该向工人学习的地方，比工人应该向他们学习的地方要多得多。

> 恩格斯：《给"萨克森工人报"编辑部的答复》，
> 《马克思恩格斯全集》第22卷第82页。

在这篇文章中，我只是以我个人的名义，而决不是以德国党的名义说话。这样的权利只属于这个党的由选举产生的机构、它的代表和受托人。

> 恩格斯：《德国的社会主义》，
> 《马克思恩格斯全集》第22卷第287页。

您根据切身的体验，知道宗派运动和阶级运动是对立的。宗派认为，它存在的权利和它的名誉不在于它自己和阶级运动有共同之处，而在于把它和阶级运动区别开来的特殊的护符。

> 马克思：《马克思致约·巴·施韦泽》，
> 《马克思恩格斯全集》第32卷第558页。

在德国造成了这样一种局面，只要求享受国际会员的权利，但不肯履行义务，只是在伦敦代表会议之后，我们这里才坚持要他们也履行义务。

> 恩格斯：《恩格斯致泰·库诺》，
> 《马克思恩格斯全集》第33卷第463页。

我们要说，我们没有权利责成未来的代表大会做什么，代表大会一经召开就可以抛开预先加在它身上的一切限制，如此等等。归根到底，如果形势很顺利，可以在这个问题上对比利时人作某些让步。

> 恩格斯：《致保·拉法格》，
> 《马克思恩格斯全集》第37卷第454～455页。

国际工人协会的每一支部的每个成员均有参加选举代表大会代表的权利，每个协会会员均有被选为代表的资格。

> 马克思：《国际工人协会共同章程和组织条例草案》，
> 《马克思恩格斯全集》第44卷第578页。

恩格斯把手伸进衣袋拿出一封信并说道："这就是证据"。恩格斯接着指出，没有任命章程所要求的仲裁法庭而任意开除是非法的。新的联合会同联合会委员会决裂并直接向总委员会申诉，只是行使了自己的权利。

《卡·马克思和弗·恩格斯在1872年海牙代表大会上的发言记录》，

《马克思恩格斯全集》第44卷第709页。

他明白：我们要是知道他写好了什么东西，就一定会同他纠缠不休，直到他同意发表为止。这一切只是在我们之间说说，没有杜西同意，我没有权利刊印任何东西，因为她和我同是马克思遗著处理人。

恩格斯：《致彼得·拉甫罗维奇·拉甫罗夫》，

《马克思恩格斯全集》第36卷第3~4页。

如果让德尔女士把《宣言》译成法文，并把译文拿给我校订（你知道，这可不是容易的事），那末，我要给她写篇序言，把历史情况等等解释一下。但是由于我对这位女士不太了解，目前我只能说：不校订，也不写序言。我没有权利要她停止这方面的任何活动。

恩格斯：《致劳·拉法格》，

《马克思恩格斯全集》第36卷第5页。

如果我们找到您说的那篇手稿，我将乐于给您首先发表的权利，不过有两个不言而喻的条件，我还想在这里提一下：（1）您如放弃这项权利，那您一定不能转让他人；（2）您如刊印这篇手稿，那您必须把它作为与其他文章没有任何联系的独立的文章发表．

恩格斯：《致詹·托·诺尔兹》，

《马克思恩格斯全集》第36卷第13页。

你当然有充分的权利从马克思给你的书信中把评论亨·乔治的话摘出来发表。不过，等我替你辨认清楚了马克思在他的一本乔治的书上所做的页边批注，然后把所有这些合在一起，是否更好些？像马克思所作的那种理论上锋利但不用例子说明的简明提要，毕竟还不能为普通美国人所接受，而且也不必急于这样做。

恩格斯：《致弗·阿·左尔格》，

《马克思恩格斯全集》第36卷第15页。

我收到了您关于卡尔·马克思的文章。您可以随便对他的学说进行最苛刻的批评，甚至加以曲解；您可以全凭臆想写出马克思的传记。但是，诽谤我的亡友的品德，您是没有权利的，而且我也永远不允许任何人这样做。

恩格斯：《致阿基尔·洛里亚》，

《马克思恩格斯全集》第36卷第17页。

当时我只请你回答：我对维干德有什么样的权利？1845年的合同规定出第二版，并写明为此应付的稿酬。要回答的是：（1）这个合同现在对我是否还有约束力？（2）如果还有约束力，那末维干德要是拒绝按照合同规定的稿酬条件出第二版的话，我能否认为自己可以完全不受约束？

恩格斯：《致威·李卜克内西》，
《马克思恩格斯全集》第36卷第22页。

赛姆在这里时，我们从他那里知道一件很不愉快的事，就是摩尔过去没有未经作者同意就不准翻译《资本论》的权利，而我们现在也没有这种权利。在第一年里，没有发表一部译文的开头部分，这种权利就失去了。

恩格斯：《致劳·拉法格》，
《马克思恩格斯全集》第36卷第30～31页。

我们得出结论（根据赛·穆尔以及迈斯纳的解释），我们没有权利阻止任何人出版未经作者同意的译本。这种权利最多不过在第一次发表后三年之内有效，而在1870年它就完全无效了。

恩格斯：《致劳·拉法格》，
《马克思恩格斯全集》第36卷第43页。

现在无论马隆又对国际诽谤什么，同我毫不相干，我未必会去注意这个。他是无师自通的人，在我看来，这并没有给他伪造历史的权利。如果他是一个在法国人中间起领袖作用的合适的人，那么我只能替法国无产阶级惋惜。

恩格斯：《致亨利希·农涅》，
《马克思恩格斯全集》第36卷第118页。

卡贝。您没有权利把马克思实际上没有说过的话强加于他。

恩格斯：《致保尔·拉法格》，
《马克思恩格斯全集》第36卷第128页。

我将尽一切可能预先告诉其他人；伯恩施坦已经对倍倍尔进行了这项工作，伯恩施坦自己要在《社会民主党人报》上写关于可能派的文章。但是他没有权利用任何义务来束缚党。

恩格斯：《致保·拉法格》，
《马克思恩格斯全集》第37卷第116页。

因为我不习惯出版人这样对待我，所以我写这封信禁止您刊登文章的其余部分，除非它是一字不差地完全符合经我修改过的校样，并且我保留采取我认为必要的其他一切措施的权利。

恩格斯：《致约·亨·威·狄茨》，

《马克思恩格斯全集》第 37 卷第 370 页。

人们都把你们看成是德国运动的同盟者和特殊的朋友。但是其他社会主义派别也有权利得到一定的尊敬。他们为了能够和德国工人交谈，几乎不得不找《社会民主党人报》。是否应该完全拒绝接待他们？这样就会是干涉俄国人的内部事务，这正是无论如何应该避免的。

恩格斯：《致维·伊·查苏利奇》，

《马克思恩格斯全集》第 37 卷第 387 页。

要是您以后在公开用我的名字以前，先问我一下，那我会非常感激您。甚至这次我也保留发表（如果我认为必要的话）相应的公开声明的权利。

恩格斯：《致保·拉法格》，

《马克思恩格斯全集》第 37 卷第 458 页。

关于《资本论》的美国版，我无可奉告，因为我从未见过，也不知道是个什么样子。那里的人有权翻印我们的作品，这是众所周知的。他们运用这个权利，正说明此事他们有利可图；这是十分可喜的，尽管继承人要蒙受损失。

恩格斯：《致弗·阿·左尔格》，

《马克思恩格斯全集》第 38 卷第 28 页。

即使要出版，也得由我或我的遗嘱执行人负责。但我没有任何权利把未发表的、马克思参加写作的手稿交给第三者使用，即使有这样的权利，我也不会这样做。在这方面，我颇有特殊的经验。

恩格斯：《致安·拉布里奥拉》，

《马克思恩格斯全集》第 38 卷第 41 页。

正如他本人在私下交谈中所说的，整个问题就在于：在参加世界尽头大会的权利问题上发生的纠葛如能持续到议会解散，他在切尔西当选（他在那里提名自己为候选人）就有了保证。

恩格斯：《致卡·考茨基》，

《马克思恩格斯全集》第 38 卷第 255 页。

当自由派的庸人被弄得发狂（与他的意愿相反，看来他的确要被弄得狂怒起来）时，对我们也就不再放空枪了。更不用说这种柏林的思潮可能会使某些德国统治者高兴。他们同这种思潮相对立，就可能轻而易举地赢得声誉，并为分立主义和保留权利捞取资本。

> 恩格斯：《致弗·阿·左尔格》，
> 《马克思恩格斯全集》第38卷第289页。

如果联合党团里有人提出你们不能同意的提案而多数人又反对你们时，你们应首先为自己保留以下权利：不在议会中发言维护这种提案；即使为了团结你们不得不投票赞成这些提案时，也要在自己的报刊上论述自己的不同意见。

> 恩格斯：《致维·阿德勒》，
> 《马克思恩格斯全集》第39卷上册第262页。

他们为巴伐利亚宣布特殊的权利，而把他们在党内的反对者诬称为"普鲁士人"和"柏林人"。他们要求党批准他们投票赞同国家预算和同意那种甚至比小资产者的政策还右的农民政策。党代表大会不是像以前那样坚决地制止这种行为，而是不敢通过任何决议。

> 恩格斯：《致维·阿德勒》，
> 《马克思恩格斯全集》第39卷上册第314页。

这些天才不满足防止政变法草案，妄想借口帝国国会里那桩偶然事件再度对李卜克内西提出指控，这样便把我们变成了帝国国会的宪法权利的维护者！

> 恩格斯：《致路·肖莱马》，
> 《马克思恩格斯全集》第39卷上册第347页。

所有这些纷争只能使资产阶级更加失望，因为二十年来它一直指望分裂，但在这二十年中它又关切地保护我们避开发生分裂的危险。现在，防止政变法草案，李卜克内西被奉为帝国国会权利和帝国宪法的维护者，以及来自上层的政变和违法的威胁等等情况，也是这样。

> 恩格斯：《致保·施土姆普弗》，
> 《马克思恩格斯全集》第39卷上册第349页。

在这次大会上凯尔·哈第（读一读《工人领袖》上他的演说）含沙射影地攻击了社会民主联盟，后者在《正义报》上做了答复。社会民主联盟声称，独立工党没有权利存在，唯一真正的正统是社会民主联盟；而独立工党回答说，社会民主联盟应该自动并入独立工党。

> 恩格斯：《致劳·拉法格》，
> 《马克思恩格斯全集》第39卷上册第429页。

社会民主党人要求每个人都有充分的、完全自由地随便信仰哪种宗教的权利。

列宁：《告贫苦农民》，

《列宁全集》第 7 卷第 150 页。

这个统一的策略应该是大多数党员的策略：当多数已经完全形成的时候，少数在自己的政治行动上必须服从多数，同时可以保留在新的一届代表大会上进行批评和为解决问题而进行鼓动的权利。

列宁：《国家杜马和社会民主党的策略》，

《列宁全集》第 12 卷第 157 页。

虽然我们没有说明党员可以得到哪些特殊的权利，但是请注意，我们也没有作出关于限制党员的权利的任何指示，这是一。第二，这是主要的，即使撇开权利不谈，我们也不应当忘记：每个党员都要对党负责，党也要对它的每个成员负责。

列宁：《俄国社会民主工党第二次代表大会文献》，

《列宁全集》第 7 卷第 272 页。

即使解散联合会，也不会剥夺它的代表参加代表大会工作的权利。同样，代表大会也不会容许拒绝参加表决的行为。

列宁：《俄国社会民主工党第二次代表大会文献》，

《列宁全集》第 7 卷第 281 页。

不过，既然有一方讲了自己的"条件"，那么另一方也同样有权利提出自己的"条件"。我们并没有超出于"双方"之上，我们本身就是这"双方"。

列宁：《俄国社会民主工党总委员会文献》，

《列宁全集》第 8 卷第 125 页。

如果我们给每一个罢工者以"宣布自己是党员"的权利，那么我们就是以机会主义态度使一件分明不真实的事情合法化，因为这样的"宣布"在大多数场合都是不真实的。

列宁：《进一步，退两步》，

《列宁全集》第 8 卷第 256 页。

但是根据这一点就给工会全体会员以"宣布自己"为社会民主党党员的权利，那就是十分荒谬的了，而且势必有两个害处：一方面是缩小工会运动的规模并且削弱工人在工会运动基础上的团结，另一方面，这会把模糊不清和动摇不定的现象带进社会民主党内。

列宁：《进一步，退两步》，

《列宁全集》第 8 卷第 259 页。

同时最重要的是要注意到，当我们处于少数地位时，我们总是用任何一个欧洲社会民主党人都认为合情合理的方法来维护少数的权利，即请求代表大会对中央机关人选进行更严格的监督。

列宁：《进一步，退两步》，

《列宁全集》第8卷第295页。

我们深深地感到，这个经验教导我们必须在党章中保证一切少数派的权利，使那些经常发生的和无法消除的不满、愤怒和斗争，不再变成通常的庸俗的无理取闹和无谓争吵，而是形成一种目前还不习惯的捍卫自己信念的合法而正当的斗争。

列宁：《我们争取什么？》，

《列宁全集》第9卷第8页。

我举出了一些证据，说明我们党内有些学者表现了自己的不彻底性和不坚定性，他们没有任何权利把自己的无纪律行为加之于俄国的无产者。

列宁：《进一步，退两步》，

《列宁全集》第9卷第37页。

如果说中央委员会在它同多数派委员会常务局达成的协议的第1项中曾表示即使在总委员会拒绝的情况下也要召开代表大会的决心因而与党章相抵触，那么总委员会3个委员同样曾两次违反党章，因为它既剥夺了中央委员会参加总委员会的权利，又剥夺了中央委员会管理和监督它在国外的技术工作和财务工作的权利（即违反了党章的第2条和第6条）。

列宁：《给俄国社会民主工党总委员会主席普列汉诺夫同志的公开信》，

《列宁全集》第10卷第79—80页。

第三次代表大会认为，我们党内出现的转向陈腐过时的"经济主义"观点的倾向是不对的，但同时代表大会在全体党员必须遵守的党章中明文规定了对任何少数派的权利的明确保证。少数派现在有党章保障的绝对权利坚持自己的观点，进行思想斗争，只是争论和意见分歧不能导致破坏活动，不能妨碍正常工作，不能分散我们的力量，不能阻碍同心协力地向专制制度和资本家作斗争。

列宁：《关于俄国社会民主工党第三次代表大会的通知》，

《列宁全集》第10卷第201页。

更确切地规定了委员会的自治权，宣布委员会的成员不受侵犯，即取消中央委员会不经地方委员会同意任免地方委员会委员的权利。

列宁：《关于俄国社会民主工党第三次代表大会的通知》，

《列宁全集》第10卷第202页。

这些正式决议，即对党章的修改，内容究竟如何，我们在这里不再重述，因为这从党章和《通知》中可以看到。我们只指出两点。第一，可以相信，保证出版书刊的权利和保障地方委员会不被"撤销"，将有利于分裂出去的各民族的社会民主党组织回到党内来。第二，规定地方委员会成员不受侵犯，这就要求防止滥用这种不受侵犯的可能性，也就是说，要求防止绝对不称职的委员会"不能换班"的毛病。

列宁：《第三次代表大会》，
《列宁全集》第 10 卷第 211 页。

社会民主党曾必须同自己队伍中对民主主义任务的狭隘理解作斗争，因为所谓的"经济派"曾千方百计贬低这些任务，鼓吹"同厂主和政府进行经济斗争"，坚持必须从争取权利开始，继之以政治鼓动，最后才逐步（阶段论）转向政治斗争。

列宁：《革命无产阶级的民主主义任务》，
《列宁全集》第 10 卷第 259 页。

在这些团体尚未正式加入某个非社会民主主义政党时，我们不仅有权利而且有义务把它们看作靠近俄国社会民主工党的团体。例如，对俄国解放联盟工人联合会，我们就恰恰应该这样看待。我们应当尽一切努力向这个联合会的成员介绍社会主义书刊，在这个联合会的各分会的一切会议上口头宣传我们的观点。

列宁：《新的革命工人联合会》，
《列宁全集》第 10 卷第 276 页。

到现在为止，第一个任务，只有俄国社会民主工党第三次代表大会曾经试图加以解决，这次大会制定的党章从根本上保证了任何少数人的权利。第三次代表大会照顾到了承认纲领、策略和组织纪律的任何少数人在党内的地位（如果可以这样说的话）

列宁：《〈工人论党内分裂〉一书序言》，
《列宁全集》第 11 卷第 154 页。

按照《火星报》的意见，我们应该"通过建立工人鼓动委员会来夺取进行选举鼓动的权利"。这些委员会"所应抱的目的是：冲破将在内阁草案中规定的'法律'限制，组织人民选举自己的全权革命代表"，我们应该"使革命自治机关布满全国"，……

《火星报》重犯了"经济派"的错误，"经济派"曾想把"争取权利的斗争"看作同专制制度进行斗争的序幕。《火星报》重蹈了不幸的"地方自治运动计划"的复辙，这个计划曾以"高级形式的示威"的理论来排斥起义的口号。

列宁：《抵制布里根杜马和起义》，
《列宁全集》第 11 卷第 165 页。

不过需要提醒一点：统一必须有共同的组织基础。据我们所知，到目前为止只有党的

第三次代表大会通过的、完全保证少数派有合法权利的俄国社会民主工党的章程能作为这样的基础

> 列宁:《为俄国社会民主工党国外组织代表会议决议加的按语》,
> 《列宁全集》第 11 卷第 168 页。

中央委员会解决了这个任务,即委员会的委员——形式上他们是享有充分权利的组织的代表,实际上是党的继承性的代表——作为有表决权的当然代表出席代表大会。全体党员选出的、因而也是正在加入党的工人群众选出的代表,中央委员会根据自己的权利邀请他们作为有发言权的代表出席代表大会。

> 列宁:《论党的改组》,
> 《列宁全集》第 12 卷第 78 页。

执行委员会是这样表述它作出这个决定的理由的:"(1) 在全部国际的实践中,各次代表大会和社会党代表会议都没有无政府主义者的代表参加,因为无政府主义者不承认政治斗争是达到自己理想的手段;(2) 只有政党才有选派代表的权利,而无政府主义者不是政党。"

> 列宁:《社会主义和无政府主义》,
> 《列宁全集》第 12 卷第 119 页。

在民主集中制的原则方面,在保障任何少数和任何忠实的反对派的权利方面,在每个党组织的自治权方面,在承认党的一切负责人员必须由选举产生、必须报告工作并且可以撤换等方面,我们的意见都是一致的。

> 列宁:《前"布尔什维克"派出席统一代表大会的代表告全党书》,
> 《列宁全集》第 12 卷第 363 页。

我们可以而且应该根据代表大会的决议在一定的政治时期把这一直接任务放到首位。谁也没有权利阻止我们这样做,这样做完全符合代表大会的指示,因为我们已经删去了"争取权利"的字样,已经迫使代表大会承认"争取政权的直接任务"。

> 列宁:《关于俄国社会民主工党统一代表大会的报告》,
> 《列宁全集》第 13 卷第 51 页。

任何纪律也不能要求党员盲目地在中央委员会起草的一切决议草案上签字。世界上不论在什么地方,在什么时候,都不曾有过哪一种规定,要求党组织放弃自己发表意见的权利而变成中央委员会决议的单纯的签字人。

> 列宁:《让工人来决定》,
> 《列宁全集》第 13 卷第 192 页。

　　社会民主党大学生在任何条件下都没有权利拒绝这一工作，不管这一工作在目前是多么困难，不管某些鼓动员在某个大学里、在某个同乡会里、在某个集会上……遭到多么大的挫折，我们还是要说：你们叩门，门就会开！政治鼓动工作是决不会白做的。衡量政治鼓动工作的成功与否并不仅仅是我们能不能马上获得多数或者使人们同意进行配合性的政治发动。也许我们还不能一下子就做到这一点，然而我们是有组织的无产阶级政党，决不会对暂时的挫折惶惑不安，即使在最困难的条件下，也会顽强地、勇往直前地、坚忍不拔地进行自己的工作。

列宁：《学生运动和目前政治形势》，
《列宁全集》第 17 卷第 195 ~ 196 页。

　　别洛乌索夫同志在发言的最后谈道："力量创造权利，要获得权利，就应当聚集力量，组织力量。"第三届杜马的社会民主党发言人的两个发言，应当成为每个进行宣传鼓动工作的党员的必读材料。

列宁：《第三届杜马关于土地问题的讨论》，
《列宁全集》第 17 卷第 297 页。

　　我们认为，党的建设的形式同俄国政府的性质之间，是没有密切联系的，因此我们保留单独来谈这个问题的权利。

列宁：《关于政权的社会结构、关于前景和取消主义》，
《列宁全集》第 20 卷第 194 页。

　　由于取消派破坏了协定，由于保管人拒绝做仲裁人，所以，布尔什维克的代表有一切法定权利支配他们手里掌管的和前保管人蔡特金同志掌管的财产。

列宁：《俄国社会民主工党第六次（布拉格）全国代表会议文献》，
《列宁全集》第 21 卷第 161 ~ 162 页。

　　英国社会民主党人如果不起来坚决反对自己的机构的种种民族主义罪孽，他们就会丧失同所谓"独立〈即独立于社会主义，但依附于自由党人的〉工党"的机会主义者进行斗争的权利。

列宁：《"英国社会党"代表大会》，
《列宁全集》第 23 卷第 156 页。

　　党的一切组织、党的各种文字的一切出版物应该立即号召各派社会民主党工人迅速实现自下而上的统一，也就是在各地成立秘密的社会民主党支部、组织和小组，或者，在已经有这些组织的地方就加入这些组织。同时要无条件地反对一切"派别"实行联邦制或权利平等的原则，只承认少数忠诚地服从多数的原则。

列宁:《俄国社会民主工党中央委员会在布鲁塞尔会议上的报告》，
《列宁全集》第 25 卷第 399 页。

你们既在一些问题上表示支持伟大的世界领袖，也就是下了决心不再后退，你们就应该站稳自己的立场，因为目前你们不仅在捍卫自己，捍卫自己的权利，而且在捍卫李卜克内西和马克林的权利。

列宁:《在工人合作社第三次代表大会上的讲话》，
《列宁全集》第 35 卷第 347 页。

奥新斯基同志:您的信我看过了，并且十分认真地重看了一遍。我坚决不同意您的意见，也不能向政治局提出。当然，提交全体会议是您无可争辩的权利。

列宁:《致恩·奥新斯基》，
《列宁全集》第 52 卷第 128 页。

库尔斯基同志:尼·彼·哥尔布诺夫通知我说，您打电话来表示不愿意制定公民权利宣言（按照政治局 3 月 22 日的决定应叫作"基本财产权利宣言"），您提出的理由是"停止退却"。我不得不警告您，提出这种理由是开玩笑，您迄今表现出来的这种拖拉是不能容许的。

列宁:《致德·伊·库尔斯基》，
《列宁全集》第 52 卷第 373 页。

每一个人都有权利纠正党的路线。你们已经得到了这样做的一切机会。在党代表大会上提出了一个要求:不要有丝毫疑虑，不要以为我们要把什么人开除出去。在贯彻民主制方面给予的任何帮助我们都欢迎。

列宁:《俄共（布）第十次代表大会文献》，
《列宁全集》第 41 卷 37 页。

这一原理无疑决定着一致的政治活动，因而使一切接受这一原理的人都有权利和义务认为自己是并且自称是"社会民主党人"。

列宁:《什么是"人民之友"以及他们如何攻击社会民主党人》，
《列宁全集》第 1 卷第 233 页。

普列汉诺夫无疑是同社会主义者，同那些与俄国"严肃正派的"报刊毫不相干的人进行论战的。因此，克里文柯先生没有任何权利把属于民粹派的东西归到自己名下。

列宁:《什么是"人民之友"以及他们如何攻击社会民主党人》，
《列宁全集》第 1 卷第 238 页。

　　既然"俄国学生们"所驳斥的正是这些基本观点，而不只是离开这些基本观点走到更坏方面去的"可悲的偏向"，那么他们显然完全有权利在广义上使用"民粹主义"这个概念，他们不仅有权利这样做，而且也不能不这样做。

列宁：《我们拒绝什么遗产?》，

《列宁全集》第 2 卷第 405 页。

　　这种工作一方面使人们从不同的观点出发承认一个总的原理（这一原理无疑决定着一致的政治活动，因而使一切接受这一原理的人都有权利和义务认为自己是并且自称是"社会民主党人"），一方面又使大家在许多按不同观点解决的局部问题上有发生意见分歧的余地，这当然只是证明俄国社会民主党有力量有生气。

列宁：《什么是"人民之友"以及他们如何攻击社会民主党人?》，

《列宁全集》第 1 卷第 233 页。

　　普列汉诺夫无疑是同社会主义者，同那些与俄国"严肃正派的"报刊毫不相干的人进行论战的。因此，克里文柯先生没有任何权利把属于民粹派的东西归到自己名下。

列宁：《什么是"人民之友"以及他们如何攻击社会民主党人?》，

《列宁全集》第 1 卷第 238 页。

　　实现这项要求（同实现这部分的几乎所有的要求一样，要靠农民中革命分子的力量）需要各地选出的农民委员会（同那些在 60 年代进行了"合法"掠夺的贵族委员会相对抗）对各地情况作全面的考察；纲领中的民主要求足以确定实现这项要求所必需的民主权利。

列宁：《我们党的纲领草案》，

《列宁全集》第 4 卷第 204 页。

　　在活动初期，我们不得不经常同民意党人进行斗争，来保卫我们存在的权利。民意党人把"政治"理解为脱离工人运动的活动，把政治缩小到只进行密谋活动。而社会民主党人在反对这种政治的时候，走上了另一个极端，竟笼统地把政治推到了次要地位。

列宁：《我们运动的迫切任务》，

《列宁全集》第 4 卷第 334 页。

　　至于扩大集体的（而不是个人的）权利问题，只有在这种扩大符合技术进步和社会进步的利益的条件下，社会主义者才维护这种做法。

列宁：《俄国社会民主党的土地纲领》，

《列宁全集》第 6 卷第 317 页。

　　有人 3 月在宣言中说的是一套，到 7 月说的又是另一套，这样的人在道义上有没有权利得到我们的信任呢?

> 列宁:《给各中央代办员和各委员会委员的信》,
> 《列宁全集》第 9 卷第 21 页。

　　有人害怕代表大会会对他们的所作所为进行评价,因而竟用分裂来吓唬党,"禁止"党员享有为召开代表大会进行鼓动的起码权利。

> 列宁:《给各中央代办员和各委员会委员的信》,
> 《列宁全集》第 9 卷第 21 页。

　　任何一个民主派(也包括资产阶级民主派)都有权代表人民说话,但是,他只有一贯地、坚决地和彻底地坚持民主主义,才能享有这种权利。因而任何一个资产阶级民主派都"有某种权利代表人民说话"(因为任何一个资产阶级民主派,只要他是民主派,就都坚持某种民主要求),但同时,任何一个资产阶级民主派都没有权利全面代表人民说话(因为目前没有一个资产阶级民主派能把民主主义坚决贯彻到底)。

> 列宁:《地方自治运动和〈火星报〉的计划》,
> 《列宁全集》第 9 卷第 68 页。

　　我控告他们利用自己在党的第二次代表大会上取得的权力来压制党内为召开第三次代表大会而进行鼓动的舆论。他们没有任何权利压制这种鼓动,因为进行这种鼓动是每个党员不可剥夺的权利。特别是,他们没有任何权利因为南方局鼓动召开代表大会而把它解散。他们无论在形式上还是道义上,都没有权利因为我作为党总委员会的委员,在总委员会的会议上投票赞成召开代表大会而谴责我。

> 列宁:《关于中央机关与党决裂的声明和文件》,
> 《列宁全集》第 9 卷第 98~99 页。

　　他们没有权利不经过总委员会就增补三个新同志(调和派)为中央委员,这是与党章的要求相违背的。党章要求:增补在不是一致同意的情况下,要经过总委员会;这次增补不是一致同意的,因为我对这次增补提出了抗议。

> 列宁:《关于中央机关与党决裂的声明和文件》,
> 《列宁全集》第 9 卷第 102 页。

　　应当要求让工人参加一切重要的党的机关,应当取得与知识分子平等的权利。

> 列宁:《寓言喂不了夜莺》,
> 《列宁全集》第 9 卷第 144 页。

　　如果没有保证,没有平等权利,也就是说,没有选举原则,关于非官僚主义的集中制的漂亮话就都是空谈。

列宁：《寓言喂不了夜莺》，

《列宁全集》第 9 卷第 148 页。

他们的问题提得很好：或者是选举原则，或者只是关于吸收工人参加委员会的意见。如果是选举原则，那就拿出正式的保证、法定的保证、法定的平等权利来。

列宁：《寓言喂不了夜莺》，

《列宁全集》第 9 卷第 149 页。

我同意别利斯基同志的意见。如果我们认为革命一词是指仅仅夺取某些微不足道的权利而言，我们就贬低了革命这个概念。

列宁：《俄国社会民主工党第三次代表大会文献》，

《列宁全集》第 10 卷第 144 页。

少数派现在已经从党内分裂出去，这是个既成事实。他们中间的一部分人看到代表大会的决议，尤其是看到代表大会的记录之后，大概会认识到关于压服的种种胡说等等是幼稚可笑的，认识到整个少数派的权利在新党章中是有充分保障的，认识到分裂是有害的，因而会回到党内来。另一部分人也许会有一段时间拒不承认党的代表大会。对于这一部分人，我们只好希望他们内部尽快组织起来，成为具有自己的策略和自己的章程的完整组织。

列宁：《第三次代表大会》，

《列宁全集》第 10 卷第 208 页。

少数派或新火星派的代表会议的决议没有直接而明确地回答这样一个问题：究竟应当怎样达到统一和怎样才能达到统一？俄国社会民主工党第三次代表大会的决定作了答复，那就是在党章中规定充分保证少数派的权利。如果以为这一回答是毫无错误的、理想的，那是可笑的。

列宁：《〈工人论党内分裂〉一书序言初稿》，

《列宁全集》第 11 卷第 398 页。

说"列宁在收集反对代表大会各项决议的鼓动材料"。似乎这种收集材料的权利不是任何反对派的权利和义务！似乎我们的胜利者并没有因为他们的懊丧而突出地暴露了他们由于收回自己的决议而陷入十分难堪的处境！战败者坚决要求胜利者通过他们自己的胜利的决议。我们实在不能希望得到比这更明显的道义上的胜利了。

列宁：《关于俄国社会民主工党统一代表大会的报告》，

《列宁全集》第 13 卷第 35 页。

孟什维克同志们，问题取决于你们：如果你们愿意抱忠实的态度，尊重少数派的一切权利，尊重反对派的一切权利，那么我们服从，我们将选派自己的同志参加中央委员会，我们将谴责分裂。如果你们不愿意那样做，那么分裂是不可避免的。

列宁：《关于俄国社会民主工党统一代表大会的报告》，
《列宁全集》第 13 卷第 55 页。

布尔什维克曾在代表大会党章起草委员会上直率地声明，任何试图削减一派的第三次代表大会规定的地方组织自治权和反对派的权利的做法，都必不可免地会引起分裂。因此，布尔什维克坚持不得削减召集下一届代表大会的权利等等。

列宁：《谈谈组织问题》，
《列宁全集》第 13 卷第 95 页。

中央委员会根本没有权利要求各个党组织接受它关于支持组织立宪民主党内阁的要求的决议。全体党员必须完全独立地和批判地对待这个问题，并且公开表示赞成他们认为在统一代表大会的决定范围内更正确地解决任务的那个决议。

列宁：《让工人来决定》，
《列宁全集》第 13 卷第 191 页。

任何诡辩，即任何显然谬误的理由，都不可能使彼得堡工人放弃自己的这种权利，放弃自己这种社会民主主义的和党的义务。

列宁：《让工人来决定》，
《列宁全集》第 13 卷第 192 页。

他只字不提彼得堡委员会的决议是否同代表大会的决定抵触。他只字不提反对派的权利，即一切党组织可以在符合代表大会意志的范围内对中央委员会的策略提出异议和纠正中央委员会的偏向和错误的权利。因此，我们要心平气和地回答马尔托夫说：谁侵犯党组织的合法权利，谁才是进行破坏活动

列宁：《让工人来决定》，
《列宁全集》第 13 卷第 192 页。

由于孟什维克背弃了社会民主党而成了温和的社会主义政党（《言语报》的评语），加入了反对派联盟，工人就要丧失从工人选民团中选出自己的代表的权利。彼得堡的工人所以丧失立宪民主党给他们的支配自己席位的权利，是因为孟什维克不跟革命的社会民主党走，而跟立宪民主党走了。

列宁：《社会民主党和杜马选举》，
《列宁全集》第 14 卷第 270~271 页。

孟什维克的机会主义的动摇，他们为讨好立宪民主党而背离代表大会所确定的路线的

一切做法，过去都受到而且将来也要受到我们无情的批评和坚决的反击。这是我们的权利。这是我们的义务。我们永远不会放弃这个权利，也永远不会不履行这个义务。

> 列宁：《分裂制造者谈未来的分裂》，
> 《列宁全集》第 15 卷第 43 页。

他大声叫嚷说："如果要我背叛原则，那我就不一定服从了！"阁下，这是一句无政府主义的庸俗话，因为党的原则在两次代表大会之间是由中央委员会来维护和解释的。如果中央委员会违背了代表大会的意志，违背了党的章程等等，你有权利拒绝服从。但是在目前的情况下，没有一个人试图断言中央委员会关于选举的指示是违背了代表大会的意志的。可见，普列汉诺夫不过是用"背叛原则"这样的话来掩饰自己背叛党的行为。

> 列宁：《关于普列汉诺夫的一篇文章》，
> 《列宁全集》第 16 卷第 139～140 页。

这是你站在马赫主义立场上必然要说出的蠢话。虽然你有权利采取随便什么样的立场，包括马赫主义的立场在内，但是你在谈到恩格斯的时候却没有权利曲解他。从恩格斯的话中，最明显不过地可以看出：对于唯物主义者说来，实在的存在是在人的"感性知觉"、印象和表象的界限之外的；对于不可知论者说来，超出这些知觉的界限是不可能的。

> 列宁：《唯物主义和经验批判主义》，
> 《列宁全集》第 18 卷第 110～111 页。

派别就是党内志同道合的人的自由联盟，经过一年多的国内外的斗争，我们完全有权利而且也有义务作出明确的结论。而这样的结论我们已做出来了。

你们也完全有权利来反对这个结论，提出自己的纲领，为自己的纲领争取多数。

> 列宁：《论拥护召回主义和造神说的派别》，
> 《列宁全集》第 19 卷第 100 页。

那些爱谈"公开的工人政党"的人原来正好是爱搞非公开的把戏的人！例如，在第 8 号的社论里就可以读到："争取总目标，争取劳动条件和生活条件的一般改善和根本改变的斗争道路"，要通过"捍卫部分的〈黑体是原作者用的〉权利"才能达到。

> 列宁：《把牌摊到桌面上来》，
> 《列宁全集》第 21 卷第 192 页。

希望工人不要受诡辩的蒙蔽。《现代事业报》声称："我们认为，在捷·奥·别洛乌索夫退出的理由没有宣布以前，我们没有权利评论他的这种做法"；这种论调就是诡辩。

> 列宁：《关于捷·奥·别洛乌索夫代表退出社会民主党杜马党团的问题》，
> 《列宁全集》第 21 卷第 201 页。

这些政党在"立宪"问题上的争论，在很大程度上是字面上的争论："右派"并不反对杜马，只是特别强调它应当成为没有丝毫确定权利的"助手"；民族党人和十月党人则并不坚持任何严格确定的权利，更不想有实现权利的实际保障。所以十月党内的"立宪派"也就在六三宪制的基础上同"反立宪派"和睦相处。

列宁：《论俄国各政党》，

《列宁全集》第 21 卷第 284 页。

尽管他早已不属于任何集团，尽管他完全没有权利取得社会民主党人的称号，他却是一种政治路线的代表人物，这条路线根子很深，虽然它常常不露锋芒却还存在，当政治稍一活跃时这条路线就必定要表现出来。

列宁：《选举和反对派》，

《列宁全集》第 21 卷第 374 页。

我一向给予编辑部以同志式的态度进行修改的权利，但对这篇文章（在波格丹诺夫先生的信发表以后），我不给予修改等等的权利。如果你们不登这篇文章，那就请交给《启蒙》杂志，而我则保留同歪曲党史的行为作战的完全自由。

列宁：《关于波格丹诺夫先生和"前进"集团问题》，

《列宁全集》第 23 卷第 258 页。

但是会议认为，7 个代表的行为严重地威胁党团的统一。7 个代表利用一票之差的偶然多数，侵犯了代表大多数俄国工人的 6 个工人代表的基本权利。7 个代表从狭隘的派别利益出发，剥夺了 6 个代表在杜马讲坛上就工人生活最重要的问题发言的机会。

列宁：《有党的工作者参加的党中央委员会 1913 年夏季会议的决议》，

《列宁全集》第 24 卷第 58 页。

会议请觉悟工人就这个重要问题发表意见，并且全力促进党团在 6 个工人代表享有平等权利这个唯一可能的基础上保持统一。

列宁：《有党的工作者参加的党中央委员会 1913 年夏季会议的决议》，

《列宁全集》第 24 卷第 59 页。

格·戈洛索夫也和一切取消主义者一样，庇护齐赫泽（和七人团）破坏这些决议，即破坏工人阶级这种意志的"权利"，也就是支持无党性而破坏马克思主义的组织。

列宁：《有党的工作者参加的党中央委员会 1913 年夏季会议的决议》，

《列宁全集》第 24 卷第 84 页。

会议请觉悟工人就这个重要问题发表意见，并且全力促进党团在 6 个工人代表享有平等权利这个唯一可能的基础上保持统一。

列宁：《我们在党团中的工作》，

《列宁全集》第 24 卷第 113 页。

我们还是走自己的老路，这是全体马克思主义者早已公开宣布并且现在仍然坚持的道路。取消派有充分的权利去同民粹派结成联盟，但这种联盟是无原则的和软弱的。取消派—民粹派联盟向工会推荐的道路不是先进工人应走的道路。

列宁：《工会运动中的民粹派和取消派》，

《列宁全集》第 24 卷第 386～387 页。

1903 年，波兰马克思主义者的代表因为自决权问题而退出了第二次代表大会，当时托洛茨基还可以说，他们认为这种权利没有什么内容而应该从纲领中删去。可是，自此以后，波兰马克思主义者加入了拥有这一纲领的党，而且从来没有提出过修改纲领的建议。

列宁：《论民族自决权》，

《列宁全集》第 25 卷第 277～278 页。

考茨基在他的《论战争》一文中竟然认为人人都有理，说所有的人从自己的观点来看都是对的，因为他们主观上都认为自己处在危险中，主观上都认为自己的生存权利遭到了践踏。

列宁：《俄国社会民主工党中央委员会在布鲁塞尔会议上的报告》，

《列宁全集》第 26 卷第 21 页。

如果不对伟大的资产阶级革命家抱至深的敬意，就不能算是一个马克思主义者，因为这些革命家具有世界历史所赋予的权利，来代表曾经通过反对封建制度的斗争使新兴民族的千百万人民走向文明生活的资产阶级"祖国"讲话。

列宁：《第二国际的破产》，

《列宁全集》第 26 卷第 238 页。

很显然，要转向革命的行动，警察就会解散合法的组织，而旧的党，从列金起到考茨基都包括在内，为了保存现有的合法组织而牺牲了无产阶级的革命目标。不管怎样否认这一点，事实终究是事实。他们为了保存现行治安法所允许的组织，为了这碗红豆汤，而出卖了无产阶级进行革命的权利。

列宁：《第二国际的破产》，

《列宁全集》第 26 卷第 268 页。

我们俄国国际主义者丝毫也不想干涉我们的德国左派同志的内部事务。我们知道，只有他们自己才完全有权根据时间和地点的条件来确定自己反对机会主义者的斗争方法。我们认为，我们的权利和义务仅仅是开诚布公地说明我们对情况的看法。

列宁：《社会主义与战争》，
《列宁全集》第 26 卷第 351 页。

既然中央委员会"夸大了"分裂的必要性，那显然波兰社会民主党明天或后天就有权利再一次投票赞成新的布鲁塞尔－考茨基式的"统一"的决议。这还是旧梯什卡主义，还是在中央委员会和组织委员会之间耍的旧花招，还是折中式地（说得轻一点）采取摇摆者立场的旧玩意儿。

列宁：《国外组织委员会给俄国社会民主工党各支部的信》，
《列宁全集》第 27 卷第 293 页。

记得罗莎·卢森堡在 1908 年写的一篇文章里发表过这样的意见：用"反对民族压迫"这个提法就够了。但是，任何一个波兰民族主义者都会说，而且完全有权利说，兼并是民族压迫的形式之一，因而，如何如何。

列宁：《关于自决问题的争论总结》，
《列宁全集》第 28 卷第 46 页。

恩格斯在《致弗·阿·左尔格》里说，"把评论亨·乔治的话摘出来发表"，是说左尔格在 1883 年 3 月 19 日写信给恩格斯说，由于亨利·乔治在美国的宣传危害了工人运动，那就应当公布马克思 1881 年 6 月 20 日给左尔格的信。这封信，对 1880 年在纽约出版的亨利·乔治《进步和贫困》（《Progress and Poverty》）一书进行了评论。

恩格斯在《致弗·阿·左尔格》里指出"为分立主义和保留权利捞取资本"，指德国南部各邦、主要是巴伐利亚和维尔腾堡的特殊权利（独立管理邮电和铁路，军事方面的某些自治，等等），这些权利在关于它们加入北德意志联邦的条约（1870 年 11 月）中和在德意志帝国宪法（1871 年 4 月）中被确定了下来。巴伐利亚、维尔腾堡以及萨克森在联邦会议中的代表成立了一个拥有否决权的对外政策方面的特别的委员会。

恩格斯在《致保·施土姆普弗》里说，"李卜克内西被奉为帝国国会权利和帝国宪法的维护者"，当时的情况是：在德意志帝国国会 1894 年 12 月 6 日会议上，当议长冯·列维佐祝贺皇帝威廉二世身体健康和议员们站起来三呼"万岁"时，社会民主党党团的议员仍然坐着不动。这种行为被认为是侮辱陛下，柏林地方法院决定对李卜克内西进行刑事追究。12 月 11 日，帝国首相霍亨洛埃要求帝国国会赞同法院的这项决定。但是帝国国会在 12 月 15 日以 168 票对 58 票否决了这项提议。

列宁在《第二国际的破产》里引喻"为了这碗红豆汤"，出典于圣经《旧约全书·创世记》第 25 章。故事说，一天，雅各熬红豆汤，其兄以扫打猎回来，累得昏了，求雅各给他汤喝。雅各说，须把你的长子名分让给我。以扫就起了誓，出卖了自己的长子权。一般说成"为了一碗红豆汤而出卖自己的长子权"。这个典故常被用来比喻因小失大。

列宁《国外组织委员会给俄国社会民主工党各支部的信》里的"梯什卡主义"，由波兰社会民主党的领导人之一扬·梯什卡（莱·约吉希斯）的名字而来。列宁在《波兰社会民主党的分裂》《也是"统一分子"》和《国外团体和俄国取消派》等文章中，对梯什卡主义做过评述。

（二）文化教育权利

1. 教育和受教育权

教学自由权和受教育权，是资本主义教育立法上的两个基本权利。实际上，所谓"教学自由权"，就是输灌资产阶级思想的权利；所谓"受教育权"，就是富人所享有的受教育的权利。

马克思认为，为了建立正确的教育制度，需要改变社会条件；为了改变社会条件，又需要相应的教育制度。这明确地告诫我们，只有改变资本主义条件，才能实行正确的教育制度；而改变资本主义条件之后，如果不建立起与新的社会条件相适应的教育制度，也是不能保障新的社会条件的。

社会主义教育是完全新型的教育。马克思提出的"一切人都有平等的受教育的权利"，使劳动人民子弟特别是贫困的工农子弟得以获得受教育的权利。

列宁1919年在《在全俄国际主义者教师第二次代表大会上的讲话》和其他讲话，都批判了所谓"学校可以脱离政治"的错误观点，指出这是资产阶级虚伪立场的表现之一。列宁说：实际上资产阶级自己就把贯彻资产阶级政治作为办学的重点、竭力通过办学替资产阶级培养人才，而社会主义学校应该同一切被剥削的劳动者建立密切联系、拥护苏维埃政权。当然，改造学校是一件困难的事情，不能简单生硬地把政治灌输给尚未准备好接受政治的正在成长的年青一代。

在爱北斐特宣布的协会的基本原则是：一切人都有平等的受教育的权利，都应该分享科学的成果。

恩格斯：《共产主义在德国的迅速进展》，

《马克思恩格斯全集》第2卷第593页。

教育法，秩序党用以宣布说法国愚昧状态和强制愚化是它在普选制下生存的必要条件，——所有这一切法律和措施究竟是什么呢？就是拼命企图重新使各省和各省农民受制于秩序党。

马克思：《1848年至1850年的法兰西阶级斗争》，

《马克思恩格斯全集》第7卷第100页。

教育法给我们指明了年轻的天主教徒和年老的伏尔泰主义者间的同盟。联合的资产阶级的统治，不是亲耶稣会的复辟王朝与卖弄自由思想的七月王朝的联合专制统治，又是什么呢？

马克思：《1848 年至 1850 年的法兰西阶级斗争》，
《马克思恩格斯全集》第 7 卷第 100 页。

"第9条 教学自由权。教学自由须依照法律规定的条件和在政府的监督之下享受之。"这里是在重演老把戏。"教学自由"，但是"须依照法律规定的条件"，而这些条件恰恰是一些完全消灭这种自由的条件。

马克思：《1848 年 11 月 4 日通过的法兰西共和国宪法》，
《马克思恩格斯全集》第 7 卷第 581 页。

1850 年 3 月 15 日的法律将整个教学系统置于教会的控制之下。这个部门的主管机关是 4 名法国大主教所领导的最高人民教育委员会。这项法律规定，所有地方学校的教员，即使他们是市镇委员会或老教区委员会推荐的，都必须服从 recteurs，即督学的意志。教员必须接受与军队中的服从和纪律相类似的条件，服从督学、市长和牧师；可见，根据上述法律，教学自由归结起来，就是没有民政当局和教会当局的允许，谁也无权教学。

马克思：《1848 年 11 月 4 日通过的法兰西共和国宪法》，
《马克思恩格斯全集》第 7 卷第 582 页。

"教育是自由。教育的自由应在法律规定的范围内并在国家的最高监督下享用之。"

马克思：《路易·波拿巴的雾月十八日》，
《马克思恩格斯全集》第 8 卷第 135 页。

当约翰·罗素勋爵第一次宣读了联合内阁的纲领并且这个纲领引起了普遍慌乱的时候，罗素的拥护者曾大叫大喊道："我们应当有一种能够激发热情的东西。国民教育问题就应该是这样的东西。我们的罗素正在制定一个惊人的组织国民教育的计划。你们等着看吧。"

现在我们已经看到了这个计划。4 月 4 日罗素大体上说明了他所拟定的教育改革计划。这个改革的基本要点是：授权市议会征收地方税来维持现有的必须讲授英国国教教义的学校。

马克思：《内阁的成就》，
《马克思恩格斯全集》第 9 卷第 57 ~ 58 页。

谈到各大学——国家教会的宠儿，任何改革的主要反对者，约翰勋爵希望，"各大学自行改革"。把兴办学校的慈善基金用来营私舞弊，这是尽人皆知的。从以下材料可以了解到这些基金的数量：

"每年得到补充的慈善基金，从 2000 英镑到 3000 英镑的有 24 笔，从 3000 英镑到 4000 英镑的有 10 笔，从 4000 英镑到 5000 英镑的有 4 笔，从 5000 英镑到 6000 英镑的有 2 笔，从 8000 英镑到 9000 英镑的有 3 笔，10000 英镑、15000 英镑、20000 英镑、25000 英镑、30000 英镑和 35000 英镑的基金各 1 笔。”

不需要有特别敏锐的目光就可以猜想到，靠滥用这些基金为生的寡头们在处理这些基金时为什么极为小心谨慎了。罗素建议：

“关于每年进款不超过 30 英镑的慈善基金的案件由郡的法庭审理，如果超过了这个数目，则由大法官法庭的档案保管官审理。但是，如果没有为此目的而成立的枢密院委员会的许可，无论在哪一个法庭上，都不得提起诉讼。”

为了在皇家法庭上提出诉讼，要求赔偿被贪污的本来规定用于国民教育事业的慈善基金，就需要得到委员会的许可。许可！但是，罗素甚至在提出了这个附带条件之后，还没有完全放心。他补充说：

“如果发现某一学校的行政上有营私舞弊之罪，除了枢密院委员会而外任何人都不得干预。”

这是地道的英国老味道的改革，新事物一个不立，旧事物一个不破。这种改革的目的是要保存旧的制度，办法是使它具有新的、人们比较能够接受的形式，即所谓教它学会采取新的姿态。

马克思：《内阁的成就》，
《马克思恩格斯全集》第 9 卷第 58 页。

小学教育最好不到 9 岁就开始；不过我们这里所谈的只是一种最必要的抗毒素，它被用来抵制下述社会制度的各种趋势，这种制度把工人降低为积累资本的简单工具，把那些被贫困压得喘不过气来的父母变成出卖亲生儿女的奴隶主。儿童和少年的权利应当得到保护。他们自己没有能力保护自己。因此社会有责任保护他们。

马克思：《临时中央委员会就若干问题给代表的指示》，
《马克思恩格斯全集》第 16 卷第 217 页。

那些由于现代影响而改变了自己形式的宗法制度就表现在：业主好而工资却很糟，工人有中世纪附庸的情感，同时却作为现代雇佣奴隶遭受剥削。

这种宗法制度，也可以根据瑞士当局对工厂童工劳动和初等国民学校状况的调查材料来判断。材料上写道：

“巴塞尔的学校里的空气比任何地方都污浊，如果说在露天空气中只有万分之四的碳酸气，在室内碳酸气一般也不超过万分之十，那末在巴塞尔的普通学校里，碳酸气的数量在上午是万分之二十到八十一，在下午是万分之五十三到九十四。”

关于这一点，巴塞尔大会议的议员图尔奈森先生无动于衷地说：

“没有什么可怕的！长辈们也在像现在这样坏的校舍里读过书，可是他们也没有怎么样。”

马克思：《总委员会向国际工人协会第四次年度代表大会的报告》，
《马克思恩格斯全集》第 16 卷第 417～418 页。

公民马克思说，这个问题有一种特殊的困难之处。一方面，为了建立正确的教育制度，需要改变社会条件，另一方面，为了改变社会条件，又需要相应的教育制度，因此我们应该从现实情况出发。……

教育可以是国家的，而不是政府的。政府可以委派视察员，视察员对教学过程本身虽然无权干预，但应当监督法律的遵守，正如同工厂视察员应当监督工厂法的遵守一样。

《卡·马克思关于现代社会中的普及教育的发言记录》，
《马克思恩格斯全集》第 16 卷第 654～655 页。

平等的国民教育？他们怎样理解这句话呢？是不是以为在现代社会里（而所谈到的只能是现代社会）教育对一切阶级都可能是平等的呢？或者是要求上层阶级也被迫降到很低的教育水平——国民小学，即降到不仅唯一适合于雇佣工人的经济状况、而且唯一适合于农民的经济状况的教育水平呢？

"实施普遍的义务教育。实施免费教育"。前者甚至存在于德国，后者就国民小学来说存在于瑞士和美国。如果说，在美国的几个州里，高等学校也是"免费的"，那末，事实上这不过是从总税收中替上层阶级支付了教育费用而已。顺便指出，A 项第 5 条所要求的"免费诉讼"也是如此。刑事诉讼到处都是免费的；而民事诉讼几乎只涉及财产纠纷，因而几乎只和有产阶级有关。难道它们应当用人民的金钱来打官司吗？

马克思：《哥达纲领批判》，
《马克思恩格斯全集》第 19 卷第 33 页。

这种智力的荒废甚至英国议会最后不得不宣布，在一切受工厂法约束的工业中，受初等教育是"在生产上"使用 14 岁以下儿童的法定条件。工厂法关于所谓教育的条款措辞草率；由于缺少行政机构，这种义务教育大部分仍然徒有其名；工厂主反对这个教育法令，使用种种阴谋诡计回避这个法令；——这一切明显地暴露出资本主义生产的本性。

"只有立法机关应受谴责，因为它颁布了一个骗人的法令，这个法令表面上关心儿童的教育，但没有一条规定能够保证达到这个口头上的目的。它只是规定儿童每天必须有若干小时〈3 小时〉被关在叫做学校的地方的四壁之内，规定儿童的雇主每周必须从一个以男教师或女教师身分签字的人那里得到证明书。"

在 1844 年的修正工厂法颁布以前，上学证明书由男教师或女教师在上面划一个十字来代替签字，并不是少见的现象，因为他们自己也不会写字。

马克思：《资本论第一卷》，
《马克思恩格斯全集》第 23 卷第 439 页。

"工厂主对工厂法中的教育条款是十分憎恶的。"（《工厂视察员报告。截至 1856 年 10 月 31 日为止的半年》第 66 页，约翰·金凯德爵士的报告）

（应该读一读这些报告，看是怎样"荒诞"地执行工厂法教育条款关于每天在学校中学习几小时的规定的。）

"在棉纺织厂、毛纺织厂、精梳毛纺织厂和亚麻厂劳动的儿童，从8岁到13岁必须上学。在丝纺织厂劳动的和从事捻丝的儿童，从11岁起就不上学了，并且从这个年龄开始做全日工。即使这种极不彻底的半日工作制度，也只是在1844年的工厂法中规定的，在此之前，工厂主在使用童工方面实际上完全不受任何限制。"（同上，第77页，亚历山大·雷德格雷夫先生的报告）

马克思：《经济学手稿》，
《马克思恩格斯全集》第47卷第505页。

"工厂法里的所谓教育条款，仅仅要求儿童上学……在1844年的法令颁布以前，上学证明书往往由男教师或女教师在上面划一个十字来代替签字，因为他们自己也不会写字。我访问一所颁发这种证明书的所谓学校，教师的无知使我非常惊奇，所以我问他：'先生，请问您识字吗？'他的回答是：'唉，认识一点点。'为了申辩颁发证明书的权利，他又补充一句：'不管怎样，我总比我的学生高明。'在拟定1844年的法令的时候，工厂视察员并没有忘记描绘这种叫作学校的地方的丑事，但他们不得不承认这种学校颁发的证明书是执行工厂法的证明。他们努力的全部成果就是，从1844年的法令生效后，教师必须在上学证明书上亲笔填写数字，并且必须签上自己的全名和姓。"（《工厂视察员报告。截至1855年10月31日为止的半年》第18—19页，莱昂纳德·霍纳的报告）

马克思：《经济学手稿》，
《马克思恩格斯全选》第47卷第505~506页。

说什么阶级的学校大纲势必分成富人的大纲和穷人的大纲，阶级大纲在西欧没有取得成就，阶级学校以阶级限制为前提，等等。所有这些都极其清楚地说明，尽管题目很大，尽管词句漂亮，尤沙柯夫先生却根本不了解阶级学校的实质是什么。最可敬的民粹主义者先生，这个实质就是：教育的组织和受教育的机会，对一切有产者来说，都是相同的。阶级学校不同于等级学校的实质就在于有产者这三个字上面。因此上面引证的尤沙柯夫先生的一段话，说在考虑到学校的阶级利益的情况下，似乎"根本谈不上统一类型的国立中学"，就完全是胡说。恰恰相反，阶级学校如果办得彻底，就是说，如果它没有任何等级制度的残余，那它必然以统一类型的学校为前提。

阶级社会的实质（因而也是阶级教育的实质），就是法律上完全平等，所有的公民享有完全平等的权利，有产者享有完全平等的受教育的权利和机会。等级学校要求学生必须属于一定的等级。阶级学校没有等级，只有公民。它对所有的学生只有一个要求：缴纳学费。阶级学校根本用不着把大纲分成富人的大纲和穷人的大纲，因为缴不起学费、教材费和整个学习时期膳宿费的人，阶级学校根本不让他们受中等教育。阶级学校决不以阶级限制为前提，因为阶级和等级相反，阶级总是使个人保持从一个阶级转入另一个阶级的完全自由。阶级学校不排斥任何有钱读书的人。说"这些对各居民阶层进行半教育并从德育和智育上造成阶级隔阂的危险大纲"，在西欧"没有取得成就"（第9页），这完全是歪曲事实，因为谁都知道，不论在西欧或在俄国，中等学校实质上都是阶级学校，它只为很少一部分人的利益服务。由于尤沙柯夫先生暴露了他的概念异常混乱，我们认为对他作下面的补充说明并不是多余的：在现代社会中，即使不收任何学费的中等学校，也仍然是阶级学校，因为学生在 7—8 年内的膳宿费要比学费多得多，而能够缴得起这笔费用的只有极少数人。

列宁：《民粹主义空想计划的典型》，

《列宁全集》第 2 卷第 453～454 页。

这样，学龄儿童有 22%，而学生只有 4.7%，也就是说差不多只有 1/5！！ 这就是说在俄国有将近 4/5 的儿童和少年被剥夺了受国民教育的权利！！ 人民群众这样被剥夺了接受教育、获得光明、求取知识的权利的野蛮的国家，在欧洲除了俄国以外，再没有第二个。

列宁：《论国民教育部的政策问题》，

《列宁全集》第 23 卷第 92 页。

直到现在我所谈的几乎只是问题的物质方面甚至只是财政方面的情况。至于俄国的学生和教师精神上受到的压抑、蔑视和压制以及他们毫无权利的现状，那更是一种极其悲惨或者确切些说是一种极其令人厌恶的景象。国民教育部在这方面的整个活动完全是对公民权利的嘲弄，对人民的嘲弄。

列宁：《论国民教育部的政策问题》，

《列宁全集》第 23 卷第 113 页。

自由派和反动派不同的地方，在于自由派至少还承认初等学校享有使用母语授课的权利。但是他们在必须有强制性国语这一点上，和反动派是完全一致的。

列宁：《需要强制性国语吗?》，

《列宁全集》第 24 卷第 309 页。

俄国的马克思主义者说：必须取消强制性国语，保证为居民设立用本地语言授课的学校，宪法中还要加一条基本法律条款，宣布任何一个民族不得享有特权，不得侵犯少数民族的权利。

列宁：《需要强制性国语吗?》，

《列宁全集》第 24 卷第 311 页。

居民有权受到用本民族语言进行的教育，国家和各级自治机关应拨款开办这类学校，以保证这种权利的实现；每个公民都有在各种会议上讲本民族语言的权利；在一切地方的社会团体和国家机关中，本民族语言和国语地位平等；取消强制性国语。

列宁：《修改党纲的材料》，

《列宁全集》第 29 卷第 487 页。

人民委员会委托国民教育人民委员部立即拟订若干决定和步骤，以便在志愿上高等学校的人数超过往常的招生名额时，采取紧急措施，保证每个人都有升学的机会，决不容许有产阶级享受任何法律上和事实上的特权。当然，首先必须招收无产阶级和贫苦农民出身的人，并普遍发给他们助学金。

> 列宁：《人民委员会关于俄罗斯联邦高等学校招生问题的决定草案》，
> 《列宁全集》第 35 卷第 30 页。

现在必须向人民提出一些迫切的办法，使每一个识字的人都觉得自己有义务教会几个不识字的人。我们的法令已对这点作了明文规定。

> 列宁：《在全俄社会教育第一次代表大会上的讲话》，
> 《列宁全集》第 36 卷第 320 页。

马克思在《资本论》第 1 卷里说的关于上学"证明书"的引文，马克思注解为出自"莱昂纳德·霍纳《工厂视察员报告。1857 年 4 月 30 日》第 17 页。"

马克思在《路易·波拿巴的雾月十八日》里的"同上，第 9 条"，指法国宪法第 Ⅱ 章第 9 条。

列宁在《人民委员会关于俄罗斯联邦高等学校招生问题的决定草案》里，建议"采取紧急措施保证志愿上高等学校的人都有升学的机会""首先必须招收无产阶级和贫苦农民出身的人，并普遍发给他们助学金"，反映了列宁关于社会主义教育的思想，是人类教育史上的卓越贡献。苏维埃大力发展国民教育事业、提高人民受教育程度以改变俄国文化落后、文盲众多的状况。

列宁在《在全俄社会教育第一次代表大会上的讲话》里说，"我们的法令已对这点作了明文规定"，指 1918 年 12 月 10 日人民委员会通过的《关于动员识字者和组织宣传苏维埃制度的法令》。法令规定对所有识字的人进行一次登记，从中选拔优秀的宣讲员，编成小组。这些小组第一要把政府所采取的一切措施向不识字的居民传达，第二要通过宣读法令、文章和共产党的报纸来帮助全体居民提高政治觉悟。

2. 学术研究权

学术研究权，是自由研究学术的权利。资本主义立法规定了"学术自由"权利。

经典作家论述中谈到"学术自由"的有两处。一处是《马克思恩格斯全集》第 37 卷恩格斯《致康·施米特》里，说施米特谋求大学教职的不幸遭遇，使我清楚地看到德国大学是多么糟糕时，指出"这就是所谓的学术自由！"另一处是《列宁全集》第 12 卷《总解决的时刻临近了》里指出，"已经允许有学术自由，但是大学被军队占据着。"很显然，资产阶级鼓吹的"学术自由"，完全是虚假的东西。

在社会主义条件下，学术研究获得了真正的自主和自由。我国宪法规定了学术研究的权利。我国把学术自由作为繁荣学术理论的国家的基本国策。当然，"百花齐放"不是"毒草齐放"，"百家争鸣"不是"鸦鸣蝉噪"。这一点，我们从经典作家的论述中完全叫以看得到。

检查令首先指出"学术才能"是这种完全正派可靠的品格的保证。至于书报检查官究竟能不能具有对各种各样学术才能作出判断的学术才能,检查令对这一点没有提出丝毫怀疑。既然在普鲁士有这么一批政府所熟悉的万能天才(每个城市里至少有一个书报检查官),那么,这批博学多才的人物为什么不以作者的身分出现呢?要是这些因人数众多、更因博学多才而显得声势浩大的官员们一旦崛起,用自己的声势去压倒那些仅仅用某一种体裁写作、而且连用这种体裁写作的才能也未经官方验证的可怜作者们,那么,这就会比用书报检查更快地消灭报刊中的一切混乱现象。

> 马克思:《评普鲁士最近的书报检查令》,
> 《马克思恩格斯全集》第 1 卷上册第 128 页。

既然学术才能和品格都是极其不确定的东西,相反,地位却是一种极其确定的东西;那么,我们为什么不可以得出结论说,根据必然的逻辑规律,不确定的东西要依赖确定的东西,并从它那里得到支持和内容呢?由此可见,如果书报检查官在解释检查令时说,地位是学术才能和品格借以在社会中表现出来的外在形式,尤其因为书报检查官本身的职位就保证他们的这种观点就是国家的观点,难道这样一来他们就算是犯了一个严重的错误吗?而不这样解释,至少下面的一些问题就根本无法理解:为什么学术才能和品格还不能作为作者的充分的保证呢?为什么地位是第三个必要的保证呢?可是,如果书报检查官陷入了自相矛盾的境地,如果这些保证之间很少有联系,或者甚至从来互不相干,那他们又应该怎样进行选择呢?

> 马克思:《评普鲁士最近的书报检查令》,
> 《马克思恩格斯全集》第 1 卷上册第 129~130 页。

随着时间的推移和文化的发展,历史学派的这棵原生的谱系树已被神秘的烟雾所遮盖;浪漫派用幻想修剪它,思辨又把自己的特性嫁接给它;无数学术果实都从这棵树上被摇落下来,晒干,并且被加以夸大地存放在宽阔的德国学术库房中。可是,实际上只须略加考证,就能够在种种天花乱坠的现代词句后面重新看出我们的旧制度的启蒙思想家的那种龌龊而陈旧的怪想,并在层层浓重的油彩后面重新看出这位启蒙思想家的放荡的陈词滥调。

> 马克思:《历史法学派的哲学宣言》,
> 《马克思恩格斯全集》第 1 卷上册第 238 页。

至于说到《莱茵报》的认真的态度和对实情的了解以及口气的问题,那么,至少在德国,没有任何一家报纸表明比它态度更认真、对实情更了解。至于它的口气,如果同奴颜婢膝的(保守的)报纸的嚎叫相比,它是真正严肃的、心平气和的和庄重的。在这方面,指摘《莱茵报》不通俗化、过分讲究学术形式倒是不无道理的,而这同各部的指摘正好相反。

马克思：《评部颁指令的指控》，

《马克思恩格斯全集》第 1 卷上册第 427 页。

德国的思想家们很久以来就具有这样一种派头：他们之中的每一个学术派别，特别是那种以为自己"做出最完备的结论"的派别，都宣布自己不仅是"主要党派之一"，甚至是"我们时代的主要党派"。因而，我们在其他党派中间就看到有批判的批判的"主要党派"，自我一致的利己主义的"主要党派"，而现在则更有"真正的社会主义者"的"主要党派"。德国通过这种办法能够获得上百的"主要党派"，然而关于这些"主要党派"的存在，只有在德国，而且只有在一些学者、一知半解的学者和文学家的狭小阶层中间，才是人所共知的，这些人自以为在扭转世界历史的杠杆，而事实上他们只是把自己的幻想纺成一条无限长的线。

马克思恩格斯：《德意志意识形态》，

《马克思恩格斯全集》第 3 卷第 550 页。

在产生财富的那些关系中也产生贫困；在发展生产力的那些关系中也发展一种产生压迫的力量；只有在不断消灭资产阶级个别成员的财富和形成不断壮大的无产阶级的条件下，这些关系才能产生资产者的财富，即资产阶级的财富；这一切都一天比一天明显了。

这种对抗性质表现得越明显，经济学家们，这些资产阶级生产的学术代表就越和他们自己的理论发生分歧，于是形成了各种学派。

马克思：《哲学的贫困》，

《马克思恩格斯全集》第 4 卷第 156 页。

在我住在英国的期间，我曾不下千百次听到反谷物法同盟的信徒们滔滔不绝地提出他们的论据，可是从来也没有，我担保从来也没有听到过这样枯燥无味、令人头痛而且还讲得非常得意的废话。我还从来都没有这样失望过。这个会议上所进行的讨论根本不配叫做讨论，简直是茶楼酒肆中的乱扯。这些学术界巨子根本没有敢深入到真正的政治经济学领域中去。我不来向您转述头两天会上所有那些陈词滥调。

恩格斯：《讨论自由贸易问题的布鲁塞尔会议》，

《马克思恩格斯全集》第 4 卷第 286 页。

施米特先生向委员会证明，它的假学术论据（这些论据的内容我们已经分析过）包含着对实际情况的绝对无知。施米特先生在波兹南大公国住过好多年，他向委员会指出，甚至在他最熟悉的那个小州的问题上也犯了极大的错误。他指出，正是在一切具有决定意义的问题上，委员会没有向议会提供必要的说明，它简直是命令议会不需要任何材料，对争论的问题不必有任何了解，就随便通过决议。

> 恩格斯：《法兰克福关于波兰问题的辩论》，
> 《马克思恩格斯全集》第 5 卷第 414 页。

它的大多数成员是自由派的律师和学究式的教授，这个议会自称是体现了德国思想和学术的真髓，而事实上它只是一个供老朽腐败的政客在全德国的眼前表现他们全部不自觉的滑稽丑态和他们思想与行动上的无能的舞台。

> 恩格斯：《德国的革命和反革命》，
> 《马克思恩格斯全集》第 8 卷第 48 页。

从亚里士多德的时候起，世界上就充满了大量有些是出色的，有些是胡说八道的学术著作。

> 马克思：《土耳其战争问题。——"纽约论坛报"在下院。——印度的管理》，
> 《马克思恩格斯全集》第 9 卷第 202 页。

有一位俄国名作家在日内瓦逗留期间同福格特过从甚密，他用上信结尾的精神给我写了一封信。

"1860 年 5 月 10 日于巴黎

亲爱的马克思：

我从发表在'现代评论'上的爱德华·西蒙的文章中看到了诽谤您的谰言，深感愤怒。特别使我感到惊奇的是，我原认为既不愚蠢也不凶恶的福格特，道德上竟堕落到了像他在他的小册子里所暴露出来的那样深的地步。我不需要任何证明，就深信您是不会玩弄卑鄙龌龊的阴谋的；而且，尤其使我感到痛心的是，发表这些谰言，正好是在这样的时候：您正赐给学术界一部杰出的著作（它的使命是改造经济科学、使之建立在新的更坚实的基础上）的第一部分…… 亲爱的马克思，请别理会这类下贱勾当；一切严肃认真的、一切有良心的人都站在您一边，但他们期待于您的不是徒劳无益的论战，而完全是别的东西，——他们希望能够尽快地读到您的出色著作的续编。您的成就在有思想的人中间享有崇高威望；如果有关您的学说在俄国得到广泛传播的消息能使您感到愉快，那我现在愿意告诉您：今年年初，某教授在莫斯科举行了一系列关于政治经济学的公开讲演，第一次讲演就是介绍您最近发表的著作。……"

> 马克思：《福格特先生》，
> 《马克思恩格斯全集》第 14 卷上册第 420~421 页。

这部 50 印张的学术著作，其目的是为了证明：我们的银行家、商人、工厂主和大土地占有者的全部资本，不外是工人阶级的积累起来的无偿劳动！

> 恩格斯：《卡·马克思"资本论"第一卷书评——为"爱北斐特日报"作》，
> 《马克思恩格斯全集》第 16 卷第 241 页。

教士们的这些虚构正好成了最珍贵的材料。由于道地的克尔特人的热情以及爱尔兰那种特有的天真，信仰这些奇谈曾被宣布为爱尔兰爱国主义的重要组成部分。这当然也就为绝顶聪明的英国学术界人士（他们在语言学和历史学批判方面的著作在世界所有其他地方都享有很高的声誉）提供了一种求之不得的借口，好把爱尔兰的一切都当作极端荒谬的东西而加以摒弃。

> 恩格斯：《爱尔兰史——古代的爱尔兰》，
> 《马克思恩格斯全集》第 16 卷第 551 页。

政治经济学大专家福塞特先生渴求获得学术上的声誉的奢望完全是以供中小学生用的约翰·斯图亚特·穆勒先生的政治经济学简明教程的通俗本为基础的。

> 马克思：《国际工人协会总委员会关于柯克伦在下院的演说的声明》，
> 《马克思恩格斯全集》第 18 卷第 76 页。

自从马克思的体系深入人心，批评家再也不能投公众无知之机以来，要批评马克思早已不是一件容易的事情了。只剩下一个办法：为了诋毁马克思，把他的功绩归之于那些谁也不注意、已经退出舞台、政治上和学术上再也没有什么意义的社会主义者。他们希望用这种办法来清算无产阶级世界观的创立者以及这种世界观本身。

> 恩格斯：《法学家的社会主义》，
> 《马克思恩格斯全集》第 21 卷第 556 页。

关于国家制度的完全是一般理论性的论述，与其说适用于报纸，无宁说适用于纯学术性的刊物。正确的理论必须结合具体情况并根据现存条件加以阐明和发挥。

> 《马克思致达·奥本海姆》，
> 《马克思恩格斯全集》第 27 卷第 433 页。

至于说到我的书会被没收和禁止的问题，要知道禁止关于选举的抨击性小册子是一回事，而禁止一本有五十印张，而且还具有如此学术形式，甚至附有希腊文的注释的书则是另一回事。当然，我就是不用十二个英国郡，而用十二个普鲁士行政区来说明农业工人的状况，事情并不会发生变化。同时我还认为，俾斯麦先生在挑起我从伦敦和巴黎对他的制度进行攻击以前，一定会再三考虑。

> 《马克思致恩格斯》，
> 《马克思恩格斯全集》第 31 卷上册第 344 页。

这个朋友给他寄来一份波恩的政治经济学教授黑耳德博士编写的（书面）简评作为答复。他的评论证明这些学术官僚目光非常短浅。

> 《马克思致路·库格曼》，
> 《马克思恩格斯全集》第 32 卷第 577 页。

两年以前，我的朋友弗·恩格斯寄给《双周评论》一篇对《资本论》的非常详细的分析，但是被退回了，退稿上注明："这对于《评论》的英国读者来说学术性太强了。"

《马克思致查理·多布森·科勒特》，

《马克思恩格斯全集》第 33 卷第 290 页。

这一卷定会使人大失所望，因为它在颇大程度上是纯学术性的，很少鼓动性的材料。可是第三卷则又如雷鸣电闪，因为它第一次从总的联系中考察了全部资本主义生产，完全驳倒了全部官方的资产阶级经济学。

恩格斯：《致弗·阿·左尔格》，

《马克思恩格斯全集》第 36 卷第 322 页。

德国"学术界"对这卷新书目瞪口呆，无法理解。只是由于对后果的正当恐惧，才使得他们不敢对它进行公开的批评，因此，官方的经济书刊对它保持谨慎的沉默。可是，第三卷会迫使他们开口的。

恩格斯：《致尼·弗·丹尼尔逊》，

《马克思恩格斯全集》第 36 卷第 375 页。

我还在继续口授《资本论》第三卷。这是一部光彩夺目的著作，在学术上甚至超过第一卷。用大家都看得懂的字迹加以誊写以后，我便抽时间整理文稿。

恩格斯：《致约·菲·贝克尔》，

《马克思恩格斯全集》第 36 卷第 325 页。

您谈到的关于谋求大学教职的不幸遭遇，又使我清楚地看到德国大学是多么糟糕。而这就是所谓的学术自由！这也就是布鲁诺·鲍威尔在四十年代的遭遇，只是我们现在走得更远，现在已经不光有神学和政治学的异端者，而且还有经济学的异端者。我愿意希望修昔的底斯能讲些人情，而不致于在莱比锡对您横加刁难。

恩格斯：《致康·施米特》，

《马克思恩格斯全集》第 37 卷第 94 页。

伊壁鸠鲁的自然哲学基本上是德谟克利特的，而道德规则与昔勒尼派的道德观相似。最后，怀疑论者是哲学家中的科学家；他们的工作是进行比较，因而也就是收集各种不同的，先前阐述过的主张。他们以平均调和的学术观点看待以前的体系，这样来揭露出矛盾和对立、他们方法的一般原型包含在埃利亚派、诡辩派和学院派之前的辩证法中。然而这些体系不失为独创的并构成一个整体。

马克思：《关于伊壁鸠鲁哲学的笔记》，

《马克思恩格斯全集》第 40 卷第 167 ~ 168 页。

当人们终于开始发觉对谢林的成见甚至已经是得到千真万确的证实时，首先必须考虑的是，如何做到既要尊敬这位年迈的学术大师，同时又要公开而坚决地摈弃他的主张；而摈弃他的主张，这是我们对黑格尔应负的责任。

恩格斯：《谢林和启示》，

《马克思恩格斯全集》第 41 卷第 210 页。

英国和法国的资产阶级通过他们最初的（至少是在他们统治初期的）国民经济学的学术代言人，把财富奉为神明，并在学术上也无情地把一切献给财富。

马克思：《评弗里德里希·李斯特的著作〈政治经济学的国民体系〉》，

《恩格斯全集》第 42 卷第 240 页。

对各种不同的自杀原因进行分类，就是对我们社会本身的缺陷进行分类。有的人自杀，是因为阴谋家盗窃了他们的发明，而发明人由于必须长期从事学术研究而陷入极端的贫困，甚至连发明专利特许证也买不起。

马克思：《珀论自杀》，

《恩格斯全集》第 42 卷第 313 页。

米海洛夫斯基先生的责备，正好像一个在什么是灵魂这个问题上写了一辈子"学术著作"的形而上学的心理学家，连一个最简单的心理现象都解释不清楚，竟来责备一个科学的心理学家，说他没有重新审查所有关于灵魂的著名理论。他，这个科学的心理学家，抛弃了关于灵魂的哲学理论，直接去研究心理现象的物质基质（神经过程）。

列宁：《什么是"人民之友"以及他们如何攻击社会民主党人？》，

《列宁全集》第 1 卷第 113～114 页。

彼尔姆省的一些学术团体在地方自治机关的参与下，曾着手为 1896 年下诺夫哥罗德的展览会编写一部巨著，总标题为：《彼尔姆边疆区巡礼》。收集的材料有 200 多印张，全书共 8 卷。在展览会举行前，这部巨著照例没有来得及完成，目前只出版了第 1 卷，内容是该省手工工业概述。《概述》因其材料新颖、丰富、完备而具有极大的吸引力。

列宁：《彼尔姆省手工业调查》，

《列宁全集》第 2 卷第 235 页。

在"村社还是资本主义？"这一题目下写了一系列著作的我国民粹派对问题的提法本身是多么错误。有个显赫的英国迷悬赏征求论述在俄国推行租地农场式经营的优秀作品，有个学术团体提出把农民分散成独立农庄的计划，有个赋闲的官僚制定俄亩田区制的方案；民粹派赶紧出来应战，投入反对这些"资产阶级方案"的战斗，反对"实行资本主义"，反对破坏"人民生产"的守护神——村社。

列宁：《俄国资本主义的发展》，

《列宁全集》第 3 卷第 289～290 页。

最近人们纷纷议论说，同现代化的军队进行巷战是不可能的，也是没有希望的；那些自作聪明的"批评家"特别坚持这个论点，他们用资产阶级学术的破烂货冒充公正的科学的新结论，并曲解恩格斯的话，其实恩格斯当时所谈的（而且是有保留地谈到的）只是德国社会民主党人暂时的策略。

列宁：《新的激战》，

《列宁全集》第 5 卷第 15 页。

考茨基的过错在于他有一种坏毛病（这种毛病在许多狭隘正统派的身上也可以看到），即在任何时候都不肯忘记，一个战斗的社会党的成员就是在写学术著作时也不应当忽视工人读者，应当力求写得简单明了，避免不必要的舞文弄墨，避免在外表上摆出"渊博"的样子。因为这些只是颓废派和官方科学界那些有学衔的人物所热中的事情。

列宁：《土地问题和"马克思的批评家"》，

《列宁全集》第 5 卷第 130 页。

考茨基在这里宁愿清清楚楚地阐明什么是农学上的最新发现，也不去罗列那些对于十分之九的读者来说是毫无意义的学者的姓名。伏罗希洛夫之流的做法却相反，他们宁愿搬出一大串农学家、政治经济学家和批判哲学家等等的名字，用这些学术垃圾来遮盖问题的实质。

列宁：《土地问题和"马克思的批评家"》，

《列宁全集》第 5 卷第 130～131 页。

爱德·大卫的《社会主义和农业》一书十分拙劣、十分冗长地汇集了我们在布尔加柯夫、赫茨和切尔诺夫等先生那里看到的错误手法和错误论断。我们本来可以根本不去理会大卫。但是，他的"著作"无疑是目前论述土地问题的一本主要的修正主义著作，所以我们认为有必要再来说明一下修正主义者先生们是怎样写学术著作的。

列宁：《土地问题和"马克思的批评家"》，

《列宁全集》第 5 卷第 200 页。

要求从革命的社会民主主义坚决转向资产阶级的社会改良主义，就免不了会同样坚决地转向用资产阶级观点来批评马克思主义的一切基本思想。既然很久以来，无论在政治讲台上或在大学讲坛上，无论在大量小册子中或在许多学术论文里，都一直在对马克思主义进行这样的批评，既然几十年来，有教养阶级的一代青年，都经常在受这种批评的熏陶，那么，社会民主党中的"新的批评"派一出世就非常完备，好像密纳发从丘必特脑袋里钻出来一样，就毫不奇怪了。这种思潮，按其内容来说，并不需要什么发展和形成，因为它是直接从资产阶级的书刊上搬到社会主义的书刊上来的。

> 列宁：《怎么办？》，
> 《列宁全集》第 6 卷第 6 页。

这位"客观的历史学家"自安自慰地闭起眼睛，故意不看下述事实：正是由于俄国专制制度卑鄙成性，欧洲在政治方面已经几十年停滞不前以至倒退了。他害怕"重新聚集力量的巡官"的实物课，因此——啊，人民的领袖！政治活动家！——他特别警告人们不要彻底粉碎现代巡官的全部"力量"。这是一个多么卑鄙的奴才！这是在所谓对问题进行学术研究和客观研究的幌子下干出的多么卑鄙的叛卖革命的勾当！

> 列宁：《我国自由派资产者希望的是什么，害怕的是什么？》，
> 《列宁全集》第 11 卷第 229 页。

先生们，到青年中去吧！这是唯一的万应灵药。不然你们真要误事了（根据一切情况我看是这样），你们虽有"很有学术价值的"记录、计划、图样方案和宏伟的蓝图，却缺少组织，缺少活生生的行动。

> 列宁：《决不要撒谎！我们的力量在于说真话》，
> 《列宁全集》第 11 卷第 338 页。

罢工委员会写道（我们是从英译文转译成俄文的，因此不可避免地会有一些不确切的地方）："已经给了我们集会自由，但是我们的集会仍然被军队包围着。已经给了我们出版自由，但是书报检查制度继续存在着。已经允许有学术自由，但是大学被军队占据着。已经给了人身不可侵犯的权利，但是监狱里关满了囚犯。已经给了维特，但是特列波夫继续存在。已经给了宪法，但是专制制度继续存在。给了我们一切，但是我们一无所有。"

> 列宁：《总解决的时刻临近了》，
> 《列宁全集》第 12 卷第 66 页。

靠杜巴索夫之流养活的、拿学术做交易的立宪民主党教授们（如立宪民主党中央委员会的委员和杜马的候选人基泽韦捷尔先生），竟把"专政"译成"强化的警卫"！"学术界人士"为了贬低革命斗争的意义，竟不惜歪曲自己在中学里学的拉丁文。

> 列宁：《立宪民主党人的胜利和工人政党的任务》，
> 《列宁全集》第 12 卷第 258 页。

我认为从学术的观点来看，普列汉诺夫这样说是回避如何估价 1905 年 10～12 月时期这个最重要的问题（普列汉诺夫根本没有想到要在《日志》中分析这一时期的运动形式，而一味在那里说教！）。

> 列宁：《关于俄国社会民主工党统一代表大会的报告》，
> 《列宁全集》第 13 卷第 23 页。

立宪民主党有诱惑力的政策对于政治上的黄口小儿和政治上衰退的老糊涂才有诱惑力，他们有一点小成绩就大叫大嚷，高奏凯歌，他们在自由派报刊和资产阶级学术方面占据统治地位。

列宁：《谈谈崩得机关报上的一篇文章》，
《列宁全集》第 14 卷第 191 页。

至于不同的办法可能怎样交错在一起这样一个局部问题，这里是不必加以研究的，因为摆在我们面前的不是一般可能出现怎样的形势这样一个学术问题，而是社会民主党应当支持什么和不应当支持什么这样一个实际政治问题。

列宁：《不应当这样写决议》，
《列宁全集》第 15 卷第 98 页。

我来引证一下由许多学者编纂的《收成和粮价的影响》这样一部有名的学术性著作。这本书是在 1897 年出版的。书中证明地主的工役经济占优势的有下列这些省份：乌法、辛比尔斯克、萨马拉、坦波夫、奔萨、奥廖尔、库尔斯克、梁赞、图拉、喀山、下诺夫哥罗德、普斯科夫、诺夫哥罗德、科斯特罗马、特维尔、弗拉基米尔和切尔尼戈夫，即 17 个俄罗斯省份。

列宁：《在第二届国家杜马中关于土地问题的发言稿》，
《列宁全集》第 15 卷第 127~128 页。

马克思主义者也不妨看一看各国有影响的政治报刊，特别是自由派和"民主派"资产阶级的报纸对纪念马克思逝世 25 周年有何反应。这些报纸既能够影响广大的读者，同时又有权代表官方的、国家的、贵族的、教授们的学术界说话。

列宁：《国际自由派对马克思的评价》，
《列宁全集》第 16 卷第 450 页。

伊兹哥耶夫先生在这方面确实是极为典型的。他绝妙地说明了，教授们在评价马克思时的装腔作势对谁有利，这种贵族的"学术界"是在为谁效劳。

列宁：《国际自由派对马克思的评价》，
《列宁全集》第 16 卷第 451~452 页。

关于价值理论，要说的只有一点，就是除了一些柏姆-巴维克式的异常模糊的暗示和叹息，修正主义者在这方面根本没有拿出什么东西来，所以对学术思想的发展也没有留下任何痕迹。

列宁：《马克思主义和修正主义》，
《列宁全集》第 17 卷第 16 页。

据报道，莫斯科"百万富翁与学术界握手言欢"，即莫斯科和彼得堡的大亨克列斯托夫尼科夫、古容、沃尔斯基等人同立宪民主党的教授和著作家曼努伊洛夫、司徒卢威基泽韦捷尔之流举行秘密会议。

列宁：《资产阶级的"向左转"和无产阶级的任务》，
《列宁全集》第 17 卷第 380 页。

在这里，可笑的首先是尤什凯维奇先生的惊人的无知。他也像一切伏罗希洛夫式的人物一样，用一堆学术名词和学者名字来掩盖自己的无知。

列宁：《唯物主义和经验批判主义》，
《列宁全集》第 18 卷第 212 页。

法学家先生和法官先生们都大笑起来。老实说，如果我们有机会听到这位萨克森法官的演说，我们也会忍不住笑起来的。阶级斗争学说这个东西，有人总是从学术上（所谓学术上）使劲地反对它。但是，只要你实际地对待问题，留心看看日常的现象，那么，看吧！——就连最疯狂反对这个学说的人，也可能象萨克森法官金斯贝格先生这样，成为极有才干的阶级斗争的宣传家。

列宁：《国际法官代表大会》，
《列宁全集》第 22 卷第 78 页。

立宪民主党的候选人之一杜冈-巴拉诺夫斯基教授先生属于这样一类俄国经济学家，这些人年轻时是准马克思主义者，后来很快就"变聪明了"，他们用资产阶级理论的片言只语"修正"马克思主义，并且凭着变节的汗马功劳坐稳了自己的大学讲席，在学术上愚弄学生。

列宁：《一位立宪民主党教授》，
《列宁全集》第 22 卷第 166 页。

考察一下这种更替如何影响到我国官方的即学院式的政治经济学界对待马克思主义的态度的改变，这不是没有意义的。想当初，我国只有极右的御用教授们才干"消灭"马克思的勾当。自由主义民粹派教授们的学术界全都敬重马克思，"肯定"劳动价值论，因而引起了"左派民粹派"的天真幻想，以为资产阶级在俄国没有什么基础。

列宁：《又一次消灭社会主义》，
《列宁全集》第 25 卷第 34 页。

最初以里亚布申斯基先生出版司徒卢威先生关于"大俄罗斯"的论文为标志的奥名昭著的"学术界和工业界的联盟"，现在已经壮大，而且完全巩固了。原来只是学术界和工业界的联盟，现在已经发展成了学术界、工业界和政权的联盟，因为司徒卢威先生提出这部学术著作是要求授予学位,而且真的获得了学位。

列宁:《又一次消灭社会主义》,

《列宁全集》第25卷第35页。

司徒卢威先生玩弄中世纪那种"区分"唯名论和实在论、把普遍论和个别论对立起来的把戏,这对于理解或批判马克思的理论,对于阐明司徒卢威先生自己的理论(或奢望创立自己的理论)都是毫无用处的。这是游戏,是学术垃圾,而不是科学。

列宁:《又一次消灭社会主义》,

《列宁全集》第25卷第38页。

当今教授们的学术界竟腐败、堕落和无耻到这种地步!司徒卢威先生明明知道,科学社会主义是以资本主义使生产社会化这一事实为依据的。这一事实正被世界各地看到的无数现象所证明。关于这些现象的发展程度和发展速度,有极其丰富的"经验"材料可以说明。

可是,我们这位学者却回避生产社会化的问题,他的"科学经验的研究"不去接触任何一个领域里的无数事实,他空谈了一阵自由主义和合理化,就宣告问题已经科学地解决了!

列宁:《又一次消灭社会主义》,

《列宁全集》第25卷第52~53页。

在一切都突飞猛进的今天,要获得名学者的声誉,要使自己的著作得到正式承认,那就要用一两个"康德式的"定义来证明社会主义不可能实现;那就要消灭马克思主义,援引几千个欧洲教授的姓名和著作,向读者和听众说明,马克思主义甚至不值一驳;那就要把任何科学规律一概抛弃,为宗教规律扫清场地;那就要把堆积如山的所谓有高度学术水平的破烂和垃圾塞进青年学生的头脑。

列宁:《又一次消灭社会主义》,

《列宁全集》第25卷第55~56页。

现在我们应当来叙述一下,在商品生产和私有制的一般环境里,资本主义垄断组织的"经营"怎样必然变为金融寡头的统治。应当指出,德国(而且不只是德国)资产阶级学术界的代表人物,如里塞尔、舒尔采-格弗尼茨、利夫曼等人,完全是帝国主义和金融资本的辩护士。对于寡头形成的"内幕",寡头所采用的手段,寡头所获得的"正当和不正当"收入的数量,寡头和议会的联系等等,他们不是去揭露,而是加以掩盖和粉饰。他们避开这些"棘手的问题",只讲一些堂皇而含糊的词句,号召银行经理们拿出"责任心",赞扬普鲁士官员们的"尽职精神",煞有介事地分析那些根本无关紧要的"监督"法案"管理"法案的细枝末节,玩弄无谓的理论游戏。

列宁：《帝国主义是资本主义的高最阶级》，
《列宁全集》第 27 卷第 362 页。

诙谐的字眼有时可以使学术著作增色，假如在谈论一个重大问题时，除了这些字眼，还从经济和政治方面对种种概念进行分析的话，我们决不反对所谓帝国主义并不"喜欢"共和制这种信口开河的说法。彼·基辅斯基用信口开河代替这种分析，掩盖缺乏分析。

列宁：《论面目全非的马克思主义和"帝国主义经济主义"》，
《列宁全集》第 28 卷第 136 页。

当时我们还不可能支配各种学术和技术领域的专家，因为他们或者是在鲍加耶夫斯基之流的队伍中作战，或者是还能用怠工不断进行顽强的消极反抗。现在我们已经粉碎了怠工。

列宁：《苏维埃政权的当前任务》，
《列宁全集》第 34 卷第 160 页。

没有各种学术、技术和实际工作领域的专家的指导，向社会主义过渡是不可能的，因为社会主义要求广大群众自觉地在资本主义已经达到的基础上向高于资本主义的劳动生产率迈进。

列宁：《苏维埃政权的当前任务》，
《列宁全集》第 34 卷第 160 页。

这是一个满脑子小资产者思想的书呆子的典型。他在战前曾经写过一些有益的学术著作和论文，曾"从理论上"推断，阶级斗争会尖锐到发生国内战争的程度。他甚至参加了（假如我得到的消息是确实的）1912 年巴塞尔宣言的起草工作，这个宣言完全预见到正是战争，即后来在 1914 年爆发的战争会引起无产阶级革命。

但是，当这场无产阶级革命真正到来的时候，他的书呆子习气和庸人天性就占了上风，他惊慌起来，开始用改良主义词句这种油来浇熊熊的革命烈火。

列宁：《政论家短评》，
《列宁全集》第 38 卷第 149 页。

俄国工人阶级有本领夺得政权，但是还没有学会利用这个政权，否则它早就把这类教员和学术团体的成员客客气气地送到资产阶级"民主"国家里去了。那里才是这类农奴主最适合的地方。

列宁：《论战斗唯物主义的意义》，
《列宁全集》第 43 卷第 32 页。

为了弄清问题，我正考虑给考茨基写封私人信。马尔托夫和托洛茨基以"学术性的"

文章为幌子，为所欲为地大肆造谣和撰写诬蔑性的文章，这简直是胡闹！！

> 列宁：《致尤·约·马尔赫列夫斯基》，
> 《列宁全集》第45卷第354页。

所有西欧国家与俄国断绝关系并对俄国采取敌对态度无助于两个阵营的科学家的相互联系；这些情况几乎完全排除了俄国科学家和西欧科学家之间进行十分有益的接触和交换意见以及交流学术成果的可能性。同样，由于这种情况，也无法得到学术文献资料和教材。

> 列宁：《给各省执行委员会主席等的电报》，
> 《列宁全集》第50卷第502页。

在国家出版社出版的新书中我收到了一本谢苗·马·斯洛夫：《农民经济》1921年第5版！（或者是第4版。）

从随便翻阅中看出，这是一本用资产阶级骗人的"学术"谎言来蒙蔽农民的、浸透资产阶级意识的坑人的坏书。

全书近400页，但丝毫没有谈到苏维埃制度和它的政策，没有谈到我们的法律和向社会主义过渡的措施等等。

> 列宁：《致农业人民委员部和国家出版社》，
> 《列宁全集》第51卷第182页。

马克思在《福格特先生》里说的"有一位俄国名作家"，是指尼·伊·萨宗诺夫。

《马克思致查理·多布森·科勒特》里说，"我的朋友弗·恩格斯寄给《双周评论》一篇对《资本论》的非常详细的分析，但是被退回了，退稿上注明：'这对于《评论》的英国读者来说学术性太强了'"，其大致情况是：马克思《资本论》第一卷书评，是恩格斯于1868年5～6月间写的，准备在《双周评论》杂志上发表，但是被编辑部拒绝。原文手稿被保存下来，第一次用俄文发表在1926年《马克思主义年鉴》杂志第1期上。

恩格斯在《致尼·弗·丹尼尔逊》里说的"这卷新书"，指《资本论》第2卷。

列宁在《怎么办？》里说"好像密纳发从丘必特脑袋里钻出来一样"，取自神话故事。密纳发是罗马神话中的智慧女神，相当于希腊神话中的雅典娜；丘必特是罗马神话中的最高天神，相当于希腊神话中的宙斯。据古罗马神话故事，密纳发从丘必特脑袋里一生下来，就身着盔甲，手执长矛，全副武装。后来，人们常用"像密纳发从丘必特脑袋里钻出来一样"，比喻某人或某事从一开始就完美无缺。

3. 文学艺术创作权和表演权

文学艺术创作权和表演权，是公民不可或缺的权利。

社会生活是离不开文学艺术创作和表演的。文学艺术作品是社会生活的反映，通过典型的艺术形象，表现事物发展的客观规律，反映社会生活的本质。文学艺术作品折射和反映一定时代的社会生活、理想、道德和文化。由于文学艺术作品总是寄寓着作者一定的社会理想和追求，表现了作者的世界观、政治立场和对生活的态度和评价，因而文学艺术属于社会意识形态。问题的关键在于，我们所需要的是什么样的意识形态，是资产阶级意识形态，还是社会主义意识形态。

我国宪法保障社会主义意识形态的主导地位。宪法规定的"百花齐放"，针对的正是文学艺术作品。

我们的沙龙用文艺复兴时期风格椅子、桌子、橱柜和沙发装饰起来了，要使文艺复兴时期全面恢复，就只差给海涅戴上假发、给蓓蒂娜穿上裙环了。

布置这样一间房间，当然是为了在那里读一读冯·施特恩堡先生的对曼特农夫人时代抱有极大偏爱的小说。人们谅解施特恩堡这位奇才的任性并试图为它找出某些更有力的根据，这自然是徒劳无益的。但是，我敢断言，正是施特恩堡小说的这种特点，也许目前能推动小说的传播，但非常不利于它们今后持续流传。何况，诗歌作品的美，绝对不会由于它不断求助于贫乏枯燥、毫无诗意的时代而显得更加出色，而且这一时代反复无常、浮动不定、拥有充当习俗的傀儡。

恩格斯：《时代的倒退征兆》，

《马克思恩格斯全集》第 41 卷第 33 页。

时代精神在自己的故乡巴黎的表现要比在冯·施特恩堡先生那里勇敢得多，因为它在巴黎企图认真地从浪漫主义者手中把他们刚刚赢得的胜利重新夺过来。维克多·雨果出现了，亚历山大·大仲马出现了，同他们一起出现的还有他们的一帮模仿者；伊菲姬尼娅们和阿塔莉们的矫揉造作让位于卢克丽霞·波尔查的矫揉造作，激昂焦躁代替了僵硬刻板；法国古典作家对古代作家的剽窃被揭穿了，——这时，拉舍尔小姐出场了，于是，雨果和大仲马，卢克丽霞·波尔查，以及那些剽窃来的作品统统被人遗忘了；费德拉和西得漫步舞台，步伐匀称，说话用的是过分修饰的亚历山大里亚诗体，阿基里斯摆出伟大的路易的神态，在舞台上昂首阔步，而鲁伊·布拉斯和贝尔岛小姐刚从后台出现，马上就在德国文艺翻译工厂和德国民族舞台上寻找出路。对正统主义者来说，当他们观看拉辛的戏剧时能忘掉革命、忘掉拿破仑和伟大的一周，必定感到欣慰之至。Ancien régime 的光辉复苏了，世俗的沙龙挂上了织花壁毯，独裁者路易身穿锦缎背心、头戴蓬松假发，漫步在凡尔赛的修剪整齐的林荫道上，宠姬的那把万能扇子统治着幸福的宫廷和不幸的法兰西。

恩格斯：《时代的倒退征兆》，

《马克思恩格斯全集》第 41 卷第 34 页。

蒙特是第一个——用他自己的话来说——把黑格尔范畴引进文学的人。奎纳始终没有忘记跟在他后面，写了《疯人院里的隔离》，虽然《性格》第二卷证明他已经部分地摈弃了黑格尔，但是他在第一卷的很多地方试图把黑格尔的作品翻译成现代语。遗憾的是，这些译文全都是离开了原文便无法理解的东西。

这种类比是否定不了的；上面提到的那个作者根据上一世纪哲学上的玩物主义的遭遇得出了一个结论，认为死亡的萌芽随同体系被带进了文学，这个结论是否对当代文学也还是正确的呢？诗才所耕耘的土地会不会被一个比先前的一切体系更加彻底的体系的根子弄得坑坑洼洼呢？或者这些现象只不过是这样一种爱：哲学用它来迎合文学，而且它的成果在霍托、勒特舍尔、施特劳斯、罗生克兰茨等人的著作和《哈雷年鉴》中得到出色的表现？如果是那样，当然就得改变观点，我们也就有权期待科学和生活、哲学和现代倾向、白尔尼和黑格尔的相互影响，——我们所期待的相互影响的酝酿，早已被所谓"青年德意志"的一部分人注意到了。除了这些道路之外，剩下的就只有一条路了，这一条路与前面两条路比起来，确实有一点可笑，也就是说，这条道路是以黑格尔对文艺的影响毫无意义作为前提的。不过，我认为，只有为数不多的人能下决心选择这一条道路。

恩格斯：《时代的倒退征兆》，
《马克思恩格斯全集》第 41 卷第 35 页。

如果说希腊的一位思想家认为干燥的灵魂才是最好的，那么，《国家报》就认为"香的"报纸才是"好的"。《国家报》对奥格斯堡《总汇报》和《辩论日报》的"文艺芳香"推崇备至。真是少见的天真，值得称赞！伟大的、最伟大的庞培！

马克思：《第六届莱茵省议会的辩论（第一篇论文）》，
《马克思恩格斯全集》第 1 卷上册第 142 页。

"特利尔日报"驻莱比锡记者也是这一流人物，他曾在该报（今年 1 月 12 日）上这样来描写这些娇嫩的花朵：

"我们可以把'紫罗兰'当作萨克森文艺的一种进步，一种发展来欢迎；这一刊物尽管很年轻，却竭力使古老的萨克森政治上的不彻底性同现代社会理论调和起来。"

在这些极端的萨克森人看来，"古老的萨克森的不彻底性"还够不上真正的不彻底性，他们还必须掺进"调和"。真是"无辜"极了！

恩格斯：《"真正的社会主义者"》，
《马克思恩格斯全集》第 3 卷第 665 页。

我们现在要谈"真正的社会主义者"的最后一个支派，即柏林派。我们也只是从这一派中提出一个有代表性的人物，即恩斯特·德朗克先生来谈谈，因为他创造了一种文艺创作的新形式，为德国文学立下了卓越的功绩。我国的长篇小说家和短篇小说家好久以来就苦于缺乏材料。他们这一行所必需的原料从来还没有感觉这样缺乏过。

恩格斯：《"真正的社会主义者"》，
《马克思恩格斯全集》第 3 卷第 679 页。

海因岑先生不仅以如此"文艺的"手法显示了自己的"脖子"，而且显示了自己的全部"天赋"，显示了自己的整个身体。他把他那"矮小的"敌手摆在自己身边，以便通过对比来鲜明地突出自己体态的完美。

> 马克思:《道德化的批评和批评化的道德》,
> 《马克思恩格斯全集》第 4 卷第 326 页。

从柏林来的威廉·约丹先生在德国文艺活动的黄金时代是科尼斯堡的文学家。那个时候,常在"桶匠大院"中举行半公开的会议;威廉·约丹先生参加过这种会议,在会议上朗诵过"水手和他的上帝"那篇长诗,并因此而被驱逐。

> 恩格斯:《法兰克福关于波兰问题的辩论》,
> 《马克思恩格斯全集》第 5 卷第 402 页。

1850 年 7 月 23 日的法律增加了保证金的数额和扩大了有关一切周报、杂志和其他期刊等等的法律的有效范围。此外,这项法律要求每篇文章都要有作者的署名,并且重新规定向报纸征收印花税。不仅如此,这项法律还规定向报纸登载的小说、纯文艺性的报刊作品征收印花税;如不遵行上述的一切规定,按照法律,便有受到巨额罚金的处分的危险。

> 马克思:《1848 年 11 月 4 日通过的法兰西共和国宪法》,
> 《马克思恩格斯全集》第 7 卷第 580 页。

少数奥地利的作家、小说家、文艺批评家、蹩脚诗人——他们的才能都很平常,但都有天赋的、犹太人所特有的那种勤奋——,在莱比锡以及奥地利以外的其他德国城市落脚下来,在这些梅特涅的势力所不及的地方出版了一些论述奥地利事务的书籍和小册子。

> 马克思:《德国的革命和反革命》,
> 《马克思恩格斯全集》第 8 卷第 34～35 页。

泛斯拉夫主义的最初形式是纯粹文艺的形式。它的创始人是多勃罗夫斯基(捷克人,斯拉夫方言的科学语文学的奠基人)和科勒(匈牙利外喀尔巴阡出的斯洛伐克诗人)。多勃罗夫斯基富有学者和研究家的热情,而科勒的政治思想很快占了优势。泛斯拉夫主义起初只满足于一些哀诗,它的诗歌的主题是过去的伟大,现在的耻辱、不幸和异族的压迫。"呵,上帝!难道大地上就找不到一个人能把正义交还给斯拉夫人吗?"关于建立一个迫使欧洲遵守它的法律的泛斯拉夫帝国的想法,那时还只是模模糊糊地有所表露。但是,哀诗时期很快就结束了,单纯"为了斯拉夫人的正义"的呼吁也随之过去了。

> 恩格斯:《德国和泛斯拉夫主义》,
> 《马克思恩格斯全集》第 11 卷第 221 页。

这个时代,我们德国人由于当时我们所遭遇的民族不幸而称之为宗教改革,法国人称之为文艺复兴,而意大利人则称之为五百年代,但这些名称没有一个能把这个时代充分地表达出来。这是从十五世纪下半叶开始的时代。国王的政权依靠市民打垮了封建贵族的权力,建立了巨大的、实质上以民族为基础的君主国,而现代的欧洲国家和现代的资产阶级社会就在这种君主国里发展起来。

恩格斯:《自然辩证法》,

《马克思恩格斯全集》第 20 卷第 360 页。

拜占庭灭亡时抢救出来的手抄本,罗马废墟中发掘出来的古代雕像,在惊讶的西方面前展示了一个新世界——希腊的古代;在它的光辉的形象面前,中世纪的幽灵消逝了;意大利出现了前所未见的艺术繁荣,这种艺术繁荣好象是古典古代的反照,以后就再也不曾达到了。在意大利、法国、德国都产生了新的文学,即最初的现代文学;英国和西班牙跟着很快达到了自己的古典文学时代。旧的 orbis terrarum 的界限被打破了;只是在这个时候才真正发现了地球,奠定了以后的世界贸易以及从手工业过渡到工场手工业的基础,而工场手工业又是现代大工业的出发点。

恩格斯:《自然辩证法》,

《马克思恩格斯全集》第 20 卷第 360~361 页。

新教徒也跟天主教徒一道竞相迫害他们。前者烧死了塞尔维特,后者烧死了乔尔丹诺·布鲁诺。这是一个需要巨人而且产生了巨人——在学识、精神和性格方面的巨人的时代。这个时代,法国人正确地称之为文艺复兴,而新教的欧洲则片面地固执地称之为宗教改革。

恩格斯:《自然辩证法》,

《马克思恩格斯全集》第 20 卷第 533 页。

从十五世纪中叶起的整个文艺复兴时代,在本质上是城市的从而是市民阶级的产物。

恩格斯:《路德维希·费尔巴哈和德国古典哲学的终结》,

《马克思恩格斯全集》第 21 卷第 348 页。

罪犯生产印象,有时是道德上有教益的印象,有时是悲惨的印象,看情况而定;而且在唤起公众的道德感和审美感这个意义上说也提供一种"服务"。他不仅生产刑法讲授提纲,不仅生产刑法典,因而不仅生产这方面的立法者,而且还生产艺术、文艺——小说,甚至悲剧;不仅缪尔纳的《罪》和席勒的《强盗》,而且《奥狄浦斯王》和《理查三世》都证明了这一点。

恩格斯:《资本论第四卷》,

《马克思恩格斯全集》第 26 卷第 1 册第 415~416 页。

如果你对文艺性文章并不比对政治更重视,那末《每周快讯》无论如何比《星期六评论》好。报纸是艾什顿·迪耳克夫人办的,编辑是阿贝丁的议员亚·汉特博士。这是一种有局限性的资产阶级激进派报纸。

恩格斯:《致威·李卜克内西》,

《马克思恩格斯全集》第 37 卷第 34 页。

　　《社会明镜》将不仅记述物质贫乏和精神道德贫乏交织在一起的情况,而且还打算描绘一切形式的贫乏,因此也将描绘高高在上的阶级的贫乏。在这种描绘中它将不限于写统计简讯和对生活中的真实事件的记述,还将用一些篇幅刊登散文和诗歌等文艺作品,当然只刊登那些真实地反映生活的文艺作品。它欢迎来自生活本身的特写,同样也欢迎以生活为基础的特写。

恩格斯:《致〈社会明镜〉杂志的读者和撰稿人》,

《马克思恩格斯全集》第 42 卷第 415~416 页。

　　党应该切实保证满足党的全部利益和各该民族的社会民主主义的无产阶级的需要,同时要照顾到各该民族在文化上和生活上的特点;要保证做到这一点,应该召开各该民族的社会民主党人的专门代表会议,在党的地方的、省的和中央的机关中应该有少数民族代表,成立文艺、出版和鼓动等专门小组。

列宁:《提交俄国社会民主工党统一代表大会的策略纲领》,

《列宁全集》第 12 卷第 210 页。

　　您可以替《无产者报》就文学批评、政论和文艺创作等等中立的(即同哲学没有什么关系的)问题写文章,以此来给予帮助。

列宁:《致阿·马·高尔基》,

《列宁全集》第 45 卷第 184 页。

　　用各种语言出版的全部左派社会主义和共产主义倾向的书籍和小册子,以及有关战争后果、经济、政治等方面最重要的书刊。

　　以及写战争的文艺作品。

列宁:《给秘书的批示》,

《列宁全集》第 49 卷第 205 页。

　　在克拉科夫不郊游又有什么事可干呢!什么文化娱乐也没有。我们曾去听过一个音乐会,贝多芬的四重奏,还是跟大伙一块凑钱买的长期票;可是不知为什么音乐会使我们感到很沉闷,虽然我们认识的一位出色的音乐家很欣赏。波兰戏不想看,电影也不像个样子,总是演那种五场的情节剧……我和沃洛佳决定过了节之后到本地大学的图书馆去看看,否则太难为情了,一次都没有去过。在这里,我们最渴望的就是小说。沃洛佳差不多把纳德松和涅克拉索夫的作品给背下来了,一本残缺不全的《安娜·卡列尼娜》也翻来覆去看了上百遍。我们的文艺书籍(过去在彼得堡的那些书的很小一部分)都留在巴黎了,而这里没有地方能弄到俄文书。有时候看到旧书商的关于乌斯宾斯基 28 卷集、普希金 10

卷集等等的广告就非常羡慕。

《克鲁普斯卡娅和列宁致玛·亚·乌里扬诺娃》，
《列宁全集》第 53 卷第 429～430 页。

恩格斯在《时代的倒退征兆》里的"Ancien régime"，即旧秩序。

马克思在《第六届莱茵省议会的辩论（第一篇论文）》里的"希腊的一位思想家"，指赫拉克利特。

恩格斯在《自然辩证法》里的"五百年代"，即十六世纪。

列宁在《致阿·马·高尔基》里的"您"，指高尔基。这是 1908 年 2 月 25 日列宁写给高尔基一封长信。这封信主要谈了《关于马克思主义哲学的论丛》这本书使布尔什维克在哲学问题上原来就有的意见分歧更加尖锐化问题。列宁在信中说：您会问，这同您的文章有什么关系呢？有关系，因为正好在布尔什维克中间的这些分歧有特别尖锐化的危险的时候，您给《无产者报》写文章，公开阐述一个流派的观点。我当然不知道您整篇文章是怎样写的，写些什么。此外，我认为艺术家可以在任何哲学里汲取许多对自己有益的东西。最后，我完全地、绝对地相信，在艺术创作问题上您是行家，您从自己的艺术经验里，从即使是唯心主义的哲学里汲取这种观点，您一定会作出大大有利于工人政党的结论。

（三）婚姻家庭权利

1. 婚姻自由权和家庭成员平等权

婚姻自由权，包括结婚自由权和离婚自由权。

婚姻自由，是主导的婚姻行为方式。经典作家分析了资本主义条件下的结婚自由和离婚自由。婚姻的允分自由，只有在消灭了资本主义生产和它所造成的财产关系，从而把今日对选择配偶还有巨大影响的一切派生的经济考虑消除以后，才能普遍实现。

在婚姻家庭领域，"离婚率飙升""家庭暴力""虐待、遗弃家庭成员""重婚"，已经成为普遍社会问题。

据报道，美国离婚率越来越高，超过 63% 的儿童的父母是离过婚的。据日本厚生省公布的数据，2009 年日本平均每天有 693 对夫妇离婚，约每 2 分钟就有 1 对夫妇离婚。韩国媒体报道，结婚 4 年内离婚的，占所有离婚的比重从 2004 年的 25.2% 上升到 2009 年的 28.4%。由此可见，市场经济国家的离婚率是惊人的。民政部发布的统计数据称，我国离婚人数已经连续 7 年递增，离婚率呈上升趋势。办理离婚登记的，2010 年第一季度有 39.7 万对，第二季度又有 45.1 万对。短短三个月，便出现大规模增长。据报道，我国几个大城市的离婚率已经超过了 30%。

婚姻法规定的"婚姻自由"，包含对家庭和子女的责任、对社会的责任，不是指个人的恣意和任性。列宁曾痛斥过"杯水主义"，反对结婚或离婚像喝一杯水那样简单和随意。离婚是一种法律行为。如果立法规定离婚的门槛过低，法院审理离婚案件太过随便和轻率，就会造成严重的社会后果。

同离婚率飙升同步的是妻妾制普遍性。"一夫一妻制"是人类文明成果，我国社会主义婚姻关系的性质决定了不能实行妻妾制度。民国时期，民法规定实行"一夫一妻制"，但司法解释指称"妾非妻"、"一夫一妻准以纳妾辅之"，这是实行"一夫一妻多妾制"，实际上是"一夫多妻制"。"包二奶"是典型的"纳妾"制度，违反新中国婚姻关系发展的必然规律，造成了严重的社会后果。

这里登载的这篇关于离婚法草案的评论是从莱茵法学的观点来论述的，而前些时候登载的那篇评论（见《莱茵报》第 310 号附刊）是从旧普鲁士法学的观点及其实践出发的。现在有待于作出第三种评论，主要是从一般法哲学观点出发的评论。只研究同意和反对离婚的个别理由已经不够了，还必须阐述婚姻的概念和由此概念产生的后果。

马克思：《〈莱茵报〉编辑部为〈论新婚姻法草案〉一文所加的按语》，
《马克思恩格斯全集》第 1 卷第 315 页。

在这里登载的这篇评论中作了机智阐述的莱茵法学观点，是完全不够的。把婚姻分成宗教的和世俗的两种本质，使其中一种本质只同教会和个人的信仰相联系，而另一种本质则同国家和公民的法的意识相联系，这是不够的。把两个不同的领域强加给婚姻并不能消除矛盾；相反，这样做会在这两个至关重要的领域本身之间制造矛盾和无法解决的冲突。谁能责令立法者持二元论，持双重的世界观呢？难道一个持宗教观点的有良心的立法者，不应当把在教会世界和宗教形式中他认为是真理本身的东西，他作为唯一力量来崇拜的东西，看作现实世界和世俗形式中的唯一力量吗？在这一点上，表现了莱茵法学的根本缺陷——它的二重性的世界观。这种世界观由于用肤浅的方式把信仰同法的意识分开，不是解决最麻烦的冲突，而是把它劈成两半；它把法的世界同精神的世界，从而把法同精神割裂开来，这样也就把法学同哲学割裂开来了。而在反对这里所讨论的法律时，旧普鲁士法学的完全站不住脚则以最明白无误的方式更加突出地表现出来了。如果说任何立法都不能颁布法令让人们去做合乎伦理的事情是正确的，那么说任何立法都不能承认不合伦理的事情是合法的就更是正确的了。

马克思：《〈莱茵报〉编辑部为〈论新婚姻法草案〉一文所加的按语》，
《马克思恩格斯全集》第 1 卷第 316 页。

邦法是建立在理智的抽象上的，这种理智的抽象本身是无内容的，它把自然的、法的和合乎伦理的内容当作外在的、没有内在规律的质料加以吸收，它试图按照外部的目的来改造、安排、调节这种没有精神、没有规律的质料。邦法不是按照对象世界所固有的规律来对待对象世界，而是按照任意的主观臆想和与事物本身无关的意图来对待对象世界。旧普鲁士法学家表现出他们对邦法的这种本性了解很差。他们所批判的不是邦法的本质，而是它个别的外部表现。因此，他们反对的也就不是新离婚法草案的性质和方式，而是反对它的宗教改革的倾向。他们大概以为可以在坏习俗中找到坏法律存在的理由。

马克思：《〈莱茵报〉编辑部为〈论新婚姻法草案〉一文所加的按语》，
《马克思恩格斯全集》第 1 卷第 316～317 页。

《莱茵报》对新草案提出了下列几点主要的反对意见：（1）草案只是以简单的修订代替了改革，因而普鲁士邦法就被当作根本法保留了下来，这样便表现出非常显著的不彻底和无把握；（2）立法不是把婚姻看作一种伦理的制度，而是看作一种宗教的和教会的制度，因此，婚姻的世俗本质被忽略了；（3）草案所提出的诉讼程序缺点很多，而且是互相矛盾的各种因素的表面缀合；（4）应该承认，草案一方面具有同婚姻概念相抵触的警政一样的严厉性，而另一方面，对所谓合理的理由却又过分迁就；（5）草案的整个行文在逻辑的一贯性、准确性、鲜明性和观点的彻底性方面也有许多不如人意的地方。

马克思：《论离婚法草案》，
《马克思恩格斯全集》第 1 卷第 346 页。

我们再一次重申我们已经发表过的意见："如果任何立法都不能颁布法令让人们去做合乎伦理的事情，那么任何立法更不能承认不合伦理的事情是合法的。"当我们询问这些反对者（他们不是教会见解的反对者，也不是上述其他缺点的反对者）他们的论断的根据是什么的时候，他们总是向我们叙述那些违反本人意愿而结合的夫妻的不幸。他们抱着幸福主义的观点，他们仅仅想到两个个人，而忘记了家庭。他们忘记了，几乎任何的离婚都是家庭的离散，就是纯粹从法律观点看来，子女及其财产也不能按照随心所欲的意愿和臆想来处理。如果婚姻不是家庭的基础，那么它也就会像友谊一样，不是立法的对象了。可见，他们注意到的仅仅是夫妻的个人意志，或者更正确些说，仅仅是夫妻的任性，却没有注意到婚姻的意志即这种关系的伦理实体。可是，立法者应该把自己看作一个自然科学家。他不是在创造法律，不是在发明法律，而仅仅是在表述法律，他用有意识的实在法把精神关系的内在规律表现出来。如果一个立法者用自己的臆想来代替事情的本质，那么人们就应该责备他极端任性。同样，当私人想违反事物的本质恣意妄为时，立法者也有权利把这种情况看作是极端任性。谁也不是被迫结婚的，但是任何人只要结了婚，那他就得服从婚姻法。结婚的人既不是在创造，也不是在发明婚姻，正如游泳者不是在发明水和重力的本性和规律一样。所以，婚姻不能听从结婚者的任性，相反，结婚者的任性应该服从婚姻。谁任意地使婚姻破裂，那他就是声称，任性、非法行为就是婚姻法，因为任何一个有理性的人都不会有一种非分的要求，认为自己的行为是他一个人才可以做的享有特权的行为；相反，每个有理性的人都会认为自己的行为是合法的、一切人都可以做的行为。可是你们反对什么呢？反对任性的立法。但是，你们在责备立法者任性的同时，可不要把任性变为法律。

黑格尔说：婚姻本身，按其概念来说，是不可离异的，但仅仅就其本身，即仅仅按其概念来说是如此。这句话完全没有表明婚姻所具有的那种特殊的东西。一切伦理的关系，按其概念来说，都是不可解除的，如果以这些关系的真实性作为前提，那就容易使人相信了。真正的国家、真正的婚姻、真正的友谊都是不可分离的，但是任何国家、任何婚姻、任何友谊都不完全符合自己的概念。正像甚至家庭中现实的友谊和世界史上现实的国家都是可以分离的一样，国家中现实的婚姻也是可以分离的。任何伦理关系的存在都不符合，或者至少可以说，不一定符合自己的本质。

马克思：《论离婚法草案》，

《马克思恩格斯全集》第 1 卷第 347~348 页。

离婚无非是宣布某一婚姻是已经死亡的婚姻，它的存在仅仅是一种假象和骗局。不言而喻，既不是立法者的任性，也不是私人的任性，而是只有事物的本质才能决定，某一婚姻是否已经死亡；因为大家知道，宣告死亡取决于事实，而不取决于当事人的愿望。

马克思：《论离婚法草案》，

《马克思恩格斯全集》第 1 卷第 348 页。

既然你们要求在确定肉体死亡时要有确凿的、无可辩驳的证据，那么，难道立法者不应该只是根据最无可怀疑的征象来确定伦理的死亡吗？因为维护伦理关系的生命不仅是立法者的权利，也是他的义务是他的自我保存的义务！

马克思：《论离婚法草案》，

《马克思恩格斯全集》第 1 卷上册第 348~349 页。

当然，只有当法律是人民意志的自觉表现，因而是同人民的意志一起产生并由人民的意志所创立的时候，才会有确实的把握，正确而毫无成见地确定某种伦理关系的存在已不再符合其本质的那些条件，做到既符合科学所达到的水平，又符合社会上已形成的观点。

马克思：《论离婚法草案》，

《马克思恩格斯全集》第 1 卷第 349 页。

对于婚姻，立法者只能规定，在什么样的条件下婚姻是允许离异的，也就是说，在什么样的条件下婚姻按其实质来说是已经离异了。法院判决的离婚只能是婚姻内部瓦解的记录。立法者的观点是必然性的观点。因此，如果立法者认为婚姻是牢固的，足以承受种种冲突而不致受到损害，那他就是尊重婚姻，承认它的深刻的合乎伦理的本质。

马克思：《论离婚法草案》，

《马克思恩格斯全集》第 1 卷第 349 页。

破坏夫妻忠诚这时仍然是丈夫的权利，这一点至少有习俗作保证（Code Napoléon〔拿破仑法典〕明确地规定丈夫享有这种权利，只要他不把姘妇带到家里来）；而且随着社会的进一步发展，这种权利也行使得愈来愈广泛；如果妻子回想起昔日的性的实践而想加以恢复时，她就要受到比过去任何时候都更严厉的惩罚

恩格斯：《家庭、私有制和国家的起源》，

《马克思恩格斯全集》第 21 卷第 74 页。

我们的法学家认为，立法的进步使妇女愈来愈失去申诉不平的任何根据。现代各文明国家的立法愈来愈承认，第一，为了使婚姻有效，它必须是一种双方自愿缔结的契约；第二，在结婚同居期间，双方在相互关系上必须具有平等的权利和义务。如果这两种要求都能彻底实现，那末妇女就有了她们所能希望的一切了。

恩格斯：《家庭、私有制和国家的起源》，
《马克思恩格斯全集》第 21 卷第 85 页。

在婚姻关系上，即使是最进步的法律，只要当事人在形式上证明是自愿，也就十分满足了。至于法律幕后的现实生活是怎样的，这种自愿是怎样造成的，关于这些，法律和法学家都可以置之不问。但是，把各国的法制做一个最简单的比较，也会向法学家们表明，这种自愿究竟是怎么一回事。在法律保证子女继承父母财产的应得部分，因而不能剥夺他们继承权的各国，——在德国，在采用法国法制的各国以及其他一些国家中——子女的婚事必须得到父母的同意。在采用英国法制的各国，法律并不要求结婚要得到父母的同意，在这些国家，父母在传授自己的遗产时有着完全的自由，他们可以任意剥夺子女的继承权。很明显，尽管如此，甚至正因为如此，在英国和美国，在有财产可继承的阶级中间，结婚的自由在事实上丝毫也不比在法国和德国更多些。

男女在婚姻方面的法律上的平等权利，情况也不见得更好些。我们从过去的社会关系中继承下来的两性的法律上的不平等，并不是妇女在经济上受压迫的原因，而是它的结果。

恩格斯：《家庭、私有制和国家的起源》，
《马克思恩格斯全集》第 21 卷第 86 页。

这样，我们便有了三种主要的婚姻形式，这三种婚姻形式大体上与人类发展的三个主要阶段相适应。群婚制是与蒙昧时代相适应的，对偶婚制是与野蛮时代相适应的，以通奸和卖淫为补充的一夫一妻制是与文明时代相适应的。

在这种顺序中所表现的进步，其特征就在于妇女愈来愈被剥夺了群婚的性的自由，而男性却没有被剥夺。的确，群婚对于男子到今天事实上仍然存在着。凡在妇女方面被认为是犯罪并且要引起严重的法律后果和社会后果的一切，对于男子却被认为是一种光荣，至多也不过被当作可以欣然接受的道德上的小污点。但是，自古就有的杂婚制现在在资本主义商品生产的影响下愈是变化，愈是适应于资本主义商品生产，愈是变为露骨的卖淫，它在道德上的腐蚀作用也就愈大。而且它在道德上对男子的腐蚀比对妇女的腐蚀要厉害得多。卖淫只是使妇女中间不幸成为受害者的人堕落，而且即令她们也远没有堕落到普通所想像的那种程度。

恩格斯：《家庭、私有制和国家的起源》，
《马克思恩格斯全集》第 21 卷第 88 页。

正是资本主义生产注定要把这种结婚方式打开一个决定性的缺口。它把一切变成了商品，从而消灭了过去留传下来的一切古老的关系，它用买卖、"自由"契约代替了世代相因的习俗，历史的法。

恩格斯：《家庭、私有制和国家的起源》，
《马克思恩格斯全集》第 21 卷第 93 页。

按照资产阶级的理解，婚姻是一种契约，是一种法律行为，而且是一种最重要的法律行为，因为它决定了两个人终身的肉体和精神的命运。不错，这种契约那时在形式上确是自愿缔结的；没有当事人双方的同意就不能解决问题。不过人人都非常明白，这一同意是如何取得的，实际上是谁在订立婚约。既然在缔结别的契约时要求真正自由的决定，那末在订立婚约时为什么不要求这种自由呢？

恩格斯：《家庭、私有制和国家的起源》，
《马克思恩格斯全集》第 21 卷第 93～94 页。

统治阶级仍然为众所周知的经济影响所支配，因此在他们中间，真正自由缔结的婚姻只是例外，而在被压迫阶级中间，像我们所已看到的，这种婚姻却是通例。因此，结婚的充分自由，只有在消灭了资本主义生产和它所造成的财产关系，从而把今日对选择配偶还有巨大影响的一切派生的经济考虑消除以后，才能普遍实现。

恩格斯：《家庭、私有制和国家的起源》，
《马克思恩格斯全集》第 21 卷第 95 页。

总之，由爱情而结合的婚姻被宣布为人的权利，并且不仅是 droit de l' homme 而且在例外的情况下也是 droit de la femme〔妇女的权利〕。

但是，人的这种权利有一点是与人的其他一切所谓权利不同的。当后者在实践上只限于统治阶级即资产阶级，而对于被压迫阶级即无产阶级则直接或间接地化为乌有的时候，历史的讽刺又重新出现了。

恩格斯：《家庭、私有制和国家的起源》，
《马克思恩格斯全集》第 21 卷第 95 页。

按照费尔巴哈的看法，宗教是人与人之间的感情的关系、心灵的关系，过去这种关系是在现实的虚幻反映中（借助于一个神或许多神这些人类特性的虚幻反映）寻找自己的真理，现在却直接地而不是间接地在我和你之间的爱中寻找自己的真理了。归根到底，在费尔巴哈那里，性爱即使不是他的新宗教借以实现的最高形式，也是最高形式之一。

人与人之间的、特别是两性之间的感情关系，是自从有人类以来就存在的。性爱特别是在最近教只限于使国家对性爱的管理即婚姻立法高度神圣化；这种宗教也许明天就八百年间获得了这样的意义和地位，竟成了这个时期中一切诗歌必须环绕着旋转的轴心了。现在的实在的宗会完全消失，但是爱情和友谊的实践并不会发生丝毫变化。

恩格斯:《路德维希·费尔巴哈和德国古典哲学的终结》,
《马克思恩格斯全集》第 21 卷第 326 页。

在这里,费尔巴哈的唯心主义就在于:他不是直截了当地按照本来面貌看待人们彼此间以相互倾慕为基础的关系,即性爱、友谊、同情、舍己精神等等,而是把这些关系和某种特殊的、在他看来也属于过去的宗教联系起来,断定这些关系只有在人们用宗教一词使之高度神圣化以后才会获得自己的完整的意义。在他看来,主要的并不是存在着这种纯粹人的关系,而是要把这些关系看做新的、真正的宗教。这些关系只是在盖上了宗教的印记以后才被认为是完满的。

恩格斯:《路德维希·费尔巴哈和德国古典哲学的终结》,
《马克思恩格斯全集》第 21 卷第 327 页。

这几天我终于开始读拉萨尔的书。关于回溯效力说得很近乎情理,但论据不够充分,例如论述离婚法律的那部分就是证明,关于它,可以像某些柏林庸人那样说:"要是我知道离婚会这么难,我就不结婚了。"

《恩格斯致马克思》,
《马克思恩格斯全集》第 30 卷上册第 206 页。

把婚姻分成宗教的和世俗的两种本质,以致其中一种本质只同教会和个人的良心有关,而另一种本质则同国家和公民的法律意识有关,这是不充分的。把婚姻分成两个不同的领域并不能消除矛盾;相反,这样做倒会在这两个至关重要的领域本身之间制造矛盾和无法解决的冲突。谁能迫使立法者必须持二元论——两重世界观呢?难道任何一个持宗教观点的有良心的立法者,不应当把在精神世界和宗教形式中他认为是真理本身的东西,他作为唯一力量来崇拜的东西,看作现实世界及其世俗形式中的唯一力量吗?在这一点上,暴露了莱茵法学的根本缺点——它的两面的世界观。这种世界观由于用肤浅的方式把良心同法律意识分开,不是解决而是劈开最麻烦的冲突;它把法的世界同精神的世界,从而把法同精神割裂开来,这样也就把法学同哲学割裂开来了。但是,在反对所讨论的法律中,旧普鲁士法学的完全站不住脚便更加突出地暴露出来了。如果任何立法都不能规范道德这种说法是真实的话,那么任何立法都不能宣布道德为法就更真实的了。

马克思:《〈论新离婚法草案〉一文的编辑部按语》,
《马克思恩格斯全集》第 40 卷第 310 页。

在离婚问题上也是如此。我们请读者回忆一下,在关于民族问题的争论中第一次接触到这个问题的是罗莎·卢森堡。她提出了一个完全合理的见解:我们社会民主党人集中派要维护国内(州或边疆区等等)的自治,就必须坚持由全国政权即全国国会决定重大国务问题。关于离婚的立法就属于这样的问题。离婚的例子清楚地表明,谁现在不要求充分的离婚自由,谁就不配作一个民主主义者和社会主义者,因为没有这种自由,被压迫的女性就会惨遭蹂躏，——虽然不难理解，承认有离开丈夫的自由，并不等于号召所有的妻子都离开丈夫！

列宁：《论面目全非的马克思主义和"帝国主义经济主义"》，
《列宁全集》第 28 卷第 166 页。

在资本主义制度下，离婚权多半是不能实现的，因为被压迫的女性在经济上受压迫，因为在资本主义制度下，不管有什么样的民主，妇女始终是"家庭女奴"，是被关在卧室、育儿室和厨房里的女奴。在资本主义制度下，选举"自己的"人民法官、官吏、教师、陪审员等等的权利，同样多半是不能实现的，其原因就是工人和农民在经济上受压迫。

列宁：《论面目全非的马克思主义和"帝国主义经济主义"》，
《列宁全集》第 28 卷第 166 页。

离婚自由愈充分，妇女就愈明白，使他们作"家庭奴隶"的根源是资本主义，而不是无权。国家制度愈民主，工人就愈明白，罪恶的根源是资本主义，而不是无权。民族平等愈充分（没有分离的自由，这种平等就不是充分的），被压迫民族的工人就愈明白，问题在于资本主义，而不在于无权。如此等等。

列宁：《论面目全非的马克思主义和"帝国主义经济主义"》，
《列宁全集》第 28 卷第 167 页。

谢姆柯夫斯基和彼·基辅斯基都"谈论了"离婚，都暴露了对问题的无知，回避了问题的实质，因为离婚权也象所有一切民主权利一样，在资本主义制度下是难以实现的，有条件的，有限制的，极其表面的，但是尽管如此，任何一个正派的社会民主党人不但不能把否认这一权利的人叫作社会主义者，甚至不能把他们叫作民主主义者。问题的全部实质就在这里。一切"民主制"就在于宣布和实现在资本主义制度下只能实现得很少和附带条件很多的"权利"；不宣布这些权利，不立即为实现这些权利而斗争，不用这种斗争精神教育群众，社会主义是不可能实现的。

列宁：《论面目全非的马克思主义和"帝国主义经济主义"》，
《列宁全集》第 28 卷第 167 页。

苏维埃共和国的任务首先是取消对妇女权利的各种限制。苏维埃政权已经彻底铲除了资产阶级的丑恶现象即妇女受压制和受凌辱的根源——离婚诉讼。实行离婚完全自由的法律，已经快一年了。我们颁布了一项取消婚生子与非婚生子的地位差别、取消种种政治限制的法令；任何地方都没有这样充分地实现劳动妇女的平等和自由。

列宁：《在全俄女工第一次代表大会上的讲话》，
《列宁全集》第 35 卷第 180 页。

实行离婚完全自由的法律，已经快一年了。我们颁布了一项取消婚生子与非婚生子的地位差别、取消种种政治限制的法令；任何地方都没有这样充分地实现劳动妇女的平等和自由。

我们知道，工人阶级的妇女承受着旧法规的全部重压。

我们的法律在历史上第一次取消了一切使妇女处于无权地位的东西。但是，问题不在于法律。这项关于婚姻完全自由的法律在我们城市和工厂区实行得很好，而在农村则往往成为一纸空文。

列宁：《在全俄女工第一次代表大会上的讲话》，
《列宁全集》第 35 卷第 180~181 页。

我们真正彻底废除了那些剥夺妇女平等权利、限制离婚、规定可恶的离婚手续、不承认私生子、追究私生子的父亲等等卑鄙的法律，这种法律的残余在各文明国家内还大量存在，而这正是资产阶级和资本主义的耻辱。我们有充分的权利以我们在这方面所做的一切而自豪。可是，我们把旧时资产阶级法律和制度的废物清除得愈干净，我们就愈清楚地看到，这只是为建筑物清理地基，还不是建筑物本身。

列宁：《伟大的创举》，
《列宁全集》第 37 卷第 20~21 页。

苏维埃政权这个劳动者的政权在诞生后的最初几个月里，就在有关妇女的立法方面实行了最彻底的变革。苏维埃共和国彻底废除了使妇女处于从属地位的法律。我指的就是专门利用妇女较弱的地位把她们置于不平等的甚至往往是受屈辱的地位的法律，即关于离婚、关于非婚生子女、关于女方要求子女的生父负担子女抚养费的权利的法律。

列宁：《论苏维埃共和国女工运动的任务》，
《列宁全集》第 37 卷第 190 页。

我们看到，各民主共和国都宣布了平等，但是在民法中，在规定妇女的家庭地位和离婚权利的法律中，妇女到处都处于不平等的地位，处于受卑视的地位。我们说，这才是破坏民主，而且正是破坏被压迫者应享有的民主。苏维埃政权比所有最先进的国家更彻底地实现了民主，在它的法律中丝毫也看不到妇女受到不平等待遇的痕迹。

当然，光有法律是不够的，我们也决不满足于只颁布法令。但是在立法方面，我们已做了使男女地位平等所应做的一切，因此我们有理由以此自豪。

列宁：《论苏维埃共和国女工运动的任务》，
《列宁全集》第 37 卷第 191 页。

只要妇女没有摆脱男子依法享有的特权的自由，工人没有摆脱资本枷锁的自由，劳动农民没有摆脱资本家、地主、商人压迫的自由，就不可能有真正的"自由"，现在没有，将来也不会有。

让撒谎者和伪君子、蠢人和瞎子、资产者及其拥护者去欺骗人民，侈谈一般自由、一般平等、一般民主好了。

列宁：《苏维埃政权和妇女的地位》，

《列宁全集》第 37 卷第 281 页。

在我们苏维埃俄国，法律上男女的不平等已经完全取消了。苏维埃政权彻底消灭了婚姻法和家庭法上的特别可耻、卑鄙、伪善的不平等，消除了在对子女关系上的不平等。

这只是妇女解放的第一步。但是任何一个资产阶级共和国，哪怕是最民主的资产阶级共和国，都不敢走这第一步，因为它害怕触犯"神圣的私有制"。

第二步，也是主要的一步，就是废除土地和工厂的私有制。这样，也只有这样，才有可能使妇女获得真正彻底的解放，通过从单独的琐碎的家务劳动向社会化的大规模劳动的转变摆脱"家庭的奴役"。

列宁：《国际劳动妇女节》，

《列宁全集》第 40 卷第 381 页。

任何一个关心这个问题的人，只要稍微注意一下资产阶级国家关于结婚、离婚和非婚生子女的法律以及这方面的实际情况，就会知道现代资产阶级民主制，即使是在所有最民主的资产阶级共和国中，都是以农奴主的态度对待妇女和非婚生子女的。……

事实上，在结婚、离婚和非婚生子女地位这些问题上，正是布尔什维主义革命才是唯一彻底的民主革命。这是一个最直接涉及任何一个国家半数以上的人口利益的问题。

列宁：《论战斗唯物主义的意义》，

《列宁全集》第 43 卷第 31 页。

有一个意见现在就应该提出来：建议把第 3 节"（妇女）要求恋爱自由"全部删掉。这的确不是无产阶级的要求，而是资产阶级的要求。实际上，您是怎样理解这个要求的呢？这个要求可以理解成什么呢？

1. 在爱情上摆脱物质上的（钱财上的）考虑？
2. 同时摆脱物质上的操心？
3. 摆脱宗教偏见？
4. 摆脱父母等等的限制？
5. 摆脱"社会"的偏见？
6. 摆脱（农民或者小市民或者资产阶级知识分子的）小天地？
7. 摆脱法律、法院和警察的束缚？
8. 摆脱爱情上的严肃态度？
9. 摆脱生育子女的义务？
10. 通奸的自由？等等。

我列举了许多（当然不是全部）不同的理解。您所理解的当然不是第 8—10 点，而是第 1—7 点，或者类似第 1—7 点的东西。但是，如果是指第 1—7 点，那就应当选择另一种说法，因为恋爱自由这种说法不能确切地表达这个意思。小册子的广大读者必然会把"恋爱自由"理解为类似第8—10点的东西，以至违背您的本意。

正因为在现代社会里那些最能说会道、爱吵爱闹、"高高在上"的阶级所理解的"恋爱自由"是第8—10点，所以这不是无产阶级的要求，而是资产阶级的要求。

对于无产阶级说来，最重要的是第1点和第2点，其次是第1—7点；其实这并不是"恋爱自由"。问题不在于您主观上"想"把这种要求"理解"成什么。

问题在于爱情上的阶级关系的客观逻辑。

列宁：《致伊·费·阿尔曼德》，

《列宁全集》第47卷第69~70页。

在《论离婚法草案》和《〈莱茵报〉编辑部为〈论新婚姻法草案〉一文所加的按语》中，马克思反对直接把新教的教义作为普鲁士立法基础的企图，揭露了普鲁士立法制度的落后性质。他指出，普鲁士邦法不是按照对象世界所固有的规律来对待世界，而是按照任意的主观臆想和与事物本身无关的意图来对待对象世界。他要求法律成为人民意志的自觉表现，同人民的意志一起产生并由人民的意志所创立，决不能要求人们盲目地服从超伦理的和超自然的权威。

马克思在《〈莱茵报〉编辑部为〈论新婚姻法草案〉一文所加的按语》里说的"这里登载的这篇关于离婚法草案的评论是从莱茵法学的观点来论述的"，其具体情况是：

1842年2月，历史法学派的主要代表弗·卡·冯·萨维尼被普鲁士国王弗里德里希·威廉四世任命为法律修订大臣。在他的主持下，首先着手起草新离婚法草案。草案的准备和讨论是在非常秘密的情况下进行的。1842年7月草案虽已付印，但不允许公开发表。尽管如此，从7月底起还是有人针对草案发表了最初的批评性评论。1842年10月20日《莱茵报》第293号发表了这一草案，后来在《莱茵报》《莱比锡总汇报》以及其他报刊上对草案展开了广泛的公开讨论。普鲁士政府对这件事采取威胁和压制的手段，它首先要求《莱茵报》编辑部提供草案投寄人的姓名，遭到拒绝。这成了《莱茵报》后来被查封的原因之一。

1842年11月13、15日《莱茵报》第317、319号附刊登载的《论新婚姻法草案》一文认为，新草案的主要缺点在于，它并没有废除，只是修订了历史上已经过时的普鲁士邦法的各种规定。文章还谴责了草案在法律上把国家从属于教会明文规定下来的做法。因此，文章否定那些给结婚或离婚造成困难的各项规定，也反对因离婚而引起的法律性的惩罚。

"前些时候登载的那篇评论（见《莱茵报》第310号附刊）是从旧普鲁士法学的观点及其实践出发的"，是说1842年11月6日《莱茵报》第310号附刊登载的《评法律修订部1842年7月提出的离婚法草案》一文，批评草案持新教观点并具有违反常人健全理智的各种规定。文章否定给离婚造成困难的多数条款，维护普鲁士邦法的有关规定。

在《恩格斯致马克思》里，"这几天我终于开始读拉萨尔的书"之"拉萨尔的书"，指斐·拉萨尔《既得权利体系》。

马克思的《〈论新离婚法草案〉一文的编辑部按语》，载于《北极星报》的"普鲁士"栏。离婚法草案是 1842 年由法的历史学派创始人之一萨维尼（1842~1848 年任普鲁士修订法律大臣）拟定的。本文考察了这个草案的拟定过程。

2. 财产继承权

继承法是调整由于人的死亡而产生的财产继承上的权利义务关系的法律，财产继承权直接源于继承法。按照马克思的说法，继承权之所以具有社会意义，只是由于它给继承人以死者生前所有的权利，即借助自己的财产以提取他人劳动成果的权利。

私有财产制度是继承制度产生和发展的基础和重要内容。继承财产，包括被继承人所具有的所有权、债权等积极财产，也包括被继承人所负担的债务，以及由于遗赠所发生的债务等消极财产。这些财产，是作为生活资料的财产和作为生产资料的财产。

继承权之所以具有社会意义，只是由于它给继承人以死者生前所有的权利，即借助自己的财产以提取他人劳动成果的权利。

马克思：《总委员会关于继承权的报告》，
《马克思恩格斯全集》第 16 卷第 414 页。

继承并不产生这种把一个人的劳动果实转移到别人口袋里的权利——它只涉及到具有这种权利的人的更换问题。

马克思：《总委员会关于继承权的报告》，
《马克思恩格斯全集》第 16 卷第 414 页。

如果一部分好地固定属于某些家族，而其余的公民都得不到，这难道不是对人民的直接挑战吗？长子继承制不是建立在早已不符合我们的观点的那种对所有权的看法上吗？似乎一代人有权利无限制地支配所有未来的世世代代人的所有权——这种所有权是他们目前所利用和管理的所有权，似乎所有权的自由不会由于剥夺了子孙万代的自由这样一种专横行为而被毁灭！似乎这种把人束缚在土地上的做法可以真的永世长存！

恩格斯：《恩斯特·莫里茨·阿伦特》，
《马克思恩格斯全集》第 41 卷第 156~157 页。

继承法并不是一种原因，而是一种结果，是从现存社会经济组织中得出的法律结论。
……
我们应当同原因而不是同结果作斗争，同经济基础而不是同它的法律的上层建筑作斗争。假定生产资料从私有财产转变为公有财产，那时继承权（既然它具有某种社会意义）就会自行消亡，因为一个人死后留下的只能是他生前所有的东西。因此我们的伟大目标应当是消灭那些使某些人生前具有攫取许多人的劳动果实的经济权力的制度。在社会处于相当的发展水平而工人阶级又拥有足够力量来废除这种制度的地方，工人阶级就应当用直接的手段来达到这一点。例如，废除国债，自然就能同时避免国家有价证券的继承。另一方面，如果工人阶级没有足够的权力来废除国债，那末，要想废除对国家有价证券的继承权，就是愚蠢。

继承权的消亡将是废除生产资料私有制的社会改造的自然结果；但是废除继承权决不可能成为这种社会改造的起点。

马克思：《总委员会关于继承权的报告》，

《马克思恩格斯全集》第16卷第414~415页。

桑乔解释继承法不是根据积累的必然性和存在于法之前的家庭的必然性，而是根据权力一直延长到死后权力仍然保存的法学虚构。封建社会越是向资产阶级社会过渡，一切立法也就越来越多地抛弃这个法学虚构（例如，请参阅拿破仑法典）。这里用不着细说，绝对父权和长子继承权——包括自然形成的封建长子继承权，也包括它的后来形式——是以非常确定的物质关系为基础的。

马克思恩格斯：《德意志意识形态》，

《马克思恩格斯全集》第3卷第420页。

罗马继承法不像黑格尔所说的是从"意志"中发展而来的，而是从罗马的 gens 即氏族家庭公社的历史中发展而来的，关于氏族家庭公社，大部分法学家也都知道得不多。其实，我只是想说，我得破除那种说拉萨尔是有创见的思想家的神话，而这是完全必要的。

恩格斯：《恩格斯致爱·伯恩施坦》，

《马克思恩格斯全集》第35卷第383页。

我理解的"遗嘱自由"不是立遗嘱本身的自由而是立遗嘱时对家属丝毫加考虑的自由。这样的遗嘱在英国从很古的时候就有了而且毫无疑问，这是盎格鲁撒克逊人从罗马法学中借用来的。英国人在很久以前就不是把根据血统关系的继承当作准则，而是把根据遗嘱的继承当作准则，这可以从下面这种情况看出来，即早在中世纪初期，如果家长去世时没有留下遗嘱，那末的妻子和孩子只能得到法律所规定的那份遗产，而根据情况把三分之一或二分之一交与教会。教士们把事情描绘成这样，即要是他立遗嘱，那末他为了拯救自己的灵魂，会把一定数量的遗产留给教会。总之，就这方面来说，在中世纪遗嘱无疑具有宗教的意义，立遗嘱不是为了还活着的人，而是为了死人。但是我要提请注意这样一种情况，即在1688年革命以后曾取消了在那以前在家属继承权（这里，我当然不是说封建所有制）方面法律加在遗嘱人身上的限制。毫无疑义，这是适合于自由竞争及在此基础上建立的社会的本质的；同样毫无疑义，多少经过修改的罗马法为当代社会所接受，是因为建立在自由竞争基础上的社会里的人关于自己的法的观念是同罗马法中的人的观念相一致的（这里，我完全不涉及极其重要的一点，即虽然一定所有制关系所特有的法的观念是从这种关系中产生出来的，但另一方面同这种关系又不完全符合，而且也不可能完全符合）。

你证明罗马遗嘱的袭用最初是（至于照法学家的科学理解，那末现在也还是）建立在曲解上的。但是决不能由此得出结论说，现代形式的遗嘱——不管现代法学家据以构想遗嘱的罗马法被曲解成什么样子——是被曲解了的罗马遗嘱。否则，就可以说，每个前一时期的任何成就，被后一时期所接受，都是被曲解了的旧东西。

……

　　这样的问题，譬如说，英国人在没有罗马的情况下会不会有他们的遗嘱（即使它是直接起源于罗马的遗嘱和适应于罗马的形式，但终究不是罗马遗嘱），在我看来是没有任何意义的问题。要是我以另一种方式提出问题又会怎样呢？譬如说：遗赠（而现代所谓的遗嘱无非是使主要的继承人实质上成为全面的遗赠受领人）在资产阶级社会里就不能自动产生出来，而同罗马无关吗？或者说，不是产生出遗赠，而是产生出一种仅仅由死者对财产作出的书面的处置就不可能吗？

马克思：《马克思致斐·拉萨尔》，

《马克思恩格斯全集》第 30 卷下册第 607~609 页。

　　长子继承权是国家的法律。国家需要长子继承权的法律。因此，当黑格尔把国家观念的因素变成主语，而把国家存在的旧形式变成谓语时——可是，在历史真实中，情况恰恰相反：国家观念总是国家存在的［旧］形式的谓语——他实际上只是道出了时代的共同精神，道出了时代的政治神学。这里，情况也同他的哲学宗教泛神论完全一样。这样一来，一切非理性的形式也就变成了理性的形式。但是，原则上这里被当成决定性因素的在宗教方面是理性，在国家方面则是国家观念。这种形而上学是反动势力的形而上学的反映，对于反动势力来说，旧世界就是新世界观的真理。

马克思：《关于黑格尔对国家的观点》，

《马克思恩格斯全集》第 40 卷第 368~369 页。

　　"现在，在"那种从地产析分过程中产生的现代大地产在事实上"宣布了"长子继承权"之后"，"已经可以说：这只是"从地产析分中"做出了最后结论"，"而且"地产析分"除了实现"长子继承权、真正的长子继承权"之外，在实际上历来没有给自己提出其他的任务"。"由此就产生了谬误，似乎"地产析分"给了"家庭中各个成员的平等权利"无限的价值，像在"拿破仑法典的继承权中"所表现出来的那样。不，它只给了"长子"这样的价值"；"只有"长子，未来的继承权获得者，成为大地产占有者，"并且只因为我"是长子，"所以我也是"大地产占有者。

马克思恩格斯：《德意志意识形态》，

《马克思恩格斯全集》第 3 卷第 153 页。

　　这种多神教的迷信后来传到了基督教国家，并且成了现在英国和美国都还存在的遗嘱权的基础。

　　日耳曼的继承权是无须遗嘱的家属占有权。财产似乎是由家庭成员共同占有，支配者是家长。当这个支配者死了以后，财产便转归所有的子女。日耳曼人不知道有其他的继承权。

　　罗马教会推行了罗马的权利，而封建制度使日耳曼的权利变了样，因为负有兵役重荷的封建财产不能分割。法国革命又恢复了日耳曼的继承权。在英国，我们可以看到许多荒唐的事情，一个人拥有把自己的财产任意遗赠给谁的无限权利，他甚至可以不让自己的后裔继承，从而在死后的长时期内还支配着自己的财产。让资产阶级去研究遗嘱权的问题吧，因为这可以被用来反对贵族。在普鲁士，只能把自己财产的一小部分遗赠给外人。对于没有东西可以继承的工人阶级来说，这个问题没有什么意思。社会主义民主同盟打算从废除继承权开始社会革命。

马克思：《关于继承权的发言记录》，

《马克思恩格斯全集》第16卷第650~651页。

　　绝对保证"耕种自己土地的小私有者"（les petits propriétairesexploitant euxmemes）有永久（和继承）使用他们土地的权利。

列宁：《论法国共产党的土地问题提纲》，

《列宁全集》第42卷第306页。

　　政府拟订了一个关于农民土地占有制法律的新草案。这是为了要急速"限制"独立农庄和独立田庄的土地"分散"。地主想"保护小土地所有制"，防止土地过于分散、零碎和变成小块。这个法律的实质就是禁止农民的中等规模的地块，即独立农庄和独立田庄的土地分散。这样的地块无论是出卖或继承都必须归一人单独所有。其他继承人则按照地主土地规划委员会的估价领取现金"偿付"。

列宁：《土地"改革"的新措施》，

《列宁全集》第23卷第429页。

　　为什么不实行这种办法呢？只是因为资本家老爷们的私有权和继承权（广告收入的私有权和继承权）是神圣的。自称为20世纪的、第二次俄国革命中的革命民主派的人，难道可以承认这种权利是"神圣的"吗?!

列宁：《怎样保证立宪会议的成功》，

《列宁全集》第32卷第230页。

　　马克思在《总委员会关于继承权的报告》里关于"继承法并不是一种原因，而是一种结果"的论述，是有针对性的。大约40年前圣西门的信徒们所犯的重大错误之一，就在于他们不把继承权看作法律后果，而把它看作现今社会组织的经济原因。这丝毫没有妨碍他们在自己的社会制度中把土地和其他生产资料的私有制永世保存下来。他们认为，可以有挑选出来的终身所有者，就好像曾经有过挑选出来的国王一样。

　　承认废除继承权是社会革命的起点，只能意味着引诱工人阶级离开那实行攻击现代社会真正应持的阵地。这同既要废除买主和卖主之间的契约法，同时又要保存目前的商品交换制度一样是荒谬的。这在理论上是错误的，在实践上是反动的。我们在考察继承法时，必然要假定生产资料的私有制继续存在。如果私有财产在人们生前已经不存在，那末它就不会被人转让，同时也不会在人死后从死者那里传给别人。因此，有关继承权的一切措施，只能适用于社会的过渡状态，那时，一方面，社会目前的经济基础尚未得到改造，另一方面，工人群众已经积蓄了足够的力量来强迫采取旨在最终实现社会的彻底改造的过渡性措施。从这方面来考虑继承法的修改，只是所有导致同一目的的其他许多过渡性措施中的一种。

马克思恩格斯在《德意志意识形态》里提到的"长子继承权"，是一直保留到十九世纪的封建继承法的规定。按照继承法，爵位和地产只能传给长子而不得让渡。资产阶级革命后，一些资本主义国家中保留这种封建时代的继承制度，根据这种制度，大地产由一个家族或一个家庭排行最长者继承而不得分割。

限嗣继承权的法律（Law of primogeniture and entail）规定了一种大地产继承制。在这种制度下，地产由被继承人的长子使用，但他无权全部或部分地抵押、分割和转让（出卖）。

《马克思致斐·拉萨尔》里罗马法中的所谓"遗赠"，是指被继承人在遗嘱中做出的把遗产中的某种权利或利益给予某人的决定。遗赠受领人指承受遗赠的人。遗嘱的继承人与遗赠受领人的区别，在于继承人是全面的遗赠受领人，因为他不仅继承死者的财产和权利，而且继承其义务。

列宁在《怎样保证立宪会议的成功》里提到"广告收入的私有权和继承权"，在欧洲，有些报纸达到很大的发行量，这些报纸虽然免费送到每一家，但是它们的出版者还能得到一笔很可观的收入。这些报纸都是靠登私人广告的收入维持的，而报纸免费送到每一家则保证了这些广告得到最广泛的传播。对此，列宁认为，革命的民主派也能实行这项措施，宣布报纸的私人广告业务由国家垄断。

（四）获得社会救助权利

1. 获得物质帮助权

获得物质帮助权，是在因年老、疾病或丧失劳动能力等原因而无法维持生活的情况下，从国家和社会获取物质救济的权利。随着社会经济的发展和人民生活的改善，获得物质帮助权的含义和外延有所改变。物质帮助已从保障个人维持生活转向为社会成员和集体谋福利、求发展。西方国家立法适应于这一变化的需要，规定应增进和提高社会福祉、社会保障及公共卫生。

我国宪法规定，中华人民共和国公民在年老、疾病或者丧失劳动能力的情况下，有从国家和社会获得物质帮助的权利。国家发展为公民享受这些权利所需要的社会保险、社会救济和医疗卫生事业。

这里摘录了经典作家关于灾害救助、慈善捐助、社会保险方面的论述。经典作家论述了每一方面立法和措施的目的、内容和实质。

为了阻止群众运动的发展，资产阶级在推行镇压政策的同时，也实行收买政策，企图用这种施以小恩小惠的办法来消解人民群众的不满。保险法是社会保障之一。

《工人伤亡事故保险法案》是俾斯麦实行的所谓"劳工法"的一部分。草案规定为工人伤亡事故保险建立一个专门的帝国银行，用于保险的开支，2/3 由工厂主负担，1/3 由工人负担，但一年所挣工资低于 750 马克的工人除外（由帝国国库替他们支付）。假如伤病者丧失了劳动力，保险仅在第五个星期开始生效，而在此之前的开支由互助保险会负担。《工人保险法》是 19 世纪 80 年代德国政府对工人受伤、患病、残废和年老时实行社会保险的法令，保险法只涉及一部分工人，同时互助保险会的资金由 2/3 工人自己出，只有 1/3 由企业主出。

1881 年，俾斯麦政府发布了《社会立法大纲》。尽管这一纲领描绘成是对工人的特殊照顾，但它的内容却十分贫乏，而且实施得极为缓慢和不彻底。1883 年，通过《疾病义务保险法》；1884 年，通过《伤亡事故保险法》；1889 年，通过《年老和残废保险法》。这些社会保险基金，是用工人工资本身的扣款来建立的，其中只有 1/3 由企业主支付。沙皇俄国也有保险法。1912 年 6 月 23 日（7 月 6 日）第三届国家杜马在工人运动压力下通过《工人保险法》。该法仅在 20% 的产业工人中施行，只包括疾病和不幸事故的保险，而不对残废、年老、失业等实行保险。

列宁《论报纸上的一篇短文》里说：列维茨基提出的费用减到最低限度的全体农民互助人寿保险（通过村团、互助会、劳动组合等形式）和关于设立全帝国农民人寿保险基金，是保险公司的股东则从中赚钱。

（1）灾害救助

关于管理科布伦茨和特里尔这两个行政区内的乡镇和机关所有的林区的训令（标有"科布伦茨 1839 年 8 月 31 日"字样），是根据 1816 年 12 月 24 日的法令和 1835 年 8 月 18 日的王室内阁指令颁布的。该训令载于《王国科布伦茨行政区政府公报》第 62 号的附页上。训令第 37 条作出的规定原文如下：

"关于使用林区所产木材的问题，按规定必须根据偿付林区开支（赋税及管理费用）的需要，出售一定数量的木材。"

"至于为了满足乡镇的其他需要，余下的木材是标卖，还是全部或部分、无偿或按一定价格分配给乡镇的居民，则由乡镇自己决定，但应遵守如下规定：燃料用材和家具用材应以实物形式进行分配，而建筑用材如不用来修建乡镇的房屋或用来救济个别遭受火灾的居民等等，则应予标卖。"

依我看来，这个由莱茵省总督先生的一位前任颁布的训令证明，乡镇的居民分配燃料用材一事，在法律上既未明文规定，也未加以禁止，这仅仅是一个妥当与否的问题。

马克思：《摩泽尔记者的辩护》，
《马克思恩格斯全集》第 1 卷上册第 361 页。

协会理事会的答复："说实话，直到现在才对摩泽尔河沿岸地区的贫困表示担心的人，还没有看到那种骇人听闻的贫困状况，这种状况在这个地区的敦厚淳朴、勤劳不倦的居民中已深深地扎下了根，而且还在日甚一日地恶化下去，但愿人们不要像地政局局长先生那样对我们说，这只能归咎于贫困者自己，事实并不是这样，所有的葡萄种植者，无论是谨慎的还是轻率的，勤勉的还是懒散的，殷实的还是贫寒的，都或多或少地遭到了这种灾难。既然事情到了这种地步，连殷实的、勤劳而节俭的葡萄种植者也不得不声言，他们已经无力养活自己，那么显然就不应当到他们中间去寻找原因了。"

马克思：《摩泽尔记者的辩护》，

《马克思恩格斯全集》第 1 卷上册第 368 页。

在官僚界内部，这种认为官方的认识更加高明的观点，以及管理机构和它的管理对象之间的这种互相对立的现象是屡见不鲜的。我们看到，地政局在评定摩泽尔河沿岸地区的情况时，就首先强调地籍簿的记载是准确无误的；财政部则断言灾难不是由于"税收的"原因，而是"完全由于其他的"原因造成的，同样，管理机构也根本不在自身范围以内，而是在自身范围之外寻找贫困的原因。

马克思：《摩泽尔记者的辩护》，

《马克思恩格斯全集》第 1 卷上册第 373 页。

各种各样的灾害都落到穷人头上。城市人口本来就够稠密的了，而穷人还被迫更其拥挤地住在一起。他们除了不得不呼吸街上的坏空气，还成打地被塞在一间屋子里，在夜间呼吸那种简直闷死人的空气。给他们住的是潮湿的房屋，不是下面冒水的地下室，就是上面漏雨的阁楼。给他们盖的房子盖得让坏空气流不出去。给他们穿的衣服是坏的、破烂的或不结实的，给他们吃的食物是坏的、掺假的和难消化的。这个社会使他们的情绪剧烈地波动，使他们忽而感到很恐慌，忽而又觉得有希望，像追逐野兽一样地追逐他们，不让他们安心，不让他们过平静的生活。

恩格斯：《英国工人阶级状况》，

《马克思恩格斯全集》第 2 卷第 382 页。

整个苏格兰的穷人有 1/6 患了热病，乞丐般的流浪者以惊人的速度把这种灾害从一个地方带到另一个地方，但是并没有影响到社会的中上等阶级。在两个月中患热病的人比过去十二年还要多。1843 年在格拉斯哥患热病的占居民的 12%，共达 32000 人，其中有 32% 死掉，可是在曼彻斯特和利物浦，死亡率通常不超过 8%。

恩格斯：《英国工人阶级状况》，

《马克思恩格斯全集》第 2 卷第 384 页。

但落在煤矿工人头上的灾难还不止这些。在整个不列颠王国里，再没有一个劳动部门中的工人的生命像在这里这样经常发生危险。煤矿是许许多多骇人听闻的不幸事件产生的场所，而所有这些不幸事件都应当直接归咎于资产阶级的贪得无厌。矿井中常常产生的矿坑瓦斯和空气混合起来，就成为一种爆炸性瓦斯，这种瓦斯一碰到火就爆炸，就会把附近的人都炸死。这样的爆炸时而在这里发生，时而在那里发生，几乎每天都有。

恩格斯：《英国工人阶级状况》，

《马克思恩格斯全集》第 2 卷第 537～538 页。

输入的阻碍、输出的必要和工人的缺乏一下子都不存在了，其结果就是英国人所说的 agricultural distress，即农业灾难。农场主不得不以很低廉的价格出售自己的粮食，因而他们也只能支付很低的工资。为了提高粮价，议会在 1815 年通过了谷物法，在小麦价格每夸特低于 80 先令时，禁止粮食输入。后来，这个自然是无济于事的法律经过了多次的改变，但是这并没有减轻农业区的贫困。唯一的结果就是，这个在外国的自由竞争存在时已经危在旦夕的急病现在变成了慢性病，它均衡地但更严重地危害着农业工人。

恩格斯：《英国工人阶级状况》，

《马克思恩格斯全集》第 2 卷第 549～550 页。

用一位英国经济学家的话来说，这种关系就像古代的命运之神一样，逍遥于寰球之上，用看不见的手分配人间的幸福和灾难，把一些王国创造出来又把它们摧毁掉，使一些民族产生又使它们趋于衰亡。

马克思恩格斯：《德意志意识形态》，

《马克思恩格斯全集》第 3 卷第 40 页。

生产力在其发展的过程中达到这样的阶段，在这个阶段上产生出来的生产力和交往手段在现存关系下只能带来灾难，这种生产力已经不是生产的力量，而是破坏的力量（机器和货币）。与此同时还产生了一个阶级，它必须承担社会的一切重负，而不能享受社会的福利，由于它被排斥于社会之外，因而必然与其余一切阶级发生最激烈的对立；这个阶级是社会成员中的大多数。

马克思恩格斯：《德意志意识形态》，

《马克思恩格斯全集》第 3 卷第 77～78 页。

在现代社会中，在以个人交换为基础的工业中，生产的无政府状态是灾难丛生的根源，同时又是进步的原因。

马克思：《哲学的贫困》，

《马克思恩格斯全集》第 4 卷第 109 页。

工人阶级仍然会作为一个阶级保存下来，尽管他们经历了许多灾难，受尽了许多折磨，在工业的战场上抛下了多少尸体。可是这又有什么关系呢？工人阶级还是继续存在下去，不但继续存在下去而且人数还在增加。

恩格斯：《讨论自由贸易问题的布鲁塞尔会议》，
《马克思恩格斯全集》第 4 卷第 295 页。

海因岑先生的所作所为确实对地主和资本家有利，因为他把这两个阶级剥削人民的罪过转嫁于君主。而德国十分之九的灾难却正是由于地主和资本家剥削人民造成的！

恩格斯：《共产主义者和卡尔·海因岑》，
《马克思恩格斯全集》第 4 卷第 300 页。

帝国摄政王政府不妨深思一下海涅给那个老是埋怨发生大火灾因而使他感到讨厌的汉堡人的回答：

你们应当把自己的法律和自己的消火唧筒改进，——那时它就再也不会因自己磊落的语言而使自己充当别人的笑料了。

恩格斯：《德意志中央政权和瑞士》，
《马克思恩格斯全集》第 6 卷第 58 页。

在 1847 年的最后四个月，英国经历了最不景气的日子。铁路业的投机商破产了；在殖民地商品的贸易方面，从 8 月 10 日到 10 月 15 日，伦敦有二十家第一流的商行相继倒闭，这二十家商行的资产总额为五百万，所生股息约占全伦敦的百分之五十；而在工厂区，11 月 15 日曼彻斯特的一百七十五家纺纱厂中充分开工的只有七十八家，一万一千名工人被抛到街头，灾难达到了顶点。

马克思恩格斯：《经济状况》，
《马克思恩格斯全集》第 6 卷第 387 页。

在爱尔兰发生了严重的饥荒，使得英国政府不得不贷给这个国家 800 万英镑，平均每个爱尔兰人 1 镑。在因遭到损失达 400 万英镑的水灾而更加贫困的法国，欠收情况空前严重。在荷兰和比利时欠收情况也很严重。

马克思恩格斯：《国际述评（三）》，
《马克思恩格斯全集》第 7 卷第 494 页。

正像 1845 年和 186 年的马铃薯病灾一样，从今年年初起棉花欠收引起了资产阶级的普遍恐慌。当大家都知道 1851 年棉花产量决不会比 1850 年多的消息之后，这种恐慌就更加厉害了。棉花欠收在以前的时期并没有多大的意义，而在目前棉纺织业正在扩大的情况下，却具有重大的意义，已经开始严重地阻碍了棉纺织业的生产活动。资产阶级刚刚忘却它整个社会秩序的基础之一马铃薯遭到危险这个异常痛心的发现，而恢复常态的时候，现在又看到它的第二个基础棉花也遭到同样的危险。

马克思恩格斯：《国际述评（三）》，
《马克思恩格斯全集》第 7 卷第 503～504 页。

人民群众总是希望只要更换一下政府他们就可以一下子摆脱社会灾难。一旦发现宪法并没有这种神奇的力量，迫切的期望也就变成了失望，而这些热情的南方人从失望到仇恨只不过一步之隔。

马克思：《革命的西班牙》，

《马克思恩格斯全集》第 10 卷第 502 页。

拿破仑对金融市场的干预，正如他对卢瓦尔河水灾区的干预，其效果大致相同。

马克思：《欧洲金融危机产生的原因》，

《马克思恩格斯全集》第 12 卷第 66 页。

出租自己土地的种地少的农户就是前者的候补者。每次大的歉收或偶然事故，如火灾、丢失马匹等等，都会使这一类中的一部分户主下降为不经营的农民和雇农。

列宁：《农民生活中新的经济变动》，

《列宁全集》第 1 卷第 34 页。

天真的研究者们相信社会和国家是可以"感化"的，完全沉溺在他们所收集的那些事实的细节中，惟独忽略了农村的政治经济结构，忽略了那种真正苦于这些眼前直接灾难的经济的主要背景。

列宁：《什么是"人民之友"以及他们如何攻击社会民主党人?》，

《列宁全集》第 1 卷第 241 页。

"……如果他们对遭了火灾的村子不惜送点伏特加酒或小米，那他们就能博得农民的敬仰、拥护和尊重，成了穷人的活命恩人，好像没有他们，穷人就活不下去。农民把他们看作聪明人，甚至把子弟送到他们那里当学徒，认为孩子坐柜台是体面事，深信孩子将来定有出息。"

我特意把作者的叙述较详细地摘录下来，好让大家看看俄国社会经济组织是资产阶级组织这一论点的反对者是怎样描述我国年轻资产阶级的。

列宁：《民粹主义的经济内容及其在司徒卢威先生的书中受到的批评》，

《列宁全集》第 1 卷第 339 页。

工人只有取得证明，才能不出旷工罚款，因为口头上说他不上工有正当理由厂方是不相信的。必须取得医生的（例如患病）或警察局的（例如遇到火灾）证明。如果不能立刻弄到证明，即使迟一点也必须缴上证明，然后根据法律要求不受罚款处分，如果已经处分了，可以要求取消。

列宁：《对工厂工人罚款法的解释》，

《列宁全集》第 2 卷第 36 页。

在法律中只有这样一条："工厂因火灾、水灾、锅炉爆炸以及其他类似事件而停工7天以上时"，厂主和工人间的合同即告失效。工人应当力争制定厂主在停工期间照付工人工资的条例。

> 列宁：《对工厂工人罚款法的解释》，
> 《列宁全集》第2卷第38页。

发给因火灾或其他不幸事件致使财产遭受损失或破坏者以补助金。按照彼得堡工厂事务会议的解释，这种情况应由警察局的证明文件加以证明，补助金的数目不应超过半年工资的2/3（也就是说不超过4个月的工资）。

> 列宁：《对工厂工人罚款法的解释》，
> 《列宁全集》第2卷第49页。

内务大臣向各受灾省省长发出了多么冗长的通令（8月17日）！这篇超过普通一印张的作品，通过西皮亚金先生的嘴巴，阐述了政府在粮食问题上的全部政策。发表这篇作品，显然是想给"社会"造成一种印象：看，我们是多么关心人，我们是多么急切地采取救灾措施，我们对成立粮食机关及其各种活动形式和活动范围都预先作了安排。不能不承认，内务部的通令不仅在篇幅上而且在内容上（如果能耐心读完的话）也确实给人留下了印象。

> 列宁：《同饥民作斗争》，
> 《列宁全集》第5卷第251页。

西皮亚金先生在设法缩减饥民救济金方面表现出惊人的不屈不挠的精神和发明创造的才能。首先他要求省长们讨论一下究竟哪些县是"受灾"县（这个问题将由内务部本身作出最后决定，甚至不相信省长能避免"夸大"！）。并且指示说，凡有下述情况的县份不应当认为是受灾县：（1）受灾的乡不超过三分之一；（2）缺粮是经常现象，年年靠工资收入购买不足的口粮；（3）用于支付救济金的地方资金不足。官吏是如何解决粮食问题的，由这个小例子可见一斑，他们是用一个尺度衡量一切！

> 列宁：《同饥民作斗争》，
> 《列宁全集》第5卷第254页。

9月15日，圣上批准了《关于受灾区居民参加由交通部、农业部、国家产业部安排施工的工程的暂行条例》，并且立即予以公布。俄国农民一了解到这些条例（当然不是根据报纸上所公布的材料，而是凭他们的亲身体验），他们便会看到，他们受地主和官吏多年奴役而得出的一条真理又一次得到了证实，这条真理就是：只要当局郑重其事地宣称，农民"可以参加"大小事务，如赎买地主土地，或在饥荒时参加修建各种公共工程，那就可以预料，一场新的大灾难就要临头了。

列宁：《苦役条例和苦役判决》，
《列宁全集》第 5 卷第 262 页。

连专制制度也不得不愈来愈经常地设立"供村团的文化和慈善事业需要的"特别"基金"（自然，数目十分可怜，而且被贪官污吏侵吞的多，用于救济饥民的少）。因此，除其他民主改革外，我们也不能不要求设立这样的基金。这一点恐怕是无可争辩的。

现在试问，这笔基金从哪里来呢？据我们估计，有人在这里可能向我们指出累进所得税：专门提高富人所得税的税率，把这笔款子充作上述基金。让国家最富裕的成员拿出最多的钱来供养饥民，并且尽可能地消除饥荒带来的灾祸，这是十分公平的。我们绝不会反对这种措施，但是在我们纲领中没有必要专门谈这种措施，因为纲领有专门一条提出累进所得税的要求，这一点完全包括在里面了。

列宁：《俄国社会民主党的土地纲领》，
《列宁全集》第 6 卷第 314～315 页。

现在，正好是 1906 年 11 月 9 日法令 71 颁布的 5 周年，几乎蔓延半个俄国的饥荒和歉收极其明显地和不容反驳地证明，这种寄托在斯托雷平土地政策上的希望，掩盖了多少明摆着的谎话或天真的无知。

甚至根据政府的统计资料来看（这些统计资料的精确程度和"谦虚程度"已为历次饥荒所证实了），歉收的灾难已经遍及 20 个省；有 2000 万个居民"有权要求给予粮食救济"，就是说，他们已因饥饿而浮肿，他们的经济已陷于破产。

列宁：《饥荒和黑帮杜马》，
《列宁全集》第 21 卷第 70 页。

有 3000 万居民受灾最严重。农民贱价出卖份地、牲口以及一切可以出卖的东西。卖掉少女——万恶的奴隶制时代又回来了。人民所遭受的灾难一下子就暴露出我国整个所谓"文明的"社会制度的真正实质：这个制度是以另一种形式出现的，用另一种外壳包着的，处在另一种"文明程度"上的旧的奴隶制度，即千百万劳动人民由于 1 万个"上层分子"聚敛财富、穷极奢侈、过寄生生活而受奴役的制度。

列宁：《饥荒》，
《列宁全集》第 21 卷第 216 页。

资本不仅没有消除群众所受到的压迫、剥削、贫困，反而以新的形式制造了这些灾难，并且在"现代的"基础上复活了旧的灾难。资本主义不仅没有消除工农业之间的矛盾，反而扩大了这盾，使矛盾更加尖锐化。主要在商业和工业领域形成的资本，愈来愈沉重地压迫着农业。

列宁：《关于农业中资本主义发展规律的新材料》，
《列宁全集》第 27 卷第 230～231 页。

恩格斯在《德意志中央政权和瑞士》里的那句诗，摘引自海涅"德国——一个冬天的童话"第二十一章。

马克思在《欧洲金融危机产生的原因》里说，"正如他对卢瓦尔河水灾区的干预，其效果大致相同"，是指拿破仑第三对水灾采取措施的情况。1856年春天罗尼河和卢瓦尔河盆地水灾期间，拿破仑第三为了追求声望，曾到受灾的省份，乘坐小船经过一些被淹的城市和乡村，并且对灾害的损失给以资助。当时他在给公共工程大臣的一封信中提出了各种措施，在他看来，这些措施能够阻止类似的自然灾害再次发生。

（2）慈善捐助

在德国有许多慈善协会，在法国有不少慈善社团，在英国也举办无数唐·吉诃德式的慈善事业，如为赈济穷人举办的音乐会、舞会、义演、义餐，甚至为遭遇不幸的人募捐，——这一切都没有任何别的意思。由此可见，慈善事业也早就已经当作消遣来举办了。

马克思恩格斯：《神圣家族》，
《马克思恩格斯全集》第2卷第247～248页。

她住在斯比脱菲尔兹地方的奎克街普尔斯－布莱斯2号，生活极端贫困。当警察到她那里去的时候，发现她和六个孩子不折不扣地挤在一间不大的杂屋里面，除了两把没有座子的旧藤椅、一张折了两条腿的小桌子、一个缺口的茶杯和一个小小的钵子，就什么家具也没有了。灶里面一点火星也没有，在一个角落里有一小堆破布，这堆破布少得用一条女人的围裙包起来就可以拿走，可是这却是全家的床铺。他们盖的是自己的少得可怜的衣服。这个不幸的女人告诉他，去年她被迫卖掉了自己的床去买食物；她为了得到一些食品，把床单押在食品店里面，总之，她仅仅为了弄到全家吃的面包就把一切都卖光了。——法官从捐来的救济金里面发给这个女人一笔相当大的补助金。

恩格斯：《英国工人阶级状况》，
《马克思恩格斯全集》第2卷第310～311页。

在1842年的这次危机时期，济贫捐在一切城市中都高到前所未有的程度。例如在斯托克波尔特，每收1英镑房租，就要付出8先令济贫捐，因而仅仅是这一项捐税就占了全城房租总额的40%。

恩格斯：《英国工人阶级状况》，
《马克思恩格斯全集》第2卷第372页。

在这种危机时期失业者受了多少窘迫和困苦，就不用说了。济贫捐是不够用的，是远不够用的。阔佬们的慈善救济不过是杯水车薪，它的作用一瞬间就完了，因为在乞丐很多的地方，施舍物只能帮助很少的人。

恩格斯：《英国工人阶级状况》，

《马克思恩格斯全集》第 2 卷第 373 页。

　　饥饿的爱尔兰又痛苦地抽搐着。习艺所已挤满了乞丐，破了产的所有者再不愿缴纳济贫捐，饥饿的人们往往成千地集合在一起抢劫农场主的谷仓和畜圈，甚至抢劫不久前他们还极其敬畏的天主教神甫的谷食和畜圈。

恩格斯：《英国的商业危机。宪章运动。爱尔兰》，

《马克思恩格斯全集》第 4 卷第 318 页。

　　1844 年，同盟在前次募捐获得成就的鼓舞下，宣称将开展一次总额为 10 万英镑的新的募捐。第二天，曼彻斯特的厂主曾聚集一堂，半小时内就认捐了 12000 英镑，1844 年 11 月认捐总额达 82000 英镑，其中 57000 英镑已经付款。几个月以后，展览会在伦敦开幕了，它也会使同盟有一笔巨额的收入。这一巨大的运动从曼彻斯特扩展到整个英国，吸引了英国极大多数资产阶级，但是（我们再说一遍）丝毫也没有引起工人阶级的同情；如果我们问一下：这个运动的动因是什么，那我们就应该承认，首先是大不列颠工商业资产阶级的私利。

恩格斯：《补遗　英国谷物法史》，

《马克思恩格斯全集》第 4 卷第 567～568 页。

　　波拿巴为建立所谓的 cités ouvrières〔工人村〕曾向全国募集捐款，并且他自己在认捐名册上第一个认捐了一大笔款子，但他只是徒劳了一番。冷酷的资产者抱着不信任的态度等待他付出认捐的款子；而这笔款子自然是没有付出，于是利用社会主义空中楼阁进行的投机把戏就像肥皂泡一样破灭了。

马克思：《路易·波拿巴的雾月十八日》，

《马克思恩格斯全集》第 8 卷第 182 页。

　　一个男子要想享有不列颠议会选举权，如果是在城市选区，他就得有除缴纳济贫捐外收入不少于十英镑的房产。

马克思：《宪章派》，

《马克思恩格斯全集》第 8 卷第 391 页。

　　认捐现金和物品的募捐单盖有社会主义体操联合会的印章，认捐者可到下列地址索取：运河街 38 号本协会；北威廉街 12 号莱歇尔泽尔和海茵处，以及寄居约·弥勒家的凯克——艾伦街 21 号。

马克思恩格斯：《关于救济科伦被判罪的无产阶级代表及其家属的呼吁书》，

《马克思恩格斯全集》第 8 卷第 646 页。

这个被俄国人的宣传蒙蔽了的城市，主动地给这位"大元帅"格里瓦斯打开城门。于是他首先向基督教居民勒索了 20 万披亚斯特"爱国捐"。这个数目还不十分大，人们也就缴纳了。可是格里瓦斯并不满足。他亲自访遍最有名和最富裕的市民，劝他们把自己所有珍贵的金银财宝，以捐款的形式送交银行。这种招摇撞骗的伎俩引起了不满，进行得既不顺利，也没有捞到什么便宜。

马克思:《希腊人暴动。——波兰济民——奥地利—普鲁士条约》，
《马克思恩格斯全集》第 10 卷第 222 页。

我们的委员会已经三次提出报告，每一次我们都要求捐款人指派代表来检查账目和收据。还有哪一个委员会是这样做的？每一分钱，我们有收据。委员会的任何委员从来都没有得到过捐款中的一分钱，而且不管处境怎样艰难，也从来没有这样要求过。我们亲近的朋友从来没有一个人比别的流亡者多得；凡是稍有经济来源的人，没有一人得到过一分钱。

《恩格斯致约·魏德迈》，
《马克思恩格斯全集》第 27 卷第 555 页。

正像党纲所说的，应该是协助工人组织起来。我们刚才所描述的这种斗争要求工人必须组织起来。现在，为了更顺利地进行罢工，为了给罢工者募捐，为了建立工人储金会，为了向工人进行宣传，为了在工人中间散发传单、通知、号召书等等，都需要组织。

列宁:《社会民主党纲领草案及其说明》，
《列宁全集》第 2 卷第 88 页。

我们前面已经看到，富人还有"目前形式"的学校。譬如，在国民教育部所属的目前形式的中等学校中，学费只占总开支的 28.7%，40% 由国库拨发，21.8% 由个人、机关和团体捐助，3.1% 是基金的利息，6.4% 是其他收入(《生产力》第 19 编，第 35 页)。因此尤沙柯夫先生比目前更加强了中等学校的阶级性质:按照他的"计划"，富人只缴 28.7% 的学费，而穷人却要缴纳全部学费，另外还得服工役！

列宁:《民粹主义空想计划的典型》，
《列宁全集》第 2 卷第 470 页。

城市的宪兵和警察，农村的地方官和巡官清楚地看到，人民对他们的仇恨日益加深，他们不仅开始害怕农村食堂，而且害怕报纸上关于募捐的公告。害怕捐款！真是做贼心虚。当窃贼看到过路人施舍东西给他行窃过的那个人时，就开始感到:他们相互帮助，是要齐心协力来对付他。

列宁:《危机的教训》，
《列宁全集》第 5 卷第 76 页。

现在新的通令公然要求一切捐献和募捐活动以及开办食堂都必须"服从政府的监督"。

列宁:《同饥民作斗争》,

《列宁全集》第5卷第256页。

这个小组逐步地开展了愈来愈广泛的宣传和鼓动,以自己的行动博得了相当广泛的工人阶层的同情,博得了有教养社会的一部分人的同情,他们捐出一些金钱,并且把一批又一批的青年交给"委员会"支配。

列宁:《怎么办?》,

《列宁全集》第6卷第96页。

下面全文援引一封胶印的给地方自治活动家的信,这封信曾在地方自治会议最近一次会议上传阅过(可惜,这封信只是最近才落到我们手里)。

……政府通过省地方自治事务会议常任委员对地方自治机关无礼地进行公开监视。政府通过颁布地方自治税限额的法令,对地方自治机关的基本权利——自动捐献的权利公然表示极不信任。

列宁:《一封给地方自治人士的信》,

《列宁全集》第6卷第339页。

居民向社会民主党捐款必须索取盖有印章的收条。

列宁:《游击战争》,

《列宁全集》第14卷第5页。

为了这个目的,青年团体努力与青年士兵建立密切的联系。做法是这样的:一个青年工人还没有当兵的时候,他参加青年团体,交纳会费;当兵以后,青年团体继续和他保持经常的联系,定期给予少量的资助(这在法国叫作"士兵小捐"),这种资助尽管本身数目很小,对他却有重要意义。而从士兵这一方面来说,则有义务定期向青年团体报告他所在军营内发生的一切,谈他自己的感受。这样,士兵在入伍以后,也不会同他原来所在的那个组织失去联系。

列宁:《反军国主义的宣传和社会主义工人青年团体》,

《列宁全集》第16卷第107页。

政府阻挠赈济饥民的工作,警察当局无端指责地方自治机关,指责开展募捐和组织赈食委员会等等工作的人员,这甚至在资产阶级中间也引起了普遍的不满,甚至在十月党这样落后的反革命的资产阶级中间也激起了抗议的呼声。

列宁:《俄国社会民主工党第六次(布拉格)全国代表会议文献》,

《列宁全集》第21卷第131页。

　　尽管由于饥民和失业者人数的增加，工人阶级的经济状况趋于恶化，他们还自发地要求为饥民募捐和提供其他援助；这是每个民主派都有的自然要求，更何况社会党人；所有的社会民主党人都应当支持这种要求，并以阶级斗争的思想来加以引导。

列宁：《俄国社会民主工党第六次（布拉格）全国代表会议文献》，

《列宁全集》第 21 卷第 132 页。

　　从工人本身的创举和力量的观点来看，比方 30 个工人团体捐献了 100 卢布，那就要比几十个"同情者"捐献的 1000 卢布重要得多。依靠工厂工人的小团体以许多个 5 戈比硬币凑起来的捐款创办的报纸，比依靠知识分子中的同情者提供的几十个和几百个卢布创办的报纸要扎实、巩固和有分量好多倍，这不论是从财政观点来看，或更为重要是从工人民主派的发展来看，都是这样的。

列宁：《半年工作总结》，

《列宁全集》第 21 卷第 410 页。

　　目前我们所关心的只是工人自己的捐款，而且指的不是单个工人的捐款，因为他们也许是偶尔碰上了某个募捐人，在思想上，也就是在观点和信仰上同他并没有联系，我们指的是工人团体的捐款，他们一定都预先讨论过应不应当捐款，捐给谁，捐款的目的何在。

列宁：《半年工作总结》，

《列宁全集》第 21 卷第 410 页。

　　工人们为了创办自己的报纸而向《明星报》和《真理报》提供了 504 次团体捐款。除了创办和支持自己的工人报纸以外，他们决没有任何其他目的。

列宁：《半年工作总结》，

《列宁全集》第 21 卷第 423 页。

　　列宁在《反军国主义的宣传和社会主义工人青年团体》里的"士兵小捐"，在《列宁全集》第 17 卷第 173 页，列宁注释是：法国人组织的所谓"士兵小捐"特别有趣：工人每星期交一个苏（法国的一种辅币，值 5 生丁。——编者注）给自己的工会书记，这样凑成一笔钱拿去送给士兵，"提醒他们：他们虽然穿着军装，也还是被剥削阶级的一员，他们在任何情况下都不应当忘记这一点"。

　　（3）社会保险互助

　　每当工业和商业的发展创造出新的交往形式，例如保险公司等等的时候，法便不得不承认它们是获得财产的新方式。

马克思恩格斯：《德意志意识形态》，

《马克思恩格斯全集》第 3 卷第 72 页。

"正如我们所理解的，捐税应当是有产者为了保证不会遭到任何妨害自己占有和运用财产的危险而缴纳的保险金…… 这种保险金应当是按比例缴纳的，它是完全正确的。任何一种税收，如果它不能保证免除危险，不是为商品付出的代价，不是劳力的等价物，都应当废除；只有两种例外：舶来品税（douane）和死亡税（enregistrement）…… 于是，纳税人就被保险人所代替……谁愿意纳税就纳税，完全听其自愿…… 我们甚至可以更进一步说：所有的捐税之所以遭到非难，就是因为它们被称为捐税。一切捐税都应当废除，因为捐税的特征是具有强制性，而保险则是自愿的。"

不应当把这种保险金和所得税混淆起来，保险金其实是资本税，因为它保险的不是收入，而是全部财产。国家就跟保险公司一样，它在承保时所关心的是财产的价值，而不是财产带来的收益。

马克思恩格斯：《"新莱茵报。政治经济评论"第4期上发表的书评》，
《马克思恩格斯全集》第7卷第334页。

日拉丹先生并不满足这种一般的建议，他还给我们制定了一个每个公民都应当向国家索取的保险单或者保险证。

每一年担任以前收税官的职务的人都发给保险人一个"护照大小的共有4页的"保险单。第一页是保险人的名字，编号以及缴款登记栏；第二页是保险人及其家庭的详细情况和自己所作的对他全部财产的详细的并证明可靠的估价；第三页是国家预算和法国的总收支对照表；第四页是各种多少有用的统计资料。这个保险单就成了护照，选举证，流浪工人的小账本之类的东西。

马克思恩格斯：《"新莱茵报。政治经济评论"第4期上发表的书评》，
《马克思恩格斯全集》第7卷第334～335页。

这样一来，捐税实际上就成了保险人为了享有以下特权而纳的保险金：（1）社会保护，诉讼免费，举行宗教仪式免费，教育免费，获得抵押贷款以及向储金局领取养老金；（2）免除和平时期的兵役；（3）保证不虞匮乏；（4）火灾、水灾、雹灾、兽瘟、轮船失事等的损失得到赔偿。

马克思恩格斯：《"新莱茵报。政治经济评论"第4期上发表的书评》，
《马克思恩格斯全集》第7卷第335页。

日拉丹先生取消了捐税，把它变成了保险金。社会的成员支付一定的保险金就可以彼此保证自己的财产不因火灾、旱灾、雹灾和破产而受到损失，一句话，就可以免除现在妨碍资产阶级享受安乐生活的一切危险。每年缴纳的保险费不仅由所有的保险人来确定，而且还由自己估计自己财产的个人来确定。因此，商业和农业的危机、巨大的损失和破产就消失了，资产阶级生存过程中从产生现代工业起就具有瘟疫性质的一切变动就消失了。

马克思恩格斯：《"新莱茵报。政治经济评论"第4期上发表的书评》，
《马克思恩格斯全集》第7卷第336页。

资产者希望他的房子不是玻璃制的，而他邻居的房子是玻璃制的。这一愿望也实现了。例如，某个公民希望我给他一笔垫款或者希望与我合伙。我请他拿出他的保险单来，就能看到关于他的所有公民关系的详尽介绍，就能看到这种介绍对他显然的利益有无保证，上面有无保险公司管理委员会的签字。有一个乞丐来叩门乞讨。要叫他拿保险单来！公民应当肯定他救济了应该救济的人。以前雇一个女仆时，把她带到家里，盲目地予以信任；而现在则是叫她拿保险单来！

> 马克思恩格斯：《"新莱茵报。政治经济评论"第4期上发表的书评》，
> 《马克思恩格斯全集》第7卷第337页。

多么美妙的思想！

在这个至善的世界里，一切都带来利润：犯罪绝迹，而违法却带来收入。最后，因为在这种制度下财产保险不受任何侵害，国家仅作为普遍替一切利益保险的公司而存在，所以工人就永远有工作。就"不再发生革命了！"

> 马克思恩格斯：《"新莱茵报。政治经济评论"第4期上发表的书评》，
> 《马克思恩格斯全集》第7卷第338页。

资产阶级国家不过是资产阶级用来对付它的个别成员和被剥削阶级的相互保险的公司，由于统治被剥削阶级日益困难，这种保险必然会日益昂贵，似乎日益脱离资产阶级社会而趋于独立。名称的改变一点也不会改变这种保险的条件。日拉丹先生曾硬说各个人在与保险公司的关系上似乎具有独立性，可是连他自己也不得不立刻否定这种说法。谁过低地估价自己的财产，谁就会吃亏，因为这样保险机构就会按他申报的价格收买他的财产，甚至用奖赏的办法来鼓励别人检举。而且谁要是不愿意拿自己的财产去保险，谁就会处在社会之外，并被宣布为法律保护之外的人。

> 马克思恩格斯：《"新莱茵报。政治经济评论"第4期上发表的书评》，
> 《马克思恩格斯全集》第7卷第338页。

麦克唐纳公司的期票曾有127个不同的人和公司承兑；可是只对37个的情况进行了查询，并且关于其中21个的反应是令人不满的或者是很坏的。然而麦克唐纳公司的信用贷款并没有减少。从1848年起，银行的账簿上就玩弄改头换面的把戏，把债务变成了信贷，把亏损变成了资产。

在报告书中说道："要理解这种弄虚作假的方法，也许最好是看一看：列在另一个资产栏中的一项称作斯卡特的债务是如何勾销掉的。这项债务共12万英镑，本应列为拒付期票。但是它被用斯卡特的期票承兑人的名字分立了四五个无担保信用贷款户头。这些户头的贷方记他们各自承兑期票的数目，并且几个债务人保了75000英镑的人寿险。从这笔保险费中，银行付出了33000英镑的保险费。现在这一切都作为资产记在账簿上。"

马克思：《英国的贸易和金融》，

《马克思恩格斯全集》第 12 卷第 609 页。

"社会一切成员"和"平等的权利"显然只是些空话。问题的实质在于：在这个共产主义社会里，每个劳动者都应当得到"不折不扣的"拉萨尔的"劳动所得"。

如果我们把"劳动所得"这个用语首先理解为劳动的产品，那末集体的劳动所得就是社会总产品。

现在从它里面应该扣除：

第一，用来补偿消费掉的生产资料的部分。

第二，用来扩大生产的追加部分。

第三，用来应付不幸事故、自然灾害等的后备基金或保险基金。

马克思：《哥达纲领批判》，

《马克思恩格斯全集》第 19 卷第 19 页。

这两条要求对 1. 律师，2. 医师，3. 药剂师、牙医、助产士、看护等等实行国家化，后面还要求对工人的保险事业实行完全国家化。

恩格斯：《1891 年社会民主党纲领草案批判》，

《马克思恩格斯全集》第 22 卷第 277 页。

在这方面，劳动资料同人的情况一样。每人每天都死掉生命的 24 小时。但无论从谁身上都不能确切地看出，他已经死掉了生命的多少天。然而，这并不妨碍人寿保险公司从人的平均寿命中得出非常准确、非常有利（这重要得多）的结论。

马克思：《资本论第一卷》，

《马克思恩格斯全集》第 23 卷第 230 页。

保险公司把单个资本家的损失在资本家阶级中间分配。尽管如此，就社会总资本考察，这样平均化的损失仍然是损失。

马克思：《资本论第二卷》，

《马克思恩格斯全集》第 24 卷第 155 页。

对于由异常的自然现象，火灾、水灾等等引起的破坏所作的保险，和损耗的补偿及维修劳动完全不同。保险必须由剩余价值补偿，是剩余价值的一种扣除。或者，从整个社会的观点来看，必须不断地有超额生产，也就是说，生产必须按大于单纯补偿和再生产现有财富所必要的规模进行，——完全撇开人口的增长不说，——以便掌握一批生产资料，来消除偶然事件和自然力所造成的异乎寻常的破坏。

马克思：《资本论第二卷》，

《马克思恩格斯全集》第 24 卷第 198 页。

一部分剩余价值，作为总利润的一部分，必须形成一个生产保险基金。这个保险基金是由一部分剩余劳动创造出来的，就这一点说，剩余劳动直接生产资本，就是说，直接生产那种要用在再生产上的基金。

马克思：《资本论第二卷》，
《马克思恩格斯全集》第 24 卷第 404 页。

固定资本的修理，亚·斯密把它也算在维持费用之内，那末，这种费用也应算在预付资本的价格中。资本家无需一次支出这种费用，他只是根据资本执行职能期间的需要逐渐地支出，并且可以用已经赚得的利润支出，这个事实并不改变这个利润的源泉。产生这个利润的价值组成部分，只是证明，工人既为保险基金，也为修理基金提供剩余劳动。

马克思：《资本论第二卷》，
《马克思恩格斯全集》第 24 卷第 404 页。

在这个观念的基础上然后建立起资本家的计算。例如，有一个资本，由于商品在生产过程中停留的时间较久，或者由于商品必须在很远的市场上出售，因而周转较慢，那末它总会把由此失去的利润捞回，因此，它会用加价的办法来得到补偿。或者，那些要冒较大风险的投资，例如航运业的投资，也会用加价的办法来得到补偿。一旦资本主义生产和与之相连的保险事业发展起来，风险对一切生产部门来说实际上都一样了（见柯贝特的著作76）；风险较大的部门要支付较高的保险费，但会从它们的商品的价格中得到补偿。

马克思：《资本论第三卷》，
《马克思恩格斯全集》第 25 卷上册第 233 页。

利润的一部分，即剩余价值的一部分，从而只体现新追加劳动的剩余产品（从价值方面来看）的一部分，必须充当保险基金。在这里，这个保险基金是不是由保险公司作为一种单独的业务来管理，这丝毫也不会改变问题的实质。这种基金是收入中既不作为收入来消费也不一定用作积累基金的唯一部分。

马克思：《资本论第三卷》，
《马克思恩格斯全集》第 25 卷下册第 958 页。

柯贝特（以及拉姆赛本人［同上，第 222—225 页］）说过，补偿风险的保险费，只是把资本家的损失平均分摊，或者说，更普遍地在整个资本家阶级中分摊。从这个平均分摊的损失中，必须扣除保险公司的利润，即扣除投在保险事业中并担负这种平均分摊职能的资本的利润。这些保险公司以和商业资本家或货币资本家同样的方式取得一部分剩余价值，而不直接参加剩余价值的生产。

马克思：《资本论第四卷》，
《马克思恩格斯全集》第 26 卷第 3 册第 393～394 页。

　　他们必须支出自己的一部分劳动或者说一部分劳动产品，以防自己的产品、财富或财富的要素遇到意外等等。代替每个资本家自行保险的是，他用 [总] 资本的一定部分专门担负这项业务，这样，就更可靠、更便宜地取得相同的结果。保险费以一部分剩余价值支付；剩余价值在资本家之间的分配和剩余价值的保险，跟剩余价值的来源和数量无关。

马克思：《资本论第四卷》，
《马克思恩格斯全集》第 26 卷第 3 册第 394 页。

　　"保护经济上的弱者不受经济上的强者欺凌，是国家干预的首要的天然任务"，——同一位尤沙柯夫先生在同一地方这样继续说，而《俄国财富》第 2 期的国内生活栏编者又用同样的话重复说。为了使人毫不怀疑他也同他的值得尊敬的同伙，即西欧自由派和激进派的小市民思想家一样懂得这种慈善主义的谬论，他接着补充说：

　　"格莱斯顿土地法案，俾斯麦工人保险法，工厂视察制，在我国设立农民银行的主张，组织移民事宜，以及反对盘剥者的措施，这都是运用这种国家干预原则以保护经济上的弱者的尝试。"

　　这些话好就好在说得很坦白。作者在这里直截了当地说，他像格莱斯顿先生之流和俾斯麦先生之流一样，想要站在现存社会关系的基础上，——也就是想要修补现代社会（即资产阶级社会，——不过他不理解这点，也像西欧那班拥护格莱斯顿之流和俾斯麦之流的人不理解这点一样），而不是想要反对现代社会。

列宁：《什么是"人民之友"以及他们如何攻击社会民主党人？》，
《列宁全集》第 1 卷第 223～224 页。

　　原来是我们这些农夫的头脑太迟钝了！他们没有想到，家长一死，全家就得去讨饭；打不下粮食，就要饿死，甚至有时打下了粮食，如果找不到"外水"空手而归，还是免不了要去讨饭。这些愚蠢的农夫没有想到，世界上还有一种"人寿保险"，并且许多好人早已在享用这种保险，而其他一些好人（保险公司的股东）则从中赚钱。挨饿的"塞索伊卡"没有想到，他只要和也在挨饿的"米加伊"组织一个互助人寿保险会（缴纳最低限度的、最低最低限度的费用！），他们家庭的生活在家长死亡后就可以得到保证！幸而替这些头脑迟钝的农夫设想的有我们学识渊博的民粹派知识分子，其中一位代表人物"住在乡间、和人民经常来往"，"早就碰到了"这种宏伟的、异常宏伟的"计划"！

列宁：《论报纸上的一篇短文》，
《列宁全集》第 2 卷第 379～380 页。

　　我们只指出一点：大业主支付的工人工伤保险金和养老金，平均每摩尔根为 0.29 马克，中等业主为 0.13 马克（在这方面，小农也有优越性，根本用不着为自己保险，当然，这对资本家和地主的"社会"是一个不小的"有利"因素）。

列宁：《土地问题和"马克思的批评家"》，

《列宁全集》第 5 卷第 153 页。

工人在年老和完全或部分丧失劳动能力时，得享受国家保险，由国家向资本家征收特别税作为这项支出的专用基金。

列宁：《俄国社会民主工党纲领》，

《列宁全集》第 7 卷第 428 页。

波兰社会党纲领草案的最低土地纲领的其他条文如下：……（7）粮食防火、防雹和牲畜防疫的保险事业由国家经营。

列宁：《社会主义和农民》，

《列宁全集》第 11 卷第 289 页。

社会党国际局常会结束后，1909 年 11 月 8 日在布鲁塞尔举行了各国社会党议会委员会（即各国社会党议会党团代表会议）第四次会议。各国党团参加会议的代表都很少（俄国社会民主党杜马党团根本没有代表参加）。代表们分别就工人的养老保险、各国立法状况和工人代表的草案等问题交换了情况。

列宁：《社会党国际局第十一次常会》，

《列宁全集》第 19 卷第 189 页。

最好的工人保险形式是工人的国家保险；它是根据下列原则建立的：（一）在工人丧失劳动力的一切情况（伤残、疾病、年老、残废；还有女工的怀孕和生育；供养人死亡后所遗寡妇和孤儿的抚恤）下，或在他们因失业而失去工资的情况下，国家保险都应给工人以保障；（二）保险应包括一切雇佣劳动者及其家属；（三）对一切被保险人都应按照偿付全部工资的原则给予补偿，同时一切保险费应由企业主和国家负担；（四）各种保险应由统一的保险组织办理，这种组织应按区域和按被保险人完全自行管理的原则建立。

列宁：《俄国社会民主工党第六次（布拉格）全国代表会议文献》，

《列宁全集》第 21 卷第 155 页。

国家杜马通过的政府法案是与合理化的保险制度的所有这些基本要求根本抵触的，这个政府法案（一）只提到两种保险——不幸事故保险和疾病保险；（二）只包括一小部分（最多也只有 1/6）俄国无产阶级，许多地区（西伯利亚，政府的修改方案中还有高加索）和许多特别需要保险的部门的工人（农业工人、建筑工人、铁路工人、邮电工人、店员等等），都被置于保险范围之外；（三）规定的补偿费少得可怜（完全致残的最高补偿费也只有工资的 2/3，并且计算的工资低于实际工资），同时保险费用的大部分都由工人负担：草案规定，不仅疾病的保险费要由工人负担，而且"轻度"——实际上是最经常的——伤残的保险费也由工人负担。这个新办法比现行的法律还要坏：现行法律规定，伤残的补偿费完全由企业主负担；（四）使保险机关完全丧失了独立性，处于官吏（"政府机关"和"保险事务委员会"的官吏）、宪兵、警察（他们除了一般监视，还有权指挥保险机关的重要活动，对它们的人员组成施加影响等等）、企业主（实行不幸事故保险的公司的所有企业主；实行疾病保险的工厂型的伤病救济基金会；企业主有规章保证的对它们的影响，等等）的重重监视之下。

列宁：《俄国社会民主工党第六次（布拉格）全国代表会议文献》，
《列宁全集》第 21 卷第 155～156 页。

请看，我们的保险大王们在 10 年间是怎样发财的。10 年间股份资本的股息平均在 10% 以上！！利润不错吧？10 年间，在最坏的年份里，1 卢布可以"赚"6 戈比，在最好的年份里，1 卢布可以"赚"12 戈比！

列宁：《资本主义财富的增长》，
《列宁全集》第 23 卷第 191 页。

银行国有化将会大大有助于保险事业的一并国有化，也就是把一切保险公司合并成一个，把它们的活动集中起来，受国家的监督。只要革命民主国家颁布一项有关法令，责令各保险公司的董事长和大股东各自认真负责地毫不迟延地实行这种合并，那么，通过保险公司职员代表大会就可以毫不费力地立刻实现这种合并。

列宁：《大难临头，出路何在?》，
《列宁全集》第 32 卷第 194 页。

列宁：《什么是"人民之友"以及他们如何攻击社会民主党人?》里说"这种慈善主义的谬论"，列宁在其注解中说明了原因，指出"这所以是谬论，是因为'经济上的强者'的力量也在于他们握有政权。没有这种政权，他们也就不能保持自己的经济统治。"

"俾斯麦工人保险法"是 19 世纪 80 年代德国俾斯麦政府对工人受伤、患病、残废和年老时实行社会保险的法令，俾斯麦的保险法只涉及一部分工人，同时互助保险会的资金三分之二由工人自己出，只有三分之一由企业主出。俾斯麦企图用这种对工人施以小恩小惠的办法来瓦解工人运动。

2. 济贫法与生存权
济贫法是社会救助法，属于后来的社会保障法范畴。
英国推行"圈地运动"时期，大量农民被迫离开土地，到城市谋生，多数人沦为流浪者和乞丐。同时，随着自由资本主义泛滥，工人收入低，生活无以为继，城市贫民急速增加。当时整个社会的强烈要求是，向贫民救济。为此，立法实行了一些改良措施。第一，为有能力劳动的人提供劳动场所；第二，对于丧失劳动能力的人，由贫民救济院收养或院外救济；第三，建立贫民习艺所等，组织穷人和儿童做工；第四，组织富裕的地区补贴贫困地区。

　　然而，这些措施如蜻蜓点水，根本无法解决日益加速的社会贫困化问题。私有制的痼疾，只能是富则越扶越富，穷则越济越穷。这是资本主义发展的铁律，是谁人也改变不了的。

　　济贫法试图解决绝对贫困问题。实际上，资本主义社会既存在绝对贫困，也存在相对贫困。

　　绝对贫困，是指在一定的社会生产方式和生活方式下，个人和家庭依靠其劳动所得和其他合法收入不能维持基本的生存需要。经济合作与发展组织在 1976 年提出了一个贫困标准，即以一个国家或地区社会中位收入或平均收入的 50% 作为这个国家或地区的贫困线。世界银行划定的贫困线是：日收入 2 美元，是小康社会贫困线；日收入 1.25 美元，是用于非洲等世界上最贫穷的国家的绝对贫困线；发达国家的贫困线为每人每天平均收入低于 14.4 美元。

　　与绝对贫困对应的相对贫困，是社会阶层之间和各阶层内部的低收入差异。世界银行把收入少于平均收入的 1/3 的社会成员，视为相对贫困。

　　高教会新教牧师唐森，曾十分露骨地颂扬贫困是财富的必要条件。

　　"用法律来强制劳动，会引起过多的麻烦、暴力和叫嚣，而饥饿不仅是和平的、无声的和持续不断的压力，而且是刺激勤勉和劳动的最自然的动力，会唤起最大的干劲。"

　　所以，一切问题都归结为怎样使工人阶级的饥饿永久化，而照唐森的看法，那个特别在穷人中起作用的人口原理已经把这件事安排好了。

　　"这似乎是一个自然规律：穷人在一定程度上是轻率的，（也就是说，他们是如此轻率，嘴里没有衔着金羹匙就降生到世界上来），所以，总是有一些人去担任社会上最卑微、最肮脏和最下贱的职务。于是，人类的幸福基金大大增加，比较高雅的人们解除了烦劳，可以不受干扰地从事比较高尚的职业等等……济贫法有一种趋势，就是要破坏上帝和自然在世界上所创立的这个制度的和谐与优美、均称与秩序。"

　　　　　　　　　　　　　　　　　　　　马克思：《资本论第一卷》，

　　　　　　　　　　　　　　《马克思恩格斯全集》第 23 卷第 709 页。

　　资产阶级对无产阶级的最公开的宣战是马尔萨斯的人口论和由此产生的新济贫法。关于马尔萨斯的理论我们已经谈过好几次了。现在我们再来简略地重述一下这一理论的主要结论：地球上的人数过多，这是人类的宿命，是人类的永恒的命运，因此，人们就分为不同的阶级，有些比较富裕、受过教育和有道德，而另一些则比较穷困、不幸、愚昧和不道德。由此就得出下面这个实践上的结论（而且这个结论是马尔萨斯本人做出来的）：慈善事业和济贫金实在是毫无意义的，因为它们只会维持"过剩人口"的存在，并鼓励他们繁殖，而其余的人的工资也因他们的竞争而降低了。济贫所给穷人工作也同样是毫无意义的，因为既然只有一定数量的劳动产品能够找到销路，一个失业的工人找到了工作，就必然要使另一个现在有工作的工人失业，换句话说，济贫所这种事业是在损害私人工业的基础上发展起来的。因此，问题决不在于去养活"过剩人口"，而在于采用某种办法尽可能地缩减过剩人口的数目。

恩格斯:《英国工人阶级状况》,

《马克思恩格斯全集》第 2 卷第 572~573 页。

但是,政权还在富人手里,所以无产者不得不听凭法律宣布他们是真正"多余的",即使他们自己并不愿意承认这一点。新济贫法所做的正是这件事。以 1601 年的法案(伊丽莎白女王第四十三年的法案)为基础的旧济贫法还天真地从这样的原则出发:照顾穷人的生活是教区的责任。谁没有工作,谁就得到救济,久而久之,穷人就十分自然地认为教区有责任不让他们饿死。他们把每周的救济当作权利而不当作恩惠,资产阶级对此终于感到厌烦了。1833 年,当资产阶级由于选举改革取得政权而农业区的贫困又达到顶点的时候,他们就立刻着手以自己的观点来修改济贫法。

恩格斯:《英国工人阶级状况》,

《马克思恩格斯全集》第 2 卷第 574 页。

他们很想把济贫法全部废除。但是由于他们没有足够的胆量和权威来这样做,他们就提出一个尽可能适合马尔萨斯观点的济贫法。这个法律比简单地应用听之任之的原则还要残忍,因为在这个原则消极地起作用的地方,济贫法进行积极的干涉。我们已经看到,马尔萨斯把穷人,或者更确切地说,把失业的人叫做"多余的人",宣布他们是罪犯,社会应当用饿死来惩罚他们。

恩格斯:《英国工人阶级状况》,

《马克思恩格斯全集》第 2 卷第 575 页。

你们不妨活着,但是,你们活着只是用来警戒所有那些也有可能成为"多余者"的人。于是他们就提出了新的济贫法,1834 年议会通过了这个法律,它一直到今天还有效。

恩格斯:《英国工人阶级状况》,

《马克思恩格斯全集》第 2 卷第 575~576 页。

同时你们还制订了新的济贫法,设立了习艺所这种无产者的巴士底狱。

马克思:《关于自由贸易的演说》,

《马克思恩格斯全集》第 4 卷第 445 页。

寄上昨天的《卫报》,你应当看一看上面刊登的救济委员会的报告,以便了解一下马利先生的国家工厂和英国先生们的国家工厂之间的区别。在前一种工厂中干的是没有什么益处的工作,但是所花的钱大部分毕竟落在失业的工人手中。在这里,所干的工作也没有什么必要(不过归根到底必然对资产者有益),但是在预定给工厂工人的全部二十三万英镑中,落到他们手中的只有一万二千一百英镑(即只是预定给"非熟练工人"的那一部分)。这样一来,救济贫困的工厂工人的法令就变成了救济不贫困的资产阶级的法令,何况资产阶级还省下了市政税。

《恩格斯致马克思》，

《马克思恩格斯全集》第 31 卷上册第 21 页。

马克思在《资本论》第 1 卷里引的"高教会新教牧师唐森"的说法，见《论济贫法》一书。这本书是"一个愿人们幸福的人"即牧师约·唐森先生所著，1786 年版，1817 年伦敦再版。这位"高雅的"牧师的上述著作和他的《西班牙游记》，马尔萨斯经常整页整页地加以抄袭，而唐森自己的大部分学说却是从约·斯图亚特爵士那里抄袭来的，不过加以歪曲了而已。

"济贫法"的正式名称是《贫民习艺所法》，或称旧"济贫法"。该法制定于 1723 年。规定设立提供救济的贫民习艺所，可以单个教区或相邻教区联合起来分担费用。

地区主管或分包救济管理工作，分包人按周负责贫困者的食物、衣服和住房。教区按照英国施行的济贫法，在每个教区内，征收有利于贫民的特种税，那些无法维持自己和自己家庭生活的教区居民，通过济贫所得到救济。

恩格斯在《英国工人阶级状况》里提到的"1601 年的法案（伊丽莎白女王第四十三年的法案）"，是英国女王伊丽莎白一世在 1601 年颁布的救济贫民、孤儿和乞丐，收容无业游民，施以强迫劳动，以维护治安的立法。

西方法学界将"伊丽莎白女王第四十三年的法案"，称为"旧济贫法"，是误称。近年来，误称传入我国。其实，资产阶级立法同封建制时期立法不可同日而语。只能同是资产阶级夺取政权后的相同立法，才存在新旧问题。恩格斯在《英国工人阶级状况》里说，"以 1601 年的法案（伊丽莎白女王第四十三年的法案）为基础的旧济贫法""为基础的旧济贫法"提法，明显说明伊丽莎白女王第四十三年的法案不是"旧济贫法"。根据经典作家的说法，"旧济贫法"是 1723 年的《贫民习艺所法》。

恩格斯在《英国工人阶级状况》里提到的"新的济贫法"，是 1834 年英国通过了新的《济贫法》。它只允许用一种方式来救济贫民，就是将他们安置在习艺所中，习艺所的制度同从事苦役的牢狱中的制度不相上下。

马克思在《关于自由贸易的演说》里说，"习艺所这种无产者的巴士底狱"，当时人民把这些习艺所（work houses）称呼为"穷人的巴士底狱"（poor-law-bastilles）。恩格斯在《英国工人阶级状况》里叙述过习艺所的情况：那里的伙食比最穷的工人吃的还要坏，而工作却更繁重；住习艺所的人很少见到肉，特别是鲜肉；吃的多半是土豆、最坏的面包和燕麦粥，啤酒很少，或者根本没有。甚至监狱里一般的伙食也比这里好，因此，住习艺所的人为了能够进监狱，就常常故意犯一点罪。而实际上习艺所也就是监狱。不做完分内的工作就不能吃饭；想进城得事先请假，但准与不准要看他的品行或者管理人对他的意见；抽烟是禁止的；即使在所外也不准接受亲戚朋友馈送的东西。这些穷人穿着习艺所的制服，完全听管理人的摆布。为了使他们的劳动不致同私人工业竞争，分配给他们的工作多半是没有用处的；男人砸石子，并要砸得像"一个身强力壮的男人紧张地工作一天所能砸的一样多"；女人、小孩和老头拆开旧船索。为了使"多余的人"不能繁殖，为了使

"德行败坏的"父母不致影响自己的孩子，家庭被拆散了，丈夫、妻子、孩子分别被安置在各幢房子里。他们很少能够见面，只有当主管人认为他们很规矩的时候，才能在规定的时间内见见面。为了使这些巴士底狱中的贫穷传染病完全和外界隔绝，住在里面的人只有得到主管人的许可才能在特别的会客室里会客，总之，只有在主管人的监视或许可下才能和外面的人接触。

第六部分

权利的异化——权利异化为权力

异化，是人格和物的双向对象化引申出来的概念。双向对象化是人转化成为物，物转化成为人。这种转化，在社会关系中，不是其各自本质的对立，而是作为人的社会活动的一种方式。劳动者的人格与跳蚤市场上的物联系在一起，富人的人格与高精尖品的物联系在一起，人格和物始终是统一的。

马克思物化劳动到异化劳动的思想，是异化理论的出发点。在《神圣家族》《德意志意识形态》中，引申异化劳动观点，揭示了作为社会主要异化形式的"私有制异化"，在《经济学手稿》和《资本论》等著作中，从资本主义生产关系出发论证异化的本质。这是认识资本主义社会异化问题的基础。

在社会关系中，异化作为社会现象，是私有制和阶级对立固化的结果。从经典作家的论述看，异化作为阶级社会现象，是人的物质生产与精神生产变成异己力量统治人的一种历史现象。

私有制是异化的根源。在资本主义社会，异化达到人类历史上登峰造极的地步。随着富人和穷人划分的消亡，以及脑力劳动同体力劳动界限的消亡，异化活动和现象将在社会历史上消失。

"异化"（alienation）术语不是马克思提出的。马克思批判了前人和当时唯心主义的非科学的异化论说，改变了对于异化的外部现象性的、描述性的研究状况，使异化理论走向科学，从而成为批判资本主义的有力武器。马克思主义异化理论的贡献在于，第一，创建了科学的异化理论，提出了唯物主义的异化观；第二，揭示了资本主义社会典型的异化现象和异化本质；第三，指明了作为资本主义异化结果的社会主义的美好前景。我们要坚持的，是马克思主义的异化理论，否定并摈弃的，是其他任何异化理论。

这里的"权利异化"术语，完全是依据经典作家异化理论提出的。我们注意到，在经典作家关于异化的论述中，人格、物、权利是三位一体的。经典作家在哲学、经济学和法学相结合的广阔研究领域，将人格、物、权利三者不可分割地联系在一起。人格和物、人格和权利及物和权利，经典作家都涉及到了，而且是发前人所未发，及同时代人所莫及。

经典作家缜密论证了货币权利异化为货币权力、资本权利异化为资本权力，总之财产权利异化为财产权力的过程、机制和社会后果。马克思在《道德化的批评和批评化的道德》里结论性的指出：在我们面前有两种权力：一种是财产权力，也就是所有者的权力，另一种是政治权力，即国家的权力。"权力也统治着财产。"

经典作家使用了社会权利、社会权力术语。权利是按照法律规定的主体和范围，人人享有的社会性权利，这是社会权利，而社会权力则恰恰是财产权力。在资本主义条件下，货币权力、资本权力的社会化，形成社会性的财产权力。社会权力就是财产权力。一些法学家鼓吹社会权力，实际上就是鼓吹财产权力，而在社会主义条件下鼓吹财产权力，其目的是路人皆知的。

社会主义阻断了财产权利异化为财产权力的进路，也阻断了财产权力和国家权力的结合。我国在多种经济形式并存的情况下，各级国家权力的执掌者不能同资产者"勾肩搭背"，资产者不能"觊觎国家权力"。

一、物化、人格化与权利转化

物的人格化、人格的物化，是经典作家关于经济学和法学理论的重要范畴。物的人格化和人格的物化的对立理论，为马克思主义哲学、经济学、法学和科学社会主义奠定了坚实的基础。

"物化劳动"是物化理论的核心范畴。这一范畴，是解开物的人格化和人格的物化的对立的一把钥匙。

物化劳动，又称对象化劳动。它是凝结在劳动对象中、体现为劳动产品的人类劳动。劳动者借助于劳动资料，通过劳动，使劳动对象发生预定的变化，生产出产品。这个产品是劳动与物（劳动对象）相结合的结果。劳动过程结束后，劳动由流动形式转为物的形式。由于这时劳动已经转化为物，凝结在物当中，并同物结合在一起，所以称为物化劳动。

劳动物化后表现为产品。物化劳动在这一次劳动过程终结时，是作为劳动过程的结果；而在下一次新的劳动过程中，则作为劳动过程的物质条件。这样，物化劳动既是作为劳动过程的物质条件，对象化或物化在生产资料上，也是作为劳动过程的结果，凝结在产品中的人类劳动。在商品生产中，物化劳动仅是形成新的使用价值的劳动，并且是形成价值的劳动。马克思在《资本论》第1卷中指出，商品内在的使用价值和价值的对立，私人劳动同时必须表现为直接社会劳动的对立，特殊的具体的劳动同时只是当作抽象的一般的劳动的对立，物的人格化和人格的物化的对立，这种内在的矛盾在商品形态变化的对立中取得了发展的运动形式。

工人以自己的劳动力所有权进行劳动，生产出产品，而产品的所有权则不属于工人而属于资产者。这就是人格的物化和物的人格化。作为主体的工人的劳动力人格，转化为物（产品），而物（产品）转化为作为主体的资产者的人格。在这个双向转化过程中，实现了人和物的双向对象化，即工人从主体变成了客体，其作为客体的产品，变成了人格化的资产者。

在人和物的双向对象化中，工人只有一种权利，就是劳动力的所有权和出卖权，而资产者所获得的，是产品的所有权和在生产、交换、消费和分配等广泛的社会关系领域中完整的一系列权利。

人格和物的双向对象化，始于生产领域，但私有制的功能使其扩展到整个社会，社会关系也双向对象化了。譬如，私人飞机、私人游艇、爱马仕包是物，它们的对象是富人，只有富人买得起并享有，所以它们成为了富人的符号；跳蚤市场上的货品，它的对象是打工族，富人是不会去买并占用的，它们成了穷人的符号。在雨果的笔下，一出场，一个装扮入时的女人,散发"刺鼻的香水味",这是告诉读者,这个人看上去是"上流社会"的名媛,但敷用的是劣质香水,这就为描写芳汀在"社会底层"挣扎的人生埋下了伏笔。(这一切,只用了6个字,雨果不愧为文学巨匠。可我们的被吹捧为文学大师呀、奇才呀写的东西是些什么呀,白开水呵,中学生作文水平呵。)这里,物——"刺鼻的香水"人格化为妓女"芳汀",这是"物的人格化"。"人格的物化",就是富人转化成为私人飞机、私人游艇、爱马仕包,这些物,是富人的代名词。跳蚤市场上的货品,是穷人的代名词。私人飞机、私人游艇、爱马仕包,就是富人,就像穷人不敢碰富人一样,对它们也是不敢碰的。

(一)人格的物化与权利

1. 劳动物化为产品,劳动力人格权利转化为他人对于产品的权利

马克思论述了这种转化的条件。

马克思在《资本论》第1卷论述了两个基本条件:第一个是,货币所有者要在市场上找到作为商品的劳动力;第二个是,劳动力所有者没有可能出卖有自己的劳动物化在内的商品,而不得不把只存在于他的活的身体中的劳动力本身当作商品出卖。

劳动力所有者和货币所有者在市场上相遇,彼此作为身份平等的商品所有者发生关系,所不同的只是一个是买者,一个是卖者,因此双方是在法律上平等的人。这种关系要保持下去,劳动力所有者就必须始终把劳动力只出卖一定时间,因为他要是把劳动力一下子全部卖光,他就出卖了自己,就从自由人变成奴隶,从商品所有者变成商品。他作为人,必须总是把自己的劳动力当作自己的财产,从而当作自己的商品。而要做到这一点,他必须始终让买者只是在一定期限内暂时支配他的劳动力,使用他的劳动力,就是说,他在让渡自己的劳动力时不放弃自己对它的所有权。

因为在他进入过程以前,他自己的劳动就同他相异化而为资本家所占有,并入资本中了,所以在过程中这种劳动不断物化在别人产品中。

马克思:《资本论第一卷》,
《马克思恩格斯全集》第23卷第626页。

一切剩余价值,不论它后来在利润、利息、地租等等哪种特殊形式上结晶起来,实质上都是无酬劳动时间的物化。资本自行增殖的秘密归结为资本对别人的一定数量的无酬劳动的支配权。

马克思:《资本论第一卷》,
《马克思恩格斯全集》第23卷第584页。

工人本身不断地把客观财富当作资本,当作同他相异化的、统治他和剥削他的权力来生产,而资本家同样不断地把劳动力当作主观的、同它本身物化的和实现的资料相分离

的、抽象的、只存在于工人身体中的财富源泉来生产，一句话，就是把工人当作雇佣工人来生产。

马克思：《资本论第一卷》，
《马克思恩格斯全集》第 23 卷第 626~627 页。

要从商品的使用上取得价值，我们的货币所有者就必须幸运地在流通领域内即在市场上发现这样一种商品，它的使用价值本身具有成为价值源泉的特殊属性，因此，它的实际使用本身就是劳动的物化，从而是价值的创造。货币所有者在市场上找到了这种特殊商品，这就是劳动能力或劳动力。

马克思：《资本论第一卷》，
《马克思恩格斯全集》第 23 卷第 190 页。

劳动力所有者和货币所有者在市场上相遇，彼此作为身分平等的商品所有者发生关系，所不同的只是一个是买者，一个是卖者，因此双方是在法律上平等的人。这种关系要保持下去，劳动力所有者就必须始终把劳动力只出卖一定时间，因为他要是把劳动力一下子全部卖光，他就出卖了自己，就从自由人变成奴隶，从商品所有者变成商品。他作为人，必须总是把自己的劳动力当作自己的财产，从而当作自己的商品。而要做到这一点，他必须始终让买者只是在一定期限内暂时支配他的劳动力，使用他的劳动力，就是说，他在让渡自己的劳动力时不放弃自己对它的所有权。

货币所有者要在市场上找到作为商品的劳动力，第二个基本条件就是：劳动力所有者没有可能出卖有自己的劳动物化在内的商品，而不得不把只存在于他的活的身体中的劳动力本身当作商品出卖。

马克思：《资本论第一卷》，
《马克思恩格斯全集》第 23 卷第 190~191 页。

同任何其他商品的价值一样，劳动力的价值也是由生产从而再生产这种特殊物品所必需的劳动时间决定的。就劳动力代表价值来说，它本身只代表在它身上物化的一定量的社会平均劳动。劳动力只是作为活的个体的能力而存在。

马克思：《资本论第一卷》，
《马克思恩格斯全集》第 23 卷第 193 页。

可见，在劳动过程中，人的活动借助劳动资料使劳动对象发生预定的变化。过程消失在产品中。它的产品是使用价值，是经过形式变化而适合人的需要的自然物质。劳动与劳动对象结合在一起。劳动物化了，而对象被加工了。

马克思：《资本论第一卷》，
《马克思恩格斯全集》第 23 卷第 205 页。

每个商品的价值都是由物化在它的使用价值中的劳动量决定的，是由生产该商品的社会必要劳动时间决定的。这一点也适用于作为劳动过程的结果而归我们的资本家所有的产品。因此，首先必须计算物化在这个产品中的劳动。

马克思：《资本论第一卷》，
《马克思恩格斯全集》第 23 卷第 211 页。

我们再假定，棉花加工时消耗的纱锭量代表纺纱用掉的一切其他劳动资料，价值为 2 先令。如果 12 先令的金额是 24 个劳动小时或 2 个工作日的产物，那末首先可以得出，2 个工作日物化在棉纱中。

马克思：《资本论第一卷》，
《马克思恩格斯全集》第 23 卷第 212 页。

在劳动过程中，劳动不断由动的形式转为存在形式，由运动形式转为物质形式。一小时终了时，纺纱运动就表现为一定量的棉纱，于是一定量的劳动，即一个劳动小时，物化在棉花中。我们说劳动小时，就是纺纱工人的生命力在一小时内的耗费，因为在这里，纺纱劳动只有作为劳动力的耗费，而不是作为纺纱这种特殊劳动才具有意义。

马克思：《资本论第一卷》，
《马克思恩格斯全集》第 23 卷第 214 页。

当资本家把货币变成商品，使商品充当新产品的物质形成要素或劳动过程的因素时，当他把活的劳动力同这些商品的死的物质合并在一起时，他就把价值，把过去的、物化的、死的劳动变为资本，变为自行增殖的价值，变为一个有灵性的怪物，它用"好像害了相思病"的劲头开始去"劳动"。

马克思：《资本论第一卷》，
《马克思恩格斯全集》第 23 卷第 221 页。

在这里，进入劳动过程的商品，已经不再作为在劳动力有目的地发挥作用时执行一定职能的物质因素了。它们只是作为一定量的物化劳动来计算。

马克思：《资本论第一卷》，
《马克思恩格斯全集》第 23 卷第 221 页。

既然这种劳动力的价值较高，它也就表现为较高级的劳动，也就在同样长的时间内物化为较多的价值。

马克思：《资本论第一卷》，
《马克思恩格斯全集》第 23 卷第 223 页。

90 镑或 90 镑可变资本，在这里实际上只是这个价值所经过的过程的符号。购买劳动力所预付的资本部分是一定量的物化劳动，因而同购买来的劳动力的价值一样，是一个不变的价值量。

> 马克思：《资本论第一卷》，
> 《马克思恩格斯全集》第 23 卷第 240 页。

把价值看作只是劳动时间的凝结，只是物化的劳动，这对于认识价值本身具有决定性的意义，同样，把剩余价值看作只是剩余劳动时间的凝结，只是物化的剩余劳动，这对于认识剩余价值也具有决定性的意义。使各种社会经济形态例如奴隶社会和雇佣劳动的社会区别开来的，只是从直接生产者身上，劳动者身上，榨取这种剩余劳动的形式。

> 马克思：《资本论第一卷》，
> 《马克思恩格斯全集》第 23 卷第 243～244 页。

物化为价值的劳动，是社会平均性质的劳动，也就是平均劳动力的表现。但是平均量始终只是同种的许多不同的个别量的平均数。

> 马克思：《资本论第一卷》，
> 《马克思恩格斯全集》第 23 卷第 259 页。

机器的生产作用范围越是比工具大，它的无偿服务的范围也就越是比工具大。只是在大工业中，人才学会让自己过去的、已经物化的劳动的产品大规模地、像自然力那样无偿地发生作用。

> 马克思：《资本论第一卷》，
> 《马克思恩格斯全集》第 23 卷第 425 页。

即使机器的所值和它所代替的劳动力的所值相等，物化在机器本身中的劳动，总是比它所代替的活劳动少得多。

> 马克思：《资本论第一卷》，
> 《马克思恩格斯全集》第 23 卷第 430 页。

什么是商品的价值呢？这就是耗费在商品生产上的社会劳动的物化形式。我们又用什么来计量商品的价值量呢？用它所包含的劳动量来计量。

> 马克思：《资本论第一卷》，
> 《马克思恩格斯全集》第 23 卷第 585 页。

从劳动分为物化劳动和活劳动这一形式上的区别而引出较多量劳动同较少量劳动相交换，这是徒劳无益的。

既然商品的价值不是由实际物化在商品中的劳动量来决定，而是由生产该商品所必需的活劳动的量来决定，所以这种做法就更加荒谬了。假定一个商品代表 6 个劳动小时。如果一些发明使这个商品用 3 小时就可以生产出来，那末，连已经生产出来的商品的价值也会降低一半。现在，这个商品所代表的只是 3 小时社会必要劳动，而不是原先 6 小时社会必要劳动了。可见，决定商品的价值量的，是生产商品所必需的劳动量，而不是劳动的物化形式。

马克思：《资本论第一卷》，

《马克思恩格斯全集》第 23 卷第 587 页。

劳动力的不断买卖是形式。其内容则是，资本家用他总是不付等价物而占有的别人的已经物化的劳动的一部分，来不断再换取更大量的别人的活劳动。

马克思：《资本论第一卷》，

《马克思恩格斯全集》第 23 卷第 641 页。

在机器形式中物化的劳动自然没有直接创造出任何一个人，但是它使为数不多的工人通过追加相对少的活劳动，就能不仅把羊毛生产地消费掉，加进新的价值，而且还以毛纱等等的形式保存它的旧价值。

马克思：《资本论第一卷》，

《马克思恩格斯全集》第 23 卷第 665 页。

使用价值或财物具有价值，只是因为有抽象人类劳动体现或物化在里面。那末，它的价值量是怎样计量的呢？是用它所包含的"形成价值的实体"即劳动的量来计量。

马克思：《资本论第一卷》，

《马克思恩格斯全集》第 23 卷第 51 页。

处于流动状态的人类劳动力或人类劳动形成价值，但本身不是价值。它在凝固的状态中，在物化的形式上才成为价值。

马克思：《资本论第一卷》，

《马克思恩格斯全集》第 23 卷第 65 页。

在麻布的价值表现中，缝劳动的有用性不在于造了衣服，从而造了人，而在于造了一种物体，使人们能看出它是价值，因而是与物化在麻布价值内的劳动毫无区别的那种劳动的凝结。

马克思：《资本论第一卷》，

《马克思恩格斯全集》第 23 卷第 73 页。

因为形成这个价值的劳动现在十分清楚地表现为这样一种劳动，其他任何一种人类劳动都与之等同，而不管其他任何一种劳动具有怎样的自然形式，即不管它是物化在上衣、小麦、铁或金等等之中。因此，现在麻布通过自己的价值形式，不再是只同另一种商品发生社会关系，而是同整个商品世界发生社会关系。

> 马克思：《资本论第一卷》，
> 《马克思恩格斯全集》第 23 卷第 78 页。

因为一切商品作为价值都是物化的人类劳动，它们本身就可以通约，所以它们能共同用一个特殊的商品来计量自己的价值，这样，这个特殊的商品就成为它们共同的价值尺度或货币。货币作为价值尺度，是商品内在的价值尺度即劳动时间的必然表现形式。

> 马克思：《资本论第一卷》，
> 《马克思恩格斯全集》第 23 卷第 112 页。

价格是物化在商品内的劳动的货币名称。因此，商品同称为它的价格的那个货币量等价，不过是同义反复，因为一个商品的相对价值表现总是两个商品等价的表现。

> 马克思：《资本论第一卷》，
> 《马克思恩格斯全集》第 23 卷第 119 页。

虚幻的价格形式——如未开垦的土地的价格，这种土地没有价值，因为没有人类劳动物化在里面——又能掩盖实在的价值关系或由此派生的关系。

> 马克思：《资本论第一卷》，
> 《马克思恩格斯全集》第 23 卷第 121 页。

商品内在的使用价值和价值的对立，私人劳动同时必须表现为直接社会劳动的对立，特殊的具体的劳动同时只是当作抽象的一般的劳动的对立，物的人格化和人格的物化的对立，——这种内在的矛盾在商品形态变化的对立中取得了发展的运动形式。

> 马克思：《资本论第一卷》，
> 《马克思恩格斯全集》第 23 卷第 133 页。

同一价值，即同量的物化社会劳动，在同一个商品所有者手里，起初表现为他的商品的形式，然后是该商品转化成的货币的形式，最后是由这一货币再转化成的商品的形式。这种形式变换并不包含价值量的改变。

> 马克思：《资本论第一卷》，
> 《马克思恩格斯全集》第 23 卷第 180 页。

生产资本形式的产业资本，也和任何别一种形成产品的劳动过程一样，只能由这样的要素构成：一方面是物化的劳动条件（生产资料），另一方面是生产地（有目的地）发挥作用的劳动力。

> 马克思：《资本论第二卷》，
> 《马克思恩格斯全集》第 24 卷第 94~95 页。

不管产品储备的社会形式如何，保管这种储备，总是需要费用：需要有贮存产品的建筑物、容器等等；还要根据产品的性质，耗费或多或少的生产资料和劳动，以便防止各种有害的影响。储备越是社会地集中，这些费用相对地就越少。这些支出，总是构成物化形式或活的形式的社会劳动的一部分，——因而，在资本主义形式上，这些支出就是资本的支出，——它们不进入产品形成本身，因此是产品的一种扣除。它们作为社会财富的非生产费用是必要的。

> 马克思：《资本论第二卷》，
> 《马克思恩格斯全集》第 24 卷第 162~163 页。

资本主义生产方式，由于交通运输工具的发展，由于运输积聚（规模扩大），使单个商品的运输费用减少。它使耗费在商品运输上的那部分社会劳动——活劳动和物化劳动——增加，首先因为把一切产品的绝大多数转化为商品，其次又因为远方的市场代替了当地的市场。

> 马克思：《资本论第二卷》，
> 《马克思恩格斯全集》第 24 卷第 170 页。

投在工资上的资本的现实物质，是劳动本身，是发挥作用的、创造价值的劳动力，是活的劳动。资本家用死的、物化的劳动来和它交换，把它并入他的资本，只有这样，他手中的价值才转化为一个自行增殖的价值。但是，资本家并不出卖这种自行增殖的力。这种力，和他的劳动资料一样，始终只是他的生产资本的组成部分，但决不像他所出售的成品那样，是他的商品资本的组成部分。

> 马克思：《资本论第二卷》，
> 《马克思恩格斯全集》第 24 卷第 247 页。

预付资本的流动组成部分就不是这样。为这一周购买的劳动力已经在这一周耗费掉，并且已经物化在产品中。它必须在周末得到报酬。这种投在劳动力上的资本支出，在三个月内必须每周重复，但这部分资本在这一周的支出，并不能使资本家在下一周不购买劳动。

> 马克思：《资本论第二卷》，
> 《马克思恩格斯全集》第 24 卷第 258 页。

商品包含的价值，等于制造商品所耗费的劳动时间，这个劳动的总和则由有酬劳动和无酬劳动构成。而对资本家来说，商品成本只由他所支付的物化在商品中的那部分劳动构成。

> 马克思：《资本论第三卷》，
> 《马克思恩格斯全集》第 25 卷上册第 50 页。

可变资本的情况就完全不是这样。在这里重要的，首先不是在于可变资本具有的价值，不是在于它所包含的物化劳动，而是在于这个价值只是可变资本所推动的但没有在可变资本中体现的总劳动的指数。这个总劳动和在可变资本本身中体现的劳动即有酬劳动的差额，或者说，总劳动中形成剩余价值的部分，在可变资本本身包含的劳动越小的时候，就越大。

马克思:《资本论第三卷》，
《马克思恩格斯全集》第 25 卷上册第 61~62 页。

现在，要使一定量的劳动物化，从而占有一定量的剩余劳动，在劳动条件上只需要较少的支出了。占有这一定量的剩余劳动所需要的费用减少了。

马克思:《资本论第三卷》，
《马克思恩格斯全集》第 25 卷上册第 96 页。

如果我们单独考察资本主义生产，把流通过程和过度竞争撇开不说，资本主义生产对已经实现的、物化在商品中的劳动，是异常节约的。相反地，它对人，对活劳动的浪费，却大大超过任何别的生产方式，它不仅浪费血和肉，而且也浪费神经和大脑。在这个直接处于人类社会实行自觉改造以前的历史时期，实际上只是用最大限度地浪费个人发展的办法，来保证和实现人类本身的发展。

马克思:《资本论第三卷》，
《马克思恩格斯全集》第 25 卷上册第 105 页。

对于投在工资上面的可变资本，必须指出一个非常重要的区别：一方面，它的价值，即工资额，代表着一定量物化劳动；另一方面，它的价值只是它所推动的活劳动量的指数。它所推动的活劳动量，总是大于它所包含的劳动量，因此，也总是表现为一个大于可变资本的价值的价值；这个价值一方面取决于可变资本所推动的工人的人数，另一方面取决于工人所完成的剩余劳动量。

马克思:《资本论第三卷》，
《马克思恩格斯全集》第 25 卷上册第 164 页。

利润率在一个场合是 10%，而在另一个场合是 90%。如果不是这样，价值和剩余价值就必定不是物化劳动，而是别的什么东西了。可见，因为不同生产部门按百分比考察的资本，——或者说，等量资本，——是按不同比率分为不变要素和可变要素的，它们所推动的活劳动不等，因而所创造的剩余价值从而利润也不等，所以，它们的利润率，即剩余价值和总资本的百分比也就不同。

马克思:《资本论第三卷》，
《马克思恩格斯全集》第 25 卷上册第 167 页。

因为所使用的活劳动的量，同它所推动的物化劳动的量相比，同生产中消费掉的生产资料的量相比，不断减少，所以，这种活劳动中物化为剩余价值的无酬部分同所使用的总资本的价值量相比，也必然不断减少。而剩余价值量和所使用的总资本价值的比率就是利润率，因而利润率必然不断下降。

马克思：《资本论第三卷》，

《马克思恩格斯全集》第 25 卷上册第 237 页。

利润率不断下降的规律，或者说，所占有的剩余劳动同活劳动所推动的物化劳动的量相比相对减少的规律，决不排斥这样的情况：社会资本所推动和所剥削的劳动的绝对量在增大，因而社会资本所占有的剩余劳动的绝对量也在增大；同样也决不排斥这样的情况：单个资本家所支配的资本支配着日益增加的劳动量，从而支配着日益增加的剩余劳动量，甚至在它们所支配的工人人数并不增加的时候，也支配着日益增加的剩余劳动量。

马克思：《资本论第三卷》，

《马克思恩格斯全集》第 25 卷上册第 241 页。

因为生产力的发展以及与之相适应的较高的资本构成，会使数量越来越小的劳动，推动数量越来越大的生产资料，所以，总产品中任何一个部分，任何一个商品，或者说，生产的全部商品中任何一定量商品，都只吸收较少的活劳动，而且也只包含较少的物化劳动，即所使用的固定资本的损耗以及所消费的原料和辅助材料中所体现的物化劳动。因此，任何一个商品都只包含一个较小的、物化在生产资料中的劳动和生产中新追加的劳动的总和。这样，单个商品的价格就下降了。

马克思：《资本论第三卷》，

《马克思恩格斯全集》第 25 卷上册第 251 页。

单个商品的价格的不同组成部分的比例上的这种变化，即代表新追加的活劳动的价格部分的减少和代表过去的物化劳动的价格部分的增加——是可变资本同不变资本相比已经减少这个事实在单个商品价格中表现出来的形式。

马克思：《资本论第三卷》，

《马克思恩格斯全集》第 25 卷上册第 252 页。

对有商品输入和输出的国家来说，同样的情况也都可能发生；就是说，这种国家所付出的实物形式的物化劳动多于它所得到的，但是它由此得到的商品比它自己所能生产的更便宜。

马克思：《资本论第三卷》，

《马克思恩格斯全集》第 25 卷上册第 265 页。

加在一起构成资本产品的各单个商品中所包含的追加的活劳动，同其中包含的劳动材料和其中消费的劳动资料相比，会日益减少，就是说，物化在单个商品中的追加的活劳动会日益减少，因为生产它们所需要的劳动会随着社会生产力的发展而减少，——这种情况同商品中包含的活劳动分为有酬劳动和无酬劳动的比例无关。情况正好相反，虽然商品中包含的追加的活劳动的总量减少了，但是由于有酬部分绝对的或相对的缩小，无酬部分同有酬部分相比却会增加，因为使商品中追加的活劳动的总量减少的同一生产方法，也会引起绝对剩余价值和相对剩余价值的增加。

马克思：《资本论第三卷》，

《马克思恩格斯全集》第 25 卷上册第 266~267 页。

资本主义的生产过程，实质上就是剩余价值的生产，而剩余价值体现为剩余产品或体现为所生产的商品中由无酬劳动物化成的相应部分。决不应当忘记，这种剩余价值的生产——剩余价值的一部分再转化为资本，或积累，也是这种剩余价值生产的不可缺少的部分——是资本主义生产的直接目的和决定性动机。

马克思：《资本论第三卷》，

《马克思恩格斯全集》第 25 卷上册第 271~272 页。

这个剩余价值的取得，形成直接的生产过程，而这个生产过程，正如我们已经指出的，除了上面所说的那些限制，再没有别的限制。一旦可以榨出的剩余劳动量物化在商品中，剩余价值就生产出来了。

马克思：《资本论第三卷》，

《马克思恩格斯全集》第 25 卷上册第 272 页。

生产的扩大或缩小，不是取决于生产和社会需要即社会地发展了的人的需要之间的关系，而是取决于无酬劳动的占有以及这个无酬劳动和物化劳动之比，或者按照资本主义的说法，取决于利润以及这个利润和所使用的资本之比，即一定水平的利润率。

马克思：《资本论第三卷》，

《马克思恩格斯全集》第 25 卷上册第 288 页。

任何一个商品量的价格，只要它和价值相一致，都是由物化在这些商品中的劳动的总量决定的。如果少量劳动物化在大量商品中，单个商品的价格就低，包含的剩余价值就少。

马克思：《资本论第三卷》，

《马克思恩格斯全集》第 25 卷上册第 344 页。

利息不过是这样一个事实的表现：一般价值，——一般社会形式上的物化劳动，——在现实生产过程中采取生产资料形态的价值，会作为独立的权力与活的劳动力相对立，并且是占有无酬劳动的手段；它所以是这样一种权力，因为它是作为别人的财产与工人相对立。

马克思：《资本论第三卷》，
《马克思恩格斯全集》第 25 卷上册第 426 页。

按照李嘉图的说法，货币——金属货币——的价值是由物化在其中的劳动时间决定的，但只有在货币的数量同要交换的商品的数量和价格保持适当比例的时候才是这样。

马克思：《资本论第三卷》，
《马克思恩格斯全集》第 25 卷下册第 619 页。

正像一部分农业劳动会物化在只用作奢侈品，或只形成工业原料，但决不会用作食物，更不会用作大众的食物的产品中一样，另一方面，一部分工业劳动也会物化在用作农业工人和非农业工人的必要消费资料的产品中。从社会的观点来看，把这种工业劳动看作剩余劳动，是错误的。工业劳动的一部分和农业劳动的必要部分一样也是必要劳动。

马克思：《资本论第三卷》，
《马克思恩格斯全集》第 25 卷下册第 713～714 页。

那种除去必要劳动以后的剩余劳动，在任何情况下都是实现在剩余产品中；只要他能够把这种产品出售，或者自己使用，他就会把它看作是不费他分文的产品，因为在它上面没有花费任何物化劳动。对他来说，只有物化劳动的耗费，才是财富的让渡。

马克思：《资本论第三卷》，
《马克思恩格斯全集》第 25 卷下册第 778 页。

马克思在《资本论》第 1 卷里说，"在让渡自己的劳动力时不放弃自己对它的所有权"时，马克思在注解上引用了黑格尔《法哲学》的下面一段话："我可以把我的体力上和智力上的特殊技能和活动能力……在限定的时期内让渡给别人使用，因为根据这种限制，它们同我的整体和全体取得一种外在的关系。如果我把我的由于劳动而具体化的全部时间和我的全部生产活动都让渡给别人，那末，我就把这种活动的实体、我的普遍的活动和现实性、我的人身，变成别人的财产了。"

马克思在《资本论》第 1 卷对"只是从直接生产者身上，劳动者身上，榨取这种剩余劳动的形式"，注解如下：威廉·修昔的底斯·罗雪尔先生以真正哥特谢德的天才发现，在今天，剩余价值或剩余产品的形成，以及与此相联的积累，是由于资本家的"节俭"，为此，资本家"比如说，要求得到利息"，相反，"在极低的文化阶段……是强者迫使弱者节俭"。（《国民经济学原理》1858 年第 3 版第 82、78 页）是节约劳动呢？还是节约尚不存在的剩余产品呢？罗雪尔之流除了确实无知之外，他们又是辩护士，不敢对价值和剩余价值作出诚实的分析，不敢得出可能是危险的违背警章的结论，就是这个原因，迫使罗雪尔之流把资本家用来辩护自己占有已存在的剩余价值时表面上多少能说得过去的理由，歪曲成剩余价值产生的原因。

马克思在《资本论》第 1 卷里说，"缝劳动的有用性不在于造了衣服，从而造了人"，原文是套用了德国谚语《Kleider machen Leute》，直译是"衣服造人"，转义是人靠衣装。

2. 社会关系中人格的物化，形成了货币权利、资本权利等财产权利

人格的物化，从单纯的孤立的人与物的关系中走出来，形成社会性的人与物的关系，这就是人格物化的社会化。社会关系不是物与物的关系，也不是人与物的关系，而是以物为中介的人与人的关系。社会关系的物化，使物质生产关系和它的历史社会规定性直接融合在一起。

人格的物化，形成了人对物的权利，其基本权利是货币权利、资本权利等财产权利。资产者利用这些权利，在广泛的社会领域，从事着剩余价值增殖和财富增加的活动。法律正是为保障这些权利而制定的。

在个人利益变为阶级利益而获得独立存在的这个过程中，个人的行为不可避免地受到物化、异化，同时又表现为不依赖于个人的、通过交往而形成的力量，从而个人的行为转化为社会关系，转化为某些力量，决定着和管制着个人，因此这些力量在观念中就成为"神圣的"力量。

马克思恩格斯：《德意志意识形态》，

《马克思恩格斯全集》第 3 卷第 273 页。

在资本—利润（或者，更好的形式是资本—利息），土地—地租，劳动—工资中，在这个表示价值和一般财富的各个组成部分同财富的各种源泉的联系的经济三位一体中，资本主义生产方式的神秘化，社会关系的物化，物质生产关系和它的历史社会规定性直接融合在一起的现象已经完成：这是一个着了魔的、颠倒的、倒立着的世界。

马克思：《资本论第三卷》，

《马克思恩格斯全集》第 25 卷下册第 938～939 页。

在商品中，特别是在作为资本产品的商品中，已经包含着作为整个资本主义生产方式的特征的生产的社会规定的物化和生产的物质基础的主体化。

马克思：《资本论第三卷》，

《马克思恩格斯全集》第 25 卷下册第 995～996 页。

这种分配是以这种实体已经存在为前提的，也就是说，是以年产品的总价值为前提的，而这个总价值不外就是物化的社会劳动。

马克思：《资本论第三卷》，

《马克思恩格斯全集》第 25 卷下册第 929 页。

劳动也物化在商品的这样一个价值部分中，即作为工资形成劳动力价格的价值部分

中；它创造产品的这个部分，和创造产品的其他部分一样；它物化在这个部分中，和物化在那些形成地租或利润的部分中相比，不会更多，也没有什么不同。

> 马克思:《资本论第三卷》，
>
> 《马克思恩格斯全集》第 25 卷下册第 930 页。

实际上这样转化的东西，是价值，是物化劳动，是直接体现这个价值的产品，或者是这个价值先转化为货币、然后交换来的产品。

> 马克思:《资本论第三卷》，
>
> 《马克思恩格斯全集》第 25 卷下册第 961 页。

这样生产的、由其中物化劳动的量决定的商品价值，就形成工人、资本家和土地所有者能以收入形式，即工资、利润和地租形式，从这个价值取出的份额的界限。

> 马克思:《资本论第三卷》，
>
> 《马克思恩格斯全集》第 25 卷下册第 966 页。

产品中分割为这几种收入的价值部分，完全和资本的不变价值部分一样，是由商品的价值决定的，也就是说，是由在各该场合商品中物化的劳动量决定的。

> 马克思:《资本论第三卷》，
>
> 《马克思恩格斯全集》第 25 卷下册第 970 页。

商品扣除它生产上所耗费的生产资料的价值以后的价值，这个既定的、由物化在商品产品中的劳动量决定的价值量，分为具有独立的、互不相关的收入形式，即工资、利润和地租这三个组成部分。

> 马克思:《资本论第三卷》，
>
> 《马克思恩格斯全集》第 25 卷下册第 980 页。

他工作，因为他不得不工作，而且他要一连工作多少个钟头，单调得令人厌烦；如果他还保有些微人的感情的话，仅仅这一点就足以在最初几个星期内使他感到工作是一种痛苦。分工更把强制劳动所具有的使人动物化的这种作用增强了好多倍。

> 恩格斯:《英国工人阶级状况》，
>
> 《马克思恩格斯全集》第 2 卷第 404 页。

"最近"圣桑乔"从法国"那边听说到各种新鲜事物（见"维干德"第 190 页），其中也包括在竞争中人的物化以及竞争和竞赛的区别。但是"可怜的柏林人""由于愚蠢把这些美妙的事情弄坏了"（"维干德"，他的坏良心用他的口讲话的地方）。

> 马克思恩格斯:《德意志意识形态》，
>
> 《马克思恩格斯全集》第 3 卷第 433 页。

　　消费直接也是生产，正如自然界中的元素和化学物质的消费是植物的生产一样。例如，吃喝是消费形式之一，人吃喝就生产自己的身体，这是明显的事。而对于以这种或那种形式从某一方面来生产人的其他任何消费形式也都可以这样说。消费的生产。可是，经济学却说，这种与消费同一的生产是第二种生产，是靠消灭第一种生产的产品引起的。在第一种生产中，生产者物化，在第二种生产中，生产者所创造的物人化。因此，这种消费的生产——虽然它是生产和消费的直接统———是与原来意义上的生产根本不同的。生产同消费合而为一和消费同生产合而为一的这种直接统一，并不排斥它们的直接两立。

马克思：《导言》，

《马克思恩格斯全集》第 12 卷第 740～741 页。

　　产品不同于单纯的自然对象，它在消费中才证实自己是产品，才成为产品。消费是在把产品消灭的时候才使产品 finishing stroke〔最后完成〕，因为产品之所以是产品，不是它作为物化了的活动，而只是作为活动着的主体的对象。

马克思：《导言》，

《马克思恩格斯全集》第 12 卷第 741 页。

　　亚当·斯密大大地前进了一步，他抛开了创造财富的活动的一切规定性，——干脆就是劳动，既不是工业劳动、又不是商业劳动、也不是农业劳动，而既是这种劳动，又是那种劳动。有了创造财富的活动的抽象一般性，也就有了被规定为财富的对象的一般性，这就是产品一般，或者说又是劳动一般，然而是作为过去的、物化的劳动。

马克思：《导言》，

《马克思恩格斯全集》第 12 卷第 754 页。

　　使用价值直接是生活资料。但是，这些生活资料本身却又是社会生活的产物，是人的生命力消耗的结果，是物化劳动。一切商品，作为社会劳动的化身，都是同一个统一物的结晶。这个统一物即表现在交换价值中的劳动的特性，是我们现在所要考察的

马克思：《政治经济学批判》，

《马克思恩格斯全集》第 13 卷第 17 页。

　　作为不等量的交换价值，它们代表较多或较少的、大量或小量的简单的、同样的、抽象一般的劳动，即构成交换价值实体的劳动。试问，怎样衡量这些量呢？或者，不如说，既然作为交换价值的商品的量的差别只是物化在商品中的劳动的量的差别，那末这种劳动本身的量的存在究竟是什么呢？正如运动的量的存在是时间一样，劳动的量的存在是劳动时间。

马克思：《政治经济学批判》，

《马克思恩格斯全集》第 13 卷第 18 页。

物化在各种商品使用价值中的劳动时间,是使使用价值成为交换价值因而成为商品的实体,同时又衡量商品的一定价值量。包含同一劳动时间的不同使用价值的相当量是等价物,换句话说,一切使用价值,在它们包含的已支出的物化劳动时间相等的比例上,都是等价物。作为交换价值,一切商品都只是一定量的凝固的劳动时间。

马克思:《政治经济学批判》,

《马克思恩格斯全集》第13卷第18页。

交换价值由劳动时间决定,还包含一个前提:物化在一定商品如1吨铁中的劳动,不问是甲还是乙的劳动,总是同样多,或者说,不同的个人在生产同一个具有一定的质和一定的量的使用价值时耗费等量的劳动时间。换句话说,它包含着这样一个前提:一个商品所包含的劳动时间是生产该商品的必要劳动时间,即在当时一般生产条件下生产另一个同样的商品所需要的劳动时间。

马克思:《政治经济学批判》,

《马克思恩格斯全集》第13卷第19~20页。

作为一般劳动时间,它在一个一般产品、一般等价物、一定量的物化劳动时间中表现出来;这个一定量的物化劳动时间同它直接表现为某一个人的产品时所具有的一定的使用价值形式无关,可以任意换成它作为任何别人的产品时所具有的任何别的使用价值形式。它只有作为这样的一般的量,才是社会的量。个人的劳动,要成为交换价值,就必须成为一个一般等价物,也就是说,必须使个人的劳动时间表现为一般劳动时间,或者说,使一般劳动时间表现为个人的劳动时间。

马克思:《政治经济学批判》,

《马克思恩格斯全集》第13卷第20~21页。

个人的劳动时间实际上就是社会为生产一定使用价值、满足一定需要所必需的劳动时间。但是,这里成为问题的仅仅是劳动借以获得社会性的那种特殊形式。例如,纺工的一定量的劳动时间物化在100磅麻纱中。假定织工的产品100码麻布也代表同量的劳动时间。既然这两种产品代表同量的一般劳动时间,因而是每种包含同量劳动时间的使用价值的等价物,它们也就互为等价物。

马克思:《政治经济学批判》,

《马克思恩格斯全集》第13卷第21页。

既然商品的交换价值实际上不过是个人劳动作为相同的一般劳动相互发生的关系,不过是劳动的一种特殊社会形式的物化表现,那末,说劳动是交换价值的因而也是财富(就它由交换价值构成来说)的唯一泉源,就是同义反复。说自然物质本身由于不包含劳动也就不包含交换价值,说交换价值本身不包含自然物质,也是这种同义反复。但是,威廉·

配第说："劳动是财富之父，土地是财富之母。"

马克思：《政治经济学批判》，
《马克思恩格斯全集》第 13 卷第 23～24 页。

　　同一劳动在开采不同金属时提供的采掘量有大有小，这要看这些金属在地壳中蕴藏多少而定。同一劳动在丰收年可以物化为两蒲式耳小麦，在歉收年或许只物化为一蒲式耳小麦。在这里，因为自然条件的贫瘠还是富饶决定着受自然条件限制的特殊实在劳动的生产力，于是似乎是自然条件决定着商品的交换价值。

马克思：《政治经济学批判》，
《马克思恩格斯全集》第 13 卷第 26 页。

　　作为物化的一般劳动时间即作为一定量的一般劳动时间，依次用一切其他商品的使用价值的一定量来表现自己的交换价值，而一切其他商品的交换价值就反过来用这一种分离出来的商品的使用价值来衡量自己。

马克思：《政治经济学批判》，
《马克思恩格斯全集》第 13 卷第 28 页。

　　每种商品的交换价值用每种别的商品的使用价值来表现，可以用这个使用价值的整数，也可以用它的分数。作为交换价值，每种商品同物化在它本身中的劳动时间一样，都是可以分割的。商品与商品的等价关系同它们作为使用价值时在物理上有无可分割性无关，正如各种商品的交换价值的相加，同它们的使用价值合成一件新商品时发生的实际的形式变换无关一样。

马克思：《政治经济学批判》，
《马克思恩格斯全集》第 13 卷第 30 页。

　　另一方面，商品固然是交换价值，因为在商品上面支出过一定量的劳动时间，因而它是物化劳动时间。但是就它的直接形式来说，它只是具有特殊内容的物化的个人的劳动时间，而不是一般劳动时间。因此，它不直接就是交换价值，而是先要变成交换价值。

马克思：《政治经济学批判》，
《马克思恩格斯全集》第 13 卷第 32 页。

　　作为使用价值，它们只有同特殊需要发生关系才能被交换。但是，它们所以可以交换，只因为它们是等价物，而它们所以是等价物，只因为它们是等量的物化劳动时间，于是它们作为使用价值的自然属性、从而它们同特殊需要的关系，都无需考虑了。

马克思：《政治经济学批判》，
《马克思恩格斯全集》第 13 卷第 32 页。

我们首先遇到的困难是：商品要表现为交换价值，表现为物化劳动，就要先作为使用价值来转移，交给别人，而它们要作为使用价值来转移，反过来又以它们作为交换价值的存在为前提。

马克思：《政治经济学批判》，

《马克思恩格斯全集》第 13 卷第 33 页。

假定商品已经摆脱了它的特殊使用价值，通过使用价值的转移已经实现了那个物质条件，即成为社会有用劳动而不是个人为自己进行的特殊劳动。这样，它在交换过程中对其他商品就应该变成交换价值，一般等价物、物化一般劳动时间，因而不再是具有一种特殊使用价值的有限作用，而是取得一种直接用一切使用价值作自己的等价物来表现自己的能力。

马克思：《政治经济学批判》，

《马克思恩格斯全集》第 13 卷第 33～34 页。

这些等式只表示在 1 码麻布、2 磅咖啡、12 磅茶叶等等中物化着等量的一般社会劳动时间。但是，事实上，只有当这些特殊使用价值按照它们包含的劳动时间的长短的比例实际上彼此交换的时候，表现在这些使用价值上的个人劳动，才变成一般劳动，并且以这个一般劳动的形式变成社会劳动。

马克思：《政治经济学批判》，

《马克思恩格斯全集》第 13 卷第 34 页。

这样就产生了新的困难，一方面，商品必须作为物化一般劳动时间进入交换过程，另一方面，个人劳动时间作为一般劳动时间的物化，本身又只是交换过程的产物。

马克思：《政治经济学批判》，

《马克思恩格斯全集》第 13 卷第 34～35 页。

当商品只是被想象为一定量物化一般劳动时间的时候，上述表现是理论上的东西。只要把上面的等式系列倒置过来，一个特殊商品作为一般等价物的存在就从单纯的抽象变为交换过程本身的社会结果。

马克思：《政治经济学批判》，

《马克思恩格斯全集》第 13 卷第 35 页。

总之一切商品都把它们本身包含的劳动时间在麻布上表示出来，麻布的交换价值就反过来在作为它自己的等价物的一切其他商品上展示出来，物化在麻布本身中的劳动时间就直接变成在一切其他商品的不同量上均等地表现出来的一般劳动时间。这里，麻布由于一切其他商品对它的全面行动，变成了一般等价物。

马克思：《政治经济学批判》，

《马克思恩格斯全集》第 13 卷第 35~36 页。

因而，现在在交换过程内部，各种商品以麻布的形式彼此作为交换价值存在或出现。原先，一切商品作为交换价值，只当作不同量的物化一般劳动时间彼此发生关系，现在，这一点表现为：它们作为交换价值只代表不同量的同种物品即麻布。因而，一般劳动时间又表现为一种特殊的物，一种站在一切其他商品之旁和之外的商品。

马克思：《政治经济学批判》，

《马克思恩格斯全集》第 13 卷第 36 页。

原先，商品表现为商品一般，表现为物化在一种特殊使用价值中的一般劳动时间。在交换过程中，一切商品都同作为商品一般的那个分离出来的商品发生关系，都同作为一般劳动时间在一种特殊使用价值中的存在的那种商品发生关系。因此，它们作为特殊商品同一个作为一般商品的特殊商品对立起来。

马克思：《政治经济学批判》，

《马克思恩格斯全集》第 13 卷第 37 页。

他受着货币主义的观念束缚，把特种的实在劳动即采掘金银的劳动，叫做生产交换价值的劳动。他实际上是说，资产阶级的劳动应该生产的不是直接的使用价值，而是商品，是那种在交换过程中能够通过自身转移而表现为金银，即表现为货币、交换价值、物化一般劳动的使用价值。

马克思：《政治经济学批判》，

《马克思恩格斯全集》第 13 卷第 43 页。

布阿吉尔贝尔的例子向我们证明，劳动时间还是可以看成商品价值量的尺度的，尽管把物化在商品交换价值中并用时间来衡量的劳动同个人直接的自然活动混为一谈。

马克思：《政治经济学批判》，

《马克思恩格斯全集》第 13 卷第 45 页。

同时，李嘉图还把劳动的资产阶级形式看成是社会劳动的永恒的自然形式。他让原始的渔夫和原始的猎人一下子就以商品所有者的身分，按照物化在鱼和野味的交换价值中的劳动时间的比例交换鱼和野味。在这里他犯了时代错误，他竟让原始的渔夫和猎人在计算他们的劳动工具时去查看 1817 年伦敦交易所通用的年息表。

马克思：《政治经济学批判》，

《马克思恩格斯全集》第 13 卷第 50 页。

流通的第一个过程，可以说，是实际流通的理论上的准备过程。作为使用价值存在的商品，首先替自己创造一种形式，它们以这种形式彼此在观念上作为交换价值，作为一定量物化一般劳动时间而出现。

马克思：《政治经济学批判》，
《马克思恩格斯全集》第 13 卷第 54～55 页。

在这个等式系列中，铁、小麦、咖啡、钾碱等等彼此表现为同样的劳动即物化在金中的劳动的化身，在这种劳动中，这些商品的不同使用价值所表现的各种实在劳动的一切特点完全消失了。

马克思：《政治经济学批判》，
《马克思恩格斯全集》第 13 卷第 55 页。

有一点是很清楚的：在生产金银的国家，一定量的劳动时间直接体现在一定量金银中，而在既不产金也不产银的国家，是通过迂回的办法达到同样的结果的，这就是用本国的商品，即本国平均劳动的一定部分去同那些有金银矿藏的国家直接地或间接地交换物化在金银中的劳动时间的一定量。

马克思：《政治经济学批判》，
《马克思恩格斯全集》第 13 卷第 57 页。

以为商品的可通约性是由货币造成的想法，纯粹是流通过程的假象。相反，正是作为物化劳动时间的商品的可通约性使金成为货币。

马克思：《政治经济学批判》，
《马克思恩格斯全集》第 13 卷第 58 页。

金作为物化劳动时间是价值尺度，金作为一定的金属重量是价格标准。当金作为交换价值同作为交换价值的商品发生关系的时候，它是价值尺度，而在价格标准中，金的一定量成为金的其他量的单位。金所以是价值尺度，因为它的价值是可变的，金所以是价格标准，因为它被确定为不变的重量单位。在这里，正如在一切同名量的尺度规定中一样，尺度比例的固定性和确定性有决定的意义。

马克思：《政治经济学批判》，
《马克思恩格斯全集》第 13 卷第 61 页。

一定量的金本身并不表示一种价值比例，代替它的符号也是如此。只就一定量的金作为物化劳动时间具有一定的价值量而言，金的符号代表价值。可是，它代表的价值量，每一次都决定于它代表的金量的价值。

马克思：《政治经济学批判》，
《马克思恩格斯全集》第 13 卷第 105 页。

实际上，货币在流通过程中所取得的各种形式规定性，不过是商品本身的结晶了的形式变换，而这种形式变换又不过是商品所有者借以完成其物质变换的那种变化着的社会关系的物化表现。在流通过程中产生了新的交往关系，而商品所有者作为这种改变了的关系的承担者，就获得了新的经济身分。

马克思：《政治经济学批判》，
《马克思恩格斯全集》第 13 卷第 128~129 页。

交换价值必须先有一个用以衡量它的 tertium comparationis：即劳动这种交换价值的共同社会实体，亦即物化在其中的社会必要劳动时间。

恩格斯：《卡·马克思"资本论"第一卷提纲》，
《马克思恩格斯全集》第 16 卷第 275 页。

在这里，这些商品获得了一般的相对价值形式。在这种形式上，所有这些商品都抽去了它们的使用价值，并作为抽象劳动的化身与 x 量商品 a 相等。x 量商品 a 便成为一切其他商品的等价物的种属形式；这便是它们的一般等价物；物化在其中的劳动直接成为抽象劳动的实现，成为一般劳动。

恩格斯：《卡·马克思"资本论"第一卷提纲》，
《马克思恩格斯全集》第 16 卷第 276~277 页。

货币所有者要在市场上找到作为商品的劳动力，劳动力就必须是由它的所有者出售，也就是说，必须是自由的劳动力。因为买者和卖专作为缔约的双方是在法律上平等的人，所以劳动力必须只出卖一个时期，如果一次 enbloc 出卖，卖者就不再是卖者，而本身成为商品了。另一方面，劳动力所有者已没有可能出卖把他的劳动物化在内的商品，他只有把他自己的劳动力当作商来出卖。

恩格斯：《卡·马克思"资本论"第一卷提纲》，
《马克思恩格斯全集》第 16 卷第 293 页。

资本家并不要生产使用价值本身，而只是把它作为交换价值的承担者、特别是剩余价值的承担者。劳动在这种条件下——在这里，商品是使用价值相交换价值的统一——成了生产过程和价值增殖过程的统一。这样，就必须研究物化在产品中的劳动量。

恩格斯：《卡·马克思"资本论"第一卷提纲》，
《马克思恩格斯全集》第 16 卷第 295 页。

我们假定劳动力一天的价值是 3 先令，因为物化在其中的是半个工作日或 6 小时。但是，仅仅半个工作日就是维持工人 24 小时生活所必需的时间这个事实，并不能阻止他劳动一整天。劳动力的价值和劳动力创造的价值，是两个不同的量。劳动力的有用性质不过是 conditio sine qua non〔必要条件〕，具有决定性作用的，还是劳动力的特殊的使用价值，它是创造较它本身原有的交换价值更多的交换价值的源泉。

> 恩格斯:《卡·马克思"资本论"第一卷提纲》,
> 《马克思恩格斯全集》第 16 卷第 296 页。

即使机器的价钱和它所代替的劳动力的价钱一样多,物化在机器内的人类劳动总要比它所代替的劳动少得多。机器作为使产品便宜的手段,它所费的劳动必须少于它所代替的劳动。但是对于资本来说,它的价值必须少于它所代替的劳动力的价值。

> 恩格斯:《卡·马克思"资本论"第一卷提纲》,
> 《马克思恩格斯全集》第 16 卷第 217 页。

商品所有者手中所有的,始终是同一的交换价值,是物化的等量社会劳动,而不管它采取的是商品形式,或者是出卖这一商品而取得的货币形式,或者是用这一货币所购得的另一种商品的形式。这种形式变换,不会在价值量上引起变化,正像用一张 5 镑的钞票去换 5 个索维林一样。

> 恩格斯:《卡·马克思"资本论"第一卷书评——为"双周评论"作》,
> 《马克思恩格斯全集》第 16 卷第 330 ~ 331 页。

但要想从商品的使用中取得价值,我们的货币所有者就得在流通领域内,也就是说,在市场上,幸运地发现这样一种商品,它的使用价值本身具有一种成为交换价值泉源的独特属性,它的实际使用本身就是劳动的物化,从而就是价值的创造。货币所有者在市场上找到了这种特殊商品,这就是劳动能力即劳动力。

> 恩格斯:《卡·马克思"资本论"第一卷书评——为"双周评论"作》,
> 《马克思恩格斯全集》第 16 卷第 333 页。

现在,物化在这 20 磅棉纱中的是 5 个工作日,其中 4 个工作日物化在消耗了的棉花和纱锭中,1 个工作日在纺纱过程中被棉花吸收。5 个工作日的货币表现是 30 先令。因而这也就是 20 磅棉纱的价格。1 磅棉纱仍旧值 1 先令 6 辨士。但是,投入这一过程的商品的价值总和是 27 先令。产品的价值比在产品生产上预付的价值大。这样,27 先令变成了 30 先令,带来了 3 先令的剩余价值。戏法终于变成了。货币转化为资本。

> 恩格斯:《卡·马克思"资本论"第一卷书评——为"双周评论"作》,
> 《马克思恩格斯全集》第 16 卷第 339 页。

另一方面是无产阶级,他们没有这一切而仅有一种商品即劳动力可以出卖,而他们是不得不出卖自己的劳动力以获取必需的生活资料的。但是商品价值是由商品生产中、从而也是商品再生产中物化的社会必要劳动量决定的;所以,一个平常人一天、一月或一年的劳动力的价值,是由维持这一天、一月或一年的劳动力所必需的生活资料数量里面物化的劳动量来决定的。

恩格斯:《卡尔·马克思》,

《马克思恩格斯全集》第 19 卷第 124 页。

如果他再进一步研究价值,那末他就会发现,在这里,物,"使用价值",只是当作人类劳动的物化,当作相同的人类劳动力的消耗,因而这个内容表视为物的对象性质,表现为物本身固有的性质,虽然这种对象性不表现在其自然形式上 { 正是由于这一点,特殊的价值形式就成为必要 }。

马克思:《评阿·瓦格纳的"政治经济学教科书"》,

《马克思恩格斯全集》第 19 卷第 420 页。

劳动是一切价值的创造者。只有劳动才赋予已发现的自然产物以一种经济学意义上的价值。价值本身只不过是物化在某个物品中的、社会必要的人的劳动的表现。所以劳动不能有任何价值。谈论劳动的价值并且想决定这种价值,这等于谈论价值的价值,或者想不去决定一个有重量的物体的重量,而去决定重量本身的重量。

恩格斯:《反杜林论》,

《马克思恩格斯全集》第 20 卷第 217~218 页。

马克思在《政治经济学批判》里说,"以为商品的可通约性是由货币造成的想法,纯粹是流通过程的假象",对此,在注解中引录了亚里士多德的一些说法:商品的交换价值是商品价格的前提,"显然……还没有货币的时候,就已经有交换了,因为用 5 张床换一间屋,或者换 5 张床所值的货币,是没有区别的。"另一方面,由于商品在价格上才取得互为交换价值的形式,所以他认为商品通过货币才成为可通约的。"一切物都必须有一个价格;这样才会始终有交换,因而才会有社会。事实上,货币就像尺度一样,使物品可以通约,从而使它们相等。因为没有交换就没有社会,而没有相等就不能有交换,没有可通约性就不能相等。"亚里士多德并不否认,这些用货币来衡量的不同物品是一些完全不可通约的量。他寻找的是作为交换价值的商品的统一物,但是他作为一个古希腊人不能找到这个统一物。为摆脱这个难关,他假定本来不可通约的物在实际需要时会借助货币变成可通约的物:"固然,在本质上,这样不同的物是不能通约的,但是由于实际需要,这种情况却发生了。"

恩格斯在《卡·马克思"资本论"第一卷提纲》里的"tertium comparationis",直译是"作比较用的第三者",这里的意思是尺度。

恩格斯在《卡·马克思"资本论"第一卷提纲》里的"enbloc",意为"全部",这里的意思是"永远"。

(二)物的人格化与权利

1. 把客体物理解为人格化范畴

物是客体,但物是社会关系中的物。譬如一块石头,作为自然物,没有价值,因为没有凝结在它上面的人类劳动。这块石头不进入具体社会关系，它什么都不是。进入了具体社会关系，可以是石匠的打磨制品、地质学家的研究对象，也可以是罪犯杀人的凶器。因此说，离开社会关系的物，没有任何意义。

正是在以物为中介的社会关系中，实现了物的人格化。在这个意义上，我们应当把客体物理解为人格化范畴。

仅仅就外观来说，绝对的批判除精神的空虚、思想懒惰等抽象的品质外，还有一个特定的具体主体，因为批判心目中的"群众"，无非就是这些抽象的品质，是这些品质的另一种称呼，这些品质的虚幻的人格化。

马克思恩格斯：《神圣家族》，

《马克思恩格斯全集》第2卷第107页。

在神学家鲍威尔看来，批判必须永世地研究思辨神学，这是不言而喻的；因为他，即人格化了的"批判"原本就是一个 ex professo〔职业的〕神学家。

马克思恩格斯：《神圣家族》，

《马克思恩格斯全集》第2卷第132页。

我们只引证边沁驳斥"政治意义上的普遍利益"的一段话。"个人利益必须服从社会利益。但是……这是什么意思呢？每个人不都是像其他一切人一样，构成了社会的一部分吗？你们所人格化了的这种社会利益只是一种抽象：它不过是个人利益的总和…… 如果承认为了增进他人的幸福而牺牲一个人的幸福是一件好事，那末，为此而牺牲第二个人、第三个人、以至于无数人的幸福，就更是好事了…… 个人利益是唯一现实的利益。"（边沁"惩罚和奖赏的理论"……1826年巴黎第三版）

马克思恩格斯：《神圣家族》，

《马克思恩格斯全集》第2卷第170页。

批判和批判家起初是两个完全不同、彼此分立、独自活动的主体。批判家是不同于批判的另一主体，批判也是不同于批判家的另一主体。这种人格化了的批判，即作为主体的批判，正就是"神圣家族"所反对的那种"批判的批判"。"批判和批判家在其存在的时候就支配并创造了历史"。"当他们"不"存在的时候"，他们就不能做到这一点，这是显然的，而"只要他们存在的时候"，他们就按照自己的方式"创造了历史"，这也是显然的。

马克思恩格斯：《德意志意识形态》，

《马克思恩格斯全集》第3卷第105~106页。

因为"某人力求精神丰富"，所以"精神想扩大自己的界限，建立自己的王国"云云。"但如果"这里有某种联系，"那末"究竟是"某人"力求"精神丰富"还是"精神想建立自己的王国"，"这总还有一点区到"。"精神"迄今为止还什么也没有想过，"精神"还没有人格化，迄今为止谈的还只是"青年"的精神，而不是单纯的"精神"，不是作为主体的精神。

马克思恩格斯：《德意志意识形态》，

《马克思恩格斯全集》第 3 卷第 122 页。

圣麦克斯在他的这个新启示中只是重复了老花招，例如，圣西门主义者就不止一次地使用过这花招。参看"实业和财政讲演集"1832 年巴黎版，其中写道："财产是不会取消的，只会改变它的形式……只有今后它才会真正人格化……只有今后它才会获得它的现实的个人的性格。"（第 42、43 页）由于这种为法国人所提出并为比埃尔·勒鲁所夸张的词句，被德国思辨的社会主义者十分欣赏地接受了，并被他们用来作进一步的思辨，最后竟使反动阴谋和骗子行为有了可乘之机，

马克思恩格斯：《德意志意识形态》，

《马克思恩格斯全集》第 3 卷第 256 页。

为了证明任何劳动必然留下某些剩余，蒲鲁东先生把社会人格化；他使社会变成作为人的社会，这种社会决不是由人所组成的社会，因为它有自己的特殊规律，这些规律与组成社会的人毫无关系，有"自己的理性"，这种理性不是普通的人的理性，而是丧失理智的理性。蒲鲁东先生责备经济学家们不了解这种集合体的个性。

马克思：《哲学的贫困》，

《马克思恩格斯全集》第 4 卷第 128 页。

商品所有者只是以商品监护人的身分进入流通过程。在这个过程中，他们彼此以买者和卖者的对立形式出现，一个是人格化的糖块，另一个是人格化的金。糖块一变成金，卖者也就变成买者。这种特定的社会身分，决不是来自人的个性，而是来自以商品这个特定形式来生产产品的人们之间的交换关系。买者和卖者之间所表现的关系，不是纯粹的个人关系，因为他们两者发生关系，只是由于他们的个人劳动已被否定，即作为非个人劳动而成为货币。因此，把买者和卖者的这种经济上的资产阶级身分理解为人的个性的永恒的社会形式，是荒谬的，把他们当作个性的消灭而伤心，也同样是错误的。

马克思：《政治经济学批判》，

《马克思恩格斯全集》第 13 卷第 85 页。

由此可见，整个基督教的基本轮廓已经形成，只是还缺少最后一块石头：人格化的逻各斯体现为一定的人物，他为了拯救有罪的众生而在十字架上作出赎罪的牺牲。

恩格斯：《布鲁诺·鲍威尔和早期基督教》，

《马克思恩格斯全集》第 19 卷第 329 页。

自然哲学给我们提供以"物质的自身等同的状态"为出发点的天体演化学，这种状态只有通过关于物质和运动的联系的最无可救药的混乱观念才是可以想象的，此外，只有假定存在着一个唯一能帮助这种状态进入运动的、超越现实世界的、人格化的上帝，才是可以想象的。

恩格斯：《反杜林论》，

《马克思恩格斯全集》第 20 卷第 157 页。

在历史的初期，首先是自然力量获得了这样的反映，而在进一步的发展中，在不同的民族那里又经历了极为不同和极为复杂的人格化。根据比较神话学，这一最初的过程，至少就印欧民族来看，可以一直追溯到它的起源——印度的吠陀经。

恩格斯：《反杜林论》，

《马克思恩格斯全集》第 20 卷第 341 页。

在所有文明民族所经历的一定阶段上，他们用人格化的方法来同化自然力。正是这种人格化的欲望，到处创造了许多神；而被用来证明上帝存在的万民一致意见恰恰只证明了这种作为必然过渡阶段的人格化欲望的普遍性，因而也证明了宗教的普遍性。

恩格斯：《〈反杜林论〉材料》，

《马克思恩格斯全集》第 20 卷第 672 页。

这种观念，在那个发展阶段上决不是一种安慰，而是一种不可抗拒的命运，并且往往是一种真正的不幸，例如在希腊人那里就是这样。到处引起这种个人不死的无聊臆想的，并不是宗教上的安慰的需要，而是由普遍的局限性所产生的困境：不知道已经被认为存在的灵魂在肉体死后究竟怎么样了。同样，由于自然力被人格化，最初的神产生了

恩格斯：《路德维希·费尔巴哈和德国古典哲学的终结》，

《马克思恩格斯全集》第 21 卷第 315 页。

在研究进程中我们会看到，人们扮演的经济角色不过是经济关系的人格化，人们是作为这种关系的承担者而彼此对立着的。

马克思：《资本论第一卷》，

《马克思恩格斯全集》第 23 卷第 103 页。

商品内在的使用价值和价值的对立，私人劳动同时必须表现为直接社会劳动的对立，特殊的具体的劳动同时只是当作抽象的一般的劳动的对立，物的人格化和人格的物化的对立，——这种内在的矛盾在商品形态变化的对立中取得了发展的运动形式。因此，这些形式包含着危机的可能性，但仅仅是可能性。

马克思：《资本论第一卷》，

《马克思恩格斯全集》第 23 卷第 133 页。

我们还是留在卖者也是买者、买者也是卖者的商品交换范围内吧。我们陷入困境，也许是因为我们只把人理解为人格化的范畴，而不是理解为个人。

马克思：《资本论第一卷》，

《马克思恩格斯全集》第 23 卷第 185 页。

也只有土地才作为别人所有的、和他相独立的、人格化为土地所有者的劳动条件而出现在他面前。

马克思：《资本论第三卷》，

《马克思恩格斯全集》第 25 卷下册第 895 页。

马克思在《政治经济学批判》里说，"把买者和卖者的这种经济上的资产阶级身分理解为人的个性的永恒的社会形式，是荒谬的，把他们当作个性的消灭而伤心，也同样是错误的"，在注解中，说明了伊萨克·贝列拉先生的《关于工业和财政的讲义》中的一些阐释。指出伊萨克"在买卖中表现得十分肤浅的对抗形式已经如何深深地损伤了高尚的灵魂。"贝列拉当时还是圣西门的信徒，他说："因为人们不论在劳动上或在消费上都是孤立的、彼此分离的，所以他们要彼此交换他们各自的产品。由于必须进行交换，就必须决定物品的相对价值。因而价值和交换的观念是密切联系的，两者在实际形式中表现了个人主义和对抗性…… 产品价值之所以能够确定，只是因为存在着买卖，换句话说，存在着社会不同成员之间的对抗性。只是在有买卖的地方，就是说，在每一个人被迫为获得维持生存所必需的物品而斗争的地方，人们才为价格和价值操心。"

2. 对应的客体转化为对立的人格化、对立的权利

自然界和人类社会充满了矛盾。对应的物质客体，一定转化为对立的人格、对立的权利。从功能和食用人群说，燕窝同大白菜是对应的客体。与之相应的人格、权利，则是对立的。这很容易理解。

马克思论述了对应的劳动力和资本，转化为劳动者人格和资本家人格、劳动者权利和资本家权利及其相互对立的情形。这种对立，造成了阶级的对立和社会的对立。

资本主义生产要发展到一定水平，就需要资本家能把他作为资本家即作为人格化的资本而发挥职能的全部时间，都用在占有别人的劳动上，因而也就是用在监督别人的劳动以及出卖这种劳动的产品上。

恩格斯：《卡·马克思"资本论"第一卷书评——为"双周评论"作》，

《马克思恩格斯全集》第 16 卷第 348 页。

在前面已经详细考察过的生产过程中，资本家和工人的关系大大改变了。首先，资本已经发展成为对劳动即工人本身的指挥权。人格化的资本即资本家监视工人去正常地、尽

力地、以应有的强度进行工作。

恩格斯:《卡·马克思"资本论"第一卷书评——为"双周评论"作》,
《马克思恩格斯全集》第 16 卷第 348 页。

为了避免可能产生的误解,要说明一下。我决不用玫瑰色描绘资本家和地主的面貌。不过这里涉及到的人,只是经济范畴的人格化,是一定的阶级关系和利益的承担者。

马克思:《资本论第一卷》,
《马克思恩格斯全集》第 23 卷第 12 页。

这种流通的客观内容——价值增殖——是他的主观目的;只有在越来越多地占有抽象财富成为他的活动的唯一动机时,他才作为资本家或作为人格化的、有意志和意识的资本执行职能。因此,绝不能把使用价值看作资本家的直接目的。

马克思:《资本论第一卷》,
《马克思恩格斯全集》第 23 卷第 174 页。

作为资本家,他只是人格化的资本。他的灵魂就是资本的灵魂。而资本只有一种生活本能,这就是增殖自身,获取剩余价值,用自己的不变部分即生产资料吮吸尽可能多的剩余劳动。资本是死劳动,它象吸血鬼一样,只有吮吸活劳动才有生命,吮吸的活劳动越多,它的生命就越旺盛。

马克思:《资本论第一卷》,
《马克思恩格斯全集》第 23 卷第 260 页。

在这一点上,最能说明问题的是,人们把那些全天劳动的工人叫做"全日工",把 13 岁以下的只准劳动 6 小时的童工叫做"半日工"。在这里,工人不过是人格化的劳动时间。一切个人之间的区别都化成"全日工"和"半日工"的区别了。

马克思:《资本论第一卷》,
《马克思恩格斯全集》第 23 卷第 271 页。

诚然,他自己也可以和他的工人一样,直接参加生产过程,但这时他就不过成了介于资本家和工人之间的中间人物,成了"小业主"。资本主义生产发展到一定高度,就要求资本家能够把他充当资本家即人格化的资本的全部时间,都用来占有从而控制别人的劳动,用来出售这种劳动的产品。

马克思:《资本论第一卷》,
《马克思恩格斯全集》第 23 卷第 342 页。

在生产过程中,资本发展成为对劳动,即对发挥作用的劳动力或工人本身的指挥权。人格化的资本即资本家,监督工人有规则地并以应有的强度工作。

马克思:《资本论第一卷》,

《马克思恩格斯全集》第 23 卷第 343 页。

资本家只有作为人格化的资本,他才有历史的价值,才有像聪明的利希诺夫斯基所说的"没有任何日期"的历史存在权。也只有这样,他本身的暂时必然性才包含在资本主义生产方式的暂时必然性中。但既然这样,他的动机,也就不是使用价值和享受,而是交换价值和交换价值的增殖了。他狂热地追求价值的增殖,肆无忌惮地迫使人类去为生产而生产,从而去发展社会生产力,去创造生产的物质条件;而只有这样的条件,才能为一个更高级的、以每个人的全面而自由的发展为基本原则的社会形式创造现实基础。资本家只是作为资本的人格化才受到尊敬。作为这样一种人,他同货币贮藏者一样,具有绝对的致富欲。

马克思:《资本论第一卷》,

《马克思恩格斯全集》第 23 卷第 349 页。

孟德维尔这个诚实的和头脑清晰的人还没有了解:积累过程的机构本身,会在增大资本的同时,增加"勤劳贫民"即雇佣工人的数量,这些雇佣工人不得不把自己的劳动力转化为日益增长的资本的日益增大的增殖力,并且由此把他们对自己所生产的、但已人格化为资本家的产品的从属关系永久化。

马克思:《资本论第一卷》,

《马克思恩格斯全集》第 23 卷第 675 页。

资本家以货币形式投入流通的价值,小于他从流通中取出的价值,这是因为他以商品形式投入流通的价值,大于他以商品形式从流通中取出的价值。既然他只是作为资本的人格化,只是作为产业资本家执行职能,他对商品价值的供给,总是大于他对商品价值的需求。

马克思:《资本论第二卷》,

《马克思恩格斯全集》第 24 卷第 134 页。

就资本家仅仅是产业资本的人格化来说,他自己的需求就只是对生产资料和劳动力的需求。他对 Pm 的需求,从价值方面看,小于他的预付资本;他所买的生产资料的价值,小于他的资本的价值,因而,比他所供给的商品资本的价值还要小得多。

马克思:《资本论第二卷》,

《马克思恩格斯全集》第 24 卷第 134～135 页。

正像资本的流通时间是资本再生产时间的一个必要部分一样,资本家进行买卖,在市场上奔走的时间,也是他作为资本家、作为人格化的资本执行职能的时间的一个必要部分。这是他的经营时间的一部分。

马克思：《资本论第二卷》，
《马克思恩格斯全集》第 24 卷第 146 页。

如果我们只考察资本的流通和周转，从而把资本家也只是看作资本的人格化，不是看作资本主义的消费者和享受者，那末，我们固然看见他不断把剩余价值作为他的商品资本的组成部分投入流通，但从来看不见有货币作为收入的形式存在于他的手中，从来看不见他为了剩余价值的消费而把货币投入流通。

马克思：《资本论第二卷》，
《马克思恩格斯全集》第 24 卷第 533 页。

一方面，价值，即支配着活劳动的过去劳动，人格化为资本家；另一方面，工人反而仅仅表现为物质劳动力，表现为商品。从这种颠倒的关系出发，甚至在简单的生产关系内，也必然会产生出相应的颠倒的观念，即歪曲的意识，这种意识由于真正流通过程的各种转化和变形而进一步发展了。

马克思：《资本论第三卷》，
《马克思恩格斯全集》第 25 卷上册第 53～54 页。

我们已经知道，资本积累的增长包含着资本积聚的增长。因此，资本的权力在增长，社会生产条件与实际生产者分离而在资本家身上人格化的独立过程也在增长。

马克思：《资本论第三卷》，
《马克思恩格斯全集》第 25 卷上册第 294 页。

为什么我们假定，商品经营者只有高于商品生产价格比如说10%出售商品，才能在他的商品上实现10%的利润呢？因为我们已经假定，这种商品的生产者，产业资本家（作为产业资本的人格化，对外界来说，他总是作为"生产者"出现）是按商品的生产价格把商品卖给商人的。

马克思：《资本论第三卷》，
《马克思恩格斯全集》第 25 卷上册第 316 页。

由商品（产品）到货币和由货币到商品（生产资料）的转化，是产业资本的必要职能，因而是资本家——他事实上只是人格化的具有自己的意识和意志的资本——的必要活动。但是这种职能既不会增加价值，也不会创造剩余价值。

马克思：《资本论第三卷》，
《马克思恩格斯全集》第 25 卷上册第 323 页。

他在资本执行职能的时候，才是资本的人格化，而资本在它投在产业或商业中带来利润，并由它的使用者用来从事本营业部门要求的各种活动的时候，才执行职能。

马克思：《资本论第三卷》，

《马克思恩格斯全集》第 25 卷上册第 419 页。

这是对作为商品内在精神的货币价值的信仰，对生产方式及其预定秩序的信仰，对只是作为自行增殖的资本的人格化的生产当事人个人的信仰。但是，正如基督教没有从天主教的基础上解放出来一样，信用主义也没有从货币主义的基础上解放出来。

马克思：《资本论第三卷》，

《马克思恩格斯全集》第 25 卷下册第 670 页。

社会某一部分人所垄断的生产资料，同活劳动力相对立而独立化的这种劳动力的产品和活动条件，通过这种对立在资本上被人格化了。

马克思：《资本论第三卷》，

《马克思恩格斯全集》第 25 卷下册第 920 页。

我们还看到，资本——而资本家只是人格化的资本，他在生产过程中只是作为资本的承担者执行职能——会在与它相适应的社会生产过程中，从直接生产者即工人身上榨取一定量的剩余劳动，这种剩余劳动是资本未付等价物而得到的，并且按它的本质来说，总是强制劳动，尽管它看起来非常像是自由协商同意的结果。

马克思：《资本论第三卷》，

《马克思恩格斯全集》第 25 卷下册第 926 页。

不过，土地所有者在资本主义生产过程中起作用，不仅因为他会对资本施加压力，也不仅因为大土地所有制是资本主义生产的前提和条件（因为大土地所有制是对劳动者的劳动条件进行剥夺的前提和条件），而且特别因为土地所有者表现为最重要的生产条件之一的人格化。

马克思：《资本论第三卷》，

《马克思恩格斯全集》第 25 卷下册第 928 页。

正像在资本和资本家——他事实上不外是人格化的资本——那里，产品会成为对生产者独立的权力一样，土地也会人格化为土地所有者，也会用后腿站立起来，并且作为一种独立的权力，要求在它帮助下生产出来的产品中占有自己的一份；所以，不是土地得到了产品中归它所有的那一部分，以便用来恢复和提高自己的生产率，而是土地所有者得到了这个产品的一部分，以便用来高价变卖和挥霍浪费。

马克思：《资本论第三卷》，

《马克思恩格斯全集》第 25 卷下册第 932 页。

古典经济学把利息归结为利润的一部分，把地租归结为超过平均利润的余额，使这二者在剩余价值中合在一起；此外，把流通过程当作单纯的形态变化来说明；最后，在直接生产过程中把商品的价值和剩余价值归结为劳动；这样，它就把上面那些虚伪的假象和错觉，把财富的不同社会要素互相间的这种独立化和硬化，把这种物的人格化和生产关系的物化，把日常生活中的这个宗教揭穿了。

马克思：《资本论第三卷》，

《马克思恩格斯全集》第 25 卷下册第 938～939 页。

这种生产方式的主要当事人，资本家和雇佣工人，本身不过是资本和雇佣劳动的体现者，人格化，是由社会生产过程加在个人身上的一定的社会性质，是这些一定的社会生产关系的产物。

马克思：《资本论第三卷》，

《马克思恩格斯全集》第 25 卷下册第 995 页。

资本家作为资本的人格化在直接生产过程中取得的权威，他作为生产的指挥者和统治者的社会职能，同建立在奴隶生产、农奴生产等等基础上的权威，有重大的区别。

马克思：《资本论第三卷》，

《马克思恩格斯全集》第 25 卷下册第 996 页。

尽管在资本主义生产的基础上，对于直接生产者大众来说，他们的生产的社会性质是以实行严格管理的权威的形式，并且是以劳动过程的完全按等级安排的社会机构的形式出现的，——这种权威的执掌者，只是作为同劳动相对立的劳动条件的人格化，而不是象在以前的各种生产形式中那样，以政治的统治者或神权的统治者的资格得到这种权威的，——但是，在这种权威的执掌者中间，在不过是作为商品所有者互相对立的资本家自己中间，占统治地位的却是极端无政府状态，在这种状态中，生产的社会联系只是表现为一种不顾个人自由意志而压倒一切的自然规律。

马克思：《资本论第三卷》，

《马克思恩格斯全集》第 25 卷下册第 996～997 页。

作为人格化的资本，他是为生产而生产，想为发财而发财。既然他是资本职能的单纯执行者，即资本主义生产的承担者，他所关心的就是交换价值和它的增加，而不是使用价值和它的数量的增加。

马克思：《资本论第四卷》，

《马克思恩格斯全集》第 26 卷第 1 册第 292 页。

现在社会劳动的生产力和社会劳动的特殊形式，表现为资本的生产力和形式，即物化劳动的，劳动的物的条件（它们作为这种独立的要素，人格化为资本家，同活劳动相对立）的生产力和形式。

马克思：《资本论第四卷》，

《马克思恩格斯全集》第 26 卷第 1 册第 418 页。

资本家本身只有作为资本的人格化才是统治者。（在意大利式簿记中，他作为资本家，作为人格化资本的这一作用，总是同他作为单纯的个人相对立，而他作为单纯的个人就是仅仅作为私人消费者，作为他自己的资本的债务人出现。）

马克思：《资本论第四卷》，

《马克思恩格斯全集》第 26 卷第 1 册第 418～419 页。

物作为劳动过程的物的因素所产生的作用，被认为是由这些物在资本中造成的，就像这些物在自己的人格化中，在和劳动对立的自己的独立性中所具有的作用一样。假如它们不再以这种异化的形式和劳动相对立，它们［在政治经济学家们看来］就不再能够产生这种作用。资本家作为资本家只不过是资本的人格化，是具有自己的意志、个性并与劳动敌对的劳动产物。霍吉斯金认为这纯粹是主观的幻想，在这种幻想后面隐藏着剥削阶级的欺诈和利益。

马克思：《资本论第四卷》，

《马克思恩格斯全集》第 26 卷第 3 册第 326 页。

在他的第三篇讲义《论资本或者资本家｛在这里，问题就在这个"或者"上：只是由于这种人格化，积累的储备才成为资本｝如何逐渐地担负起财富生产中的一连串职能》中，琼斯并没有告诉我们，这些较早的职能是什么。

马克思：《资本论第四卷》，

《马克思恩格斯全集》第 26 卷第 3 册第 471 页。

土地，或者说自然，是地租即土地所有权的源泉，——这具有充分的拜物教性质。但是，由于把使用价值和交换价值随意地混淆起来，通常的观念就还有可能求助于自然本身的生产力［来解释地租］，而这种生产力借助某种魔术在土地所有者身上人格化了。

马克思：《资本论第四卷》，

《马克思恩格斯全集》第 26 卷第 3 册第 500 页。

过去劳动同活劳动相对立，产品同活动相对立，物同人相对立，劳动本身的物的条件作为别人的、独立的、自我孤立的主体或人格化，一句话，作为别人的所有物，而且在这个形式上作为劳动本身的"使用者"和"支配者"（它们占有劳动而不是被劳动占有）同劳动相对立。

马克思：《资本论第四卷》，

《马克思恩格斯全集》第 26 卷第 3 册第 527 页。

因为他（租地农场主）既不能把这种超额利润装入自己的腰包，而他所使用的资本，作为资本来说，又与其他资本不论在哪一点上都毫无区别（租地农场主之所以把超额利润交给土地所有者，是因为他并不认为作为资本的资本是超额利润的源泉），所以土地本身在这里就表现为商品的这一部分价值（它的这一部分剩余价值）的源泉，而土地所有者不过是土地在法律上的人格化。

马克思：《资本论第四卷》，

《马克思恩格斯全集》第 26 卷第 3 册第 536～537 页。

代表着作为执行职能的资本家、作为劳动资本的代表者的资本家而与只是作为资本的人格化、只是作为资本的所有者的资本家相对立。

马克思：《资本论第四卷》，

《马克思恩格斯全集》第 26 卷第 3 册第 544 页。

作为雇佣劳动的劳动和作为资本的劳动条件（从而作为资本家的所有权：它们人格化为资本家，在资本家身上，它们表现为它们本身的所有者，它们代表着资本家对它们的所有权，即它们对本身的所有权而与劳动相对立），是同一种关系的表现，不过是从这种关系的不同的两极出发而已。

马克思：《资本论第四卷》，

《马克思恩格斯全集》第 26 卷第 3 册第 545 页。

产生于作为社会的统一体，作为在资本上人格化为支配劳动的权力的社会劳动形式的主体而表现出来的资本的性质），那末，这种与剥削相结合的劳动（这种劳动也可以转给经理）当然就与雇佣工人的劳动一样，是一种加入产品价值的劳动，正如在奴隶制下奴隶监工的劳动，也必须和劳动者本人的劳动一样给予报酬。

马克思：《资本论第四卷》，

《马克思恩格斯全集》第 26 卷第 3 册第 551 页。

生息资本在货币资本家身上人格化了，产业资本在产业资本家身上人格化了，提供地租的资本在作为土地所有者的地主身上人格化了，最后，劳动在雇佣工人身上人格化了。它们作为这样一些在独立的个人身上（这些个人同时只是表现为人格化的物的代表）人格化了的固定形态，加入竞争和实际生产过程。竞争以这种转化为前提。

马克思：《资本论第四卷》，

《马克思恩格斯全集》第 26 卷第 3 册第 571～572 页。

马克思在《资本论》第 1 卷里的"半日工"，马克思解释为"无论在工厂或工厂报告中，都取得了正式的公民权。"就是说，把 13 岁以下的只准劳动 6 小时的童工叫做"半日工"，已经获得了法律形式。这种法律形式，完全掩盖了童工的实质，使作为主体的工人转化客体——人格化的劳动时间。这样，在资本家那里，一切个人之间的区别都化成"全日工"和"半日工"的区别了。

　　马克思在《资本论》第 1 卷里说到"资本主义生产发展到一定高度，就要求资本家能够把他充当资本家即人格化的资本的全部时间，都用来占有从而控制别人的劳动，用来出售这种劳动的产品"时，引用了约·阿伯思诺特所著《当前粮食价格和农场面积相互关系的研究》中的阐释。阿伯思诺特写到："租地农场主不能指靠自己的劳动，如果他这样做，我认为他会受到损失。他的事务应该是全面照料：他必须监督打谷人，否则粮食打不干净，工钱很快就浪费了；他还必须监督割草人、割麦人等等；他必须经常巡视自己的篱笆；他必须查看是否有疏忽的地方，如果他只局限在一处，那末别处就难免有疏忽。"马克思说，这本书非常有趣，从中可以研究"资本主义租地农场主"或他明确地称之为"商人租地农场主"的起源，可以听到这种租地农场主在那些主要是为生存而挣扎的"小租地农民"面前是怎样自我吹嘘的。"资本家阶级最初部分地摆脱了体力劳动的必要性，最后完全摆脱了体力劳动的必要性。"

二、权利异化为权力

从经典作家在人格的物化和物的人格化的双向对象化论述中，能够引申出权利异化思想。据此，人格权、所有权（物权）异化为权力，应当首先得到说明。

人格（德 Personlichkeit），是在与权利能力相同的意义上使用的。法律规定人格权（德 Personlich keitsrecht，法 droit de personnalite），形成人格与权利人不可分离的利益，即以身体、自由、名誉等为目的的个人权利。现代民法还认为，生命、信用、姓名、肖像等也构成人格权。人格权是人在法律上被承认为自然的人的地位（德 JR echtder personlichl，eit）。在这个意义上，人格权仍与权利能力在同一意义上使用。

在西方法学那里，人格权是与生俱来的权利，是绝对权；人格权的核心是人格利益；人格尊严权（right of personal dignity）是首要人格权；侵害人格权构成不法行为，须承担法律责任。而且特别强调，保护人格权，是法律的人性关怀、人文主义关怀。

其实，资产阶级立法和法学注释是伪善的。任何权利都是法定的，人格权不可能例外。在阶级对立和两极分化的社会里，有资产者、富人的人格权和人格尊严权，就没有劳动者、穷人的人格权和人格尊严权。在企业里，工人给业主下跪、下班搜身，遇见业主和工头就全身畏缩，不敢抬头看一眼，工人有人格权和人格尊严权吗？没有的。法律所保护的，是资产者、富人的人格权。可见，"权利主义""权利至上"所鼓吹的人格权，绝不是与生俱来的权利，绝不是人性的权利。

经典作家总的思路是：人格——人格物化——阶级的人格权。西方法学的思路是：人性——人格——抽象的人格权。法的范畴是抽象范畴。分析抽象的范畴，首先要把握它的主体性和具体化。分析人格权，必须首先明确谁的人格、什么样的人格。我国宪法、民法规定了人格权，规定公民、法人享有名誉权，公民的人格尊严受法律保护，禁止用侮辱诽谤等方式损害公民、法人的名誉。对于这样的规定的解释，只能遵循马克思主义关于人格权的总的思路，而不能因袭西方法学的思路。

至于所有权（物权），本书第 1 卷和第 2 卷的有关内容已有阐释，这里不再赘述。

人格权、所有权（物权）都是权利，是对等协商关系中的权利。那为什么享有这些权利的一些个人和社会组织，却拥有"御使他人服从之力"呢？这一切，盖缘于权利异化为权力。

在垄断和国家垄断条件下，由权利异化而来的是权力。这种权力，是对雇佣劳动者的管制权，对竞争对手的消灭权，对国民经济的控制权和对工人阶级和广大劳动人民的统治权。

（一）异化的实现方式和表现形式

1. 异化是本质的对立性转化

经典作家在使用异化术语的场合，有时同外化术语一起使用。"外化"（entausserung），是马克思恩格斯那个时代常常采用的术语。马丁·路德开始使用外化术语，而后从费希特到黑格尔使用的外化术语，同异化的含义并不相同。"自我"外化为"非我"，就是原来存在于自我中的与自我同一的东西，转化成为异己的东西。这没有揭示这种转化的实质，而揭示这种转化实质的东西，是异化。

经典作家在阐释本质性转化时，指出了这种转化的对立性。针对黑格尔的异化思想，特别是《精神现象学》中露骨的唯心主义，马克思恩格斯批判了黑格尔把存在的一切都归结为"自我意识"，把异化也归结为"自我意识"的异化，把"自我意识"异化为"绝对精神"。这里，摘录了马克思恩格斯在《神圣家族》中对黑格尔"创世纪"的"绝对精神"的批判。同时，摘录了马克思的《关于费尔巴哈的提纲》中对费尔巴哈"自我异化"的评价。

只有在伊壁鸠鲁那里，现象才被理解为现象，即被理解为本质的异化，这种异化本身是在它的现实性中作为这种异化表现出来的。

马克思：《德谟克利特的自然哲学和伊壁鸠鲁的自然哲学的差别》，
《马克思恩格斯全集》第 1 卷上册第 52 页。

如果特殊利益在政治上的这种独立化是国家必然性，那么这只是国家内部疾病的表现，正如不健康的机体，按照自然规律，必然会长出肿瘤一样。必须决定在下述两种观点中选择一种：或者承认特殊利益由于妄自尊大并同国家的政治精神相异化，力图限制国家；或者承认国家只是集中体现为政府，并且作为一种补偿，只是给受限制的人民精神提供一个疏导其特殊利益的领域。

马克思恩格斯：《评奥格斯堡〈总汇报〉论普鲁士等级委员会的文章》，
《马克思恩格斯全集》第 1 卷上册第 344 页。

通过这样一个简单的过程，通过谓语到主体的这一转变，就可以把人所固有的一切规定和表现都批判地改造成怪物和人类本质的自我异化。

马克思恩格斯：《神圣家族》，
《马克思恩格斯全集》第 2 卷第 24 页。

有产阶级和无产阶级同是人的自我异化。但有产阶级在这种自我异化中感到自己是被满足的和被巩固的，它把这种异化看作自身强大的证明，并在这种异化中获得人的生存的外观。而无产阶级在这种异化中则感到自己是被毁灭的，并在其中看到自己的无力和非人的生存的现实。

马克思恩格斯:《神圣家族》,
《马克思恩格斯全集》第2卷第44页。

自我意识固然是宗教观念的创造原则,但是它只有作为脱出自身、自相矛盾、自我外化和异化的自我意识,才能成为这种创造原则。因此,达到了自身、理解了自身、认识了自己本质的自我意识就支配着它的自我异化的各种产物。

马克思恩格斯:《神圣家族》,
《马克思恩格斯全集》第2卷第50页。

蒲鲁东想消灭不拥有和拥有的旧形式的愿望,和他想消灭人对自己的实物本质的实际异化关系、想消灭人的自我异化的政治经济表现的愿望是完全同一的。

马克思恩格斯:《神圣家族》,
《马克思恩格斯全集》第2卷第52页。

蒲鲁东未能用恰当的话来表达自己的这个思想。"平等占有"是政治经济的观念,因而还是下面这个事实的异化表现:实物是为人的存在,是人的实物存在,同时也就是人为他人的定在,是他对他人的人的关系,是人对人的社会关系。蒲鲁东在政治经济的异化范围内来克服政治经济的异化。

马克思恩格斯:《神圣家族》,
《马克思恩格斯全集》第2卷第52页。

以政治经济学的观点对政治经济学所进行的批判,承认人类活动的一切本质规定,但只是在异化、外化的形式中来承认。例如,在这里它们时间对人的劳动的意义变为时间对工资、对雇佣劳动的意义。

马克思恩格斯:《神圣家族》,
《马克思恩格斯全集》第2卷第62页。

为了再详尽透彻一些,埃德加尔先生也许应该一反蒲鲁东的推论说,工人之所以不能买回自己的产品,是因为他怎么也不得不去把它买回来。在购买的定义中就已经包含有这样的意思:工人把自己的产品当作脱离了他自身的、异化了的对象来对待。

马克思恩格斯:《神圣家族》,
《马克思恩格斯全集》第2卷第65页。

他们非常痛苦地感觉到存在和思维、意识和生活之间的差别。他们知道,财产、资本、金钱、雇佣劳动以及诸如此类的东西远不是想象中的幻影,而是工人自我异化的十分实际、十分具体的产物,因此也必须用实际的和具体的方式来消灭它们,以便使人不仅能在思维中、意识中，而且也能在群众的存在中、生活中真正成其为人。

马克思恩格斯：《神圣家族》，

《马克思恩格斯全集》第 2 卷第 66 页。

在群众之外的进步的敌人恰恰是独立存在的、被赋予自己的生命的、群众的自卑自贱、自我排斥和自我异化的产物。所以，群众用反对他们的自卑自贱的独立存在的产物的办法来反对他们本身的缺点，就像一个人用反对上帝存在的办法来反对他自己的宗教心理一样。但是，群众的这种自我异化的实际后果既然以外在的方式存在于现实世界中，所以群众也就不得不以外在的方式和这种后果进行斗争。群众绝不会把自己的自我异化的这些后果仅仅看作观念的幻影，看作自我意识的单纯的异化，同时也不想通过纯粹内在的唯灵论的活动来消灭物质的异化。

马克思恩格斯：《神圣家族》，

《马克思恩格斯全集》第 2 卷第 104 页。

因为一个人的需要，对于另一个拥有满足这种需要的资料的利己主义者来说，并没有什么明显的意义，就是说，同这种需要的满足并没有任何直接的联系，所以每一个人都必须建立这种联系，这样就相互成为他人的需要和这种需要的对象之间的皮条匠。由此可见，正是自然的必然性、人的特性（不管它们表现为怎样的异化形式）、利益把市民社会的成员彼此连接起来。他们之间的现实的联系不是政治生活，而是市民生活。

马克思恩格斯：《神圣家族》，

《马克思恩格斯全集》第 2 卷第 154 页。

一方面，不得不以人权的形式承认和批准现代资产阶级社会，即工业的、笼罩着普遍竞争的、以自由追求私人利益为目的的、无政府的、塞满了自我异化的自然的和精神的个性的社会，另一方面又想在事后通过单个的人来取缔这个社会的各种生命表现，同时还想仿照古代的形式来建立这个社会的政治首脑，这是多么巨大的错误！

马克思恩格斯：《神圣家族》，

《马克思恩格斯全集》第 2 卷第 156 页。

世界是被迫使自己异化并采取奴隶形象的自我意识的生命表现，但是世界和自我意识之间的差别只是似是而非的差别。自我意识不把自己和任何现实事物区别开。世界不过是自我意识制造出来的形而上学的区别，是它的以太头脑的幻影和它的臆想的结果。

马克思恩格斯：《神圣家族》，

《马克思恩格斯全集》第 2 卷第 178 页。

这种思辨的创世说在黑格尔的著作中几乎可以一字不差地找到；我们在他的第一部著作"现象学"中就可以看见这种理论：

"实物性就是自我意识的异化产生的……自我意识在这种异化中把自己假定为实物，或者把实物假定为自身。另一方面，这个过程同时还包含着另一个因素，即自我意识同时又扬弃自己的这种异化和实物性，并使它们返回到自身……这就是意识的运动。"（黑格尔"现象学"第574 —575页）

> 马克思恩格斯：《神圣家族》，
> 《马克思恩格斯全集》第2卷第179页。

针对黑格尔的这种创世说，费尔巴哈指出："物质是精神的自我异化。所以物质本身就获得了精神和理性；但同时它又被看作不实在的、不真实的本质，因为只有从这种异化中复生的本质，即使自己摆脱了物质、摆脱了感性的本质，才称得上是完善的、具有真正形式的本质。可见，自然的、物质的、感性的世界在这里所遭到的否定，就跟被原罪所败坏的自然在神学中所遭到的否定一样。"（"未来哲学"第35页）

> 马克思恩格斯：《神圣家族》，
> 《马克思恩格斯全集》第2卷第179页。

鲍威尔先生的最后阶段并不是他发展中的失常：这是他从他的异化返回到自身。不言而喻，神的批判使自己异化并超出自己的范围的那一瞬间，是与它部分地叛离自己而创造某种人类事物的那一瞬间相吻合的。

> 马克思恩格斯：《神圣家族》，
> 《马克思恩格斯全集》第2卷第182页。

世外的批判不是现实的即生活在现代社会之中并同这个社会共甘苦的人类主体所特有的活动。现实的个人只是偶性，只是批判的批判借以表现自己为永恒实体的人间的容器。主体不是人类中的个人所实现的批判，而是批判的非人类的个人。并非批判是人的表现，而是人是批判的异化，因此批判家完全生活在社会之外。

> 马克思恩格斯：《神圣家族》，
> 《马克思恩格斯全集》第2卷第204页。

在黑格尔的"现象学"中，人类自我意识的各种异化形式所具有的物质的、感觉的、实物的基础被置之不理，而全部破坏性工作的结果就是最保守的哲学，因为这样的观点以为：既然它已经把实物的、感性现实的世界变成"思维的东西"，变成自我意识的纯粹规定性，而且它现在又能够把那变成了以太般的东西的敌人溶解于"纯思维的以太"中，所以它就把这个世界征服了。

> 马克思恩格斯：《神圣家族》，
> 《马克思恩格斯全集》第2卷第244页。

费尔巴哈是从宗教上的"自我异化"，从世界被二重化为宗教的、想象的世界和现实的世界这一事实出发的。他致力于把宗教世界归结于它的世俗基础。他没有注意到，在做完这一工作之后，主要的事情还没有做哩。因为，世俗的基础使自己和自己本身分离，并使自己转入云霄，成为一个独立王国，这一事实，只能用这个世俗基础的自我分裂和自我矛盾来说明。因此，对于世俗基础本身首先应当从它的矛盾中去理解，然后用排除这种矛盾的方法在实践中使之革命化。

马克思：《关于费尔巴哈的提纲》，
《马克思恩格斯全集》第 3 卷第 4 页。

这种"异化"（用哲学家易懂的话来说）当然只有在具备了两个实际前提之后才会消灭。要使这种异化成为一种"不堪忍受的"力量，即成为革命所要反对的力量，就必须让它把人类的大多数变成完全"没有财产的"人，同时这些人又和现存的有钱的有教养的世界相对立，而这两个条件都是以生产力的巨大增长和高度发展为前提的。

马克思恩格斯：《德意志意识形态》，
《马克思恩格斯全集》第 3 卷第 39 页。

用一位英国经济学家的话来说，这种关系就像古代的命运之神一样，逍遥于寰球之上，用看不见的手分配人间的幸福和灾难，把一些王国创造出来又把它们摧毁掉，使一些民族产生又使它们趋于衰亡；但随着基础、即私有制的消灭，随着对生产实行共产主义的调节（这种调节消灭人们对于自己产品的异化关系），供求关系的统治也将消失，人们将使交换、生产及其相互关系的方式重新受自己的支配。

马克思恩格斯：《德意志意识形态》，
《马克思恩格斯全集》第 3 卷第 40 页。

哲学家们在已经不再屈从于分工的个人身上看见了他们名之为"人"的那种理想，他们把我们所描绘的整个发展过程看作是"人"的发展过程，而且他们用这个"人"来代替过去每一历史时代中所存在的个人，并把他描绘成历史的动力。这样，整个历史过程被看成是"人"的自我异化过程，实际上这是因为，他们总是用后来阶段的普通人来代替过去阶段的人并赋予过去的个人以后来的意识。由于这种本末倒置的做法，即由于公然舍弃实际条件，于是就可以把整个历史变成意识发展的过程了。

马克思恩格斯：《德意志意识形态》，
《马克思恩格斯全集》第 3 卷第 77 页。

在个人利益变为阶级利益而获得独立存在的这个过程中，个人的行为不可避免地受到物化、异化，同时又表现为不依赖于个人的、通过交往而形成的力量，从而个人的行为转化为社会关系，转化为某些力量，决定着和管制着个人，因此这些力量在观念中就成为"神圣的"力量。

马克思恩格斯：《德意志意识形态》，

《马克思恩格斯全集》第 3 卷第 273 页。

圣桑乔接着又把与我相对立的非我确定为：非我就是异于我的东西，就是异物。"因此"非我对我的关系就是异化的关系。

我们刚才已经谈到圣桑乔如何用他的逻辑公式把任何一个客体或者关系都说成是与我相异的东西，是我的异化；另一方面，正如我们将要看到的，圣桑乔又能把任何一个客体或者关系说成是我所创造的并属于我的。我们暂且不谈桑乔如何随意地把任何一个关系说成或不说成异化的关系（因为以上的那些等式对一切完全适用），我们在这里已经看出，[桑乔只是把一切现实的关系和现实的个人都预先宣布为异化的（如果暂时还用一下这个哲学术语），把这些关系和个人都变成关于异化的完全抽象的词句。这就是说，他的任务不是从现实个人的现实异化和这种异化的经验条件中来描绘现实的个人，他的做法又是：用关于异化、异物、圣物的空洞思想来代替一切纯经验关系的发展。偷用异化这个范畴]（这个范畴又是反思的规定，它可以被理解为对立、差别、非同一等等）的最新和最高的表现是："异物"又变成了"圣物"，异化又变成了我对作为圣物的任何一种事物的关系了。

马克思恩格斯：《德意志意识形态》，

《马克思恩格斯全集》第 3 卷第 316～317 页。

"费尔巴哈只是片面地完成即只是开始进行人类学的研究工作，开始通过人来恢复他的〈费尔巴哈的还是人的?〉异化了的本质；他消灭了宗教的幻想、理论的抽象、神人；而赫斯却摧毁了政治的幻想、他的〈赫斯的还是人的?〉能力、他的活动的抽象，即摧毁了资产。"

马克思恩格斯：《德意志意识形态》，

《马克思恩格斯全集》第 3 卷第 552 页。

格律恩先生装备有对德国哲学如费尔巴哈所说的那些结果的坚定信念，即深信"人"，"纯粹的、真正的人"似乎是世界历史的最终目的，宗教是异化了的人的本质，人的本质是人的本质和万物的尺度；格律恩先生还装备有德国社会主义（见上文）的其他真理，如货币、雇佣劳动等等是人的本质的异化，德国社会主义是德国哲学的实现，是外国的社会主义与共产主义的理论真理等等。

马克思恩格斯：《德意志意识形态》，

《马克思恩格斯全集》第 3 卷第 576 页。

大家知道，天主教的僧侣曾经在古代异教的经典著作原稿上面写了一些荒诞的天主教圣徒传。德国著作家用正相反的态度对待了法国的不信神的作品。他们在法文的原文下面添进了自己的一套哲学胡说。例如，他们在批评货币关系的法文原稿下面添上了"人性的异化"，在批评资产阶级国家的法文原文下面添上了所谓"抽象普遍物的统治的废除"等等。

马克思恩格斯：《共产党宣言》，

《马克思恩格斯全集》第 4 卷第 495 页。

马克思在《德谟克利特的自然哲学和伊壁鸠鲁的自然哲学的差别》里说，"只有在伊壁鸠鲁那里，现象才被理解为现象，即被理解为本质的异化。"马克思认为，伊壁鸠鲁把物质和形式之间的矛盾看成是现象自然界的性质，于是这个自然界就成了本质自然界即原子的映象。其所以如此，是由于把时间与空间、现象的主动形式与现象的被动形式对立起来了。

马克思恩格斯在《神圣家族》里提到，黑格尔在《现象学》中说"实物性就是自我意识的异化产生的……自我意识在这种异化中把自己假定为实物，或者把实物假定为自身"，是"思辨的创世说"。马克思恩格斯认为，自我意识也通过这种运动首次把自己制造成绝对的东西，因为绝对的唯心主义者要想成为绝对的唯心主义者，就必须经常地完成一种诡辩的过程，就是说，他先要把他身外的世界变成幻觉，变成自己头脑的单纯的突发之念，然后再宣布这种幻影是真正的幻影——是纯粹的幻想，而最后便宣告它是唯一的、至高无上的、甚至不再为外部世界的假象所限制的存在。法国唯物主义者的确曾把物质的运动看做精神化了的运动，但是他们还未能看出，这不是物质运动，而是观念运动，这是自我意识的运动，即纯思想的运动。

2. 劳动异化是权利异化的初始表现形式

经典作家从劳动物化引申出劳动异化。劳动物化在别人产品中，工人处于和他自己劳动的实现条件相异化，就是劳动异化。劳动异化，使劳动者作为劳动力的权利，异化为资产者对于其产品的权利。这是资产者由产品权利产生出来的所有权利的开始。所以说，劳动异化是权利异化的初始表现形式。

资本主义生产方式使劳动条件和劳动产品具有的与工人相独立、相异化的形态，随着机器的发展而发展成为完全的对立。因此，随着机器的出现，才第一次发生工人对劳动资料的暴烈的反抗。

马克思：《资本论第一卷》，

《马克思恩格斯全集》第 23 卷第 473 页。

工人不断地像进入生产过程时那样又走出这个过程——是财富的人身源泉，但被剥夺了为自己实现这种财富的一切手段。因为在他进入过程以前，他自己的劳动就同他相异化而为资本家所占有，并入资本中了，所以在过程中这种劳动不断物化在别人产品中。

马克思：《资本论第一卷》，

《马克思恩格斯全集》第 23 卷第 626 页。

因为生产过程同时就是资本家消费劳动力的过程，所以工人的产品不仅不断地转化为商品，而且也转化为资本，转化为吸收创造价值的力的价值，转化为购买人身的生活资料，转化为使用生产者的生产资料。可见，工人本身不断地把客观财富当作资本，当作同他相异化的、统治他和剥削他的权力来生产，而资本家同样不断地把劳动力当作主观的、同它本身物化的和实现的资料相分离的、抽象的、只存在于工人身体中的财富源泉来生产，一句话，就是把工人当作雇佣工人来生产。工人的这种不断再生产或永久化是资本主义生产的必不可少的条件。

马克思：《资本论第一卷》，
《马克思恩格斯全集》第 23 卷第 626~627 页。

那种以生产资料的形式参与活劳动过程的过去劳动所取得的不断增长的重要性，就被归功于这种劳动的同工人本身相异化的形态，即它的资本的形态，虽然这种劳动是工人的过去的和无酬的劳动。就像奴隶主不能把劳动者本身和他的奴隶身分分开来考虑一样，资本主义生产的实际当事人及其胡说八道的思想家不能把生产资料和它们今天所具有的对抗性的社会化装分开来考虑。

马克思：《资本论第一卷》，
《马克思恩格斯全集》第 23 卷第 668 页。

在资本主义体系内部，一切提高社会劳动生产力的方法都是靠牺牲工人个人来实现的；一切发展生产的手段都变成统治和剥削生产者的手段，都使工人畸形发展，成为局部的人，把工人贬低为机器的附属品，使工人受劳动的折磨，从而使劳动失去内容，并且随着科学作为独立的力量被并入劳动过程而使劳动过程的智力与工人相异化；这些手段使工人的劳动条件变得恶劣，使工人在劳动过程中屈服于最卑鄙的可恶的专制，把工人的生活时间变成劳动时间，并且把工人的妻子儿女都抛到资本的札格纳特车轮下。

马克思：《资本论第一卷》，
《马克思恩格斯全集》第 23 卷第 708 页。

对资本家来说，不变资本的节约表现为一个和工人相异化、和工人绝对不相干的条件，工人和它完全无关；其实，资本家始终很清楚地知道，他用同样多的货币能够买到多少劳动的问题，确实同工人有点关系（因为在资本家的意识中，他和工人之间的交易就是这样表现的）。

马克思：《资本论第三卷》，
《马克思恩格斯全集》第 25 卷上册第 100 页。

这种看法并不令人奇怪，因为事实的外观是和它相符的，因为当资本关系使工人处于和他自己劳动的实现条件完全无关、相外化和相异化的状况的时候，它实际上就把内在联系隐藏在这种状况中了。

马克思：《资本论第三卷》，

《马克思恩格斯全集》第 25 卷上册第 100 页。

我们以前已经说过，工人实际上把他的劳动的社会性质，把他的劳动和别人的劳动为一个共同目的的结合，看成是一种和自己相异化的权力；实现这种结合的条件，是和他相异化的财产，如果他不是被迫节约这种财产，那末浪费一点，对他说来毫无关系。

马克思：《资本论第三卷》，

《马克思恩格斯全集》第 25 卷上册第 101 页。

因此，几乎用不着说，当一个生产部门的劳动生产率表现为另一个生产部门的生产资料变得便宜和得到改良，从而提高了利润率时，社会劳动的这种普遍联系，就表现为某种和工人完全相异化的东西，事实上它也只和资本家有关，因为只有资本家才购买和占有这些生产资料。

马克思：《资本论第三卷》，

《马克思恩格斯全集》第 25 卷上册第 101 页。

但问题还不只是限于：在工人即活劳动的承担者，同他的劳动条件的经济的，即合理而节约的使用之间，存在着异化和毫不相干的现象。资本主义生产方式按照它的矛盾的、对立的性质，还把浪费工人的生命和健康，压低工人的生存条件本身，看作不变资本使用上的节约，从而看作提高利润率的手段。

马克思：《资本论第三卷》，

《马克思恩格斯全集》第 25 卷上册第 102 页。

资本越来越表现为社会权力，这种权力的执行者是资本家，它和单个人的劳动所能创造的东西根本没有任何关系；但是资本表现为异化的、独立化了的社会权力，这种权力作为物，作为资本家通过这种物取得的权力，与社会相对立。

马克思：《资本论第三卷》，

《马克思恩格斯全集》第 25 卷上册第 294 页。

因为资本的异化性质，它同劳动的对立，转移到现实剥削过程之外，即转移到生息资本上，所以这个剥削过程本身也就表现为单纯的劳动过程，在这个过程中，执行职能的资本家与工人相比，不过是在进行另一种劳动。

马克思：《资本论第三卷》，

《马克思恩格斯全集》第 25 卷上册第 430 页。

因此，毫不奇怪，庸俗经济学对于各种经济关系的异化的表现形式——在这种形式下，各种经济关系乍一看来都是荒谬的，完全矛盾的；如果事物的表现形式和事物的本质会直接合而为一，一切科学就都成为多余的了——感到很自在，而且各种经济关系的内部联系越是隐蔽，这些关系对庸俗经济学来说就越显得是不言自明的（虽然对普通人来说，这些关系是很熟悉的）。

马克思：《资本论第三卷》，

《马克思恩格斯全集》第 25 卷下册第 923 页。

劳动条件的这种和劳动相异化的、和劳动相对立而独立化的、并由此形成的转化形态（在这种形态下，生产出来的生产资料已转化为资本，土地已转化为被人垄断的土地，转化为土地所有权），这种属于一定历史时期的形态，就和生产出来的生产资料和土地在一般生产过程中的存在和职能合而为一了。

马克思：《资本论第三卷》，

《马克思恩格斯全集》第 25 卷下册第 931～932 页。

如果说资本起初在流通的表面上表现为资本拜物教，表现为创造价值的价值，那末，现在它又在生息资本的形式上，取得了它最异化最特别的形式。

马克思：《资本论第三卷》，

《马克思恩格斯全集》第 25 卷下册第 937 页。

在这里，因为剩余价值的一部分好像不是直接和社会关系联系在一起，而是直接和一个自然要素（土地）联系在一起，所以剩余价值的不同部分互相异化和硬化的形式就完成了，内部联系就最终割断了，剩余价值的源泉就完全被掩盖起来了，而这正是由于和生产过程的不同物质要素结合在一起的生产关系已经互相独立化了。

马克思·《资本论第三卷》，

《马克思恩格斯全集》第 25 卷下册第 938 页。

另一方面，实际的生产当事人对资本—利息，土地—地租，劳动—工资这些异化的不合理的形式，感到很自在，这也同样是自然的事情，因为他们就是在这些假象的形式中活动的，他们每天都要和这些形式打交道。

马克思：《资本论第三卷》，

《马克思恩格斯全集》第 25 卷下册第 939 页。

在这两种情况下，资本都只是作为劳动本身的物质条件所具有的从劳动异化的而又支配劳动的力量，总之，只是作为雇佣劳动本身的一种形式，作为雇佣劳动的条件，才生产价值。

马克思：《资本论第四卷》，

《马克思恩格斯全集》第 26 卷第 1 册第 73 页。

兰盖证明，富人占有一切生产条件；这是生产条件的异化，而最简单形式的生产条件是自然要素本身。

马克思：《资本论第四卷》，

《马克思恩格斯全集》第 26 卷第 1 册第 368 页。

但是，前面所说的李嘉图对货币的错误理解的根本原因在于，李嘉图总是只看到交换价值的量的规定，就是说，交换价值等于一定量的劳动时间，相反，他忘记了交换价值的质的规定，就是说，个人劳动只有通过自身的异化（alienation）才表现为抽象一般的、社会的劳动。

马克思：《资本论第四卷》，

《马克思恩格斯全集》第 26 卷第 2 册第 575 页。

李嘉图的错误在于，他只考察了价值量，因而只注意不同商品所代表的、它们作为价值所包含的物体化的相对劳动量。但是不同商品所包含的劳动，必须表现为社会的劳动，表现为异化的个人劳动。

马克思：《资本论第四卷》，

《马克思恩格斯全集》第 26 卷第 3 册第 140 页。

因此，私人劳动应该直接表现为它的对立面，即社会劳动；这种转化了的劳动，作为私人劳动的直接对立面，是抽象的一般劳动，这种抽象的一般劳动因此也表现为某种一般等价物。个人劳动只有通过异化，才实际表现为它的对立面。

马克思：《资本论第四卷》，

《马克思恩格斯全集》第 26 卷第 3 册第 146 页。

在这个矛盾中，政治经济学只是说出了资本主义生产的本质，或者也可以说，雇佣劳动，即从本身中异化出来的劳动的本质，这种劳动创造的财富作为别人的财富和它相对立，它自己的生产力作为它的产品的生产力和它相对立，它的致富过程作为自身的贫困化过程和它相对立，它的社会力量作为支配它的社会力量和它相对立。

马克思：《资本论第四卷》，

《马克思恩格斯全集》第 26 卷第 3 册第 284～285 页。

它们在这里是生产的，或者更确切地说，劳动生产率实现在作为自己的物质的它们身上，原因在于它们作为实际劳动的客观条件的属性，而不在于它们作为独立地同工人相对立、同工人相异化的条件、作为体现在资本家身上的活劳动支配者的那种社会存在。

马克思：《资本论第四卷》，

《马克思恩格斯全集》第 26 卷第 3 册第 291 页。

　　因为"现在劳动"是同资本相对立的，而"过去劳动"则一直被政治经济学家们看作就是资本，是一种异化的、同劳动本身敌对的、独立的劳动形式。

马克思：《资本论第四卷》，

《马克思恩格斯全集》第 26 卷第 3 册第 323 页。

　　假如它们不再以这种异化的形式和劳动相对立，它们［在政治经济学家们看来］就不再能够产生这种作用。资本家作为资本家只不过是资本的人格化，是具有自己的意志、个性并与劳动敌对的劳动产物。

马克思：《资本论第四卷》，

《马克思恩格斯全集》第 26 卷第 3 册第 326 页。

　　资本主义生产方式同社会劳动的不同因素在相互关系中所具有的并以资本为代表的异化形式一起消失。这便是霍吉斯金的结论。

马克思：《资本论第四卷》，

《马克思恩格斯全集》第 26 卷第 3 册第 348 页。

　　生产在取得这种对立和矛盾的极端形式的同时，转化为社会生产，尽管是以异化的形式。

马克思：《资本论第四卷》，

《马克思恩格斯全集》第 26 卷第 3 册第 348 页。

　　我们在外表上发现的、因而曾经作为我们分析的出发点的这个不可理解的形式，现在又作为一个过程的结果被我们碰到了，在这个过程中，资本的形态越来越和它的内在本质相异化，并且越来越与之失去联系。

马克思：《资本论第四卷》，

《马克思恩格斯全集》第 26 卷第 3 册第 517 页。

　　正是在利润的这种完全异化的形式上以及在利润的形式愈来愈掩盖自己的内核的情况下，资本愈来愈具有物的形态，愈来愈由一种关系转化为一种物，不过这种物是包含和吸收了社会关系的物，是获得了虚假生命和独立性而与自身发生关系的物，是一个可感觉而又超感觉的存在物；而且在资本和利润的这种形式上，资本表面上是作为现成的前提出现的。这就是资本的现实性的形式，或者更确切地说，是资本的现实存在的形式。资本也正是以这种形式存在于其承担者即资本家的意识中，反映在他们的观念中。

马克思：《资本论第四卷》，

《马克思恩格斯全集》第 26 卷第 3 册第 536 页。

生息资本的情况与利润不同，在利润上，剩余价值的形态成了某种异化的、离奇的东西，使人不能直接认清剩余价值的简单形态，从而不能认清它的实体和产生的原因；相反，在利息上，这种异化形式却明显地作为本质的东西出现、存在和表现。这种形式作为某种同剩余价值的实际性质相对立的东西独立化并固定化了。

马克思：《资本论第四卷》，

《马克思恩格斯全集》第 26 卷第 3 册第 543 页。

这样一来，连剩余价值的最后一种形式，即在一定程度上还能使人想起其起源的形式，也分离为并被理解为不仅是异化的形式，而且是直接同剩余价值本身相对立的形式，因此，资本和剩余价值的性质，也和一般资本主义生产的性质一样，终于被完全神秘化了。

马克思：《资本论第四卷》，

《马克思恩格斯全集》第 26 卷第 3 册第 545 页。

在这个基础上例如货币自身就是资本，因为生产条件自身具有与劳动相对立的异化形式，表现为他人的所有权而与劳动相对立，并作为这样的所有权对劳动进行统治。

马克思：《资本论第四卷》，

《马克思恩格斯全集》第 26 卷第 3 册第 546 页。

在这个基础上例如货币自身就是资本，因为生产条件自身具有与劳动相对立的异化形式，表现为他人的所有权而与劳动相对立，并作为这样的所有权对劳动进行统治。

马克思：《资本论第四卷》，

《马克思恩格斯全集》第 26 卷第 3 册第 548 页。

利息自身正好表现出，劳动条件作为资本而存在，同劳动处于社会对立中，并且转化为同劳动相对立并且支配着劳动的私人权力。利息概括了劳动条件对主体活动的关系上的异化性质。

马克思：《资本论第四卷》，

《马克思恩格斯全集》第 26 卷第 3 册第 549 页。

因为资本的异化性质，它同劳动的对立，处于剥削过程之外，处于这种异化的现实行动范围之外，所以一切对立性质也就从这个过程本身排除了。

马克思：《资本论第四卷》，

《马克思恩格斯全集》第 26 卷第 3 册第 550 页。

这个形式本身一旦把资本主义的外壳剥去，就同资本完全无关一样。说这种劳动作为资本主义的劳动，作为资本家的职能是必要的，这无非就是说，庸俗经济学家不能设想在资本内部发展起来的劳动的社会生产力和劳动的社会性质，能够脱离它们的这种资本主义形式，脱离它们的各因素的异化、对立和矛盾的形式，脱离它们的颠倒和混乱。而这正是我们所要坚持的。

马克思：《资本论第四卷》，

《马克思恩格斯全集》第 26 卷第 3 册第 553 页。

古典政治经济学力求通过分析，把各种固定的和彼此异化的财富形式还原为它们的内在的统一性，并从它们身上剥去那种使它们漠不相关地相互并存的形式；它想了解与表现形式的多样性不同的内在联系。

马克思：《资本论第四卷》，

《马克思恩格斯全集》第 26 卷第 3 册第 555 页。

异化形式使古典的，因而也使批判的政治经济学家感到困难，他们试图通过分析来剥去这种形式，可是庸俗政治经济学却正好是在产品价值的各个不同部分相互对立的异化中第一次感到十分自在。

马克思：《资本论第四卷》，

《马克思恩格斯全集》第 26 卷第 3 册第 559 页。

此外，这给辩护论帮了很大的忙。因为，例如在"土地—地租，资本—利息，劳动—工资"这一公式中，剩余价值的各种不同形式和资本主义生产的各种不同形态，不是作为异化形式相互对立，而是作为相异的和彼此无关的形式、作为只是彼此不同但无对抗性的形式相互对立。

马克思：《资本论第四卷》，

《马克思恩格斯全集》第 26 卷第 3 册第 559 页。

马克思在《资本论》第 1 卷里说的"资本主义生产方式使劳动条件和劳动产品具有的与工人相独立、相异化的形态，随着机器的发展而发展成为完全的对立"，马克思注解为："使国家的纯收入〈即地主和资本家的收入，如李嘉图在同一个地方所说明的。在经济学看来，他们的财富就＝国家的财富〉增加的原因，同时也可能造成人口过剩，使工人状况恶化。"（李嘉图《政治经济学和赋税原理》第 469 页）"一切机械改良的一贯目的和趋势，实际上就是完全摆脱人的劳动，或者是以妇女和儿童的劳动代替成年男工的劳动，以粗工代替熟练工，从而降低劳动的价格。"（尤尔《工厂哲学》第 23 页）

马克思在《资本论》第 1 卷里说，"把工人的妻子儿女都抛到资本的札格纳特车轮下"的"札格纳特"，是印度的大神之一毗湿奴的化身。崇拜札格纳特的教派的特点是宗教仪式上的十分豪华和极端的宗教狂热，这种狂热表现为教徒的自我折磨和自我残害。在举行大祭的日子里，某些教徒投身于载着毗湿奴神像的车轮下让它轧死。

（二）社会权利异化为社会权力

1. 货币权利异化为货币权力

马克思在《政治经济学批判》和《资本论》中，集中论述了货币和货币权利。马克思恩格斯在《德意志意识形态》中，提出并论述了货币权力。列宁对货币权力论述较多，提出了"工人国家是货币权力的敌人"的著名论断。

在货币权力的支配下，在普遍的交换手段独立化而成为一种对社会或个人来说的独立力量的情况下，生产和交往的各种关系的独立现象表现得最明显了。

　　　　　　　马克思恩格斯：《德意志意识形态》，

　　　　　　　《马克思恩格斯全集》第 3 卷第 462 页。

为了摆脱困境，我们的利己主义者把小资产者的通常想法颠倒过来说，企图以此造成假象，好像个人对货币权力的关系只是一种由个人随心所欲地决定的东西。

　　　　　　　马克思恩格斯：《德意志意识形态》，

　　　　　　　《马克思恩格斯全集》第 3 卷第 462 页。

以人身的奴役关系和统治关系为基础的地产权力和非人身的货币权力之间的对立，可以用两句法国谚语明白表示出来："没有一块土地没有地主"，"货币没有主人"。

　　　　　　　马克思：《资本论第一卷》，

　　　　　　　《马克思恩格斯全集》第 23 卷第 168～169 页。

这种攻击是多么陈旧，又是多么新颖！我指的是民粹派所恢复的这种攻击，他们对公开承认俄国资本主义的发展是俄国真正的、实际的和不可避免的发展大吵大嚷。难道他们叫喊"为货币权力辩护"和"社会资产阶级性"等等不就是用不同的方式重复同样的东西吗？对感伤主义地批评资本主义所作的下述评语，用之于他们，比用之于西斯蒙第，还要合适得多：用不着对刻薄大声叫嚷！刻薄在于事实本身，而不在于表明事实的词句！

　　　　　　　列宁：《评经济浪漫主义》，

　　　　　　　《列宁全集》第 2 卷第 173 页。

而我国现代的浪漫主义者呢？他们是否想否认"货币权力"的现实呢？他们是否想否认这种权力不但在工业人口中，而且在农业人口中，不管在"村社"农村，还是在穷乡僻壤，都是万能的呢？他们是否想否认这一事实和商品经济的必然联系呢？对此他们倒无意表示怀疑。他们只是力图不谈这些。他们害怕说出事实的真相。

　　　　　　　列宁：《评经济浪漫主义》，

　　　　　　　《列宁全集》第 2 卷第 174 页。

读者一定记得，西斯蒙第是用买卖容易发生欺诈来证明"替货币权力辩护"是错误的……西斯蒙第想"驳倒"农场经济理论的阐释者，他指出富有的农场主经不起贫苦农民的竞争（见上面引文），并且终于得出了自己心爱的结论，看来，他深信他已证明了"英国"所走的道路"是错误的"。

列宁：《评经济浪漫主义》，

《列宁全集》第 2 卷第 222 页。

当然，我国民粹派也许会以其固有的机智得出结论说：这位如此公开地站在大资本一边来反对小生产者的作者是"货币权力的辩护士"，尤其是他还面向欧洲大陆说，他要把从英国生活中得出的结论也用于当时大机器工业刚刚迈出软弱的第一步的他的祖国。其实他们本可以从这个例子（正如西欧史中很多类似的例子一样）研究他们无法（也许是不愿意?）了解的那个现象，即承认大资本比小生产进步远远谈不上"辩护"。

列宁：《评经济浪漫主义》，

《列宁全集》第 2 卷第 230 页。

显而易见，就是连中部黑土地带（一般说来，这里的货币经济同工业区和草原边疆地区比较起来，是较不发达的）的农民，没有买卖也绝对不能生存，他们已经完全依赖市场，依赖货币权力了。至于这一事实的意义有多么重大，以及我国民粹派由于对一去不复返的自然经济深表赞许，而极力抹杀这一事实所犯的错误有多么严重，就不用说了。

列宁：《俄国资本主义的发展》，

《列宁全集》第 3 卷第 130 页。

旧的宗法式农民完全被资本主义改造了，他们完全屈服于"货币权力"，这种情况在这里表现得这样明显，以致民粹派通常都把市郊农民划分出来，说他们"已经不是农民了"。但是，这类农民同上述各类农民只是形式上不同而已。资本主义对小农进行的全面改造的政治经济实质，到处都完全一样。

列宁：《俄国资本主义的发展》，

《列宁全集》第 3 卷第 276 页。

货币经济是这种制度的基础。"货币权力"充分表现在工业中与农业中，城市中与乡村中，但是只有在大机器工业中它才得到充分发展，完全排挤了宗法式经济的残余，集中于少数大机关（银行），直接与社会大生产发生联系。

列宁：《俄国资本主义的发展》，

《列宁全集》第 3 卷第 538 页。

农奴制剥削转变为资本主义剥削是不可避免的，企图阻止或"回避"这种转变，是一种有害的、反动的幻想。但是，这种转变也可以采取以暴力打倒农奴主余孽的办法来实现，现在，这些农奴主余孽不是依靠"货币权力"，而是依靠从前奴隶占有制的权力的传统，榨取宗法式农民最后的脂膏。

列宁：《俄国社会民主党的土地纲领》，

《列宁全集》第 6 卷第 319 页。

换句话说，实际上农民要求的不是土地改革，而是土地革命。他们要求的这种革命丝毫不触犯货币权力，不触犯资产阶级社会基础，但是能十分彻底地破坏旧农奴制度的经济基础，破坏整个农奴制的（既是地主的，又是官吏的）俄国的经济基础。正因为如此，社会主义无产阶级全心全意地竭力帮助农民彻底实现他们的要求。

列宁：《农民团或"劳动"团和俄国社会民主工党》，

《列宁全集》第 13 卷第 96~97 页。

事实上，按小业主所希望的那样做是消灭不了贫困和贫穷的。只要世界上还存在着货币权力和资本权力，就不可能平均使用土地。只要还存在着市场经济，只要还保持着货币权力和资本力量，世界上任何法律都无法消灭不平等和剥削。只有建立起大规模的社会化的计划经济，一切土地、工厂、工具都转归工人阶级所有，才可能消灭一切剥削。

列宁：《土地问题和争取自由的斗争》，

《列宁全集》第 13 卷第 124 页。

当存在着这种货币权力和资本权力的时候，还谈得上什么平等地占有土地和禁止买卖土地呢？如果一方面承认每个公民有占有同量土地的平等权利，一方面一小撮人又腰缠万贯，而大多数人一贫如洗，那么俄国人民能不能摆脱压迫和剥削呢？

列宁：《在第二届国家杜马中关于土地问题的发言稿》，

《列宁全集》第 15 卷第 153 页。

资本主义的发展每时每刻都在改变和加强那些推动千百万农民进行革命民主主义斗争的条件，这些农民由于仇恨地主－农奴主和他们的政府而团结起来了。就是在农民中间，交换的增长、市场统治和货币权力的加强，也正在一步一步排除宗法式的旧东西和宗法式的托尔斯泰思想。

列宁：《列夫·托尔斯泰是俄国革命的镜子》，

《列宁全集》第 17 卷第 187 页。

既然商品生产、资产阶级、货币权力统治一切，因此在任何一种管理形式下，在任何一种民主制度下，收买（直接的或通过交易所）都是"可以实现"的。

列宁：《论面目全非的马克思主义和"帝国主义经济主义"》，

《列宁全集》第 28 卷第 138 页。

曾经像一个人似地齐心反对过地主的农村出现了两个阵营：一个是贫苦劳动农民的阵营，他们坚定地同工人一起，继续前进，去实现社会主义，从反对地主进到反对资本、反对货币权力、反对富农窃取伟大土地改革的成果；另一个是比较富裕的农民的阵营。

列宁：《在全俄土地局、贫苦农民委员会和公社第一次代表大会上的讲话》，
《列宁全集》第 35 卷第 350～351 页。

我们不愿意后退而且也决不会后退，去恢复资本家的权力，恢复货币权力，恢复发横财的自由。我们要前进，走向社会主义，在全体劳动者之间合理分配粮食。

列宁：《对一个农民的询问的答复》，
《列宁全集》第 35 卷第 471 页。

真正的自由和平等，将是由共产主义者建立的制度，在这种制度下，不会有靠损害别人来发财致富的可能性，不会有直接或间接使报刊屈从于货币权力的客观可能性，不会有任何东西能阻碍每个劳动者（或大大小小的劳动者团体）享有并行使其使用公有印刷所及公有纸张的平等权利。

列宁：《共产国际第一次代表大会文献》，
《列宁全集》第 35 卷第 489 页。

在农奴制社会内，随着商业的发展和世界市场的出现，随着货币流通的发展，产生了一个新的阶级，即资本家阶级。从商品中，从商品交换中，从货币权力的出现中，产生了资本权力。在 18 世纪（更正确些说，从 18 世纪末起）和 19 世纪，世界各地发生了革命。农奴制在西欧各国被取代了。

列宁：《论国家》，
《列宁全集》第 37 卷第 64 页。

工人国家是地主和资本家、投机者和骗子的无情的敌人，是土地和资本的私有制的敌人，是货币权力的敌人。

列宁：《为战胜高尔察克告工农书》，
《列宁全集》第 37 卷第 152 页。

工人阶级能够建立起一支大多数成员都不属于本阶级的军队，能够利用对工人阶级有反感的专家，完全是因为它能够带领同小经济和私有制相联系因而一心向往着自由贸易，也就是向往着资本主义、向往着恢复货币权力的多数劳动者，并使他们成为自己的朋友和同盟者。

列宁：《俄共（布）第八次全国代表会议文献》，
《列宁全集》第 37 卷第 342 页。

列宁在《评经济浪漫主义》里说，"他们叫喊'为货币权力辩护'和'社会资产阶级性'等等不就是用不同的方式重复同样的东西吗？"，指民粹派的两篇反对马克思主义者的论战性文章：尼·弗·丹尼尔逊的《为货币权力辩护是时代的特征》（用笔名尼古拉·逊发表于 1895 年《俄国财富》杂志第 1—2 期）和瓦·巴·沃龙佐夫的《德国的社会民主主义和俄国的资产阶级主义》（用笔名瓦·沃发表于 1894 年《星期周报》第 47—49 期）。

2. 资本权利异化为资本权力

货币转化为资本之后的资本，是货币资本，就是以货币形式存在的资本。在奴隶社会和封建社会，货币资本的形式是商人资本和高利贷资本，在资本主义社会，货币资本是产业资本在其循环中的一种职能形式。货币在循环的第一阶段即购买阶段，购买生产资料和劳动力，为生产剩余价值准备条件。由于购买了能在生产过程中创造价值和剩余价值的特殊商品——劳动力，才使资本家榨取剩余价值成为可能，才使货币的职能转化为资本的职能。货币转化为资本，是以一定的社会经济条件和阶级关系为前提的。资本家占有生产资料，劳动者出卖劳动力。由于这种雇佣劳动关系的存在，单纯的货币职能才能转化为资本职能。

货币资本的存在，使资本权利异化为资本权力成为可能。

不仅如此，这种活动还应当通过各国工会的建立和联合而普遍地开展起来。另一方面，工会已经不知不觉地变成了工人阶级的组织中心，正如同中世纪的市政局和公社是资产阶级的组织中心一样。如果说工会对于进行劳资之间的游击式的斗争是必需的，那末它们作为消灭雇佣劳动制度本身和消灭资本权力的一种有组织的力量就更为重要了。

马克思：《临时中央委员会就若干问题给代表的指示》，

《马克思恩格斯全集》第 16 卷第 220 页。

英格兰银行不能用提高贴现率的办法，来防止金从它的金属贮藏中适度流出，因为对支付手段的需要，将从私人银行、股份银行和汇票经纪人那里得到满足，这些银行和经纪人在过去三十年中已经获得了相当大的资本权力。因此，英格兰银行只好使用其他手段。

马克思：《资本论第三卷》，

《马克思恩格斯全集》第 25 卷下册第 616 页。

现在我们需要的不是村社的联盟，而是反对金钱权力、反对资本权力的联盟，是各个村团所有农村劳动者同无产农民的联盟，是所有贫苦农民和城市工人为了既同地主又同富裕农民作斗争而结成的联盟。

列宁：《告贫苦农民》，

《列宁全集》第 7 卷第 128 页。

而事实上，按小业主所希望的那样做是消灭不了贫困和贫穷的。只要世界上还存在着货币权力和资本权力，就不可能平均使用土地。只要还存在着市场经济，只要还保持着货币权力和资本力量，世界上任何法律都无法消灭不平等和剥削。只有建立起大规模的社会化的计划经济，一切土地、工厂、工具都转归工人阶级所有，才可能消灭一切剥削。

列宁：《土地问题和争取自由的斗争》，

《列宁全集》第 13 卷第 124 页。

当存在着这种货币权力和资本权力的时候，还谈得上什么平等地占有土地和禁止买卖土地呢？如果一方面承认每个公民有占有同量土地的平等权利，一方面一小撮人又腰缠万贯，而大多数人一贫如洗，那么俄国人民能不能摆脱压迫和剥削呢？？ 不能，先生们，只要存在资本权力，就不可能有土地占有者之间的任何平等，谁想禁止买卖土地都是做不到的，荒诞可笑的。只要存在资本权力，所有的东西——不仅是土地，甚至人的劳动、人的自身，以及良心、爱情和科学，都必然成为可以出卖的东西。

列宁：《在第二届国家杜马中关于土地问题的发言稿》，

《列宁全集》第 15 卷第 153 页。

社会主义者不是想阻止这一斗争，而是想进一步发展这一斗争，为此，他们力求摆脱各种天真的想法，不相信在存在着交换、货币和资本权力的条件下能够实现小业主之间的平等或禁止土地的买卖。

列宁：《在第二届国家杜马中关于土地问题的发言稿》，

《列宁全集》第 15 卷第 153 页。

现在，世界各国千百万觉悟的工人即社会民主党人正在进行这一斗争。而农民只有加入这一斗争，才能推翻自己的第一个敌人——农奴主－地主，然后再顺利地打倒第二个更厉害的敌人——资本权力！

列宁：《在第二届国家杜马中关于土地问题的发言稿》，

《列宁全集》第 15 卷第 154 页。

无产阶级应当全力支持第二条道路。只有这样，才能使劳动阶级尽快摆脱最后的资产阶级幻想，因为平等社会主义是小业主最后的资产阶级幻想。只有这样，人民群众才能从实际经验中而不是从书本中受到教育，在最短时间内切实地体会到所有一切平均制方案的软弱无力，在反对资本权力时的软弱无力。只有这样，无产阶级才能尽快清除掉自己身上的"劳动派"传统即小市民传统，摆脱现在必然落在它肩上的资产阶级民主任务，而一心一意去完成自己的、真正是本阶级的任务，即社会主义的任务。

列宁：《俄国革命的长处和弱点》，

《列宁全集》第 15 卷第 194 页。

在西欧，城市工人同全体农民的暂时联盟扫除了君主制，扫除了中世纪残余，比较彻底地扫除了地主土地占有制即地主权力，但始终未能摧毁资本权力的基础本身。

> 列宁：《在全俄土地局、贫苦农民委员会和公社第一次代表大会上的讲话》，
> 《列宁全集》第 35 卷第 350 页。

这个政权压制剥削者及其帮手的"自由"，剥夺他们实行剥削的"自由"、发饥荒财的"自由"、恢复资本权力的"自由"、勾结外国资产阶级来反对本国工农的"自由"。

> 列宁：《第三国际及其在历史上的地位》，
> 《列宁全集》第 36 卷第 295~296 页。

我们对任何人都说，在事情已经发展到推翻全世界或者至少一个国家的资本权力的时候，在被压迫的劳动阶级彻底打倒资本、彻底消灭商品生产的斗争已提到首位的历史关头，在这种政治形势下，谁要是大谈一般"自由"，谁要是为了这种自由而反对无产阶级专政，谁就不过是帮助剥削者，谁就是拥护剥削者，因为正像我们在自己的党纲中所直接声明的那样，自由如果不服从于劳动摆脱资本压迫的利益，那就是骗人的东西。

> 列宁：《在全俄社会教育第一次代表大会上的讲话》，
> 《列宁全集》第 36 卷第 335 页。

当无产阶级反对资产阶级的革命正在进行的时候，当地主和资本家所有制正在被推翻的时候，当被四年的帝国主义战争弄得满目疮痍的国家正在闹饥荒的时候，粮食贸易自由就是资本家的自由，就是恢复资本权力的自由。这是高尔察克的经济纲领，因为高尔察克不是悬在空中的

> 列宁：《在全俄社会教育第一次代表大会上的讲话》，
> 《列宁全集》第 36 卷第 343 页。

为了恢复俄国资本权力，需要依靠传统——依靠农民的偏见而反对他们的理智，依靠自由贸易的旧习惯——需要用暴力镇压工人的反抗。别的出路是没有的。

> 列宁：《在全俄社会教育第一次代表大会上的讲话》，
> 《列宁全集》第 36 卷第 351 页。

消灭阶级要经过长期的、艰难的、顽强的阶级斗争。在推翻资本权力以后，在破坏资产阶级国家以后，在建立无产阶级专政以后，阶级斗争并不是消失（如旧社会主义和旧社会民主党中的庸人所想象的那样），而只是改变它的形式，在许多方面变得更加残酷。

> 列宁：《向匈牙利工人致敬》，
> 《列宁全集》第 36 卷第 376 页。

在农奴制社会内，随着商业的发展和世界市场的出现，随着货币流通的发展，产生了

一个新的阶级，即资本家阶级。从商品中，从商品交换中，从货币权力的出现中，产生了资本权力。在18世纪（更正确些说，从18世纪末起）和19世纪，世界各地发生了革命。农奴制在西欧各国被取代了。

> 列宁:《论国家》，
> 《列宁全集》第37卷第64页。

国家承认每个商人、工业家和工厂主都有这种私有权。而这个以私有制为基础的社会，以资本权力为基础的社会，以完全控制一切无产工人和劳动农民群众为基础的社会，却宣布自己是以自由为基础来实行统治的。它反对农奴制时，宣布私有财产自由，深以国家似乎不再是阶级的国家而自豪。

> 列宁:《论国家》，
> 《列宁全集》第37卷第71页。

北美合众国是世界上最民主的共和国之一，可是，世界上没有一个国家像美国那样（凡是在1905年以后到过那里的人大概都知道），资本权力即一小撮亿万富翁统治整个社会的权力表现得如此横蛮，采用贿赂手段如此明目张胆。资本既然存在，也就统治着整个社会，所以任何民主共和制、任何选举制度都不会改变事情的实质。

> 列宁:《论国家》，
> 《列宁全集》第37卷第73页。

因此要把这个机器夺过来，由必将推翻资本权力的那个阶级来掌握。我们要抛弃一切关于国家就是普遍平等的陈腐偏见，那是骗人的，因为只要剥削存在，就不会有平等。

> 列宁:《论国家》，
> 《列宁全集》第37卷第75页。

那些自称为"社会党人"而实际上是资产阶级的奴仆的小资产阶级民主派说:"首先应当让大多数居民——在保存私有制的条件下，即在保存资本权力和资本压迫的条件下——公开表示拥护无产阶级政党，只有那时，无产阶级政党才能并且应当夺取政权。"我们说:"首先应当让革命无产阶级推翻资产阶级，摧毁资本压迫，打碎资产阶级的国家机构，那时获得了胜利的无产阶级才能靠剥夺剥削者来满足大多数非无产阶级劳动群众的需要，迅速博得这些群众的同情和拥护。"相反的情况将是历史上罕见的例外（像芬兰的例子所表明的那样，在这种例外的情形下，资产阶级也可能发动国内战争）。

> 列宁:《立宪会议选举和无产阶级专政》，
> 《列宁全集》第38卷第23页。

列宁在《立宪会议选举和无产阶级专政》里说，"像芬兰的例子所表明的那样，在这种例外的情形下，资产阶级也可能发动国内战争"，指芬兰反动资产阶级对芬兰无产阶级革命的镇压。芬兰革命是 1918 年 1 月在芬兰南部工业地区爆发的。1 月 27 日夜，芬兰赤卫队占领了芬兰首都赫尔辛福斯，资产阶级的斯温胡武德政府被推翻。1 月 28 日，工人们建立了芬兰革命政府——人民代表委员会。国家政权的基础是由工人选出的工人组织议会。芬兰革命政府在斗争初期还没有明确的社会主义纲领，主要着眼解决资产阶级民主革命的任务，但这一革命从性质上说是社会主义革命。革命政府的最主要的措施是：将一部分工商企业和大庄园收归国有；把芬兰银行收归政府管理，并建立对私营银行的监督；建立工人对企业的监督；将土地无偿地交给佃农。芬兰这次无产阶级革命只是在芬兰南部取得了胜利。斯温胡武德政府在芬兰北部集结了反革命力量，在德国政府的援助下向革命政权发动进攻。由于德国的武装干涉，芬兰革命经过激烈的国内战争以后，于 1918 年 5 月初被镇压了下去。

后 记
一篇读罢头飞雪　半是硝烟半是霞

　　马克思主义法学是马克思主义的重要组成部分。体系化地学习和领会马克思主义法学原理的全貌和细节，是我国几代法学学人的夙愿。

　　笔者不揣浅陋，整理自己的读书笔记，主要基于三点考虑：在我国法学教材和著述中，关于马克思主义经典著作的法学引文，寥寥无几，而在《马克思恩格斯全集》、《列宁全集》中对于法的直接论述就一百多万字。这几处抄来抄去的引文，文字和出处等也大都有错。"标签式"的、"穿靴戴帽式"的思维范式，影响我们对经典作家法学思想的理解和掌握。可以说，没有马克思主义原理的"马克思主义法学"，动摇了法学理论的科学文献基础。因此，读原著，通读原著，是我们以马克思主义指导法学研究的必要前提。这是第一点。第二点，学习经典著作的目的，在于探讨马克思主义法学思想体系并加以应用。这一任务，首先是通过解读完成的。解读既是"我注六经"过程，也是"六经注我"过程，而"六经注我"是艰苦的创新过程。当然，"六经注我"绝不是离经叛道。如果把自己的叙述加上"六经"词句，"六经"便面目全非了。第三点，理论联系实际，充分认识马克思主义法学的当代地位和意义，寻找经典作家法学论述与现实世界的本质关联性。我们应当从实际出发，针对法学领域存在的问题，特别是普遍的、持续性的问题，给予马克思主义的回答，从而跟着时代前进，跟着马克思主义法学原理前进。

　　马克思主义经典作家关于法的论述，是在哲学、政治经济学和科学社会主义三大部分的论述中表达出来的，而其三大部分的论述，也同样是在百科全书式的其他论述中表达出来的。本书整理的结构框架，是为了逻辑地表述其中的法学原理，努力反映法的全部理论和体系，无意建立什么原理模式。

　　如果这个读书笔记能够呈现马克思主义法学原理，揭示它的原创性、真理性、文献性、时代性，本书的目的便达到了。我想，忠实于马克思主义原理，创造性地发展马克思主义法学理论，不走胶柱鼓瑟、寻章摘句的老路，也不走歪曲阉割、攻击诋毁的邪路，应当是法学理论研究的康庄大道。

　　我学习马克思主义法学理论有一个过程。1962年进入大学学习后，买了《马克思恩格斯文选》（两卷集1962年6月版），随着一年级开设的《国家和法的理论》课程的结束，大致读完了。虽然有些内容一时还读不懂，但文中广博的知识、无懈可击的逻辑思维、激扬雄辩的语言，带给我强大的心灵震撼。像被关了一夜的羊突然闯进菜园，疯狂地咀嚼着。我被征服了，开始大段大段地背诵。其实，死记硬背并不是学术成长的应然之路。此后，斯大林的《列宁主义问题》、《马克思恩格斯选集》、《列宁选集》、《斯大林选集》陆续问世，我坚持读完。大学毕业有工资了，买了一套校图书馆下架的《列宁全集》，通读一遍。后来，又开始通读《马克思恩格斯全集》。这些著作，是在长期全民"学毛选"过程中同毛主席著作一起读完的。就这样，一路走来，对经典著作从感佩、崇拜到信仰。几十年来，采用卡片摘录、读书汇总、原著随记等方法，积累了大量心得。可以说，自 1981 年起，已出版的书稿，都是在马克思主义法学理论指导下写作的。

读书笔记是我独立完成的。对经典作家论述的抄写、录入、核对，笔记的构思、修改，乃至字词的使用等等，凝聚了夫人刘闻旭先生无量心血。夫人是高级工程师，获得过发明专利，却以耄耋之躯完成这些繁琐的法学工作。应当说，没有夫人的努力，便没有这三部读书笔记本身。"要不要命了"，夫人每每推门大声呵斥，催我休息一会儿，因我多次晕倒在地。生命是宝贵的，可人世间还有更宝贵的东西。血战强梁，在八路军冀中战场和东北抗日联军隐蔽战线艰苦斗争的父亲，崇高信仰和出生入死的革命精神鼓舞着我奋力前行；历经苦难，带着年幼的我们兄姐四人在死亡线上挣扎的母亲，绝不向命运屈服的气节和风骨鼓舞着我奋力前行。

书稿终于完成了。掩卷沉思，深感力不从心。囿于学识和年龄，尽管昼夜兼程，不敢懈怠，仍恐多有误谬之处，选录和分类也未必得当。每念及此，惴慄之心，实难平复。殊请读者批评指正。

本书的出版，得益于中国政法大学副校长时建中教授的精心组织安排和出版社领导以及编辑们的忘我工作，令人感奋。

一篇读罢头飞雪，半是硝烟半是霞。马克思主义经典作家实现了对旧法学的根本性改造和整体性超越，创建了科学的闪烁着真理光芒的新法学。这是人们取之不尽、用之不竭的思想源泉，而马克思主义法学的中国化、时代化、大众化使其获得了新的生命力，永葆美妙之青春。

刘瑞复
识于 2016 年 7 月 1 日北大蓝旗营寓所